Gerhard von Scharnhorst
Private und dienstliche Schriften

Band 2

VERÖFFENTLICHUNGEN
AUS DEN
ARCHIVEN PREUSSISCHER KULTURBESITZ

Herausgegeben von
Jürgen Kloosterhuis und Dieter Heckmann

Band 52,2

Gerhard von Scharnhorst
Private und dienstliche Schriften

Band 2
Stabschef und Reformer
(Kurhannover 1795 – 1801)

Herausgegeben von
Johannes Kunisch

Bearbeitet von
Michael Sikora und Tilman Stieve

2003

BÖHLAU VERLAG KÖLN WEIMAR WIEN

Die Drucklegung wurde durch Mittel der
Dr. Helmuth Leusch-Stiftung
ermöglicht.

Bibliografische Information der Deutschen Bibliothek

Die Deutsche Bibliothek verzeichnet diese Publikation
in der Deutschen Nationalbibliografie;
detaillierte bibliografische Daten sind im Internet über
http://dnb.ddb.de abrufbar.

© 2003 by Böhlau Verlag GmbH & Cie, Köln
Ursulaplatz 1, D-50668 Köln
Tel. (0221) 91 39 00, Fax (0221) 91 39 011
vertrieb@boehlau.de

Alle Rechte vorbehalten

Satz: Punkt für Punkt GmbH, Düsseldorf
Druck und Bindung: Druckerei Runge GmbH, Cloppenburg
Gedruckt auf chlor- und säurefreiem Papier
Printed in Germany
ISBN 3-412-16800-9

Scharnhorst beim Ausfall aus der Festung
„Menin, den 30. April 1794"

Relief vom Grabdenkmal Scharnhorsts auf dem Invalidenfriedhof in Berlin.
Der Fries mit seinen Lebensstationen wurde nach Entwürfen Karl Friedrich Schinkels
(1781–1841) von Christian Friedrich Tieck (1776–1851) ausgeführt und 1833 vollendet.

Inhalt

Vorwort	VII
Einführende Bemerkungen	IX
Abkürzungen und Siglen	XIII
Verzeichnis ausgewählter Hilfsmittel und Literatur	XVII

I. Im Stab des Observationskorps (1795–1798)
   1. Privatbriefe und Dienstgeschäfte in chronologischer Folge 1
   2. Planungen und Landesaufnahme für die Observationsarmee 167
   3. Unterricht 223
   4. Richtlinien für den Postendienst 266
   5. Artilleriefragen 304
   6. Reformpläne 328
   7. Revolutionskriege und Militärpublizistik 341

II. Reform der hannoverschen Armee (1798–1801)
   1. Privatbriefe und Dienstgeschäfte in chronologischer Folge 405
   2. Reformprojekte
      a. Vorarbeiten und Entwürfe 512
      b. Reform der Artillerie 546
      c. Studien über den Einsatz von Scharfschützen 604
      d. Richtlinien für Verschanzungsarbeiten 668
   3. Historische und politische Studien 709

Anhang 1: Lebensläufe	783
Anhang 2: Glossar militärischer und ziviler Fachbegriffe	792
Personen- und Formationsindex	811
Ortsindex	826
Stückeverzeichnis	847

Vorwort

Im Zusammenwirken mit dem Geheimen Staatsarchiv Preußischer Kulturbesitz Berlin-Dahlem, dem Böhlau-Verlag Köln und den beiden Editoren ist es gelungen, nun innerhalb von Jahresfrist einen zweiten Band der Edition des Scharnhorst-Nachlasses vorzulegen. Er wird, wie die Einführung der Bearbeiter näher ausführt, in chronologischer Reihenfolge die Überlieferung bis zum Eintritt Scharnhorsts in preußische Dienste im Jahre 1801 dokumentieren und damit wiederum Neuland erschließen. Die Edition wird den in der Einleitung zum ersten Band dargelegten Richtlinien folgen. In die das Gesamtwerk einmal abschließenden Bände des Editionsvorhabens sollen dann jene Texte aufgenommen werden, die das Wirken des Heeresreformers in Preußen in den epochalen Auseinandersetzungen mit Napoleon betreffen und damit einen wesentlichen Aspekt der „Pathogenese der bürgerlichen Welt" (Reinhart Koselleck) beleuchten.

Für die Fertigstellung auch dieses zweiten Bandes haben zunächst noch Mittel verwendet werden können, die das Bundesministerium der Verteidigung, vertreten durch das Militärgeschichtliche Forschungsamt in Potsdam, in zwei Raten in den Jahren 1999 und 2001 für die Weiterführung der Scharnhorst-Edition bereitgestellt hatte. Inzwischen sind diese Ressourcen jedoch ausgeschöpft. So bedarf es eines neuen Anlaufs, um den Abschluß eines dritten Bandes zu gewährleisten, der nach den augenblicklichen Planungen im Jahre 2005 zur zweihundertfünfzigsten Wiederkehr des Geburtstags von Scharnhorst und zum fünfzigsten Gründungstag der Bundeswehr erscheinen soll. Die Vorarbeiten zum dritten der auf insgesamt fünf Bände angelegten Edition sind inzwischen weit vorangeschritten. So ist zu hoffen, daß dieses solange als Desiderat empfundene Quellenwerk in bewährter Weise fortgeführt und zum Abschluß gebracht werden kann.

Das Hauptverdienst an der Weiterführung der kritischen und kommentierten Ausgabe der Scharnhorstpapiere gebührt auch bei diesem zweiten Band den Bearbeitern, Herrn Dr. Michael Sikora, Münster, und Herrn Dr. Tilman Stieve, Aachen. Ihnen gebührt uneingeschränkte Anerkennung und ebensolcher Dank. Beide haben in enger und reibungsloser Kooperation von den Archivrecherchen über die Datenerfassung bis hin zum Korrekturlesen Außerordentliches geleistet. Sie haben etwas zustande gebracht, was für Generationen Bestand haben wird und entsprechend gewürdigt zu werden verdient. Auch an dem immensen Informationsgehalt, der Sorgfalt und der Ausführlichkeit der Indizes, die Herr Dr. Stieve angefertigt hat, ist erkennbar, daß hier Maßstäbe für die Präsentation höchst verschiedenartiger Texte gesetzt werden. Mit dieser sich ganz in den Dienst zukünftiger Erkenntnisinteressen stellenden Arbeit dürfte im übrigen dokumentiert werden, daß das Zusammentragen und die Erschließung archivalischer Quellen auch weiterhin eine eigenständige und unverzichtbare Aufgabe historischer Forschung bleiben muß. Darüber hinaus kann ich nur noch einmal unterstreichen, daß auch in diesem zweiten Band Stücke präsentiert werden können, die erheblich über das bisher Bekannte hinausreichen und die Erforschung nicht nur der biographischen Details, sondern des gesamten Themenkomplexes der militärischen, politischen und gesellschaftlichen Herausforderung durch die Französische Revolution auf eine breitere Grundlage stellen.

Bewährt hat sich erneut die Zusammenarbeit mit dem Geheimen Staatsarchiv PK und dem Böhlau-Verlag. Allen, die sich in beiden Institutionen um die Weiterführung und Betreuung dieser Edition verdient gemacht haben, gilt der herzliche Dank des Herausgebers. Möge das gemeinsame Vorhaben auch in Zukunft von diesem Einvernehmen getragen sein.

Köln, im August 2003

Johannes Kunisch

Einführende Bemerkungen

Mit dem vorliegenden zweiten Band der Scharnhorst-Edition nehmen die Bemühungen, den Nachlaß Gerhard von Scharnhorsts wissenschaftlich zu erschließen, ihren Fortgang. Wie schon in der Einleitung zum ersten Band dargelegt, steht auch ein solches scheinbar zeitloses Unternehmen im Kontext einer dynamischen Rezeptionsgeschichte. Unter anderem war dort die Rede von Christian Daniel Rauchs Scharnhorstdenkmal, das ursprünglich für das Ensemble der Berliner Neuen Wache unter den Linden geschaffen worden war. Nach dem Zweiten Weltkrieg vorübergehend im Depot, wanderte es 1964 über die Straße in den Vorgarten der Staatsoper, um dann Anfang der neunziger Jahre zur Restaurierung erneut ins Depot verbracht zu werden. Wegen des Streits um seine Aufstellung an der Neuen Wache ruhte es dort noch, als der erste Band fertiggestellt wurde.

Mittlerweile ist es in neuem Glanz zurückgekehrt, nun auch wieder vereint mit dem Standbild Friedrich Wilhelm Graf Bülows von Dennewitz, allerdings erneut gegenüber der Neuen Wache. Damit ist ein zentrales Medium der Scharnhorstrezeption in den öffentlichen Raum zurückgekehrt. Die Memoria Scharnhorsts wird fortgeschrieben, und daran nimmt auch die Edition Anteil. Daß freilich die kritische Herausgabe der Texte anderen Intentionen folgt als die symbolische Vergegenwärtigung in Form eines Denkmals, darüber legt die Einleitung zum ersten Band ebenso Rechenschaft ab wie über die dabei zugrunde gelegten Bearbeitungsrichtlinien und Transkriptionsregeln. Die Leser und Leserinnen des vorliegenden Bandes seien darauf verwiesen.

Wie auch im ersten Band, folgt die Anordnung der Texte in erster Linie der Chronologie und soll damit die Gleichzeitigkeit unterschiedlicher Lebensäußerungen nachvollziehbar machen. Jedes der beiden Hauptkapitel beginnt daher mit einem chronologischen Abschnitt, der bei der Aufnahme der Dokumente Vorrang genossen hat gegenüber den folgenden systematischen Abschnitten. Die Einteilung in Hauptkapitel kann sich für den hier behandelten Zeitraum nicht an eindeutigen Zäsuren im Lebenslauf orientieren. Sie beschränkt sich daher auf nur eine Unterteilung, die lediglich eine Verlagerung von Scharnhorsts Arbeitsschwerpunkten anzeigt. War er bis Ende 1798 vor allem mit Erkundungen und logistischen Aufgaben für die Observationsarmee, die das neutralisierte Norddeutschland deckte, befaßt, so widmete er sich im Anschluß daran überwiegend den vielfältigen Bemühungen, in Kurhannover Konsequenzen aus den Erfahrungen des ersten Koalitionskrieges zu ziehen.

Die Überlieferung für diese beiden Zeiträume ist allerdings durch eine zunehmende Zahl nicht datierter Notizen, Entwürfe und Denkschriften gekennzeichnet. Sie wurden den beiden Hauptkapiteln in systematischer Anordnung beigegeben. Dabei muß aber darauf geachtet werden, daß sich ihre chronologische Verortung auf sehr unterschiedliche Grade von Gewißheit stützt. Bei den meisten Texten erlaubt die Erwähnung von Ereignissen, den Entstehungszeitraum zumindest auf wenige Jahre zu begrenzen. Die Datierung wird in der Regel durch datierte Arbeiten vergleichbaren Inhalts gestützt. Auf diese Weise zeichnen sich für beide Hauptkapitel Themenschwerpunkte ab, die zunächst für die Entwicklung von Scharnhorsts Denken von großer Bedeutung sind. In diesen Rahmen sind dann auch Dokumente eingeordnet worden, die sich nur sehr vage oder überhaupt nicht datieren lassen und wo thematische Berührungspunkte den einzigen, allerdings sehr ungewissen Anhaltspunkt bieten. Besondere Unsicherheiten bestehen bei den artillerietechnischen Aufzeichnungen, weil Scharnhorsts Arbeit an seinem enzyklopädischen „Handbuch der Artillerie" ihn praktisch bis an sein Lebensende immer wieder mit diesen Fragen in Berührung brachte.

In der Sache erschließt dieser Band eine Lebensphase Scharnhorsts, die immer noch zu jener Zeit vor seinem Übertritt in preußische Dienste zählt, die – obwohl sie drei Viertel seiner Lebenszeit umfaßt – bisher in der Forschung kaum gewürdigt worden ist. Gerade die Jahre zwischen der Rückkehr aus dem Krieg 1795 und dem Gang nach Preußen 1801 werden in der Regel auf den berühmten, 1797 erschienenen Aufsatz über die „allgemeinen Ursachen des Glücks der Franzosen in dem Revolutionskriege" reduziert und insofern nur als eine Art Auftakt zur Reformzeit begriffen. Das hat eine gewisse Berechtigung, sofern man diesen Lebenslauf nur von seinem Ende, von der preußischen Reformzeit her betrachtet. Aber diese Reduktion verzerrt und verdunkelt zugleich genuine Anliegen Scharnhorsts, ihre Genese und ihre Kontexte.

So finden sich in der Überlieferung für diese Jahre einige aufschlußreiche, insgesamt aber doch nur wenige Äußerungen von so grundsätzlichem Gehalt, daß sie dem berühmten Aufsatz zur Seite gestellt werden könnten. Dabei muß offen bleiben, ob Scharnhorst nicht auch Äußerungen, die er als politisch kompromittierend empfunden haben mag, vernichtet hat. Sehr zahlreich erhalten sind dagegen Ergebnisse kriegsgeschichtlicher Studien, die sich zu einem großen Teil mit Schlachten des vorrevolutionären 18. Jahrhunderts auseinandersetzen. Sie offenbaren, wie unmittelbar Scharnhorsts Erfahrungsbegriff den Rückgriff auf die Geschichte nach sich zog und Scharnhorst auch zum Kriegshistoriker machte. Darin ist allerdings wenig zu spüren von jener schroffen Gegenüberstellung von Ancien Régime und revolutionärer Ära, die seinem Reformdenken oft unterstellt wird. Indes werden seine Reformanliegen dadurch keineswegs dementiert. Die Dokumente zeigen Scharnhorst vielmehr primär als Techniker und Taktiker und rücken ihn in dieser Hinsicht deutlich näher an die militärische Tradition.

Beides fügte sich zusammen in dem, was nach 1795 in Kurhannover an militärischen Reformen möglich war. Der Band macht nämlich bewußt, daß

Scharnhorst auch vor 1801 bereits als Reformer tätig war. Als Generalquartiermeister der Armee, als Vertrauter des kommandierenden Generals Graf Wallmoden und als militärischer Lehrer des Prinzen Adolph, Wallmodens designiertem Nachfolger, nahm Scharnhorst eine Schlüsselstellung ein, die den Rahmen der durch Rang und Dienstalter bestimmten Hierarchie sprengte. In mancher Hinsicht wirken daher Scharnhorsts letzte Jahre in hannoverschen Diensten wie ein Vorlauf en miniature seines Wirkens in Preußen nach 1807. Während aber die preußischen Reformen vom Sieg über Napoleon gekrönt und deshalb in die kollektive Erinnerung eingebrannt wurden, blieben die Bemühungen in Kurhannover ein Torso, dessen Bedeutung mit dem sang- und klanglosen Ende der staatlichen Unabhängigkeit 1803 verschüttet wurde.

Allerdings wird auch ein enormer Kontrast deutlich zwischen dem, was zu diesem Zeitpunkt in Hannover, und dem, was später in Preußen möglich war. Die politischen Verhältnisse setzten enge Grenzen. Der auch von Scharnhorst unterstützte Versuch, die Rekrutierung zu modernisieren und den Gegensatz zwischen dem Berufsheer und den lediglich zur Landesverteidigung einsetzbaren Milizionären zu überwinden, scheiterte am Widerspruch der Stände; später führten die beschränkten Geldmittel sogar zur Reduzierung der Armee. Bei den realisierten Projekten handelte es sich daher weitgehend um technische und taktische Anpassungen, aber eben in diesem Rahmen verfolgte Scharnhorst mit engagierten und geradezu detailversessenen Anstrengungen das Ziel, ganz konkrete Kriegserfahrungen in ganz konkrete Verbesserungen umzumünzen.

Das gilt in einem weiteren Sinn schon für seine Bemühungen als Stabsoffizier der Observationsarmee, mit Hilfe der Feldguiden eine weitreichende militärische Kartierung zu leisten. Dieses Projekt knüpfte im Grunde an seine Vorstellungen von den Aufgaben eines Generalstabs an und verdient auch aus der Sicht einer Geschichte der Kartographie Beachtung. Zu den Reformvorhaben im engeren Sinn gehören umfangreiche Überlegungen zur Artillerie, zur Praxis der Verschanzungen, zur taktischen Neuordnung in gemischten Divisionen und zum aufgelösten Schützengefecht – Überlegungen, die vom konkreten Detail her denken und bemüht sind, auch das Schützengefecht, ein Kernstück der revolutionären Kriegführung, in ein möglichst determinierendes, den Bedingungen eines Berufsheers angepaßtes Reglement zu gießen. Immerhin wurden die Neuordnungen im Übungslager von Liebenau (Juni 1800) bereits unter feldmäßigen Bedingungen erprobt.

Daß es damit für Scharnhorst sein Bewenden nicht haben konnte, zeigen seine bekannten Übertrittsverhandlungen mit Preußen. Die kritische Sichtung der Briefe hat ergeben, daß Scharnhorst im Sommer 1797 bereits dichter an einem Übertritt gestanden hat, als dies bisher bekannt geworden ist. Mühsam verhandeltes Entgegenkommen gab anscheinend in letzter Minute den Ausschlag, daß er dann doch noch seiner Verbundenheit mit dem hannoverschen Dienst nachgab. Freilich wäre auch selbst Preußen zu diesem Zeitpunkt noch kein Ort für grundlegende Reformen gewesen, zumal Scharnhorst dort noch lange keine so einflußreiche Position beziehen konnte wie in Hannover. Was Scharnhorst nach Berlin zog, waren persönliche Vorteile und nicht zuletzt der Respekt vor dem höheren professionellen Standard der preußischen Armee. Auch in dieser Hinsicht verkörperte Scharnhorst, wie in der Einleitung zum ersten Band ausgeführt, einen neuen Typus des Berufssoldaten.

Kernstück dieser Berufsauffassung war die intellektuelle, dabei praxisorientierte Durchdringung der militärischen Aufgaben, wie sie in zahlreichen Texten dieses Bandes zum Ausdruck kommt. Der geplante dritte Band wird, vorbehaltlich der weiteren Förderung dieses Projekts, genau daran anknüpfen und beleuchten, in welcher Weise dieses Anliegen in Preußen neue Möglichkeiten finden konnte.

Michael Sikora, Tilman Stieve

Abkürzungen und Siglen

′	Fuß
″	Zoll
a. c.	anni currentis (des laufenden Jahres)
Bat.	Bataillon
Batt.	Batterie
brit.	britisch
bückeb.	bückeburgisch (schaumburg-lippisch)
c. a. d., c. d.	c'est-à-dire (das heißt)
d.	Pfennig (denarius)
dt.	deutsch
E. H.	Eure Hoheit, Eurer Hoheit, Euer Hochwohlgeboren
E. K. H.	Eure Königliche Hoheit
Ew.	Eure(n), Euer
Ew. G.	Eure Gnaden
ƒ	Gulden (Florin)
F.	Fähnrich
f.	(bei Literaturangaben:) und folgende Seite
ff.	(bei Literaturangaben:) und folgende zwei Seiten
fl.	Gulden (Florin)
F.M.	Feldmarschall
fol.	folium (Blatt)
frz.	französisch
G.	1. General; 2. Graf
geb.	geborene
gen.	genannt
G.L.	Generalleutnant
G.M.	Generalmajor
G.Q.	Generalquartier
G.Q.M.	Generalquartiermeister
G.Q.M.L.	Generalquartiermeisterleutnant
G.Q.M.S., G.Q.M.St.	Generalquartiermeisterstab
ggr.	Gute Groschen
gr.	Groschen
Gr.	Graf
GStA PK	Geheimes Staatsarchiv Preußischer Kulturbesitz
H.	1. Herr; 2. Hauptmann; 3. Herzog
h.	hommes (in frz. Texten)
hann.	hannoversch

H.G.Q.	Hauptgeneralquartier
holl.	holländisch
H.Q.	Hauptquartier
HStAH	Hauptstaatsarchiv Hannover
I. K. H.	Ihre Königliche Hoheit
k., kgl.	königlich
K. H.	Königliche Hoheit
k.k.	kaiserlich königlich (österreichisch)
K.M.	Kassenmünze
℔	Pfund (libra)
Lit.	littera (Buchstabe)
L. S.	loco sigilli (anstelle des Siegels)
L. S. Not.	loco sigilli notarii (anstelle des Siegels des Notars)
M.	1. Major; 2. maréchal; 3. monsieur
m. g. H.	mein gnädiger Herr
mgr.	Mariengroschen
Mr., Msr.	monsieur
Mrs.	messieurs
Msgr.	monseigneur
ndl.	niederländisch
NMJ	Neues militärisches Journal
O.	Oberst
O.L.	Oberstleutnant
p.	per, pro
p., pp.	und so weiter
p.C.	Prozent (pro cento)
P. M.	pro memoria (zur Erinnerung) bzw. Promemoria (Denkschrift, Eingabe)
poln.	polnisch
pr.	1. pro; 2. preußisch
preuß.	preußisch
Q.M.L.	Quartiermeisterleutnant
r	(bei Folienangaben:) recto (Vorderseite)
rh., rt., Rthlr.	Reichstaler
russ.	russisch
S.	1. Seite; 2. Schritt
S. A. S.	son Altesse sérénissime (Seine/Ihre Durchlaucht)
S. D.	Seine Durchlaucht
S. Exc.	Seine Exzellenz
S. K. H.	Seine Königliche Hoheit
S. Maj.	Seine Majestät
StadtAH	Stadtarchiv Hannover
u.d.g.m., u. dgl. m.	und dergleichen mehr
usw., u.s.w.	und so weiter

v	(bei Folienangaben:) verso (Rückseite)
verh.	verheiratete
Xoff., Xofficier	Unteroffizier
z. E.	zum Exempel

Verzeichnis ausgewählter Hilfsmittel und Literatur

Georg Heinrich von Berenhorst: Betrachtungen über die Kriegskunst, über ihre Fortschritte, ihre Widersprüche und ihre Zuverlässigkeit, Leipzig ³1827 (Faksimilenachdruck Osnabrück 1978 (Bibliotheca Rerum Militarium, Bd. XXVIII, 1)).

Franz Bertram (Hrsg.): Aus der Korrespondenz des Generalleutnants v. Scharnhorst mit der Helwingschen Buchhandlung in Hannover, in: Börsenblatt für den deutschen Buchhandel, 77 (1910), S. 52–54.

Hans Bleckwenn: Unter dem Preußen-Adler. Das brandenburg-preußische Heer 1640–1807, München 1978.

Pierre Joseph Bourcet: Mémoires historiques sur la guerre en Allemagne depuis 1757 jusqu'en 1762, Paris 1792.

Hermann Büschleb: Scharnhorst in Westfalen. Politik, Administration und Kommando im Schicksalsjahr 1795, Herford 1979.

René Chartrand und Patrice Courcelle: Émigré & Foreign Troops in British Service (1) 1793–1802, Botley, Oxford, 1999.

Pierre David: Histoire chronologique des opérations de l'armée du Nord et de celle de Sambre-et-Meuse depuis germinal de l'an II jusqu'au même mois de l'an III, tirée des livres d'ordre de ces deux armées par le citoyen David, Paris 1796.

Deutsches Biographisches Archiv. Eine Kumulation aus 254 der wichtigsten biographischen Nachschlagewerke für den deutschen Bereich bis zum Ausgang des neunzehnten Jahrhunderts, hrsg. von Bernhard Fabian, 1431 Mikrofiches und 2 Beilagen, München, New York, London und Paris 1982.

Deutsches Geschlechterbuch, hrsg. von Bernard Koerner, 30. Band, Görlitz 1918.

Siegfried Fiedler: Scharnhorst. Geist und Tat, München 1958.

Richard Wayne Fox: Conservative Accomodation to Revolution: Friedrich von der Decken and the Hanoverian Military Reform, 1789–1820. An Inquiry into the Role of the Military in State and Society, Dissertation, Yale 1972.

Ursula von Gersdorff (Hrsg.): Gerhard von Scharnhorst. Ausgewählte Schriften, Osnabrück 1983 (Bibliotheca Rerum Militarium, Bd. XLIX).

Georg Christoph Lichtenberg: Goettinger Taschen Calender vom Jahr [1778, 1779, 1781, 1782, 1785, 1786, 1793, 1794, 1797, 1799] und Taschenbuch zum Nutzen und Vergnügen fürs Jahr [1778, 1779, 1781, 1782, 1785, 1786, 1793, 1794, 1797, 1799], Göttingen 1777, 1778, 1780, 1781, 1784, 1785, 1792, 1793, 1796, 1798 (Faksimilenachdruck Mainz 1991, 1996, 1989, 1995, 2001, 1994, 1990, 1993, 1997, 1998).

Colmar Freiherr von der Goltz (Hrsg.): Militärische Schriften von Scharnhorst, Berlin 1881 (Militärische Klassiker des In- und Auslandes).

Colmar Freiherr von der Goltz: Von Roßbach bis Jena und Auerstedt. Ein Beitrag zur Geschichte des preußischen Heeres, Berlin ²1906.

Olaf Groehler: Die Kriege Friedrichs II., Berlin (Ost) ⁶1990 (Erstausgabe: Berlin (Ost) 1966).

Martin Guddat: Kanoniere, Bombardiere, Pontoniere. Die Artillerie Friedrichs des Großen, Hamburg 1992.

Georg Christoph Hamberger und Johann Georg Meusel (Hrsg.): Das gelehrte Teutschland oder Lexikon der jetzt lebenden teutschen Schriftsteller, 19 Bde., Lemgo ⁵1796–1823.

Stefan Hartmann: Unterlagen im Nachlaß Scharnhorst zur Geschichte Hessen-Kassels im Siebenjährigen Krieg, in: Hessisches Jahrbuch für Landesgeschichte, 38. Bd. (1988), S. 139–160.

Otto Heuschele (Hrsg.): Deutsche Soldatenbriefe aus zwei Jahrhunderten, Leipzig 1935.

Reinhard Höhn: Scharnhorsts Vermächtnis, Bonn 1952 (3. Auflage unter dem Titel: Scharnhorst. Soldat – Staatsmann – Erzieher, München und Bad Harzburg 1981).

Michael Holzmann und Hanns Bohatta: Deutsches Anonymen-Lexikon. Aus den Quellen bearbeitet, 7 Bde., Weimar 1902–1911 (Faksimilenachdruck Hildesheim 1961).

Max Jähns: Geschichte der Kriegswissenschaften, vornehmlich in Deutschland, 3 Bde., München und Leipzig 1889–1891 (Geschichte der Wissenschaften in Deutschland. Neuere Zeit, 21. Band).

Curt Jany: Geschichte der Königlich Preußischen Armee bis zum Jahre 1807, 3 Bde., Berlin 1928–1929.

Georg Heinrich Klippel: Das Leben des Generals von Scharnhorst. Nach größtentheils bisher unbenutzten Quellen, 3 Bücher in 2 Teilen, Leipzig 1869, 1871.

Richard Knötel: Handbuch der Uniformkunde. Die militärische Tracht in ihrer Entwicklung bis zur Gegenwart. Grundlegend überarbeitet, fortgeführt und erweitert von Herbert Knötel d. J. und Herbert Sieg, Hamburg [10]1971 (1. Auflage 1937).

Königlich Groß-Britannisch- und Chur-Fürstl. Braunschweig-Lüneburgischer Staats-Kalender auf das Jahr [1760–1803], 44 Bde., Lauenburg 1759–1802.

Berend Kordes: Lexikon der jetztlebenden schleswig-holsteinischen und eutinischen Schriftsteller, Schleswig 1797.

Johannes Kunisch: Fürst – Gesellschaft – Krieg. Studien zur bellizistischen Disposition des absoluten Fürstenstaates, Köln, Weimar und Wien 1992.

Johannes Kunisch und Herfried Münkler (Hrsg.): Die Wiedergeburt des Krieges aus dem Geist der Revolution. Studien zum bellizistischen Diskurs des ausgehenden 18. und beginnenden 19. Jahrhunderts, Berlin 1999 (Beiträge zur Politischen Wissenschaft, Bd. 110).

Joachim Lampe: Aristokratie, Hofadel und Staatspatriziat in Kurhannover. Die Lebenskreise der höheren Beamten an den kurhannoverschen Zentral- und Hofbehörden 1714–1760, 2 Bde., Göttingen 1963.

Aurel von le Beau und Rudolf von Hödl: Österreichischer Erbfolgekrieg 1740–1748, 9. Band, Wien 1914.

Max Lehmann: Scharnhorst, 2 Bde., Leipzig 1886–1887.

Thomas Lindner: Ergebnis der Sichtung, Erfassung und Beurteilung von Archivalien, Büchern und anderen persönlichen Besitztümern Scharnhorsts in seinem Geburtshaus in Bordenau a. d. Leine, unveröffentlichtes Manuskript, Bonn 1987.

Karl Linnebach (Hrsg.): Scharnhorsts Briefe, Bd. 1: Privatbriefe, München und Leipzig 1914 (Neudruck mit einem Kommentar und Anhang von Heinz Stübig, München 1980).

Joachim Niemeyer: Scharnhorst-Briefe an Friedrich von der Decken 1803–1813, Bonn 1987.

Heinz G. Nitschke: Die Preußischen Militärreformen 1807–1813, Berlin 1983 (Kleinere Beiträge zur Geschichte Preußens, Bd. 2).

Eckardt Opitz (Hrsg.): Gerhard von Scharnhorst. Vom Wesen und Wirken der preußischen Heeresreform. Ein Tagungsband, Bremen 1998 (Schriften des Wissenschaftlichen Forums für Internationale Sicherheit e. V. (WIFIS), Bd. 12).

Rangliste der Königl. Preußischen Armee für das Jahr [1798-1801], Berlin o. J.

[Johann Gottlieb Ferdinand Ronnenberg:] Abbildung der Chur-Hannoverschen Armée-Uniformen. Kurzgefasste Geschichte der Churhannoverschen Truppen, Hannover und Leipzig 1791 (Faksimilenachdruck mit einem Nachwort von Alheidis von Rohr, Hannover 1979).

Gerhard Scharnhorst: Handbuch für Offiziere in den anwendbaren Theilen der Krieges-Wissenschaften, 3 Teile, Hannover 1787–1790.

Gerhard Scharnhorst (Hrsg.): Neues militärisches Journal, Bd. 1–7 (1.–14. Stück), Hannover 1788–1793.

Gerhard Scharnhorst: Militärisches Taschenbuch zum Gebrauch im Felde, Hannover ³1794 (Faksimilenachdruck Osnabrück 1980 (Bibliotheca Rerum Militarium, Bd. XXXI)).

Gerhard Scharnhorst (Hrsg.): Unterricht des Königs von Preußen an die Generale seiner Armee. Vermehrt mit den Instructionen, welche der König nach der ersten Ausgabe des obengenannten Unterrichts für seine Armee nach und nach bis an seinen Tod aufgesetzt hat und erläutert durch acht Pläne und durch viele Beispiele aus dem siebenjährigen Kriege, Hannover 1794.

Gerhard von Scharnhorst (Hrsg.): Militärische Denkwürdigkeiten unserer Zeiten, insbesondere des französischen Revolutions-Krieges, Bd. 1–6 (= Neues militärisches Journal, Bd. 8–13), Hannover 1797–1805 (Faksimilenachdruck Osnabrück 1985 (Bibliotheca Rerum Militarium, Bd. XXXVII)).

Gerhard Scharnhorst: Entwicklung der allgemeinen Ursachen des Glücks der Franzosen, in dem Revolutions-Kriege, und insbesondere in dem Feldzug von 1794, in: Militärische Denkwürdigkeiten, Bd. 1 (1797, = NMJ, Bd. 8), S. 1–154 (Nachdruck: Usczeck/Gudzent, S. 97-150).

Gerhard Scharnhorst: Stärke, innerer Zustand, und Krieges-Theater der verbundenen Armeen, in den Niederlanden im Jahre 1794, in: Militärische Denkwürdigkeiten, Bd. 1 (1797, = NMJ, Bd. 8), S. 274–326.

Gerhard Scharnhorst: Feldzug der verbundenen Armeen in Flandern, im Jahre 1794, in: Militärische Denkwürdigkeiten, Bd. 2 (1798, = NMJ, Bd. 9), S. 169–369, Bd. 3 (1801, = NMJ, Bd. 10), S. 134–383.

Bernhard Schwertfeger: Geschichte der Königlich Deutschen Legion 1803–1816, 2 Bde., Hannover und Leipzig 1907.

Louis von Sichart: Geschichte der Königlich-Hannoverschen Armee, 3. Band (2 Halbbände) und 4. Band, Hannover 1870, 1871.

Rudolf Stadelmann: Scharnhorst. Schicksal und Geistige Welt. Ein Fragment, Wiesbaden 1952.

Stammliste aller Regimenter und Corps der Königlich-Preussischen Armee für das Jahr 1806, Berlin 1806. (Faksimilenachdruck Osnabrück 1975 (Altpreußischer Kommiss, Heft 28)).

Georg Friedrich von Tempelhoff: Geschichte des Siebenjährigen Krieges in Deutschland zwischen dem Könige von Preußen und der Kaiserin-Königin mit ihren Alliirten. Vom General Lloyd. Aus dem Englischen aufs neue übersetzt mit verbesserten Planen und Anmerkungen von G. F. v. Tempelhof, kgl. preuß. Oberst bei dem Feldartillerie-Corps, 6 Bde., Berlin 1783–1801 (Faksimilenachdruck Osnabrück 1986 (Bibliotheca Rerum Militarium, Bd. XXIX)).

Georg Tessin: Die Regimenter der europäischen Staaten im Ancien Regime des XVI. bis XVIII. Jahrhunderts, Teil 1: Die Stammlisten, Osnabrück 1986.

Hansjürgen Usczeck: Scharnhorst. Theoretiker, Reformer, Patriot. Sein Werk und seine Wirkung in seiner und für unsere Zeit, Berlin (Ost) 1972.

Hansjürgen Usczeck und Christa Gudzent (Hrsg.): Gerhard von Scharnhorst. Ausgewählte militärische Schriften, Berlin 1986 (Schriften des Militärgeschichtlichen Instituts der DDR).

Charles Edward White: The Enlightened Soldier. Scharnhorst and the Militärische Gesellschaft in Berlin, 1801–1805, New York, Westport und London 1989.

A. von Witzleben: Prinz Friedrich Josias von Coburg Saalfeld, Herzog von Sachsen, k.k. und des Heil. Röm. Reichs Feldmarschall, 3 Teile, Berlin 1859.

I. Im Stab des Observationskorps (1795–1798)

1. Privatbriefe und Dienstgeschäfte in chronologischer Folge

1. Scharnhorst an Wallmoden   Bramsche, 11. November 1795

HStAH, Hann. 38E Nr. 243 fol. 135r–v (1½ S.): Eigenhändig.

An Se. Excellenz den comandirenden Herrn General Grafen von Walmoden-Gimborn.[1]

Braamsche, den 11ten Nov. 1795.

Ew. Excellenz berichte ich hierdurch gehorsamst, daß heute die englischen Wagen, so noch bey den hessischen Truppen sind, nach Lemförde abgehen, dort die Munition laden, so noch den Engländern gehört. Der englische Artillerie Lieutenant Man, so zu der Auseinandersetzung der englischen und hessischen Munition hier hergeschikt ist, wird mit mir, um die Sache zu beendigen, noch heute nach Lemförde gehen.

Vieleicht werden schon uebermorgen einige Wagen mit Munition von Lemförde nach Bremen mit englischer Munition abgehen.

Ich melde dies Ew. Excellenz, damit bey Zeiten andere Befehle erfolgen können, wenn die Sache noch anstehen sollte.

                         G. Scharnhorst

2. Scharnhorst an [Christian Dietrich] Helwing[a]   [Hannover, Dezember 1795]

StadtAH, Autographensammlung, Sammlung Culemann: Scharnhorst Nr. 1936.141 (1 S.): Eigenhändig.

Druck: Bertram, Nr. IV.

Die Kosten, welche ich habe, so bald ich die Denkwürdigkeiten herausgebe, zwingen mich, auf die erwähnten Condition zu halten, fals Ew. Wolgeborn

---

[1] Zu diesem vgl. Anhang 1.

[a] Der Addressat steht auf der Rückseite des Gegenblattes; es handelt sich um Christian Dietrich, da dieser in Hannover lebte, sein Vater dagegen in Lemgo. Die Datierung stammt aus dem Ablagevermerk an gleicher Stelle, der als Absender „Hr. Major Scharnhorst hieselbst" angibt.

den Verlag übernehmen wollten. Die mehren Frey Exemplare werden Ihnen gewiß ehr zum Vortheil als zum Schaden gereichen. Mit größter Hochachtung

bin ich Ew. Wolgebr.
dienstwilligster Dnr.
G. Scharnhorst

3. Vertragsentwurf Hannover, 9. Januar 1796

StadtAH, Autographensammlung, Sammlung Culemann: Scharnhorst Nr. 1936.142 (1½ S.): Eigenhändig.

Druck: Bertram, Nr. VI; Linnebach, S. 164f.

Conditionen, welche zwischen Herrn Hellwing[1] und mir in Betref des fernern Verlags meines militärischen Journals festgesetzt sind.
1. Herr Hellwing übernimt den Verlag meines militärischen Journals, welches jetzt unter einen gedoppelten Titel, nemlich unter dem ehemaligen und unter den Titel: Denkwürdigkeiten aus den Feldzügen des französischen Revolutionskrieges im Jahr 1792, 1793 etc. herauskomen wird.
2. Dies Journal wird jetzt fast gänzlich der Geschichte des jetzigen Krieges gewidmet und es bleibt den Herrn Verleger frey, unter einen eigenen Titel diese Geschichte zugleich abgesondert herauszugeben.
3. Das Journal wird hier in Hannover von einen guten Buchdruker und nicht von Laminger[2] und andern Winkeldrukern auf gutes Drukpapier gedrukt.
4. Die Kupfer werden von einen guten Kupferstecher gestochen und auf Schreibpapier abgedrukt.
5.[a] Für jedes Stük, welches so wie die Stücke bisher waren eingerichtet ist, werden 15 Pistolen und 20 Exemplar auf Schreib und 30 auf Drukpapier Honorarium gegeben, so lange das Journal die Geschichte dieses Krieges behandelt. Hernach aber gilt der alte Accord, wo für jedes Stük 12 Pistolen und 20 Exemplar Honorar gegeben wurde.

Hannover, den 9ten Jan. 1796

G. Scharnhorst
Major.

---

[a] *Statt irrtümlich „4."*
[1] Die Anrede verzichtet auf den dem Vater Christian Friedrich Helwing zustehenden Titel „Rat", also ist Sohn Christian Dietrich Helwing gemeint.
[2] Trotz der schlechten Meinung, die Scharnhorst von ihm hatte, wurde Johann Thomas Lamminger (1757–1805) 1799 zum Hofbuchdrucker ernannt.

4. Denkschrift [?, 1796?[1]]

GStA PK, VI. HA Nl Scharnhorst Nr. 73 fol. 84r–87r (7 S.): Konzept, eigenhändig.

Ausrüstung einer zusammengesetzten Observationsarmee. I. Notwendige Angleichungen. II. Munitionsbedarf. Transportmittel und -entfernungen für die Verpflegung.

Ueber die Ausrüstung eines Corps, welches in Westphalen einen Theil einer Observations-Armee ausmachen soll.

I. <u>Gleichheit im Ganzen</u>

Wenn bey einer zusammengesetz[t]en Armee von mehren Truppen Corps nicht Inconvenienzen aller Art entstehen sollen, so muß sowoll in der Einrichtung der verschie[de]nen Corps als auch in ihrer Ausrüstung so viel als möglich ein und dasselbe System beobachtet werden.

1. muß die Versorgung an Munition auf jedes Stük und auf jeden Infanteristen bey allen Corps sich gleich seyn.
2. muß der Proviant-Trän auf einen Fuß in Rüksicht der Versorgung einer gleichen Anzahl Truppen eingerichtet seyn. Können z. B. bey einen Corps die Brodtwagen und die Proviantträn Wagen bey der Bäckerey auf 10 Tage für jeden Soldaten Brodt und Mehl fortschaffen, so muß es auch so bey den andern Corps seyn, sonst kann man nicht beide auf eine gleiche Art brauchen, und derjenige, der am besten versehen ist, muß sich nach den richten, der es am schlechtesten ist; so entstehet ein Aufwand ohne Nutzen.
3. muß eine gewiße Uebereinstimmung in[a] den Princip der Ausrüstung mit Lebensmittel und der Ausrüstung mit Munition stattfinden. Wenn man z.B. sich auf einen Feldzug mit Munition versähe und nur auf 3 oder 4 Tage seine Lebensmittel mit sich fahren könnte, so würde man von jenen großen Munitions Trän keinen Vortheil haben.
4. Die Oeconomie der Truppen muß so viel möglich auf einen Fuß eingerichtet werden. Dient man mit den Preußen, so muß man bey jeden Regiment ein Gemüse Magazin haben, in den der Soldat zu einen gewissen Preis Erbsen, Mehl, Salz etc. haben kann.
5. In Rüksicht der Fourage Wagen bey der Artillerie und für das Corps in Ganzen muß bey den verschiedenen Corps ein und derselbe Grundsatz festgesetzt werden. Denn sonst können sie unmöglich auf eine gleiche Art operiren.

Ferner muß die Anzahl der Fourage Wagen sich nach den Ausrüstungssystem von Munition und Mehl richten. Denn es würde z.B. zu nichts [nütze sein], daß man bey der Artillerie auf 6 Tage Fourage mit sich

---

[a] *Das Wort in der Vorlage versehentlich doppelt.*
[1] In diesem Jahr wurde die Observationsarmee und ihr hannoversches Korps aufgestellt.

führen könnte, wenn man bey der Infanterie und Cavalerie nur auf 3 Tage mit Brodt sich versehen könnte.

II. <u>Princip des Ausrüstungssystems</u>

Eine Armee, die in Westphalen agirt, braucht nicht so ausgerüstet zu werden als eine, von der es ungewiß ist, ob sie an Ober-Rhein oder an Nieder-Rhein oder in Flandern oder Braband Krieg führen muß.

Wenn in Hameln und Nienburg ein Depot von Munition und Lebensmitteln ist, in welchen der Abgang von Zeit zu Zeit ersetzt wird, so wird ein Corps, welches zwischen der Weser und der Ems agiren soll, mit folgender Ausrüstung in Nothfall operiren können.

1. Für den Infanteristen wird 150 Schuß incl. der 30 Patr[onen],[b] so er mit sich führt, auskommen.
2. Mit 200 Schuß für jede Canone und 150 für die Haubitze wird man in der Lage nie in Verl[e]g[e]nheit kommen. Doch muß man den Stüken der reitenden Artillerie woll 50 Schuß mehr geben.
3. Für jede Compagnie der Infanterie und jede Escadron der Cavalerie muß man 1 Brodtwagen mit 4 Pferden haben. Wenn die Compagnie 150 Gemeine stark ist, so wird dieser Wage[n] auf höchstens 4 Tage für die Compagnie u. Escadron das Brodt fahren können.

   Bey dieser Einrichtung dürfen keine Truppen über 10 Stunden von den Ort, wo das Brodt gebacken wird, entfernt stehen. In den Feldzuge von 1794 und 95 konnten bey den schwachen Compagnien die Brodtwagen auf 6 bis 8 Tage Brodt faßen, das war nie ein Vortheil in der Herbeishafung des Brods. Ohne eben so viel Proviantwagen bey der Bäckerey zu haben als die Anzahl der Compagnie und Escadron Wagen ausmachen, wird man nicht das Mehl von den Flüßen und Magazinen nach der Bäckerey schaffen können. Selten werden überdem diese zureichen, und man wird auser ihnen immer noch Wagen von Lande nöthig haben. Es werden also in ganzen auf jedes Bataill. incl. der Brodwagen 8 Fuhrwerke u. für jede Escadron 2 zum Transport von Mehl und Brodt erfordert, wovon zur Noth die Hälfte in Fuhrwerken, die von Lande geliefert oder gemiethet sind, bestehen können.

   Bey dieser Einrichtung wird man indes auf 9 bis 11 Tage Brodt mit sich führen können, denn
   auf 3 Tage trägt der Mann,
       3–4 Tage faßen die Brodtwagen,
       3–4 " " " Proviant-Tränwagen.
4. Wenn es möglich wäre, in Rüksicht der Fouragen eben die Einrichtung zu treffen, die bey dem Brodt stattfindet[c], so würde dies äusert vortheilhaft seyn. Das würde aber großen Aufwand erforder[n].

---

[b] *Der Rest des Wortes ist durch einen Bindungsfalz nicht lesbar.*
[c] *Statt „stattfinden".*

Wenn man bey der Artillerie auf 3 Tage Fourage auf den Canonen und Munitions Wagen mit sich führt und so viel Fouragewagen hat, daß diese noch auserdem auf 2 Tage Fourage mit sich führen (d. i. auf 80 Pferde 1 Wagen und 4 Pferde), so wird man immer bey der Artillerie sich helfen können, wenn das Magazin nicht über 8 Stunden von der Armee entfernt ist.

Bey der Cavalerie wird man auf jede Escadron 2 und bey der Infanterie auf jedes Bataillon eben so viele Wagen nehmen müssen, wenn sie auf 8 Stunden von den Magazin sich entfernen und man nicht in den Lande, wo man ist, Pferde von den Regimentern pressen lassen will, welches immer Veranlassu[n]g zu Unordnu[n]gen aller Art [gibt], die an Ende wieder indirecte die Truppen trefen.

Wenn man diese Fouragewagen nicht giebt, so muß man statt ihnen Fuhrwerke von Lande sich liefern lassen oder miethen. Hierbey fährt man immer noch beßer, als daß man die Regimenter in die Nothwendigkeit setzt, sie zu pressen. In letzten Kriege schaften die Luxenburgerwagen und die aus entferntern Provinzen gelieferten Landfuhren die Fourage von den Haupt Magazin nach die Ausgabe Magazins. Dazu würden also jetzt auch wieder von Lande gelieferte Wagens erfordert. Man kann auf jedes Bataillon gewiß 2 bis 3 u. eben soviel auf die Escadron rechnen. Die Stellung der Armee an Flüßen, die Fourage, welche man in Sommer an Ort und Stelle findet und endlich die grüne Fouragiru[n]g vermindert indes in manchen Fällen die Anzahl dieser Fuhrwerke.

Welchen Weg man auch einschlägt, so erfordert immer die Sache Arrangements, Vorkehrungen und Ueberlegungen. Hierbey muß der Zustand des Landes, worin man ist, die Jahrszeit und mancher ander Umstand genau erwogen werden. Aber alles das muß bey Zeiten geschehen, sonst weiß man sich hernach nicht zu helfen, weil die vortheilhaftesten Vorkehrungsmittel die meiste Zeit erfordern.

G. Scharnhorst

5. Aufzeichnung [Hannover?, vor Sommer 1796]

Nach der Edition bei Klippel II, S. 218.[a]

Unterrichts-Stunden für die Unterofficiere und Bombardiere im Sommer 1796.[1]

Freitag
Sonnabend } sind zum Dienst bestimmt
Sonntag

---

[a] *Klippel fand das Blatt in den Akten der Generaladjutantur in Hannover.*
[1] Der Unterrichtsplan wurde, zumindestens was Scharnhorst persönlich betraf, durch die Aufstellung des Observationskorps hinfällig, dessen Generalquartiermeister er war.

Montag
Dienstag
Mittwochen
Donnerstag

} sind Nachmittags zum Laboriren, Vormittags zum Unterricht in der Ecole bestimmt, und zwar

    6– 8 Uhr: Lieutenant Stolze[2]: Geometrie
    8–10   ″ : Fähnrich von Arentschildt[3]: Arithmetik
   10–12   ″ : Major Scharnhorst: Artillerie

G. Scharnhorst.

6. Scharnhorst an [Wallmoden?]   Hannover, 10. April 1796

HStAH, Hann. 41 III Nr. 186 fol. 22r (1 S.): Eigenhändig.

Druck: Klippel II, S. 236f.; danach Linnebach, S. 165f.

Auskunft über Beförderung 1794.

[a]Da ich seit 4 Tagen aus Hannover abwesend gewesen bin, so ist es mir erst jetzt möglich, ew. Excellenz Befehl auszuführen.

In meinen Patente von 27sten Junie 1794 bin ich zum Major bey der Artillerie ernannt.

In einen von Sr. Majestät dem Könige unterschriebenen Rescript von oben erwähnten Datum bin ich zum Aide-General-Quartiermeister ernannt. Dies Rescript habe ich bey Ew. Excellenz gesehen, aber nicht erhalten.

Das Patent ist wie alle Majors Patente eingerichtet. Das Rescript war allein für mich ausgefertigt und so ungefähr wie ein Patent eingerichtet.
Hannover, den 10ten April
1796   G. Scharnhorst[b]

---

[2] Zu ihm und anderen nicht durch besondere Fußnoten erläuterten Personen vgl. Band 1.
[3] Victor von Arentsschildt, der später Hauptmann in der Königlich Deutschen Legion wurde, ab 1809 zeitweise zur portugiesischen Armee abgestellt war und 1841 als Generalmajor starb.

---

[a] *Klippel und, ihm nachfolgend, Linnebach stellen diesem Text folgenden Satz voran: „Ew. Excellenz überreiche hierdurch gehorsamst die Abschriften und empfehle mich Dero fernern Gnade." Dieser Satz steht jedoch, von Scharnhorst unterschrieben, auf einem anderen, sonst nicht weiter beschriebenen Blatt, fol. 20r. Der Zusammenhang mit dem vorliegenden Brief erscheint inhaltlich plausibel, doch gibt es dafür keine äußeren Hinweise.*
[b] *Im Faszikel folgen diesem Schreiben Kopien von Scharnhorsts Hand, und zwar des königlichen Reskriptes an Wallmoden vom 27. Juni 1794 (fol. 24) sowie zweier Benachrichtigungen Wallmodens über diese Beförderung an Trew (fol. 26) und Kunze (fol. 28), beide vom 30. Juni 1794.*

7. Denkschrift [?, Mai 1796?¹]

HStAH, Hann. 41 I Nr. 10 (3½ S.): Eigenhändig.
Druck: Klippel II, S. 230f.

Namentliche Empfehlungen für den Generalstab. Personalstärke. Erfahrungen von 1793/94.

I. Ingenieur Officiere, welche zugleich zum Generalstabe zu gebrauchen sind.

1. Lieutenant Schäfer　⎫ Dies sind die brauchbarsten.²
2. "　　"　　Richard　⎭
3. "　　"　　Wilken³　　⎫
4. Fähnrich　Vollimhaus　⎪ Diese 4 sind in Kentnissen woll einander gleich;
5. "　　　"　Preus　　　　⎬ Wilken und Preus sind am willigsten und
6. Lieutenant Kunze⁴　　⎭ thätigsten.

Beym Marsch im Jahr 1793 hatte man auser dem Oberstlieutenant und Fähnrich Kunze 6 Ingenieur Officiere, von denen der Capitain Sibberns⁵ der älteste war.

Beym Corps von 10 bis 12.000 Mann wird man sellten mit dieser Anzahl Officiere fertig, daher man sie den[n] auch in den Feldzuge von 1794 bis zu 13 vermehrte. Man kann immer rechnen, daß der 4te bis 3te krank ist, und wenn man 6 hat, so wird man meistens nur 4 gebrauchen können.

Hier von wird immer wenigstens einer zu den Vorposten gebraucht, einer muß in Haupt Quartier zu unerwarteten Vorfällen bey der Hand seyn; dann bleiben nur noch 2 zum Anlegen von Schanzen, zum Aufnehmen der Gegenden und zum Zeichnen militärischer Plane übrig.

1　Der Text steht vermutlich in Zusammenhang mit einem Schreiben Wallmodens an Freytag vom 11. Mai 1796, das in demselben Faszikel abgelegt ist. Für die Aufstellung der Observationsarmee fordert Wallmoden darin u. a. die Einstellung von 6 Ingenieuroffizieren, 6 Guiden und 20 Mann Pionieren inclusive Unteroffizieren. Neben anderen Officieren wird darin auch Scharnhorst als Generalquartiermeisterleutnant von Wallmoden als „fast unentbehrlich" eingestuft (vgl. Abdruck bei Klippel II, S. 229f.).
2　Georg Friedrich Schäffer und Anton Heinrich Richard hatten schon während des Feldzugs in den Niederlanden beim Generalstab gedient, vgl. Band 1.
3　Johann Heinrich Wilckens hatte 1794 beim Stabe der Generale Wangenheim und Graf Oeynhausen gedient.
4　Leutnant Kunze war 1793 Aide des Obersten Friedrich Christoph Kunze gewesen. Es handelt sich vermutlich um den 1842 als Oberstleutnant verstorbenen Friedrich Kunze.
5　Johann Tante Sibberns, der ab August 1793 Major und bei Auflösung der kurhannoverschen Armee Oberstleutnant war.

Wenn man daher zu jenen 6 Officieren noch 2 Conducteure mit nehme, so würde man bey der angenommenen Stärke des Corps doch nur sehr nothdürftig mit dieser Gattung Officiere versehen seyn.[6]

II. Guiden

Es sind im Jahr 1793 6 Guiden ausmarschirt. Hätte man Leute, welche eine Gegend aufnehmen, einen Plan zeichnen und eine Schanze erbauen lassen könnten, so könnte man nicht genug Guiden haben. Es wird daher nur dann nützlich seyn, 4 bis 6 Guiden wieder anzuwerben, wenn man Leute haben kann, welche diese Eigenschaften besitzen.

Man nehme ein oder and[e]rn geschikten Pioniers, Mineur oder Sapeur Unterofficiere dazu und lasse ihn in seine Stelle hernach wieder zurüktreten, so ersparrt jetzt und auch in der Zukunft.[a]

III. Pioniers

Man nehme 10 bis 12 Unterofficiere und Leute dazu, welche im Stande sind, Verschanzungen und Weg-Arbeiten zu dirigiren. Die starke Bezahlung und der selltene Gebrauch dieser Leute macht es nothwendig, nicht viele zu haben.

8. Notizen [?, vor 1. Juli 1796?[1]]

HStAH, Hann. 41 I Nr. 11 fol. 25r (1 S.): Eigenhändig.

Einige, die Dislokation der hannövrischen Trupen betreffende Anfragen.

1. Können die Batterien schwere Artillerie vorerst noch nahe bey der Weser in der Mitte der übrigen Quartiere an einem Orte beyeinander bleiben?
   Dies wäre wegen einiger noch bey ihnen zu trefenden Arrangements und Uebungen zu wünschen. Indes ist hier von eine Batterie geschwinde Artillerie ausgenommen, welche bey der Brigade von leichten Trupen bleibt.

---

[a] *Der Satz ist unvollständig geblieben.*
[6] Tatsächlich wurden die Leutnants Schäffer, Wilckens und Richard, die Fähnriche Christoph Heinrich Vollimhaus und Franz Ludwig Preuß und der Conducteur Georg Friedrich Meinecke dem Stabe des im Juli aufgestellten Observationskorps zugeteilt. Dazu kamen noch sechs Guiden. Vgl. die Aufstellung bei Sichart IV, S. 651–658.

[1] Vgl. Anmerkung 3.

2. Wird das hessische Amt Bassum, das braunschweigsche Amt Steirberg², die Grafschaft Delmenhorst und Oldenburg und das bremsche Gebiet belegt, wenn es der Plan der Dislocation mit sich brächte?³

9. Notiz [?, vor Juli 1796?¹]

HStAH, Hann. 41 I Nr. 11 fol. 26r (1 S.): Eigenhändig.

Entwurf zu den Cantonements der hannövrischen Truppen, wozu die Genehmigung Sr. Durchlaucht des Herzogs von Braunschweig² erwartet wird.

1. Die leichten Trupen am rechten Ufer der Hunte von Dümmersee an abwärts.
2. Die reguläre Infanterie, Cavalerie und Artillerie am beiden Ufern der Weser. Der rechte Flügel erstrekt sich bis am Ausfluß der Hunte und der linke bis Nienburg.

Ob Bremen, wie es zu wünschen, belegt werden kann, wird noch bestimmt werden.

10. Disposition [?, 1796]

HStAH, Hann. 41 I Nr. 11 fol. 29r–v (2 S.): Konzept, eigenhändig, mit Hinzufügungen von fremder Hand.

Eintheilung des hannövrischen Corps

I. Avant Ga[r]de.ᵃ

Comandeur ------
    2 Bataillon leichte Infanterie
    2 Compagnie Jäger
    4 Escadron leichte Dragoner
    1 Batterie geschwinde Artillerie

---

² Steyerberg.
³ Das konnte zu diplomatischen Verwicklungen mit den betroffenen Staaten Hessen-Kassel, Braunschweig, Oldenburg und Bremen führen. Die Frage wurde zumindestens für die oldenburgische Grafschaft Delmenhorst positiv beantwortet. Dieses Dokument muß also noch vor dem Einrücken des 1. Grenadierbataillons in Delmenhorst am 1. Juli (vgl. Sichart IV, S. 657) entstanden sein.

¹ Die Dislokation entspricht in etwa der Lage Ende Juni/Anfang Juli 1796.
² Zu Herzog Karl Wilhelm Ferdinand von Braunschweig, dem Befehlshaber der preußisch-hannoverschen Observationsarmee, vgl. Anhang 1.

ᵃ *Von fremder Hand, mutmaßlich Wallmodens, eingefügt. Scharnhorst hatte mit „Leichte Truppen" überschrieben.*

Sie werden in 2 Corps getheilt, jedes besteht aus
1 Bataillon leichte Inf.
1 Compagnie Jäger[b]
2 Esc. leichte Dragoner
3 Stük geschwinde Artillerie

Die beiden Comandeurs der einzelnen Corps ---

Ein Corps zur Soutien.[c]

Comandeur ------
3 Bataillons Grenadiere
6 Escadron schwere Cavalerie
1 Batterie reit. Artillerie
1 Batterie geschwinde Artillerie

Sie wird in 2 Brigaden getheilt. Die Infanterie und Cavalerie macht jede eine Brigade aus.
Comandeurs der beiden Brigaden ----

III. Haupt Corps

1ste Linie
11 Bataillons Inf. in 3 Brigaden
3 Batterie schwere Artillerie
2te Linie
10 Escadrons Kavalrie, in 3 Brigaden

Wird 1 Brigade Infanterie und Cavalerie zusammengesetzt, so entstehet eine Division.
Es werden also hier 3 Divisions Comandeurs und 6 Brigadiers erfordert.

Vertheilung der Truppen

I. <u>Leichten Truppen</u>[d] an der Hunte, Comandeur zu Wildeshausen oder Harpstädt.

---

[b] *Am Rande von fremder Hand (wie Anm. a) ergänzt: „2 Batt. G[re]nad."*
[c] *Von fremder Hand (wie Anm. a) eingefügt. Scharnhorst hatte mit „II. Avant Garde" überschrieben.*
[d] *Man beachte, daß bei dieser Verteilung noch die ursprünglichen Bezeichnungen zugrunde liegen, die oben abgeändert wurden.*

II. <u>Avantgarde</u>
Syke, Vilsen, Sidenburg, Mittel[.....ᵉ], Vilsen
III. <u>Haupt Corps</u>
1ste Division um Bremen
2te Division um Hoya
3te um Nienburg[1]

11. Disposition   [?, Juni 1796?[1]]

HStAH, Hann. 41 I Nr. 11 fol. 21r–22r (2½ S.): Eigenhändig.

Druck: Klippel II, S. 246f.[2]

Details der geplanten Einquartierungen.

Der am 6ten dieses preparirteᵃ Entwurf von den Cantonements der hannövrischen Trupen wird also dahin abgeändert, daß durch die Ausdehnung der Quartiere bis Libenau nun alle Infanterie am linken Ufer der Weser cantonirt. Da indes 5000 Mann jetzt noch nicht mobil sind, so wird die Einrichtung bey den Cantonements der 10.000, welche zuerst marschiren, so getroffen, daß jene zwischen denselben ihre Quartiere finden. Auf diese Weise schließen sich die Cantonements der hannövrische[n] Trupen gleich anfangs an die der preußischen, und die später kommende Division derangirt nicht die angenommene Ordnung, die Infanterie alle ans linke Ufer der Weser zu verlegen.[3]

Das hannövrische Corps kann sich beym Dümer See und bey Wildeshausen bequem in 4 und, wenn es erfordert wird, in 3 Märschen versamlen.

Zur Versamlung bey Oldenburg hat der rechte Flügel des Corps nur 2 bis 3, der linke aber 4 starke Märsche. Ich rechne den ordinären Marsch zu 5, den starken zu 7 Stunde Wegs.

ᵉ   *Unleserlich. Gemeint ist möglicherweise Mittelhuchting.*
[1]   Vgl. die bei Sichart IV, S. 651–658, abgedruckte Organisation und Dislokation für Juli bis Oktober 1796. Das Observationskorps bestand aus der Avantgarde unter Generalmajor Bernhard von Linsingen (Wildeshausen), dem Soutien-Korps unter Generalmajor Ludwig Heinrich August von Scheither (Delmenhorst) und dem Hauptkorps unter Wallmoden (Hoya).

ᵃ   *Bei Klippel: „von mir proponirte".*
[1]   Nach Sichart IV, S. 658, rückte das 1. Infanterieregiment am 5. Juli 1796 in Liebenau in seine Quartiere. Da im ersten Satz dieses Textes vom „6ten dieses" die Rede ist, bezieht sich dieses Datum wahrscheinlich auf Juni. Bei einem Datum im Mai oder früher wäre die Mobilisierung noch nicht so weit fortgeschritten gewesen, wie hier geschildert.
[2]   Unter dem Titel „Pro Memoria, die Versammlung der hannövrischen Truppen betreffend." Der Inhalt wird auch bei Sichart IV, S. 661f., referiert.
[3]   Nach Sichart IV, S. 650f., marschierten Ende Juni die ca. 11.000 Mann des Observationskorps aus. Die gesamte Operation wurde bis zum 7. Juli abgeschlossen.

12. Denkschrift [?, zwischen Juli und 3. Oktober 1796?¹]

HStAH, Hann. 41 I Nr. 11 fol. 7r–9v (5½ S.): Eigenhändig.
Druck: Klippel II, S. 261f. (gekürzt).
Alternative Versammlungspläne gegen einen über die Ems vordringenden Gegner.

P. M., die Versammlung des hannövrischen Corps betreffend.

Es können 2 Voraussetzungen bey der Versamlung des hannövrischen Corps vorkommen:
1. Die Versamlung geschiehet, ehe der Feind die Ems passirt; oder
2. sie geschiehet, nachdem dies geschehen ist.

Die erste Voraussetzung kann man ganz übergehen; bey der 2ten treten 2 Fälle ein.
Im <u>ersten</u> versammlet sich das Corps bey Goldenstädt,
im <u>zweyten</u> versamlet es sich an der Weser.

I. <u>Disposition zur Versamlung bey Goldenstädt.</u>

1. <u>Avantgarde</u>
So bald man hört, daß der Feind sich der Ems nähert, schikt die leichte Cavalerie beständig Patrouillen gegen Kloppenburg, Quakenbrügge, Bramsche, Ape und Moorburg; unterdes versamlet sich bey
<u>Goldenstädt</u> der linke Fl[ügel] der Avantgarde, als:
    1 Bataillon 14ten Reg.
    1 Comp. Jäger
    3 Stük geschw. Art.
    2 Esc. leichte Dragoner 9ten Reg.
bey <u>Wildeshausen</u> der rechte Flügel, als:
    1 Bataillon 14ten Reg.
    1 Compagnie Jäger
    3 Stük geschw. Art.
    2 Escadr. l. Drag. 10ten Reg.
Die leichten Dragoner bewachen aber immer noch die Hunte zwischen Diepholz und Oldenburg und schiken beständig ihre Patrouillen 4 bis 6 Stunde vorwärts.

---

1 Klippel ordnete das Dokument hinter dem Promemoria vom 23. Juni 1797 (Nr. 62) ein, die Disposition paßt aber eindeutig zur ursprünglichen Verteilung des Korps ab Juli 1796. Im Oktober wurde das Avantkorps vom Raum Wildeshausen/Diepholz in die Umgebung von Quakenbrück vorgeschoben. Das für die Avantgarde unter I. beschriebene Manöver paßt aber nur zu östlicheren Quartieren.

2. Soutiens Corps
Versamlet sich bey Delmenhorst und marschirt von da nach Wildeshausen, wo zu ihm der rechte Flügel der Avantgarde stößt.

3. Haupt-Corps
1ste Colonne bestehet aus den
4ten und 5ten Grenad. Bat.[2]
1 Bataillon 5ten Reg.
1   ″   ″   ″ 10 ″   ″
1   ″   ″   ″ 11 ″   ″
2 Escad. Garde du Corps[3]
2 Esc. 4ten Caval. Reg. und
1 Batterie schwere Artillerie
Sie versamlet sich zu Alten Bruchhausen[4] und marschirt über Bassum nach Goldenstädt. Der Herr .... comandirt sie.
2te Colonne, bestehet aus den
1 Bataillon 9ten Reg.
1   ″   ″   ″ 1sten ″
1 Batterie schw. Artillerie
2 Esc. 8ten Cav. Reg.
Sie versamlet sich zu Oile[5] und marschirt von da über Suhlingen nach Goldenstädt.
Sie wird von den Herrn .... comandirt.

II. Disposition zur Versamlung an der Weser.

1. Avantgarde
Der linke Flügel der A.G., als 1 Bat. 14ten R., 1 Comp. Jäg., 2 Esc. 9ten Cav. Reg. und 3 Stük reit. Art., versamlen sich bey Dreber und marschiren über Suhlingen nach Lemke.
Der rechte Flügel der Avantgarde, als 1 Bat. 14ten Inf. Reg., 1 Comp. Jäg., 2 Esc. 10ten Reg. und 3 Stük reit. Art., versamlen sich bey Wildeshausen und marschiren nach Altenbruchhausen.

2. Soutiens Corps
Versamlet sich vor Bremen.

---

[2] Das 1796 zusammengestellte 5. Grenadierbataillon bestand aus Grenadieren des 2., 3., 7., 8., 12. und 13. Infanterieregiments. Zu den übrigen vier vgl. Band 1.
[3] Damit ist das offiziell als Leibgarde bekannte Regiment gemeint.
[4] Heute Bruchhausen.
[5] Oyle.

3. <u>Haupt-Corps</u>

1ste Division als 4. und 5te Gren. Bat.
   1 Bat. 5ten, 10ten und 11ten Inf. Reg.
   1 Bat. schwere Art.
   2 Esc. Garde du Corps und
   2 " 4ten Cav. Reg.
   versamlen sich zu Hoya unter dem Comando des H.G. ....
2te Division, als 1 Bataillon 6ten Reg., 1 Bat. 9ten und 1 Bat. 1sten Reg., 2 Esc. 8ten Reg. und 1 Batterie schw. Art. versamlen sich zu Nienburg unter dem Comando des Herrn G. ....

Erfordern die Umstände nach der Versamlung der Corps und Division nun eine Versamlung des ganzen Corps, so geschiehet dies nun am rechten Ufer der Weser.

13. Denkschrift [?], 1796

HStAH, Hann. 41 I Nr. 12 (22 S.): Eigenhändig.
Druck: Klippel II, S. 252–258.

Mögliche französische Angriffsoperationen. Unmöglichkeit einer reinen Defensive. I. Gegenangriff an der holländischen Grenze. Mögliche Fälle. Probleme und Risiken der Gegenoperation. Drohender Verlust Ostfrieslands und Oldenburgs. II. Konzentration bei Osnabrück mit Hauptschlacht als Ziel. Wesentliche Vorteile der Verteidiger. Mögliche Rolle Wesels.

Memoir, den Operations-Plan der westphälischen Armee im Jahr 1796 betreffend.

Wenn der Feind bey dem Vordringen in Westphalen seine Operationen so einleitet, wie er es in ähnlichen Unternehmungen in diesem Kriege gethan hat, so wird er mit einer Armee von dem Nieder-Rhein gegen die Ober-Weser und mit einer andern von der Nieder-Ems gegen die Nieder-Weser oder einen gemeinschaftlichen Punkt der Mittel-Weser operiren.

Schlägt er nicht diesen Weg ein, so bleiben noch 2 andere ihn übrig. 1. Mit der Haupt Armee auf Osnabrük und den mittlern Theil der Weser zu gehen und unterdes ein starkes Corps auf Os[t]friesland und Oldenburg und ein schwächeres auf Münster zu schicken. 2. Erlauben die Angelegenheiten des Ober-Rheins und die in Händen habenden Hülfsmittel den Feind aber keine weitaussehende Unternehmung, so wird er blos sein Augenmerk auf die Eroberung von Os[t]friesland und Oldenburg[a] oder auf die Besitznehmung des Landes zwischen den linken Ufer der Lippe und dem Rheine richten.

---

[a] Statt „Oledenburg".

In jeden Fall wird den Verbundenen der Plan des Feindes bis zur Ausführung unbekannt bleiben. Denn da er allerwärts, wo er hin kömt, Fourage findet und nimt, so können die Verbundenen nicht darauf rechnen, daß sie durch die Anlegung feindlicher Magazine einen Fingerzeig des Angrifs-Punkts erhalten. Hieraus folgt, daß die Verbundenen auf jeden Punkt der ganzen Front nicht gegen einen Haupt Angrif sicher seyn können, so bald sich der Feind an den Nieder-Rhein und den Gränzen von Holland[1] versamlet.

Die Gränze von Westphalen, von Emden bis Wesel und von da bis an die Landgrafschaft Hessen, beträgt ungefähr 80 Stunden. In diesem ganzen Raum ist nur die einzige Festung Wesel und auser ihr kein Haupt Hinderniß, in welchen man mit wenigen Truppen viele aufhalten könnte. Es ist also für die Verbundenen keine eigentliche Defensive möglich, und es bleibt daher nichts übrig, als den Krieg in einen Angrifs Krieg überhaupt zu verwandeln oder die feindlichen Armeen erst dann anzugreifen, wenn sie in Westphahlen eindringen.

Läßt die politische Lage und der übrige Zusammenhang der Dinge nicht den ersten Fall zu, so kömmt es allein auf die Ausführung des letzteren an.

Nur zwey Entwürfe scheinen hier ausführbar zu seyn:

1. Man stellt den Feind sich auf den Gränzen von Holland entgegen und greift ihn an, wenn er über dieselbe dringt, oder

2. man versamlet sich mehr in Mittelpunkte der bedroheten Provinzen und gehet von da den eindringenden Feind entgegen.

I. <u>Entwurf</u>. Beym ersten Entwurf, wo man sich den Feind auf den Gränzen Westphalens entgegenstellt, hat man den scheinbaren Vortheil, daß man den ganzen Kreis[2] in eigentlichen Verstande dekt und alle Subsistance und Hülfsmittel desselben in Händen behält. Dagegen treten aber folgende Nachtheile ein: 1. kann die Dekung nicht ohne eine Vertheilung der Armee geschehen, und nimt man an, daß in Os[t]friesland ein schwaches, in der Grafschaft Lingen ein stärkeres, bey Münster und zwischen Duysburg und Wesel zwei starke Corps oder die Haupt Armee stehet, so ist jedes 2 bis 3 Tage Märsche von dem andern entfernt und stehet in Gefahr, mit der ganzen feindlichen Macht angegriffen zu werden, während er die andere mit wenigen Truppen bedrohet.

---

[1] Gemeint ist die am 2. Januar 1795 proklamierte Batavische Republik. Die vormalige Republik der Vereinigten Niederlande stand nun im Lager der Französischen Republik, zu deren Gunsten sie im Haager Vertrag vom 16. Mai 1795 auf Niederländisch-Flandern, Maastricht und Venlo verzichtet hatte.

[2] Der Westfälische Kreis des Deutschen Reiches.

Zwey Fälle können hier eintreten. 1. Der Feind wendet seine Haupt Macht gegen die Nieder-Ems oder 2. gegen die Corps oder Haupt Armee zwischen Münster und Wesel.

1. Wen der Feind gegen die Nieder-Ems agirte, so würde er einen großen Theil seiner Macht zwischen Zütphen und Oldensal vereinigen und zugleich ein Corps von Düsseldorf aus gegen die Lippe und ein anders von Gröni[n]gen aus gegen Os[t]friesland operiren lassen. Bald darauf würde er mit einen kleinen Theil seiner Haupt Macht gegen über Wreden[3] und Horstmar auf Münster eine Demonstration machen, während die Haupt Macht über die Grafschaft Bentheim in das Niederstift Münster und Osnabrük dränge. Könnte man mit den Corps oder der Haupt Armee bey Münster und Wesel in dieser Lage selbst den vor sich habenden Feind angreifen, so bald man fürchtete, daß er seine Haupt Macht anderswo hätte, und also ihn den Vortheil, den seine vereinigte Macht über die Corps an der Nieder-Ems erhielte, wieder nehmen, so würde man freilich den Nachtheil der Stellung auf den Gränzen vermindern. Aber dieser Angrif ist hier mit großen Schwirigkeiten verknüpft, in dem man gleich auf die feindliche Festung Doesburg trefe und den Feind in Flank und Rüken liesse. Der Feind, welcher während dieser Offensiv Bewegung von der Nieder-Ems gegen die Nieder-Weser operirte, fände dagegen, wenn er einmal das ihn entgegengestellte Corps geschlagen hätte, weiter keinen Wiederstand. Dann würde auf einmal die Nieder-Ems und Weser verlohren seyn, und selbst nach der Vereinigung der verschiedenen Corps der Verbundenen und nach einer glüklichen Schlacht würde man vieleicht nicht im Stande seyn, den Feind von Os[t]friesland und Oldenburg zu vertreiben, weil diese Länder den Vertheidiger Mittel an die Hand geben, mit wenigen Truppen vielen zu wiederstehen.

2. Wenn der Feind in 2ten Fall gegen das Corps bey Münster und Wesel seine Macht richtete, wenn er gegen dasselbe von Holland und Düsseldorf aus operirte, zu gleich aber das Niederstift Münster und Os[t]friesland bedrohte, so würde er, ohne ein Schlacht zu liefern, das zwischen Wesel und Duysburg stehende Corps nöthigen, über die Lippe sich den Corps bey Münster zu nähern und das Corps, so von Münster in die Position bey Dülmen gerükt wäre, würde nun nach Münster wieder zurükkehren müßen.

Auch hier können diese Corps oder die Haupt Armee nicht stehen bleiben, so bald die zwischen der Roer[4] und Lippe agirende feindl. Armee zwischen diesen Flüßen hinauf operirte, während die von Holland kommende die rechte Flanke und Fronte der erwähnten Corps beschäftigte und ihre Comunication mit Osnabrük unsicher machte. Zu einer Haupt Schlacht würde es der Feind hier nicht kommen lassen. Auch könnten die Verbundenen sie hier nicht annehmen; denn um die Nieder-Ems nicht ganz zu entblößen,

---

[3] Vreden.
[4] Ruhr.

könnte nicht bey Münster ihre Haupt Macht vereinigt werden; über dem verlöhren sie in den durchschnittenen Terrän dieser Gegend den Vortheil, den sie von einer überlegenen Cavallerie haben können.

Erst am rechten Ufer der Ems würde man den feindlichen Vordringen Einhalt thun können. Während diesen Operationen an der Lippe und Ober-Ems würden die Corps in der Grafschaft Lingen und Os[t]friesland in Unthätigkeit bleiben. Denn wollte man sie nach Münster ziehen, so liefe man, wie erwähnt, Gefahr, daß Os[t]friesland und Oldenburg verlohren ginge, und alle Zufuhr zur Armee von der Nieder-Ems und Weser abgeschnitten würden. Wollte man aber mit ihnen vorrüken, so trefe man auf impractikable Moräste, Festungen und Forts.

Aus diesen Betrachtungen scheint zu folgen, daß man bey der Postirung der Armee auf den Gränzen Westphalens a. Gefahr läuft, die Nieder-Weser zu verliehren, wenn der Feind gegen dieselbe seine Haupt Macht richtet, und b. in jeden Falle gezwungen wird, dem Mittelpunkte dieses Kreises sich zu nähern, ehe man dem eindringen[den] Feind auf eine nachdrükliche Art sich entgegenstellen kann. Zu diesen an sich sehr bedenklichen Umständen kommen noch die Fatiguen, welche die Armee in dieser Lage leiden, und der uebele Eindruk, den die rükgehende Bewegung oder gar der Verlußt von Os[t]friesland und Oldenburg auf sie machen würde, in einer Zeit, wo eine Haupt Schlacht, welche diesen Feldzug entscheiden soll, jeden Tag sich zutragen kann.

II. Der 2te Entwurf, sich mit der Haupt Macht in Mittelpunkt der bedrohten Provinzen zu halten und den eindringenden Feind entgegen zu gehen, hat den Nachtheil, daß die Gränzen Westphalens anfangs nur von leichten Corps bewacht werden und daß dies Land daher den feindlichen Einfällen, Fouragirungen etc., noch ehe es zu[b] Operationen kömt, ausgesetzt seyn kann*, und daß die an den Gränzen liegenden Provinzen glauben, daß man nichts für sie thun wolle.

Alle diese Nachtheile haben aber nur einen scheinbaren Bezug auf den 2ten Entwurf, weil auch bey der Ausführung des ersten die Gränzen doch immer ein Theil des Kriegestheaters werden müßen und also den damit verknüpften Schiksahl nicht ausweichen können.

Wenn die Haupt Armee in den Mittelpunkt der bedrohete[n] Provinzen, d.i. in der Gegend von Osnabrük, so lange bleibt, bis die feindlichen Armeen in Westphalen eindringen, so entstehen gegen jene anscheinenden Nachtheile große und wesendliche Vortheile.

Es ist eine ausgemachte und anerkannte Wahrheit in der Krieges Kunst, daß man seine Macht concentriren muß, wenn die Lage der Dinge keinen Angrif und keine Vertheidigung zuläßt. Dadurch werden dem Feinde die Vorzüge, die ihm die äusern Umstände anbieten, gewißermaßen entrißen, und eine

---

b   Statt „zum".

Schlacht, in der sie sich an beiden Seiten gleich sind, entscheidet nun das Schiksahl des zu vertheidigenden Landes. In der gegenwärtigen Lage findet für die Verbundenen der oben erwähnte allgemeine Satz eine sehr vortheilhafte Anwendung. Denn hat man die Haupt Macht in der Gegend von Osnabrük und nur Os[t]friesland gut besetzt, so muß der Feind durchaus eine Haupt Schlacht wagen, wenn er den Ausgang des Feldzugs bald entscheiden will.

Nur 2 Mittel scheinen sich hier dem Feind darzubieten, ohne Schlacht die verbundene Armee zum Rükzuge zu bringen: a. durch Umgehung in einer großen Entfernung sie in die Gefahr setzen, eine Schlacht liefern zu müßen, bey der ihr kein sicherer Rükzug übrig bliebe oder bey der ihre Magazine und Provinzen in Rüken vom Feinde ruinirt werden und b. ihr die Subsistance abzuschneiden. Beide Fälle können aber hier fast unmöglich eintreten, wie sich aus folgenden Betrachtungen ergiebt. a. Operirt der Feind mit 2 Armeen, nemlich mit einer über die Mittel- und Unter-Ems und mit der andern an der Lippe, so wird ein kleines, größtentheils aus Infanterie bestehendes Corps die Pässe des Teutoburgschen Gebürges zwischen Bilefeld und Stadtberg[5] vertheidigen können, und nie wird der Feind, wenn er es auch vertriebe, über die Defileen des eben erwähnten Gebürges mit einen beträchtlichen Corps auf Hameln gehen dürfen, weil es immer Gefahr liefe, abgeschnitten zu werden, so bald die Haupt Armee der Verbundenen die des Feindes schlüge. Ueberdem könnte man an der Oberweser dem Feinde die Truppen aus den Innern des hannövrischen Landes entgegensetzen, wozu noch die Festung Hameln käme, welche denselben zum Soutien diente und aus der sie mit allen versehen werden könnte, wenn sie nicht völlig mobil wäre. Das durchschnittene Terrain und alle Umstände vereinigen sich, mit einen kleinen Corps einen Defensiv Krieg vortheilhaft an der Ober-Weser führen zu können, während die Haupt Macht anderwärts unabhängig und frey operiren kann. Wenn daher die feindliche Armee, welche an der Nieder-Ems agirte, diesen Fluß passirte, so würde sie nicht gut eine Schlacht vermeiden können, denn die Haupt Armee der Verbundenen würde sie nun, wo sie sie fände, angreifen können, in dem ihr linker Flügel gedekt wäre und sie in ihren Bewegungen auf keine Art genirt würde. In allen Fall würde sie eh[e]r einen entsheiden[d]en Streich gegen die eindringende feindliche Ems-Armee ausführen, als die feindliche Armee an der Lippe gegen die Ober-Weser Fortshritte machen könnte, indem die Verbundenen beinahe ihre Macht beyeinander in einen fast allerwärts offenen Terrän hätte.

b. Die verbundene Armee zum Rükzuge ohne Schlacht zu bringen, durch die Abschneidung der Subsistance, kann in der angenomenen Stellung nicht statt finden, denn sie hat die Weser hinter sich, sie hat die Zufuhr aus Os[t]friesland über Ellerbruch und aus Oldenburg zu Seite, welche immer gedekt bleiben.

---

[5] Stadtberge, das heutige Niedermarsberg.

Eine Schlacht in den Niederstift Münster oder zwishen der Haase und Ems ist daher denᶜ Feinden unvermeidlich, wenn sie an die Weser vordringen wollen, und diese wird hier wahrscheinlich für die Verbundenen selbst bey einer feindlichen überlegenen Macht glüklich ausfallen. Denn 1. haben die Verbundenen den größten Theil ihrer Cavalerie vereinigt (indem so wohl das Corps in Os[t]friesland als das in Paterborn deren wenige bedarf) und können also in den offenen Terrain, worin man sich hier befindet, die Ueberlegenheit, welche diese Waffe über den Feind hat, genießen. 2. kann die verbundene Armee von den Terrain und den äusern Umständen alle Vortheile ziehen, die den Feind entgehen. Sie kann leicht die Punkte ausfindig machen, auf die der Feind seinen Marsch dirigiren muß; sie kann in voraus die Stellungen genau untersuchen, die der Feind in Vorrücken nehmen muß; sie kann durch schleunige Veränderung ihrer Stellung und durch verstellte Märsche den Zusammenhang der Operationen, welche zwischen den feindlichen Armeen herrscht, derangiren; sie kann vieleicht eine feindliche Armee in den ihr durch und durch bekannten Terrain, wo sie alles zu ihren Vortheil arrangirt hat, in eine für ihn höchst nachtheilige Lage ziehen; sie kann unter den Umständen hochstwahrscheinlich einen Theil der Feinde schlagen, ehe ihn der andere zu unterstützen im Stande ist, oder die feindliche Armee auf den Marsch oder in einer ihr sehr nachtheiligen Situation angreifen. Durch geschikte und schleunige Bewegungen gegen die feindliche linke Flanke kann sie ihn vieleicht zwingen, über die Ems zurückzugehen, ohne eine Schlacht zu liefern.

Alle diese Vortheile finden nicht bey einer auf den Gränzen stehenden Armee statt, und dagegen kann der Feind gegen sie alle seine Operationen mit der größten Gewißheit einleiten und alle Fälle, die vorkommen können, voraussehen. Die Geschichte lehrt uns, daß nur unter solchen Umständen französische Armeen siegten und daß sie immer unglüklich waren, wenn man ihre Plane so wohl in Rüksicht der Operationen als in Rüksicht der einzelnen Gefechte zerriß, wenn man ihnen unerwartete Bewegungen unternahm.

Die hier erwähnte Central-Stellung scheint mit der Behauptung der Festung Wesel in Widerspruch zu stehen. Hier kömt es indes auf 2 Fälle an: 1. ist diese Festung nicht im Stande, eine Belagerung von 4 Wochen auszuhalten, so demolire man sie, damit sich ihrer nicht der Feind wie im 7jährigen Kriege bediene. Denn als Festung der 2ten und 3ten Klasse hat sie eine nachtheilige Lage für die Verbundenen. 2. Ist sie aber in Stande, eine Belagerung von 4 Wochen aushalten zu können, so versorge man sie mit allen Kriegsbedürfnisse und auf 4 Monat mit Lebensmitteln und gebe den Befehlshaber darin die Weisung, bey Verlußt seines Kopfs und der Cassation aller Officiere, nicht eh[e]r zu capituliren, bis der Feind sich in der Bresche des Hauptwalles logirt habe. Geshiehet dies, so wird man diese Festung eine Zeitlang ganz

---

ᶜ Statt „dem".

verlassen können und unterdes Gelegenheit finden, unter vortheilhaften Umständen es zur Schlacht zu bringen, von welcher in jeden Fall ihr Schiksahl abhängt.

* Hiervon wäre Os[t]friesland ausgenommen, welches leicht vertheidigt werden kann und durchaus so besetzt werden muß, daß es nicht den Feind in die Hände fält.

14. Bericht[1]   Hoya, 18. Juli 1796

HStAH, Hann. 41 XXI Nr. 189 (10$^1/_2$ S.): Abschrift, Schreiberhand.
Druck: Klippel II, S. 220–223 (ungenau).

I. Zustand der Befestigung Bremens. II. Flüsse und Niederungen vor Bremen. III. Mögliche Position für ein Korps. IV. Wege und ihre Befahrbarkeit.

Unterthänigster Bericht

I. <u>Ueber die Beschaffenheit der Festungs Werke von Bremen am linken Ufer der Weser.</u>

Die Neustadt von Bremen wird durch 6 ganze und 2 halbe Bastions eingeschlossen, welch letztere vorzüglich die Vertheidigung des Stroms zur Absicht haben sollen. Nach alten Grundsätzen angelegt, sind die Cortinen lang, Facen und Flanquen kurz, daher der unbestrichene Raum zwischen den Bastionen sehr groß.

Der eigentliche Hauptwall macht die ganze Befestigung aus, den eine vorliegende nach den Richtungen der Facen, Flanquen und Courtinen herumgeführte Faussebraye unterstützen soll.

Die Bollwerke sind voll, da der Wallgang sich nach der Richtung der Courtinen in den Kehlen der Bastions schneidet. Ohne Cavaliere, wodurch man die Bewegungen des vorrückenden Feindes aus der Ferne beobachten kann, dient eine schwache, an manchen Stellen verfalle Brustwehr zur <u>einzigen</u> Vertheidigung. – Ohne vorliegende Werke und Ravelins gedeckt, liegt die ganze Polygon dem Feinde im Gesicht.

Der Hauptgraben hat eine Breite von 10 rheinl. Ruthen,[2] und läuft nach den Richtungen eines schwachen Deichs, der die Stelle des bedeckten Weges und Glacis vertreten soll, herum.

Die Vertheidigung des Stroms ist sehr vernachläßigt, weil durchaus kein rasirendes Feuer[3] angebracht ist.

---
[1] Nach Klippel für Wallmoden bestimmt.
[2] Rund 37,5 m (eine Rheinländische Rute war 12 Fuß lang).
[3] D.h. Feuer ohne Deckungsmöglichkeit für den Feind.

Zwischen der alten und neuen Weser liegt das Werder Thor, welches durch 2 halbe Bastions mit vorgelegten Ravelin gedeckt ist, und blos zur Communication der Bürger Weide dient.

Jenseit der Weser schließen 8 ganze und 2 halbe Bastions die Altstadt von Bremen ein. Die Facen der letzteren sind ebenfalls zur Defension des Stroms eingerichtet. Vor dem Oster-Thore liegt ein unbedeutendes Ravelin; übrigens ist die Befestigung-Art eben wie bey der Neustadt.

II. <u>Beschaffenheit des Terrains vor Bremen am linken Ufer der Weser</u>.

Vor dem Hohen Thore und links an der Weser hinunter liegen die Dörfer Woltmershausen, Rablinghausen, Seehausen etc. zwischen der Weser und Ochte[4] im eingedeichten Ma[r]schlande, welches bey kleinen Deichbrüchen, die hier sehr oft geschehen, durch das Anlaufen der Ochte überschwemmt wird.

Gleich beym Hohen Thore fängt dieser Deich an und schließt sich beym Wahrturm[5] 1/4 Stunde von Bremen an den großen Steindamm nach Delmhorst. Jenseits der Ochte, die einige hundert Schritt von Hasenburen in die Weser fällt, läuft das niedrige Terrain bis an die Höhen zwischen Hassbergen[6] und Mittel Huchting.

Beym Wahrturme gehen 5 Brücken über verschiedene Arme der Ochte, wovon die über die eigentliche Ochte eine Zugbrücke ist, die alle einer Ausbeßerung sehr bedürfen.

Zwischen der 2ten Haupt-Communication vor Brinckum, die ebenfalls aus einem sehr gutem Steindamm bestehet, und der ersteren von der Ochte bis vor Bremen ist ebenfalls sehr niedriges Terrain, welches jenseits der Ochte bis an die Höhen von Stüer[7] und Kirch-Huchting tritt. Beym Katten-Thurm 1/2 Stunde von Bremen geht eine Zugbrücke über die Ochte.

Dieser Fluß zieht sich in die große Plaine bey Arsten, Dreye und Kirchweyhe durch und entspringt hinter dem großen Bruche bey Hoppenhausen.

Hinter Kirchweyhe fließt ein andres Wasser, die Hache, in die Ochte, woselbst beyde Arme die eigentliche Ochte erst formiren.

Zwischen dem Bunten Thore vor Bremen und der Weser geht ein schwacher Deich ganz am linken Ufer der Weser hinauf bis an den Ausfluß der Eeter bey Essel.[8] Zwischen der Haupt-Communication von Brinckum und besagten Deiche wird beym kleinsten Anwachs der Ochte das ganze niedrige Ter-

---

[4] Ochtum.
[5] Wartturm.
[6] Hasbergen bei Delmenhorst.
[7] Stuhr.
[8] Die Eiter bei Eißel.

rain zwischen Arsten und Dreye bis vor Ahausen innondirt; daher jener Weg von Bremen über Arsten, Dreye, Ahausen, Holstedt[9], Essel daselbst über die Eeter nach Werder, Usen[10] gegenüber, um dort die Weser zu passiren, nur bey sehr trockner Jahrzeit zu gebrauchen steht.

III. <u>Postirung eines Corps vor Bremen.</u>

Hinter der Ochte, im sogenannten Ober- und Nieder-Vielande, wäre die Stellung eines Corps von 6 bis 8000 Mann vielleicht die zweckmäßigste, wenn die im zweiten Abschnitt erwähnten Umstände in Rücksicht des Terrains zu verschiedenen Jahrzeiten und Witterung nicht alle übrigen Vortheile aufhöben. Auf den Höhen zwischen Hasbergen, Mittel-Huchting, Kirch-Huchting und Stuer bis Brinckum würde die Corps weit ehender zu postiren sein, die große Plaine vor diesen Oertern, die sich rechts bis nahe vor Delmenhorst zieht, läßt keine Bewegung den Feinde unentdeckt vornehmen; – im Fall eines Rückzuges würden beyde Haupt-Communicationen sehr gut durch seitwärts angelegte Batterien zu decken sein, da auch dem Feinde bloß diese übrig bleiben.

IV. <u>Beschaffenheit der Wege und des Terrains am linken Ufer der Weser hinauf, wie auch der Fähren und Fuhrten.</u>

Außer denen beyden Hauptwegen nach Bremen würde jener Weg am linken Ufer der Weser hinunter über Woltmershausen, Rabblinghausen, Lacknau[11] nach Hasenbüren bey sehr trockenen Wetter, wo man hinter letzteren Orte durch die Ochte passiren könnte, doch nur mit leichtem Fuhrwerck zu nehmen seyn, da er beynahe durchgängig nur eine Spur hält.

Im anderen Fall aber würde entweder der Weg von Delmenhorst über Kirch-Huchting, Stuer und Brinckum nach Leeste etc. zu nehmen seyn.

Eben so könnte man einen Weg über Brinckum, Leeste, Kirchweyhe bey Ahausen vorbey, über den Rieder-Damm nach Holstedt nehmen, da alsdann der kurtze Weg von Holstedt nach Essel und Werder weit eher auszubeßern wäre. Um mehrere Colonnen durchzuführen, würde der Weg rechts von Kirchweyhe nach Riede bey Oennichsstedt vorbey über Thedinghausen, Morsum, Wulmstorf nach Blender, von wo ab ein Theil über Amendorf[12] nach Ritzenbergen zur Fähre, und der andere nach Nieder-Hude zur Ueberfarth kommen könnte. Zwischen diesen Oertern sind hin und wieder Fähren, wo aber nur einzelne Personen und höchstens ein Stück Vieh in kleinen Fahrzeugen transportirt werden können.

---

[9] Horstedt.
[10] Uesen.
[11] Das Dorf Lankenau, welches später einem Hafenbecken weichen mußte.
[12] Amedorf.

Das flache Ufer und das niedrige Waßer, selbst die außerordentlich schlechten Wege, die, weil es keine Haupt-Communicationen sind, nie unterhalten werden, erlauben nicht, Fahrzeuge größerer Art anzubringen.

Uberhaupt würde bey schlechten Wetter die Ausbeßerung der Ma[r]schwege nicht ohne große Arbeit zu unternehmen sein, da Busch und Grand[13] gänzlich fehlt.

Alle Wege, die in der Nähe der Weser auf 1½ Stunde an das hohe Land anlaufen, sind bey einigen anhaltenden Regenwetter schlecht, weil der leimige Boden sich leicht durchweicht, daher Fuhrwerke, die schwerer als die dortigen, nicht gut durchzubringen stehen.

Die übrigen sogenannten Geest-Wege sind gut, und im Fall sie hin und wieder einer Ausbeßerung bedürfen, so ist auch dies leicht geschehen, da die meisten Bedürfniße an Ort und Stelle zu haben sind.

Je[n]seit der Eter bey Nottorf, Intschen, Rehren,[14] Ritzebergen und Amendorf würden die Ma[r]schwege wegen der Nähe des Grandes weit eher auszubessern seyn. An verschiedenen Orten hatte man auch schon den Anfang damit gemacht.

General Quartier Hoya
den 18ᵗ July 1796.

15. Denkschrift [Hoya?], Juli 1796

HStAH, Hann. 41 XXI Nr. 189 (6 S. und 5 S.): Konzepte, eigenhändig.[a]

Druck: Klippel II, S. 223f. (nur die erste Hälfte).

Bremer französisch gesinnt. Folgen bei Verlust Bremens. Frühe Besetzung notwendig. Stärke, Positionen, Verhaltensweisen.

Aufgesetzt in Julie 1796[b]

Ueber die Dekung und Vertheidigung von Bremen.

[c]Da Bremen mit allen, was zu einer Belagerung an Geshütz, Munition und Lebensmitteln gehört, größtentheils versehen ist; da seine Festungswerke mit

---

[13] Niederdeutsches Wort für Kies.
[14] Intschede, Reer.

[a] Es handelt sich um eine vollständige Fassung und eine demgegenüber gründlich veränderte Fasssung der letzten zwei Drittel dieses Textes. Ob der letztere den Rest einer vollständigen Überarbeitung darstellt oder ob Scharnhorst lediglich den Schluß neu geschrieben hat, ist nicht klar ersichtlich. Der Abdruck kombiniert beide Fassungen.
[b] Offensichtlich nachgetragene Datierung von Scharnhorsts Hand.
[c] Davor gestrichen: „Aus der beygelegten Beshreibung von der Gegend und den Festungswerken von Bremen ergiebt es sich, daß Bremen, wenn es einmal von Feinde genommen wäre, nicht ohne eine förmliche Belagerung wieder erobert werden könnte."

den in dieser Stadt liegenden Bau-Holze mit geringer Mühe in einen solchen Stand gesetzt werden können, daß man ohne eine förmliche Belagerung nicht den Ort nehmen kann; und da endlich seine Einwohner, wie es sheint, vor den Feind sehr eingenommen sind, so ist immer zu befürchten, daß derselbe diesen Ort, wenn er erst einmal ihn im Besitz hat, auf das hartnäkigste vertheidigen wird.

Sein Verlußt würde für die diessei[ti]ge Armee von nicht zu berechnenden Folgen seyn. Ihr Lebensunterhalt, ihre Remonte etc. würde dadurch eingeschränkt werden, und eine feindliche Armee, welche von der Nieder Weser gegen die Ober Weser an beiden Ufern operirte, befände dagegen sich in der vortheilhaftesten Lage. Die Wüme und Aller setzten sie in den Stand, am rechten Ufer defensiv und am linken mit ihrer ganzen Macht zu agiren, und das[^d] Herzogthum Bremen müßte, wenn sie die Wümme nur schwach besetzte, sich jeder Contribution unterwerfen, seine Pferde und übriges Vieh hergeben, wenn sie auch selbst nur im Stande wäre, sich eine kurze Zeit an der Weser zu behaupten. Ist die feindliche Armee in Besitz von Bremen und hält sich an der Ober Weser und zwischen der Ems und Weser defensiv, so kann die diessei[ti]ge nicht gut die Offensive ergreifen; denn gehet sie 1. bis Osnabrük vor, so ist ihre Communication von allen Seiten unterbrochen; hält sie 2. sich aber an der Ober-Weser und treibt da den Feind in das gebirgigte Terrän, in die Grafschaft Ravensberg u. das Bisthum Paterborn, so fallen alle Länder an der Nieder u. Mittel Weser dem Feinde in die Hände und werden von ihm ausgesogen. Ohne Bremen und Hameln kann daher fast keine Armee mit einiger Wahrsheinlichkeit eines guten Erfolgs gegen den Feind, der aus Westphahlen kömmt, agiren.

[^e]Bremen scheint daher in der dermahligen Lage der Dinge ein wichtiger Ort zu seyn. Und es müßte woll, wenn einige Wahrscheinlichkeit zum Kriege jetzt noch vorhanden wäre, beyzeiten besetzt werden,[^f] damit man die Gemüther noch in ruhigern Zeiten gewöhnte, sich den Umständen zu unterwerfen.

Wäre der Ort mit 4000 Mann nicht mobiler Infanterie, 2 bis 300 Mann Cavalerie und eben soviel Artillerie besetzt, so würde ein kleines Corps (von 4000 Mann Inf. und 1000 Mann Cavalerie), das bey widrigen Ereignißen von der Hunte auf Bremen sich zurükziehen müßte, diesen Ort gegen leichte Anfälle sichern können, indem es alsdann, wenn es zum ernstlichen Angrif käme, einen sichern Rükzug hätte. Dieses Corps von 5000 Mann würden die

---

[^d]: *Das Wort in der Vorlage versehentlich gestrichen.*
[^e]: *Hier beginnt das zweite Konzept, dem die Edition nun folgt.*
[^f]: *Folgt gestrichen:* „weil die Truppen in der Grafschaft Oldenburg und Delmenhorst ohne ihn keinen sichern Rükzug haben, weil darin einige Arrangements vorher zur Vertheidigung getroffen werden müßen und weil er nicht die Lage hat, daß man mit wenigen Truppen den Zugang zu ihn am linken Ufer der Weser lange Zeit dem Feinde verwehren kann."

Pässe bey den Kattenthurm, Wahrthurm und die auf dem Weser-Deiche unter- und oberhalb der Stadt besetzen, und dort einige Abshnitte machen können; es würden in der Gegend von Mittelhuchting und Brinckum verschanzte Infanterie und Artillerie Posten haben, um die Cavalerie, welche dort in den offenen Gegenden gegen den anrückenden Feind agirt, aufnehmen zu können.

Ist der Feind so stark, daß er diese Cavalerie ganz vertreibt, so wird sie nahe vor Bremen sich lagern, aber in der Nacht auf einen oder andern Posten des Feindes, der in einen großen Umfange stehen muß, so lange die diesseitigen Posten von Kattenthurm, Wahrthurm, bey Ahrsten und Seehausen sich halten, fallen und ihn theilweise aufreiben. Dies wird um so leichter seyn, da das Viehland von dem, der es genau kennt, mit einiger Zubereitung an vielen Oertern mit Cavalerie zu passiren ist. Ist der Feind daher nicht sehr stark u. ist das auf Bremen zurükgedrängte Corps unternehmend und thätig, so wird es ihn vieleicht zwingen, die offene Gegend von Leeste, Brinckum, Varl¹, Stuer etc. zu verlassen und sein Vorhaben auf Bremen auf[zu]geben. Ist es aber so stark, daß es die Posten von Kattenthurm etc. vertreibt, so wird nun die Cavalerie mit der Landmilitz in Bremschen das rechte Ufer der Weser ober und unterhalb Bremen besetzen, die Comunication mit diesen Orte unterhalten und das Herzogthum Bremen gegen Streifereien decken; die Infanterie aber wird zur Garnison stoßen und durch einige gut verpallisadirte Schanzen einige 100 Schritt vom Haupt Graben den Feind abhalten, seine Batterien nahe vor der Stadt anzulegen.

Zu diesen Umständen kömmt noch, 1. daß man zwischen der Hunte und Weser keine Position oder keinen Posten findet, in den man einen überlegenen Feind eine Zeitlang aufhalten könnte; 2. daß die Truppen zwishen Wildeshausen u. Oldenburg keinen andern sichren Rükzug haben, als den auf Bremen; 3. daß die Gegend hier so offen ist, daß ein retir[ir]endes Corps in einen solchen Fall in die bedenklichsten Lage käme, wenn es einen andern Weg nehmen müßte; 4.ᵍ daß nur erst nahe vor Bremen das Terrän einige defensive Stellungen erlaubt; daß die Einwohner dies[e]r Stadt aber schon jetzt sehr französisch gesinnt sind und in einen solchen Augenblick einen verbundenen Corps höchst wahrscheinlich die Thore verschließen würden.

ᵍ *Statt „3."*
¹ Varrel bei Stuhr.

16. Denkschrift [Hoya?], Juli 1796

HStAH, Hann. 41 XXI Nr. 189 (7 S.): Konzept, eigenhändig.
Druck: Klippel II, S. 224ff.

Verteidigung der Flußlinie unmöglich. Notwendigkeit einer Angriffsposition. Deckung der Oberweser durch Hameln. Drei mögliche Positionen.

Aufgesetzt in Julie 1796[a]

Ueber die Vertheidigung der Weser zwischen Hameln und Bremen.

Dies macht eine Streke von $16^1/_2$ Meile aus, in der sich nur eine Festung befindet. Zu der Vertheidigung einer so großen Ausdehnung würde eine große Armee, auch selbst wenn der Fluß beträchtlich stärker wäre und mehrere Festungen hätte, erfordert.

Es bleibt daher zur Vertheidigung desselben kein ander Mittel über, als längst denselben eine Stellung zu nehmen, in der man mit Vortheil schlagen kann, wenn sich der Feind dazu ein läßt, oder aus der man den sich nähernden Feind angreifen kann, ehe er Mittel findet, die Armee ohne Schlacht von der Weser zu verdrängen oder sie zu nöthigen, unter nachtheiligen Umständen sich in dieselbe einzulassen.

Um dieses Vorhaben auszuführen, muß Hameln mit allem, was zu einer Belagerung gehört, versehen seyn und eine 8 bis 9000 Mann starke Garnison haben, welche zur Hälfte aus Invaliden von allen Gattungen von Truppen bestehen kann.

Giebt man zu diesen, bevor der Ort eingeshloßen wird, noch 4 Escadron leichte Cavalerie (ohne eine Escadron, so zur Besatzung gehört), eine Compagnie Jäger und ein paar Bataillon leichte Infanterie, so würden diese in Verbindung der Garnison die Gegend von Hannover gegen einen nicht sehr starken Feind decken können.

Denn einen Theils schikt sich das durchschnittene Terrän an der Ober Weser sehr zum Defensiv-Kriege, andern Theils aber ist Hameln schwer wegen seines großen Umfangs einzuschließen. Das einschließende Corps müßte in einem 3 Meilen großen Kreise stehen und würde 2mal durch die Weser, einmal durch die Hamel und einmal durch das Klütgebirge getrennt. Einige feste, nicht vor der Belagerung in der Eil aufgeworfene Schanzen würden die Garnison immer in dieser wirklich starken Festung in den Stand setzen, den Feind, der sie einschlöße, zu vernichten, wenn er nicht sehr stark wäre.

Ist auf diese Art die Ober Weser einigermaßen gedekt, so frägt es sich, wie eine Armee an der Mittel und Unter Weser gegen einen von der Ems eindrin-

---

[a] *Offensichtlich nachgetragene Datierung von Scharnhorsts Hand.*

genden Feind eine Stellung nehme, welche die zuerst erwähnte Eigenschaft hätte.

Hier treten mehrere Fälle ein. Der Feind gehet auf Bremen, Nienburg und Hameln zugleich, auf 2 Oerter, oder nur auf einen. In jeden Fall wird man ihn nicht wehren können, die Weser zu passiren, und alle zu nehmenden Stellungen müßen daher nicht die Absicht haben, dem Feinde den Uebergang über die Weser, sondern das weitere Vordringen nach denselben zu verwehren.

Wenn der Feind auf die Oberweser seine Macht richtete, und ungefähr so, wie in dem Feldzuge von 1757 und 1759 verführe, so würde die Gegend zwischen Hameln und Minden, zumal da Rinteln ziemlich feste ist, gewiß Mittel an die Hand geben, mit Vortheil zu schlagen. In dieser Gegend kann man mehrere Stellungen gegen den Feind, der die Weser passirt ist, nehmen, in denen die Flügel gedekt sind und aus denen man von der Defensive in die Offensive fallen kann. Die Festungen Hameln und Rinteln, die Weser und die Abwechselung des gebirgten und offenen Terrains geben hierzu auf manche Art Gelegenheit.

Eine andere Gegend, welche Gelegenheit zu vortheilhaften Stellungen und Angriffen auf den sich nähernden Feind giebt, ist die zwischen Nienburg und Leese. Hierzu geben vier Umstände Veranlassung. 1. Die Abwechselung von offenen und durchschnittenen Terrän; 2. der gegen den ersten Anlauf leicht zu sichernde Ort Nienburg mit der Brüke über die Weser; 3. die impractikabele Gegend zwischen Neustadt und Leese, welche hier nur 3 Päße zwischen der Leine und Weser läßt, als den bei Neustadt, den bey Rehburg und den bey Leese, zwishen den Rehburger Bruche und der Weser; und 4. die Höhen bey <u>Binnen</u>,[1] auf denen eine Armee in der linken Flanke durch die Aue und die impractikabele Gegend zwischen der Weser und Leine, so eben erwähnt, gedekt ist, und in der rechten Flanke etwas rükwärts Nienburg hat, und aus der sie am linken Ufer der Weser vor und seitwärts in großen Ebenen den Feind, der sich ihr nährt, entgegen gehen kann.

Eine 3te militärisch wichtige Gegend ist die von Bremen bis an den Ausfluß der Aller. Die Weser, Aller und Wümme und die nicht ganz offene Stadt Bremen geben gewiß Veranlassungen zu militärischen Vortheilen für den, der das Land kennt und einmal darin festen Fuß gefaßt hat.

Es wird hier nicht so leicht eine Armee von linken Ufer der Weser ohne eine Schlacht verdrängt werden können, wenn der Feind auch oberhalb über dieselbe gehet, indem er in diesen Fall doch nicht über die Aller ohne große Gefahr vordringen darf.

Nur erst, wenn man die 3 benannten Gegenden genau untersucht hat, läßt sich einige Auskunft über die zu nehmen[den] Stellungen und Maasregeln in den verschiedenen vorkommenden Fällen geben.

---

[1] Südwestlich von Nienburg.

17. Scharnhorst an Hüpeden   **Hoya, 11. August 1796**

HStAH, Hann. 41 I Nr. 104 (1¼ S.): Konzept, eigenhändig.

Amtshilfe für Einquartierung.

An den Herrn Amtschreiber Hüpeden[1] in Achim.

Generalquartier Hoya, den 11ten Aug. 1796.

Der Ritmeister Schaumann des Regiments von Wangenheim[2] hat angezeigt, daß das Arrondissement der Quartiere seiner Schwadron ungemein dadurch gewinnen würde, wenn er die in denselben gelegenen, aber zu einen verschiedenen Kirchspiel gehörigen Dörfer Hagen und Grinden ganz schwach, etwa mit 8 bis 9 Mann jedes, belegen dürfte. Wie nun den Dienst hierdurch ein großer Vortheil erwachsen würde, so bin ich überzeugt, Ew. Wolgeborn werden die Gefälligkeit haben, die Hände zur Bequartirung dieser kleinen Dörfer gern zu bieten, und in dieser Rüksicht habe ich obgedachten Rittmeister aufgetragen, freundschaftliche Uebereinkunft mit Ihnen zu trefen und alsdann deswegen an mich zu berichten.[a]

18. Scharnhorst an [?]   **Minden, 17. September 1796**

HStAH, Hann. 41 I Nr. 105 (1 S.): Konzept, eigenhändig.

Quartierangelegenheiten.

Minden[1] den 17ten Sept. 1796.[a]

Ew. Hochwolgeborn benachrichtige ich hierdurch, daß ich wahrsheinlich von hier nach Hannover abgehen werde, und daß der Lieutenant Schäfer die Marschroute für das 8te Cav. Regiment[2] und die detaillirte Vertheilung der

---

[a] Dieser Brief steht hier repräsentativ für verschiedene kleinere Dokumente, die Details der Einquartierung einzelner Einheiten betreffen. Nicht in diese Edition aufgenommen wurden aus HStAH, Hann. 41 I Nr. 104, eine viertelseitige Aufzeichnung Scharnhorsts (Hoya, 24. Juli 1796) und aus HStAH, Hann. 41 I Nr. 106, die Randnotizen zu einem Brief des Generalmajor von Scheither (Delmenhorst, 18. Oktober 1796) und einem Rapport des Oberstleutnant von Seebach vom 4. Kavallerieregiment (Syke, 21. Oktober 1796), sowie drei undatierte kurze Aufzeichnungen aus den Jahren 1796 und 1797.

[1] Just Friedrich Wilhelm Hüpeden, Amtschreiber beim Gogericht Achim.
[2] Das 4. Kavallerieregiment, dessen Stabsquartier sich in Achim befand.

---

[a] Oben befindet sich noch die Datumsangabe „18ten Sept. 96", wahrscheinlich der Eingangsvermerk.
[1] In Minden befand sich das Hauptquartier des Herzogs von Braunschweig.
[2] Das 8. Dragonerregiment (bei dem Scharnhorst 1778 in die hannoversche Armee eingetreten war) sollte von Estorf an der Weser nach Lohne verlegt werden.

Quartiere für die ankommenden Regimenter wird anzeigen können. Es wird aber erfordert, 1. daß die Regimenter die Anzeige davon 2 Tage vorher, ehe sie einrüken, erhalten und, 2. daß die cantonirenden Regimenter, da sie in Ihren Quartierstande Nachtquartiere haben, ihnen in etwas Platz machen. Mit größter Hochachtung bin ich

Ew. Hochwolgeborn
gehors[am]er Di[ene]r
G. Scharnhorst.

[b]1. In Siedenburg und Mellinghausen hat das 9te Regim.[3] eine Compagnie gelegt, welche wieder zurük in die alten Quartiere gehen muß.
2. Aus Schwärm[4] müßen die Scharfschützen von den Grenadieren.[5]
3. Aus Scheßinghausen u. Husum müßen die Pferde von 6ten Regiment[6] nach Langendam und Linsburg.

19. Denkschrift [?, Juli/Oktober 1796?[1]]

HStAH, Hann. 41 I Nr. 113 (2 S.): Eigenhändig.

Wenn vor des Herzogs Durchl. mit 4 Bataillonen und 4 Escadrons manoeuvrirt werden sollte, so kann es auf folgende Art geschehen.
1. Das 11te Regiment[2] ziehet sich den Tag vorher in Neu Bücken[3] zusammen.
2. Das 10te Regiment marschirt den Tag vorher nach Stendern, Holtrup und Alt Bücken[4].
3. Das 9te Regiment marschirt den Tag vorher nach Schweringen.
4. Das 6te Regiment marschirt den Tag vorher nach Balge und Sebbenhausen.
5. Das 8te Cavalerie Regiment marschirt den Tag vorher nach Lohe[5] und Lemke.

---

[b] *Das Folgende aus Platzmangel am linken Rand geschrieben.*
[3] 9. Infanterieregiment.
[4] Schwarme.
[5] Vermutlich vom 5. Grenadierbataillon, dessen Standquartier in Martfeld lag.
[6] 6. Infanterieregiment.

---

[1] Die vorgesehenen Truppenbewegungen passen zur ersten Kantonierung des hannoverschen Observationskorps.
[2] Die beteiligten hannoverschen Infanterieregimenter entsandten jeweils nur eines ihrer zwei Bataillone zur Observationsarmee. Nur das 14. Regiment stand, da es als einziges leichtes Infanterieregiment unverzichtbar war, mit beiden Bataillonen und seinen zwei Jägerkompanien beim Observationskorps.
[3] Bücken bei Hoya.
[4] Altenbücken.
[5] Marklohe.

6. Die Garde du Corps marschirt den Tag vorher nach Duddenhausen und Dedendorf.
7. Eine Batterie schwere Artillerie marschirte den Tag vorher nach Hoyerhagen.

Den darauf folgenden Tag versammlete sich alles auf der Heide bey Bücken. Käme man noch einen Tag früher zusammen, so könnte die Infanterie und die Cavalerie allein erst sich einen Tag in Evolutionen üben.
Brodt und Fourage würde auf 3 Tage mit genommen.

20. Dislokation Wallmodens [?, vor dem 6. Oktober 1796?[1]]

HStAH, Hann. 41 I Nr. 23 fol. 2r–v (2 S.): Scharnhorsts Hand, eigenhändig unterschrieben.

Dislocation für die noch zum Marsch beorderten Truppen.[2]

Die Märsche der Truppen werden nach folgenen Oertern, wo sie eine detaillirte Anweisung ihrer Quartiere erhalten, dirigirt.

Die Garde[3]   nach Bücken
Das 12te Inf.Reg.   ″   Suhlingen
Das 13te Inf.Reg.   ″   Osterholz[4]
Das 1ste Cav.Reg. nach Lessum
 ″ 2te   ″   ″   ″ Landesbergen
 ″ 3te   ″   ″   ″ Langwedel

Die geschwinde und reitende Art. nach Borstel.
Die schwere Artillerie nach Rethen[5].

Das 8te Reg., welches von Landesbergen ins Amt Ehrenburg verlegt wird, wird so früh dahin marschiren, daß Landesbergen, Estorf, Leseringen, Scheßinghausen und Husum zu Marsch-Quartieren gemacht werden können, wenn das 2te Cavalerie Regiment zuletzt marschirt.
Auch können von der Artillerie Erichshagen und Holtrup zu Marschquartieren geräumt werden.

                                                    Wallmoden Gimborn

---
[1] Nach Sichart IV, S. 662f., rückten die Einheiten zwischen dem 6. und 14. Oktober in ihre Quartiere.
[2] Aufgrund steigender Spannungen mit Frankreich wurde das Observationskorps auf etwa 15.000 Mann verstärkt.
[3] Das Infanterieregiment Garde.
[4] Vermutlich Osterholz bei Syke, doch gibt es noch ein Osterholz östlich von Bremen und Osterholz (heute Osterholz-Scharmbeck) nördlich davon.
[5] Rethem an der Aller.

21. Denkschrift [?, September/Oktober 1796?[1]]

HStAH, Hann. 41 I Nr. 113 (3 S.): Eigenhändig.

Alternative Quartierräume.

Dislocation der hannöverischen Trupen in Fall sie weiter vorrücken.

1. Die leichten Trupen an der Haase, der linke Flügel Neuenkirchen[2], der rechte Klopenburg.
2. Das Soutiens-Corps an der Hunte, der linke Flügel Lemförde, der rechte Oldenburg.
3. Das Haupt Corps zwischen der Weser und Hunte und an beiden Ufern der Weser.

Dislocation der hannöverischen Trupen in Fall sie nicht weiter vorrüken.

1. Die leichten Trupen bleiben an der Hunte, jedoch werden beide Ufer und auch die münsterschen Oerter belegt.
2. Das Haupt Corps wird weiter gegen die Nieder-Ems vershoben.

<u>Anmerkung</u>

1. In Fall die Trupen nicht vorrüken, wünschen Se. Durchlaucht der Herzog von Braunschweig, daß die Trupen nicht weiter als bis an die Aller bey Verden und Rethen zurückgelegt werden, weil die Stände des Westphälischen Kreises geäusert, daß die hannövrischen Trupen in ihren Quartieren geblieben und keine auserordentliche Verpflegung bedürften und eine weitere Zurüklegung noch mehr diesen Gedanken Raum geben würde.
2. Se. Durchlaucht wünschen, daß das Gebiet von Bremen belegt würde.
   Wenn die Vorrükung bis an die Haase in Berlin bewilligt würde, so würde auch über den oben erwähnten Punkt keine Schwierigkeit mehr statt finden.
                                                                G. Scharnhorst.

---

[1] Der Inhalt paßt zur Ende Oktober 1796 vorgenommenen Verschiebung des hannoverschen Korps. Im Faszikel befindet sich dabei ein Schreiben des Herzogs von Braunschweig, datiert Minden, 23. September 1796.
[2] Neuenkirchen (Oldenburg).

22. Scharnhorst an [Christian Dietrich Helwing?] Hoya, 14. Oktober 1796

StadtAH, Autographensammlung, Sammlung Culemann: Scharnhorst Nr. 1936.143
(2 S.): Eigenhändig.

Bücherbestellung.

Ew. Wolgeborn[1]
ersuche ich um einliegende Bücher und zugleich bitte ich, dieselben in Pap
hinten mit den Titel einbinden zu lassen und sie mir dann zu überschiken.
Mit aller Hochachtung bin ich

	Ew. Wolgebor[n]
Hoya den 14t. Oct.	dienstwillige[r] Di[e]n[e]r
1796	G. Scharnhorst

[a]1. Histoire de Piere le grand p. Voltair,[2] so mag ongefähr der Titel des Buchs seyn, daß ich zu haben wünsche.
2. Oeuvres postumes du Roi de Prusse. Nicht die Briefe mit, sondern nur die Histoire de mon tems, die schlechtere Ausgabe.[3]
3. Candide p. Voltair.[4]
4. 2ten und 3ten Theil von Tempelhofs Geschichte des 7jährigen Krieges.

---

[a] *Die folgende Liste steht auf einem eigenen, kleinformatigen Zettel.*
[1] Der archivalische Zusammenhang und die Anrede legen nahe, daß das Schreiben an Christian Dietrich Helwing gerichtet ist. Scharnhorst kaufte allerdings auch bei mindestens einer anderen Buchhandlung, nämlich derjenigen der Brüder Heinrich Wilhelm und Dietrich Hahn in Hannover.
[2] Erste Ausgabe: Histoire de l'Empire de Russie sous Pierre-le-Grand, par l'auteur de l'histoire de Charles XII, 2 Bde., Genf 1759, 1763.
[3] Gemeint ist wohl die Wöllnersche Gesamtausgabe (21 Bde., Berlin 1788–1789). Die „Histoire de mon temps" ist die von Friedrich II. 1746 abgeschlossene Geschichte der ersten beiden Schlesischen Kriege.
[4] Erste Ausgabe: Candide, ou l'Optimisme, traduit de l'Allemand de Mr. le Docteur Ralph, Genf 1759.

23. Scharnhorst an Linsingen　　　　　　　　Hoya, 17. Oktober 1796

HStAH, Hann. 41 I Nr. 106 (3 S.): Konzept, eigenhändig.

Ausstellung von Vorposten. Kontrolle durchkommender Personen.

An den Herrn General-Major von Linsingen zu Quakenbrük

Generalquartier Hoya den 17ten Oct. 1796.

Um zu wissen, was vor dem Quartierstande des Avant-Corps[1] vor gehe und um die Vagabonden entfernen und die Deserteure und verdächtigen Leute arretiren zu können, werden folgende Comandos gegeben.
1. Nach Mohlbergen 1 Officier, 10 Mann Cavalerie und 20 Mann Infanterie.
2. Nach Herslaken[2] 1 Officier, 10 Mann Cavalerie und 20 Mann Infanterie.
3. Nach Fürstenau 1 Officier, 10 Mann Cavalerie und 20 Mann Infanterie.

Das erste dieser Comandos wird an den Major von Honstädt[3] zu Kloppenburg, das 2te an den Comandeur des ersten Bataillons von 14ten Regiment zu Löhningen, und das 3te an den Major von Lixfeld[4] zu Ankum verwiesen, damit diese Spitzen unser Cantonirungen doch einigermaßen Vorposten haben.

Diese Comandos erhalten den Befehl: 1. Daß sie alle passirende Fremde examiniren und alle Deserteure und Vagabonden arretiren. 2. Daß sie alles melden, was an der Ems und weiter vorwärts vorgehe, es sey, daß sie erfahren, daß die holländischen und französischen Trupen hier ihre Standquartiere verändern, sich verstärken oder vermindern, oder daß sonst etwas vorfalle, welches auf das cantonirende Corps Bezug haben könne.

Der Officier wird diese Erkundigungen bey Fremden gesprächsweise verrichten, ohne sich merken zu lassen, daß er dazu einen Auftrag habe oder daß ihn die Sache sehr intereßire.

Mit größter Hochachtung bin ich
　　　　　　　　　　　　　　　Ew. Hochwolgeborn
　　　　　　　　　　　　　　　gehors[am]er Di[ene]r
　　　　　　　　　　　　　　　G. Scharnhorst.

---

[1] Es bestand aus 4 Eskadronen (9. und 10. Leichte Dragoner), 4 Bataillonen (4. und 5. Grenadierbataillon, 14. Infanterieregiment einschließlich der beiden Jägerkompanien) und der 2. geschwinden Batterie. Das Korps rückte zwischen dem 17. und 21. Oktober in die neuen Quartiere um Quakenbrück.
[2] Herzlake.
[3] August von Honstedt († 1821), damals Kommandeur der 2. Jägerkompanie, wurde später Generalmajor bei der Königlich Deutschen Legion.
[4] Erdmann Georg von Lixfeldt vom 2. Bataillon des 14. Infanterieregiments wurde 1802 zum Obersten befördert.

24. Dislokation Wallmodens [Hoya?, nach 21. Oktober 1796]

HStAH, Hann. 41 I Nr. 113 (4 S.): Konzept, Scharnhorst Hand, mit eigenhändigen Abänderungen.

Dislocation des bey der Observations Armée stehenden kn. chur-hannoverschen Truppencorps.[a]

I. <u>Avant-Garde</u>, unter dem Befehl des General-Major von Linsingen zu Quakenbrük.

<u>Befehlshaber</u>	<u>Regimenter</u>	<u>Staabsquartier</u>
Oberste von Diepenbroick[1] zu Quakenbrük.	1stes Bat. vom <u>14ten Regim.</u> Jung Diepenbroik[b]	Löhningen den 18ten.[c]
	2stes Bat. vom <u>14ten Regim.</u> Jung Diepenbroik	Ankum den 18ten.
	1ste Comp. Jäger	Wardenburg den 17ten
	2te „ „ „	Cloppenburg den 18ten
Oberste von Stedingk[2] zu Badtbergen	<u>4tes Grenad.</u> Bataillon von Plato	Quakenbrük. den 20sten
	<u>5tes Grenadier</u> Bataillon von Barsse	Gerde[3] den 21sten.

---

[a] Von Wallmoden verändert aus „Dislocation des hannövrischen in Westphalen stehenden Corps."

[b] Die Namen der Regimentschefs und Bataillonskommandeure der Avantgarde sind von Wallmoden nachgetragen (außer beim 9. und 10. Kavallerieregiment).

[c] Wie die etwas andere Schriftführung zeigt, sind die Daten des Einrückens in die Quartiere später von Scharnhorst eingetragen worden. Bei dem Monat handelt es sich, wie u.a. der Vergleich mit der bei Sichart IV, S. 663–666, abgedruckten Aufstellung zeigt, um Oktober 1796 (trotz einiger Unterschiede im Detail), wozu auch die Ränge der Kommandeure und die Namen der Regimentschefs passen.

[1] Friedrich Wilhelm von Diepenbroick († 1797) war im Herbst 1794 zum Obersten und Chef des 14. Infanterieregiments ernannt worden.

[2] Ludwig Wilhelm Adolph von Stedingk, Chef des 3. Infanterieregiments und ab 1798 Generalmajor.

[3] Sichart IV, S. 664, gibt statt Gerden Badbergen an. Er fußt offensichtlich auf einer anderen Quelle.

Nr. 24   35

Oberstl. v. Linsingen[4]	<u>9te Cav. Regim.</u> der Königin	Damme den 18ten
Oberstl. Schneering	<u>10te Cav. Reg.</u> Prinz v. Wallis	Dinklage[5] den 17ten
Hauptmann Rubertie[6]	<u>2te Batterie</u> geschwinde Artillerie	Vörden[7] den 19ten.

II. <u>Soutien der Avant-Garde</u>, unter dem Befehl des General Major von Wangenheim[8] zu Wildeshausen.

Oberstl. von Saffe[9] zu Vechte	{ <u>5te Infant. Reg.</u> von Hohorst <u>10te Inf.</u> Regim. vacant Diepenbroik[d]	Vechte den 20ten Diepholz den 21ten
Major von Schauroth[10]	<u>8te Cav.</u> Regim. von Estorf	Lohne den 21sten
Oberst von Bremer[11] zu Drebber	{ <u>5te Cav.</u> Reg. von Ramdohr <u>7te Cav.</u> Regim. von Oynhausen	Wildeshausen den 20sten Drebber[12] den 21sten

---

[d] *Diese zwei Wörter von Wallmoden nachgetragen. General August Ludwig Friedrich von Diepenbroick, der frühere Chef, erhielt nach seiner Rückkehr aus französischer Gefangenschaft 1796 das 11. Infanterieregiment (Alt-Diepenbroick).*
[4] Carl Christian von Linsingen.
[5] Sichart IV, S. 664: Quakenbrück.
[6] Johann Friedrich Ruperti, der 1831 als Major des bremischen Bundeskontingents in Ruhestand ging.
[7] Sichart IV, S. 664: Neuenkirchen.
[8] Georg Wilhelm Philipp von Wangenheim, der 1799 starb. Laut Sichart IV, S. 664, befand sich sein Hauptquartier jedoch in Diepholz.
[9] Ernst von Saffe wurde noch im gleichen Jahr Oberst und Chef des 10. Infanterieregiments. Er starb 1801 als Generalmajor.
[10] Julius Wilhelm von Schaurot, der Ende 1802 zum Obersten ernannt wurde.
[11] Der Kommandeur des 7. Kavallerieregiments.
[12] Sichart IV, S. 664: Barnstorf.

I. Im Stab des Observationskorps (1795–1798)

Lieutenant Ludewig[13]	1ste Batterie geschw. Artillerie	Lemförde den 19ten
Hauptmann Schüßler[14]	Eine Batterie reit. Artillerie	Harpstadt den 20sten

III. Haupt-Corps

General-Major von Scheiter[15] zu Delmenhorst	1stes Grenad. Bataillon v. Reden[e]	Delmenhorst
	2tes Grenad. Bat. von Behm	Brinkum[16]
	3tes Grenadier Bataillon von Zastrow	Osterholz
Gen. Major Prinz Adolph[17] K.H. zu Hoya	11te Infant. Reg. von Diepenbroik	Thedinghausen
	13te Infant. Reg. von Jung Scheiter[18]	Altenbruchhausen[19]
	9tes Inf. Reg. von Düring	Vilsen
	Garde	Bücken

---

[e] *Die Namen der Kommandeure der Grenadierbataillone von Wallmoden nachgetragen.*
[13] Daniel Ludowieg.
[14] Gottlieb Schüßler wurde 1798 zum Major befördert. Bei seiner Batterie handelte es sich um eine eigens für das Observationskorps aufgestellte provisorische Einheit, zu der die drei schweren Batterien je zwei Sechspfünder mit der dazugehörigen Mannschaft stellten, vgl. Sichart IV, S. 654.
[15] Ludwig Heinrich August von Scheither, Chef des 1. Infanterieregiments.
[16] Sichart IV, S. 665: Schwachhausen.
[17] Zu Prinz Adolph Friedrich von Großbritannien vgl. Anhang 1.
[18] Chef dieses Regiments war Oberst Bernhard Friedrich Rudolph von Scheither, der 1798 zum Generalmajor ernannt wurde.
[19] Bruchhausen.

Nr. 24

General-Major von Hammerstein[21] zu Nienburg	1stes Infanterie Reg. von Alt-Scheiter	Balge[20]
	6tes Infant. Reg. von Hammerstein	Nienburg
	12tes Inf. Reg. von Walthausen	Suhlingen
Oberstlieut. v.d. Wisch[22] zu Achim	1tes Caval. Reg. Leibregiment[f]	Lessum
	3tes Cav. Regim. von Maydel	Achim
Oberste von Bülow[23] zu Döverden	Garde du Corps	Dörverden
	2tes Cav. Reg. Prinz Ernst K.H.	Langwedel
Oberstl. von Seebach[24] zu Sieke	4tes Cav. Reg. von Wangenheim	Sieke[25]
General Major von Trew[26] zu Hoya	1ste Batt. schwere Artillerie	Rethen
	2te u. 3te Batt. schwere Art.	Drakenburg

[g]Gen. Major v. Maydell[27]
Gen. Major v. Diepenbroik
sind als älteste Generals der Caval. u. Infant. b[e]ym Hauptquartier in Hoya.

---

[f] *Von Wallmoden korrigiert aus „von Jonquieres".*
[g] *Das Folgende von Wallmoden hinzugesetzt.*
[20] Sichart IV, S. 665: Lohe, d. i. Marklohe.
[21] Zu Rudolph Georg Wilhelm Freiherr von Hammerstein vgl. Anhang 1.
[22] Christian von der Wisch wurde 1799 Oberst und bald danach pensioniert.
[23] Oberst Carl von Bülow von der Leibgarde wurde 1798 Regimentschef und Generalmajor.
[24] Alexander Christoph August von Seebach vom 4. Kavallerieregiment.
[25] Syke.
[26] Zu Viktor Leberecht von Trew vgl. Anhang 1.
[27] Carl August von Maydell wurde 1798 Generalleutnant und starb 1802.

25. Denkschrift [?, Oktober 1796?[1]]

Nach der Edition bei Klippel II, S. 258f.

<u>Ueber die Versammlung der Demarkations-Armee 1796.</u>[a]

<u>Pro Memoria</u>,
welches ich auf Verlangen des Herrn Oberstlieutenant von Lecoq[2] über unsere Versammlungs-Punkte und die Wege aus denselben gegen die feindlichen Gränzen gegeben habe.

Wenn die Versammlungs-Punkte der Armee so angeordnet werden sollen, daß man aus ihnen den Feind, der von dem Rhein und holländischen Gegenden kömmt, entgegen gehen kann, so frägt es sich bey Bestimmung derselben, welche Märsche und Stellungen zu diesem Zweck führen.

Drey Punkte scheinen durch die Lage und durch die Wege, welche von ihnen gegen die feindlichen Gränzen gehen, eine besondere Aufmerksamkeit zu verdienen.

I. <u>Bilefeld</u>, oder die Stellung von Brakwede, weil man aus diesem Punkt auf Paderborn, auf Lipstadt und Wesel, auf Münster, Rheine und Osnabrück fast in geraden Linien marschiren kann.

II. <u>Osnabrück</u>, weil man von hier auf Bilefeld, Münster, Rheine, Meppen und Quakenbrügge seine Märsche dirigiren kann.

III. <u>Badbergen</u>, indem man von diesem Punkte auf Osnabrück, auf Lingen und Meppen, und auf Oldenburg in gerader Linie kommen kann.

Jeder dieser Punkte ist 2 Tage-Märsche von den andern in gerader Linie entfernt.

Das <u>preußische Corps</u> hat 2 Punkte, aus denen es nach diesen Oertern sich begeben kann.

1) <u>Minden</u>. Von hier kann es in 2 Märschen über Hervorden[3] nach Bilefeld kommen.

2) <u>Rhaden</u>.[4] Von hier kann es in 2 Märschen über Bomte nach Osnabrück und in 3 über Hunteburg nach Badbergen kommen.

Wenn das <u>hannöversche Corps</u> sich zu Diepholz versammlet, so kann es in 4 Märschen nach Bilefeld, und in 2 nach Osnabrück kommen. Wenn es sich zu Goldenstädt versammlet, so kann es in 5 nach Bilefeld, in 3 nach Osna-

---

[a] *Diese Überschrift dürfte von Klippel hinzugefügt worden sein.*
[1] Das Dokument hängt wohl mit dem am 22. Oktober 1796 abgeschlossenen Vormarsch des hannoverschen Korps von der Hunte an die Hase zusammen, vgl. Sichart IV, S. 662–667.
[2] Karl Ludwig Jakob Edler von Lecoq, Generalquartiermeister des Herzogs von Braunschweig. Zu ihm vgl. Anhang 1.
[3] Herford.
[4] Rahden.

brück kommen. Da es aber zur Versammlung bey Diepholz einen Tag mehr braucht als zu der bey Goldenstädt, so könnte jener Punkt nur in dem besondern Falle, daß nach Bilefeld marschirt wird, gewählt werden.

G. Scharnhorst

26. Denkschrift [?, 1796?]

Nach der Edition bei Klippel II, S. 259.

Versammlungpunkte und Trennlinie der hannoverschen und preußischen Truppen.

<u>Project der Versammlungs-Punkte für die Corps.</u>
1) Das preußische bey Rhaden und Minden.
2) Das hannöversche bey Goldenstädt.
        Scheidungslinie des Cantonnements:
Liebenau, Steinberg[1] und die Oerter zwischen Steinberg und Diepholz, welche das hannöversche Corps zu besetzen für gut findet, wenn sie nicht eine Stunde von der geraden Linie links liegen, sind die äußersten Quartiere des hannövrischen Cantonnements.

Die hessischen Aemter[2] werden nicht belegt, da dies zu vermeiden ist, ohne daß dadurch das Project derangirt wird.

27. Aufzeichnung [?, nach 22. Oktober 1796[1]]

HStAH, Hann. 41 I Nr. 106 (1½ S.): Konzept, eigenhändig.

Quartierangelegenheiten.

1. – Die Antwort an den General von Linsingen wegen Veränderungen in der Dislocation mag seyn:
    1. Daß der Gesuch des L.D. v. Böseleger[2] wegen Belegung der Kirchspiele Fürstenau, Voltlage etc. nicht willfahrt werden können.
    2. Daß die übrigen Gesuche des L.D. in Absicht der Verlegung in den jetzigen Quartierstande von den Herrn General besorgt werden mögten, in soweit es die militärishen Rüksichten und die bisherigen Befehle gestatten.
2. – Den Obersten von Düring[3] wird geantwortet, daß er die Dörfer, so ihn im Kirchspiel Heiligenfeld angewiesen wären, belegen könne; auch wird

---

[1] Es dürft Steyerberg gemeint sein.
[2] Hessen-Kassel beteiligte sich nicht an der Observationsarmee.

[1] Nach dem Vormarsch an die Hase.
[2] Zu lesen: „Land-Drosten [C. F.] von Böselager".
[3] Georg Albrecht von Düring, Chef des 9. Infanterieregiments. Er ging kurz darauf in Pension und wurde Kommandant von Ratzeburg.

davon das Amt Bruchhausen avertirt und den 4ten Cavalrie Regiment angezeigt, daß es die den 9ten Infantrie Regiment in Kirchspiel Heiligenfeld angewiesenen Dörfer sogleich räumen müße, wenn es nicht schon geshehen ist.
3. – Dem Amte Stolzenau wird angezeigt, daß das Dorf Landesbergen nicht von den hannövrishen Trupen entbehrt werden könne. Daß die preußishen Trupen nach den Bükeburgschen hin und an der Weser herauf weit mehr sich zu erweitern fänden als an den untern Theil, wo alles schon seit 2 Jahren belegt gewesen wäre.

28. Scharnhorst an Christian Dietrich Helwing[a]   Hoya, 28. Oktober 1796

StadtAH, Autographensammlung, Sammlung Culemann: Scharnhorst Nr. 1936.144 (2 ½ S.): Eigenhändig.

Buchbestellung. Druckauftrag. Plan zur Überarbeitung des Artilleriehandbuchs.

– Histoire chronologique des operations de l'armee du Nord et celle de Sambre et Meuse etc. p. le Cn. Davidt[1]
Dies ist der Titel eines Werks, an dem mir äusertst gelegen ist, wofür ich alles in der Welt gebe, wenn ich es erhalten könnte. Wenden Sie alles an, um es mir zu vershaffen, was es auch kosten mag, ich bitte Sie alzusehr. Gewagte Bemerkungen üb[e]rs Militär[2] bey Schulze in Celle wünsche ich zu haben.[b]
– Ich wünsche jetzt allzusehr, daß ein Stuk der Denkwürdigkeiten gedrukt würde; ich habe einen Theil des Manuscripts, we[n]igsten[s] zu 2 Stük fertig; geben Sie mich hierauf Nachricht.
– Der erste Theil meines Handbuchs, welcher von der Artillerie handelt, ist 1787 geschrieben. Er ist zu einen Compendium für die Schuhle eingerichtet. Ich mögte jetzt ein vollständiger Werk über die Artillerie schreiben. Wär die Auflage des 1sten beinahe vergrifen, so wollte ich es so einrichten, daß es zu einer 2ten sehr vermehrten Auflage diente und zugleich ein neu-

---

[a] Aus der Adresse auf der Rückseite des Doppelbogens („Herrn Hellwing, Buchhändler zu Hannover") eindeutig ersichtlich.
[b] Dieser Satz wurde am Rand nachgetragen.
[1] Pierre David: Histoire chronologique des opérations de l'armée du Nord et de celle de Sambre-et-Meuse depuis germinal de l'an II jusqu'au même mois de l'an III, tirée des livres d'ordre de ces deux armées par le citoyen David, Paris 1796, zit. David.
[2] Gewagte psychologische Bemerkungen über militärische Gegenstände, o.O. 1795. Verfasser der anonymen Broschüre, deren 2. Auflage 1797 in Celle unter dem Titel „Militärische Bemerkungen" erschien, war der schwedische Major Morath, vgl. Hamberger/Meusel.

es vollständiges Werk über die Artillerie wäre. Von den 7 Planen könnten 6 bleiben und 3 kämen noch hinzu.
Ueberlegen Sie dies und geben Sie mir hierauf Nachricht. Ich bin mit vieler Hochachtung Ihr

dienstwillig[e]r Di[ene]r

Hoya den 28sten Oct. 1796. G. Scharnhorst

29. Denkschrift[1] [?, vor November 1796?]

HStAH, Hann. 41 III Nr. 139 fol. 43r–v (2 S.): Konzept, eigenhändig.

Druck: Klippel II, S. 233f.

Kosten der reitenden Artillerie im Frieden.

Ueber den Anschlag des H. General v. Trew, die reitende Artillerie betreffend.

1. 2 6℔der statt 2 3℔der sind unentbehrlich; man muß im Frieden mit den Geschütz exerciren, welches man im Kriege führen will.
2. Nichts wäre billiger, als daß die Officiere von der Reitenden-Artillerie alle in Friedens so wie in Kriegszeiten Cavalerie Gage erhielten. Da dies aber große Kosten erfordert und ein Hinderniß seyn könnte, die Einführung der Reitenden-Artillerie zu Stande zu bringen, so bleibt nichts übrig, als nur den 3 Officieren der berittenen Batterie Cavalerie Gage zu geben.
3) Der Trän-Officier und der Trän Wachtmeister sind entbehrlich; 14 Tränknechte können von 2 Corporalen in Ordnung erhalten werden. Die Oberaufsicht können die Artillerie-Officiere füglich führen.
4) In Absicht der übrigen Pferde und Kosten beziehe ich mich auf den Kostenanschlag des Herrn Major von Bok; alsdann wird diese Batterie in allen a.p.p.[2] auf 4000 rh. jährlich kommen, statt sie nach dem Anschlage des Herrn General v. Trew auf mehr als 8000 kommen würde, in dem in seinem Anschlage manche Kosten, welche unumgänglich erfordert werden, nicht angeführt sind.

G. S.

---

[1] Laut Klippel schließen die hier gemachten Bemerkungen an die Denkschrift Nr. 152 zur reitenden Artillerie an. Der im vierten Absatz erwähnte Kostenanschlag des Majors Eberhard Otto Georg von Bock ist offenbar derselbe, der in der folgenden Denkschrift vom 2. November 1796 erwähnt wird.
[2] Wahrscheinlich ist „app." für „appartenances" gemeint, also „mit allem Zubehör".

42 I. Im Stab des Observationskorps (1795–1798)

30. Denkschrift[1] Hoya, 2. November 1796

HStAH, Hann. 41 III Nr. 139 fol. 40r–v (1½ S.): Konzept, eigenhändig.

Druck: Klippel II, S. 234.

Zahl und Unterbringung der Artilleriepferde im Frieden.

P. M.

Den Vorschlag des Herrn Major v. Bok finde ich vollkommen der Natur der Sache angemeßen. Nur für die beiden Sechspfünder müßten pr. Stück 9 Mann beritten seyn und 6 Wagen-Pferde gerechnet werden. Dagegen könnten die beiden Ober-Feurwerker samt ihren Rationen füglich wegfallen. Auch brauch[en] bey den 4 übrigen Stücken nur 4 Mann und 1 Feurwerker p. Stück beritten zu seyn; so daß also doch in den Anschlag mehr Rationen berechnet sind, als erfordert werden.[a]

Casernen brauchen für die Trän-Pferde nicht erbauet zu werden; zu Hannover kann man den Schoppen nahe bey der Artillerie Schuhle dazu, wie bisher, gebrauchen, und die Wagen in einen andern Schoppen bringen. Für 16 Pferde braucht man keinen großen Raum. In Hameln wird sich gewiß auch Gelegenheit finden, 16 Pferde in den königl. Gebäuden ohne große Kosten unterzubringen. Hoya den 2ten Nov. 1796.

G. Scharnhorst.

31. Scharnhorst an Christian Dietrich Helwing[a] Hoya, 7. November 1796

StadtAH, Autographensammlung, Sammlung Culemann: Scharnhorst Nr. 1936.145 (2½ S.): Eigenhändig.

Druck: Bertram Nr. VII; Linnebach, S. 166f.

Plan zur Überarbeitung des Artilleriehandbuchs. Honorarforderung. Beschleunigung der Drucklegung der Feldzugsgeschichte.

Der erste Theil meines Handbuchs für Officiere, welcher die Artillerie betrift, enthält das unentbehrlichste von dieser Wissenshaft für den Unterricht in Artil-

---

[a] Am Rande eine Berechnung:
  „2 _ 6 ℔der   18 Beritt.
   2 _ 3 ℔der   10 --
   2 _ Haubitzen 10
                 ―――
                  38."

[1] Laut Klippel an Wallmoden gerichtet.

[a] Aus der Adresse („*Herrn Buchhändler Helwing zu Hannover*") eindeutig ersichtlich.

lerie Schuhlen und für junge Artilleristen. Dieses Buch will ich jetzt bey der 2ten Auflage so vermehren, das es ein Ausführliches Handbuch der practishen Artillerie, in der Folge mit Recht zum 2ten Titel führen kann. Es ist nicht meine Absicht, hierbey zu profitiren, mein Haupt Zwek ist nur ein bleibendes Andenken dadurch zu erwerben. Von 20 Bogen, welche es jetzt stark ist, wird es ungefähr bis zu 30, einige mehr oder weniger, vermehrt; von 7 Planen wird es bis 11 vermehrt. Nur für die Bogen u. Plane, welche die neue Auflage mehr als die alte hat, verlange ich nach den alten Contract ein Honorarium. Dabey mache ich aber die Bedingung, daß das Werk in Hannover bey Pokewitz oder Schlüter[1] gedrukt wird, daß gute Lettern und vorzüglich gut Drukpapier genomen und daß die Plane gut gestochen und auf Schreibpapier abgezogen werden. Wenn Sie diesen Vorschlag eingehen, so haben Sie die Gütigkeit und wiederhohlen Sie mir in Ihren Schreiben die unterstrichenen Stellen; alsdenn brauchen wir keinen weitern Contract. Bey dieser Vermehrung wird der erste Theil des Handbuchs grade so stark als der 2te ist. Ich werde übrigens es so einrichten, daß der eine Plan zu den Denkwürdigkeiten paßt und zugleich zu den Handbuche, damit Sie ihn à deux mains gebrauchen können und dadurch sparen. Wenn nach Ostern gleich an der 2ten Auflage des Handbuchs gedrukt werden kann, so wär mir dies sehr lieb, indem ich nicht gern mögte, daß die Sache übereilt würde in der Correctur, weil ich alles, was nur möglich ist, anwenden werde, dies Buch drukfehlerfrey gedrukt zu erhalten.

Eben erhalte ich durch Hahns die Campagnen von Pichegru, da ich nun gern in den ersten Bande der Denkwürdigkeiten sie benutzen wollte, ehe sie übersetzt ershienen, so ist mir äuserst daran gelegen, daß gleich mit den Druk derselben angefangen würde. Da ich jetzt auf 8 Tage verreisen muß, so kann ich das Manuscript vor dieser Zeit nicht einsenden. Ich will indes einige Theile des Manuscripts in 8 Tagen doppelt einshiken, damit sogleich und während der Censur daran gedrukt werden kann. Die Correctur muß ich selbst besorgen, denn ich fürchte mich zu sehr für Drukfehler. Hab[e]n Sie die Güte u. geben Sie mir hierauf eine bestimmte Antwort und versäumen Sie keinen Augenblick. Mit aller Hochachtung bin ich

                                  Ew. Wolgebor.

Hoya den 7ten Nov. 1796.   dienstwilligster Di[ene]r

                                  G. Scharnhorst

---

[1] Hieronymus Michael Pockwitz war Hofbuchdrucker, Schlüter Landschaftlicher Drucker.

32. Notizen [Neuenkirchen u. a.?, um November 1796?[1]]

GStA PK, VI. HA Nl Scharnhorst Nr. 144 fol. 4r–11v (16 S.): Eigenhändig.

[1.] Plan zur Ausstattung der Infanterie mit Amüsetten. [2.] Plan zur Ausstattung der Kavallerie mit Amüsetten. [3.] Vorteile der Amüsetten. Gewicht. Munition. [4.] Wege und Stellungen zwischen Osnabrück und Hoya. [5.] Personal der Sechspfünder. [6.] Stellung bei Neuenkirchen. Einsatzplan für Kavallerie. [7.] Bajonettangriffe ein Mythos. [8.] Personal und Manöver der reitenden Artillerie. [9.] Verbesserung der Lafette. [10.] Lesefrucht zum Spielraum der Kugeln im Rohr.

A. Leichte Artillerie, Artillerie volante
B. Reitende Artillerie

Leichte Artillerie
   a. Für die Infanterie
   b. Für die Cavalerie

[1.] a. Für die Infantrie muß leicht sein, wenig kosten, weil sie leicht verlohren gehet, wenn sie gut gebraucht wird.

   Bückeburgische Amusetten 3 Mann ein Pferd, welches 100 Schuß in 2 Tornister trägt, sobald die Amusette gebraucht wird. Nur 3 Mann, weil man doch nicht anhaltend geshwind feuren braucht, in dem kein Einbruch zu thun.

   Bey diesr Einrichtung Wirkung so viel als nöthig u. geringe sehr geringe Kosten auf

von der Seite ⎛ 4 Amusetten noch 2 Pferde mit einen Wagen u. auf 4 Amu. 2 Reserve Pferde Macht jede Amusette in allen 2 Pferd und 7 ½ Mann u. 300 Schuß ⎞

   Eine 3 ℔ige Canone 16 Mann
                       6 Knechte
                       22 Mann

                      4 Pferde
                      8   "
                    12 Pferde

---

[1] Ein Teil der Notizen bezieht sich auf die Verteidigung Nordwestdeutschlands (Bistum Osnabrück, Niederstift Münster, Ostfriesland usw.). Scharnhorst bereiste die Kantonierungsquartiere des hannoverschen Korps in dieser Gegend Anfang bis Mitte November 1796 (vgl. auch die Datierung seiner Briefe). Zu dieser Zeit wurde auch über die Reorganisation der reitenden Artillerie beratschlagt.

Nr. 32

Also 6 Amusetten für eine 3 ℔ ige Canone
hat ein 3 ℔ er nur 8 Mann
               1 Unteroffic.
               <u>6 Knechte</u>
       15 = 3 $\frac{1}{2}$ mal so viel Mann.

Also für 2 Stük 3 ℔ der in Durchschnitt 10 bis 12 Amusetten Nun die Vortheile der größern Bewegbarkeit etc.

Doch ist ⎧ Rechnete man jede Amusette 2 Pferde, in der
die alte   ⎪ Protze 300 Schuß, so würde man 2 Pferde,
Einrichtung ⎨ 4 Mann gebrauchen – Amusette 250 ℔
beßer   ⎩   <u>Munition 450</u>
                                              700 – Pferd
                                              350 ℔

Bey dieser Einrichtung wird man 12 Amusetten bey ein Bat. haben, und bey jedn Post[e]n, bei jeden Comando eine absenden können.
   Die 3 ℔ der sind nur beym Bat. großen Teils angemeßen, aber keine Wache etc.

[2.] <u>Amusetten</u> bey der leicht. Cav.

Amusette -   3 Canoniere ⎫
                    2 Knechte ⎬ 5
                    4 Pferde ⎭ – 4   Eine Amusette
3 Mann   450 ℔   also
            <u>250</u>   4 mal so wenig
            700   als ein 3 ℔ der
200 Schuß <u>300</u>
           1000 ℔ aufs Pferd 250 ℔

     Reitender 3 ℔ der[a]
8 Can.
2 Unt.Offic.
<u>7 Knechte</u>
17 M.

5 ⎫
6 ⎬ 19 [Pferde][b]
8 ⎭

---

^a Gestrichen. Möglicherweise aus Versehen zusammen mit der gestrichenen Berechnung darunter (die nur auf 15 Mann und 17 Pferde kommt).
^b Aus dem daneben Gestrichenen zu ersehen.

[3.] <u>Vorzüge der Amusetten über die 3 ℔ der</u>
1. Muß man sie als Amusetten zu Fuß im Busch u. Breken brauchen können.
2. Muß man sie in Retiriren u. Pläker ohne abzuprotzen brauchen konn
3. Kann man bey jeder Feldwache etwas haben

Auf dem Protz Kasten kan Man
in f.^{c} ---------- 1
in a. ---------- 2
b. ein B[o]rd, wo 2 Mann zur Noth auftreten könn
  Bey b wird das Querbret, worin das Protzloch, [..........^{d}], wen[n] manoeuvrirt wird mit Manshaft.
  Die Bäume cd brauchen nur in die Axrohr drüber zu gehen. Das Drehebret ae braucht nur schmal zu sein
  Wen der Schwanz c auf der Erde liegt, muß die Schraube weit hervorstehen^e.
  Größte Leichtigkeit Haupt Sache – versetzt die reit. Infantrie u. zugleich noch reiten. Art. auf Feldwachen etc.

Meine beshlagene Wage – Ein Fuhrwerk für 4 Pferde = 1600 ℔
wiegt das hinter Gestell
    1. Ein Rad   108 ℔
      noch ein ″   108 ″

    2. Axe mit dem
      Sperholz u. Ringen   <u>110</u>
                               326 ℔

Das Vorder Gestell wegen der Arm u. Dreheshemel etwas shwerer.

Das Vordergestell untern Wi[e]ner Wagen 234.
Geschwinde Artillerie hat der leichte Wagen zu wenig Ladung.

  1. Die Canone –   640
     80 Schuß à 5 ℔   400
     4 M. à 150 ℔ –   <u>600</u>
                        1640
   Macht auf 1 Pferd 280 ℔.

---

^{c} *Die Buchstaben beziehen sich auf die vorangehende Skizze eines Längsschnitts einer aufgeprotzten Lafette.*
^{d} *Unleserlich, heißt möglicherweise „zurückgeschoben".*
^{e} *Statt „ehrvorsehen".*

2. Der Wage 4 Kasten à 28 Schuß macht
   112 Schuß à 5 ℔ –   560
   1 Mann à 150 –   150
                        710
   Macht auf 1 Pferd 180 ℔

Man sollte den Ueberoffic. bey der Reserve lassen u. den Wagen mit 224 Schuß beladen, so hätte man 1120 ℔, à Pferd 280 ℔.

Bey den Wagen kann eh[e]r 1 Pferd 280 ℔ als bey der Canone ziehen, weil hier die Lafete zur Shwehr[e] kömt.[f]

Eigentlich sollte auf Lastfuhren à Pferd   600
                auf Art.Fuhren   "   450
                auf Reit.Art.Wagen   300
                auf Canonen schw. Artill.   350
                   "   "   Reit. Art.   250

Wenn dies nicht gehet, so sind die Fuhrwerke oder die Pferde schlecht.

Wenn die Canonen 80 Schuß haben, so brauch[e]n die Wagen keine große Bewegbarkeit zu haben.

[4.] Die Stellung bey Vörden, mit den rechten Flügel vor Neuenkirchen, ist sehr gut, der linke Flügel ist gedekt, die Front auf eine gewisse Weite nicht zugänglich, und wer den rechten Fl. angreifen will, muß einen weiten Umweg nehmen. Den Post[weg] von Neuen Kirchen bis Lage [entlang?] sind morastige Wiesn.[2] Auf den rechten Flügel könnte man alle Cav. gebrauchen.

Stende man bey Damme u. hätte einen starken Poste bey Vörden u. weiter rechts, so könnte man den Feind, wenn er Vörden angrife, entgegengehen u. ihn eine Schlacht unter vortheilhaften Umst[ä]nd[e]n liefern etc.

Die Stellung vor Goldenstedt mit den linken Flügel an Moraste ist nicht übel, man muß das Holz u. den Bach bey Lutte vor der Front haben, die Hohe am Morast, wo Bäume stehen, u. wo eine alte Schanze scheint gewesen zu sein, mit einer Batterie besetzen. Den rechten Flügel habe ich nicht untersucht.

Der Weg von Hoya über Neubruchhausen, Bassum, Harpstädt, Wildeshausen, Vechte, Lohne, Damme, Vörden ist nur zwischen Goldenstädt u. Vechte schlecht in Winter.

---

[f] *Am Rand gestrichen: „Wenn ich zu befehlen hätte, so nehme ich das Gewicht der 2 Mann auf die Protze in Munition; dies würden 300 / 5 = 60 Schuß sein; alsdann hette man 140 Schuß u. brauchte kein Wagen – dies gebe 4 M. u. 1 Unt.off. zu Pferde."*
[2] Die beschriebene Stellung befindet sich nördlich von Osnabrück. Mit Lage ist wohl Dinklage gemeint.

48 I. Im Stab des Observationskorps (1795–1798)

[5.] Bey den 6 ℔ der braucht man nur 6 M. u. 1 Offic. zur Bedienung, also 2 Pferdehalter u. 1 Unteroffic. u. 4 M. zu Pferde, d.i. 7 M. zu Pferde, statt man jetzt 9 zu Pferde hat.
 Dan können in der Protze bequem 60 Schuß geführt werden.
 Es ist vortheilhafter, die Artilleristen zu fahr[en], als reuten zu lassen.
 Um 2 Menshen, so reiten, hat man 3 Pferde u. 1 Pferdehalter.
 Um 2 Menshen, so fahren, hat man nur $1^1/_5$ Pferd, wenn man auf 1 Pferd 250 ℔ rechnet, und $^1/_2$ Knecht, folglich kostet der reitende Mann doppelt so viel als der fahrende.

[6.] Die Stellung b[e]y Neuenkirchen ist sehr gut; von Neuen Kirchen erstrekt sich die Heide gegen Quakenbrük, meist allerwärts, zumal in Raume, practikabel. Diese Heide gehet nach Kloppenburg, schließt sich an die Berge bey Damme.

<u>Gebrauch der Cavalerie</u> 1. In der Ebene
 2. <u>Hinter der Inf</u>. a. um die feindliche Infanterie, wenn unsre davon läuft, aufzuhalten, daß sie nur in Ordnung u. langsam vorgehet. b. damit die feindliche Cav. nicht von einer Unordnung profitiren kann und bey Rükzuge unsr[er] Inf. gleich bey der H[an]d ist, auf die Cav. zu fallen, die die Inf. gef[a]ng[e]n nehmen will. c. Um im Gegentheil auf die feindl. Inf., die wankt, zu fallen.

– V. Böselega zu Fürstenau wünshet auf Verlangen der Regierung, das Quakenbrük noch mit einr Compgnie belegt wird, das noch das Kspl. Voltlage, Schwagsdorf, Alfhausen, Fürstenau belegt wird.³
1 [.......^{g}] 2 Mann etc. nach Verhältniß
Fürstenau 130 belegbare Häuser überal 176

[7.] – Die Tactik der neuern Zeiten auf Feur. Der Soldat ist gezwungen u. bange, u. wenn er nicht gezwungen ist, so ist er doch als gezwungen anzusehen, wenn er auf die Kartätshen etc. gehet. Da gehet er aus Angst vor, um den Dinge ein Ende zu machen, wie der, der sich das Leben nimmt,^{h} um nicht ein Unglük zu ertragen, oder er gehet zurük. Man hörte in diesen Kriege oft, sonst wäre alles anders gewesen, man hätte nicht auf so weite Distanz[e]n gefeurt etc. Nie aber habe ich jemand angetroffen, der^i mit in einem Gefecht gewesen war, daß anders entschieden wäre, nie habe ich jemand angetroffen, der mit Reih u. Gliedern mit den Bajonet angedrungen wäre. Ich bin selbst dabey gewesen, daß dies Experiment in

---
^{g} *Unleserlich, heißt möglicherweise „Vollhube".*
^{h} *Verändert aus: „todt schießt".*
^{i} *Das Wort in der Vorlage versehentlich doppelt.*
³ Vgl. dazu die Aufzeichnung Nr. 27.

der höchsten Noth versucht wurde. Reih u. Glied waren bald verlohren, ein Klumpn stürzete sich auf den Feind, von den vielleicht nicht 10 Mann sich erreichen ließen. S. 141.[4]

Preußen große Patrontashen, dabey ein Leder, um das Schloß gegen Regen zu deken – ist es nützlich?

[8.] Reit. Art. 8 Mann u. 1 Untroffic. zu Pferde, dabey 3 Pferdehalter, bey den Preußen nur bey 9 Mann 2 Pferdehalter, die Knechte.
 50 Schritt vor abgeprotzt, 1 Schuß u. aufgeprotzt
 1 Min., jedoch sellten reussirt; sonst in $1^{1}/_{2}$ Min. Dies in jeden Fall.
 Die Leute bringen die Canonen in der Ebene woll etwas vor, auch protzen 2 Mann sie zur Noth ab.
 Das Abprotzen u. Feur so geshwind als die geschwinde bey Wildeshausen.
 Bey den 6 ℔der in Kasten   40 Schuß ⎫
 in 4spänigen Wagen   --   75   ″   ⎬ 190
 in noch 4 ″ ″ ″   --   75   ⎭

Der Mann in Wildeshausen, so die Fuhrwerke dirigirt, erzählte, er habe beständig 600 ℔ auf jedes Pferd gerechnet, wo 7 bis 8 vor ein Fuhrwerk; er wisse indes, daß ein Karen mit einen Pferde 13 Centner 1450 ℔ gefahren. Daß sei ein aus[e]rord[en]tliches Pferd.
 Man fahre 2 bis 3 Meilen täglich, nach dem der Wagen

[9.] Axe von vorne a. Vertiefung für die Canone
          b.b. Vertiefung für die Lafetenwand[j]

Lafete von der Seite[k]

Von a gegen b können die Lafetenwände schwächer seyn, wegen des Hebels
 Vortheil. a die Canone 9 Zoll niedriger, die Räder 18 Zoll höher. Die Kraft zur Last = $5 + 1^{1}/_{2} : 5 = 13 : 10$. Auf 13 Pferde 10 Pferde erspart oder aber die Bewegbarkeit vermehrt, nach den Verhältniß von 10 zu 13.
 Da die Lafeten Wände u. Achse sehr stark des Stoßes wegen seyn müssen, da man des Rüklau[f]s wegen eine gewise Shwere durchaus haben muß, so muß die jetzige vielleicht bleiben. Man könnte aber von ihr einigen Nutzen ziehen, wenn man neben der Lafete bey den 3 u. leichten 6 ℔der der zwey längliche Kasten auf der Achse hätte, die mit Kugeln an den klein Spiegel gefült wären, zu den man Pulver Patronen in der Protze hätte.
 Wöge der 3 ℔ der   600 ℔
 100 Kugeln 3 ℔ige 300
                    900 ℔ eine mäßige Last.

---
[j] *Die Buchstaben beziehen sich auf eine Skizze daneben.*
[k] *Hier eine Skizze, auf die sich die Buchstaben im Folgenden beziehen.*
[4] *Es ist unklar, auf welches Werk sich diese Seitenangabe bezieht.*

Zwar muß man die schwere Lafete shon zur Last rechnen; indes hätte man doch jetzt nicht die Schwere umsonst.

Hätte man nun in der Protze 100 Schuß 500 ℔
100 Patr. mit Pulv.   150
                                                    650 ℔
Dazu die Lafete zu tragen   200
                                                    850

Man müßte diese Kugelshüß gleich zu Anfang brauchen, wo man selten geshw[in]d schießt, auch hätte man sie hier bey der Hand, und es würde dadurch kein großer Auff[e]n[t]halt verursacht, der Einsetzer könnt sie allenfals selbst kriegen, in Fall der Noth hette man ja auch 100 andre Schüße. Nun häte man keinen Wagen mit 3 Pferden nöthig. 4 Pferde vor der Canon hätten zu ziehen
   1550 ℔ Canon u. Munition
    300 ″ große Schwere der Lafet als Fuhrwerk
   1850

Es ist hiergegen, daß die Bewegung der Lafete erschwert wird; besonders in Gräben, an Bergen, hohlen Wegen etc.
Indes kann doch die Protze immer die Schwere der Lafete tragen u. also
     150 Schuß   = 750 ℔
     Von der Lafete = 200 ″
                         850 ℔[5] tragen.
Alsdann aber kann man die Lafete mit der Fourage immer beschweren
     Für 4 Pferde -- 200 ℔ auf 6 Tage

[10.] <u>Antoni</u>[6]
Spiel-Raum, S. 70. Die Versuche zeigen, daß der kleinere Spielraum regulärere Schüße giebt, aber es sind zuwenig geschehen, daß man noch nicht daraus eine sichere mitlere Schußweite ziehen kann. 6 u. 4 Schuß geben keine sichere mittlere Schußweite.

Ueberdem war hier ein Vorshlag, der sich der Ausdehnung der flüßigen Materie[7] durch den Spielraum widerstehet, u. ihn nicht Raum läßt, wie bei ordinären Patronen.

---

[5] Offensichtlich falsch – es müßte heißen: 950 Pfund.
[6] Verweis auf ein Werk von Alessandro Vittorio Papacino d'Antoni, wahrscheinlich entweder Esamen del polvere, Turin 1765, oder L'Uso dell'armi de fuoco, Turin 1780.
[7] Hiermit sind die Explosionsgase gemeint.

33. Scharnhorst an [?] Neuenkirchen, 10. November 1796

HStAH, Hann. 41 Nr. 106 (2 S.): Eigenhändig.

Quartierangelegenheiten.

Neuenkirchen den 10ten Nov. 1796.[a]

Ew. Hochwolgeborn erhalten hierbey einen Brief an Se. Excellenz den H. G. v. W., der indes nichts enthält, was unser Cantonirung speciel angeht.[b]
Der Herr Major von Schaurot zeigte mir an, daß er 2 Dörfer, die ins Amt Dinklage (ich glaube er meint Vögtey Dinklage) gehörten, aber zu den Kirchspiel Lohne gezählt würden, und nun von 10ten Regiment[1] geräumt wären, zu belegen wünschte und deswegen nachgesucht hätte. Ich sagt ihn, die Sache fände gar keine Bedenklichkeit, in dem ihn in seiner Dislocation das Kirchspiel Lohne ja schon angewiesen wäre und das 10te Regiment die Dörfer, so bald es seinen Irthum ersehen, geräumt hätte.
Ich begreife gar nicht, wie der Oberforstmeister v. Vos[2] und Amtmann Heise[3] den Vorschlag thun konnten, eine Escadron von 10ten Regiment von Emstek weg nach Steinfeld zu legen und dagegen eine von 8ten Regiment von Steinfeld nach Emstek zu legen. Dadurch würde doch die Verpflegung nicht erleichtert und dann entstünde der Nachtheil, daß von 8ten Regiment eine Escadron 3 Meilen von der andern lege und daß mitten zwischen beiden Escadronen daß 10te Regiment sich befände, <u>daß nun freilich dann ausshließend die besten Quartiere hätte.</u>[4]
Ein und[c] andere kleine Veränderungen werden noch woll hin und wieder nöthig seyn, die aber nicht anders als von General Quartier bewerkstelligt werden können und worüber ich bey meiner Zurükkunft Vorschläge thun werde.
Ich gehe morgen nach Quakenbrücke und denke dann über Lemförde und Diepholz zurükzukommen, indem ich auf meiner Tour jetzt schon Harpstädt, Wildeshausen, Vechte, Lohne und Damme besucht habe.
                                                G. Scharnhorst.

---

[a] *Auf der ersten Seite oben links steht von fremder Hand: „15. Nov. 96", wohl der Eingangsvermerk.*
[b] *Es handelt sich offensichtlich um ein Begleitschreiben für Nr. 34.*
[c] *Folgt ein überflüssiges „an".*
[1] 10. Leichtes Dragonerregiment.
[2] August Friedrich von Voß, Oberforstmeister in den Grafschaften Hoya und Diepholz sowie im Amte Wildeshausen, vgl. den Staatskalender.
[3] Otto Christoph Heise, der Amtmann von Hagen bei Stade, übernahm 1796 die Funktion des Feld-Kriegs-Kommissarius des Observationskorps.
[4] Die andere Eskadron des 8. Regiments hatte ihr Standquartier in Lohne, die des 10. in Quakenbrück, vgl. Sichart IV, S. 664.

34. Scharnhorst an Wallmoden Neuenkirchen, 10. November 1796

HStAH, Hann. 41 Nr. 41 fol. 42r–43v (4 S.): Reinschrift, eigenhändig.

Druck: Klippel II, S. 217, 228, 239 (Auszüge); danach Linnebach, S. 167ff.[1]

Kritik an David. Notwendigkeit einer eigenen Feldzugsgeschichte. Bitte um Unterlagen.

An Se. Excellenz den Herrn General der Cavalerie Grafen von Walmoden Gimborn

Neuenkirchen den 10ten Nov. 1796.

Ew. Exzellenz zeige ich hierdurch gehorsamst an, daß ich die Auswahl der Colonnen-Wege und Läger, welche die Ingenieur Officiere und Guiden bey Ausführung der Ihnen gegebenen Aufgabe getroffen, untersucht habe, um denselben ein und andere Bemerkung zu ihrem Unterrichte machen zu können.

Zugleich bin ich die Cantonnirungen bis hier durchgegangen und im Begriff, die übrigen noch durchzugehen, um in der Folge von allem Auskunft geben und Ew. Excellenz einen umständlichen Rapport abstatten zu können.

Ew. Excellenz ist ohnezweifel in diesen Tagen die Campagne du General Pichegru im Jahr 1794 und 95 zu Gesichte gekommen.[2] Sie ist voller Unrichtigkeiten und größtentheils zum Nachteil der Truppen und comandirenden Generale. Ich glaube, daß es jetzt die Zeit ist, eine wahre Geschichte dieses Feldzuges herauszugeben, in der das Unwahre, was bisher davon in Umlauf gekommen ist, in Anmerkungen, gewissermaßen nur beiläufig, widerlegt wird. Hierbei ist aber erforderlich, daß eine solche Geschichte, wenn sie Zutrauen und Glauben einflößen soll, documentiert sey[a] und einen innern bleibenden Wert habe.[b] Hierzu fehlt mir noch verschiedenes:
1. Die Dispositionen und Relationen von den Vorfällen bey Landrecy und Cateau im Aprill und Merz und bey Tournay im May.
2. Der Bestand der Englischen Armee zu verschiedenen Zeiten, besonder im Januar und Febr. 1795.
3. Die Disposition und Vertheilung der Trupen beym Anfang des Feldzugs von 1794.

Außer diesen würde jede Ordre, jede andere Disposition, jede dahin gehörige Correspondenz ein oder anderen Umstand aufklären und den Ganzen mehr Intereße und Glaubwürdigkeit verschaffen, und ich bitte daher Ew. Excellenz:
1. Um die dazu gehörigen Pappiere, welche Sie besitzen;

---

[a] Statt „seyn".
[b] Statt „haben."
[1] Linnebach edierte die zwei von ihm übernommenen Auszüge als separate Briefe.
[2] Gemeint ist das in Nr. 28 und 31 erwähnte Werk von David.

2. Um die Verschafung der Ordrebücher und Diariums, welche die Regimenter geführt und von den Grenadierbataillons an den Herrn Feldmarschall³ abgeliefert sind;
3. Um die Erlaubnis, daß Herr von Löw⁴ mir die Sachen, so er noch von diesem Feldzug hat, zukommen lassen darf.

Es würde nicht gut sein, wenn eine deutsche Uebersetzung der obenerwähnten Kampagne eher als die [zu] veranstaltende Beschreibung des Feldzugs von 1794 erschiene.ᶜ Die Sache ist also eilig.⁵ Da ich schon in einen Aufsatz, den ich Ew. Excellenz vorgelegt, die Quellen des unglüklichen Ausganges dieses Feldzuges entwikelt und ein Tagebuch desselben aufgesetzt habe, so würde das Ganze sich bald zu Stande bringen lassen, wenn ich nur jene verlangten Nachrichten oder Pappiere unverzüglich erhielte.⁶

Ew. Excellenz frage ich gehorsamst an, ob Sie es nöthig finden, daß ich bey dem Herrn Feldmarschall um eine Zulage von der Generalquartiermeister Gage einkomme? Ich fürchte, daß der Herr Feldm. sie jemand verspricht und gar nicht an mich denkt; ich weiß indes von der andern Seite auch gar woll, daß mein Gesuch ohne Ew. Exzellenz gnädige Protection mir zu nichts dienen wird.⁷

G. Scharnhorst.

35. Scharnhorst an Freytag Hoya, 17. November 1796

HStAH, Hann. 41 Nr. 14 fol. 106r–v (2 S.): Reinschrift, eigenhändig.

Druck: Klippel II, S. 239f., danach Linnebach, S. 169f.

Gesuch um Generalquartiermeistergage. Ausgaben für Karten und Bücher.

Hochwolgeborner Herr
Hochgebietender Herr Feldmarschal!
Die vielen Beweise des geneigten Wohlwollens, womit Ew. Excellenz mich während der Zeit, daß ich das Glük habe, in den Diensten unsers allergnä-

---

ᶜ *Folgt gestrichen: „und das geschieht gewiß Ostern."*
³ Wilhelm von Freytag, der kommandierende General der hannoverschen Armee. Zu ihm vgl. Anhang 1.
⁴ Oberstleutnant Georg Carl Löw von Steinfurt, seit 1794 Flügeladjutant Wallmodens.
⁵ Tatsächlich erschien die deutsche Übersetzung erst zwei Jahre später: Pichegru's Feldzüge, oder Chronologische Geschichte der Operationen der Nord-, Sambre- und Maas-Armee im Jahre 1794, aus den Ordrebüchern dieser Armee gezogen von David, ins Deutsche übersetzt und durch militärische Anmerkungen erläutert von G. Venturini, Leipzig 1798.
⁶ Scharnhorst hatte Wallmoden offenbar eine frühere Fassung des Aufsatzes vorgelegt, den er 1797 unter dem Titel veröffentlichte: Entwickelung der allgemeinen Ursachen des Glücks der Franzosen in den Revolutions-Kriege, und insbesondere in dem Feldzug von 1794, in: NMJ, Bd. 8, S. 1–154, zit. Scharnhorst, Entwickelung.
⁷ Durch königliches Reskript vom 24. Juni 1796 war Scharnhorst an Kunzes Stelle zum Generalquartiermeisterleutnant ernannt worden. Gleichzeitig wurde bestimmt, daß Kunzes Zulage dem (von Freytag protegierten) Oberstleutnant Johann Ludwig Hogreve zufallen sollte, was Scharnhorst aber offenbar noch nicht wußte.

digsten Königs zu stehen, beehrten, macht mich so dreiste, Hochdenenselben nachstehende Bitte unterthänigst vorzulegen.

Ew. Excellenz werden sich geneigt erinnern, daß ich seit dem Anfange des 2ten Feldzugs beyn Generalquartiermeisterstabe gedient habe; da ich nun bey dem gegenwärtigen Marsche abermahls, und zwar allein, in dieser Qualität placirt bin, so glaube ich mit Gewißheit schließen zu können, daß es der Wille meiner gnädigen Obern ist, mich auch in der Folge diesen Dienst verrichten zu laßen. Je mehr ich Gelegenheit habe, mich den weitläuftigen Pflichten, die mit diesen Posten verbunden sind, bekannt zu machen, um so mehr sehe ich die Nothwendigkeit ein, mir durch Reisen und Anschaffung von Carten und Büchern die so nothwendige Local-Kenntniße zu verschaffen. Beides aber erfordert einen Aufwand von Kosten, der mein Vermögen bey weitem übersteigt. Ew. Excellenz werden mir in dieser Hinsicht gnädigst verzeihen, wenn ich es wage, mich, da durch den Tod des Herrn General-Lieutenant von Estorf[1] die General-Quartiermeister Gage vacant geworden ist, Hochderoselben Gnade unterthänigst zu empfehlen.[2]

Ich würde schon längst mir die Freiheit genommen haben, Ew. Excellenz mit dieser untertänigen Bitte zu behelligen, wenn eine Reise, die ich auf Befehl des Herrn General Gr. v. Wallmoden in die Cantonirungs-Quartiere gemacht habe, mich nicht bis jetzt daran verhindert hätte.

Ich ersterbe in tiefster Ehrerbietung
                                      Ew. Excellenz
Generalquartier
Hoya den 17ten November   unterthäniger Diener
1796.   G. Scharnhorst, Major.

---

[1] Emmerich Otto August von Estorff (1722–1796), seit 1762 Generalquartiermeister der hannoverschen Armee, hatte Scharnhorst 1777 für seine Regimentsmilitärschule angeworben. Zu ihm vgl. Anhang 1 zu Band 1.
[2] Freytag antwortete am 21., die Gage sei kein „Fixum", sondern ein „persönliches Extraordinarium" gewesen, vgl. Klippel II, S. 240.

36. Scharnhorst an [Hammerstein[1]]   Hoya, 20. November 1796

Nach der Edition bei Linnebach, S. 170f.[a]

Kritik an David. Ausarbeitung der Feldzugsgeschichte. Bitte um Kriegstagebuch.

Hoya, den 20. November 1796.
  Hochwohlgeborner Herr,
  Hochzuverehrender Herr General!
Die schiefen Vorstellungen von den Operationen der verbundenen Armeen im Jahre 1794, welche sich in den Campagnes du Général Pichegru befinden, veranlassen mich, eine Beschreibung des Feldzuges von 1794 auszuarbeiten. Es fehlen mir aber noch einige Teile des Tagebuchs der Operationen des Korps, welches Ew. Hochwolgeborn kommandirt haben.
  1. Das Tagebuch vom Anfang des Feldzuges bis zum 5. Mai, nebst den Plan von Menin, wie es sein sollte und war.
  2. Das Tagebuch vom 15. Juni bis 5. Juli.
  3. Das Tagebuch vom 15. Sept. bis Ende des Feldzugs.
  Um diese bitte ich Ew. Hochwohlgeboren gehorsamst, mit dem Versprechen, daß ich von denselben einen so guten Gebrauch als möglich machen werde. Der Herr Fähnrich Hassebroik[2] wird das Manuskript so wie den Plan kopieren und ist deshalb einige Tage in Nienburg. Ich empfehle mich Ew. Hochwohlgeboren fernere Güte und Gewogenheit und erkenne die mir erzeigte Güte mit steter Dankbarkeit.
  Mit größter Hochachtung bin ich
    Ew. Hochwolgeborn
    gehorsamer Diener
    G. Scharnhorst.

37. Scharnhorst an Freytag   Hoya, 28. November 1796

HStAH, Hann. 41 Nr. 14 fol. 110r-v (2 S.): Reinschrift, eigenhändig.

Druck: Klippel II, S. 242, danach Linnebach, S. 171.

Hochwohlgeborner Herr
Hochgebietender Herr Feldmarschal!
Ew. Excellenz hochgeneigter Verwendung verdanke ich die Gnade, welche des allergnädigsten Königs Majestät mir durch Ertheilung der durch den Todt

---
[a] *Linnebach lag das Original aus der Königlichen Bibliothek in Berlin vor. Der Verbleib ist nicht bekannt.*
[1] Die Anfrage betrifft, wie insbesondere Punkt 1 eindeutig zeigt, die Operationen von Hammersteins Korps in den Jahren 1794 und 1795. Im November 1796 befand sich Hammersteins Hauptquartier in Nienburg.
[2] Julius Hassebroick vom 6. Infanterieregiment, Scharnhorsts Adjutant. Er war 1794 bei Mouscron verwundet worden, wurde 1803 Hauptmann beim Ingenieurkorps der Königlich Deutschen Legion und starb 1814 in London.

des General-Lieutenant von Estorf vacant gewordenen General-Quartier-Meister-Stelle erwiesen haben.¹ Indem ich mir die Erlaubniß erbitte, Hochdenenselben meinen unterthänigsten Dank abzustatten, erdreiste ich mich zugleich, die Versicherung hinzuzufügen, daß ich alles, was in meinen Kräften seyn wird, thun werde, um das mir von Hochdenenselben geschenkte Vertrauen nicht ganz unwürdig zu seyn.

Ich ersterbe in größter Ehrerbietung

Hoya den 28ten
Nov. 1796.

Ew. Excellenz
unterthäniger Diener
G. Scharnhorst.

38. Scharnhorst an [Hammerstein]   Hoya, 29. November 1796

HStAH, Hann. Dep. 52 IVa Nr. 65 (2 S.): Kopie, Schreiberhand.

[a]Hochwohlgeborner Herr
Hochzuverehrender Herr General!

Mein jetziges Avancement zum Generalquartiermeister giebt mich (sic)[b] Gelegenheit, Ew. Hochwohlgeborn zu bezeugen, daß ich die Dankbarkeit nie vergeßen werde, welche ich denenselben so lange ich lebe schuldig bin.

Ohne Ew. Hochwohlgeborn wäre ich vielleicht gar nicht in diese Carriere gekommen und in alle Wege nicht so weit heraufgekommen, daß ich diese Stelle hätte erhalten können. Man hat mir Cavalerie Majors Gehalt bey gelegt und festgesetzt, daß[c] die Cavalerie Gage jedes Grads, den ich etwa erreichen mögte, genießen soll. Mir ist also ein Gang ganz bestimt (sic) vorgezeichnet und ich bin damit sehr zufrieden.

Niemand wünscht herzlicher und inniger, daß dieselben sich noch lange Zeit wohl und gesund befinden mögen, als ich. Mit größter Hochachtung bin ich

Hoya, den 29ten Nov.
1796

Ew. Hochwohlgeborn
gehorsamster Diener
G. Scharnhorst

---

[1] Am 11. November 1796.

---

[a] *Davor: „Copie".*
[b] *Anmerkung des Kopisten, wie auch das nächste „(sic)".*
[c] *Die folgenden Wörter („die Cavalerie Gage") verbessern mit dem Vermerk „Korrektur wie im Original" die vorherige Fassung: „ich diesen u."*

39. Denkschrift [?, Dezember 1796?¹]

GStA PK, VI. HA Nl Scharnhorst Nr. 133 fol. 113r–118v (10½ S.): Konzept, eigenhändig, Fragment.

I. Taktische Übungen zur Ergänzung des formalen Drills. 1. Feldwachen. Folgen mangelnder Übung. 2. Zusammenwirken der Einheiten. 3. Zusammenwirken der Waffengattungen. Dadurch Bildung der Stabsoffiziere. 4. Stärkung der Autorität durch Verantwortlichkeit. 5. Stärkung des Korpsgeists. II. Ausführung. 1. Niederer Felddienst auf Kompanieebene. 2. Übung in Bataillonen.

Ueber die Uebungen der Trupen zum Feld-Dienst²

§ I. Nothwendigkeit der Uebung
§ II. Wie die Uebung ausgeführt und großer Aufwand vermieden werden kann
§ III. Uebung der Artillerie

I. <u>Nothwendigkeit dieser Uebg.</u>
§ 1.
Bisher hat man in den Cantonirungen bey den Trupen dahin gearbeitet, daß 1. eine strenge Disciplin, welche in letzten Kriege sehr gelitten hatte, wieder her[ge]stellt und 2. die Manipulation des Gewehrs und die Bewegungen der einzelnen Bataillons und Escadrons uniform und mit Fertigkeit erlernt wurden.

In der besondern Lage, in der die Trupen jetzt sind, läßt sich hierin nicht mehr thun, als nun in 1 Jahr u. 8 Monathen geschehen.

Die Disciplin, die Uniformität und Fertigkeit in den Bewegungen ist zwar gewißermaßen die Grundlage der Bildung der Trupen, aber nun fehlt noch der angewandte Theil der Kunst, den Krieg mit Vortheil zu führen.

Die Trupen müßen daher, wenn sie zum Gebrauch im Kriege gebildet werden sollen, noch eine andere Uebung genießen, in der sie die Anwendung der Niedern Tactik erlernen.

1. <u>Müßen sie den niedern Felddienst ueben, die Ausstellung und Verrichtung einer Cavalerie-Feldwache, eines Infanterie-Pikets, die Führung einer Patrouille u.s.w.</u>
Jetzt wissen sie nur, wie sie sich auf der Staabs u. Thorwache verhalten müßen, aber nicht, wie ihr Benehmen gegen den Feind ist. Was die Schildwachen, Vedetten u. Wachen zu beobachten haben, wenn der Feind ankömmt, wie die Patrouillen und alles Ankommende recognoscirt wird u.s.w.

---
1 In I. 1 heißt es zur Wiederherstellung der Disziplin nach dem „vorigen" Kriege: „läßt sich nicht mehr thun, als nun in 1 Jahr u. 8 Monathen geschehen". Ein Stichdatum für die Einstellung der Feindseligkeiten wäre die Bekanntgabe des Friedens von Basel am 20. April 1795.
2 Zum Gesamtkomplex vgl. auch Nr. 118–122, 240 und 241.

Dieser Theil des Felddienstes ist nicht so bald zu erlernen u. er ist gleichwohl sehr wichtig. Wird er nicht geübt, so ist dies ein groß[e]r Nachtheil.
    a. für die Compagnieofficiere. Denn bekommen sie jetzt davon keine Begriffe, so wissen sie sich in der Folge in Felde nicht zu helfen und erlangen nicht die Kentnisse zu ihren Posten.
    b. für das Ganze. Denn wir haben in vorigen Kriege gesehen, daß wegen Ungeshiklichkeit der Trupen zum Feldwachen u. Patrouillendienst die Hauptposten oft beständig untern Gewehr stehen mußten, wenn sie nicht sich eines Ueberfalls aussetzen wollten, und auf diese Art fatiguirt und ins Hospital zum Theil gebracht wurden.

2. <u>Die Bataillone u. Escadrone müßen, wenn sie en Ligne mit andern in Verbindung agiren sollen, auch in Verbindung von mehrern Bataillonen u. Escadronen Bewegungen ohne Unordnung machen können.</u>
Wenn bey uns mehrere Bataillone u. Escadrone gemeinschaftlich diese Bewegungen machen sollen, so kömt das Ganze nicht selten in Unordnung. Die Staabsofficiere, selbst die fähigsten, wissen nicht die Hülfen, diese Unordnung zu vermeiden, denn diese Hülfen erfordern ein gebildetes Auge und eine Fertigkeit in der Wahrnehmung und Abhelfung der Fehler, die nur auf den Felde, in der wirklichen Ausübung, erlernt werden kann.

Ein anderer Vortheil dieser Uebung mit mehrern Bataillonen u. Escadronen bestehet noch in der Fertigkeit in einzelnen Bewegungen, welche die Bataillone u. Escadrone erlangen, in der Abhärtung der Menschen u. Pferde zu den Felddienst und insbesondere in der Bildung der Compagnie Officiere u. Capitäns zu Staabsofficieren. In dem diese die entstehenden Fehler den ersten Ursprung u. die Abhelfung derselben sehen, lernen sie das, was sie als Staabsofficier wissen müßen, und auf keine andere Art erlernen können.

3. <u>Die Infanterie, Cavalerie und Artillerie muß gemeinschaftlich in supponirten militärish[e]n Vorfällen geübt werden;</u>
dadurch bekommen die Staabsofficiere Fertigkeit in den Gebrauch der verschiedenen Waffen und des Terrains, eine Sache, die oft äuserst fehlt. Diese Manoeuv[e]r haben noch 2 große Vortheile. 1. Es bekomen dadurch die Officiere ohne Untershied Ideen von den militärishen Vorfällen, die ihnen in ihr[e]r ganz[e]n kriegerischen Laufbahn nützlich seyn können. Die Generalität lernt dadurch die Staabsofficiere kennen und treibt sie dadurch an, sich ausgebreitetere Kentniße zu erwerben. Eine Sache, welche wied[e]r aus 2 Ursach[e]n von äuserster Wichtigkeit ist.

Erstlich hört man jetzt nicht sellten, daß die zum Abgehen bestimmten Officiere klagen, daß man nie ihre Fähigkeit gesehen und untersucht habe, und daß die geringe Meinung, welche man von Sie habe, nur von ihren Feinden herrühre, daß bey mehrer Conexion in Hannover ihnen dies Unglück nicht begegnen würde u.d.gl.m. Gleichgültig ist diese Meinung nicht, weil sie bei jedermann einen Grad von Wahrscheinlichkeit hat, der weit geringer seyn würde, wenn jene Officiere für alle ihren Cameraten hin und wieder Beweise ihrer Unfähigkeit zu höhern Stellen abgelegt hätten.

Zweitens befaßen sich die Staabsofficiere jetzt nur größtentheils bloß mit den kleinen Dienst, weil sie wirklich keine Veranlassung haben, sich zu den, was sie in Felde in ihren jetzigen u. in höhern Stellen gebrauchen, zu bilden; sie bleiben daher immer nur Staabsofficiere, welche zum Garnison Dienst fähig sind, durch ihr Alter bekommen sie keine große Vorzüge für die weniger gedienten geringern Officiere, sie erlangen überall keine Kentnisse, die ihnen Achtu[n]g und Autorität bey denselben verschaffen könnten.

Kommen sie nun gar zu höhern Stellen, so fehlt es an allen; das Alter und die Zeit erlaubt ihnen nicht, sich zu denselben zu bilden, und eine gewiße Än[g]stlichkeit, das Bewußtseyn ihrer Schwäche, hält sie ab, auch das zu thun, wozu sie allenfalls noch Fähigkeiten hätten; da entstehet dann die Inactivität, welche wir so oft an Personen in diesen Character in Kriege wahrnehmen.

4. Nur durch die Uebung in Bataillonen u. Detaschements u. Corps können die Staabsofficiere die verlorne Autorität u. Achtung bey den Compagnie Officieren wieder erlangen.

Denn wenn diese sehen, daß die Staabsofficiere bestraft werden oder Verweise bekommen, wenn ihre Bataillon oder ihre Escadron in Unordnung kömmt, oder wenn ein Officier von den Trupen unter ihren Commando einen Fehler macht, wenn ein Unterofficier oder Gefreiter nicht gut von den Officier, unter den er stehet, instruirt ist, so empfinden sie erst, daß er Ursach hat, sich an sie zu halten, daß er mit Recht von sie Activität u. Pünktlichkeit fordern muß. Es ist eine in der Natur der Sache liegende Wahrheit, daß man den höhern Officier nur dadurch Autorität u. Achtu[n]g verschaffen kann, daß man ihn verantwortlich für seine Untergebenen macht und daß er hierin für sich nicht viel thun kann ohne jenen Druck von oben. Hat man aber dazu keine Gelegnheit, so bleibt diese Art Indiscipline, die durch den Mangel hauptsächlich der zwekmäßigen Anordnungen in der Haltung und Uebung der Trupen seinen wahren Ursprung hat. Man siehet was der Druk von oben thut an den Landgraf v. Hessen, an Friedrich d. 2ten u. sein Vater.[a]

5. Es ist endlich nicht zu leugnen, daß die Achtung und Liebe für den Stand, in dem man ist, der innere[b] Trieb, in denselben sich vollkomner zu machen, von der Zwekmäßigkeit u. Vollkomenheit desselben abhängt.

Wenn man aber nun sagen hört: „was hilft uns alles! wir quälen uns alle Tage und bekomen doch keine große Vorzüge für eine ordinäre Landmiliz; wir quälen uns mit allem, was nöthig ist, etwas Nützliches thun zu konnen,

---

[a] Der letzte Satz wurde ohne Einfügungszeichen am Rande hinzugefügt. Er bezieht sich auf Wilhelm IX. von Hessen-Kassel (1743–1821), Friedrich II. und Friedrich Wilhelm I. von Preußen.
[b] Statt „innerer".

thun es aber nicht – denn wir erlernen nicht den Felddienst, wir lernen nicht, uns in Corps mit Ordnung zu bewegen,[c] alle unsre Manipulation hilft uns zu nichts, wenn wir nicht lernen, von Zeit, Umständen, Terrain Gebrauch zu machen, wenn wir in Großen doch nicht einmal Reih u. Glied[e]r halten können. Heißt daß nicht einen steilen Berg ersteigen u. nahe untern Gipfel, wo man die Belohnung seiner Mühe genieß[e]n könnte, ewig erwarten??"

Diese Lage wirkt auf den Esprit de Corps und verdient die größte Aufmerksamkeit in unsern Zeiten. Dazu kömt noch, daß ohne zwekmäßige Uebung das Militär seine Achtung in den Augen andrer Stände und seine Ehre, wenn es gegen den Feind agirt, verliehrt.

II. Wie diese Uebung ausgeführt werden kann.

Niedrer Felddienst
1. Man läßt den niedern Felddienst bey den Compagnien der Regimenter ueben. Die Regimenter erhalten Befehl, bey den Compagnien Piquets u. Feldwachen unter einer gewißen Supposition gegeneinander auszustellen und die jung[e]n Officiere und Unterofficier u. Mannschaft zu unterrichten, 1. Wie die Piquets, Wachen und Postn ausgestellt werden, 2. Was die Posten, Vedetten etc. zu beobachten haben, 3. Wie die Anordnungen der Patrouillen gehen, was sie zu beobachten haben. Um bey den Regimenter in diesen Punkt Emulation zu erregen, erhält ein General oder Staabsofficier nach 4 Wochen den Auftrag, auf der Stelle zu untersuchen, wie weit hierin die Regimentr gekommen sind. Daß nun die Ausstellung von Posten u. Wachen gewöhnlich bey Tage geübt wird, daß die Compagnie nur etwa die Woche 2 oder 3 Tage damit zu bringe, verstehet sich von selbst.

Der Monath März könnte zu diese Uebung bestimmt werden.

Daß manche Regimentscomandeurs diese Art Dienst nicht verstehn, würde nichts thun; es würden sich schon welche in Regimente finden, die sie dazu brauchen könnten – und das Mechanische würde doch in jeden Fall erlernt.

2. Die Uebung mit 2 Bataillon u. 2 Escadronen würde in Monath April vorgenommen, bey dieser Uebung würde die obige, wo es möglich wäre, repetirt.

Die Cavalerie Regimentr können diese Uebung bey ihre jetzige Quartiere, ohne[d]

---

[c] *Folgt gestrichen: „können dann wahrscheinlich, wenn einige Bataillone oder Escadronen einmal zusammen kommen, so muß man fürchten, daß fremde Officiere sich als Zuschauer einstellen, sollten wir einmal wieder activ werden, so werden wir vieleicht abermals keine große Ehre einlegen; wir risquiren würden unter Befehlshabern von fremden Trupen, die den Felddienst beßer als wir verstehen, zu kommen, u.d.gl.m."*
[d] *Hier endet die letzte erhaltene Seite des Fragments.*

40. Scharnhorst an Wallmoden[a] H[annover[1]], 12. Januar 1797

HStAH, Hann. 41 Nr. 106 (¹/₂ S.): Konzept, eigenhändig.

Ew. Excellenz lege ich hier die Vorschläge des Herrn General von Linsingen und ein Gutachten, in wie weit sie aus geführt werden können, vor.[b]

Ein Fluß-Fieber[2] hält mich seit 8 Tagen ab, aus den Zimmer zu gehen und mich persönlich nach Ew. Excellenz Befehlen zu erkundigen. Ich hoffe in des in [ein] paar Tagen her[ge]stellt zu seyn.

G. Scharnhorst.

H. den 12. Jan. 1797.

41. Denkschrift [Hannover, 12. Januar 1797]

HStAH, Hann. 41 Nr. 106 (1 S.): Konzept, eigenhändig.

Quartierangelegenheiten.

So lange die Witterung nicht erlaubt, daß die Bataillone im Ganzen exerciren, scheint der Vorschlag des Herrn General Major von Linsingen, eine Compagnie von 5ten Grenad. Bataillon nach Dinklage zu verlegen, keine Bedenklichkeit zu haben.

Wenn Ew. Excellenz die Verlegung einer Compagnie des 9ten Cavalerie Regiments in die Gegend von Fürstenau erlaubten, so müßte sie in den Platz des dort stehenden Comandos treten und als ein solches angesehen werden.

In beiden der obigen Fälle muß H. General v. Linsingen dahin sehen,
1. daß keine Beschwerden darüber von Münster und Osnabrük eintreten;
2. daß wegen der Verpflegung keine Schwierigkeiten eintreten und
3. daß die verlegten Compagnien immer wider in ihre alten Quartiere einrüken können, so bald die Uebung in Frühjahr es nöthig macht.

---

[a] Der Adressat ergibt sich eindeutig aus der Adresse des beigelegten Schreibens.
[b] In dem Doppelbogen, auf den dieser Brief geschrieben ist, liegen ein halbseitiger Brief von Generalmajor von Linsingen an Wallmoden („Quackenbrügge d. 5. Januar 1797") und ein Brief von Oberstleutnant von Linsingen (9. Leichtes Dragonerregiment) an General von Linsingen („Damme den 30. Decbr. 1796.", 2¹/₂ S.), beide von fremder Hand mit dem Vermerk versehen: „Praes. den 8t. Januar 1797". Scharnhorsts ebenfalls beiliegendes Gutachten ist in der folgenden Nummer ediert.
[1] Daß nicht Hoya gemeint ist, ergibt sich aus der Datierung von Nr. 42 am gleichen Tage.
[2] Rheumatisches Fieber.

42. [Wallmoden] an Linsingen   **Hannover, 12. Januar 1797**

GStA PK, VI. HA Nl Scharnhorst Nr. 73 fol. 106r–v (1^1/$_2$ S.): Konzept, Scharnhorsts Hand.

Quartierangelegenheiten.

An den Herrn General Major von Linsingen zu Quakenbrük.

Hannover, den 12ten Jan. 1797.

So lange, bis es die Witterung nicht erlaubt, daß die Bataillone bataillonsweise exerciren können, gebe ich[1] es gern zu, daß von den 5ten Grenadierbataillon eine Compagnie nach Dinklage gelegt wird, und Ew. Hochwolgeborn wollen daher diese Verlegung, so wie Sie es zuträglich finden, ausführen lassen.

Die vorgeschlagene Verlegung einer Compagnie von 9ten Cavalerie Regiment in die Gegend von Fürstenau können Ew. Hochwolgeborn ebenfalls ausführen lassen, wenn die osnabrücksche Regierung nichts dagegen hat und wegen der Verpflegung derselben keine Schwierigkeiten eintreten. In alle Wege muß aber die Compagnie an die Stelle des dort stehenden Comandos treten, nicht über Fürstenau hinausgelegt werden und nur so lange dort bleiben, als nicht escadrons- und regimentsweise exercirt werden kann.

43. Aufzeichnung   **[?, nach 13. Januar 1797]**

HStAH, Hann. 41 III Nr. 136 fol. 37r (1 S.): Konzept, eigenhändig.

Berechnung zu Personalkosten einer umformierten Batterie reitender Artillerie.

Nota[1]

Litten es die Fonts, so würde der Wunsch des Herrn Generals von Trew, daß noch ein Capitain und 2 Compagnie Officier auf Cavalerie-Fuß gesetzt und der Trän mit einem Wachtmeister vermehrt würde [zu erfüllen sein]. Dies würde die monatlichen Kosten im Anschlag No. 1 um 44 Rthlr. 24 mgr. und die in Anshlage No. II um 61 Rthlr. 6 mgr. vermehren, so daß nach der ersten N^o die monatlichen Kosten der ganzen Batterie 455 Rthlr. 9 mgr. und nach der 2ten 557 Rthlr. 33 mgr. ausmachen würden. Welches die jährlichen Summen für N^o I von 5463 Rthlr. und für N. II von 6695 Rthlr. betrüge.

---

[1] Wie aus den vorangehenden Dokumenten ersichtlich ist, wurde dieser Text in Wallmodens Namen konzipiert.

---

[1] Die Anmerkung bezieht sich auf ein Promemoria des Generals von Trew vom 13. Januar 1797 (archiviert am gleichen Ort).

44. Aufzeichnung [?, nach 13. Januar 1797?]

HStAH, Hann. 41 III Nr. 136 fol. 40r (1 S.): Reinschrift, Schreiberhand, mit Korrektur von unbekannter Hand.[1]

Konzept, eigenhändig: Ebda., fol. 58r–v (2 S.).

Kostenanschlag einer reitenden Batterie in Quartieren auf dem Lande.
N<u>ro</u> 1

<u>Anschlag</u>

Was eine Batterie reitender Artillerie
von <u>2 sechs-</u>, <u>2 dreipfündigen</u> Canonen und <u>2 siebenpfündigen</u> Haubitzen außer denen bisherigen Gagen der Officiere, Unter-Officiere und Canoniere zu Friedens Zeiten bei der möglichsten Einschränkung kosten würde, wenn die berittene Mannschaft nach dem Cavallerie Fuße auf dem platten Lande verleget würde.

---

[1] Es handelt sich wahrscheinlich um eine Anlage zum vorangehenden Dokument.

	Monathlich		
	Rthlr.	mgr.	d
1 Capitain Zulage, um die Cavallerie Capitains Gage zu erhalten – – – –	6	24	–
1 Lieutenant desgleichen – – –	4	–	–
1 Sec.Lieut. oder Fähndrich desgleichen	2	–	–
2 Train Corporals a 5 rh. – – –	10	–	–
16 Train Knechte a 4 rh. – – –	64	–	–
8 Officiers- 6 Feuerwercker- 32 Canonier- 1 halben Mondbläser- } Rations, in allem 47, a 2⁵⁄₆ rh. – –	133	6	–
32 Wagen Pferde a 4 rh. – – –	128	–	–
2 Train Corporals Pferde à 4 rh. –	8	–	–
Beschlag Geld für 73 königl. Pferde a 12 mgr. – – – –	24	12	–
Zur Erhaltung der Equipage von 73 Pferden a 6 mgr. – – – –	12	6	–
Remonte Gelder auf 73 Pferde à 9 mgr.	18	9	–[a]
Summa monathlich	410	21	–

Macht jährlich 4927 Rthlr.[b]

---

[a] *Folgt gestrichen eine Zeile „Wagen Schmeer 18 mgr." Die folgende Gesamtsumme ist handschriftlich um diesen Betrag vermindert. Dazu kommen noch eine Reihe Berechnungen.*

[b] *Unten rechts steht noch „vert." (verte = bitte wenden), die Rückseite ist aber leer. Im eigenhändigen Konzept folgt an dieser Stelle noch gestrichen: „<u>Anmerkung</u>*

1. Die Canoniers, Unteroffic. u. Offic. behalten ihren bisherigen Servies von der Krieges Kanzeley und bekommen dazu 1 Portion um Hannover und Hameln

2. Die Wagenpferde bekommen ebenfalls, jedes eine Portion um Hannover und Hameln

3. So wohl die berittene Mannschaft als die Wagenpferde miethen sich in den Dörfern um Hannover und Hameln ein, damit sie nahe bei einander sind.

4. Die Knechte erhalten für 8 rh. ihre beiden Pferde u. haben die Erlaubniß, ihre Miethe 2 bestimmte Tage in der Woche ¹⁄₂ Tag zu arbeiten."

45. Aufzeichnung [?, nach 13. Januar 1797?]

HStAH, Hann. 41 III Nr. 136 fol. 39r (1 S.): Reinschrift, Schreiberhand, mit Korrektur von unbekannter Hand.[1]

Konzept, eigenhändig: Ebda., fol. 59r (1 S.).

Kostenanschlag einer reitenden Batterie in städtischem Quartier.

N⁰ 2

Anschlag

Was eine Batterie reitender Artillerie
von 2 sechs-, 2 dreipfündigen Canonen und 2 siebenpfündigen Haubitzen außer denen bisherigen Gagen der Officiere, Unter-Officiere und Canoniere zu Friedens Zeiten bei der möglichsten Einschränkung kosten würde, wenn Mannschaft und Pferde in Städte verleget würden.[a]

---

[a] *Im Konzept lautet die Überschrift: „Was obige Batterie Reitende Artillerie bey möglichster Einschränkung in Friedenszeiten kosten würde, wenn die berittene Mannschaft so wie die Wagenpferde in Hannover und Hameln bliebe."*

[1] Es handelt sich mit großer Wahrscheinlichkeit um eine Anlage zu Nr. 43.

66   I. Im Stab des Observationskorps (1795–1798)

	Monathlich		
	Rthlr.	mgr.	d
1 Capitain Zulage, um die Cavallerie Capitains Gage zu erhalten – – – –	6	24	–
1 Lieutenant desgleichen – – –	4	–	–
1 Sec.Lieut. oder Fähndrich desgleichen	2	–	–
2 Train Corporals a 5 rh. – – –	10	–	–
16 Train Knechte a 4 rh. – – –	64	–	–
8 Officiers- 6 Feuerwercker- 32 Canonier- 1 halben Mondbläser- } Rations, in allem 47, a 4²/₃ rh. – –	219	12	–
32 Wagen Pferde a 4 rh. – – –	128	–	–
2 Train Corporals Pferde à 4 rh. –	8	–	–
Beschlag für 73 königl. Pferde à 12 mgr.	24	12	–
Zur Erhaltung der Equipage von 73 Pferden à 6 mgr. – – – – –	12	6	–
Remonte Gelder auf 73 Pferde à 9 mgr.	18	9	–[b]
Summa monathlich	496	27	–

Macht jährlich 5961 Rthlr.[c]

46. Aufzeichnung [?, nach 13. Januar 1797?]

HStAH, Hann. 41 III Nr. 136 fol. 57r–v (1½ S.): Konzept, eigenhändig.

Pferde- und Personalbedarf einer umformierten reitenden Batterie.

Etat an Pferden, bey der möglichsten Einschrä[n]kung, für 1 Batterie Reit. Art. von 2 Stük 6 ℔ der, 2 St. 3 ℔ dern, 2 St. 7 ℔. Haub.

Capitän	–	–	–	–	4	} Reit Pferde
Lieutenant	–	–	–	2
Fähnrich	–	–	–	–	2

---

[b] Folgt gestrichen eine Zeile „Wagen Schmeer 18 mgr." Die folgende Gesamtsumme ist handschriftlich um diesen Betrag vermindert.

[c] Unten rechts steht noch „vert.", die Rückseite ist aber leer.

2 Stük 6 ℔ der	–	–	12
2 " 3 " "	–	–	8
2 " 7 ℔ dige Haubitzen		8
Reserve Pferde		4

} Wagen Pferde

Für 6 Feurwerker	–	–	6
" 32 Canoniere	–	–	32
" 1 Halben Mondbläser	–		1
2 Corporal Pferde	–		2

} Reitpferde

Summa 81

Davon 73 königl. Pferde.
Von den Reitpferden gehören bey
   jeden 6 ℔ der 1 Feuerw. und 8 Canonier Pferde
   " " 3 " " 1 " " " 4 " " " "
   " " 7 ℔ dige Haub. 1 " 4 " " " "

Etat an Trän Knechten u. Corporalen für die obige Batterie, bey möglichster Einschränkung.
Bey jeden der beiden 6 ℔ der
  3 Knechte   –   –   –   –   6
Bey jeden der beiden 3 ℔ der
  2 Knechte   –   –   –   –   4
Bey jeden der beiden 7 ℔ digen Haubitzen
  2 Knechte   –   –   –   –   5
Reserve Knechte   –   –   –   –   2
2 Träncorporale   –   –   –   –   2

                Suma – 18

47. Scharnhorst an [Wallmoden?]   Hannover, 15. Januar 1797

HStAH, Hann. 41 I Nr. 26 (2 S.): Reinschrift, eigenhändig.

Übersendung einer Karte. Krankheit. Redaktionelle Arbeit.

Ew. Excellenz überschike ich hier eine Karte vom Rheine zur Durchsicht. Ohngeachtet ich gestern morgen ausging, um mich nach Ew. Excellenz Befehl zu erkundigen, so soll ich doch auf Verordnung des Arztes noch ein paar Tage das Zimmer nicht verlassen.
    Der Fähnrich Vollinghaus bittet auf 10 Tage um Uhrlaub, darf ich ihn denselben ertheilen?

68 I. Im Stab des Observationskorps (1795–1798)

Die Hellwingsche Buchhandlung, welche die bewußte Schrift von vorigen Kriege drukt, erwartet alle Tage das übergebene Manuscript aus der Censur zurük.¹ Ich bearbeite jetzt das übrige und habe manchen Beytrag dazu von den Herrn von Löw erhalten. Wenn Ew. Excellenz den in Händen haben[den] Aufsatz hier haben, so ersuche ich Dieselben darum gehorsamst.

Hannover den 15ten
Jan. 1797.

Ew. Excellenz
unterthaniger Dien[e]r
G. Scharnhorst

48. Scharnhorst an [Lecoq]   [?, vor 2. Februar 1797¹]

GStA PK, VI. HA Nl Scharnhorst Nr. 25 fol. 25r–v (2 S.): Konzept, eigenhändig.

Druck: Linnebach, S. 174f.ᵃ

Hochschätzung des preußischen Dienstes. Dankespflicht gegenüber Hannover. Deshalb Absage eines Übertritts. Vertraulichkeit.

Aeusserst schwer wird es mir, Ihnen jetzt zu shreiben, daß ich über das Anerbieten, welches Sie, unschätzbarer Freund, mir gethan haben, keinen Entshluß faßen kann. Ich shätze den preussischen, den ersten Dienst in Europa über alles; ich kann mir nichts Glüklicheres dencken, als in einen Militär zu arbeiten, wo man siehet, daß man wirklich durch seine Thätigkeit vieleicht Nutzen schaffen kann; ich würde ein gewiß äuserst eifriger Soldat in Ihr[em] Dienst seyn, aber Dankbarkeit für die mir in unsern [Dienst]ᵇ wiederfahrnen Gu[n]stbezeugungen halten mich ab, meinen Neigu[n]gen jetzt folgen zu

---

¹ Unter Berücksichtigung des Datums kann sich das nur auf das erste Stück der „Militärischen Denkwürdigkeiten unserer Zeiten, insbesondere des französischen Revolutions-Krieges" (15. Stück des Neuen militärischen Journals), beziehen. Hierin befand sich auf S. 1–154 Scharnhorst, Entwickelung.

ᵃ *Aus unbekannten Gründen hat Linnebach diesen Brief unmittelbar an einen inhaltlich entgegengesetzten Text angeschlossen (vgl. Nr. 61). Die beiden Konzepte enthalten jedoch nicht nur abweichende Aussagen, sondern liegen auch auf zwei verschiedenen, nicht voll beschriebenen Blättern vor.*
ᵇ *Das Wort wurde im Konzept ersatzlos durchgestrichen.*
¹ Am 18. Januar hatte Lecoq Scharnhorst sehr nachdrücklich angeboten, im Rahmen einer Vermehrung der preußischen Artillerie als Major in preußische Dienste zu treten (GStA PK, VI. HA Nl Scharnhorst Nr. 25 fol. 7). Das Angebot schloß die Übernahme einer Kompanie, ein Jahreseinkommen von 3000 Reichstalern und die sichere Aussicht auf Übernahme eines Regiments nach 15 Jahren ein. Am 29. und 30. Januar mahnte Lecoq zuerst beiläufig, dann dringend eine Antwort an (ebda., fol. 8 und 9). Am 2. Februar bedauerte er jedoch eine Absage Scharnhorsts (ebda. fol. 10). Die inhaltlichen Parallelen lassen den Schluß zu, daß es sich bei dem hier vorliegenden Schriftstück um ein Konzept dieser Absage handelt. Zu Lecoq vgl. Anhang 1.

können², ob ich gleich in denselben nur auf 900 Rthl. mich jährlich diene und nicht die Aussicht habe, bald eine höhere Besoldung zu genießen.

Ich habe mir von jehe[r] kein größe[re]s Glük d[en]k[e]n könn[en], als in der preußish[en] Armee zu dienen; ich weiß, daß mein Eifer und meine Thätigkeit mich gewiß anspornen{c} w[ür]de, mir dieser Ehre würdig zu haben, aber{d}

Nehmen Sie dies nicht an, als ob mir die Offerte, so Sie mir gethan haben, nicht ganz befriedigte; die Stelle, zu der Sie mir Hofnung machen, schließt meine ganzen Wünshe in sich. Sollte man längerhin auf mir noch einige Rüksicht nehmen wollen, so würde mir dies sehr schmeichelhaft seyn, weil gewiße Umstände mir vieleicht bald von jener, mir selbst auferlegten Pflicht en[t]binden könnten.³

Sie können übrigens sich daruf verlaßen, daß ich Sie nicht compromittire und es bekannt werd[e]n laße, daß Sie mir Gelegenheit gegeben hätten, in königl. preussische Dienst vieleicht treten zu können, welches, so unschuldig die Sache auch ist, doch Ihnen in den jetzigen Verhält[n]ißen allerdings nicht ange[n]eh[m] seyn kann.⁴

49. Scharnhorst an Lecoq　　　　　　　　Hannover, 15. Februar 1797

Nach der Edition bei Linnebach, S. 176ff.{a}

Zwiespalt wegen des preußischen Angebotes. Gunsterweise und Enttäuschungen im hannoverschen Dienst. Selbstgesetzte Bedingung für Übertritt. Hochachtung des preußischen Dienstes. Abneigung gegen aktuelle Position.

Hannover, den 15. Febr. 1797.

Sie haben von der Zeit an, daß ich die Ehre habe, Ihnen bekannt zu sein, mir so viele Freundschaft erzeigt, daß ich dreiste genug bin, an Sie, als an einen Freund im engsten Verstande dieses Wortes, zu schreiben.

{c}　Statt „anspronen".
{d}　Der Anschluß dieses eingefügten Absatzes fehlt.
² 　Lecoq schrieb allerdings am 2. Februar in der Mehrzahl von Gründen, „denen ich freilich nichts entgegensetzen kann". Scharnhorsts Dankbarkeit bezog sich offenbar vor allem auf seine „auserordentliche" Beförderung zum Major im Jahre 1794 (vgl. Nr. 49 und 55). Wallmoden berichtete Freytag über Scharnhorsts große „Anhänglichkeit" (vgl. Klippel II, S. 269, 271).
³ 　In Lecoqs Brief heißt es: „Solten diese Hinderniße gehoben werden, so laßen sie mir alsdann Ihren Entschluß wißen."
⁴ 　Lecoq bekannte: „Es ist mir indessen überaus lieb, daß Sie mich in dieser Angelegenheit nicht nennen wollen." Scharnhorst hat jedoch wenigstens Wallmoden vollständig eingeweiht. Wallmoden bestätigte am 17. März gegenüber Freytag „nach Einsicht der Original-Correspondenz" die vorteilhaften preußischen „Anerbietungen" (Klippel II, S. 270). Außerdem befindet sich unter den Hannoveraner Akten ein Auszug von Scharnhorsts Hand aus Lecoqs Brief vom 18. Januar, der auch die Unterschrift Lecoqs wiedergibt (HStAH, Hann. 41 III Nr. 187 fol. 44).

{a}　Als Fundort angegeben: „Herr v. Winterfeldt, Landesdirektor der Provinz Brandenburg, Berlin". Der Verbleib ist nicht bekannt.

Ich kam durch den Vorschlag, den Sie für mich in Berlin tun wollten, in eine sehr große Verlegenheit, weil ich von der einen Seite ihn gern ausgeführt gesehen hätte und von der andern die Hindernisse sah, die meinem Wunsche im Wege standen. Sie erlauben mir hier eine umständliche Erzählung meiner wahren Lage, indem ich wünsche, daß Sie von derselben unterrichtet sein möchten.

Ich war zum Major vier Kapitänen im Artillerie-Regimente vorgezogen; zwar waren es keine sonderlichen Subjekte und dann war dies eine Belohnung für Dienste, die ich bei der Verteidigung und dem Durchschlagen von Menin geleistet hatte. Dieser Umstand verpflichtete mich gleichwohl zur Dankbarkeit, wenn dieselbe nicht auf eine andere Art entkräftet worden wäre. Ich erhielt nämlich, bis vor einige Monaten, immer noch Infanterie-Kapitäns-Besoldung, und die Zulage des Generalquartiermeister-Leutnants wurde einem Ingenieur-Offizier[1] erteilt, ohngeachtet ich allein beim Generalquartiermeisterstabe angesetzt war und den Dienst des Generalquartiermeister-Leutnants seit 2 Jahren verrichtet hatte. Kurz vor dem Ausmarsch des jetzt bei der Neutralitäts-Armee stehenden hannöverischen Korps trat ich auf mein Nachsuchen in die Artillerie zurück, wurde aber gleich darauf zur Verrichtung des Dienstes von Generalquartiermeister-Leutnant bei diesem Korps angesetzt. Ich hätte in dieser Zeit auf eine vorteilhafte Art bei der dänischen Artillerie placiert werden können, allein ich schlug dies aus und wollte den Tod des Generalquartiermeisters v. Estorff abwarten. Dieser erfolgte vor einigen Monaten; man erteilte mir seine Stelle, aber man gab mir nichts von der 1000 Rthl. starken Zulage, welche er zur Gage jährlich erhielt; indes wurde mir die Besoldung vom Major beigelegt. Diese Versetzung zeigte ein Zutrauen, das meine ganze Dankbarkeit verdiente; allein ich litt bei derselben in allem Betracht: 1. Verlor ich die Aussicht zu einem Regimente, indem der Generalquartiermeister in hannöverischen Diensten der Regel nach davon ausgenommen ist. 2. Verlor ich dadurch die extraordinären Einkünfte einer Kompagnie. Ich stellte dies vor und bat, mich jedem andern Stabsoffiziere gleichzusetzen. Ein Gesuch, welches gewiß nicht die Billigkeit überschritt. Die Sache blieb liegen. Als ich Ihren Brief erhielt, in dem Sie mir Ihr Vorhaben, mich in Berlin in Vorschlag zu bringen, anzeigten, wiederholte ich meinen Gesuch, auf welches ich noch keine entscheidende Antwort habe.[2]

---

[1] Hogreve, vgl. Nr. 34.
[2] Ein weiteres Gesuch leitete Wallmoden am 17. März an Freytag weiter. Seinem Begleitbrief zufolge (Klippel II, S. 270ff.) forderte Scharnhorst darin konkret seine Einsetzung in die Artillerie, um die Aussicht auf ein Regiment zu wahren. Freytag erwiderte am 22. März (ebda., S. 271f.): „Durch die Eröffnung, welche Ew. Excellenz unterm 19. [= 17.?] dieses Monaths mir zu machen beliebt, erhalte ich allererst nahmentliche Auskunft über das Anliegen des Majors Scharnhorst, welches derselbe vor einiger Zeit in einem allgemeinen und unbestimmten Ansuchen um Verbesserung seiner gegenwärtigen Stelle auch seiner künftigen Aussichten, bey Erwähnung des Rufes in Königlich Preußische Dienste, mir vorgetragen hat." Scharnhorst hat allem Anschein nach das preußische Angebot in diesen Verhandlungen mit Nachdruck eingesetzt.

Wenn mir dieser nicht bewilligt wird, so glaube ich, den hannöverischen Dienst verlassen zu können, ohne mir den Vorwurf von Undankbarkeit zuzuziehen. Etwa in 3 bis höchstens 4 Wochen werde ich dies erfahren. Ich bin zwar ein geborner Hannoveraner und habe auch ein kleines adeliches Gut hier im Lande, es ist aber kein Lehn und verbindet mich auf keine Art.[3] Ich bin überdies aus fremden Dienst, als Offizier, in hiesige getreten und habe in allen Betracht keine andere Verpflichtungen, in denselben zu bleiben, als die, welche ich mir selber auferlege.

Die Hoffnung zu höhern Stellen, die immer mehr wert ist als sie selbst; die Ehre, die der preußische Soldat genießt; das Vergnügen, für ein Militär, das eine eigene Existenz hat, in einem Lieblingsfache zu arbeiten; die Versuche und Erfahrungen, welche darin in einem großen Dienste gemacht werden, und die Abneigung für den Dienst des Generalquartiermeisterstabes, den ich jetzt tun muß; dies zusammengenommen bringt mich dahin, Sie als Freund zu benachrichtigen, daß ich wahrscheinlich in einigen Wochen Sie ersuche, mir in Vorschlag bei der Augmentation der preußischen Armee als Artillerie-Major zu bringen. Da es aber leicht sein kann, daß es in dieser Zeit schon zu spät ist,[4] so darf ich von Ihrer Freundschaft erwarten, daß ich dadurch weder jetzt noch alsdann kompromittiert werde.

Niemand kann mit mehrer Hochachtung und Liebe Ihr Freund sein, als ich bin.

G. Scharnhorst

Selbst in einem königlichen Reskript heißt es: „Mit besonderem Wohlgefallen haben Wir ersehen, daß der Major Scharnhorst ohnerachtet der ihm geschehenen sehr vortheilhaften Anerbietung in Königlich Preußlosche Dienste zu treten, dennoch aus Dankbarkeit gegen Uns und Anhänglichkeit an sein Vaterland und Unsern Dienst, selbst bey minderer Einnahme in demselben bleiben zu wollen bezeugt hat." (ebda., S. 272; eine Abschrift von Scharnhorsts Hand findet sich in GStA PK, VI. HA Nl Scharnhorst Nr. 25, fol. 26r; vgl. auch Nr. 55). Gegenüber Wallmoden mußte er offenbar dem Eindruck entgegenwirken, das preußische Angebot zu nachdrücklich auszunutzen, vgl. Nr. 53.

[3] Am 2. Februar hatte Lecoq geschrieben: „Sie sind kein gebohrner Hannovraner, und daher glaubte ich Sie nicht durch unauflösliche Bande an diesen Dienst gefeßelt." (GStA PK, VI. HA Nl Scharnhorst Nr. 25 fol. 10). Das Mißverständnis rührte vielleicht von Scharnhorsts früherem Militärdienst in Schaumburg-Lippe her, worauf Scharnhorst im Folgenden anspielt.

[4] Am 17. Februar teilte Lecoq mit, daß auch nach vollzogener Aufstockung der preußischen Artillerie eine Kompanie für Scharnhorst freigehalten würde (GStA PK, VI. HA Nl Scharnhorst Nr. 25 fol. 11).

50. [Scharnhorst] an Linsingen   [Hannover?, um 20. April 1797¹]

HStAH, Hann. 41 I Nr. 107 (3 S.): Konzept, eigenhändig.

Quartierangelegenheiten.

An den Herrn General von Linsingen, in Betref einiger Veränderungen in der Dislocation seines Corps.

1. Das 10te Cavalerie Regiment Prinz Wallis marschirt den 4ten May von Dinklage und seinen übrigen Quartierstande nach Löhningen in den Quartierstand des 1sten Bataillons von 14ten Inf. Reg. von J[ung] Diepenbroik. Es nimmt von diesem Quartierstande zu seinem Cantonnement was es seiner Convenienz gemäß hält und noch dazu einige Oerter an der Haase, zwischen Haselüne und Quakenbrük, welche bisher nicht belegt waren.
2. Das 9te Cavalerie Regiment Königin marshirt den 3ten May von Damme in den Quartierstand des 2ten Bataillons von 14ten Regiment von J. Diepenbroik nach Menslage u.a. Oertern, welche dies Bataillon belegt hat. Wenn es die Verpflegung und die Uebung zuläßt und die Beamte zu Fürstenau es noch wünschen, so belegt es auser den oben genannten Quartierstand noch einige gegen Fürstenau liegende Oerter, welche bisher nicht belegt waren.
3. Das 1ste Bataillon von 14ten Infant. Regim. marschirt den 4ten May nach Gerde (wo das 5te Grenad. Bataillon ihn Platz machen muß) und den 5ten nach Damme und nimt hier die Quartiere, welche bisher das 9te Cavalerie Regimente in diesen und den umliegenden Oertern hatte.
4. Das 2te Bataillon von 14ten Regiment marschirt den 3ten May nach Damme und den 4ten nach Steinfeld und Lohne[a], belegt diese Oerter und die Dörfer, welche zu den Kirchspielen desselben gehören, und bisher von den 8ten Regiment bezogen waren. Es nimmt also das 2te Bataillon von 14ten Regiment den Quartierstand des 8ten Cav. Regiments, auser einigen Dörfern vom Kirchspiel Dinklage, welche dies Regiment behält.

Der Herr General von Linsingen wird die Comandos, welche das 14te Regiment bisher zu der vordern Posten-Kette gab, nun von 4ten und 5ten Grenadierbataillon geben lassen, und dazu mehr Cavalerie und weniger Infanterie nach seinen Gutfinden nehmen.

Der Herr Oberste von Diepenbr[o]ik, welcher sein Quartier in Damme nimmt, wird, wenn er es wegen der Desertion nöthig findet, den Weg von Damme nach Lembruch und von Damme nach Bohmte, da wo diese Wege durch den großen Morast gehen, besetzen lassen.

---
[a] *Dieses Wort zu Verdeutlichung noch ein zweites Mal darüber geschrieben.*
[1] Es handelt sich um Ausführungsbestimmungen zum Schreiben Wallmodens an Linsingen (Hannover, 20. April 1797), HStAH, Hann 41 I Nr. 107 (6 S.).

51. Scharnhorst an Wilckens [Hannover], 28. April 1797

HStAH, Hann. 41 I Nr. 107 (1 S.): Konzept, eigenhändig.

Quartier- und Verpflegungsangelegenheiten.

An den Herrn Lieutenant Wilkens

Den 28sten April 1797

Der Herr Lieutenant Wilkens begiebt sich mit den beykommenden offenen Befehlen zu den Herrn General-Major von Linsingen zu Quakenbrük, um dieselben zu überbringen und bey der Ausführung in Rüksicht der Eintheilung der Quartiere behülflich zu seyn.[1]

Zugleich zeigt der H. Lieutenant den Herrn Amtmann Heisen diese Befehle vor, um von denselben die nöthigen Anordnungen in Rüksicht der Verpflegung an H. Oberforstmeister von Vos zu erhalten. Dieser wird bestimmen, ob der Verpflegung wegen die Umquartierung so gleich gehshen könne. Ist dies, so wird die Bestimmung der Zeit von den H. General von Linsig abhängen u. der H. G. v. Wangenheim wird von denselben avertirt werden, zu welcher Zeit das 8te Cav. Regiment umrüke.

52. Pachtvertrag Bordenau, 1. Mai 1797, verlängert 5. Juli [1800]

Familienbesitz Gut Bordenau (4 S.): Reinschrift, Schreiberhand, mit eigenhändigen Abänderungen.

Zwischen dem Herrn Major Scharnhorst in Hannover als Verpächter an einem, und dem Mühlen-Meister J. C. Michel als Pächter an andern Theil ist nachstehender unwiderruflicher Pacht-Contract geschloßen und vollzogen worden.

Es verpachtet nemlich der Herr Major Scharnhorst die zu dem adlichen Scharnhorstschen Guthe zu Bordenau gehörige Wind-Mühle nebst dem dazu gehörigen Wohn-Haus und Küchen-Garten, so etwa 1 3/4 Morgen hält, wie auch ein Stück Saat-Land zu 4 Himbten Einfall[1] an dem Mühlen-Meister J. C. Michel auf drey hintereinander folgende Jahre, nemlich von Maitag 1797

---

[1] Im Faszikel befinden sich dabei die Konzepte der Schreiben Wallmodens an Wangenheim (1 1/2 S.), Diepenbroick (1 1/2 S.) und Heise (1 S.), sämtlich datiert Hannover, 28. April 1797. Weiterhin ist dort das eigenhändige Konzept (undatiert, 1 S.) zum Schreiben Scharnhorsts an Wangenheim betreffend die bevorstehende Umquartierung des 8. Kavallerieregiments am 4. Mai.

[1] Als Flächenmaß entsprach ein Himten dem Land, auf dem ein Himten (in Hannover 31,2 Liter) Getreide ausgesät wurde. Es hing naturgemäß von der Bodenqualität ab und variierte in verschiedenen Teilen Niedersachsens zwischen 874 (Diepholz, Hoya, Verden) und 2501 Quadratmetern (Braunschweig). Das in Bordenau verwendete Maß war nicht feststellbar.

bis dahin 1800 und zwar solchergestalt, daß selbiger diese Mühle nebst dem mit verpachteten Garten und Saat-Land diese drei Jahre über benutzen und haushälterisch und wie es von Alters hergebracht, gebrauchen möge, dabey denn auch Pächter zu beobachten, daß denen Armen sowohl als denen Wohlhabenden ohne Unterschied, so wie das Korn auf die Mühle kommt, nach der Reihe gemahlen, untadelhaftes Mehl geschaft und sonsten von denen Mehl-Gästen kein unerlaubter Vortheil gesucht werden.

Ueberdem übernimmt der Pächter J. C. Michel für allen Schaden, so durch Feuers-Gefahr, auch sonstige Verwahrlosung und Nachlaßigkeit entstehen könnte, zu haften, auch wenn sonsten Schaden und Nachtheil zu befürchten, solches frühzeitig dem Herrn Verpächter zu melden, in Entstehung deßen aber den daher entstandenen Schaden und Nachtheil zu erstatten und dafür einzustehen.

Damit aber der Herr Verpächter dieserwegen und überhaupt gesichert seyn möge, so setzet Pächter dafür sein ganzes Vermögen, es bestehe worinnen es wolle, hiemit zur offentlichen Hypotheke und Unterpfande, in specie aber macht sich selbiger verbindlich, zweihundert Thaler in Golde, die Pistole zu 5 rh. gerechnet, beym Antritt der Pachtung baar an den Herrn Verpächter auszuzahlen und ohne Verzinsung als ein Vorstands Geld[2] zu hinterlegen, welche Gelder sodann nach verfloßener Pacht-Zeit und wenn der Mühlen-Pächter den Herrn Verpächter in Ansehung derer in diesem Contract übernommenen Obliegenheiten befriedigt haben wird, von letzteren wieder zurück gezahlt werden.

Für diese übernommene Pachtung gelobt übrigens Pächter alljährlich 122 schreibe Einhundert zwey und zwanzig Thaler in hiesiger Cassenmäßiger Münze, die Pistole zu 4 rh. 24 mgr. gerechnet, an Pacht-Geld zu bezahlen und solches Pacht-Geld alle halbe Jahre, nemlich zu Michaelis und Ostern, zur Hälfte mit 61 rh. an den Herrn Verpächter ohnfehlbar zu entrichten.

Sollte aber der Mühlenpächter mit Bezahlung dieser Pacht-Gelder zurück bleiben und nicht jedesmahl zur bestimmten Zeit berichtigen, so stehet dem Herrn Verpächter frey, den Contract nicht nur aufzurufen, sondern auch auf die Exmi[ss]ion[a] sofort gerichtlich anzutragen.

Ferner übernimmt Pächter das umgehende Zeug, als:
1$^{\underline{stens}}$ die Schienen auf der Welle nebst deren Bände.
2$^{\underline{tens}}$ den Zapfen und Pfanne nebst deren Bände am spitzen Ende der Welle.
3$^{\underline{tens}}$ die Spitzen des Mühlen-Eisens nebst der Pfanne
4$^{\underline{tens}}$ die Bicken und Schall-Hammer.
5$^{\underline{tens}}$ das Schmiedwerk der Winde und Schwanze und auf der Mühle und die [b]Sommers-Sheiden und Mühlenladen an Flügeln
6$^{\underline{tens}}$ die Gelenke an den Ketten

---

[a] *Schwer lesbares Wort.*
[b] *Der schwer lesbare Rest der Zeile mit Bleistift nachgetragen.*
[2] D.h. Kaution.

7tens die Bände auf den Flügeln und Getrieben, auch
8tens die Kämme und das Treff,c
9ten das Beutelwerk und Mehl Tücher
10ten die Ausbeserung der Inrüste in Bütten, Schütten und [............]
11ten die Ausbeßrung [...Brutterkisten]
12. Die Kosten und Einbringung unser Mühlen-Flügels, wozu diese über das [........ben] wird
13. den [....fliß] u. 3 mgr. die [...................]
auf seine eigenen Kosten zu unterhalten.
Noch übernimmt der Pächter das Korn, so der Herr Verpächter zu der Consumtion in seinen Haushalt, es sey zur Mästung des Viehes oder jeden andern Behuf, mitfrey zu mahlen.
Zuletzt ist unter beiden Contrahenten zur Aufkündigung des Contracts eine halbjährige Loose beliebet und festgesetzet, auch soll ein besonderes Mühlen-Inventarium bey Uebertragung der Pacht verfertigt werden, welches der Pächter wieder liefern muß, wie er es erhalten hat, und zwar so, daß wenn solches verbeßert worden, die Verbeßerungen selbigen vergütet, wenn es aber deterioriret ist, die Deterioration von selbigen bezahlt wird.
Schließlich begeben sich beide Contrahenten allen wieder diesem Contract zu machenden Einwendungen, sie mögen Nahmen haben wie sie wollen, in specie der Exception, daß einen allgemeinen Verzicht nicht gültig sey, wenn nicht eine besondere vorhergegangen, und ist zur Urkund deßen gegenwärtiger Contract in Duplo ausgefertigt, gegen einander ausgewechselt und coram Notario et testibus vollzogen worden. So geschehen
Bordenau den 1sten May 1797.

G. Scharnhorst als Verpächterd

hierin ist vergeßen, das
keine Verafterpachtung   Johann Christoph Michel
stadtfinden solte e   als Pächter

                            J. H. Rummel3 als Zeuge

fDaß dieser Pachtcontract noch auf 3 Jahre mit der Bedingung, daß jährlich 4 Rthl. [...g] mehr als nach den obigen bezahlt werden, verlä[n]g[e]rt ist, wird hierdurch besheinigt. Bordenau den 5ten Julius.
G. Scharnhorst
O.L. u. G.Q.M.

---

c   Die folgenden Punkte dieser Aufstellung mit Bleistift o. ä. nachgetragen und teilweise nicht entzifferbar.
d   Eigenhändig von Scharnhorst.
e   Dieser Zusatz von Hand J. C. Michels.
f   Der hier einsetzende Zusatz von Scharnhorsts Hand.
g   Durch Beschädigung nicht eindeutig zu lesen, könnte „C.M." (Cassen-Münze) heißen.
3   Dieser Rummel wurde 1796 Feldguide beim hannoverschen Observationskorps. Offenbar ist er nicht identisch mit dem im ersten Band mehrfach erwähnten Karl Rummel, der 1794 als Guide beim hannoverschen Generalstab gedient hatte.

53. Scharnhorst an Wallmoden   [?, zwischen 9. Mai und 29. Juni 1797][a]

HStAH, Hann. 41 III Nr. 187 fol. 35r–37v, 39r–40v (9$^{1}/_{2}$ S.): Eigenhändig.

Konzepte, eigenhändig, unvollendet[b]: GStA PK, VI. HA Nl Scharnhorst Nr. 25 fol. 35r–40v (10$^{1}/_{2}$ S.); Druck: Klippel II, S. 276–279 (gekürzt); danach Linnebach, S. 179–182.

[1.] Begründung der Karrierewünsche. Laufbahnprobleme im Generalstab. [2.] Entwurf einer entsprechenden Denkschrift an den König. [3.] Rechtfertigung der vorgetragenen Bitten.

An Se. Excellenz den Herrn General der Cavalerie Graf von Walmoden Gimborn.

[1.] Ew. Excellenz danke ich gehorsamst für die vielen Beweise der unverdienten Gewogenheit, womit Hochdieselben sich immer und vorzüglich bey meiner gegenwärtigen Angelegenheit für mich intereßirt haben. Ich sehe jetzt wohl ein, daß alles, was Ew. Excellenz mir in Betref meiner Ancienetät bey dem Avancement zum Oberstlieutenant als auch in Rüksicht der Gage, die mit der Generalquartiermeister Stelle verbunden ist, zu eröfnen beliebt haben, sehr gegründet ist; nur erlauben Hochdieselben mir, in Betref des letzten Punkts,

---

[a] *Linnebach hat dieses Schriftstück auf den 20. Juni 1797 datiert, da er in den Akten einen Umschlag mit folgender Anschrift von Scharnhorsts Hand gefunden hatte: „Antrag vom 20. Juni 1797 und Reskript". In diesem Umschlag befand sich jedoch ein anderer Brief (vgl. Nr. 60 und 61). Da es offenbar außer der vagen Textbezeichnung keinen Anhaltspunkt gibt, der einen Zusammenhang zwischen diesem Umschlag und dem vorliegenden Text nahelegt, ist die Datierung hier nicht übernommen worden. Für den Entstehungszeitraum dieses und der folgenden Schriftstücke gelten dagegen folgende Überlegungen:*
Am 9. Mai kündigte Wallmoden gegenüber Freytag an, ein Reskript König Georgs vom 18. April an Scharnhorst weiterzuleiten (vgl. Klippel II, S. 273ff.) Der König bot Scharnhorst darin eine monatliche Zulage von 45$^{5}/_{6}$ Rthlr., also 550 Rthlr. im Jahr, und den Rang eines Oberstleutnants an. Die von Scharnhorst erbetene Wiedereinsetzung in das Artillerieregiment (vgl. Nr. 49 Anm. 2) lehnte der König ab.
Am 29. Juni übermittelte Wallmoden Scharnhorsts Antwort an Freytag, der die Erklärung schon am 16. Mai angemahnt hatte (vgl. Klippel II, S. 281f., 275).
Die folgenden Texte stellen offenbar Bruchstücke intensiver Beratungen zwischen Scharnhorst und Wallmoden über eine angemessene Erwiderung auf das Angebot dar. Scharnhorst zögerte mehrere Wochen, weil seine Erwartungen darin nur zum Teil befriedigt wurden. Wallmoden entschuldigte die Verzögerung gegenüber Freytag am 29. Juni: „Übrigens muß ich hinzusetzen, daß mehrere Erläuterungen und mir selbst unbekannte und zweifelhafte Verhältnisse wohl zu einigem Aufenthalt Anlaß gegeben" (Klippel II, S. 281f.; vgl. auch Nr. 70). Für die Reihenfolge ihrer Entstehung liefern die Handschriften keine zwingenden Hinweise. Für die Edition ist die Abfolge des Aktenfaszikels beibehalten worden.
[b] *Es handelt sich dabei um einzelne Elemente des vorliegenden Textes in variierenden Kombinationen, teilweise in mehrfacher Fassung. Die Konzepte wurden, offenbar in mehreren Arbeitsgängen, stark korrigiert, wobei einige jener Passagen, die die Waage zwischen Entschlossenheit und Devotion zu halten versuchen, besonders intensive Bearbeitungsspuren zeigen.*

meiner künftigen Gelangung zum Regimente, zu bemerken, daß mein unterthäniges Ansuchen, demnächst mit einem Cavalerie Regimente begnadigt zu werden, nicht als eine neue Bitte, sondern als eine nähere Bestimmung, in wie weit ich mir der in dem königl. Rescript versprochenen Gnade des Avancements zum Oberstlieutenant zu erfreuen haben soll, angesehen werden darf.

Hierbey muß ich Ew. Excellenz um die Erlaubniß bitten, meine jetzige wahre Lage Denenselben vorstellen zu dürfen. Ich bin, als ich Generalquartiermeister wurde, gänzlich aus der Artillerie gesetzt; ich habe auf mein Ansuchen, in dieselbe wieder eingesetzt zu werden, ganz unbedingt zur Nachricht erhalten, es könne nicht geshehen. Ich stehe also jetzt mit der Artillerie nicht näher als mit der Infanterie in Verbindung. Ich kann auf die Vortheile, welche für mich daraus flößen, wenn ich noch darinstände, keinen Anspruch machen; ich kann also auch nicht, wenn es mir zum Nachtheil gereichte, wieder in dieselbe geschoben werden, ohne daß dadurch etwas geshähe, was wieder das Herkommen unsers Dienstes wäre.

Nun aber hat der Generalquartiermeister-Staab keine durchs Reglement bestimte Laufbahn; ich höre von Ew. Excellenz und den Herrn Feldmarschall, man käme darin nicht wie in andern Waffen zum Regimente. Dieser Zustand, in den ich von den Vortheilen, welcher jeder ander Officier hat, ausgeschloßen wäre, und welcher mit dem gnädigen Rescripte und der Ambition eines jeden Officirs in Widerspruch stehet, beunruhigt mich und bringt mich zu der Bitte, mich in die Lage zu setzen, in der andere Staabsofficiere von Generalstabe stehen. Es frägt sich dabey, zu welcher Waffe ich gerechnet werden müße, d.i., mit welcher der Generalquartiermeisterstaab am meisten in Verbindung stehe. Da ist nun offenbar, daß dies mehr die Cavalerie als die Infanterie und Artillerie ist. Denn 1. hat der G.Q.M. wie der Flügeladjudant der Cavalerie sein Avancement nach der Anciennetät der Cavalerie, 2. erhält er, wie dieser, Cavalrie Besoldung, 3. stand der letzte G.Q.M. in der Cavalerie, und der Aide Volgelsang hatte selbst aus dem Etat der Cavalerie die Besoldung, in dem dafür ein Officier von der Cavalerie fehlte, und sollte auch eben in dieselbe eingesetzt werden, als er starb, ohngeachtet er nicht, wie ich, in der Cavalerie, sondern im Ingenieur Corps gedient hatte. Daß die Generalquartiermeisters vor den Herrn General v. Estorf nicht in dieser Waffe eingetreten sind, mag seinen Grund in den Individuen gehabt haben, welche ohne Zweifel nie in der Cavalerie gedient und nicht in der individuellen Lage gewesen, in der ich mich befinde. Daß aber die Cavalerie Officier-Stellen und die des G.Q.M. ganz gut mit einander verbunden werden können, folgt aus den Beispiel des Herrn General von Estorf.[c]

---

[c] *In einer mehrfach korrigierten und letztlich gestrichenen Passage aus den Konzepten heißt es in diesem Zusammenhang (fol. 35v):* „Dabey muß ich aber gehorsamst bemerken, daß ich von der Bitte um die Begnadigung eines Regiments nicht in allgemeinen Ausdrüken bitten kann, in dem ich dadurch in die Infantrie, in eine Gattung von Trupen kommen könnte, von dessen Dienst ich keine Kentnisse habe." *Eine ähnliche Formulierung findet sich auch in einer gestrichenen Passage auf fol. 36v.*

Aus allen diesem Gründen hoffe ich es wagen zu dürfen, Ew. Excellenz nachstehenden Entwurf zu einem Memorial an Dieselben vorlegen zu dürfen. Ich nehme mich die Freiheit, hier bey zu bemerken, daß ich mich unendlich glüklich schätzen würde, wenn man mich, falls ich bis zu einem Regiment herauf avancirte und das Artillerie Regiment vacant würde, mit denselben begnadigte. Da dies aber sehr unwahrsheinlich ist, so muß ich mich an die Laufbahn, in der ich jetzt bin, bis dahin halten.

[2.] Entwurf des Memorials[d]

„Mit dem tiefsten Respect verehre ich die Huld und Gnade, welcher Sr. Majestät, unser gnädigster König, für mich haben wollen, indem sie mir den Character von Oberstlieutenant und eine jährliche Zulage zu meiner Gage von 550 Rthl. als eine unbedingte Gnadenbezeugung gnädigst zu verheißen geruhen. Ich werde suchen, dieser großen und unverdienten Gnade mich würdig zu machen, so viel ich es durch Dienst Eifer, Treue und unverdroßner Thätigkeit vermag.

Ich darf hier bey voraussetzen, daß mein Avancement alle die Vorrechte, welcher unser gnädigster König den eines andern angedeihen läßt, mit sich führt und daß ich also fernerhin nach meiner neuen Ancienetät vorrücke, die Besoldung meiner Cameraten in gleichen Dienstalter erhalte und dereinst mit einem Regimente in der Cavalrie, d.i. in der Gattung von Trupen, in der ich zuerst gedient, in der mein Vorgänger gestanden und in der ich jetzt meine Besoldung und Anciennetät habe, begnadigt werde.

Sehr trostreich würde es für mich seyn, wenn man, da meine Verhältniße neu sind, sie in einem allergnädigsten Rescripte bestimmte. Ohne dies würde ich immer wegen der Zukunft in Ungewißheit und Unruhe bleiben."

[3.] Ich befürchte vieleicht nicht ohne Grund, daß die von mir in meiner Angelegenheit gethanen Anträge über die Gränzen der Besheidenheit ausgedehnt zu seyn sheinen und daß dies Ew. Excellenz bisherigen gnädigen Gesinnungen gegen mich shaden könne, welches einen großen Theil meiner Glükseeligkeit und Zufriedenheit mir rauben würde. Ich nehme mir daher die Freiheit, die Lage der Sache hier übersichtlich aus dem Gesichtspunkte, aus den ich sie, wenn auch nicht ganz richtig, aber doch wirklich, angesehen habe, darzustellen.

Mein erster gehorsamster Antrag war, mich mit der Zulage zu begnadigen, die mein Vorgänger gehabt. Ich glaubte, das Herkommen in unsern Dienst entshuldige diese Bitte, wenn ich auch nicht in andere Dienste zu kommen Gelegenheit gehabt hätte. Ich sah Leute von meinen Alter, so wohl in Civil als im Militär um mich, den diese Gnade widerfahren war. <u>Diese Gründe, und nicht der Ruf</u> in <u>preußische Dienste</u>, machten mich so dreiste, darum bestimmt nachzusuchen.

---

[d] *Bei Klippel und, ihm folgend, Linnebach ist dieser Entwurf unter Hinweis auf die Endfassung (vgl. unten Nr. 57 und 58) ausgelassen worden.*

Ew. Excellenz können sich von der Wahrheit dieser Aeuserung um so mehr überzeugen, da Sie wissen, daß ich anfangs wenig auf den preussishen Antrag achtete, ihn ablehnte und nur erst, als die vorhin gedachten Umstände auf mich wirkten und es schien, als wenn man die Sache von der Seite nicht ansehen wollte, bestimmt herausging.

Ich unterstand mich jedoch nicht, um diese Zulage zu meiner jetzigen Gage, sondern zu der von der Artillerie nachzusuchen. Dies wurde refusirt; ich erhielt ungefähr die Hälfte der Zulage des H. v. Estorf und das gnädige Versprechen, zum Oberstleutnant befördert zu werden. Ich wünschte, daß diese unschätzbare Beförderung auch die Vortheile für mich habe, welche eine Beförderung in den gewöhnlichen Lauf der Dinge zu haben pflegt. Mehrere mir damals wichtig sheinende Beweggründe und das Avancement des Herrn von Spörken[1] veranlassete mich zu den Ew. Excellenz bekannten Gesuch in Betref meiner Anciennetät, von den ich aber gleich zurük ging, so bald mir Ew. Excellenz Gegen-Gründe bekannt waren.

Aus allem folgt, daß ich um nichts als um die Zulage meines Vorgängers nachgesucht habe, und daß ich, da diese mir zum Theil durch ein Avancement gnädigst vergütet werden soll, bitte, daß dasselbe in den Verhältniß eines jeden andern geschehe.

Es ist hierbey zu erwägen, daß die Zulage, welche der Herr General von Estorf als Generalquartiermeister genoßen hat, keine Gage ist, wo bey Rationen u.s.w., sondern eine eigentliche Zulage zu der gewöhnlichen Gage für die besondern Kosten, die dieser Dienst erfordert.

Sollten Ew. Excellenz dafür halten, daß mein unterthäniges Memorial gegen die Verhältniße unsers Dienstes sey, sollte es nicht mit Ew. Excellenz Meinung übereinstimmen und nicht Ihre gnädige Unterstützung erhalten können, so werde ich es nie Denenselben über geben, in dem ich nichts ohne höchst Dero Genehmigung und vollkommene Billigung thun werde.

G. Scharnhorst

---

[1] Das ist möglicherweise eine Anspielung auf die schnelle Beförderung von Adolph Ludwig von Spörcken († 1794) vor dem Kriege. Er wurde 1787 Major im Leibregiment, 1788 Flügeladjutant, 1791 Oberstleutant und Anfang 1793 Oberst und Generaladjutant.

54. Denkschrift [?, zwischen 9. Mai und 29. Juni 1797]

GStA PK, VI. HA Nl Scharnhorst Nr. 25 fol. 37r–v (1¹/₂ S.): Konzept, eigenhändig, unvollendet.

Unklarheiten und Richtigstellungen zu Gage und Beförderung.

Gehorsamstes Prome[mo]ria[a]

I. Um die Ancienetät nach den Tag des Avancements ist nicht in den übergebenen gehorsamsten Antrage gebeten, weil ich aus Ihro Excellenz Erklärung sah, das das ein[b] den ordinären Gang des Avancements zuwiderlaufende[s] Gesuch gewesen wäre.

Ich erwähnte anfangs diese Sache, weil es natürlich schien, daß eine als Gnadenbezeugung v[e]rliehene unbedingte Anciennetät nicht gut durch andere vor datirt werden könnte, und weil man mir sagte, daß auch in andern dergleichen Fällen dies wirklich nicht geshehen wäre.

II. Daß [die] Generalquartiermeister Gage die Cavalrie Gage des Grades [ist], den der Genralquartiermeister in der Cavalerie hat, davon ist nichts im Reglement, und nach den Herkommen sollte man glauben, sie sey die Cavalerie Gage des Grades, den Generalquartiermeister hätte, plus eines monatlich[c]

III. Daß die Zulage von 550 Rthl. nicht mit den Character steigen könne, ist aus den Gründen Ew. Excellenz ganz klar, auch habe ich nie darum gebeten.

55. Scharnhorst an Wallmoden [?, zwischen 9. Mai und 29. Juni 1797]

HStAH, Hann. 41 III Nr. 187 fol. 41r–42v (3¹/₂ S.): Eigenhändig.

Druck: Klippel II, S. 279f.[a], danach Linnebach, S. 182f.

Vorzüge des preußischen Angebots. Bitte um Regiment und angemessene Zulage in Hannover.

Sollten Ew. Excellenz es nothwendig finden, zu meinen Vortheil in Absicht der ausgeschlagenen Offerte[1] etwas zu sagen, so darf ich hier folgendes gehorsamst in Erinnerung bringen:

---

[a] *Das Konzept liegt bei den Blättern, aus denen Text Nr. 53 hervorgegangen ist. Es ist teilweise bereits durchgestrichen und hat offenbar keine weitere Verwendung gefunden.*
[b] *Statt „eine" (bezog sich auf ein anderes, dann gestrichenes Wort).*
[c] *Hier bricht das Konzept ab; das Textende ist durch einen nachträglichen Tausch der beiden letzten Abschnitte in die Mitte des Textes gerückt.*

---

[a] *Klippel und, ihm nachfolgend, Linnebach schließen diesen Text unmittelbar an Nr. 53 an.*
[1] Damit ist Lecoqs Angebot zum Übertritt in preußische Dienste gemeint.

1. Mein Gehalt als Major von der Artillerie wurde mit den Vortheilen der Compagnie zu 4400 Rthl. angeschlagen.
2. In 14 Jahren hatte ich niemand mehr vor mich, der unter 70 Jahr war.
3. Man hielt sich überzeugt, daß ich früh zu der Inspecteur Stelle kommen würde, in dem nur 2 oder 3 vor mir wären, welche man zu dieser Stelle geschikt hielt. Diese Stelle sey wichtig, sey angenehm und mit großen oeconomischen Vortheilen verbunden.
4. Man wollte mich eine Pension auf Unglüksfälle festsetzen, ein Douceur bey den Antrit geben und meine Frau in die Witwenkasse nehmen.
5. Man frug mich, ob ich sonst noch Wünsche hätte.

Da eine Unbescheidenheit für mich darin lege, wenn ich officiel bestimter und genauer um die Erfüllung der Ew. Excellenz übergebenen Bitte nachgesucht hätte, so ersuche ich Dieselben, wenn es mir erlaubt ist, gehorsamst, dahin sich zu verwenden, daß die beiden Punkte:
1. die bestimmte Aussicht auf ein Cavalerie Regimente, wenn ich so hoch hinauf dienen und mir dieser Gnade nicht unwürdig machen sollte, und
2. die Cavalerie Besoldung des jedesmaligen Characters, den ich nach der Ancienneté als Oberstlieutenant und demnächst als Oberst erhalte, so lange ich noch kein Regiment habe, mir zugesichert werden.

Der letzte Punkt hat für mich oeconomishe Vortheile, die bey meinen geringen Vermögen mir sehr wichtig sind; bey den ersten wäre eine Aussicht auf ein Infanterie Regiment ganz wieder meinen Wunsch und eine Aussicht auf beide ein Wink, daß ich nur zu den ersten Hofnung haben könnte.

Ich glaube hier von Ew. Excellenz Gnade, der ich mein erstes auserordentliche Avancement, daß mich allein an unsern Dienst kettet, zu verdanken habe, eine gnädige Auseinandersetzung meines unterthänigen Gesuchs erwarten zu dürfen, und ich werde gewiß nie aufhören, die Dankbarkeit zu fühlen, die ich Ew. Excellenz schuldig bin.

G. Scharnhorst

56. Scharnhorst an [Wallmoden?]   [?, zwischen 9. Mai und 29. Juni 1797]

HStAH, Hann. 41 III Nr. 187 fol. 43r–v (1½ S.): Eigenhändig.

Druck: Klippel II, S. 274f., danach Linnebach, S. 178f.

Bitte um Regiment und Zulage. Laufbahnprobleme des Generalstabsdienstes.

Mein unterthäniges Gesuch bestehet darin, daß Sr. Majestät, unser allergnädigster König, um die hohe Gnade gebeten werde, mir, da ich Cavalerie Gage erhalte und in der Cavalerie mein Avancement habe, auch alle dem Cavalerie Staabsofficier zustehende jetzige und künftige Vortheile beyzulegen, als 1. die Aussicht zu einem Regiment, wenn ich in meiner Anciennetät so hoch hinauf rüken würde, und 2tens die Zulage, welche jeder Cavalerie Staabsofficer zu seiner Gage jetzt erhält, so daß ich in allen Betracht als ein Staabsofficer in der Cavalerie angesehen würde. Es wird Ew. Excellenz[1] in Andenken seyn, daß diejenigen Officiere, welche vor den verstorbenen Generallieutenant von Estorf die Stelle von General-Quartiermeister bekleidet haben, als solche, ohne zu Regimentern zu gelangen, stehen geblieben sind. Ein ähnliches Schiksal würde für mich sehr drükend seyn, zu mal da ich vorher schon als Major im Artillerie Regiment stand und dem zufolge schon Hofnung zu einem Regimente hatte, auch über dem durch meine gegenwärtigen Posten meine Einnahme nicht vermehrt worden ist, wiewohl er mehrere Ausgaben veranlasset und in allen Diensten die Officiere von Generalquartiermeisterstaabe eine höhere Besoldung als die von andern Gattungen von Trupen genießen.

G. Scharnhorst.

57. Scharnhorst an Wallmoden   [?, zwischen 9. Mai und 29. Juni 1797]

HStAH, Hann. 41 III Nr. 187 fol. 47r–48r, 50r–v (4¹/₂ S.): Eigenhändig.

Konzepte[a]: GStA PK, VI. HA Nl Scharnhorst Nr. 25 fol. 30r–34v; Druck: Klippel II, S. 283ff.; danach Linnebach, S. 187f.

Bitte um Klarstellungen nach bewilligter Beförderung und Zulage.

An Se. Excellenz den Herrn General der Cavalerie Graf von Walmoden Gimborn.

Mit innigster Dankbarkeit und tiefster Ehrerbietung empfinde ich die hohe Gnade, welche Se. Majestät mir zu verleihen geruhen, wenn Sie mich zum Oberstlieutenant avanciren und eine Zulage von 550 Rthl. jährlich verleihen.

Nur um Mißverständnißen in der Zukunft vorzubeugen, erlauben mir Ew. Excellenz hinzuzufügen, daß ich bey derselben voraussetze und mich getröste, [b]daß ich jene Zulage in der Folge in jedem Verhältniße als eine Gnadenbezeugung unbedingt behalte, daß ich in der Cavalerie nach der Ancienneté, in der ich durch das auserordentliche Avancement kommen werde, fernerhin

---

[1] Wohl an Wallmoden gerichtet.

[a] *Dabei handelt es sich um zwei Konzepte, wovon eines ganz in Reinschrift angefertigt, dann aber wieder korrigiert wurde, und eines, wohl das ältere, nur teilweise Reinschrift zeigt.*

[b] *Anstelle des folgenden Nebensatzes steht in dem vermutlich älteren Konzept noch: „[...] <u>daß ich in die Cavalerie auf den Fuß eingesetzt werde als die Flügeladjudanten von der Cavalerie [...]</u>" (fol. 32r-v).*

avancire und die Cavalerie Besoldung des jedesmaligen Characters bekomme, den ich bekleide, und daß ich dereinst, wenn das Dienstalter es mit sich bringt, mit einem Regimente in dieser Gatung von Trupen, in der ich ehedem gedient, in der mein Vorgänger gestanden und in der der Generalquartiermeister immer die Ancienneté gehabt, begnadigt werde.^c

Wenn ich mich nicht überzeugt hielte, daß diese beiden Punkte, um die ich hier unterthänigst nach gesucht habe, in der Gnadenbezeug[ung] unsers allergnädigsten Königs enthalten wären und nur durch Zufälligkeiten und Mißverständniße mir entzogen werden könnten, wenn der Gedanke, in ganzen Corps der einzige Staabsofficier zu seyn, der nie zu einem Regimente in seiner gewöhnlichen Laufbahn kommen könnte, mir nicht bey der mir unmöglich zu verleugnenden Ambition sehr drükend seyn würde, so unterstände ich mich nicht, Ew. Excellenz unterthänigst zu bitten, sich für mich dahin zu verwenden, daß in einem allerhöchsten Rescript die Bestimmung der oben erwähnten Verhältniße versichert würden.

Ich halte mich verbunden, diese unterthänige Bitte um so mehr zu thun, da ohne ihre Erfüllung jene hohen Gnadenbezeugung nicht den Werth für mich haben könnte^d, der in derselben unbestimmt enthalten und mir huldreichst verheißen ist.

Ich hätte nie die Dreistigkeit gehabt, überall um die Gnade Sr. Majestät zu bitten, wenn mich nicht der Gedanke beseelt hätte, daß ich nur allein auf diesem Wege die Kosten, welche zum militärischen Studium, zur Untersuchung

---

^c *An dieser Stelle folgt in beiden Konzepten – in der vermutlich jüngeren Fassung jedoch schon durchgestrichen – nachstehender Absatz:* „Eine andere allerunterthänige Bitte, ohne welche mir durch Zufall die hohe Gnade, welche mir Sr. Majestät huldreichst angedeihen lassen wollen, wider Ihro höchste Intention entzogen werden könnte, bestehet darin, daß mein Patent so eingerichtet würde, daß ich unmittelbar auf den jüngsten Oberstlieutenant von der Cavalerie in Datum folgete und daß also die Majors, so in der Folge zum Oberstlieutenant avanciren, in Datum mir nicht vorgesetzt werden könten, wenn ihre Patente, wie gewöhnlich, vordatirt würden." (fol. 30v, vgl. fol. 32v).

^d *In der vermutlich älteren Konzeptfassung ist an dieser Stelle, die dort mit den Worten* „keinen Werth für mich haben könnte" *endet, eine Seite mit folgendem Text eingefügt:* „Da meine Versetzung ins Artillerie Regiment Schwierigkeiten findet und ich sie selbst nach veränderten Umständen nicht mehr annehmen kann, da ferner die hohe Gnade, mich zum Oberstlieutenant zu avanciren, für mich als Beweis der Huld des gnädigsten Königs von unendlichen und unshätzbaren Werth ist, aber keinen Nutzen für mich haben kann, wenn ich nicht in die Cavalerie gesetzt würde, so gehet meine unterthänige Bitte dahin, 'mir in meinen jetzigen Character zu lassen, mir aber mit der Zulage für den Generalquartiermeisterdienst, welche der H. General von Estorf genoß, 77 Rh. 24 mgr. monatlich, zu begnadigen und dabey die verlohrne Ancienneté wied[er] zu geben.'

Dieser letzte Punkt liegt in der Natur der Sache. Denn das Avancement zum Major widerfuhr mir als eine Gnadenbezeugung des Königs, und es ist gewiß nicht die Absicht des für mich so gnädig[e]n Königs, diese Gnadenbezeugung wi[e]d[er] zurük zu nehmen." (fol. 33v).

Auf fol. 34r schließt dann jedoch, in ähnlicher Formulierung wie oben, unmittelbar der Nebensatz an das Ende des Textes von fol. 33r an.

84   I. Im Stab des Observationskorps (1795–1798)

von Ländern, wo belehrende Kriege geführt sind und deren Kentniß zu meiner fernern militärischen Bildung erfordert werden, erhalten könnte. Ich bin es mir schuldig, Ew. Excellenz zu bezeugen, daß dies nicht bloß ein Ausdruk der Dankbarkeit ist, und Dieselben werden dieser Bezeugung um so mehr Glauben beimeßen, da ich schon ehedem Reisen der Art gethan, deren Aufwand ich mir nur durch litterarische, der Gesundheit sehr nachtheilige Arbeiten erwarb.ᵉ

Nichts wünsche ich sehnlicher, als daß ich Gelegenheit haben mag, Ew. Excellenz Beweise meiner Dankbarkeit und meines Eifers für das Wohl des Dienstes Sr. Majestät geben zu können.

Mit dem größten Respect bin ich
   Ew. Excellenz
   unterthäniger
   G. Scharnhorst.

58. Scharnhorst an Wallmoden   [?, zwischen 9. Mai und 29. Juni 1797]

HStAH, Hann. 41 III Nr. 187 fol. 51r–52v (3½ S.): Eigenhändig.

Konzepteᵃ: GStA PK, VI. HA Nl Scharnhorst Nr. 25 fol. 27r–29v; Druck: Klippel II, S. 280f.; danach Linnebach, S. 184f.

Bitte um Klarstellungen nach bewilligter Beförderung und Zulage.

ᵇAn Se. Excellenz den Herrn General der Cavalerie Graf von Walmoden Gimborn.

Mit dem tiefsten Respect verehre ich die Huld und Gnade, welche Se. Majestät, unser gnädigster König, für mich haben wollen, indem sie mir den Character von Oberstlieutenant und eine jährliche Zulage zu meiner Gage von 550 Rthl. als eine unbedingte Gnadenbezeugung gnädigst zu verheißen geruhen. Ich werde suchen, dieser große und unverdiente Gnade mich

---

ᵉ   *Hier folgt in der vermutlich älteren Konzeptfassung: „Ferner freuet es mir, durch diese Lage im Stande zu seyn, dem Unterricht junger Officiere in Hannover nützlich seyn zu können, eine Arbeit, die ich mit großen Eifer vor dem Kriege verrichtete und wi[e]der verrichten werde, da ich glaube, hierin für das Beste des Dienstes u. der Vervollkom[nu]ng des Militärs nützlich seyn zu können." (fol. 34v).*

ᵃ   *Es handelt sich um zwei Reinschriften, die dann doch noch mit umfangreichen Einschüben verbessert wurden.*
ᵇ   *Vgl. zum folgenden Text Nr. 53, vor allem den dort eingeschobenen Entwurf eines Memorials; auch in einigen korrigierten und dann doch nicht beibehaltenen Passagen der Konzepte begegnen Formulierungen aus Nr. 53. Ob allerdings der hier vorliegende oder der voranstehende Text ähnlichen Inhalts die Endfassung der Antwort auf das Angebot des Königs darstellt, ist den Handschriften nicht zu entnehmen.*

würdig zumachen, so viel ich es durch Diensteifer, Treue und unverdroßene Thätigkeit vermag.

Ich darf hierbey mir die Hofnung machen, daß ich die gnädigst ertheilte Zulage als eine Gnadenbezeugung auch in jeden Verhältniß behalte, daß mein Avancement alle die Vorrechte, welche unser gnädigster König den eines andern angedeihen läßt, mit sich führt und daß ich also fernerhin nach meiner neuen Anciennetät vorrücke, die Besoldung meiner Cameraten in gleichen Dienstalter erhalte und dereinst, wenn ich so hoch herauf avancire, nach denselben mit einem Regimente begnadigt werde. Ich würde mich nicht unterstehen, diese Bitte zu thun, wenn sie nicht bloß eine Bestimmung meiner nähern Verhältniße und eine Sache betrefe, die in meinen Avancement zum Generalquartiermeister gegründet wäre; wenn ich mich nicht mit größter Zuversicht getrösten dürfte, daß es nicht die Absicht seiner Majestät, unsers gnädigsten Königs, sey, daß mir allein unter allen Staabsofficiere vom hannövrischen Corps die Aussicht zu höhern Stellen versagt seyn sollte.

In Absicht der Verhältniße mit der Artillerie nehme ich mir die Erlaubniß, gehorsamst zu bemerken, daß ich, nachdem ich durch ein königliches Rescript aus derselben gesetzt bin und mein gehorsamste Bitte, wieder in dieselbe placirt zu werden, abgeschlagen ist, auf die Vortheile, welche für mich daraus flößen, wenn ich in derselben geblieben wäre^c, keinen Anspruch machen kann, daß ich aber auch dagegen die Hofnung hegen darf, nicht wieder in dieselbe gesetzt zu werden, wenn ich dadurch alle Aussicht eines höhern Avancements verlöhre, welches jetzt der Fall seyn würde, da ein Staabsofficier vor mir ist, der jünger ist als ich bin.

Sehr trostreich würde es für mich seyn, wenn meine Verhältniße, da sie in keinen Reglement enthalten und nicht durchs Herkommen bestimmt sind, in einem allergnädigsten Rescript festgesetzt würden. Ohne dies würde ich wegen der Zukunft in Ungewißheit und Unruhe bleiben.

Mit dankbaren Herzen erkenne ich die gnädige Protection, die ich Ew. Excellenz in dieser Angelegenheit von neuen zu verdanken habe; ich werde mich aus allen Kräften bestreben, sie, so viel ich es im Stande bin, zu verdienen. Ich bin mit den tiefsten Respect

Ew. Excellenz
unterthäniger Diener
G. Scharnhorst.

---

^{c} Hier schließt folgender durchgestrichener, aber noch gut lesbarer Nebensatz an: „die sich monatlich gegen 40 Rthl. wahrscheinlich in der Folge belaufen mögten,".

59. Notizen [?], 30. Mai 1797

GStA PK, VI. HA Nl Scharnhorst Nr. 131 fol. 2r–v (2 S.): Eigenhändig.

Gliederungsentwurf mit Stichworten zur Ausführung einer Abhandlung.

30 May 1797
Titel: Ueber die Uebung und Bildung einer Armee in Friedenszeiten

Einige Capitel ohne Ordnung

1. Bildung zum kleinen Kriege, für die Cavalerie wie in der Berliner Monatsschrift[1] – Infanterie habe ich noch auszuarbeiten
Brigade von Inf., Cavalerie u. leichte Artillerie alle Frühjahr zusammen u. nach den System des Krieges von ihnen Posten ausstellen, Angrife der Posten u.s.w.
2. Ihr kleine Exerciz: Plänkern, auf der Erde laden u. feuren. Einzelen-Gefechte der Cavaleristen etc.

II. System in der Armee einführen, was in Kleinen, so wie in Großen befolgt wird.
A. Im Lägern
  Als a. Feldwachen Einrichtung u. Soutienspostenkette
     b. Vorposten Einrichtung
     c. Verschanzungssystem – immer einige Punkte, damit der Feind nicht weiß, woran er ist. Mechanische Anordnungen, um es zu können
     d. Eintheilung und Disposition im Lager
        – Dazu tactishe Eintheilung, welche sich zu den besondern Umständen schikt. Brigade, Division bestehet aus mehrern Waffen
        – Disposition der verschiednen Gattungen von Truppen – Inf., Cav. u. Art.
        – Disposition der Ausrückung im Allgemeinen.
B. In Märshen
  1. Marshe von einem Lager in das andere –
     a. Anordnung des Abmarshes u. Aufmarshes
     b. Bagage – Artillerie –
     c. Avant- u. Arriergarde
     d. Anordnung der Colonnen – Broglie's[2] Vorschrift – König von Preuß.

---

[1] Die Militärische Monatsschrift war 1785–1787 als Ergänzung zur Berlinischen Monatsschrift erschienen, zuerst redigiert von Heinrich Wilhelm von Stamford, im Jahre 1787 von Christian von Massenbach.

[2] Victor-François, Herzog von Broglie, wurde bereits im ersten Band erwähnt, ebenso die in der Folge genannten Friedrich II., Raimondo Graf von Montecuccoli und Herzog Ferdinand von Braunschweig.

e. Formel zum Marshbefehl, was darin gehört.
f. Gleichförmigkeit des Marshes
2. Marsch, wobey cantonirt wird
   a. Art der Cantonirung, der Sicherheit darin
   b. Marsch selbst, Marsch aus Holland in Westphalen

III. <u>System eigentlich[e]r Vershanzungen</u>
   a. Art der Vershanzung
   b. Art " Vertheidigung

Dergleichen Festsetzungen erfordern einige allgemeine Sätze, so wie Montecuculie –
Broglie, der Herzog Ferdinant, der König von Preußen hat die Nothwendigkeit dergleichen Unterricht gefühlt. Man giebt ihn hier nicht – man zeigt an, wie es seyn müße; wie man darauf die Trupen übt.
Befohlne u. angenomene Sätze – werden ganz anders als speculativ angesehen. Man befolgt die ersten – man getraut sich nicht, die 2ten einzuführen Beyspiel über die Gleichförmigkeit des Marsches durch vormarshir[en]d[en] Unteroffic.

60. Scharnhorst an [Lecoq]   [?, 20. Juni 1797?[1]]

GStA PK, VI. HA Nl Scharnhorst Nr. 25 fol. 22r–23r (2½ S.): reinschriftliches Konzept, eigenhändig.

Druck: Linnebach, S. 175f.

Entschluß zum Übertritt. Wunsch nach Stationierung in Berlin. Mögliche Mitarbeit an Artillerieschule.

Theuerster Freund!
Endlich habe ich mich entschloßen, meine Entlassung hier zu fordern, so bald ich eine Antwort auf den beiliegenden Brief werde erhalten haben. Finden Sie, unschätzbarer Freund, in denselben etwas, was Sie nicht darin zu haben wünschen, so schiken Sie ihn mir zurük mit der Anzeige der zu machenden Veränderungen. Sie erzeigten mir dadurch eine große Freundshaft, zumal, wenn ich ihn nicht so abgefaßt hätte, als es die Verhältniße erfordern. Ich weiß, daß Sie es mir nicht zur Prahlerey auslegen, wenn ich

---
[1] Linnebach (S. 492, Anm. 11) hat diesen Brief auf den 15. Februar datiert. Das Datum ergebe sich „zweifellos" aus einem Brief Lecoqs vom 17. Februar (GStA PK, VI. HA Nl Scharnhorst Nr. 25 fol. 11) und aus der „ohne weiteres einleuchtenden Zusammengehörigkeit mit dem datierten Brief vom 15. Februar" (vgl. Nr. 49).

Ihnen sage, daß ich vermuthe, daß man suchen wird, mich hier zu behalten. Dies soll indes meinen Entschluß nicht wankend machen. Man kann mich aber zwingen, so lange hier in Dienst zu bleiben, bis das Trupen Corps aus Westphalen zurük kömmt, weil nach den hannövrischen Dienst-Reglement kein Abschied im Kriege ertheilt wird und man jenes Corps so ansehen kann, als wenn es im Kriegeszustande sich befände. Ich überlasse Ihnen, liebster Freund, diesen Umstand anzuzeigen, wenn Sie es nöthig finden.

Gern bliebe ich in Berlin[2], theils, weil ich in der Nähe von Hannover ein kleines adeliches Guthe habe, theils aber auch, um von den dortigen Uebungen und Manoeuvern profitiren zu können; auch könnte ich vieleicht jetzt oder dereinst einmal bey der dasigen Artillerie-Schuhle[3] gebraucht werden. Könnten Sie durch die Bemerkung, daß ich vieleicht bey der Artillerie

---

Im Hinblick auf Lecoqs Brief stützt sich Linnebach auf eine Bemerkung, derzufolge Lecoq einen Brief Scharnhorsts „im Original" an Oberst von Zastrow, den Generaladjutanten des Königs, weitergeleitet hatte, da er nichts enthielt, „das nicht ein anderer als ich hätte lesen können." Linnebach bezieht diese Notiz auf Scharnhorsts Angebot im vorliegenden Brief, Änderungen anzubringen. Zweifel weckt jedoch schon der daraus folgende Abstand von nur zwei Tagen zwischen Scharnhorsts Brief und Lecoqs Antwort. Schwerer wiegt, daß Lecoq am 17. Februar auf eine Absage antwortete, während der vorliegende Text eine Zusage enthält. Lecoqs Bemerkung läßt sich im übrigen zwanglos auf Scharnhorsts Brief von vor dem 2. Februar beziehen (vgl. Nr. 48). Immerhin hatte Lecoq am 30. Januar Scharnhorst gebeten, seine Antwort auf das Angebot des Übertritts „so einzurichten, daß ich sie an die Behörde beylegen kann" (ebda., fol. 9). Und er begründete die Weitergabe von Scharnhorsts Brief am 17. Februar u.a. mit der Absicht, „zu zeigen, daß ihre Entsagung vielleicht nur augenblicklich und auf Umstände berechnet ist, die sich ändern [...] laßen können." Das findet in Scharnhorsts Antwortschreiben vor dem 2. Februar eine inhaltliche Entsprechung.

Auch der unterstellte Zusammenhang mit dem Brief vom 15. Februar überzeugt nicht. Linnebach begründet ihn mit der gleich zu Beginn des vorliegenden Schriftstücks erwähnten Beilage, auf die Scharnhorst eine Antwort erwartete. Der Brief vom 15. Februar heischt jedoch keine Reaktionen, sondern stellt eigene Standpunkte klar (vgl. dagegen den folgenden Text).

Da Linnebachs Datierungsvorschlag also wenig für sich hat, gewinnt sein Hinweis (S. 492) Gewicht, das „Original" in einem Umschlag gefunden zu haben; darauf hatte Scharnhorst geschrieben: „Antrag vom 20. Juni 1797 und Reskript". (Es handelt sich dabei wahrscheinlich um ein Umschlagpapier, das mittlerweile mit einer jüngeren Aufschrift nur noch als Deckblatt für ein ganzes Briefbündel dient, vgl. GStA PK, VI. HA Nl Scharnhorst Nr. 25 fol. 5r). Linnebach konnte keinen Zusammenhang erkennen; es ist jedoch denkbar, daß Scharnhorst in der Phase seiner Unentschlossenheit nach dem zwiespältigen Angebot des Königs den Übertritt in preußische Dienste ernsthaft in Erwägung zog. Demzufolge ist das vorliegende Schriftstück als das Konzept einer solchen Zusage zu deuten. Da keine entsprechende Reaktion Lecoqs überliefert ist, muß aber wohl davon ausgegangen werden, daß ein solcher Brief weder am 20. Juni noch zu einem anderen Zeitpunkt tatsächlich abgeschickt worden ist.

[2] Am 11. April berichtete Lecoq allerdings, Scharnhorst sei für das (4. Artillerie-)Regiment in Königsberg vorgesehen. In diesem Brief deutet Lecoq überdies Aussichten auf eine Inspekteurstelle an (GStA PK, VI. HA Nl Scharnhorst Nr. 25 fol. 14).

[3] Die 1791 gestiftete und von Tempelhoff geleitete Militärakademie der Artillerie in Berlin.

Schuhle nebenher dereinst einmal nützlich sein könnte, die Erfüllung meines Wunsches bewirken, so würde dies die unendliche Dankbarkeit, welche ich Ihnen schuldig bin, noch vermehren. Ich überlasse Ihnen ferner, ob Sie den Punkt, welchen Sie zu erwähnen die Gütigkeit hatten, in Anregung bringen wollen.

61. Scharnhorst an [Lecoq] [?, 20. Juni 1797?[1]]

GStA PK, VI. HA Nl Scharnhorst Nr. 25 fol. 24r–v (2 ¹/₂ S.): Konzept, eigenhändig.

Druck: Linnebach, S. 173f.

Annahme des preußischen Angebots.

[a]Ew. Hochwolgeborn Schreiben von ...ten, worin Sie mir anzeigen, daß ich vieleicht jetzt als Major bey der königl. pr. Artillerie placirt werden könnte, habe ich richtig ... erhalten; und ich habe die Ehre, Sie hierdurch zu benachrichtigen, daß ich dieses Anerbieten, wenn es mir gehsehen sollte, sehr gern annehmen würde, vorausgesetzt, daß ich in die nehmlichen Verhältniße trete, in denen die bey der königl. preußisch[e]n Artillerie stehend[e]n Majore sich befinden; daß ich nemlich in Rüksicht der Einkü[n]fte, des Avancements u.s.w. in dieselbe Laufbahn trete, in der diese stehen, u. in Fall ich invalide werde, mir dic Gnadc mcincr Kameraden, die von Anfa[n]g in kö[n]igl. pr. Dienst[e]n gestanden, von Sr. Majestät zu erfreuen Hofn[un]g mach[e]n dürfte.

Ich schmeichele mir durch die enthusiastishe Hochacht[un]g, die ich für die preußishe Milit[ä]r von je gehabt habe, durch unablässige Thät[i]gkeit und Eifer in mein[em] derei[n]stig[e]n Dienst mir dieser Gnade würdig zu machen.

---

[a] *Am Rande notierte Scharnhorst mit flüchtiger Hand folgenden Text ohne Einfügungszeichen in das Konzept: „Die Versicher[un]g der Dankbarkeit für die mir erzeigte Fre[un]dschaft, darf ich Ihnen nicht wiederhohlen. Nie werde ich vieleicht im Stande seyn, Ihnen ein Fre[un]dschaftsdienst zu erweisen, aber das darf ich sag[en], daß dies für mich die größt[e] Wohlthat a[u]f der Welt seyn w[ür]de."*

[1] Linnebach datiert diesen Brief vor den 2. Februar, weil er ihn mit einem inhaltlich gerade entgegengesetzten Konzept kombiniert (vgl. Nr. 48). Während Scharnhorst Ende Januar Lecoqs Angebot ausschlug, liegt hier eine Zusage vor. Die förmliche Anrede läßt vermuten, daß der konzipierte Brief auch Dritten vorgelegt werden sollte. Daher und aufgrund des Inhalts liegt die Annahme nahe, daß es sich hier um den in Nr. 60 erwähnten Begleitbrief handelt. Dem folgt der Datierungsvorschlag.

62. Denkschrift [?, 23. Juni 1797[1]]

HStAH, 41 I Nr. 43 (1 S.): Konzept, eigenhändig.

Druck: Klippel II, S. 261.

Entfernungen zu Versammlungspunkten.

Pro Memoria.

1. In der Gegend von Bremen könnten 3 Bataillons und 2 Escadrons in 24 Stunden beyeinander seyn.
2. Die Trupen in dem Osnabrückschen, Niederstift Münster und der Grafschaft Diepholz müßen, wenn sie nach Hameln marschiren sollen, 7 Märsche machen.

Die Trupen von der Nieder-Weser müßen, wenn sie bey Hameln sich versammeln sollen, zum Theil 4, zum Theil 6, und 1 Bataillon 7 Märsche machen.

3. Die Trupen an der Weser und Aller können zum Theil bey Neustadt in 2, zum Theil in 4 Märschen sich versammeln.

63. Disposition [?, zwischen 5. Mai und 2. November 1797?[1]]

HStAH, Hann. 41 I Nr. 43 (2 S.): Reinschrift, eigenhändig.

Weitere Reinschrift, eigenhändig: GStA PK, VI. HA Nl Scharnhorst Nr. 217 fol. 12r–13r (2½ S.).

<u>Marsch-Routen für einen Theil der in Hoyashen und Osnabrükschen cantonirenden hannövrischen Truppen, wenn sie sich bey Hameln versammeln sollen.</u>

Regimenter	Jetz. Cant.	1. Marsch	2ter Marsch[a]
1ste Grenadier Bataillon	Delmenhorst		
2te " " " " "	Schwachhausen	Bassum	Suhlingen
3te " " " " "	Osterholz		

---

[1] Datiert nach Klippel.

[a] *Die Tabellen aus Platzgründen für den Andruck geteilt.*

[1] Die angegebenen Quartiere entsprechen dem Zustand zwischen diesen Daten, vgl. Sichart IV, S. 664–670. Insbesondere wurde das 9. Leichte Dragonerregiment am 3. Mai von Damme nach Ankum, und die beiden Bataillone des 14. Leichten Infanterieregiments am 4. und 5. Mai von Ankum und Löningen nach Damme und Lohne verlegt. Wahrscheinlich besteht ein Zusammenhang mit der Krise im Juni 1797, als es zeitweilig schien, Frankreich beabsichtige Hannover, Hamburg und Bremen zu besetzen.

Nr. 63

4te " " " " "	Quakenbrük	} Bramsche	Ostercapeln
5te " " " " "	Batbergen²		
1 Bataillon 6ten Inf.Reg.	Nienburg	} Nienburg	Rehburg
1 " " 1 " " "	Balge		
2 Bataillons 14ten Inf.Reg.	Damme	} Vörden	Vörden^b
2 Comp. Jäger	Kloppenburg		Gerden
2 Escad. 1sten Cav.Regiments	Lessum	} Achim	Dörvern
2 " " 3ten " " " "	Achim		
2 " " 5ten " " " "	Wildeshausen	} Suhlingen	Lohe³
2 " " 7ten " " " "	Drebber		
2 " " 8ten " " " "	Lohne	St. Hülfe	Bahrenburg⁴
2 " " 9ten " " " "	Ankum	} ᶜMenslage	Bohmte
2 " " 10ten " " " "	Lölmingen	Wahlenhorst⁵	
1 Batterie schwere Artillerie	Drackenburg	Eilze⁶	Herrenhausen
1 Batterie reitende Artillerie	Harpstedt	} Barnstorf	Leessen
1 " " geschwinde Artillerie	Lemförde		

	3ter Marsch	4ter Marsch	5ter Marsch	6ter Marsch
[1. Gr. Btl.] } [2. Gr. Btl.] } [3. Gr. Btl.] }	Stolzenau	Stadhagen	Steinbergen	Oldendorf⁷

---

^b   *In der zweiten Reinschrift sind der erste und zweite Marsch demgegenüber vertauscht.*
ᶜ   *In der zweiten Reinschrift beginnt die hier einsetzende Marschroute: „Ankum, Wahlenhorst, Spenge, Herfort".*
² Badbergen.
³ Wohl Marklohe bei Nienburg, nicht das weiter östlich gelegene Dorf Lohe.
⁴ Barenburg.
⁵ Wallenhorst.
⁶ Elze bei Wedemark.
⁷ Hessisch-Oldendorf.

[4. Gr. Btl.] [5. Gr. Btl.]	Oldendorf[8]	Lübke[9]	Minden	Schaumburg
[6. IR] [1. IR]	Rodenberg	Hameln		
[14. IR] [Jäger]	Ostercapeln	Oldendorf	Lübke	Minden
[1. Kav.] [3. Kav.]	Holtorf	Rehburg	Rodenberg	Hameln
[5. Kav.] [7. Kav.]	Blumenau	Lauenau	Hameln	
[8. Kav.]	Estorf	Hagenburg	Lauenau	Hameln
[9. Kav.] [10. Kav.]	Spenge	Heerfort[10]	Lemgo	Alverdissen
[Schw. Art.]	Springe	Hameln		
[reit. Art.] [geschw.]	Lohe	Otternhagen	Herrenhausen	Springe

	7ter Marsch	8t. Marsch
[1. Gr. Btl.] [2. Gr. Btl.] [3. Gr. Btl.]	Hameln	
[4. Gr. Btl.] [5. Gr. Btl.]	Hameln	

---

[8] Heute Preußisch-Oldendorf.
[9] Lübbecke.
[10] Herford.

[14. IR] [Jäger] }	Schaumburg	Hameln	
[9. Kav.] [10. Kav.] }	Hameln		
[reit. Art.] [geschw.] }	Hameln		

Marsch-Routen für ein sich bey Neustadt versammlendes Corps, von den hannövrischen Trupen in Hoyaschen.

Regimenter	Jetzig. Cant.	1ster Marsch	2ter Marsch
1 Bataillon Garde	Bücken	Wölpe	Neustadt
1 " " " v. 1sten Inf.Reg.	Balge	Nienburg	Neustadt
1 " " " v. 11ten " "	Thedinghausen	Wechold	Gottesbünden[11]
1 " " " v. 9ten " "	Vilsen	Hasbergen	Wenden
2 Escadrons Garde du Corps	Dörvern	Gansbergen[12]	Neustadt
2 " " 2ten Cav.Reg.	Daverden	Hassel	Stöckse
1. Batterie schwere Artillerie	Rethen	Stöcken	Neustadt
2./3. " " geschw. " " "	Vörden	Vechte	Barver

	3ter Marsch	4ter Marsch	5ter Marsch
[11. IR]	Neustadt		
[9. IR]	Neustadt		
[2. Kav.]	Neustadt		
[2./3. geschw. Art.]	Borstel	Neustadt	

---
[11] Gadesbünden.
[12] Gandesbergen.

Marsch-Route eines sich bey Bremen versammlenden Corps.

1 Bataillon v. 5ten Inf.Reg.	Vechte	Wildeshaus.	Bremen
1 " " " v. 12 " " "	Suhlingen	Bassum	Bremen
2 Escadrons 4ten Cav.Reg.	Sycke	Bremen	
1 Batterie schwere Artillerie	Drakenburg	Bruchhausen	Bremen
2 Stük Geschwinde Artill.	Vörden	Vechte	Bremen

Anmerkung
Bey allen diesen Märschen ist vorausgesetzt
1. daß die Trupen cantoniren;
2. daß die Lage, in der man sich befindet, keine Precaution in Rüksicht des Feindes erfordere.

Von den Oertern, in welchen die Trupen auf den Marsch cantoniren, ist nur der Haupt Ort genant.[d]
Die ersten Märsche und einige andere sind wegen der Versammlung und den Quartieren kurz, und wenn campirt würde, würde man einige Märsche gewinnen.

64. Scharnhorst an Lecoq Hannover, 2. Juli 1797

Nach der Edition bei Linnebach, S. 185ff.[a]

Verhandlungen um Zulage und Position in Hannover. Plan einer Erkundungsreise. Bereitstellung von Karten.

Hannover, den 2. Juli 1797.

Unschätzbarer Freund,
ich könnte in Ihren Augen undankbar erscheinen, wenn ich nicht die Hoffnung hegen dürfte, daß Sie in Rücksicht der besondern Umstände, in den ich bin, mich nicht streng beurteilten.

---

[d] *Zweite Reinschrift ab hier:* „angegeben.
Die ersten und einige andere Märsche sind wegen der Versammlung aus den Cantonirungsquartieren kürzer bestimmt als nötig gewesen wäre, wenn campirt würde; und wenn dies geschähe, so würde man bey den meisten einen Tagesmarsch gewinnen."

[a] Als Fundort angegeben: „Herr v. Winterfeld, Landesdirektor der Provinz Brandenburg, Berlin". Der Verbleib ist nicht bekannt.

Ihren mir so wichtigen Brief von Braunschweig[1] beantwortete ich nicht, weil ich alle Tage glaubte und glauben konnte, daß meine Lage sich entscheiden würde. Nachdem man nämlich wußte, daß ich wohl in preußische Dienste kommen könnte und nur durch Dankbarkeit noch zurückgehalten wurde, bat man mich, vor der Hand keine entscheidende Schritte zu tun. So blieb die Sache, bis kurz vor dieser Zeit, als ich Ihren obigen Brief erhielt, man mir ein königlich Reskript[2] zukommen ließ, in den man mir 600 rh. jährliche Zulage zu meiner Gage offerierte. Ich nahm diese nicht anders an als mit der Bedingung, daß man mir die Anciennetät (die ich nur in der Artillerie habe) in Korps gebe und zum Regimentschef nach derselben befördere. Man setzte diesem Gesuch Schwierigkeiten entgegen; man wollte es bald so, bald so machen; so verging die Zeit, in der ich alle Tage glaubte, an Sie schreiben und Ihren Antrag annehmen zu können. Endlich, als es etwas unruhiger wurde, sagte man mir, die Sache würde nun keine Schwierigkeit haben.[3] Ich weiß nicht, was geschehen ist, aber ich schreibe dies Ihnen und bitte Sie, mir Ihre fernere Freundschaft und Gewogenheit nicht zu versagen und mir die Gerechtigkeit zu lassen, daß ich mit der innigsten und größten Dankbarkeit, so lange ich lebe, sie anerkennen werde, daß ich die größte Wonne darin finden würde, wenn ich imstande wäre, diese Empfindung tätig zu zeigen.

Heute gehe ich von hier nach Hameln und von da längst der Weser hinauf, um die von Ihnen verlangte Rekognoszierung auszuführen. Sie haben mir durch diesen Antrieb eine große Gefälligkeit indirekterweise erzeigt, denn ich tue diese Arbeit gerne. Ich nehme noch einen Ingenieur-Offizier mit, und ich werde bis Kassel gehen und über die ganze Lage der Oberweser und der Gegend zwischen der Weser, dem Harz und der Aller ein Memoir, so gut ich es imstande bin, verfassen. Doch alles dies unter uns.

Der Teil, welchen Sie noch von der Grafschaft Hoya nicht haben, ist schon jetzt abgezeichnet, und so bald ich nach Hoya zurückkomme, werden Sie ihn erhalten.

Die Plane von der Gegend von Trier werden Sie erhalten haben. Jeder kostet 1 rh. 24 mgr. hannövrisch Geld.

Ich hoffe jetzt eine große Anzahl einzelne Aufnahmen von unsern Lande zu bekommen, die Ihnen, insoweit Sie sie brauchen werden, zu Befehl stehen

---

[1] Damit ist möglicherweise Lecoqs Brief vom 11. April gemeint, in dem er das Angebot des Übertritts aufrechterhalten und mit weiteren Vorteilen verknüpft hatte (GStA PK, VI. HA Nl Scharnhorst Nr. 25 fol. 14; vgl. Nr. 60 Anm. 2). Dieser Brief ist laut Lecoqs Datumszeile aus Braunschweig geschrieben worden.
[2] Vgl. dazu Nr. 53 Anm. a.
[3] In einem königlichen Postskriptum heißt es dazu am 1. August, parallel zu der Bewilligung der Zulage und der per Patent vom selben Tag erfolgten Beförderung: „Wie derselbe in dieser außerordentlichen Gnaden-Bezeugung Unsere Zufriedenheit mit seinen bisherigen Dienstleistungen finden wird, so enthält dieselbe auch die Versicherung, daß er bey fortgesetztem gleichem Dienst-Eifer und Treue auch auf weiteres Avancement und Verbesserung, seiner nunmehrigen Anciennetät nach, zu rechnen habe, […]." (Klippel II, S. 282f.)

sollen. Ich ersuche Sie dagegen, mir das, was Sie gesammelt und zusammen getragen haben, mitzuteilen und mir, wie die Sache auch kommen mag, Ihre fernere Freundschaft und Gewogenheit nicht zu entziehen.

Von Hameln aus werde ich Ihnen den Plan meiner Reise genau melden, damit Sie wissen, wo ich bin, wenn ich etwa einen Brief von Ihnen zu erhalten das Vergnügen haben sollte oder Sie gar in die Gegend, worin ich bin, kämen. Mit der herzlichsten Hochachtung und Verehrung bin ich
Ihr
gehorsamster und aufrichtigster
G. Scharnhorst.

65. Notizen Springe u. a., 3. bis 14. Juli 1797

GStA PK, VI. HA Nl Scharnhorst Nr. 60 fol. 2r–23v (43 S.): Eigenhändig, möglicherweise Fragment.

Tagebuch einer Erkundungsreise zwischen Deister und Kassel mit taktischen Entwürfen und Beobachtungen zu historischen Schlachtfeldern. [1.] Springe, Hameln, Bisperode. [2.] Position bei Hastenbeck. [3.] Gegend um Bodenwerder. [4.] Franzosen bei Einbeck 1761. [5.] Der Solling und seine Verteidigung. [6.] Münden. Schlacht bei Lutterberg 1758. [7.] Franzosen auf dem Kratzberg 1762. [8.] Lutterberg. [9.] Sandershausen 1758. [10.] Position bei Hohenkirchen 1762. [11.] Schlacht bei Wilhelmsthal 1762. [12.] Die Diemel. Unterschiedliche Vorgehensweisen Herzog Ferdinands. [13.] Schlacht bei Warburg 1760. [14.] Übersicht möglicher Stellungen an der Weser. [15.] Höxter bis Ottenstein.

[1.] Den 3ten.

Springe – Ein Fußsteig von hier über das Halterbruch nach Coppenbrügge gehet über die Holzmühle. Zwishen hier u. Mehle alles impracticabel, auser einigen nicht durchgehende Holzwege.

Deister hat mehrere Holzwege, doch der erste ohnweit Barsinghausen auf Nienstädt, Lauenau.

L. Richart gehet von Coppenbrügge auf Cappellenhagen, Wikensen, Grene, Einbek, Oldendorf[1], Dassel, Uslar, Dransfeld, Witzenhaus[e]n, Münden, Hameln, Oldendorf[2], Oberkirch[e]n, Stadhag[e]n, Lokum[3], Leese.

Den 4ten Julie.
Hameln

Der Dütberg vom Eichberg 2000 Schr., dazwishen noch ein ander.
Der Eichberg vom Schweineberg 2000.
Der Duitberg von Hastenbeker Berge 1200.
Die Remte ist allerwärts zu durchgehen.[a]

---
[a] *In der Vorlage eine Skizze dazu.*
[1] Stadtoldendorf.
[2] Hessisch-Oldendorf.
[3] Loccum.

Afferde
[......]ᵇ Duitberg
fast ein Rüken.

Im Schäken⁴. Eigentlich ein Defilee zwishen den Eich- und Hastenbeker Berge. Die Remte ist allerwärts zu durchgehen. Die Straße von Hameln über das Defilee nach Coppenbrük u. Hildesheim schlecht; noch shlechter der Weg nach Bisperode.

<u>Bisperode.</u>
Von Bisperode nach Lauenstein übern steilen Berg 1 St.
    "   " "   " Harderode oder Rode 1.
                    Vorenberg   ³/₄
                    Diersen⁵   ¹/₂
                    Hameln   2
                    Bremke   1¹/₂
                    Coppenbrügge 1¹/₄
                    Hemendorf   1¹/₂

Bey Bremke ein kleiner Weg übern Berg.
Nur bey Cappelnhagen die Gorge Niedᶜ oder It. Das Gebürge links und das Gebirge rechts der Hastenbek[e]r Berg[e].
Bey Bremcke u. Okensen Fahrwege üb[e]r den It.
Oherburg⁶, Schäkberg ist der Theil gegen die Heerstraße.
Der It gehet von Coppenbrüge bis Einbek.⁷
ᵈZwischen den Schäken und Bremke sind Uebergänge übers Gebürge:

1. bey Vornberg oder Klagesbusch; dies ist der beste, wenig von Holz besetzt u. mit allen Geshütz practikabele. Er ist 5 bis 600 Schritt weit. 1 Schanze u. 2 Blokhäuser könnten diesen Uebergang schließen.ᵉ
2. der Leich- oder Lik-Weg von Bisperode nach Börye⁸. Hierin fält ein Weg von Völkerhausen.
3. der Serlingsweg von Bisperode nach Bessinghausen.
4. der Weg beym Tarlarnphal, d.i. von Neuen Hause nach Bessinghausen oder die Straße von Lauenstein nach Gronde. Dieser Weg ist der beste der 3 letztern, aber doch auserst beschwerlich mit Fuhrwerk zu passiren u. rechts u. links ist alles impractikabel.

ᵇ *Durch Abrieb nicht lesbar.*
ᶜ *„-berg" wurde ersatzlos durchgestrichen.*
ᵈ *Dazu eine beigeheftete Skizze.*
ᵉ *In der Vorlage eine Skizze dazu.*
4 Schecken.
5 Diedersen.
6 Damit ist wohl die Obensburg im Schecken gemeint.
7 Der Teil des Ith zwischen Capellenhagen und Einbek heißt Hils.
8 Börry.

[2.] Position bey Hastenbek.
1. Die Position von Hilligsfeld erlaubt 1. keine gute Zurichtung des Terräns, stellt 2. den Feind unsre Stellung vor Augen, kann 3. links umgangen werden, dekt 4tens nicht die Straße von Hameln; ist also zu keiner strikten Defensive gelegen, erlaubt keine offensive Coups en front wegen des Flußes u. s. w., keine links, weil der Fei[n]d sie übersehen und der Feind sie umgehen kann, ohne das er dabey Prisen giebt.
2. Die von Hastenbek ist beßer, wenn der linke Flügel gehörig verwehrt u. hint[e]r Tündern bey a)^f eine Batterie schwere Art. stehet. Der Feind giebt mehr Prise, wenn er sie links umgehet, weil er weiter herein und über die Remte oder auch Hamel muß, die Fronte ist stärker.

Aber man kann nichts thun, was der Feind nicht siehet, man siehet nicht, was der Feind thut, man kann nicht gut aus ihr einen offensiven Streich ausführen.
3. Eine Position, die offensive Coups erlaubt, welches doch bey allen die Haupt Sache ist, welche sich nicht entdekt und also den Feind zu Fehlgriffen verleiten kann und welche an sich stark ist, ist die in A^g angezeigte auf den Bückeberge.
Beschreibung:
a. ihre Zurichtung u. Stärke,
b. ihre vortheilhafte Lage zur Offensive.

[3.] 5ten Julie.
Frenke unrichtig in der Baurshen Karte[9], wie auch viele andere Oerter.

Heine[10] von Bremke	1 Stunde.
Börie	1
Halle	1
Kemenau[11]	
nahe an der Weser	$1/2$
Esper[12]	$1 1/2$
Capellenhagen	3

Der Berg an Heine heißt Heierberg[13].
Halle bis Donsen $1/4$
   bis Biperode als bis Wensen[14] $1/4$
   Wensen bis Bremke $1/2$

---
^{f} *Bezieht sich offenbar auf eine nicht erhaltene Skizze.*
^{g} *Bezieht sich offenbar, wie auch die folgenden Andeutungen, auf eine nicht erhaltene Skizze.*
[9] Diese ging wohl zurück auf den schon im ersten Band erwähnten Friedrich Wilhelm von Bauer (1731–1783), der im Siebenjährigen Krieg Generalquartiermeister des Herzogs Ferdinand von Braunschweig gewesen war.
[10] Heyen.
[11] Kemnade.
[12] Esperde.
[13] Hainberg.
[14] Wegensen.

Bremke bis Harroe[15]	½
Harode bis Bisp.	1
Heine bis Creipe[16]	½
Creipe bis Halle	½

Cruppberg[17] bey Halle[h]
Ueber den It:
1. von Donsen über den It nach Eggers,
2. bey Halle ein Fußsteig auf Wallensen,
3. bey Hunsen, ein Dorf ½ Stunde von Halle, ein Fuß[s]teig, zur Noth mit Wagen,
4. Scharfoldendorf nach Capellenhagen, die Straße zwishen Holzminden u. Elze,
5. bey Holzen über den Hilsberg nach der Spiegelhütte, Ahlefeld[18], der erste gute Ueberg[an]g von dieser Seite

Von Rühle bis Gronde kann man nicht an die Weser komen als bey d[e]r Trahen[19].
Zwishen Gronde u Holzminden ist die Fähre bey Bodenwerd[e]r.
Von Eime u. Wenzen Wege über den Hils.

[4.] <u>6ten Julie, Bartshausen.</u>
<u>Dörenberg</u> oben Eimen den Hils gegen über;
   Elfas, oben Mansholz u. Fahrwolde[20] den Hils gegen über, haben die Franzosen passirt u. das Grambishe Corps bey Fahrwolde ins Lag[e]r geshoßen.[21]
Bey Einbek 2 Gewäßer, die Ilme u. das Krume Wasser.

Die Position, so die Franzosen bey Einbek gehabt,[22] war auf die Bartshäuser Höhen und den rechten Flügel an die Hube aa[i]. Die Hube ist ein separirte[r] Berg vor den Hils, der sich beinahe in dieser Gege[n]d endigt.
   Die F[r]anzosen aa standen vertheilt, welche auf die Hube, welche weiter vor, welche Brigaden weiter links, alle gegen die Debouchees nach Wikensen u. Alefeld Front.

---

[h] *Es folgt eine ganzseitige Kartenskizze.*
[i] *Die Buchstaben markieren die Positionen in der auf den Absatz folgenden Skizze.*
[15] Harderode.
[16] Kreipke.
[17] Kruckberg.
[18] Alfeld.
[19] Wohl der Spüligbach.
[20] Mainzholzen und Vorwohle.
[21] Damit ist wohl der Angriff einer französischen Abteilung am 7. und 8. November 1761 auf ein alliiertes Korps unter Lord Granby gemeint.
[22] Eine französische Armee unter Broglie bezog hier am 4. November 1761 Stellung und stoppte dadurch eine alliierte Angriffsbewegung.

Die allirte Armee hätte hier in bb[j] stehn m[ü]ßen, da hatte sie das Thal übersehen, aber ihre rechte Flanke wäre leicht zu umgehen. In des hatte sie hier mehr Wege zurück auf Wikensen, über den Hils, zwischen der Hube u. Hils und nach der Weser Seite.

Das Thal[k] von Bisperode bis Wikensen ist bis Scharoldendorf an der einen [Seite] durch den It u. an der ander durch die Weser u. die Berge fast impracticabel; die Weser Seite zwischen Heine u. Eschershausen ist nur bey Halle nach Bodenwerder durch die Threne zu passiren, die Uebergä[n]ge ab den It sind bekannt.

Von Scharfoldendorf[l] bis Bartshausen ist aber in das Thal rechts und links auf eine große Anzahl Wege zu kommen. Die Baurshe Karte ist hier sehr wichtig[m].

Halle   bis Wikensen $2^1/_4$ St.
nemlich " Dilmissen $^3/_4$
         " Scharfoldendorf $1^1/_4$
         " Eschersh. $1^1/_2$
         " Wiekensen $2^1/_4$

Hunsen von Halle $^1/_4$ Stunde, wo die Pferdwege über den It do[ch?] zur Noth zu fahr[en].

Man gehet auch von Dilmissen über Luerdingen[23] nach Wikensen, d.i. etwas links am It. Luerdingen $^1/_2$ St. von Dilmissen.

Wikensen bis St.oldendorf[n] 1 St.

Der Weg von Holzminden gehet über Hollensen oder Holzen (nahe an It neben Scharfoldendorf) über die Spiegelhütte auf Alefeld.

Bartshausen $^1/_2$ Stunde von Wikensen.

Von Wikensen bis Bartshausen enge Defileen mit vielen Neben Wegen.

Der Weg gehet von Wikinsen auf Vorwohle, Meinode[24], Manholz, Eime, Wenzen bleibt links.

[5.] <u>7ten Uslar</u>. Das Thal an der Leine gehet von Götting[e]n bis Lüdhorst, es ist zu Zeiten nur 2, oft aber 4 bis 5 Stunden breit. Die Berge, die es bilden, sind an einer Seit die Sohlinger Gebirge,[25] an der ander die Hube bei Einbek, bey Northeim die Wieter, bei North. u. Götti[n]g[e]n die Eichsfelder Gebirge. Alle diese Gebirge haben rechts u. links ei[n]e Menge Eingänge. Alle Gebirge, so woll die geg[e]n Hameln als die Sollinger, laufen ungefehr mit der Weser parallel.

---

[j] *Ungefähr parallel, südlich Bartshausen, in die Skizze eingetragen.*
[k] *Statt „Thals".*
[l] *Statt „Scharfoldendendorf".*
[m] *Vielleicht auch „richtig". Beides ist in diesen Notizen besonders schwer zu unterscheiden.*
[n] *Statt „St.oldenburg".*
[23] Lüerdissen.
[24] Das heutige Wietholz?
[25] Der Solling.

Alle Karten von Sollinge taugen nichts, nur die Baursche stellt ihn in ganzen dar, doch auch nicht so richtig°, die Berge wie anderwärts, die Dörfer sind nicht da oder doch unrichtig, die Namen verschrieben.

Von Moringen bis Uslar über Hardegsen 5, sonst 4 Stunden, durch Neben- und Pferdewege über Nienhagen, Espen[26], Dillinghausen oder Diliehausen[27], Dinkelhausen etc. auf Uslar. Uslar liegt in einen Kessel mit 12 bis 15 Dörfer, der etwa 2 $1/2$ Stunden in Durchmesser. Von Uslar bis

    Münden   6 St.
    Einbek   6
    Northeim   6
    Gött[in]g[e]n   6

Von Uslar über Valle nach Einbek, da ist von Valle an auf 3 Stunden ein durchgehender Weg ohne Dorf – von den Franzosen.

    Die Wege in der Baurschen Karte si[n]d m[eis?]t unrichtig.

    <u>Project</u>, den Solling mit
    100 Jäger
    900[p] Mann Inf.
    100   "   Cav.   zu behaupten.
    4 Canon

<u>Absicht</u>, den vordringend[e]n Fei[n]d die Straße von Götti[n]g[e]n auf Einbek, die Weser etc. unsicher zu machen, die Transporte zu ruiniren.

<u>Plan</u>, den Solling nicht zu bewachen, nur so seine Masregeln zu nehmen, daß der Feind ein[en] nicht daraus vertreiben kann.

<u>Ausführung</u>: die Eingä[n]ge zu bewachen durch verstekte Detashements, das Haupt Corps verstekt, bald hier, bald da zu halten, damit es der Fei[n]d nicht finden kann, auf seine Aufsuchungsdetashements zu fallen, sie zu zwi[n]g[e]n, nur stark zu marschiren, auf se[in]e Posten zu fallen u. ihn zwingen, kein[e] zu stellen, die n[ic?]ht sehr stark sind; wenn er [wohl][q] glaubt, alles besetzt zu haben, in der Nacht in den Reinhardswald oder nach der Hartsseite zu entwishen u. in 2 oder 3 Tagen wieder in der Nacht zurük zu kommen.

<u>Detail</u>: 4 Posten, jeden von
    24 Mann Inf.
    6 Jäger
    6 Cavalleristen
    zur Bewachung des Umf[an]gs;

---

[o] *Auch hier könnte man ebenso lesen: „... auch nicht so, wichtig die Berge wie anderwärts, ...".*
[p] *Die erste Ziffer mehrmals korrigiert und nicht ganz klar zu lesen.*
[q] *Schwer leserlich.*
[26] Espol.
[27] Delliehausen.

Ein[e]r zwishen Lipoldsberg u. Hardegsen
der 2te   Hardegsen u. Hoppensen
„ 3   Hoppensen Holz Minden
„ 4   Holzmi[n]d[e]n u. Lippoldsberg;
Jeder theilt sich in 3 kleine Posten, jeder der Seiten Posten 6 Mann u. 1 Jäger, der mittelste also 12 Man u. 4 Jäger u. 6 Cav.

Alle 3 Posten verändern alle Nacht ihren Standort. Kein Mensch, kein Baur weiß nie, wo sie bleiben.

Jeder Poste hat bey Tage einen Observationspunkt, wo er die Geg[en]d beobachtet; jeder hat ein paar Bauren, die ihn alles rapport[i]r[e]n, die er alle Tage nach die Orte bis auf 3 Stunden shikt. Die Seiten Posten rapportiren an den mittelsten, dieser an das Corps. Drei oder 4 Punkte si[n]d in der Mitte bestimt, etwa auf unbekant[e]n unersteiglichen Höhen, wohin die Raporte gehen, wo ein pa[a]r Mann zur Annahme, die wissen, wo das Haupt Corps ist oder von den man sie abhohlen läßt.

Dieser mitelste Trup schikt alle Nacht Patrouillen von 3 bis 4 Mann in die umliege[n]d[e]n Dörfer und Cavalerie Patrouillen auf 2 bis 3 Meilen alle Tage vorwärts, immer durch andere, unbekante Wege.

Sommer wird supponirt.

NB. 1. Wird man verfolgt, so gehet die Arrierga[r]de einen andern Weg als der Trup.
2. Aus den Wegen gehet man nicht anders als einzeln, damit ein der Feind nicht aufspüren kann.
3. Alle Tage $^1/_2$ ℔ Fleisch u. Kessel selbst tragen u. die Deke;
4. Canonen Pferde zu Lebensmitteln;
5. die ganze Gege[n]d vorher kennen lernen – Sonne Bäume, einige hohe Berge.

[6.] 8ten Münden.

Der Weg von Uslar auf Münden ist richtig in der Rossiershen Charte[28] angegeben. Er ist nicht schlecht. Neuhaus ist beinahe der Mittelpunkt in den rechten Solling, Uslar in dem andern Theil.

Was in der Rossiershen Carte [als] Gehölz [eingetragen ist], ist auch Berg.

Von Bursfelde vor Hardegsen, Espol, Faelsloh[29] u. Relliehausen vorbey gehet das mit Holz bewachsene Gebirge an den eigentlichen Solling.

Von Uslar über Schoningen gehet längst den Fluß[30] ein schmales Thal u. auch nach Bollensen ist es etwas offen.

---

[28] Nicht zu ermitteln. Als Urheber käme Jean-François-Louis Rossier (1710–1778) in Frage. Der gebürtige Schweizer schloß sich 1761 als Freiwilliger Friedrich dem Großen an und trat 1766 als Adjutant in die preußische Armee ein, wo er es zur Nobilitierung und zum Generalmajor brachte.
[29] Fredelsloh.
[30] Die Ahle.

Lutternbergen. Der Baursche Plan ist in ganzen sehr gut. Nur die Verhältniße der Höhe der Berge sind entstelt.

Der große Stollberg, um den die Sach[s]en mit AA bezeich[n]et kamen, ist der höchste von allen; der kleine Stollberg (der runde nahe bey Lutternberg) ist merklich kleiner.[31]

Der Lichtehorn, der Berg, wo dolle[32] Erbprinz u. Zastro stund[en], ist nicht einmal so hoch als letztere.[33]

Von den linken Obergshen Flügel verläuft sich alles u. wird immer niedriger, da, wo der Abha[n]g in der Karte angeze[i]gt ist, verläuft [?] es sich sehr stark.

Die Anhöhen vor den großen Stollberg, grade vor der Ele[34], sind sehr flach u. jetzt meist von Gehölz entblößt, hatten aber ehedem mehr Gehölz.

Von den großen Stollberge gegen den linken Flügel fällt das Terrän.

Der kleine Fluß bey Brukhof[35] ist morastig u. nur an wenigen Orten mit Pf[e]rde u. Canonen zu passiren.

[7.] Cassel, den 9ten Julie.
Lage auf den Kratzenberge[36]

Die Berge in den vershantzten Lager auf den Kratzbergen sind gegen Rothditmold ganz steil und der Abhang ist so hoch und steil, daß man ihn beinahe nicht ohne Hülfe ersteigen kann. Die Reduten waren klein, welche 40 Schritt zur Seite; man siehet noch die Ruinen davon.

Die kleinen Bäche vor Kassel verdienen fast gar keine militärishe Rüksicht.

Der Berg, wo das Mädchen saß, nahe vor der Redoute, war am höchsten, man sah in Kassel auf die Straßen, von da ging die größte Höhe zurük, lief gegen die Fulda ab.

---

[31] Gemeint sind wohl der Große und der Kleine Staufenberg, vielleicht aber doch der Große Steinberg (542 m) und der Große Staufenberg (427 m). Es geht hier um Ereignisse in der zweiten Schlacht von Lutterberg (23. Juli 1762), in der die Alliierte Armee Herzog Ferdinands ein sächsisch-französisches Korps unter dem Grafen von der Lausitz schlug.

[32] Vielleicht von niederdeutsch „dal", im Sinne von „darunter"?

[33] Bezieht sich wohl auf die erste Schlacht bei Lutterberg (10. Oktober 1758), an der Generalmajor Georg Ludwig von Zastrow (um 1710–1762) und der Erbprinz von Braunschweig (der spätere Herzog Karl Wilhelm Ferdinand) unter dem Kommando des hannoverschen Generals Christoph Ludwig von Oberg (1689–1778) teilnahmen und geschlagen wurden.

[34] Der heutige Wellebach?

[35] Bruchhof.

[36] Das folgende bezieht sich auf die französische Verteidigungsposition auf dem Kratzenberg im Vorfeld der zweiten Schlacht bei Lutterberg (23. Juli 1762). Im Zuge der Kämpfe wurden die französischen Soldaten gezwungen, die Stellungen zu räumen.

Warum der Kalchberg nicht verschanzt?
Warum die Franzosen ihre Vershanzung so wenig ausgedehnt?
Nutzen einer Vershanzung bey einer Festung:
1. Herauskommen, 2. ein sichere[r] Platz, 3. ein Gebrauch, den man oft nicht vorher siehet.
Was ist nicht Göttingen und Cassel den Franzosen gewesen?

[8.] Grebenstein, den 10ten Julie.
Nachtheile der Position bey Lutternberg.
1. Linker Flügel konnte nicht sehen, was der Feind that, u. war grade der gefährlichste.
2. Die Position war zu groß u. hatte keine innere Stärke – eine doppelt so starke Armee, Brüken auf der Fulda, Redouten, die Wege links nach Münden besetzt.
3. Sie lag in der Rund[un]g, der Feind auf einen größ[e]rn Umkreis.
4. Fatales Defilee in Rüken.
5. Man konnte die ganze Stellung übersehen.

In der Baurshen Karte von Lutternberg ist das Terrän gegen Münden nicht g[a]nz richtig; die Stolberge si[n]d nicht bekannt, in Absicht der kleinen Bäche sind Veränd[er]ung[e]n zu machen; wo Chevert[37] attaquirte, war alles niedrig. Das Holz auf der Eke des gr. Stollbergs, links Siegelstein[38], jetzt fast gänzlich abgehauen, sonst sehr licht. Der Ekberg, wo die hannovr. Kanonen, das Lichte-Horn. Die Bäche sind mit Cav. u. Art. allerwärts zu passiren. Hinter Landwernhagen ist ein starkes Ravin. Siekenhofen muß Försterhaus heissen.

Man muß immer so die Disposition machen, daß man 1. vom Siege große Vortheile ziehe, 2., daß der Verlußt nicht zu nachtheilig werde. Warum man leicht vom Siege größere Vortheile ziehen kann, warum man es nicht thut – die Ursache – durch Flanken Bedrohen erhält man oft den Rükzug des Feindes, Hastenbek, Lutternb[er]g.

[9.] Sangershausen etc.
1. eine Schlacht[39] im alten Styl;
2. Baurshe Karte richtig;
3. so wie sie aufmarshirt, ... Schritt von einander, Isenbu[r]g höh[e]r auf ein[e]r sa[n]ft[e]n Anhöhe;

---

[37] Der französische General François de Chevert (1695–1769).
[38] Sichelnstein.
[39] In der Schlacht von Sandershausen (23. Juli 1758) standen sich ein französisches Korps (etwa 8500 Soldaten) unter dem Prinzen von Soubise und etwa 6000 Hessen und Hannoveraner unter dem Grafen von Ysenburg-Birstein gegenüber. Das Ringen entschied sich schließlich zugunsten der französischen Seite, nachdem kriegsunerfahrene hessische Milizionäre im Zentrum der alliierten Aufstellung außer Kontrolle geraten waren.

4. wenn Prinz Isenburg mit Art. versehen, so wär die Schlacht nicht verlohr[e]n; Isenburg überal nur 16 Stük, die Frz. ohne die Regim. Canonen 28 schwer[e].
5. Warum umging ihn Broglie nicht?
6. Bey ein[e]r gut[e]n Artillerie wär die Position vortreflich gewesen; Cav. u. Art. die Front, der größte Theil der Inf. u. 1 Batt. Art. ins Gehölz en Colonne u. den Feind in Flank, wenn er formirt war. Man sehe Bourcet[40] von Sangershausen.

[10.] Hohen Kirchen
Ich habe die Position in die Karte von der Schlacht bey Wilhelmsthal[41] gezeichnet. Vortreflich ist sie, die Disposition, in den Journal des Operations militaire.[42] Die Redoute vor Hohenkirchen noch die Anlage zu sehen, 50 Schritt die Seite, scheint nicht stark gewes[e]n zu sein. Die andre links noch mit Schießscharten da.

Die Anordnung bey Hohen-Kirchen gut, weil vorher der Feind nicht wußte, wie die Stellung genau war; alles kam da in Wirksamkeit, Baursche Plan gut.

Holz rechts nicht sehr impracticabel.

Wenn der Feind sich ausdehnte, zog der Herzog gleich Nutzen davon, ein Korps zu überfallen, a. bey E[ms]dorf, Warburg, Sachsen bey Lutternberg, Wirtenberger bey Fulda[43], Fischer bey Niederweimare etc.

Man muß viele Operationen versuchen, ob sie einschlagen, ob der feindl. General sie richtig parirt, z.B. 1. auf den linken Weser Uf[e]r sich halten, 2. Broglio auf den rechten sich poussirt u. Ferdinand [......]ʳ zu kriegen etc.

[11.] Wilhelmsthal
Der Plan ist sehr richtig, die Verhältniße der Höhe der Berge habe ich durch Zahlen bezeichnet.

ʳ *Unleserlich.*
[40] Pierre-Joseph Bourcet (1700–1780) nahm als General an den Feldzügen in Deutschland teil und verfaßte: Mémoires historiques sur la guerre en Allemagne depuis 1757 jusqu'en 1762, Paris 1792.
[41] Der Alliierten Armee unter Herzog Ferdinand gelang es am 24. Juni 1762, eine in mehreren Korps nördlich Wilhelmsthal stehende französische Armee unter Castries, Stainville, Soubise und d'Estrées durch einen konzentrischen Angriff mehrerer Kolonnen zum Rückzug über die Fulda zu zwingen. Verzögerungen störten die Umsetzung des komplizierten Plans und verhinderten eine entscheidende Schlacht.
[42] Journal des operations militaires faites par l'armée de sa maj. Britannique et alliée, sous les ordres de S.A.S. Msgr. le prince Ferdinand, Duc de Brunsvic et Lunebourg etc. contre l'armée Française, aux ordres de Mrs. les Maréchaux comte d'Etrées et Prince de Soubise etc. depuis le 24 Juin 1760 etc. jusqu'au 31 Août suivant etc., Kassel 1769.
[43] Am 30. November 1759.

Die kleinen Bäche in dieser Gegend sind zwar hin und wieder morastig, aber mit Pferden in Nothfall zu passiren. Sie haben auf ein[i]ge hundert Shrit Wiesenwachs u. da dann eine schlechte Heke, welche das Feldland von den Wiesenwachs separirt. Wenn nicht feindliche Cavalerie dahinter stehet, so kann man sie fast allerwärts mit Cavalerie passiren, nur kleine Streken nehme ich aus. Der Morast ist [....]ˢ, quäsig⁴⁴ u. die Pferde versinken nicht darin; an sehr wenigen Oertern haben sie hohe Ufer, nur zwischen Meijenbreksen⁴⁵ u. Westufeln hat der kleine Bach hohe Ufer.

Das Holz bey Wilhelmsthal ist licht. Wo das Stainvilshe Corps stand, ist jetzt auf den linken Flügel wenige Bäume und auf den Langenberg scheint das Holz gegen den linken Flügel des Stainvilsh[e]n Corps [zuge.....]ᵗ zu seyn.

Auf allen Bergen (die auf den linken fra[n]zosish[e]n Flügel ausgenommen) ist Cavalerie zu gebrauchen.

Warum nahmen die Franzosen diese Stellung?

Den Herzog in Respect zu halten?

Es ist gefährlich, ein Tagemarsch nahe bey dem Feind zu stehen, wenn man nicht

1. so weit seine Flanken gesichert hat, daß der Feind ein[en] nicht in einem Marsh umgehen kann u. nicht auf den Flanken u. vor der Front das Terrän so ist, daß man mit we[n]ig[e]n viele aufhalten kann, d. i., wenn man [sich] nicht in der Lage befindet wie der Herzog an der Dimel oder sich alles ordnet wie der Herzog Ferdinand bey Hohen Kirchen.

2. Doch ist der Fall ausgenomen, wo man einen Plan auf jeden Fall des Angrifs hat, der einen hochst wahrscheinli[c]h[e]n guten Ausgang des Gefechts verspricht, z. B. hier die Infantrie in ersten Trefen, ein Corps bey Fürsten Walde, das die Defilleen des Dürren⁴⁶- bis Schrekenbergs besetzt u. diese Flanke auf einen Tag dekt; die Cavalerie in 2tn Trefen u. einen Theil bey Immenhausen. Nun beym Angrif des Feindes den rechten Flügel zurükgezogen und mit der ganzen Cav. den Feind in die li[n]k[e] Flanke.ᵘ

In alle Wege war es ein unverzeilicher Fehler, nicht den Rheinhartswald u. Schrekenberg so zu besetzen, daß die Trupen darin sich so lange halten konnte[n], bis Unterstützu[n]g erfolgt.

Hätte das Castriesche u. Stainvilshe Corps bey Dörrenberg u. Mariendorf gestanden, so hätten sie kein Unglük leiden können, wenn sie die Geg[e]nd gehörig um sich aufgeklärt hätte[n].

ˢ *Unleserlich.*
ᵗ *Unleserlich.*
ᵘ *Folgt eine ganzseitige flüchtige Kartenskizze.*
⁴⁴ Das niederdeutsche Wort „quesig" bedeutet u. a. „schwielig". Vermutlich ist gemeint, daß die Oberfläche des Moors fester war als der Untergrund.
⁴⁵ Meimbressen.
⁴⁶ Der Dörnberg.

Die Absicht des Herzogs Ferd. sheint gewesen zu seyn, die Corps zu ruiniren.

Granby that alles, was er konnte, wie er sich verhalten mußte – daß er die Defileen, die er zurüklegte, besetzen mußte, daß er, was es auch kosten mogte, durchdr[in]g[e]n mußte.

Lukner sheint eben so viel Schuld als Sporken[47] gehabt zu haben.

<u>Hof Geismar, den 11ten Julie, Dienstag.</u>

Das Spörkshe Corps hatte zwishen sich und den von Castries keinen Morast, nur nasse, aber gar nicht sumpfige Wiese.

Es mußte mit der Inf. am Holze avanciren, mit der Cavalerie bey Udenhausen debouchiren. Als dann mußte das Luknershe Corps zugleich mit vorrüken, die Castrieshe Cavalerie mit Hülfe der Spörkshen übern Haufen werfen, so war die Inf. u. Art. verlohren. So vortreflich die Disposition in ganzen war, so war doch in den Angrif auf das Castrieshe Corps etwas Zerstükeltes. Wäre das Spörkshe, die Cavalerie, welche von vorn gegen das Castrieshe Corps vorrükte, und das Luknershe ein Corps gewesen, welches unter einen Befehlshab[e]r gestanden, so bald es bey Udenhausen zusammentraf, so wäre davon etwas zu erwarten gewesen. Allein 3 vershiedene Angrife unter 3 vershieden[en] Befehlshabern – unter Granby daß ging beßer -[v]? Ueberdem machte Spörken einen sehr groß[e]n Fehl[e]r, daß er an zu canonirn fing, das war ganz wieder das Princip in solchen Fällen.

Die Einleitung in großen war schön, aber die eigentliche Disposition zur Schlachtordn[un]g ließ keinen großern Erfolg als den wirklich erfolgt[e]n hoffen. Die Kräfte waren rund um die feindl. Armee vertheilt.

In durchschnittenen Gegenden kann man wohl detashiren, doch kömt es auf ein[e] dazu geshikte Anordnung an und auf geshikte Befehlshaber. Man sehe das Detashiren von Ferdinand u. Broglio in der Campagne von 1761 nach.

Würde der Angrif von vorne von den Lord Granby unternomen u. der Feind in Respect gehalten, ging die Armee auf das Castrieshe Corps u. von da auf Grebenstein, in dem Spörken u. Lukner vereint über Immenhausen kamen, so mußte die französische Armee ins Gehölz von Wilhelmsthal, wo beide Fla[n]k[e]n ihr genomen war[en] u. wo sie vieleicht auf die Eder gedrä[n]gt wurde. Zwar erhebt sich das Terrän nach dem Gehölz zu, immer aber ist dieser Angrif noch nicht gefährlich, weil die Armee über Gottesbüren nach der Dimel einen Rükzug fand u. hinter der Dimel Granby eine gute Position hatte.

_v *Die Parenthese wurde erst nachträglich vor dem Fragezeichen eingefügt.*
[47] August Friedrich Freiherr von Spörcken (1698–1776), der seiner Stellung als Unterbefehlshaber des Herzogs Ferdinand nicht immer gewachsen war, wurde 1764 Feldmarschall und kommandierender General der hannoverschen Armee.

[12.] Ossendorf, den 12ten Julie.

Das Ufer der Dimel ist bey Lamern[48], wo ich es gesehen, mit solchen hohen u. steilen Bergen umgeben, daß man kaum in den Wegen bey diesen Dorfe auf den Berg mit nicht dazu gewöhnten Pferden kommen kann; bis Libenau sind die Ufer von oben her oder herunter unzugänglich; bey Libenau ist eine Oefnung in den das Gebirge einshließenden Ufern[49]; von Libenau bis Warburg (2½ Stunde) sind die Ufer immer noch mit hohen unzugänglichen Berg[e]n eingeshloßen, doch werd[e]n sie hier sanfter, je näher man nach Warburg kömt; von Warburg bis Ossendorf, 1¼ Stunde, verliehren sie sich am Ende ganz u. nun fließt die Diemel in einem Thale u. ist mit niedrigen Wiesen umgeben bis auf 2- u. mehrere 1000 Schr.[w]

Die Diemel ist 30 bis 40 Schritt breit, oft tief, oft flach, fließt schnell, übershwemt oft selbst in Somer das Thal, hat viele Fuhrten; Brüken zu Libenau, Lamern u. Warburg.

Am linken Ufer der Diemel gehet die große Ebene bis an das Teutonishe Gebirge[50]. Es sind in dieser Ebene auch Anhöhen, zu Zeiten auch wohl ein Berg, aber das alles ist practikabel und gegen die übrigen Berge ersheint diese Streke als eine Ebene. Die Bächelchen der Geg[en]d um Warburg u. Ossendorf kommen nicht in Betracht in militairisher Hinsicht.

Waren es besondere Umstände oder war es eine Folge der bes[on]dern Kentniße des Terräns und der größern Kunstgriffe in den Positionen u. Märshen im Jahr 1760, daß der Herzog Ferdinant in den selben anders als 1759 agirte u. 1761 noch anders als 1760 und 1762 noch anders als 1760.

Man siehet in den ersten Feldzügen den Herzog sich auf verzweifelte Art aus der Lage, in der er war, heraus reißen; man siehet ihn mit einer an Verwegenheit gränzenden Künheit an jener Seite des Rheins sich eine Zeit zu behaupten; seine Shlacht bey Krefeld u. Bergen zeigte eine große Entschloßenheit in gewagten Miteln, die zu Minden den listigen und klugen Feldherrn, die bey Fellinghausen[51] den Menschenkenner.

[13.] Die Schlacht bey Warburg[52]. Wozu sollte die Stellung dienen? Wehrte sie den Allirten den Uebe[r]ga[n]g über die Diemel? Warum grif Du Muy n[ic]ht sogleich Spörken an, als er hörte, er sey bey Libenau? Warum besetzte er nicht alles bis dahin? Sich bey Warburg zu stellen u. da angreifen zu lassen, heißt daß die Diemel vertheidigen?

---

[w] *Folgt eine Kartenskizze im Text.*
[48] Lamerden.
[49] Offenbar meint Scharnhorst umgekehrt Gebirge, die die Ufer einschließen.
[50] Der Teutoburger Wald.
[51] Vellinghausen, am 15. und 16. Juli 1761.
[52] Am 31. Juli 1760 gelang es alliierten Truppen unter dem Erbprinzen Karl Wilhelm Ferdinand, Spörcken und Granby sich, von Nebel gedeckt, einem zwischen Warburg und Ossendorf aufgestellten französischen Verband unter dem Grafen du Muy zu nähern, ihn überraschend in der Flanke zu überfallen und zu vertreiben.

Die Stellung war so schlecht nicht, wenn sie gut verschanzt war, daß heißt so wie bey Bunzelwitz, u. dann viel Artillerie hatte.

Warum schikten nicht die Allirten ein Korps auf Kahlenberg[53]? In Fall die Schlacht gewonnen wurde, so war als dann fast alles gewonnen, war sie unentschieden, entschied dies Corps.

Flach ist die Gegend ums ganze Schlachtfeld, auf weite Distanzen umsieht[x] man alles. Ohne gute, mit vielen Hinderniß[e]n umgebenen[y] Schanze kann man in einer solchen accessibeln Position sich nie halten.

Bey jeder Position kömt es auch a. auf die Waffen an, aus der die Armee bestehet, b. auf die Artillerie, c. auf die Waffen u. Artillerie des Feindes, d. auf die Absicht des Ganzen, e. auf die Strategems, die sie zuläßt, f. auf die Zeit an, um Ve[r]shanz[un]g[e]n auf zu werfen.

Warburg ist mit einem Thal nach den Deßenberg umgeben, liegt hoch an der Diemel, ist mit vielen Thürmern und 2 Mauren, die nicht hoch sind, umgeben. Warum setzte es der Herzog nicht in Vertheidigu[n]gsstand? Man muß sein[e] tactishen Absichten kennen, um davon zu urtheilen.

Höxter, den 13ten Julie 1797.

Der Theil in der Baurshen Karte, wo die Schlacht be[y] Warburg gewesen, ist äusserst richtig[z]. Der kleine Fluß vor den linken Flügel habe ich ohne überzusetzen durchritten, wo ich zu[....].[aa] Der Baursche Plan von der Schlacht bey Wilhelm[sthal][ab] ist an der Diemel äusserst richtig, sonst auch.

Du Muy hätte gleich Spörken auf den Hals gehen müßen.

Bey Amelunxen kömt man ins Thal, in welche[s] die Weser bey Höxter fließt. Sie hat viel Zugänge, ist aber mit hohen Bergen umgeben.

Die Gege[n]d zwishen den Teutoburger Wald, der Dimel u. Weser bis neben Höx[ter][ac] hin ist gebirgigt, aber nur sellten wird eine Stelle so steil, daß nicht die Cavalerie dort attaquiren könnte, einige wenige Thale etwa ausgenommen.

[14.] <u>Ueber die Stellungen an der Weser.</u>

Diese Nachricht ist sehr unvollständig; man hat nur die gewöhnlichen Karten dabey gebrauchen können und die nur gleichsam reisend übersehen.
1. die vortrefliche Stellung an der Diemel u. s. w.;
2. die Stellung bey Sangershausen für ein kleines Corps von etwa 10 – 12/M[54] Man. Der Feind wird sie umgehen; wenn man indes nur die Cavalerie und 30 Stük Artillerie auf den Abhang des Bergs zwishen der

---

[x] Statt „unsiebet".
[y] Statt „umgehedn".
[z] Auch hier gilt, daß die Wörter „richtig" und „wichtig" nur schwer zu unterscheiden sind.
[aa] Wort am Rand abgebrochen.
[ab] Wort am Rand abgebrochen.
[ac] Wort am Rand abgebrochen.
[53] Calenberg bei Warburg.
[54] Zu lesen: „10 – 12.000."

Fulda u. Ellenbach etwas höher herauf als da, wo der Prinz von Isenburg das Gefecht lieferte, und alle oder die meiste Inf[a]nterie in das Geholz bey Ellenbach stellte, so würde man immer mit einen Corps von der oben erwehnt[e]n Stärk[e] sich hier so lange halten, bis der Feind auch das[ad] Gehölz selbst umgi[n]ge, eine Sache, die ihn unter gewissen Umständen bedenklich seyn könnte, solange die Cavalerie bey Sandershausen debouch[i]ren kann. Es kömmt hier auf die Lage des Ganzen an, auf die Postirung der Infanterie im Gehölz und die Arrangements, welche man zu ihr[e]r Vertheidigung getroffen hat, auf die Anführung der Cavalerie und der bey sich habend[e]n Artillerie, besonders wenn der Feind sich allein gegen das Gehölz wendet und sie ihn in Flank u. Rüken kommen könnte.

3. Stellung von Lutternberg: ihre Nachtheile so schon anderswo angeführt;
4. Stellung hinter der Werra: eine Postirung an Fluß gut, keine gute Stellung für ein Korps oder eine Armee;
5. Stellung im Sollinge: keine gute; die zwishen Fürstenberg u. Lüchtringen diente nur geg[e]n den Feind, der bey Höxter übergehen wollte; sie ist überdem eng und eingeshloßen;
6. Stellung bey Bevern: den rechten Flügel an die Weser, die Ebene von Holzminden vor der Front, wenn der Feind an der Fulda und Werra herunter komt, u. an diesen Flüßen die Bäkerey. Bey dieser Stellung müßen die Schwalenberger Berge u. der Weg am linken Ufer der Weser auf Polle mit einem Corps besetzt werden. Diese Berge sind sehr hoch und formiren von der Weser über Schwalenberg bis Blomberg eine Kette von Gebirgen, welche auser den Wegen sehr unpracticabel ist und in welcher die in der Baurshen Karte angegebenen auch meistens nur aus Holz und nicht mit Geshütz zu passirenden Wegen bestehen. Links kann man aus dieser Stellung in das von Kloster Amelunxborn sich gegen den Solling erstrekende[ae] Thal, daß über Dassel mit den größern Thal von Mark Oldendorf, Einbek, Northeim u. Nörthen in Verbindung stehet. Bey diese[r] Stellung m[ü]ßte bey Polle oder Heinsen eine Brüke geschlagen werden, damit das Corps in den Schwalenberger Gebirgen mit der Armee in Verbindung stände. Die Gebirge links bis bey Salz der Helden an der Leine m[ü]ßten beobachtet werden; ein kleines Corps bey Mark O[l]dendorf, größtentheils aus Cavalerie bestehend, würde dazu dienen. Der Feind würde nicht auf unsern linken Flügel weit vordr[in]g[e]n könne[n], ohne Gefahr zu laufen, seine Communication mit der Weser u. Werra zu verliehren; wahrscheinlich würde man bey näher[en] Untersuchu[n]g[e]n des so sehr chikaneusen Terräns Gelegenheit finden, gegen den Feind bey Vordringen einen Streich aus zu führen.[af]

[ad] *Das Wort in der Vorlage versehentlich doppelt.*
[ae] *Statt „erstrenkenden".*
[af] *In diesem mehrfach korrigierten Satz wurden hier zwei offensichtlich irrtümlich nicht durchgestrichene Wörter fortgelassen.*

7.^(ag) Stellung am rechten Ufer der Weser bey Höxter etc.: Wenn der [Feind von]^(ah) Lippe u. den Niederrhein her käme und seyne Niederlage[55] u. Bäkeray in Paterborn hätte u. seine Bewegu[n]g auf die Oberweser richtete, Münden und die Oberweser in Besitz nehme, Meister des Teutoburger Waldes wäre u. sein Augenmerk auf die Weser richtete, so könnte man seine Stellung so nehmen, daß der linke Flügel auf den Berge, der Lüchtringen gegenüber liegt, an der Weser stünde und der rechte gegen Keuter- oder Köterberg gelehnt wäre. Als dann hätte man in Rüken zwar Defilees, allein man hätte doch einige Wege durch die Gebirge nach Hein[s]e oder Polle, könnte in Sommer noch einen neuen nahe an der Weser machen und bey Holminden eine Brüke über dieselbe schlagen. Wen[n] diese Stellung zu ausgedehnt wäre, so könnte man sie nicht an den Köterberg, sondern näher an das Gebirge mit den rechten Flügel anlehnen. Einige Schanzen wären hier durchaus erforderlich; einige Schanzen zwishen Polle u. den Köterberge dekten den Rüken, zugleich würde Corvey gegenüber das rechte Weser Ufer oder das Defilee zwishen den Solling und der Weser besetzt u. der Solling bewacht.

Der Asche Berg[56] am linken u. der Borg Berg am rechten Weser Ufer, wenn man von Stael nach Heinsen gehet.

Arholzen, ein Dorf auf den linken Flügel der Stellung bey Bevern.

Das Amthaus Forst liegt hinter den Defillee, daß die Weser u. der Borgberg macht und einige 100 Shritt breit ist.

Wenn die Armee die Stellung N. 5 einnehme, so^(ai) campirt ein Theil der Cavalerie bey Forst hinter den Defilee, um in die Ebene von Holzmind[e]n debouchir[en] zu könn[en]; in Defilee liegt eine Shanze u. ein[i]ge Canonen.

Der Borgberg ist mit einige[n] Bataillons besetzt.

Der linke Flügel gehet gegen Amelunxborn, die Cavalerie hat das Thal vor sich, die Infantrie besetzt die Gebirge u. Defilees zwishen ihnen. Diese Stellung wird ausgedehnt, und dazu muß noch bey Mark Oldendorf ein Korps stehen, daß in Fall der Noth in die Pässe von Wikensen sich wirft.

Von Holzminden bis Polle 2 Stunden stark.

Von Polle bis Ottenstein 1½ Stunden, ueber Beverden[57].

---

^(ag) Statt „6.".
^(ah) Diese gestrichenen Wörter wurden nach einer Korrektur nicht mehr ersetzt.
^(ai) An dieser Stelle wurde das Wort „besetzt" wohl irrtümlich nicht durchgestrichen, hier aber fortgelassen.
[55] Depots.
[56] Der Ahlsberg bei Stahle?
[57] Brevörde.

[15.] <u>Ottenstein, den 14ten Julie</u>.

Höxter bis Holzminden	$1^1/_2$ Stunden am linken	⎫ Ufer der
	2 ″ ″ rechten	⎭ Weser
Holzminden bis Polle	2 ″	
Polle bis Ottenstein	$1^3/_4$ ″	

Ottenstein bis Lichtenhagen	1	⎫
Lichtenhagen bis Detlefsen[58]	$^3/_4$	⎪
Detl. bis Welse[59]	$^1/_4$	⎪
Wesle bis Amelgotzen	$^1/_2$	⎬ $4^3/_4$
Amelgotzen bis Hämelshe Burg	$^1/_4$	⎪
Hämelshe Burg bis Kl. Berkel	$1^1/_4$	⎪
Kl. Berkel bis Hameln	$^3/_4$	⎭

Amelgotzen u. Hamelsche Burg liegt an der Seite nach Berkel, der Wauldau[60], worauf das Hünenshloß gleich an den Defilee; an der andern Seite ein ander hoher Berg, der Schanzenberg[61].

Das Defilee ist etwa 400 Schritt breit. Die Emer, welche man allerwärts hier auch durchreiten kann, fließet durch. In der Marsch wird sie impraktikabel von Hamelshe Burg an.

Bey Welse u. Detlefsen gehen rechts u. links Wege.[aj]

Beschreibung des großen Thals von den Ahrensberge bey Poll bis Neersen, ohne Durchgang vor Wagen. Seine Tiefe, sein mit Holz besetzten Ufer, das kleine Wasser, die Gläser Grütze Mühle, Glässe.

Position mit den linken Flügel Neersen, rechten vorwärts Lichtenhag[e]n.

66. Scharnhorst an Wallmoden   **Hagenohsen, 5. Juli 1797**

HStAH, Hann. 41 I Nr. 43 ($2^1/_4$ S.): Reinschrift, eigenhändig.

Druck: Klippel II, S. 265.

Zwischenbericht von der Erkundungsreise.

An Se. Excellenz, den Herrn General der Cavalerie Graf von Walmoden Gimborn.

Hagen Ohsen, den 5. Julie 1797.
Ew. Excellenz Befehl gemäß statte ich hier einen Bericht von der Anordnung unser Recognoscirung gehorsamst ab.

[aj] *In der Vorlage folgt eine Kartenskizze.*
[58] Deitlevsen.
[59] Welsede.
[60] Waldau.
[61] Scharfenberg.

Der Lieutenant Richard recognoscirt die Gegend am rechten Weser-Ufer bis an die Werre, der Fähnrich Vollinghaus hat diese Arbeit am linken Ufer dieses Flußes bis an die Diemel, und der Guide Jasper[1] untersucht die Wege zwischen Leine und Innerste.

Die beiden Ingenieur-Officiere haben insbesondere den Auftrag, eine Beschreibung der brauchbaren Wege, der impraktikabeln Gebürgsketten, der Flüße u.s.w. zu liefern. Dadurch hoffe ich eine Beschreibung der Bauerschen Karte, die in diesen Gegenden in Absicht des Ganzen sehr gut ist, verfertigen zu können. Nach einen gemachten Ueberschlage wird die Recognoscirung ungefähr 14 Tage dauren.

Ich werde für meine Persohn in dieser Zeit die wichtigsten Punkte dieser Gegenden besehen, und sollten Ew. Excellenz morgen oder uebermorgen Befehle an mich abschicken, so bitte ich, sie an das Postamt zu Einbek, von 8ten an aber an das Postamt zu Münden zu adreßiren; auf diesen Wege werde ich sie sicher erhalten.

G. Scharnhorst.

67. [Wallmoden] an Herzog Karl Wilhelm Ferdinand von Braunschweig   [Hoya?, Mitte Juli 1797?[1]]

HStAH, Hann. 41 I Nr. 43 (4 S.): Konzept, Scharnhorsts Hand.

Druck: Klippel II, S. 264f.

Stand der Landaufnahme. Scharnhorsts Erkundungsreise. Weitere Maßnahmen. Neuer Auftrag für Scharnhorst. Bitte um Legitimationsschreiben.

Um eine Uebersicht der Gebirgs Ketten, Flüße und andern unpractikabeln Gegenständen des Landes zwischen der Weser und Leine und der Aller und Leine zu haben, habe ich[2] bereits den Major Scharnhorst und 2 Officiere von Ingenieur-Corps in diese Gegenden geschickt. Sie haben sich freilich nicht

---

[1] Wohl der Artillerieunteroffizier Ludwig Jasper, der 1805 Kapitän 2. Klasse bei der Artillerie der Königlich Deutschen Legion wurde und 1854 als Oberstleutnant a. D. starb.

---

[1] Klippel datiert dieses Konzept auf den 3. Juli; es beantwortete ein Schreiben des Herzogs von Braunschweig aus Minden vom gleichen Tage (vgl. Klippel II, S. 263f.). Klippels Theorie, daß Scharnhorst das Schreiben noch zwischen Tür und Angel vor seiner Erkundungsreise ins Weserbergland konzipiert hatte, wird durch das bei Klippel II, S. 264, abgedruckte Begleitschreiben widerlegt, mit dem Wallmoden den Brief des Herzogs an Scharnhorst übersandte. Dieses ist datiert „Sonnabend Abends", kann demnach nicht vor dem 8. Juli 1797 geschrieben sein. Noch wahrscheinlicher ist, daß Wallmoden erst am 15. oder 22. schrieb, denn er bat Scharnhorst, ihm „morgen früh Ihre Gedanken darüber zu bringen", was eher für einen Zeitpunkt nach der Rückkehr Scharnhorsts ins Hauptquartier spricht. Im ersten Absatz ist außerdem von einer bereits abgeschlossenen Reise die Rede.

[2] Der Brief ist im Namen Wallmodens verfaßt und an den Herzog von Braunschweig gerichtet.

genau an die Gränzen halten können, weil es mit auf den Lauf der Gebürgs-Ketten, der Wege u.s.w. im Ganzen ankam. Durch die dadurch erhaltenen Nachrichten werde ich nun in den ersten 8 Tagen im Stande seyn, die von Ew. Durchlaucht übershikten Anfragen des Herrn Oberstl. v. Lecoq genauer zu beantworten, als es ohnedies hätte geschehen können.

Um so vollkommen als möglich Ew. Durchlaucht letztern Befehl zu vollziehen, werde ich sofort 3 Ingenieur Officiere in das Hildesheimsche schiken und eine topographische Land-Karte nach dem Maastabe, nach dem die Grafschaft Hoya entworfen ist, verfertigen lassen. So genau, wie diese ist, wird sie wegen Mangel der Zeit nicht werden können; indes werde ich durch den Leinefluß beide miteinander verbinden.

Den Ew. Durchlaucht noch fehlenden Theil der Grafschaften Hoya u. Diepholz werde ich in 8 oder 14 Tagen zu überschicken die Ehre haben.

Da bey dieser Art von Aufnahme die Officiere nur höchstens 24 Stunden an einem Orte bleiben, so können sie von keinen gelieferten Rationen Gebrauch machen.

Vieleicht wäre es aber von Nutzen, wenn Ew. Durchlaucht den Major Scharnhorst, den ich zur Direction dieser Arbeit nach Hildesheim schiken werde, mit einem offenen Schreiben versähen, wodurch er sich legitimiren könnte, daß er den Auftrag von Hochdieselben erhalten habe, diese Gegenden recognosciren zu lassen. Wahrscheinlich hätte er dadurch Gelegenheit, Specialkarten von ein oder andern Gegenden oder Aemtern zu erhalten, zumal wenn in dem Schreiben angezeigt würde, daß diese Recognoscirungen von allen Ländern in der Demarkationslinie geschähen, damit nicht particuliere Absicht dabey gemuthmaßet werden möge.

68. Denkschrift [?, nach 7. August 1797?[1]]

HStAH, Hann. 41 I Nr. 120 (3½ S.): Eigenhändig.

Grenzen der hannoverschen Einquartierungsgebiete. Möglichkeiten ihrer Ausdehnung.

Pro Memoria

Die hannöverischen Trupen, welche in Bisthum Osnabrük und Niederstift Münster bequartiert sind, stoßen links unmittelbar an die Cantonirungen der preußischen Trupen, rechts werden sie durchs Oldenburgsche begränzt, im Rücken haben sie die belegte Grafschaft Hoya und in dem von ihnen eingenommenen Bezirk ist jeder Ort belegt.

---

[1] Nach zwei beiliegenden Schreiben vom 3. und 7. August 1797, auf die sich die Schrift offenbar bezieht.

Will man daher ihre Quartiere erweitern, so bleibt kein ander Mittel übrig, als:
1. mehrere Trupen ins Oldenburgsche, als bisher, zu verlegen; oder
2. ihnen von den bisherigen Quartierständen der preußishen[a] Trupen einen District einzuräumen; oder
3. ihnen zu erlauben, sich vorwärts d. i. gegen die Ems weiter aus zu dehnen und die Oerter Fürstenau, Haselüne und Meppen mit den dazwischen liegenden Dörfern zu besetzen.

Hierbey ist indes zu bemerken, daß die dadurch entstehende Erweiterung der Quartierstände nicht überall eine gleichförmige Erleichterung den Einwohnern verschaffen würde, indem die Infanterie nicht mehr, als jetzt schon geschehen ist, vereinzelt werden kann, weil sonst ein Bataillon so weit aus ein ander zu liegen käme, daß es unmöglich seyn würde, es in einem Tage zusammenzuziehen, und in denselben Discipline zu erhalten. Dagegen würden arme Oerter durch jene Vergrößerung der Cantonirungen des hannövrishen Corps ganz von der Belegung eine Zeitlang verschont werden können. Denn würde z. B. erlaubt, eine Brigade Infanterie nach Fürstenau, Meppen und Haselüne zu verlegen, so könnte das Kirchspiel Damme und Steinfeld, wo von das erste aus unruhigen und das letztere aus zum großen Theil armen Einwohnern bestehet, gänzlich oder doch meistens von der Einquartierung befreiet werden, indem man die da liegende Brigade auf jene vorliegende Oerter verlegen könnte.

             G. Scharnhorst
             Major.

69. Scharnhorst an die Helwingsche Buchhandlung   Hannover,
                            5. September 1797

Nach der Edition bei Linnebach, S. 188f.[a]

Kommentar zu einem hinterlassenen Manuskript Mauvillons.

Hannover, den 5. Sept. 1797.
 Ich habe das Manuskript von dem seligen Oberstleutnant Mauvillon[1] durchgesehen. Alles, was Mauvillon schrieb, hatte ein angenehmes Gewand, und das ist auch hier der Fall. Aber dies Manuskript ist nur ein Fragment der Geschichte des Krieges in den Niederlanden in den Jahren 1744–48 – nur die Geschichte der ersten Kampagne und dazu ohne Plane und Karten, die dabei unentbehrlich sind. Das deutsche Tagebuch ist schon gedruckt und kein Aufsatz von Mauvillon.
             G. Scharnhorst.

---

[a] Getrennt: „preus-sishen".

[a] Nach einer Vorlage, die sich damals im Archiv des Kriegsministeriums Nr. 1552 befand.
[1] Der Militärschriftsteller Jakob Mauvillon (1743–1794), vgl. die an ihn gerichteten Briefe im ersten Band, insbesondere Nr. 32.

70. Scharnhorst an Lecoq   Hannover, 7. September 1797

Nach der Edition bei Linnebach, S. 189ff.[a]

Dankbarkeitsbekundung. Abstand vom Übertritt. Bericht über die Verhandlungen um Zulage und Stellung. Verpflichtung trotz unerfüllter Wünsche. Unentschlossenheit. Stand der Landesaufnahme.

Hannover, den 7. Sept. 1797.

Sie haben, unschätzbarer Freund, mir viele Güte und Freundschaft in meinen Angelegenheiten erzeigt; ich bin Ihnen die größte Dankbarkeit, Achtung und Zutrauen schuldig, und nie wird diese Empfindung bei mir erkalten. Daß ich Ihnen nicht, wie ich es gesollt hätte, in dieser Lage öfterer geschrieben habe, lag in meinen unentschiedenen Zustande, in den ich nicht wußte, was ich tun sollte.

Es ist mir außerordentlich schwer geworden, den beiliegenden Brief, der mich von den Eintritt in den preußischen Dienst entfernt, zu schreiben; er hat mir die unangenehmste Zeit in meinen Leben verursacht.[1] Anfangs, ich will es Ihnen, als Freund, gestehen, fürchtete ich mich, in einen Dienst zu treten, in den ich fremd war; ich dachte, es möchte einmal eine Zeit kommen, wo man die Ausländer zurücksetzte u. d. gl. m. Hernach, da ich aus manchen Aeußerungen vermuten konnte, daß auch Ihr hier so geschätzte[r] und verehrte[r] Kronprinz[2] von mir eine günstige Meinung hätte, hatte ich mich hier zu weit eingelassen. Ich hatte nämlich hier, ohne es offiziell anzuzeigen, daß ich in königl. preußische Dienste kommen könnte,[3] gebeten, daß man mir die Zulage, welche der H. General v. Estorff als Generalquartiermeister gehabt hatte, und die Anciennetät im Korps geben möchte. Die Sache wurde lange aufgehalten, endlich avancierte man mich zum Oberstleutnant[4] und gab mir eine Zulage, aber alles auf eine besondere Art. Denn 1. erhielt ich nicht die ganze Zulage des G.Q.M., welche 1000 Rthl. jährlich beträgt, sondern nur 550 Rthl. 2. wurde ich zwar zum Tit. Oberstleutnant gemacht, aber von den 13 Majors, welche bei der Kavallerie vor mir standen, wurde 8 die Anciennetät vorbehalten. 3. Wurde nicht festgesetzt, daß ich dereinst nach meiner Anciennetät zum Regimente käme. Dieser letzter Punkt war mir sehr wichtig, weil nach unser Diensteinrichtung der Generalquartiermeister nie ins Korps eingesetzt wird, nicht ein Regiment bekömmt und nicht die Einkünfte, die mit einem Regimente verbunden sind, genießt, sondern nur

---
[a] *Linnebach gab als Fundort an: „Herr v. Winterfeldt, Landesdirektor der Provinz Brandenburg, Berlin". Der Verbleib ist nicht bekannt.*
[1] Der Brief lag Linnebachs Vorlage nicht bei und wurde auch danach nicht aufgefunden.
[2] Der spätere König Friedrich Wilhelm III.
[3] Vgl. aber Nr. 49 Anm. 2.
[4] Durch königliches Reskript, datiert Weymouth, den 1. August 1797 (Klippel II, S. 283).

nach seinen Dienstalter in der Kavallerie die Gage erhält, die den Grad zukömmt, in den er ist. Bei dem General v. Estorff war eine Ausnahme gemacht, ich wurde aber wieder auf den alten Fuß gesetzt. Man hat mir wohl das Ingenieur-Korps zugedacht, welches für mich aber keinen Wert hat; bei der Artillerie ist ein in der Anciennetät älterer und im eigentlichen Alter wenig älterer, sehr guter Staabsoffizier, so daß ich hier also auch keine Aussicht habe.

Ich gab mein Bedenken bei meinem Avancement zum Oberstleutnant dem H. General von Wallmoden zu erkennen, er suchte mich mit leeren Worten zu beruhigen. Indes binden mich doch diese Umstände, und es scheint mir, daß ich, ohne mir das Ansehen von Undankbarkeit zu geben, nicht hier meinen Abschied jetzt nehmen kann. Mein Avancement würde mir dort nicht im Wege stehen, denn wenn es nicht anders wäre, so verstände man sich wohl dazu, daß man mir den Titel von Oberstleutnant ließe und den ältern Majors von Pontanus[5] an die Anciennetät vorbehielte.[6]

Dies ist die wahre Lage, in der ich bin. Dabei muß ich Ihnen noch sagen, daß es mir sehr gereuet ist, daß ich nicht gleich hier weggegangen bin; ich muß aber aufrichtig gestehen, ich war anfangs zu bedenklich; und ich habe erst nach und nach mit der Idee, eine neue Laufbahn in einem fremden Dienst zu betreten, mich vertraut gemacht. Wir Menschen sind ja oft inkonsequent. Glauben Sie, daß ich die Sache jetzt auf eine andere Art einleiten kann, so geben Sie mir Ihren freundschaftlichen Rat, oder sagen Sie mir, wenn ich diese Freundschaft von Sie erbitten darf, wie Sie in meiner Lage handeln würden. Auf den Fall, daß die Zeit es nicht anders leidet, sogleich einen Entschluß nach Berlin zu schicken, habe ich die Beilage hinzugefügt.[7]

Aus allen sehen Sie die große Verbindlichkeiten[, die] ich Ihnen in jeden Fall schuldig bin, und die ich nie aufhören werde, mit dem innersten Gefühl der Dankbarkeit zu erkennen.

G. Scharnhorst

---

[5] Johann Christian (1801: von) Pontanus (1742–1813) war 1794 zum Major ernannt worden. Er hatte 1794/95 in Polen gekämpft, wurde 1799 Oberstleutnant und 1811 Generalmajor.

[6] Am 11. April hatte Lecoq für den Fall des Übertritts geboten: „Ihre Anciennetät als Major wird Ihnen zugesichert, und zwar folgen Sie dann unmittelbar auf den Major Pontanus" (GStA PK, VI. HA Nl Scharnhorst Nr. 25 fol. 14).

[7] Lecoq erhielt den vorliegenden Brief nach eigenen Angaben erst am 25. September und beantwortete ihn am 1. Oktober (GStA PK, VI. HA Nl Scharnhorst Nr. 25 fol. 18). Er berichtete darin, daß er schon vor dem 25. September von Scharnhorsts Beförderung erfahren und daher eigenmächtig die Absage an Berlin vorgenommen habe. Mittlerweile sei die freigehaltene Stelle vergeben worden. Für die Zukunft eröffnete er die Möglichkeit, daß Scharnhorst als überkompletter Stabsoffizier im Artilleriekorps immer noch übernommen werden könnte, mit einem Interimsgehalt von 2000 rh. jährlich, Aussicht auf die erste freie Kompanie und Anciennität nach wie vor hinter Major Pontanus.

Nun muß ich Ihnen noch einen Bericht von unsern Rekognoszirungen und Landesvermessungen geben. Wir haben sehr fleißig gearbeitet, und Sie haben nur deswegen nichts erhalten, weil wir uns nicht die Zeit gelassen haben, etwas ins Reine zu bringen. Die Aufnahme in Hildesheimschen, wozu 5 Ingenieure angesetzt sind, wird in 14 Tagen bis 3 Wochen geendigt sein. Man hat einen Maßstab von 6 Zoll auf die Meile genommen und alle Oerter, Berge usw. geometrisch feste gelegt. Auch von der Ober-Weser haben wir von verschiedenen Teilen gute topographische Zeichnungen.

Sobald die Ingenieure zurückkommen, werde ich für Sie alles abschreiben und abzeichnen lassen, und sollten nicht früh genug diese Kopien an Sie kommen, so können Sie von den Originalen, die ich behalte, in jedem Augenblick disponieren.

Ich schicke Ihnen hier eine Karte von Paderborn, die nicht zu kaufen ist und das Verdienst hat, daß in ihr die Namen richtig und so, wie sie ausgesprochen werden, geschrieben sind. Das Pro Memorium[8] teile ich Ihnen als Freund mit, und ich bitte, es in strengsten Verstande niemand zu zeigen. Ich habe es auf der [Reise], die ich gemacht, aufgesetzt, ehe ich alle Nachrichten und einzelne Rekognoszierungen hatte.

G. S.

71. Denkschrift　　　　　　　　　　　　　　　　Hannover, 29. September 1797

HStAH, Hann. 41 I Nr. 108 (4 S.): Eigenhändig.

Quartierangelegenheiten.

Hannover d. 29t. Sept. 1797

Pro Memoria[a]

- 1. Wenn von 14ten Regiment ein Bataillon nach Haselüne und Fürstenau verlegt wird und das andere seine bisherigen Quartiere zu den jetzt inhabenden bekömmt, so liegt dies nicht zu weit aus einander und doch sehr geräumig und jenes kann in Haselüne und Fürstenau größtentheils seine Mannschaft bey einander haben.
- 2. Das 11te Regiment kann nirgend beßer, als in Ottersberg und Rothenburg[1] unterkommen. Hier ist es beieinander, kömmt nicht zu weit zurük, und hat sehr gute Gestdörfer außer den beiden Fleken.

---

[8] Nicht zu ermitteln.

---

[a] *Datum und Überschrift vielleicht von fremder Hand.*
[1] Rotenburg an der Wümme.

- 3. Soll das Hoyasche wirklich einige Erleichterung genießen und das 4te Cavalerie Regiment zurükgelegt werden, so schikt sich keine Gegend dazu besser, als Wunstorf, Munzel[2] und Gerden[3]. Hier bleibt es à portée, die Gegend ist reich an Früchten und hat sehr dadurch profitirt, kann also auch wohl einmal Einquartierung tragen.
- 4. Die Artillerie von Rethen[4] kann jetzt nicht aus Nienburg fouragiren, da dies der H. Amtman Heise wünscht, so könnte der Trän dies[er] Batterie nach Rodenwalde, Steinke, Stökse[5] u.s.f. verlegt werden und die Artillerie könnte in Stöcken[6] und Mandelsloh, Oerter welche nicht durch die Durchmärsche gelitten, verlegt werden, dadurch bekäme
- 5. die Garde du Corps Raum, sich an der Aller weiter auszudehnen und die Gegend von Hutbergen[7] zu räumen.
- 6. Durch die Verlegung des 4ten Regiments bekäme man Gelegenheit, ein oder 2 Compagnien von 9ten Regiment nach Sieke[8] und Barrien zu verlegen. Als dann würde dies Regiment wieder der Garde zu Fuß einige Oerter überlassen können, welche diese, wenn sie verschiedene Marsch Oerter räumt, sehr bedarf.

    Noch kann durch die Verlegung des 4ten Cavalerie Regiments das 2te Grenadier Bataillon mehrere Ge[e]stoerter erhalten, um die Marsch Oerter Huchting u.s.f. räumen zu können.
- 7. Durch die Verlegung des 11ten Infanterie Regiments kann das 13. Inf. Regiment sich weiter ausdehnen und dadurch den immer stark belegten Ort Bruchhausen soulagiren.
- 8. Um den Beschwerden des Flecken Diepholz endlich einmal abzuhelfen, könnten 2 Compagnien von 10ten Regiment nach Diepenau, wo noch gar keine Einquartierung gewesen, verlegt werden.

G. Scharnhorst

72. Dislokationstabelle   Hannover, 10. Oktober 1797

HStAH, Hann. 41 I Nr. 108 (1½ S.): Eigenhändig.

11¹ Oct. 1797.[a]

Veränderungen in der Dislocation von einem Theile des hannövrischen cantonirenden Corps.

---

[2] Heute Groß Munzel und Ostermunzel bei Barsinghausen.
[3] Gehrden.
[4] Wie aus dem folgenden ersichtlich, ist Rethem gemeint.
[5] Rodewald, Steimbke und Stöckse bei Nienburg.
[6] Heute Niederstöcken.
[7] Groß und Klein Hutbergen an der Weser, westlich von Verden.
[8] Syke.

---

[a] *Eingangsvermerk von fremder Hand.*

Namen der Regimenter	Jetzige Quartiere	Dereinstige Quartiere
4tes Cavalerie Regiment von Wangenheim	Amt Siecke	Amt Ahlden, Essel und Neustadt[1]
10tes Infanterie Regiment von Saff	Amt Diepholz	Einem Theil von Amt Kalenberg und Coldingen,[2] in der Gegend von Pattensen
11tes Infanterie Regiment von Alt Diepenbroik	Amt Thedinghausen	Amt Blumenau und einem Theil von Amt Kalenberg
1ste Batterie schwere Artillerie	Amt Rethen	Amt Ilten
2te und 3te Batterie schwere Artillerie	Amt Wölpe	Einen Theil von Amt Wölpe, Neustadt und Riklingen
5te Infanterie Regiment von Hohorst	Amt Vechte	Amt Diepholz und Diepenau
5te Grenadier Bataillon	Gehrde und Batbergen	Amt Vechte
Ein Bataillon des 14ten Infanterie Regiments von Jung Diepenbrock	Damme und Steinfeld	Fürstenau und Haselüne

Hannover, den
10ten Oct. 1797.

---

[1] Ahlden, Eißel und Neustadt am Rübenberge.
[2] Heute Alt-Calenberg und Koldingen.

73. Denkschrift   Bordenau, 30. Oktober 1797

HStAH, Hann. 74 Neustadt/Rbg. Nr. 1810 (10½ S.): Ausfertigung, Schreiberhand, eigenhändig unterschrieben.

Gefährdung eines Wiesengrundstücks an der Leine wegen mangelhafter Uferbefestigung der Nachbargrundstücke. Eigene Beiträge und Forderungen an benachbarte Eigentümer.

Gehorsamstes Pro Memoria von Seiten des Oberstlieutenant Scharnhorst

den Ufferbau an der Leine bey Bordenau betreffend.

Wie sehr dießeits bisher auf die Ausbeßerung des an der Ober-Marsh bey Bordenau eingetretenen Leine-Bruch gedrungen worden, das ist ex actis und denen von meinem Vater und nach deßen Ableben von der Scharnhorstshen Vormundshaft, auch nachher durch mich selbst beym königl. Amte[1] sowohl mündlich als shriftlich gemachte Vorstellungen bekannt; auch hat sich königl. Amt von der äußersten Nothwendigkeit dieses vorzunehmenden Waßer-Baues durch die vorgenommenen Besichtigungen und durch wercksverständige eingesandte Gutachten hievon vollkommen überzeigt.

Von meiner Seite ist zwar am Ufer der mir zuständigen Wiese der Waßer-Bau mit einem Kosten Aufwand von 450 Rthlr. geshehen, dieses aber würde mich zu nichts helfen, wenn der Uferbau an der benachbarten, dem Einwohner Johann Heinrich Seelmeyer zuständigen, und auch an der darüber belegenen Pfarr-Wiese nicht vorgenommen wird.

Diese Sache ist um so dringender, indem, wenn der Waßerbau an der Seelmeyershen und der Pfarr-Wiese nicht shleunigst betrieben wird, nicht nur gedachte beyde Wiesen nebst der meinigen vom Waßer weggerißen werden, sondern auch der Strom selbst eine solche gefährliche Krümme erhalten würde, daß selbst die benachbarte Gegend darunter leiden und dadurch größere Unglücksfälle erzeugt werden würden.

Ich habe daher den vom königl. Amte von dieser Gegend verlangten Riß aufgenommen und abgeliefert. Ich habe mehrmahls darauf angetragen, die Eigenthümer derer anstoßenden Wiesen, in specie den gedachten Seelmeyer, anzuhalten, den Uferbau shleunigst vorzunehmen. Ich habe desfals umso mehr auf shleunige gerichtliche Verfügungen gerechnet, da es nicht nur bekannten Rechtens ist, daß ein jeder Eigenthümer das Seinige, in specie an einem Fluß den Uferbau, dergestalt zu unterhalten shuldig ist, daß der Nachbar durch die Fluth und den Durchbruch des Strohms nichts gefährdet wird,

Mevius[2] T. IV D. 138 N^{ro} 9,

Müller in Resolutioni Marchica 46 N^{ro} 27 bis 31,

L. 11 § 2 de muniribus,

---
[1] Gemeint ist das Amt Neustadt am Rübenberge.
[2] David Mevius (1609–1670), ein bedeutender Jurist des 17. Jahrhunderts, gab die Entscheidungen, die er während seiner Tätigkeit als Vizepräsident des Obertribunals in Wismar gefällt hatte, heraus unter dem Titel: Jurisdictio summi tribunalis regii quod est Vismarense, 9 Bde., o. O. 1664–1675.

wovon auch selbst der Landesherr und die Kirche nicht befreyet ist,
L. 7 C. de S.S. eccleshiis,
zumahlen, wenn, wie hier der Fall ist, in der Folge das Publicum durch den unterbleibenden Waßer-Bau demnächst Schaden zu leiden Gefahr läufft.

Der Einwohner Seelmeyer, auch die Pfarre, müßen daher bauen oder erklären, daß sie ihre Wiesen derelinquiren[3] und sich deren Eigenthum begeben wollen. Es will sich als dann leicht jemand finden, der diesen Uferbau übernehmen wird.

Um indeßen meine Bereitwilligkeit zu zeigen, dieses keinen Aufshub leidenden Uferbau so viel möglich zu unterstützen, so bin ich, wenn dadurch diese Angelegenheit shleunigst befördert wird, erbötig, die Kosten vorzushießen, auch die erforderliche Materialien zum Uferbau an der Seelmeyershen und Pfarr-Wiesen zu lieffern, wenn gedachte beyde Wiesen meistbietend verpachtet werden und ich von denen aufkommenden Pacht-Geldern nach und nach meine Bezahlung erhalten soll.

Königl. Churfürstl. Amt Neustadt wird daher geruhen, nunmehr wegen Beshleunigung des in Frage befangenen Uferbaues von policeywegen die zweckmäßigsten Verfügungen zu treffen.

Bordenau, den 30ten October 1797.

G. Scharnhorst

74. Disposition   [?, zwischen November 1797 und Januar 1798?[1]]

HStAH, Hann. 41 I Nr. 181 II (8 S.): Reinschrift, eigenhändig.

Disposition für möglicherweise erforderliche Versammlung des hannoverschen Korps bei Quakenbrück.

Marsch-Routen der hannoverischen Trupen bey der Observations Armee in Westphalen.

Das 11te Infanterie Regiment marschirt[2]
den	1sten	Tag	nach	Hagenburg
"	2ten	"	"	Leese
"	3ten	"	"	Fresdorf
"	4ten	"	"	Diepenau
"	5ten	"	"	Levern
"	6ten	"	"	Bohmte

---

[3] D. h. aufgeben.

---

[1] Die Disposition geht offenbar von der bei Sichart IV, S. 669f., abgedruckten Verteilung des Observationskorps zwischen dem 2. November 1797 und 12. Januar 1798 aus.
[2] Von Gehrden.

Nr. 74   123

```
          "    7ten    "      "     Venne
          "    8  "    "      "     Bramsche
          "    9  "    "      "     Gehrde
          "   10  "    "      "     Quakenbrük
```
Bey schlechten Wegen in Diepenau und Bramsche einen Rasttag.

D. 10te Regiment marschirt[3]
```
          den   1sten  Tag    nach   Gümer[4]
          "     2ten   Tag    "      Wunstorf
          den   3ten   Tag    nach   Rehburg
          "     4  "   "      "      Stolzenau
          "     5  "   "      "      Bohnhorst
          "     6  "   "      "      Weden[5]
          "     7  "   "      "      Bohmte
          "     8  "   "      "      Engter
          "     9  "   "      "      Rieste
          "    10  "   "      "      Quakenbrük
```
Bey schlechten Wegen in Weden und Rieste einen Rasttag.

Die 1ste Batterie schwere Artillerie marschirt[6]
```
          den   1sten  Tag    nach   Döhren
          "     2  "   "      "      Riklingen[7]
          "     3  "   "      "      Linsburg
          "     4  "   "      "      Lohe[8]
          "     5  "   "      "      Borstel
          "     6  "   "      "      Wehrblek
          "     7  "   "      "      Wetshen
          "     8  "   Rasttag
          "     9  "   Tag    nach   Venne
          "    10  "   "      "      Neuenkirchen
          "    11  "   "      "      Quakenbrük
```

---

[3] Von Pattensen.
[4] Gummer.
[5] Vermutlich Wehdem.
[6] Von Ilten.
[7] Schloß Ricklingen bei Wunstorf.
[8] Marklohe.

Die 2te und 3te Batterie schwere Artillerie[9]
                den   1sten Tag   nach   Linsburg
                 "   2 "   "   "   Lemke
                 "   3 "   "   "   Borstel
                 "   4 "   "   "   Barver
                 "   5 "   Rasttag
                den   6ten   Tag   nach   St. Hülfe
                 "   7 "   "   "   Dillingen[10]
                 "   8 "   "   "   Ostercappeln
                 "   9 "   "   "   Neuenkirchen
                 "   10 "   "   "   Gehrde
                 "   11 "   "   "   Quakenbrük

Das 4te Cavalerie Regiment marschirt[11]
                den   1sten Tag   nach   Rodewald
                 "   2 "   "   "   Binnen
                 "   3 "   "   "   Lessen[12]
                 "   4 "   "   "   Mariendreb.
                 "   5 "   "   "   Hunteburg
                 "   6 "   "   "   Neuenkirchen
                 "   7 "   "   "   Quakenbrük
                Bey schlechten Wegen in Lessen und Hunteburg Rasttage.

Das 5te Infanterie Regiment marschirt[13]
                den   1sten Tag   nach   Lemförde
                 "   2 "   "   "   Vörden
                 "   3 "   "   "   Gehrde
                 "   4 "   "   "   Quakenbrük
                Bey schlechten Wegen in Vörden einen Rasttag.

Das 5te Grenadier Bataillon marschirt[14]
                den   1sten Tag   nach   Dinklage
                 "   2 "   "   "   Quakenbrük

Das 7te Cavalerie Regiment zu Marien Drebber[15] marschirt
                den   1sten Tag   nach   Lohne
                 "   2 "   "   "   Badtbergen
                 "   3 "   "   "   Quakenbrük

---

[9] Marschiert von Neustadt am Rübenberge.
[10] Dielingen.
[11] Von Schwarmstedt.
[12] Groß und Klein Lessen bei Sulingen.
[13] Von Diepholz.
[14] Von Vechta.
[15] Laut Sichart im 10 km entfernten Barnstorf.

Das 5te Cavalerie Regiment marschirt[16]
  den 1sten Tag nach Emstek
   " 2 " " " Quakenbrük

Die 1ste Batterie geschwinde Artillerie[17]
  den 1sten Tag nach Neuenkirchen
   " 2 " " " Quakenbrük

Die Batterie reitende Artillerie von Harpstädt
  den 1sten Tag nach Visbek
   " 2 " " " Clopenburg
   " 3 " " " Quakenbr.

Das 12te Infanterie Regiment[18]
  den 1sten Tag nach Varl[19]
   " 2ten " " Diepholz
   " 3 " " " Lohne
   " 4 " " " Quakenbr.
   " 5 " " " Quakenbr.
  Bey schlechten Wegen in Diepholz einen Ruhctag.

Das 1ste Infanterie Regiment[20]
  den 1sten Tag nach Suhlingen
   " 2 " " " Wehrblek
   " 3 " " " Diepholz
   " 4 " " " Lohne
   " 5 " " " Badtbergen
   " 6 " " " Quakenbr.
  Bey schlechten Wegen in Lohne einen Ruhetag.

Das 6te Infanterie Regiment[21]
  den 1sten Tag nach Büren[22]
   " 2 " " " Bahrenburg
   " 3 " " " Barver
   " 4ten " " Dreber
   " 5 " " " Lohne
   " 6 " " " Badtbergen
   " 7 " " " Quakenbrük.
  Bey schlechten Wegen in Marien Dreber einen Rasttag.

---

[16] Von Wildeshausen.
[17] Marschiert von Lemförde.
[18] Marschiert von Sulingen.
[19] Varrel.
[20] Marschiert von Lohe, d. i. Marklohe.
[21] Marschiert von Nienburg.
[22] Bühren.

Die Garde zu Fuß[23]
  den   1sten Tag   nach   Mellingh.
  ″   2ten   ″   ″   Ehrenburg
  ″   3 ″   ″   ″   Barnstorf
  ″   4ten   ″   ″   Vechte
  ″   5 ″   ″   ″   Dinklage
  ″   6 ″   ″   ″   Quakenbrük
  Bey schlechten Wegen in Barnstorf und Dinklage Rasttage.

Das 9te Infanterie Regiment[24]
  den   1sten Tag   nach   Neubruchh.
  ″   2ten   ″   ″   Twistringen
  ″   3 ″   Rasttag
  ″   4 ″   Tag   nach   Goldenstädt
  ″   5 ″   ″   ″   Vechte
  ″   6 ″   ″   ″   Dinklage
  ″   7 ″   ″   ″   Quakenbr.

Das 13te Infanterie Regiment[25]
  den   2ten   Tag   nach   Neubruchh.
  ″   3 ″   Rasttag
  ″   4 ″   Tag   nach   Twistringen
  ″   5 ″   ″   ″   Goldenstädt
  ″   6 ″   ″   ″   Vechte
  ″   7 ″   ″   ″   Dinklage
  ″   8 ″   ″   ″   Quakenbrük

Das Leibgarde Regiment[26]
  den   1sten Tag   nach   Büken
  ″   2 ″   ″   ″   Mellinghausen
  ″   3 ″   ″   ″   Ehrenburg
  ″   4 ″   ″   ″   Rasttag
  ″   5 ″   ″   ″   Barnstorf
  ″   6 ″   ″   ″   Bakum
  ″   7 ″   ″   ″   Quakenbrük.
  Bey schlechten Wegen in Bakum einen Rasttag.

---

[23] Marschiert von Bücken.
[24] Marschiert von Vilsen.
[25] Marschiert von Bruchhausen.
[26] Marschiert von Dörverden.

Das 2te Cavalerie Regiment[27]
	den	1sten	Tag	nach	Dörvern
	"	2ten	"	"	Hassel
	"	3 "	"	"	Bruchhausen
	"	4 "	Rasttag		
	"	5 "	Tag	nach	Ehrenburg
	"	6 "	"	"	Barnstorf
	"	7 "	"	"	Bakum
	"	8 "	"	"	Dinklage
	"	9 "	"	"	Quakenbr.

Das 3te Cavalerie Regiment[28]
	den	1sten	Tag	nach	Langwedel
	"	2ten	"	"	Dörvern
	"	3 "	"	"	Hassel
	"	4 "	"	"	Rasttag
	"	5 "	"	"	Bruchhausen
	"	6 "	"	"	Ehrenburg
	"	7 "	"	"	Barnstorf
	"	8 "	"	"	Rasttag
	"	9 "	"	"	Dinklage
	"	10 "	"	"	Quakenbrük

Das 1ste Grenadierbataillon[29]
	den	1sten	Tag	nach	Harpstädt
	"	2 "	"	"	Visbek
	"	3 "	"	"	Klopenburg
	"	4 "	"	"	Quakenbrük

Bey schlechten Wegen in Harpstadt einen Rasttag.

Das 2te Grenadierbataillon[30]
	den	1sten	Tag	nach	Brinkum
	"	2ten	"	"	Harpstadt
	"	3 "	"	"	Visbek
	"	4 "	"	"	Klopenburg
	"	5 "	"	"	Quakenbrük

Bey schlechten Wegen in Harpstädt einen Rasttag.

---

[27] Marschiert von Langwedel.
[28] Marschiert von Achim.
[29] Marschiert von Delmenhorst.
[30] Marschiert von Schwachhausen.

Das 3te Grenadierbataillon³¹
	den	1sten	Tag	nach	Gröpel³²
	"	2ten	"	"	Kirchhuchting
	"	3 "	"	"	Harpstädt
	"	4 "	"	"	Wildeshausen
	"	5 "	"	"	Emstek
	"	6 "	"	"	Rasttag
	"	7 "	"	"	Quakenbr.

Bey schlechten Wegen in Harpstädt einen Rasttag.

Das 1ste Cavalerie Regiment von Lessum
	den	1sten	Tag	nach	Kirchhuchting
	"	2ten	"	"	Wildeshausen
	"	3 "	"	"	Emstek
	"	4 "	"	"	Rasttag
	"	5 "	"	"	Quakenbr.

75. Scharnhorst an Löw Bordenau, 20. November 1797

HStAH, Hann. 41 I Nr. 108 (3½ S.): Eigenhändig.

Quartierangelegenheiten. Beschwerden betroffener Gemeinden.

An den Herrn Oberst Lieutenant und Flügel Adjudant von Löw

Bordenau den 20sten Nov. 1797.

Das ganze Amt Diepenau ist an Baurhöfen nicht halb so groß als das Amt Lemförde und Dorf Lembruch, welche die erste Batterie reitente Artillerie des Lieutenant Ludewig besetzt hat. Es würden also die Bauren des Amts Diepenau doppelt so stark als die in allen übrigen Cantonirungsquartieren belegt werden, wenn die obige Verwechselung geschähe.

Ueberdem mögte dieselbe wegen der Verpflegung auch Schwierigkeiten finden, indem auf Lemförde der Accord der Fourage Lieferung für die reitende Artillerie geschloßen ist, und diese Gegend auch gute Fourage hat.

Die Compagnien in Diepenau sind zwar von denen in Diepholz einige Meilen entfernt; da aber in Winter bey der neuen Verlegung überall die Compagnien nur in sich und nicht in Bataillon zusammen können, so hat das weiter keinen Nachtheil, als daß die Raporte der erstern nach dem Staabe einige Stunden weiter geschikt werden müßen. Dabey ist das Fleken

---

[31] Marschiert von Osterholz.
[32] Gröpelingen, heute ein Stadtteil von Bremen.

Diepenau und die wenigen nahe herumliegenden Dörfer ein guter Quartierstand für zwei Compagnien Infanterie.

Ich muß Ew. Hochwohlgeborn an die Beschwerde des Amts oder Flekens Lemförde, während die hessische Artillerie dort lag, erinnern: als man diese gleich darauf ins Lager rüken ließ, kamen die Dorfschaften mit der Bitte ein, ihnen doch ihre Einquartierten zu lassen.

Uebrigens wird die Erleichterung, die Diepholz erhalten hat, neue Gesuche aus der Nachbarschaft veranlassen.

Da am Freytag[1] mein Uhrlaub aus ist, so werde ich alsdenn die Ehre haben, Ew. Hochwohlgeborn die Verhältniße der Feurstellen des Amts Lemförde und Diepenau, welches ich nicht so genau, ohne meine Nachrichten nachzusehen, weiß, vorzulegen.

G. Scharnhorst.
Oberstl. u. G.Q.M.[a]

76. Denkschrift [?, vor 12. Januar 1798][1]

HStAH, Hann. 41 I Nr 109 (1 S.): Eigenhändig.

Marsch-Routen für die Regimenter, welche von der Hunte an die Aller und Leine verlegt werden

Nam. d. Reg.	1te Tag	2te Tag	3te Tag	4te Tag	5te Tag	6te Tag	7te Tag	8te Tag
	[a]12ten	13ten	14ten	15ten	16ten	17ten	18ten	19ten
5te Inf. Regim.	– Barver	– Suhlingen	– Borstel	– Nienburg	– Hassel		– Verden	
7te Cav. Regim.	– Verl[2]	– Siedenburg	– Lohe	– Steinke	– Stöken Dre.	– Schwarmstädt		
5te Cav. Regim.	– Bassum	– N.Bruchhaus.	– Wilsen[3]	– Hasbergen[4]	– Nöpke	– Osterwolde[5]	– Bissendorf	
8te Cav. Regim.	– Vechte	– Twistringen	– Ruhetag	– Wilsen	– Dörvern	– Lintelen[6]	– Wisselhöven[7]	
1ste Batt. R. Art.	– St. Hülfe	– Verl	} Suhlingen	– Borstel	– Lohe	– Linsburg	– Riklingen	– Bothfelde
3 St. R. Art.		– Ehrenburg	– Ruhe T.					

---

[a] Im gleichen Faszikel befindet sich noch eine hier nicht abgedruckte eigenhändige Denkschrift (Hannover, 7. Dezember 1797, 1 S.) zu geringfügigen Details der Einquartierung des 10. Infanterieregiments.
[1] 24. November 1797.

[a] Die hier einsetzende Zeile wurde wahrscheinlich später eingefüllt. Aus den beiliegenden Dokumenten ist ersichtlich, daß Januar 1798 gemeint ist.
[1] Aufgrund der weiteren Dokumente zur besprochenen Verlagerung im gleichen Faszikel.
[2] Varrel bei Sulingen.
[3] Vilsen.
[4] Haßbergen an der Weser.
[5] Mutmaßlich Osterwald.
[6] Kirchlinteln.
[7] Visselhövede.

P.M.
1. Muß noch heute an alle Regimenter des Haupt Corps ein Befehl gegeben werden, daß sie sich bereit halten, den 11ten oder 12ten zu marschiren.
2. Müßen für alle Regimenter allgemeine Marsch und Logirungsbefehle noch heute ausgefertigt werden.
3. Muß den Regimentern angezeigt werden, daß die obige allgemeine Marschroute noch näher bestimt werden würde, so wie auch das Neue-Cantonement.
4. Muß den H. General von Trew angezeigt werden, daß Se. Excellenz die 6 Stück 6 ℔ der bey die beiden Batterien geschwinde Artillerie vertheilen wollen und angefragt werden, ob bey jeder geschwinden Batterie 3 Stük, oder ob bey einer (der innern Einrichtung wegen) 2 und der andern 4 Stük gesetzt werden müßten? welches letztere nicht gewünscht würde.
5. Muß den Regim. der Befehl wiederholt werden, daß sie den Marsh u. Logirungsbefehl den Aemtern einige Tage bevor die Regim. eintreffen bekannt machen.[b]

77. Denkschrift   Hannover, 31. Januar 1798

HStAH, Hann. 41 I Nr. 109 (1 1/2 S.): Eigenhändig.

Quartierangelegenheiten.

Hannover den 31sten Jan. 1798

Pro Memoria

Wenn das 6te Infanterie Regiment von Hamerstein das ganze Amt Bokelo abgibt, so verliehrt es 168 Feurstellen und behält (nach Abzug derselben) noch 775, worunter aber Wunstorf, mit 260, sich befindet, von welchen für die Compagnien wenig Gebrauch gemacht werden kann, weil es zwey Stäbe hat und aus armern Einwohnern bestehet. Man kann aber dem 6ten Inf. Regim. v. Hammerstein für das Amt Bokelo daß noch nicht belegte Dorf Luthe von 70 Feurstellen geben, und ihn anzeigen, daß es die Freien mit belegen könne, unter andern auch die adelichen Güther Liethe und Poggenhagen, wovon das letztere ins Amt Neustadt gehört, aber den 6ten Regiment nicht ganz ungelegen liegt. Dann aber müßte dem Regimente der Befehl der Regierung mit überschikt werden, welcher an Se. Excellenz den Herrn General Graf von Wallmoden ist erlassen worden.
                                  G. Scharnhorst
                                    Oberstl.

---

[b] *Im gleichen Faszikel befindet sich ein von Scharnhorst unterschriebenes kleines Schreiben von fremder Hand mit Begleitschreiben Wallmodens vom 28. Januar 1798 an Hammerstein betreffend die Einquartierung der 3. schweren Batterie.*

78. Scharnhorst an Lecoq Hannover, 11. März 1798

Nach der Edition bei Linnebach, S. 192ff.[a]

Druckrechte an Karten. Beschaffung und Anfertigung weiterer Karten. Bitte um Überlassung preußischer Reglements und Etatslisten aus dem Siebenjährigen Krieg.

Hannover, den 11. März 1798.
  Wertester Freund,
Ihre Briefe von 4.[1] und 6. dieses habe ich richtig erhalten. Nichts ist billiger und gerechter als Ihre Forderungen in Absicht der Karten,[2] welche Sie mir mitzuteilen die Gütigkeit haben wollen. Nie werde ich diese Karten stechen lassen oder zugeben, daß ein anderer durch mich eine Kopie beköммt, den Herrn General v. Wallmoden ausgenommen, dem ich aber auch Ihre Bedingungen bekannt gemacht habe.

Ich weiß nicht, wer die Karte von der Grafschaft Schaumburg aufgenommen hat. Ich meine, es sei von einem ehemals im Lande angesetzt gewesenen Geometer geschehen. Sie können immer in Bückeburg sagen, daß ich Ihnen von einer solchen Karte gesagt hätte. Das Original ist auf Pergament gezeichnet; ich habe sie für den verstorbenen regierenden Grafen Wilhelm[3] kopiert. In dieser Kopie sind aber nur die Umrisse von den Feldern, Gehölzen usw. Sie hing ehemals auf den Zimmern des verstorb. reg. Grafen Philipp Ernst.[4] Der Hauptmann Weißig[5] kennt diese Karte; er hat aus ihr die Gegend ums Steinhuder Meer kopiert.

Den Distrikt zwischen der Hoyaschen Karte und der Hildesheimischen werde ich nach dem Maßstab der ersten Ihnen mitteilen, sobald sie fertig ist.

Um die Karte von der Gegend von Münden, Hedemünden, Uslar usw. schreibe ich heute zum 2ten mal nach Münden.

Sollten Sie, mein sehr verehrungswürdiger Freund, jetzt oder in der Zukunft das Vorhaben haben, eine militärische Karte von Westfalen zu entwerfen, so werde ich Ihnen, so viel ich es nur imstande bin, dabei behülf-

---

[a] Als Fundort angegeben: „Besitz von Herrn v. Winterfeldt, Landesdirektor der Provinz Brandenburg." Der Verbleib ist nicht bekannt.
[1] Abgedruckt bei Klippel II, S. 312f.
[2] Die Karten des Oberstifts Münster und der Grafschaften Lingen und Tecklenburg sollten nie ohne Genehmigung des Königs von Preußen gestochen werden.
[3] Zu Graf Wilhelm (1724–1777) vgl. Anhang 1 zum ersten Band.
[4] Der im ersten Band mehrfach erwähnte Philipp Ernst, Graf zu Schaumburg-Lippe (1723–1787).
[5] Moritz Christian Weissig, einer von Scharnhorsts Lehrern in seiner Kadettenzeit, vgl. Nr. 3 im ersten Band.

lich sein, ohne dabei irgend eine andere Absicht zu haben, als Ihnen einen Beweis meiner Dankbarkeit für die Güte und Freundschaft, die Sie für mich gehabt haben, zu geben.[6]

Die aufgenommene Karte von Bistum Hildesheim wird am Ende dieser Woche nach Braunschweig abgehen.

Ich habe die kleinen Kärtchen von der Weser noch zu komplettieren gesucht, aber es ist doch nichts Vollständiges herausgekommen.

Ich empfehle mich Ihrer fernern Freundschaft und bin mit ganzen Herzen Ihr aufrichtiger
Freund G. Scharnhorst.

Schon lange habe ich Sie, werter Freund, um 2 Dinge ersuchen wollen. 1. Um die preußischen Dienst- und Exerzier-Reglements, welche bei der Armee in und nach dem 7jährigen Kriege befolgt wurden. Also nicht um diejenigen, welche noch jetzt in Ausübung sind. Das Infanterie-Reglement von 1750 und das für die Kavallerie von 1743 habe ich.[7] 2. Um einen detaillierten Etat eines Infanterie- und Kavallerie-Regiments im 7jährigen Kriege mit Anzeige aller Pferde und der Bestimmung ihres Gebrauchs, aller Knechte, der Anzahl der Zelter, der Decken, der Kessel, der Regimentskanonen und ihres Kalibers, der Schüsse, so dieselben bei sich führten, mit Bemerkung, ob diese auf Karren, Wagen oder in den Protzkasten gewesen. Ferner die Anzahl der Infanterie-Patronen, welche der Mann getragen, und welche sonst beim Regiment transportiert sind.

Um diese Punkte ersuche ich Sie, liebster Freund, weil ich nicht glaube, daß sie heimlich gehalten werden, und weil sie mir äußerst interessieren.

Beim letzten Briefe hatte ich die Karte von Hildesheim für H. v. Knesebeck[8] nicht beigelegt, hier erfolgt sie, empfehlen Sie mich denselben.
G. S.

---

[6] Vgl. Karl Ludwig von Lecoq (Hrsg.): Topographische Karte in 22 Blättern, den größten Theil von Westphalen enthaltend, so wie auch das Herzogthum Westphalen und einen Theil der Hannöverschen, Braunschweigischen und Hessischen Länder, nach astronomischen und trigonometrischen Ortsbestimmungen auf Befehl Sr. Maj. Friedrich Wilhelm III., Königs von Preußen, herausgegeben, Berlin 1805.

[7] Bei ersterem handelt es sich um einen Abdruck des Reglements vom 1. Oktober 1743 mit zwei Anhängen, die 1744 bzw. 1748 publiziert worden waren, vgl. Jähns, S. 2498f., bei letzterem um das Reglement für die Kavallerie vom 1. Juni 1743, das genaugenommen nur für die Kürassiere galt. Es gab außerdem ein Reglement für die Dragoner vom 1. Juni 1743 und eines für die Husaren vom 1. Dezember 1743. Für die Artillerie galt offenbar noch das Reglement vom 3. März 1704, vgl. Guddat, S. 86f.

[8] Karl Friedrich Freiherr von dem Knesebeck (1768–1848), der spätere Generaladjutant Friedrich Wilhelms III. und Generalfeldmarschall.

79. Aufzeichnung [Hannover?, um 11. März 1798]

GStA PK, VI. HA Nl Scharnhorst Nr. 73 fol. 75r–v (2 S.): Eigenhändig, Fragment.

Einsparung von Fuhrwerk und Pferden.

Keine Brodwagen u. s. w.[a]

[b]Von der Einrichtung der Laffeten und des Fuhrwerks will ich gar nicht sagen, daß ist entshieden unzwekmäßig und leidet eine große Verbeßerung. Aber auch in Rüksicht der Brodwagen, Zelt- und Kesselpferde kann man noch Ersparungen treffen; wir haben dies zufällig bey einem Corps Engländer und Hessen gesehen. Diese hatten weder Pferde noch Wagen.[1] Mann etablirte für sie einen kleinen Park von zusammen gebrachten Fuhrwerken. Aus diesen wurden die Wagen zum Transport des Brodts, der Zelter, der Infanterie Patronen u. s. w. detaschirt. Die Regimenter, welche in einer Stadt oder nahe bey der Bäkerey oder in einer Festung lagen, brauchten keine Wagen zu diesen Transport, die, welche nach und nach durch Krankheit und vom Feinde sehr gelitten hatten, brauchten p. Bataillon nur 2 oder 3 Wagen, während man in Lager war, mußten die Zelt- und andern Pferde dem Proviant Train helfen; kurz, dieser Park hatte nicht halb so viel Pferde, als nöthig gewesen wäre, die Regimenter mit den nöthigen Pferden zu versehen, und thut nebenher noch viel Dienste.[c]

---

[a] *Dieser Text ist – das verrät die ungewöhnlich sorgfältig ausgeführte Handschrift – offenbar zunächst als Reinfassung eines Briefes an Lecoq (Nr. 78) niedergeschrieben worden. Im nachhinein hat Scharnhorst dann aber doch große Teile des Textes wieder durchgestrichen. Allem Anschein nach ist auch die Überschrift nachträglich notiert worden, so daß von dem Briefkonzept letztlich eine aktengerechte Notiz über Detailbeobachtungen, wie sie bei Scharnhorst immer wieder begegnen, übrig geblieben ist.*

[b] *Davor gestrichen und im Wesentlichen gleichlautend der Teil des Postskriptums von Nr. 78 von „Zelter, der Decken, der Kessel" bis „weil sie mich äusert interessiren." Dann noch, ebenfalls gestrichen: „Es scheint mir, daß man bey den Trupen in Felde noch große Ersparungen, ohne den Dienst nachtheilig zu sein, treffen könne."*

[c] *Folgt, versehentlich nicht gestrichen: „Adieu, lieber Freund." Danach gestrichen: „G. S. In den letzten Briefe hatte ich vergessen, eine Karte von Hildesheim für H. von Knesebeck, der ich mich zu empfehlen bitte, einzuschließen, welche hierbey erfolgt."*

[1] *Gemeint sind die Truppen Lord Moiras und die hessische Artillerie, die im Sommer 1794 bei der Armee des Herzogs von York eintrafen. Besonders die mangelnde Ausstattung von Moiras Truppen war von Beobachtern wie dem im ersten Band zitierten Karl Rummel bemerkt worden.*

80. Scharnhorst an Preuß[1] Hannover, 21. April 1798

GStA PK, VI. HA Nl Scharnhorst Nr. 339 fol. 1r (1 S.): Eigenhändig.

Austausch von Karten und geographischen Daten.

Hannover, den 21sten April 1798
Mein lieber Preuß, ich danke Ihnen für die Nachrichten, die Sie mir mehrmal gegeben haben. Ich habe sie nicht beantwortet, weil ich Ihnen nichts zu schreiben wußte und immer die Hände voller Arbeit hatte. Herr von Lecoq hat mir versprochen, die Carten von Münster, Lingen und Tecklenburg, welche Sie gemacht, mitzutheilen. Sammlen Sie ja alle Nachrichten von dieser und andren Gegenden, damit wir auch ein klein topographishes Magazin von Westphalen erhalten; auch die Feurstellen der Oerter, wo Sie es können. Leben Sie wohl, lieber Preuß, ich bin Ihr dienstwilligst[e]r
 G. Scharnhorst

81. Dislokation [?, nicht nach 25. April 1798[1]]

HStAH Hann. 41 I Nr. 110 (1 S.): Eigenhändig.

Veränderte Dislocation, in den Brigaden des Prinzen Adolf Königl. Hoheit und des Herrn General-Major von Hammerstein

I. Brigade des Prinzen Adolf K.H.
  1 Bataillon Garde Hannover
  1 " " " 11ten Regim. Pattensen
  1 " " " 13 "   "   Springe

II. Brigade des Herrn General-Major von Hammerstein
  1 Bataillon 1sten Regim. Gehrden
  1 " " "   6ten   " "   Wunstorf
  1 " " " 10ten   " "   Ahlden[a]

---

[1] Der beim Generalstab des Observationskorps stehende Ingenieurfähnrich Franz Ludwig Preuß.

[a] *Im gleichen Faszikel befindet sich der zur Durchführung erlassene Befehl Wallmodens (Hannover, 25. April 1798) sowie die von Scharnhorst abgezeichneten Quartierlisten für die einzelnen Bataillone.*

[1] Aufgrund des Datums des zur Durchführung ergangenen Befehls Wallmodens, siehe Anmerkung a.

82. Denkschrift [?, 1798?[1]]

HStAH, Hann. 41 I Nr. 110 (1½ S.): Eigenhändig.[a]

Quartierangelegenheiten.

Pro Memoria

1. Das Bataillon von 5ten Infanterie Regiment von Hugo in Verden kann die Dörfer belegen, welche nicht von preußischen Trupen zwischen der Weser und Aller belegt sind und dazu noch einige gelegene von Amt Westen gegen Rethen[2] zu nehmen.
2. Die Einquartierung im Amte Neustadt zu Mandelsloh und Welze ist nach der gewöhnlichen Stärke der Belegung und die mehrsten Oerter in allen Quartierständen sind nicht geringer belegt. Erst nach der Exercierzeit, wenn die Bataillone und Cavalerie Regimenter nicht mehr sich versamlen brauchen, könnte man eine Abänderung trefen und Roderwald u. Stökendreber der Garde du Corps zugeben und dagegen sie dem Bataillone zu Ahlden nehmen, dagegen von diesen 2 Compagnie nach Rethen legen.

G. Scharnhorst.

83. Notizheft [?], 1. Mai 1798 und später

GStA PK, VI. HA Nl Scharnhorst Nr. 139 fol. 3r–22v (36 S.): Eigenhändig.

[1.] Übungen im Feld. [2.] Munitionsausstattung. [3.] Zahl der Geschütze pro Batterie abhängig vom Kaliber. [4.] Einleitende Überlegungen zu einer Feldzugslehre. Mechanischer und strategischer Teil. Bedarf und Probleme praktischer Kriegslehre. Gliederung. [5.] Stellungen bei Hannover. [6.] Grundsätze der Kriegskunst. Einsatzformen und Zusammenwirken der Waffengattungen. [7.] Taktische Optionen gemäß Fähigkeiten und Überlegenheiten der Waffengattungen. [8.] Schlacht bei Pirmasens 1793.

[Fol. 3r–4v]

Den 1sten May 1798.

[1.] Anotations

1) Man muß mit der ganzen Armee in Felde, so oft es möglich, bey kurzen Märschen, den Feind in den neuen Lager, oder in der Gegend supponiren[1],

---

[a] *Die schwer lesbaren Randanmerkungen von fremder Hand, vermutlich Wallmodens, wurden nicht transkribiert.*
[1] Hier eingeordnet nach den umgebenden Dokumenten im gleichen Faszikel.
[2] Rethem.

---

[1] D. h. zum Zwecke der Übung dort annehmen.

dort durch ein vorgeshiktes Corps den Feind representiren² lassen, aufmarshiren und ihn vertreiben.
2. Man muß in einen Lager, wenn man einige Tage Ruhe hat, vom Feind entfernt ist, Angriffe supponiren, ausrüken u. gegen die Truppen, welche den angreifenden Feind representiren, manoeuvriren.
3. Man muß nahe unsrn Lager den Feind in einer Position supponiren, dort die ihn representirende Trupen angreifen.
4. Hierbey muß man die Trupen in manoeuvre in den kleinen Kriege etc. unterrichten. Man muß dazu bestimmte Dispositionen entwerfen, man muß dabey Stratagems der höhern Tactik anwenden, man muß dabey auf die größte Ordnung u. auf strengste Disciplin sehen, man muß in den Befehlen die Fehler, welche gemacht, rügen, und die Mittel, sie künftig zu vermeiden, lehren.

[2.] Die Anzahl der Schüße, welche man bey jeder Canone im Felde braucht, muß[a], wenn man wenige Geschütze von den Caliber hat, größer seyn, als wenn man viele hat. Wenn man nur eine Batterie 12 ℔ der hat, so muß man wenigstens 200 Schuß mobil haben, wenn man 4 Batterien hat, so kann man schon mit 150 so weit kommen als in ersten Fall mit 200. Denn nie werden alle 4 Batterien zugleich in Feur kommen oder so lange in Feur bleiben, daß sie alle sehr viel Schuß brauchen; trift also einmal eine[b] dieser Fall, so können die andern ihr nun etwas abgeben. Wäre aber nur eine Batterie da, so würde sie in den Fall nun ohne Munition.

Mit der Anzahl der Infanterie Patronen ist es der nemliche Fall. Ein klein Corps braucht auf jeden Mann mehrer Patronen als eine größere Armee, wenn beyde isolirt sind.

[3.] Eine Batterie von größern Caliber muß schwech[e]r an Stüken seyn als eine von kleinen Caliber, denn 1. kömmt es darauf an, auf 1 Punkt zu entsheiden, und das thut eine Batterie von größern Caliber mit wenigern Canonen eben so sicher als eine von schwächern Caliber mit mehrern, 2. muß der Embaras, die Menge der Fuhrwerke, der Pferde u. Knechte einer Batterie, wo möglich sich bei allen gleich seyn. Dies ist sowohl in Rüksicht der Bewegung, als der Erhaltung der Pferde u. Menshen, als auch der Abtheilung [von] wesendlichen Nutzen.

In Rüksicht der Bewegung ist es von Nutzen, wenn die eine Batterie in Zuge nicht mehr Raum einnimt als eine andere, in Rüksicht der Erhaltung ist es bequem, wenn eine Batterie nicht mehr Fourage u.s.w. erfod[e]rt als eine andere. In Rüksicht der Abtheilung ist es gut, wenn jede Batterie durch eine oder 2 ganze Comp[a]gnien Artillerie bedient wird, welches unmöglich ist,

---

[a] Statt „müßen".
[b] Statt „einer".
² D. h. darstellen.

wenn eine Batterie so viel Canonen hat als eine andre, weil die schweren Canonen mehr Mann zur Bedienung brauchen als die leichten. Rechnet man auf den 3℔ der zur Bedienung 8 Mann, auf den 6℔ der 12 u. auf den 12℔ der 16, so wird eine Compagnie von 160 oder 2 Compgnien jede von 80 Mann bedienen können   18 Stück   3℔ der
                                                                             12   "   6℔ der
                                                                              9   " 12℔ der

Wenn man ungefehr 16 Mann zur Reserve bestimt, um die Kranken u. Verwundeten zu ersetzen.

Rechnet man hier auf einen 3℔ der 4 Pferde u. auf 2 ein Munitionswag[e]n, so hat man für die 18 Stük 3[℔ der]ᶜ 108 Pf.

Bey den 6℔ der auf jede Canone   6 Pf. u. auf jede 1 Munitionswagen
                                                           120   "

Bey den 12℔ der auf jede Canone   8 u. auf 2 Canonen 3 Munitionswagen
                                                           128   "

[4.] [Fol. 5r–9v]

ᵈDie Operationen eines Feldzugs sind hier [in] 2 Abshnitten abgehandelt. Der erste hat den mechanischen Theil zum Gegenstande. In diesen wird gelehrt, wie eine Armee in mehrern Trefen in den verschiedenen Terrain sich stellt und darin ficht; wie sie aus einer Stellung in eine andere, oder aus einem Lager in ein anderes übergehet; wie sie in einer großen Strecke von Dörfern cantonirt und sich auf einen gewißen Punkt versamlet und stellt, wenn der Feind sie in den zerstreuten Quartieren angreifen wollte; wie sie sich in einem Lager vershanzt und diese Vershanzung vertheidigt, u. endlich wie sie eine Festung und Vershanzung angreift. Dieser Abschnitt hat seine Regeln, von den die meisten aus der Natur der Sache abgeleitet und allgemein als wahr und auf feste Grundsätze gestützt anerkannt sind.

Der zweite Abshnitt von den Operationen eines Feldzugs bestehet aus den strategetishen Theil. In diesen wird gelehrt, wie man es dahin bringt, daß man einzelne Theile des Feindes mit einer überlegenen Macht schlagen kann oder wie man ohne Schlagen seinen Entzwek erhält.

Dieser Abschnitt fehlt in unsern Werken über die Kriegeskunst; der Graf von Sachsen u. der große König* geben über denselben nur einige Fragmente in ihren Shriften; practishern u. bessern Unterricht aber findet man von ihn in den Feldzügen dieser großen Männer und in denen von Montecuculi und Turenne, des Herzogs Ferdinant und andern.

ᶜ Unleserlich; sinngemäß ergänzt.
ᵈ Davor gestrichen: „Alle Bewegungen einer Armee, alle Stellungen derselben, müßen dahin eingeleitet werden, daß man den
   Die Bewegungen und Stellungen einer Armee müßen nicht bloß zum Zwek haben, den Feind anzugreifen oder ihn durch die Stärke der Stellung in Vordringen aufzuhalten, sondern ihr Haupt Zwek muß dahin gehen, denselben durch Stratagems zu schla".

In keinen Theil der Kriegeskunst ist es so schwer, als in diesen, einigen Unterricht zu ertheilen.

Das Terrain (so manigfaltig in seinen Abwechselungen) und die innere Anordnung der Abteilung eines Heers (zusammengesetzt in den einfachsten Fällen) mit einander combinirt, geben shon Veranlassung zu einer unglaublichen Menge von Vershiedenheiten der Führung der Operationen; aber ihre Verbindung mit den möglichen Stratagems, mit den Rücksichten, welche die moralishen Einflüße auf den Ausgang der Operationen haben, verfielfältigen diese große Anzahl von Verschiedenheiten beinahe bis ins unendliche, und machen es unbeshreiblich shwer, die vortheilhaftesten unter ihnen zu wählen, die einzelnen Mittel so zusammenzusetzen und einzuleiten, daß sie aufs sicherste zu einen großen Zwek führen.

Man kann diese Mittel mit manchen besten Theilen in der phisischen Welt vergleichen, die auf eine gewiße Art vermischt, eine erstaunende Kraft äusern, welche ihre abgesonderte Eigenschaft nicht im Geringsten erwarten ließ.

<u>Entwurf dieses Abschnitts</u>

<u>Ite Abtheilung,</u>
<u>man läßt sich angreifen</u>
<u>I. Capitel</u>
Wie man, wenn man sich in einer Position angreifen läßt, einen großen Theil der feindlichen Macht in Unthätigkeit setzen kann.

<u>IItes Capitel</u>
Wie man, wenn man sich in einer Position angreifen läßt, den Feind zum Umgehen eines unser Flügel verführt und während dem auf eine seiner Colonnen fällt.

<u>IIItes Capitel</u>
Wie man eine Position, in der uns der Feind angreifen will, in den Augenblik, in den er seinen Streich ausführen will, verändert, ohne daß er es erfährt, u. ihn nun selbst unter vortheilhaften Umständen selbst angreifen kann.

<u>IVtes Capitel</u>
Wie man den Feind, der uns in einer Position[e] angreifen will, entgegen gehet u. ihn selbst angreift.

<u>Vtes Capitel</u>
Wie man den Feind in eine uns[f] bekannt[e]n Gegend veranlasset, eine gewiße Position zu nehmen, in der wir gegen ihn einen Angrif mit Vortheil ausführen können

---

[e] *Statt „Postition".*
[f] *Statt „unser".*

IIte Abtheilung,
    Man greift an.
I. Capitel
    Angrif mit einen refusirten Flügel
IItes Capitel
    Angrif, in den man einen Flügel umgehet
IIItes Capitel
    Mittel, wodurch man den Feind beym Angrif unerwartet kömt und ihn zwingt, vorher zu detashiren.

IIIte Abtheilung,
    Man schlägt mit überlegener Macht abgesonderte Haufen
II. Capitel
    Wie man den Feind zu Detashiren verleitet, u. dabey über eines seiner Corps überlegen herfällt
* Schriftsteller unsers Jahrhunderts können wohl nicht mißverstanden werden, wenn sie Friedrich den 2ten den großen König nennen?

[5.] [Fol. 10r–11v]

Hannover besetzt[g]
die Redoute }
No. 1, 2 u. 3 }
    Der Feind kann angreifen:
    a. auf den rechten Flügel
    b. auf der Front
    c. " den linken Fl.
    In jeden Fall wird der Angrif mit auf die Front trefen.
    Wenn der Feind angreift, [..[h]] gehet die Cav. über die Brüken.
    I u. II. formirt sich in A. Rükt nun in vershieden Colonnen vor, läßt 2 Brigaden u. 2 Batterien bey C vorrücken, den Feind hier in Flank nehmen, während die Cav. in D auf der großen Heide die feindliche Cav. überhaufenwirft. Dieser Angrif darf nicht eher geschehn, ehe der Feind ganz entdekt ist, die Cav. kann bey Nebel oder wo der Angrif unentschieden, bey Zeiten nach A rüken, nie aber von da vor, bis der Angrif auf die Front ganz entsheident sich wahrnehmen läßt.
    Käme der Feind mit seiner größten Macht auf den linken Flügel, so wird dieser Angrif weniger Wahrscheinlichkeit eines guten Erfolgs als in andern Fällen haben. Aber das wird er nicht leicht thun, in dem er dadurch ganz von den obern Theil der Leine u. Weser, wo er seine Magazine hat, abgeshnitten werden könnte. Selbst aber auch in diesen Fall ersheint ihn plötzlich in der

---
g *Hierzu beim Text ein skizzierter Lageplan.*
h *Unleserlich.*

rechten Flanke ein fast größter Theil der Cavalerie, unsre Infanterie wiedersteht ihn in der Front.

Bleibt der Feind am linken Ufer der Leine, so muß er die Schanze auf den Lindener u. Limmer Berge nehmen, ehe er uns forciren kann, um seine Stellung zu verlaßen. Auf diesen Fall wird er an dieser Seite des Flußes hinter Wtsen³ oder weiter rükwärts eine Stellung nehmen. Er wird nicht ehender hier entscheidende Shritte thun gegen die Nieder-Leine u. Weser thun bis er

---

Stellungen bey Hannover

1. Zwishen Stöcken u. Herrenhausen mit der dabey angegebenen Kriegeslist der höhern Tactik.
2. Zwishen der Kirchroder Warte⁴ u. der Leine mit der Kriegeslist der höhern Tactik.

In beiden Fällen kann man den Feind supponiren, er käme aus den Hildesheimshen oder von der Weser, in beiden Fällen ist Hannover besetzt u. der Lindener Berg vershanzt.

In der Position zwishen der Leine u. der Kirchroder Warte kann der Feind Wege einschlagen

1. von vorn angreifen
2. ″ ″ u. in der link[e]n Flanke zugleich angreifen
3. mit der Armee nach Burgtorf u. nur ein Corps gegen uns auf den Hildesheimer Wege stehen lassen. Mit der Armee uns über Mißburg, den Pferdethurm⁵ u. Sturmdeich angreifen.
4. An linken Ufer der Leine, zwishen Hameln u. Hannover, eine Position nehmen, ein Corps unterhalb Hannover über die Leine shiken, um uns die Gemeinshaft mit den an der Niederweser stehenden Corps abzushneiden u. dadurch zu zwingen, unsre Stellung zu verlaßen.ⁱ

[6.] [Fol. 13r–15v]

Erklärungen der Allgemeinen Grundsätze der Kriegeskunst

I. Capitel Wahl des Terräns für die vershiedenen Waffen als Gattungen von Truppen

---

ⁱ *Das folgende Blatt (fol. 12) ist bis auf eine Ergänzung für fol. 13 leer.*
³ Möglicherweise ist Wettbergen gemeint.
⁴ Kirchröder Turm.
⁵ Westlich von Kleefeld, beim heutigen Pferdeturmkreisel.

1. <u>Cavalerie ficht in der Ebene</u>; NB. hier wird die weitere Ausführung, wie weit man ein Terrän für Cavalerie noch bereitbar hält, daß etwas durchshnitten ist – Wie oft die Cavalerie sich den Gefecht entziehet, wenn die Befehlshaber nicht Lust haben, wie die reitende Artillerie hier einen Unterschied macht.
2. <u>Infanterie ficht in durchschnittenen Terrän und in der Ebene</u>. Nur reguläre, gut disciplinirte Infanterie kann in der Ebene der Cavalerie wied[e]rstehen. Dabey wird aber vorausgesetzt, a. daß sie noch in Ordnung. Wenn sie z. B. nach einen Gefecht sich zurükziehet, nicht vollig mehr in Reih und Gliedern ist, oder nur in der Geshwindigkeit wieder in dieselbe gebracht ist, schon lange ohne Ordnung gehandelt hat, alsdann ist sie nicht mehr ganz fähig, gegen Cavalerie in der Ebene zu fechten. Ganz unfähig dazu ist sie, wenn Reih u. Glied[e]r verlohren, oder wenn sie eben eine übereilte Bewegung macht, um nicht in Flank u. Rück genommen zu werden. Leichte Infanterie, welche einmal gewohnt ist, zerstreuet zu agiren, oft zu fliehen, welche nicht Zutrauen im Schluß u. den nahen Schuß hat, kan nicht in der Ebene gegen Cavalerie fechten.
3. <u>Artillerie ficht in allen Terrains</u>. Gegen Cavalerie in der Ebene kann sie nur gebraucht werden, wenn sie durch Truppen so stark gedekt ist, daß diese der feindl. Cav., wenn sie aufjagt, sich entgegenstellen kann. Gegen Cavalerie in der Ebene ist ihr Wirksamkeit nicht so groß, daß sie dieselbe durch ihr Feur zurükhalten kann, in sie einzudringen, d. h. wenn eine Batterie von vorn mit 4 bis 5 Escadron angegriffen wird, so ist sie verlohren; die grade auf ihre Front trefende Escadron kömt vielleicht nicht durch, aber die Wirkung gegen die andern ist so gering, daß die Artillerie verlohren ist. Gegen Infanterie ist sie wirksam, weil diese sich langsamer gegen sie bewegt, und dann kann sie sich retiriren, wenn diese sehr nahe ist, ohne daß sie von ihr eingeholt wird.

Man kann aber gleich wohl die Artillerie der Cavalerie in der Ebene, selbst in den Fällen, wo unsre Truppen nicht so stark sind, den feindlichen Angrif zu wiederstehen, entgegenstellen in folgenden Fälln a. wenn der Feind nicht unsere Stärke übersehen u. erforshen kann, und Ursach zu glauben hat, wir seien stärker, als wir wirklich sind, b. wen[n] wir eine feindliche Stellung angreifen. Bey allen diesen muß man mit schwr. Artillerie weit behutsamer als mit reitender seyn, weil dise doch immer durch ihre Geschwindigkeit sich den Feind eh[e]r entziehen kan.

II. Capitel <u>Verhalten der vershiednen Waffen gegen einander in Action</u>

1. Wird Infanterie u. Artillerie von eben diesen Waffen angegriffen, so richtet unsere Artillerie ihr Feuer auf die gegenseitige Artillerie, solange diese ferne ist, um ihr Feur auf sich zu ziehen. Kömt gegenseitige Infanterie der unsrigen näh[e]r, so richtet unsre Artillerie auf die andringende Infanterie und sucht diese mit den Infanteriefeur gemeinschaftlich aufzuhalten.

2. Wird die Infanterie u. Art. durch Cavalerie angegrifen, so feurt die Artillerie auf die Cavalerie shon in großer Entfernung nahe nach dem Terrän an der Infanterie Zeit hat, ihre Disposition zum Angrif zu trefen [sic!]. Näher, wenn die Cavalerie eindringen will, bedient sie sich der Cartätshen mit kleinen Kugeln. Hier ist die Ursach [......]^j]

3. Trift Infanterie beym Angrif auf Cavalerie, so agirt die Artillerie bloß, indem sie sich der Cavalerie auf einen wirksam Canonshuß auf 1200 Schritt näh[e]rt, die Infanterie stehet hinter ihr unbeweglich. Die Cavalerie muß nun angreifen oder davon gehen, in ersten Fall trift sie auf Infanterie, welche sich noch nicht verfeurt hat, welche noch in völliger Ordnung ist, in 2ten Fall greift die Artillerie u. Inf. die Cavalerie, wenn diese sich an einer andern Position wiedersetzt, auf die ob[i]ge Art an. Hier muß noch auseinander gesetzt werden, daß die Infanterie sicher, daß ihr Vorgehen langsam seyn muß u.s.w., damit sie immer in der größten Ordnung bleibt.

[7.] [Fol. 16r–20r]

I. Bey der Wahl der Positionen u. der Leitung der Observationen kommen in Erwägung, wenn die Waffen der Armee schon bestimmt sind:

In welchen Waffen oder bey welcher Gattung von Trupen wir eine Ueberlegenheit über die der feindlichen Armee haben, es sey, daß diese Ueberlegenheit eine Folge der großern Anzahl oder größern Geshiklichkeit sey. Es treten hier verschiedene Fälle ein.

a. Ist unsre Cavalerie der feindlichen in Anzahl oder Brauchbarkeit überlegen, so haben wir Ursachen, unsre Stellungen u. Bewegungen so auszurichten, daß wir in der Ebene zum Gefechte kommen. Bestehet unsre größte Force in der Cavalerie, so können wir mit der Armee geshwinde Bewegungen ausführen und in der Nähe des Feindes manoeuvriren, so muß unser Plan zu einer Schlacht immer darauf angelegt seyn, den Feind in der Bewegung anzugreifen, den Feind, der uns angreifen will, entgegen zu gehen, über den einen Theil des Feindes, der uns umgehen will, wo er uns offen kömt, herzufallen u.s.w. In den Fall verfährt man ganz anders in der Einleitung u. Vorbereitung zu den Gefechten.

b. Ist unsere Infanterie beßer als die der feindlichen Armee, so können wir durch regelmäßige Angriffe, besonders in solchen Terrain, worin die Cavalerie nicht in Großen agiren kann, die Gefechte entsheiden. In den Fall müßen wir große Wälder u.s.w. vermeiden, aber auch nicht die Ebenen suchen, sondern ein abwechselndes Terrain.

Der Vorzug einer guten Infanterie ist von weiten Umfange; er ist bey Angrif u. bey der Vertheidigung der Posten, Vershanzungen, wo die Vorzüge der Cavalerie nicht benutzt werden können, fast entsheidend;

---
^j *Unleserlich.*

beym Gefechte in freien Felde setzt er den erhaltenen Vortheil der überlegenen Cavalerie, wie bey Molwitz[6], Gränzen, und man kann mit Recht sagen, diese Waffe sey die Seele der Armee.

c. Bey einer überlegenen Artillerie kann man beyn Angrif, wo man auf einem Punkte durchdringen will, wo man auf einen Punkt die feindl. Linie brechen will, um mit der Cavalerie alles übern Haufen zu werfen, entsheiden. Durch sie ist man im Stande, eine feindliche vortheilhafte Stellung zu brechen und mit offenbarer Gewalt einzudringen, wo zu die beiden übrigen Waffen nicht die Gewalt in sich selbst finden.
Eine mit vieler Artillerie versehene Armee hat in der Vertheidigung von guten Stellungen, von vershanzten Posten u. vershanzten Lägern einen großen Vorzug vor einer andern, der es hier fehlt.

d. Rückt man mit unerfahrnen, noch nicht ans Feur gewöhnten Trupen gegen erfahrne ins Feld, so muß man mit aller Vorsicht zu Werke gehen, um ihnen Zutrauen zu sich selbst einzuflößen.
1. Muß man alle Haupt Gefechte zu vermeiden suchen, dies geshiehet auch, wenn man selbst in der Nähe des Feindes kömt auf manche Art, wie anderwärts gezeigt ist.
2. Muß man auf die Postenkette eine große Aufmerksamkeit wenden, u. dabey, wo es möglich ist, die regulären Trupen ins Feur bringen und hier lange in nichts bedeutend[e]n Plakereien hinhalten, damit sie sich ans Feur gewöhnen und sehen, daß die Wirkung nicht so groß ist, als sie sich dieselbe gedacht haben. Kann man einen Ort förmliche angreifen, so wird man seine Soldaten bald ans Feur gewöhnen. Hier werden sie in[k] den Laufgraben durch die beständige ihn über den Kopf hinfliegenden Kugeln zuletzt so dreiste, daß sie keine Canonade mehr achten.
3. Eine Haupt Sache ist, daß man von Zeit zu Zeit einige feindliche Posten mit einer großen Ueberlegenheit angreift und die erhaltenen Vortheile als wichtige Siege den Trupen bekannt macht und auf diese Art große Begriffe von ihrer Tapferkeit beyträgt. Wer brav zu seyn glaubt, ist es auch. Dabey bestrafe man die gemachten Fehler aufs Strengste, belohne alle diejenigen, welche sich ausgezeichnet, beweist der Bravour u. Tapferkeit ganz eine Art von Ehrenbezeugungen. Der Geist, den man jetzte den Trupen giebt, bleibt in denselben. Da Belohnungen u. Bestrafungen die Seele aller Ausrichtungen im Kriege ist, so wende man diese große Triebfeder jetzt auch hier an. Man lasse nach jeder Affäre, nach

---
[k] *Das Wort in der Vorlage versehentlich doppelt.*
[6] Am 10. April 1741 besiegte hier die preußische Armee unter Friedrich II. und dem Grafen Schwerin ein österreichisches Heer unter Feldmarschall von Neipperg.

jeden Gefechte eine Untersuchung anstellen, den Vorgang wörtlich von mehren aufsetzen u. protocolliren, um zu erfahren, wie die Individuen sich dabey benomen, u. lasse nie eine Gelegenheit vorbey gehen, wo man nur einigermaß[e]n Gelegenheit hat, Beyspiele der Strenge u. Erkentlichkeit zu geben. Man abandonire[7] den Soldaten, der das Gewehr weggeworfen hat, man lasse den, der freiwillig der Gefahr trotzt, bal[d] eine öffentliche Achtung wiederfahren.

4. Kömt es zum eigentlichen Gefecht, so greife man mit der Artillerie an, diese kann man, wenn die Officiere gut sind, in die Hölle führen; wenn der Officier den Befehl giebt, vorzurücken, so muß jedes Geshütz gehen. Bey einen Bataillon, wovon niemand mehr vor will, wo alles durcheinander gehet, kann der Befehlshaber nunmehro nichts mehr machen. Bey der Artillerie kann dieses aber nicht stattfinden (die weitere Ursach ist ausgeführt, wodurch).

[8.] [Fol. 20v–22v][1]

Schlacht bey Pyrmasens[8]

Merkwürdig
1. Der Feind umging sie ganz. Er war abgeshnitten, kam doch zurük. Für den, der angreift, ist es nicht gefährlich, wenn er in eine Lage kömt, wo er abgeshnitten wird. Der Feind hat nicht Zeit, wenn der angreifende Umgeher unglüklich ist, ihn den Rükzug abzusneiden, dazu ist nichts vorgebeugt. Bei den, der umgangen wird, ist aber das Abshneiden gefährlicher. Der Feind hat darauf shon sich eingerichtet, eine Anordnung zu treffen, wie es geschehen kann, die Punkte, welche zu dieser Absicht besetzt werden müßen, ausgemacht u. den Unterbefehlshabern bezeichnet.

Bey der Schlacht bey Pyrmasens hätte dies vieleicht geshehen können, wenn der Prinz von Hohenloh[9] thätig gewesen wäre, wenn dazu eine Verabredung gewesen wäre.

2. Die Artillerie entshied doch hier viel, nach der Aussage der französishen Officiers brachten sie die Colonnen in Unordn[un]g. Die Artillerie ließ

---

[1] *Der Text steht gegenüber dem Vorangehenden auf dem Kopf, d. h. die letzte Seite des Heftes ist die erste dieses Textes.*
[7] *Im Sinne von „vernachlässigen" oder „verachten".*
[8] Bei Pirmasens siegte am 14. September 1793 die preußische Armee des Herzogs von Braunschweig über eine französische unter General Jean-René Moreaux.
[9] Friedrich Ludwig, Prinz (seit 1796 Fürst) von Hohenlohe-Ingelfingen (1746–1818), der sich 1792–1794 bei verschiedenen Gefechten als Unterbefehlshaber auszeichnete. Anfang 1795 kommandierte er das bei Mainz zurückbleibende Korps, 1796 den preußischen Kordon an der Ems. Als General der Infanterie befehligte er 1806 das preußische Heer bei Jena und wurde nach der Kapitulation von Prenzlau aus der Armee entlassen.

hier keinen Angrif der Huster Höhe zu. Sie konnte hier als eine Linie angesehn werden, welche die Trupen entbehrlich machte.
3. Der Vortheil der Preußen lag darin, daß die Franzosen sie an einer Stelle vorfanden, wo sie sie nicht erwarteten; daß die Preußen nicht in der Position vorher standen, worin sie schlugen, und die Franzosen also nicht^m vorher ihre Disposition machen konten. Es muß ein Grundsaz seyn, daß man nicht schlägt, wo man stehet – man muß sich lieber schlecht stellen.
4. Die vershiedenen zu besetzenden Posten oder Positionen der Preußen waren aufs entfernteste $1^1/_2$ Stunde von einander. Aber die beshwerlichn Defileen machten, daß man w[en]igstens 2 rechnen könnte.
5. Man erwartet immer den Angrif auf der Front, das war auch hier der Fall, er kam aber fast in Rüken.
6. Man gab hier doch 10 bis 12 Bataillons Feuer ohne in Unordnung zu kommen.
7. Die reitende Artillerie war doch auch bey den ersten Angrif nützlich.
8. Soll man, wenn man ein durch einen kleinen Fluß gebildetes shmales tiefes Thal vor sich hat, nahe hinter dasselbe sich stellen, oder weiter davon, oder wie weit davon? Der Herzog v. B. lies die Batterien nahe hinter das Thal, welches die Elsbach formirt, auffahren. Es war tief u. hatte fast für Menschen impracticable Aufgänge; an vielen Stellen Felsen Wände.
9. Ueberal fehlten in dieser Position starke Reduten mit hölzerne Casematten. 1 Redute auf dem Kellerich¹⁰, eine hinter den Felsenbrunerhofe, eine beym Erlenbrunerhofe und ein auf der Husterhöhe, jede für ein Bataillon u. 6 bis 8 Canone, sicherten diese Punkte u. erlaubten, die Macht in Haupt Lager bey Pyrmasens bey einander zu haben. Bey Operationen ganzer Feldzüge muß man Festungen haben, wenn man tactische Vortheile genießen will; zur Behauptung einer vortheilhaften Stellung, zur Ausführung eines Stratagems der höhern Tactik u. zu einem vortheilhaften Manoeuver gegen den angreifenden Feind, sind an manchen Ortern der besetzten Gegend Schanzen unentbehrlich.

---

^m *Das Wort in der Vorlage versehentlich doppelt.*
¹⁰ Möglicherweise beim Kettrichhof.

84. Denkschrift [Hannover?, nicht nach 2. Mai 1798]

HStAH, Hann. 41 I Nr. 110 (4 S.): Eigenhändig.

Quartierangelegenheiten. Beschwerden betroffener Gemeinden.

2t May 98[a]

Pro Memoria

<u>Leibgarde Regiment betreffend.</u>

Ob das 12te Infanterie Regiment Norddreber entbehren kann, weiß ich nicht; durch die Belegung von Wulfelade würde das Leibgarde Regiment noch mehr in seinem Quartierstande ausgedehnt, überdem muß dies Dorf von der Artillerie zu Neustadt in der Folge noch stärcker als jetzt belegt werden, weil diese die Dörfer Riklingen[1], Garbsen u. Havel[2] so verlohren und die dagegen angewiesenen nicht belegen kann, in dem sie von preußischen Trupen belegt sind.

Da überdem nach dem Bericht des Herrn Oberstlieutenant von Schulte[3] die Beschwerden der Oerter, welche Erleichterung verlangen, nicht sehr gegründet sind, so könnte man jetzt die Quartiere unverändert lassen und nach der Exercierzeit 2 Compagnien des 10ten Infanterie Regiments aus der Gegend von Rodewald u.s.w. nach Rethen[4] verlegen und der Leibgarde die Dörfer Norddreber und Rodewald geben.

<u>Die 3te Batterie Artillerie zu Neustadt betreffend</u>

Die Dörfer Mordorf und Schneeren wurden von den preußischen Truppen geräumt, als dies Linsburg und die umliegenden Oerter verließen. Sie mögen sie indes jetzt behalten, es sind äusserst schlechte Dörfer und die andern von der Artillerie belegten nehmen gern eine stärkere Einquartierung des Träns.

<u>Die Concentrirung des 4 und 5ten Grenadier Bataillons und 14ten Infanterie-Regiments betreffend.</u>

Die vorgeschlagende Concentrirung scheint mir keine Schwierigkeiten zu haben und völlig der Lage der Oerter angemeßen zu seyn. Nur müßte der Herr General von Linsingen den respectiven Beamten anzeigen, daß diese Concentrirung nur eine kurze Zeit daurte; die Regierungen können nichts

---

[a] *Bearbeitungsvermerk von fremder Hand. Dazu noch, möglicherweise von Wallmodens Hand: „d. 3ten an die Leibgarde expedirt".*
[1] Schloß Ricklingen.
[2] Havelse.
[3] Der schon im ersten Band erwähnte Otto von Schulte von der Leibgarde.
[4] Rethem.

dagegen haben, weil man die Art der Belegung sich immer vorbehalten hat, überdem liegen die Trupen bey dieser Concentrirung nicht gedrängter, als sie vor der letzten Erweiterung der Quartierstände lagen; ausgenommen das 4te Grenadierbataillon, welches bey der 2ten Concentrirung etwas sehr gedrängt liegen würde. Da indes diese nur eine kurze Zeit daurte, so würde auch bey ihr von Seiten der Beamten und des Magistrats zu Quakenbrük keine Beschwerde zu befürchten seyn.

G. Scharnhorst
Oberstlieutenant[b]

85. Scharnhorst an Lecoq Hannover, 5. Mai 1798

Nach der Edition bei Linnebach, S. 194f.[a]

Austausch von Karten und Berichten. Leichte Lafette des Grafen Wilhelm. Last der Vorurteile. Politische Veränderungen.

Hannover, den 5. Mai 1798.

Bester Freund, Ihre Briefe von 25. und 28. April habe ich den 3. dieses zugleich erhalten, die Ohsensche Karte, die Beschreibung der Gegend zwischen der Weser und Innerste und der Aufsatz über die Positionen[1] wird schon in Braunschweig sein, und kann, wenn dies nicht wäre, von mir direkte dorthin überschickt werden, indem die Aufträge, von der obigen Gegend einen militärischen Bericht usw. zu verfertigen, von des Herzogs Durchlaucht durch den Herrn General v. Wallmoden an mich gekommen sind, meine Arbeit auch auf diesem Wege zurück gehet und meine Anzeige nur eine freundschaftliche Benachrichtigung war. Gewiß aber sind diese Sachen schon jetzt in Braunschweig, indem der Herr General v. Wallmoden, noch ehe er nach Braunschweig ging, sagte, er würde sie dorthin bei der ersten Gelegenheit überschicken.

Die bückeburgsche Karte habe ich richtig erhalten, sie wird sofort und ich hoffe spätestens in 14 Tagen kopiert sein.

Die Ingenieur-Offiziere werden des Herzogs Durchlaucht unendlich für das Douceur, welches sie erhalten sollen, verbunden sein.

Eine Lafette, wie die, welche sie verlangen, findet sich zu Bückeburg, sie heißt hier: Die Falconetslafette für die Infanterie. Dies ist eine Erfindung von dem verstorbenen Grafen Wilhelm. Wenn man eine haben will, worauf das Geschütz durch Menschen in der Aktion bewegt werden soll, so ist sie die voll-

---

[b] *Im gleichen Faszikel findet sich dazu unter dem Datum „H. den 2ten May 1798" der eigenhändige Vermerk Scharnhorsts: „Se. Excellenz der Herr G. Gr. v. W. genehmigen die beyliegenden Vorschläge; auch den, daß die erste Batterie Hauptmann Meyr zu Ronnenberg das Dorf Empelde behält und daß dem ersten Infanterie Regiment angezeigt wird, daß es dasselbe nicht bekäme."*

[a] *Als Fundort angegeben: „Besitz von Herrn v. Winterfeldt, Landesdirektor der Provinz Brandenburg." Der Verbleib ist nicht bekannt.*
[1] Vgl. Nr. 107 und 108.

kommenste der bekannten. Nur müssen ihre Räder 5 Fuß hoch sein, und ihre Gleisweite muß eben so viel betragen, damit sie sich zu den Wegen in Westfalen schickt. Man hat in Portugal solche Lafetten für 3 ℔ der machen lassen und Versuche in Gebirgen damit gemacht, welche sehr gut ausgefallen sind. Sr. Durchlaucht dem Herzog v. Br. ist diese Lafette bekannt, auch ist ein Modell davon noch zu Lebzeiten Friedrichs des 2ten nach Potsdam oder Berlin gekommen. Selbst in der Ebene hat diese Lafette bei leichten Kanonen, bei 3 ℔ dern, große Vorzüge vor andern. Da aber die 3 ℔ der bei den meisten Armeen zu schlecht eingerichtet sind und das Vorurteil gegen dieselben allgemein geworden ist, so glaube ich, daß in dieser Sache jetzt nicht viel zu tun ist. Keine Wissenschaft, mein Freund, ist so voll von Vorurteilen, als die Artillerie, wenn man die Theologie ausnimmt. Die Vorurteile der Artillerie sind schwer von außen zu bekriegen, denn man ist mit ihr zufrieden, weil man nicht weiß, was sie leisten könnte, wenn sie zweckmäßiger eingerichtet und geübt wäre.

Die neuen Unruhen in den politischen Horizont machen auf mich einen tiefen Eindruck, ohngeachtet ich sie mit der größten Wahrscheinlichkeit vorausgesehen habe.[2] Man handelt noch im Jahre 1798, wie man 1792 hätte handeln sollen, darin haben Sie sehr recht. Gott gebe nur, daß Ihr guter König und der Herzog v. Braunschweig das Leben behält, sonst sind wir ganz verloren.

Adieu, mein bester Freund, verzeihen Sie mir die unleserliche Hand, ich bin in großer Eil.

Ihr aufrichtigster und
dienstwilligster
Freund G. Scharnhorst.

86. Denkschrift [?, nicht nach 5. Juni 1798]

HStAH, Hann. 41 I Nr. 110 (2 S.): Eigenhändig.
Quartierangelegenheiten.

5t Juni 98[a]

Pro Memoria, die Bequartirung der bremschen Dörfer betreffend.

Die hannövrischen Dörfer Schwachhausen, Vahr und Hastädt, auf deren Belegung die Stadt Bremen anträgt, liegen fast in dem Gebiete der Stadt[1] und können wohl von dem 3ten Cavalerie Regiment von Maydel belegt werden.

---

[2] Im April war es zur Umgestaltung der Schweiz (Helvetischen Republik) gekommen, Genf wurde dabei französisch. Während man in Frankreich Expeditionen nach Irland und Ägypten vorbereitete, mündete die innere Krise in den Staatsstreich des Direktoriums gegen die in den letzten Wahlen gestärkte linke Opposition (22. Floréal bzw. 11. Mai). Zur gleichen Zeit begannen die Verhandlungen, die zur Bildung der 2. Koalition zwischen Großbritannien, Rußland und Österreich führten.

[a] *Eingangsvermerk von fremder Hand.*
[1] Sie kamen 1803 zu Bremen, als die Souveränität im Domgebiet von Kurhannover an die Reichsstadt überging.

Sie waren bis den 28ten Januar 1798 von den 2ten Grenadier Bataillon bequartirt und haben, da sie ehr, wenigstens das Dorf Hastädt, als die bremschen belegt wurden, mit diesen ungefähr eine gleiche Zeit Trupen gehabt.

Uebrigens sind auch die um jene hannövrischen Dörfer liegenden bremschen ehemals von 2ten Grenadierbataillon belegten, so wie die erstern, unbelegt geblieben und es ist hier keine Parteilichkeit begangen; auch müßten, wenn Schwachhausen belegt werden sollte, die umliegenden bremschen Dörfer ebenfalls Einquartierung haben, weil sonst kein Zusammenhang in der Bequartirung bliebe.

G. Scharnhorst
Oberstlieutenant u.
G.Q.M.[2]

87. Scharnhorst an [Stietencron][1]   Bordenau, 9. Juli 1798

HStAH, Hann. 74 Neustadt/Rbg. Nr. 1810 (2^1/$_2$ S.): Eigenhändig.

Beschwerde über Gefährdung des Wiesengrundstücks an der Leine.

Hochwohlgeborner Herr,
hochgeehrter Herr Droste!

Ew. Hochwohlgeborn ist bekannt, wie sehr meine Wiese in der Ober-Ma[r]sch dadurch leidet, daß die Pfar-Wiese und eine andere, dem Einwohner Seelmeyr (ehedem Kahlen) zugehörige Wiese nicht gegen den Einbruch des Lein-Flußes geschützt wird.[2] Eine Menge gerichtliche Anzeigen und Klagen sind seit 20 Jahren geshehen; ich habe die billigsten Offerten noch neuerlich gethan; ich habe große Kosten angewendet, die verlohren gegangen sind; neue sind unumgänglich erforderlich, und dazu wirft sich die ganze Gewalt des Flußes auf meine Wiese von Jahren zu Jahren, so daß ich in der Folge nicht im Stande seyn werde, ihr Wiederstand ohne jährliche große Kosten zu leisten. Der langsame Gang dieser Sache kostet mir offenbar, ohne alles Ve[r]shulden, mehrere 1000 Thaler. Ew. Hochwohlgeborn haben das Local gesehen und wissen, daß meine Klagen gegründet sind. Ihre Güte und Freundschaft läßt mir hoffen, daß Sie die Gewogenheit für mich haben, diese Sache, wenn es möglich ist, auf irgend eine Art zu Ende zu bringen. Sie würden mich dadurch

---

[2] Im gleichen Faszikel findet sich unter dem gleichen Eingangsdatum eine eigenhändige Denkschrift Scharnhorsts (1^1/$_2$ S.) zu kleinen Details der Einquartierung des 10. Infanterieregiments, des 1. Kavallerieregiments und der Leibgarde.

[1] Johann Friedrich Carl Gustav von Stietencron, Drost zu Neustadt am Rübenberge, vgl. Staatskalender.
[2] Vgl. das Promemoria Nr. 73.

zu einer immer währenden Dankbarkeit verpflichten, in dem mir die Sache auser dem Nachtheile, der mir durch dieselbe zuwächset, auch höchst empfindlich ist. Ich darf mich zu freundschaftlich[e]n Gegendiensten nicht anbieten, denn es wird sich nicht leicht ein Fall ereignen, wo ich sie werde leisten können.

Mit größter Hochachtung bin ich

Ew. Hochwohlgeborn

Bordenau, den 9ten Julie   gehorsamer G. Scharnhorst
1798.

88. Scharnhorst an [?]   **Elze, 24. Juli 1798**

GStA PK, VI. HA Nl Scharnhorst Nr. 20 fol. 128r (1 S.): Abschrift, Schreiberhand.

Kommentar zu einem unbekannten Manuskript über den Soldaten als Maschine.

Elze[1], den 24ten Julie 1798.

Eine kurze Abwesendheit von Hannover macht es mir erst heute möglich, Ihnen, Bester, das verlangte Manuscript zurück zu schicken. Ich habe den Aufsatz vortreflich gefunden, wie wohl einige Aeuserungen in etwas gemildert werden könnten, ohne daß der innere Werth des Ganzen dadurch litte. Der Haupt Gegenstand der Abhandlung, ob der Soldat bloß Maschine seyn muß oder nicht, bleibt immer noch, deucht mir, ein Problem, bey dessen Auflösung man nicht vorsichtig genug zu Werke gehen kann. Ich rede hier bloß als Soldat und nicht als Mensch. Gönnen Sie mir Ihre Freundschaft fernerhin und seyn Sie versichert, daß niemand mit mehrer Hochachtung und Aufrichtigkeit Ihr Freund seyn kann als ich es bin.

G. Scharnhorst

89. Scharnhorst an Lecoq   **Hannover, 17. August 1798**

Nach der Edition bei Linnebach, S. 195ff.[a]

Methoden und technische Voraussetzungen der Kartierung. Mangel an Gemeingeist. Reisepläne.

Hannover, den 17. August 1798.

Bester Freund, entschuldigen Sie sich nicht, daß Sie mir die erbetenen Nachrichten[1] noch nicht verschafft haben, ich weiß wohl, wie es mir mit dergleichen

---

[1] Der Brief entstand offenbar während Scharnhorsts erneuter Erkundungsreise in die Gegend am Deister und entlang der Leine bis Einbeck. Vgl. die im anschließenden Schreiben an Lecoq erwähnten Reisestationen.

[a] *Als Fundstelle angegeben: „Besitz von Herrn v. Winterfeldt, Landesdirektor der Provinz Brandenburg". Der Verbleib ist nicht bekannt.*
[1] Gemeint ist Scharnhorsts Bitte um Materialien zur preußischen Armee in Nr. 78.

gehet, ich bin hier an der Quelle und habe doch alle Mühe, Nachrichten der Art aufzutreiben – aber grade dieser Umstand macht sie mir um so mehr interessant.

Bei unser Landvermessung ist kein Netz trigonometrisch aufgenommen. Das ganze Land ist einzeln mit der Mensel[2] nach dem Unterricht von Hogrefens topographischen Vermessungen[3] aufgenommen. Auch sind die einzelnen Blätter nie anders als in der geographischen Karte zusammengesetzt, ohngeachtet sie an einander passen oder doch passen sollen.[4] Kästner und Lichtenberg[5] haben die geographische Breite und Länge auf die eben genannte Karte getragen. Ich habe daraus beigelegte Tabelle gezogen, welche Sie sich nach Gefallen bedienen können, ohne jedoch zu sagen, daß sie aus der erwähnten Karte gezogen wäre.

Ich weiß in unser Gegend nur ein Instrument, mit dem man ein Netz von einem Lande trigonometrisch aufnehmen kann. Sollte ich dies erhalten, und sollte man für unsern Artillerie-Leutnant <u>Ziehen</u>, welcher zu dergleichen Arbeiten sich schickt, eine tägliche Zulage von 1^1/$_2$ Rthl. ausmachen können, so wär es wohl möglich, eine Triangel-Verbindung der Haupt-Oerter zwischen der Ems und der Weser zu stande zu bringen. Die Sache ist immer mit vielen Schwierigkeiten verbunden und erfordert längere Zeit, als man anfangs glaubt.

Was Sie von Mangel an Gemeingeist sagen, ist nur allzu wahr, er characterisiert unser Zeitalter und vorzüglich uns Deutschen – die Franzosen erzwingen ihn. Die Lage ist übel – und gleichwohl sagt die Vernunft, daß allen dem ohngeachtet sich die monarchischen Staaten nicht erhalten, wenn sie keinen Krieg, wie er auch geführt werden mag, anfangen, oder vielmehr annehmen, denn die Forderungen der Franzosen am Rheine, die Besitznahme der Schweiz, Roms, Turins usw. sind entweder eine Herausforderung zum Kriege, oder eine zum Krieg führende Verachtung und Geringschätzung aller übrigen europäischen Mächte – nur die englische Nation spielt bis jetzt noch eine ehrenvolle Rolle in der Geschichte unser Zeit.[6]

Ich habe von neuen die Gegend von Wickensen, Elze, Koppenbrügge, Halle, Einbeck usw. bereiset und noch manche Bemerku[n]g gemacht; ich werde,

---

2 Feldmeßinstrument, bestehend aus einem Dreibein und einer darauf befestigten justierbaren Platte.
3 Wohl: Johann Ludwig Hogreve: Practische Anweisung zur topographischen Vermessung eines ganzen Landes, Hannover und Leipzig 1773.
4 Gemeint ist die von Georg Josua du Plat geleitete topographische Landaufnahme des Kurfürstentums Hannover in den Jahren 1764–1786, die in 172 Kartenblättern im Maßstab 1:21.333 festgehalten wurde.
5 Georg Christoph Lichtenberg (1742–1799) hatte 1772–1773 im Auftrag Georgs III. eine Reise durch Hannover zur astronomischen Ortsbestimmung unternommen. Abraham Gotthelf Kästner (1719–1800) war Professor für Mathematik an der Universität Göttingen.
6 Frankreich hatte im Kirchenstaat die Römische Republik errichtet. Im Juni mußte Sardinien-Piemont vertraglich einer französischen Besatzung zustimmen. Dagegen schlugen die Briten im Juli den verfrüht ausgelösten Aufstand in Irland nieder und errangen am 1. August den glänzenden Seesieg von Abukir, durch den Bonapartes Expedition in Ägypten von der Heimat abgeschnitten wurde.

wenn ich Erlaubnis erhalte, den 1. September eine andere Tour bis Münster machen und durchs Lippische wieder zurück kommen. Alle Bemerkungen, welche ich auf dieser Tour mache, werde ich Ihnen, bester Freund, mitteilen; sie geben Ihnen wenigstens einige Aufklärung über einzelne Punkte.

Sehr würde mich die Gegend zwischen den Elsas[b] und Holzminden interessieren, welche Sie in der Karte von den Braunschweigschen besitzen.

Die Gegend zwischen dem Hildesheimschen und Hoyaschen erhalten Sie, sobald ich sie fertig habe.

Ihr unveränderlicher aufrichtiger

Freund G. Scharnhorst.

90. Protokoll [?, vor dem 10. Oktober 1798[1]]

Nach einer Abschrift Gerhard Oestreichs.[a]

Absprachen zur Konzentration der Observationsarmee. Wahl und Abgrenzung der Einquartierungsgebiete. Versammlungspunkt bei Löhne. Marschwege. Erkundung weiterer Wege.

Protokoll.

Um die Befehle Sr. Durchlaucht des regierenden Herzogs von Braunschweig wegen Zusammenziehung der verbundenen königl. preußischen und chur-hannövrischen Armee bei Herford zu befolgen, wurde zwischen Endes Unterschriebenen folgendes festgesetzt:
1. Nach dem der Oberstlieutenant Scharnhorst zu erkennen gegeben, daß das churhannövrische Corps, so bald es in die Gegend von Herford zu stehen kömmt, nicht wol anders als aus dem Magazin von Hameln verpflegt werden könne, und der Raum zwischen Herford, Gofeld und Vlotho wegen der Gebirge und schlechten Cantonnements beide, das königl. preußische und churhannovrische Corps nicht wohl fassen kann, so wurde beschloßen, bei Sr. Durchlaucht anzufragen, ob das churhann. Corps bei der ersten Zusammenziehung bis in die Gegend von Lemgo ausgedehnt werden könne und einstweilen auf den Bewilligungsfall die Quartiere für dieses Corps, welches nach Abzug des Li[nsi]ngschen Corps noch 11 Bataillons, 14 Esquadrons und 4 Batterien stark wäre, in den Raum von Lemgo, Salzuffeln und Vlotho zu entwerfen. Alsdann verbliebe

---

[b] *Vermutlich ein Lesefehler Linnebachs. Gemeint ist der Elfas.*

[a] *Oestreichs Vorlage („ganz eigenhändig") in HStAH, Dep. 14 von Wallmoden, ist 1943 verbrannt.*

[1] Datiert von Gerhard Oestreich, möglicherweise mit Bezug auf ein anderes, nicht mehr erhaltenes Dokument.

für die königl. preußischen und herzoglich braunschweigschen Truppen die Gegend von Herford, Bischofshagen, Gofeld und am linken Ufer der Werre nach dem Gebirge zu, sodaß allenfalls noch Truppen des rechten Flügels nach Bünde und Engien[2] zustehen kämen.

2. Um aus diesen Quartieren schnell in das Versammlungslager bei Bischofshagen kommen zu können, würden sämtliche Batterien, die reitende Batterien ausgenommen, welche bei den cantonnirenden Truppen blieben, auf den Höhen von Bischofshagen aufgefahren und die Pferde und Artillerie Mannschaft in Bischofshagen cantonnirt. Auch würden die bei Lemgo cantonnirenden Truppen nähere Wege als über Herford nach gedachter Höhe aussuchen, auf welchen sie mit dem Bataillons Geschütz marschieren könnten.

3. So lange die Truppen nach diesen Grundsätzen cantonnirten, befinden sich also die churhannövrischen Truppen auf dem linken Flügel, so bald die Armee sich aber bei Bischofshagen versammlete, würden Sr. Durchlaucht die Ordre der Battaille bestimmen, nach welcher campiert werden sollte.

4. Befohlnermaßen würden die churhannövrischen Truppen aus ihren jetzigen Quartieren dergestalt in 2 Kolonnen marschieren, daß die eine, und bei dieser würde sich das Batterie Geschütz befinden, über Minden, die andere aber über Hameln ginge, wo bei dann auch wohl ein Teil der ersten bei Vlotho über die Weser setzen könnte.

5. Ferner würde[n] der höchsten Absicht gemäß aus dem Lager von Bischofshagen über Lemgo, Alverdissen nach Hameln und über Lemgo, Detmold nach Horn Colonnenwege ausgesucht werden. Unterschriebene teilten sich in diesem Geschäfte folgendermaßen:

Der Oberste von Lecoq übernahm die Wege aus dem Lager von Bischofshagen bis Alverdissen zu entwerfen, als bis wohin 2 Märsche zu rechnen wären. Das 1. Lager nämlich befände sich bei Lemgo und das 2. auf den Höhen von Alverdissen.

Der Oberstlieutenant Scharnhorst übernahm diesen Marsch bis Hameln fortzusetzen, wo das 3. Lager zu nehmen wäre.

Ferner übernahm der Oberste Lecoq den Marsch von Lemgo nach Detmold zu recognosciren, dahingegen der Oberstlieutenant Scharnhorst den 3. Marsch nach Horn untersuchen würde. Hierbei ist zu bemerken, daß man das Lager bei Detmold erst festsetzen muß.

6. Es wurde dabei beschlossen, über den Zustand der Wege genaue Rapports abzustatten und die Stellen anzuzeigen, die eine Reparatur bedürfen, damit des Herzogs Durchlaucht diese Reparaturen bei den respektiven Regierungen veranlassen könnte, und damit

---

[2] Mutmaßlich Enger.

7. Sr. Durchlaucht die ganzen Rapports mit einem Blick übersehen können, so wurde festgesetzt, daß die Kolonnenwege und Läger croquirt und die Croquis des Oberstleutenant Scharnhorst an den Obersten von Lecoq geschickt werden sollten, um daraus einen ganzen Rapport zu entwerfen und Sr. Herzogl. Durchlaucht untertänig vorzulegen.

von Lecoq   G. Scharnhorst.

91. Anweisung   [Hannover, Mitte Oktober 1798?[1]]

GStA PK, VI. HA Nl Scharnhorst Nr. 73 fol. 29r–30v (3 S.): Konzept, eigenhändig, unvollendet[a]?

Erkundungen im Fürstentum Lippe. Wege und Lagerplätze. Historischer Schauplatz 1761. Beizubringende Informationen über die Beschaffenheit der Wege.

Instruction für den Lieutenant Ziehen von der hannövrischen Artillerie.

Der Lieutenant Ziehen erhält hierdurch den Auftrag:
1. den Weg von Alverdissen nach Blomberg zu recognosciren, ihn nach den Augenmaas aufzuzeichnen und zu beshreiben;
2. zwischen Horn und Blomberg, so nahe als möglich bey dem erstern Orte, ein Lager für eine Armee aus zu suchen, zu croquiren und zu beshreiben, welches Front gegen die Diemel hat;
3. die Position, welche der Herzog Ferdinand 1761 zwischen Reelkirchen und Siegfeld hatte, a vue aufzuzeichnen, wenn sie auch nicht passend zu der, welche oben verlangt ist, gehalten werden sollte;
4. drey oder doch zwey Wege von Horn oder vielmehr von den ausgesuchten Lagerplatz nach Detmold zu croquiren und zu beshreiben.
5. erhält der Lieutenant Ziehen den Auftrag, den Guiden, welchen er mitnimmt, von Alverdissen über Kirchdonop[2] auf Bilefeld und von da zurük

---

[a] *Die letzte Seite trägt nur ein Wort, das zudem bereits auf der vorangehenden Seite als Anschlußwort notiert worden ist.*
[1] Bei den gleichen Papieren (GStA PK, VI. HA Nl Scharnhorst Nr. 73 fol. 32v ($^1/_2$ S.)) ist der Entwurf Scharnhorsts für die Passierscheine für die mit der Erkundung Beauftragten. Der für Leutnant Schäffer ist datiert „Gen[e]ralquartier Hannover, den 15. Oct. 1798". Leutnant Ziehen und die Guiden Jasper, Lindemann und Rummel, die davor aufgelistet sind, sollten offensichtlich gleichlautende Ausfertigungen erhalten. Es ist allerdings nicht unmöglich, daß Scharnhorst diesen Entwurf nicht in Hannover abgefaßt hat, sondern ihn von seiner Erkundung in Lippe zur Ausfertigung ins Generalquartier schickte. Es ist zu bedenken, daß Scharnhorst, als er spätestens am 18. Oktober in Hameln eintraf, seine vermutlich mehrere Tage dauernde erste Erkundung der Gegend von Hameln, Alverdissen, Horn und Blomberg wohl schon abgeschlossen hatte, vgl. Nr. 93 und 95.
[2] Mutmaßlich das heutige Donop.

nach Detmold gehen und auf dieser Tour den Weg, welchen er passirt, croquiren und beschreiben zu lassen, insbesondere aber, sich nach den Durchgängen durch den Lippischen Wald oder das Teutoburger Gebirge, welches ihn auf dem Wege von Bilefeld bis Detmold rechts bleibt, genau zu erkundigen und davon einen Bericht aufzusetzen.
6. Bey den Recognosciren eines Weges werden a. die Berge bemerkt, welche sehr beshwerlich, das heißt, durch Hemmen der Räder nur mit Fuhrwerken passirt werden können, b. die morastigen und sumpfigen Stellen, in welchen ein beladenes Fuhrwerk steken bleiben kann, c. die Brücken, wo bey zu bemerken, welche von ihnen eine Reperatur bedürfen.
Bey den sumpfigten oder morastigen Wegen wird angezeigt, ob man sie durch die Ueberfahrt über ein Feld oder Wegräumun[g] einiger Hecken od[e]r Bäume oder durch eine nicht zu große Ausbeßerung für alle Fuhrwerke brauchbar machen könne.
7. Von dieser Instruction und von den Bericht, welche der Lieutenant Ziehen über die obigen Punkte erstattet, macht derselbe niemand etwas bekannt.

92. Anweisung [?, Mitte Oktober 1798?¹]

GStA PK, VI. HA Nl Scharnhorst Nr. 73 fol. 31r–32r (2½ S.): Konzept, eigenhändig.

Erkundungen um Hameln. Positionen und Wege.

Instruction für den Lieutenant Shäfer vom hannövrishen Ingenieur Corps.

Der Lieutenant Schäfer erhält hierdurch den Auftrag:
1. bey Hameln am linken Ufer der Weser ein Lager für eine Armee von 30 bis 40 [000] Mann, die Front gegen einen aus den Paterbornschen und Münstershen kommenden Feind, auszusuchen und die Gegend desselben nach den Augenmaas aufzuzeichnen;
2. zwischen Hameln und Alverdissen drey oder doch zwey Wege auf zu suchen, zu croquiren und zu beschreiben, welche mit Trupen und Fuhrwerken in allen Jahreszeiten passirt werden können;
3. den Weg von Hameln über Grupenhagen, Lünhausen², Hohenhausen, Langenholzhausen u. Vahrnholz durch einen Guiden recognosciren und die Beschaffenheit und Größe der genannten Oerter beschreiben zu lassen. Von Vahrenholz gehet der Guide durch Rinteln am linken Ufer der Weser auf Lachem nach Hameln zurük, und beshreibt den Weg so genau es ihn möglich ist, ohne jedoch in Hessishen sich auszulassen, daß er diesen Auftrag habe.
Der Guide, welcher den obigen Weg recognoscirt, erkundigt sich zu Vahrnholz, wie der Weg von diesem Orte bis Vlotho und die Fähre zu Vlo-

---
¹ Vgl. Anm. 1 zur vorangehenden Anweisung.
² Lüdenhausen.

tho beschafen ist, ob beide in allen Jahrszeiten mit allen Arten von Fuhrwerk zu passiren sind.

4. Der Lieutenant Schäfer untersucht die Gegend zwischen Helpensen und den Fort Georg; er zeichnet die Gegend ein wenig auf, beschreibt sie und zeigt dabey an, ob hier der Berg von Fort Georg bis an die Weser sich leicht vershanzen lasse[a] und ob man dadurch den Platz zwischen Hameln, Fort Georg und der Verlängerung des Bergs, worauf das letztere liegt, sichern und zu Magazinen und einen kleinen Lager brauchen könne.

93. Scharnhorst an Wallmoden   Hameln, 18. Oktober 1798

Nach einer Abschrift Gerhard Oestreichs.[a]

Quartierangelegenheiten. Lebensmittellagerung.

An Sr. Excellenz den commandirenden Herrn General Gr. von Walmoden Gimborn.

Hameln, den 18. Okt. 1798.

Ew. Excellenz ersehen aus den drei ersten Beilagen, welche ich hier in Hameln vorgefunden, daß Sr. Durchlaucht der Herzog von Braunschweig eine andere Anordnung der Quartiere als die anfangs festgesetzte jetzt verlangt.

Ich habe für das hannövrische Corps, in der Beilage Nr. 4[1], dazu einen neuen Entwurf gemacht, welchen ich, wenn er von Ew. Excellenz genehmigt wird, den H. O. v. Lecoq nebst den darauf bezughabenden Marsch-Routen, welche ich heute noch entwerfe, zuschicken werde.

Auf die Anfrage Beilage Nr. 3 des Herrn Finanz-Rath von Weegener werde ich, wenn dieselben es nicht anders befehlen, nach der Auskunft, welche mir der Herr Oberste von Duplat[2] gegeben hat, antworten:

„Daß hier kein Platz für die Feldbäckerei anderswo als zwischen dem Fort und der Festung unter freiem Himmel ist; daß für einen Teil der Mundprovision der Festung Böden von den Bürgern gemietet sind und daß es schwer halten würde, einen beträchtlichen Vorrath von Mehl und Fourage hier unterzubringen."

---

[a] *Statt „lassen".*

---

[a] *Oestreichs Vorlage („ganz eigenhändig") in HStAH, Dep. 14 von Wallmoden, ist 1943 verbrannt.*

[1] „Dislokation des hannövrischen Korps in der Gegend von Hameln" (Anmerkung Gerhard Oestreichs).

[2] Johann Wilhelm du Plat, Chef des 7. Infanterieregiments, 1800 Generalmajor und 1795–1801 Inspekteur der Infanterie.

Wenn Ew. Excellenz die Gnade hätten, noch heute diesen Brief zu beantworten, so würde meine Antwort den Herrn O. v. Lecoq noch morgen in Minden antreffen.

G. Scharnhorst
Oberstl. u. G.Q.M.

94. Scharnhorst an Wallmoden   Hameln, 19. Oktober 1798

Nach einer Abschrift Gerhard Oestreichs.[a]

Quartierangelegenheiten.

An Sr. Excellenz den kommandiren[den] General Gr. von Wallmoden Gimborn.

Hameln, den 19. Okt. 1798.

Ew. Excellenz gnädiges Schreiben[1] habe ich diesen Morgen 6 Uhr richtig erhalten und gleich darauf den Entwurf zu den Cantonirungs Quartieren für das hannövrische Corps nebst den Marsch-Routen durch einen Trän-Knecht zu Pferde an den H. v. Lecoq abgeschickt.

Ew. Excellenz Bemerkung, daß mehr Truppen nach Alverdissen und der Weser aufwärts gelegt werden könnten, habe ich, so gut es nach der Disposition des Herzogs Durchl. möglich war, befolgt. Alle unsere schwere Artillerie ist auf diese Gegend angewiesen und die Jäger sind nach Ottenstein gelegt. Ich habe auch dem H. O. v. Lecoq bemerklich gemacht, daß unsere Kavallerie im Verhältnis der übrigen Truppen ungemein gedrängt lege, daß es zu wünschen wäre, daß wir uns nach Polle, Lüden[2] und Lemgo hin weiter ausdehnen könnten.

Ueber den Punkt der Bäckerei in Hameln habe ich ihm weitläuftig geschrieben und alle Schwierigkeiten desselben und die offenbahre Unmöglichkeit, einen Fourage Vorrat hier unterzubringen, geschildert. Ich hoffe daher, daß der H. O. v. Lecoq so wohl von dieser Sache, als von der zu gedrängten Bequartierung der Kavallerie nach Ew. Excellenz Absichten und der wahren Lage der Dinge unterrichtet ist.

Anliegend erfolgen
1. die beiden befohlnen Beilagen und
2. zwei Marsch-Ruten Tabellen, zur Beziehung der entworfenen Cantonirungsquartiere.

---

[a] *Oestreichs Vorlage („eigenhändig") in HStAH, Dep. 14 von Wallmoden, ist 1943 verbrannt.*
[1] Offenbar die erwartete Antwort auf das vorangehende Schreiben.
[2] Lügde.

Sollte dieser Entwurf ausgeführt werden, so müßte durch einen Ingenieur Offizier der Bezirk des Quartierstandes eines jeden Regiments an Ort und Stelle ausgemacht werden, auch müßte dies in Absicht der Marschquartiere geschehen, weil überall in den Entwürfen nur ein Ort genannt ist.

G. Scharnhorst
Oberstleutnant.

95. Bericht [?, Mitte Oktober 1798?¹]

HStAH, Hann. 41 XXI Nr. 189 (3¹/₂ S.): Konzept, eigenhändig.

Druck: Klippel II, S. 259f.

Zwischenbericht zu den aktuellen Erkundungen. Eigene Beobachtungen. Mögliche Lagerplätze und ungeeignete Gegenden. Wege.

Bericht an Se. Excellenz den General en Chef Grafen von Wallmoden Gimborn.

Von der Recognoscirung, welche auf Befehl Sr. Durchlaucht des Herzogs von Braunschweig in der Grafschaft Lippe unternommen ist, habe ich die Gegend von Hameln, Alverdissen, Horn u. Blomberg nach einer Uebereinkunft mit den Herr Obersten von Lecoq untersucht. Ich werde, sobald die beiden Ingenieur Officiere,² welche mit dabey angestellt, zurük sind, einen umständlich Bericht³, begleitet mit einigen Situations Zeichnungen von den wichtigsten Punkten und Wegen in Ordnung bringen, ihn Ew. Excellenz vorlegen, und ihn zugleich an den Herr Obersten von Lecoq schicken, damit derselbe einen zusammenhängenden Aufsatz vonᵃ der ganzen Recognoscirung für Se. Durchlaucht den Herzog von Braunschweig entwerfen könne.

Vorläufig kann ich Ew. Excellenz gehorsamst anzeigen, daß ich in der Gegend von Hameln am linken Ufer der Weser mehrere bequeme Lagerplätze für eine Armee, welche nach Blomberg Front macht, gefunden habe; daß es aber sheint, daß alle darin einen Fehler haben, daß sie von dem Feinde, der von der Seite von Lemgo kömt, tournirt werden. Durch Verbindungen von abgesonder[ter] Stellung und durch Manöver in dem Augenblik, in dem der Feind sich näherte, mögte indes das Terrain hier einige Gelegenheit geben, jene Nachtheile des Ueberflügelns in etwas abzuhelfen.

ᵃ *Das Wort in der Vorlage versehentlich doppelt.*

¹ Der Inhalt spricht dafür, daß dieser Bericht etwa gleichzeitig mit den Schreiben aus Hameln vom 18. und 19. Oktober 1798 entstanden ist. Es könnte sich etwa um eine der beiden im vorangehenden Text (Nr. 94) angesprochenen „befohlnen Beilagen" handeln.

² Damit sind wohl Ziehen und Schäffer gemeint, vgl. die Instruktionen Nr. 91 und 92; Ziehen war allerdings Artillerist.

³ Vgl. die folgende Denkschrift.

In der Gegend von Alverdissen hat man keine Lagerpletze ausfindig machen können, welche die Eigenschaften einer guten Position in sich vereinigte[n]; indes finden sich hier die Bequemlichkeiten eines Lagers für ein Corps oder für eine Armee, welche bis zu einer gewissen Annäherung des Feindes in dieser Gegend sich aufhalten will.

Auch findet man einen günstigen Lagerplatz der Art für eine Armee auf der hohen mit Vertiefungen umgebende Gegend von Lichtenhagen u. Barse.[4]

Die Gegend von Horn und Blomberg enthält sowohl in Rücksicht der innern Stärke als auch in äuserer Beziehung bessere Stellungen, welche aber nur in der umständlichern Beschreibung Ew. Excellenz genauer vorgelegt werden können.

Von Hameln nach Alverdissen, sowie auch von Detmold in der Geg[en]d von Horn, führen 3 Colonnen-Wege, welche, auser der Chaussee von Detmold nach Meynberg[5], zwar sehr schlecht sind, aber doch durch vorherige Ausbesserung und durch Vermeidung der schlechtern Stellen mit einer Armee nach allen Erkundigungen in jeder Zeit passirt werden können; sehr beschwerlich sind dagegen die Wege von Hameln oder von Alverdissen nach Holminden oder Höxter rechts u. links des hohen Köterberges. Aber alles dies kann erst in der genauern Beschreibung bestimmt Ew. Excellenz dargestellt werden.

G. S.

96. Denkschrift [?, vor 19. Januar 1799[1]]

HStAH, Hann. 41 Nr. 41 fol. 147r–163r (28 S.): Reinschrift, eigenhändig.

Konzept des zweiten Teils, eigenhändig: HStAH, Hann. 41 XXI Nr. 189 (16½ S.); Druck: Klippel II, S. 301–308.

[A.] Raum Hameln/Alverdissen: I. Mögliche Verschanzung bei Hameln. II. Positionen links der Weser. 1. Dehrenberg. 2. Schwöbber. 3. Halvestorf. 4. Am Riepen. III. Kein geeigneter Platz bei Alverdissen. [B.] Raum Bad Meinberg/Blomberg: I. Landschaftsbeschreibung. II. Positionen. 1. Herzog Ferdinand 1761 zwischen Meinberg und Schieder. 2. Horn.

Ueber die Positionen und Lagerplätze im Lippischen und bey Hameln am linken Ufer der Weser.[a]

[A.] Lagerplätze und Positionen in der Gegend von Hameln und Alverdissen.

---

[4] Baarsen.
[5] Bad Meinberg.

[a] Diese Überschrift steht auf einem gesonderten Titelblatt (fol. 145r), auf dem sich auch ein Inhaltsverzeichnis befindet.
[1] Scharnhorsts Schreiben vom 19. Januar 1799 erwähnt, daß Lecoq den Bericht bereits erhalten hatte.

I. Verschanztes Lager bey der Festung Hameln für ein Corps von 5000 Mann oder einen nicht auf dem Feld-Fuß stehenden Depot.

Die Festung Hameln kann wegen ihrer geringen Größe und wenigen Gebäude keine beträchtlichen Magazine und keine kleine Corps auf eine Zeitlang aufnehmen, wenn nicht irgend ein Bezirk der umliegenden Gegend derselben vershanzt wird. Eine solche Verschanzung kann überdies auch der Festung selbst, wenn sie keine andere Trupen als die ihr bestimmte Garnison hat, äußerst wichtig seyn, in dem sie außer derselben von einem geringen Corps, vielleicht von einigen 1000 Man leichter Truppen, eingeschlossen werden mögte. Die Gegend zwischen dem Forte und dem Vorwerke Heltensen[2] scheint zu einer solchen Vershanzung am vortheilhaftesten zu seyn. Denn legte man zwischen dem Forte und Heltensen, nach der punktirten Linie im Plan[b] I, 6 Redouten a, b, c, d, e u. f, jede für 6 Canonen* und 400 Mann an, umgebe dieselbe mit Wolfsgruben und Palisaden, machte, wenn der Feind die Festung bedrohete, vor der ganzen Front ein einige 100 Schritt breites Verhak von den da stehenden Bäumen, so würde, wenn die Redouten besetzt und 1500 Mann mit einer Batterie en Reserve hinter denselben stünden, die niedrige äusert fruchtbare Gegend zwischen Hameln und Heltensen gedekt seyn. Die Front dieser Verschanzung hätte eine sanfte Abdachung des Berges und könnte also durch das schwere Geschütz nachdrüklich vertheidigt werden, zumal da die erwähnten Hindernißse des Zugangs und eine Erdvertiefung, in welcher ein kleiner Bach fließt, den Feind in dem Feuer desselben aufhalten und es ihm unmöglich machen würde, einen gewaltsamen Angriff auszuführen. Eine geschlossene Redoute auf den einzigen nicht überschwemmten Zugang der Festung am rechten Ufer der Weser, auf dem Wege nach der Werberger Warte,[3] 400 Schritt vom Glacis in i, und eine andere von eben der Beschaffenheit am linken Ufer in h, jede mit einigen 100 Mann und 4 bis 5 Canonen besetzt, würden in Verbindung einiger Escadrons bey der Baumwollenbleiche den Rücken dieser Verschanzung hinlänglich decken und die Garnison in den Stand setzen, auch am rechten Ufer des Flußes aus dem Orte kommen zu können.

Diese Verschanzung könnte in manchen Lagen den an der Weser operirenden Armeen wichtige Vortheile verschaffen, ihnen ihre Reserven und Magazine decken, von ihnen kleine Corps eine Zeit lang im Schuz nehmen, ihren Uebergang über den Fluß, es sey gegen den Feind oder beym Rückzuge, favorisiren u.s.w.

---

[b] *Die Pläne liegen den Texten nicht bei.*
[2] Holtensen.
[3] Bei Wehrbergen.

II. Lagerplätze und Positionen für eine Armee in der Gegend von Hameln, am linken Ufer der Weser gegen einen aus der Gegend von Polle und Horn herkommenden Feind.

1. <u>Die Gegend zwischen dem Ohrberge und dem Dorfe Dehrenberge</u> bietet einen nicht ganz unvortheilhaften Lagerplatz für eine Armee von 30 bis 40.000 Mann dar. Man sehe in <u>Plan I. AB</u>. Die Front hat eine flache von ihr gegen den Feind sich verlierende Abdachung des Berges vor sich; der linke Flügel ist an die Weser gelehnt, und eine starke Batterie auf dem Ohrberge verspricht dem Feinde bey einem Angriffe in dieser Gegend keinen guten Erfolg.

Greift der Feind den rechten Flügel auf dem Wege von Alverdissen über Erzen[4] an, so ist seine Armee durch den Lüningsberg, Ahorn u.s.w. getheilt; dabey muß er hier große Vertiefungen, worin ein kleiner Bach sich hinschlängelt, in einem von unsern Geschütz beherrschten Terrain passiren. Neben allen diesen Vortheilen hat die Stellung doch zwey Haupt Nachtheile: erstlich kann sie rechts von Bösingfelde über Deimke[5] umgangen werden, ohne daß man in dem waldigten Terrain die Stärke, mit der es geschieht, wahrnehmen kann, und zweitens kann der Feind die Armee und die Bewegung derselben beständig übersehen.

2. <u>In der Gegend von Schwöbber</u> findet sich ein anderer durch die <u>Linie CD Plan I</u> bezeichneter Platz zum Lager. Man müßte, wenn man ihn wählte, so bald der Feind sich näherte, erstlich mit einem starken Corps den <u>Hohenaschberg</u>, zweitens mit dem rechten Flügel der Armee die Durchgänge durchs Gebirge zwischen dem Lüningsberge und dem Hohenasch besetzen, und 3tens den übrigen Theil der Armee auf den Höhen von Multhöpen, Deimke und Dehrenberg ausgedehnt campiren und den Riepenberg von der Garnison von Hameln besetzen lassen.

Griffe der Feind von der Seite von Pyrmont an, so müßte das Corps auf dem Hohenasch über den Salberg[6] demselben in die linke Flanke operiren, während der rechte Flügel der Armee zwischen dem Lüningsberge und dem Hohenasch sich an dasselbe schlöße und mit ihm zu einem Zweck arbeitete. Der auf den Höhen von Multhöpen und Deimke campirende Theil hielte nebst den von Hameln detaschirten Trupen den Feind von vorn in Respect. Der erstere zöge, wenn er den Feind nicht mehr widerstehen könnte, sich rechts, um mit den übrigen Abtheilungen der Armee in Comunikation zu bleiben, die letzteren würfen sich in Fall der Noth mit ein oder zwey Brigaden von der Armee verstärkt in das verschanzte Lager zwischen Holtensen und dem Fort.

---

[4] Aerzen.
[5] Dehmke.
[6] Saalberg südöstlich der Hohen Asch.

Käme der Feind aber von der Seite von Lemgo und Almena, so würde diese Stellung umgangen werden, und dann würde man eine andere, mehr mit dem Rücken gegen die Weser, nehmen müssen.

3. In der Stellung EGH oder EGF könnte man nicht so leicht als in der vorhergehenden umgangen werden, und dazu erlaubte dieselbe unter gewissen Umständen eine active Defensive.

Bey ihr müßte auf dem linken Flügel ein Corps das Gebirge, so weit es möglich ist, behaupten. Dies würde nicht schwer seyn, wenn vorher die nöthigen Vorbereitungen getroffen würden. Auf dem rechten Flügel könnte indeß der Feind immer noch die Armee umgehen, und man müßte hier die Geschütze bey Bannensiek u. Havelstorf[7] mit ein paar Brigaden Infanterie und Artillerie beobachten lassen, welche sich im Nothfall in das verschanzte Lager zwischen Heltensen und dem Fort ziehen können.

In alle Wege bleibt aber immer der rechte Flügel wegen des Gehölze in dieser Gegend in einer übeln Lage, so bald der Feind sich der Gegend von Grupenhagen und Goldbek bemeistert hat.

4. Die Stellung JKL Plan I., mit dem linken Flügel auf dem Ohrberge und dem rechten nach Heltensen, ist, wenn der linke durch die erwähnte Verschanzung jeden Angrif widerstehen könnte, wenn der Ohrberg und die Spitze des ausgehenden Winkels auf dem Riepenberge verschanzt würde, an sich nicht schwach, aber es fehlten ihr die übrigen Eigenshaften einer guten Stellung. Vieleicht könnte in ihr ein Theil der Armee die ganze einige Tage representiren[8], während ein größerer Theil auf einem andern Flek dem Feind einen Streich versetzte.

Aus jeder dieser 4 Stellungen und vorzüglich aus der von EF kann man, wenn der Feind sich gegen den rechten Flügel der Armee wendet, nach Beschaffenheit der übrigen Umstände eine Stellung auf den Höhen von Barse und Lichtenhagen, die Front gegen Lüde[9], [nehmen], und durch ein Corps, welches den Eichberg (zwischen Hämelsche Burg und Berkel) zur Verbindung mit Hameln besetzt, dem Feind, der in Gemeinschaft mit der Oberweser oder mit dem Rhein bleiben muß, Besorgnisse mancher Art erregen.

Die hohe Gegend von Lichtenhagen und Barse ist von Hämelscheburg über Welsede, Thal, Lüde, Radsiek und Fahlbruch[10] mit einem zum Theil jähen und unersteiglichen Abhange umgeben, und mit mehreren fast unpractikabeln Vertiefungen, welche in der von der Grafshaft Lippe ausgezeichneten Carte angegeben sind, durchschnitten. Dieses Terrain bietet der defensiv agirenden Armee, wenn es wohl benutzt wird, Hülfsmittel mancher Art, den angreifenden Feind mit Vortheil zu schlagen, und es verdient eine genauere Untersuchung und Aufzeichnung

---

[7] Halvestorf.
[8] Im Sinne von „darstellen" oder „vortäuschen".
[9] Lügde.
[10] Ratsiek und Vahlbruch.

III. Lagerplätze in der Gegend von Alverdissen.

Die Gegend von Alverdissen hat die Haupt Bedürfnisse eines Lagers, Holz und Wasser; aber ein Lagerplatz, der zugleich beym Angrif des Feindes dienen kann, findet sich hier nicht.

Wenn in dieser Gegend ein Corps von 15.000 Mann campiren sollte, so könnte man die erste Hälfte des Haupt Corps auf den Teut[11] und die andere auf dem Salberge, am Abhange gegen Alverdissen, placiren. Das Corps wäre in dieser Stellung Meister von den Wegen, welche vorwärts, rechts, links und rückwärts gehen. Man sehe den 2ten Plan.

Um von den Stellungen in dieser Gegend und von den Bewegungen, welche bey einer Armee in derselben vorkommen können, bestimmt urtheilen zu können, müßte dieselbe genauer untersucht werden, als es diesmal geschehen konnte. Sie ist in Rüksicht der Lage gegen das ganze Kriegstheater, der Weser, der Festung Hameln und Rinteln, des Lippischen Waldes einigermaßen wichtig, und sie giebt durch die beständige Abwechselung von gebirgigten, waldigten und offenen Terrain dem, welcher dasselbe kennt und seine Vortheile in allen Lagen und Combinationen zu benutzen weiß, wahrscheinlich auch Hülfsmittel an die Hand, mit wenigen vielen zu widerstehen.

[B.] Lagerplätze und Positionen in der Gegend von Horn und Blomberg.[c]

1. <u>Uebersicht der Gegend</u>.

Die Weser und der Lippische oder Teutoburger Gebirgswald machen auf einer beträchtlichen Streke in fast gleichlaufenden Linien (die erste zwischen Carlshafen und Minden, und der 2te zwischen Stadtberg[12] und Bilefeld) zwey Gegenstände aus, welche bey den Operationen einer Armee in diesem Theil von Westphalen immer von der größten Wichtigkeit gewesen sind. Das Terrain zwischen ihnen ist in der Quer a. durch den Diemel Fluß und b. durch das Gebirge bey Schwalenberg und Horn von einander abgesondert. In dem Feldzuge von 1760 setzte der Herzog Ferdinant durch eine Stellung an jenen, und in dem Feldzuge von 1761 durch eine an diesen, dem weitern Vordringen des Feindes, der von der Oberweser und dem Rhein her kam, Schranken.

Die Stellungen an der Diemel sind bekannt; die in dem Gebirge (bey Relkirchen) sind, siehet man in den 3ten Plan durch eine starke rothe Linie bezeichnet.

Man kann das ganze Gebirge zwischen der Weser und dem Lippischen Walde, d.i. zwishen Horn und Holzminden, in 2 Abschnitten sich vorstellen:

---
[c] *Für das Folgende liegt das eigenhändige Konzept vor.*
[11] Teutberg.
[12] Stadtberge, das heutige Niedermarsberg.

erstlich in dem zwischen der Weser und Schieder von ungefähr 5 Stunden und zweitens in den zwischen Schieder und Horn ungefähr 3 Stunden.

Der erste Abschnitt bestehet aus einem hohen Gebirge, welches hart an der Weser zwishen Holzminden und Polle anfängt, und Fürstenau, Schwalenberg und Schieder links läßt. Ueber dies Gebirge führen zwischen Schwalenberg und Elbrinxen, Niese und Rishenau, Polle und Holzminden Wege, aber keiner ist mit Fuhrwerken, ohne dasselbe zu hemmen, zu passiren; der zwischen Niese und Rishenau ist von allen dreien der beste, in dem das Gebirge hier am niedrigsten und nicht mit Gehölz bewachsen ist.

Der übrige Theil des Gebirges ist so wohl mit Unter- als Ober-Holz bedeckt und an vielen Stellen selbst nicht mit Trupen zu passiren, an den meisten aber doch voller Holzwege.

Das Gebirge des 2ten Abschnitts, das zwischen Horn und Schieder, ist niedriger, weniger aneinanderhängend und nur abwechselnd mit Gehölz bewachsen. Es läßt von Schieder ab Reelkirchen rechts, gehet dann auf Meynberg, Bellenberg und Ratensiek (man nehme hier den 3ten Plan zur Hand), wo es einen Theil des Lippischen und Teutoburgischen Waldes ausmacht. Das Gebirge des 2ten Abschnitts hat also, wenn man das Gesicht gegen die Diemel wendet, rechts den oben erwähnten Lippischen, und links den Schwalenberger Wald, vorwärts eine offene, mit beakerten und flachen Bergen besäete Gegend, hinterwärts bis Detmold, Lemgo, Vlotho und Rinteln ein gebirgigtes Land, durch welches aus der Gegend von Meynberg nach Detmold, Lemgo, Alverdissen, Rinteln, Hameln und Pyrmont zwar schlechte, aber doch gebahnte Wege führen.

Der Lippische Gebirgswald hat in der Gegend von Horn und Detmold zwey Hauptdurchgänge, den einen bey Externstein in 2 Wegen und den andern bey Berlebek; beide sind mit jedem Fuhrwerk, jedoch nicht ohne es zu hemmen, zu passiren. Weiter gegen Bilefeld findet man noch drey andere Hauptdurchgänge, den ersten bey dem Dorfe Döhren, den 2ten bey Oerlinghausen und den 3ten bey Bilefeld. Sie sind nicht so beschwerlich wie die ersteren, überhaupt wird das Gebirge von Detmold gegen Bilefeld immer practikabeler.

II. <u>Von den Lagerplätzen und Positionen.</u>

1. Die rothe Line AB Plan 3 bezeichnet die Stellung, welche der Herzog Ferdinant 1761 hatte (mit dem rechten Flügel gegen Meynberg und mit dem linken an der Emmer bey Schieder), und von der der Marschal de Broglio in seinen Bericht an den Herzog von Choiseul[13] sagt: je l'examinai encore tout le lendemain et je m'assurai bien, par moi-même et par l'avis de quelques

---

[13] Étienne-François, Herzog von Choiseul-Amboise (1719–1785), damals französischer Kriegsminister.

personnes; que je crois que voient bien, qu'il étoit tres difficile de les (ennemis) attaquer dans ce camp, et qu'il y auroit peu d'apparence de succès. Memoires p. Bourcet, T. III, p. 232.

Die Armee stehet in dieser Position auf einem guten Boden, hat Holz und Wasser und ist dem Auge des Feindes entzogen. Vor der Front übersiehet man die Gegend bis Nieme[14], Marienmünster u.s.w. auf eine große Weite. Der Berg, auf dem sie sich befindet, ist mit Gehölz bewachsen und hat nach dem Feinde zu eine sanfte Abdachung, welche sich zu einem lichten, mit hohlen Wegen, Heken und morastigen Vertiefungen durchschnittenen Gehölze verliehrt.

Der rechte Flügel ist (da die Gegend bey Meynberg bis an den Schwarzenberg besetzt ist) an den Lenstrupper Berg gelehnt, welcher mit Gehölz bewachsen, ziemlich hoch und nur auf ein paar Wegen practikabel ist. Der linke stehet an dem Nassenberge, welcher ebenfalls ziemlich hoch und mit Gehölz stark bedeckt ist. Dieser Berg dehnt sich zwar nicht weit aus, aber die Emmer, ein difficiles Thal, und die Schwalenberger Gebirge legen von dieser Seite jeden Angrif große Hindernisse in den Weg.

Alle Umstände geben dieser Stellung (auf dem Molkenberge), wenn der Feind nicht, wie 1761, die Gemeinschaft mit der Weser verlassen darf, einen großen Werth.[d]

2. Kann der Feind aber wegen seiner Comunication rükwärts den rechten Flügel der Stellung auf dem Molkenberge umgehen, so wird uns der Lippische Wald zu nichts dienen; wir werden die Durchgänge bey Horn und Berlebek nicht vertheidigen, noch dem Feind verwehren können, aus denselben zu debouchiren. Dann wird er von Bellenberge her gegen die Front, von Horn und Detmold gegen den rechten Flügel und in den Rücken unserer Armee operiren, wir werden nur die Wege auf Lüde und den Litzenkrug

---

[d] Auf Seite 5 und 6 des eigenhändigen Konzepts führte Scharnhorst dazu noch aus: „Wenn der Feind nicht die Weser verlassen darf, wie 1761, so wird man die Stellung auf den Molkenberge gewiß jeder andern vorziehen. In andern Fällen ist es aber sehr zu befürchten, daß er sich in den Besitz der Gegend von Horn setzt, und in den durchschnittenen Terrän von Nordteich, Meynberg u. Lonstrup die Armee in die linke Flanke nimmt. 1761 scheint der M. Broglio hieran nicht gedacht zu haben, das Lieblings Project, durch eine Op[e]ration gegen das Hannövrische Westphalen zu nehmen, lag ihn zu sehr an Herzen, denn auch selbst der Angrif von Horn ist, wie der Marschal vor einige Jahren zu den Obersten Kunzen gesagt, wieder seine Befehl auf eine Art unternommen, die keinen guten Erfolg statt finden ließ.
Wenn man bey der Wahl der Positionen sich nach den Geist, der in der höh[e]rn Tactik herrsht, richten muß, so darf man auch dreist behaupten, daß manche gute Position in 7jährigen Kriege in den jetzigen nicht dafür angesehen werden kann u. umgekehrt. Man entschied in jenen Zeiten hauptsächlich durch regelmäßige Gefechte und vermied daher alle durchschnittene Gegenden beym Angrif. Die Armee, die jetzt ganz Europa bedrohet, führt am liebsten in diesen Terrain ihre Haupt Macht und in dem Feldzuge von 1794 sah man zuletzt eine große offene Heide für einen guten Anlehnungspunkt an – nie zeigte sich der Feind auf ihr."

[14] Nieheim.

durchs Gebirge zum Rückzuge behalten; offensiv gegen ihn zu operiren wird jetzt beinahe unmöglich seyn.

Nehme man eine Position nahe bey Horn, so würde man vieleicht diesen nachtheiligen Umständen in den oben erwähnten Fall ausweichen.

Der Bellenberg ist gegen einen von der Diemel und Driburg herkommenden Feind der Schlüßel zu dem Kessel, in den das Städtchen Horn liegt, und zugleich der Punkt, von den man die ganze Gegend gegen Nieme, den Stoppelberg, Schwalenberg und dann wieder rükwärts über Horn, Meynberg, den Molkenberg u.s.w. übersehen kann. Er hat eine vortheilhafte Form für die Stellung eines kleinen Corps, das von Vinsbek und Steinheim her angegriffen wird. Hinter ihm findet man in CD, EF und GH sehr gute, dem Gesicht des Feindes entzogene Lagerplätze, aus denen man nach allen Seiten bey einem Angrif agiren kann. Die Cavalerie hat in den offenen Feldern von Steinheim und Vinsbek Gelegenheit, in Masse sich auf den Feind zu werfen, der den Bellenberg und die [in] umliegender Gegend stehenden Trupen angreift; sie kann durch die Gehölze zwischen Billerbek und dem Bellenberge ihre Bewegungen verdekt machen, um ihren Streich desto sicherer auszuführen.

Die Infanterie kann die Durchgänge bey Externstein und Berlebek besetzen und die Wälder hinter hier gemachten Verhauen vertheidigen. Um aber in allen Fällen dem Feinde das Debouchiren in dieser Gegend zu verwehren, kann man auf dem Holter Berge in Y und auf den Püngelsberge bey Z ein paar geshloßene Redouten, jede mit 1 Bataillon und 10 Stük schweres Geschütz besetzt, anlegen.

Meister von den Durchgängen durchs Gebürge, kann man mit der Cavalerie an der andern Seite desselben gegen den Feind, der sich in die hier befindlichen großen Heiden wagt, vieleicht eine vortheilhafte Unternehmung ausführen. Vermiede er diese Gegend, ginge er bey Döhren oder Detmold durchs Gebirge, so schikte man ihm den größten Theil der Cavalerie an der andern Seite des Gebirges durch die unabsehbare offene Ebene in den Rücken, um ihn seine Zufuhr abzuschneiden u.s.w. Näherte sich der Feind unsern linken Flügel und der Gegend von Schieder, so agirte wieder die Cavalerie gegen seine linke Flanke, während ein Theil der Artillerie und Infanterie sich ihn in Front entgegen setzte.

Die Stellung bey Horn scheint also in mehrer Hinsicht zu einer sehr activen De[fen]sive sich zu schicken, zumal wenn man den größten Theil der Cavalerie mit der reitenden Artillerie jenseit des Gebirges, so lange der Feind dasselbe noch nicht passirt hätte, auf eine vortheilhafte Art lagerte, um denselben, wenn er sich dieser Gegend näherte, angreifen zu können.

G. Scharnhorst
Oberstlieutenant.

---

* Man könnte sich hierzu der eisernen Canonen in Hameln, welche zu einer förmlichen Belagerung nicht brauchbar sind, bedienen.

2. Planungen und Landesaufnahme für die Observationsarmee

97. Denkschrift [?, 1796/1797?¹]

HStAH, Hann. 41 I Nr. 11 fol. 10r–16v (13½ S.): Eigenhändig.

Druck: Klippel II, S. 247–251.

Geländebeschreibung Nordwestdeutschlands. I. Vegetation. Moore. II. Flüsse und Übergänge. III. Lage und Passierbarkeit des Teutoburger Waldes. IV. Unpassierbare Gebiete. Hauptverkehrswege. V. Befestigungen.

<u>Militärische Beschreibung des nördlichen Theil von Westphalen.</u>

Unter den nördlichen Theil von Westphalen verstehet man hier 1. Ostfriesland, 2. Oldenburg und Delmenhorst, 3. das Niederstift Münster und den nördlichen Theil des Oberstifts, 4. Bentheim und Steinfurt, 5. Lingen und Teklenburg, 6. Osnabrük und 7. Diepholz.

I. <u>Beschaffenheit des Bodens</u>

Das Niederstift Münster ist von dem nördlichen Theil von Westphalen am wüstesten und bestehet ungefähr zum $5/6$ten Theil aus Heiden und Morästen; mehr angebauet ist Diepholz, noch mehr aber Ostfriesland, Oldenburg und Osnabrük.

Oldenburg bestehet an der See Seite aus fetten Boden und ist hier mit Dämmen, Hecken und Gräben durchschnitten. Der südliche Theil bestehet in Heyden, Morästen und Gest-Feldern, die größtentheils mit Hecken und Gräben eingefaßt sind und in Verbindung der vielen kleinen Bäche das Terrän durchschnittener machen, als die Heid Gegenden anderer Länder gemeiniglich zu seyn pflegen. Ostfriesland wird von den Landman mit einen Pfankuchen verglichen, dessen Mitte trocken und dessen Rand fett ist. Die Mitte ist hoch und bestehet aus Heide und Morast; der Umfang, die Seite nach Oldenburg ausgenommen, ist fett, mit Gräben und Canälen durchschnitten. Durchschnitten sind die Gegenden an beiden Ufern der Weser, der Haase, der Hunte, der Sater-Ems² und Leda. Nur einen schmalen Streifen Marschland oder durchschnittenes Terrän hat die Ems zwischen Rheine und Aschendorf. Von hier an, den Fluß unterwärts, breitet sich aber das Marschland beträchtlich nach beiden Seiten aus.

---

¹ Der Text behandelt zu vermutende Operationsgebiete der preußisch-hannoverschen Observationsarmee.
² Heute Sagter Ems.

II. Flüße

Die Ems und Weser sind in diesen Ländern die wichtigsten Flüße; sie nehmen verschiedene andere nicht ganz unbedeutende auf.

1. Die <u>Ems</u> hat zu Rhede (einen Dorf onweit Aschendorf), Meppen, Rheine, Telgt u.s.w. Brücken. Die Brücke zu Rhede wird jedoch in Winter abgenomen und ist nur sehr schlecht und blos für leichtes Fuhrwerk. Zu Leer, Lingen und Greven sind Fähren für schwer Fuhrwerk; kleinere Fähren hat man eine große Menge. Im Sommer kann man bis in die Gegend von Aschendorf den Obern Theil der Ems an vielen Stellen durchgehen; ein geringer Regen schwellt aber diesen Fluß so stark an, daß er selbst in dem obern Theil ein großes militärisches Hinderniß eine Zeitlang wird. Mit Cavalerie durchzuschwimmen hat bey der Ems, wegen der Schnelligkeit dieses Flußes, mehr Schwirigkeit als bey andern Flüßen. Die Ebbe und Fluth trit bis über Rhede herauf und beträgt hier zu Zeiten noch 1 Fuß.

Von Aschendorf unterwärts erweitert sich dieser Fluß schnell; hier ist er an einigen Stellen kaum 100 Schritt und neben Leer schon 500 Schritt breit.

2. Die <u>Haase</u> fallt bey Meppen in die Ems. Erst bey Quakkenbrük wird sie so stark, daß man sie nicht durch gehen kann, wenn man nicht Zeit hat, Stellen dazu auszusuchen; oberwärts Quakenbrügge ist aber im Sommer nicht leicht eine Strecke von 1000 Schritt, in der man nicht einige Stellen fände, durch die man reiten könnte.

Von Quakenbrüke bis Meppen hat die Haase fast auf jede Stunde Wegs eine Brücke. Nur von Herslaken bis Meppen, also in dem niedern, 6 Stunden langen Theil dieses Flußes, hat man wenige Fuhrten.

Die Haase schwellt schnell bey einen starken Regenschaur auf und ist dann nur an wenigen Orten zu passiren.

3. Die <u>Sater-Ems</u> (Leda oder Soeste) fällt bey Leer in die Ems. Dieser Fluß ist bey seinen Ausfluß gegen 300 Schritt breit. Neben Stikhausen, wo er die Leda heißt, ist er in des schon sehr schmal. Er entsteht von den Aper-Diep, so von Ape, und durch die Soeste, so von Frisoit kömt. Diese beiden Bäche sind schon wegen des morastigen Grundes an dem meisten Stellen nicht ohne Schifbrüken zu passiren. Die die Sater-Ems umgebenden sumpfigten und niedrigen Wiesen und die Ebbe und Fluth, welche bis Detern hinauf trit, macht, daß sie in militärischer Rüksicht sehr wichtig ist.

Bey Ekolum[3], Leer gegenüber, ist eine Fähre; die Ebbe und Fluth würde hier die Anlegung einer Schifbrücke beschwerlich machen.

Bey Stikhausen ist eine Brücke, welche bey trokner Jahrszeit passirt werden kann und über die man durch Potzhausen auf Aschendorf kömt.

4. Die <u>Weser</u> hat bey Bremen, Hoya, Nienburg, Minden (Rinteln) und Hameln Brüken. Sie hat in Sommer in den obern Theil hin und wieder Fuhrten; doch sind sie unterhalb Nienburg sellten, wenn nicht ein sehr troken

---

[3] Esklum.

Jahrszeit eintrit. Sie hat eine große Menge Fähren, die aber gewöhnlich nicht größer sind, als daß sie jedesmal ein Fuhrwerk übersetzen können.

Obgleich dieser Fluß eine beträchtliche Breite und Tiefe hat, so legt er doch den Op[e]rationen einer Armee keine unüberwindliche Hindernisse in den Weg, in dem seine Ufer fast allerwärts die Anlegung von Schif- oder Ponton-Brücken erlauben und weder der schnelle Lauf noch die Ebbe und Fluth bey der Passage besondere Beschwerlichkeiten veruhrsachen.

5. Die Hunte fließt von Hunteburg über Diepholz, Wildeshausen und Oldenburg und ergießt sich bey Elsfleth in die Weser. Sie ist bis Oldenburg ein unbedeutender Bach, der, wo er nicht morastig ist, eine große Menge Fuhrten hat. Ein Morast und die Dümmer-See aber macht den Theil zwischen Hunteburg und Goldenstädt zu einen wichtigen militärischen Hinderniß. In diesen District sind nur 2 Wege, auf denen man die Hunte, welche hier Lohne heißt, und den ihn umgebenden Morast passiren kann. Der eine ist in der Gegend von Vechte und der 2te in der Gegend von Lembruch. Der erste ist nur in Sommer für Cavalerie und leichtes Geschütz practikabel, der letzte ist nie mit mehrern Fuhrwerken und nur in sehr trokner Zeit mit Cavalerie zu passiren.

III. Gebürge

Das große Teutoburgsche Gebirge in Paterborn dur[ch]schneidet die Grafshaft Ravensberg und das Osnabrüksche bey Iberg[4] und endigt sich in der Grafshaft Teklenburg in der Gegend von Ippenburen. Diese große Kette hat viele Zweige, die sich über Osnabrük nach Braamsche und über Melle gegen die Mindenshen Gebirge verbreiten. Die Gebirge in der Grafshaft Lingen und dem Amte Fürstenau sind niedere Spröslinge der höhern Kette. Obgleich diese Gebirge in dem nordlichen Theil von dem Stifte Osnabrük und in der Grafshaft Teklenburg ziemlich hoch sind, so kann man dieselben doch nach allen Directionen mit schweren Geschütz passiren; auch geben sie kein Hülfsmittel an die Hand, mit einer kleinen Anzahl Truppen ein Land zu deken, wie woll sie bey Positionen unter gewissen Umständen wichtig seyn können.

IV. Impracticabele Districte, fahrbare Wege und schiffbare Flüsse

Den ganzen nördlichen Theil Westphalens kann man fast nach allen Directionen passiren. Nur 3 ganz fast impracticabele Districte sind in denselben:

1. Der District zwischen Huneburg und Goldenstädt, wie dies näher bey der Beschreibung des Hunteflußes angezeigt ist.

2. Der District zwischen Leer und Kloppenburg. Diese mit Flüßen und Morästen durchschnittene Gegend sondert das Niederstift Münster von

---

[4] Bad Iburg.

Os[t]friesland und Oldenburg ab. Auf 2 Wegen kann man nur von den erstern in Ostfriesland kommen. Erstlich auf dem Damme an der Ems von Völlen über Ekulum auf Leer und 2tens auf einen Heidweg von Frisoit über Schepse,[5] Ape und Detern. Auf den ersten Wege muß man die Sater-Ems vermittelst einer Fähre passiren oder über Potzhausen auf Stikhausen gehen, welches nur in sehr trokner Jahrzeit möglich ist. Der 2te Weg ist an manchen Stellen morastig und nur in sehr trokner Zeit mit Geschütz zu passiren. In nasser Jahrzeit muß man mit Cavalerie und Geschütz von Cloppenburg auf Oldenburg gehen und von da die Poststrasse auf Aurich und Leer nehmen, wenn man von den Stift Münster, ohne Fähren zu passiren, nach Ostfriesland will.

Als daher die Franzosen 1761 in Ostfriesland eindrangen, fingen sie an, einen Dam von Detern nach Bassel[6] zu machen und vershiedene Brüken über die Soeste etc. zu erbauen. Sie kamen aber nicht damit zustande.

3. Noch ist der District zwischen Alpe[7] und der Heerlichkeit Gödens, d.i. also der größte Theil der Gränze zwischen Os[t]friesland und Oldenburg, meistens impracticabel. Er bestehet aus einem Moore, durch welches nur 2 Wege führen.

Die Haupt Straßen des nördlichen Theil von Westphalen sind in der beyliegenden Landkarte[a] bemerkt.

Die schifbaren Gewäßer bestehen: 1. in der Weser, 2. in der Ems, welche bis Rheine mit beträchtlichen Schiffen befahren wird, 3. in der Sater-Ems oder Leda, auf welchen größere Schiffe bis Ape und Bassel gehen, 4. in einen kleinen Fluß, welcher onweit Bassel in die Leda fließt und bis Ellerbroek (einen Ort zwischen Frisoit und Löningen) schifbar ist,[8] 5. aus mehrern Kanälen zwischen Emden und Leer, 6. aus der Haase, welche bis Garslacken schifbar ist, 7. aus einen 8 Stunden langen Kanal zwishen Münster und Maxhafen (eine Poststation bey Neuenkirchen, 1½ Stunde von Rheine), 8. aus der Hunte, welche bis Oldenburg für größere Schiffe schifbar ist.

V. Feste Oerter, alte Schanzen

1. Emden war ehedem eine Festung und hat noch jetzt an den meisten Oertern einen nassen Graben. Der Wall ist theils abgetragen oder doch nur noch sehr niedrig.

2. Leer-Ort, ein verfallenes großes Fort in der Erdzunge, wo die Sater-Ems sich in die Ems ergießt; dieses Fort beherrscht die Fähre über die Sater-Ems und die Ems bey Leer, die einzigen Punkte, wo man am leichtesten in Ost-

---

[a] *Nicht vorhanden.*
[5] Westerscheps und Osterscheps.
[6] Barßel.
[7] Es ist wohl Apen gemeint.
[8] Die Soeste. Übrigens ist das System der Leda (mit Jümme, Aper Tief, Soeste und Sagter Ems) auf heutigen Karten nicht mit Scharnhorsts Namensgebrauch in Einklang zu bringen.

friesland von feindlicher Seite eindringen kann. Es müßte, wenn es sich gegen den Feind, der anders wo die Ems auf Schiffen passirte, halten sollte, von neuen in Stand gesetzt und mit 2 Reihen[b] Palisaden umgeben werden.

3. Stikhäuser Schanze beherrscht den Weg, der von Leer nach Ape gehet, auf einen Flek, wo er durch sumpfigte Wiesen läuft. Ferner dient sie zur Vertheidigung des Weges, welcher aus den Niederstift Münster bey Stikhausen über die Sater-Ems in Ostfriesland führt. Sie ist aber ganz verfallen.

4. Schanze bey Schepse. Es ist eine kleine verfallene Redute, welche den Eingang ins Oldenburgsche über Frisoit vertheidigt.

5. Oldenburg ist mit einen Wassergraben und sehr verfallenen Wall umgeben.

6. Meppen hat einen kleinen Wassergraben und einige [.....[c]?] vom Walle. Es ist an der Nordseite durch die Haase und an der Westseite durch die Ems gedekt.

7. Vechte, welches noch an den meisten Stellen mit einen nassen Graben umgeben ist, aber keinen Wall mehr hat.

8. Bentheim hat ein auf einen Berge gelegenes Schloß, welches sich immer einige Tage halten kann und die Straße von Oldensal auf Osnabrück comandirt.

9. Schüttorf ist mit einer etwa 12 Fuß hohen Mauer[d] umgeben, hat aber keine Gräben, ist indes an der einen Seite durch die Vechte gedekt.

10. Niehus[9] liegt an der Eke des Zusammenflußes der Dinkel und Vechte und [ist] leicht in einigen Vertheidigungsstand zu setzen. Es dekt den Weg über Covoerden in die Provinz Grönigen etc.

---

[b] *Statt „Reichen".*
[c] *Unleserlich.*
[d] *Statt „Maure".*
[9] Neuenhaus.

98. Denkschrift [?, 1796?]

HStAH, Hann. 41 I Nr. 12 (3 S.): Eigenhändig.

Vertheidigungs Linien von Westphalen.[a]

AB[b]. Die erste und die kürzeste gegen Holland; setzt voraus, daß man das Bourtange Fort und die alte und neue Schanze[1] nimt und daß der Feind nicht Meister von dem Rhein oberhalb Wesel ist oder daß eine kleine Armee oder starkes Corps zwischen der Roer[2] und Lippe die rechte[c] Flanke decke.

CDF[d]. Die 2te Vertheidigungslinie; bey dieser ist vorausgesetzt, daß die Landgrafschaft Hessen-Cassel neutral ist[3] und daß der Feind Meister von dem Rhein bey Düsseldorf, Cöln etc. ist. Die Mitte dieser Linie ist schwach, der linke Flügel EF[e] ist durch ein sehr hohes unwegsames Gebürge und der rechte C durch die Ems, Sater-Ems und Moräste gedekt oder doch zum Defensiv Krieg geschikt.

Beyde Flügel haben eine 2te Vertheidigungs Linie; der rechte hat die Linie GH, die Grenze zwischen Oldenburg und Os[t]friesland, der linke die Weser LM zwischen Carlshaven und Hameln. Die 2ten Vertheidigungslinien dieser Flügel sind so weit gegen die Mitte zurük, daß der Feind sie nicht ohne große Gefahr durch brechen kann, so lange nicht die Mitte, die Haupt Armee, geschlagen ist.

JEF[f]. Eine 3te, schlechtere Vertheidigungslinie.

KLM[g]. Eine 4te Vertheidigungs-Linie an der Weser, welche den Besitz und die Befestigung von Bremen, Nienburg und Minden voraussetzt und bey der Hameln, wenn der Feind oberwärts ernsthaft agirt, bald der linke Flügel werden würde und in dieser Rücksicht und mancher andern eine Verschanzung für eine Armee oder Corps haben müßte.

---

[a] *Zu dem Text gehört eine Kartenzeichnung, die die Flüsse und Orte des nord- und nordwestdeutschen Raumes zwischen Rhein, Ems und Elbe abbildet. Die Ortsnamen sind allem Anschein nach von einem Schreiber eingetragen, doch zeigen einige nachträglich eingefügte Namen Züge von Scharnhorsts Hand. Die im Text angesprochenen Verteidigungslinien sind mit geraden dicken Strichen und den entsprechenden Kennbuchstaben in diese Karte eingezeichnet.*
[b] *Dollart – Wesel.*
[c] *Gemeint ist offenbar vielmehr der linke Flügel.*
[d] *Leer – Meppen – Warburg.*
[e] *Bielefeld – Warburg.*
[f] *Huntemündung – Bielefeld – Warburg.*
[g] *Bremen – Hameln – Bad Karlshafen.*
[1] Oudeschans und Nieuweschans.
[2] Ruhr.
[3] Das ist mutmaßlich ein aktueller Bezug; Hessen–Kassel hatte bis zum Frieden von Basel am Revolutionskrieg teilgenommen, verhielt sich danach aber neutral und beteiligte sich auch nicht an der Observationsarmee.

99. Scharnhorst an Herzog Karl Wilhelm Ferdinand von Braunschweig[a]
[?, 1796/1797?[1]]

GStA PK, VI. HA Nl Scharnhorst Nr. 199 fol. 2r (1 S.): Konzept, eigenhändig.

Begleitschreiben zu einem Literaturbericht.

Ew. Durchlaucht haben immer die Stimme des Publikums und der Gelehrten beobachtet, vielleicht würdigen Sie auch die nachstehenden Erzählungen von den Bemerkungen und Beurtheilungen, welche man von gebildeten Militären über einige Punkte der Kriegeskunst in Bezug auf unsern jetzigen Krieg seit einigen Jahren nicht sellten hört, der Durchlesung. Es sind Bekentnisse, welche nicht leicht dem Fürsten u. Heerführer, aber wohl den Freunde abgelegt werden.[2]

Vieleicht nicht bey der strengsten Untersuchung ganz richtig, aber doch immer ein aufrichtiges Geständniß des Gesichtspunkts einer Klasse von militärischen Gelehrten unser Zeit und wenn auch sonst nicht, doch in dieser Hinsicht für den Befeler u. Herrscher der Aufmerksamkeit vieleicht werth.

100. Denkschrift [?, 1795/1797?[1]]

GStA PK, VI. HA Nl Scharnhorst Nr. 199 fol. 3r (1 S.): Konzept, eigenhändig, unvollendet.

Man muß bey den leichten Trupen, und besonders bey der leichten Cavalerie, viel Geschütz haben

Die Franzosen haben jetzt bey ihren Husaren 4 ℔der, um bey gleichen Kosten eine größere Anzahl von Stücken führen zu können.

---

[a] Der Adressat ergibt sich aus der Anrede und dem eigenhändigen Deckblatt (fol. 1r) mit der Aufschrift „Aufsätze für den H. v. Br."

[1] Dieses Schreiben macht zusammen mit einigen für den Herzog bestimmten Aufsätzen, deren mehr oder minder ausgearbeitete Entwürfe unter Nr. 100 bis 104 folgen, einen Faszikel im Berliner Scharnhorst-Nachlaß aus. Es ist vermutlich um die gleiche Zeit zu datieren wie die anderen, d. h. ziemlich sicher nach 1795 (auf fol. 5v ist die Rede von Ereignissen 1793–1795), und gehört wohl in die Zeit, als Scharnhorst Generalquartiermeister beim hannoverschen Korps der Observationsarmee in Westfalen war. Das Hauptquartier des Herzogs von Braunschweig traf am 29. Juni 1796 in Minden ein. Da Scharnhorst von „unsern jetzigen Krieg" spricht, kann man annehmen, daß diese Schriften noch vor der Unterbrechung der Revolutionskriege im April 1797 durch den Präliminarfrieden von Leoben entstanden sind. Ob diese Schriften vollendet und an den Herzog abgeschickt wurden, ist ungewiß. Laut Auskunft des Niedersächsischen Staatsarchivs in Wolfenbüttel (wo der Nachlaß des Herzogs verwahrt wird) ist zumindest in den durch Indices erschlossenen Beständen kein Schreiben Scharnhorsts aus der Zeit vor 1806 nachweisbar.

[2] Der angesprochene Bericht ist offenbar nicht überliefert.

[1] Vgl. die Datierung von Nr. 99. Man beachte auch die Jahreszahl „1794" im Text.

Schon im Jahr 1794 sahen wir, daß sich ihre reitende Artillerie beständig vermehrte, bey allen ihren kleinen Postengefechten hatten sie reitende Artillerie; der Vortheil, den sie von derselben zogen, war sehr groß:
1. Hielten sie dadurch unsre Cavalerie zurük, in den entscheidenden Augenblik einen Streich ausführen zu können. Denn obgleich der Effect eines Kartätshshußes so groß nicht ist, so wird er doch sehr, auch selbst von den Bravsten, gefürchtet.
2.[a]

101. Denkschrift [?, 1795/1797?]

GStA PK, VI. HA Nl Scharnhorst Nr. 199 fol. 5r–6v (4 S.): Konzept, eigenhändig.

Vorzüge leichter Geschütze bei leichten Truppen: weniger Personal, größere Anzahl.

Wie man eine gewiße Anzahl 3 ℔der als reitende Artillerie bey den leichten Trupen, besonders der leichten Cavalerie ohne großen Aufwand einführen kann.[a]

Bey der leichten Cavalerie, bey den Vorposten und andern kleinen Detaschements, wo man mehr gegen Trupen als gegen Geschütz agirt, erfordern die 6 ℔der zu großen Aufwand in Verhältniß ihres Nutzen. Eine 3 ℔dige Canone mit 100 Schuß versehen erfordert zum Gebrauch der reitenden Artillerie, wenn man sich aufs äuserste einshränkt, nur 7 Pferde. Nur der Unteroffizier reitet, die übrigen 4 Mann zur Bedienung sitzen auf der Lafete u. Protze. 6 Pferde vor der Canone ziehen diese 4 Mann nebst der Canone u. 100 Schuß recht gut, denn bey der hannövrischen reitenden Artillerie ist dieses im Jahr 1793, 94 u. 95 geshehen, ohne daß man sich über Mangel an Geshwindigkeit beshwert hätte.[b]

---

[a]   *Der Text bricht hier ab. Aus dem Zusammenhang der Aufsätze für den Herzog von Braunschweig dürfte auch fol. 4r (¹/₄ S.) am gleichen Ort stammen, auf dem von Scharnhorsts Hand lediglich geschrieben steht: „Nicht bloß die Theorie, sondern die Erfahrung stimmt hier mit überein."*

[a]   *Folgt die gestrichene Einfügung: „Die französischen Armeen haben in den letzten Jahren wieder angefangen, 4 ℔der zu den Geschütz bey der leichten Cavalerie einzuführen. Sie werden durch diese Einrichtung im Stande seyn, ihren Feinden mehr Geschütz entgegenzustellen, als sie es vorher bey den 8 ℔dern zu thun im Stande waren.*
    Sie werden nun bey kleinern Detaschements, bey Feldwachen u. andern nicht starken Posten Geschütz haben, wo es ihre Feinde bey schweren Calibern und also bey einer geringern Anzahl nicht haben können.
    Solte dieser Umstand
    Es frägt sich".

[b]   *Folgt die gestrichene Einfügung: „Bey starken Märschen, im Sande u. shlechten Wege springen die 4 Mann von ihren Sitz u. laufen bey der Canonen eine zeitlang an. Alsdann ist die Last sehr gering für die 6 Pferde, zumal wenn die Protzräder so hoch als die der Lafete sind."*

Gegen die geringe Anzahl der Mannschaft zur Bedienung liesse sich zwar einige Einwendungen machen; allein ich kann hier aus Erfahrung versichern, daß bey der hannövrishen reitenden Artillerie die 3 ℔der in sehr vielen Affären mit 5 Mann gut bedient sind. Um sicher bey jeden Ereigniß zu seyn, nemlich beym Abgange von einen Mann oder Pferde, so nimmt man noch einen Mann zu Pferde in die Reserve. So lange dieser nicht zur Bedienung erfordert wird, hält er den berittenen Unterofficier das Pferd. Hernach giebt es dieser den Trainknecht, welcher die beiden mittelsten Pferde an der Canone führt.

Bey dieser Einrichtung werden auf jede Canone 8 Pferde und 9 Mann (wenn man auf jede 2 Pferde einen Trainknecht rechnet) erfordert.

Eine 6 ℔dige Canone, selbst von der leichtesten Art, erfordert doch mit den Reserve Pferden die doppelte Anzahl von Mannschaft u. Pferden.

Es frägt sich nun hier, ob 2 Stuck 3 ℔dige Canonen (jede zu 650 ℔ shwer) nicht beßer als eine leichte 6 ℔dige (900 bis 1000 ℔ shwer) bey den leichten Trupen sind?

Jeder Vorposten Comandeur wird lieber 2 Stük 3 ℔der als ein 6 ℔der nehmen. Durch die doppelte Anzahl von Canonen wird er eh[e]r in Stande seyn, den einzelen Posten, jeder bedeutenden Feldwache eine Canone zu geben oder sie mit einer zu unterstützen, als er es bey den 6 ℔dern könnte.

Die Wirkung des 650 ℔ shweren 3 ℔der ist von der des 900 bis 1000 ℔ shweren 6 ℔ders beym Kugelschuß nicht vershieden, weil man den 1sten und den 2ten nur $^1/_3$ kugelshwere Ladung geben kann. Beym Cartätshuß hat dieser 6 ℔der den Vorzug wohl vor einen, aber nicht vor 2 Stük 3 ℔dern. Die letztern leisten hier einen merklich größern Effect als der erstere.

Man kann aus den 3 ℔der 20 Stük 6 löthige oder 40 Stück 3 löthige Kugeln schießen, aus 2 Stüken also bey jeder Abfeurung 40 Stück 6 oder 80 Stük 3 löthige; den 6 ℔der ladet man ungefähr mit derselben Anzahl dieser Cartätsh Kugeln, er leidet aber in Verhältniß des Gewichts der Kugeln nur eine geringere Pulver Ladung als die 3 ℔der, weil er in Verhältniß seiner Kugel nicht so schwer als dieser ist, seine Kartätschkugeln können also nicht die Wirkung oder doch nicht mehr Wirkung als die der beiden 3 ℔der haben.

102. Denkschrift [?, 1796/1797?[1]]

GStA PK, VI. HA Nl Scharnhorst Nr. 199 fol. 7r–8v (3½ S.): Konzept, eigenhändig.

Rechtzeitige Bereitstellung von Belagerungsgeschützen. Maßnahmen.

<u>Ueber die Nothwendigkeit einer Belagerungs Artillerie bey der Observations Armee</u>
Wenn an der Weser nicht ein Park von Belagerungsartillerie sich befindet, so wird man oft bey den Operationen in große Verlegenheit kommen. Denn

---

[1] Wie schon der Titel zeigt, kann der Text erst entstanden sein, als von der Aufstellung der Observationsarmee zumindestens gesprochen wurde.

wollte man erst diese Artillerie dann kommen lassen, wenn man einen Ort zu belagern denkt oder genommen hat u. nun besetzen muß oder wenn man einen verschanzten Ort in Vertheidigungsstand setzen will, so würde es wie 1794 in Flandern zu spät kommen und die Armee würde dadurch in ihren Operationen aufgehalten werden.

Eine jede Armee muß immer einen Belagerungs Park à portée haben, wenn sie ein Ganzes ausmachen und mit Nachdruk agiren soll.

Es muß daher lange vor den Anfang der Operationen an das Zusammenbringen eines Belagerungsparks von Berlin, Magdeburg, Cassel oder England gearbeitet werden, der an der Weser, am besten zuerst in Hameln, verwahrt wird und, wenn die Armee glüklich ist, nach Osnabrük oder Lipstadt gebracht wird.

Aus Hameln kann man wohl einiges Belagerungs Geschütz und einige Munition nehmen, ohne die Festung in Gefahr zu setzen, Mangel von Geschütz u. Munition zu leiden, auch kann das H. Zeughaus auserdem noch eine Batterie 30 ℔dige Haubitzen und 12 ℔dige Canonen, jede zu 8 Stük liefern. Aber alles dies reicht zu keiner Belagerung, nur zum Bombardement eines Orts oder zur nothdürftigen Besetzung einer Vershanzung mögte es[a] hinlänglich seyn. Es wäre in mehr als einer Rüksicht von Nutzen, wenn die beiden eben genannten Batterien aus den hannövrishen Zeughause bald der Armee folgten; man könnte sich dazu der Landfuhren bedienen, denn Sattelwagen bedarf man nicht für dieses Geshütz, und zum Transport der Munition findet man die nöthigen Munitionswagen in Hannover. Ein eigener Train würde zu viel kosten, wenigstens würde er für die Haubitzen wegen des Gewichts der Bomben einen ungeheuren Aufwand erfordern. Ueberdem kann man sich derselben gar nicht im freien Felde bedienen, und eine beständige Bespannung wäre also in jeder Rüksicht überflüßig. Wollte man aber die 12 ℔der als eine Batterie mit bey der Armee auch zu Gebrauch in freien Felde haben u. ihnen also eine beständige Bespannung geben, so müßte man auser den 200 Schuß, welche zu den Gebrauch in freien Felde bey ihnen geführet würden, noch für jedes Stük 3 bis 400 Schuß in einen Depot hinter der Armee, da wo etwa die Haubitzen wären, bringen lassen, damit man sie, so bald man es nöthig fände, als Belagerungsgeshütz brauchen könnte.

---

[a] *Bei einer Abänderung versehentlich mit gestrichen.*

103. Denkschrift [?, 1796/1797?]

GStA PK, VI. HA Nl Scharnhorst Nr. 199 fol. 9r–11v (5½ S.): Konzept, eigenhändig.
Frühere Konzepte, eigenhändig, unvollendet: ebda., fol. 13r–v (1½ S.) und 12r–v (1 S.).[a]

Verstärkung der Kompanien als Ausgleich für Abgänge. Rekrutierung in nicht armierten Ländern. Geringe Kosten. Zeitpunkt und Ausbildung. Aufstellung von Jägerkorps in denselben Ländern. Vorkehrungen zur Wahrung der Disziplin. Psychologische Vorteile der Vermehrung.

<u>Ueber die Vermehrung der Observations Armee aus den Staaten, welche keine Trupen halten und sich in der Demarkationslinie befinden</u>[b]

Wenn man bey der Observations Armee jede Infanterie Compagnie mit 30 Mann vermehrte, so würde, da die Compagnien jetzt durchgehend aus geübten u. disciplinirten Leuten bestehen, dadurch die Brauchbarkeit der Trupen nicht sehr leiden. Man könnte diese Mannschaft aus den geistlichen u. [weltlichen] Staaten, welche innerhalb der Demarkationslinie sich befinden u. keine Trupen halten, sich sogleich liefern lassen u. sie rükwärts in den Oertern an der Weser erst montiren u. einige Monat exerciren.

Alsdann würden in Julie u. August, wo die Compagnien bey der Infanterie anfangen, shwach zu werden, dieselben den Abgang ersetzt erhalten. Nehme man nur bloß gelieferte Bauren Söhne, verspräche man ihnen ihre Entlassung, so bald der Krieg geendigt wäre, so würde man durch diese 30 Mann 120 Mann Vertraute ins Bataillon bekommen.

Diese Vermehrung würde beinahe den 4ten Theil des Bataillons ausmachen, wenn man nur die ausrükenden Feurgewehre rechnet und dabey nicht den $1/10^{ten}$ Theil die Kosten vermehren, weil man weder die Officiere, noch die Brodwagen zu vermehren brauchte, indem man, wenn der Feldzug in April eröfnet wird, von August an immer auf 30 Kranke, Verwundete, abgegangene Desertirte u.s.w. rechnen kann.[c]

---
[a] *Aus den Veränderungen ist ersichtlich, daß das Konzept fol. 13 eine frühere Fassung der Schrift darstellt als fol. 12.*
[b] *Der Titel des Konzepts fol. 12 lautet „Konnte man nicht aus den Staaten von Norddeutschland, welche kein Militär halten u. in der Demarkationslinie liegen, die Infanterie der Observationsarmee vermehren?", fol. 13 ist lediglich betitelt „P.M."*
[c] *Das Konzept fol. 13 behandelt den Komplex bis hier, zum Teil etwas gedrängter, in einem Bereich aber detaillierter: „Wen man so wohl bey den preußischen Corps, als bey den hannövrischen, die Infanterie Compagnie mit 30 Mann vermehrt, so wird im Kriege das Bataillon selbst beym Anfange des Feldzuges dennoch immer unter 600 Mann auf den Platz kommen, wenn nemlich die Kranken u. die bey der Bagage, Reserve, Hospital, den Geschütz u.s.w. Comandirten abgerechnet werden.*
 Diese 30 Mann vermehren die 150 Mann starke Compagnie zwar nur, wenn sie vollzählig sind, um $1/5$, da man aber in Kriege nur höchstens 120 Mann auf den Platz hat, so muß man die eigentliche Vermehrung (in Rüksicht des Gebrauchs vor dem Feind) auf $1/4$ der ganzen Compagnie anschlagen.
 Die Vortheile sind also wesendlicher, als sie den ersten Anblick nach zu seyn sheinen."
 Fol. 12 gibt den gleichen Inhalt wieder, beide Konzepte verweisen dabei auf eine Beilage 1, die jedoch entweder nicht geschrieben oder nicht überliefert wurde.

Man setzt übrigens voraus, daß in der Folge der Abgang dieser Mannschaft so wohl als der des Bataillons, der erste in Febr. u. der 2te in Winter ersetzt wird; einentheils, damit die Ersetzungsmannschaft aus den Westphälischen in jeden Feldzuge von Febr. bis August geübt werden kann, ehe sie zum Bataillon kömmt, und anderntheils, damit sie in einer Zeit eintrit, wo schon ein großer Theil der Manschaft abgegangen ist u. also das Bataillon, wenn es seine ordinäre Stärke behalten soll, dieser Mannschaft bedarf. Auf diese Art wird in das Bataillon ein Aufrüken der Mannschaft merklich über seinen Etat kommen und es wird, wie schon erwähnt, also so wohl in Rüksicht der Kriegs als Lebensbedürfniße keine besonder Einrichtung für diese Vermehrung nothwendig.

In dem man diese Mannschaft, welche für die jetzige Observationsarmee nicht mehr als ungefähr 5000 Mann betragen würden, sich liefern liesse, müßte man zugleich Corps von leichten Trupen in den erwähnten Ländern^d, aus den sie genomen wurden, errichten, z.B.
ein münstersches,
 " paterbornshes
 " lippisches
 " osnabrükshe
 " hildesheimsches Jägercorps.

Diese müßten nur $^1/_6{}^e$ aus gelernten Jägern bestehen und als leichte Trupen ohne Zelter u.s.w. dienen. Aus Furcht, nicht unter die Ausnahme der 5000 zu kommen, würden viele Leute unter diese Corps sich freiwillig aufnehmen lassen und in kurzer Zeit als leichte Truppen gute Dienste leisten. Da es an solchen fehlt, und da^f in den eben genannten Ländern leicht 8 Bataillons zusammengebracht werden könnten, so würde dies schon eine nicht ganz unwichtige Vermehrung seyn.

Man müßte festsetzen,
1. daß die Jäger ihre eigenen Büchsen mit brächten u. das gelernte Jäger $1^1/_2$ mal so viel Besoldung als ander bekämen
2. daß diese Corps durchaus von schon gedienten Officieren comandirt würden. Die auf halben Sold stehenden holländischen Officiere[1] und die vor dem Jahr 1792 emigrirten französischen Officiere würdn mit angestellt werden.
3. Damit aber nicht undisciplinirte Räuberbanden, wie die Emigrirte Corps bey der Englischen Armee in Jahr 1794 waren, entstünden, müßte also jedes Bataillon von einen preußishen oder hannövrishen Staabs Officier, der

---
^{d} Das Wort bei der Revision irrtümlich gestrichen.
^{e} Verändert aus „$^1/_3$".
^{f} Folgt gestrichen: „in den Bisthum Münster gewiß, in Bisthum Paterborn u. Hildesheim ebenfals 4, in Osnabrük 2 und in".
[1] Offiziere der aufgelösten Armee der Vereinigten Niederlande, die 1795 nach Deutschland gekommen waren.

nicht aus diesen Dienste trete, comandirt werden und alle müßten einen Inspecteur haben, einen Mann, von dem man wüßte, daß er auf strenge Disciplin hielte.

Durch die Vermehrung der Infanterie und durch diese 8 Bataillons würde man die Armee [um] 10.000 Mann vermehren. Man würde dadurch auser den Vortheil der Vermehrung an sich noch folgende erhalten
1. würden dadurch die bedrohtn Länder mehr für den Ausgang des Krieges sich intereßiren als jetzt.
2. würden die Bataillone nicht wie jetzt so kleine Haufen werden, welche wegen ihrer geringen Gewalt alles Vertrauen zu sich verliehren, und
3. würde man zu den kleinen Kriege eine Art Trupen bekommen, welche treu und auf den Kriegestheatr besser zu Hause sind, als alle andern und hier ihre Recrutirung finden.[g]

Da der Krieg sich in die Lenge ziehen kann, so sind dies alles nicht so geringe Vortheile, als sie anfangs zu seyn shienen.

104. Aufzeichnung [?, 1796/1797?[1]]

GStA PK, VI. HA Nl Scharnhorst Nr. 199 fol. 14r–15v (4 S.): Konzept, eigenhändig.[2]

Entwürfe zu verschiedenen Aufsätzen.

I. Ueber die Vermehrung der Observationsarmee aus den Staaten, welche keine Trupen haben u. sich in der Demarkationslinie befinden.
   1. Art, wie es geschehen könnte, durch die Inf. Regimente zu verstärken.
   2. Errichtung neuer Corps leichter Truppen –
      als: Münstersche Legion u. Jäger –
      Lippische Legion u. Jäger –[a]
      Paterbornshe Legion u. Jäger –

---

[g] *Folgt gestrichen:* „4. Würden alle diese Vermehrungen nicht viel kosten."
[a] *Folgt gestrichen:* „Hildesheimshe".
[1] Vgl. die Datierung von Nr. 99 und die Überschrift (die Observationsarmee wurde 1796 aufgestellt). Sollte der Verweis auf die Schweiz bei Punkt II,4 aktuell gemeint sein, wäre der Text im letzten Viertel des Jahres 1797 einzuordnen.
[2] Es handelt sich offenbar um Notizen über die Serie von Aufsätzen, die die Observationsarmee betrafen. Punkt I. wurde in Nr. 103 weitgehend ausgeführt, Punkt V in Nr. 100 und 101 begonnen und Punkt VI in Nr. 102. Zu Punkt III vgl. Nr. 39 sowie Nr. 118–122, 240 und 241.

II. Ueber die Mittel, welche die Armeen der monarchischen Staaten jetzt zu mehren Aufopferungen, als sie bisher gezeigt haben, bringen können.
   1. Mangel der Tapferkeit u. der Aufopferung
   2. Mittel, die Tapferkeit zu beleben durch Bestrafung der Feigheit, Belohnung der Tapferkeit u. Bravour – ohne alle Rüksicht – besonders in höhern Klassen – Festsetzung der Brigaden und ihr[e]r Befehlshaber – Verantwortlichkeit der Befehlshaber für dieselben –
   3. Großes Aufheben von allen Vortheilen – alle glaubend gemacht, sie wären tapfer –
   4. Manifest – Erinnerung an die großen Thaten des 7jährigen Krieges – an die Niederträchtigkeit der Franzosen, Revolten der Völker – Ein Krieg gegen die Barbarey u. allgemeine Räuberey – Exempel mit der Schweiz[3], mit den Kirchen etc. –[b]

III. <u>Ueber die Uebung der Trupen im Kriege in Lägern</u> – Activität der Cavalerie, Artillerie u. Inf.
   a. Nutzen an sich – Officiere kennen – geschikt machen – daran denken.
   b. Verhüten der Desertion, Disciplin – Abhärtung –
   c. Zutrauen zu sich, Gedanken eigner Vollkommenheit erzeugt den Geist der Tapferkeit –

IV. <u>Leichte Trupen</u> –
   1. Verhältniß zur Armee –
   2. Veränderte Exercize –
   Erstlich, daß sie wie reguläre exercirt
   Zweites, wie sie eigentlich exerciren müßtn
   3tes, daß man Büchsenschützn dazwishen haben müßte.

V. Man muß Geschütz für die Feldwachen, Piquets etc. haben, welches nicht viel kostet, sich geschwinder als das gewöhnliche bewegen kann.

---

[b] *Thematisch paßt hierzu ein undatiertes und unvollendet gestrichenes, eigenhändiges Fragment in GStA PK, VI. HA Nl Scharnhorst Nr. 24 fol. 30r (1 S.): „Durch 3 Mittel werden gewöhnlich die Menshen in Thätigkeit gesetzt.*
Diese sind: 1. Befriedigung der Bedürfniße
2. Befriedigung der Ambition
3. Furcht vor Strafe.
Nur das 2te Mittel, nemlich die Befriedigung der Ambition kann hier angewendet werden und zwar auf eine doppelte Art, 1. durch Vorzüge im Avancement und 2. durch Austheilung von Me".

[3] Die Schweiz verlor zwar schon 1793 einen kleinen Teil des Bistums Basel (wo 1792 die Raurakische Republik ausgerufen worden war) an Frankreich, doch bezieht sich dieser Verweis wohl eher auf das Eingreifen der Französischen Republik in die innerschweizerischen Verhältnisse ab 1797. Dieses wurde ab Oktober 1797 an der Abtrennung strategisch wichtiger Gebiete zugunsten Frankreichs und seiner Tochterrepubliken faßbar und führte im folgenden Winter auch zu einem militärisch beförderten Umsturz in der Schweiz selbst, der in der Proklamation der Helvetischen Republik am 22. März 1798 gipfelte.

1. Man muß es haben, weil die Franzosen zu viel leicht[e] Trup[e]n haben und uns sonst überlegen sind; die reitenden Batterien müßen bey einander u. bey den Soutien oder der Cavalerie bleiben.
2. Man nimmt dazu die hannövrsh[e]n 3 ℔der, bespant sie mit 6 Pferden, giebt den Unterofficier 1 Pferd u. läßt 4 Mann auf die Lafete sitzen wie bey der hanövrishe reitende Artillerie; diese hat über dem 86ᶜ Schuß – daß es gehet mit der erforderlich Bewegbarkeit beweiset die Erfahr[un]g. Man muß aber immer für 2 Canonen einen 4spänige Munitions Wagen, worin 240 Schuß, en Reserve mit 4 Artilleristen zu Fuß haben, welche eintreten, wen einer von den ander abgehet oder krank etc. ist.

VI. Man muß in Bremenᵈ eine Belagerungsartillerie Park etabliren, 20 bis 30 18 bis 24 ℔dige Canonen u. 8 Stük 20 ℔dige Haubitzen.

105. Dienstanweisung [?, 1796/1801?]

GStA PK, VI. HA Nl Scharnhorst Nr. 73 fol. 50r–63r (25 S.): Schreiberhand, unvollendet.
Konzept, eigenhändig, unvollendet: ebda., fol. 33r–38v.

I. Erkundung eines Weges. 1. Auftrag und Personal. 2./3. Aufzuzeichnende Gegenstände. Symbole. 4./5. Maßstäbe. 6. Einordnung. 7. Verweis auf Beilage. 8. Schriftlicher Bericht. Gegenstände. 9. Beispiel eines Berichts. 10.–12. Unterteilung bei großen Entfernungen. II. Ausstecken eines Weges. 13. Personal. 14. Auftrag und Vorkehrungen. 15. Kennzeichnung von Abzweigungen und Nebenwegen. Ausbesserungen. 16. Verwendung von Faschinen. 17. Ausbesserung von Brücken. 18. Passagen kleiner Flüsse. 19. Probleme der Artillerie. III. Führen einer Kolonne. 20./21. Orientierung. Heranziehung Einheimischer. 22. Personal. Vorsprung der Führungsgruppe. 23. Ausbesserungen. 24. Parallelwege in offenem Gelände. 25. Vorkehrungen bei schlechten Wegen. 26. Hilfsmittel bei der Orientierung. IV. Erkundung von Geländehindernissen. 27. Bericht über eine Gebirgskette. Gegenstände.

Instruction für die Feld-Guidenᵃ

1ᵗᵉʳ Abschnitt.
Einen Weg zu recognosciren.

I. Aufzeichnung des Weges.

§ 1.
Ehe man zur Aufzeichnung des Weges abgehet, muß man haben:
1.) Einen schriftlichen Befehl von General-Quartiermeister, in den der Auftrag enthalten ist, u.

ᶜ *Zahl korrigiert, es könnte auch „84" heißen.*
ᵈ *Verändert aus „Hameln".*

ᵃ *Beschriftung eines separaten Deckblattes, fol. 50r.*

2.) einen Bothen, welcher der Gegend kundig ist, und wo möglich
3.) einen Cavalerie Ordonanz, um die Bothen von Ort zu Ort herbey zu schaffen.[b]

§ 2.
Bey der Wegrecognoscirung selbst wird folgendes aufgezeichnet:
1.) die Wege, welche rechts und links abgehen; bey den Hauptwegen wird aufgezeichnet, wo sie auf zu laufen;
2.) die Brücken, Fähren, Oerter, Flüsse und Bäche und die beträchtlichsten Berge, Gehölze, Moore und Heyden, über welche der Weg läuft oder welche nicht weit von demselben zu Seite liegen, nebst ihren Namen;
3.) die schlechten Stellen in einen Wege, durch mit rother Dinte geschriebenen Buchstaben etc.,
　　einen Hohlweg durch h
　　wenn er nicht zu vermeiden durch h;[c]
　　eine morastige Stelle in Wege durch m
　　wenn sie nicht zu vermeiden durch m
　　eine Stelle am Berge, wo ein Fuhrwerk gehemt werden muß, durch g
　　wenn sie [nicht] zu vermeiden durch g.
　　Eine leimigte oder tonigte Stelle eines Weges durch l
　　wenn sie nicht zu vermeiden durch b.
4.) Bey den Ortern wird die Anzahl der Häuser und die Entfernung von den Puncte an, wo die Recognoscirung ihren Anfang[d] genommen hat, mit rother Dinte in ganzen und $^1/_8$ Stunden bemerkt. Bey langen oder zerstreut liegenden Dörfern nimmt man die Kirche, Kapele oder ein benanntes Haus, als das Schulhaus.

§ 3.
Die Bezeichnung der Wege geschieht auf folgende Art:
= Wege, welche in allen Jahrszeiten paßiert werden können;
== Wege, welch[e] nicht immer mit schweren Fuhrwerk paßirt werden können;
— Wege, welche nur für Fußgänger zu paßiren sind.
Nur so weit die Wege in allen Jahrszeiten zu paßiren sind, werden sie illuminirt.

---

[b] *Der Text des ersten Paragraphen weicht von der Einleitung des Konzepts ab; dort heißt es statt dessen: „Wenn ein Weg recognoscirt werden soll, so läßt der Guide sich von den Baurmeister oder Baurichter einen der Gegend kundigen Bothen von einem Dorfe zum andern geben"; weitere erläuternde Fortsetzungen des Satzes sind schon im Konzept gestrichen worden.*
[c] *Möglicherweise lagen hier einmal farbliche Unterschiede vor, sie sind aber bei der gealterten Tinte nicht mehr zu erkennen. Es ist auch nicht auszuschließen, daß der Schreiber sie bei der Abschrift des Konzeptes nicht übernommen hat.*
[d] *Statt „Angfang".*

§ 4.
Die Aufzeichnung geschiehet nach einen festgesetzten Maasstab, von den drey Calenb. Zoll eine Stunde oder ½ Cal. Zoll 1000 Schritt ausmachen.[1]

§ 5.
Die Weite des Weges wird durch die Zeit bestimmt. Ein jeder Guide muß aber vorher wissen, wie viel ordinaire Schritte, jeden zu 2 Fuß 8 Zoll[2], sein Pferd in der Minute macht.

Machte es z. B. 90 in dieser Zeit und hätte er von den Orte A bis den Orte B 20 Minuten zu gebracht, so betrüge die Entfer[n]ung dieser Orter 20 mal 90 Schritt oder 1800 Schritt.

Nun ist   ⅛ Stunde   750 Schritt,
             ¼   "   1500   ",
             ⅜   "   2250   ",

Mithin sind 1800 Schritt ⅔/₈ Stunden nur etwas darüber.

§ 6.
Bey der Aufzeichnung der Wege wird nicht eine jede Krümmung, aber doch im Ganzen die Richtung desselben in Absicht der Himmelsgegend angegeben. Man bemerkt sich auf einem Berge oder Thurm mit der Boussole[3] in der Hand die Haupt Richtung des Weges in Absicht der Himmelsgegend und zeichnet dieselbe auf, in dem man bey der Zeichnung wie bey den Landkarten oben Norden einnimmt. Läuft z.B. der Weg 1 Stunde gegen Norden und nachher gegen Nordwest, so bezeichnet man den Weg so, daß er auf den Papier auf eine Stunde von unten nach oben gleich lauffend mit einer Seite, hernach aber links, gleichlaufend mit der Diagonal Linie desselben läuft.

Nähern und practischen Unterricht in der Aufzeichnung der Wege ertheilt der Herr Lieutena[n]t Wilkens.

§ 7.
Um von der Art, wie dieser Unterricht in Aufzeichnung der Wege auf eine gleichförmige Weise befolgt werden muß, ein Beyspiel zu geben, ist die Aufzeichnung der Recognoscirung des Weges von Rethen nach Hannover und von Hannover nach Misburg beygelegt worden[e].

---

[e] Statt „werden". Die in diesem Satz erwähnte Aufzeichnung liegt der Instruktion nicht bei.
[1] Das entspricht einem Maßstab von ungefähr 1 : 64.000; eine Stunde bedeutete eine Distanz von gut 4600 Metern.
[2] Der in Hannover geltende Calenberger Fuß maß 29,2 cm, ein Zoll gut 2,4 cm; ein Schritt war demnach rund 77 cm weit.
[3] Das französische Wort für 'Kompaß'.

II. Entwerfung des schriftlichen Berichts.

§ 8.
Der Bericht, welcher von der Recognoscirung eines Weges abgestattet wird, muß enthalten:
1. Eine allgemeine Übersicht von der Weite und der Breite des Weges, wobey bemerkt wird, a. ob auser dem gewöhnlichen Wege nebenher an allen Stellen oder nur auf gewissen Strecken Truppen marschiren können, b. ob Brücken oder andere enge Durchgänge dies Nebenhermarschiren hindern, c. wie breit dieselben sind;
2. eine Übersicht von der Beschaffenheit desselben, a. ob er sandigt, leimigt, morastigt oder steinigt ist, b. ob er in allen Jahreszeiten mit allen Orten von Fuhrwerk passiret werden kann, und c. ob er ganz oder zum Theil bergigt ist;
3. eine Anzeige von den verschiedenen Materialien, welche zur Ausbesserung in der Gegend zu haben sind;
4. eine Anzeige von den Nebenwegen, wodurch man etwa den schlechten Stellen ausweichen könnte;
5. eine Anzeige von andern, nicht recognoscirten Wegen, welche ebenfalls nach den bezeichneten Oertern führen.

§ 9.
Diesen gemäß würde der Bericht von der Recognoscirung des Weges von Rethen nach Hannover und von Hannover nach Misburg von folgenden Inhalt seyn:

„Berichte über die Weg-Recognoscirung von Rethen über Hannover bis Misburg, abgestatten von dem Guiden N. N.

I. Entfernung der Orter, Breite des Weges

Von Rethen (53 Feuerstellen) bis Grasdorf (60 Feuerstellen)	$1/2$ Stunde
von Grasdorf bis Latzen (.. Feuerstellen)	$3/8$ "
" Latzen bis Wülfel (... Feuerstellen)^f	$1/8$ "
" Wülfel bis Dörnerthurm (1 Feuerst.)	$1^4/_8$ "
Dörnerthurm bis Hannover (F.St.)	$5/8$ "
	$= 3^1/_8$ Stunde

---
f *Klammern gegenüber der Vorlage verbessert.*

von Hannover bis Pferdethurm (2 F.St.) $^5/_8$ "
" Pferdethurm bis zu den Neuenhäusern (5 F.St.)⁴ $^1/_8$ "
" den Neuenhäusern bis Misburg (.. F.St.)   1   "

$= 4^7/_8$ Stunde

Von Rethen bis Misburg ist der Weg so breit, daß immer 6 Infanteristen oder Cavaleristen neben einander marschiren können; bey den Pferde- und Dörner-Thurm sind aber Brücken, über welche nicht mehr als 4 Infanteristen und 2 Cavaleristen neben einander Raum haben.

Mann kann aber hier rechts und links sehr leicht Lauf Brücken für die Cavalerie und Infanterie machen.

Uberall kann, wenn die nöthigen Oefnungen in einigen Hecken und Gräben und jene beiden Laufbrücken[g] gemacht werden, so wohl Infanterie als Cavalerie durchgehends neben den Hauptwege marschiren.

II. Beschaffenheit.

Der Weg von Hannover nach Misburg ist mit schweren Geschütz in allen Jahrszeiten zu paßiren.[h]

Von Rethen bis Dörnerthurm hat man Sandwege, Dörnerthurm bis Hannover eine Stein Chaussee, von Hannover bis Misburg einen Erdedamm, der von Sand und vermischten Boden sehr ausgefahren ist und bey nasser Zeit mit schwerem Fuhrwerk nur mit vieler Beschwerlichkeit paßiert wird.

III. Ausbeßerung.

Man kann den Weg von Hannover nach Misburg mit dem Unter-Gehölze des nahen Eilenriede Waldes verbeßern. Aber es ist dabey zu bemerken, daß viele einzelne Stellen und selbst ganze Strecken Reparation bedörfen.

IV. Ausweichen der schlechten Stellen.

Mann kann den schlechten Weg von Hannover nach Misburg zum Theil ausweichen, a, wenn man übers neue Haus von da übern Pferdethurm, von da

---

[g] Statt „Laufbrückenen".
[h] Im Konzept wurde diese Stelle noch durch eine Anmerkung kommentiert: „Wäre hier überal Leimboden, so hieße es: Der Weg von Hannover nach Misburg bestehet aus leimigten (zum Theil) Boden und ist in trokner Jahrs Zeit sehr gut, in nasser aber, gar mit schweren Fuhrwerk (nach Aussage der Einwohner), fast gar nicht oder doch nur mit viel Schwierigkeit zu passiren".
[4] Möglicherweise ist das heutige Kleefeld gemeint, das sich östlich des Pferdeturmkreisels befindet.

rechts und links des Damms auf Misburg seinen Weg nimmt, b, wenn man von Hannover über den Listerthurm und Großen Buchholz auf Misburg geht. Doch soll dieser Weg von Buchholz bis Misburg zu Zeiten auch schlecht seyn.

V. Andere Wege von Rethen nach Misburg.

Nach Aussage der Einwohner des Landes gehet von Rethen auf[i] Misburg der gradeste Weg über das Dorf Bremerode[5] und Kirchroder Thurm. Dieser Weg soll nur 3 Stunde ausmachen, aber nicht so gut als der über Hannover seyn."

§ 10.
Bey den Entwurf des Berichts von der Recognoscirung eines Weges ist noch folgendes zu bemerken.
1.) muß, wenn der Weg über 6 Stunde lang ist, derselbe Weg in Abschnitten von 4 bis 6 Stunden beschrieben[j] werden. Wäre der Weg z. B. von hier nach Nienburg $10^{1}/_{2}$ Stunde recognosciret, so theilt man den Bericht davon in 2 Abschnitte, a) in der Beschreibung des Weges von Hannover nach Neustadt 5 Stunden und b) in der von Neustadt nach Nienburg $5^{1}/_{2}$ Stunde, und beschreibe dann jeden dieser beyden Wege wie den von Rethen nach Misburg in obigen Beispiel.

§ 11.
Die Ubersicht der Entfernung der Orter und Breite des Weges von diesen beiden Abschnitten würde vor der einzel[n]en Beschreibung auf folgende Art gesetzt:

„Übersicht der Entfernung der Orter und Breite des Weges von Hannover bis Nienburg.
Hannover bis Neustadt —— 5 Stunde
Neustadt bis Nienburg —— $5^{1}/_{2}$ Stunde

Hannover bis Nienburg —— $10^{1}/_{2}$ Stunde

Der Weg von Hannover bis Nienburg bestehet durchgehends in einer breiten Sand[c]haussee; bey Stöcken und Nienburg sind aber Brücken, über die nur 2 Cavaleristen oder 4 Infanteristen neben einander marschiren können, bey der zu Stöcken kann man indes Laufbrücken machen."

---

[i] Statt „aus".
[j] Statt „beschreiben".
[5] Bemerode.

§ 12.
Die Eintheilung des Weges zu den Abschnitten wird, wenn sie nicht in den Aufträgen schon bemerkt ist, so gemacht, daß die Abschnitte bey Haupt-Ortern, besonders bey denen, die an Flüßen liegen und Brücken haben, enden; jedoch müßen sie, wie erwähnt, zwischen 4 bis 6 Stunden fallen.^k

II^{ter} Abschnitt.
Einen Colonne-Weg auszustecken und im Stand zu setzen.

§ 13.
Mann sezt hier voraus, daß ein Guide mit einige Pionniers, e[i]nigen Regiments Zimmerleuten den Tag vor den Abmarsch der aus Truppen und Fuhrwerken bestehenden Colonne abgeschikt werde, einen Weg für dieselben bestimmt aus zu machen, zu bezeichnen und, wo moglich ist, aus zu beßern, daß er ein Commando von der Cavalerie von 6 bis 7 Mann bey sich habe, um sie verschicken zu können und um Arbeiter zu preßen, wo es nothig ist u. s. w.

§ 14.
Ehe bis er zu diesen Geschäfte abgehet, muß er sich einen offenen Befehl von den Generalquartiermeister geben laßen, in den sein Auftrag enthalten und in den die Dorfschafften benanten und Magistraten ersucht werden, ihn Boten, Arbeiter u. s. w., wo es erforderlich ist, zu liefern.
Ferner muß er sich nach den nebenliegenden Oertern erkundigen, um allen Mißverständnißen vorzubeugen. Jeder Pionnier muß eine Spade bey sich haben und die Zimmerleute ihre Axen.

§ 15.
Die Ausrichtung des Auftrages geschiehet auf folgende Art.
1.) Das Commando von der Cavalerie schaft von einen Orte zum andern die nothigen Boten herbey, wo bey zu bemerken ist, daß man immer mehr als einen nimt.
2.) Der Guide, welcher den Weg, den die Colonne nehmen soll, sorgfaltig untersucht, läßt an jeden Ort, wo ein Weg rechts oder links abgehet, auf den Weg, den die Colonnen nehmen soll, vorwärts einen hohen Pfahl schlagen, an den ein Strohwisch befestiget ist.
3.) Findet er Stellen in den Wege, die schlecht sind, so läßt er sie durch Pionniers und Zimmerleute ausbessern. Erfordert diese Arbeit einige Zeit, so werden von den Cavalerie Commando aus den nächsten Dorfe aus jeden Haus ein Mann mit einer Barte und einer Spade herbey geholt, welche dann unter der Aufsicht eines Pioniers die Ausbeßerung besorgen.

---

^k An dieser Stelle endet das erhaltene Konzept Scharnhorsts.

4.) Ist mehr als ein Fleck auszubeßern oder fehlt an Busch in der Nähe, so sucht er unter Anleitung der bey sich habenden Boten einen Weg zu finden, auf den die Colonne diese Stellen durch einen Umweg oder ein kleines Ausweichen aus dem Wege vermeiden kann. Ist ein solcher Weg nicht da, so sucht er neue Wege über Weyden, Felder u. s. w. Als denn müßen hin und wieder Gräben niedergeworfen und Dur[c]hgänge durch Hecken, Gebüsche, Gärten u. s. w. gemacht werden.

Welches durch die Pionniers und Zimmerleute oder durch die Bauren der nächsten Dörfer geschiehet. Die neue Route wird durch Pfähle mit Strohwisch bezeichnet.

5.) Für Infanterie und Cavalerie werden allerwärts, wo der Weg schlecht oder nas und schmuzig ist, Neben-Wege vermittelst der Oeffnungen dur[c]h Hecken und Gräben gemacht. Dabey werden, so viel als möglich ist, alle Defilen vermieden oder breiter gemacht. Wo Dörfer zu passieren sind, werden die Feldwege neben denselben genommen, da nicht die Truppen durch die engen, schmutzigen Straßen zu gehen brauchen.

6.) Um sicher zu seyn, daß die Colonne den verbeßerten Weg findet, schickt man a) Ordonanzen zurük, welche denselben kennen, und bestellt b) bey jeden Dorf, auf welches die Route trift, Boten, welchen man ihn ebenfals gezeigt hat.

Mann bemerkt sich den Namen dieser Boten und gibt ihn den Befehl, der Colonne entgegen zu gehen. Hier bey ist es nöthig, ihnen anzuzeigen, daß sie sich bey den Ingenie[u]r Officier oder Guiden, der die Colonne führt, melden müßen.

§ 16.
Das Ausbeßern einer schlechten Stelle eines Weges geschiehet am besten durch Faschinen, welche von Fuß zu Fuß sehr feste gebunden sind und welche so gepreßt als möglich an einander in die schlechten Stellen geworfen und durch Pfähle befestigt und mit Erde beworfen werden.

Erde allein oder Erde und ungebundenen Gebüsche in den Weg zu werfen, macht ihn oft noch schlechter, als er vorher gewesen. Diese elende[l] Art, einen Weg zu verbeßern, muß man durch aus den Pionniers, welche die Aufsicht darauf haben, untersagen.

§ 17.
Ist eine Brücke schlecht, so muß man wo möglich Bretter über dieselbe werfen lassen, die aber durchaus mit Nageln, und wärns auch nur mit hölzern, befestigt werden[m] müßen. Kleine schlechte Brücken verbeßert man

---

[l] Statt „Dieser allenden".
[m] Das Wort in der Vorlage versehentlich doppelt.

auch durch eine Lage von Faschinen, feste an einander gelegt und mit Sand oder beßer mit Rasen[6] in den Zwischen Räumen und überher versehen.

Doch müßen diese[n] sehr gepreßt liegen und durch starken Hölzern in den Enden der Brücken eingeschloßen werden, damit sie sich dur[c]haus nicht lösen können.

§ 18.
Kleine Flüße, nur Bäche kann man oft durch Fuhrten, die man sich selbst macht, paßiren. Man sucht aber dazu mehrere Stellen aus, wo der Boden weder leimigt noch morastig ist, und stigt die Ufer ab.

Für Infanterie macht man über kleine Flüße Laufbrücken, indem man Wagens darin stellt und über sie Bretter legt.

§ 19.
Bey einer Artillerie Colonne, über all bey Colonnen, wo bey Fuhrwerk ist, muß man Berge, wo die Fuhrwerke, wenn sie <u>herunter kommen</u>, gehemmt werden müßen, so viel als möglich vermeiden. Dies hält die Colonne außerordentlich auf. Man muß lieber Umwege, wenn es angehet, wählen.

III[ter] Abschnitt.
Eine Colonne zu führen.

§ 20.
Wenn man Befehl erhält, eine Colone zu führen, so schreibt man sich in Ermangelung einer schriftlichen Instruction die Namen der Oerter, auf welche die Colonne zugehet, auf und bezeichnet zugleich dieselben in seiner Carte, um sich vorläufig, so gut man kann, zu orientiren. Sind keine Boten da, so läßt man so gleich welche aus den nächsten Oertern kommen und giebt sie den Ordonanzen des Generals, welcher die Tete der Colonne führt, unter Aufsicht.

§ 21.
Bey diesen Boten erkundigt man sich nach der Entfernung des nächsten Orts, auf den man zukomt, nach der Beschaffenheit des Weges, der da hin führt, und nach dem Nebenwege.

Zugleich schickt man ein paar Ordonanzen ab, um in den nächsten Dorfe, auf welches man zukömmt, einige Boten zu preßen, welche die Gegend kennen und welcher man sich sogleich bedienen kann, wenn man dort ankömmt. Man erkundigt sich als denn bey ihnen, wie bey den ersten, nach den Wegen bis zu den nächsten Orte.

---

[n] Statt „diesen".
[6] D.i. mit ausgestochenen Rasenstücken.

Bekömmt man in der Instruction oder den schriftlichen Befehl nicht die Namen aller Orter, auf welche man zu kömmt, bekömmt man vieleicht nur den Ort der Bestimmung, so muß man sich selbst eine Marsch-Route, so gut man kann, entwerfen.

Mann muß mehrere der Gegend kundige Boten, Fuhrleute u. s. w. zusammen hohlen laßen und sie um die Orter, auf welche man seine Marsch-Route nach den Ort der Bestimmung richten muß, fragen. Man muß hier nicht auf eine Aussage bauen; diejenige, welche man frägt, können sich irren, ihre Aussage kann zweideutig seyn u. s. w.

§ 22.
Der Guide, der die Colonne führt, marschirt mit einigen Ordonanzen, Pioniers, Zimmerleuten, den Portativ Brücken und einen Boten (nach Beschaffenheit der Umstände) $1/2$ bis 1 Stunde vor der Tete der Colonne. Wo Wege rechts oder links abgehen, läßt er einen Ordonanz zurück, damit die Colonne den rechten nicht verfehlt. Um dieses noch mehr zu vermeiden, bleibt noch ein zweyter Bote, der mit den ersten einen Weg zu gehen sich verabredet hat, bey der Tete der Colone zur Seite des Generals, welcher dieselben führt.

Durch den Vorsprung von $1/2$ Stunde gewinnt der Guide 1 Stunde (und durch den von 1 Stunde gewinnt er 2) Zeit, den Weg zu untersuchen und zu verbessern, bevor die Colonne ankömmt.[7]

Ist er immer bey der Tete der Colonne, wie dies sonst war, so muß diese blindlings den Boten folgen, und der Guide ist überall von wenigen Nutzen.

§ 23.
Trift man auf eine schlechte Stelle im Wege, so läßt man diese, wenn es geschehen kann, nach 15 aus beßern oder sucht Nebenwege, auf den man sie vermeidet, oder läßt rechts und links Offnungen machen.

Man stellt hier bey die mitgenommenen Arbeiter und Zimmerleute unter der Direction der Pionniers Unterofficiere an, und wird die Arbeit nicht fertig, bevor die Tete der Colonne ankömmt, so ersucht man den General, welcher die Colonne führt, einen Officier zurück zu lassen, welcher den noch nicht passirten Regimentern, so bald die Arbeit geendigt ist, den neuen Weg anzeigt, damit sie diesen nehmen und die Tete des abgebrochenen Theils der Colonne nachher sich wieder an den vor sich habenden schlißen kann.

Diese Ausbeßerung oder dieses Ausweichen schlechter Stellen ist, wenn[o] auch die Tete der Colonne nicht davon profitirt, immer wichtig, indem insgemein bey der Queue[p] der Colonne die Bagage Wagen, die Brodtwagen und

---

o *Das Wort in der Vorlage versehentlich doppelt.*
p *Statt „Quene".*
7 Das erklärt sich wohl dadurch, daß die Marschkolonne etwa halb so schnell marschiert wie der Guide reitet.

die Reserve-Munitionswagen sind und dieselbe dadurch über dem nicht aufgehalten wird. Der Guide, der die Colonne führt, muß daher auf diesen Punkt sehr aufmerksam seyn und bedenken, daß die Wege immer durch den vordern Theil der Colonne sehr verdorben werden und daß diese Arbeit, wenn die Wege recht gut sind, sehr großen Nuzen schaft.

§ 24.
Wenn man von den Boten erfährt, daß die Gegend offen ist, daß Trupen fast allerwerts rechts und links des Weges marschiren können, so benachrichtiget man hiervon den General, welcher die Colonne führt, und zeigt ihm an, daß man neben den Wegen die Hecken und Gräben öfnen und die Dörfer und enge Passage vermeiden^q werde. Mann verfährt hernach in dieser Rücksicht nach dem 2ten Abschntt.

§ 25.
Weiß man in voraus, daß man einen schlechten Weg hat und daß man viele Laufungen zur Seite machen muß, so nimmt man mehrere Arbeiter als gewöhnlich mit und sucht, wo möglich, einen Vorsprung vor der Colonne von 1 Stunde zu gewinnen. Alsdenn hat man zu der in 23 und 24 angeführten Arbeiten 2 Stunde Zeit, ehe die Colonne ein erreicht.

§ 26.
Man kann nach der Magnetnadel zwar nicht marschiren, aber wenn man gleich von Anfang^r sich auf der Land Carte bemerkt hat, nach welcher Himmelsgegend man marschiren muß, so dient die Magnetnadel hernach dazu, um zu sehen, ob man ganz und gar in seinen Marsche von dieser Richtung sich entfernt und ob vieleicht nicht ein Irrthum von den Boten durch die verschiedenen Aussprache der Oerter oder auf andere Art begangen ist.
Kann man von einen Berge, Thurme, einer Windmühle die Gegend und besonders die, wohin^s man seinen Marsch richtet, übersehen, so muß man sich erstlich die Himmelsgegend der Marschdirection bemerken, in dem man sich mit der Boussole orientirt, und 2tens die Gestallt der Thürme, Berge und Windmühlen*, auf welche man zu kömmt oder welche man zur Seite liegen läßt. Diese dienen, hernach sich zu orientiren. Jemehr Merkzeichen man hat, um desto beßer wird man sich in der Gegend finden.
Ein Fernrohr ist hier sehr nützlich, weil man mit diesen auf einer großen Weite die Gestallt der Windmühlen, Thürme u. s. w. sich bemerken kann.

---
q Statt „vermieden".
r Statt „Angfang".
s Statt „wonhin".

IV^ter Abschnitt.
Eine Gebirgskette, einen Fluß oder Bach und einen Morast zu recognosciren.

§ 27.
1.) In den Bericht von der Recognoscirung einer Gebirgskette wird folgendes bemerkt: a) die Namen der Oerter, wo Dur[c]hgänge dur[c]h dasselbe für Fuhrwerke und die Beschaffenheit dieser Durchgänge, nemlich ob sie steinigten, sandigten oder morastigen Boden haben, ob es nur einzeln[e]r Wege oder es mehr neben einander sind, ob man, wenn man sie paßirt, die Fuhrwerke hemmen muß und ob sie zu irgend einer großen Straße zwischen Handels- oder andern Stadten dienen;
b) die Namen der Oerter, wo das Gebirge für Fußgänger und für Reuter zu paßiren ist;
d)^t die Flüße und Bäche, welche in den recognoscirten Fluß fallen, nemlich der Name des sich ergießenden Flußes, der Ort, wo er sich ergießt, seine Breite, die Größe und Anzahl seiner Schiffe und wie weit er schifbar ist;
h) die Beschaffenheit des Bettes, ob es sandig, leimmigt, steinigt oder morastigt ist;
g) die Tiefe des Flußes oder Bachs und ob er langsam oder geschwind fließt und ob Inseln in denselben sind;
h) die Stellen, wo der Fluß starke Biegungen hat und Halbinseln formirt und die Länge und Breite dieser Halbinseln;
i) die Schleusen und Mühlen, besonders die, wodurch man den Fluß sperren kann;
k) die umliegende Gegend an beiden Ufern, oder ob sie mit Gebürgen, Wäldern, Morasten, Heiden oder hohe Feldländereyen umgeben sind;
l) die Dämme in der Nähe des Ufers, wie hoch und breit sie sind, wie weit sie sich von dem Ufern befinden.
Sollte es möglich seyn, neben den Bericht eine Zeichnung von den^u

---

* Die Gestallt der Thürmer u. s. w. muß man sich auf daß genaueste bemerken, um aus einen andern Standorte sich zwischen den verschiedenen Thürmen u. s. w. nicht zu irren.

---

^t *Ordnungsbuchstabe „c" ist ausgelassen worden, ebenso wie im folgenden „e" und „f" zugunsten eines unmotivierten „h".*
^u *Die Rückseite des letzten Blattes ist unbeschrieben.*

106. Dienstanweisung [?, 1796/1801?]

GStA PK, VI. HA Nl Scharnhorst Nr. 73 fol. 39r–45v (13½ S.): Schreiberhand, eigenhändig korrigiert.

1./2. Verweise auf Nr. 105. 3. Größter Maßstab einer militärischen Karte. 4. Anfertigung einer Karte, ausgehend von den Hauptörtern. Erkundigungen bei Einheimischen. Wegenetz und seine Beschaffenheit. Geländebeschaffenheit. 5./6. Analoge Vorgehensweise bei dünn besiedelten Regionen. 7. Ortsnamen. 8. Karte in mittlerem Maßstab. Gegenstände. 9. Karte in kleinstem Maßstab. Gegenstände. 10. Verwendung und Bedeutung von Farben.

I^{ter} Abschnitt.
Wege, Gegenden u. s. w. zu recognosciren und aufzunehmen.

§ 1.
I. Capitel.
Wege zu recognosciren.
   Hier wird die Instruction für die Guiden[1] befolgt.

§ 2.
II. Capitel.
Wege auszubessern und Colonnen zu führen.
   Auch hier wird die Instruction der Guiden befolgt.

§ 3.
III^{tes} Capitel.
Eine militairische Carte von einer Gegend nach den 1sten Maastabe zu entwerfen.
   Hierzu wird der Masstab von 3 Zoll auf eine hannöversche Meile gewählt[2], die Städte, Dörfer u. s. w. bekommen die Zeichen, welche in Plan I[a] angegeben sind.

§ 4.
Die Aufnahme geschiehet in einen gut bebaueten und mit vielen Dörfern besäeten Lande auf folgende Art.
   1.) sucht man die Entfernung der Haupt-Oerter, als der Städte, Aemter und Flecken des aufzunehmenden Districts, so genau als möglich auszuforschen. Man muß die Aussage mehrerer Landleute, Fuhrleute u. s. w. neben einander halten und daraus die wahre Weite so gut als möglich zu bestimmen suchen. Man muß sich erkundigen, ob die Wege zwischen den Oertern gera-

---

[a] Die im Text erwähnten Pläne sind bei den Akten nicht vorhanden.
[1] Vgl. den vorangehenden Text.
[2] Knapp 1 : 130.000.

de zu gehen oder ob sie wegen eines Morastes u. d. gl. einen Umweg nehmen und diesen in Anschlag bringen, um die grade Weite zu bekommen. Doch muß man nicht auf kleine Umwege sich einlassen, denn sie sind immer weniger von den geraden verschieden wie man glaubt. Aus Plan II ist das Verhältniß der Umwege zu den graden zu ersehen.

Wenn man die Entfernung der Hauptörter auf diese Art heraus gebracht hat, so trägt man sie durchs Trianguliren auf; man bestimmt nemlich 2 Oerter und legt den dritten durch Intersectionen feste. Man bezeichnet sie aber nur erst mit Blei, um nachher durch andere genauere Aussagen den ersten Entwurf noch berichtigen zu können.

2.) Sobald man mit dieser Arbeit fertig ist, begiebt man sich nach dem Beamten des Districts, läßt sich dort ein Verzeichniß der Oerter ihres Amts oder Gerichts geben; indem die Namen der Oerter (richtig geschrieben), die Anzahl der Feurstellen und des Raumes für Pferde. Hiebey müßen die Klöster, Vorwerke, adelichen Güter u. s. w. nicht vergessen werden. Neben diesen Verzeichniß läßt man sich die Entfernung von den Ort, wo der Beamte ist, so genau als möglich angeben, eine Sache, die immer dem Beamten, Vögte u. s. w. nicht schwer fällt. Man separirt hier die Kirchspiele von einander und sucht, so viel als möglich auch bey dem Beamten die Entfernung der Kirchdörfer von einander zu erfahren.

3.) Nunmehr schreitet man zur Auftragung der Kirchdörfer, welche zwischen den Haupt-Oertern liegen, man triangulirt sie wieder wie oben; auf eine gleiche Art verfährt man hernach mit den Dörfern eines Kirchspiels.

Die Entfernung der Dörfer von den Ort, wo der Amtman ist, und der Dörfer von ihren Kirchdörfern, welche man immer ziemlich genau erhalten kann, ist eine große Hülfe bey dieser Arbeit und verhütet alle Mißverständnisse, welche bey den Ausfragen leicht entstehen können.

Ist sie eilig, so schickt man Guiden, Unterofficiere oder Ordonanzen nach den verschiedenen Beamten und läßt diese Nachrichten an einen bestimmten Ort bringen. Bey den Auftragen der Kirchdörfer schickt man diese Guiden nach den Kirchdörfern, um hier wieder die Entfernungen der Dörfer des Kirchspiels auszuforschen.

4.) Bey dieser Arbeit erkundigt man sich

a) nach den Wegen und ihrer Beschaffenheit in diesen District. Man nimt einige Haupt Oerter des Districts und frägt um die Wege, welche von diesen nach allen Directionen von demselben abwärts laufen, auf; zuerst nimmt man die Postwege, denn die Straßen, welche mit Frachtfuhrwerken befahren werden, und endlich die Landwege, welche zu allen Jahrszeiten mit Landfuhrwerken zu passiren sind. Man schreibt hier die Oerter wieder auf, auf den die Wege zu gehen, die Entfernung derselben, die Beschaffenheit der Wege und die Brücken oder Fähren, welche auf denselben vorkommen.

b.) Ferner beschreibt man die Beschaffenheit des Terrains in den District, den man aufnimmt; hier kommt es auf große Moere, Flüße, Gebirge, Gehölze und großen Heiden, Wiesen oder Acker, Ebene an, auf die Natur des

Terrains, ob es fetter, Sand- oder morastiger Boden, ob die Ebenen und anderen Gegenden von Hecken oder Gräben durchschnitten oder offen sind. Man befolgt übrigens, was in der Instruction der Guiden über die Berichte von den Flüßen, Gebirgen u. s. w. gesagt ist.

5.) Hauptgebirge, Moere, Flüße, Bäche und beträchtliche Gehölze trägt man nebst den Wegen in die Abzeichnung der Oerter nach dem Augenmaas ein.

§ 5.
In einen wenig bebauten Lande verfährt man mit den Kirchdörfern wie mit den Haupt-Oertern in 4 und mit den dazwischen liegenden Oertern wie mit den Kirchdörfern in 4.

§ 6.
In einen sehr wüsten Lande[b] verfährt man mit allen Dörfern wie mit den Hauptörtern in 4.

§ 7.
Es ist eine Hauptsache, sich die Namen der Oerter von den Beamten nebst der Anzahl ihrer Feurstellen geben zu lassen; ohne diese Noticen vergißt man viele, andere werden nicht recht benannt, und nie erfährt man die wahre Größe derselben.

IV.^{tes} Capitel.
§ 8.
<u>Einen militairischen Plan von einer Gegend nach den zweyten Maasstabe zu entwerfen.</u>
Man bedient sich des Maasstabes von 6 Zoll auf die hannöversche Meile[3]. Man nimmt nur die Windmühlen, Städte, Flecken und Dörfer geometrisch auf und zeichnet die Berge, Gehölze, Moräste, Dörfer, Flüße und Bäche nach dem Augenmaaß ein. Die Hecken und Gräben werden nur da angegeben, wo eine ganze Gegend von sie durchschnitten ist. Es werden keine Feldwege, keine flache, niedrige Berge, kein Feldland, Heide und Wiesen, keine einzelne Gebüsche und keine Straßen in den Dörfern angegeben. Dies wär ein Fehler, denn es nähme die Zeit sowohl zum Aufnehmen als Zeichnen weg, von welcher man auf eine zweckmäßigere Art Gebrauch machen will.

Diese Art aufzunehmen muß durchaus keine gewöhnliche so genannte militairische Vermeßung werden, wo auf einer Quadratmeile[4] 4 Tage zugebracht werden. Man muß im durchschnittenen Lande doch alle Tage $^3/_4$ bis 1 und in ganz offenen Lande wenigstens $1^1/_2$ Quadratmeile jeden Tag zu Papier bringen.

---

[b] *Das Wort in der Vorlage versehentlich doppelt.*
[3] Knapp 1 : 65.000.
[4] Etwa 55 Quadratkilometer.

Zu dieser Vermeßung wird eine Beschreibung der Gegend gefügt, so wie die in 4 verlangte.

V.^{tes} Capitel.

§ 9.

Einen militairischen Plan von einer Gegend nach den dritten Maastabe zu entwerfen.

Man nimmt hier die hannöversche Meile zu 18 Zoll[5]. Alle Dörfer, Windmühlen, einzelne Höfe, Gipfel von Bergen, die von einiger Bedeutung sind, Anfang und Endigung großer Gehölze u. s. w. werden geometrisch genommen.

Die Straßen der Dörfer, Wege, von Hecken und Gräben durchschnittenen Gegenden, Flüße und Bäche, Heiden, Wiesen, Aeckerland u. s. w. werden nach den Augenmaas eingezeichnet.

In durchschnittenen Gegenden darf auch nicht länger als drei Tage auf eine hannöversche Quadratmeile zugebracht werden, in offenen wird nur die Hälfte gegeben.

VI.^{tes} Capitel.

Bemerkungen zu den Aufnehmen und Recognosciren der Wege, Gegenden u. s. w.

§ 10.

Es ist eine Haupt Sache, einen Plan geschwind und bestimmt zu zeichnen. Es wird daher festgesetzt,

1.) daß keine Berge so wenig mit den Pinsel noch mit der Feder schraffirt, sondern mit den ersten durch Auftragen und Verwaschen gemacht werden. Daß dabey es nicht auf sanftes Verwaschen ankömmt, verstehet sich von selbsten. Die Berge werden in Rücksicht ihrer Höhe in 3 Classen getheilt. Die höchsten bezeichnet man durch die römisch I, die mittlere durch die römische II, die niedrigsten durch die römische III, mit rother Dinte.

2.) wird in Rücksicht der Zeichnung festgesetzt, daß alle Gehölze durch eine grüne, nicht ins bläuliche fallende Farbe angezeigt werde. Um aber auch zugleich zu sehen, ob das Gehölz dichte oder licht ist oder Untergehölze hat oder bloß aus Untergehölze bestehet, so werden in jedem grün angelegten Theil 10 bis 20 Bäume davon auf die gewöhnliche Art eingezeichnet, und nur den Theil, dem man nicht untersucht hat, legt man bloß grün ohne Einzeichnung von Bäumen an. Es ist eine Haupt Sache bey den Gehölzen die Contour scharf anzugeben, außerdem[6] wird es bey Abzeichnen ganz unrichtig übertragen.

3.) Die Flüße und Bäche werden blau und die Städte und Dörfer roth angezeigt. Die Wege werden nicht illumminirt, wenn nicht einer besonders recognoscirt ist. In den Fall beobachtet man das, was den Guiden vorgeschrieben ist.

---

[5] Das entspricht einem Verhältnis von rund 1 : 21.500.
[6] Zu lesen im Sinne von „andernfalls".

107. Denkschrift [?, ?]

GStA PK, VI. HA Nl Scharnhorst Nr. 294 fol. 1r–2v (3½ S.) und Familienbesitz Gut Bordenau (17 S.): Konzept, eigenhändig, teilweise von fremder Hand,[a] Fragmente.

Militärisch-geographische Ergebnisse der Landesaufnahme. I. Flüsse: Brücken, Furten, Fähren. [1.] Weser. [2.] Leine. [3.] Innerste. [4.] Fulda. [5.] Werra. [6.] Diemel. II. Gebirge links der Weser: Paßwege. 1. Teutoburger Wald. 2. Schwalenberger und Lippischer Wald. 3. Weser- und Wiehengebirge. 4. Pyrmonter Berge. 5. Zwischen Hameln und Vlotho. 6. Reinhardswald. III. Gebirge rechts der Weser. 1. Zwischen Münden und Göttingen. 2. Solling. 8. Zwischen Naensen und Salzhemmendorf. 9. Stauffenburger Berge. 10. Sackwald. 11. Heber. 12. Hildesheimer Wald und Hainberg.

[b]Militärishe Beshreibung der Gegend an der Weser - Leine - Innerste u. Diemel.
I. Capitel Flüße.
[1.] Die Weser wird bey Münden von der Werra und Fulda formirt; sie ist zwishen Münden und Höxter schon eben so breit, als in der Gegend von Nienburg, 120 bis 180 Schritt, dagegen aber ist sie in den obern Theile und selbst, wo sie zwischen der hohen Gebirges des Reinhards und Sollinger Waldes sich durch schlängelt, nicht tief, und man fährt in dieser Gegend an sehr viele Oerter durch dieselbe. In der Gegend von Hameln, Minden und Nienburg sind nur wenige Stellen, wo man im Sommer sie durch waden kann.

Brüken hat die Weser zu:

        Hameln,   eine steinerne
        Rinteln,   eine Schifbrüke
        Minden,   eine steinerne
        Nienburg   " " " " "
        Hoya   " " " " "

Große Fähren zu:

    Gisselwerder
    Lippoldsberge[c]
    Beverungen[d]

        Höxter, hier war bis zum 30jährigen Kriege eine steinerne
                Brücke
    Holzminden
    Polle
    Bodenwerder

---

[a] *Die in der Regel in Schönschrift ausgeführten Zusätze von fremder Hand werden hier kursiv gedruckt.*
[b] Der hier einsetzende Teil befindet sich im GStA PK.
[c] Davor gestrichen, von Scharnhorsts Hand: „Münden".
[d] Davor gestrichen: „Gissel"

Daspe
Grohnde
Hagenohsen
Bei Hessisch Oldendorff
Gr. Wieden
Holzenau

Kleine Fähren zu:
Hilwardshausen
Kloster Bursfelde
Herstelle
Lüchteringen
Reileifsen
Kemna
Hajen
Ohr
Haus Helpensen
Vlotho
Reemen
Haus Bergen
Petershagen
Landsbergen
Leseringen
Drackenburg

Fuhrten zu:
Unterhalb den Eichhof beim Schafer-Anger
Veckernhagen
Kloster Bursfelde
Lippoldsberge
Unterhalb Herstelle bei Kemperfeld
Weerden
Grohnde
Hagenohsen
Petershagen

Auf der Weser sind 42 Masten im Gange, jede zu 60 bis 70 Last. Ein Mast bestehet aus 3 Schiffen und fährt von Münden nach Bremen herunter in 12 bis 15 Tagen, von Bremen nach Münden herauf in 30 bis 40.

[2.] <u>Die Leine</u> entspringt hinter Göttingen. In unsere Gegend ist kein Fluß, welcher so wenige Fuhrten in Verhältniß seiner Größe als die Leine hätte. Bis in der Gegend von Northeim fährt man indes doch an vielen Stellen und insbesondere in Sommer durch dieselbe. Hieran aber vereinigt sie sich mit ihr

die Ruhme, und nun wird sie ein schon ziemlich beträchtlicher kleiner Fluß von etwa 35 bis 50 Schritt Breite, welcher nur an wenigen Stellen im Sommer zu durch waden ist.
Die Leine hat Brücken zu:

Nordheim,	eine steinerne
Hollenstädt,	hölzerne
Sülbeck	eine holzerne
Salzderhelden	eine steinerne
Ippensen	„ „ hölzerne
Greene	zwei hölzerne
Gr. Freyden[1]	eine steinerne
Alfeld	1 steinerne und 1 hölzerne
Brügge	3 steinerne
Gronau	2 steinerne u. 1 hölzerne
Poppenburg	eine hölzerne
Schulenburg	
Calenberg[2]	
Ruthe	eine hölzerne
Coldingen	- „ „ - - „
Hannover	verschiedene steinerne und hölzerne

Die Leine ist bis Hannover für große Flußshiffe shifbar, für Flöße bis Northeim. Auf der Leine gehen ungefähr 12 bis 15 Masten, jede zu 3 Schiffe. Unterhalb Hannover wird die Leine beträchtlich[e]r u. ist hier gegen 80 Schritt breit. Sie hat hier nur höchst sellten Fuhrten und folgende Fähren:
Stöken
Lohne[3]
Riklingen[4]
Bordenau
Basse
Helstorf
Stöken[5]

[3.] ᵉDie <u>Innerste</u> ist ein sehr mittelmäßiger Bach, welcher auf den Harz entspringt u. bey Ruthe in die Leine fält. Nur bey plötzlichen Regen schwelt er schnell an, und dann wir[d] er zu einem reißenden Strom, dem nichts

---

ᵉ *Hier setzt der in Bordenau aufbewahrte Teil des Manuskripts ein. Daß die beiden Überlieferungen zusammenhängen, darf angesichts der formalen und inhaltlichen Parallelität als sicher gelten.*
[1] Heute Freden.
[2] Heute Alt-Calenberg.
[3] Lohnde.
[4] Schloß Ricklingen.
[5] Heute Niederstöcken.

wiederstehet. Oberhalb Hildesheim kann man diesen Bach fast allerwärts, in Somer selbst mit Fuhrwerk passiren, wenn man die Stellen vorher aussucht u. die Ufer absticht.
Er hat folgende Brüken und gewöhnliche Fuhrten:
 Oberhalb Ringelheim in der Chaussée von Seesen nach Braunschweig eine Brücke
 Zu Sehle[6]   *eine hölzerne Brücke*
 " Badkenstedt[7]   *" " "*
 Oberhalb Rhene   *eine Furth*
 Bei der Rhener Mühle " holzern Brücke
 " Grasdorff eine steinerne "
 " Astenbeck - - hölzerne "
 " der Heinder Mühle eine Furth
 Zu Marienburg über die Arme deßelben 2 steinerne und eine holzerne Brücke
 Vor dem Damm Thor von Hildesheim eine steinerne Brücke
 Bei Steurwald   *eine hölzerne "*
 " Hasede   *" " "*
 " Gr. Forste   *" " "*
 Zu Ahrbergen   *" " "*
 Zu Sarstedt eine hölzerne Brücke
 " Ruthe zwei " " .

[4.] Die Fulde ist bis Hersfeld shifbar und bis oberhalb Cassel ein 50 bis 60 Schritt breiter Fluß, der indes manche Fuhrten hat. Bis Cassel gehen Schiffe, welche 12 bis 20 Last tragen; von hier weiter aufwärts fährt man mit kleinern zu 4 bis 6 Last.
Die Fulde hat Brücken zu:[f]

 Münden eine Fähre.

[5.] Die Werre[8] ist ... Schritt breit. Sie hat viele Fuhrten. Dieser Fluß ist bis 8 Meile oberhalb Münden, bis Creutzburg schiffbar; es gehen auf ihr bis gegen 30 Schiffe, welche 4 bis 10 Last tragen; sie hat Brüken u. Fähren von Witzenhausen an untwärts zu:
Wilzenhausen, eine hölzerne Brüke
Ermschwerdt eine Fähre
Hedemünden - " - - - " -
Münden eine steinerne Brücke

---

[f] *Es folgt ein freigelassener Raum, der weder von Scharnhorsts noch von fremder Hand ausgefüllt worden ist.*
[6] Sehlde.
[7] Baddeckenstedt.
[8] Werra.

[6.] Die Diemel ist bis Stadtberg⁹ ein sehr kleiner Bach, hier wird sie ein schmales Flüßchen, welches bey ... Schritt breit ist u. sich bey Carlshaven in die Weser ergießt. Sie ist in trokner Sommerzeit auch in den niedern Theil ein sehr kleiner Fluß mit vielen Fuhrten, aber militärisch demohngeachtet wichtig, weil sie von hohen Bergen eingeshloßen wird und man nicht anders zu ihr, als durch tiefe hohle Wege kömmt, die Gegend zwishen Scherfelde und Ossendorf ausgenommen. Man sehe den X. Plan[g].

Die Diemel hat Brücken u. Fuhrten zu:
Carlshaven   eine hölzerne Brücke
Helmershausen   „   steinerne   „
Teyssel¹⁰   „   hölzerne   „
Drendelburg¹¹   „   steinerne   „
Lammern¹²   „   hölzerne   „
Bei der Ostheimer Mühle eine leichte hölzerne
Liebenau eine Brücke
Warburg zwei hölzerne
Ohnweit Ossendorf eine hölzerne
Wrexen eine Fuhrt
Westen¹³   „   hölzerne Brücke
Stadtbergen eine „   „   .

<u>IItes Capitel</u>
<u>Gebürge am linken Ufer der Weser</u>

1. <u>Teutoburger</u>[h] Wald, d.i. große Gebürgs-Kette, welche von Stadtberg über Driburg u. Bilefeld, im Osnabrükschen in mehrere Gebürgszweige sich theilt.

   Diese große Gebürgskette ist in den X. Plan bis in die Gegend von Sandbek mit seinen Wegen gezeichnet; sie bestehet aus einer Menge einzelner steiler u. hoher, mit Gehölz bewachsener Berge, welche auf einen gemeinschaftlichen hohen Erdstriche sich befinden.

   Der Fuß dieser Gebürgskette verliehrt sich erst tief allmählig ins Land.

---

[g] *Die Pläne sind bei den erhaltenen Papieren nicht vorhanden.*
[h] *Verändert aus: „Teutonische".*
[9] Stadtberge, das heutige Niedermarsberg.
[10] Deisel.
[11] Trendelburg.
[12] Lamerden.
[13] Westheim.

Zwischen Stadtberg u. Oerlinghausen hat dieses Gebürge 11 Haupt Durchgänge:
Der 1ᵗᵉ bei Stadtbergen zwischen dem Steil und Diemel Berge herauf nach Essentho.
„ 2ᵗᵉ von Scherfelde über Kleinenberg nach Lichtenau und Paderborn.
„ 3ᵗᵉ von Dringenberg auf Kloster Neuherse[14] am Encker Walde[15] vorbei nach Schwaney, Dale[16] und Paderborn.
„ 4ᵗᵉ von Driburg zwischen dem Stell und Bonen Berge durch auf Schwaney, Dale und Paderborn; ferner von Schwaney durch den Encker Wald nach Herbram, Asseln und Lichtenau.
„ 5ᵗᵉ von Driburg am Stell-Berge durch nach Bucke und Paderborn.
„ 6ᵗᵉ von Driburg zwischen den Teutoburgs Ruinen[17] und dem Reh-Berge durch nach Alten-Beecken, Neuen-Beecken und Paderborn.
„ 7ᵗᵉ von Langelandt und Schönberg rechts am Alten Schloße Pamburen weg über den Grevenhager-Berg nach Alten-Beecken.
„ 8ᵗᵉ von Horn zwischen dem Exterstein und Kahle-Hoop durch nach Schlangen und Paderborn.
„ 9te von Horn, zwischen der Falkenburg und dem Exterstein durch nach dem Kreuz-Krug und Schlangen.
der 10ᵗ von Detmold über Heiligenkirchen und Berlebeck zwischen dem Winfelde und Falkenburg durch nach dem Kreuz-Kruge, Schlangen und Paderborn.
„ 11ᵗᵉ von Detmold über Itzen durch den Kupfer-Hammer nach Stuckenbroik, Rittberg[18] und Lippstadt.
Nur auf diesen Durchgängen kann man dies große Gebürge mit Fuhrwerken und Cavalerie passiren.

2. <u>Das schwarenbergsche und Lippische Gebürge zwischen Holzminden, Blomberg, Barrentrup[19] u. Herfort.</u>
Diese Gebürgskette nimt seinen Anfang an der Weser ohnweit Holzminden, zwischen den Dörfern Stael[20] und Heinsen, läuft über Schwalenberg, Schieder, Blomberg bis Barentrup; ist hier unterbrochen, erhebt sich aber bey Alverdissen wieder u. läuft in verschiedenen Unterbrechungen über Sternberg, Luerdissen bis gegen Herfort. Bis Barentrup ist diese Gebürgskette auszeichnend hoch gegen die umgebenen bankirten Berge. Von Schieder scheint ein Zweig der oben erwähnten Gebürgs Kette nach den

---
[14] Neuenheerse.
[15] Wohl der heutige Emder Wald.
[16] Dahl.
[17] Gemeint ist die Ruine Iburg bei Bad Driburg.
[18] Rietberg.
[19] Barntrup.
[20] Stahle.

Teutoburgschen Gebürge auf Horn zu laufen. Zwischen Reilenkirchen[21] u. Horn ist dieser Zweig an beträchtlichsten u. zum Theil mit Gehölz bewachsen.

Von der Weser bis an den hohen Köterberg, welche nahe bey dem Dorfe Niese liegt, ungefähr 2$^1/_2$ Stunden von Holzminden, hat diese große Gebürgskette nur den Durchgang von Stael auf Heinse an der Weser u. einige ungebahnte, für Geschütz impracticable Holzwege. Zwischen den Köterberge und Schwalenberg führen zwey Wege durchs Gebürge, der eine über Hummersen u. der 2te über Falkenhagen. Ein 3ter gehet von Schwalenberg durchs Schwalenberger Holz nach Lüde[22]. Bey Schieder gehet der Emerbach[23] durchs Gebürg und neben ihr zwey Wege auf Lüde. Von da bis Barrentrup ist das Gebürge fast impracticable. Von Barrentrup bis Herfort hat es aber sehr viele Wege, Gorgen und practicable Theile.

3. Das Mindensche Gebürge[24] ist ein Zweig des Deisters. Es läuft von Schauenburg[25] und Obernkirchen auf Hausbergen, wo die Weser es durchshneidet, gehet nun über Bergkirchen, läßt Lübke[26] rechts, theilt sich hier in 2 Arme; von den einer über Osterkappeln gegen Bramsche sich verliehrt und der andre seinen Lauf gegen Renkhausen[27] nimt, aber diesen Ort rechts läßt, und sich bey Dissen in Osnabrükshen mit der großen Teutoburgshen Gebürgskette verbindet, darauf über Iburg mit einem Zweig rechts auf Osnabrück und mit den andern auf Teklenburg lauft und dann sich in niedrigern Bergen verliehrt.

Das Mindensche Gebürge hat zwischen Obernkirchen und Hausbergen gegen 8 biß 10 und zwischen Münden und Lübke wohl eben so viele Durchgänge; doch sind nur wenige ohne große Schwierigkeiten mit Geschütz zu passiren; die Poststraße von Minden auf Herfort und von Minden über Kleinen Bremen auf Rinteln u. Hessisch Oldendorf sind wahrscheinlich hier die befahrensten Wege.

Der Theil dieses Gebürges von Obernkirchen bis Lübke ist mit Gehölz bewachsen und auser den Durchgängen impracticable; der übrige Theil ist größtentheils auch mit Holz bewachsen, aber mehr unterbrochen, und hat auch daher mehrere und practicablere Durchgänge.

4. Die Pymonter Berge
Ausser der Gebürgskette, welche sich zwishen Barrentrup u. Holminden befindet, entspringt in der Gegend von Barntrup eine neue Reihe von Ber-

---
[21] Reelkirchen.
[22] Lügde.
[23] Emmer.
[24] Wesergebirge und Wiehengebirge.
[25] Schaumburg.
[26] Lübbecke.
[27] Gemeint ist wohl Rödinghausen.

gen, welche von Litzenburg aus zwishen den Dörfern Holzhausen u. Griesenheim[28] durchläuft, seine Richtung auf Amelgossen[29] nimt, und vor Hameln u. Grohnde rechts vorbey auf Heelen[30] gehet und das Thal von Pyrmont und Lüde bildet.

In dieses Thal kömt man 1. von Schieder an der Emmer über Lüde, 2. von Barntrup über die Klues, 3. von Alverdissen über Sonneborn u. Holzhausen, 4. Von Erzen[31] über Holzhausen, 5. Von Ohsen[32] über Amelgoßen [i]u. Welse[33], 6. Von Grohnde über Lintorf[34], 7. Von Heelen u. Bodenwerder über Lichtenhagen, 8. Von Polle über Fahlbruch[35] u. Ottenstein.

Auser diesen Durchgängen ist das hierbshriebene Gebürge, einige shlechte Holzwege ausgenommen, impracticabel u. mit Gehölz bewachsen.

5. <u>Die Berge zwishen Hameln u. Vlotho</u> bilden keine eigentliche Gebürgs Kette, stehen aber doch miteinander in Verbindung u. sind abwechselnd mit Gehölz bewachsen u. an vielen Oertern impracticabel; sie stehen bey Sternberg mit der Gebürgskette, welche zwischen Alverdissen u. Herfort sich befindet, in Verbindung.

6. Das Gebürg der Rheinhardswald, zwishen der Weser u. Diemel, ist mit seinen Wegen recht gut in den Plan von der Schlacht bey Wilhelmsthal abgebildet. Alle diese Wege sind zu Zeiten sehr schlecht, aber doch meistens mit Geshütz zu passiren.

Von Carlshaven über Hofgeismar auf Cassel hat man jetzt eine sehr gute, wohl unterhaltene Chaussee. Auserden Wegen ist der Rheinhardswald an den meisten Stellen impracticabel, und an der Weser bestehet er aus ziemlich hohen, bewachsenen steilen Bergen; an andern Oertern ist er morastig, in Ganzen aber kann man ihne nach allen Richtungen mit Trupen u. Fuhrwerken passiren.

<u>IIItes Capitel</u>
<u>Gebürge am rechten Ufer der Weser</u>

1. <u>Die Gebürge zwishen Münden, Göttingen u. Witzenhausen u. Adelepsen</u> siehet man in den VIIten Plan mit ihren vershiedenen Wegen abgebildet. Sie bilden hier keine eigentliche Gebürgskette, und diese Gegenden sind daher nach allen Richtungen mit einigen Umwegen zu passiren.

---

[i] *Hier beginnt ein neues, nicht numeriertes Blatt. Zuerst steht gestrichen: „5. Von Grohnde".*
[28] Grießem.
[29] Amelgatzen.
[30] Hehlen.
[31] Aerzen.
[32] Kirchohsen und Hagenohsen.
[33] Welsede.
[34] Lüntorf.
[35] Vahlbruch.

2. Der Solling ist ein sehr hohes impractikabeles, mit Holz bewachsenes Gebürge. Die größte Höhe ist in der Gegend von Neuhaus der Moosberg. Ein Kreis um diesen Berg über Holminden, Bodenfeld, Uslar, Fredelsloh u. Dassel shließt den höchsten u. impractikabelsten Theil dieses Waldes in sich. Es gehen durch den Solling zwar nach fast allen Directionen Wege; sie sind aber nur in trokene Zeiten [mit] vieler Mühe mit leichten Fuhrwerken zu passiren und für Geschütz zum Theil impractikabel.
Gewöhnlich rechnet man das Gebürge, welches von Uslar oder Bodenfeld bis Münden läuft, noch zum Solling u. nennt es den kleinen Solling, dieses wohl, als der große Solling. Der Solling giebt der Weser zwishen Holminden u. Münden eine größere Haltbarkeit, als sie ohnedies haben würde. Von Fürstenberg an bis vor Münden schließen die Gebürge diesen Fluß ein, und wenn daher der Feind die Weser passirt ist, so ist er mit zum Theil steilen Bergen an manchen Orten auf einen kleinen Gewehrshuß umgeben und hat nur gewisse Wege, die meistens durch Gorgen gehen, wenn er sich weiter ausbreiten will. Auch in den obern Theilen zwishen Bodenfeld u. Münden sind die Berge, welche die Weser einshließen, sehr impractikabel und hoch.

Haupt Wege von Uslar nach den umliegenden Haupt Oertern:
1. *Ueber Neuhaus und Ohledorp [nach?]* Holzmünden

[...]

ʲ8. *Gebürgskette zwishen Naensen und Salzhemendorf*
Bey Naensen fängt ein Gebürge an, welches zwischen Delligsen und Gerzen durch lauft, Warzen rechts u. Coppengraven links läßt und dann über Marienhagen sich bis Salzhemmendorf erstreckt.
Zwishen Salzhemmendorf u. Marienhagen heißt es der Kanstein oder Asmont, man sehe den IIten Plan; zwishen Marienhagen u. Coppengraven heißt es der Duingerberg, beym Stumpfenthurm der Steinberg und weiterhin gegen Naensen der Dödingsberg,³⁶ der Lange u. Selter Berg.
Dieses Gebürge hat folgende Durch und Uebergänge:
1. Beym Stumpfenthurm
2. Bey Gerzen
3. Bey Wartzen
4. Bey Marienhagen
5. ein Fußsteig über den Kanstein von Tüste nach Arendfeld.³⁷

ʲ Da der letzte vorangehende Punkt mit einer 2 numeriert ist, muß man davon ausgehen, daß ein größerer Teil des Textes verloren gegangen ist.
³⁶ Thödingsberg.
³⁷ Von Thüste nach Ahrenfeld.

9. <u>Staufenburger Gebürge</u>. Dieses Gebürge fängt in der Gegend von Grene bey Hehlshausen an der Leine an, läuft über Ellierode, Hariehausen, Staufenburg bis an den Harz (von Hehlshausen bis Staufenburg 3 Stunden in grader Linie). Bey Gitelde gehet die Poststraße zwishen Osterode und Seesen u. ohnweit Wiershausen u. Hariehausen die Poststraße zwishen Northeim u. Seesen durch dasselbe. Es bestehet überall aus vielen aneinanderfügenden, meistens mit Gehölz bewachsenen, hohen u. zum Theil felsichten Bergen. Von Grene läuft ein Zweig dieses Gebürgs längs der Leine nach Ahlefeld, das Thale von Winzenburg sondert diesen Zweig von Sakwalde ab. Mehre Wege führen durch denselben, ohngeachtet er überall mit Holz bewachsen ist.

10. <u>Der Sakwald</u> fängt ohnweit Brugge[38] bey dem Dorfe Heinum an (wo er die <u>Siebenberge</u> heißt), läuft von da links Winzenburg vorbey und endet sich bey dem Dorfe Eyershausen.

    Diese Gebürgskette ist durchgehend hoch u. steil, es gehen jedoch mehrere Wege durch dieselbe. Wovon die bequemsten der Weg von Ahlefeld nach Wrisbergholzen u. Woltershausen sind; beide führen durch den Berg bey Langenholzen u. Sak u. theilen sich bey den letztern Orte.

    Die übrigen Wege sind u[n]gebahnt und äuserst beschwerlich zu passiren; selbst der Weg von Ahlefeld auf Winzenberg ist shlecht, ohngeachtet er nicht bergigt ist.

    Dies Gebürge ist überall mit Geholz bewachsen und nur in der Gegend von Ahlefeld hat es bloß Gebüsche, übrigens aber Gebüsh u. hohes Geholz zugleich.

11. <u>Der Hever</u>[39]
    Ohnweit Bodenburg bey dem Dorfern Ilde u. Sehlen fängt ein Gebürge an, welches von da auf Lamspring läuft und bey Bilderlah sich endet. Dieses Gebürge ist nicht sehr impractikabel, aber doch hoch, besonders der eigentliche Hever, und mit Holz bewachsen. Bey den Vorwerk führt ein Werk über den eigentlichen Hever, übrigens gehen von Lamspringe Wegen nach Dahlen u. Rühden,[40] welche in mancher Jahreszeit sehr shlecht sind, aber doch gebraucht werden; der Weg von Gernrode[41] über Lamspringe auf Bodenburg führt durchs Tahls, welches der Hever u. Sakwald macht.

---

[38] Brüggen an der Leine.
[39] Heber.
[40] Königsdahlum und (Groß- und Klein-)Rhüden.
[41] Gehrenrode.

12. Gebürge längs der Innerste
Langs der Innerste laufen 2 große Gebürgsketten.
Die erste auf den linken Ufer erhebt sich bey dem Dorfe Heiersen[42] ohnweit Poppenburg, gehet über Salzdetfurt, Woldenberg[43], Neu-Walmoden bis an den Harz in der Gegend des Dorfs Langersheim[44].

108. Denkschrift [?, nach Juli 1797]

HStAH, Hann. 41 XXI Nr. 189 (39 S.): Konzept, Schreiberhand, mit eigenhändigen Veränderungen und Zusätzen.

Konzept, eigenhändig: ebda. (21 S.); Druck: Klippel II, S. 285–301 (ungenau).

Militärisch-taktische Ergebnisse der Landesaufnahme: Mögliche Stellungen. I. Östlich von Hameln. II. Kleine Stellungen bei Hameln. 1. Südwestlich bei Berkel. 2. Westlich bei Helpensen. 3. Vorhutstellungen südlich Hameln. III. Stellungen an der Weser oberhalb von Hameln. 1. Hagenohsen. 2. Brockensen. 3. Hastenbeck. 4. Halle. 5. Scharfoldendorf. [IV.] Bei Münden. Keine Stellung im Solling. Lager bei Dransfeld und Beobachtungskorps zwischen Witzenhausen und Holzminden. [V.] Zwischen Weser und Oker. [1./2.] Bei Einbeck. [3.] Northeim. [4.] Zwischen Halle und Elze. [5.] Elze. [6.] Schulenburg. [VI.] Im Bistum Hildesheim 1. Lamspringe. 2. Bei Bockenem. 3. Südöstlich Hildesheim. 4. Zwischen Sarstedt und Lühnde.

Pro Memoria[1]
die Positionen an der Weser und zwischen der Weser, Innerste und Leine betreffend, als eine Antwort auf die darüber vorgelegten Anfragen.

Ueber die Stellungen bey Hameln.

[a]Hierbey muß man den 1sten Plan,[b] welcher die Gegend von Hameln enthält, und die Baursche Generalkarte des Kriegestheaters des 7jährigen Krieges zur Hand nehmen.
Es ist in diesen Pro Memoria, wie bey der Anfrage, vorausgesetzt, daß der Feind an der Weser herunter seine Operationen dirigire.[c]

---

[42] Heyersum.
[43] Wohldenberg.
[44] Langelsheim.

---

[a] Im eigenhändigen Konzept lautet der erste Satz: „Ist in der Haupt Sache auf das vollkomste in der vorgelegten Anfrage schon beantwortet, und es kann hier nur einiges Detail hinzugefügt werden."
[b] Die Pläne und Zeichnungen liegen der Handschrift nicht bei.
[c] Folgt eine Anmerkung für Kopisten: „Neue Seite".
[1] Es handelt sich mutmaßlich um das von Scharnhorst in seinem Brief vom 2. Juli 1797 (Nr. 64) als Vorhaben erwähnte Memoir „über die ganze Lage der Oberweser und der Gegend zwischen der Weser, dem Harz und der Aller", das er nach seiner Erkundungsreise zwischen Hameln und Kassel abzufassen beabsichtigte.

I. Ist hinter der Hamel für die Armee, welche die Gegend von der Niederweser, Hildesheim, Braunschweig u.s.w. deken soll, eine gute Stellung zu nehmen? Bey der Stellung hinter der Hamel, den rechten Flügel an Hameln, und den linken hinter Hilligsfeld, man sehe den 1sten Plan, kömmt es 1) auf die Stärke an sich an, und 2) auf die Gegend, welche dadurch gedekt wird.

Stärke an sich
Vor der Front fließt ein kleiner Bach, der im Winter nicht zu durchwaden ist, im Sommer aber nur, wenn es stark geregnet hat, als impracktikable angesehen werden kann. Die Front läuft auf hohen Bergen, bey Hameln der Pasberg,[2] bey der Rorsummer-Warte Morgenstern und Heinholz, gegen Hilligsfeld hin der Schweineberg genannt. Bey Afferdem liegt der Dütberg und nahe bey Hilligsfeld der Eichberg dem Schweineberg gegenüber, der erste nahe am linken Ufer der Hamel, der zweite etwas weiter davon entfernt. Der Schweineberg und Morgenstern überhöht den Düt- und Eich-Berg zwar, wenn von den höchsten Punkten der Berge die Rede ist; allein die Stellen des Schweinebergs und Morgenstern, auf welchem man stehen muß, wenn man den Hamel-Bach unter einem recht wirksamen Feuer haben will, werden von den erstern[3] überhöht.

Der rechte Flügel der Stellung ist durch Hameln und die Weser gedekt; der linke aber stehet in der Luft; hier ist eine Ebene von einige 1000 Schritt und dann ein kleines Gehölz; die hannövrische Heerstraße durchschneidet beide und trift gerade auf dem Flügel.

Da der Feind von den Hastenbecker- und Dierser-Bergen[4] die ganze Stellung und den linken Flügel in einem großen Umfange übersehen kann, so wird er höchstwahrsheinlich die vortheilhafte Lage, die sich von dieser Seite zum Angrif ihn darbietet, benutzen und hier seine Haupt Macht agiren laßen, zumal da keine Gefahr für ihn damit verbunden ist, indem ihm die Wege über Bisperode, Koppenbrügge und Springe beym Rückzuge offen bleiben. Flanke und Front sind also auf dem linken Flügel dieser Stellung sehr schwache Theile.

Man kann diesem Flügel einige Haltbarkeit geben, wenn man den Schweineberg verschanzt, und die Stellung en Potence rückwärts bis an den Süntel,[5] einen bewachsenen hohen Berg, ausdehnt, so daß das Dorf Unsen hinter der Front und Flegesen vor derselben liegt.

Die ganze Front incl. der Potence wird dann etwa 11.000 Schritt[6] ausmachen und also eine Armee von 50 bis 60.000 Mann erfordern. Vor dem

---
[2] Basberg.
[3] Gemeint ist offenbar: „letzteren".
[4] Die Berge bei Hastenbeck und Diedersen.
[5] Die heutige Hohe Egge, auf der sich der Süntelturm befindet.
[6] Legt man den in Nr. 105 benutzten Schritt von 2 Fuß 8 Zoll zugrunde, sind das recht genau 8,5 km.

rechten Flügel könnte man das Wasser in der Hamel durch Däme sperren, die von den schweren Geschütz von Hameln bestrichen würden. Wenige Trupen und einige Batterien hinter diesen Theil des Flußes würden denselben alsdann gegen jeden Angrif vertheidigen können. Die Trupen, die man durch dies Anordnung ersparte, und ein großer Theil des 2ten Treffens müßten en Reserve hinter den Morgenstern so gestellet werden, daß sie nach allen Richtungen agiren und der Feind sie nicht entdeken könnte.

Sollte der Feind eine Stellung in der linken Flanke, mit den linken Flügel an den It und mit der rechten an den Süntel gelehnt, nehmen und die Dierser- u. Hastenbecker-Berge besetzen, so würde er im Stande seyn, die Armee in der Position an der Hamel in einem sehr großen Umfange anzugreifen, ohne daß der Befehlshaber derselben vorher wissen könnte, von woher der Haupt Angrif geshähe, weil die Berge und Gehölze seinem Auge hier alle Angrifs-Colonnen bis zu einer gewißen Annäherung entziehen.

Es scheint daher, daß die Stellung hinter der Hamel von dem Augenblick an, daß der Feind sich auf den linken Flügel derselben festsetzt, bedenklich wird, wenn man sie als eine bloß defensive Stellung ansieht.

Der größte Nachtheil der Stellung^{d} bestehet aber darin: sie läßt dem Feind vollige Freyheit, sich an der Leine und Aller auszubreiten und Hannover, Hildesheim u.s.w. in Besitz zu nehmen. Ein Corps an der Leine zur Deckung dieser Städte und Gegenden würde selbst mit der Armee alle Gemeinschaft verliehren, so bald die feindliche Armee die Chaussée von Hameln nach Hannover gewonnen hätte, denn alsdann könnte diese nur durch einen großen und beschwerlichen Umweg, der ohnweit Barsinghausen über den Deister gehet, mit jener in einiger Verbindung bleiben.

Dieses Corps würde daher, wenn es sich nicht einer großen Gefahr aussetzen wollte, bis in die Gegend von Neustadt und Rehburg zurükgehen müßen, und der Feind würde ohne alle Aufopferung sich in den Besitz der Städte und Gegenden von der Leine, Innerste und Ocker setzen.

Es würde nicht gefährlich für den Feind seyn, Corps in dieser Absicht zu detaschiren, denn finge die Armee hinter der Hamel auch an, offensiv zu agiren, so würde sie doch nicht leicht einen entscheidenden Streich gegen ihn ausführen können, ehe er seine abgesandten Corps wieder an sich zöge, weil der Deister, It und andere Gebirge, in deren Besitz er sich befände, ihn eine zeitlang die Hand zur Defensive auf manche Art böte.

^{e}Man übergehet hier eine andre oft in Vorshlag gebrachte Position zwishen Hilligsfeld u. Hameln, wo der linke Flügel ganz ohne Dekung ist. Hameln ist von Gr. Hilligsfeld 8000 Schritt entfernt. Der Süntel ist von

---

^{d} Folgt, versehentlich nicht gestrichen: „hinter d. diese Stellung".
^{e} Der hier einsetzende Absatz ist eine eigenhändige Hinzufügung ohne Gegenstück im eigenhändigen Konzept.

Hameln ungefähr 9500 Schritt, wenn man den Weg von Hameln über Rorsum[7] und über den Abhang des Schweineberges nimmt.[f]

II. Stellung bey Hameln für ein Corps von 15.000 Mann[g]
1. Eine andere, aber nur für ein kleines Corps von 15.000[h] Mann passende [Stellung][i] bey Hameln befindet sich zwischen dem Gebirge[j] und der Hämelschen Heide (d. i. dem Gehölz und Gebirge, welches sich von dem Klütberge nach Westen erstreckt), so daß der linke Flügel an dem Gebirge[k], der rechte über die Hamelsche-Heide oder die Hamelsche Holzung sich erstrekt, dann an die Weser sich bey Helpensen lehnt, und Kleinen Berkel hinter der[l] Position sich befindet.

Die Front dieser Stellung beträgt etwas über 7000 Schritt. Sie kann auf dem Flügel und vor der Mitte leicht durch einige Shanzen und Verhaue in der Hamelschen-Heide verstärkt werden. Mann kann dazu einen Theil der Garnison von Hameln stoßen laßen, indem dieser Ort durch die breiten nassen Vor- und andern Gräben gegen einen gewaltsamen Angrif hinlänglich gedekt, wenn sonst der Haupt-Wall nur mit Artillerie besetzt, ist.

[m]Einige innere Stärke hat diese Stellung unleugbar, aber in äusern Beziehungen ist sie freilich nicht sehr wichtig; sie hat den Fehler aller nicht zu tournirenden Stellungen für Corps bey [einer] Festung, d. i. sie steht in Gefahr mit der letztern zugleich eingeschloßen zu werden.

2. Wär nur ein Corps von ungefehr 4000 bis 6000 Mann, außer der Garnison, bey Hameln, so könnte man für diese eine Stellung nehmen, deren[n] linker Flügel an das Fort Georg und der rechte bey Helpensen an die Weser sich lehnte, so daß der Stein-Bach vor der Front bliebe. Diese Stellung wäre sehr leicht durch Verhauen gedeckt, nicht über 3000 Schritt groß und sehr stark, wenn man 3 oder 4 Batterien zu ihrer Vertheidigung hätte.

Hätte man bey dieser beiden Stellung ein paar geschloßene und nur mit Holz casemattirte Shanzen auf dem Pasberge 300, 600 und 900 Schritt von dem Vorgraben, damit man am rechten Ufer aus der Festung heraus kommen könnte, so würde es den Feind immer schwer fallen, Hameln einzushließen, so lange jene verschanzte Position nicht forcirt wäre; denn

---

[f] Folgt eine Anmerkung für Kopisten: „Neue Seite".
[g] Diese mehrfach abgeänderte Überschrift ist durchstrichen und durch gestrichelte Unterstreichung wiederhergestellt.
[h] Die Zahl ist wegen einer Abänderung nicht sicher zu entziffern – es könnte auch „11.000" oder „17.000" heißen.
[i] Das Wort wurde bei mehrfachen Abänderungen ersatzlos gestrichen.
[j] Im eigenhändigen Konzept: „Ohrberge".
[k] Im eigenhändigen Konzept: „Ohrberge".
[l] Im eigenhändigen Konzept folgt: „Mitte der".
[m] Der folgende Absatz ist eine eigenhändige Hinzufügung ohne Gegenstück im eigenhändigen Konzept.
[n] Statt „dessen".
[7] Rohrsen.

der Umfang der Festung wäre jetzt sehr groß, die Corps der einshließenden Armee wären durch Flüsse und Berge von einander abgesondert, und man könnte aus dem Mittelpunkte immer auf eines derselben fast seine ganze Macht beym Angrif gebrauchen.º

III. Stellungen an der Weser von Hameln heraufwärts für die von einer bey Hameln stehenden Armee oder für die von der Festung Hameln ausgestellten Observations- und Avant Corps.

1.) Die erste Stellung für ein solches Corps am rechten Ufer befindet sich auf den Bückeberge, mit den rechten Flügel an Ohsen[8] und die Weser, und mit dem linken an das Dierser- und Hastenbecker-Gebirge, welches zwischen Diersen und Bessinghausen[p] sich befindet. Man sehe den 1sten Plan. Die Front dieser Stellung ist durch einen steilen, mit hohlen Wegen durchschnittenen Abhang sehr stark; der linke Flügel an dem Gebirge kann von Bisperode und bey der Ohnsburg vorbey auf Vornberg[9] umgangen werden. Zwischen diesen Oertern hat das erwähnte Gebürge einen practicablen Durchgang von ohngefähr 300 Schritt in der Breite. Wenn indes eine Armee hinter der Hamel stehet, welche auf das Thal von Bisperode und Coppenbrügge ein wachsames Auge hat, und beide durch starke Detaschements bewachen läßt, so ist von dieser Seite nicht so leicht etwas zu befürchten.

Ein großer Vorzug der Stellung in den Bückeberge bestehet für ein Avant Corps darin, daß es ins Gehölz sich stellen und also nicht vom Feinde gesehen werden kann, daß es daher in seine linke Flanke den größten Theil seiner Macht verwenden kann, wenn es befürchtet umgangen zu werden, ohne daß der Feind weiß, daß seine Front entblößet ist, und endlich, daß es, entweder im Gebirge über Vornberg und Afferden oder an der Weser bey Tündern, ohne große Gefahr im Rücken aufgerieben zu werden, sich nach der Armee zurückziehen kann.

Bey diesen Vortheilen giebt diese erwähnte Stellung für ein Avant-Corps der Armee Gelegenheit, dem Feind, wenn er dasselbe angreift, mit der ganzen Armee unter vortheilhaftesten Umständen selbst anzugreifen, nemlich mit einem großen Theile derselben durchs Thal von Bisperode zu gehen und dann ihn über Espe[10] und Bremke in die rechte Flanke zu fallen. Dies kann, ohne daß er es siehet, geschehen, wenn die Armee sich zwischen Vornberg und Afferden in Colonnen stellt, dann bey Vornberg

---
º *Folgt eine Anmerkung für Kopisten: „(Neue Seite)".*
p *Verändert aus „Hilligsfeldt und Esper".*
[8] Hagenohsen.
[9] Bei der Obensburg vorbei auf Voremberg.
[10] Esperde.

durchs Gebirge auf dem Wege nach Bisperode marschirt, aber an den Gebirge auf der Seite von Bisperode in dem Gehölz bis dahin, wo das Gebirge endet, bleibt. Wird die Gorge bey Coppenbrügge zwischen den It und Osterwalde^q während dieses Marsches durch ein klein Corps observirt, und ist die Front des in Bückeberge stehenden Corps mit Verhauen und Schanzen gedekt, damit eine geringe Macht und einige Batterien den Feind während dieses Angrifs in Front aufhalten können, so kann man bey diesen Plan nie Gefahr laufen, in Rüken oder Flank genommen zu werden. Denn sollte der Feind den Plan haben, dem Corps in Bückeberge in die linke Flanke zu fallen, so wird sein Vorhaben vereitelt, und da man ihn an dieser Seite der Wahrsheinlichkeit nach schlägt, so muß auch sein in Front angreifendes Corps sich zurückziehen, und dies kann nur über Heine[11] in einer für ihn sehr nachtheiligen Lage geschehen, wo die Armee ihn vielleicht an die Weser drängen und dem Weg über Halle abschneiden kann.

2. ^rEine ander Stellung, welche mit der eben genannten zu einem Zwek führte, aber mehr Trupen an der Front erforderte, befindet sich zwishen dem Brokenser und Börjer Berge,[12] das Dorf Brokensen vor der Front. Man sehe Pl. VIII. Im Brokenser Holze und Börjer Berge müßten ein paar geshlossene Schanzen u. breite Verhakke seyn; den Berg zwischen Frenke und Brokensen[13] müßte man ebenfalls verschanzen u. bey Grohnde u. Latfer müßte man Ponton- oder Schiffbrücken über die Weser shlagen. Griffe der Feind dies Corps an, so könnte die Armee ihn durch das Bisperoder und Borjer Holz bey Epe[14] in Flank nehmen, während sie die Gorge bey Coppenbrüge beobachten ließe.

3.) Die Stellung zwischen Hastenbeck und den Gesberg,^s d.i. zwischen den Morast bey Hastenbek u. der Ohnsburg,^t hat die Nachtheile, daß man die Stärke des Feindes beym Angrif nicht wahrnehmen und dagegen von ihn gesehen werden kann, daß die Front überall zugänglicher und zwishen Hastenbeck und der Weser zu umgehen ist, wenn nicht ein sehr großes Corps hier steht; daß die Armee hinter der Hamel in denselben Tage, da das Corps zurük getrieben wird, auch angegriffen werden kann, und endlich daß diese Stellung schon aus den 7jährigen Kriege zu bekannt ist.

---

^q   Verändert aus „Hellerbruch".
^r   Der folgende Absatz ist eine eigenhändige Hinzufügung ohne Gegenstück im eigenhändigen Konzept.
^s   Im eigenhändigen Konzept steht hier: „Ohnsberg".
^t   Verändert aus: „d. i. zwischen Hastenbeck und dem Hastenbecker Gebirge".
[11]   Heyen.
[12]   Mit dem Börryer Berg ist wahrscheinlich der Kleineberg bei Börry gemeint.
[13]   Vielleicht der Eichberg (248 m)?
[14]   Esperde.

4.) Vor Halle, das Defilee, welches von Halle nach Bodenwerder führt, die Thrane[15] genannt, im Rücken, ist eine 3te Stellung für ein Avant-Corps von der Festung Hameln oder für eine bey diesen Orte stehenden Armee. Sie hat hier ein Thal von etwa 1$^1/_2$ Stunde in der Breite vor sich, rechts die Weser, mit hohem und impracticabeln Gebirgen (hier den Berkberg genannt) eingefaßt, links die hohe Kette von Gebirgen, die bey Koppenbrügge sich endet und der It heißt, vor dem rechten Flügel Tuchfeld und vor dem linken das Dorf Hunsen.[16] Allein ihn bleibt nur der Weg durchs Thal zum Rückzuge übrig (es sey denn, daß es bey Bodenwerder auf dem rechten Flügel über die Weser ginge), seine Front ist über 3000 Schritt lang und zugänglich, seine linke Flanke ist nur gedekt, wenn die Durchgänge durch den It besetzt und vertheidigt werden. Dringt der Feind aber bis Coppenbrügge vor, bemächtigt er sich der Pässe des It-Gebirgs zwischen diesem Orte und dem Corps, so muß daßelbe sich in jeden Fall auf dem Bückeberg zurückziehen oder eine Brücke bey Bodenwerder und (die Trahne) den Zugang zu derselben verschantzt haben.

^uIn dieser Stellung muß man also hinter dem Gebirge bei Cappelnhagen, Weezen[17] u.s.w. starke Detaschements haben, u. so wie diese nach Koppenbrügge und in die Durchzüge des Its verdrängt werden, läuft das Corps bey Halle Gefahr, umgangen zu werden. Man sehe den IIten Plan.

5.) Eine andere Stellung in dem Thale zwishen den It und den die Weser umgebenden Gebirgen ist bey Scharf-Oldendorf. In dieser Gegend wird aber der It practicabel, und mehrere Wege laufen nun auch von Einbeck her gegen die Front und von Holzminden gegen die rechte Flanke in das große Thal. Diese Stellung ist daher noch weit gefährlicher wie die bey Halle, es sey denn, daß man weiter links das Gebirge, der Hils genannt, eine Fortsetzung des It-Gebirges, besetzt hätte. In jeden Betracht hat aber diese Stellung keine innere Haltbarkeit, und gehet man etwas weiter vor bis Wickensen, so risquirt man schon durch mehrere Wege, insbesondere auf dem rechten Flügel, umgangen zu werden. Dazu geschehen jetzt alle

---
^u *Der folgende Absatz ist eine eigenhändige Hinzufügung ohne Gegenstück im eigenhändigen Konzept.*
[15] Möglicherweise das Tal des Spüligbachs.
[16] Hunzen.
[17] Capellenhagen, Weenzen.

Angriffe des Feindes in Gehölzen und Gebirgen, und bleiben daher bis zu den Augenblick, in den sie ausgeführt sind, den angegriffenen Corps unbekannt.[v]

---

[v] *Folgt eine Anmerkung für Kopisten: „(Neues Blat)", danach gestrichen: „IV. <u>Ueber die Stellungen für eine Armee am rechten Ufer der Weser, in der Gegend von Münden, Holzminden u.s.w. gegen einen Feind, der über Cassel und Münden vordringt.</u>*
   Die Stellungen an rechten Ufer der Weser deken nur alsdann Braunshweig, Hildesheim und Hannover, wenn sie an den obern Theilen dieses Fluß sich befinden.
   Böten die Thäler, welche auf Hameln, Koppenbrügge u.s.w. führen, uns eine gute Position dar, so würde man daher hier am schicklichsten sich dem Feind an dieser Seite der Weser entgegenstellen können. Unglücklicherweise haben aber in dieser Gegend (nemlich bey Einbek, Südhorst, Wangelstädt, Kl. Amelunxborn und Forst) die Gebirge so viel Zweige und so viel Durchgänge, daß eine Armee, wenn sie sich hier postirte, zu sehr vertheilt wäre, als daß sie einigen Widerstand leisten könnte. Man kann daher hier nichts thun, als eine Stellung nehmen, aus welcher man den Feind, der an den Fluß herauf operirt, ohne Gefahr beobachten und ihn, wenn er unvorsichtig zu Werke gehet, angreifen kann. Zu dieser Absicht findet man in der Gegend von Holminden noch die schicklichste, wenn man das Defilee, welches von diesem Orte nach dem Amthause Forst zwischen der Weser und den Burg- oder Borg-Berge führt, besetzt und verschanzt, eine Brigade Infanterie an den Burg-Berg ihr Lager so nehmen läßt, daß das Dorf Bevern mit den kleinen Bach vor der Front liegt, um die Ebene von Holzminden zu beobachten und die Durchgänge dieses Bergs zu vertheidigen; den großern Theil der Armee, mit den linken Flügel über Arholzen, gegen Kloster Amelunxborn stellt; dann bey Polle eine Brücke etablirt, die Schwalenberger-Gebirge von der Weser über den hohen Köterberg gegen Blomberg observirt und ein abgesondertes Corps in der Gegend von Einbeck auf den Höhen von Bartshausen placirt. In dieser Lage kann man mehrere Partien ergreifen: man kann auf das linke Ufer der Weser übergehen oder auf den Höhen von Bartshausen oder ins Thal bey Scharfoldendorf sich setzen.
   Wichtig würde es für diese Stellung seyn, wenn ein Corps leichte Infanterie sich in den Solling erhielte; und müßte es sich auch zu Zeiten in den abgelegensten Dickungen verstecken, so würde dies doch den Feind in Rücksicht seiner Communication sehr nachtheilig in andern Augenblicken wieder seyn, und man würde vieleicht durch die Nachrichten von denselben auch Gelegenheit haben, irgend einen Coup auszuführen. Eine nähere Untersuchung dieser Stellung würde Mittel an die Hand geben, wie man den Feind in dieser Gegend Fallstricke legen und darin locken könnte, wenn er nicht mit aller Klugheit zu Werke ginge.
   2) Die 2te Stellung (die, welche nemlich mit dem linken Flügel gegen die Leine sich lehnt) befindet sich auf den Höhen von Bartshausen. Hier lehnt sich eigentlich der linke Flügel an die Hufe (einen hohen Berg, welcher mit den It und den Hils eine Kette ausmacht und an der Leine sich endet), welche mit einem abgesonderten Corps bis an die Leine besetzt werden müßte. Das Dorf Bartshausen liegt ungefähr in Mittelpuncte der Stellung. Der rechte Flügel hat gar keinen Stütz-Punct, der linke einen sehr unsichern, und die Fronte keine besondern Hindernisse gegen den Angriff des Feindes vor sich. Indes kann man doch in dieser Position die Trupen verdeckt stellen, das große Thal gegen Nordheim und Göttingen übersehen, und also sich den Feind, wenn er durch dasselbe kömmt, entgegenstellen. Agirt er aber in Verbindung einer andrn Armee in Westphalen, trit er mit dieser an der Weser, wie es wahrsheinlich ist, in Verbindung, forcirt unsere hier stehenden abgesonderte Corps, so müssen wir uns doch gegen Scharf-Oldendorf zurückziehen, wenn wir nicht zugeben wollen, das Hameln eingeschloßen wird und wenn wir nicht durch einen günstigen Umstand ihm bey diesem Manoeuver eine Schlappe anhängen, welches nur durch planmäßige Stratagems, deren Ausführung aber freilich unter 10mal nur einmal glücken, möglich wird."

[IV.] ʷVertheidigung der Weser u. Werre in der Gegend von Münden.ˣ

Im Sollinge findet man, wie es scheint, keine Stellungen, in den man den Feind im Vordringen am rechten Ufer der Weser aufhalten könnte.ʸ In dem Kessel von Uslar Plan IV. ist man nach allen Seiten mit Gehölzen u. Bergen umgeben und hat auf keiner Seite einen guten Weg zum Rükzuge; zwishen der Weser und dem Sollinger Walde ist man von beiden ausgeshloßen, kann sich nicht frey bewegen u. muß allerwärts die schlechtesten, fürs schwere Geschütz unpracticabeln Wege passiren.ᶻ

Bey einer eigentlichen Vertheidigung des rechten Ufers der Oberweser u. der Werre zwishen Holzminden und Witzenhausen gegen einen Feind, welcher von Cassel oder von Frankfurt her auf Münden und Göttingen ginge, würde man keinen sehr großen, aber doch immer einigen Widerstand leisten. Schlüge man diesen Weg, der in dem letzten Kriege sehr gewöhnlich war, ein, so könnte man für das Gros der Armee zu Dransfeld ein Lager nehmen und von diesem 4 Corps zur Beobachtung der Weser und Werre detashiren.

Das erste zwishen Hedemünden u. Witzenhausen
das 2te bey Münden
„ 3 „ bey Bodenfelde
„ 4 „ bey Holzminden
(Man sehe den VI. Plan.)

Die Corps an der Werre besetzten hinter dem Flusse die zusammenhängende Kette von Bergen, welche denselben einschließt. Sie hätten hier nur die Hauptdurchgänge beym Schäferhofe, Vosberge, bey Gartenbach[18], Bishausen u. Witzenhausen zu vertheidigen. Da der Feind hier überall keine Cavalerie gebrauchen könnte und mit zwey Hindernißen, dem Fluß u. Gebürge, zu kämpfen hätte, so würden diese Corps, wenn er auch hier seine ganze Macht anwendete, nie unglückliche Ereigniße zu befürchten haben. In eben der Lage wären die Corps an der Weser. Ginge aber der Feind oberhalb Witzenhausen über die Werre, so fände die Armee Gelegenheit, durch die Gebürgskette, welche von Hedemünden über Brakenberg[19], Dransfeld nach Ohlenhausen gehet, mit wenigen Truppen ihn eine Zeit lang aufzuhalten, um

---

ʷ Davor eine Anmerkung für Kopisten: „Neues Blat".
ˣ Verändert aus: „V. Stellungen in dem Sollinge."
ʸ Das Folgende ist eine eigenhändige Abänderung. Ursprünglich lautete der Rest des Absatzes: „Besetzte man die Wege an der Weser von Münden auf Holzminden und die von Uslar auf Neuhaus und Eimbeck, und stellte sich in der Gegend von Fredesloh mit dem Gros der Armee, so wird der Feind an der Weser über Neuhaus vordringen, während er von Hoxter und Holzminden diesen Corps in Rücken käme. Alle seine Bewegungen würden durch Waldungen bedekt geschehen, und nie würden wir im Stande seyn, von seinen etwa gemachten Fehlern Vortheile zu ziehen."
ᶻ Hier endet das ältere eigenhändige Konzept und die Abschrift von Schreiberhand. Das Folgende hat Scharnhorst eigenhändig der Abschrift hinzugefügt.
[18] Gertenbach.
[19] Brackenberg.

unterdes eine andere Parthie zu treffen. Drohet er auf Göttingen zu gehen, so würde sie durch eine Bewegung über Jühnde ihn wahrscheinlich wegen Besorgnissen des Verlustes der Communication mit der Fulde zwingen, von seinen Vorhaben abzugehen. Wäre die Macht des Feindes zu groß, litten die Umstände der Armee bey Dransfeld nicht, daß sie sich in ein bedeutendes Gefecht einließe, so würde sie immer, wenn auch der Feind auf Göttingen u. Duderstadt vordränge, Zeit genug haben, sich mit ihren detaschirten Corps in der Gegend von Einbek zu versammeln.

Das Corps bey Holzminden müßte das stärkste seyn, weil die andern von der Armee soutenirt werden könnten und in guter Gemeinschaft mit derselben ständen. Forcirte der Feind die Weser bey Holzminden oder Höxter, und müßte sich das Corps von dort zurükziehen, so würde es sich bey Bartshausen wieder von neuem setzen, unterdes würde die Armee von der Seite von Moringen und Dassel den Feind sich nähern und ihn vereinigt mit den von Bartshausen vorrückenden Corps angreifen, wenn sonst die Umstände ihn günstig zu einen solchen Vorhaben wären.

[V.] Ueber die Stellungen einer Armee, welche das Land zwischen der Oker und Mittelweser gegen einen von der Oberweser kommenden Feind vertheidigen will.

Es ist hier vorausgesetzt, daß Hameln in Vertheidigungsstande mit einer Garnison von 6000 Mann und einigen Bataillonen u. Escadronen leichte Trupen versehen ist, daß an der Niederweser ein Corps sich befindet, welches in einen solchen Verhältniß mit dem Feinde, der von dieser Seite kömmt, stehet, daß es ihn einige Zeit aufzuhalten in Stande ist.

[1.] Stellung bey Bartshausen
Die erste Stellung, welche sich zu der obigen Absicht darbietet, ist die auf den Höhen von Bartshausen, den linken Flügel an die Hufe und den rechten an die Elfes.[20] Man sehe den IIIten Plan. Diese Stellung, wenn man darunter die flache, allerwärts ersteigbare Höhe nimmt, befindet sich zwishen den Hakkeberg und den Riesen Berg oder der Rieser Warte. Sie hat eine Front von 3500 Schritt. Auf dem linke Flügel hat sie den hohen Hufeberg, welcher bis an die Leine eine Streke von 7500 Schritt einimmt und nur wenige Wege hat, auf die man denselben ersteigen kann. Rechts von dieser Position ist der Elfes, ein bewachsener u. ziemlich impracticabler Berg; doch fängt auf 3000 Schritt von dem rechten Flügel erst das Gehölz auf diesem Berge an, indes sind doch auch die kahlen Berge innerhalb dieser 3000 Schritt ziemlich inpracticabel. Die Lehnungspunkte bedürfen also in dieser Stellung einige Vertheidigung u. Zurichtung zu derselben.

---

[20] Hube und Elfas.

Dagegen hat sie folgende Vortheile: 1. kann ein klein Corps auf ihrer rechten Flanke die Comunication mit Hameln erhalten, wenn von diesem Orte aus die Weser bis Bodenwerder besetzt wird. Viele Vortheile des Terrains bieten sich diesen Corps zur Erhaltung. Mann sehe den IIten und IIIten Plan. 2. kann man ein kleines Corps, solange die Armee in dieser Stellung ist, die Stauffenburger Gebirge zwischen dem Harz und der Leine gegen eine nicht zu große Macht vertheidigen. Wenigstens darf der Feind nicht zu weit gehen, weil man ihn sonst den Rückzug unter günstige Umständen abschneiden könnte. 3. hat die Stellung den Vortheil, daß man in ihr das Terrän vor der Front auf eine große Weite übersiehet, und daß der Feind, der gegen den Flügel sich wendet, nicht ein Hinderniß, sondern viele zu überwinden hat; auf dem rechten Flügel, wie schon erwähnt, erst den Elfes u. dann den Hils, u. auf den linken das Stauffenburger Gebürge, die Leine, die Hube, den Stollenberg, den Bodenstein[21] u.s.w., daß die Flügel-Angrife also nur mit vieler Aufopferung u. langsam ausgeführt werden können, und die Armee also dadurch nie in eine große Gefahr, unerwartet umgangen zu werden, kommen kann.

Die zur Offensive vortheilhafte Lage dieser Position giebt ihr einen weit größern Werth als sie an sich hat. Die Armee stehet in derselben den Augen des Feindes entzogen und kann, ohne daß er es erfährt, bey Stadtoldendorf oder zwischen Northeim u. Salzderhelden in dem großen Thale, in welchen die Leine fließt, in dem Augenblike erscheinen, in den er von der Gegend von Rothenkirchen aus einen Angriff auf die Position unternähme. Der Theil des Feindes, welcher zwishen Hameln u. Bartshausen ins Thal von Halle sich regte oder über die Leine gegen das Staufenburger Gebirge vordränge, könnte von ihr in Flank u. Rüken mit einer überlegenen Macht angegriffen werden, ohne daß die feindliche Hauptarmee dieses wahrzunehmen im Stande wäre oder auch ohne daß er unterdes einen andern empfindlichen[aa] Streich ausführen könnte.

Diese Stellung ist in der Mitte zwishen den Harz u. der Weser, in der Mitte der beiden Haupt Hindernißse, mit welchen der Feind zu kämpfen hat, an einem Orte, wo die Flügel gedekt oder doch für die Dekung der Flügel viele Reserve Stellungen sich darbieten.

Diese Stellung empfiehlt sich also durch ihre äuser[e] Beziehung, durch ihre innre Stärke in mancher Rüksicht, wenn sie sonst eine sorgfältige Zubereitung erhält, und wenn durch genaue Untersuchung der Gegend die wahrsheinlichen Stellungen u. Märshe der feindlichen Armee mit den dagegen zu nehmenden Maasregeln ausgemacht wären.

[aa] Statt „entfindlichen".
[21] Bodensteiner Klippen.

[2.] Stellung zwischen den Hils u. der Hube
ᵃᵇDer rechte Flügel stehet in dieser Stellung bey dem Hilshäusern und der linke am Wartberge, d.i. der rechte Flügel lehnt sich an den Hils und der linke an die Hube. Das Vorwerk Voldagsen befindet sich vor der Front, deren Länge 4500 Schritt beträgt. Man sehe die Hildesheimische Carte. Auf dem linken Flügel müßte die Hube mit einem Corps vertheidigt werden. Dieser Berg ist von Wartberge bis an die Leine 6500 Schritt lang. Auf dem rechten Flügel hat man den bewachsenen Hils und It, und hinter diesen noch eine 2te Kette von Bergen. Da die Hube ebenfalls bewachsen ist, so geben diese Gebirge bey ihrer großen Höhe und ziemlich unpracticabeln Abhange viele Mittel einer guten Vertheidigung durch Verhaue, Schanzen und Blokhäuser an die Hand.

Ihr rechter Flügel ist mehr gesichert, und die Armee kann daher zwischen Northeim u. Salzderhelden ein beträchtliches Corps größtentheils von Cavalerie aufstellen, wodurch sie Gelegenheit bekömt, den Feind, wenn er im Thale von Einbek sich regt, in Flanke u. Rücken anzugreifen, während in der Position so viel Truppen mit dem schweren Geschütz bleiben, als zu ihrer Behauptung gegen den Feind vor Front nöthig ist.ᵃᶜ

Auch diese Position hat die Vortheile, welche bey der vorhergehenden angeführt sind. Wenn der Feind bey derselben sich rechts der Gebürge zwischen Bartshausen und Hameln bemächtigt, so bleibt der Armee nichts übr[ig], als ihn über Einbek, Bartshausen u. den Elfes mit den großten Theil der Armee anzugreifen, währ[e]nd man in der Position das shwere Geschütz u. so viel Trupen läßt, als zu ihrer Behauptung nöthig sind. Auf einen Angrif von dieser Seite wird der Feind nicht gefaßt seyn, und er wird daher wahrsheinlich einen guten Erfolg haben. Er wird, wenn die Armee auf der Hube Meister von den Durchgängen der Hube an der Leine u. auch vielleicht der Brüke bey Salzderhelden ist, durch eine zahlreiche Cavalerie, welche das Corps, das der Feind bey Einbeck oder Stadtoldendorf gestellt haben mögte, gleich über Haufen werfen kann, nicht für die Armee, aber für den Feind gefährlich seyn.

[3.] Stellung bey Northeim
Wenn der Feind sich mehr nach den Harz als nach der Weser wendet, so findet eine Armee bey Northeim ein gutes Lager, um denselben zu beobachten und es nach befindlichen Umständen mit dem bey Bartshausen zu verwechseln.

ᵃᵇ *Die folgenden zwei Absätze stehen auf einem beigelegten besonderen Zettel. Sie ersetzen eine frühere Fassung ähnlichen Inhalts, die offenbar aus Versehen nicht gestrichen worden ist.*
ᵃᶜ *Folgt, versehentlich nicht gestrichen: „Auf einen Angrif von dieser". Danach schließt die Fortsetzung der früheren Fassung an.*

In dem Lager bey Northeim stehet der linke Flügel auf der Höhe vor der Brüke bey Northeim, der rechte bey dem Dorfe Hohnstedt, die Leine bleibt in einer Entfernung von $1/2$ Stunde vor der Front. Die Infanterie stehet halb auf der rechten, halb auf der linken Flanke en potence, indem die Cavallerie und 4 Battrien schwer Geschütz die Fronte hinlänglich sichern kann, da das Terrain vor derselben bis an den Fluß eben ist. Auf dem linken Flügel hat diese Stellung eine Kette von bewachsenen, meist impractikabeln Gebirgen, welche sich bey Brunstein anfängt u. von da über Westerhof u. Fürstenberg[22] in den Stauffenburger Bergen und Harz sich verliert. Rechts hat sie die Leine und die Gebürgs Ketten, die mit dieser zwischen der Weser u. Leine und der Leine u. Innerste parallel laufen u. schon angezeigt sind. Durchs Stauffenburger Gebürge wird der Feind links nie ohne Gefahr, in Rücken genomen und abgeschnitten zu werden, mit einem beträchtlichen Corps vordringen, und große Detaschements werden kleinere hier aufhalten können; rechts muß der Feind unsere Corps und Detaschements aus einen äusert beschwerlichen und zur Vertheidigung schiklichen Terrain vertreiben, ehe er die Comunication mit Hameln aufheben kann. Ein Corps in der Position bey Bartshausen oder zwishen der Hube u. den Hils wird von Infanterie des rechten Flügels der Armee immer unterstutzt und verstärkt werden können und dadurch im Stande seyn, sich halten zu können, bis von der Armee der Feind in der Ebene von Einbeck in Flank genomen werden kann.

[4.] <u>Stellung am It und Osterwalde.</u>
Wenn man 15.000 Mann in der Position bey Halle, 10.000 bey Eggersen zwishen den Canstein und It, 20.000 zwishen den Osterwald und It auf die sanften Anhöhen vor der Gorge von Coppenbrügge, Hemendorf vor der Front, und 5000, meist Cavalerie, bey Elze stellt (welche, wenn sie forcirt werden, nach Springe ziehen), man sehe den IIten Plan, so kann der Feind nicht das Corps bey Halle mit der Wahrsheinlichkeit eines guten Erfolgs angreifen, ehe er das bey Eggersen vertrieben hat; dies aber kann er nicht, so lange das Haupt Corps bey Hemendorf stehet. Um das Haupt Corps bey Hemendorf anzugreifen, muß er den Osterwald in Besitzt haben, durch diesen seinen Angrif dirigiren u. die 5000 Mann von Elze vertrieben haben. Solange aber die übrigen Corps in ihren Stellungen bleiben, ist der Angriff durch den Osterwald für ihn mit großer Gefahr beym unglüklichen Ausgang des Angrifs verbunden.

Die Garnison von Hameln dekte dem Corps bey Halle die rechte Flanke u. beobachtete die Weser bey Grohnde u. Ohsen. Die 5000 Mann bey Elze fielen den Feind, wenn er den Osterwald angreifen wollte, in die linke Flanke; würden sie ganz vertrieben, so besetzten sie die Gorge bey Springe zwishen den Deister u. Osterwald, so daß alsdann die linke Flanke der Corps bis Nendorf gedeckt wäre. Die Stellung bey Hemendorf würde so wie die

---
[22] Gemeint ist wohl Fürstenhagen.

bey Halle verschanzt; die Front der ersten würde durch die Saale gedekt, damit die Truppen zur Deckung der linken Flanke des Corps bey Eggersen gebraucht werden könnten.

Obgleich diese drei Stellungen darin einen großen Mangel haben, daß man nicht seine Macht beyeinand[e]r hat, und daß der Feind den größten Theil der seinigen auf das Haupt Corps bey Hemendorf concentriren kann, so können sie doch einige Zeit von Nutzen seyn, und wenn sie gehörig zugerichtet würden, wenn sie mit geschloßenen Schanzen, guten Blokhäusern auf den Bergen und einige 100 Schritt breiten wohlangelegten Verhauen gedekt wären, könnten sie mit wenigen Trupen eine geraume Zeit vertheidigt werden.

Es ist nicht wahrscheinlich, daß der Feind, so lange man in jenen Stellungen ist, durchs Hildesheimshe weiter gegen die Oker vordringen wird, vorausgesetzt, daß hier ein kleines Corps, das zu Zeiten eine kurze Zeit verstärkt wird, um den Feind wegen seiner Stärke in Ungewisheit zu halten, das Land zwischen Harz u. der Leine deckt.

Diese separirten Stellungen geben, wie das immer bey denselben der Fall ist, zu Bewegungen mancher Art, die den Feind über unsre Plane in Ungewißheit erhalten, Veranlassung. Nimmt z. B. die Hauptmacht des Feindes in der Gegend von Winkesen[23] ein Lager, so operirt man längs der Leine, verstärkt das Corps im Hildesheimshen, läßt es über Gandersheim auf Salzderhelden gehen u. bedroht so des Feindes rechte Flanke u. s. w.

[5.] Stellung bey Elze
Wenn eine Armee bey Elze mit dem linken Flügel an der Leine, auf dem Berge hinter Elze, Papendiek genannt, mit dem rechten an dem Osterwald, man sehe die Charte von Hildesheimshen u. Plan II., stehet, und ein Corps auf ihrn rechten Flügel in der Gorge bei Coppenbrüge, und ein anderes auf den linken Flügel am rechten Ufer der Leine, zwishen den Escherberge u. der Leine hat, welches die Durchgänge des Gebirges zwishen Woldenberg u. Poggenburg besetzt, so wird der Feind diese Armee weder rechts noch links so bald umgehen können; denn wenn er 1. das Corps von Coppenbrüge vertriebe, so würde es sich in der Gorge von Springe von neuem wiedersetzen u. hier Verstärkung erhalten können; und wenn er 2. das Corps am rechten Ufer der Leine angriffe, so würde es von der Armee unterstützt werden, und würde es auch hinter die Innerste vertrieben, so würde dadurch noch nicht die linke Flanke der Armee in Gefahr komen, indem der Leinefluß sie immer noch dekte und der Feind nicht in einen spitzen Winkel von 2 besetzten Flüßen, nemlich der Leine u. Innerste, an einem Orte, wo die ganze gegseitige Armee bey einander ist, über den ersteren gehen könnte. Die Armee hat vor der Front die Stadt Elze und die Saale, durch welche man hier eine kleine

---

[23] Gemeint ist wohl Wickensen.

Ueberschwemmung verursachen kann, als dann braucht der linke Theil der Position wenige Trupen. Die Front der Position von den Papendiek, wo der linke Flügel stände, bis an die Waldspitze des Osterwaldes beträgt nur 3000 Schritt, aber erst auf 1500 Schritt weiter hinauf wird das Gebürge impracticabel. Man kann die ganze Front dah[e]r auf 5000 Schritt anschlagen.

In dieser Stellung würde man noch die Comunication mit Hameln eine gewisse Zeit erhalten, wenn von Hameln der Bükeberg u. von dem Corps bey Koppenbrüge das Thal bey Bisperode mit Detaschements besetzt würde. Ferner würde man in dieser Position den Feind von Hemendorf aus selbst, in dem er die Fronte angriffe, mit dem größten Theile der Armee angreifen können, weil man das Corps hier, ohne daß er es erführe, verstärken könnte.

Endlich würde man aus ihr in die Stellung von Coppenbrüge und Halle, welche oben beschrieben ist, oder in die hinter der Hamel und auf dem Bükeberge übergehen können, so daß sie also zu Combinationen verschiedener Stellungen und Operationen auf manche Art dienen könnte.

[6.] Stellung bey Schulenburg.
Diese Stellung, in der der linke Flügel an der Leine u. der rechte über Adensen gegen den Deister sich erstrekt, ist in der Front durch einen kleinen Bach, die Haller, und auf den linken Flügel durch die Leine gedekt. Sie hat indes 2 Haupt Nachtheile: 1. kann man in ihr nicht gut die Gemeinschaft mit Hameln erhalten, u. 2. ist sie auf den rechten Flügel zu umgehen. Wenn nemlich der Feind durchs Thal u. von Eldagsen kömt, so kann man nicht seine Stärke erfahren und ihn nicht verwehren, auf den rechten Flügel sich auszubreiten. Dieser Nachtheil würde wegfallen, wenn man die Front bis an den Deister bey Völksen ausdehnte. Dies aber würde eine große Armee erfordern, denn Völksen ist von Schulenburg $2^3/_4$ Stunde entfernt. Allen diesen ungeachtet kann diese Stellung doch unter gewissen Umständen und bey einer sorgfältigen Zubereitung nützlich werden. Aus ihr kann man den Feind, wenn er über Elze u. Springe seinen Angrif auf die Armee dirigirte, vieleicht dadurch, daß man mit der größten Macht sich in das Thal bey Springe würfe, die feindl. Colone, welche über Coppenbrüge käme, abgesondert schlag[e]n u. die feindliche Armee in die linke Flanke nehmen. Dies setzte allerdings voraus, daß man die Gorge von Springe in Besitz behielte, daß man den Angrif des Feindes 10 Stunden vorher erriethe, daß die Stellung etwas verschanzt wäre u. mit Geschütz eine zeitlang vertheidigt werden könnte u.s.w.[ad]

[VI.] Stellung in den Hildesheimshen
1. Wenn ein Corps sich nicht von den Harze entfernen und die Gegenden an der Oker decken sollte, oder wenn eine Armee durch ihre Stellung in den oberen Gegenden den Feind abhalten wollte, zwishen der Leine u. Weser

---
[ad] *Folgt eine Anmerkung für Kopisten:* „Neues Blat".

vorzudringen, so findet man in der Gorge von Lampspringe (den rechten Flügel an den Hohn-Schazberg und den linken an das Vorwerk auf dem Hever) eine Stellung, vorausgesetzt, daß zugleich ein Corps zwischen Bilderla u. Seesen und ein anderes kleinres bey Ahlefeld stehet. In der Stellung bey Lampspringe kann die Armee und ihre abgesonderten Corps, da sie auf ihren Flügeln durch den Harz, den Hever- und den Sakwald gedekt sind, einigen Widerstand, ohne Gefahr umgangen zu werden, leisten.

2. Eine andere Position zu dieser Absicht ließ sich bey den Dörfern Sleveke[24], Werder u. Nette, das Städchen Bokenem vor der Fronte, nehmen. In diesem Falle müßten die Gorgen von Salzdetfurth und der Weg zwischen Sibbensen[25] u. Diekholzen stark besetzt seyn und bey Lutter am Bahrenberge ein Corps stehen. Man hätte dann die Thäler vor sich und eine freye Front und könnte den Feind, wo er irgend deboushirte, nach vorher bestimten Dispositionen selbst angreifen.

3. Eine 3te Stellung in Hildesheimshen befindet sich auf den Galgen und Uppener Berge[26] bey Hildesheim, mit dem rechten Flügel an Hildesheim, die Innerste vor der Front u. das Dorf Listringen auf dem linken Flügel. Wenn das Lager hinter dem Berge aufgeschlagen wird, so ist der Feind nicht im Stande, die Position zu übersehen, u. man kann rechts und links die Trupen gebrauchen, ohne daß er es weiß. Die Armee kann sich überdem in diesem Lager frey bewegen, und die Front ist sehr leicht durch 5 bis 6 Batterien u. wenige Truppen zu vertheidigen. Bey dies[e]r Stellung ist aber die Comunication mit Hameln nicht zu souteniren und die Ober Weser verlohren. Zur Comunication mit der Unterweser müßte man ein Corps bey Neustadt haben, welches den Paß zwischen der Weser u. dem Steinhuder Morast zwischen Lese[27] und Nienburg mit Detaschements besetzte. Hannovr würde von der Armee besetzt.

4. Eine 4te Stellung findet man hinter dem Bruchgraben, mit dem rechten Flügel gegen Sarstädt und mit dem linken gegen Lühnde. Die Trupen stehen hier auf einer dominirenden flachen Anhöhe und haben einen morastigen, für Cavalerie u. Geschütz impractikabel[n] Bach vor sich. Das Terrän ist vor der Front übrigens offen, und der Feind kann hier keinen Angrif thun, den man in der Position nicht auf eine große Distanz übersehen konnte.

Der linke Flügel hat zwar keine Deckung, aber hier ist ein gutes Terrain für die Cavalerie, dazu ist es etwas zurückgebogen, u. der Feind, der in diesem offenen Terrain die Armee im Angesicht derselben einginge, setzte sich einer großen Gefahr aus.

---

[24] Schlewecke.
[25] Sibbesse.
[26] Vermutlich der Knebelberg.
[27] Leese.

3. Unterricht

109. Aufzeichnung [?, nicht vor 1796?[1]]

GStA PK, VI. HA Nl Scharnhorst Nr. 129 fol. 2r–15v (26 S.): Konzept, eigenhändig.

Lehrbeispiel eines Operationsplans gegen Holland. Vorbereitungen: Beschaffung der Kriegsbedürfnisse. Einteilung der Soldaten. I. Berechnung der notwendigen Truppenstärke. Verhältnis der Waffengattungen. II. Munitionsbedarf. Beispiele anderer Armeen zur Ausstattung der Artillerie. III. Verpflegung. Bedarf, Beschaffung, Transport und Lagerung. IV. Umfang der Bagage. V. Größe und Lage der Hospitäler. Verwundetentransport. VI. Versammlung und Einteilung der Armee. Schlachtordnung. VII. Befehle zur Umsetzung. VIII. Anordnung des Marsches bis zur Hase.

Ueber die Operationen einer Armee, zwischen der Weser und Ems, zum Unterricht des Prinzen Adolfs K.H. aufgesetzet.[a]

Ueber den Operations-Plan

Vorbereitungen

a. <u>In Absicht der Lebensmittel</u> –
   Magazin oder Aufkaufung der Fourage etc. unter dem Vorwande eine Speculation zu machen.
   Vorrath bis zur Ernte.
   Es findet sich viel in allen Ländern, worauf man nicht gerechnet, wenn erst Trupen darin stehen und wenn erst in 4 Monat die Ernte eintrit, so braucht man nur auf 3 Monat Unterhalt.
   Haber auf das Pferd 10 ℔ } täglich
   Roken "   den Mann 2 "
   Comissariat schließt den Handel mit den Entrepreneurs öffentlich – der Mindestbietende liefert.

b. <u>In Absicht des Fuhrwerks</u> fürs Comissariat
   1. Einen Brodwagen für jede 150 Mann
   2. Auf jede 150 Mann noch 2 Wagen in Comissariat

---

[a] *Der Titel steht auf einem gesonderten Blatt (fol. 2r).*
[1] Möglicherweise erfolgte dieser Unterricht zur gleichen Zeit, als Johann Friedrich von der Decken (vgl. Anhang 1) Prinz Adolph Vorträge über Geschichte und Mathematik hielt, nämlich ab 1796. Der junge Prinz Adolph kommandierte damals eine Brigade des hannoverschen Observationskorps, sein Quartier war in Hoya, wo sich auch das Hauptquartier Wallmodens mit Scharnhorst befand.

Dann hat die Armee auf 18 Tage Brodt, denn auf 4 Tage trägt es der Soldat, auf 5 Tage ist es in den Brodtwagen und auf 9 Tage in den Comissariat-Wagen.

Man erhält die Pferde durch Lieferung vom Lande.

Vortheil: hat sie sicher und nimt sie erst wenn man sie braucht.

c. <u>In Absicht der Kriegesbedürfniße</u>

Auf jedes Feurgewehr 300 Schuß – davon 100 bey denselben, 100 in einer bespannten Reserve und 100 in Depot 10 bis 15 Meilen hinter der Armee. In Depot alles bereitet, so abgehet.

d. <u>In Absicht der Pferde für die Kriegesbedürfnisse</u>

Wie in b.

e. <u>In Absicht der Armee selbst.</u>
1. Geübte Leute zum Dienst der Infanterie und Cavalerie –
2. Ungeübte zum Trän, zu Fourierschützen, Zimmerleuten, Handlanger bey der Artillerie, Pioniers, Stabs, Hospital, Bäkerey und Comissariats Wachen und in die festen Orter so nicht bedrohet.
3. Invaliden in die Festungen und die Städte, die ungeübten zu dreßiren.
4. Anstalt, die Compagnien immer vollzählig zu erhalten.

f. <u>In Absicht der Belagerungsbedürfniße</u>
1. Der Belagerungen so man selbst vornimmt –
120 Gechütze und auf jedes 800 Schuß – 50 Reserve Geschütze – Fuhrwerke es herbey
2. Der Belagerung so der Feind vornehmen kann
100 Stück 600 Schuß auf jedes
20 " Reserve Geschütz –
Lebensmittel auf 10 bis 100 Tage –

<u>Erstes Beyspiel von den Entwurf eines Op[e]rationsplans</u>

Es wird in Cabinet beschloßen, Holland zwischen Emmerich und Emden anzugreifen und in einem Feldzuge die Provinzen diesseit der Issel wo möglich zu erobern.[b] Der General wird darauf hierbey zu Rathe gezogen; [c]er wird gefragt ob der Plan ausführbar bey den Mitteln sey, so man herbey zu bringen im Stande ist.

---

[b] Verändert aus: „Es wird in Cabinet der Plan gemacht, mit einer Armee von 60.000 Mann Holland zwischen Wesel und Emmerich [...]"
[c] Der Rest des Absatzes abgeändert aus: „und es wird nunmehr seiner Überlegung überlassen,
   1. Die Mittel zu bestimmen welche dabey erfordert werden und
   2. Die Wege aus[zu]machen, auf denen man sie erhält."

I. Betrachtungen über die Stärke der Armee und die Gattungen der Truppen, so erfordert werden.

Die erforderlichen Mittel hängen von den Hindernißen ab, welche man bey einen offensiv Kriege zu überwinden hat. Diese bestehen aber 1. in der Armee, so der Feind uns entgegenstellen kann, und 2. in den Festungen und Schanzen, so wir erobern müßen.

Nimmt man an, daß in der d[e]rmaligen Lage der Dinge Frankreich am Oberrhein und in Italien Krieg führt und daß es in Holland 25.000 Mann und an den Niederrhein bis Mainz 50.000 Mann hat, daß die Holländer[2] 21.000 Mann reguläre Truppen haben: so wird man, um den oben erwähnten Plan auszuführen, zwey Armeen brauchen, die eine am Niederrhein von 50.000 und die andere gegen Holland von 46.000 oder 50.000 Mann, um so stark als der Feind zu seyn. Da der Feind aber leicht die Armee an den Niederrhein verstärken und diese wieder die Armee in Holland: so muß man noch auf ein Reserve-Corps in Westphalen[d] von wenigstens 20.000 Mann bedacht seyn, welches nur etwa 2 Monat nach dem Aufbruch jener Armee mobil zu seyn braucht.

Auser diesen muß man zur Belagerung der Festungen ein Corps haben, welches nicht unter 25.000 Mann stark seyn darf.

Es werden also erfordert 50.000 Mann am Niederrhein
50.000 Mann gegen Holland
25.000 Mann zu Belagerungen
20.000 Mann in Reserve

145.000[e]

Wie ist das Verhältniß der verschiednen Waffen?
1. Der Armee am Niederrhein? Sie agirt wahrscheinlich in offenen Gegenden, sie hat Infantrie gegen sich, die von der Cavalrie in der Ebene gewöhnlich geschlagen wird: sie kann also durch eine zahlreichen Cavalerie entscheiden.
   Man rechnet daher auf 1 Bataillon 2 Escadron

---

[d] Folgt versehentlich stehengelassenes Wort „bedacht".
[e] Folgt gestrichen: „Man nehme Infanterie .....
   Nun frägt es sich [unleserliches Wort]
   1. Sind so viel exercirte und disciplinirte Truppen herbey zu bringen, hat man sie nach dem Beginn, oder hat man Truppen im Lande, die schon v[o]rh[e]r gedient haben
   2. Hat man für sie die nöthigen Kleidungen oder kann man die fehlenden noch fertig erhalten ehe sie marschiren
   3. Hat man für"
[2] D. h. die mit Frankreich verbündete Batavische Republik.

8 Brigaden oder 50 Bataillons Linieninf.,   jedes 600 M. 30.000
```
      50 Escadrons schwere   ⎫
      50  „   „   leichte Cav.⎬ jede 150 -   15.000
                              ⎭
      Leichte Inf und Jäger
                   10 Bat.   jedes 500 M.    5.000
                                           ─────────
                                            50.000 M.
                                            Kombattanten
```

<u>Artillerie</u>
```
5 Batterien reit. jede 4 St. 6℔  ⎫
               2  "  7℔ H.       ⎬ – 30 Stück
8 Batt. schw. davon 6, jede zu 6 Kan.⎫
6℔ u. 2 Stück 7℔ Haub.                ⎪
und 2, jede zu 6 Stück 12℔ dr         ⎬ – 64  "
und 2 Stück 10℔dige Haub.             ⎭
                                    ─────────
                                     94  "
```

2. Die Armee, so gegen Holland agirt, befindet sich mit der Armee am Nieder Rhein in ei[ne]r Lage und ist eben so zusammengesetzt.

3. Die Belagerungs-Armee bestehet meistens aus Infantrie und hat keine schwere Feldartillerie.

```
35 Bat. jedes zu 600 Mann      -   21.000 Mann
15 Esc. Cav. jede zu 150 M.    -    2.250
Artillristen                  ──────  1.000
Pioniers, Sapeurs, Mineurs     -      750
                                   ─────────
                                    25.000
```

Man kann dazu nicht in großen Manoeuvre geübte Truppen brauchen.

4. Die Reserve bestehet meistens aus Inf. und Art., weil diese am ersten leidet

```
30 Bat. jedes zu 600 M.        18.000
15 Escadrons jede zu 150 Pf.    2.250
                              ─────────
                               20.250
```

```
Dazu 4 Batterien, jede   ⎫
     zu 6 Stück 6℔dr     ⎬ – 32 Stück
      2   "   7℔ Haub.   ⎭
```

Diese Truppen müßen alle 2 Monat mit Recruten und Remonte Pferden completirt werden; selbst die kranke Mannschaft muß ersetzt werden, und das nicht mobile Depot ist in Bremen für die Armee in Holland und in Hameln für die Armee an Nieder Rhein. Hier werden die Recruten exercirt, die Pferde dreßirt etc, zugleich dienen sie hier in Fall d[e]r Noth zur Garnison.

Diese Vorkehrung ist eine große Ersparung. Jede Armee ist dadurch in Durchschnitt w[en]igstens um $^1/_3$ und 16.000 Mann stärker, als sie aus[e]rdem seyn würde und verursacht dadurch nicht $^1/_{10}$ mehr Kosten.

II. Betrachtungen über die Versorgung der Armee mit Munition[f]
Ist die Anzahl der Truppen und jede Gattung derselben bestimmt: Man muß bey den Geschütz und den Bataillonen so viel haben als man in einer Bataille braucht, d.i. auf jedes Art. Geschütz 100 Schuß, auf jeden Soldat 40 Schuß in Tornister und 60 in Wagen beym Bataillon, auf jeden Cavalerist 20 Schuß in der Tasche und bey der leichten Cavalerie auser diesen noch 20 in Wagen.

Man muß den Abgang nach einer Bataille gleich ersetzen können, sonst konnte [man] nicht gleich wider agiren. Dazu wird eine Reserve erfordert, welche bespant ist und welche so viel Munition hat, als zu einer 2ten Schlacht erfordert wird d.i. für jedes Art. Geschütz u. für jeden Infantristen 100 Schuß, für jeden Cavaleristen 10.

Man muß einen Depot haben, aus der die Reserve sich wid[e]r completirt, dieser muß so weit zurükliegen daß er bey einer unglüklichen Schlacht nicht gleich verlohr[en] ist – hier[3] in Bremen für die eine und in Lipstadt für die andere Armee. Er muß so stark seyn, daß er die Munition, so in [eine]r Schlacht verschoßen, wird ersetzen konn[en] – er muß also der mobilen Reserve gleich seyn.

Bey dieser Einrichtung kann Mangel entstehen, wenn nicht der Abgang in Depot ersezt wird und wenn er nicht in Fall der Noth zurükgeschaft werden kann. Man muß also bey Zeiten auf Materialien für den Depot denken – man muß dieselben in Hamburg, Braunshwig u. Hannover haben – man muß in einer zurückgelegnen Provinz die Veranstaltung trefen, daß man aus ihr, wenn es erfordert wird, geshwind viel Fuhrwerk erhalten kann, um den Depot zu transportiren.

System der Preußen
120 Schuß bey der Canone
120 "   in Reserve
120 "   in einem nahen Depot

---
[f] *Im folgenden stark verändert, u. a. da dieser Abschnitt zuerst auch noch die Lebensmittelversorgung mit einbegriff.*
[3] *Im Sinne von „in dem hier beschriebenen Falle".*

System der Kayserl.

		18 ℔ dr	12 ℔ dr	3 ℔	7 ℔ H.	Inf.	Cav.
bey sich	Kugelshüße[4]	56	70	132	80	60	32
	Cartätschsch.	8	32	10	10		
Mobiler Reserve	Kugelschüße	192	155	120	108	54	24
	Kart. "	32	40	16	16		
In Depot	K.S. ------	248	255	252	188	114	56
	Karts. ----	40	72	52	26		

System der Franzosen in Flandern
Mobil in allem 240 Schuß

Unse[re] 6℔dige Canonen haben in den Feldzügen 1793 u. 94 in jeden 202 Schuß, der Infanterist 110 verschoßen.

Verhältniß der Kart[ätschen] u. Kugeln
$$\begin{array}{l} \text{bey uns wie} \quad 1:2 \\ \text{Kays.} \left\{ \begin{array}{l} 12℔ \quad " \quad 1:2 \\ 3\,"\,--- \quad " \\ 7\,"\,\text{Haub}\,"\end{array} \right\} 1:7 \\ \text{Franzosen} \left\{ \begin{array}{l} \text{Can.} \quad 1:2 \\ \text{Haub.} \quad 1:10 \end{array} \right. \end{array}$$

Bey den Armeen, so hier agiren sollen, ist weniger mobile Munition vorhanden als bey andern
1. Sie konnen ein ander aushelfen
2. Sie können, da die Gegenden offen sind, nicht so viel verbrauchen als in durchschnittenen Gegenden -
3. Das Kriegestheater kann sich bey ihnen nicht sehr verändern.

III. Betrachtungen über die Versorgung der Armee mit Lebensmitteln
Voraussetzung: Der Feldzug wird in May eröfnet. Erst den 1sten Sept. hat man von der neuen Ernte Unterhalt. Man muß also auf 4 Monat sich einrichten.
1. Wegen der Lebensmittel Die Rationen machen den $^2/_3$ Theil der Armee aus und die Portionen betragen $^1/_3$ mehr als die ganze Anzahl der Manschaft; eine Armee von
50/M Mann[5] hat also 34.000 Rationen
67.000 Portionen

---
[4] Im Fall der Haubitzen sind der Sache nach Granatschüsse gemeint.
[5] Zu lesen: „50.000 Mann".

Da man hier 2 solcher Armeen und noch ein Belagerungscorps hat, so braucht man täglich $2^{1}/_{2}$ mal die Anzahl der angegebenen Rationen u. Portionen d.i. 85.000 Rat.
167,500 Port.

Jede Ration 10 ℔ Haber oder Korn
    2 ″ Brodt oder Roken
Um den Operations Plan zu verheimlichen, läßt man durch viele Kaufleute große Vorräthe schon in. Febr. aufkaufen u. nach Bremen, Hamburg etc. bringen; sie machen die Anstalten als wenn sie die Absicht hatten, dies Korn nach England etc. bringen zu lassen.

Wegen Heu braucht man nicht besorgt zu seyn – auch braucht man höchstens nur $^2/_3$ des Korns – es findet sich noch immer viel in jeden Lande. In der Noth fouragirt man auf dem Felde.
2. <u>Comissariat</u> bestehet in den von der Armee bestellten Comissärs, Schreibers, Ausgebers etc. Diese empfangen das Korn u. Mehl von den Entrepreneurs und geben es an die Truppe aus.

Die Entrepreneurs oder Liferanten kaufen es auf und schaffen es herbey.
3. <u>Fuhrwerke</u>

Brodt u. Mehl auf 18	a. Ein 4späniger Brodtwagen für jede 150 Mann b. Für jede 150 Mann noch 2 Wagen bey der Bäckerey Alsdann kann die Armee auf 18 Tage Brodt mit sich führen – auf 5 Tage trägt es der Soldat, auf 4 Tage hat der Brodtwagen und auf 9 Tage haben die beiden andern Wagen. Zu diesen Fuhrwerken kömmt noch die Fuhrwerke worauf die Bakofen etc.
Fourage	Führt die Cavalrie und jedes Fuhrwerk der Armee auf 3 Tage mit sich. Das ubrige wird durch Landfuhren transportirt. Dazu gehörten erstlich die Fuhrwerke, so es nach dem Magazin schaffen, und 2tens die, welche es von da nach den Lager oder in die Cantonements bringen

4. <u>Direction</u> des Comissariats und der Fuhrwerke
Ein sehr activ[e]r General, 1 Staabsofficier u. einige Compagnieofficiere u. Secretärs haben die Direction übers Comissariat, über die Bekerey, Trän, über den oeconomischen Theil des Hospitals etc. Sie bekommen die Raports von den Regiment[e]r[n] u. den Comissariat, sie allein setzen die Fuhrwerke eines Landes in Requisition u. vertheilen sie.

5. Vertheilung der Magazine^g
Sie bestehen in Reserve, Haupt u. Ausgabe Magazine.
Hauptmagazine liegen 1. da wo sie ei[ni]germaßen sicher, 2. da wo man leicht die Vorräthe hinshaffen kann.
Reserve Magazine liegen weiter zurück, damit man im Nothfal etwas noch hat.
Ausgabe Magazine liegen so daraus die Armee unmittelbar versorgt werden kann.
Bey der Armee, welche auf Holland und den Nieder Rhein agire, kann man die Reserve Magazine hinter der Weser bey Nienburg, Minden und Höxt[e]r haben; die Haupt Magazine bey Lipstadt und Osnabrük; die Ausgabe Magazine Münster, Coesfeld, Rheine, Bentheim etc.
Das Ausgabe Magazin sucht aus der Gegend Fourage u. Mehl zu erhalten. Ist kein ander Mittel, so wird es aus den Haupt Magazin und dies aus den Reserve Magazin wieder mit Fourage versehen.

6. Methode des Transports der Lebensmittel
Kann das Magazin zu Rheine für die Armee in Holland und Osfriesland versehen werden und hat man die Anstalt getroffen, daß das Korn nach Ell[e]rbruch bey Frisoit zu Schiffe kömmt, so wird berechnet wie viel Wagen erfordert werden, um das täglich nöthige Korn nach Rheine zu bringen.
Es auf einmal zu laden werden 300 Vierspännige erford[e]rt. Da sie nun 10 Tage auf der Reise hin und her zu bringen, so werden 3000 Fuhrwerke nöthig seyn, welche in Requisition gesetzt werden müßen. Diese werden in Colonnen getheilt, jede von 300 Wagen, so das alle Tage 300 laden und abladen. Jede Colonne hat ihren Commandeur, nemlich 1 Cav. Officier mit 10 bis 12 Reitern.
Da in der Gegend von Rheine sich Fourage finden und da man aus den näh[e]rn Magazin von Osnabrück welche fourniren wird, so kann nie der Fall eintreten, in dem man so viel Wag[e]n in ein[e]r Linie braucht. Man versiehet alle in Requisition gesetzten Fuhrwerke mit Fourage – man ni[mm]t sie nicht aus dem Bezirk der Armee, damit man auf diesen noch immer greifen kann.
Heu oder Stroh statt Heu sucht man aus der Gegend durch Liferanten zu erhalten. Man giebt nicht mehr als diese anschaffen können und nie über 6 ℔.

---
^g *Davor gestrichen eine frühere Fassung des folgenden Kapitels. Am Rande eine Berechnung zu Hafermengen, die anscheinend nichts mit dem Text zu tun hat.*

IV. Bagage
1. Schwere Bagage, unter dieser verstehet man die Geldwagen, Register Wagen, Mondirungswagen, Feldprediger u. Auditeur Wagen und Officier-Wagen aller Art.[h]
2. Leichte Bagage bestehet in den Pak-Pferden, welche die Zelte, Kessel u. Deken tragen, in den Brodtwagen und Generals-Chaisen.

Die schwere Bagage ist nur bey der Armee, wenn sie nicht nahe vor dem Feinde stehet; die leichte ist immer bey ihr u. gehet nur zurück, wenn es zur Affäre kömt.

Man könnte, wenn man wollte, mit der halben Officiers Bagage fertig werden.[i]

Der Cavalerie Major kann mit 5
    "   "   "   Capitän mit − 4
    "   "   "   Lieutenant − 3 ganz gut fertig werden.

Es ist nöthig im Befehl genau zu bestimmen was leichte und schwere Bagage ist.

V. Hospital

1. Das fliegende Hospital ist nahe hinter der Armee und in denselben werden nur eine gewiße Anzahl Kranke aufgenommen. Ist diese Anzahl voll, so werden die Kranken, welche sich am bequemsten transportiren laßen, nach dem großen Hospital geschaft.
2. Das große Hospital liegt 5 bis 10 Meilen hinter der Armee. In ihnen kommen die Kranke, die eine anhaltende Krankheit oder schwer zu heilende Wunden haben.
3. Größe des Hospitals
Man rechnet, daß die Anzahl der Kranken sich bis $^1/_3$ der Stärke der Armee belaufen könne, und darnach muß also die Anstalt getrofen werden.
4. Ort wo sie angelegt werden. In den Niederlanden hatten die Kayserlichen 1793 ihr Fliegendes Hospital in Mons zu 500 Kranke. Ihr großes war in Brüßel. In 7jährigen Kriege waren die Fliegenden Hospitäler in Lipstadt, Münster etc., das große war in Verden.

Die Armee in Holland könnte ihr fliegendes Hospital in Rheine oder Bentheim haben und ihr großes in Diepholz.

---

[h] Folgt gestrichen: „Sie ist nur dann bey der Armee, wenn man nicht nahe vor den Feind stehet. Man sollte [sie], die Geldwagen ausgenommen, gar nicht dulden."
[i] Folgt gestrichen: „Der Cavalerie Major darf 11 halten und könnte ganz gut mit 5 fertig werden. Der Cavalrie Lieutenant darf 5 halten und könnte ganz gut mit 3 fertig werden etc.
Wie wird der Wachtmeister mit einem fertig? Er reitet eben so viel als der Officier. Man lasse ihn indes 3, eines zum Pakpferde
    eines für sich
    eines für den Knecht
Wird eines krank, so gehet der Knecht zu Fuß."

Man muß gesunde Oerter zu den großen Hospital wählen. Man muß, es mag kosten was es will, ganze Straßen zu Hospitälern machen u. nicht die Leute in Scheuren u. Kirchen drängen, wo die verpestete Luft gefährlicher als ihre Wunden u. Krankheiten ist. Die Militär Hospitäler sind eine Schande der Menschheit.

5. Transport und erster Verband der Verwundeten
Die Kranken Wagen sind unvergleichlich – aber nicht $^1/_{10}$ so viel Kranken Wagen, als man braucht, kann man haben. Man lasse sie ganz weg und nehme dazu Comissariat-Wagen, wenn der selltene Fall eines Verwundeten u. Kranken Transports vorkömmt.

Man halte dagegen bey jeder Armee beym Generalstabe 20 bis 30 gute Chirurgen, welche die abgesonderten kleinen Hospitäler dirigiren, in der Schlacht den Verband und Transport der Verwundeten besorgen, in Nothfall in den Hospitälern oder bey den Regimentern mit dienen etc. Diese Einrichtung soll bey den französischen Armeen stattfinden.

6.[j] Direction
Die Direction muß militarisch seyn. Es muß ein Staabsofficier, einige Officiere und noch mehrere Unterofficiere dabey seyn. Der Dienst muß wie in einem Bataillon geschehen – alle Tage 2 mal muß der Kranke militärisch visitirt werden, damit weder in Reinlichkeit noch in Lebensunterhalt Vernachläßigung entstehen. Die in Dienst seienden Officire und Unterofficiere müßen nicht aus den Kranken Zimmer kommen.

Von jede[m] ankommenden muß eine Stamliste, ein Verzeichniß seiner Kleidungs und Armaturstücke gemacht werden etc.[k]

VI. Versammlung der Armee den 10ten May
Schlachtordnung, Eintheilung –
1. Schiklicher Ort.
Versamlungs Lager ist zwischen Steinberg und Drakenburg. Dieser Punkt schikt sich zu so einem Lager: 1. Wegen des ersten Magazins in Nienburg 2. Wegen des Wassers vor der Front 3. Wegen des trocknen Bodens und des Holzes in der Nähe.
2. Bedürfniße im Lager.
Zelt, Stroh und Holz nach dem Reglement – muß vorher und Hammel Trifte[6] für die Armee da seyn. Ochsen zum gewissen Preis.
3. Schlachtordnung – ist die Folge wie die Regimenter von rechten Flügel nach den linken auf einander folgen. Sie muß bestimmt werden 1. In einer bleibenden Folgen ist die Ordnung eh[e]r zu beobachten als in einer veränderten. 2. In Cantonnements, in Winterquartieren, in vertheilten

---
[j] Statt „5."
[k] Am Rande ein Bearbeitungsvermerk: „Dieser Absatz vom Anfang an den Schluß gesetzt werden."
[6] Wege zum Treiben der Hammel.

Corps gehet alles nach der Schlachtordnung. Niemand kann sich da über seinen Ort beschweren – und so ist die Quelle vieler Uneinigkeiten gehoben.

4. Einsteilung der Armee
Die tactische Eintheilung der Armee besteht in Brigaden, Divisionen und Corps.[1]

Man giebt den Brigaden und Divisionen bey der Armee Numern – weil ihre Befehlshaber sich verändern.

Eine Brigade bestehet aus 6 Bat. Inf. oder 6 Escadrons Cavalrie; bei beiden ist die zu ihr gehörende Artillrie. Ein General Major comandirt eine Brigade.

Eine Division bestehet aus 2 Brigaden Inf. oder 2 Brigaden Cav.; sie wird von einem General-Lieutenant comandirt.

Ein Corps bestehet aus 2 Brigaden Inf. u. 2 Brigad[e]n Cavalrie. Es muß nicht über 12 Bataillon und 20 Escadrons stark seyn. Man kann nicht mehr als 12 Bataillons oder 20 Escadrons in Front übersehen. Eine Armee ohne Eintheilung in Corps ist mit einer Brigade ohne Eintheilung von Bataillonen zu vergleichen.

Die in unsern Beyspiel angenommene Armee bestehet, wenn man die Avantgarde annimmt zu
        1 Brigade oder   5 Bat. leichte Inf. - 2500
1 Div oder 2 Brigaden oder 8 " reguläre Inf. - 4800
4 Brigaden oder 32 Escadrons leichte Cavalrie - 4800
                                              12,100

1 Batt. schwere
2 " Reit.Art.,

noch in 7 Brigaden Inf.
       8 " " schwere } Cavalrie
       3 " " leichte

Diese sind eingetheilt in 4 Divisionen Inf. u. 6 Divisionen Cavalrie und in allen 5 Corps.

1stes Corps bestehet aus
    3 Brigaden leichte } 24 Esc.
    1 Brigade schwere
    5 Bat. leichte Inf.
    3 Batt. Reit. Art.

---

[1] Folgt gestrichen: „Die oeconomische bestehet in Compagnien und Regimenter."

Dies Corps macht die Vorposten der Armee, wenn diese welche braucht; es unterstützet die Avantgarde; es agirt in einer Bataille bloß mit der Cav. u. reitenden Art. wenn es das Terrän verstattet. Es stehet nie mit in d[e]r Linie.

<u>2tes Corps</u> bestehet aus 2 Brigaden Inf., 2 Brigaden Cavalrie, 2 Batt. schwere Art.

<u>3tes Corps</u> bestehet aus   2 Brigaden Inf.
                                  2   "   Cav.
                                  2 B. schw. Art.

<u>4tes Corps</u> bestehet aus   2 Brigaden Inf.
    " " " "   2   "   " Cav.
                                  1 Batt. sch. Art.

<u>5tes Corps</u> bestehet aus   1 Brigade Inf.
      "   1   "   " Cav.
                                  1   "   " schw. Art.

<u>Schlacht Ordnung</u>[m]

Die Inf. stehet in 2 Gliedern – Von jeder Brigade sind in Affären 2 Bataillon als 2tes Trefen 200 Schritt hinter den 4 vordrn. Sie dienen 1. Bataillone im ersten Trefen abzulösen 2. Die Flanken zu deken 3. Den Feind, welcher durchs erste bricht, auf zu halten 4. Entstandene Lüken in der Linie zu füllen 5. Angrife einzelner Posten zu unternehmen, auf welche das Corps trift.

Die Cavalerie stehet 200 Schritt hint[e]r den Reserve Bataillonen in ein[e]r Linie mit gleich großen Zwischen Räumen zwischen den Brigaden u. Divisionen.

---

[m] *Hier (fol. 14r) folgt eine Skizze der von Scharnhorst beschriebenen Aufstellung der Armee. Alle Einheiten und Untereinheiten sind systematisch durchnumeriert, und zwar immer von rechts nach links. Eine Division besteht aus zwei Brigaden, eine Brigade Infanterie aus vier Bataillonen, eine Brigade leichte Infanterie aus fünf Bataillonen und eine Brigade Kavallerie aus 8 Eskadronen.*
    Weit vor dem rechten Flügel der Hauptarmee befindet sich die Avantgarde, bestehend im ersten Treffen aus der 1. Division Infanterie (= 1. und 2. Brigade), im zweiten aus der 1. und 2. Division Kavallerie (= 1. und 2. bzw. 3. und 4. Brigade) und im dritten aus einer Brigade leichter Infanterie.
    Nach links versetzt hinter der Avantgarde befindet sich das 1. Korps, bestehend aus der 3. und 4. Kavalleriedivision (erstes Treffen) und einer Brigade leichter Infanterie (zweites Treffen).
    Dahinter ist die Hauptarmee in vier Korps nebeneinander aufmarschiert, jeweils mit der Infanterie im ersten und der Kavallerie im zweiten Treffen. Das II., III. und IV. Korps bestehen jeweils aus einer Division Infanterie (2., 3. bzw. 4.) und einer Division Kavallerie (5., 6. bzw. 7.), das V. Korps auf dem linken Flügel lediglich aus der 9. Infanterie- und der 15. Kavalleriebrigade.

VII. <u>Vorläufige Befehle</u>

1. Anzeige in Rücksicht der Verpflegung der Armee, als wie stark die Ration u. Portionen, wie die Ordnung bey den Empfang, wie die Listen darüber zu verfertigen etc. Namens der Comissäre, Verhältnisse der Comissäre u. der Truppen. Verhältniß mit den Transport der Fourage.
2. Anzeige der Eintheilung der Armee, Anweisung der Bataillone etc. an ihre Brigadiere etc. Verzeichniß der Namen der Comandeurs der Divisionen, Brigaden, der Oberadjudanten etc.
3. Anzeige wie die Einrichtung mit der Munition, wo die Reserve Munition erhalten wird, auf welche Art sie empfangen wird.
4. Verhältniß der Brigaden und Batterien zu den Befehlshabern der Divisionen u. Corps in oeconomischen und der Disciplin angehenden Fällen.
5. Einrichtung in Rücksicht der Rapports – man fodre sie nicht zu oft, nicht zu detaillirt an. Folgt man nicht diese Regel, so zwingt man die Regim. zu falschen Rapports – und dann werden es zuletzt Romane. Tägliche Rapports von dem Bestande dienen Brigaden u. Divisons Befehlshabern zu nichts, viel weniger sind sie den Befehlshaber der Armee oder der Corps nützlich.

    In den Artillerie Rapporten sind die Anzahl der Stopinen etc. sehr überflüssig. Dies braucht niemand als der Commandeur der Batterie zu wissen. Nur die Anzahl der Schüße, der Geschütze, der Pferde u. Menschen müßen in den Raports an den Brigaden, Divisions u. hoh[e]re Befehlshaber stehen.

VIII.[n] <u>Marsch der Armee von Nienburg bis an die Haase</u>

1. <u>Anordnung des Marsches</u>
1. Die erste Hälfte der Armee marschiert über Diepholz auf Osnabrük und die 2te über Vechte und Vörden auf Bramsche.

    Von der ersten Hälfte ist die Avantgarde immer einen Tagemarsch voraus und vor der 2ten, das 2te Corps eben so weit. Beide Hälften bleiben nebeneinander, damit sie, wenn es erfordert wird, sich vereinigen können. Beide haben ihre Avantgarden vor sich, die den Feind so lange aufhalten könen bis diese Vereinigung geschehen ist.

    Der comandirende General bestimmt einen General, welcher die erste Hälfte u. das 1ste Corps und einen andren, welche die 2te Hälfte u. die Avantgarde comandirt.

    Er bestimmt seinen Auffenthalt bey der Avantgarde.

---

[n] Statt „VII.".

Er debarassirt sich von den speciellrn Comando auf dem Marsch, um sich ganz den Anordnungen zum Feldzuge widmen zu können.

Diese Befehlshaber der halben Armee zerreißen nie die Corps, sondern lassen sie in sich immer einen unzertrennlichen Theil ausmachen, damit diese, wenn sie hernach in der ganzen Armee oder einzeln agiren, eine schon gewohnte Lenkbarkeit in sich haben.

2. Die Avantgarde u. das 1ste Corps setzen auf jedem Marschlager ihre Vorposten aus und haben in Marsch ihre Avantgarden.

Die Armee selbst hat in jeden Lager ihre Feldwache u. Infantrie Piquets vor der Front und auf den Flanken.

Die neuen Feldwachen machen die Avantgarde u. die alten die Arriergarde.

Der General du Jour setzet die Wachen u. Piquets aus für die Armee. Die Avantgarde und das 1ste Corps hat einen eigenen Befehlshaber der Vorposten, welcher dies Geschäft immer versieht. Diese sowoll, als die Avant u. Arriergarde, erfodern die ganze Aufmerksamkeit der Generale, damit in ruhigen Lägern die Truppen lernen, wie sie sich verhalten müßen.°

	Avantgarde	Istes Corps	IItes Corps	IIItes Corps	IVtes Corps	Vtes Corps
10ten May	Nienburg	Nienburg	Nienburg	Nienburg	Nienburg	Nienburg
11ten May	Borstel	Borstel				
12ten May	Suhlingen	Suhlingen^p				
13.	Ruhetag	Ruhetag	Borstel u. Siedenburg	Sied.^q	Sied.	Sied.
14.	″	Barver^r	Ehrenburg	Suhlingen	Suhl.	Suhl.	Suhl.
15.	″	Diepholz	Barnstorf	R.T.	R.T.	R.T.
16.	″	R.T.	R.T.	Ehrenburg	Ehrenburg	Barven	Barven
17.	″	Lemförde	Vechte	Barnst.	Barnst.	Dieph.	Diepholz
18.	Bomte	Damme	R.T.	R.T.	R.T.	R.T.
19.	R.T.	R.T.	Vechte	Vechte	Lemförde	Lemförde
20.	Osnabruk	Bramsche	Damme	Damme	Bomte	Bomte
21.	Lotte	Westercappeln	Bramsche	Bramsche	Osnabrük	Osnabrük
22.	R.T.	R.T.	R.T.	R.T.	R.T.	R.T.

°   Die hier unmittelbar folgende Tabelle befindet sich in der Vorlage auf einer eigenen Seite einige Seiten vor dem betreffenden Kapitel (auf fol. 8r).
p   Eingefügt anstelle des gestrichenen „Borstel".
q   Eingefügt anstelle des gestrichenen „Ruhet." Ebenso in den zwei Spalten rechts daneben.
r   Eingefügt anstelle des gestrichenen „Wehrbek".

110. Aufzeichnung [?, nicht vor 1796?¹]

GStA PK, VI. HA Nl Scharnhorst Nr. 246 fol. 177r–181r (8½ S.): Konzept, eigenhändig.

Niederländische Verteidigungslinien: Geländebedingungen. Überschwemmungsgebiete, Befestigungen. [1.] Dollart bis Zwolle. [2.] Ijssellinie. [3.] Nimwegen bis Zuiderzee. [4.] Naarden bis Gorcum. [5.] Verteidigungslinie gegen Süden. [6.] Amsterdam. Allgemeine Merkmale der Überschwemmungsgebiete.

<u>Hollands Festungen un. Ueberschwem[mun]gen</u>ᵃ

[1.] Die Issel trennt die Provinzen Westfriesland, Oberissel, Gröningen und Zütphen² von den übrigen.

Westfriesland und Gröningen haben ihre eigenen Vertheidigungen, welche von Dollart bis an die Süder-See läuft. Zwischen dem Burtange Morast und den Dollart hat man nur Marschwege, welche oft nicht mit Fuhrwerk zu passiren sind. Dieser Pas ist durch die Neue-Schanze, ein Fort, worin Gebäude zum Aufenthalt der Soldaten sind, jedoch nur sehr unvollkommen, gedekt.

Durch den Burtange Morast gehen 2 Wege, der eine ist durch das Bourtange Fort gedekt, der andere gehet auf das Kloster Apel in vielen schlangenförmigen Linien und ist nur in trokn[e]r Jahrszeit zu passiren, man nennt den ersten den Römmer und den 2ten den Bischofsweg.

Der Bourtange Morast ziehet sich gegen Coeverden. Diese kleine Cöhornsche Festung hat nur 7 Bastione und ist durch eine Ueberschwemg. gedekt, so daß man sich ihr nur auf 1400 Schritt an einer Stelle nähern kann.

Sie dekt die Wege, welche in das Land Drente aus der Grafshaft Bentheim und der Provinz Oberissel führen.

Zwishen Coeverden und Zwol ist ein Morast, durch den ein Weg führt, welcher durch die Omer Schanze vertheidigt wird.

Die Gegend um Zwoll bis an den oben erwähnten Morast ist überschwemmt und der Strich Land zwis. Zwol u. der Issel ist retranchirt und weiter rükwärts übershwemmt.

Zwol ist selbst etwas befestigt.

Auser dieser Kette von festen Orten, Forts und Ueberschw[emm]ungen hat man noch in den oben erwähnten abgesonderten Provinzen die Festung Gröningen und einige kleine Forts.

ᵃ Folgt gestrichen: „VIII. <s>Beschreibung von den anzugreifenden</s> Theil <s>von Holland</s>." Es hätte eigentlich „IX." heißen müssen; Scharnhorst hat in Nr. 109 das VIII. Kapitel versehentlich als VII. numeriert.

1 Es handelt sich um eine Ausarbeitung unter Verwendung des ursprünglichen VIII. (recte IX.) Kapitels der vorangehenden Unterrichtsschrift, wobei die Beschreibung der Verteidigung der Niederlande gegen einen Angriff von Osten um eine Übersicht der Verteidigungslinien gegen Süden ergänzt wurde.

2 D. h. Groningen und Gelderland.

Obgleich diese Provinzen zu Vertheidigung viel künstliche Hülfsmittel haben, so läßt sich doch nicht sehr viel von denselben in Ganzen, zumal in Sommer erwarten. Man kann in dies[e]r Zeit, so wohl die Neue Schanze, als das Bourtange Fort u. Coeverden mit Infantrie umgehen. Auch der Morast um die Omer Schanze ist nicht allerwärts impracticabel. Indes haben die Holländer über die Süder-See und auch über Kampen und Swarte Sluis[3] Gemeinshaft mit Westfriesland und Groninen, während sie von der Seite der Provinz Ober Yssel oder von der Ems her angegriffen werden. Dabey bestehet der Anfang von diesen Provinzen an der See in Marshland, welches den Vertheidiger wegen der Gräben u. Dämme sehr günstig ist.

[2.] So wie diese Provinzen ihre eigene Vertheidigung haben, so haben die übrigen Niederlanden wieder die ihrige gegen den Feind, der von dieser Seite kömmt.

Diese Vertheidigung gehet von der Süder-See bis am Rhein.

Am Rhein hat man die Pandershe Schanze, dan den Rhein-Lek bis Arnheim. Arnheim ist selbst feste und ist durch die Vershanz[un]g und Ueberschw[emm]ung von Gelders Ort noch gedekt.

Von der Waal bei Pandern längs dem Rhein u. der Yssel bis Zwol macht der Rhein u. die Yssel die Vertheidigungslinie, auf welcher die Pandersche Sternschanze, das Retranchement, Geldersort, die Festung Doesburg, Zütphen u. der weniger befestigte Ort Deventer liegen. Alle diese Oerter sind indessen gegen die Issel ganz oder doch größtentheils offen, die Sternschanze ausgenommen. Die Issel und der Rhein von Pandern bis wo die Yssel abgehet, sind schn[e]lle tiefe Flüße ohne Fuhrten und werden, da sie fast in dieser ganzen Streke in Frühjahr mit Ueberschw[emm]ungen an rechten Ufer theilweise umgeben werden konnen, ein bedeutendes militärishes Hinderniß.

Deventer u. Zwol sind gegen den Anlauf feste; Doesburg, Zütphen, Gröningen u. Coeverden erfordern förmliche Belagerungen, wenn sie armirt, verproviantirt und mit Garnison hinlänglich versehen sind.

[3.] Die zweite, schon etwas stärkere Vertheidigungslinie, welche Holland von Osten her hat, fängt von Nimwegen an der Waal an, hat von da bis Arnheim eine Ueberschw[emm]mu[n]g, das einigermaßen befestigte Arnheim, gehet von da längs dem Rhein bis and die Linie der Grebbe (zwischen Rhennen u. Wageningen), von hier auf Amersfort (welches nach der Yssel zu ziemlich feste, sonst aber fast offen ist) u. dann nach der Südersee ohnweit der Spakenburger Schleuse, westlich Harderwyk. Diese Ueberschw[emm]ung kann zum Theil nur in Frühjahr stattfinden u. hat mehrere Retrenchements zwischen den Rhein und Amersfort, nemlich die Linien von Walsgang. Diese Vertheidigungslinie ist eben so schwach, theils durch die unvollkomene Ueberschw[emm]mu[n]gen, als die der Issel zwischen Pandern über Zütphen bis an die Südsee. Die vornehmsten Schleusen dieser Ueberschwe[m]mu[n]g sind die Spakenburger und die in dem Retra[n]chement der Grebbe.

---
[3] Zwartsluis.

[4.] Die 3te Vertheidigungslinie gegen Osten ist bei weiten die starkeste. Sie fä[n]gt an der Süd[e]rsee bei der Festung Narden[4] an u. gehet bis an die Merwe bei Gorkum. An dieser liegen die Fort Uytermeer, Hinderdam, Nieuwersluis u.s.w.; die Festu[n]gen Narden, Muyden, Wesep[5], Woerdin, Oudewater und eine Menge Retra[n]chements; sie theilt übrigens zwei Vertheidigungslinien, die vordere u. schwächste gehet von Utrecht auf Vianen, an Rhein, der hier Lek heißt, aufwärts gegen Kuilenburg, von da über Leerdam auf Gorkum. Die zweite u. stärkere gehet von Schonhoven bei Oudewater u. Weorden[6] nur bei bis an die Vecht (den Fluß, der über Utrecht sich an die Südersee ergießt) bei Weerstein. Diese Vertheidigungslinie hat auf ihren rechten Flügel noch eine kleine Ueberschwe[mm]ung an linken Ufer des Leks, welche aus der Gegend von Hoekelen nach Ameide an Lek sich lehnt.

Die Ueberschwe[mm]ung zwischen Nieuwersluis u. Muyden wird durch das Schließen der See Schleuse in Muyden und das Oefnen der Vreesvyker Schleuse am Lek bewirkt. Zwischen Woerden u. Oudewater wird die Ueberschw[em]mung durch die Schleuse in Oudewater und die zwishen diesen Ort u. Schonhoven wird durch eine Schleuse des Ysseldeichs vor Oudewater bewirkt. Zwishen dem Lek und der Merwe wird durch die Schleuse bei Ameiden oder Nieuwpoort und bei Spyk an Linge Fluß die Ueberschw[emm]ung hervorgebracht.

[5.] Die Vertheidigungs Linie gegen Flandern, von der Festung Sluis, Ysendyk, Sas van Gend u. Hulst. Diese ganze Linie hat eine zusamenh[änge]nde Ueberschw[emm]ungen u. mehrere Forts.

Gegen Belgien gehet die Vertheidigungslinie von Bergen op Zoom bis Steenbergen, zwischen diesen beiden Festungen ist eine Uebershw[emm]ung, jedoch sind hier einige Zugänge mit Forts belegt. Von Steenbergen gehet die Ueberschwe[mm]ung bis an die Dintel u. an linken Ufer dieses Flußes oberwärts bis Oudenbosch, dann an der Merk herauf bis Breda. Hinter dieser Uebershwe[mm]ung liegen die Festung Willemstadt u. das starke Fort Klundert. Von der Festung Breda gehet die Vertheidigungslinie über die Festu[n]g Gertruidenberg, zwishen beiden Festu[n]gen sind einige Forts u. Linien, bei Terheyde, Wagenberg, Made und Steelhove. Zwishen diesen beiden Festungen ist eine vortrefliche Position.

Von Gertruydenberg gehet die Vertheidigungslinie auf die Festu[n]g Heusden. Außer der Schans op Doevere sind bei Waspik, Capelle u.s.w. auf den Deichen Schanzen, welche die Schleusen der Donge und der alten Maas, welche insbesondre das Wasser zu diesen Ueberschw[emm]u[n]gen hergeben, decken. Die nächste Ueberschwe[mm]ung um Heusden wird durch die Maaßschleuse in der Festung bewirkt.

---

[4] Naarden.
[5] Weesp.
[6] Woerden.

An die Ueberschwe[mm]ung von Heusden schließt sich die von Herzogenbusch. Diese wird durch die Donge bewirkt, die Ablassu[n]gsschleuse ist in dem Fort Crevecoeur. Ein Theil der Ueberschw[emm]ung um Herzogenbusch und vor den Fort Crevecoeur wird durch die Oefnung einr Schleuse bei Katwik nahe Cuik[7] bewirkt und überschwemt das linke Ufer der Maas von Teffelen bis Crevecoeur. An diese Ueberschw[emm]ung schließt sich die Landes zwischen Maas u. Waal. Dies Land kann von Maasbommel bis Drummel[8] überschwemt werden; sowie auch das Land Altena zwischen der Merwe und Maas.

Nach der Süderseite sind außer der Festung Grave noch die Forts Andries, Workum, Loewenstein[9] in Vertheidigungszustande.

[6.] Amsterdam hat seine eigene Ueberschw[emm]ung, welche durch die Amstel u. mehrere Schleusen bewirkt wird. Es ist bei allen diesen Ueberschw[emm]ungen noch zu bemerken: 1. daß sie viele nur mit Forts, Coupuren u.s.w. vertheidigte Zugänge haben, 2. daß von vielen die Uebershw[emm]u[n]g erst in 1 bis 2 Monate bewerkstelligt wird 3. daß einige, nachdem die Moräste ausgetroknet sind, von geringen Werth jetzt noch sind, nicht in Zusammenhang kommen u. unvertheidigte Zugänge lassen, 4. daß ein[i]ge nur in Frühjahr, wenn die kleinen Flüße Wasser haben, gemacht werden können.

111. Aufzeichnung [?, ?]

GStA PK, VI. HA Nl Scharnhorst Nr. 271 fol. 20r–21r (3 S.): Konzept, eigenhändig, unvollendet.

Verschiedenheiten der Armeen als Indikator von Unvollkommenheiten. Weitgehende Einheitlichkeit in Waffentechnik, Befestigung, Kavallerietaktik. Unterschiede u. a. in Führung, Bildung und Ausrüstung. Kritik der Autoritäten.

In ersten Anblik scheint es eine Vermessenheit, ein großes Zutrauen zu sich zu verrathen, wenn ein Individuum es wagt, über den Werth, über die Zwekmäßigkeit der militarischen Einrichtungen ganzer Staaten oder Armeen Betrachtungen anzustellen. Die Verschiedenheiten aber in den militarischen Einrichtungen verschiedener Armeen, die Veränderungen, welche in denselben noch immer vorgenommen werden, entshuldigen ihn, denn sie zeigen, daß man weder zu festen Grundsätzen, noch zu einer beruhigenden, den Umständen angemeßenen Verfaßung gekommen ist.

---

[7] Cuijk an der Maas, südlich von Nimwegen.
[8] Dreumel.
[9] Wohl Woedrichem, am Einfluß der Maas in die Waal gegenüber Gorinchem (Gorkum), und Loevestein, an der Nordwestspitze der Bommelerwaard.

Nur einige Theile militärisher Einrichtungen scheinen in der dermaligen Lage des menschlichen Wissens gewiße Grade der Vollkommenheit erreicht zu haben, als z.B. die des kleinen Infanterie Gewehrs, der Canonen, der Befestigungen und des Angrifs der Plätze, der Verschanzungen, die Manipulation des Geschützes u. des kleinen Gewehres, der Nidern Tactik der Cavalerie. In diesen Stüken weichen die Armeen fast nicht von einander ab. Man hat zwar in neuern Zeiten an den kleinen Gewehr Verbeßerungen getroffen, man hat die Canonen leichter gemacht, man hat die Unentbehrlichkeit der Casematten in den Festungen an erkannt, aber alles dies sind Verbeßerung in Detail, bey dem die Grundsetze des Ganzen nicht angefochten wurden und welche gewißermaßen beweisen, daß man sich überzeugt hatte, daß sie unumstößlich sind.

Nicht so ist es mit andern Theilen militärischer Einrichtungen, als mit der Art und Weise, die Mannschaft einer Armee zu stellen, mit dem Verhältniße der Officiere u. Unterofficiere zu den Gemeinen, mit der Ausrüstung zu dem Kriege, mit der Bildung u. Uebung der Armeen, mit der Einrichtung der Hospitäler, Comissariaten u. den Artillerie-Reserven, in der Einrichtung der Fuhrwerke und insbesondere mit der Führung des Krieges selbst.

Diese und andre [Einrichtungen]ª des Militärs sind bisher in den vershiedenen Armeen und Kriegen ganz weit voneinander vershieden. In der Folge werde ich die Gnade haben, E.K.H.¹ dieses weiter auszuführen; ich werde auf Ihr Verlangen mein militärishes Glaubens Bekenntniß über die Punkte des Militärs, welche an wenigsten auf gewiße Grundsätze gebracht zu seyn sheinen, ablegen, um da durch Ihnen, m.g.H. eine neue Gelegenheit zum Nachdenken über diese Gegenstände zu geben.

Die Autorität großer Männer muß uns nicht abhalten, die Einrichtungen und Vorshriften in der Urquelle aufzusuchen. Der Vater der Tactik, Puysegur², schwenkte mit ofnen Gliedern, und wie unzwekmäßig war die niedere Tactik zu den Zeiten des Turenne u. Montecuculie. Diese großen Männer richteten aber ihre Aufmerksamkeit auf ganz andere Gegenstände und unterdes entgingen ihnen diese.

ª *Die Stelle lautete in der Vorlage zuerst „Diese und andre Theile", dann wurde sie ergänzt um „der militärischen Einrichtungen", zuletzt wurde alles ab „andre" gestrichen.*
1 Die Anrede legt nahe, daß die Denkschrift für Prinz Adolph bestimmt war und aus dem Zusammenhang seiner besonderen Ausbildung stammt, die ihn auf seine zukünftige Funktion als kommandierender General der hannoverschen Armee vorbereiten sollte.
2 Der bereits im ersten Band vorgestellte Marquis de Puységur (1655–1743).

112. Aufzeichnung [?, ?¹]

GStA PK, VI. HA Nl Scharnhorst Nr. 271 fol. 28r–v (1¹/₂ S.): Konzept, eigenhändig, unvollendet.

Bestimmung des inneren Werts der Truppen. Inspektion von Kompanien: Reinlichkeit und Haltung, Schußfolge, Marschtritt.

Wenn man Trupen untersuchen will, so kömt es darauf an, daß man ihren innern Werth so bestimmt, daß man ihn mit den von andern vergleichen kann. Nur auf den Wege erregt [man] Emulation, auf den Wege setzt man eine Mashine in Bewegung, ohne gewaltsame Mittel anzuwenden. Ist sie nun ein mal in Thätigkeit, so erhält man sie darin, ohne neue Bewegungsmittel einzuschlagen. Der Antrib durch gegenseitige Vergleichung des innern Werths hat auch noch den Vortheil, daß dadurch nichts gehäßiges auf den Untersucher fällt, daß sich gewißermaßen die Trupen selbst würdigen, daß keine Conection, keine Partheilichkeit statt finden kann u. daß nun selbst bey den Soldaten und Unterofficieren Weteifer entstehet.

Aber wie stellt man Untersuchungen der Art [an], welche den wahren innern Werth bestimmen?

Hier kömmt es 1. auf den gegenseitigen Werth der Compagnien eines Bataillons, 2. auf den der Bataillone eines Regiments u. endlich auf den der verschiedenen Regimenter an.

Die erste Untersuchung ist eine Sache des Chefs u. Comandeurs vom Regiment u. des Comandeurs vom Bataillon, die 2te ist blos eine Sache der Chefs u. comandirenden Generals und die 3te eine Sache des Fürsten oder comandirenden Generals.

Die Untersuchungen der Compagnien eines Bataillons geshiehet auf folgende Art:

1. Die Compagnien stehen im geöfneten Gliedern neben einander, man durchgehet sie und bemerkt, a. welche die reinlichsten u. schmutzigste, b. welche die beste u. die schlechteste Positur, c. welche am ᵃ besten, am schlechtesten das Gewehr trägt, und bemerkt sich dies.

2. Man läßt die Compagnien ein nach der andern blind chargiren und bemerkt, welche in 2 oder 3 Minuten die meisten Ladungen herausbringt, siehet aber sorgfältig, ob die Griffe ganz ausgemacht worden. Man notirt die Anzahl von jeder Compagnie.

ᵃ *Das Wort in der Vorlage versehentlich doppelt.*

¹ Die Einordnung erfolgt vor allem wegen der im Text hervorgehobenen Rolle des kommandierenden Generals. Es liegt daher nahe, die Schrift dem Unterricht des Prinzen Adolph zuzuordnen.

3. Man läßt die Compagnien, eine nach der andern 5 bis 600 Schritt so wohl in Cadenzir[b] als Dublirshritt marshiren u. siehet zu, ob sie in ersten grade in der Minute 75 u. in 2ten 108 zurüklegt. Man beobachtet dies mit einer Secondenuhr u. shreibet auf, wie viel eine oder andere gefehlt.
4. Man läßt die

113. Aufzeichnung [?, ?[1]]

GStA PK, VI. HA Nl Scharnhorst Nr. 73 fol. 74r–v (2 S.): Eigenhändig

Systematik gegnerischer Angriffe. Reaktionen. Beispiele.

Mögliche Fälle

A Der Feind kommt unerwartet.
B Der Feind kömt und [man] hat vorher Nachricht.

A Der Feind kömt unerwartet,
   a. wahrscheinlich stark:
      Wir wollen schlagen.
      Wir wollen nicht schlagen.
   b. wahrscheinlich schwach:
      Wir wollen schlagen.
      Wir wollen nicht schlagen.
B Der Feind kömt, wir haben Nachricht,
   a. stark, wir wollen schlagen
      1. auf der Stelle,
      2. ihn entgegen gehen.
   b. schwach: können wir mit Cav. über ihn herfallen, ihn in Flank anfallen, ihn den Rückzug abschneiden[a]?

Was will man in jeden dieser Fälle thun, wenn der Angrif 1. von vorn, 2. auf den rechten, 3tens auf den linken Flügel oder auf allen zugleich? Wohin gehet der Rückzug, und sind dazu die Vorbereitungen in Rücksicht[b] der neuen Position, Anzahl der Colonnen Wege u. Brücken getrofen?
Sind alle Anstallten getrofen, um die Stärke des Feindes beym Anrücken in der Entfer[nun]g u. Nähe zu beurtheilen? Thurm genützt.

---

[b] Statt „Candenzir".

[a] Varianten, die nach Schema A die Möglichkeit, nicht zu schlagen, aufführen, sind gestrichen worden.
[b] Statt „Rückzug".
[1] Der Text paßt thematisch zu der in Nr. 157 skizzierten Gefechtslehre.

Wohin ziehen sich die Vorposten zurük, in welchen Fällen will man sie unterstützen? Dies muß man vorher überlegt haben, sonst faßt man oft einen übereilten Schluß, viele Beweise.

Worauf kömt es bey der Wahl an [der] Positionen? Feuquieres, König von Preußen,[2] seine letzte Anweisung – Minden, Vellinghausen, Meer[3], Crefeld, Wilhelmsthal, Hastenbeck, Lowositz, Prag, Collin, Rosbach, Leuthen, Breslau, Landshut, Frankfurt, Hochkirchen, Torgau, –[4]
Ist die Artillerie vertheilt, wie agirt die Cavalerie? Dettingen, Fontenoi, Rocoux, Laafeld, Hohenfriedberg, Molwitz, (bey Dresden das Dorf).[5]
König von Preußen Werke, Feuquieres.

114. Aufzeichnung [?, ?]

GStA PK, VI. HA Nl Scharnhorst Nr. 133 fol. 146r–147r (3 S.): Konzept, eigenhändig, unvollendet.

Gliederungsentwurf für Lehrtext über Gefechtsführung.

Unterricht für die Officiere des Generalstabes, die Gefechte und Schlachten betreffend.

Erklärung
Man erwartet den Feind oder man greift ihn selbst an. In ersten Fall kömt die Auswahl des Punkts, an den man ihn erwartet, und die Aufstellung der Truppen vor.

In zweiten Fall trift man den Feind aufgestellt an. Hierbei kömmt wieder vor, was in Hinsicht des Teräns, in Hinsicht der Truppen Aufstellung an sich zu beobachten ist.

---

[2] Gemeint sind der im ersten Band vorgestellte Marquis von Feuquières (1648–1711) und Friedrich II.
[3] Bei Mehr verteidigten am 5. August 1758 Truppen unter dem braunschweigischen General Imhoff eine bei Rees geschlagene Schwimmbrücke gegen ein französisches Kontingent unter General Chevert. Die Brücke stellte die wichtigste Verbindungslinie zu der Alliierten Armee unter Herzog Ferdinand dar, das auf der linken Rheinseite operierte.
[4] Diese Aufzählung nennt Schlachten des Siebenjährigen Krieges. Mit „Frankfurt" ist die Schlacht bei Kunersdorf in der Nähe von Frankfurt an der Oder gemeint. Bei Breslau unterlag am 22. November 1757 eine preußische Armee unter dem Herzog von Braunschweig-Bevern unter den österreichischen unter Prinz Karl von Lothringen.
[5] Hier wurden bedeutende Schlachten aus dem Österreichischen Erbfolgekriege 1740 bis 1748 notiert. Offenbar hatte Scharnhorst im Moment den Namen des Ortes bei Dresden vergessen, in dessen Nähe am 15. Dezember 1745 preußische Truppen unter Leopold von Anhalt-Dessau die sächsische Hauptarmee unter Graf Rutowski besiegten. Es war Kesselsdorf.

Man bedient sich, wen man den Feind erwartet, der Verschanzungen, u. wenn uns alsdan dies. angreifen, wenn man ihn eine Schlacht liefern will. Bei allen Vorfällen in Kriege ist es wichtig, den Feind zu hintergehen, ihn zu überlisten.[a]

Hieraus ergeben sich folgende Abtheilung für den obigen Unterricht*

I. Abschnitt. Anordnungen und Verhalten, wenn man den Feind erwartet.
   1. Capitel. Auswahl des Punkts, auf den man den Feind erwartet.
   2. Aufstellung der Truppen in Hinsicht der in einer Schlachtordnung.
   3. Capitel. Aufstellung der Truppen in Hinsicht des Terrains.

II. Abschnitt. Anordn[un]g u. Verhalten beim Angriff des Feindes, der uns auf der Stelle erwartet.
   4. Capitel. Anordnung des Angriffs in der Schlachtordnung.
   5. Capitel. Angriff in Hinsicht des Terrains.[b]

III.[c] Verschanzte Lager. Anordnung der Verschanzung, Verschanzung u. Angriff derselben.
   6.
   7. } Capitel.
   8.

IV.[d] Abschnitt. Stratageme oder Kriegeslisten, welche man nach der heutigen Art Krieg zu führen in Schlachten u. Gefechten erwarten kann.[e]

I. Abschnitt
Anordnung u. Verhalten, wenn man den Feind erwartet
1stes Capitel. Auswahl des Punkts, auf den man den Feind erwartet.
   [f]§ 1.
Rüksicht auf Wasser u. Holz
Man siehet bei der Wahl dieses Punkts auf die unentbehrlichen Bedürfnisse der Truppen in Läger u. Bivouacs auf <u>Wasser und Holz</u>. Die Position ist unbequem, wenn man diese Bedürfnisse Stunden weit holen muß, und nicht zu halten, wenn ihre Entfernung über 1 bis 1½ Meilen beträgt. Man kann durch

---

[a] *Folgt gestrichen:* „Ein dritter Fall in der sich ein Gefecht, eine Schlacht ergiebt, ist der, in den man den Feind begegnet, auf den Marsch angreift oder auf demselben selbst angegriffen wird."
[b] *Folgt, versehentlich nicht gestrichen:* „3. Capitel" (Kapitel 4. und 5. waren ursprünglich als 1. und 2. numeriert). *Danach gestrichen:* „III. Abschnitt. Man begegnet den Feind auf dem Marsch, man wird von ihn auf den Marsch angegriffen, man greift ihn selbst an."
[c] *Vorher* „IV."
[d] *Vorher* „III."
[e] *Folgt die redaktionelle Anmerkung:* „Die Beispiele, welche zur Erläuterung in den Text vorkömmen, sind klein gedruckt."
[f] *Davor mehrere gestrichene Konzepte für den folgenden Abschnitt.*

Abdammg. kleiner Bäche, ausgegrabene Brunnen in manchen Gegenden den Mangel des Wassers abhelfen; sellten aber ist das Waßer eben gegrabener Brunen brauchbar.

* Den besondren Abshnitt, wo man auf den Marsch den Feind angreift oder auf denselben von ihn angegriffen wird, übergeht man hier.

115. Aufzeichnung [?, zwischen 1793 und 1797?[1]]

GStA PK, VI. HA Nl Scharnhorst Nr. 133 fol. 149r–155r (13 S.): Kopie, Schreiberhand, mit eigenhändigen Abänderungen.

Grundsätze der Schlachtordnung. Kavallerie ins zweite Treffen. Vorteile. Möglichkeiten und Risiken der Infanterie im zweiten Treffen. Divisionen des dritten Gliedes als Ersatz. Nachteile der Aufstellung der Kavallerie in zwei Treffen. Beispiele. Ausnahmen. Entscheidungen durch Kavallerie im zweiten Treffen.

Einige allgemeine Grundsätze u. Regeln über die Schlachtordnungen.

§ 1. Friedrich der 2te und der Herzog Ferdinand stellten in ihren letzten Feldzügen die Infanterie im ersten und die Cavallerie im zweiten Treffen.

In den gewöhnlichen Schlachtordnungen steht die Infanterie in der Mitte in zwei Treffen, die Cavallerie, auf eben die Weise, auf den Flügeln der Infanterie. In dieser Ordnung standen in den ersten schlesischen Kriegen und in denen in den Niederlanden im Jahr 1744 bis 1748 die Truppe bey allen Armeen. Auch im 7jährigen Kriege befolgte man noch dieses System, doch sah man in den beiden letzten Feldzügen bey der Armee des Herzogs Ferdinand und des großen Königs die Infanterie schon oft im 1ten und die Cavallerie im 2ten Treffen. Nach dem 7jährigen Kriege gab der König einen Unterricht an die Inspecteure, in den er es zum allgemeinen Grundsatz an nahm, daß die Infanterie in 1ten u. die Cavalerie im 2ten Treffen stehen müsse.

Bey andern Armeen, zum Beispiel bey der Englischen und kaiserlichen, waren in dem jetzigen Revolutions Kriege keine bestimmte Grundsätze über die Schlachtordnungen angenommen. Die Armeen standen gewöhnlich in einem Treffen, die Cavallerie auf den Flügeln, nur zu Zeiten machte sie ganz von ungefähr das 2te Treffen aus.

§ 2. Das 2te Treffen muß wenigstens zum Theil aus Cavallerie bestehen.

Das 2te Treffen ist in den meisten Fällen als eine Reserve anzusehen und es muß daher aus Truppen bestehen, welche mit der größten Geschwin-

---

[1] Es ist in § 1 die Rede von „dem jetzigen Revolutions Kriege", womit ziemlich sicher der von 1792 bis 1797 gemeint ist, und zwar nach dem Eingreifen der Englischen Armee, also ab 1793.

digkeit sich dahin bewegen können, wo eine Unterstützung erforderlich ist. Dazu schickt sich aber ohne Zweifel die Cavallerie besser als die Infanterie. Bricht der Feind durch das 1te Treffen, so muß das 2te auf das 1te feuern, wenn beide aus Infanterie bestehen. Dies ist auch sehr oft geschehen. Man lese nur die Berichte von der Schlacht bey Groß-Jägerndorf, Zorndorf, Prag u.s.w. Erhält das 1te Treffen einige Vortheile, so kann man, wenn das 2te aus Infanterie bestehet, sie nicht gut benutzen. Hat dieses Treffen aber Cavalerie, so vollendet dieselbe jetzt die Unordnung des Feindes wie dies das Dragoner Regiment von Baireuth in der Schlacht von Hohen-Friedberg that.[2]

§ 3. Will man im 2ten Treffen Infanterie stellen, so nehme man hiezu 1 Bataillon jeder Brigade.
Aus dem vorigen § folgt nicht, daß man ganz und gar keine Infanterie im 2ten Treffen haben dürfe; es kann im Gegentheil von großen Nutzen seyn, von jeder Brigade ein Bataillon als Soutien der Brigade (aber immer unter den unmittelbaren Befehl durch Brigadiers) in denselben zu stellen. Alsdann wird das 2te Treffen aus Infanterie und Cavallerie zusammen gesetzt sein. Durch diese Anordnung wird das 1te verstärkt und dabey genießt man dennoch die oben erwähnten Vortheile, welche die Cavallerie im 2ten leistet.[3]

§ 4. Die Divisionen des 3ten Gliedes ersetzen in mancher Rücksicht das 2te Treffen.
Man könnte gegen die Stellung der Cavallerie im 2ten Treffen einwenden, daß während der Schlacht die Bataillone, wenn sie sich verfeuert, keine Ablösung hätten. Dies würde allerdings ein großer Nachtheil sein, er ist aber durch den Gebrauch des 3ten Gliedes in einer zurückgestellten Division abgeholfen.
  Diese feuert da, wie lange und auf große Distanzen geschossen wird, (als in durchschnittenen Terrain u.s.w.) in Verbindung der Regiments Canonen und Schützen und setzt also das geschlossene Bataillon in die Lage, seine Patronen für den nahen Feind zu sparen. Auch in der Füllung der Lücken, welche in dem 1ten Treffen entstehen, dienen die Divisionen des 3ten Gliedes auf eine zweckmäßigere Art, als das 2te Treffen. Sie sind näher als dieses, können sich also schnell hinter die Oefnungen stellen,

---

[2] In der Schlacht von Hohenfriedberg (4. Juni 1745, Sieg der preußischen Armee unter Friedrich II. über eine österreichisch-sächsische Armee unter Prinz Karl von Lothringen) attackierte das 10 Eskadronen starke pommersche Dragonerregiment Markgraf Friedrich von Brandenburg-Bayreuth (1806: No. 5) ca. 20 Bataillone, machte gegen 2500 Gefangene und eroberte 67 Fahnen und fünf Kanonen.
[3] Vgl. auch die in Nr. 109, Abschnitt VI, vorgeschlagene Schlachtordnung.

und durch ihre Einrückung wird die Eintheilung der Brigaden nicht zerrissen, welches immer der Fall ist, wenn aus dem 2ten Treffen Bataillone ins erste rücken, und nie werden die Oefnungen im ersten Treffen so groß sein, daß die Divisionen des 3ten Gliedes sie nicht füllen könnten, denn sie machen die Hälfte der ganzen Front aus.

Hat jedes Bataillon zu seiner Unterstützung und Entsetzung eine Division des 3ten Gliedes, die unter dem Befehlshaber des Bataillons stehet, und jeder Brigadier ein Reserve Bataillon, welches seiner Brigade folgt und von ihm nach Willkühr in jedem Augenblik herbei gezogen werden kann, so werden diese immer auf eine angemessene Art und zur rechten Zeit alle Unterstützungen und Entsetzungen, welche die Natur der Sache zuläßt, leisten. Diese wird man vergebens von einem 2ten Treffen, welches die gewöhnliche Einrichtung hat, erwarten; theils ist es zu weit entfernt und theils will man in demselben auch nicht gern bey jeder Gelegenheit die Linie zerreißen. Überdies stehet es unter seinen besondern Befehlshaber, der nicht allerwärts seyn kann und also nicht in Stande ist, jeden Fehler im ersten sogleich wahrzunehmen und früh genug zu redreßiren.

§ 5. <u>Wenn die Infanterie in 2 Treffen stehet, so wird das 2te oft durch die Retirade des 1ten in Unordnung gebracht.</u>
Die Flucht des 1ten Treffens wirkt in den meisten Fällen bey dem 2ten auf eine höchst nachtheilige Art aufs Gemüth, und die geringste Unordnung, welche das 1te in dem Zurücklaufen im 2ten verursacht, erzeugt bey diesem nicht sellten eine völlige Entbindung der Reih und Glieder. Wir finden daher auch, daß in vielen Schlachten das 1te Treffen in der Retirade das 2te mit fortriß; man erinnere sich nur die Schlacht bey Prag, Zorndorf und s.w.

§ 6. <u>Auch selbst die Cavalerie muß nur in wenigen Fällen in 2 Treffen fechten, wenn auch anfangs diese Stellung für sie zwekmäßig ist.</u>
1.) Das 2te Treffen kann bey der Cavallerie, wenn es sich während des Angriffs des 1ten rechts oder links herausziehet, um den Feind in die Flanke zu fallen, in jeder Lage von sehr großen Nutzen sein.
2.) Ist die Linie aber hierzu zu groß oder hindert das Terrain diese Seiten Bewegung, so ist es nur dann von sichern Nutzen, wenn unser 1tes siegt; im umgekehrten Fall aber riskirt es oft, von den fliehenden Hauffen desselben mit fortgerissen zu werden.

Bei Reichenberg[4] wurden 10 Escadron preußische Cavalerie geworfen, 5 Escadrons Husaren, welche zur Seite der 10 Escadrons standen, fielen

---
[4] Wohl das Gefecht von Reichenberg in Böhmen am 21. April 1757. Hier siegte das preußische Korps des Herzogs August Wilhelm von Braunschweig-Bevern über die Österreicher unter Graf Königsegg.

den Feind in Flank u. nun ward er geschlagen. Im 2ten Treffen hätten sie diese Wirkung wahrscheinlich nicht hervorgebracht. Wo man Terrain hat, muß man immer einen Theil des 2ten Treffens zum Ueberflügeln des Feindes und nur den übrigen als Reserve fürs erste brauchen.

§ 7. <u>Die Natur der Sache scheint die Infanterie und Artillerie fürs 1te und die Cavallerie u. reitende Artillerie für das 2te Treffen und für die Reserve, jedoch mit einigen Ausnahmen, zu bestimmen.</u>
Hat man die Infanterie und Artillerie im 1ten Treffen, so kann man in jedem Terrain fechten. Die Artillerie fängt das Gefecht an; sie kann mit der Infanterie in Verbindung den Feind schon in der Entfernung schaden. Die Cavallerie kann dies nicht, sie leidet ohnehin im feindlichen Feuer mehr als die Infanterie, weil sie eine größere Fläche darbietet; sie befindet sich in jeder Rücksicht, bevor sie angr[e]ift, im 1ten Treffen nicht an ihrer rechten Stelle. Wollte man sie aber hier gleich, wenn man in der Nähe des Feindes käme, zum Angriff vorgehen laßen, so müßte dies sehr oft unter nachtheiligen Umständen geschehen und man sähe sich dann des Vortheils beraubt, von glücklichen Augenblicken, den Fehlern des Feindes, dem Terrain u.s.w. zu profitiren. Und wie soll man es machen, wenn unsere Cavalerie des 1ten Treffens bei ihrer Formirung eine Linie Infanterie vor sich siehet? So lange diese in völliger Ordnung ist, wird sie dieselbe nie mit der Wahrscheinlichkeit eines guten Erfolgs angreifen können. Denn dränge sie wirklich ein, so würde doch die die feindliche Cavalerie des 2ten Treffens sich auf ihre einzelnen durchgekommenen Escadrone werfen und sie wieder zurücktreiben.

Aus allen diesem folgt, daß die Cavallerie
1.) <u>im durchschnittenen Gegenden</u> und
2.) <u>auch in offenen, wenn man nicht die Stellung des Feindes und das Terrain, in dem man sich formiren und den Feind angreifen soll, vorher genau kennt, immer im 2ten Treffen am angemeßensten placirt sey</u>.

§ 7. Fortsetzung
Folgende Betrachtungen werden diese Behauptung noch mehr ins Licht setzen
1.) Stehet die Cavallerie in der Mitte der Armee und bekomt eine Infanterie Linie gegen sich, wie bey Minden, so leidet sie durch das schwere Geschütz Feuer so sehr, daß sie ohne Rücksicht der besondern Umstände angreifen muß, und dann wird sie nach allen Graden der Wahrscheinlichkeit, zumahl wenn hinter der Infanterie eine Reserve von Cavallerie ist, geschlagen. Durch die Lücke der geschlagenen Cavalerie muß nun die Armee getrennt und zum Rükzuge gezwungen werden.
2.) Stehet die Cavalerie zum großen Theil auf einem Flügel, z.B. auf den linken in B, ist der andere angelehnt und hat sie ein offenes Terrain vor sich, so kann sie zwar in diesen besondern Fall auch in ersten Treffen

große Dinge thun; allein auch hier ist es dennoch besser, daß sie in 2ten, d.i. hinter der Infanterie in A gestellt wird.[a]

Denn sie wird alsdann mehr auf alle Fälle gefaßt sein, als wenn sie im ersten Treffen in B sich befände. In diesen würde sie dem feindlichen Feuer ausgesetzt seyn, sich gleich den Feind zeigen und ihm also Veranlaßung geben, gegen ihren Angriff angemessene Anordnung zu treffen, oder sie selbst mit Vortheil anzugreifen.

In A wird sie dagegen der ganzen Linie BC zum Soutien dienen oder nach Umständen hervorgehen und sich den Feind in die rechte Flanke werfen. Die Stellung in A ist ganz dem Grundsatz, daß man alle offensiven Unternehmungen bis zu dem Augenblick der Ausführung verheimlichen müsse, gemäß; statt die erstere in B mit ihm in offenbaren Widerspruch stehet.

3. Stehet eine Armee völlig in der Ebene, ohne alle Anlehnung, so wird die Cavalerie, wenn sie in 2ten Treffen oder en Reserve sich befindet, wenigstens in einem eben so vortheilhaften Lage sein, als wenn sie auf den Flügeln im ersten Treffen stände. Der hier angenommene Fall (daß eine Armee völlig in der Ebene, ohne alle Anlehnung sich eine Stellung genommen habe) wird nicht leicht bey der jetzigen Art Krieg zu führen, wo man, so viel es möglich ist, sich im durchschnittenen Terrain hält, um seine Anordnung den Feind zu entziehen und ihm unerwartet eine größere Macht auf einen oder andern Punkt entgegen stellen zu können, eintreten; und verdient daher keiner weitern Ausführung.

§ 8. Nur dann, wenn man die Stellung des Feindes im offenen Terrain genau kennt oder aus Mangel an Infanterie die genommene Position nicht ausfüllen kann, ereignen sich Fälle, in denen es erfordert wird, die Cavallerie ins erste Treffen zu stellen.

1. Stehet der rechte Flügel des Feindes im durchschnittenen Terrain und der linke im offenen, so kann man sich des größten Theils der Cavallerie gegen den letztern bedienen und dann denselben von der Infanterie abgesondert agieren lassen.

2. Hat man die Infanterie (wie bey Reichenberg die Kayserlichen) in der Front in Schanzen und andern durchschnittenen Gegenden verwand und

---

[a] *Hier folgt eine Skizze der beschriebenen Situation: der linke feindliche und der rechte eigene Flügel (C) sind an den rechts vom Schlachtfeld verlaufenden Fluß angelehnt. Die feindliche Armee steht in zwei Treffen, jeweils mit der Kavallerie auf den Flügeln und der Infanterie im Zentrum. Bei der eigenen Armee besteht das erste Treffen (BC) aus Infanterie, doch ist der linke Flügel (B) mit gestrichelter Linie besonders markiert. Im zweiten Treffen stehen drei kleine Kavallerieeinheiten weit auseinander, das Gros der Kavallerie ist aber in zwei großen Blöcken hintereinander hinter dem linken Flügel (in Position A) konzentriert.*

bleibt noch ein offenes Terrain A zu besetzen übrig, so stellt man hinter dieses die Cavallerie B, deckt es aber durch starke Batterien C und D.[b]

In solchen Fällen geht unsere Cavallerie jedoch erst der feindlichen entgegen, wenn diese unsere Batterien passirt ist. Man fällt nun den Feind von vorn und in Flank zugleich an.

§ 9. Die Erfahrung hat gelehrt, daß die Cavallerie in den Schlachten, wo sie einen entscheidenden Ausschlag gab, gewöhnlich im 2ten Treffen sich befand. In der Schlacht bey Rosbach, in welcher die Cavallerie sich in ihrem größten Glanze zeigte, war sie nicht auf den Flügeln der Infanterie im 1ten Treffen, sondern anfangs im 2ten Treffen, und als der Feind zum Angriff sich in Bewegung setzte, umging sie ihn hinter unsre Infanterie, ohne daß er es wahrzunehmen im Stande war.

Bey Zorndorf war die Cavallerie zwar auf den Flügeln, wurde aber bei dem Angriff auf dem linken Flügel zu einer Reserve der Infanterie gemacht. Und nur erst als diese geschlagen war, fiel sie auf den zum Verfolgen hervorgebrochenen Feind.

Bei Kesselsdorf, wo das damalige Boninsche Dragoner Regiment[5] die Schlacht entschied, und bey Hohenfriedberg, wo das Regiment Ansbach Beyreuth[6] so viele Gefangene machte, agirte sie ebenfalls als Reserve der Infanterie.

Aus den Schlachten des Krieges von 1740 bis 1748, wo beide Theile gewöhnlich die Cavallerie auf den Flügeln hatten, kann man, wenn diese Gattung von Truppen gegen einander fochten, nichts für und nichts gegen diese Anordnung (gegen die Stellung der Cavalerie auf den Flügeln der Infanterie) beweisen. Da aber, wo nicht Cavallerie auf Cavallerie traf, zeigte sich gleich der Vortheil, welcher entstehet, wenn diese Waffe eine Linie Infanterie mit Artillerie bis zu einem gewissen Augenblick vor sich hat.

Die Schlacht bey Laffeld[7] 1747 wurde dadurch für die Allirten verlohren, daß die gegenseitige[c] Artillerie die holländische Cavallerie neben

---

[b] *Hierzu am Rande eine Lageskizze zur Verteidigung eines als „(zu eng)" bezeichneten Defilees AB zwischen zwei Hügeln. Auf diesen steht jeweils ein Treffen Infanterie hinter drei Schanzen. Das Gros der Kavallerie ist am vom Feinde entfernten Ende des Defilees aufgestellt (B). Es gibt also eine Lücke in der Front (A), an der rechts und links (C bzw. D) das Infanterietreffen rechtwinklig abgeknickt ist, um die Flanke gegen das Defilee zu decken. Hieran schließt sich jeweils eine kleine Kavallerieeinheit an, ebenfalls mit Front zum Defilee (als vorgezogene Flanken der Kavallerie). Vor den Ecken der Infanterie (C und D) nehmen zwei starke Batterien den Raum vor A ins Kreuzfeuer.*
[c] *Abgeändert aus „französis." und vorher aus „feindliche".*
[5] Nach der Stammliste von 1806 das Dragonerregiment No. 4.
[6] Diesen Namen trug das Dragonerregiment No. 5 allerdings erst in der Zeit der Vereinigung der beiden Markgrafschaften ab 1769.
[7] Beim Dorf Lafelt nahe Maastricht (früher auch Laefeld, Laaffelt, Laveld usw. geschrieben) schlug am 2. Juli 1747 ein französisches Heer unter dem Grafen von Sachsen eine britisch-österreichisch-niederländische Armee unter dem Herzog von Cumberland.

dem Dorfe Laffeld vertrieb und die französische Cavalerie[d] sich in die Lücke warf und die verbundenen Armeen trennte.

Die Schlacht bei Minden wurde dadurch für die Allirten entschieden, daß die französishe Cavalerie, welche in ersten Treffen stand, durch die auf ihr stoßende englishe Infanterie u. ein paar Batterien, ohngeachtet sie mehrere Male angriff, sich zurückziehen u. eine Lücke in der Linie lassen mußte.

Nie hat die Cavallerie, wenn sie sich im ersten Treffen befand, wo sie nicht den glüklichen Augenblick des Angriffs abwarten kann, das geleistet, was wir unter andern Umständen von ihr fordern.

Bald traf sie unerwartet auf Infanterie, wie bei Lowositz, dann war das Terrain nicht so, daß sie agiren konnte, wie bey Czaslau[8], Groß-Jägerndorf, Torgau u.a. Oertern, dann war sie wieder grade nicht an der Stelle, wo sie die feindliche geschlagene Infanterie aufreiben oder der unsrigen Zeit, sich wieder zu formiren, verschaffen konnte. Wäre in der Schlacht bei Kunersdorf auf dem linken Flügel im vordern Treffen Infanterie gewesen und hinter den rechten gleich anfangs eine Cavallerie Reserve, um die erhaltenen Vortheile im ersten Augenblik zu benutzen, so wäre höchstwahrscheinlich dieser Tag glücklich ausgefallen.

Auch bey Collin hätte die Cavallerie auf dem linken Flügel von entscheidenden Nutzen seyn können, wenn Ziethen[9] ein oder 2 Brigaden Infanterie mit ihren Batterien vor sich gehabt hätte.

So aber hielt ihn anfangs ein unbedeutender Bach, hinter den Nadasti[10] mit sehr weniger Cavallerie stand, u. hernach ein kleiner mit Kroaten besetzter Büsch, auf.

Merkwürdig ist es, daß in der Schlacht bey Molwitz und Czaslau die kaiserliche Cavallerie auf den Flügeln der Infanterie die preußische schlug, ohne daß dies weitern Einfluß auf den Ausgang der Schlacht hatte! –[e]

---

[d] Abgeändert aus „der Feind".
[e] Danach ein nicht zu entschlüsselndes Kürzel, möglicherweise „vJ".
[8] Alternativer Name der Schlacht von Chotusitz am 17. Mai 1742, in der die preußische Armee unter Friedrich II. ein österreichisches Heer unter Prinz Karl von Lothringen besiegte.
[9] Hans Joachim von Zieten (1699–1786), einer der bewährtesten Generale Friedrichs II., der im Siebenjährigen Krieg auch gewöhnlich in dessen Abwesenheit das Kommando führte.
[10] Feldmarschall Franz Leopold von Nádasdy-Fogaras (1708–1783), ein bekannter Befehlshaber von österreichischen leichten Truppen.

116. Denkschriftᵃ [?, zwischen 1795 und 1801¹]

GStA PK, VI. HA Nl Scharnhorst Nr. 73 fol. 97r–105r (15½ S.): Abschrift, Schreiberhand.

Unterricht der höheren Kriegskunst schon für junge Offiziere. Beispiel Friedrich II. Motivation notwendig. Bildung der Unteroffiziere spart Offiziere. 1. Bildung der Offiziere. Mängel vieler Offiziere. Prüfung als Bedingung der Beförderung zum Leutnant. Anforderungen. Vorteile. 2. Bildung der Unteroffiziere. Bedeutung der Unteroffiziere. Parteilichkeit bei Beförderung. Kontrolle der Brauchbarkeit. Abschaffung der körperlichen Züchtigung der Unteroffiziere. Durch Achtung mehr Autorität. Soldverbesserung. Rechnen und Schreiben. Vorteile.

Uber die Bildung der Officiere und Unterofficiere

Man glaubte ehemals, der Officier müße sich so successive bilden, als er avancire, er müße sich als Fähnrich mit nichts abgeben, als was zum Dienst eines Fähnrichs gehöre u. s. w. Man bedachte aber nicht, daß die Jugend die Zeit der Bildung ist und daß derjenige, welcher 20 bis 30 Jahr nichts gedacht hat, als was der Dienst eines Fähnrichs, Lieutenants und Capitains erfordert, nun ungeschickt ist, noch die höhern Theile der Krieges Kunst zu erlernen; daß ihm, wenn er zum Staabsofficier kommt, auch seine Familien-Verhältniße und nicht selten bürgerlicher Zustand² nicht erlaubt, eine neue Laufbahn, die Anstrengung des Geistes und manche Aufopferung des gesellschaftlichen Lebens erfordert, von neuen anzutreten.

Der König von Preußen, Friederich der 2ᵗᵉ, der diese Enge der Bildung des Officiers beobachtet hatte (wie man [an] den Befehl an seine Inspecteure im Jahr 1781 siehet), befahl noch in den letzten Jahren seines Lebens, daß die jungen Officiers sich in den ersten Jahren ihres Dienstesᵇ auf die Krieges Kunst legen sollten, und er schickte die Ingenieure Officiers zu den Regimentern, um den nöthigen Unterricht zu ertheilen.

Da indes ohne Antrieb, er sey durch Emulation³ oder Bedürfniß erzeugt, sich in wissenschaftlichen Dingen nichts thun läßt, so kann man auch leicht

---

ᵃ *Die von einem Schreiber sauber verfaßte Handschrift enthält keinen unmittelbaren Beleg für Scharnhorsts Urheberschaft. Es sind auch keine Konzepte von Scharnhorsts Hand nachweisbar, so daß der Text nur aufgrund des Inhalts und des Fundorts mit großer Wahrscheinlichkeit Scharnhorst zugeschrieben werden kann. Diese Zuschreibung nahm auch Lehmann I, S. 227, ohne weiteres vor.*
ᵇ *Folgt ein überflüssiges zweites „sich".*
¹ Für diese Einordnung spricht die Einführung Friedrichs II. im zweiten Absatz als offensichtlichem Ausländer („Der König von Preußen, Friedrich der 2te"). Auch passen die beschriebenen Verhältnisse durchaus zur kurhannoverschen Armee, an deren Spitze im Gegensatz zur preußischen ein fest eingeplanter „kommandierender General" stand, vgl. Kapitel I Punkt 2. Mit den am Schluß erwähnten „letzten Feldzügen" und dem (offenbar beendeten) „letzten Kriege" ist wohl der Krieg von 1793–1795 gemeint.
² Gesellschaftlicher und rechtlicher Status.
³ Wetteifer.

dencken, daß jener königl. Befehl ohne weiter Hinzuthun von keinen Nutzen sein konnte.

In 1$^{\underline{\text{tn}}}$ Capitel des folgenden Aufsatzes ist ein einfacheres und weit sicher[er]es Mittel angegeben, die Bildung des jungen Officiers zu bewirken. Das 2$^{\underline{\text{te}}}$ Capitel hat die Bildung der Unterofficiere zum Gegenstande. Am Ende dieses 2$^{\underline{\text{tn}}}$ Capitels findet man die Vortheile, welche eine beßere Bildung dieser mittlern Klaße von Militairen in unsern Dienst gewähren würde. Diese mittlere Klaße verdient aber auch noch aus einen andern Gesichtspuncte eine besondere Aufmercksamkeit. Denn könnte man beßere Unterofficiere erhalten, könnte man einen Theil von ihnen mehr Würde geben, so würde man ohne Zweifel bey Verstärckung der Compagnien nicht die Officiere, sondern nur die Unterofficiere zu vermehren brauchen. Dies wäre eine große Oeconomie, denn ein Officier kostet im Kriege 5 bis 6mahl so viel als ein Unterofficier, wenn man alles gehörig in Rechnung bringt.

Durch die beßere Bildung der Unterofficiere hat man es in Kayserl. dahin gebracht, das 1 Capitain und 3 gewiß nicht sehr gute Compagnie Officiere 184 bis 200 Menschen commandiren.

Vielleicht bleibt zur Verminderung der Erhaltungs-Kosten und des Embaras in den Operationen kein ander Mittel übrig, als den Unterofficier-Stand zu verbeßern und den der Officiere zu vermindern.^{c}

I. Uber die Bildung der Officiere

Man hat immer bemerckt, daß die meisten Familien ihre unfähigsten Söhne zu Officieren bestimmten; man hat eine Menge Officiere gesehen, welche unfähig zu den Verrichtungen eines Officiers waren; man hat Officiere gesehen, welche weder schreiben noch rechnen konnten; und was das übelste von allen ist, man hat allgemein wahrgenommen, daß die meisten jungen Leute, so bald sie Officiere wurden, gleich aufhörten, sich zu appliciren und sich dagegen dem Müßigange und oft der Libertinage ergaben. Wenn diese Officiere zu höhern Stellen kamen, so fühlten sie den Mangel ihrer Kentniße, aber nun waren sie aller Application und aller Geistes-Arbeit entwöhnt, und sie selbst oder der Dienst mußte um den Müßigang ihrer Jugend büßen.

Diese Nachtheile könnten meistens abgeholfen werden, wenn man festsetzte,

1.) „daß die Fähnrichs, Cornets und Seconde-Lieutenants-Stellen kein Recht auf weiteres Avancement geben;"
2.) „daß jeder Fähnrich, Cornet und Seconde-Lieutenant, der weiter avanciren wollte, erst durch eine Comission, in der der commandirende General

---

^{c} *Der Text endet hier auf der Mitte der Seite, es geht weiter auf fol. 99r, wo an der Spitze zur Verdeutlichung der Gesamttitel, „Uber die Bildung der Officiere und Unterofficiere", wiederholt wird.*

oder der erste General jeder Gattung von Truppen presidirte, examinirt werden müßte;" und

3.) „daß er nur, wenn er darin die nöthigen Kenntniße und Eigenschaften gezeigt hätte, zum Lieutenant im Vorschlag gebracht werden könnte."

Dies Examen erforderte eine ganz besondere Aufmercksamkeit. In einem Reglement müßte die Art, wie und worüber er examinirt würde, genau bestimmt werden. Wenn nicht aller Partheilichkeit durch dies Reglement die Zugänge benommen würden, so würde die ganze Einrichtung ohne Nützen sein und bald in eine leere Ceremonie ausarten.

Viel dürfte man in dieser Prüfung nicht fordern, sonst würden bey der Ausrichtung dieser Einrichtung zu viel Schwierigkeiten sich finden. Man ließe den zu Examinirenden etwa einen Brief von Compagnie oder Regimenter Angelegenheiten aufsetzen, ein Exempel aus der Regula detri[4] rechnen, einige aus der Geometrie, Tactick, Artillerie und Verschantzungs-Kunst aufgegebenen Fragen schriftlich beantworten. Forderten diese Fragen nur die Erklärung der gemeinsten Hauptwörter und nur einige Begriffe der ersten Elemente dieser Wißenschaften, so läg doch in dieser Einrichtung weder etwas Unbilliges noch Unmögliches, denn es ist hier doch von einen Officier die Rede, welcher schon 5 bis 6 Jahr gedient hat. Auf diese Prüfung theoretischer Gegenstände folgte eine andere, sich auf die Ausübung beziehende. Die bestünde darin, daß der zu Examinirende vor der Comission 1.) eine Compagnie exerciren und ihn die Evolutionen, die im Reglement vorgeschrieben sind, machen ließe, und 2.) die Compagnie als ein Piquet an einem ihm bestimmten Orte aussetzte. Beantwortete er die weiter oben erwähnten Fragen nicht mit einiger Beurtheilung und Kentniße, bemerkte er bey den Evolutionen nicht die Fehler, die etwan gemacht würden, wußte er nicht die Schildwachen und kleinern Unterofficiers-Posten so auszusetzen, daß sein Piquet gegen einen Uberfall gedeckt wäre, und wäre er nicht in Stande, militairische Nachrichten schriftlich zu geben, so verdiente er keinen Platz, von den jetzt schon und noch mehr in der Folge das Leben so vieler Menschen und oft die Ehre ganzer Corps abhängt.

Folgende Vortheile würde man durch diese Einrichtung erhalten:

1.) würde man durch dieselbe bewürcken, daß nicht ganz unwißende und rohe Leute zu hohern Officier-Stellen kämen, die bey der jetzigen Einrichtung oft durch Männern besetzt werden, die nicht im Stande sind, den Dienst eines Unterofficiers zu verrichten.

2.) würde man manchen jungen Menschen durch diese Einrichtung von einen verführischen Müßigang abhalten, der ihm sonst auf zeitlebens zur Gewohnheit geworden wäre.

3.) Durch die Veranlaßung, welche diese Einrichtung zur Lecture und Application giebt, wird mancher auf die Zukunft Geschmack an militairischen

---

[4] Dreisatz.

Untersuchungen bekommen und nun nach und nach seine Beurtheilung weiter ausbilden, und so zu höhern Stellen sich geschickt machen.

4.) Die Art der Avancemente, so bey dieser Einrichtung eingeführt wird, wird gewiß bey manchen die Ambition beleben, ohne die doch immer der Officier, militairisch betrachtet, ein Körper ohne Geist ist.

II. Bildung der Unterofficiere

Ohne gute Unterofficiere kann man den Gemeinen nicht zur Ordnung und zum Gehorsam gewöhnen. Die Unterofficiere sind beständig bey den Gemeinen, sie kennen sie also beßer als die Officiere, und sie sind es, die durch beständige Correctionen ihnen den Geist der Disciplin einprägen. Von ihrer Geschicklichkeit bey der Dressur hängt die Fertigkeit, die ein Trupp in kleinen Exercies hat, fast allein ab. Man sagt deßwegen mit Recht, die Unterofficiere sei[e]n die Seele des Dienstes.

Durch die Partheilichkeit beym Avancement der Unterofficiere kommen viele ganz unbrauchbare Leute zu diesen Posten. Die geringe Achtung, die man ihnen erzeigt, ist zum Theil die Uhrsach der wenigen Autoritat, welche sie insbesondere in der Infanterie genießen, und durch die öffentliche Strafe, womit man sie belegt, zeigt man selbst eine Geringschätzung ihres Standes an.

Man könnte diesen Nachtheilen abhelfen.

1.) „Wenn der Inspecteur[5] bey jeder Musterung einige Tage eine Untersuchung der Brauchbarkeit der Unterofficiere anstellte (d. h. wenn er beföhle, daß sie in seiner Gegenwart Recruten unterwiesen, Truppen exercirten und Rapports und Befehle abschrieben) und wenn wegen der unbrauchbaren der Commandeur des Regiments verantwortlich wäre."

Ob gleich diese Verantwortlichkeit nicht sehr groß sein könnte, so würde dennoch diese Untersuchung ihren Nutzen haben. Die Commandeure würden sich fürchten, daß von den Regiment, welches sie commandirten, gesagt würde, daß es mit schlechten Unterofficieren besetzt wäre, daß sie Nebenabsichten dem Dienst vorzögen u.s.w.

2.) „Man würde das Unterofficier Corps auch verbeßern, wenn man niemand darin litte, der sich nicht durch Arrest von etwanigen Fehlern corrigiren ließe und man bey ihnen also Fuchtel und Pfahlstrafe[6] abschafte."

Es ist eine allgemeine Bemerckung, daß eine erniedrigende Strafe einen niedrigen Geist erzeugt, und Leute, die man nicht durch Arrest und Furcht vor Degradirung in Ordnung erhalten kann, taugen gewiß nicht zu Unterofficieren und machen diesen Stand verächtlich.

---

[5] Die hannoversche Armee hatte einen Inspekteur der Infanterie und einen der Kavallerie.
[6] Hierbei wurde der zu Bestrafende an einen Pfahl (bei der Artillerie an eine Haubitze) geschlossen. Die Position war so schmerzhaft, daß als Höchstdauer sechs Stunden und nach jeweils zwei Stunden eine Erholungsstunde vorgeschrieben waren, vgl. Sichart III/1, S. 129.

3.) „Ferner würde man das Unterofficier-Corps verbeßern, wenn man ihnen mehr Achtung erwiese, wenn man den Unterofficier nicht ‚Er' nennte, wenn man ihm nicht in Gegenwart der Gemeinen corrigirte (den Fall ausgenommen, wo die Sache Beziehung auf den Gemeinen hätte) und wenn man ihn die Freiheit, Soldaten selbst bestrafen zu dürfen, nicht zu sehr einschränckte."

Die Erfahrung lehrt, daß ohne Gewalt der Bestrafung kein unbedingter Gehorsam möglich ist, und wie sollen die Unterofficiere detaschirt Autoritat haben, wenn sie bis dahin keine Autorität haben ausüben dürfen, wenn sie gegen die Soldaten, die ihnen nicht haben Gehorsam leisten wollen, als Kläger haben auftreten müßen? Misbraucht ein Unterofficier seine Gewalt, zeigt er bey der Ausübung derselben niedern Eigennutz, so bestrafe man ihm, so entsetze man ihm seine Stelle.

Aber eine Haupt-Ursache der Einschränkung der Gewalt, den Gemeinen bestrafen zu können, ist der Egoismus der Compagnie- und Regimentschefs. Sie wollen jede Strafe selbst dictiren, sie wollen alle Autorität in sich vereinigen und vergeßen, daß ihre Sache es ist, die Officiere und Unterofficiere in Autorität zu setzen.

4.) „Unwiedersprechlich würde es für den Dienst sehr vortheilhaft seyn, wenn man die oeconomische Lage des Unterofficiers, insbesondere des Corporals bey der Infanterie, verbeßerte."

Dies würde, wenn man ihren Garnison-Dienst einschränckte, vielleicht ohne einen neuen Auswurf geschehen können. Jetzt bedenckt sich mancher Gemeiner, Corporal zu werden, weil er als Corporal nicht in Tagelohn gehen kann und seine Gage und seine Lohnwachen nicht zu seinen Unterhalt hinreichen.

5.) „Wenn man den Corporals mehr Ansehen geben wollte, so müßte man den Character des Wachtmeisters, Serganten und Feldwebels erhöhen und ihm das Portepee ertheilen, damit die Abstufung der verschiedenen Grade wie jetzt bliebe."

6.) „Endlich würde es für den Dienst überhaupt sehr nützlich und zu Erreichung der vorgesetzten Absicht, das Unterofficier-Corps zu verbeßern, äußerst vortheilhaft sein, wenn man Schulen zum Schreiben und Rechnen für die Unterofficiere bey jeden Regimente errichtete."

Bey den kayserlichen Truppen sind solche Schuhlen seit lange etablirt; es wird darin den Unterofficieren und den Gemeinen, so Lust zum Schreiben und Rechnen haben, Unterricht ertheilt. Ein Compagnie Officier dirigirt den Unterricht, und ein Capitain hat täglich über denselben die Inspection.

Durch die hier erwähnten Einrichtungen würden folgende Vortheile erhalten:

1.) „würde der Soldat beßer dressirt und disciplinirt werden und der Dienst im Ganzen also dadurch gewinnen."

Wie vortheilhaft die vermehrte Autoritat und Würde der Unterofficiere den Dienst ist, siehet man an den Wachtmeistern, Serganten und Feldwebeln; diese sind, was jeder Corporal sein sollte und sein würde, wenn man die rechten Mittel anwendete, ihn in Autorität zu setzen.

2.) „Würde im Kriege, wo es oft an Officieren fehlt, wie wir aus diesen letzten Feldzügen wißen, es für den Dienst äußerst wichtig sein, wenn man Unterofficiere hätte, welche die Dienste des Officiers im Fall der Noht mit erforderlicher Autorität verrichten könnten."

3.) „Würde man durch den Unterricht der Gemeinen im Schreiben und Rechnen nie um Subjecte zu Unterofficieren verlegen sein."

Wie weit diese Verlegenheit in letzten Kriege gegangen, kann man daraus beurtheilen, daß bey vielen Compagnien nicht ein eintziger Unterofficier war, der schreiben und rechnen konnte. Man kann leicht die Unordnung, welche dadurch in den Compagnien entstehen mußte, sich vorstellen.

117. Notiz [?, ?]

GStA PK, VI. HA Nl Scharnhorst Nr. 133 fol. 173r (1 S.): Eigenhändig.

[a]Wie verbreitet [man?] in den obern Klassn der Officiere einer Armee auf das schnellste die nothwendigsten Kentniße des Feldkrieges?

Worin bestehen die Mittel bey einer Armee, die Ausführung der Bewegungen in Großen zu synplificiren und zu erleichtern?

Durch einen für die Armee verfaßten Unterricht in der Kriegeskunst

118. Denkschrift [?, ?]

GStA PK, VI. HA Nl Scharnhorst Nr. 133 fol. 119r–120v (4 S.): Konzept, eigenhändig.

Notwendigkeit der Übung. Wetteifer. Bildung des Offiziers.

[1]Die Uebung auf den Felde ist selbst den Fähigsten hier unentbehrlich.

Was hilft es, daß die Trupe alle 8 oder alle 4 Tage eine Staabs u. Thor Wache thut, ohne zu erlernen, wie sich auf ein[e]r Wache gegen den Feind verhalten muß? Was hilft es, daß wir mit einem Bataillon oder 2 Escadronen alle Woche ein oder 2 mal alle Evolutionen durch machen, ohne zu erlernen, wie wir in der Schlacht mit mehrern Bataillonen oder Schwadronen die Ordnung erhalten?

Wir unterwerfen das Militär der strengsten Disciplin, der unabläßigen Arbeit in der niedern Tactik, in den niedern Dienst und beleben es nicht mit gegenseitgen Weteifer, mit den Salz, daß uns allein Mühe u. Arbeit versüßt, mit

---

[a] *Davor gestrichen: „Ueber den Nutzen eines für eine Armee verfaßten Unterrichts in der Kriegeskunst, under Einführung eines Systems der Anordnungen aller".*

[1] Zum Thema dieses und der anschließenden Texte vgl. auch Nr. 39, 59, 104, 240 und 241.

den einzig[e]n Mittel, welches den Esprit de Corps erzeugt.ᵃ Wir quälen uns mit allem, was nöthig ist, etwas Nützliches thun zu können, thun es aber nicht. Heißt das nicht, einen steilen Berg ersteigen u. nahe untern Gipfeln, wo man die Belohnung seiner Mühe genießen konnte, ewig verweilen?ᵇ

Nur durch die Uebung mit mehrern Bataillons, Escadronen u. Batterien wird der Officier u. insbesondr[e] der Staabsofficier gebildet, der unfähigere von den fähigeren, der unthätige von den thätigeren untershieden. Den kleinern Felddienst, die Verrichtung auf Wachen, in Piket, auf Patrouillen u.s.w. lernt Niemand aus dem Reglement; die Kunst mit mehrern Brigaden Bewegungen ohne Unordnung auszuführen, ist keinen Menschen angebohrn.

119. Denkschrift [?, ?]

GStA PK, VI. HA Nl Scharnhorst Nr. 133 fol. 181r–184r (6½ S.): Konzept, eigenhändig, mit zahlreichen Änderungen, unvollendet.

I. Übung in vollen Linien und im zerstreuten Gefecht. II. Gegen Vernachlässigung der regulären Fechtart. III. Gesonderte Übung des zerstreuten Gefechts für ein Drittel der Soldaten.

Ueber die Uebung der Trupen

I. Man muß die Trupen auf 2 Arten zu fechten üben.ᵃ
Es giebt bey einer Armee 2 Arten, den Feind zu schlagen

ᵃ Folgt gestrichen: „Kann es in den Augen des klügern Civils große Achtung genießen? Ist es nicht selbst die uns so
  Nur allzu gewiß sind diese Bemerkungen, nur alzu wahr ist es, daß das Militär durch sich selbst, durch den Mangel an Geschiklichkeit, an zwekmäßiger Bildung u. Uebung, die Achtung, die es haben könnte u. haben muß, in den Augen des Bürgers, des Menschen von ordinär Verstande verliert; schon glaubt in den Augen ein großer Theil der Menschen, daß unsr Militär keine sehr auszeichnende Vorzüge für Nationaltrupen behaupten [gestrichen: „könnte"] habe, weil es selbst in den Augen des Menschen von ordinären Verstande daß nicht ist, was es seyn könnte, was es seyn müßte, wenn es den Staate nützlich seyn sollte.
  Unsre ersten Militärs glaubtn immer, der Weteifer in der Genauigkeit der Ausführung der tactischen Bewegungen des Feld-Dienstes und der strengen Disciplin könne nur durch die Zusammenziehung der Trupen belebt werden; die Vollkomenheit des Militärs in der Ausführung von diesen dreien Erfordernißen sey die Quelle des höhern Gefühls für militarische Ehre; ohne diese Erforderniße sey eine Armee mehr eine Last, als eine Stütze des Staats. Der preußische Staat erhielt sich bey der Befolgung dieser Grundsätze gegen die mächtigsten Vernichtungsplane. Alle Mächte zogen nun Trupen in Lager zusammen und suchten sie durch Thätigkeit u. Uebung zu den Felddienst geschikt zu machen.
  Wer kann daran zweifeln, dies nicht seine Richtigkeit habe? Wer weiß nicht, daß der Staabsofficier nur durch das Zusammenziehen von mehrern Bataill."
ᵇ Folgt gestrichen: „Kann ein Militär in desen große Vorzüge für eine gute Miliz haben, die zuzeiten des Jahrs zusammen kömmt? Kann es mit Liebe u. Achtung für seinen eigenen Stand belebt werden?"

ᵃ Überschriften (mit römischen Zahlen) wurden nachträglich am Rande hinzugefügt.

1. ihn mit concentrirter Macht anzugreifen und übern Haufen zu werfen;
2. ihn mit zerstreuter Macht beständig zu neken, nemlich mit ihn sich herum zu shießen und bald hier, bald da seine detaschirten Theile überlegen anzugreifen und, wenn er angreift, seiner concentrirten Macht auszuweichen.

Der ersteren Art bedient man sich in offenen Gegenden, bey gleichen Terrain u. gleicher Stärke an beiden Seiten entsheidet bey denselben meistens die Geshicklichkeit in Manoeuvriren und die Geshwindigkeit in Feuern.

Der 2ten Art bedient man sich [in] durchshnittenen und vermischten Terrain. In gewißen Perioden des Krieges und der einzelnen Feldzüge führt diese Art, den Feind anzugreifen oder s[e]inen Angriffen zu widerstehen, weit sicher[er] mit weit wenig[e]r Gefahr zum Zwek, als die erstere; ohne beide Arten miteinander zu verbinden, beraubt man sich der wesendlichen Vortheile der Kriegeskunst.

Man muß die Trupen in 2 Arten zu fechten üben 1. in der bisher gebräuchlichen, in welcher man immer regelmäßig sich bewegt u. in vollen Linien sich schlägt, und 2. in der, in welcher man ihnen die Fechtart u. die Stratagems des Kleinen Krieges lernt.

II. <u>Es würde in mehr als einer Rüksicht gefährlich seyn, wenn man alle Trupen in 2ten Arten von Gefechten übte</u>.
Es würde insbesondere bey der Infanterie sehr gefährlich seyn, wenn man die Uebung der zerstreuten Art zu fechten bey ihr auf Kosten der regelmaßigen einführen oder jene bey ihr zu einer Haupt Sache machen wollte; denn nun würde letztere Art zu fechten nicht mehr zu der Vollkommenheit als vorher gebracht werden, und was noch gefährlicher wäre: eingeshränkten Befehls bekämen [sie?] Gelegenheit, dieselbe ganz zu vernachläßigen u. dagegen die andre zur Haupt Sache zu machen.

Haben wir nicht gesehen, daß die Artillerie, so lange sie kleine Gewehr hatte, oft in den Fehler verfiel, wenig mit den schweren Geshütz als mit den kleinen Gewehr zu exerciren, und ihr ganzen Werth in die Uebung mit diesen zu setzen? Vergas nicht unsere leicht Cavalerie, als sie etwas im Reiten unterwiesen werden sollte, hierüber ihre große Bestimmung, die Uebung auf den Felddienst?

III. <u>Abtheilung der Trupen zur 1 u. 2ten Art des Gefechts bey der Infanterie</u>
Um ähnlichen Uebeln bey der Einführung der Uebung der 2ten Art von Gefechte vorzubeugen, müßte man nur einen Theil der Trupen zu den zerstreuten Gefechte ueben und mit den übrigen die Uebung der ersten Art beibehalten; man müßte bey jeden Bataillon die Sharfshützen geshikt in diese Absicht bis zu der 3ten Theil desselben vermehren und nur sie zu den zerstreuten Gefechte abrichten. Dem Bataillon würde dadurch ein Glied abgehen; dieses Glied von 200 oder nach Abzug der Kranken u.s.w. von 150 geshikt zum zerstreuten Gefecht, würde in durchshnitten u. gemishten Terrain in den meisten Fällen neben dem vorgerüktn Geshütz den meisten Battalonen des Gefechts überheben, ihn viele Menshen u. ohne Nutzen vershoßene

Munition ersparen, und auch selbst in der Ebene neben den vorgerükten Canonen in Anfang des Gefechts weit mehr als das 3te Glied nützen, und so auch für den Rest zu einer Reserve dienen. Auf diese Art bleibt Front, Abtheilung, Evolutionen und Gefechtart in der Ebene wie jetzt, kein abweichende Uebung ist erforderlich. Im Lager, in den Cantonirungen, auf den Marsch u.s.w. sind die Scharfshützen bey ihr Compagnie u. da, wo sie nicht zu agiren brauchen, machen sie das 3te Glied von derselben aus.

Nähme man sie aus dem Bataillon, und machte von ihnen eine eigene Division oder Compagnie, so hätte man nicht, so wohl in Rüksicht der Mannshaft, als der Officiere, die Auswahl der zu dieser Art von Kriege sich schickenden Individuen. Dazu würde die Eintheilung der Compagnien und des innern Dienstes so wohl im freien Feld, als bey Belagerungen zerrütet. Eine ganz andere Bewandniß hat es mit den Grenadieren, diese werden in Bataillonen zusamengezogen werden, und sind eine Art von Infanterie, die sich nur in der beßern Auswahl der Individuen, aber nicht in der Fechtart von der gewöhnlichen unterscheidet; die Scharfshützen sind hingegen ein unentbehrlicher Bestandtheil des Bataillons, welches ohne dieselben nicht mit Vortheil fechten kann, welches ohne dieselben nicht von seiner inn[e]rn Kraft Gebrauch zu machen im Stande ist.

IV. <u>Uebung der Infanterie zu der 1ten Art des Gefechts</u>
Die Uebung der Trupen zur ersten Art des Gefechts bestehet in der jetzt^b

120. Aufzeichnung [?, ?]

GStA PK, VI. HA Nl Scharnhorst Nr. 271 fol. 30r–v (2 S.): Konzept, eigenhändig.

Gliederungsentwurf mit Stichworten zur Ausführung einer Abhandlung.

<u>Ueber die Bildung u. Uebung der Trupen in Friedenszeiten</u>

I. <u>Zwek</u> der Bildung und Uebung: Daß sie im Kriege gleich brauchbar sind. Nun muß die Ausführung des Satzes folgen; was man unter brauchbaren Trupen a. in Rüksicht der Officiere u. b. in Rüksicht der Mannschaft u. c. in Rüksicht der übrigen Einrichtung einer Armee verstehe, als der Recrutirung, der Einrichtung der Artillerie, der Bakerey, der Festungen u.s.w.

II. <u>Beschreibung der jetzigen Bildung u. Uebung der Trupen</u>; Darstellung ihrer Unzwekmäßigkeit, a. Officier, b. Mannschaft, beide 1. in Rüksicht der Bildung u. Uebung, 2. in Rüksicht der Abhärtung. In diesen Capitel muß die Ungeschiklichkeit der Officiere, besonders der höhern, das Avancement der Unterofficire, Officiere u. Soubaltern Officiere. Man wendet gar kein Mittel an, sie kennen zu lernen. Der Garnison Dienst.

---

^b *Der Text bricht hier mitten auf der letzten benutzten Seite ab.*

III. Schwierigkeit, in einem schon stehenden Militär eine zwekmäßige Bildung u. Uebung einzuführen.

IV. Vorschlag eines Mittels, wodurch man in den jetzigen Armeen eine zwekmäßigere Bildung und Uebung einführen könnte.
Man zeigt, daß der Mensch fürs Allgemeine nur dann etwas thut, wen[n] sein Bedürfniß oder Furcht für Strafe und Befriedigung des Ehrgeitzes ihn treiben, daß man durch diese 3 Mittel alles von ihn erhält, was er zu leisten vermag; daß es aber eine große Ueberlegenheit in Einsicht von den Fürsten u. ersten Befehlshabern der Armee erfordere, sie anzuwenden, daß [man] diese Einsicht nur sellten bei diesen Männern angetroffen hat, daß sie, wo sie[a] auch selbst sich einmal finden, nicht anhaltend angewand werd[e]n, weil sie eine anhaltende Thätigkeit, welche ohne höhern, hier nicht statthabenden Trieb, unmöglich sey, voraussetz[e]n, und daß endlich hier Leidenschaft, Nepotismen, Launen u.s.w. mit ins Spiel komen. Daß also auf diesen Wegen nicht viel zu erwarten sey; daß man daher eine andere Feder in Wirksamkeit setzen müße, die auf eine anhaltende, sich immer gleiche Art wirke.

121. Notizen   [?, nicht vor 1797, wohl nicht nach 1800?]

GStA PK, VI. HA Nl Scharnhorst Nr. 131 fol. 17r (1 S.): Konzept, eigenhändig, Fragment.

Gliederungsentwurf mit Stichworten zu historischen Beispielen.

Entwürfe[a]
    I.
In der Bildung und Uebung des jetzigen stehenden Militärs wird dasjenige, was zur Führung der Detaschements, Corps u. Armeen im Felde gehört, nur unvollkommen betrieben, und daher hat eine sehr geübte Armee keine große Vorzüge für eine wenig geübte, wenn die letztere eben so gut oder besser als die erstere geführt wird.

Zum Beweise dieser Behauptung kann man vorbringen:
  1. Die Vorgänge in Italien 1796 und 97
  2. Die Vorgänge am Rhein 1794, 95, 96 und 97
  3. Die Vorgänge in den Niederlanden 1793 und 94
  4. Die Vorgänge bey der Allirten Armee 1758–60
  5. Die Vorgänge in Nordamerika im Jahr 17....
Alles dies nur in einer kurzen Ubersicht.

---
[a] *Das Wort in der Vorlage aus Versehen doppelt.*
---
[a] *Am Rande gestrichen: „Der glückliche Ausgang eines Feldzugs".*

II.

Bey 2 Armeen, die nicht sehr von einander in der Disciplin und Uebung verschieden sind, entsheidet meistens die[b]

122. Aufzeichnung [?, nicht vor 1795]

GStA PK, VI. HA Nl Scharnhorst Nr. 133 fol. 106r–111r (10½ S.): Abschrift, Schreiberhand, mit eigenhändiger Anmerkung.

Vorteile der Franzosen 1794/95 durch Übungen im Felde. Nachahmung im Korps Hammersteins. Vorteile: 1. Anwesenheit aller Waffengattungen. 2. Bessere Belehrung als im Einsatz. 3. Gleiche Zusammensetzung wie beim Einsatz. 4. Ausgleich für mangelnde Übung. Fehlererkennung. 5. Bildung der Offiziere. Ausgleich für Unerfahrenheit in Zusammenwirken der Truppen und Orientierung im Gelände.

Über die Übung der Truppen im Felde.

Die wechselseitige Unterstützung der verschiedenen Waffen, eine große Regelmäßigkeit in den Bewegungen der verschiedenen Haufen gegen einander (wenn auch gleich mit Unordnung im Innern desselben), eine gute Benutzung des Terrains und der besondern Ereignisse während der Affaire, caracterisirten die Nord Armee bey den meisten Vorfällen im Jahr 1794 und 1795, und hierin (warum sollte man es nicht gestehen) hatte sie einen Vorzug vor den Verbündeten.

Als wir sie im Frühjahr 1794 täglich manoeuvriren sahen, glaubte jeder, wir hätten eine solche Übung nicht nöthig, wir hätten geübte Leute und eine ohnehin entscheidende Überlegenheit. Aber in der Folge bemerkten wir nur zu oft, daß unsere Officiere sich nicht zu helfen wusten, sobald es auf die wechselseitige Unterstützung verschiedener Waffen, auf Benutzung des Terrains, auf Combinationen der besondern Umstände und die Anordnung, jeden Ereignissen, welche sich in der Affaire zutragen können, zu begegnen, ankam.

Der General von Hammerstein, welcher von Juny bis ans Ende des Feldzugs die Vorposten der Avantgarde commandirte, fühlte diese unglückliche Lage am lebhaftesten und fing an, mit seinen unter sich habenden Truppen zu manoeuvriren, aber er hatte den Feind nahe vor sich und mußte also die Vorposten Truppen durch den Dienst fatiguiren; dazu hatte er mit dem Vorurtheil zu kämpfen; die höhern Officiere, welche nun wohl sahen, daß ihre Unwissenheit bald entdeckt würde, behaupteten: die Truppen, die Pferde, die Montirung, alles ginge durch diese Übung zu Grunde.[1]

---

[b] *Der Text bricht hier ab.*

[1] Die Abschrift einer Instruktion Hammersteins zur Übung des Tirailleurgefechts (datiert Hengelo, 30. Januar 1795) befindet sich in GStA PK, VI. HA Nl Scharnhorst Nr. 79 fol. 5r–8v (7½ S.); eine weitere, wohl auch von Hammerstein herrührende Instruktion zu Regimentsmanövern (datiert Loxten, 15. September 1795) ebda., fol. 11r–12v (3½ S.).

Gleichwohl war das Gegentheil erweislich; alle Erfahrungen (worauf ich die bündigsten Daten aufstellen kann) beweisen, daß die Truppen und Pferde bey einer anhaltenden Thätigkeit weit weniger, als in stehenden unthätigen Lägern, gelitten haben.

Ein Übungs Manoeuvre im Felde ist weit lehrreicher als eines in Friedenszeiten und selbst als ein ernsthafter Vorfall mit dem Feind.

1. Im Felde ist alles gerade so wie vor dem Feinde bey einander; Geschütz, Stärke der Bataillone, Escadronen u.s.w. Die Ordnung, in der sich alle Theile bewegen müssen, kann also nur hier angewiesen und beurtheilt werden. Bey dem Manoeuvriren in Friedenszeiten, wo die Brigaden nicht ihre Batterien, die Cavallerie nicht ihre reitende Artillerie hat, und wo nur die Munitionswagen den Batterien und Truppen folgen, lernen die Befehlshaber weder die Schwierigkeiten der Bewegungen in den verschiedenen Hindernissen der Natur, noch den zusammengesetzten Gebrauch der verschiedenen Waffen in den mancherlei Umständen und Terrain kennen.

2. Bey den Bewegungen gegen den Feind gehet alles so unordentlich, so übereilt zu, daß die Fehler nicht bemerkt, und wenn dies ist, auf eine fälschliche Weise, besondern Umständen zugeschrieben werden, so daß keine allgemeine Belehrung hieraus erwartet werden kann, wenn man etwa wenige Individuen, welche sorgfältig dem Vorzuge nachspüren und ihren wahren Hergang zu erforschen suchen, ausnimmt.

Bey und nach Actionen ist insgemein die Aufmerksamkeit auf andere Gegenstände als auf Belehrung gerichtet und die Erfahrung bestätigt, daß die Geschicklichkeit, die Truppen zu führen, keine Fortschritte im Kriege macht, wenn es nicht dadurch geschieht, daß die Ungeschicktern entfernt und die Geschicktern an ihren Platz gestellt werden.

3. In Kriegeszeiten sind gerade die Personen bey den Divisionen, Brigaden, Bataillonen und Batterien zu dem Übungsmanoeuvre so vertheilt, wie vor dem Feinde; wenn sie also in dieser gegenseitigen Verhältniß sich kennen lernen, wenn sie in demselben sich über gewisse Bewegungen und Verhaltungen einverstehen, wenn sie in denselben lernen, wie sie auf ihre gegenseitige Einsichten Rücksicht bey ihren Verhaltungen nehmen müssen, so führt diese persönliche Kenntnisse unmittelbare Vortheile mit sich, welche durch die Manoeuvres in Friedenszeiten gar nicht, und durch die Vorfälle im Kriege unvollkommen und auf eine allzu theure Art für die Wohlfahrt des Ganzen erhalten werden.

4. Ein sehr wichtiger und großer Vortheil der Übungsmanoeuvres in den Lägern im Kriege bestehet ᵃauch darin, daß sieᵇ zumahl bey Truppen, welche nie

---

ᵃ *Auf der hier beginnenden Seite (fol. 109r) haftet ein mit Klebefilm befestigter Zettel von Scharnhorsts Hand: „*<u>Gerüst der Discipline</u> *bei den Manoeuvern. Die Märsche müßen regulär geschehen –".*
ᵇ *Statt „sich". Gemeint ist wohl „die Offiziere".*

oder seit einiger Zeit nicht im großen manoeuvrirt, nun die Schwierigkeiten eines Aufmarsches im Ganzen, die der Bewegung mehrerer Colonnen auf einen gewissen Punkt u.s.w,. kennen lernen, und so Veranlaßung haben, zweckmäßige Mittel zu erwählen, dieselben mit Ordnung auszuführen. Das Vorurtheil antwortet hier gewöhnlich, man sey in andern Kriegen immer ohne Übungsmanoeuvren fertig geworden, die Sachen finden sich auf den Platz schon. Aber wenn ein Bataillon keine Bewegungen mit Ordnung machen kann, bevor die verschiedenen Compagnien zusammen gestoßen, und es zusammen erst eine Zeit geübt ist, wie soll dies denn ein Corps aus mehreren Bataillonen und Escadronen können, welches ein großes Terain einnimmt, bey den die Schwierigkeiten der Bewegungen aller Art verhältnißmäßig unendlich viel größer sind? Wo das Terrain so viel Hindernisse in den Weg legt? Wo die zufälligen Umstände, so viel Zufälle aller Art, zur Unterbrechung des Zusammenhangs und zur Zerstörung der Ordnung herbei führen? Oder ist hier die Unordnung weniger nachtheilig als in einer Bataille, wo sie gewöhnlich durch thätige Officiere bald herzustellen ist? Oder führt die Kunst, sich mit einer Armee bewegen zu können, zu keinen wesentlichen Zwecken? Sind die Ursachen, welche die Siege bey Leuthen, Rosbach, Zorndorf u.s.w. den unsterblichen König verschaften, nicht anerkannt?

5. Der größte Vortheil der Manoeuvres in Corps und Detaschements ist, wenn sie wohl eingeleitet, zweckmäßig entworfen und der Feind auf eine angemessene Art dabey representirt wird, die Bildung der Officiere in den Feldverhaltungen; hier lernen sie, wie sie beim Angriff im durchschnittenen Terrain die Truppen nach und nach ins Feuer bringen (eine Kunst, welche nur sehr wenigen Staabsofficieren bekant ist); wie sie die verschiedenen Waffen, es sey beim Angriff oder der Vertheidigung, es sey isolirt oder im Zusammenhange, nach andern Corps, nach dem Terrain, nach der wechselseitigen Hülfe placiren; wie sie einen Rückzug in dem verschiedenen Terrain anordnen, wie da wechselweise neue Stellungen von der Arrieregarde genommen werden, wie die verschiedenen Waffen da einander Hand bieten, und wie die Wege rechts und links beobachtet und besetzt werden.

Der größte Theil der Offciere hat sich nur mit den Bewegungen der Gattung von Truppen beschäftigt, bey der er dient, beköömt er mehrere Gattungen unter seinen Befehl, befindet er sich in einem vermischten Terrain, muß er, wenn er sich gegen das Umgehen sichern will, wenn er an allen Punkten den Feind begegnen will, ein weitläufiges Terrain übersehen und beobachten und darin schnell, bald zu dieser, bald zu jener Waffe greifen, so weiß er sich nicht zu helfen. Unentschlossenheit und Aengstlichkeit überfällt und benimmt ihn jetzt sogar den Vortheil, nach gesunder Vernunft zu handeln; vorgeschriebene Dispositionen sind ihn oft nicht einmal verständlich, er ist in eine seinen Begriffen neue Sphäre gesetzt, und die Verwirrung derselben zieht die seines Corps oder Detaschements nach sich. Welche Beispiele könnte man hier anführen, wenn es nöthig wäre, wenn nicht die meisten Vorfälle ohne Unterschied Beweise zu dieser Behauptung abgeben könnten.

4. Richtlinien für den Postendienst

123. Notizen [?, hannoversche Zeit[1]]

GStA PK, VI. HA Nl Scharnhorst Nr. 287 fol. 9r–10v (3½ S.): Eigenhändig.

[1.] Schema für Feldwachen unter verschiedenen Bedingungen. [2.] Beispiele in der Umgebung Hannovers.

<u>Beyspiele von Dispositionen der Infanterie u. Cav. Feldwachen in vershiedenen Terrain</u>

[1.]
A. <u>In der Ebene</u>
  I. <u>Cavalerie</u>
    1. Bey Tage
    2. Bey Nacht
  II. <u>Infanterie</u>
    1. Bey Tage
    2. Bey Nacht
  III. <u>Cav. u. Inf.</u>
    1. Bey Tage
    2. " Nacht

B. <u>Am Defilee</u> Allgemein, Brücken, Durchgänge – Fahrzeuge – Fuhrt – Fähren.
  I. <u>Cavalerie</u>
    1. Bey Tage. Darüber weit hinaus
    2. Bey Nacht. Impracticabel u. darhinter
  II. <u>Infanterie</u>
    1. Bey Tage einen Theil jenseits eingraben u. es vertheidigen
    2. " Nacht, inpractic. Von der Seite es beschießen
  III. <u>Cav. u. Inf.</u>
    1. Bey Tage. Cav. hrüber, Inf. zur Verth.
    2. " Nacht. Cav. diesseits u. zur Seite, die Flanken zu deken, Patr.

C. <u>Zwishen Heken, Landwehr</u>
  I. <u>Cav.</u> Durchgänge im Rüken ⎫
  II. <u>Inf.</u> versperrt immer ⎬ wie in der Ebene
  III. <u>Cav. u. Inf.</u> versperrt. ⎪
    Cav. zurük ⎭

---

1   Die Beispiele sind in der unmittelbaren Umgebung Hannovers angesiedelt.

D. Heken, kleine Bäche, im pr. Berge, Moräste vor sich
  I. Cavalerie
     1. Bey Tage. Vor die Ved. u. die Wache dahinter
     2. " Nacht. Vedetten da u. Wachen so, daß sie den Feind in Flank nimmt, wenn er die Def. paßirt
  II. Inf.
     1. Bey Tage Schildwachen, die Wache drin
     2. " Nacht[a] Schildwachen davor, Wache drin
  III. Cav. u. Inf.
     1. Bey Tage Cav. davor, Inf. drin
     2. Bey Nacht Cav. hinter, Inf. drin

E. Dorf an jener Seite eines Defilees
  I. Inf.
     1. Bey Tage drin u. Schildwachen davor hinaus
     2. " Nacht aufs Defilee u. die Ausgänge bewacht u. barricadirt
  II. Cav.
     Eben so, bey Tage weit hinaus
  III. Inf. u. Cav.
     1. Bey Tage Inf. an Ausg., Cav. weit aus
     2. Bey Nacht. Inf. besetzt die Ausgänge, Cav. h aus Patr.–Trup auf dem Defilee
F. Fuhrt

[2.] Beyspiele. Feldwache in Hannov., Langenhagen u. Ronneb[e]rg – Herrenhausen das Quartier von 2 Esc.
  Patrouillen –
    1. über Barne, Selb, Aven, Battesen
    2. über Heinholz biß Botfelde, Buchholz wieder zurük.

Comando in Hann. von 100 Pferden Quartier Neustadt. Der Feind in Hildesheim, Alefeld, [................][b]
1. Wo stehet das Comando?
  Bey Tage, bey H. u. Montb.[2] Montplaisir
    1 Feldwache bey Vahrenw.   6
    1   "   "   auf den Lindeberge   6
  In der Nacht bey Burg, Stöken, Vahrenwalde, Heinholz, Langenhagen, Wetbergen
  Patr. Alle Tage 3 Patr. jede von 6 Mann

---

[a] Statt dem versehentlich durch ein Anführungszeichen angezeigten „Tage".
[b] Nicht gut leserlich, könnte „Schlagende.. Comando" heißen.
2 Schloß Montbrillant. Es befand sich dort, wo später das Welfenschloß (Gebäude der Technischen Universität) errichtet wurde.

Quartier in Ahlen, Velber u. Leuthe
Feldwache 20 Pf. bey Linden
   20 Pferde bey Ronnenb[e]rg
Feind bey Hildesheim
1. Wahl des Orts der Feldwache
2. Aussetzung u. Verhalten bey Tage u. bey Nacht.

Quartier in Döhren, Wulfel, Bemerode, Kirchrode
Quartier
<u>Feldwache</u> Hemern, List, Buchholz
Feind bey Rnnstedt

I. Escadron Feldwache vor sich $^1/_2$ Meile, der Feind bis 8 Meile
   a. bey Tage   1. Wache
      Bey den Standarten, detaschirte Posten, [...]^c Ausgange. Vedetten
<u>Patr.</u> Thurm
<u>Allarmplatz</u> –

   b. <u>Nacht</u>
      Auser der Wache ein Piquet, alle Ausgänge damit besetz[...] Mehr Vedetten
<u>Patr.</u>

II. Ein oder mehrere Escadronen
   Der Feind auf 1 Meile nahe, selbst Feldwache
   Die Feldwache das Terrain so, daß von 1000 zu 1000 Schritt 1 Vedette 3000 Schritt vorwärts
   a. <u>bey Tage</u>
      Im Quartier eine Wache, welche am Ausgange Dathausen Posten Thurmwachen. Ein Piquet zum Aufsitzen bereit
<u>Patr.</u>
   b. <u>bey Nacht</u>
      Piquet ausgerükt, ein anders an einem Hause zu Aufsitzen breit
      Die Einquartier[un]g zusammen gezogen u. gesattelt
<u>oft Patr.</u>

III. Ein oder mehrere Escadronen ganz abgesondert.
   Feind weit entfernt
   1. Wie oben
   2. Den Feind beobachten, 2 Meile Patr. schicken
   3. Dorf barricadiren.

---

   ^{c} Text kann wegen des Bindungsfalzes nicht gelesen werden, auch in der Folge.

124. Denkschrift [?, vor 1801?[1]]

GStA PK, VI. HA Nl Scharnhorst Nr. 286 fol. 21r–26r (10 S.): Abschrift, Schreiberhand mit eigenhändigen Korrekturen und Änderungen.

[1.] Praktische Grundsätze zur Führung eines Postens. Geländekenntnis. Aufgaben der Schildwachen. Deserteure. Schutz des Postens. Rückzug. [2.] Beispiele in der Umgebung Hannovers. [3.] Verhalten auf Patrouille. [4.] Beispiel in der Umgebung Hannovers.

[1.] [a]Allgemeine Principe, welche der Befehlshaber eines Infanterie-Postens zu beobachten hat.[2]

1.) <u>Er macht sich mit der Gegend etc. bekannt.</u> Er bemerkt sich die Namen der Leute des Commandos, den Ort, den Namen und den Character dessen, an dem die Meldungen geschehn; die Namen der Oerter und den Posten, ihre Entfernung und die Beschaffenheit des umliegenden Terrains, wo die Wege hingehen, wie sie beschaffen, wo Hölzer sind etc. Der erste Officier des Postens erfährt es von Landleuten, die er zu dem Ende einholen läßt.

2.) <u>Er setzt die Schildwachen aus.</u>
a) Eine doppelte stehet vor dem Commando, wovon ein Mann dem Ankommenden entgegen gehet, und der 2te meldet, daß etwas ankömmt.
b) Wo Schildwachen weit von einander stehen, werden immer doppelte gesetzt, von welchen die Nacht ein Mann alle ¼ Stunde zu der nächsten Schildwache gehen muß.

3.) <u>Er instruirt die Schildwachen:</u>
a) Was sie zu melden, und auf welche Gegend sie Aufmerksamkeit zu richten;
b) Daß von den doppelten Schildwachen eine dem Ankommenden entgegen gehet oder es erwartet, und der andere meldet, daß etwas ankömmt.
c) Daß vor der Wache alles Ankommende durch die Schildwache aufgehalten wird, bis es examinirt ist, und daß die entfernten Schildwachen jedes Ankommende nach der Wache weisen.

4.) <u>Er läßt jedes Ankommende durch den Gefreiten oder Unterofficier mit einigen Mann examiniren.</u> Wenn keine nähere Befehle, so werden Landleute und Bekannte durchgelassen; Galanteriekramer, Supplikanten, Vagabunden, welche vorgeben, etwas zu suchen, und dgl. aber zurükgewiesen.

---
[a] Die erste Seite ist oben links mit Bleistift als „e." bezeichnet.
[1] Die Beispiele sind in der unmittelbaren Umgebung der Stadt Hannover angesiedelt.
[2] Scharnhorst fußt hier offenbar z. T. auf den systematischeren Ausführungen in seinem „Militärischen Taschenbuch". So vergleiche man zu diesem Abschnitt das Kapitel „Beobachtungen bey Aussetzung der Feldwachen" (Scharnhorst, Militärisches Taschenbuch, S. 102–116), zum Abschnitt [3.] die Kapitel „Allgemeine Verhaltungsregeln der Patrouillen" und „Verhalten der Patrouillen, welche die Feldwachen aussetzen" (ebda., S. 3–12 bzw. 123–127).

Feindlichen Trompetern oder feindlichen Officieren gehet eine der doppelten Schildwachen entgegen, lassen sie halten, bis sie von der Wache examinirt sind. Haben sie Briefe, so erhalten sie einen Empfangschein und darauf werden sie gegen 1000 Schritt wieder zurück begleitet.

Will ein Officier nach dem Hauptquartier, so wird dies erst an den General du Jour gemeldet, und dann wird er mit verbundenen Augen, wenn ihm sein Gesuch gestattet ist, nach demselben hingebracht.

5.) <u>Bey den Meldungen</u> wird der Ort, die Stunde, der Tag und der Character des Officiers angezeigt.

6.) <u>Wenn ein feindlicher Deserteur ankömmt</u>, wird er gefragt um den Namen des Regiments, bey dem er gestanden, um die Stärke, den Aufenthalt, die Entfernung und den Zustand des Feindes. Diese Aussage wird schriftlich mit dem Deserteur abgeliefert. Kommen mehrere Deserteurs, so werden sie nach dem Lager escortirt.

7.) <u>Wenn ein Mann desertirt</u>, so wird dies auf nahen Posten oder auch am General du Jour sogleich gemeldet: der Name des Deserteurs, des Regiments, von dem er ist, und die Zeit, da er desertirt, wird bemerkt.

8.) <u>Man sucht das Commando und die Schildwachen zu decken</u>. Man stellt beyde hinter Hecken und Zäune, aufgeworfene Gräben etc. oder man macht für das Commando einen Aufwurf, damit es einen Ort hat, wo die Gewehre angesetzt werden können, und wo es gegen die Cavalerie gedekt ist. Hat der Officier Befehl, eine Schanze blos zur Deckung für den ersten Anfall aufzuwerfen, so braucht die Brustwehr anfangs nur um $4^1/_2$ Fuß hoch, und unten 5 bis 6 und oben 2 bis 3 dick zu seyn. Der Graben wird 4 Fuß tief und 9 Fuß breit. Hat man hernach mehr Zeit, so wird die Brustwehr $1^1/_2$ Fuß erhöht, und mit einer Bank versehen. Man kann diesen Aufwurf so groß im Umfange machen, als die Fronte des Commandos in einem Gliede beträgt.

Wo die Seiten der Schanze nicht durch Hecken, Gräben, Planken etc. gedeckt sind, da schließt man sie mit Palisaden.

9.) <u>Die Wache muß besonders des Nachts nicht</u> überfallen werden können.

Damit das Commando nicht überfallen werden kann, so befindet sich ein Unterofficier mit einigen Mann vorwärts. Diese verrichten das Recognosciren, wenn etwas ankömmt, und sind die Nacht immer unterm Gewehr. Der 4te Theil oder auch die Hälfte ist vom Commando die Nacht beym Gewehr, gegen Morgen nimmt das ganze Commando dasselbe.

Feure sind zur Seite und werden sich abwechselnd bedient.

Bey Tage hat ein Commando unter 25 Mann keinen abgesonderten Trupp; die Nacht stehet der abgesonderte Trupp in offenen Gegenden da, wo das Commando bey Tage stehet, und dies befindet sich weiter zur Seite, vorausgesetzt, daß keine Schanze oder sonst etwas da ist.

10.) <u>Jede Wache schickt alle $^1/_2$ Stunde 1 Patrouille</u> von 1 Unterofficier und 2 bis 3 Mann aus, dieser gehet vor den Schildwachen, wo der Feind herkommen kann, und visitirt zugleich die Schildwachen. Mit Tagesanbruch ist eine Patrouille immer auswär[ts]ᵇ, sobald es Tag ist, durchsucht sie die nahen Gehölze etc., in denen der Feind verborgen seyn könte.

Kann man eine Gegend nicht mit Schildwachen besetzen, so schickt man die Nacht alle ¼ Stunde Patrouillen in dieselbe.

Die Leute müssen instruirt seyn, wie sie einander erkennen, d.i. sie müssen Contresigne³ haben.

11.) <u>Vertheidigung und Rückzug</u>
So bald ein Posten angegriffen wird, ziehet sich der etwanige detaschirte Posten zurück und die Schildwachen an die Trups, wenn er abgeschnitten werden könnte; stehet der detaschirte Posten aber zur Seite, so daß er den Feind glaubend machen kann, daß der Poste stärker sey, als er ist, so bleibt er anfangs stehen.

Gegen Cavalerie, die überlegen angreift, formirt das Commando 2 Glieder und ziehet gleich alle Schildwachen an sich. Gegen Infanterie stehet jedes Commando aber in 1 Gliede. Jedes Commando ist in 2, und, wenn es über 40 Mann stark ist, in 4 Plotons abgetheilt, 2 und 2 Plotons wechseln mit einander im Feur ab, das eine schießt nicht ehender, bis das andere geladen.

Im Rükzuge hat jedes Ploton einige Leute vom 2ten Gliede detaschirt, welche einzeln auf den Feind hinter den Bäumen etc. feuren, und etwa 100 Schritt hinter dem Commando nach dem Feinde zu sich befinden.

12.) Schwache Posten, die gefährlich stehen, müssen alle Nacht ausrücken und ihren Aufenthalt verändern. Oft cachirt man seine Schwäche, wenn man den Feind, der nahe stehet, selbst beunruhigt, wenn man sich so placirt, daß man den angreifenden Feind von der Seite anfallen kann, oder wenn man ihn selbst entgegen gehet.

[2.] <u>Beyspiele.</u>
Eine Armee stehe in AB. Auf dem Kronsberge⁴ in x u. auf der Bult in y befinde sich eine Cavalerie-Feldwache, vor Bemerode ein Infanterie Piquet von 30 Mann, in der Seelhorst⁵ ein Infanterie Piquet von 20 Mann; bey Bischofssohl⁶ eine Infanterie-Wache von 30 Mann. In Kirchrode 2ᶜ Compagnien Jäger zu Fuß und in der Kirchroder Warte von denselben 30 Mann. Die Infanterie Wache bey Bischofssohl und in Kirchrode wird alle 24 Stunden abgelöset. Die Compagnien in Kirchrode cantonniren und geben die Wache bey der Kirchröder Warte, die alle 24 Stunden abgelöset wird. Die Cavalerie Feldwachen werden ebenfalls alle 24 Stunden abgeloset.

ᵇ *Das Wort ist durch einen Einriß beschädigt, der durch alle Blätter geht.*
ᶜ *Korrigiert und schwer lesbar, könnte auch „4" heißen.*
3 Gegenzeichen, d. h. Kennwort und Gegenkennwort.
4 Nordwestlich von Wülferode.
5 Gemeint ist der Wald östlich am gleichnamigen Dorf südöstlich von Hannover.
6 Heute Waldwirtschaft Bischofshole westlich von Kirchrode.

1.) Das Piquet von 20 Mann in <u>der Seelhorst</u>. Die Wache stehet, wo das Quarree im Holze, und 3 doppelte Schildwachen stehen in 1, 2 und 3 am Umfange des Holzes.[d] Bey Tage halten sie sich, in Fall das Piquet den Tag stehen bleiben sollte, bedeckt, bey Nacht rücken sie vors Holz, indem sie da beßer um sich sehen können. Das Piquet stehet die Nacht bald rechts, bald links am Umfange des Holzes in denselben. Alle $^1/_2$ Stunden gehet eine Patrouille am Rande des Holzes, bis an die Schildwache des Postens von Bemerode und der Schildwache.

2.) <u>Poste bey Kirchrode</u>. Die Compagnien liegen in den Häusern nahe am Heinholze [....][e] eine Wache nach dem Thiergarten [.....] doppelte Schildwachen an den Ausgängen, die so weit verbarricadirt sind, daß sie durch einen Baum gleich gesperrt werden können. Ausserdem wird der Thiergarte und die Wiese links beständig durch einige Mann patrouillirt. Die Wache und Schildwachen bleiben die Nacht; die Compagnien aber rücken ganz oder zum Theil ins Heinholz und schicken Patrouillen nach Bemerode und nach der Kirchröder Warte.[7] Eine Gefreiten-Patrouille gehet beständig ums Dorf.

3.) <u>Poste bey der Kirchröder Warte, 30 Mann leichte Infanterie, die alle 24 Stunde abgelöset wird</u>. Hier ist eine Brücke, und bey 6 eine Fuhrt zu vertheidigen. Da über die Brücke beständig Husaren Patrouillen gehen, so läßt der Officier nur einige Bohlen losmachen, und setzt einen Unterofficier-Posten bey Tage an der andern Seite. Dieser hat eine Schildwache auf der Warte und eine auf dem Wege in 7. Die Nacht wird dieser Posten zurückgezogen, und die Bohle abgenommen, und den Morgen erst dann ausgesetzt, wenn die Gegend patrouillirt ist. Der Haupt-Poste hat eine doppelte Schildwache an der Hecke der Gemeinde-Wiesen, eine andere rechts am Graben und in der Nacht noch eine 3te auf der Brüke. Der Poste stehet am Wege hinter einen 4' hohen Aufwurf 100 Schritt von der Brüke, wo die Gewehre angesetzt werden. Bey 6 ist ein Unterofficier-Posten von 6 Mann. Dieser hat ebenfals einen 4' hohen Aufwurf und eine doppelte Schildwache in 9 u. eine einfache an der Fuhrt. In der Fuhrt sind Eggen und Wagenräder geworfen und vor derselben ist ein Graben gemacht, in dem man Wasser gelassen. Die Nacht gehet beständig eine Patrouille zwischen den Unterofficier Posten und Bischofssohle, und eine andere zwischen der Warte und jenem. Diese Patrouillen gehen langsam und horchen. Noch eine andere Patrouille gehet am Flusse nach den Gemeinde-Wiesen und Bemerode. Unter die Brücke ist trocken Holz und Stroh gebracht, damit man sie durch einen Schuß in Brand setzen kann.

---

[d] *Zu den Beispielen sind weder Planskizzen noch ein gedruckter Plan mit eingetragenen Zahlen und Buchstaben erhalten.*
[e] *Textverlust durch den erwähnten Einriß, auch im Folgenden.*
[7] Heute Kirchröder Turm. Er befindet sich dort, wo die Tiergartenstraße (von Kirchrode nach Kleefeld) den Eilenriedegrenzgraben und den Wolfsgraben überquert.

[3.] Patrouillen^f
werden ausgeschickt, die Posten zu visitiren und zu recognosciren.
1.) <u>Man nimmt dazu rasche Pferde, kluge Leute</u>, und sagt ihnen, besondere Fälle ausgenommen, die Absicht.
2.) <u>Sie lassen sich so viel möglich nicht sehen</u> und vermeiden alle Rencontres. Sie gehen verdeckt durch die Hölzer etc.
3.) <u>Bey kleinen Visitir-Patrouillen ist im Holze etc. 1 Mann 30 bis 100 Schritt voraus detaschirt; Recognoscir-Patrouillen haben eine Avantgarde</u> und meistens auch Seiten-Plänkerer 100 bis 200 Schritt vom Trupp detaschirt, welche eine aufgezogene Pistole immer in der Hand haben. Diese reiten am Rande des Holzes (wenn die Patrouille im Holze) und auf Anhöhen, so, daß sie mit Kopf eben über dieselbe sehen können etc.
4.) <u>Jede Patrouille wird auf ihren Rückzug bedacht seyn</u>, einen andern Weg, als den gekommenen, ausforschen, oder sich von Defileen nur mit einem Theil entfernen, so daß der zurückgebliebene Theil nicht abgeschnitten werden kann.
5.) <u>Der Officier muß sich beym Patrouilliren wohl orientiren</u>; die Magnetnadel zeigt ihm Norden, und die Karte die ohngefähre Lage der Oerter; Forster, Bothen, Hirten dienen zu Guiden, durch sie lernt er das Terrain kennen, und darnach corrigirt er seine Karte.
6.) <u>Bey Hirten, Förstern etc. erkundigt man sich auch nach dem Feinde</u>; man erkundigt sich aber nach den Wegen, die man nicht nehmen will. Man verstellt sich gegen jeden, und läßt die Leute nicht von sich, bis die Expedition angerichtet.
7.) <u>Man läßt nahe zur Seite kein Holz etc. ununtersucht, gehet durch kein langes Defilee, ehe nicht die Plänkerers es selbst und seine Neben-Wege untersucht.</u> Hölzer durchsucht man durch einzelne Plänkerer, sowohl in den Haupt- als Neben-Wegen, denen kleine Trups folgen, die durch Bothen geführt werden; der Haupttrupp folgt oder bleibt so lange zurück, bis alles durchsucht. Vor einem Dorfe bleibt man verdeckt halten; einige Mann fragen in abgelegenen Häusern nach dem Feind, und durchsuchen das Dorf; dann folgt die Patrouille.
8.) <u>Im Winter und in der Nacht fallen</u> die Seiten-Plänkerers weg. Da hat man einige Mann weit vordetachirt, von denen 2 wieder vorreiten. Man horcht, nimmt Nebenwege, und verhält sich bey den Dörfern, Defileen etc. wie bey Tage.
9.) <u>Trift man auf eine feindliche Patrouille, so hält man sich verdeckt und zeigt sich nur, wenn man sie gänzlich abschneiden kann.</u> Kleinere Patrouillen zerstreuen sich gegen einen starkern Feind.

---
^f *Sehr groß geschrieben (Überschrift).*

[4.] Beyspiel.
Man soll von Hannover mit 21 Pferden die Eilenriede rechts dem Pferdethurm[8] und Kirchrode, Bemerode und die Seelhorst durchsuchen.

In jeden der beiden Wege a und b der Eilenriede detaschirt man 7 Mann mit 1 Corporal. Der Trupp in a gehet auf Bischofssohl und der in b auf die Kirchroder Warte. Jeder Trupp geht langsam und hat seine Plänkerers rechts und links und vorwärts. Der Trupp in b recognoscirt die Warte wie ein Dorf und gehet darauf auf Bischofssohl. Der Haupttrupp gehet am Rande des Holzes auf Bischofssohl und läßt durch 5 Mann das Holz zwischen diesem Ort und dem Dörnerthurm[9] absuchen, und von diesen 3 bey Bischofssohl und 2 beym Dörnerthurm stehen, ehe er weiter gehet. Occupirt der Feind nun ein Defilee, so schießt die hier postirte Mannschaft und man gehet durchs andere zurück. Kommen die Trupps auf a und b bey Bischofssohl an, so gehet man in dem Holze F nach Kirchrode. Die Plänkerer bleiben im Holze am Rande, das Dorf wird recognoscirt nach N. 7. Vor Kirchrode läßt man 2 Mann stehen, die aber bald folgen. Von der übrigen Mannschaft formirt man 3 Trupps: 2 durchsuchen die Seelhorst nach N. 7; nach einiger Zeit folgt der 3te auf dem Wege c und läßt das Dorf Bemerode recognosciren. Darauf gehet ein Unterofficier mit 6 Mann über den Scharenkamp nach dem Kronsberg und examinirt den Müller. Endlich gehet man über den Dörnerthurm zurück, indem man Wülfel und Dören, wie in N. 7 gelehrt, recognoscirt. Die 3 Mann von Bischofssohl gehen auf den Dörnerthurm, sobald sie die Hauptpatrouille ankommen sehen.

125. Aufzeichnung [?, ?]

GStA PK, VI. HA Nl Scharnhorst Nr. 133 fol. 139r–v (2 S.): Konzept, eigenhändig.

§. Anordnung zur geschwinden Versammlung[a]
Da alles hierauf beruhet, so muß man die Mittel, welche dazu angewandt werden können kennen –
1. Die Art, wie durch Relais die Comunication erhalten wird. Relais Routen – auf 18 Meilen 24 Stunden.[1]
2.[b] Die Fanale oder Signale –

---

[8] Der südliche Teil der Eilenriede (Wald östlich von Hannover) befindet sich zwischen den Orten Kirchrode, Kleefeld und Bult.
[9] Döhrener Turm, wo die Hildesheimer Straße den Eilenriedegrenzgraben überquert, heute unweit des Maschsees.

---

[a] Dabei verschiedene gestrichene Überschriften.
[b] Absatz 2 statt gestrichen: „2. Bäckerei; die Quartiere können nur 6 bis 8 Meile von den Quartieren seyn oder es muß das Brod durch Landfuhren für die weitesten Quartier verfahren werden."
[1] Etwa 135 km pro Tag.

a. Signal Kanonenschüße – Zeitmaß dabei
b. Brenbare Fanale bei Nacht – Einrichtung derselben – Thürme – Mühle
c.ᶜ Rauchende bei Tage
   Dampf Kugeln – Abgelegene Scheuern oder Haus
d. Thürme, Windmühlen u.s.w. bey Tage – Flaggen drin – sie mit Fernrohrn beobachten.
3.ᵈ Weg – Brücken – Dämme – Wege werden in Stand gesetzt – sich bekannt gemacht – Oefnungen gemacht wo davon Vortheile
4. Zusammenziehung in den einzelnen Quartieren – Alles bereit – Larm – Canonschüße in weitläuftigen Quartier – Vorher bekannt – Leute aus jeden Dorf an einen bestimmten Orte bereit – Patron Wage u. Kanon darnach gelegt – in Voraus immer mit Brot u. Fourage, aber nicht ausgeben verfahren.

126. Aufzeichnung [?, ?]

GStA PK, VI. HA Nl Scharnhorst Nr. 134 fol. 16r–19v (8 S.): Konzept, eigenhändig.

Anordnung von Posten. Drei Beispiele aus dem Siebenjährigen Krieg (Juli 1757).

Beyspiel

Als die Allirte Armee in AAᵃ 1757 in Julie stand und die französische ihre Vorposten nicht weit von Trenke¹ stellte und nur noch 2 Stunde von diesen Dorfe entfernt war, wurde[n] in Trenke u. Börge² 2 Compagnien Jäger zu Fuß, 2 Compagnien Jäger zu Pferde, 120 Bückeburgshe Carabiniers und 50 Husaren postirt.

Sicherheitsanordnungen dieser leichten Truppen*: Die beyden Compagnien Jäger zu Pferde und die Husaren u. Carabiniers stehen hinter Börge undᵇ die Jäger zu Pferde haben vor Börge in a und vor Trenke in b eine Feldwache. Die Feldwache a hat vor sich am Wege und auf den Lütjeberge³ eine doppelte Vedette, die Feldwache b hat vor sich am Wege und links an der Heke eine doppelte und gegen Gronde einen Corporalsposten von 4 Mann. Dieser stehet nur 600 Shritt von Orte u. hat auf 300 Schritt von diesen seine Vedette.

ᶜ Korrigiert aus „d.". Der ursprüngliche Absatz c, in dem es u. a. um Flaggensignale ging, ist dick durchgestrichen.
ᵈ Davor gestrichene Überschrift: „§ 12. Comunication zu Versamlung in den Quartier".

ᵃ Offenbar Bezeichnung auf einer nicht erhaltenen Karte.
ᵇ Folgt versehentlich stehengelassenes Wort „der".
1 Frenke bei Grohnde. Die Schreibweise spricht dafür, daß Scharnhorst diesen Text anhand einer Karte verfaßte und nicht anläßlich seiner Erkundungsreise in der Gegend im Sommer 1797.
2 Börry.
3 Gemeint ist wohl der Kleine-Berg südlich von Börry.

Auch in der Nacht bleiben diese Feldwachen stehen. Nur wird die Feldwache a etwas zurükgezogen, die Vedette von Berge vor denselben placirt u. noch eine Vedette an den kleinen Bache auf der linken Flanke der Feldwache gesetzt.

Die Feldwache b bleibt ebenfals, und nur links wird noch eine Vedette ausgesetzt, damit die Vedetten der Feldwache a u. b ein Chaine ausmachen. Der Corporal Posten wird mit 4 Mann verstärkt, so daß er immer 2 Vedetten u. also beide Seiten von Gronde observiren kann; dies ist nothig, da der Feind in Gronde an der andern Seite der Weser sich befindet und die Fähre in Besitz hat.

Um die Feldwachen bald unterstützen zu können ist so woll bey Tage als bey Nacht ein Piquet von 20 Mann von jede Compagnie in Bereitschaft.

Die Husaren u. Carabiniers in Bushhausen haben 1 Feldwache[c], die nach Buschhausen[d]. Diese Feldwache hat bey Tage 2 Vedetten, die eine auf den Wege von Buschhausen in Geholz u. die andre auf den Berge etwas links der Wache. Diese können die ganze Gegend übersehen. Die Feldwache stehet so auf den Berge, daß man sie auf der Seite des Feindes nicht sehen kann. Da sie von dem Gehölze her leicht überfallen werden könnte, muß sie in der Nacht beständig aufsitzen. Auserdem werden in der Nacht noch 2 Vedette nach dem Feinde zu, die eine rechts u. die andre links der stehenden Vedette gesetzt, u. diese gehet vor [......][e] bis in die Ebene.

Von der Feldwache d eine Patrouille.

Noch rükt zur Dekung der Flanke in d in der Nacht ein Piquet von etwa 15 Mann, welches 1 einzelne u. 2 doppelte Vedetten gegen Bushhausen u. das Gehölz links aussetzt.

Zur Sicherheit der Flanke wird links auch durchs Gehölz bis an die nächsten Dörfer patrouillirt.

2. Die erste halbe Compagnie Jäger zu Fuß stehet bey der Ilsemühle[5] und die andern 1½ Comp. in Börge. Sie haben am Ausgange des Dorfs nach dem Feinde zu eine Wache und auserdem an alle Ausgänge eine doppelte Shildwache. In der Nacht wird durch ein Piquet die Wache verstärkt, an jed[e]n Ausgang ein Unterofficir Poste und in die Gärten am Umfange ein[i]ge Schildwachen gesetz. Die Mannschaft ist in der Nacht beständig in ein paar Häusern beyeinander und hat vor denselben ihren[f] Allarmplatz. Die halbe Compagnie in der Ilse Mühle hat die Brüke mit ein Unteroffi[ci]er Wache besetzt u. auf 300 Schritt um das Haus in der Nacht einige Schildwachen.

---

[c] Statt „Feldwachen".
[d] Folgt versehentlich nicht gestrichen: „u."
[e] Unleserlich.
[f] Statt „seinen".
[5] Westlich von Börry, nahe der Einmündung der Ilse in die Weser.

Zweytes Beyspiel
Nach dem die Avantgarde der französischen Armee die allirten leichten Truppen von Börge und den Ilse Bergen vertrieben hatte,⁶ setzten sie sich in Latferde und in das Gehölz von Bukeberge wurden bey a,a,a Infanterie [Posten?ᵍ] gesetzt, die durch die Grenadier Bataillone, welche weiter zurük standen, unterstützt wurden.

1. <u>Anordnungen der leichten Truppen</u>. Die Cavalerie hat vor Latferde 2 Feldwachen; in Latferde sind beyde Compagnien Jag[e]r zu Fuß an die Ausgange einquartirt u. jeder hat hier ihre Wache. Die Cavalerie stehet hinter Latf[e]rde. In der Nacht ziehen die Feldwachen auf 400 Schritt von ihren Standort eine Kette von doppelten Vedetten, die immr 300 Schritt voneinander entfernt sind und sich an der linken Flanke bis an den Bökeberg erstreken.
Die übrige Cavalerie hat ein Piquet, welches in der Nacht ausrükt u. nebenʰ den Dorfe hält. In der Nacht ziehen sich die Compagnien zusammen und an der Weser werden Shildwachen ausgesetzt. Die Eingänge rükwärts werden mit einen Unterofficir Posten versehen u. verbarricadirt, dagegen aber durch Gärten Ausgänge gemacht.

2. <u>Anordnung der Infanterieposten</u>. Sie haben jeder Tage nur eine doppelte Schildwache vor sich, so weit im Holze, daß man sie nicht sehen kann. In der Nacht aber so rüken sie die Schildwachen aus dem Holze u. formiren eine Kette, in der von 300 bis 600 Schritt, nach dem es mehr oder weniger finster, eine doppelte Schildwache stehet. Die beiden Flügel Posten detaschiren auf ihre Flügel auf 5 bis 700 Schritt auserdem, so woll bey Tage als bey Nacht, einen Unterofficier mit 9 Mann. Dieser hat 300 Schritt vor sich 3 Schildwachen, jede etwa 300 Schritt von der andrn. Dies ist besonders bey den linken Flügel Piquet nöthig. Auch muß dies, so woll bey Tage als bey Nacht, immer ein par Mann im Holze patrouilliren lassen. Bey Tage müßen die Gänge gemacht u. bemerkt werden, die man die Nacht nimmt.
Endlich erfordert es die Vorsicht besonders bey den Flügelposten eine Schildwache in Rüken auf etwa 300 Schritt zu haben. Die etwanigen Feure dieser Wachen sind rükwärts in einer Vertiefung. Der linke Flügel Poste bedient sich derselben nur abwechselnd.

ᵍ *Unleserlich.*
ʰ *Folgt ein offenbar überflüssiges „u.", das zu dem anschließend gestrichenen „hinter" gehörte.*
⁶ Das Beispiel bezieht sich wahrscheinlich auf den Übergang der französischen Armee über die Weser am 16. Juli 1757, auf den zehn Tage später die Schlacht von Hastenbeck folgte.

3tes Beyspiel
Nachdem die leichten Truppen aus Latferde delogirt waren, wurden die Jäger zu Fuß bey der sogenannten Ohnsburg[7] postirt, in Bisperode kam ein Infanterie Detashement von 300 Mann. Hastenbek wurde mit einen Infanterie Piquet in der Nacht besetzt.

Die französische Armee hatte den Bükeberg in Besitz.

1. <u>Anordnung des Piquets</u> in Hastenbek. Es besetzt die beiden Brüken über die Lake mit einen Unterofficier Posten und stellt von da an um Hastenbek auf 300 bis 400 Schritt von den Gärten links einen Kreis von Schildwachen, die von einander etwa 300 bis 400 Schritt entfernt sind.

Das Piquet mit Commandeur befindet sich am Ausgange bey a in einen Garten.

2. <u>Anordnung des Infanterie Detashements in Bisperode</u>. Dies Comando stehet hier sehr exponirt. Es kann nichts mehr thun, als daß es sich gegen einen Ueberfall sichert. Bey Tage sind an den 3 Ausgängen des Dorfs Unterofficir Posten, welche die Ausgänge verbarricadirt erhalten. Das Comando ist [in?] eingen nahgelegenen Häusern beyeinander.

In der Nacht werden diese Unterofficier Posten verstärkt und um das Dorf etwa 200 Schritt von den Gärten wird eine Kette von Shildwachen formirt. Das Detashement rükt in einen geräumigen Garten, damit es gleich beysammen ist, u. die Posten am Ausgang ziehen sich nach diesen zurü[ck].[i]

Stünde hier eine Escadron leichte Cavalerie, so würde folgende Disposition zur Sicherheit erfordert:

Bey Tage stehet vor den Dorfe auf 1800 Schritt eine Feldwache von etwa 26 Mann.

Im Dorfe ist ein Piquet beständig zum Ausrüken bereit und hat an den 3 verbarricadirten Ausgängen 3 doppelte Schildwachen. Der Escadron ist in einen offenen Garten der Allarmplatz angewiesen. Bey Nacht ziehet sich die Escadron zusammen und rükt hinter das Dorf. Die Feldwache wird bis auf 600 Schritt vom Dorfe zurükgezogen und von ihre wird eine Kette von Vedetten formirt, die 400 Schritt von ihr entfernt. Von Piquet werden rechts u. links und rükwärts der Escadron ebenfals ein[i]ge Vedetten ausgesetzt.

Diese Escadron muß auf dieser Flanke bis an die Ohnsburg u. weiter rükwärts bis auf wenigstens 1 Meile Patrouillen shiken.

* Genau hat man die Anordnung nicht mehr ergeben können. Vershiedenes ist daher eigner Entwurf.

---

[i] *Textverlust durch Abriß an einer Ecke.*
[7] Obensburg.

127. Aufzeichnung [?, vor 1801?[1]]

GStA PK, VI. HA Nl Scharnhorst Nr. 24 fol. 31r–v, Nr. 134 fol. 20r–22r, 56r–59r, 72r–v (13 S.): Konzept, eigenhändig, Fragmente, offenbar unvollendet.

Beispiel für die Aussetzung einer Vorpostenkette bei Hannover. Verhaltensmaßregeln.

[Nr. 134 fol. 56r–57v]

Beyspiele von den Dispositionen der Cavalerie und Infanterie Feldwachen eines Lagers

[1.] Von der Aussetzung der Vorposten (als Feldwachen, Piquets, Infanterie Comandos etc.)

Voraussetzung

Eine Armee stehet zwischen Linden und Wetbergen Pl. II[a] mit dem rechten Flügel hinter Linden u. mit den linken hinter dem Berge von Wetbergen. Sie hat also Front nach Borne und Limer.[2] Der Lein-Fluß dekt die rechte u. ein kleiner morastiger Bach[3] die linke Flanke. In Linden liegt ein Bataillon Infanterie und in Wettbergen liegen 2 Bataillon. Gegen Limmer stehet eine Feldwache von 40 Pferden. In das Holz von Borne stehet in der Nacht ein Piket von der Infanterie, 60 Mann stark. Gegen Empelde links am Wege von Borne nach Empelde stehet eine Feldwache von 60 Pferden. Zwischen Wetbergen u. Ronnenberg stehen 3 Escadron Husaren. Im Wettbergen liegen 2 Bataillon Infanterie, in der Kükenmühle ist ein Piket von Infanterie gesetzt. In Ihmen[4] liegen 4 Compagnien Jäger zu Fuß u. 2 zu Pferde.

Der Feind stehet über Ahlen[5] 8 Meilen entfernt, seine Patrouillen lassen sich nicht diesseits dieses Orts sehen. Die beiden Brüken bey Limer sind abgenommen.

[2.] Disposition der Feldwache, welche gegen Limmer ausgesetzt ist.
a. Bey Tage stehet die Haupt Wache mit 25 Mann an der Brüke, welche bey Limmer über die Leine gehet und abgenommen ist. Sie hat eine doppelte Vedette vorwärts, neben der Mühle, auf der Heerstraße u. eine andere auf dem Feldwege von Limmer nach Linden, da wo dieser Weg über die Baborne gehet.

---
[a] *Ein solcher Plan befindet sich nicht bei den Papieren.*
[1] Es geht um ein Beispiel zum Vorpostendienst in der unmittelbaren Umgebung der Stadt Hannover.
[2] Bornum und Limmer.
[3] Die Fösse?
[4] Heute Ihme-Roloven, südöstlich von Ronnenberg.
[5] Ahlem.

Ein detashirtes Unterofficier Feldwache mit 15 Pferden stehet auf dem Wege, welcher von der Limmer Windmühle nach Badenstädt gehet, da wo dieser Weg die Baborne shneidet. Diese detashirte Feldwache hat eine Vedette über die Baborne gegen Badenstedt u. eine andere gegen Davenstädt auf dem Wege, der von diesen Dorfe nach Limmer gehet, etwa 200 Schritt von der Baborne. Auser diesen Vedetten hat jede Wache eine einfache nahe vor den Standort der Wach, welche die Vedetten beobachtet u. jedes, was er erscheint, in voraus meldet.

b. Bey der Nacht verläßt die detashirte Feld-Wache ihren Standort u. setzt sich an den Weg, der von Davenstädt nach Linden gehet, 200 Schritt von dem Wege u. eben so weit von der Brüke über die Baborne. So woll auf der Brüke, welche über die Baborne nach Davenstedt als Badenstädt gehet, kömt eine doppelte Vedette. Die Hauptwache stehet in der Nacht links dem Wege, welcher von Limer nach dem Linder Berge gehet, 300 Schritt hinter der Baborne. Sie hat eine doppelte Vedette auf der Brüke, welche nahe an der Leine über die Baborne gehet, eine andere da, wo der Weg von Limmer nach den Lindener Berge durch die Baborne gehet und eine dritte links der Feldwache hinter der Baborne. Auser diesen hat jede Feldwache nahe vor sich eine einfache Vedette.

Da die Baborne ohne Untersuchung und ohne Auffenthalt nur auf den angezeigten Wegen paßirt werden kann, so sind hier nicht alleine die Feldwache, sondern auch die Vedetten gegen einen Ueberfall ziemlich gedekt. Der Feind wird bey dieser Disposition nicht ohne eine große Uebermacht über die Baborne gehen, noch weniger werden die Blänkerer sich über dieselbe wagen dürfen, wenn sie nicht Gefahr laufen wollen, abgeschnitten[b] zu werden. Wollte der Feind die Nacht einen Ueberfall auf die Feldwache unternehmen, so würde er ohnfehlbar vor der Ausführung entdekt u. wenn er eben die Baborne paßiret, von der Wache, deren Standort ihn jetzt unbekannt wäre, angehalten.

Rükte man die Feldwache weiter vor oder zurük, so hätte man keine Vortheile von der Baborne u. stünde gefährlicher. Man bediente sich in den Fall nicht der Hindernißen, welche das Terrain gegen die feindlichen Unternehmungen uns darbietet.

Ließe man aber die Wachen auf den angezeigten Orte u. setzte die Vedetten weiter hinaus vor die Baborne, so würden sie besonders in der Nacht abgeschnitten werden.

---

[b] *Das Wort in der Vorlage versehentlich doppelt.*

[Nr. 134 fol. 20r–v, 22r:]

c. Patrouillen
1. Die Patrouillen, welche Schildwachen visitiren, gehen in der Kette derselben längst der Baborne. Die von der Haupt Feldwache gehen zugleich an der Leine herunter bis nach Linden u. von da zurük auf die Feldwache.
2. Die Patrouillen, welch nach der Ablosung das Terrain durchsuchen, gehen vor der Baborne auf einige 100 Schritt. Sie werden von Leuten gemacht, welche bey Tage die Durchgänge der Baborne bemerkt haben. Sie dehnen sich nicht bis nach den Holze u. Limmer aus u. werden daher nicht bey sehr hellen Nächten vor der Haupt Wache abgeshikt, weil hier der Feind in solchen sich nicht verdekt heranshleichen kann.
3. Die größern Patrouillen, welche hier von der Hauptwache ausgehen, durchsuchen Limmer, das Holz links Limmer, unterdes dies von der Haupt Wache gesiehet, gehet zugleich eine Patrouille gegen Davenstädt von den detashirten Trup.

Die Patrouille, welche von der Haupt Wache Limmer u. das Holz recognoscirt, läßt erst die Hcken u. Häuser bey der Mühle durchsuchen, schikt dann 2 Mann an der Leine herunter, von hinten 3 Mann mit einem Corporal auf dem gewöhnlichen Wege ins Dorf.

Dieser shikt, wenn er nichts vom Feinde im Dorfe siehet u. alles in Ruhe findet, einen Mann nach der Haupt Patrouille zurük, einen setzt er vor Limmer u. nähert sich nun mit den übrigen 3 Mann dem Holze links Limer. Die Hauptpatrouille gehet ebenfalls aufs Holz zu, jedoch so, daß sie auf den Rand des Holzes nach der Baborne trift. 100 Schritt von denselben bleibt sie halten u. schikt 3 Mann in dasselbe, welche so weit gehen, bis sie den Corporal mit den übrigen 3 Mann antrefen, mit welchen sie auf einen andern Wege wieder zurük kommen. Die einzelne Männer halten, ehe sie in das Holz u. in die Dörf[e]r in der Nacht gehen, oft unbeweglich. Einer sitzt ab u. horcht mit dem Ohr auf der Erde nach dem Feinde etc. Bey Tage fragen sie die Landleute, ob der Feind in der Gegend.

Diese Patrouille wird 1. 1½ Stundn vor Tage, 2. mit den Tagwerden u. 1 Stunde nachher, wenn es völlig Tag, ordinair gemacht. Hat man aber was in der Gegend vom Feinde wahrgenomen, so gesiehet sie auch zu andern Zeiten.

Hat man einige mal auf diese Art zuerst das Dorf abpatrouillirt, so macht man ein ander mal den Anfang mit dem Holze u. Dorfe zugleich, in dem man ein Soutien vor dem Holze u. eines neben die Windmühle stehen läßt.

Der Unterofficierposten läßt Davenstäd mit eben der Vorsicht abpatrouilliren, immer aber erst rechts u. links die Kämpe durchsuchen, wozu bey Tage die Oefnu[n]gen gemacht werden.

[Nr. 134 fol. 21r–v:]

[3.] ᶜDisposition des Piquets in dem Holze bey Borne

a. <u>Bey Nacht</u> werden auf dem Felde, etwa 100 Schritt von der Heke nach Badenstädt zu von 200 Schritt zu 200 Schritt doppelte Schildwachen gesetzt. Diese nehmen bey den Wege von Empelde ihren Anfang u. erstreken sich bis an die Cavalerie Vedette, welche rechts stehet. Erlaubt es die Stärke der Mannschaft nicht, doppelte Schildwachen zu setzen, so begnügt man sich hier mit einfachen, weil sie nicht weit von Posten u. in einer Kette stehen. Auser diesen Schildwachen wird noch eine doppelte gegen Borne gesetzt, welche den Rüken sichert.

Das Piquet stehet im Holze etwa 200 Schritt hinter der Heke, welche das Feld von dem Holze separirt, jedoch an einem Orte, wo noch kein vorhergehendes Piquet gestanden. Erfordert es die Witterung, so macht man in Rüken am Felde ein Feur u. läßt von dem obigen Standort der Wache die halbe nicht auf Schildwache stehende Wache nach dem Feur ein um das ander gehen.

b. <u>Soll das Piquet bey Tage stehen bleiben</u>, so werden die Schildwachen, so bald es Tag, zurükgezogen bis hinter die Heke, welche das Holz vom Felde scheidet, u. als denn werden nur 3 doppelte Schildwachen ausgesetzt, welche hier das Terrain ganz übersehen können. Die Wache bleibt im Holze hinter der mitlern Schildwache.

c. <u>Patrouillen</u>
1. Die Patrouillen zum Visitiren der Chäne Schildwachen gehen alle wie bey der Cavalerie.
2. Die Patrouille, welche die Gegend durchsucht vor den Schildwachen, gehet an den Heken bis nahe vorᵈ Badenstädt.
3. Die großen Patrouillen gehen bis vor Badenstädt und schiken einen Corporal mit einigen Leuten in dasselbe, während der Haupt Trup vor dem Dorfe bleibt. Diese Patrouille nur soweit, daßᵉ sie immer an den Heken einen sichern Rükzug behält.

ᶜ *Am Anfang gestrichen: „Bey dieser Disposition kann der Feind nicht die Gegend von den Höhen links neben Limmer beobachten, dazu haben ihm nun mehre Feldwachen immer im Gesichte und können seine Bewegungen wahrnehmen. Die übrigen Wachen bleiben so wie bey der ersten Disposition."*
ᵈ *Folgt, offenbar versehentlich nicht gestrichen: „die".*
ᵉ *Das Wort in der Vorlage versehentlich doppelt.*

[Nr. 24 fol. 31r–v:]

[4.] Disposition der Feldwache vor Empelde

a. Diese Feldwache stehet bey Tage an dem Wege, der von Empelde nach Borne gehet, ohnweit der Heke, welche einige 100 Schritt diesseit Empelde an der linken Seite auf den Weg stößt. Sie hat eine doppelte Vedette auf der Brüke, die man auf dem Wege nach Empelde paßirt, und eine 2te 500 Schritt vor Empelde an der Heke, welche zwischen dem Felde u. der Weide von Empelde nach Wettbergen ge[h]t. Ein Unterofficier ist mit 18 Mann auf das Feld zwishen Empelde und Ronnenberg detashirt. Er hat eine Vedette gegen Epelde auf den Wege, welcher von Empelde auf Wetbergen läuft, und eine andere auf den Wege von Bente nach Ronnenberg.

b. In der Nacht wird die Haupt Feldwache an die Heke, die von Empelde nach Wetbergen sich zwishen den Anger u. Felde hinläuft, gesetzt. An dem Wege von Borne nach Empelde stehet eine doppelte Vedette, eine an den auf den Felde zwishen dieser u. d[e]r Haupt Wache, eine 3te links der Haupt Wache auf der Weide, welche zwishen Empelde und Wetbergen ist, u. eine 4te links dieser an der Heke, welche diese Weide von dem Felde sheidet.
Die Unterofficier Feldwache ziehet sich etwas mehr gegen Ronnenberg u. setzt 3 Vedetten aus, wo von die zur rechten auf den Wege zwischen Wetbergen u. Empelde stehet, die linke gegen Ronnenberg u. die mitlere auf den Wege von Bente hier nach Ronnenberg.

c. Bey den Groß Patrouillen ist das zu bemerken, daß sie in Trups Empelde*f* abpatrouilliren müßen. Der e[r]ste Trup gehet auf dem Wege von Borne nach Empelde, der andere auf den Wege von Wetbergen u. der 3te links um das Dorf. Das Soutien bleibt vor dem Dorf auf den Wege nach Wetbergen. Findet sich nichts im Dorfe, so bleiben 2 Trups vor den Dorf auf dem Felde, der andere Trup mit den Soutien setzen sich links Empelde an den Weg nach Everloh. Von hier schikt dieser Trup 3 Mann gegen Bente; zu gleicher Zeit schikt der Trup vor Empelde eben so viel Mann in das Holz zwischen Bente u. Badenstädt. Die Trups selbst stehen in ein[i]ger Entfern[un]g, bleiben aber 400 Schritt vom Holze u. Dorfe stehen u. lassen rechts u. links ein[i]ge Mann die Heken abpatrouilliren, bis die in das Holz u. Dorf abgeshikte Mannschaft zurük kömmt.

---

f Das Wort in der Vorlage versehentlich doppelt.

[Nr. 134 fol. 72r–v:]

[5.] ⁷Die Schildwachen stehen bey Tage in B, b, A u. d. Die Schildwache in d rükt die Nacht zurük bis ans Holz bey c, in f wird noch eine Schildwache gesetzt und auserdem hat die Wache immer 2 einzelne Schildwachen auf 100 Schritt rükwärts und stehet immer in 2 Trups, damit sie nie ganz überfallen werden kann. Von A nach der nächsten Cavalerie Wache links durchs Holz wird ein Weg bey Tage ausgesehen u. bezeichnet. Auch werden Durchgänge gehauen, wo es nöthig ist. In diesen Durchgang werden den Tag eine u. die Nacht 2 doppelte Schildwachen gesetzt, welche aber keinen gewissen Ort haben und bald hier bald da stehen.

b. Cavalerie

Bestehet der obige Poste aus Cavalerie, so wird die Disposition so wie bey der Infanterie seyn können, auser das bey Nacht, wenn die Bäume nicht sehr weit auseinander stehen, die Hauptwache vors Holz in 2 Trups rükt. Dann müßen aber durchs Holz mehr Wege, durch die man sich zurükziehen kann, bemerkt und aufgeräumet werden.

c. Cavalerie u. Infanterie

Bestehet der Poste aus Infanterie u. Cavalerie, so stehet die Infanterie in A u. besetzt den Posten bey d u. im Holze links, so woll bey Tage als bey Nacht. Diese Gegend am Holze kann am besten durch Infanterie bewacht werden, indem im Gehölze die Cavalerie so woll einzeln als trupweise nichts machen kann. Die Cavalerie stehet zwischen C u. B bey Tage im Holze u. die Nacht vor denselben. Hier kann sie gegen den Feind in der Ebene agiren u. dieser darf sie, da die Infanterie im Holze, nicht verfolgen, wenn er nicht in ein Verstek fallen will.

[Nr. 134 fol. 58r–59r:]

[6.] ᵍWenn der Feind gegen die Vorposten eines Lagers etwas unternehmen will, so kann es in 3 Absicht[en] geschehen, 1. um das Lager zu recognosciren, 2. um einige Gefangene von unsrer Feldwache u. Posten zu bekommen (um dadurch Nachricht von unser Armee einzuziehen) u. 3tens, unser Feldwache oder Posten aufzuheben u. das Lager zu allarmiren oder auch zu überfallen.

Hat er die Absicht, die Gegend unsers rechten Flügels zu recognosciren, so wird er bey der Nacht sich in den Hölzern ohnweit Davenstedt geschlichen haben u. von da die Gegend und unsre Feldwache beobachtet haben. Er wird

---

ᵍ *Das hier einsetzende Blatt (fol. 58) hat ein kleineres Format, die Schrift darauf und auf fol. 59 ist von Scharnhorsts Hand. Aus dem Inhalt ist aber zu erkennen, daß es sich um einen Teil derselben Darstellung des Vorpostendienstes anhand der eingangs erläuterten Aufstellung (mit dem rechtem Flügel bei Linden und Davenstedt) handelt.*

⁷ Beim Folgenden handelt es sich vermutlich um den Rest des Abschnitts zum Piket bei der Kükenmühle, vgl. den vorletzten Satz des ersten Abschnitts der Voraussetzung.

bemerkt haben, daß er nicht anders dem Lager sich nährn kann, als die Feldwache u. Piquets bis über den Lindener Berg zurükzutreiben. Diesen zufolge wird er mit einen starken Detashement vorrüken, die Infanterie ins Holz bey Davenstädt werfen, u. mit der Cavalerie über die Feldwache und Piquets herfallen.[h] Sie wird diesen Angrif in keinen Fall widerstehen können, wenn sie indes das Dorfe Limmer u. das Holz rechts diesem Dorfe in Besitz hat, so wird sie durch schwache Versteke, die sich unerwartet zeigen, den Feind zwingen, behutsam zu seyn, und unterdes wird sie Unterstützung erhalten können. In diesen Fall wird es gut seyn, wenn sie ihre Vedetten vor Limmer u. dem Holze neben Limmer stehen hat. Bey Nacht aber wird sie aber in dieser Stellung risquiren, von der Seite von Davenstädt abgeshnitten zu werden, u. dann wird sie, wenn man so etwas zu befürchten hat, mit einem Piquet von der Cavalerie verstärkt werden[i] müßen.

Ist indes der Feind noch ziemlich entfernt und will man das Piquet spaaren, so wird die Feldwache, wenn sie sich hinter der Baborne setzt, den Feind so woll bey Tage als bey Nacht so lange aufhalten können, bis das Piquet sie unterstützt, indem er nur an gewiße Stellen über diesen Bach gehen kann und man in diesen Stellen sich ihm entgegensetzen kann.

Wenigstens wird er hier nicht unentdekt sich den Lager näher können u. dies wird immer, wenn es den ersten Allarm hört, immer das Piquet ausrüken lassen können, ehe der Feind dasselbe erreicht. Allarmiren wir[d] man es in den Fall aber immer durch einen schwaches Det.

128. Aufzeichnung [?, ?[1]]

GStA PK, VI. HA Nl Scharnhorst Nr. 134 fol. 60r–61v (3½ S.): Konzept, eigenhändig.

Feldwachen einer einquartierten Armee. Maßnahmen gegen Einsickern des Gegners.

Von den Dispositionen der Feldwachen, welche ½ bis ¾ Meile von der Armee oder den Quartieren von uns gesetzt sind und gar keine oder doch nur auf ½ bis 1 Meile Neben Feldwachen haben.[a]

---

[h] *Das Wort versehentlich gestrichen. Es folgt die unvollendete Einfügung:* „Stehet nur eine Feldwache von 40 bis 50 Mann ohne alle Unterstützung vor diesem Flügel, so wird dies nicht schwer fallen. Er wird diese Wache, wo er sie vorfindet, zurükwerfen u. stehet sie in der Ebene zwishen Limmer u. Linden, so wird er sie bis vors Lager ohne Gefahr treiben können, ehe".
[i] *Das Wort in der Vorlage versehentlich doppelt.*

---

[a] *Dieser Absatz am Rand mit einem Strich markiert.*
[1] Hier eingeordnet aufgrund des thematischen und archivalischen Zusammenhangs, wie auch die folgenden Texte. Es bestehen Parallelen zum Kapitel „Verhalten eines Commandos oder Detachements von 10 bis 30 Mann" in Scharnhorst, Militärisches Taschenbuch, S. 140–147. Dort ist aber noch davon die Rede, diese Kommandos bis zu zwei Meilen (15 km) von der Armee zu entfernen.

Erklärung. In Cantonirungs und Winterquartieren werden Feldwachen oft $^1/_2$ bis $^3/_4$ Meile von der Armee entfernt. Dieses ist nöthig, indem die Quartiere sonst nicht Zeit haben würden, sich beym Angrif des Feindes zu versamlen.

Ist der Feind nahe, so werden diese Feldwachen nicht so weit von den Quartieren u. von einander entfernt. In den Fall aber sind dann auch wieder die Truppen in den Quartieren mehr zusammengezogen.

Verhalten
In den letzten Fall, wo der Feind nahe u. die Feldwachen nahe beyeinander und nahe bey den Quartieren, verhalten sich dieselben wie die Lager Feldwachen. Im ersten Fall aber müßen sie Anstalten gegen das Aufheben des Feindes trefen, welcher sich zwischen 2 Feldwachen durchschleicht oder (wenn zur Seite keine Feldwache) welche[r] eine Feldwache umgehet.

1. Bey Tage. Muß die Feldwache so ausgesetzt werden, daß man sie nicht in der Ferne siehet und daß sie von ihren Standort rechts, links u. rükwärts beym überlegenen Angrif davon kommen kann. Dazu müßen in durchschnittenen Gegenden Oefnungen gemacht werden.

    Kann wegen der Witterung die Feldwache nicht unter freien Himmel aushalten, so muß sie in[b] einer Scheure beyeinander rüken und ein Unterofficier mit ein paar Mann so halten, daß er die Gegend u. die Vedetten übersehen kann. Der in die Scheure gerükte Theil füttert theilweise. Die Hälfte ist immer gestanget u. bereit, auszurücken. Die Vedetten werden nach den Regeln ausgesetzt, welche schon bey der Lager Feldwache gegeben sind. Doch entferne man sie hier woll bis zu 2000 Schritt, wenn man sie zumal von der Feldwache sehen kann. Kann man von den Dorfe, wo bey man stehet, auf einem Hause oder Kirchthurm die Gegend übersehen, so setzt man hier eine doppelte Vedette. Sie hat die Pferde in einer Stelle beym Thurm stehen[c], damit sie gleich Nachricht geben kann, wenn sie etwas wahrnimmt.

    Es versteht sich von selbst, daß die Gegend so woll rück als vorwärts beobachtet werden muß.

2. Bey Nacht kann der Feind eine solche Feldwache, als wir hier angenommen haben, umgehen u. absneiden, wenn sie auf einem Platze stehen bleibt. Verändert sie aber in der Nacht ihren Platz, so wird dies nicht so leicht möglich seyn. Dann werden wir ihn wahrnehmen, ohne daß er uns wahrnimmt; und nun werden wir Gelegenheit haben, uns zurükzuziehen oder auch offensiv zu agiren. Damit der Feind uns aber auf keine Art entdeke, so müßen wir, erst wenn es finster geworden ist, unsern Standort verändern u. niemand der Landleute muß wissen, wo wir bleiben. Ferner

---

[b] Statt „im".
[c] Statt „stehet".

müßen die Vedetten u. Patrouillen sich nicht auf die Feldwache, sondern nach einem andern Orte, der Feldwache vorbey zurükziehen. Die Vedetten werden dann dahin ausgesetzt, wo der Feind herkommen kann. Sie bleiben daher nicht wie bey Tage stehen.

3. <u>Patrouillen</u>
Die Patrouillen der Feldwache müßen die ganze Gegend bis zu der nächsten Feldwache beobachten. Sie müßen daher bey Tage so woll als bey Nacht nach den nächsten Feldwachen rechts und links gehen oder bis auf den Halbenweg, bis an ein gewißes Dorf. Alsdann muß mit der andern Feldwache verabredet werden, daß sie bis dahin auch ihre Patrouillen schikt. Auserdem müßen so woll bey Tage, als bey Nacht, Patrouillen in die Gegend nach dem Feinde geschikt werden. Bey Tage gehen diese Patrouillen oft eine Meile vorwärts, bey Nacht aber nur $^1/_4$ bis $^1/_3$ Meile.

$1^1/_2$ Stunde vor Tage sitzt die ganze Wache auf u. so bald es Tag, rükt sie in einigen Trups vor u. durchsucht die Gegend. Man theilt sie in 3 Trups, der eine gehet rechts, der andre links u. der 3te grade vorwärts. Jeder Trup sucht alles durch, wo der Feind verstekt seyn könnte u. beobachtet hier die Vorsichten, welche bey den Patrouillen vorgeschrieben. Hört und siehet man nichts vom Feinde, so rükt die Feldwache wieder an den angewiesenen Ort, setzt die Vedetten aus etc.

129. Aufzeichnung [?, ?]

GStA PK, VI. HA Nl Scharnhorst Nr. 134 fol. 62r–68r (12$^1/_2$ S.): Konzept, eigenhändig, unvollendet?

Verhalten und Vorkehrungen von Feldwachen in verschiedenem Gelände: I. Ebene, II. Gehölz, III. Defilee. Befestigung und Verteidigung eines Defilees.

Von den Dispositionen der Infanterie und Cavalerie Feldwachen in vershiedenen Terrain mit Beyspielen

I. <u>In der Ebene</u>
a. <u>Infanterie</u>
1. Stehet ein Infanterie Feldwache in der Ebene, so hat sie in Rüken eine durchschnittene Gegend. Dann muß bey der Aussetzung der Schildwachen dahin gesehen werden, daß man den Feind beyzeiten entdeke. Kömmt er mit Cavalerie an, so ziehet man sich so früh zurük, daß man daß durchschnittene Terrain e[r]reichet, ehe er uns einhohlt. In dieser Absicht bemerkt man sich die entfernten Gegenstände, damit man immer weiß, wie weit der Feind, wenn er sie paßirt, entfernt ist. Stehet man 400 Schritt von den durchshnittenen Terrän, so muß man sich schon zurükziehen, wenn feindl. überlegene Cavalerie sich bis zu 1500 Schritt genähert hat, denn diese wird in Trot sich 3 mal so geschwind als die Infanterie bewegen.

2. Den Abend ziehet man sich nach den durchschnittenen Terrän zurük oder läßt wenigstens nur einen Theil der Wache in der Ebene.
3. Eine Inf. Feldwache von 30 Mann stehet in A Plan II. N. 2ᵃ rechts ist auf etwa 700 Schritt ein Fluß, links eine Heke bey B u. weiter bey C ein Teich, an den links ein Dorf gränzt, in welchen ein andrer Infanterie Posten stehet. Die Feldwache hat bey Tage die doppelten Schildwachen a, b u. c und einen Unterofficier Posten von 6 Mann in c. So bald feindliche Cavalerie sich auf etwa 1500 Schritt nähert, ziehet sich die Hauptwache bis gegen C, in dem sie immer von den Berge f den Feind beobachtet. Nähern sich Patrouillen so bleibt sie auf ihren ersten Standort bey A, u. hält sich so weit hinter den Berge, daß der Feind sie nicht mehr siehet, bis sie an zu feuren fangen. Der Unterofficier Poste dekt die linke Flanke und sperrt den Weg zwishen den Heken.

Bey Nacht stehet die Wache in B und ein Unterofficier Poste diesseit A ohnweit f, bald rechts, bald links dem Wege. Die Schildwachen a u. b werden etwas zurük (bis 50 Shritt von den Heken noch entfernt) gezogen.

Bey F, c u. C stehen noch doppelte Schildwache. Kömt der Feind über F u. A, so feurt der Unterofficier Poste, indem er sich gegen D zurükziehet. Setzte eine überlegene Cavalerie über A u. F, so wird der Unterofficier Poste, aber doch nicht der Haupt Poste, verlohren gehen.

b. Cavalerie, 30 Pferde
1. Bey Tage stehet die Haupt Wache in A u. eine Unterofficier Feldwache in C. In a, b u. d stehen Vedetten. Diese können die Gegend beobachten. Die Hauptwache hat auserdem nahe bey sich eine einfache.
2. In der Nacht wird auser den Vedette a, b, d noch eine in g gesetzt, und die in a, b u. d werden etwas zurükgezogen, damit a disseit u. b u. d zwishen den Bergen stehet, wo sie besser an den sich erhöhenden Bergen den Feind in der Nacht wahrnehmen können.
Die Hauptwache wird nach D verlegt u. der Unterofficier Poste nach f. In e u. f werden dann noch Zwishen Vedetten gesetzt.

c. Cavalerie u. Infanterie
12 Pferde u. 30 Mann Infanterie
1. Die Cavalerie stehet bey Tage in A u. hat eine doppelte Vedette in d.
Die Infanterie stehet in B u. hat die doppelten Schildwachen a, b u. h.
2. In der Nacht gehet die Cavalerie Wache bis gegen f zurük und setzt bey F u. c eine doppelte Vedette.
Die Infanterie Wache ziehet sich links zwishen die Heken zu, rükt die doppelten Schildwachen a u. b bis gegen die Heken. Man setzt aber noch eine 3te in e u. eine 4te an der rechten Seite des Buchstaben C.

ᵃ *Ein solcher Plan befindet sich nicht bei den Papieren.*

II. Im Gehölze
a. Infanterie
1. Die Wache stehet bey Tage am Rande des Holzes am Wege oder mitten zwischen den Schildwachen soweit zurük, daß man sie aus der offenen Gegend nicht sehen kann. Die Schildwachen stehen bey Tage ebenfalls am Rande des Holzes. Hier können sie die Gegend beobachten, ohne sich selbst zu zeigen. In der Nacht werden die Schildwachen vor das Holz gerükt. Da können sie besser um sich alles wahrnehmen. Die Wache setzt sich rechts oder links in Holz nahe am Rande, damit der Feind nicht ihren Standort weiß u. sie ihn beym Ueberfall selbst anfallen können.
2. Beyspiel Pl. II N. 1.

Rechts ist ein Fluß bey B, der nicht zu durchwaden, von A erstrekt sich das Holz noch 1000 Schritt links u. da stehet am Rande des Holzes eine Cavalerie Feldwache. Zwishen A u. dieser Cavalerie Feldwache ist das Holz ziemlich impracticabel u. nicht anders als einzeln mit vieler Mühe, wegen der da befindlichen Dornen Gebüshe, zu paßiren.

Die Wache bestehet aus 45 Mann und stehet bey Tage in C; in der Nacht aber bald weiter nach A, bald weiter nach B.

III. Am einem Defilee
a. Allgemeine Regeln der Besetzung
1. Bey Tage setzt man sich vor das Defilee, in der Nacht hinter und in dasselbe. Vor dem Defilee kann man die Gegend rechts u. links beobachten, aber in der Nacht findet dies nicht statt u. in der Nacht könnte man hier vor dem Defilee abgeshnitten werden.
2. Kann der Feind das Defilee umgehen, rechts oder links, und in der Nacht sich durchschleichen, so risquirt das Comando auch in oder hinter dem Defilee in der Nacht aufgehoben zu werden. Dann muß es sich rechts oder links verstekt halten u. das Defilee nur durch einen detashirten Trup besetzen u. den Feind, wenn er diesen im Rüken angreift, selbst in Rüken oder von der Seite anfallen.

In diesen und in jeden andern Fall muß man das Defilee wenigstens in der Nacht impracticabel machen, doch so, daß man es wieder herstellen kann. Sind nur einige Durchgange zur Seite, so besetzt man diese wenigsten mit Schildwachen oder kleinen Wachen, wenn sie nicht über 2000 Schritt von dem eigentl. Defilee entfernt sind, oder man macht sie impracticabel oder besetzt sie bey Hölzern bey Tage, damit man wenigstens in dieser Zeit sicher bleibt.

Bey Flüßen bemächtigt man sich der Fähren, Käne etc.
b. Ein Defilee impracticabel zu machen
1. Ist es breit u. fehlt es am Holz, ist es zwischen Deichen, Morästen etc., so macht man es durch einen tiefen Graben am leichtesten unwegsam. Die Erde dient den Vertheidigern zur Dekung. Man läßt in den Fall aber einen Durchgang oder man bringt eine kleine Brüke über den gemachten Graben, die man in der Nacht und wenn bey Tage der Feind sich sehen läßt, abnehmen kann.

2. Durch gefällte Bäume, durch Wagen, die beladen u. von dem hernach die Räder gezogen werden, durch Eggen u. Wagenräder kann man geschwind ein Defilee so sperren, daß niemand ohne Aufräumung dasselbe paßiren kann.
3. Eine Brüke macht man impracticabel, wenn man auf eine gewisse Weite die Bohlen abnimmt. Will man sich des Defilees bedienen, so legt man die Bohlen wieder auf. Ist es eine steinerne Brüke, so muß man vor derselben[b] einen tiefen Graben machen und über denselben einen Übergang, den man abnehmen kann. Darf man die Brüke ganz ruiniren, so legt man unter die hölzerne brenbare Materien, viel Stroh u. troken Holz u. zündet es durch einen Schuß an, wenn man den Feind nicht mehr widerstehen kann.
4. Eine Fuhrt macht man durch eiserne Eggen und Wagenrader an geschwindesten impracticabel. An diese Eggen u. Rader bindet man aber einen mit Steinen gefülten Sak, damit sie nicht weggetrieben werden. Wagen, welche mit Steinen beladen, können auch hier dienen, es muß aber von denselben ein oder 2 Räder gezogen werden. Bäumen, welche zu Pfähle befestiget werden, ersetzen die Wagen. Hat man alles dies nicht, so gräbt man erst einen Graben vor der Fuhrt u. läßt ihn voll Wasser.
c. <u>Ein Defilee zu befestigen</u>. Da der Feind, wenn das Defilee von Wichtigkeit ist, es auch bey Tage mit Gewalt wegnehmen könnte, so wird erfordert, daß man es eine gewiße Zeit gegen Infanterie u. Canonfeur vertheidigen kann, bis man unterstützt wird.

Dazu dient ein Aufwurf hinter dem Defilee. Vor denselben könnte man den Aufwurf von allen Seiten angreifen. Ist das Defilee impracticabel, so braucht man sich nur in zu graben u. keine eigentliche Schanze mit einem Graben zu machen. Man gräbt sich ein, wenn man einen 3 Fuß tiefen u. 9 Fuß breiten Graben macht u. die Erde nach dem Defilee zu wirft. Da durch beköммt man eine Erhöhung von Erde vom 3' hoch vor sich u. ist also, wenn man im Graben stehet, gedekt. Damit man aber aus den Graben über den Aufwurf weg feuren kann, so macht man eine Bank von Faschinen oder Rahne in den Graben, die so hoch ist, daß man über den Aufwurf anschlagen kann.[c]

d. <u>Beyspiel der Vertheidigung eines Defilees</u>
I. Pl. II N. 5 ist ein Defilee zwischen einem hohen Gebirge, welches rechts u. links auf Fußsteigen zu umgehen ist. Die Seiten sind nicht gedekt, es stehen rechts und links keine Posten und das Defilee liegt der Armee zur Seite u. ist von ihr 4000 Schritt entfernt.
1. 36 Mann Infanterie sollen dies Defilee vertheidigen. In D macht man das Defilee inpracticabel.
Bey Tage stehet die Haupt Wache bey C u. ein Unterofficier Posten von 9 Mann bey B. Dieser setzt eine einzelne Schildwache auf den Berg d, von

---
[b] *Folgt, versehentlich nicht gestrichen: „an".*
[c] *Folgt die Skizze eines Defilees mit einem Aufwurf davor.*

da man die Gegend übersehen kann. Die Hauptwache C setzt eine einzelne Schildwache bey b u. eine doppelte bey e, welche die Ankomenden stellt, welche von den Unterofficier Posten examinirt werden.

Die Unterofficier Wache so woll als die Hauptwache setzt in Rüken bey a u. f eine einzelne Schildwache. In dieser Disposition ist die Wache gegen einen Ueberfall gedekt u. kann von ihren Standorte das Defilee vertheidigen. Wäre die Wache nicht getheilt, stünde sie in Defilee, so würde sie von einem Feind von der Seite durchs Holz unerwartet umzingelt u. aufgehoben werden können. Dies ist aber bey der obigen Disposition, wenn auch ein oder ander Schildwache nicht ihre Schuldigkeit thut, unmöglich.

In der Nacht wird der Unterofficier Poste B in D hinter die Barricade gesetzt u. da, wo er stand, wird nun die Schildwache d gesetzt. Die Schildwache b wird zum Berge, am Rand des Holzes, gerükt. Die Schildwachen a u. f bleiben und die Wache setzt sich auf einige 100 Schritt rechts oder links in Gehölze hinter das Defilee, bey C oder E, wo jeder die größte Stille beobachten u. wo ein par Mann imer 100 Schritt zur Seite auf Schildwache stehen.

Fällt in diesen Fall der Feind, es sey von welcher Seite, aufs Defilee, so kann man ihn immer von der Seite u. in Rüken kommen, und die Hauptwache ist dabey für einen Ueberfall gesichert, in dem sie der Feind in Defilee vermuthen wird.

2. Wäre Cavalerie zur Vertheidigung dieses Defilees ausgesetzt, so stünde ein Examinir Trup bey Tage in A noch bey der Vedette am Wege. Die Wache selbst befände sich in^d F 200 Schritt vom Gehölze. Im Holze darf man in solchen Fällen die Cavalerie nicht setzen, sie kann da von den leichten feindlichen Truppen durch eine Salve sehr leiden und doch am Ende nicht in denselben fechten. Der Unterofficier stehet bey A, damit der Feind bey Tage^e das Defilee nicht rec[o]gnosciren kann. Abgeschnitten werden kann er nicht, in dem er die Gegend rechts u. links übersehen kann und feindliche Cavalerie nicht durchs Gebirge kommen kann.

In der Nacht wird das Defilee bey x inpracticabel gemacht, die Vedette u. der Unterofficier wird von A zurükgezogen. Hinter der Barricade wird eine doppelte Vedette gesetzt u. die Hauptwache stehet rechts und links auserhalb des Holzes in 2 Trups.

Im Defilee u. in Holze könnte man überfallen werden u. wol könnte man hier, wenn man auch nicht überfallen würde, gegen Infantrie machen.

3. Cavalerie u. Infanterie
Die Cavalerie stehet bey Tage in A u. die Nacht bald rechts, bald links neben F. Die Infanterie verhält sich so, als wenn gar keine Cavalerie da wäre; doch gehen die Shildwachen b u. e bey Tage ein.

Die Gründe für diese Disposition sind in 1 u. 2 enthalten

---

^{d} *Das Wort in der Vorlage versehentlich doppelt.*
^{e} *Folgt: „nicht", offenbar versehentlich doppelt.*

II. Bey A Pl. II N.6 ist eine Brüke zu vertheidigen. Der Fluß ist nur an wenigen Stellen mit Gefahr zu durchwaden u. nicht rechts u. links besetzt. Die Brüke liegt 5000 Schritt von der Armee, nach welcher man auf dem Wege E kömt. Von B rechts stehet auf 2000 Schritt ein Infanterie Poste in einem Defilee, welches durch angezeigte Gebirge gehet, welches übrigens aber an vershiedenen Orten zu paßiren ist.

1. Bey dieser Brüke stehen 50 Mann Infanterie, welche sie vertheidigen, damit die leicht Cavalerie über sie gehen und den Feind recognosciren oder beunruhigen kann.

   Man macht die Brüke impracticabel und macht bey H einen Aufwurf, damit man den Rükzug der leichten Truppen vertheidigen kann, wenn sie die Brüke paßiren u. verfolgt werden. Bey Tage wird ein Unterofficier mit 15 Mann in D gesetzt, welcher eine doppelte Schildwache in K u. D hat. 9 Mann und ein Unterofficier stehet bey B u. hat in c und auf den Schloß B eine doppelt Schildwache. In dies[e]r Disposition ist man gegen einen Ueberfall gedekt und bey Zeiten von der Ankunft des Feindes unterrichtet. Kömt der Feind überlegen von der Seite von B, so zieht der Officier die Posten an sich u. retirirt sich über f durch die Wiesen. Kömt der Feind aber von D, so ziehet er die detashirten Posten nach H an sich u. vertheidigt die Brüke aus dem Aufwurf, nach[dem] die Bohlen abgenommen. Gehet der Feind rechts oder links durch den Fluß, so ziehet man sich über B durch das Gehölz zurük.

   In der Nacht ziehet man den Posten von D zurük, weil er abgeshnitten werden könnte, und nimt die Bohlen von der Brüke. Der Poste bey B bleibt stehen. Bey a, i u. h werden einzelne u.^f bey f doppelte Schildwachen ausgesetzt. Bey c wird die Schildwache ebenfalls verdoppelt, die Hauptwache bey H hat nahe vor sich auf der Brüke noch eine doppelte Schildwache. Ein Theil der Wache stehet in der Nacht bey 2 in Baumgarten oder bey a hinter der Heke, da mit der Feind, wenn er von hinten kömt, nicht die ganze Wache auf ein mal von allen Seiten anfallen kann.

2. Stehet Cavalerie bey diesem Defilee, so stehet ein Trup bey Tage bey D. Die Haupt Wache befindet sich bey S u. hat eine doppelte Vedette bey c und i und eine zu Fuß auf der Brüke, welche die Bohlen abnimmt, wenn der Feind den Posten aus D zurük treibt. Durch die Heken sind bey s und f Durchgänge. In der Nacht wird die Brüke abgenommen, die Haupt Wache setzt sich zwischen h u. f und ein andermal in 2 in k und in 4. In 4 scheinet ihr leicht der Rükzug abgeschnitten werden zu können [.......]^g ihr 3 Wege, nemlich der über s u. f, der über B u. der Wache rechts nach der Neben Feldwache zum Rükzuge übrig. An das Defilee E wird in der Nacht eine Vedette gesetzt u. bis f wird über den kleinen Bach ein Durchgang gesucht, damit man im Nothfall noch einen andern Weg als das Defi-

---
^f *Das Wort in der Vorlage versehentlich doppelt.*
^g *Unleserlich.*

lee E behält. In C stehet ein Unterofficier mit 6 Mann, welcher eine doppelte Vedette rechts vor sich hat, noch stehen bey f, h u. k Vedetten.

Bey dieser Disposition wird man für einen Ueb[er]fall sicher seyn und nicht abgeschnitten werden können. Sollte der Feind über das Defilee gehen wollen, so muß man auf ihn feuren u. wenn kein ander Mittel übrig bleibt, die Brüke in Brand setzen.

3. Wäre Infanterie u. Cavalerie ausgesetzt, das Defilee zu vertheidigen, so stünde bey Tage die Cavalerie in D u. in K u. C u. die Infanterie in H. Bey Nacht aber würde die Cavalerie bey K u. l postirt u. die Infanterie setzte einen Trup bey B und verhielte sich übrigens als in den Fall, da sie keine Cavalerie bey sich hat. Die Cavalerie sichert die Infanterie in etwas gegen den Ueberfall u. dekte ihr den Rüken. Zu der Vertheidigung des Defilees kann sie wenig machen.

NB. noch eine Feldwache in N. 4 u. eine andere bey der Mühle u. bey der steinernen Brüke.

130. Denkschrift [?, ?]

GStA PK, VI. HA Nl Scharnhorst Nr. 134 fol. 73r–80r (14$^1/_2$ S.): Abschrift, Schreiberhand, mit eigenhändigen Abänderungen und Verbesserungen.
Konzept, eigenhändig: ebda., fol. 69r–71v (6 S.).

Aussetzen und Verhalten von Schild- und Feldwachen.

Verhalten der Infanterie-Feldwachen oder Posten.

1.) <u>Aussetzung der Schildwachen.</u>
   a. Bey Tage.
Sie stehen, wenn es möglich, verdeckt hinter Hecken und an solchen Oertern, wo sie die Gegend übersehen können. Ueber 4 bis 600 Schritt entfernt man nicht leicht eine Schildwache von der Haupt Wache[a]. Doch sind hiervon die Schildwachen ausgenommen, welche man zur Seite setzt und welche durch Holz etc. sich den Trup nähern können. Diese entfernt man oft bis zu 1500 Schritt, dann setzt man aber eine Zwischen Schildwache näher, welche diese so weit vorgerükte beobachten muß.

Im Dörfern und Flecken setzt man eine doppelte Schildwache auf den Thurm, auch wohl einem Unterofficier bey derselben mit einen Fernrohr, wenn der Poste wichtig ist. Es werden so viel Schildwachen ausgesetzt, daß sie jede Annäherung des Feindes beobachten können. Auf einem

---
[a] *Im Konzept folgt hier noch: „und auch auf diese Distanz setzt man sie nur da hin, wo sie durch Heken, Gebüsche, Gärten oder ander durchschnittenes Terrän einem sichern Rükzug beym Angrif der Cavalerie haben."*

Berge in einer Ebene kann eine doppelte Schildwache diese Absicht ein Genüge leisten.[b] Im jeden Fall ist eine Schildwache nahe vor der Wache, wenn es möglich ist, so placirt, daß sie die übrigen Schildwachen sehen kann.

Ist eine Schildwache über 200 Schritt von der Wache entfernt, so muß sie aus 2 Mann bestehen.
b. Bey Nacht.
Bey Nacht werden die entfernern Schildwachen bis an 300 Schritt von der Wache zurückgezogen, oder es wird, wenn es die Stärke der Wache erlaubt, bey einer 600 Schritt entfernten Schildwache eine Schildwache zwischen jener und die Wache gesetzt.

Wenn es die Gegend zuläßt, so sezt man die Schildwachen nicht über 200 Schritt eine von der andern, man setzt daher in der Nacht gewöhnlich mehrere als bey Tage aus. Kann die Wache nicht auf 300 Schritt in der Chaine der Schildwachen von 200 zu 200 Schritt, eine Schildwache aussetzen, so muß immer ein Mann von einer Schildwache nach der andern unterwegens seyn, und dadurch die Stelle mehrer Schildwachen vertreten.

Bey Nacht muß man nie den Rücken ohne einzelne Schildwachen lassen, es sey denn, daß man nahe rechts und lincks andere Wachen habe.

Stehen die Schildwachen weit von der Wache, so muß man die Nacht ihren Platz verändern, wenn man sie nicht zurückziehet, damit sie nicht aufgehoben oder überfallen werden von einem Feinde, der bey Tage ihren Standort ausgekundschaftet.
2. <u>Verhalten der Schildwachen.</u>
Sie verhalten sich wie die Cavalerie Vedetten 4 N<u>ro</u> 5 und 5 N<u>ro</u> 3.[1]
3. <u>Verhalten der Feldwache.</u>
Das Verhalten ist im Allgemeinen in 4tn schon abgehandelt, hier ist nur doch noch nachzuholen, was insbesondere der Infanterie angehet.
a. <u>Abtheilung.</u>
Man theilt jede Feldwache immer in Plotons oder Sectionen, deren jede ihren Commandeur hat. Eine Feldwache von 20 Mann wird in 2 und eine von 40 in 4 Abtheilung getheilt. Man steht ordinär in zwey Glieder. Stehet man aber in Hölzer, hinter Heken etc., so stellt man die Feldwache in ein Glied.
b. <u>Ort</u>
Man setzt das Comando, wenn es möglich, an einen verdekten Ort hinter Heken, in ein Gebüsch etc. Hat man ein Defilee, z.B. einen Damm, eine Brücke, eine Passage zwischen impraktikablen Bergen oder Morast zu besetzen, so macht man nahe hinter den Defilee einen kleinen geschlossenen

---
[b] *Im Konzept folgt hier (anstelle des folgenden Satzes):* „[…], so aber ist es nicht in einem durchschnittenen Terrain."
[1] Mutmaßlich Verweise auf eine nicht aufgefundene Denkschrift über Kavalleriefeldwachen.

Aufwurf. In dem Fall muß man nach der Front bey Tage einem gewaltsamen Angrif u. die Nacht in Rücken einen Ueberfall erwarten.

Wenn man kein Defilee zu bewachen hat, so verändert man den Standort der Wache jede Nacht, bald stehet man weiter zurück, bald weiter vorwärts, bald weiter rechts, bald weiter links.

c. <u>Sicherheits Anordnung.</u>

Wenigstens ist die Nacht der vierte Theil beym Gewehr im einen Gliede. Gegen Morgen stehet immer in einem Gliede oder auch, wenn Gefahr, die ganze Mannschaft. Die, welche sitzen u. nicht in Reih und Glieder, haben immer das Gewehr zwischen den Beinen, damit sie beym Allarm gleich mit demselben in ihr Glied treten könnten. Stehet man ohne Schanze in einen Defilee und kann der Feind das Terrain rechts und lincks passiren, so setzt man sich mit dem größten Theil in der Nacht doch rechts oder lincks, damit der angreifende Feind, wenn er über den Theil beym Defilee herfällt, vom Commando von der Seite und gewiß unerwartet angefallen wird. Nie darf man des Feuers sich anders als abwechselnd bedienen. Man kann aber auch, wohl vorwärts, Feuer unterhalten und durch ein paar Mann, welche rechts und lincks stehen, es bewachen lassen. Da der Feind auf dies seine Aufmerksamkeit richten wird, so wird man ihn dadurch entgehen und allenfalls selbst anfallen können, welches einige mahl in Siebenjährige Kriege von unsern Jägern glücklich ausgeführt ist.

Auch bey der Infanterie ist es gut, wenn eine starke Wache in der Nacht rechts und lincks einen kleinen Trup hat, der den Feind in die Flanke feurt, wenn er von vorn den Haupt Trup angreift. Doch muß in dem Fall die Wache über 40 Mann stark sein.

4. <u>Verhalten, wenn der Feind angreift.</u>

a.) Bey Nacht.

So bald ein Poste angegriffen wird, so ziehet sich der etwanige detaschirte Poste und die Schildwache zurück nach der Haupt Wache, doch so, daß die Front derselben frey bleibt, damit die Wache immer feuren kann. Sind Trups zur Seite, wenn die Wache von vorn angegriffen wird, so feuren sie beim Rückzuge, indem sie dahin sehen, daß sie nicht von den Haupt Trup abgeschnitten werde.

Wird man vorher von den Angrif benachrichtigt, so stellt man sich so, daß man den Feind, wenn er ankömmt, von der Seite anfallen kann.

Muß man sich zurückziehen, so gehet man, so viel es möglich, durch durchschnittenen Terrän zurük. Man muß aber vorher schon in demselben den Weg, den man nehmen will, ausgesehen haben.

b.) Bey Tage.

Es ist eine Haupt Sache, daß man schon in einige Entfernung die Stärcke des Feindes beurtheilen [kann?]. Nur bey einem Defilee kann man einem stärckern Feind aufhalten, dann aber muß man aufmerksam auf die Flancken sein, damit man, wenn er den Posten tournirt, bey Zeiten noch davon kommen kann.

Kömmt eine feindliche Patrouille oder ein schwächerer Feind, so legt man Verstecke und ziehet alle Schildwachen ein, oder man stellt sich mit den schwächern Theil als wenn man sich zurükzöge und lokt dadurch den Feind in das Verstek des Haupt Trups. Auf diese Art nahm bey Salzderhelden 1760 ein Comando hannövrischer Infanterie eine französische Husaren Patrouille gefangen.

Ist der Feind stärker, so läßt man in durchschnittenen Gegenden Trups in einem Gliede an mehrern Oertern sehen, um den Feind glaubend zu machen, man sey stärker, als man in der That ist. Einen kleinem Trup stellt man zurück, damit, wenn man sich vereinigen und zurückziehen muß, dieser sich als Soutien zeigen kann. Dadurch wird der Feind aufmerksam und vorsichtig werden – er wird mehr Soutien vermuthen und das wahrgenommene anfangs stärker halten, als er ist.

Eine Feldwache kann, wenn sie auch noch so klein ist, in einem Quarree sich gegen eine nicht zu starcke Cavalerie zurükziehen, wenn sie beim Angrif Stand hält, unbeweglich auf den Fleck stehet und nur auf 30 Schritt feurt. Immer aber ist es besser, daß man bey Zeiten sich in durchschnittenes Terrain wirft.

131. Aufzeichnung [?, ?]

GStA PK, VI. HA Nl Scharnhorst Nr. 134 fol. 81r (1 S.): Konzept, eigenhändig, unvollendet?

<u>Verhalten eines großen Detachements</u> welches in eine Gegend postirt ist, um dieselbe und den Feind zu beobachten.

I. <u>Im Sommer</u>
a. Lager u. Verhalten in Ganzen
Das Detachement lagert sich an einem solchen Orte, wo es nicht überfallen werden kann. Also nicht nahe an[a] einem Holz oder ander[em] durchschnittenen Terrän, welches die Annäherung des Feindes verdeken[b] könnte. Nie schließt es sich in Verschanzungen u. vesten Oertern ein. Es darf nicht schlagen, wenn es nicht den Feind in ein Verstek loken kann oder ihn auf seinem Marsh angreifen kann, und dadurch besondre Vortheile erlangen kann.
b. <u>Sicherheit</u> Es muß vor sich auf 4 bis 6000 Schritt eine Chaine Feldwachen haben u. sie durch Infanterie Posten, wo die Gegend durchshnitten, unterstützen. Um gegen das Umgehen gesichert zu seyn, muß man auf jeden Flügeln der Feldwachen auf 1 Minute u. noch weiter ein oder ein paar Comandos legen, die an keinen Ort gebunden sind u. alle 3 bis 6 Tage abgelöset werden.

---

[a] *Statt „am".*
[b] *Statt „entdeken".*

132. Aufzeichnung [?, ?]

GStA PK, VI. HA Nl Scharnhorst Nr. 134 fol. 83r–84v (3¹/₂ S.): Konzept, eigenhändig, Fragment.

Sicherung von Quartieren. Alarmplatz. Feld- und Schildwachen. Kommunikationsmittel.

Ueber jeden Posten hat ein General oder Oberste das Comando u. 3 oder 4 Posten wieder unter einem gemeinshaftlichen Befehlshaber.

Entsteht Allarm, so versamlet sich jedes Quartier auf seinen Allarmplatz, von da gehet es zu dem gemeinshaftlichen Allarmplatz des ganzen Posten, wenn nicht das Eindringen des Feindes eine andere Anordnung erfordert. Die vershiedenen Posten haben wieder gemeinschaftliche Allarmplätze, so daß beym Eindringen des Feindes jeder weis, was er zu thun hat.

Statt der Husaren Feldwachen pflegt man auch woll (besonders in weit entlegenen Dörfern, welche an einem Passe liegen oder auf den Flügeln der Winterquartiere sich befinden) Comandos auszusetzen, welche alle 8 bis 14 Tage abgelöset werden. Eine ordinäre Feldwache, welche alle 24 Stunde abgeloset wird, würde zu sehr durch den Weg fatiguirt u. dann würden bey dieser die oft abgelöseten Officire die Gegend noch nicht kennen.

Ist der Feind 12 bis 20 Meile von unsern Quartieren entfernt, so werden nur sellten die obigen Sicherheitsanord[n]u[n]gen getroffen. Dann werden Comandos weit vor unser Quartier gelegt, die die Gegend nach dem Feinde beobachten u. nur dann erst, wenn er sich näh[e]rt oder bewegt, gehet man zu mehrern Sicherheits Anordnu[n]gen über.

III. <u>Innere Sicherheit der Quartiere</u>

In jeden Quartier sind an den[a] Ausgängen des Orts Wachen, welche Schildwachen ums Dorf ausstellen. Auserdem ist in der Nacht ein Piquet immer versamlet, welches bey den ersten Allarm ausrükt. In den Quartieren in der Nähe des Feindes werden überdies in der Nacht die Compagnien in wenigen Häusern nahe bey einander versamlet, damit man bey den ersten Allarm unters Gewehr treten kann.

IV. <u>Fanale – Ordonanzen</u>

Jeder Poste hat in den Bezirk seiner Quartiere an einigen erhabenen Plätzen einige Stangen mit brenbar Materie, welche bey einen Angrif in Brand gesetzt wird. Man kann 2 Bezeichnungen sicher angeben. Bey der ersten brent eine Stange, bey der 2ten 3 im Triangel gesetzte. 2 Stangen könnten von der Seite wie eine ersheinen. Fügt man zu diesen Fanalen noch bey einem allgemeinen Angrif 3 Allarm Canonshüße, welche kurz nacheinander folgen, so werden die Quartiere von der Ankunft des Feindes sicher avertirt werden.

Um aber bestimmtere Nachricht sich geben zu können, sind bey jeden Quartiere Ordonn[an]z Reuter oder Husaren, welche jede Nachricht mit der größten Geshwindigkeit weiter bringen.

---
a Statt „dem".

133. Aufzeichnung [?, ?]

GStA PK, VI. HA Nl Scharnhorst Nr. 134 fol. 85r–v (2 S.): Konzept, eigenhändig.

Posten in Gebäuden und Schanzen. Sicherheits- und Verteidigungsvorkehrungen.

ᵃVerhalten eines postirten Comando Infanterie in einem Schloße, Kirche, andern Gebäude oder in einer Schanze.

A. Abmarsch
   1. Masregeln
   2. Lebensunterhalt
   3. Munition, Gewehr etc.

B. Hinmarsch
   1. Durch Holz oder die Nacht
   2. Disposition
      a. Av. u. Arriergarde, auch im Holze Seitenplänk[e]r[e]r aber nicht weit
      b. In der Lage, immer shlagen zu können

C. Die Anstalten im Gebäude
   a. Unterhalt
   b. Wasser auf dem Boden zum Löschen, über deken mit Mist u. Erde – brenbare Materien.
   c. Fenster u. Thüren mit doppelten Bohlen vernagelt, darin 4 Zoll große Schießlöcher. über 5 Fuß hoch – Verstarkung der Maure 6 Fuß hoch durch Bohlen, am besten Schrankhölzer
   d. [......ᵇ] Dach Steine etc., um es dem Feind auf den Kopf zu werfen.
   e. Graben um das Gebäude u. die Erde in dem selben.

D. Vertheidigungs Disposition beym Gebäude
   a. Jedes Zimer seine Mannschaft. Die Reserve unten, ein Theil oben untern Dach
   b. Gegen den Ueberfall eine Klappe oder Brüke vor der Thür
   c. Die Nacht [............ᶜ] des Gebäudes einige vor den Schieslöchern, bey Tage Schildwachen oben.

ᵃ *Der Text steht auf einem wiederverwendeten alten Zettel, es steht links oben von fremder Hand: „Finanz Minister", darunter offenbar „Filister". Dabei ist noch ein „f." als Numerierung dieser Aufzeichnung.*
ᵇ *Unleserlich, könnte „Keters" heißen.*
ᶜ *Unleserlich, könnte „ein jeder Sode" heißen.*

E. Vertheidigungsdisposition bey der Schanze
1. In einen sind hinter der Brustwehr; eine Reserve in der Mitte, besonders, wen es an Vertheidigern fehlt. Wenn 2 Glieder, so in Graben hinter die Palisaden ein Glied beym Angrif.
2. Nacht den Eing[an]g wohl vershloßen, in den Graben die Leute ablösen lassen, in der Schanze in Zelten. Melden der Reisenden von Distinction nach dem Hauptquartier.[d]
3. Hat man keine Leute in Graben, so springt man auf die Brustwehr beym Angrif, wenn der Feind gänzlich in Graben ist.
4. Brenbare Materie in Graben ohne Palisaden oder vor denselben auf 50 bis 60 Schritt, mit ein Dach u. anzuzünden mit einen Schuß.

134. Aufzeichnung [?, ?]

GStA PK, VI. HA Nl Scharnhorst Nr. 134 fol. 86r–87v (4 S.): Konzept, eigenhändig.

Gestaffelte Anordnung der Quartiere einer Armee. System der Sicherungsposten.

[a]Von den Verhalten der Feldwachen und Infanterie Posten, welche in Cantonirungs u. Winterquartieren zur Sicherheit der Armee ausgesetzt werden

I. Begrif von der Anordnung des Ganzen
Man legt in den von Feinde entferntesten Städten die Magazine, Bäkereyen etc. an und besetzt dies mit starken Infanterie Corps. Zwischen diese Oerter liegt die schwere Cavalerie in Dörfern.
Nach dem Feinde zu liegen in den Dörfern die Dragoner u. Husaren, die Husaren in den vordern. Zwischen den Husaren wird in den festen Landstädten und Dörfern in durchschnittenen Gegenden Infanterie gelegt. Die Husaren so woll als die Inf. als Husaren haben von sich nach dem Feinde zu Feldwachen.

---

[d] Der letzte Satz am Rande ohne Verweiszeichen, daher nicht eindeutig zuzuordnen.
[a] Die Aufzeichnung wurde auf der ersten Seite oben links mit „g." bezeichnet.

Vorstellung der Anordnung in Allgemeinen

Infanterie u. schwere Cavalerie
_____

    Quartiere, Bäkerey etc.

    Dragoner Quartiere
  _____

    Husaren Quartiere
    Leichte Infanterie
_____

  _____
    Husaren Feldwachen
    u. Infanterie Posten
  _____

    Patrouillen

Die Dragoner, Husaren u. die vorliegenden Infanterie Bataillone werden in Posten vertheilt, welche gemeinschaftlich agiren u. einander unterstützen. Ein solcher Poste ist etwa 3 Meile in der Front groß; und stärker, nach den die Dörfer näher oder entfernter u. stärker oder schwächer belegt sind.

                Vorstellung dieser Anordnung

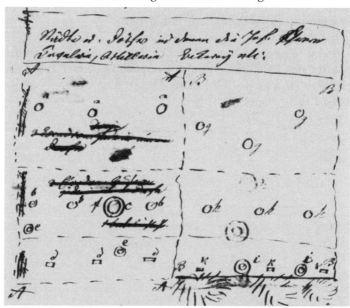

Zu Nr. 134: *Eigenhändige Skizze Scharnhorsts (fol. 87v).*
Oben: „Städte u. Dörfer, in denen die Inf., schwer Cavalerie, Bekerey etc."

ᵇAA,AA   erster Poste
aaa,a   Dörfer, in jeden 1 bis 5 Escadron Drag.
bbb,b   Dorfer, in jeden 1 bis 5 Escadron Husaren
  bb   Landstadt u. Dörfer, in dem 1 bis 2 Bataillon Infanterie
  d,d   Zwischen den Husaren Brüken oder andre Defileen oder durch-
          schnittene Gegende, welche jedes mit 1 Inf. Posten in einer Schanze
          oder Blokhaus oder Schloße
  dd   Feldwachen von den Husaren zwischen jenen Infanterie Posten
  f   Piquet von den Dragonern zur Unterstützung der Feldwachen der
          Husaren

BB,BB   Zweiter Poste
gggg   Dörfer, in jeden 1 bis 5 Escadron Dragoner
hhhh   Dörfer, in den 1 bis 5 Escadron Husaren
  ii   Ein Fluß oder eine Kette von Gebirgen
  ii   2 Landstädte, in den in jeden 2 bis 3 Bataillon Inf.
  ii   Husaren in Feldwachen
Bey jeder Landstadt ist ein Comando von den Dragon[e]r[n] comandirt, welche die Husaren Feldwache unterstützen u. den ankomenden Feind recognosciren.

ᶜDie Husaren unterstützen die Infanterie in der Ebene u. diese die Husaren in
durchschnittenen Gegenden. Aus den Husaren Quartieren werden die
Patrouillen vorgeshikt u. in durchshnittenen Gegenden gehet Infanterie mit
bis an die Defilees, um den Rükzug der Husaren zu deken.

135. Aufzeichnung [?, ?]

GStA PK, VI. HA Nl Scharnhorst Nr. 134 fol. 88r (1 S.): Konzept, eigenhändig.ᵃ

System der Sicherungsposten einer dicht am Gegner einquartierten Armee.

Vorstellung dieser Anordnung

Man hat hier einen sehr nahen Feind angenommen. Die eingeschloßenen
Zahlen ab[e]r gelten auf den Falle, in den der Feind 8 Meile entfernt ist.

Stadte u. Dorfer, in denen die Infanterie, schwere Cavalerie, Artillerie u.
Bäkerey.

ᵇ *Das Folgende in 2 Spalten, die eine unter dem mit den vier „A" bezeichneten Viereck,
    die andere unter dem mit den vier „B" bezeichneten Viereck.*
ᶜ *Das Folgende nicht mehr zweispaltig.*

ᵃ *Dieses Dokument, auf kleinformatigem Papier, gehört wahrscheinlich zu Nr. 134. Auf
    fol. 88v befindet sich eine durchstrichene Zeichnung.*

302　　　　　　　　I. Im Stab des Observationskorps (1795–1798)

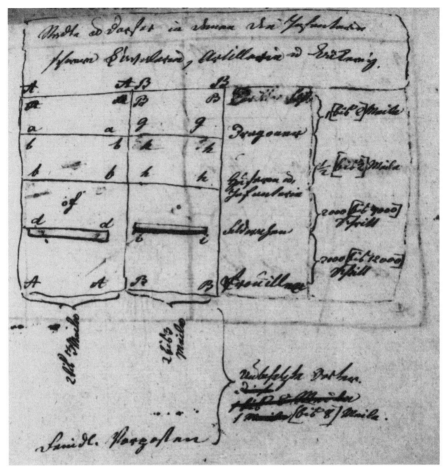

Zu Nr. 135: Eigenhändige Skizze Scharnhorsts (fol. 88v).

[..........b]   ⎫
                        ⎬ 1 (bis 2) Meile
Dragoner   ⎭

                        ⎫
                        ⎬ ½ (bis 2) Meile
Husaren u. Infanterie   ⎭

Feldwachen   } 2000 (bis 7000) Schritt

P[at]rouillen   } 2000 (bis 12.000) Schritt

                        ⎫ Unbesetzte Orter.
Feindl. Vorposten   ⎭ 1 (bis 8) Meile.

---

b Unleserlich.

136. Aufzeichnung [?, ?¹]

GStA PK, VI. HA Nl Scharnhorst Nr. 122 fol. 4r–v (2 S.): Konzept, eigenhändig.

ᵃEs ist ein Grundsatz, den Feind an den Ausgange eines Gebirgsdurchzuges sich entgegen zu stellen – damit er nicht in den Besitz der Berge kömmt.

Gehet man von ihnen ab, so muß man ihn in den Bergen angreifen, in dem er die Berge ersteigen will, wie hier die Pfeile anzeigen.
Warum bei Grasdorf die Reserve 1. Weil man immer Reserven haben muß u. 2tens einen Vereinigungspunkt für beide haben muß.ᵇ

ᵃ *Zunächst eine am linken Rand durch den Bindungsfalz verdeckte Skizze zur Aufstellung von Truppen: Auf dem „Berge bei Grasdorf" links oben steht die Reserve (zwei Bataillone, vier Kanonen, 25 Dragoner), darunter (links von Luttrum) und in den Bergen rechts unten jeweils drei Bataillone, ein leichter Posten (zwei Kompanien leichte Infanterie, eine Kompanie Jäger) und eine versteckte Batterie von sechs Sechspfündern. Bei der Abteilung bei Luttrum befinden sich noch zwei Batterien mit zusammen 16 Geschützen. Die Lücke zwischen den beiden Hauptabteilungen (hier ist ein „morastiger Wiesen Grund") wird von fünf Eskadronen Kavallerie mit reitender Artillerie gedeckt. Eine Liste von Ortsnamen („Engerode, Gevershagen, Lichtenberg, K. Linden oder Assel, Lattrum, Grasdorf, Halle, Binder – Resen.") wurde wieder gestrichen.*
ᵇ *Auf fol. 4v eine teilweise abgeschnittene Skizze einer Aufstellung bei Haverlah und Baddeckenstedt (bei Salzgitter), die aber nicht weiter erläutert ist.*
1 Das Blatt ist nicht datierbar; anzumerken ist, daß Scharnhorst im Sommer 1797 das Bistum Hildesheim bereiste (vgl. Nr. 67), wo sich die in Anm. a und b genannten Orte befinden.

5. Artilleriefragen

137. Denkschrift [?, nicht vor 1795?[1]]

GStA PK, VI. HA Nl Scharnhorst Nr. 216 fol. 18r–31v (27 S.): Reinschrift, Schreiberhand.
Konzept, eigenhändig, Fragment: ebda., fol. 32r–41r (18 S.).

Ausstattung der Artillerie einer exemplarischen Armee. I. Gesamtzahl der Geschütze. II. Munitionsbedarf. Ersatzmaterial. Standorte der Reserven. Transport. Beispiele zwischen Weser und Niederlanden. Nutzlosigkeit von Rohstoffen. III. Bestandsliste einer Regimentsartillerie mit 3pfündern: Geschütze, Personal, Pferde, Material. Variationen. Beispiele anderer Armeen. IV. Abweichungen einer Bestandsliste mit Sechspfündern. Beispiele anderer Armeen.

Capitel

Bestand der Artillerie für eine Armee im Felde; Vertheilung derselben, Versorgung derselben und der Infanterie mit Munition.[a]

I.) Anzahl des Geschützes

A. Regimentsgeschütz.
   Auf jedes Bataillon 2 Stück 6 ℔ der oder 3 ℔ der.

B. Schwere Artillerie.
   Auf jede Brigade 1 Batterie schwer Geschütz.
      Die Batterie so stark, das auf jedes Bataillon 2 Stück kommen. Im ersten Trefen 12 ℔ dige Canonen und 10 ℔ dige Haubitzen, im 2$^{\underline{ten}}$ 6 ℔ dige Canonen und 7 ℔ dige Haubitzen.
      Ist die Brigade 4 Bataillone stark, so bestehet im ersten Treffen die Batterie aus 6 Stück 12 ℔ dige Canonen und 2 Stük 10 ℔ dige Haubitzen, im 2$^{\underline{ten}}$ aus 6 Stük 6 ℔ digen Canonen und 2 Stück 7 ℔ digen Haubitzen.

C. Reitende Artillerie.
   a. Für die leichten Trupen: Auf jedes Bataillon leichte Infanterie 2 und auf jede Escadron leichte Cavalerie 1 Stük.
      Alle 3 ℔ der und 7 ℔ dige Haubitzen.

---

[a] Die Überschrift in der Vorlage auf einem besonderen Deckblatt (fol. 17r).
[1] Da hier als Beispiel ein offensiver Feldzug in den Niederlanden angenommen wird, ist es nicht unplausibel, diese Schrift dem Unterricht des Prinzen Adolph zuzuordnen.

b. Für die schwere Cavalerie.
Auf jede Escadron ungefähr 1 Stück reitende Artillerie. Auf eine Brigade Cavalerie von 8 bis 10 Escadrons 1 Batterie von 6 Stük 6 ℔ dige Canonen und 2 Stück 7 ℔ dige Haubitzen.

II.) <u>Versorgung mit Munition und andern Bedürfnißen, Reserven, Depots.</u>

A. Regimentsgeschütz.
Jede Canone der Bataillons hat ungefehr 200 Schuß bey sich und für die Infanterie auf jeden Mann 30.

B. Schwere Batterien
Jede Batterie hat ungefähr 200 Schuß oder Wurf bey sich, und die schweren Batterien bey der Infanterie haben noch für die Brigade, bey der sie sich befinden, für jeden Infanteristen 15 Schuß. Sie ist so mit Handwerkern, Vorraths-Rädern, Lafeten, Axen, Eisen etc. versehen, daß sie für sich ein Ganzes ausmacht und weiter nichts von aussen her bedarf, als Ersatz von abgegangener Munition, Lafeten, Materialien u.s.w. Dies erhält sie aus der großen Artillerie-Reserve. Jede Batterie hat aber eine kleine Reserve, welch[e] aus ihren Handwerkern, ihren zu denselben gehörigen Fuhrwerken, aus den Brodwagen, Schmier-Karren, Feldrequisiten-Wagen und einigen Munitionswagen u.s.w. bestehet. Diese Reserve ist immer nur in Actionen bey ihr; alsdann gehört sie zum leichten Gepäck der Armee.

C. Große Artillerie Reserve.
Für die ganze Artillerie der Armee, so wohl als für die Munition der Infanterie hat man eine bespannte Reserve, welche man <u>die große</u> Artillerie-Reserve nennt. In dieser sind für jedes Geschütz noch 50 Schuß oder Wurf und auf jeden Infanteristen 15 Schuß vorhanden; überdem hat sie beständig einen Vorrath von Hufeisen, Canonen und Haubitz-Laffeten, Wänden, Axe-Eisen, Radschienen, Naben-Büchsen[2], Protznagelin u.s.w.
Die große Artillerie Reserve befindet sich ungefähr 2 bis 3 Tagmärsche hinter der Armee, damit man aus ihr das, was fehlt, bald ersetzt erhalten kann.

D. Depot.
6 bis 7 Tagmärsche hinter der Armee etablirt man einen Depot für dieselbe, wo möglich in einer Festung oder hinter einem Fluß. Hier befinden sich einige Reserve-Canonen und Lafeten, Materialien aller Art, ein Vorrath von Eisen, Steinkohlen, ein Laboratorium mit den nöthigsten Feurwerks-Materialien u.s.w. und dann auf jedes Geschütz der Armee 50 bis 100 Schuß und auf jeden Infanteristen 30 Schuß.

---

[2] Eiserne Ausfütterungen für die hölzernen Radnaben.

E. Nähere Bestimung der Versorgung, Art der Ersetzung des Abgangs.[b]
Die Batterien haben keine andere als verarbeitete Materialien. Sie machen keine Hufeisen, keine Nagel, keine Ax Eisen, Radschienen u.s.w., sie haben hiervon immer einen kleinen Vorrath und erhalten den Abgang aus der großen Reserve ersezt. Zerbrochene Axen, Deichseln, kurz alles was von Holz ist auser den Lafeten-Wänden müßen sie selbst machen, wenn es zerbricht.

Eine Lafete, in der die Wand zerbrochen oder zerschoßen, wird nach der Reserve geschikt und da von neuen gemacht.

Die Munition bey den Regiments-Geschütz wird für die Infanterie aus der Batterie ersezt, und die ledigen Wagen hohlen den Abgang aus der großen Reserve.

Der Abgang der Artillerie-Munition, der Lafeten, der Räder, eisernen Reserven Parcelen, Hufeisen u.s.w. werden aus der großen Reserve abgeholt, und diese hohlt den Abgang wieder aus den Depot. Es bleibt aber eine unabweichliche Regel, daß jede Batterie und auch die Reserve diejenigen Bedürfniße, sie seien von Holz oder Eisen, welche sie selbst sich verschaffen kann, nicht anderswo herhohlt, vorausgesezt, daß der Preiß der rohen Materialien nicht den Preiß der verarbeiteten aus dem Depot übersteigt und die Handwerker Zeit zu ihrer Verfertigung haben.

Der Depot hat keine andere als einige Munitionswagen zum Ersatz der etwa weggenommenen; auch hat er keine Pferde. Er bestehet blos aus einem Magazin, einem Laboratorium, einigen Handwerksstädten, einer Anzahl Handwerkern und Reserve-Artilleristen, oder solchen, welche von Wunden noch nicht völlig wiederhergestellt sind, oder doch schon in Laboratorium arbeiten können.

Der Abgang der Sachen im Depot wird durch Land oder Frachtfuhren oder zu Wasser ersezt. Kömmt die Armee den Depot durch widrige Zufälle auf 3 bis 4 Tagemärsche nahe, so wird er durch Landfuhren zurückgebracht. Die dazu nöthigen Fuhrwerke sind schon vorher in den nähesten Districten bestimmt und in Bereitschaft, auf den ersten Befehl zu laden.

Gehet die Armee so weit vor oder zur Seite, daß sie sich über 6 bis 7 Tagemärsche von dem Depot sich entfernt, so wird derselbe nach den befindlichen Umständen mit dem Pferden der großen Reserve weiter vorgebracht, oder es wird aus denselben ein intermédiairer Depot, welche die Dinge, die am meisten bey den Batterien abgehen, enthält.

F. Entfernung der Reserven und des Depots von der Armee, in Beyspielen.
Operirt eine Armee von der Weser aus über Osnabrück gegen eine[n] anfangs in der Provinz Oberyssel, nachher aber gegen einen hinter der Yssel in der Veluve befindlichen Feind, so befindet sich, während die

---

[b] *Korrigiert nach dem Konzept; in der Vorlage steht: „Abzugs".*

Armee in der Gegend von Osnabrück und Rheine ist, die große Artillerie Reserve zu Diepholz und der Depot hinter der Weser zu Hannover oder Nienburg oder Bremen oder Minden.

Rükt die Armee bis an die Yssel in der Gegend von Doesburg oder Zütphen vor, so kömmt die große Artillerie Reserve hinter die Ems nach Osnabrük oder Rheine und der Depot bleibt hinter der Weser.

Gehet endlich die Armee über die Yssel und dringt in die Provinz Holland, so folgt die große Reserve anfangs bis Bentheim oder Enschede, und hernach bis an die Yssel, und dann wird der Depot nach Osnabrük verlegt.

Marschirt ein Corps an den Rhein von Hannover nach Maynz und befindet der Feind sich anfangs an der Eder, hernach aber über dem Mayn, so wird, wenn die Armee bis Cassel stehet, die große Reserve bey Münden und der Depot in Hameln sich befinden, um den Abgang der großen Reserve auf der Weser ersetzen zu können. Rükt die Armee gegen Gießen vor, so wird die große Reserve bis hinter die Eder und der Depot nach Münden verlegt.

Marschirt eine Armee aus Holland gegen den Feind bey Mecheln, und ist sie bey Antwerpen angekommen, so bleibt anfangs die Reserve bey Breda und der Depot bey Dortrecht. Gehet aber die Armee über den Canal zwischen Löwen und Mecheln, so gehet die große Reserve nach Antwerpen, dringt endlich die Armee gegen Tournay und Courtray vor, so gehet die große Reserve bis hinter den Canal von Brüssel oder bis Dendermonde und der Depot wird nun nach Antwerpen verlegt. In Antwerpen kann der Depot alle Bedürfniße zu Wasser erhalten oder auch auf eben diesem Wege den Abgang bey der großen Reserve ersetzen.

G. Es ist ein Fehler, nicht verarbeitete Materialien bey den Batterien und der Reserve mit sich zu führen. Dieser Fehler hat in den meisten Kriegen auf eine unnütze Weise viel Kosten verursacht.

Bey den Batterien und selbst bey der Reserve müßen keine unverarbeitete Materialien seyn; kein nicht verarbeitetes Eisen, kein nicht verarbeitetes Holz, kein Pulver in Tonnen, keine lose Kugeln u.s.w. Dergleichen kann wohl in den nicht beweglichen Depot seyn. In der bespannten Reserve müßte man zu den nicht verarbeiteten Eisen auch die Kohlen führen und hätte doppelte Kosten, das nicht in Patronen befindliche Pulver könnte man nicht gleich gebrauchen. Man befände sich in der besondern Lage, die Sachen gleich, wo man wollte, hinbringen zu können, ohne sie fertig zu haben.

Will man einmahl Pulver zu Minen haben, so lasse man es aus den Depot kommen, oder fehlt dazu die Zeit, so nehme man in Nothfall das Pulver aus den Patronen. Dieser Fall tritt ja ohnehin äußerst sellten ein.

Muß man in Ermangelung von Hufeisen bey den Batterien in der Noth welche machen, so nehme man dazu die Ax Eisen, die man als Reserve mit sich führt. Hierbey wird kein großer Schaden seyn und dieser Fall wird ohnehin sellten eintreten, wenn der Ersatz bey Zeiten besorgt wird.

III.) <u>Detaillirter Bestand der Regiments-Artillerie für 1 Regiment von 2 Bataillon, wenn man bey jeden 2 Stük 600 ℔ schwere 3 ℔ der hat.</u>

Für 1 Bataillon:

	Mann.	Pferde
1.) Canonen, jede mit 4 Pferden bespannt, erfordert 4 Knechte und 8 Pferde	4 ″	8 ″
2.) Munitionswagen, jeden mit 2 Pferden bespannt, erfordert 2 Knechte und 4 Pferde	2 ″	4 ″
3.) Einen Patronwagen für die Infanterie mit 4 Pferden bespannt, erfordert 2 Knechte und 4 Pferde	2 ″	4 ″
4.) Canonier für jede Canone 1 Corporall und 8 Mann u. für beide einen Unterofficier	19 ″	–
5.) Feldrequisite und Handwerkszeuge des Rüstmeisters, eine Karre, 1 Knecht u. 1 Pferd	1 ″	1 ″
6.) In Reserve 1 Knecht u. 2 Pferde	1 ″	2 ″
Summa	29 M.	19 Pf.
Für noch 1 Bataillon	29 ″	19 ″
1 Officier, unter dessen Befehl die Regiments Artillerie stehet, mit Knecht und 3 Pferden	2 ″	3 ″
Ein Train-Corporal	1 ″	1 ″
=	51 M.	42 Pf.

<u>Munition.</u>

Jede Canone hat in der Protze 120 Schuß. Der 2spännige Munition Wagen jeder Canone hat für jede Canone noch 80 Schuß, mithin hat die Canone in allen 200 Schuß.

Der 4spännige Munitions-Wagen hat für jedes Bataillon 16,500 Infanterie-Patronen, d.i. auf jedes Feuergewehr 30 Schuß.

<u>Verzeichnis von den, was zu einer Canone gehört:</u>

    80 Kugelschüße ⎫ d
    40 Kartätschüße - - - ⎪
    140 Schlagröhrchen in einer Tasche ⎬ in der Protze
    10 ℔ Lunte - - - ⎪
    12 Brenners in einer Büchse ⎭

---

d *Diese Zeile nach dem Konzept ergänzt.*

2 Luntenstöcker und 1 Luntenverberger
1 Brennerklemme
1 Raumnatel³
1 Aufsatz
2 lederne Taschen
2 Wischer
1 Mundpfropf
1 Capelle^e
1 Prolongen
2 Hebebäume
1 Kreutzhacke
2 Spaden
1 Barte
1 Axte
2 Avanciertau
1 Lenktau
1 Hemkette
1 Hammer
1 Zange
1 Bohr
1 Canonwinde
1 Leuchte
1 Schmier-Eymer

<u>Beladung eines 2spännigen, zu jeder Canone gehörigen Wagen:</u>
50 Kugeln
30 Kartätschschuß
2 Munitionstaschen
140 Stück Schlagrörchen
30 Brenners
1 Brenner Klemme
15 ℔ Lunten
1 Hammer
1 Zange
1 Leuchte^f
1 Bohr
1 lederner Eymer
2 rauhe Schaffelle
2 Spaden
1 Barte

---

^e *Das Wort ergänzt nach dem Konzept.*
^f *Statt „Leuthe"; verbessert nach dem Konzept.*
³ Räumnadel.

1 Axt
2 Sense mit Bäumen u. ein Klopfzeug
1 Schneidelade mit Schneidemesser und Streichstein
1 Wagenwinde
2 Futtermollen
1 Schmier-Eymer.
Rollinien auf jedes Pferd ³/₄ Klafter
1 Tonne mit Schmier von 50 ℔
1 Oelflasche zum Schmieren der Richtmaschinen
1 lederner Beutel mit 38 Hufeisen (d.i. auf jedes Pferd 2) und dazu erforderlichen Nägeln
6 Kampierpfäle
1 completes Pferdegeschirr mit Zaum und Halfter. ⎫
1 Striegel   – – – – –   ⎪
1 Cartätsche   – – – – –   ⎪
1 Peitsche   – – – – –   ⎬ in Reserve
2 Säcke   – – – – –   ⎪
2 Futterbeutel   – – – –   ⎪
1 Vorraths-Rad   – – – –   ⎪
1 Hemkette   – – – – –   ⎭
1 Ort und einige Stich-Riemen, um die Pferde-Geschirre auszubeßern.

Das Gewicht einer ganzen Beladung beträgt keine 800 ℔.

Beladung des zu jeden Bataillon gehörigen 4spännigen Wagen:

16,500 Infanterie Patronen
 1,100 Flintensteine
       Futterbley⁴ zu 550 Steinen
     4 rauhe Schaffelle
     1 Schmier Eymer
     1 Hemkette
     6 Kampierpfäle
     1 Deichsel in Reserve

Dies macht in allen ungefähr 1700 ℔.

Die Karre zu den Feldrequisiten ist beladen:
mit 7 Zelten, 7 Decken, 7 Feldflaschen, 7 Kessels und Castrolls mit Beutel und Riemen und das Handwerkszeug des Rüstmeisters.
Das ganze Gewicht der Beladung des Karren beträgt keine 500 ℔.

---

⁴ Bleiblech, das zur besseren Justierung des Feuersteins zwischen diesem und den Zwingbacken seiner Halterung plaziert wurde.

Jeder Knecht hat bey seinen 2 Pferden
2 Halfter
2 Zäume
2 Zug Geschirre
1 Doppelkette und 2 Brustkoppel Riemen
1 Sattel
4 Zugstränge, die gebraucht werden, und eben so viel in Reserve
1 Sack
2 Futterbeutel
1 Brodtbeutel
1 Striegel
1 Cartätsche
1 Fourage Strik
1 Peitsche

An den Wagen werden die Koppel-Ketten und die Schwengel erfordert.
Bey dieser Beladung kann so wohl bey der Canone, als jeden^g andern Fuhrwerke, wenn es sonst gut eingerichtet ist, auf 3 Tage Fourage geführt werden.
Die Train-Knechte haben ihre Mantelsäcke auf den Nebenpferden.
Die Canoniere haben keine Gewehre, tragen aber ihre Tornister, bis sie in Action kommen; alsdann hengen sie dieselben an den 2spännigen Wagen auf dazu eingerichteten Hacken.
Der hier gegebene Anschlag leidet nach den Grundsätzen, welche man annimt, manche Abänderungen.
Sollen die Kanoniere nicht die Tornister tragen, so muß man statt des Feld-Requisiten Karren mit 1 Pferde einen Feldrequisiten Wagen mit 2 Pferden haben, um auf denselben die Tornister mit fortbringen zu können.^h
Wollte man die Feldrequisiten und Mantelsäcke, wie bey einigen Artillerien, in den Munitionswagen vertheilen, so müßte man den 2spännigen Wagen mit 1 Pferde mehr bespannen und alsdann fiele das besondere Fuhrwerk für jene Bedürfnisse weg; und jede Canone hätte dieselbe separat, statt nun 2 sie gemeinschaftlich haben; dagegen hätt man aber denn auch wieder die Unbequemlichkeit, daß, wenn man zum Feuer kömmt, alles bepakt ist, man nicht zur Munition kommen kann, und daß die Leute beständig den Munitionswagen, aller Aufsicht ohngeachtet, zu stark beladen. Geschiehet dies bey den eigenen Requisitenkarren, so haben sie nur allein Nachtheil davon, wenn ihn die Requisiten zurükbleiben. Dazu kann man alsdann von den Unterofficier verlangen, daß in den Munitionswagen nichts als die Munition und die dazu gehörigen Dinge sind,

---

^g *Statt „jeder"; verbessert nach dem Konzept.*
^h *Im Konzept folgt gestrichen: „Dies wird immer beßer seyn, als die, daß sie, wie bey der hannövrischen Artillerie, die Tornister oder Mantelsäcke mit in Munitions Wagen haben", danach noch einige weitere gestrichene Zeilen.*

denn er kann ihn ja nun verschloßen halten; anders war es aber, als jeder seinen Mantelsak darin hatte, als die Zelter, die Decken, Castrole, Flaschen u.s.w. von jeden hineingelegt und herausgenommen wurden.

In der Beladung der Wagen und Protzen weicht man in den verschiedenen Artillerien sehr von einander ab; theils erfordern die Einrichtung der Fuhrwerke dies, theils ist man hier nicht zu festen Gründen gekommen.[i]

Bey der preusischen Artillerie fährt man bey den 500[j] ℔ schweren 3 ℔ der 220 Schuß auf der Protze und hat dennoch denselben nur mit 4 Pferden bespannt, und zu den beiden Canonen und den Infanterie-Patronwagen und 1 Pakpferd hat man nur 7 Knechte und 13 Pferde, statt unser Anschlag für diese 10 Knechte und 19 Pferde fordert.

Dagegen ist aber auch der preußische 3 ℔ der stärker bepakt und nicht mit allen Bedürfnißen, so wie der in den obigen Anschlage, versehen, auch fehlen ihr Reserve-Pferde, welche doch unentbehrlich sind.

Die kayserlichen 3 ℔ dige Regiments-Canonen bey der leichten Infanterie sind mit 2 Pferden, so wie ihr Munitionswage, bespannt, das Geschütz hat 24 und der Wage 144, beide also 168 Schuß. Mithin erfordern also 2 Stück 3 ℔ der mit ihren Wagen 4 Knechte und nur 8 Pferde, rechnet man dazu noch 1 Knecht und 1 Pferd für Feldrequisite, 2 Knechte und 4 Pferde für den Infanterie Patronwagen, so würden ohne Reserve-Pferde 7 Knechte und 13 Pferde, also viel als bey der preußischen.

IV.) <u>Bestand der Regiments-Artillerie für 1 Regiment von 2 Bataillonen, wenn man bey jeden 2 Stük 1000 ℔ schwere 6 ℔ der hat.</u>

Für 1 Bataillon:

	Mann.	Pferde
1.)[k] Canonen, jede mit 6 Pferden bespannt, erfordert 6 Knechte und 12 Pferde	6 "	12 "
2.) Munitionswagen, jeden mit 3 Pferden bespannt, erfordert 2 Knechte und 6 Pferde	2 "	6 "

---

[i] *Im Konzept folgt gestrichen:* „*Bey einigen hannövrishen Bataillon hat man be[i] den 2 Stük 3 ℔ der, welche man führt, bey jeden 220 in den 2 Wagen, nemlich 60 Schuß auf der Protze; 160 in einen 3spännigen Wagen, den man aber jetzt mit 4 Pferden bespannt, und 18.560 Infanterie Patronen (die Kugel zu 1½ u. das Pulver zu ¾ Loth) in einem 6spännigen Wagen.*

Bey einigen führt man auf den Protzen des mit 4 Pferden bespannten 3 ℔ der 60 Schuß, bey der andern 200. Eben die Bewandniß hat es verhältnißmäßig mit der Bepackung der Wagen. An wenigsten Pferde u. Knechte erfodert wohl die preußische Regiments Artillerie bey einem gewißen Vorrath von Munition; man sehe Neues Militärisches Journal, 1. Band (1788), S. 51.

Die Beladung ist nicht stark, indes kömt in den letzten Wagen noch eine Tonne Mousquetpatron von 115 ℔, dann ist er noch mit 1 Vorrathsrad beshwert, in beiden".
[j] *Im Konzept:* „550".
[k] *Die ersten zwei Posten sind im Konzept nicht numeriert.*

3.) einen Patronwage für die Infanterie mit
4 Pferden bespannt, erfordert 2 Knechte
und 4 Pferde   2 "   4 "
4.) Canoniere für jede Canone 1 Corporal u.
10 Mann, für beide 2 Corporal u. 20 Mann   22 "   "
Dazu 1 Unteroffic. für beide Canonen   1 "   "
5.) Feldrequisiten Karre, 1 Knecht und 1 Pferd   1 "   1 "
6.) Reserve 2 Knecht u. 3 Pferde   2 "   3 "

                                              =   36 M.   26 Pf.

Munition

Auf der Protze 100 Schuß und in den Wagen eben so viel.

Uebrigens gehört so wohl in den 3spännigen Munitions-[Wagen]¹ das, was in den 2spännigen des 3 ℔ ders kommt; nur mit dem Unterschied,ᵐ daß 1 Schneidelade, 1 Sense mit Stiel und 16 Hufeisen mit Nägeln in jenen Wagen mehr erfordert werden; auch daß die Knechte, welche bey den 6 ℔ der 3 Pferde haben, 3 complete Pferdegeschirre, 3 Futterbeutel u.s.w. bekommen.

Auch in der Feldrequisiten-Karre kommen bey den 6 ℔ der noch 2 Zellte, 2 Castrolle und 2 Flaschen u.s.w. mehr als bey den 3 ℔ der.

In den preußischen oben genannten Anschlage hat man bey zwey 6 ℔ der von der oben angegebenen Schwere mit den nemlichen Munitions-Vorrath versehen, nur 9 Knechte und 17 Pferde, statt man hier 14 Knechte 26 Pferde verlangt. Dort aber hat man die Protze mit 200 Schuß beladen und keinen Munitionswagen für die Canon-Patronen, ferner kein Vorrathsbrod, keine Reserve-Knechte und Reserve Pferde, keinen Vorrath an Schmier und andern Kleinigkeiten, welche hier verlangt werden.

Bey der kayserlichen Regiments-Artillerie wiegt der 6 ℔ der 790 ℔ und hat 12 Patronen auf der Protze, 168 im Wagen, in allen also 180 Schuß. So wohl Canonen als Wagen sind mit 4 Pferde bespannt, mithin haben 2 Canonen und 2 Wagen 8 Knechte und 16 Pferde. Rechnet man dazu einen 4spännigen Patron-Wagen, 1 Knecht und 1 Pferd für Feldrequisiten, so würden 11 Knechte und 21 Pferde ohne Reserve Knechte und Pferde erfordert, mit diesen aber 13 Knechte und 24 Pferde. Es unterscheidet sich dieser Anschlag also von den preußischen darin,

1.) daß bey ihn vorausgesetzt ist, daß die Regimentsartillerie nicht in beständiger Verbindung mit der Reserve stehe, und in sich selbst Hülfsmittel bey Unglüksfällen finden müße (daß man sie mit einigen bey der Reserve geführten Dingen beständig versehen müße)

---
¹ *Sinngemäß ergänzt. Das Wort fehlt auch im Konzept.*
ᵐ *Hier endet das eigenhändige Konzeptfragment.*

und 2.) daß die Protze nicht so stark als bey der preußischen beladen ist, und die Canone eine größere Bewegbarkeit behält.

Von den kayserlichen unterscheiden sich unser Anschlag weniger; verhältnißmäßig eigentlich an Knechten und Pferden noch geringer als jener, wenn man Rücksicht auf die verschiedene Schwere der Canonen, die Verschiedenheit in der Anzahl der Schüße u.s.w. nimmt.

138. Aufzeichnung [?, nicht vor 1794[1]]

GStA PK, VI. HA Nl Scharnhorst Nr. 133 fol. 156r-v (2 S.): Konzept, eigenhändig, unvollendet.

1. Konzentration des Artillerieeinsatzes. 2. Einsatz der Artillerie beim Angriff.

<u>Gebrauch der Artillerie</u>

1. Man hat den Gebrauch zu großen Entzweken vernachläßigt – man hat nie, wo man angrif, die Artillerie auf ein Punkt concentrirt. 4 bis 6 Batterien 32–40 Can vereint, und mit ihnen nun den Feind auf den Hals gegangen – das ist die Art, einen Punkt zu forciren und dann mit der Cavalrie in das Loch zusetzen. Wenn die Batterien auf 600 Shritt sich näh[e]rn u. nun eine aus andern Kugeln u. Kart. gebrauchen, so ist auf 1400 Schritt rückwärts alles arg, alles in Unordnung, alles in Verwirrung -

   Man könnte dazu anfangs ein paar reit. Batt. zu brauchen, um erst ins Feur zu kommen.

2. Es ist schwer, die Artillerie beym Angrif ins Feur zu bringen und in den Colonen alles so anzuordnen, daß man sie sicher ins Feur bringt, ehe alles über den Haufen geworfen wird. Man muß daher rechts und links die Artillerie beyzeiten herausziehen, rückwärts ein Theil placiren, und [um] in Nothfall doch einen sichern Rükzug zu haben, muß man eine Avantgarde mit Geschütz voraus haben, die zuerst sich engagirt.

   Der Gebrauch in einem solchen Fall läßt sich nicht anders als durch Beyspiel erläutern.

   1. Famars 2. Werwik die Fälle im Frühjahr 1794 3. St. Oedenrade

   Wie wenig hat man die Artillrie bey Zorndorf, Torgau, Prag, Collin, Cunersdorf, Leuthen zum Durchdringen gebraucht? Die 10 Stück bey Zorndorf auf den Point d'attaque waren ein Satire –[a]

---

[a] *Folgt gestrichen:* „Bey Minden".
[1] Dieser und die folgenden Texte werden hier eingeordnet, da sie thematisch zu dem in Nr. 28 angesprochenen Beginn der Arbeiten am „Handbuch der Artillerie" passen.

Gebrauch beym Rükzuge, durch Beyspiele erläutert.

Gebrauch bey defensiven Stellung

Niemand will im Kriege Artillerie haben, weil sie niemand recht zu gebrauchen weiß.

139. Aufzeichnung [?, nicht nach 1801?[1]]

GStA PK, VI. HA Nl Scharnhorst Nr. 133 fol. 157r–v (2 S.): Konzept, eigenhändig?

Vorzüge der reitenden Artillerie. Angemessene Ausstattung.

Reit. Art.
Man hat einen unrichtigen Begrif von der reit. Art. sich gemacht, man hat sie Cav. Art. genannt. Dies ist falsch, sie wird gebraucht, wo es auf Geschwi[n]d[i]gkeit ankömmt, es sey bey Cav. oder Inf.
Es ist gut, wenn sie so bespannt ist, daß sie eine große Geschwindigkeit leistet – die meisten Fälle erfordern dies aber nicht, denn hier kömmt es nur darauf an, eine kurze Zeit stark zu jagen. Es wird gewöhnlich in der Action nur dazwishen gefeurt. Es ist nichts natürlichr, als reitende Art. zu haben – damit die Leute in der Bewegung ruhen u. die Pferde beym Feur – so daß die größte mögliche Kraft erhalten werde. Ich würde daher immer unsre Methode des Lafeten Aufsitzens beibehalten, da könn bey shlechten Wegn die Leute zu Fuß gehen – man ist versichert, durch alle Wege durch zu können – und in Action, wo man ein ums andre feurt, hat man noch eine erforderliche Geschwindigkeit. Es kann woll mal durch eine größere Geschwindigkeit eine Batterie oder eine Canone einen größern Nutzen schaffen, oder durch unsre niedere verlohren gehen, dies wird aber in mehr Feldzügen nur selt[e]n eintreten u. also nicht die Ersparung der Kosten balanciren.

Bey der geschwinden Artillerie 50 Schritte abgeprotzt, u. gefeurt u. aufgeprotzt[a] braucht 1 Min.
In Kasten 60 Schuß, in Tashen 16 = 76
Mit 4 Mann auf der Protze, 2 M. u. 1 Unteroffic. zu Pferde kann die Canone bedient werden, nur muß der Mann bey den Baumen die Lunte mit nehmen u. der, so die Lunte hatte, Munition mit zu tragen. N° 3 hat also einen Gehülfen –, billig sollte No 2 u. 3 einander ablösen in Einsetzen u. hohlen – mit 5 Mann, 1 Unt. Offic., 1 Pferdhalter kann man also fertig werden.

---

[a] *Eigenhändig geändert; es hatte zunächst geheißen „abgeprotzt, aufgeprotzt u. gefeuert".*
[1] Es wird davon gesprochen, daß die reitenden Artilleristen auf der Lafette aufsitzen; das war bei der preußischen Artillerie nicht der Fall.

140. Aufzeichnung [?, 1794/1800¹]

GStA PK, VI. HA Nl Scharnhorst Nr. 133 fol. 158r–159v (4 S.): Konzept, eigenhändig?

Offensiver Nutzen der Artillerie. Relativierung des Bajonettangriffs. Gegenseitige Abhängigkeit von Artillerie und Infanterie.

Ist die Artillerie eine Waffe, von deren[a] innern Werth in einer Action sehr viel ankömt?[b]
Die Artillerie ist eine thätige und treue Gehülfin der beiden übrigen Gattungen von Trupen in allen Vorfällen des Krieges. Die Infanterie kömmt fast nie ins Gefechte, ohne daß die Artillrie den Anfang macht und gewöhnlich noch in der Folge eine wichtige Rolle bey demselben spielt.

Bey der Vollkomnung u. Vermehrung der Artillerie in unsern Tagen ist es nicht mehr möglich, mit bloßer Infanterie oder Cavalerie eine feindliche, mit der gewöhnlichen Regiments u. Brigade Artillerie versehene Infanterie übern Haufen zu werfen. Hierzu muß eine überlegene Artillerie den Weg bahnen, und man kann mit Wahrheit sagen, daß die Infanterie in den meisten Gefechten so wohl stehenden Fusses, als angreifend, heute zu Tage ihren Ruhm mit der Artillerie theilen muß. Man hört freilich immer noch etwas von den Angrif mit den Bayonet. Die Franzosen haben sogar noch viel in den letzten unglüklichen Kriege davon gesprochen[c], von geschloßenen Trups gegen unregelmässiges Infantrie Feur auf 300 Schritt, der Angrif von geschloßenen Truppen gegen Tirailleurs, die zerstreut herum lagen, hieß bey ihnen mit den Bayonet[....][d] denn überall, die Sprache der Relationen, so wie die der großen Welt, ihre Eigenthümlichkeit hat, die man verstehen muß, wenn man Resultate aus der Kriegsgeshichte ziehen will.

Man wird in der letzten Hälfte dieses Jahrhunderts nur sehr wenige Fälle finden, wo die Infanterie ohne Artillerie eine wichtige Affäre entschieden hätte, dagegen aber häufig wahrnehmen, daß in mehrern wichtigen Schlachten, wo sie die Haupt Angriffe ausführen sollte, aus Mangel eigenthümlicher Kräfte oder hinlänglicher Artillerie ihren Zwek verfehlte. Man erinnere sich an die Schlachten bey Prag, Zorndorf, Cunersdorf, Torgau u.a.m.

Man kann bey der heutigen Volkomenheit des Feuergewehrs und der Tactik mit einem der größten Artilleristen unsers Jahrhunderts, den verstorbenen Grafen Wilhelm von Schaumburg Lippe, die Artillerie u. Infanterie als eine einzige, oder doch als eine unzertrennliche Waffe ansehen.

---
[a] Statt „dessen".
[b] Am Rande einige Berechnungen.
[c] Folgt gestrichen (nach mehreren Änderungen): „mir selbst sind einige Vorfälle bekannt, in dem sie nach ihren Relationen alles mit den Bayonet über den Haufen geworfen sollen haben ohngeachtet sie sich nur auf 300 Schritt einander genähert hatt[e]n. Vor den Gebrauch des Bayonets spricht man so".
[d] Text hier wegen Bindungsfalz nicht lesbar.
[1] Mit „diesem Jahrhundert" (vgl. den dritten Absatz) ist das 18. gemeint.

Es ist nicht zu leugnen, daß die Cavalerie auf eine eigenthümliche Art, ohne Beyhülfe der Infanterie und Artillerie eine Schlacht entscheiden kann, wie sie dies bey Rosbach, Zorndorf u. noch neuerlich bey Cateau (im April 1794)² ganz, und bey Prag, Freyberg u. einigen andern Ortern zum Theil, gethan hat.

Weder die Infanterie, noch die Artillerie kann sich solcher glänz[end]er Thaten ohne gemeinshaftliche Wirkung rühmen; obwohl die Artillerie in manchen Stücken noch eh[e]r als die Infanterie ohne große Hülfe von andren Waffen eine Affäre entsheiden kann. Die Schlacht bey Bergen wurde z. B. durch die Artillerie entshieden, in der Schlacht bey Kesselsdorf, Zorndorf, Freiberg, Prag und Minden brachte die Artillerie fast allein den Haupt Angriff zum Rückzuge. Daß die 3 ersten dennoch für die Armeen, bey denen die die Artillerie von so großen Nutzen war, verlohren ging, war tactishen und zufälligen Fehlern zuzuschreiben.ᵉ

141. Notizen [?, nicht vor 1794¹]

GStA PK, VI. HA Nl Scharnhorst Nr. 133 fol. 160r–v (2 S.): Eigenhändig.ᵃ

Gliederungsentwurf. Taktische Variationen beim Gebrauch der Artillerie.

ᵇGebrauch der Artillerie im Felde
1. Angrif Valenc. bey Querenain. Beschreibung, wie man verfuhr, wie man hätte verfahren müßen, wie die Franzosen verfuhren, wie sie hätten verfahren müßen.

    Wir nicht genug Artillerie; wir nur mit Haubitzen, statt wir mit allen Kanonen hätten feuern müßen, damit hätte den Shanzen, allerwärts die Kugel sich gekreutzet hätten.

    Masse von Artillerie, wo man durchdringen will – Der Angrif rechts.
2. Vertheidigung in der Cavalerie. Nie Geschütz ohne hinlängliche Infanterie; Cavalerie taugt gar nicht dazu – wird sie geworfen, so ist es verlohren. Fehler der Franzosen bey Minden auf den Maulbersteige. Hier

---

ᵉ *Folgt gestrichen: „Erst in den 7jährigen und kurz vorhergegangenen Kriegen fing die Artillerie an, einen wichtigen Platz in der Armee einzu".*
² Die Schlacht von Le Cateau (26. April 1794) war ein beachtlicher Erfolg der Kavallerie eines vom Herzog von York kommandierten britisch-österreichischen Korps über eine französische Abteilung unter General Chapuy. Vgl. den Bericht des Herzogs in Scharnhorst, Feldzug, NMJ, 9. Band (1798), S. 347–358.

ᵃ *Der Text steht auf einem kleinformatigen Zettel.*
ᵇ *Davor gestrichen: „A."*
¹ Aufgrund der Erwähnung der Gefechte bei Sint-Oedenrode in der letzten Zeile.

2 Batterien u. ein paar Brigaden Infanterie – da wäre alles verlohren gewesen.ᶜ

Man muß durch Batterien feste Puncte zu erhalten suchen; man muß aber dann wenigstens ein Quaree von 4 Bataillon haben; ein Bataillon ist mit der Batterie verlohren –

3. Vertheidigung bey Verschanzungen Bunzelwitz. Einige feste Punkte
4. Angrif bey Schanzen – Nahe, dann Cartätschfeur – Kugeln – in die kreutz u. quer.

Gebrauch der reitend[e]n Artillerie
    a. Vorgehen u. Unterstützung derselben
    b. Recognoscirung u. Angriffen = fängt die Action an; treibe die Vorposten zurük; klären die wahre Stellung auf. Nehmen hernach Stell[ung]en [e]in, wo es auf Geshwindigkeit ankömmt – Verfolgender Feind.
    c. Expedition wo es Geschwindigkeit ankömt
    d. Geschwinde Unterstützung bey Defensiv Stellungen
    e. Bey Arriergarden kommen weg, wenn andere verlohren gehen – wenn auch der Feind angehet, so gehen sie geschwinde u. legen ihren langen Weg geschwinde zurück
    f. Cavaleriegefechten – Oedenrode

142. Notizen   [?, nicht vor 1796?¹]

GStA PK, VI. HA Nl Scharnhorst Nr. 144 fol. 26r–28v (5½ S.): Eigenhändig.

[1.] Gliederungsentwurf. [2.] Übungen an Artillerieschulen. [3.] Grundsätze für Schießübungen mit Mörsern. [4.] Pulverkörnung. [5.] Veränderte Geschützkonstruktion. [6.] Vorbildcharakter des französischen Artilleriesystems. [7.] Notwendige Fähigkeiten der gemeinen Artilleristen.

[1.] Aufsatz über die Uebung

I. Eintheilung der Artillerie.
Anordnung des Dienstes, des Unterrichts und der Uebung. § 3 des Aufsatzes. Jedoch nur in der Uebungszeit.

ᶜ *Darunter eine Skizze (mit gestrichenem Vorentwurf) der französischen Position vor Holzhausen. Im Zentrum bilden vier Bataillone „jedes zu 300 Rott à 2 Mann" ein großes Karree, vor dessen dem Feinde zugewandten Seite eine Batterie von 10 Geschützen steht. Rechts und links daneben sind zwei weitere Batterien von je fünf Geschützen eingezeichnet (deren Linie so abgewinkelt sind, daß sie etwa 45 Grad nach außen feuern), an die sich jeweils eine größere Kavallerieeinheit anschließt.*

1   Die letzten Abschnitte betreffen offenbar die seit 1796 aufgenommenen Arbeiten am „Handbuch der Artillerie".

II. Capitel.
Wie die Uebung oder Exercize der Artillerie gewöhnlich geschiehet, und wie sie zwekmäßiger geshehen könnte. § 4, 5, 6.

III. Capitel.
Wie durch Untersuchung der Fertigkeit der Artillerie dieselbe zu einer größern Vollkommenheit gebracht werden konnte

IV. Capitel. Man müste den Artillerie Dienst auf die Hauptsache zurükführen – alle Nebenbeshäftigung verlassen. § 2. Innere Dienst Einrichtung bloß nach dem Zwek einrichten.

[2.] <u>Aufsatz über die Artillerie Shulen</u>

Meine Aufsätze.
Das Regulativ der französischen von 1720 in den Code, so ich habe.
Es muß dabey für die Schüler Versuche alle Jahr gemacht werden. Den Lehrer muß erlaubt seyn, hier zu machen, was sie wollen. Es muß dazu ein Gewißes an Geld u. Materialien ausgesetzt werden. Dies ist für die Untcroffic. u. Offic. 14 Tage vor der Exercize, im Julie, wenn in August u. Spt. die Uebung ist.

– In den Uebungen muß gelehrt werden, wie man mit den Mortieren sicher verfährt, um auf große Distanz zu treffen. Wie man genau die Wurfweite in Friedenszeiten findet, wie man in Kriege genau die Entfernung des Werks findet u. dann aus diese beiden Daten die rechte Elevation u. Ladung erhelt.
a. Wie man sich Tabellen formirt durch 10 bis 15 Schüße in einer Elevation und dabey die mitlern Schüße
b. Wie man durch das Astrolabium² die Weite findet, die der Gegenstand entfernt
c. Daß diese bey großen Entfernungen das sichere Mittel, in dem man nicht sieht, wo die Bombe hinfällt – Fälle bey Valenciennes – Landrecies Maltus, Blondel – daß das Pulver hier keinen so wesendlichen Untershiede macht – unsre Versuche.

[3.] <u>Anotationen</u>

I. Mit Mortieren muß das Werfen geübt werden wie vor der Festung
   a. Hinter einer hohen Brustwehr nach einem Werke oder kleinen Aufwurf, welcher dasselbe vorstellet

---

² Astronomisches Meß- und Beobachtungsgerät.

b. Jedesmal mit etwas Pulver die Bombe geladen, um zu sehen, wie die Brandröhre brennt etc.

a. Wirft man nach einer Stange, die man über die Brustwehr bey den Mortier sehen kann, so trit gar die gewöhnliche Schwierigkeit beim Richten nicht ein, und so lernt man durch diese Uebung nicht, was am schwersten zu lernen ist, und in Kriege durchaus erfordert wird.

b. Wirft man ohne Brandröhren, so ist es nur eine halbe Uebung, weil auf die Einrichtung u. Veränderung und die Bestimmung der Länge derselben viel ankömmt, und ohne Brandröhre nie Bomben im Kriege geworfen werden u. Nutzen shaffen können. Meint man etwa, es sey eine geringfügige Sache, die rechte Länge zu bestimmen, meint man, die Entzündung erfolge, ohne daß man darauf einige Aufmerksamkeit verwende? So frägt man hier, woher es denn komme, daß in Kriege von 4 Bomben hochstens nur [.....]ᵃ crepiren – und daß so äuserst sellten die Brandröhren die rechte Länge hab[e]n!

Die Uebung des Bombenwerfens ohne diese 2 Punkte ist nur eine halbe Uebung, ist eine Vershwendung des Pulvers u. der Zeit, die von geringen Nutzen ist.

Man sagt, dies finde sich von selbst – man könnte eben so gut sagen, der Gebrauch der Bombe finde sich überall von selbst, u. übe sich gar nicht in Bomben werfen.

[4.] – Pulver; man muß keines haben, was nicht klein gekörnt ist. a. ist das stärker u. man braucht weniger (es kostet also weniger u. es erfordert weniger Transportkosten), b. verunreiniget es das Geshütz weniger

Sagt man, es sey nun eine kleinere Quantität, wobey ein kleines Versehen in den Maas, eine kleine Verspillung viel mache, so antworte ich, so könne man es doch wenigstens bey den 6 u. 12 ℔dern brauchen, da hat man immer doch noch eine größere Quantität des feingekörnt[e]n, als bey den 3 ℔ der von den großgekörnten Pulver, und wie wird man dann bey den kleinen Gewehr mit den klein gekörnten u. der kleinen Quantität fertig, wo man ohnehin so sehr das Vershütten zu bef[ü]r[c]ht[en] hat? Wenn dieser Einwurf richtig ist, warum hat man hier dann nicht groß gekörntes?

Das kleinste u. schönst gekörnte Büchsenpulver muß man in Kriege haben. Aus manchen Ursachen u. wegen der Oeconomie Transport – Ankauf etc.

ᵃ *Lücke. Diese Passage ist verändert aus „von 4 Bomben gewöhnlich eine nicht crepire".*

^{b}Alle Autoren haben verfehlt, daß die geschwinde En[t]zündung von der Größe der Körner abhängt. Wenn man die Sache systematisch vortragen will, muß man erst Belidors theorique, Böhms Magazin 1sten Band,² dann

[5.] – Man kann die Canonen auf die Axe legen: so liegen sie^c ³/₄ Fuß niedriger, die Lafeten sind nicht weiter auseinander, als sie jetzt an Shwanze sind, die Räder können dann 1¹/₂ Fuß höher seyn, ohne daß die Canone höher zu liegen kömmt. Da ist also die jetzige u. neue hat der Räder wie 5 : 6¹/₂. Wenn man also
$$10 : 13$$
jetzt also 13 Pferde braucht, so hat man dan nur 10 nöthig.^{d}

a. Das französische Hebezeug
b. Die Gribeauwalsche³ Festungs Lafete
c. Die Gibraltarsche   "   "
d. Die französischen Canonen und Munitionswagen

} sind nicht genau beschrieben u. verdienen für die deutshe Artilleristen eine Beshreibung

[6.] In der Vorrede sage ich: damit die in diesem Werke gegebenen Beyspiele von der Artillerie im Ganzen ein System aus machen, so habe ich dazu die jetzige Einrichtung der französischen Artillerie gewählt. Ich glaube, dies thun zu müßen, weil man noch keine Beschreibung dieser Artillerie in deutshe Sprache hat, und weil sie in Ganzen genommen für die vollkomste gehalten wird.

[7.] Eine Haupt Sache bey der Artillerie bestehet darin, daß alle Bombardiere und Gemeine größtentheils so unterrichtet sind, daß sie den Unterofficier Dienst in Fall der Noth thun, daß sie die Bedienung eines Geschützes etc. selbst dirigiren können, denn auserdem wird, wenn beynahe jeden Kriege die Artillerie vermehrt wird, wenn in Kriege viel[e] abgehen und dafür Recruten eingeshoben werden^e, die Bedienung und übrigen Verrichtungen sehr unvollkommen ausgerichtet werden.

---

^{b} Der hier einsetzende Absatz steht am Rand, offenbar als Einfügung gedacht.
^{c} Statt „die".
^{d} Im gleichen Faszikel befindet sich auf fol. 18r ein eigenhändiger Längsriß einer Lafette, dazu einige Berechnungen und der Vermerk:
„50 : 68 = 25 : 34 fast = 5 : 7
Auf 7 Pferde erspare ich also 2; brauche also statt 7 Pferde bei nidrigern Rädern nur 5 bey den höhern. Und kann 15 Grad eleviren und 12 deprimiren. Die Axe leidet hier bey den höhern Graden weniger."
^{e} Statt „wird".
²   Bernard Forêt de Bélidor wurde bereits im ersten Band vorgestellt, bei der „theorique" handelt es sich möglicherweise um seine Dissertation: De theoria pulveris tormentarii, Berlin 1724. Berichte über seine artilleristische Versuche erschienen in Andreas Böhms Magazin für Ingenieur und Artilleristen, 1. Bd. (1777).
³   Benannt nach Jean-Baptiste Vaquette de Gribeauval (1715–1789), der nach dem Siebenjährigen Krieg Generalinspekteur der Artillerie wurde und 1776 das bis zum Ende der Napoleonischen Kriege benutzte Standardsystem der französischen Feldartillerie entwickelte.

Bey Belagerungen und bey Vertheidigung einer Festung ist gewöhnlich nur ein oder höchstens 2 Canoniere bey ein[e]r Canone, die übrige Mannshaft bestehet aus Infanteristen; können nun die Canonier nicht den Dienst der Unterofficiere verrichten, nicht andre anweisen, so gehet alles schlecht.

Eine Artillerie kann also mit ihren vollzähligen Stande in Frieden oder auch in Kriege gut dienen, aber bey einer Vermehrung in eine üble Lage kommen, wenn sie nicht durchaus in Innern ausgearbeitet ist, wenn nur $^1/_{10}$ diejenigen Kenntnissen u. Geshicklichkeit besitzen, die der größte Theil ($^9/_{10}$) bey mehrer Thätigkeit haben könnte.

Die Artillerie soll nicht bloß die Behandlung des Geshützes verstehen, sondern sie soll auch Fertigkeit in dieser Behandlung besitzen – d.i. jeder soll in jeder Angelegenheit wissen, was er zu thun habe.

143. Konzept [?, 1797?[1]]

GStA PK, VI. HA Nl Scharnhorst Nr. 219, fol. 5r–v (1¼ S.): Eigenhändig, unvollendet.[2]

Druck: Linnebach, S. 191f.

Nicht benutzte Vorrede für das „Handbuch der Artillerie".

Meinen ehemaligen Schülern vom Artillerie Regimente gewidmet.

Ihnen, meine Freunde, mit denen ich, in jeden Verhältniße als Freund, ich darf mich dieses Ausdruks hier in eigentlichen Verstande bedienen, lebte, widme ich dieses Buch. Die ersten Entwürfe desselben waren für Sie aufgesetzt, Ihr Fleiß munterte mich auf, sie mehr auszuarbeiten, und dies war die Veranlassung zum Druk desselben.[3] Jetzt, nach 10jährigen Nachdenken und einen 3jährigen Krieg, in den wir verschiedene andre Artillrien sahen, habe ich geglaubt, ihn in ein und and[e]rn Stücken eine großere Vollkommenheit geben zu können, und ich wünsche Ihnen dadurch noch, nachdem ich mit Ihnen in keinen weit[e]rn Verhältniße stehe, nützlich zu seyn.

Die Stimmung, in der man sich nach einem, zumal nicht glüklich[e]n Kriege befindet, die Aussicht, in der in diesen Zeitpunkt jeder Officier in jeden

---

[1] Aufgrund des Hinweises auf sein „10jährige[s] Nachdenken" seit dem Drucke des ersten Bandes von Scharnhorst, Handbuch für Offiziere, im Jahre 1787.
[2] Es handelt sich um einen Entwurf für die Widmung des geplanten Handbuchs der Artillerie. Dessen erster Band erschien aber erst 1804, mehrere Jahre nach Scharnhorsts Übertritt in preußische Dienste, ohne diese Widmung.
[3] Der erste Band von Scharnhorst, Handbuch für Offiziere, betraf ausschließlich die Artillerie.

Militär stehet, muntert nicht zum Studium auf, und wir können daher nicht mit der Lust, dem Fleiß und der Anstrengu[n]g, die uns vor dem Kriege eigen war, jetzt arbeiten. Aber lassen sie uns[a] uns[e]rn Geist in einer mäßigen Tätigkeit militärischer[b]

144. Denkschrift [?, nicht vor 1793[1]]

GStA PK, VI. HA Nl Scharnhorst Nr. 144 fol. 24r–25v (3 S.): Konzept, eigenhändig, unvollendet.

<u>Zurüksetzung der Artillerie u. besonders der reitenden</u>

[Im] Kriege, wo die Artillerie gewöhnlich zu erste u. zu letzt in Feur ist, verliehren sich freilich einigermaßen diese seltsamen Begriffe. In Ganzen aber wird doch das bald vergeßen – und derjenige, welcher den Rath ertheilen wollte, die reitende Artillerie in Friedenszeiten auf einen ihren Gebrauch im Kriege angemeßenen Fuß zu setzen und ein Regiment schwere Cavalerie dagegen eingehen zu laßen, würde übel ankommen, obgleich nach der jetzigen Art, Krieg zu führen, in fast allen Ländern 20 Stück R. Art. zehn mal mehr als zwey Escadrons, die mit ihnen ungefehr eine gleiche Anzahl Pferde erfordern, gebraucht werden. Es ist nichts auffallender, als die Pferde u. Equipage der Reitenden-Artillerie – alles schlecht, man meint, es dürfe nicht anders seyn. Auch so gar die Generalquartiermeister weisen dieser Waffe gewöhnlich die elendesten Dörfer in der ganzen Cantonirung an; statt die schwere Cavalerie, die verhältnißmäßig 10mal weniger vor den Feind kömmt, die besten erhält.

In Frieden bringt man die Canonen in die Zeugheuser, bewahrt so viel wie man kann die Kittel u.s.w. auf, und läßt die Reitenden-Artilleristen zu Fuß oder auch gar nicht exerciren oder miethet ihnen stetige Miethhäuse[r] oder giebt ihnen eine zeitlang die Absetze von der Cavalerie oder läßt für 3 oder 4 Regimenter Artillerie ein Detashement von einig[e]n Canonen beritten, welches bey den Manoeuvern zeigt, daß man doch diese Art von Truppen habe – etwa, als wenn es die Absicht wäre, einen sinlosen Begrif von diese Waffe den Zuschauern zu geben.

---

[a] *Folgt gestrichen: „nicht ganz die Kunst vernachläss verachten".*
[b] *Der Text bricht hier ab, der größte Teil der zweiten Seite blieb unbeschrieben.*

1 In Hannover wurde 1793 erstmals eine reitende Batterie aufgestellt.

1. Daß die Artillerie nicht comandiren kan
2. Daß die Officiere nicht den Reg[imentsin]haber s[t]ellten[a]

145. Aufzeichnung [?, ?]

GStA PK, VI. HA Nl Scharnhorst Nr. 144 fol. 33r (1 S.): Konzept, eigenhändig, unvollendet.

<u>Ueber die Organisation der Feld-Artillerie einer Armee</u>

Eine ins Feld rückende Armee wird 1. mit Fuß-Artillerie und 2. mit reitend[e]r Artillerie versehen. Die Reitende-Artillerie wird dann gebraucht, wo die zu Fuß nicht so geshwind, als es die Umstände erfordern, sich bewegen kann.

Die Artillerie zu Fuß ist bei den Bataillonen und Brigaden der Infanterie eingetheilt, und darf sich nie von ihnen absondern. Sie muß

146. Aufzeichnung [?, ?]

GStA PK, VI. HA Nl Scharnhorst Nr. 144 fol. 43r (½ S.): Eigenhändig.

Begriff von der Wirkung d[er][a] Kartätschen

Die Cartätschkugeln breiten sich rechts und links aus, so wie sie aus dem Geschütz kommen. Ihre Ausbreitung beträgt auf 100 Schritt ungefähr 11 Schritt oder 25 Fuß; es sind die äußersten Kugeln rechts und links, also von einander entfernt

auf 400 Schritt   44 Schritt oder 100 Fuß
"   600   "   66   "   "   150
"   800   "   88   "   200
" 1000   "   110   "   250

Nur wenige Kugeln entfernen sich noch weiter von der Mittellinie und konen also bei der Berechnung des Ganzen nicht in Betrachtung kommen.

---

[a] *Auf der letzten Seite (fol. 25v) folgt gestrichen, aus einem ganz anderen Zusammenhang:* „Wenn es eine unverantwortliche Verachtung der in Händen habenden Hülfsmittel zu seyn scheint, daß ein Feldherr sich nicht in jeder Lage der Schanzen und Verschanzungen bedient, so folgt daraus dennoch gar nicht, daß er sich immer auf die gewöhnliche Art verschanzen (d.h. die Armee mit Fleshen und allen Arten von Werken umgeben) müße.
Sie führen auch dann, wenn man nicht vertheidigungsweise zu Werke gehet, zur Erhaltung wichtiger Zweke, zur Erleichterung der vorhabenden Unternehmungen, Manoeuvers, Stratagems u.s.w."

---

[a] *Am oberen Rand ist das Blatt etwas abgerissen.*

Die Haupt Wirkung der Kartätsh Kugeln

^{b}300 ___ 12$^1/_2$
 500 ___ 10
 600 ___ 7 – 1
 800 ___ 3 – 1$^1/_2$
 900 ___ 2 – 3$^1/_2$

147. Aufzeichnung [?, ?¹]

GStA PK, VI. HA Nl Scharnhorst Nr. 203 fol. 26r–27r (3 S.): Eigenhändig.

Schema der Stärke, Ausstattung und Munitionierung eines Artilleriekorps.

Project eines Artillerie Systems

Canone – 700 ℔ schwer
    1. Regiments-Artillerie; 3 ℔der, jedes Stük auf der Protze 200 Schuß.
    Die Fourage auf der Canone.
    Mit 6 Pferden bespannt.

    2. Schwere Artillerie
      1 Batterie zu 6 Stük 6 ℔der
                 2 ″ 7 ″ Haub.
Canone 1200 ℔ shwer
Haub. 900 ″ ″
      Die 6 ℔der 100 Schuß auf der Protze und 6 Pferde.
      Die 7 ℔digen Haub. 50 Schuß auf der Protze u. 6 Pferde.
      1 Wage mit 6 ℔diger Munition 160 Schuß
      1 ″ ″ 7 ℔diger Munition 80 ″
      Jede Batterie 1 Compagnie zu 100 Mann und Unteroffic. und 4 Offic.

    3. Schwere Artillerie 12 ℔der.
      1 Batterie zu 6 Canonen
             2 Stück 10 ℔dige Haub.

---

^{b} Die folgende Liste steht blass am Rand, dabei einige Berechnungen.

1   Der Text hängt vielleicht mit den von Scharnhorst in seinem Brief an Lecoq vom 29. März 1799 (Nr. 173) erwähnten Studien über Artillerie und den Siebenjährigen Krieg im Winter zuvor zusammen. Möglicherweise gehört die Aufzeichnung auch in den Kontext der Arbeiten für das „Handbuch der Artillerie".

Canone 2000 ℔ schw.
Haub. 1200 ″ schw.
  Jede Canone 8 Pferde, 30 Schuß auf der Protze und einen Wagen mit 6 Pferde zu 80 Schuß
  Jede Haub. 16 Schuß auf der Protze und ein Wagen mit 60 Schuß.

Die Batterie 1 Comp. zu 100 Mann und 4 Offic. incl. Capit.

Die Pferde sehr stark, und dagegen täglich statt 8 ℔ Haber 10 ℔.
Vortheil der Abshafung der Wagen und der wenigern Pferde
a. Weniger Embarras auf den Marsch etc.
b. ″ ″ Knechte und
c. ″ ″ Kosten

Zu dieser Artillerie gehörte noch eine Reserve, die eben so viel Munition hätte.

Pferde 1 Batterie 6 ℔ der
  6 Stük 6 ℔ der ------------ 36
  2 ″ 7 ″ ″ H. ------- 12
  2 Munit.Wagen --------- 12
  1 Brodwagen ------------ 4
  1 Cap. ------------------ 4
  3 Offic. ------------------ 6
  1 Schmiedekarrn -------- 2
  1 Schmierkarr ----------- 2
  1 Handwerkswagen ---- 4
  1 Tränoffic. -------------- 2
  2 Trän Xoffic. ----------- 2
  Feldrequisit-Wagen ----- 2
  Vorratsrädr u. Axen   4
                          ─────
                          92 Pferde
      Resrv.   8
                          ─────
                          100 Pferde

<u>Reitende Artillerie</u>

1. Reitende Amusetten beyn leichten Truppen -[a]

---

[a] *Dabei die Skizze einer Kanone mit Protze.*

Jede Amusette 220 ℔ schwer, schießt 1 ℔ der Composition mit ½ ℔ Ladung.[2]
1 Man derhinter, 1 Mann auf den Bok
100 Schuß jede zu 1½ Pfund[b] in den Kasten u. 100 neben der Canone.
Mithin in allen

                        220 ℔ die Can.
                        300 „ die Mun.
                        450 „ 2 Man
                        970 ℔

Dazu 4 Pferde, jedes also 240 ℔.
1 Unteroffic. zu Pferde
1 Batterie zu 20 Stük.

Erfordert also 1 Comp. von 100 M. inc. Offic. und
Pferde 20 Stük --------------	100 Pf.
1 Brodtwagen --------------	4
1 Schmierkarre -------------	2
1 Schmiedekarr -------------	2
1 Handwerkswagn ---------	4
Capit. ---------------------	4
3 ander Offic. --------------	6
1 Trän Offic. ---------------	2
3 Trän Corp. ---------------	3
Feldrequis. -----------------	2
Vorrathsradr, Axen etc.	4
1 Munitionswagen	
mit 1000 Schuß ------------	6
	137[3]
Res. Pf.	13
	150 Pferde.

---

[b] Statt „Schuß".
[2] Offenbar ist mit „Composition" die Kombination von Kugel bzw. Kartätsche und Kartusche gemeint, die auch als „Patrone" bezeichnet wurde.
[3] Die Summe ergibt eigentlich 139 Pferde, die Gesamtsumme müßte dementsprechend 152 Pferde lauten.

6. Reformpläne

148. Denkschrift [?, 1796?¹]

GStA PK, VI. HA Nl Scharnhorst Nr. 73 fol. 67r–69v (6 S.): Schreiberhand, eigenhändig korrigiert.

I. Kriegerische Verwicklungen Hannovers wegen britischer Verbindung. Unausweichlichkeit. II. Nutzen eines starken Militärs. Historische Beispiele. III. Neue Rekrutierung für das stehende Heer.

Uber die Veränderungen in den hannöverischen Militair-Etat

I. <u>Hannover wird fast immer in den Kriegen in Deutschland mit verwickelt werden.</u>

Die Erfahrung hat gelehrt, daß alle monarchische Staaten, so klein wie sie auch sein mögen, in den Kriegen, die in ihrer Nachbarschaft vorfallen, gezogen werden.

Die Pfalz, Bayern, Brandenburg, Sachsen, Wirtenberg, Hannover, Hessen etc. haben davon unzählige Beyspiele gegeben. Die geistlichen Staaten und Republiken² haben dieses Ungemach nicht; sie sind dagegen aber von Pfaffen, Domherrn, bürgerlichen Unruhen etc. desto mehr gequält, und die geringere Klaße von Menschen ist ihnen in einen weit größern Elend als in den monarchischen.

Hat Hannover nun von jeher einen thätigen Antheil an den kriegerischen Vorfällen in Deutschland genommen, so wird es auch denselben um so mehr noch in der Folge nehmen, da die Verbindung mit England es mehr wie ehemahls und es mehr wie andern kleinern Staaten in Kriege verwickelt. Wenn man daher sagt, Hannover sey kein militairischer Staat, es müße keinen Antheil an auswärtigen Angelegenheiten nehmen, so redet man von Dingen, die zur idealischen Vollkommenheit gehören, [in] der Welt aber nicht, in der dermaligen Lage der Dinge, eintreten.

Sehr falsch würde es also sein, wenn man voraus zusetzte, das Hannover in der Folge nicht wie bisher Krieg haben würde, oder lächerlich würde es sein, wenn man sich einbilden wollte, daß man den Krieg von Hannover ent-

---

¹ Lehmann ordnete diese Schrift ein in die Auseinandersetzungen mit den hannoverschen Ständen 1796 um die Einführung neuer Rekrutierungsformen; demnach sollten künftig regelmäßig von den örtlichen Behörden Rekruten ausgewählt werden, die für sechs Jahre zu dienen hatten. Die damit beabsichtigte Verschmelzung von stehendem Söldnerheer und Landmiliz lehnten die Stände jedoch ab, vgl. Lehmann I, S. 267–279, speziell zu dieser Denkschrift S. 275f. Zum Komplex vgl. auch Fox, S. 87–90.
² Im deutschen Kontext sind hiermit die freien Reichsstädte gemeint.

fernte, wenn man sein Militair verringerte oder nicht so einrichtete, daß es in der Folge so gleich ins Feld mit geübten Leuten rücken könnte.

II. Das hannoverische Land hat in der dermahligen Lage der Dinge von einer guten Militair ohne Zweifel Vortheile.

Der 7jährige Krieg beweiset dies.

Bloß die Hannoveraner, Heßen und Braunschweiger haben die Franzosen aus den hannöverischen Provinzen vertrieben und 4 Jahr sie abgehalten, dieselbe[n] zu brandschatzen.

Hätte Hannover kein oder doch ein unbedeutendes Militair gehabt, würde man sich denn auf die Formirung einer Alliirten Armee eingelaßen haben, oder wenn man sich darauf eingelaßen hätte, wäre man im Stande gewesen, mit demselben etwas auszurichten?

Daß die Kosten, welche auf daß Militair verwendet werden, auch einen mittleren Staate würcklich nützlich sein können, sehen wir an Sachsen; es erkämpfte sich dadurch im Jahr 1787 die Neutralität[3] und wird es gewiß noch in der Folge thun. Es ist wahr, wir können uns nicht mit Sachsen in Rücksicht unser[er] Resourcen vergleichen; dagegen aber haben wir englische Subsidien; diese und daß gemeinschaftliche Interesse mit Heßen und Braunschweig setzt uns dann doch einigermaßen mit Sachsen in einen Fall.

III. Schluß.

Wird Hannover nicht selten und unvermeidlich in Krieg verwickelt, hat Hannover nur dann Vortheile von den Kriege, wenn es ein gutes Militair besitzt, so hat man Uhrsach, alles mögliche beyzutragen, dasselbe in einer guten Verfaßung zu bringen; die übrigen Umstände, als die Veranlassung des Krieges etc., mögen auch beschaffen sein, wie sie wollen.

Denn es ist hier gar nicht die Frage, ob es beßer sey, ein Landmiliz statt ein stehendes Corps zu haben etc. Man hat sich für ein stehendes Corps bestimmt, und es kömmt nur auf die zweckmässige Einrichtung deßelben an.

Versagte man der Regierung die neue von ihr vorgeschlagene Art, das Corps zu recrutiren, so würde daß Militair auf den alten Fuß bleiben, und wenn ein Krieg einträte, so würden gewiß auch wie vorher die Recruten mit Gewalt ausgehoben werden; in der Sache selbst hätte man also nichts durch diese Einwendung gewonnen, man hätte aber dadurch eine gute und fürs Land nützliche Einrichtung im Militair verhindert. Daß wäre: Man hätte daß Ungemach um nichts abgeholfen, den Vortheilen aber, die es mit sich führt, Hinderniße in den Weg gelegt.

---

[3] Während Preußen in den Niederlanden intervenierte.

149. Notizen [?, 1796?¹]

GStA PK, VI. HA Nl Scharnhorst Nr. 287 fol. 5r–v (2 S.): Eigenhändig.

Argumente für militärische Stärke, Entschlossenheit und Nationalgeist.

1 Daß es Thorheit sei, mit Vernachläßigung eigener Kräfte Vortheile u. Sicherheit von fremd[e]r Hülfe zu erwarten.
2 Daß durch Schutz u. Freundshaft des überwiegend mächtigen Staats k[l]einere Staaten ihre Freiheit eben so leicht verlieren, als durch Widerstand.
3 Daß ein Nation in der Maaße sinke, als der kriegerishe Geist verloren gehet.
4 Die Geschwindigkeit in den Entshlüßen und der Ausführung in Kriege entscheide – Die Gottin Victoria eine geflügelte Jungfrau.
  Ferguson: Hist. of the Rom. rep.² I. 108. Their friendship was to be obtained by submission alone, and was no less than their emnity fatal to those who embrased it. The title of ally was for the most part no more than a specious name, under which the[y] distinguished their dominion, and unter which they availed themselves of the strength and ressources of other nations; with the l[e]ast possible allarm to their jealousy.
5. Daß halbe Maßregeln u. Zaudern weit öfter geshadet haben, als shneller Entshluß mit voller Kraft.
6. Daß auch nach harten Unglüksfällen Nationen sich shnell heben können, wenn nur Muth und Anstrengung nicht fehlet.
7. Daß so lange der Nationalgeist gut ist, auch große Fehler in der Verfaßu[n]g ohne bedeutende Nachtheile bleiben, keine Verfaßung hingegen den Staat schützen kann, wenn Großgefühl durch eingesezte Selbstsucht, Muth durch Weichligkeit, Gewissen durch Sinnlichkeit verdrängt sind.

---

1 Die Notizen passen eher zur Situation des kleinen Kurfürstentums Hannover als zur Großmacht Preußen. Sie stammen möglicherweise aus der Debatte mit den Ständen zur Reform des hannoverschen Rekrutierungswesens.
2 Adam Ferguson: The History of the Progress and Termination of the Roman Republic, 3 Bde., London und Dublin 1783.

150. Denkschrift [Trews?] [?, zwischen April 1795 und November 1796?[1]]

HStAH, Hann. 41 III Nr. 139 fol. 44r–47v (8 S.): Konzept, Scharnhorsts Hand, Abänderungen von fremder Hand.[a]

Druck: Klippel II, S. 231ff. (ungenau).

[1.] Vorzüge der reitenden Artillerie: geringere Verluste, gewagtere Einsatzmöglichkeiten, Deckung der operierenden Kavallerie. [2.] Ausstattung und Kosten im Frieden.

Die reitende Artillerie betreffend.

[1.] Die reitende Artillerie ist bei den jetzigen Kriegen ein unentbehrlicher Theil einer Armee geworden, und wir dürfen bey den neuen Einrichtungen in unsern Corps diesen Gegenstand unsere Aufmerksamkeit um so weniger versagen, als die Franzosen,[b] *mit welchen wir wahrscheinlich am häufigsten Krieg führen werden*, in diesem Kriege von derselben so große Vortheile gezogen und insbesondere der Reitenden-Artillerie bedient, und dieselbe ohngeachtet des Mangels, so sie an Pferden leiden, so sehr vermehrt, daß sie jetzt bey ihnen ebenso stark ist, als die Artillerie zu Fuß, *u. in dem nach den letzten Erichtungen[c] formirten 14 Artillerieregimentern 7 Regimenter reitende Artillerie sind.*

[d]Selbst die Staaten, welche nicht im Stande sind, ihre Militär-Ausgaben zu vermehren, als Dänemark und Schweden, haben *in ihrer gegenwärtigen Friedens Lage* dennoch reitende Artillerie[e] eingeführt.

Die Reitende-Artillerie hat in der That große Vorzüge vor die zu Fuß. Schon ist es ein wesendlicher Vortheil, daß sie nicht so leicht als jene verlohren gehet. Wir haben in diesem ganzen Kriege von 12 Stük reitender Artillerie nur 2 Stük verlohren, statt ein Infanterie Regiment allein in einem Feldzuge 7 Stük Regiments-Canonen verlohren hat. Gleichwohl ist die reitende Artillerie beym Angriff immer voran und bey Rükzuge beständig bey der

---

[a] *Die schwer lesbare Schrift ähnelt der Wallmodens, doch ist nicht auszuschließen, daß es sich um Trews Hand handelt, zumal im ersten Satz mit „unsern Corps" wohl eher das Artilleriekorps als das Observationskorps gemeint ist und nach Klippel die Denkschrift durch eine von Trew beabsichtigte Veränderung der Artillerie veranlaßt wurde. Die Einfügungen sind hier kursiv gesetzt.*
[b] *Die folgende Einfügung ersetzt die ursprüngliche Passage: „welche immer in der Artillerie unsere Lehrer gewesen sind, und welche".*
[c] *Schwer leserliches Wort.*
[d] *Davor gestrichen: „Bey der preußischen und kayserlichen Armee ist die reitende Artillerie schon seit dem 7jährigen Kriege mit vieler Mühe und Kosten auf einen festen Fuß eingerichtet".*
[e] *Folgt gestrichen: „auf Kosten anderer Gattungen von Truppen".*
[1] Im sechsten Absatz wird die Truppenreduktion nach dem Ende der Feindseligkeiten 1795 angesprochen. Nach Ansicht Klippels steht diese Denkschrift im Zusammenhang mit Nr. 29 und der auf den 2. November 1796 datierten Nr. 30.

Arrier-Garde und übrigens unausgesetzt auf Vorposten gewesen. Die feindliche Cavallerie hat *mehremahlen* die Infanterie bey der reitenden Artillerie gefangen genommen, den Feurwerkern die Hände beym Abfeuren abgehauen[f] *u. d. g.,* und die Canonen *haben sich dennoch gerettet.*

Ein ander wichtiger Vorzug der reitenden Artillerie vor die gehenden bestehet noch darin, daß man sie fast allerwärts hinbringen kann, wo[g] *die Furcht, die andere Artillerie zu verliehren, nicht gestattet, solche zu exponiren,* und in solchen Lagen ist sie oft von sehr wesendlichen Nutzen gewesen. – Wir haben z.B. ihr zu verdanken, daß ein großer Theil des Corps bey Bentheim, Apeltheren und mehrern Oertern dem Feind nicht in die Hände fiel, indem sie durch ihr Feuer dem feindlichen Andringen eine Zeitlang Gränzen setzte. Es ist merkwürdig, daß in diesem Kriege kein Poste, bey dem unmittelbar reitende Artillerie war, vom Feinde genommen ist.

Am wichtigsten ist aber ohne Zweifel die reitende Artillerie da, wo Cavalerie ohne Infanterie agirt. Hat die Cavallerie dann keine Reitende-Artillerie bey sich, so wird sie von der feindlichen schwächern Cavallerie auf manche Art verdrängt, wenn die Gegend nicht überall, wie selten, offen ist. Nur erst durch die reitende Artillerie wird die Cavallerie in den Stand gesetzt, die Vortheile der Defensive mit der Offensive zu verbinden, und nach der jetzigen Art Krieg zu führen, kann man[h] die Artillerie bey der Cavallerie *wahrlich gar nicht* entbehren.

Diese Umstände zusammengenommen haben die reitende Artillerien bey allen Armeen sehr beliebt gemacht. *Ich berufe mich auf das Zeugniß der Generals, welche die letzte Campagne mit uns gemacht u. ob ein jeder General, der Vorposten oder detachirte Corps comandirt hat, nicht immer reitende Artillerie b[e]y sich zu haben wunshte.*[i] Die Truppen setzten in ihr ein großes Vertrauen, und es ist gewiß, daß ihre[j] *so schleunige Reduction in dem ganzen Corps ein sehr lautes* Mißfallen veruhrsacht hat.

[2.] Man würde sich sehr irren, wenn man glauben wollte, es sey genug, im Kriege reitende Artillerie zu halten. Ihre Manoeuvers erfordern eine große Geschicklichkeit, und wenn sie diese nicht vor dem Kriege erlangt hat, so wird sie immer in den ersten Feldzügen von geringen Nutzen seyn. Ueber-

---

[f] *Vor der Abänderung lautete das Ende des Satzes: „und die Canonen sind dennoch nicht genommen."*
[g] *Vor der Abänderung lautete die folgende Passage: „die Gefahr nicht gestattet, ordinäre Artillerie zu haben".*
[h] *Vor der Abänderung lautete das Ende des Satzes: „eh[e]r bey der Infanterie die Artillerie als bey der Cavalerie entbehren."*
[i] *Das Wort schwer leserlich. Der Beginn des folgenden Satzes lautete vor der Abänderung: „Jeder einzelne Befehlshaber der Englischen Armee wollte gern die reitende Artillerie haben, die Truppen [...]".*
[j] *Vor der Abänderung lautete das Ende des Satzes: „Reduction ein allgemeines Mißfallen in unsern Corps veruhrsacht hat."*

dem hat sie jetzt bey uns durch die große Aufmerksamkeit, welche auf sie gewand ist, und durch die Erfahrung eine gewiße Methode, Fertigkeit und Esprit de corps erlangt, der, wenn auch nur der Stamm bleibt, fortgepflanzt und vervollkomnert wird, aber außerdem gänzlich wieder verlohren geht. Muß Cavallerie im Frieden beritten seyn; so erfordert es die reitende Artillerie[k] gewiß ebenso sehr. *Es ist unmöglich, zu diesem Endzwek auf eine wohlfeilere Art zu gelangen, als wenn man die reitende Artillerie so wie Cavallerie ansieht u. sie ebenso auf dem Lande vertheilet. Im Jahr 1757 hielt das Land aber 900 Cavalristen [.......][l] mehr als nach dem jezigen Plan, u. es ist ohnstreitig, daß man gegen die wirkliche Verlegung g[a]r nichts sagen kann. Die [.....]lich existirende Kunst Pferde sind dan[n] auch so gar ihres Dienstes wegen mit der Cavall[er]ie in der genauesten Verbindung stehen. Alsdann kostet ein Pferd jährlich nur 34 Rthlr. 28 leichte u. etwa 75 bis 80 Pferde an Zug u. Reit Pferden warn alles, was erforderlich wurde.*

Die ganzen jährlichen Kosten zur Erhaltung einer Batterie reitender Artillerie würden sich auf[m] auf etwa 3500 Rthlr. belaufen. Dagegen würde man aber wieder mit *den Zug* Pferden[n] manche bey der Artillerie nothwendige Fuhren thun können. Ein Vortheil, der nicht ganz unbedeutend seyn würde.

Ferner würden diese Pferde bey den Exerciez der schweren Artillerie sehr nützlich werden. [o]Diese *kann* bekanntlich *selten oder [...]*[p] *durch Menschen bey geschwinden Bewegungen u. nahe vor dem Feind* gezogen werden, u. ohnehin ist dazu unsre shwere Artillerie auch mit zu wenig Leuten besetzt. Alle Bewegungen in Gegenwart des Feindes müssen *also fast immer* mit Pferden geschehen. Dies ist aber nicht so leicht und erfordert Artilleristen *u. Knechte*, die die Manoeuvers mit Pferden gelernt haben. Dazu also würden die Zugpferde von der reitenden Artillerie nebenher auch vorzüglich nützlich werden.[q]

---

[k] Vor der Abänderung lautete das Ende des Satzes: „um so mehr, da ihre Manoeuvers viel zusammengesetzter [sind] und ihr wechselseitiges zu Fuß und Pferde agiren viel mehr Geschicklichkeit erfordert, als die, welche der Cavallerist braucht."
[l] Hier und in der Folge einige unleserliche Stellen.
[m] Folgt gestrichen: „die Erhaltung von etwa 60 Pferden und 20 Knechten, d.i."
[n] Vor der Abänderung: „diesen Pferden".
[o] Vor der Abänderung lautete der folgende Satz: „Diese wird bekanntlich nicht, wie anderwärts, durch Menschen in der Schlacht gezogen, weil sie mit zu wenigen Leuten besetzt ist."
[p] Unleserlich, müßte wohl „nie" heißen.
[q] Es folgt ein gestrichener Absatz: „Das Artillerie-Regiment kostet jährlich an Besoldungen 48.000 Rthlr. Dies ist eine große Ausgabe für 550 Mann; man muß daher darauf denken, daß man auch von diesem Regimente allen Nutzen ziehet. Was kann es helfen, daß man in Friedenszeiten Truppen hält, die nicht so, wie es die jetzige Art Krieg zu führen erfordert, geübt werden!"

151. Denkschrift [?, zwischen 1795 und 1798¹]

GStA PK, VI. HA Nl Scharnhorst Nr. 73 fol. 3r–4v (3½ S.): Konzept, eigenhändig, unvollendet².

I. Gründe für hohe Bataillonsstärke. Im Frieden Gewöhnung, einheitliche Disziplinierung. Im Krieg Gewährleistung einsatzfähiger Mindeststärke trotz Abgängen. Folgen schwacher Bataillone. II. Vorschlag eines Kantonsystems.

Ueber den Friedens Etat der hannövrischen Truppen.

Infanterie

I. Man muß auch in Frieden starke Bataillone haben,
a. damit die Soldaten bey Zeiten sich an den Militärdienst gewöhnen und bey entstehenden Kriege nicht aus dem Lande gehen, ehe sie enrollirt werden,
b. damit man beym Anfang des Krieges gleich starke Bataillone von an Discipline gewöhnter Mannshaft habe. Die Römer sagten, die Götter hätten die Stärke der Legione[n] fest gesetzt. Ein Trupp, der so schwach ist, daß er nie etwas thun kann, wird auch nie Vertrauen in sich selbst setzen. Ohne Vertrauen auf eigene^a Stärke ist kein Essprit de Corps.

Wir müßen bey unser Infanterie auch deswegn starke Bataillone haben, weil von ihnen für die Canoniere, die Canonzieher, Zimmerleute, Fourierschützen, Ordonanzen, Comandos bey der Bagage, bey den Hauptquartier, der Artillerie, den anwesenden Kranken, den Hospital etc. wenigstens 100 Mann der gesunden Mannschaft immer abwesend sind. Rechnet man nun, das überdem ¼ bis ⅓ krank, bleßirt, todt und gefangen ist, so kann ein 500 Mann starkes Bataillon nie über 250 Mann gegen den Feind bringen.

Ist aber ein Bataill. statt 500 Mann 800 stark, so wird es immer an Tage der Shlacht 500 Mann stellen. Die Vermehrung von 300 Gemeinen macht also das Bataillon vor den Feind ums Doppelte stärker, als es vorher war, und vermehrt die Kosten nur etwa um ⅕, weil die Kosten der Brodwagen, der

---

^{a} Statt „eingene".
¹ Diese und die folgende Denkschrift stammen offenbar aus der Zeit vor der Reorganisation der hannoverschen Infanterie. Tatsächlich wurde die Infanterie ab 1798 stark reorganisiert (z.B. enthielt ein Bataillon danach drei statt fünf Musketierkompanien), doch waren neben den hier skizzierten Gründen Ersparniserwägungen leitend. 1798 wurden deshalb das 9. und 12. Infanterieregiment ganz aufgelöst, 1800 die Landregimenter (Milizen), vgl. Sichart IV, S. 79–90.
² Es handelt sich um einen von zwei Versuchen zu einer Denkschrift; der andere folgt als Nr. 152. Die Abweichungen der Konzepte lassen Nuancierungen in der Argumentationsweise erkennen. Es muß freilich berücksichtigt werden, daß beide Anläufe selbst vielfach korrigiert und umformuliert worden sind, so daß auch die hier wiedergegebenen Texte nur den Zustand wiedergeben, in dem die Entwürfe liegen geblieben sind.

Officiere etc. bey den shwachen eben so groß als bey den starken[b] ist. Wenn man aus tactishen Gründen das Bataillon am Tage der Schlacht 600 Mann wie üb[e]ral[l] stark haben will, so muß man es wenigstens bey unser Verfaßung auf 800 Mann setzen.

Hat man schwache Bataillone, so bestehet die Armee in Herbst aus vielen Brodtwagen, Canonen, Officieren, Stäben etc., aber nicht aus Combattanten. Schon bey Cisoing im Sept. 1793 hatte unsere ganze Infanterie, wenn sie gegen den Feind ausrükte, keine 3000 Mann.

Den 15tn Januar 1795 bestand sie noch aus 4000 diensttüchtiger Mannschaft, aber nur 2100 rükten gegen den Feind aus, die übrigen waren zu den Canonen, Ordonanzen, Wachen etc.

II. Da der Fond, von dem das Militär erhalten wird, keine Vermehrung auf den bisherigen Besoldungsfuß zuläßt, so bleibt nichts übrig, als [eine] Art Cantons für die Regimenter zu etabliren und aus diesen eine gewiße Anzahl Bauren Söhne zu enrolliren, welche nur bloß Besoldung in der Exercirzeit erhalten.

III. Eine Haupt Verbeßerung bey unser Infanterie würde in den[c]

152. Denkschrift [?, nach 1795[1]]

GStA PK, VI. HA Nl Scharnhorst Nr. 73 fol. 5r–6r (2½ S.): Konzept, eigenhändig, unvollendet.

Vergrößerung der Bataillone zur Wahrung der Kampfstärke im Krieg. Relativ geringe Mehrkosten. Vermehrung schon im Frieden notwendig. Kostenneutrale Durchführung durch Kombination mit Milizstrukturen.

Ueber den Friedens-Etat des hannövrishen Corps.

<u>Infanterie</u>

Hat ein Bataillon 500 Gemeine, so ist es eigentlich auf 275 zu rechnen, denn für Kranke, Bleßirte etc. muß man wenigstens ¼ und für die Canoniere, Kanonenzieher, Zimmerleute, Fouriershützen, Spielleute, Comandos bey der Bagage, beym Hauptquartier, bey der Reserve, bey den Comandos etc. wenigstens 100 Mann abrechnen. Es kann demnach nur die Hälfte von einen schwachen Bataillon gegen den Feind fechten.

Bestünde das Bataillon aber aus 800 Gemeinen, so würde es nach Abzug dessen, was nach obigen für Kranke, für Comandos etc. abgerechnet werden muß, doch noch 500 Mann gegen den Feind bringen.

---

[b] Statt „schwachen".
[c] Die zweite Hälfte der letzten Seite blieb leer.

[1] Vgl. die Sachanmerkungen zu Nr. 151.

Diese Vermehrung von 300 Gemeinen macht also das Bataillon vor dem Feind fast doppelt so stark, als es vorher war, und vermehrt nur die Kosten um $^1/_6$, weil die Kosten der Brodtwagen, der Officiere etc. bey den schwachen eben so groß als bey den starken sind[a].

Bey schwachen Bataillonen hat man viele Brodtwagen, Canonen, Reserven, kleine und große Stäbe, das heißt viel Bagage und keine Combattan[ten] bey der Armee. In Sept. 1793 rükten 3000 Combattanten von unser Infanterie gegen den Feind aus.

Soll aber ein Bataillon in Kriege stark sein, so muß dazu die Anlage in Frieden gemacht werden, weil sonst beym Ausbruche des Krieges der Staat das mit den Ganzen erlebt, was man mit den 1sten u. 9ten Regiment in der Campagne von 1794 erlebt hat. Es ist bey uns aber noch ein ander Grund, in Frieden starke Bataillone zu haben. Wir müßen unsere Landleute an den Soldaten gewöhnen und dadurch verhüten, daß sie nicht beym Ausbruche eines Krieges aus dem Lande laufen.

Mittel zur Erhaltung eines vermehrten Etats nach den bisherigen Fuß fehlen; es bleibt daher nichts übrig, als
1. bey jeder Compagnie eine gewiße Anzahl Soldaten zu haben, welche nur 4 Wochen in Jahr dienen und übrigens keine Besoldung erhalten. Diese Klasse muß blos aus den Theil von Leuten bestehen, welche jetzt zu den Landregimentern[2] geliefert werden; die Klaße aber, welche beständig Dienst thut, muß aus Leuten bestehen, deren Eltern kein Eigenthum haben.

153. Aufzeichnung [?, nach 1795?[1]]

GStA PK, VI. HA Nl Scharnhorst Nr. 73 fol. 76r–77v (4 S.): Eigenhändig.

Gliederungsentwurf zur Heeresreform. I. Stärke der Infanterieregimenter. Kantonisten und Depoteinheiten. II. Verhältnis der Waffengattungen. Doppelte Aufgaben des Ingenieurkorps. III. Vorschlag zur Formierung eines eigenen Regimentsartilleriekorps. IV. Etat. V. Zentrale Bedeutung der Offiziere und Unteroffiziere.

Ueber die Einrichtung der hannövrischen Truppen

---

[a] Statt „ist".
[2] Die zehn Landregimenter stellten die Miliz der kurhannoversche Armee dar. Sie waren 1766 aus den bis dahin selbständigen Landmilizkompanien errichtet worden und wurden 1800 aufgelöst.

---

[1] Der Text hängt thematisch mit den beiden vorangehenden zusammen.

Istes Capitel
　Zusammensetzung der Regimenter.
　1. Stärke der Infanterie Regim.
　　Der Compagnien, der Bataillons, der Regimenter – oeconomischen, politischen und militärischen Nutzen der starken Comp., Bat. u. Reg. (milit. Esprit de Corps; polit. den Landmann zum Soldaten zu gewöhnen); Compagnie 30 Besoldete, 190 Gelieferte oder Cantonisten.
　2. Hindernißе einer angemeßenen Stärke
　　Officier Knechte, Fouriershützen, Zimmerleute, Artilleristen etc.
　3. Depotbataillons, müßen die jetzigen Landregimenter werden; Nutzen, das jedes Regim. sein eigenes hat; der Chef wird die Leute nie los; sie gehen nicht so gern ab; die Bataillons werden nun besser, da der Chef über jedes die Aufsicht führt.

II. Capitel
　Verhältniß der vershiedenen Gattungen von Truppen
　1. Cavalerie und Infanterie; in franz. Armeen war sonst $1/4$ der ganzen Anzahl Cav., in den preußischen $1/5$ bis $1/6$
　1778 hatten Fr. auf　...　Bat.　....　Esc.
　der Kayser　　　　　"　　　　　"　　　　"
　Sachsen　　　　　　"　　　　　"　　　　"
　Wir　　　　　　　 "　　　　　"　　　　"
　2. Verhältniß der Artillerie zum übrigen Truppen.
　3. Verhältniß der leichten und schweren Truppen.
　4. Verhältniß der Ingenieure, Pioniers, Mineurs und Pontoniers zum übrigen Truppen. In kleinen Diensten müßen diese Corps à deux main[2] gebracht werden können, sonst gehen Jahrhunderte hin ohne von ihnen Nutzen zu haben; es müßen alle zugleich Artilleristen seyn. Wenn alsdann keine Mineur Arbeit vorfallen, wenn Pioniers entbehrt werden können, wenn keine Pontons geführt werden, so kann man doch von ihnen Nutzen auf eine andre Art haben; sie dienen so äuserst wenig so wol in Friedenszeiten als im Kriege, daß sie Zeit g[e]nug haben, diesen Dienst nebenher zu thun.

III. Capitel
　Ein Vorschlag, die Regiments Artillerie betreffend
　　Man formire aus den beiden Pioniers, Sappeur etc. Compagnien den Stam zur Regimentsartillerie. Man formire daraus ein eigenes, aus 4 Compagnien bestehendes Corps, man nehme aus den Regim. die Leute, so bey der Regim. Art. gedient, und aus der Art. ein Theil der Offic., die jetzt ohnehin supernumerair sind.
　Vortheile dadurch:

---
[2] Mit beiden Händen, d. h. in zwei Funktionen.

1. weniger Kosten fürs Ingenieur Corps
2. Vortheile des Artillerie Dienstes
Können aber in Kriege diese Compagnien Sappeurs, Min. etc. geben?

Die Art. hat eine Reserve, dies ist ohnehin unentbehrlich, den[n] jetzt hat man die abgega[n]gen[en] [?] Leute aus den Bataillons genommen. Diese Reserve werden als Min., Sapeurs etc. gebraucht,[a] wenn es erfordert wird.

Man nimt auf diese kurze Zeit die Leute und Officiere, so sich am besten dazu shicken, von den Regimentern zusammen; dadurch kann kein großer Nachttheil entstehen, sie werden, wo es nöthig, auf diese kurze Zeit aus den Bataillon ersetzt.

IV. Capitel: Etat der Armee bey verschiedener Stärke

V. Capitel
Bildung der Officiere und Unterofficiere
1. Der Werth des Militärs hängt insbeso[n]d[er]e von der Brauchbarkeit der Officiere und Unterofficiere ab.

Die Brauchbarkeit eines Corps hängt nicht von der Menge der in Frieden gehaltenen Officiere u. Unteroffic., sondern von der Thätigkeit und der Geschiklichkeit derselben ab; und wir haben in diesem kurzen Kriege selbst in unsern kleinen Corps sehr viel Erfahrungen, [b]welche dieser Behauptung beweiset.

Die Unterofficiere sind die Seele des innern Dienstes, durch ihre unabläßigen Corectionen wird der Soldat zu den Geist des Gehorsams und der Ordnung gewöhnt, und durch ihre tägliche Arbeit erlangt er die so unentbehrliche große Fertigkeit in den kleinen Exercies.

Der Geist der Officiere belebt den Geist des Regiments, und ohne Ambition und geschikte Officiere hat man nie in einem Militair Esprit de Corps und gute Anführung gesehen.

154. Denkschrift [?, vor 1801]

GStA PK, VI. HA Nl Scharnhorst Nr. 73 fol. 47r–48v (4 S.): Eigenhändig.

1. Schneller Ersatz der Abgänge. 2. Vermehrung der Kompanien bei Mobilisierung mit unverändertem Troß. 3. Einsparung bei Offiziersrationen. Mögliche Widerstände. 4. Kostensparende Umschichtung zugunsten der leichten Truppen. 5. Abschaffung der Kanonenzieher.

---

[a] *In einer hier anschließenden, gestrichenen Passage heißt es u. a.: „denn wo sie als Sappeurs u. Min. am meisten gebraucht werden, als bey Belageru[n]g[e]n, kann die Regimentsart. die Ersetzung aus der Reserve entbehren."*

[b] *Dieser Satz wurde zunächst mit folgenden, später durchgestrichenen Wörtern fortgesetzt: „welche gezeigt haben, daß der Werth eines Regiments oder Trups fast blos von den Werth der Officiere und Unterofficiere abhing."*

Einige die Oeconomie des marschirenden Corps betrefende Bemerkungen.

1. Es würde eine große Ersparung seyn, wenn man das marschirende Corps immer complet erhielte, d. h., wenn man, nach dem das Corps Abgang hätte, so gleich denselben ersetzte. Ersetzte man die in Hospital seyenden, die gestorbenen, gebliebenen und abgehenden Leute immer, so wird ein Corps von 10.000 Mann am Ende des Feldzugs eben so stark seyn, als eines von 15.000, wo während des Feldzugs diese Ersetzung nicht statt findet. Die Kosten dieser Ersetzung werden unbedeutend seyn, weil sie keine Rationen, keine höhern Officier und Unterofficier Gagen erfordert.[a]

2. Noch beßer aber wäre es, wenn man unsere Compagnien, so bald sie ins Feld rükten, noch verstärkte. Unser neuer Feld-Etat[1] kann p. Comp. bey der Infanterie mit 30 bis 40 Mann und bey der Cavalerie p. Escadron mit 40 bis 50 Pferden ohne Inco[n]venienz vermehrt[b] werden. Hierdurch wird das Corps um $1/3$ verstärkt und alle Rationen, alle Dinge, welche vorzüglich Kosten erfordern, bleiben dieselben.[c] Denn der Effective-Etat der Infant. Compagnie wird unter diesen Umständen nie auf 150 Mann komen, und dann werden die vorhandenen Brodtwagen, Zelt, Pferde und Officiere hinreichen, sie zu versorgen und zu comandiren. Man rechne $1/5$ für Kranke und $1/10$ für bey die Bagage, bey Officiere, bey die Artillerie Depots, beym Haupt Quartier, beym Hospital, bey die Beck[e]rey etc. comandirt ab, da bleiben Rest keine 150 Mann.

3. Eine andere große Ersparung würde darin bestehen, daß man die Rationen und Portionen beym Officier einschränkte, z. B. festsetzte, daß der Infanterie Capitain für seine Person etwa nur 4 Rationen, der Compagnie Officier nur 2 nehmen dürfte und daß ihn die uebrigen bezahlt würden. Wenigstens müßte man den Compagnie Officier die Rationen und Portionen nach dem Feld-Reglement bezahlen, weil sie ohne dies nicht sich in Kleidung erhalten und einen Knecht bezahlen könnten und weil die Ersparung von einer Officier Ration nicht mehr als 1200 Rthl. aufs Ganze monatlich betragen und ein großes Mißvergnügen und Abneigung gegen den Krieg erzeugen würde, eine Sache, die am Ende immer allgemeiner werden könnte. Ganz anders ist es aber mit den Staabsofficieren und

---
[a] *Ein Einschub mit den Worten: „Die Kosten einer Verstärkung von 5000 Mann durch neue Bataillons und Escadrons übersteigen aber jene Art der Vermehrung 3 bis 4mal", ist wieder gestrichen worden.*
[b] *Das Wort in der Vorlage versehentlich doppelt.*
[c] *Gestrichen wurde an dieser Stelle: „Läßt man dazu noch 1 oder 2 Batterien kommen, so hat man das Corps ohne große Kosten verstärkt".*
[1] Offenbar Anspielung auf die damals eingeleitete Umstrukturierung der hannoverschen Armee.

Capitäns, den man nicht alle Rationen und Portionen zu bezahlen brauchte, wenn man hierin etwas ersparen wollte. Doch bleibt diese Sache immer unangenehm für den Oberbefehlshaber in mehrer Rüksicht und immer die empfindlichste und nachtheiligste unter allen Einshrä[n]ku[n]g[e]n.

4. [d]Wenn man noch 2 Bataillon und 2 Es[c]ad. ein für alle mal zum Dienst der leichten Truppe aussetzte, so sparte man hier durch die Zelt Pferde und könnte diese, wenn man mit andern Truppen campirte, auf eine schikliche Art in Cantonirungsquartieren haben, wo durch man sie unter manchen Umständen zu den beschwerlichern Dienste conservirte.

5. Würde es von großen Nutzen seyn, wenn man der Bataillon-Artillerie den Befehl gebe, daß sie ohne die Canonzieher mit Pferden manoeuvrirte, avancirte u. retirirte und darin sich übte. Alsdann sparte man 16 Mann, die nun in Reih und Glieder blieben. Beym Canon[ire]en thun sie ohnehin gewöhnlich nichts und laufen zu erst davon.

---

[d] *Dieser Absatz lautete in einer ersten, durchgestrichenen Fassung: „Tactische Gründe erfordern, daß man mehr leichte Truppen hat, als wir jetzt haben werden. [An dieser Stelle gestrichen: „Dazu kömt noch, daß die Preußen davon auch mehrere haben."] In jeder Rüksicht würde es vortheilhaft seyn, noch 2 Bataillone und Escadrone zum Dienst der leichten Truppen aus zu setzen. Als dann behielte man Grenadiere, worauf man sich verlassen könnte, die reguläre Infanterie bliebe mehr in Ordnung und die schwere Cavalerie brauchte nicht so oft auf Vorposten; zugleich".*

7. Revolutionskriege und Militärpublizistik

155. Notizen [?, nicht vor 1795?[1]]

GStA PK, VI. HA Nl Scharnhorst Nr. 123 fol. 3r–43r (60 S.): Eigenhändig.[a]

[1.] Chronologie aus Beaurain [?]: Feldzüge Turennes 1672–1675. [2.] Systematische Anmerkungen zu Operationen Turennes und seiner Gegner. [3.] Merkmale einer guten Position. Verteidigung. [4.] Gliederungsentwurf: Führung einer Armee im Krieg. [5.] Auswege bei ungünstiger Position. [6.] Entfernungen der Postenketten. Einteilung der Armee. [7.] Systematik der Gefechtssituationen. [8.] Moritz von Sachsen zu Kavalleriepferden. [9.] Ray de Saint-Geniez über Condé bei Rocroi. [10.] Literaturliste zu Kriegen Ludwigs XIV. und XV. [11.] Guibert zu Problemen der Heerführung bis Mitte des 18. Jahrhunderts. [12.] Beispiele für Angriffsformen. Gliederungsentwurf: Operationsplan. [13.] Chronologie aus Millot: Kriege Ludwigs XIV. Polnischer Erbfolgekrieg. Österreichischer Erbfolgekrieg. [14.] Friedensstärke und Kosten der französischen Armee.

[Fol. 3r–20v (33½ S.):]

[1.] [b]Campagne de Turenne[2]

Campagne de 1672

Seconde epoque
Du 27 juillet au 31 dec. 1672

Le maréchal de Turenne rassembla 8000 h. a Berlikum au mois d'aout pour s'opposer aux alliés.

L'électeur de Brandenbourg[3] se mit à la tête de 17.000 h. d'inf.
             6.000 h. de cav.
             1.200 drag.
             ─────
             24.200

---

[a] *Die Notizen stehen in einem dünnen Kleinoktavheft.*
[b] *Der Titel steht auf dem vorangehenden Blatt, fol. 2v.*
[1] Es werden verschiedene Aktionen aus den Jahren 1793 und 1794 angeführt.
[2] Es handelt sich mutmaßlich um Notizen bei der Lektüre von Jean de Beaurain: Histoire des quatre dernières campagnes du maréchal de Turenne en 1672, 1673, 1674 et 1675, 2 Bde., Paris 1782.
[3] Friedrich Wilhelm III., der Große Kurfürst.

Montécuculi   1.200 h. d'inf.
                           6.000 ″ de cav.
                           1.000 dragons
                           ―――――――――
                           8.200

Turenne	Les alliés
le 1 sept. à Grave	Montecuculi – el. de B.
7 ″ à Wesel	13. Erfurt 17. à Hildesheim
12 ″ à Borbek	
23 ″ à Essen	

Les alliés pouvoient securir la Hollande de trois manieres – 1. en joignant le pr. d'Or.[4]
2. en faisant une diversion dans le pays de Cologne et Münst.[5]
3. en pénétrant en France, par la Moselle ou par l'Alsace
    Pour s'opposer à toutes leurs entreprises, le marèch. de Tur. passa le Rhin – (Sagesse)
    Le comte de Montecuculi et l'électeur etaient convenus de pénétrer en Cologne, Munster, Oberyssel etc. mais voyant Oberyssel et la Frise couverte par les forces des 2 prelats et Turenne à portée – changerent de dessein et voulait traverser le Rhin à Cologne.

Turenne le   6 oct. a Mülheim
Montecuculi 10 ″ un detachement à Coblentz.
        pour demander le passage sur le pont l'electeur le refusa.
L'el. et Mont. 12 oct. entre Giessen et Friedberg.
Le duc de Lorraine[6] leur amena 5000 h. –
Total de l'armee – 37,200 hommes

Les alliés donerent de l'inquiétude à l'Alsace et à l'Lorraine – mais ne volurent pas s'éloigner de la Hollande – il avait mandé au prince d'Orange la reunion de leurs forces. Turenne penetra leur dessain.
Louis XIV. fit rassembler 4000 h. d'inf.
                2000 ″ de cav.
              ―――――――
                6000

---

[4] Prinz Wilhelm III. von Oranien, seit 1672 Erbstatthalter, Generalkapitän und Großadmiral der Niederlande, 1689 König von England.
[5] Maximilian Heinrich von Bayern, Erzbischof von Köln, und Christoph Bernhard von Galen, Bischof von Münster, waren mit Ludwig XIV. verbündet.
[6] Herzog Karl III. von Lothringen (1604–1675).

à Metz et y envoya le prince de Condé[7]

Les alliès a Höchst le 15 oct.
Turenne à Erpel
vis à vis de Bon   " 29 "

L'attaque du pont sur la Lahne près de Nassau fit que les alliés crurent, que Turenne etoit en marche.
Ils camperent à Russelsheim le 18 nov.
Turenne etait à Neuwit   le 6 --
Les alliès avait un pont entre Oppenheim et Mayence

Mayence avait rompu le pont et le prince de Condé fit bruler le pont de Strasbourg
Tur fit. construire un pont à Andernach.

Les alliès projettaient de joindre le prince d'Orange, qui s'approchait de Mastricht pour couper la comunication de l'armee française en Hollande avec l'eveché de Liège.
Le princ. d'Or. arriva de Bergenopzoom à Mastricht le 11 Nov. avec 4000 chev. Les Espagniol avait 10.000 h. qu'ils devoient le joindre e[n] cas de besoin Le duc de Duras[8] fit entrer un renfort d'inf. dans Tongre et Maseik et de campa de Tongre et alla se poster à Wassenberg derriere le Roer – il avait 3500 chev.

13. nov. Le prince de Condé à Lirs et Sarbourg
  "   "   un detachement de Turenne sort de 1600 h. à Treves

Le prince de Condé avait envoyé 400 chev. à Frankenthal et 200 à Creutznach et se prepara à joindre Tur., qui repassa le Rhin le 19.
Il laissa pour defendre la tête du pont 2000 h. d'inf.
                 8 can.
             600 chevaux
   et 4 bataillons pour les soutenir.

27 nov. 20 esc. près de Treves de l'armee du vic. de Tur.
25.   les Espagnols et le pr. d'Or. devant Tongres
30   "   les Esp. et le princ. d'Or. à Linnich, mais les pluies avaient fort enflée la Roer et ils retournaient à Mastricht

---

[7] Louis II. von Bourbon, Prinz von Condé (1621–1686), genannt „der Große Condé".
[8] Jacques-Henri de Durfort-Duras (1622–1704), ein Neffe Turennes, wurde 1689 zum Herzog erhoben. Bei seiner nächsten Erwähnung wird er lediglich als Graf bezeichnet.

Le 5 dec. le comte de Duras entre Bon et Andernach et renforce par deux brig. de cav.

Les alliés voulaient rompre le pont d'Andernach par de grosses poutres – plusieurs poutres furent entrainés – après ils firent attaqué avec 4000 h. la tête du pont sur la droite du Rhin.

Les alliés entrerent de nouveau leur premier dessein, passerent le Mein le 15 et etaient a Paterborn et Lipstadt le 27 Dec. ils laisserent à Wetzlar, Wielburg, Limburg etc. 3000 h. et envoyerent dans le Brisgau 1 regim. de l'empereur et 3 du duc de Lorraine.

Turenne dispersa son armée le long de la Moselle et il avait le corps de Duras sur le Rhin – 400 h. d'inf. à Linz et il envoya dans le comté de Moeurs 20 esc.

Le prince d'Orange investait le 15 dec. Charleroi avec les Espagniols, ses troupes et les troupes qui etaient en marche de Bergenopzom. Le gélée avait si fort durci la terre qu'il ne put ouvrir la trenchée il retourna avec 30.000 h. Le marèch. d'Humières et le comte de Duras venaient au secours.

Tur. envoya le 31 de l'infanterie à Wesel dont il fit monter une parti dans des bataux, qui descendirent le Rhin jusqu' a Wesel, d'ou on envoya plusieurs bataillons à Dorsten.

Montecuculi avait ordre de ne pas compromettre les armes Autrichiennes.

<ins>Campagne de 1673</ins>

<ins>Prem. Epoque, du 1 Janv. au 30 de May</ins>

Ja[n]v. Tur. passa le Rhin a Wesel. Covorden etait pris p. les Hollandais. B. van Galen commença^c à balancer.

Plan de Tur. de chasser^d les alliès au de la du Weser.

1674

<ins>Bataille de Sinzheim</ins>

Le marechal de Tur. etoit le 5 juin a Saverne.

Les allemands quitterent les quartiers entre Oberkirch et Bihel pour s'approcher de Heidelberg et se reunir aux troupes de l'electeur de Palatie,[9] du Cercle de Franconie et à celle qui venaient de l'electorat de Cologne aux ordre du duc de Bournonville, que l'empereur[10] avait choisi pour comander en chef l'armée des confed[er]ées. Turenne resolut de le combattre avant la jonction des renforts, qu'ils attendaint.

---

^c   *Statt „camanca".*
^d   *Statt „Chassee".*
[9]   Karl Ludwig von der Pfalz (1617–1680).
[10] Leopold I. (1640–1705), Kaiser seit 1658.

Le 14. il passe le Rhin pres de Philipsbourg avec sa cavalerie, l'infanterie n'avait pu suivre – il tire de Philipsbourg 6 p[ièces] de can., 2000 h. d'inf., 4 esc. il campa entre Ditzingen[11] et Sandhausen (en a).

Les Allemand camperent a Epingen, ils étaient aux ordres du duc de Lorraine et general Caprara;[12] ils vouloient passerent le Necker a Wimpfen et joindre le duc de Bournonville.

Le maréchal prit un nouveau camp a Wisloch, il marcha par une detour sur St-Lehne,[13] dans l'intention de rencontrer les Allemands en marche.

Le 16 a la pointe du jour le maréchal marche a Hörberg[14]; des partis decouvrent l'armee inemie, qui ayant décampé a Epingen passait l'Elsatz[15] près de Sinzheim. Turenne prend aussi tot le chemin de cette ville. Le duc de Lor. propose de s'approcher diligement du Neker, mais le comte de Caprara insiste sur la bonté de poste. Les confédérés se disposent à combatre.

20 - Turenne repassa le Rhin à Philipsbourg, le perte des Francais 1200 h. tués ou blesses

Turenne envoya 400 chev. pour poursuivre les Allemands

Turenne campa le 16 à Weibstade[16], 1/3 du chemin de Sinzheim à Wimpfen

Le duc de Bournonville joignit les Allemands avec

1000 h. d'inf. } toute armée etait forte 4000 h. d'inf.
3000 chev. 9000 de cav.

Ils se posterent le long du Neker entre Ladenburg et l'embouchure du Neker.

3 juillet Turenne près de Landau, sorte 16.000 Frankenthal, Manheim etc. occupés par les Imperiaux. Souches[17] ètait avec une armées Imperiaux de 22.000 etc. pres de Liege et avait envoyés 2000 à Creutznach. Turenne craignait une jonction

4. juillet Tur. fit construir un pont avec les pontons et chevalets à Viblingen[18], le Confederées se retirent de Ladenbourg

10 Tur. se rapprocha le Necker, il reste sur la rive gauche pour y comsommer le subsistance etc.

27 Juin Souche se mit en marche, il fit construire un pont entre Hui et Namur.

13 Juin il passa la Lesse et s'approcha Givet

Le confederés etait derriere le Mein, ayant renforcé de 1400 h. de cav.

---

[11] Tatsächlich dürfte Schwetzingen gemeint sein
[12] Äeneas Sylvius, Graf von Caprara (1631–1701).
[13] St. Leon.
[14] Horrenberg.
[15] Elsenz.
[16] Waibstadt.
[17] Feldmarschall Ludwig Raduit de Souches (1608–1683).
[18] Wieblingen.

25. Souche etait joint des Hollandais et Espagnols

Turenne proposa de repassér le Rhin de campér vis à vis de Manheim et d'être renforcer parceque il craignait que les confederés avait le dessin de s'emparer de l'Alsace.

Le 4 aout le confederés passerent le Mein a Flersheim[19] – ils laisserent 600 drag. a Gerau[20] a la garde du pont.
6. ils camperent à Hofheim vis à vis de Worms; Turenne croyait que les confederés voulai[en]t passer le Rhin près de Manheim
5. Turenne vis à vis de Philipsbourg
11 – les confederés retournerent vers le Mein, parceque il craignirent que Tur. repassa le Rhin près de Philipsbourg. Ils n'avaient pas le renfort
25. les renfort les troupes de Zell de Wolfenbuttel[21] ariverent.
25. l'armée de Souche apresent du prince de Bade,[22] traversa la Moselle et le Rhin a Coblenz, arriva a Flersheim ou il campa.
L'armees des confederés – 18.000 h. de cav.
18.000 ″ d'inf.
_____
36.000
on attendait encore l'electeur de Brandenbourg avec 20.000 h.

Turenne – croyait que le confederes voulais s'emparer de l'Alsace et prendre Philipsbourg; ils etaient forcés de risquer une bataille manque ils ne pouvait pas subsister ni sur la Sare et aux 2 rives du Rhin. Tur. demanda d'être renforcé. Ils vouloit combattre parceque il craignit qu'ils fassent devenus maitres du Rhin ils pouvaient transporter le theatre de la guerre en Lorainne et en Champagne.

29 Les Confederés passerent le Rhin à Mayence.
La discorde regnait parmi les confederés.
2 sept. Turenne prit une position entre Rheinzabern et Bergzabern entre le villages Winden et Bergerswiller. La position etait fort avantageuse, les confederés etait pres de Worms.
6 les Confed. à Spire; ils ne pouvoient pas marcher au vicomte qui part Rheinzabern, ou ils auroient preté le flanc.

Tur. avait 11.000 h. d'inf
9.000 ″ de cav.

---

[19] Flörsheim.
[20] Groß-Gerau.
[21] Gemeint sind die Truppen der Herzöge Georg Wilhelm von Celle (1624–1705) und Rudolf August von Braunschweig-Wolfenbüttel (1627–1704).
[22] Der spätere Markgraf Ludwig Wilhelm I., der „Türken-Louis" (1655–1707).

20 les Confederés passerent le Rhin et camperent pres de Losheim.

Le vicomte fit dresser un pont pres de Philipsbourg – il avait le dessin d'y passer le Rhin et de livrer une bataille ou d'eloigner les confederés de Strasbourg. Ceus-ci s'emparent des pont de Strasbourg.

29 L'armé de Turenne campe derriere la Saffel, sa droite appuyée a un marais et la gauche a la riviere Ill ayant Wanzen derrie elle.

29. les Alliés camperent près de Kell

1. Les confederés passerent les Rhin et partagent leur armee dans les villages de d'Enzheim etc. et font occupér Dachflein.
3 oct. Turenne marcha à Achenheim 1½ heures de Enzheim.
3–4, à Holzheim ¾ heures de Enzheim
4. Bataille de Enzheim
4–5, à Massenheim 4 Lieues[23] de Enzheim, il y couvre Hagenau et Saverne
15 oct. L'electeur de Brandenbourg joint les Confederés à

$$\begin{array}{l}
12.000 \text{ h. d'inf.} \\
6.000 \text{ ″ de cav.} \\
47 \text{ canons} \\
\left.\begin{array}{l} 2.000 \text{ h. d'inf.} \\ 1.000 \text{ ″ de cav.} \end{array}\right\} \text{troupes de Zelle} \\
2.000 \text{ tr. de Suabe} \\
\rule{4cm}{0.4pt} \\
23.000 \\
36.000 \\
\rule{4cm}{0.4pt} \\
59.000 \\
2.000 \text{ h. de cav. Palatin} \\
\rule{4cm}{0.4pt}
\end{array}$$

Armee confederées
    33.000 h. d'inf.
    24.000 de cav.
    ―――――
    57.000

Turenne fut renforcé de 48 esc.
18. Les alliés camperent 1 lieue du camp Français
19 – Turenne prit le camp à Dettwiller et Viltenheim[24] près de Saverne en Elsas derriere la Soor[25].

---

[23] Alte französische Meilen, von denen 25 auf einen Äquatorlängengrad gingen; 1 Lieue = 4452,3 m.
[24] Gemeint ist möglicherweise Waltenheim.
[25] Zorn.

21. Les alliés a Hochschalzerheim
    Le maréchal avait sur ses flanc et son front des raisseaux d'un accès difficile. T. juga, que le confederés voulaient marcher à Saverne ou a Hagenau. Il fit construire des ponts sur ses flancs, et rompre les ponts sure la Sore. Il avait le dessein d'attaquer les alliés en flanc s'ils vouloit aux deux endroits nommé. Il fit garder la Sore par des dragons, qui se retrancherent dans les églises. Si les alliés marcherent sur Hagenau, Philipsburg, Hagenau, Landau etait en danger d'être assiegé.
29 oct. l'armee alliée alla camper a Achenheim. Elle fut forcée de reculer manque de subsistance et les differents generaux n'etaient pas d'accord.
31   Les alliés à Geispoltzheim ou Entzheim
Le 30 Turenne fut renforcé de 50 esc.
3 nov. 30 esc., 20 bat. etait encore a portée pour renforcé Tur.

L'armée Française souffert beaucoup de difette. Tur. avait le dessein de rester en Alsace quelque tems, de passer les Voges et de le cotozent comme s'il avait seulement le dessein de repandre se troupes pour y hyverner et de rentrer ensuite avec ses forces reunies en haut Alsace, ou il trouverait les enemis separés.

20 nov. le maréchal decampa pour repandre se troupes dans les villages le long la Motter,[26] la cavalerie derriere l'infanterie.
        3 lieues en avant derriere la Sorr, a Detwiller et a Brumpth[27] avait on posté à chaque endroit 300 chevaux.
27   L armee allies prit les quartiers de cantonnement en Haute Alsace entre Benefeld et Betford. 6 lieues en Quarré.
12 – Spork[28], qui comanda l'armée Autrichienne en Pays Bas, qui avait remplace Souche, passa la Meuse, prit Dinan et se rapprocha le 21 Hui.
        Le marèchal avait cru jusqu'a present que le general Spork avait le dessein de se joindre a l'armee aliiés en haute Alsace.
        Les confederés avoit du attaqué le vicomte et quel qu'eut été le succès de l'action, les confederés n'auraient pas repassé le Rhin, parce que le camp d'Ilkirck etait pour eux une retraite assurée.

1 dec.   L'armee allies -   57.000

        "   Française   20.000 h. d'inf.
                           13.000 de cav.
                           ―――――――
                           33.000

---

[26] Moder.
[27] Brumath.
[28] Johann von Spork (auch Sporck geschrieben, 1601–1679) trat 1647 aus bayrischen in kaiserliche Dienste, in denen er zum Reichsgrafen ernannt wurde.

1 – 12 Le marechal marcha sur Linheim, Baccarat jusqu'a Remiremont
Il envoya vers Betfort, St. Marie[29] sur le Chemin de Schletstadt et sur toutes les avenues de l'Alsace des detachements pour inquieter les allemans de plusieur cotés.
Le 23 – 26 le marechal marche de Remiremont à Betfort.
Le general François sachant que le troupes de Brandenbourg et Zell se reunissaint du coté de Colmar et les autres derriere l'Ill prés de Mühlhausen etc.
29 – Turenne prit le chemin de Muhlhausen ou il livre un combat de cavalerie – en rencontrant une colonne de l'enemi, le marechal engage des partis de cavalerie jusqu'au Rhin, pour couper les troupes Allemandes, qui pouvoient s'être arretées.
30 – Un detachement de 400 chevaux soutenu par d'autres troupes allant reconoitre si les aliés achevoient de se rassembler, rencontre un régiment d'infanterie, qui se jetta dans le chateau de Brunstat et se rend.
Janv. 1675
4. A Paffenheim on opprit que les Allemands s'etaient reunis entre Turkheim et Colmar.
5. L'armee Française partit de Paffenheim et en arrivant à la vue d'Eguisheim on apperçut 10 Esc. ennemis, on attaqua l'a[r]mée ennemie par la droite – elle combatti en detachement etc.
La bataille n'etait pas tout à fait decidé.
31 escadrons suiveront les ennemis qui etaient suivi de l'armée Française dans une distance de 2 lieues.
12, 13, 14 Les alliés passerent le Rhin près de Strasb.

Campagne de 1675

Montecuculi avec 12.000 h. d'inf.
14.000 h. de cav.

Le projet du general Allemand était d'entrer de bonheure en campagne, de passer le fleuve, de profiter des circonstances pour entrer en France par la Lorraine.
Le 28 avril le general[e] Spork et le duc de Lorraine formèrent une armee de 26.000 h. pres de Francfort.
Montecuculi destina 6000 h. a s'opposer aux entreprises que les François pouvaient former par le pont Brisac.
Le 20 may le General Spork a Heilbron
Montecouculi a Wistet[30] près de Strasbourg

---
[e] Statt „le Legeneral".
[29] Heute Sainte-Marie-aux-Mines.
[30] Willstätt.

Turenne avoit resolu soit que les forces imperiaux se postassent sur le Mein ou vers le Rhin, de traverser le Rhin et de faire une guerre offensive, afin de ne pas ruiner l'armée par des marches d'observations. Il voulait dans la portée de ce monarque attirer plusieurs etats de l'empire et empecher l'ennemi de tenter des entreprises importantes.

    Le point de rassemblement etait fixé près de Schelestat[31]
12.000 h. d'inf.
10.000 h. de cav.
Il campa le 28 May à Achenheim près de Strasb.

Le 25. Montecuculi fit vraisable qu'il voulait assieger Philipsb. il fit invester cette forteresse il voulait Turenne eloigner de Strasbourg pour y gagner la ville et le pont.

Montecuculi fit construire un pont a Otterheim au dessus de Strasbourg afin que dans le cas ou les ennemis assiegeaient Philipsbourg, il peut s'en approcher par l'une ou l'autre rive du fleuve, ou leur faire craindre qu'il ne s'emparait de Fribourg. Il placa la seconde ligne à Erstein d'être à portée de soutenir l'armée près de Strasbourg ou le pont. On avait fait un tête de pont et avait posté 1000 sur les isles du Rhein et un bataillon en avant du tete de pont dans le village d'Almschwiler[32] pour s'opposer aux 6000 de l'ennemi en Brisgau.

<u>1 juin</u> Montecuculi fit construir un pont au dessus de Stagelhausen, campa en Valsheim[33] et Otterstat et fit garder le pont volant de Losheim, 500 h. de cav.
                                                                                        800 " d'inf.
qui se retranchent et detachere des troupes legeres vers Neustadt, Landau, Kaiserslautern etc.

    C'etait le second essai d'attirer Turenne en basse Alsace. A previndrer Turenne un ou den marche sur le pont de Strasbourg

    Montecuculi reste 4 jour au camp d'Ottenheim, voyant que Turenne prend pas de change, laisse un regiment d'infanterie pour garder le pont et 8 escadron pour contenir la garnison de Philipsbourg, et vient camper près de Kisloch[34] et Langenbrük.

7 – 8 juin Turenne passa le Rhin à Ottenheim, et marcha le 8 à Vilstet et fit camper l'armee derriere la Kinzing et fit entrer de l'infanterie dans le chateau.

le 9–10 Montecuculi marcha à Lichtenau et laissa 3000 h. pour observer Philipsbourg. Montecuculi avait fait une faute de n'avir pas laissé de troupes à Wilstet et de restee 4 jours sans motif à Langenbruk.

    Montecuculi avoit un grand magazin à Strasbourg mais il en etait coupé.

---

[31] Selestat (Schlettstadt).
[32] Allmannsweiler.
[33] Möglicherweise Waldsee.
[34] Möglicherweise Kislau bei Bad Schönborn.

14–15 Montecuculi prit son camp à Offenburg, il vouloit s'emparer du pont de Ottenheim afin de couper au vicomte sa comunication avec la haute Alsaçe, d'ou il tiroit se vivre.

15. Turenne observait avec 3000 h. de Cav. l'armee Imperiale vers Urlaffen jusqu'a Offenburg et ayant informé a Urlaffen que Montecuculi marchai[t] sur son flanc il change le front; il appuye l'aile gauche à Wilstet, le front parallel avec le Rhin.

La difficu[l]té d'aborder l'armée Françoise etait insurmontable, il etait aussi difficile de l'affamer.

Le François avit à garder Wilstet, le pont de Strasbourg et d'Ottenheim, ce qui fait 6 lieux

(de Wilstet jusqu'a Ottenheim 6 Lieus).

15   Turenne envoya à Altenheim
comte de Lorge[35] { 8 battaillons
    8 canons
    38 escadrons 1½ lieus d'Ottenheim

Le pont etait garder 1 bataillon
    400 chev.
et renforcé 1 bat.
    10 esc.

18 – Montecuculi marcha à la pointe du jour de Offenburg vers Altenheim, mais il n'avance que jusqu'a le Schutter. Turenne se mit en marche au midi. Le comte de Lorge prit son camp Meisenheim

Tur[re]nne a Altenheim –

Il laissa 400 h. d'inf. à Wilstedt

6 bat. } entre Goldscher et Marlen
10 esc.

Par ces arrangement Tur. pouvait se reunir facilment et marcher a Otten ou au pont de Strasbourg.

Montecuculi campa derriere la Schutter près de l'abbaye de Schatter.

19. Turenne alla en reconoitre l'armee ennemie et etablir des postes en echellon depuis Meisenheim ver[s] Schut[te]r.

21 – Turenne fit jetter 4 ponts sur la Schutter au dessous du camp ennemi, il fit passer 400 chevaux pour inquietter la comunication des ennemis avec Offenburg.

---

[35] Gui-Alphonse de Durfort-Duras, Herzog von Lorges (1628–1702), Bruder des Grafen von Duras.

26　Montecuculi prit le camp d'Offenburg.
　　Turenne prit le camp entre en avant de Fort Kehl. Il renforca le poste de Wilstet et envoya a Bischen[36] (sur la Hochen) 200 h. d'inf.

$$\text{A Altenheim} \begin{cases} 300 \text{ '' de cav.} \\ 300 \text{ h. d'inf} \\ 10 \text{ esc.} \end{cases}$$

28 – Montecuculi prit le camp d'Urlaffen, il avait laissé à Hemberg 3000 h. d'inf. 2000 h. de cav.

Turenne laissa 10 esc. derriere Wilster et prit son camp entre Botterswiler et Lings[37].

La difette continua à poursuivre Montecuculi; il devait se rapprocher le Rhin. <u>5 juillet</u> il prit le camp de Renshenloch, près de Lichtenau – il fit se preceder de 3000 h. de caval. chaqu'un avoit un fantassin en croupes.
　　Le corps à Offenbourg etoit necessair pour avoir comunication avec le Brisgau et entre cela Turenne s'auroit emparé.

Turrene prit son camp à Freistet. Le deux armees fassent eloignées $^1/_2$ lieues – tout dependait de la comunication avc Strasburg pour les Imperiaux. Turenne avoit envoyer à Wanzenau de infanterie et de la cavalerie et 8 piece pour barre le fleuve.
Le Français manquait du fourage –

Turenne läßt durch die Gebüsche bis an die Renchen feuren, besetzt die wenigen morastigen Wege derselben, besetzt Vaghorst[38] und das Schloß von Renchen; ziehet die 10 Escadron von Wilstet an sich, vershanzt und verpallisadirt das Lager am Rhein wo es zugänglich ist; besetzt das Lager u. die Rench, gehet mit den großten Theil der Armee zwischen Renchen und Gamshorst über die Renchen. In den darauffolgenden Tage greift Montecuculi die Posten an der Renchen an, sein Poste auf seiner linken Flanke soll das Signal zum Angrif geben und verirt sich. Das Corps von Offenburg soll den Posten bey Vaghorst in Ruken nehmen – siehet die veränderte Lage und hort keine Canonade, gehet wieder zurük. Alles wird deconcertirt.
　　Turenne rükt bis Gamshorst vor. Montecuculi sah sich eingeshloßen und nimt
25–26 ein neues Lager bey Sasbach, wo er das Corps von Offenburg an sich ziehet –

---

[36] Gemeint ist möglicherweise Rheinbischofsheim am Holchenbach.
[37] Bodersweier und Linx.
[38] Wagshurst.

Den 27. fält Turenne in der Canonade. Eine Kugel nimt den Artillerie General St. Hilair den linken Arm und Turenne die Brust – der Sohn St. Hilair fält auf seinen Vater, indem er ihn umarmt – dieser sagt.

Ce n'est pas moi, mon fils qu'il faut pleurer, c'est la perte irréparable que vostre patrie vient de faire.

Montecuculi disait: il (Tur.) se fait honneur à l'homme.

Die Art, wie Turenne hier Montecuculi aus den festen Lager manoeuvrirt ist vortreflich und verdient eine nähere Beschreibung. Unbegreiflich ist es aber, warum er nicht das Corps so von Wilstet kömt coupirt oder vorher überlegen angreift.

Die französische Armee unter den Comte de Lorge kehrte ins Lager nach Freistet zurük, darauf ins Lager zu Altenheim, wurde darin den 1sten August angegrifen, wiederstand.

[Fol. 21r–22v (4 S.):]

[2.] Bemerkungen
I. Capitel Turenne
1. In der Campagne von 1672 hielt Montecuculi und der Churfürst von Brandenburg 2 mal eine starke aus Cav. bestehende Avantgarde für die Armee des Turenne.
2. In derselben Campagne machte Turenne 2 mal Marsche mit der Cavalerie allein u. ließ die Infanterie nachkommen.
3. In derselben Campagne schikte Turenne seine Infanterie den Rhein in Schiffen herunter.
4. <u>Uneinigkeit</u>^f Trieb nicht Turenne den Churfürst von Brandenburg von den Rhein biß an die Weser, in einer Zeit als Monte[cu]culi Befehl hatte, nicht zu fechten? War nicht Eugen u. Marlborough, so lange sie ein Seele waren, in allen Unternehmen glüklich, und ging nicht erst ihre Unglük an, als diese Harmonie aufhörte? Waren nicht die Allirten, als in Jahr 1674 Turenne sie bey Ensheim schlug, aufs äuserste uneinig?
5. <u>Man formirt sich erst vor dem Feinde</u>
Bey Sinzheim grif Turenne den Feind nach einen Marsch zu ihn an. Bey Enzheim marschirt vor ihm in der Nacht von 3. auf den 4ten u. grif ihn den 4ten an. Er war aber den Tag vorher auf $1^1/_2$ Stunde von Feinde angekommen. Es war wie zu Seburg. Hier hatte der Feind den Fluß Breusch vor der Front nicht besetzt, sonst wäre dies sogleich nicht möglich gewesen. Der Fluß war nur $^3/_4$ Stunde von der Armee.

---
f Diese Überschrift quer am Rande des Absatzes.

6. Gefecht en Detail Dies war zu Enzheim. Die Allirten schikten erst 2 Bataillon ins Holz vor dem linken Flügel und darauf wurden 2 u. 5 zum Soutien, darauf noch 7, und alle wurden nacheinander durch Uebermacht geschlagen. Eben so griffen sie auf ihren rechten Flügel mit 18 Escadrons an und liessen 52 andere müßig stehen. Diese 18 Escadrons waren anfangs glüklich, allein bald fielen so viel über sie her, daß sie geschlagen wurden. Auch das Gefecht von Tarkheim war ein Gefecht en Detail – nur ein Theil der Allirten foch[t] mit der ganzen feindl. Armee
7. Keine vortheilhafte Position verlassen
Waren die Allirten in ihrer Position bey Enzheim geblieben, niemand hätte sie geschlagen. Sie verlohren ihre Vortheile durchs Avanciren. Nur ihren rechten Flügel hätten sie aber zurük ziehen müßen.
8. Quarree
Man formirte in der Schlacht bey Enzheim mit 7 Bataillon Franzosen ein Quarrée, ohne dies hatten sie die Schlacht verlohren.
9. Das Schlachtfeld souteniren Bey Enzheim zogen die Franzosen und Allirten sich zugleich zurük – Bey Hastenbek – (bey Zorndorf[g] umgekehrt), bey Turkheim war es auch so.
10. Dragoner absitzen lassen In der Schlacht bey Enzheim lies Turenne sie auf beiden Flügeln absitzen.
11. Verhaltniß der Infanterie zur Cavalerie -
in Durchschnit waren beyde Waffen in der Zeit gleich stark.[h]
12. Enzheim war keine Ueberflügelung wie Leuthen etc.
13. Turenne und die Allirten, die Inf. in der Mitte, die Cav. auf den Flügeln; die Dragoner auf den Flügeln der Cav. 2 Linien u. 1 Reserve, zwischen den Escadrons Plotons von 15 Mann Infant. bey Enzheim.
14. Winter Feldzüge ihr Vortheil
Wenn man zu schwach ist, in Sommer in versamleten Armeen seinen Feind zu wiederstehen, so muß man in Winter den Feind theilweise schlagen, wenn man etwas Großes dadurch erhalten kann. Dies war der Fall a. 1672, als Turenne den Churfürst Friedrich Wilhelm über die Weser trieb, ihn dadurch aus der Allianz mit Holland und zum Frieden brachte, b. als Turenne 1674 gegen die überlegnen verbundenen Armeen defensiv agiren mußte, sie nicht über den Rhein zurükdrängen konnte, nun riskirte, daß sie in Lothringen dringen oder daß doch Philipsburg, der Schlüßel zu Deutschland, verlohren ginge, Hagenau etc. Auch wenn man plötzlich eine Provinz erobern will, ist ein Winterfeldzug gut.

---

[g] Verändert aus „Rosbach".
[h] Folgt gestrichen: „13. Die Franzosen rükten mit ihren linken Flügel zu weit vor, sie hätten mit einer Canonade den Feind beshäftigen müßen u. den".

[Fol. 23r–25v (5½ S.):]

[3.] IItes Capitel
Schlachten
I. Worin eine gute Position bestehet.
II. Die Vortheile, die man über den Feind in einer Schlacht erthält, bestehen darin:
1. Daß man eine Position nimmt, wo wir mit wenigen Truppen viel[e]n wiederstehen können, wie dieselbe weiter oben erklärt ist.
2. Daß man, wenn man eine solche Position nicht findet, wie sie denn sehr sellten ist, den Feind a. in einer schlechten angreift, b. ihn auf den Marsch angreift, c. ihn zum Angrif einer gewißen Position, in der man sich befindet, verleitet, die Anordnung dazu trefen läßt und in der Ausführung eine andere weiter vorwärts nimmt, damit die Anordnung dirangirt werde, und er in einer andern Stellung auf uns stößt.
   d. Daß man mit einen Theil der Armee eine gute Position behält u. mit den andern den Feind in Angrif selbst angreift.
   e. Daß man [ihn] nach den Umständen, wenn man ihn in Cavalerie überlegen oder in regulären Gefechte, in die Ebene zu ziehen sucht.

Eine gute Position A. Eigenschaften
a. Front 2 P[u]nkte.
b. Muß eine oder beide Flügel Dekung weit rükwärts haben, damit der Feind, wenn er die Armee tournirt, so weit gehen muß, daß die Armee Zeit hat, dies zu erfahren und die Contr[e]laction zu trefen. Dies war bey Crefeld nicht möglich, und wäre bey Wilhelmsthal auch nicht möglich gewesen.
c. 1. Lage des Ganzen in Rüksicht der zu dekend[e]n.[i] Muß durch die Flügel Dekung nicht allein gedekt seyn, sie muß auch durch sie wo sie will debouchiren können. 2. in Rüksicht der Unterhalts. Muß ihr nicht die Subsistenz abgeschnitten werden können
d. In Rüksicht der Offensiv Bewegungen
e. Die 3 obigen Fälle treten ein 1. bey der Stellung des Herzogs Ferd. hinter der Dimel im Jahr 1760, 2. zwishen Werl und Vellinghausen im Jahr 1761 NB., 3. bey der kayserlichen Armee hinter den Plauenschen Grunde im Jahr 1759, 4. Dumouriez bey Menehoult 1792, 5. Holländer 1746 bey Breda NB., 6. Wir bey Bisseghem oder Menin NB. 7. Bergen NB.

B. Bey der Vertheidigung einer Position kömt es an
a. Auf eine zwekmäßige Abtheilung der Armee. Vellinghausen
b. Auf Unterstützung der leidenden Theile, und der vorläufigen Anordnung dazu.

---
[i] Hier folgt „der", zu erwarten wäre aber eigentlich ein Wort wie „Position" oder „Gegend".

Vellinghausen – Spörken, Erbprinz[39]
Minden – Sakville[40]
Fehler, die hier leicht eintreten – Prag
– Hondschoot
c. Auf rechte Benutzung des Terräns
1. durch Schanzen. An welche Fuß, wie ihre Beshaffenheit? wie bey Minden, Vellinghausen wie woll nur unvollkommen.
2. Stellung der verschiedenen Waffen
Inf.
Cav. } Fälle des Terräns
Art.
d. Auf einen Plan, zur Offensive zu gelangen – wie bey Vellinghausen –
e. Auf Warnung für die gewöhnlichen 2 Fehler
1. Nicht Detailgefechte sich zu verwikeln, wo etwa Veranlassung dazu wäre. Enzheim, Türkheim –
2. Nicht das vortheilhafte Terrän zu verlassen, wo Veranlassung dazu sein könnte – Kesselsdorf, Prag, Lowositz

Um dies näher zu verstehen, muß man schlechtere Positionen analisiren – als bey Hastenbek, bey Fontenoy[41]

Eine Position, die nur eine gewisse Zeit behauptet werden kann.

Hat einige der Eigenschaften A. einer guten
1. Hat sie alle Eigenshaften einer guten, und es kann ihr die Subsistence abgeshnitten werden, so muß sie von den Augenblik die Position verlassen.
2. Sind die Front und die Flügel mit durchshnittenen Terrän umgeben, welche jede Bewegung des Feindes masquiren, so helfen ihre übrigen guten Eigenshaften nicht mehr, wenn der Feind erst nahe vor uns stehet. Crevelt, Hochkirchen.
3. Leidet die Position keine Offensiv Bewegungen, so umgehet man sie wie bey Crefeld, sey sie aber allerwärts feste u. ohne nahe Festung, so shließt man sie ein, wie bey Pirna.[42]
4. Dekt sie kein Land, taugt sie darnach nicht, so muß man sie verlassen, wenn der Feind das Land angreift – Vellinghausen, Breda, Bergen. In der bey Breda und Bergen würde es auch der Fall gewesen

---

[39] Der spätere Herzog Karl Wilhelm Ferdinand von Braunschweig.
[40] George Viscount Sackville (1716–1785) versagte als Kavalleriebefehlshaber bei Minden so eklatant, daß er in die Heimat zurückbeordert und 1760 kassiert wurde.
[41] Bei Fontenoy siegte am 11. Mai 1745 die französische Nordarmee unter dem Grafen von Sachsen über die Pragmatische Armee unter dem Herzog von Cumberland.
[42] Zu Beginn des Siebenjährigen Krieges wurde hier die sächsische Armee eingeschlossen und zur Kapitulation am 16. Oktober 1756 gezwungen.

sein, wenn der [..........ʲ] nicht bey letztern in der Zeit gedekt wäre, und Vellinghausen war nur auf die Vereinigung der feindl. Armeen gut.

[Fol. 26r (1 S.):]

[4.] <u>Entwurf fürs Ganze</u>

A. Armee   a. ihre Bestandtheile
         b. ihre Organisation
B. Positionen
         a. Eine gute
         b. Eine Position, so nur eine Zeitlang gut ist
C. Vertheidigung der Positionen.
D. Märshe
E. Bewegungen der Armeen gegen einander.
F. Operationsplan eines Feldzugs
G. Beyspiel einiger Feldzüge mit ihren Operationsplanen.

[Fol. 26v–2/r (2 S.):]

[5.] <u>Wenn man nicht schlagen will und keine Position, die unangreifbar ist oder einen sichern Sieg verspricht, finden kann.</u>

1. Man wählt volle oder durchschnittene Terräns. Vortheile, die man dadurch hat.
       a. Zeit, ehe der Feind unsere Stellung erfährt
       b. Auffenthalt bey Angrif u. Zeit zum Rükzuge
       c. Sichere Reträten
2. Man vertheilt sich in Corps, wenn man hinter Flüßen, Morästen und in durchschnittenen Terrän stehet.
       Vortheile
       a. Man kann nicht umgangen werden
       b. Man kann kein allgemeines Unglük leiden.
       starke Reserven, [..........ᵏ] Vorposten.
3. Man verändert, wenn die Vertheilung nicht stattfindet, oft seine Stellung.
       Vortheile
       a. Der Feind weiß nie recht, wo man ist
       b. Man entweicht ihn vieleicht beym Angrif und trift auf eine seiner Colonnen, die man schlagen kann.

ʲ *Unleserlich, könnte „Niederohnr" heißen.*
ᵏ *Unleserlich, könnte „vilgarant" heißen.*

4. Man verschanzt seine Unterstützungskette gut, u. schikt viele Cavalerie zum Avant Corps.
       Vortheile
       a. Man weiß wann die feindl. Arme da ist
       b. Man hat nicht nöthig, Schlachten zu liefern, wen[n] der Feind das Avant Corps zurück wirft.
5. Man sucht den Feind so viel als möglich durch klein Coups und Bedrohungen zu beshäftigen.
       a. Man hält ihn dadurch ab, selbst was zu unternehmen
       b. Man erhält unsern Truppen den Muth -

[Fol. 27v–28r (1 1/2 S.):]

[6.] Vorposten

1. Wenn der Feind über 6 Stunden weg ist – ein Corps etwa 1/2 der Armee 1 bis 2 Stunde vor, da bey alle leichte Truppen. In der Ebene mehr aus Cavalerie. Dies beobachtet den Feind.

2. Unterstützungsposten Kette,
       2 bis 3000 Schritt von Lager
besteht aus Inf. u. in der Ebene aus Caval. u. r. Art.
Vor ihr Cav. u. Inf. Feldw.
Sie wird in der Nacht, wenn es erforderlich ist, durch ein Ausrüken der Piquets verstärkt.

3. Leichte Inf. 2 bis 300 Schritt vor der Unterstützungsposten Kette. Leichte Cav. 2–6000 Schritt vor der leichten Inf.

Mechanishe Einrichtung in der Armee

a. tactische Eintheilung der Brigaden muß bleiben und auch oecon. wie bey Franz. sein.
b. stratagetishe Eintheilung in Corps muß bleiben – gegenseitige Liebe u. Bestr[a]fung
c. General du Jour Soutiens Kette

[Fol. 28v–29r (2 S.):]

[7.] Actionen

A. Actionen in vollen Linien, mit oder ohne Reserven.
B. Actionen in geöfneten Linien – Vorposten Gefechte –

A. Fälle   a.   Inf.
             b.   Cav.   Stellung, Verhalten in der
             c.   Inf. u. Cav.   Action, man greife an oder
             d.   Zusatz von Art. man werde angegrifen
                  in den 3 Fallen

B. Stellung – 1. en Ligne oder in Linie mit Reserv. en muraille oder voller Linie
                 2. en echiquier
                 3. en echellon
                 4. Ein 3ter Fall[1]

Ueberflügeln in einzelnen Fällen
                1. Man kömmt von vorn – auf beiden Flügeln
                2. Auf einen Flügel sich mit der ganzen Macht werfen u. den andern bedrohen
                3. Contrelaction –

I. <u>Princip der Inf. gegen Inf.</u>
                    Artillerie alles
II. <u>Princip</u> der Inf. gegen Cavalrie – nahes Feuer und Schluß aller

1. <u>Princip der Cavalerie gegen Inf.</u> – 1. Erst wenn die Inf. wankt, öfnet – immer a portée – dann heran – immer formirt. 2. Wenn das nicht en echellon, aber viel ins Loch.
2. <u>Princip der Cav. gegen Cav.</u>
    1. Choc – Regeln dabey – Schwierigkeit dabey – 2te Linie – Sieg oder –

B. Fälle
    a. Vor einem Detaschement, Corps oder Armee, um den Feind zurück zu halten, wie bey Courtray am 10ten May[43] –
        1. Abtheilung in großen
        2. In kleinen –
        3. Stratagems – Embuscaden[44]
        4. Vermeidung eines großen Verlußtes – auf der Erde
        5. Art Waffen, so sich hier am besten schiken

---

[1] *In der Vorlage befindet sich hier die Skizze einer Aufstellung mit gemischter Infanterie und Artillerie im ersten Treffen, mit jeweils 2 Bataillonen hinter den Batterien.*
[43] Gemeint ist das Gefecht von Coyghem (Kooigem) am 10. Mai 1794, in dem ein hannoversches Korps unter General Georg Wilhelm Freiherr von dem Bussche die Division des Generals Souham an der Espierre zum Stehen brachte.
[44] Hinterhalte.

b.　Von den Haupt Corps entfernt
　　　　　1. Vorsicht – Soutiens – Canonen
　　　　　2. Vorsicht in Rüksicht der Plänen. Wenn hi[e]r hinter ein Feind
　　　　　3. Vertheilung der vershiedenen Waffen
　　　　　4. Allgemein anwendbares Strat. vors Ganze. Gehet zurük u. fält
　　　　　den Feind an, in den er nun vorrükt. Legt ihn zugleich Embuscaden

　　　c.　Rükzug – 1. Nacht
　　　　　2. nach u. nach – zuletzt Canonen.
　　　　　3. Immer neue Positionen. Mutuel.

[Fol. 30r (1 S.)]

[8.] Les Reveries ou Memoires sur l'art de la Guerre de Maurice Comte de Saxe. A la Haye chez P. Gosse 1759 en fol.[45]

Pag. 54 Il faut que la cavalerie soit leste, qu'elle ait peu d'equipages, qu'elle soit montée sur des chevaux rendus propres à la fatigue et surtout qu'elle ne fasse pas son point principal d'avoir des chevaus gros, s'il se pouvait qu'elle vit souvent l'ennemi, cela ne serait que mieux et la mettrait bientot en état d'entreprendre les plus grandes choses. Il est certain que l'on ne connait pas la force de la cavalerie, ni les avantages qu'on en peut retirer, d'ou vient cela? De l'amour qu'on pour le chevaux.

la grosse cavalerie et les dragons
bouser a vec la baguette ansetzen
la bride, les rênes – debrider

General. 221. S. oter de l'idee que c'est lui qui punit, et se persuader a soi meme et aux autres qu'il ce fait qu'administrer les loix militaires.
　　　Sa disposition doit etre courte et

[Fol. 30v–31r (1¼ S.):]

[9.] Histoire militaire du regne de Louis le grand p. Ray de St.-Genies a Paris 1755.[46]

---

[45] Moritz Graf von Sachsen verfaßte seine „Rêveries" im Jahre 1732 (also noch vor seinen großen Erfolgen im Österreichischen Erbfolgekrieg), sie wurden erst nach seinem Tode veröffentlicht, erstmals im Haag 1756.
[46] Jacques-Marie Ray de Saint-Geniez: Histoire militaire du règne de Louis le Grand, 2 Bde., Paris 1755.

T.1. Le duc d'Enguien⁴⁷ gagna la bataille de Rocroy 1643⁴⁸ apres avoir renverse la cavalerie, il tourna tout à coup sur l'aile de l'infanterie la prit en flanc etc. Le marquis d'Avarcy fit le meme manoeuvre à la bataille d'Almanza en 1707.⁴⁹

Als der Prinz von Condé aufmarschirte, konnten die Feinde die Cavalerie ehe die Infanterie aus der Colonne kam auf dieselbe werfen – dann wär der 22jährige Prinz ein junger unerfahrner tollkühner General in aller Augen gewesen. Das Glük und die Reputation des General hängt mit von Zufall ab – indes mußte der Prinz doch ein guter Kopf sein, sonst hätte er nicht seinen Ruhm behauptet.

St. schreibt als wenn der Prinz von Condé alles selbst comandirt hätte, jede Attaque, jede Bewegung. Fast alle Schriftsteller stellen sich eine Bataille als ein Manoeuvre mit ein paar Regimentern vor.

[Fol. 31(a)r–32r (2½ S.):]

[10.] Bücher
Ueber den Krieg in Flandern

1. Le siècle de Louis 14 p. Voltaire⁵⁰
2. Memoires de St. Hilaire. 4 T. 8. Amsterdam 1766 (bis zum Ableben Ludwig des 14ten, sehr gut im Detail)⁵¹
3. Histoire militaire du Prince Eugene de Savoye, du Prince et Duc de Marlborough et du Prince de Nassau-Frise 3 Tomes fol. par Rousset. A la Haye 1729.⁵² Viele Plane
4. Campagne en Hollande 1672 etc. fol. habe ich.⁵³
5. Les Memoires du Duc de Villars Marèchal etc. 3 Toms 8. 1720–1734.⁵⁴

---

⁴⁷ Bis zum Tode seines Vaters (1646) trug der Große Condé den Titel eines Herzogs von Enghien.
⁴⁸ Am 19. Mai 1643 besiegte das Heer des Herzogs von Enghien bei Rocroi ein spanisches.
⁴⁹ Am 25. April 1707 besiegte die Armee des Herzogs von Berwick ein britisch-spanisch-portugiesisches Heer, wobei der General Claude-Théophile Béziade d'Avaray (1655–1707) eine wichtige Rolle spielte.
⁵⁰ Erstausgabe: Le siècle de Louis XIV. Publié par M. de Francheville, conseiller aulique de sa Majesté, & membre de l'académie roiale des sciences & belles lettres de prusse, Berlin 1751. In Scharnhorsts Geburtshaus in Bordenau befindet sich der erste Band der 2. Auflage (Dresden 1777) mit Besitzvermerk „G. Scharnhorst".
⁵¹ Armand de Mormès de Saint-Hilaire: Mémoires de M. de S. H***, contenant ce qui est passé de plus considérable en France, depuis le decès du cardinal de Mazarin jusqu'à la mort de Louis XIV., 4 Bde., Amsterdam 1766.
⁵² Batailles du Prince Eugène, du duc de Marlborough et du prince de Nassau, 3 Bde., Den Haag 1725–1729. Es handelt sich um die von Jean Rousset de Missy besorgte Ausgabe von Werken aus dem Nachlaß von Jean Dumont.
⁵³ [Pierre-François Du Moulin (Hrsg.):] Campagne de Hollande en MDCLXXII, sous les ordres de Mr. le duc de Luxembourg, Den Haag 1759.
⁵⁴ Mémoires du duc de Villars, pair de France, maréchal-général des armées de Sa majesté..., 3 Bde., Den Haag 1734–1735.

6. La Campagne du M. de Villars en Allemagne 1703. 2 T. 8 Amsterdam 1762.⁵⁵
7. La Campagne du M. de Marsin 3 Tom. 8 Amst. 1762 von 1704 (habe ich)⁵⁶
8. Campagne du Marèchal de Villeroi et Marquis de Bandemer etc. in Flandern 1704.⁵⁷
9. Camp. du M. de Tallard⁵⁸
10. Memoires de Noaille⁵⁹
11.   ″   ″   de Coigny
    die letztere die Correspondenzen –
12. Les Memoires de Berwik⁶⁰
13. Histoire de Maurice Comte de Saxe 3 T. Dresden 1760⁶¹
14. Histoire militaire de Louis 14. P. M. Quincy 8 T. 4.⁶²

– La Campagne de M. le Marechal Duc de Noaille en Allemagne l'an 1743, en 2 partis. Amsterdam 1761.⁶³
– Les Campagnes de M. le Marechal Duc de Coigny en Allemagne l'an 1743 et 1744, 3 T. en 8. Amsterdam 1761.⁶⁴
Diese beiden so wie die von Villeroi
    Tallard
    Marsin
    Villars
sind aus den Bureau [.......ᵐ] und zuverlässig.

ᵐ *Unleserlich, könnte „entwand" heißen.*
⁵⁵ [Pierre-François Du Moulin:] Campagne de M. le maréchal de Villars en Allemagne, l'an MDCCIII, 2 Bde., Amsterdam 1762.
⁵⁶ [Pierre-François Du Moulin:] Campagne de M. le maréchal de Marsin en Allemagne, l'an MDCCIV, 3 Bde., Amsterdam 1763.
⁵⁷ Nicht aufgefunden, wie auch die weiter unten aufgelisteten Memoiren Coignys.
⁵⁸ [Pierre-François Du Moulin:] Campagne de M. le maréchal de Tallard en Allemagne, MDCCIV, 2 Bde., Amsterdam 1763.
⁵⁹ Adrien-Maurice, duc de Noailles: Mémoires politiques et militaires pour servir à l'histoire de Louis XIV et Louis XV, [hrsg. von Claude-François-Xavier Millot], 6 Bde., Paris 1777.
⁶⁰ James Fitzjames, Herzog von Berwick: Mémoires du maréchal de Berwick, écrits par lui-même, 2 Bde., Paris 1778.
⁶¹ Erste Ausgabe: Louis-Balthasard Néel: Histoire de Maurice, Comte de Saxe, maréchal général des camps et armées de Sa Majesté très chrétienne, duc élû de Curlande et de Sémigalle, chevalier des ordres de Pologne et de Saxe, 3 Bde., Mitau 1752.
⁶² Charles Sevin, marquis de Quincy: Histoire militaire du regne de Louis le Grand, ou l'on trouve un détail de toutes les batailles, siéges, combats particuliers et généralement de toutes les actions de guerre que se sont passées pendant le course de son régne tant sur terre que sur mer, 6 Bde., Paris 1726.
⁶³ [Pierre-François Du Moulin:] Campagne de M. le maréchal duc de Noailles en Allemagne, l'an MDCCIII, 2 Bde., Amsterdam 1760–1761.
⁶⁴ [Pierre-François Du Moulin:] Campagne de M. le maréchal duc de Coigny en Allemagne, l'an MDCCIV, 5 Bde., Amsterdam 1760–1772.

[Fol. 33r–v (1¼ S.):]

[11.] Essai general de Tactique[65]
a Londres 1772 en 4.
Discours preliminaire p. 30
In Anfang des 18.ⁿ Seculums brachte Vauban die Attaque weiter –

Il se fit en meme temps à d'autre egards des changements bien mal-entendus, bien funestres à l'humanité et à la perfection de la science militaire. On eut p.e. des armées beaucoup plus nombreuses; on multiplia prodigeusement l'artillerie. Louis 14 qui en donna l'exemple, n'y gagna rien. Il ne fit qu'engager l'Europe à l'imiter. Les armées moins faciles à mouvoir et a nourir en devinrent plus difficiles à comander. Condé, Luxembourg, Eugene, Catinat, Vendôme, Villars[66] par l'ascendant de leur génie furent remuer ses masses, mais Villeroi, Marsin, Cumberland[67] et tant d'autres resterent écrasés sans elles. Eh coment les auroient-ils conduites: Les grands homes dont je viens de parler n'introduisirent dans les armées, ni organisation, ni tactique. Il ne laisserent point de principes après eux. Peut être meme, j'ose de dire, agirent ils souvent par instinct, plutôt que par méditation.

[Fol. 34v–36v (3¼ S.):]

[12.] <u>Angrif wo deployrt</u>

<u>Bey Crefeld</u>
  – Spörken, Oberg – Nicht von Vorposten culbitirt –
  – Erbprinz – Alles wagen, gleich darauf mit aller Macht –
<u>Bey Sangershausen</u>
  Broglio mit Vorsicht – es geschah unter der Canonade der Avantgarde –
    Fehler von Pr. v. Isenburg –
<u>Bey Reichenberg</u> – Brüke gedekt

[ⁿ] *Statt: „17."*
[65] Verfasser des „Essai général de tactique" war Jacques-Antoine-Hippolyte Graf Guibert (1743–1790), der großen Einfluß auf die französische Kriegführung während der Revolutions- und Napoleonischen Kriege hatte.
[66] Mit Ausnahme von Prinz Eugen ist das eine Auflistung berühmter Feldherren Ludwigs XIV., darunter François-Henri de Montmorency-Bouteville, Herzog von Luxembourg (1628–1695), Marschall Nicolas Catinat (1637–1712), Louis-Joseph, Herzog von Vendôme (1654–1712), und Claude-Louis-Hector, Herzog von Villars (1653–1734).
[67] Zusammen mit zwei der weniger erfolgreichen Marschälle Ludwigs XIV., François de Neufville, Herzog von Villeroi (1644–1730), und Ferdinand Graf von Marchin (oder Marsin, 1656–1706), wird hier der als Militär weitgehend erfolglose Prinz Wilhelm August von Großbritannien, Herzog von Cumberland (1721–1765), genannt. Dieser schlug 1745 bei Culloden das Heer der von Frankreich unterstützten Jakobiten, war aber als Befehlshaber auf dem Kontinent erfolglos. Nach der Niederlage von Hastenbeck und dem Abschluß der Konvention von Kloster Zeven wurde er 1757 abberufen.

Bey Wilhelmsthal – Wo so lange en front marschirt wurde.

Bey Minden – Gefährlicher Fall – wo das Terrän so daß der Feind eine großen Front –
Bey Vellinghausen – Disposition mußte so, wie bey Crefeld seyn
Bey Famars –

    Angrif und weiter
  Rocroi – hätte es Condee gehen können wie Soubise bey Rosbach.
Bergen – Einzelner partieller Angrif
Lowositz – Einzelner Angrif
Den 17ten May 1794[68] –
Bey Minden –
Bey Meer –
Bey Camperbroek –

  Angrif, wo man 3 bis 4 Stunde von den Feind in durchshnittenen Terrän.
    Avantgarde
    Seitencorps
    Entfernung der Avantgarde

   Operations Plan

I. Absicht
 A. Eroberung eines Landes
 B. Vernichtung des feindl. Unternehmens
  a. defensiv
  b. offensiv
 C. Endabsicht der Friede.
II. Vorbereitung
 A. Vergleichung gegenseitiger Stärke
 B. Armee mobil – Preussische
 C. Lebensmittel – Pr. u. kayserl. Magazine
 D. Proviant u. Munition System

III. Operations Plan
 A. Einfacher Defensiv Krieg – Französischer
 B. Einfacher Offensiv Krieg

---

[68] Erster Tag der Schlacht von Tourcoing.

[Fol. 37r–43r (13 S.):]

[13.] Extrait des Elemens d'Histoire generale p. M. l'Abbé Millot.[69]

1667 – Philippe IV. roi d'Espagne, beau pere de Louis 14, etait mort en 1665, Charle II[70] succeda, un prince de 4 ans.
Quoique le renonciation de la reine de France, fille de P. IV°[o] à tous les etats de son pere, la cour[p] de Versaille prétendit que le Brabant devait revenir à Marie Therese[71].

1667 – <u>Conquette de Flandre</u> – Louis 14 prend Charleroi, Ath, Tournai, Furnes, Armentieres, Courtrai, Douai presque en se montrant; Lille bien fortifiée et ayant une garnison de 6000 hommes ne soutient que 9 jours de siege. Turenne.
<u>Conquette de la Franche Comté</u>, par le prince de Condé au coeur de l'hiver. La Fr. Comté etait une espece de republique que dependait du gouvernement de Flandre. Condé s'empare tout à coup de Besançon et de Salins, le roi force Dole en 4 jours.[q]

<u>Armée Française</u> Les uniformes donnés. Le monarque portait dans les armees son faste et son luxe. Exemple dangereux pour l'avenir. Les generaux devenoient l'imiter; les simples officiers imiter ensuite les generaux.

<u>Triple alliance</u>, pour arreter Louis 14. L'Angleterre, la Hollande et la Suede.

<u>Traité de Aix-la Chappelle</u>,[72] Louis garda la Flandre et rendit la Fr. Comté.

<u>Guerre avec la Hollande</u> Louis veut se venger des Hollandais

1670 Louis engage Charles II. Roi d'Angleterre dans une ligue. L'empereur Leopold d'Allemagne et la Suede abandonnent la Hollande.
Prétexte pour la guerre – une medaille.

---

[o] Statt „P. II". Gemeint ist Philipp IV. von Spanien.
[p] Statt „Cours".
[q] Am Rand, etwa in der Mitte dieses Absatzes: „<u>1668</u>".
[69] Claude-François-Xavier Millots weitverbreitetes Werk (es wurde in mindestens acht europäische Sprachen übersetzt) erschien zuerst getrennt: Eléments de l'Histoire générale ancienne, 4 Bde., Paris 1772, und Eléments de l'Histoire générale moderne, 5 Bde., Paris 1773. Ab der 5. Auflage (1778) wurde es als ein einziges neunbändiges Werk unter dem Titel „Eléments de l'Histoire générale" behandelt.
[70] Karl II. von Spanien (1661–1700).
[71] Maria Theresia (1638–1683), Königin von Frankreich.
[72] Der erste Friede von Aachen am 2. Mai 1668 beendete den sogenannten Devolutionskrieg.

1672 – Louis s'avance avec toutes ses forces contre ce petit état, qui ne peut lui opposer que de mauvaises troupes mercenaires, il passe le Rhin le 12 Juin. Massacre des de Wit – Guillaume Stathouder (1652–1672 – de Wit).[73]

En 3 mois les provinces d'Utrecht, d'Overyssel, de Gueldres furent conquise, cependant Ruiter combattit les flottes anglaise et francaises reunies près de Solebay.[74]

La Hollande demande la paix. Louis prescrit des conditions intolérables. Desespoir – on perce les digues – l'Europe remue en faveur de la Hollande.

L'electeur de Brandenbourg promit 20.000 hommes; L'empereur, le Danemarc, l'Espagne entrerent dans cette ligue

NB. avis de Condé et Turenne – Louvois[75].

1673 – La ville de Mastricht se rend, les francois dispersés dans les forteresses, ne peuvent resister. Montecuculi, arrêté longtems aux bords du Rhin par Turenne, joignit enfin les Hollandais. Le prince d'Orange s'empara de Bonn. On evacüe les conquetes.

1674 – L'empereur, l'Empire, l'Espagne, le Danemarc et la Hollande en guerre contre la France. Louis s'empare de la Fr. Comté, Besançon ne coute que 9 jours de siege.

Turenne comanda sur le Rhin une armée de 20.000 hommes – il bat a Sintzheim le duc de Lorraine (Imperiaux) on reduit en cendres 2 villes, 25 villages dans le Palatinat – (raison).

Condee attaqua (en Flandres) le prince d'Orange avec 45.000 à Senef pres de Maas – la victoire resta indecise (25.000 morts)[76]

Plus de 60.000 Imperiaux ont passé le Rhin, Turenne n'a que le tiers de ce nombre, il sauve cependant l'Alsace et la Lorraine, il remporte plusieur victoire, il les oblige de repasser en Allemagne.

1675 – Il passe le Rhin – on lui oppose Montecuculi. Pendant 2 mois ils font à l'envie des marches[r] etc. Il est tué a Sasbach.

Le maréchal de Crequi ayant attaqué temairement une armée superieure qui assiegait Treves, fut defait à Consarbrük.[77] [s]Il prend Fribourg et sauve Loraine contre le duc de Lorraine à la tête de 60.000 h.[t]

---

[r] Das Wort in der Vorlage versehentlich doppelt.
[s] Davor irrtümlich: „1667–68".
[t] Am Rand etwa in der Mitte dieses Absatzes: „(67–68)", was eigentlich „(77–78)" heißen müßte.
[73] Jan de Witt war als Ratspensionär von Holland (1653–1672) faktisch Leiter der niederländischen Politik. Während dieser Zeit war die Statthalterschaft abgeschafft worden. Nach seinem Rücktritt wurden Jan de Witt und sein Bruder Cornelis am 20. August 1672 von einem aufgebrachten Mob buchstäblich in Stücke gerissen.
[74] 7. Juni 1672.
[75] François-Michel le Telier, Marquis de Louvois (1641–1691), seit 1668 Kriegsminister Ludwigs XIV.
[76] 11. August 1674. Seneffe liegt im Hennegau.
[77] Schlacht an der Konzer Brücke, 11. August 1675. François, Herzog von Créqui (1624–1687), geriet in Gefangenschaft, wurde aber bald ausgetauscht.

En Flandre Louis prit Condé, Bouchain, Valenciennes, Cambrai, Gand, Ypres. Vauban propose d'attaquer Valenciennes en plain jour etc.

1676 – Quelque habile et courageux que fut le prince d'Orange, il eprouva toujours la supériorité des armes Françaises. Il avait levé le siège de Mastricht en 1676.

76 – Guillaume voulut sauver St. Omer – il perdit la bataille de Cassel.[78]

1678 – paix avec la Hollande[79] – on leur restue Mastricht, la seul place qui restat à Louis de tant de conquêtes. L'ambitieux prince d'Orange, n'ignorant pas que la paix etait conclue, attaque le maréchal de Luxembourg pres de Mons.[80] Luxembourg est surpris, mais non vaincu. Paix avec l'Espagne.[81] Elle abandonna la Franche Comté, Valenciennes, Bouchain, Cambrai, Aire, St. Omer, Ipres, Cassel, Menin, Maubeuge, Charlemont etc. Paix avec l'empereur, le Danemarc et Brandenbourg. Paix de Nimegue.[82]

1683 Louis faisait bloquer Luxemburg, il prétendait que le comté d'Alost lui apartenoit par le traité de Nimegue; il suspendit un an les hostilités afin que l'Espagne put secourir l'empereur contre le Turc. Les Français s'emparent de Dixmude, Courtrai et Luxenburg – on conclut une treve – l'Espagne cede Luxembourg, l'Empire Strasbourg, le fort de Kehl.

1688 – Ligue d'Augsbourg entre les conféderées de la derniere guerre pour le maintien des traités de Munster[83] et de Nimegue. 100.000 homes sous les ordres du Dauphin[84] portent l'effroi dans l'Empire; en 19 jours de siege le Dauphin se rend maitre de Philipsbourg. Mayence, Manheim, Spire, Worms, Treves sont entre les mains des Français.
    Le Palatinat (40 villes et une infinité de village) es[t] livrés aux flammes.

1689[u] Charles V duc de Lorraine et l'électeur de Baviere reprennent Bon et Mayence[85]
    Le prince de Waldek[86] battit le marchal d'Humiers a Valcour[87]

---

[u] In der Vorlage steht irrtümlich: „1699".
[78] In der Schlacht von Mont Cassel (11. April 1677) unterlag er dem Marschall von Luxembourg.
[79] Zu Nimwegen, 12. August 1678.
[80] 14. August 1678.
[81] Zu Nimwegen, 13. Dezember 1678.
[82] 5. Februar 1679.
[83] Westfälischer Friede von 1648.
[84] Ludwig (1661–1711), ältester Sohn Ludwigs XIV.
[85] Gemeint sind Karl V. Leopold von Lothringen (1643–1690, seit 1675 Herzog Karl IV.) und Kurfürst Maximilian II. Emanuel von Bayern (1662–1726).
[86] Fürst Georg Friedrich von Waldeck (1620–1692), Initiator des Augsburger Bündnisses, 1682 Reichsfeldmarschall.
[87] Walcourt, 25. August 1689.

1690 – Mais il fut defait par le M. de Luxembourg a Fleurus[88]
1691 – Le combat de Leuze[89] ou 28 escadrons en defirent 75.
1692 La sanglante bataille de Steinkerke[90] et
1693 celle de Neerwinde[91] ou le roi Guillaume fut vaincu, mirent le comble à la gloire de Luxembourg. Le roi prit Mons, Namour.
1690–1693 Catinat en Italie contre le duc de Savoie[92]. Bataille de Stafarde[93].
1690–1693 M. de Lorges en Allemagne
94 Marechal de Noailles[94] eut des succes en Catalogne – prit Roses 1695, Palamos, Gironde[95] en 1694
1694 – Louis offrit la paix et la restitution de ses conquêttes.
1695[v] – Guillaume III., souvent battu, fut admirablement se relever d'une defaite, reprit Namur (prit par Louis en presence d'une armee sous Guillaume de 80.000 h.) Quoique le M. de Villeroi se trouve sur les bords de la Mehaigne à la tête de 80.000 h.
1697 – Traité de Riswik. Louis restitue Luxemburg, Mons, Ath, Courtrai, Barcelone, Kehl, Philipsbourg, Brisac, Fribourg

Guerre pour la succession d'Espagne

1701 Le prince Eugene comanda l'armee Imperiale de 30.000 h. en Italie – Catinat – Villeroi – Combat de Chiari[96]
1702 Villeroi surpris dans Crémone – Vendome le remplace. Angleterre et la Hollande se declare. Le duc de Bourg[og]ne[97] en Flandre ne reussit pas, Marlborough prit Venlo, Ruremonde, Liege
L'Empire se declare
Villars vainquit les Imperiaux sous le prince de Bade à Friedlingen[98] – [w]recut le baton de marechal.
1703. Villars s'etait joint à l'électeur de Baviere il le forca d'attaquer Hochstedt, une armée de 20.000 h., qui allait renforcer le prince de Bade.[99]

---
[v] Statt „1795".
[w] Die folgenden drei Wörter in der Vorlage gestrichen.
[88] 1. Juli 1690.
[89] 18. September 1691. Die Stadt heißt heute auch Leuze-en-Hainaut.
[90] Steenkerque, 3. August 1692.
[91] Die Schlacht von Neerwinden (oder Landen) wurde am 29. Juli 1693 geschlagen.
[92] Viktor Amadeus II. (1666–1732), der von 1675 bis 1730 regierte.
[93] Staffarda, 18. Juni 1690.
[94] Anne-Jules, Herzog von Noailles (1650–1708).
[95] Gemeint ist Gerona.
[96] Hier besiegte die Armee des Prinzen Eugen am 2. September 1701 die des Herzogs von Villeroi.
[97] Ludwig, Herzog von Burgund (1682–1712), ältester Sohn des Dauphins und Vater Ludwigs XV.
[98] Die Schlacht auf dem Friedlinger Feld, 14. Oktober 1702, bei Weil in Baden.
[99] 20. September 1703.

Les Imperiaux furent defait, l'électeur s'empara de Augsbourg. Le marchal de Tallard[100] remporte une victoire à Spire.[101]
Villars rappelé

1704 Marlborough maitre de Bonn, de Huy et de Limbourg avance pour secourir l'empereur; Villeroi suit Marlb., le perd de vue. M. force le retranchements près de Donawert,[102] passe le Danube; le prince Eugene se joint à lui; leur armée etait d'environ 52.000 contre 60.000 Bataille de Höchstet,[103] le marechal de Tallard et de Marsin comandoient avec l'électeur de Baviere. L'électeur et le M. de Massin se retirent sans penser à un corps de 12.000 enfermer dans le village de Bleinheim[104] – on perd tout à coup 100 lieues de pays.

1705 Landau et Trarbach sont pris par les Imperiaux et Marlb. s'empare de Treves.
Vendome avait repoussé le pr. Eugene à la bataille de Casano et il battit les Imper. à Cassinato.[105]

1706 – Villeroi contre l'avis des officiers generaux voulut risquer une bataille, il avait une armée de 80.000 h. Il perdit la bataille de Ramillies[106] près de la Mehaigne. Marlb. le dissipa en un demi-heure. On perdit 20.000 h. et presque tout la Flandre Espagnole.

1707 – Le duc de Feuillade[107] remplace Vendome, et Vendome remplace Villeroi. Siege de Turin, bataille de Turin[108] (NB Vauban).[109]
Villars avait de succès en Allemagne; le prince Eugene assiege Toulon.

1708 – Le duc de Bourgogne comandait une armée de 100.000 h. en Flandre – Vendome –
Conquette de Gand et Ipres. Marlb. et le prince Eugene mirent en deroute l'armée Française à Oudenarde[110] et ils assiégèrent Lille, entreprise temaire. La belle defense du mar. de Boufflers[111] près de 4 mois augmente la gloire des vainqueurs – ils s'emparent de Gand et Bruges.

1709 – 70.000 homes en Flandre, Villars en avait le comandement. Le maréchal de Boufflers, quoique son ancien avait demandé et obtenu de servir sous lui, on perd Tournay. Eugene et Marlb. avec 80.000 h. allaient former le siege de Mons – ils attaquent les Francais, qui veulent

---

[100] Camille, Graf von Tallard (1652–1728).
[101] Auch bekannt als Schlacht von Speyerbach (15. November 1703).
[102] Am Schellenberg, 2. Juli 1704.
[103] 13. August 1704.
[104] Blindheim. Danach der britische Name der Schlacht, Blenheim.
[105] Cassano, 16. August 1705, und Calcinato, 19. April 1706.
[106] 23. Mai 1706.
[107] Louis d'Aubusson, Herzog von La Feuillade (1673–1725).
[108] 7. September 1706.
[109] Antoine Le Prestre Du Puy-Vauban (1659–1731, ab 1725 Graf von Vauban), Vetter des oben erwähnten Festungsbaumeisters Sébastien Le Prestre, Marquis de Vauban (1633–1707).
[110] 11. Juli 1708.
[111] Louis-François de Boufflers (1644–1711) wurde nachher zum Herzog erhoben.

s'opposer à leur dessein – bataille de Malplaquet.[112] La perte
des Français – 8000
" alliés – 20.000
Projet sur la Bourgogne manqué par la defaite due comte de Merci[113]
a Rumersheim.

1710 – Les alliés prirent Douai, Bethune, St. Venant, Aire.
1711 – Marlb. force les lignes du maréchal de Villars qui s'etendaient de Montreuil a Valenciennes et prit Bouchain.
La cour de Londres signe les preliminaires de la paix, malgris l'empereur[114] et les états géneraux.
1712 Suspension d'armes entre l'Espagne et la France.
On remit Dunkerke aux Anglois.
Eugene prit le Quesnoi. La suspension d'armes entre la France et l'Angleterre fut declarée. Le duc d'Ormond[115], general de l'armee Anglaise, se retira, mais les trouppes à la solde d'Angleterre refusirent de le suivre.
Eugene forma le siege de Landreci; la France etait aux abois.
Villars amase le comp de Eugene et va soudre sur Denain au le duc d'Albemarle était retranché.[116]
Eugene leve le siege de Landrecy, on lui reprend St. Amand, Douai, le Quesnoi, Bouchain, 40 bataillons resterent prisoniers.
1713 Paix d'Utrecht[117] La baye du Hudson, les Isles de St. Christoph et de Terre neuve, l'Acadie[118] sont cedés aux Anglais. La France comblera la port et demolire les fortifications de Dunkerke, l'Espagnols cedent Gibraltar l'isle de Minorca aux Angl.
Les Pays-Bas sont remit à la maison d'Autriche, on ajoute Tournai, Ipres, Menin etc. mais on echange Lille, Aire, Bethune, St. Venant sont restitués. Louis abandonne à l'Empire Landau, Kehl et Brisac.
L'empereur Charles VI puni de n'avoir fait la paix. Villars prit Landau, passe le Rhin, se rendit maitre de Fribourg force l'empereur de conclure la paix de Rasstadt. La France conserve Landau et les frontieres furent les mêmes qu'apres la paix de Riswick.

---

[112] 11. September 1709.
[113] Der kaiserliche General Claudius Florimund, Freiherr (1720 Graf) von Mercy (1666–1734).
[114] Karl VI. (1685–1740), bisher als Karl III. habsburgischer Prätendent in Spanien, war durch den Tod seines Bruders Joseph I. auf den Kaiserthron gelangt. Die dadurch entstandene Möglichkeit einer Personalunion von Deutschem Reich und Spanien führte zum Umschwung der britischen Politik (Friedenspräliminarien von London, 8. Oktober 1711).
[115] James Butler, Herzog von Ormonde (1665–1745).
[116] Schlacht von Denain, 12. Juli 1712.
[117] 11. April 1713.
[118] Die Hudsonbai, St. Christopher (heute St. Kitts), Neufundland und Akadien (heute Nova Scotia und New Brunswick).

Guerre avec l'empereur[119]

1734. La France fait la guerre à l'empereur pour inspirer de respect L'Angleterre et la Hollande restent neutre, la France avait une ligue avec les rois d'Esp. et de Sardaigne.[120]

1734–1735 on reduisit l'empereur à l'extrémité. Les campagnes d'Italie furent brillantes et decisives.

Villars pris Milans

Coigni[121] succeda Villars qui fut tué âgé de 82 ans, Coigni defit les Imper. sous les murs de Parme, il gagna la bataille de Guastalla.

Merci Gen. des Imper. fut tué à Parme.

Philipsbourg fut pris par le marech. de Berwik – Berwik y fut tué.

1740 Mort de l'empereur Charles VI – Guerre pour la succession

En vertu de la pragmatique-sa[n]ction de Charle VI, toute l'heritage de sa maison devait passer à Marie Therese, sa fille ainée.

Charle Albert[122] electeur de Baviere pretendait à la succession de Boheme.

L'électeur de Saxe, les rois d'Espagne, de Sardaigne, de Prusse pretendaient etc.

1741. Le roi de Prusse entra en Silesie avec 30.000, bataille de Mollwitz

La France forma le dessein de procurer à l'électeur de Baviere la couronne Imperiale, on devait s'unir aux rois de Prusse, de Pologne et électeurs de Saxe et Brandenbourg.[123]

L'électeur de Baviere, lieutenant-general de Louis XV, penetre jusqu'a Linz; au lieu de profiter du moment essentiel il se jette sur la Boheme. Prague est prise par escalade.[124]

1742 La Moravie et prise par le rois de Pr.

L'armée Française et Bavaraise commandé par le marèchal de Belle-Isle[125] et de Broglio fut hacelée et ruinée par le prince Charle[126] et fut reduite presque a rien sans action considerable par de Pandoures, Talpaches etc.

Prague fut evacuée et le mar. de Belle-Isle n'avoit eu que la gloire de sauver par une retraite difficile 13.000 homes – les debris d'une grande armée. Charles VII ne pouvait pas conserver la Baviere, il en fut chassé.

---

[119] Polnischer Erbfolgekrieg.
[120] Philipp V. und Karl Emanuel I.
[121] François de Franquetot, Graf von Coigny (1670–1759), Sieger der Schlacht von Guastalla am 19. September 1734.
[122] Kurfürst Karl Albrecht von Bayern (1697–1745), 1742 Kaiser Karl VII.
[123] Friedrich August II. von Sachsen war zugleich König August III. von Polen, Friedrich II. von Preußen zugleich Kurfürst von Brandenburg.
[124] 26. November 1741.
[125] Charles-Louis-Auguste Foucquet, Herzog von Belle-Isle (1684–1761).
[126] Prinz Karl von Lothringen.

1743 Les Anglois soutenaient la reine de Hongrie en qualité d'Au

[14.] [Fol. 43v (1 S.)]

Lieut Hother Mann[127]
   Royal British Artillery
   Gräple

Französische Armee in Friede

100.000 M. Inf. kostet   35
 40.000 ″ Cav. ------   30
 16.000 Art. u. Ing. -   20
  6.000 Gendarmerie -   6
  5.000 Veteranen   -   2
  2.000 Garden   -   2
  1.000 Stab, Comdat
        Comissarien -   2
_____
170.000   100 Mil.
 66.000 Militz

     Militz Zeuge

156. Notizen   [?, nach Juli 1795[1]]

GStA PK, VI. HA Nl Scharnhorst Nr. 73 fol. 73r-v (2 S.): Eigenhändig.

Aufsatzprojekte: I. Französische Kriegführung. II. Unfähigkeit der Alliierten zum Defensivkrieg. III. Mechanische Anordnungen: Vorposten, Defensivlinie, Lager, Befestigung. Führung einer Armee.

Entwurf
Aufsätze, so ich noch zu machen

I. Art, wie die Feinde den Krieg führen;
   a. Zustand der feindl. Inf. u. Cavalerie;
   b. wie sie[a] tirailliren; gewisse Anzahl Schüße Abl[ösung][b] etc.;

---

[127] Möglicherweise der in Nr. 1 erwähnte britische Artillerieoffizier.

[a] *An dieser Stelle wurden die Worte: „diesen Zustande abhelfen Tir. angreifen" durchgestrichen.*
[b] *Die zweite Hälfte des Wortes ist durch Abrieb nicht gut lesbar.*
[1] Wegen der Erwähnung der Ablösung Macks im vorletzten Absatz.

c. wie sie sich bey der Vertheidigung und beym Angrif verhalten,
  a. in der Ebene,
  b. " coupirten Terrain;
d. Grundsatz, wie sie in Ganzen agiren,
  a. beständige Detachement,
  b. " " " Necken u. Abmat[t]en,
  c. immer ablösen und dadurch ihre Feinde abmatten;
e. geshikter Gebrauch der Cavalerie;
f. wie sie in Ganzen die Ebenen vermeiden, die Nacht [dircte?]^c zurük; wir ihn nicht gefährlich bey uns, da wir bloß eine strenge Defensive beobachteten;
g. Artillerie der Feinde oder ihr Gebrauch.

II. Daß wir nicht im Stande waren, einen Defensiv Krieg nach der gewöhnlichen Art zu führen, weil er zu viel Kunst erfordert;
  a. was man darunter verstehet;
  b. warum wir ihn nicht führen konnten, 1. eigene Ungeschiklichkeit, 2. feindl. Art, zu fechten;
  c. wie man in solchen Fall zu Werke gehen muß; ist schon^d meist in den Aufsatz von Angrif^2 etc. gesagt u. wird drauf zurük gewiesen;
  d. wie wenig wir diesen Grundsätzen gefolgt, in einer 10 Zeilen großen Erinnerung an vorige Campagne.

III. Ueber verschiedene Anordnungen bey der Armee, die mechanisch betrieben werden müßen;
  1. Vorposten General und Vorposten Kette;
  2. erste Defensionslinie;
  3. Bereitschaft und Anordnung im Lager selbst;
  4. Anordnung der Befestigung.

<u>Weitere Ausführung von No. III.</u>

<u>1. Vo[r]posten General u. Kette</u>
  a. Bestimmung der Vorposten
  b. Methode, wie dies Comando geführt wird;
  c. Vortheil, der daraus entsteht:
    1. größere Geshiklichkeit in den Anordnungen von den Generals u. seinem Staabe;

---
^{c} Sehr schwer leserlich.
^{d} Statt „schonst".
^{2} Nicht identifiziert.

    2. größere Geshiklichkeit der Vorpost[e]ncomandanten;
    3. größere Geshiklichkeit der Truppen in Dienst selbst und ein entstehend[e]r vortheilhafter Mechani[s]mus in Anordnung der leicht[e]n Trupp[e]n überhaupt.
2. <u>1ste Defensionslinie</u>
    a. Anordnung u. Befestigung;
    b. Vortheile derselben;
    c. die alte Methode mit den Fleschen 300 Shritt vor der Front taugt nichts.
3. <u>Bereitshaft</u> im Lager selbst muß manchmal seyn; man muß zu Zeiten Lerm shlagen u. alles visitiren.
4. <u>Befestigung</u>.
    a. warum jedes mal (erstl. damit der Feind nichts daraus shließen kann, 2tens damit Officiere etc. es lernen u. Leute sich daran gewöhnen);
    b. wie angezeigt,
          erst einen Posten recht feste
          zweitens was man recht stark
          3. die Art, wie man es geschwind zu Stande bringt;
    c. wie vertheidigt,
        1. blos schwere Art.,
        2. Infanterie in Laufgräben, so zurück sind,
        3. Cavalerie à portee, wo der Feind durchbricht.

<u>Von der Führung der Armee</u>
<u>Beschreibung</u>, wie es[e] geshieht; Adjudanten sind Leute, welche die Familie poußirt; man sollte sie gar nicht avanciren, damit das Uebel etwas vermindert würde, als dann würde wahrscheinlich mehr auf die Brauchbarkeit Rüksicht genommen werden; Generaladjudant eben so wie mit den Adjudanten;
<u>Generalquartiermeister</u>; ein Mak muß einem Bauileu Platz machen;[3] man bedaure doch die Fürsten;
Der englische Generalquartiermeister Fox[4] hat nicht die geringsten Kenntnisse von diesen Dienst; eine Beshreibung, wie er die Cantonirungsquartiere eingetheilt; daß er sich weder um das Terrän noch um die Größe der Dörfer bekümmert hatte, daß er mit 12 Gehülfen dies nicht that.

---

[e] *Das Wort in der Vorlage versehentlich doppelt.*
[3] Jean-Pierre Baron de Beaulieu wurde im Juli 1795 Generalquartiermeister unter Clerfait.
[4] Der im ersten Band erwähnte Henry Edward Fox (1755–1811).

157. Aufzeichnung [?, vor 1797?¹]

GStA PK, VI. HA Nl Scharnhorst Nr. 67 fol. 28r–32v (9½ S.): Konzept, teilweise eigenhändig, teilweise Schreiberhand[a], mit eigenhändigen Korrekturen, unvollendet.

Einleitung einer Feldzugsgeschichte. [1.] Raum- und Zeitrahmen. [2.] Verweis auf Karten. [3.] Tabelle zur Stärke der Englischen Armee. [4.] Erläuterungen zur Tabelle. [5.] Stärke der holländischen Armee. [6.] Stärke der österreichischen Armee.

Feldzug von 1794 in Flandern, Braband und Holland.[b]

[1.] Nachricht.

Die Beschreibung dieses Feldzugs begreift 1. die Operationen der Armee[n] im Flandern, welche meistens unterm Feldzeugmeister von Clairfaye standen, bis zum Rückzuge aus dieser Provintz den 3ten July, 2.) die Operationen der Englischen Armee unter dem Herzog von York bis zum Uebergange über die Waal und der Verlaßung der Stadt Nymwegen den 7ten November und 3.) die Operationen der englischen Armee unter dem General der Cavalerie Graf von Wallmoden-Gimborn in Holland und an der Ems bis zu der Affaire bey Bentheim d. 11ten und 13ten Febr. 1795.²

Man wird in dieser Abtheilung die Operationen nur im Ganzen erzählen; das Detail der Vorfälle, welche eine besondere Aufmerksamkeit verdienen, wird aber hernach einzeln, durch Zeichnungen erklärt, folgen.

[2.] I. Land Charten zur Erläuterung dieses Feldzugs.

Dazu dient der Atlas von Ferraris³ und von Sep⁴ oder der von Bouge⁵ und von Sep oder, wer mit weniger Vollkommenen sich behelfen will, Charte von Flandern von Güsfeld 1795⁶ (8 ggl.⁷) und Ducatus Geldriae et Comitatus Zutphaniae etc., bey Covens und Mortier⁸ (6 ggl.). Bey diesen beiden letztern muß man aber immer eine gewöhnliche Homannische General-Charte von

---

[a] *Das gilt für die ersten vier Blätter.*
[b] *Verändert aus: „Uebersicht [ersetzte ein noch früheres „Journal"] des Feldzugs von 1794 in Flandern, Braband und Holland."*
1 Es handelt sich um einen Vorentwurf für die Einleitung zu Scharnhorsts ausführlicher Darstellung des Feldzugs 1794. Ein großer Teil der hier angesprochenen Fragen wurde später abgehandelt in: Gerhard Scharnhorst: Stärke, innerer Zustand, und Krieges-Theater der verbundenen Armeen, in den Niederlanden im Jahre 1794, in: NMJ Bd. 8, (1797), S.274–326.
2 Die Darstellung im Neuen militärischen Journal sollte tatsächlich nur den ersten dieser drei Punkte abdecken.
3 Joseph Graf von Ferraris: Carte chorographique des Pays-Bas Autrichiennes, dédiée à leurs Majestés Imperiales et Royales, Berlin 1777. Das Werk bestand aus 25 Blättern im Maßstab 1 : 86.400.
4 Vermutlich der Amsterdamer Verleger Jan Christiaan Sepp (1739–1811).
5 Jean-Baptiste de Bouge: Nouvelle carte chorographique des ci-devant Païs-Bas Autrichiens, Brüssel 1794.
6 Diese spezielle Karte von Franz Ludwig Güssefeld (1744–1808) war nicht nachzuweisen.
7 Goldgulden; der Wert eines Goldguldens betrug in Hannover 2 Reichstaler und 3 Mariengroschen.
8 Gemeint ist der Amsterdamer Verlag Mortier, Covens en Zoon.

Holland und eine von den Kayserl. Niederlanden zur Hand nehmen (welche beide nicht über 8 ggl. kosten).⁹

[3.] II. Stärke der Armeen
   Verbundene Armeen
Die Stärke der Armeen in Flandern ist fast durchgehends zu groß angegeben. Man wird indes die gewöhnlichen Angaben hier hersetzen und sie nachher, so viel es möglich ist, berichtigen.

Englische Armee im Jahr 1794

Engländer	Infanterie 31 Bataillons	14.230 Mann	}	17.410
	Cavalerie 30 Escadrons	3.180 Pferde		
Hannoveraner	Infanterie 22½ Bataillons	15.750 Mann	}	17.670
	Cavalerie 16 Escadrons	1.920 Pferde		
heßen-caßelsche Truppen	Infanterie 16 Bataillons	9.600 Mann	}	11.420
	Cavalerie 16 Escadrons	1.820 Pferde		
heßen-darmstädtische Trupen		2.070	}	2.570
badensche Trupen		500		

Summa Infanterie und Cavalerie   49.070

Zu dieser Armee kommen nun noch die Emigranten-Corps

Infanterie	Loyal-Emigrans	800	
	Yorks Rangers	600	
	Rohan Infanterie	600	2514
	Salm	300	
	Beon¹⁰	214	
Husaren nach ihrer Stärke im Marz 1795	Houlanen von Bouillé	358	
	Salm	677	
	Hompesch	459	
	Rohan	769	3667
	Choiseul	775	
	Irwin	442	
	Damas¹¹	187	

                                                                                        6181

---

[9] Gemeint sind Karten aus dem Verlag von Johann Baptist Homann (1664–1724) in Nürnberg. Die erste ist vermutlich: Belgii pars septentrionalis communi nomine vulgo Hollandia, Nürnberg o.J.

[10] Die meisten hier genannten Emigranteneinheiten wurden im ersten Band vorgestellt, nicht aber die Legion Béon. Hierbei handelte es sich um eine 1793 in den Diensten der Vereinigten Niederlande aufgestellte Einheit aus Jägern zu Fuß und Husaren, die Februar 1795 in britischen Sold übernommen wurde. Nach der Landung von Quiberon (Juli 1795) wurden die wenigen überlebenden Jäger in die Loyal Emigrants eingereiht, während die in Deutschland gebliebenen Husaren spätestens 1796 aufgelöst wurden, vgl. Chartrand/Courcelle, S. 7.

Nur Loyal Emigrans, Yorks Rangers und die Houlanen, welche zusammen 1758 Mann ausmachen, kann man zur Stärke der Armee nehmen, so daß die Anzahl der ganzen Englischen Armee, wenn die bekannten Etats richtig gewesen wären, 50.828 Combattanten betrüge. Von dem übrigen Emigranten Corps kamen die ersten im August bey der Armee an, und im Jannuar 1795 konnten sie insgesammt noch nicht 1800 Pferde zum Dienst stellen. Nur in Holland haben sie auf Vorposten in Sept. und Oct. einige reelle Dienste geleistet.^{c}

[4.] Bey dieser Angabe der Stärke der Englischen Armee ist aber noch zu bemerken,

1.) daß beynahe die Hälfte der englischen hier aufgeführten Infanterie erst im July unter Lord Moira bey der Armee im Lager ohnweit Gent ankam, als gleich darauf Befehl zum Abzuge aus Flandern gegeben wurde, daß also dieselben zur Vertheidigung von Flandern nichts beygetragen hat;

2.) daß die englische Cavalerie gleich anfangs nicht vollzählig war und bald einen merklichen Abgang an Pferden* hatte;

3.) daß in der obigen Berechnung 1 hannöverisches Bataillon inclusive des Stabs der Artileristen etc. zu 700 Mann gerechnet ist, daß aber die Mousquetier Bataillons nur 552 und die Grenadier nur 616 Feurgewehre hatten, daß überdem die in der Schlacht bey Hondschoote und in verschiedenen andern Gefechten gebliebene und die unfähig gewordene und gefangene Mannschaft durch die im Frühjahr 1794 angekommenen Recruten bey weiten nicht alle ersetzt war[en], so daß 2 Batail. des 5ten Regts. kaum für eines Dienste thun konnten. Zu dieser beym Anfang des Feldzuges fehlende Mannschaft kam noch, daß erstlich gleich am Anfang deßelben 4 Bataillons Hannoveraner bey Mouscron und 3 in Menin so sehr litten, daß sie kaum nachher die Hälfte des wahren Standes hatten, daß 4 Bataillons in Nieuport und 2 in Sluis gefangen wurden und einige andere in den holländischen Festungen durch Krankheit so herunter kamen, daß in der Mitte des Feldzuges der ausrükende Bestand an Feurgewehren sehr gering im Verhältniß der aufgeführten Etats war und daß durch alle diese Umstände den 15^t Jannuar die ganze Infanterie nur gar

---

^{c} *Hier eine gestrichene Fußnote Scharnhorsts: „Die Emigranten-Corps haben für unbedeutende Dienste viel Geld gekostet und sind der Armee lästig gewesen. Sie wurden auf dem vollen Etat bezahlt, ohne bis zur Hälfte vollzählig zu sein. Sie halten eine ungeheure Menge Attachés bey den Depots und verzehrten bald die Lebensmittel einer Gegend, welche zur Erhaltung der Armee unentbehrlich waren. Sie begingen die größten Excesse brachten alle Trupen, mit denen sie dienten, in einen übeln Ruf (doch ist hierin das Regiment Loyal Emigrans ausgenommen; es diente schon im Feldzuge von 1793 und zeichnete sich immer durch Ordnung und Bravour von allen aus).*"

11 Die 1793 für die Vereinigten Niederlande aufgestellte Legion des Grafen Étienne-Charles de Damas-Crux bestand ursprünglich aus Husaren, Jägern zu Fuß und Füsilieren. Sie trat im Februar 1795 in britischen Sold. Die Infanterie wurde bei Quiberon weitgehend vernichtet, die Reste traten zu den Loyal Emigrants. Die Husaren kämpften bis zu ihrer Auflösung 1797 beim Korps des Prinzen von Condé am Rhein, vgl. Chartrand/Courcelle, S. 12.

2100 Mann ausrückende Feurgewehre ausmachten (nachdem die Kranken, Commandirten etc. abgerechnet waren).

4.) Die heßischen Bataillone sind hier zu 600 Mann gerechnet, aber die Grenadiere Bataillone sind nur 360 Gemeine und die Mousquetier Bataillone nur 450 stark, wenn sie vollzählig sind. Rechnet man nun die Fourierschützen und die Kranken ab, wird man nicht das Bataillon über die Hälfte der aufgeführten Anzahl bringen. Dazu kömt noch, daß 6 Bataillons in Junie in Ipern gefangen wurden.

5.) Von der heßischen Cavalerie wurde ein Theil in Ipern gefangen, und im December 1794 bestand der ausrükende Etat in 920 Combattanten, also in der Hälfte des ganzen Etats.

Schluß

Nimmt man alle diese Umstände zusammen, so wird es niemand befremden, daß die Englische Armee, welche zu 50.828 Combattanten angegeben ist, im Lager bey Breda, wo sie am stärksten war, doch nicht 30.000 wirkliche Combattanten gegen den Feind stellen konnte.

[5.]
^dHolländische Armee { Infanterie 40 Bataillons   14.160 Feurgewehre
                          Cavalerie 24 Escadrons   1824 Pferde

                          Summe   15.984 Combattanten

Dies ist die Stärke, wenn die Compagnien vollzählig wären, aber hieran fehlt viel. Die holländische Infanterie lit bey Menin den 13. Sept. 1793 auserordentlich, und da in Holland keine Cantons sind, keine Trupen mit Gewalt ausgenommen werden, fast niemand freiwillig dient und die übrige Werbung in Rüksicht des Abgangs unbedeutend war, so mußten die Bataillons, so 1793 gedient hatten, äuserst schwach seyn, und vieleicht hat die Republik Holland im Jahr 1794 keine 10.000 Combattanten im Felde gehabt.

[6.]
Kayserliche Armee { 78 Bataillons   79.560 Combattanten
                    73 Comp. leichte Inf.   12.240   ″   ″   ″
                    102 Escadrons   15.300 Pferde

                    107.100

Hier ist das Bataillon 1020 Combattanten und die Escadron zu 150 Pferde gerechnet. Sowoll nicht alle Infanterie und auch nicht alle Cavalerie hatte diesen Etat. Und man kann das kayserliche Bataillon nur zu 800 Feurgeweh-

---

^d *Das letzte Blatt, das an dieser Stelle beginnt, trägt noch Scharnhorsts eigene Handschrift.*

ren und die meisten Escadrons nur zu 120 Unterofficiere und Gemeine rechnen. Auch die Compagnien der leichten Trupen sind hier zu 170 Combattanten zu hoch gerechnet; manche waren keine 100 Mann stark. Bringt man alles dieses in Anschlag, so wird man finden, daß die kayserliche Armee gewiß kaum 90.000 Combattanten gehabt hat, von denen noch wenigstens für die Besatzung von Ipern, Valenciennes, Condé und le Quenoy 10.000 Mann abgerechnet werden müßen.

Effective-Stärke der Armeen in freiem Felde zwischen den Meere und den Herzogthum Luxenburg im Jahr 1794

Englische Armee	30.000 Combattanten
Holländische Armee	10.000 " " " "
Kayserliche Armee	80.000 " " " "
	120.000 Combattanten

* Die englische Cavalerie hatte einen außerordentlich starken Abgang an diensttüchtigen Pferde. Mangel an Sorgfalt für die Pferde, die Natur der englischen Pferde und die rüde Art, mit der die Pferde behandelt wurden, war vieleicht die Ursach, daß diese Cavalerie bey den geringsten Gebrauch und selbst in Lägern einen 2 bis 3mal größern Abgang an Pferden hatte als die deutsche.

158. Aufzeichnung [?, nicht vor 1795]

GStA PK, VI. HA Nl Scharnhorst Nr. 71 fol. 23r–24r (3 S.): Konzept, eigenhändig.

1794.

Maas und Sambre Armee	Nord Armee
	März 29 – Cateau bis Denain F.V.[1] 600
	5 Canonen, Baland, Kray. D.V.[2] 139
	1 – 29 – Lager bey Rosendael 25.000
	Cassel – 12.000
	Lille – 20.000
	Cambrai
	Maubeuge
	Guise
	Landrecies

---

[1] Bedeutet wohl: „Französische Verluste".
[2] Bedeutet wohl: „Deutsche Verluste", wobei neben Österreichern, Hannoveranern und Hessen offenbar auch die Briten mit gemeint sind.

April	April	9 –	Kayser in Brüssel an
		14 –	〃 〃 bey der Armee
		17 –	Cateau, F.V. 4000, 30 Can. Landrecies berennt
		20 –	Gefecht bey Landrecies
		21 –	〃 〃 〃 〃 〃 〃 F.V. 5 Can.
		24 –	〃 〃 〃 〃 〃 〃 F.V. 5 Can.
		25 –	Furnes von den Fr. genommen.
26 – Bossu eingenommen		26 –	Schlacht bey Landrecies F.V. 5000, 50 Can. Baland hatte 100.000
		26 –	Wegnahme von Courtray D.V. 100 M., 3 Can.
27 – Beaumont eingenommen u. Vereinigung mit der Nordarmee		27 –	Vereinigung des rechten Flügels der Nordarmee mit den linken der Ardennen
		29 –	Trefen b. Mouscron D.G.³ 1500 23 Can. Souham
		30 –	Landrec. capit. 7318 M. 96 Can.
		30 –	Menin erob. Gef. 1100, 38 Can.

May	May		
		4 –	Gefecht bey Rousselaer F.V. 200, 3 Can.
10 – Fr. in Thuin, Marceau⁴		10 –	Trefen 〃 Courtray
11 – 20.000 F. gehen über die Samb., kommen in Fontaine l'Eveque, Binch etc.		〃	〃 Baisieux F.V. 800, G. 400, 13 Can.
		12 –	〃 〃 Courtrai F.V. 4000, D.V. 2400, 4 Can.
13 – Gef[echt] an der Samb., die Fr[ont] verlief von Font. l'Ev., Binshe G. 300 G., 4 Can. Kaunitz			
		16 –	Gefecht bey Harlebek⁵ F.V. 400
17 – Gef. b. Gerpien F.V. 350 G. 54		17 –	〃 〃 zwischen Lille u. Tournai. Lannoi, Tourcoing, Mouvaux wird von den D. eingenommen

---

³ Bedeutet vermutlich „deutsche Gefangene".
⁴ Der französische General François-Séverin-Degraviers Marceau (1769–1796), tödlich verwundet bei Altenkirchen.
⁵ Gemeint ist wohl Harelbeke bei Courtrai.

Nr. 158   381

	18 –	Trefen bey Lannoi D.V. 500, G. 1300, 40 Can.
	18 –	Gef. bey Werwyk, Stärke der F. 10.000, F.V. 300, 8 Can.
20 – 30.000 F. gehen über die Samb. nehmen Binch, Font. l'E. } V.d.F. 1200, V.d.D. 1600	19 –	Gef. b. Werwyk
21 – Gef. b. Mariemont		
24 – Tref. b. Rouvroix, F.V. 2500, G. 500, 40 Can. Deutsche St[reitmacht] 30.000, V. 1000, G. 200 Kaunitz	22 –	Schlacht bey Tournay, F. 80.000, F.V. 6000, 2 Can., D.V. 4000, 7 Can., 500 Gefangene
25 – Gef. b. Montigny le Tipaeux[6] Verlohren von den F.		
28 – Gef. b. la Tombe V.v. den D.		
28 – F. gehen über die Samb.	29 –	Gefechte b. Bettignies F.V. 400, D.V. 140 – La Tour[7]
29 – Berennung v. Charleroy D.G. 240, 1 Can.		
Junie	Junie	
3 – Trefen b. Charleroi, Aufhebung der Belager. Jourdan[8] 70.000 Kays. Franz[9] 50.000	4 –	Gef. b. Ypern, Souham
12 – 4ter Ueberg. über die Sambre, Charleroi zum 2ten mal beschoßen	10 –	Gef. b. Langemark u. Hochlede
	13 –	2tes Gef. b. Rouselar
16 – Trefen bey Fleurus, Aufhebung der Belag. F.V. 6000, G. 250, 20 Can. D.V. 5000, G. 500, 7 Can.	17 –	Ypern capit. D.V. 600, G. 6000, 100 Can.
18 – 5ter Ueb. üb. die Samb., Charleroy besch.	23 –	1stes Gef. b. Gent, D.V. 300 Gef., 8 Can.

---

[6] Wahrscheinlich ist Montignies-le-Tilleul gemeint.
[7] Der österreichische General Maximilian Graf Baillet von Latour (1737–1806), zuletzt Präsident des Hofkriegsrats.
[8] Divisionsgeneral Jean-Baptiste Jourdan (1762–1833) hatte sich 1793 bei Hondschoote ausgezeichnet und wurde zum 1794 Befehlshaber der Sambre-und-Maasarmee ernannt. Nach weiteren Kommandos wurde er im Kaiserreich Graf und Marschall.
[9] Franz II. (1768–1835), deutscher Kaiser 1792–1806, seit 1804 Kaiser Franz I. von Österreich.

	24 – 2tes Gef. b. Gent, D.V. 600 Gef., 10 Can.
25 – Charleroy Cap. D.V. 2460 Gef., 50 Can. Rainach	
26 – Schlacht b. Fleurus, F.V. 4000, D.V. 8000, 1 G., Pr. v. Coburg 60.000	27 – Gef. b. Bettignies
27 – Schluß¹⁰ des National Conv., daß die Ardennen Armee Sambre u. Maas Armee heiße	30 – Orchie u. Marshienne von den Fr. eingenommen
Julie	Julie
	1 – Gef. b. Mons – die F. in Mons u. Ostende
	2 – Die F. in Brügge, Souham
	2 – ″ ″ ″ Tournai – 20 Can.
6 – Gef. b. Gemblours, F. in	5 – ″ ″ ″ Gent u. Oudenarde, Nivelle, Braine le Comte 4 Can.
9 – Verein. d. S. u. M. Ar. F[ranzosen] in Ath	9 – Vereinigung der Nord mit der Sambre und Maas Armee – F[ranzosen] in Ath und Brüssel
9 – Gef. bey Löwen, Fr. in Löwen	
15 ⎤ Citadelle v. Namur, ⎬ – D.V. 200 Gef., 40 Can. 17 ⎦ Kleber¹¹	15 – Gef. b. Mecheln – Fr. in Mecheln D.V. 200 Gef.
19 – Fr. in Tirlemont, D.V. 200 Gef., 51 Can.	18 – Nieuport cap., 2000 Gef., 60 Can.
	24 – Fr. in Antwerpen
27 – F. in Lüttich, Huy, St. Tron	26 – F. in Fort Lillo
	28 – Moreau in der Insel Cadsand, 70 Can.

---

10   Im Sinne von „Beschluß".
11   Jean-Baptiste Kléber (1753–1800) hatte 1792 bei der Belagerung von Mainz und 1793 in der Vendée gekämpft. 1794 kommandierte er den linken Flügel bei Fleurus und eroberte Maastricht, 1798 ging er nach Ägypten. Hier übernahm er nach Bonapartes Flucht den Oberbefehl und fiel nach dem Sieg von Heliopolis einem Attentat zum Opfer.

159. Aufzeichnung [?, nicht vor 1795]

GStA PK, VI. HA Nl Scharnhorst Nr. 71 fol. 25r–26r (3 S.): Konzept, eigenhändig.

Gliederungsentwurf für die Geschichte des Feldzugs von 1794.

Plan

Ister Abschnitt des Feldzugs von 1794. Eröffnung des Feldzugs: Die Verbundenen dringen bey Landrecies in Frankreich; die Franzosen bey Courtrai in die Niederlande

1. Capitel. Anordnungen der Verbundenen zur Ausführung
2. Capitel. Einschließung von Landrecy
3tes Capitel. Stellungen an d. Sambre u. Schelde, Affäre bey Denain den 19ten u. Villers[1] den 24.
4tes Capitel. Allgemeiner Angrif der Franzosen auf die Armeen u. Corps der Verbundenen, am 26sten April – Schlacht bey Cateau, Wegnahme von Courtrai, Affäre bey Mouscron, Einschließung von Menin
5tes Capitel. Schlacht bey Mouscron den 28 u. 29ten April. Die Besatzung von Menin schlägt sich den 30sten in der Nacht durch die Belagerungsarmee u. überläßt den Ort an die[a] Franzosen.
6tes Capitel. Landrecies ergiebt sich.

IIter Abschnitt des Feldzugs von 1794. Versuche der Verbundenen, die Franzosen aus Flandern zu vertreiben.
1tes Capitel. Schlacht bey Courtrai und Baisieux an 10ten u. 11ten May.
2tes Capitel. Unglüklichr Angrif der Verbundenen, die Franzosen aus der Gegend von Courtrai u. Menin zu vertreiben
3tes Capitel. Schlacht bey Pont à chin oder Tournay, am 22ten May.
4tes Capitel. Schlacht bey Hochlede, am 13ten Ju[n]ie.

IIIter Abshnitt. Vertheidigung der Schelde bis zum 2ten Junie
1tes Capitel. Ypern capitulirt, Gefechte bey Gent
2tes Capitel. Bombardement von Oudenarde

IV. Abshnitt. Zurükzug der verbundenen Armeen bis nach Mastricht u. Breda.
1tes Capitel. Allgemeiner Rükzug
2tes Capitel. Rükzug bis hinter den Canal von Mecheln u. Löwen, der Diele u. der Neete. Affäre bey Mecheln u. Wahlhem
3tes Capitel. Rükzug bis Breda u. Mastricht.

---

[a] Folgt, versehentlich nicht gestrichen: „wird".
[1] Villers-Pol?

V. Abshnitt. Rükzug bis hinter die Maas
1tes Capitel. Rükzug bis Herzogenbusch. Affäre bey Gilse.
2tes Capitel. Rükzug bis über die Maas, Affäre bey Boxtel.

VI. Abshnitt. Rükzug bis über den Rhein
1tes Capitel. Vertheidigung der Maas, Ourte u. Roer. Herzogenbusch capitulirt, Affäre bey Druten.
2tes Capitel. Vertheidigung von Nimwegen u. Grave.²

160. Aufzeichnung [?, 1796/1797?]

GStA PK, VI. HA Nl Scharnhorst Nr. 71 fol. 4v (1 S.): Eigenhändig.

Folgen von Eigeninteressen und mangelnder Kooperationsbereitschaft im Krieg 1793/94.

In den Ursachen des Unglüks der verbundenen Armeen¹ läßt sich vieleicht noch anbringen,
1. daß das Gouvernement das Vieh nicht wegshaffen wollte von der Gränze, daß ein kayserl. angesehener General, nach Brüssel geshikt, es nicht bewirken konte;²
2. daß die holländischen Comandanten nicht die Ueberschwemu[n]g ohne Befehl von den General u. den Erbstadthalter³ bewerkstelligen wollten, daß sie nicht einmal fremde Trupen herein nehmen wollten, daß die Befehle von den Ge[ne]ralstaaten zu spät kammen oder man sie nicht ohne Noth geben wollte;⁴
3. daß die Ueberschwemungen in den Niederlanden aus eben den Grunde nicht bewerkstelligt wurde;

---

² In Scharnhorst, Feldzug, wurden in etwa die ersten beiden Abschnitte dieses Plans durchgeführt. In GStA PK, VI. HA Nl Scharnhorst Nr. 71 fol. 4r–17r, 22r–v, 24v (27½ S.) befinden sich ungeordnete Stichwörter Scharnhorsts zu diesem Thema. Sie wurden zum Teil bei der Lektüre der Dienstkorrespondenz der Armeebefehlshaber angefertigt, doch befindet sich dabei auch eine Auflistung der den Feldzug betreffenden Stellen im britischen Jahrbuch „The Political State of Europe" (fol. 22r-v).

¹ Offenbar stammt diese Aufzeichnung aus den Arbeiten an Scharnhorst, Entwickelung. Diese Notizen erscheinen zum größten Teil aber nicht in der Endfassung.
² Bei Scharnhorsts ungeordneten Notizen im gleichen Faszikel (vgl. Nr. 159 Anm. 2) befindet sich auf fol. 15 folgende Ausführung: „Der Herzog v. Y[ork] schreibt, daß ein k.k. sehr angesehener General es zu Brüssel nicht habe dahin bringen können, daß das Vieh von den Franz. zurük geschaft wurde – es würde viel dahin gebracht, um es den Franzosen (nicht unbezahlt) in die Hand zu spielen."
³ Wilhelm V. von Oranien (1748–1806).
⁴ In den ungeordneten Notizen findet sich auf fol. 16 zur Belagerung von Sluis (1794): „[Oberstleutnant von Dreves] fand in allen Widerstand in Ecluse, die beiden Bataillone Hannoveraner konnte man kaum verpflegen, man mußte alles für bar Geld für sie aufkaufen."

4. das [in] Oudenarde und Menin das Geschütz zu spät ankam, weil Cabale des, der es abshikte, mit in Spiel war, daß man shlechte Schifs Kanonen dazu nahm, daß[a] das Pulver nicht dabey war;[5]
5. [daß] die Husaren in Sluis vors Thor gesprengt u. erst in ein[i]ge[n] Stunden die Canonen in Activitat, sie haben selbst Gefangne gemacht Bergen op Zon, als wir bey Rosenthal[6] standen

161. Zeitschriftenartikel [?, 1797?[1]]

GStA PK, VI. HA Nl Scharnhorst Nr. 117 fol. 16r–17v (3½ S.): Konzept, eigenhändig, unvollendet.

Druck: Lehmann I, S. 232f. (Auszug).

Kommentar zu einem Aufsatz Deckens. Relativierung der Erfolge junger Generale auf französischer Seite. Beispiele.

In dem ich den folgenen Aufsatz des H. v. D.[2] druken lasse, nehme ich Gelegenheit, ein paar Worte über die Meinung, daß die Franzosen ihr Glük in diesem Kriege vorzüglich ihren jungen Generalen zu verdanken haben, zu sagen. Diese Meinung wird selbst durch die Geschichte dieser Kriege widersprochen.

Die ersten Vortheile, die die Franzosen in diese Kriege erhielten, die Wegnahme von Courtrai und von Maynz,[3] und die Vertheydigung von Thionville und von Lille commandirten alte Soldaten; den ersten Sieg der Republik (den

---

[a] *Das Wort in der Vorlage versehentlich doppelt.*
[5] In den ungeordneten Stichworten im gleichen Faszikel heißt es auf fol. 15 deutlicher: „Der [Generalfeldzeugmeister Charles] Herzog von Richmond [und Lennox (1735–1806)], ist schuld, das die Art. für 2 Plätze in Fland[e]rn so spat ankam; er machte sich krank. Eigner Brief des H[erzogs] v. Y[ork] an Walmoden." Am gleichen Ort heißt es: „Holz zum Batterien etc. bey Menin erforderte weitläuftigte Negotiationen, noch den 4ten April wolte man auf Entreprise es aus den Bois de St. Amand [bei Valenciennes!] schaffen, worauf der [zwei unleserliche Wörter] wäre; der Genral v. Walmoden konte selbst zu nichts kommen."
[6] Roosendaal.

[1] Eindeutig nicht vor 1796. Der Feldzug von 1797 wird nicht erwähnt und der Krieg wird offenbar als noch nicht beendet betrachtet. Möglicherweise wurde das Manuskript wegen des Vorfriedens von Leoben (17. April 1797) oder des endgültigen von Campo Formio (17. Oktober 1797) abgebrochen; diese Erfolge der jungen Generale konnten nicht so leicht durch Leistungen wie die Verteidigung einzelner Festungen durch alte Offiziere relativiert werden.
[2] Zu H[errn Johann Friedrich] v[on der] D[ecken] vgl. Anhang 1. Scharnhorst bezieht sich hier auf Deckens Artikel: Sollen wir nur junge Generale haben?, in: NMJ, 17. Stück (1798), S. 100–128, bzw. eine frühere Fassung davon.
[3] Durch die Armeen unter Marschall Graf Luckner (1722–1794) bzw. Graf Custine (1740–1793).

bey Jemappe)⁴ u. die erste Eroberung der Niederlande verdankten sie einen General von mittlern Jahren;⁵ die Festung Valenciennes, welche die Verbündeten 11 Wochen aufhielt, vertheidigte ein Greiß⁶, bei den Entsatz von Dünkirchen und Bergen⁷, in der Schlacht bey Hondschoote und bey Werwik u. Menin in Sept. 1793 standen die Republikaner unter den Befehl eines bejahrten Manns (Houchard⁸), in der Schla[ch]t bey Wattignies comandirten Männer von mitlern Jahren (Jourdan und insbesondre Carnot).⁹ Auch am Rheine u. an den Fuße der Alpen siegten im Jahre 1793 nur die Republikaner unter den Befehl von Männern von mitlern Jahren.¹⁰ Diese ersten Siege der Franzosen, die in der Zeit der Gründung der Republik, in der Zeit der Zerrüttung aller innern Ordnung, in der Zeit des Mangels an allen zur Erhaltung des Lebens nothwendigen Dingen, mit Armeen, die noch nicht halb formirt und organisirt waren, gegen die ganze Coalition erfochten wurden, die zu gleicher Zeit die Nation zuerst mit Zutrauen zu ihren Kräften beseelten und die Gemüther vereinigten, der Regierung innere Gewalt u. Kraft gabn, erforderten doch wahrlich mehr Energie, mehr Aufopferung, mehr Menshen Kentnisse, als die Leitung der Feldzüge von 1795 u. 96 in Italien,¹¹ wo die Republik gegründet, die Armeen organisirt waren, wo man nur gegen die halbe Coalition fochte, wo man also seine Macht mehr concentriren konnte, wo man durch die Eroberung von den Niederlanden u. Holland, durch den Frieden mit Spanien u. Preußen viele neue u. große Ressourcen hatte.ᵃ

ᵃ *Folgt gestrichen: „die vorher gänzlich fehlte. In welcher vortheilhaften Lage war die Republik, als der junge General Bounoparte gegen seine älteren Cameraden zu seiner Zeit nicht die Hälfte der Feinde mehr gegen sich in Besitz von großen Eroberungen –*
  Sollten die Franzosen dereinst mit Dankbarkeit sich derer erinnern, welche für die Revolution gestritten haben, so wird Bounoparte gewiß nicht".
⁴ Jemappes, 6. November 1792, französischer Sieg über die österreichische Armee unter Herzog Albert von Sachsen-Teschen und Beaulieu.
⁵ Charles-François Dumouriez (1739–1823), damals 53 Jahre alt.
⁶ General Jean-Henri Bécais Ferrand de la Causade (1736–1805), zur Zeit der Belagerung 57 Jahre alt.
⁷ Bergues.
⁸ Jean Nicolas Houchard (1740–1793) war damals 53 Jahre alt (was Scharnhorst bei Dumouriez nicht als „bejahrt" bezeichnete). Er wurde wegen seines überstürzten Rückzuges nach der Niederlage bei Courtrai (15. September) am 24. September abgesetzt und am 15. November 1793 als Vaterlandsverräter hingerichtet. Kommandant von Dünkirchen war aber der 33jährige Joseph Souham (1760–1837).
⁹ Der damals 40jährige Lazare Carnot (1753–1823) war seit August 1793 als Mitglied des Wohlfahrtsausschusses Leiter des französischen Kriegswesens und entwarf u. a. die Operationspläne. Wattignies war einer der seltenen Fälle, wo er als Berater selbst auf dem Felde erschien. Jourdan war damals 31.
¹⁰ Jean-Baptiste-François Carteaux (1751–1813) eroberte Avignon und Marseille, François-Christophe Kellermann (1735–1820) Savoyen, Jacques-François Dugommier (1738–1794) Toulon (nicht zuletzt dank seinem 24jährigen Artilleriechef Bonaparte). Seit Ende September 1793 standen die Nord-, Rhein- und Moselarmeen unter dem Kommando der deutlich jüngeren Generale Jourdan, Pichegru (1761–1804) und Hoche (1768–1797).
¹¹ Hier kommandierte ab März 1796 General Napoléon Bonaparte (1769–1821) als Nachfolger von Barthélemy Schérer (1747–1804).

Dem ohngeachtet bleiben aber nur die Feldzüge des General Bounoparte in Italien ein merkwürdige Scene der Revolution. Von einer Seite muß man die Tapferkeit, die Energie und hohe Ehrgefühl und den weit um sich her sehenden Geist, mit der Bononaparte sich immer zeigte, bewundern; an der andern auf die Ambition, auf den unbeshreiblichen Stolz, auf die[b]

162. Rezension [?, nach April 1797, vor 1799?[1]]

GStA PK, VI. HA Nl Scharnhorst Nr. 24 fol. 27r–28r (3 S.): Konzept, eigenhändig, unvollendet?

Druck: Stadelmann, S. 183 (längeres Zitat).

<u>Anzeige</u>
<u>von einem englischen Heldengedichte</u>

Der[a], auf den festen Lande, soeben geendigte Revolutions Krieg, der die Federn der Schriftsteller auf so vielfältige Art beschäftigt hat, dem so viele Betrachtungen, Beleuchtungen, Uebersichten und Bemerkungen ihr Daseyn verdanken, hat ohnlängst auch einen englischen Dichter in Begeisterung versezt. Die Idee, kriegerische Vorfälle im Gewande der Dichtkunst der Nachwelt zu übertragen, ist nicht neu. Vater Homer besang bekanntlich schon vor zwey tausend Jahren die Schicksale der Helden, die um die Entführung eines schönen Weibes willen sich die Hälse brachen. Die Kriegeskunst ist überhaupt mehr mit der Dichtkunst verwandt, als sie es beim ersten Anblick zu seyn scheint. Brachte doch der große König die Kunst, die Menschen nach Regeln zu tödten, in gar zierliche Verse.[2] Die Manen der abgeschiedenen Krieger möchte nur immerhin wünschen, durch einen Homer dem Schooße der Vergeßenheit entrißen zu werden, worin mancher von ihnen begraben ist, der wohl eben so gerechte Ansprüche auf Unsterblichkeit hatte als Achiles und Hector. Schade nur, daß Homer's Geist nicht auf alle Dichter ruht! Ob unser Dichter sich Hoffnung machen dürfte, unter die Zahl der alten Knaster gerechnet zu werden, von denen Bürger[3]

---

[b] *Folgt gestrichen: „spinfindigste"; danach etwa eine halbe unbeschriebene Seite.*

[a] *Die folgenden vier Wörter sind eine Einfügung.*

[1] Die eingangs erwähnte Lage, daß lediglich der Krieg zu Lande (d. h. auf dem europäischen Festland) beendet war, charakterisiert im Prinzip nicht nur die Zeit zwischen dem Vorfrieden von Leoben (18. April 1797) und dem Beginn des 2. Koalitionskrieges (Herbst 1798), sondern auch die zwischen den Friedensschlüssen von Lunéville (9. Februar 1801) und Amiens (27. März 1802). Doch spricht gegen die spätere Datierung, daß es sich bei dem besprochenen, 1796 erschienenen Werk immer noch um die einzige britische Veröffentlichung zum Krieg auf dem Kontinent handeln soll, die in Deutschland bekannt war.
[2] In seinem Lehrgedicht „Art de la guerre" von 1751.
[3] Der Göttinger Dichter Gottfried August Bürger (1748–1794).

sagt, daß die Schulknaben sie in ledernen Riemen eingebunden zur Schule tragen, scheint sehr zweifelhaft zu seyn, da, die Wahrheit zu gestehen, sein Gedicht von Seiten des practischen Verdienstes sich grade nicht vorzüglich auszeichnet. Dagegen kann er auf historisches Verdienst gerechten Anspruch machen. Seine Noten (es klingt sonderbar, ehr von den Noten als vom Text zu reden) enthalten eine kurze, aber ziemlich richtige Uebersicht der merkwürdigsten Vorfälle, den die englischen Truppen, die auf dem Continent gedient haben, beigewohnt haben, und seine Verse ein oft bitteres, aber leider nur zu wahres Gemälde von der fehlerhaften Verfaßung der englischen Armee, die zu einem Kriege auf dem festen Lande nicht eingerichtet ist. Seine Geißel trift vorzüglich die Unwißenheit und das luxuriöse Leben der Officiere, wobei das Hauptquartier, wie billig, den ersten Platz einnimmt. Eine solche auf Wahrheit gegründete Darstellung macht es begreiflich, warum ungeachtet der auserordentlichen Tapferkeit der Truppen und der guten Eigenschaften ihres Anführers[4] – dem der Verfaßer an mehren Stellen Gerechtigkeit wiederfahren läßt – diese Armee nicht mehr geleistet hat.

Das Werk selbst führt den Titel: An accurate and impartial narrative of the war, by an officer of the Guards. In two volumes. Containing the second edition of a poetical sketch of the campaign of 1793, also a similar sketch of the campaign of 1794, to which is added a narrative of the retreat of 1795.[5] Es enthält die Feldzüge von 1793 und 94, jeder in einem Theile besonders. Die Erzählung von dem Rückzuge aus Holland im Jahr 1795[b] ist im zweiten Theile.

Das Kupfer vor dem Titel Blatt stellt einen ungarischen Infanteristen in der Uniform des Regiments Starray[6] vor. Die andern Kupfer, deren in jeden Theile zwey befindlich sind, haben auf lächerliche Begebenheiten, wovon größtentheils das Hauptquartier der Schauplatz ist, Bezug. Einige Züge vom Hogartschen Pinsel entlehnt sind nicht zu verkennen.[7]

---

[b] *Der Rest des Satzes ersetzt das gestrichene: „bis zur Einschiffung zu Bremerlehe hinzugefügt."*

[4] Des Herzogs von York.

[5] An accurate and impartial narrative of the war, by an officer of the Guards. In two volumes. Containing the second edition of A poetical sketch of the campaign of 1793, revised, corrected and considerably enlarged, with the original letters from headquarters; also a similar sketch of the campaign of 1794; to which is added a narrative of the retreat of 1795 ... with copious notes throughout. Embellished with engravings from drawings taken on the spot, descriptive of the different scenes introduced in the poem, London o.J. Es handelt sich wohl um die zweite Auflage des im Katalog des Britischen Museums aufgeführten Werkes: A Sketch of the Campaign of 1793. Part I. Letters from an Officer of the Guards, on the Continent, to a Friend in Devonshire. Part II. A Series of Letters from one of the Commander in Chief's Aide de Camps ... to Miss Lucy Lovegrove, 2 Bde., London 1795. Die dritte Auflage erschien 1796 in London unter einem wiederum geänderten Titel.

[6] Infanterieregiment Nr. 33 Graf Sztáray.

[7] Anspielung auf den für seine satirischen Bilderfolgen bekannten Maler und Zeichner William Hogarth (1697–1764).

Der Umstand, daß dies komische Gedicht bis izt die einzige Beschreibung ist, welche die Engländer von ihren Feldzügen auf dem festen Lande geliefert haben, verdient als characteristisch bemerkt zu werden.[c]

163. Notizen [?, nicht vor 1797]

GStA PK, VI. HA Nl Scharnhorst Nr. 106 fol. 29r–38r (19 S.): Konzept, eigenhändig.

Stichworte aus der Lektüre eines ungenannten Autors und Berenhorsts, darunter: [1.] Verteidigung der stehenden Heere gegen Schlußfolgerungen aus dem Amerikanischen Unabhängigkeitskrieg. [2.] Relativierung des Patriotismus. Kriegsursachen. Ehrgeiz. [3.] Nutzen der Kriegskunst gegen den Zufall. [4.] Bedeutung der Disziplin. [5.] Kritik an Moritz von Sachsen und Puységur. [6.] Verteidigung preußischer Schlachterfolge im Siebenjährigen Krieg. [7.] Verteidigung der Kriegskunst am Beispiel Friedrichs II.

[1.] Bemerkungen über die Betrachtungen über die Kriegsk.[1]

Die Revolution in Amerika – beweiset nichts gegen stehende Armeen
  a. Die Engländer haben keine gute stehende Armeen.
  b. Die Engl. verstehen sie nicht zu führen und aus Waschingtons Original Briefen ergiebt sich, daß sie sie so schlecht als möglich geführt haben, daß sie lange Zeit fast nichts gegen sich gehabt u. den Amerikanern Zeit gelassen haben, sich zu formiren.
  c. Die Amerikaner hatten an Washinton, Lee, Arnold[2] u.a. gediente General Officiere.
  d. Die Amerikaner wurden von den Franzosen unterstützt, ein Corps Franzosen, viele Volont. waren bey ihnen.[3]
  e. Die Engländer führten einen Krieg übers Meer, der mit 1000 Shwierigkeiten verknüpft ist und nie mit einen Nachdruck geführt werden kann.
  f. Das große Land erlaubt ihnen nur einen kleinen Theil sich zu unterwerfen, während der andere sich gegen ihnen rüstete.

---

[c] *Folgt eine Hinzufügung von fremder Hand: „Von den Noten zu diesem Gedichte ist vor einiger Zeit in Basel eine deutshe Uebersetzung unter dem Titel, Freimütige Bemerkungen eines brittishen Offiziers über die Feldzüge von 1793 u. ect. erschienen [statt: erschieden]."*

[1] Vermutlich ist das der Titel einer sonst nicht nachweisbaren Schrift aus der mit dem Erscheinen von Berenhorsts „Betrachtungen über die Kriegskunst" Anfang 1797 ausgebrochenen, erregten publizistischen Debatte. Die „Betrachtungen" selbst bezogen sich kaum auf das Beispiel des Amerikanischen Unabhängigkeitskriegs.
[2] George Washington (1732–1799), der amerikanische Oberbefehlshaber im Unabhängigkeitskrieg, war von 1789 bis 1797 der erste Präsident der USA. Der in England geborene Charles Lee (1731–1782) wurde 1776 von dem im ersten Band erwähnten General Harcourt gefangengenommen. Benedict Arnold (1741–1801) wechselte während des Unabhängigkeitskrieges die Fronten.
[3] Frankreich trat 1778 in den drei Jahre zuvor begonnenen Krieg ein, hatte aber schon vorher die amerikanische Sache materiell, durch Freiwillige (wie den Marquis von Lafayette) und durch unter US-Flagge segelnde Kriegsschiffe, unterstützt.

Betrachtungen über die Kriegeskunst etc.[4]
[2.] S. 55 Türennens Manier auf Blößen des Feindes zu warten.[5] Aber nur gegen Montecuculi war das ganz möglich – da war es das Gefecht zwischen 2 guten Fechtern – sonst zwischen einen Naturalisten u. einen Kunstfechter.

63. „In den Platz des Patriotismus trat der Ehrtrieb (aber nur bey den Officieren) Alexanders zu 4 Sous – alberne Vorstellung von der Größe ihrer Könige –"[6]
Ins Gefecht gehet jeder, er sey wer er wolle, nur durch Gewalt getrieben.[a]
Es ist wohl einerley, ob ihn Patriotismus, Unterhalt des Lebens, Ehrgefühl, Gewohnheit, der Gehorsam treibt. Nur durch Gewalt getrieben thut er, was er thut, bloß die Ursach der Wirkung ist verschieden – ein Umstand, der in Absicht hier derselbe ist.[b] Wer an einer Krankheit leidet, kann das gleich sein, wodurch sie entstanden ist, ob Luft oder Wasser, ob Hize oder Kälte sie ihn zugeführt – das Übel bleibt dasselbe. Der Krieg für die Freiheit ist der einzigen gerechte fast von – Aber noch nie hatte in der neuern Welt eine Nation das Ideal der Freiheit so lebhaft, so reizend sich dargestellt, als der Franzose, u. dennoch mußten $^9/_{10}$ mit Gewalt nach der Armee getrieben, mußte doch durch Todes Strafen in die Schlacht geführt werden.[c]
Die Ursache der Kriege? Sie ist immer fast dieselbe – die jetzigen Franzosen klagen ihre ehemaligen Monarchen an, aus Eroberungssucht Krieg geführt zu haben, u. sie erobern mehr als je ein König von ihnen eroberte.

---
[a] *Folgt gestrichen: „a. Durch Patriotismus oder Liebe fürs Vaterland, wenn dies Vaterland versengt u. verbrannt werden könnte oder alles u. er selbst vernichtet würde. Ein Fall, der indeß selbst bey den Griechen u. Römern sellten eintrat u. noch selltener jetzt eintrit."*
[b] *Folgt gestrichen: „Der Franzose schlug sich vor länger Zeit für die Religion, nachher für die Ehre seines Königs, bald für die Hinrichtung desselben, bald für die Freiheit. Er wird auf*
Der Franzose schlug sich bald für die Ausbreitung, bald für die Vernichtung ein und derselben Religion, schlug bald bloß für die Ehre seines Königs, bald für die Hinrichtung desselben, bald für Oestreichsche Haus, bald gegen dasselbe sich schlug."
[c] *Folgt gestrichen: „Nie hat ein Mensch sein Leben ohne Gewalt*
Und als nun die vermeinte Freiheit erfochten ist, läßt man ihn todtschlagen noch diese oder jene".
[4] Georg Heinrich von Berenhorst: Betrachtungen über die Kriegskunst, ihre Fortschritte, ihre Widersprüche und ihre Zuverlässigkeit. Auch für Layen verständlich, wenn sie nur Geschichte wissen, 3 Bde., Leipzig 1797–1798. Alle von Scharnhorst kommentierten Stellen sind aus dem zuerst anonym erschienenen ersten Band, der für das Thema einen beachtlichen Erfolg erzielte: Die 2500 Exemplare waren innerhalb eines Jahres vergriffen. In der Folge werden die von Scharnhorst kommentierten Stellen nach der einbändigen 3. Auflage (Leipzig 1827, Reprint Osnabrück 1978, zit. Berenhorst) zitiert.
[5] Vgl. Berenhorst, S. 26.
[6] Berenhorst, S. 30: „In den Platz des Patriotismus zu treten, ward der Ehrtrieb als tauglich angesehen: wenn er bei dem Offizier seine ganze Federkraft äußern kann, so waren doch auch die französischen Alexanders zu 4 Sous täglich dieser Aufspannung eine Zeit lang nicht unfähig, wozu noch alberne Vorstellungen von der Größe ihrer Könige kamen."

Man giebt der Sache ein Namen – der schwächre muß sichs gefallen lassen – daß ist so in der Körper wie in der moralischen Welt. In den menschlichen Geschlechte ist eine gegenseitige Vernichtung in die Natur gelegt – in Detail so wie in Großen ist die äusere Form zwar sehr vershieden, die Sache selbst aber ist u. bleibt immer dieselbe.

Wir sehen hier keinen Plan – bald schlug sich eine Nation, um seine Religion zu verbreiten, bald wieder, um eben dieselbe zu vernichten, dann wollte sie ihr Blut für die Ehre ihres Monarchen hingeben, um dessen Vernichtung sie nachher wieder ihr Daseyn aufs Spiel setzte; dan schlug sie sich für, dann wider gegen ihre benachbarte Nation. Weder Vernunft noch Erfahrung lösen diesen Wust von Wiedersprüchen in der großen Kette der Dinge.

Durch seine Eigenliebe hingerißen entdekt der Mensh nicht den Menshen; der Ehrgeizige hat den Trieb des Ehrgeistes allein für den,[d] welcher der Menshheit Ehre macht; der religiöse Enthusiast hält sein Gefühl für das höchste, für göttlich, der stille gehorsamende findet in der Ausrichtung seiner Pflicht, in den Gehorsam seiner Obern den größten Werth der Menshen, der Freiheitsliebende findet in der Vertheidigung seiner Freiheit die Beförderung der Glükseligkeit des menshlichen Geschlecht. Jeder hält sein Motif allein gerecht, edel u. gut und alle andre lächerlich, schwärmerisch, sclavish, unedel, unmenshlich.

[3.] S. 66 Hinfälligkeit der Kunst, wenn sie allein stehen solle[7]
Es giebt Menshen, welche behaupten, die Kunst thue wenig, das Zufällige thue das Meiste, andre wider, die Kunst thue alles u. das Zufällige wenig.

Die Sache verhält sich wie im Kartenspiel, wem es an guten Karten fehlt, kan nichts machen, wenn er auch noch so gut spielte. Nur unter gleichen Umständen gewinnt der gute Spieler.

Sind zwey Staaten unter gleichen Umständen, wird in ein das Militär vernachläßigt u. in andern die Kunst cultivirt u. das Militär in einer angemeßnen Uebung gehalten, so wird gewiß der 2te den 1stn überlegen seyn, wenn es zum Kriege komt.

Wir haben doch in unsern Zeiten große Beweise, was Kunst thut:
a. In den Krieg in den Niederlanden, der im Jahr 1748 sich endigte, siegte doch die Kunst über die Stärke.
b. In den shlesishen u. insbesondre in den 7jährigen Kriege unterlag doch die Anzahl u. die Bravour der[e] Weisheit.

---
[d] *In der Vorlage dieses Wort versehentlich doppelt.*
[e] *Folgt gestrichen: „Geshiklichkeit und".*
[7] Berenhorst, S. 31 (zum Beginn des Spanischen Erbfolgekriegs): „Nun aber trat das Glück von der Kunst ab, gleichsam als wollte es deren Hinfälligkeit zeigen, dann wann sie allein stehen soll."

392   I. Im Stab des Observationskorps (1795–1798)

[4.] S. 71 Eine gute Infanterie kann man nicht so bald als Cavalerie dreßiren.
Sie braucht mehr Disciplin[8]
   a. wegen der Art ihres Gefechts
   b. wegen ihr[e]r Abstimmung ihrer Bestandtheile
Man formirt leichte Trupen in Kriege, die ganz gut dienen, weil es da nicht so auf Disciplin ankömmt.

S. 75 Reitenden Infanterie zu reitenden Kanonen[9]
Die Pferde der reitenden Artillerie brauchen nicht gut zu sein und nur klein.
   a. Sie thun keine Feldwachen u.d.g.
   b. Sie tragen keine Fourage, fouragiren nicht – das alles thun die Canon u. Wagen Pferde.
   c. So geshwind als Canonen können sie leicht fortkommen.

S. 88 Sollen die Potentaten mehr Officiere angeshaft haben, weil der Verlaß auf den gemeinen Mann abnahm.[10] Die Kayserlichen haben es nicht.

113. Wie durch Disciplin, Schonheit in Ansehen und Kleidung, vorzügliche Fertigkeit in Waffen, Gemeingeist – Achtung des Dienstes, Zutrauen u. Zucht entstand – Tactik fehlte noch

116 – Nothwendigkeit der Schärfe im kleinen Dienst[11]

127 – Mit dem Uebermuth sinkt der Muth.
Der König seinen Rausch?[12]

131 – Des zufällige Glück, die unsichere Kunst
133 – Jede Unternehmung ein Wagestük

---

[8] Vgl. dagegen Berenhorst, S. 33: „Die vierfüßigen Krieger sind auch nicht so hurtig zu dressiren als die zweifüßigen; wenn erstere Schlägen und Stößen unvernünftigerweise widerstreben, so werden letztere dadurch gelehrig und biegsam."
[9] Berenhorst, S. 35: „Ich sollte denken, daß zu der heutzutage beliebten reitenden Artillerie berittenes Fußvolk sehr nothwendig wäre, und ohne dasselbe die herrliche Invention, mit Kanonen wie mit Postchaisen zu fahren, unvollkommen bliebe."
[10] Vgl. Berenhorst, S. 46.
[11] Vgl. Berenhorst, S. 56ff., zur Zeit Friedrich Wilhelms I. von Preußen.
[12] Berenhorst, S. 64: „Ueberhaupt ging der jetzige König [Friedrich II.] nicht so ganz kameradschaftlich mit jenen Herren um, wie des Höchstseligen Königs Majestät: er trank sich bei Tafel im Champagner seinen Rausch allein, und ließ die Gäste unberauscht seiner Suada ehrfurchtsvoll zuhorchen [...]."

133. Soor¹³ – die Preußen müßen geschlagen u. gefangen werden, wenn nicht die Preußen beßer geübt u. disciplinirt wären.¹⁴
Siegte der Kunst zum Hohne? <u>Siegte der Kunst zu Ehren</u>

146 – ⎱ Die Regeln des Unterrichts in dem Werke des Königs von Preußen,
147 – ⎰ einen scheinbaren Grund¹⁵ – ?

Die Eigenheit des Königs von Preußen in der Führung der Armee ist nicht entwikelt – nicht die Art der Angriffe, die innere Disposition bey denselben u.s.w.

[5.] 154 Bekentniß des Marschall von Sachsen¹⁶ u. Puysegurs.¹⁷
Man kann ihn den 7 jährigen Krieg entgegen setzen.
    a. Die Art sich zu verschanzen u. die Verschanzung zu vertheidigen bey Bunzelwitz u. Colberg¹⁸
    b. Die Art, die verschiedenen Treffen zu ordnen
    c. Die Art anzugreifen
    d. Die Art, den Angrif zu erwarten
    e. Die Art zu marschiren –
    f. Die Art zu cantoniren –
Das keine gute Bücher darüber geshrieben, welche in einem Lehrgebäude die Sache vortragen, ist wahr.
154. Les aveus du marechal Puysegur demontrerent qu'il n'y a pas jusqu'alors des Livres qui tra

---

¹³ 30. September 1745, Sieg der preußischen Armee Friedrichs II. über die österreichische des Prinzen Karl von Lothringen.
¹⁴ Berenhorst, S. 67: „Wenn in diesem Augenblick ein Mann, wie etwa Puysegür, in einem Luftballon über Beiden geschwebt hätte, so würde er gesagt haben: Ich urtheile nach den Grundsätzen – die Preußen müssen geschlagen und gefangen werden. Aber nicht also das Schicksal. Mit den ersten Stückschüssen begannen die Geister der Heere und die blinden Zufälle auch ihr Gefecht. Die Preußen siegten, der Kunst zum Hohn, und Karl ward da geschlagen, wo diese ihm Kränze flocht."
¹⁵ Berenhorst, S. 73: „Er setzte eine Menge Regeln fest, die alle ihren scheinbaren Grund haben, und die ihm zu der Zeit umumstößlich mögen vorgekommen seyn. Die Abweichungen von denselben und die Verletzungen, zu welchen ihn in der Folge seine weitere Praktik zwang, oder verleitete, und wobei er abwechselnd eben so gut und so übel fuhr als bei deren pünktlichster Befolgung, lassen sich zum Beweise der Ungewissheit dieser Regeln anwenden, so wie die Erfahrung Friedrichen selbst die geheime, aber unwillkomme Erkenntniß davon unmöglich kann versagt haben."
¹⁶ Zitiert nach Berenhorst, S. 76: „Der Krieg ist eine Scienz, mit Finsternissen bedeckt, in deren Dunkelheit man nicht sicheren Tritts wandeln kann. Herkommen und Vorurtheil, natürliche Folgen der Unwissenheit, machen die Basis aus. Alle Wissenschaften haben Grundsätze und Regeln, der Krieg allein hat keine."
¹⁷ Vgl. das umfangreiche Zitat bei Berenhorst, S. 76ff.
¹⁸ Kolberg wurde 1758 und 1760 erfolgreich verteidigt und kapitulierte 1761 erst nach fast viermonatiger Belagerung.

162 Auch Puysegur u. Graf von Sachsen wollen keinen Untershied zwishen der Tactik der ältern u. neuen stattfinden lassen. Ist der Verf. auch hierin ihrer Meinung? Man kann so wenig in obigen als hierin auf sie rechnen. Beide für tiefe Stellungen. Man bedenke die mancherley übertriebnen Vorschläge von den Graf von Sachsen. Er verändert alles was angenommen ist S. 183–184[19]

S. 162 Erklärt der Verf. in der Note über die Kriegeskunst,[20] es sey zu hoffen, sie auf höh[e]re Regeln gegründet zu sehn.

189 – Vergleichung von den Grafen v. S. u. Friedrich den 2ten.
Friedrich war doch mehr, Graf von Sachsen hat mit vielen etwas gethan, Fried. d. 2te [mit] wenigen viel [gethan][f]
Und man vergleiche die Schlacht bey Leuthen etc. mit denen des Gr. v. S.[21]

[6.] 191 – Falsch daß die Preußen in 7jährigen Kriege das nicht mehr waren.[22]

194 – Die Oestereicher nicht herunterwerfen?
Die Heerführerkünste shliefen auf beiden Seiten?[23]

196. Das Meteor der pr. Tactik war an Horizont vershwunden?[24]

---

[f] *Für die Wörter in den eckigen Klammern stehen in der Vorlage Anführungszeichen, die auf die Zeile darüber verweisen.*
[19] Vgl. Berenhorst, S. 78-93.
[20] Berenhorst, S. 80, Fußnote: „Und dennoch ist es hier der Fall, in so fern die Kunst als Kunst allein betrachtet wird, ohne alle Rücksicht, daß die Instrumente, mit welchen sie ausgeübt werden muß, zweierlei Art sind, nämlich belebte und leblose, und daß jene sich nie gerade so weit als erforderlich in diese verwandeln lassen. Unsere deutsche Rechtschreibung, da sie zu gleicher Zeit für Auge und Ohr dienen soll, siehet der Kriegskunst ziemlich ähnlich; von beiden ist gleich stark zu hoffen, sie auf sichere Regeln gegründet zu sehen."
[21] Vgl. Berenhorst, S. 92f.: „Moritz, Graf von Sachsen, erscheint Friedrich II., Könige von Preußen, an Kriegsgeist und kriegerischen Talenten gleich, an Tiefblick in die Kunst selbst, an taktischen Erfindungsgeist überlegen. Ueber die Sphäre des Bekannten hinaus zu fliegen, Psychologie der Taktik beizugesellen, Waffenkunde und Menschenkunde mit einander zu verbinden, und auf diesem Wege etwas nie Erhörtes zu finden, war Friedrich's Sache nicht."
[22] Berenhorst, S. 93, zum Siebenjährigen Krieg: „Der Zahl nach doppelt so stark, waren sie es an Muth nicht verhältnißmäßig; der Geist war fort."
[23] Berenhorst, S. 95, zur Schlacht von Prag: „Die Oesterreicher, welche von dem Vorurtheil von der preußischen Superiorität noch nicht los waren, sahen dem von fern zu und ließen sich nachmals auf Hügeln und Bergen bestürmen und herunterwerfen, während dessen sie die preußische Reiterei schon immer im Rücken hatten. Die Heerführerkünste shliefen auf beiden Seiten, es ward bloß gemordet."
[24] Berenhorst, S. 95: „Der Meteor der preußischen Taktik war am militairischen Horizonte verschwunden."

198. Man hätte jemand die Zelte abzushlagen zurükgelassen – wenn es nicht absichtlich geraten wär.[25]

199. Lassen sie sich nicht auf tactishe Regeln verwandeln?[26]

200 Wird ganz anders gesprochen. Ein manoeuvre, welches er oft auf den Manoeuverplatze gemacht – ? Also –

201. Ruhm des Königs durch die Schlacht v. Leuthen. Der Sieg aber so bereitwillig entgegen geflogen?

Würde der Angrif so geshwind geworfen, daß der Flügel Angrif ehr ausgeführt wäre, ehe die Unterstützung kam? Welche Armee ist dan wohl im Stande, so auf den Feind zu marschiren? Keine [als die] preußische wäre das im Stande gewesen, hätte erst grade auf den Feind u. dann von ihn sich rechts ohne Zeitverlußt ziehen können. Meint der Verf., daß alle Armeen in Großen sich ohne Unordnung und Auffenthalt sich in Zusammenhange bewegen können?[27]

204 Hülsen mögte ohne sie zu thun die Schlacht gewinnen?[28]

205. Dergleichen Scheitrungen können nicht ungethan bleiben?[29] Warum blieben sie denn bey Leuthen, bey Prag, bey Zorndorf u. bey Torgau aus?

206 – Die Vorstellung der Shlacht bey Zorndorf sehr falsch – die Preußen litten alles durchs Canonfeuer u. hatten selbst nicht genug.

Wo hier Tactik, wo Kriegeskunst?[30]

Fast alle Kraft auf einen Punkt, wo das vor 2 bis 300 Jahren der Fall, wo das möglich?

---

[25] Berenhorst, S. 96, zu Roßbach: „Weil kein Augenblick zu verlieren war, ließ man nothgedrungen, nicht aus Kriegslist, die Zelte stehen. Hieraus bildete sich glücklicherweise von selbst eine Täuschung, welche der zweckvollsten Absicht nicht besser würde gelungen sein."

[26] Berenhorst, S. 97, zu Roßbach: „Solche Resultate liefert freilich zuweilen der moderne Krieg, jedoch, da sie nicht zu veranstalten sind, sondern von gewissen Launen der Truppen, von augenblicklichen, nicht vorherzusehenden Begebenheiten abhängen, so lassen sie sich auch nicht in taktische Regeln verwandeln."

[27] Vgl. Berenhorst, S. 97ff.

[28] Berenhorst, S. 99, zu den möglichen Ursachen des überhasteten Angriffes Friedrichs II. bei Kolin: „Vielleicht besorgte er, Hülsen möchte ohne sein Zuthun die Schlacht gewinnen." Johann Dietrich von Hülsen (1693-1767) wurde später Gouverneur von Berlin.

[29] Berenhorst, S. 100, zu Kolin: „Dergleichen Scheiterungen können nicht außen bleiben bei Treffenlinien, halbe Poststationen lang, wo der Feldherr, wenn er sich auf einem Flügel befindet, von dem andern, nur durch Kurier und Depeschen, Nachricht einzuziehen vermag; wo der Koller der Verwegenheit, wie des Verzagens, der einer Abtheilung, oder ihres Führers sich bemächtigt, die wichtigsten Entscheidungen herbeiführt."

[30] Vgl. Berenhorst, S. 100.

[7.] 206. Torgau bestätigt die Unzulänglichkeit der Kunst. Alles Unglük, was die Kunst erleben konnte, erlebte sie diesen Tag[31]
a. erstlich kam die Cavalerie zu spät
b. uebereilte sich der König im Angrif
c. deconcertirte eine Canonade bey Ziethen den Zeitpunkt des Angrifs
d. zufällig blieb die Reserve Artillerie, um den königl. Angrif sich zuwid[e]rsetzen.
Aber der Angrif in Rücken hatte doch das Ganze so deconcertirt, daß der König am Ende siegte. Hätte eine Armee, die nicht jeden Vortheil sich zu Nutze zu machen weiß, in der nicht Officiere in Manoeuver gebildet, die das Ganze übersehen, wohl von den sich ihnen bietenden Vortheil profitirt? Ist es möglich, ohne Fehler des Feindes von der Kunst Nutzen zu ziehen?

209 Nicht untrüglich arbeitete ihr der Zufall entgegen?[32]
Der Verf. rechnet
a. das nicht als Kunst, was eine Folge der Kunst ist, daß jeder weiß, [was] er thun muß in der Bataille, um das Ganze in Ordnung u. Zusammenhang [zu] erhalt[en]
b. daß der eine Theil sich die Fehler des Feindes zu Nutze zu machen weiß
c. daß der Feind mehrere große in die Augen fallende grobe[g] Fehler macht, als der Theil, welch die Kunst verstehet.[h]

210. Muß der Erfolg dieser seyn?[33] Muß? Ist hier von mathematishen Schluß die Rede? so ist freilich kein Ja zu erwarten, aber wo ist da auch ein ja in allen unsern übrigen Wissenschaften u. Handlungen?

211, 212. Friedrichs Denkart so schädliche Folgen?[34] Mein Gott wer hat wohl gedacht, daß man so etwas gesagt hätte! Grade umgekehrt.

---

[g] *Folgt gestrichen: „Article Exercice Encycl. milit. Feb. 1777 gut".*
[h] *Folgen einige gestrichene Berechnungen, die offenbar nichts mit dem Text zu tun haben.*
[31] Vgl. Berenhorst, S. 100f.
[32] Berenhorst, S. 102: „Das letzte große Gefecht, welches den Krieg bey Freyburg [d. i. Freiberg] beschloß, ist den Grundsätzen der Kunst näher als alle übrigen verwandt: denn nicht untrüglich arbeitet ihr der Zufall entgegen; er würde ja aufhören zu seyn, was er ist."
[33] Berenhorst, S. 102: „Uns war es nur darum zu thun, daß wir erfahren möchten, zu welchem Grade der Gewißheit und Zuverlässigkeit ein unumschränkter Feldherr mit großen Eigenschaften, der so viel andern großen Kriegsmännern auf der Achsel stand, vermöge wichtiger, zahlreicher, von den bestausgearbeitetsten Soldaten seiner Zeit ausgeführter Experimente, in der Wissenschaft gelangte? Ob er sie dahin brachte, sagen zu können: wenn ich so verfahre, muß der Erfolg dieser seyn?"
[34] Vgl. Berenhorst, S. 104, wo Berenhorst äußert, Joseph II. sei durch die Enthusiasten Friedrichs schon in seiner Jugend verdorben worden.

215. Die Kunst doch in der Länge triumphire, aber gleich darauf 216 daß ich den Uebergewichte der Kunst unmöglich huldigen kann etc.,³⁵ d.h. also sich den Ungefähr überlassen – daß ist offenbar Mangel der Kunst, aus Erfahrungen richtige Sätze zu ziehen.ⁱ

Friedrich hatte a ein beßer geübtes Heer als seine Feinde, b er hat nicht ohne zwekmäßige Anordnung u. c manches durch die größte Kunst, Anstrengung u. Tapferkeit erhalten. Kann man das alles von den Gegnerishen sagen? Kann man von den Gegentheil sagen, ihre Anordnung sei nie sehr fehlerhaft, sey meistens den erhabensten Grundsetzen der Kunst angemeßen gewesen? Wenn nun Friedrich in der Kunst seinen Feinden überlegen war, wenn er in zwekmäßigen Anordnungen als seine Feinde traf,

Welcher Schluß: Da Friedrichs Heer in Gefechte das geshikteste war, da es die größte Kunst anwenden konnte und wirklich anwendete, da seine Feinde in allen den, worauf es in der Schlacht ankömt, weit hinter ihn waren, so waren seine Siege bloßer Zufal, ein bloßes Ungefähr.

Die Kayserl. machten in der Shlacht bey Prag einen Fehler, die Infanterie verfolgte die schwerinshe³⁶ u. zeriß die Schlachtordnung, die Cavalerie schlug sich nicht gut; in der Schlacht bey Leuthen hatte ihre Stellung eine zu große Ausdehnung; in der Schlacht bey Torgau blieb ihre Front nicht überall besetzt; Friedrich machte nicht diese Fehler, profitirte vielmehr von ihnen. Heißt daß nicht, er führt mit größer Kunst, mit richtger Anwendung der ordinären Regeln den Krieg als seine Feinde?

War das für ihn ein Zufall, daß er durch die Fehler seiner Feinde siegte? Kann man anders durch Kunst siegen, als dadurch, daß die Feinde nicht mit der Kunst agiren.

164. Notizen [?, ?¹]

GStA PK, VI. HA Nl Scharnhorst Nr. 106 fol. 39r-v (1½ S.): Eigenhändig.

Bedeutung der Disziplin für die Infanterie.

– Es ist eine Kleinigkeit, einen Infanteristen die Exercice zu lernen, aber die Discipline^a erfordert lange Zeit, sehr shön und richtig in Montesquieu Grandeur et Decadense des Romains² pag. 167 et. 168.

ⁱ *Folgt gestrichen: „Hat Friedrich Glücksfälle gehabt, so hat er doch nicht ohne Kunst erhalten."*
³⁵ Vgl. Berenhorst, S. 105.
³⁶ D.h. die von dem bei der Schlacht gefallenen Generalfeldmarschall Kurt Christoph von Schwerin angeführten Truppen.

---

^a *Statt „Disoligne".*
¹ Die Aufzeichnung ist nicht datierbar, paßt aber thematisch zur Besprechung von Berenhorsts Werk und ist am gleichen Ort archiviert.
² Charles de Secondat, Baron von la Brède und Montesquieu: Considérations sur les causes de la grandeur des Romains et de leur décadence, Amsterdam 1734.

– Wenn die Infanterie so gut ist als die preußische bey Molwiz, so achtet sie der Cavalerie nicht.
– Wenn die Infanterie so gut ist als die preussische im Anfang des 7jährigen Krieges, so hält ein Friedrich dafür, man müße mehrer haben, wie er nach der Schlacht bey Lowositz schreibt.
– Die Römer halten alles durch Inf. u. Discipline. Ist dies nicht, so ist der Krieg auf ganz andren Grundsätzen geführt worden.
– On substitue l'une armes au lieu de l'autre. Quand on n'ai pas de bonne infanterie il faut gagner les batailles par avoir de la cavalerie et on doit diriger les operations tellement qu'on peut satisfait à ce demande; qu'on peut attaquer l'enemi en nous attaquant.

Si l'infanterie n'est pas complet ou en petit nombre, et sans discipline, il faut avoir beaucoup d'artillerie; quand on est infe[r]ieure en Cavalerie, il faut eviter les terreins overtes et avoir beaucoup d'artillerie legere etc.

165. Notizen [?, ?¹]

GStA PK, VI. HA Nl Scharnhorst Nr. 106 fol. 40r-v (2 S.): Eigenhändig.

Ursach, warum man so manches dem Zufall zushreibt
a. Dies ist die beste Entshuldigung der unglüklichen Generale, darauß können sie ihre Fehler, den Fehler andrer oder den Mangel an Muth am besten verbergen. Der Zufall vertheidigt sich nicht
b. Die Eigenliebe macht, das Mangel an Voraussicht für Zufall ausgegeben wird. Da im Kriege auf Voraussicht alles ankömmt, so kann man denken, wie oft die Faulheit, die [Polt.....ᵃ], der Mangel an Beurtheilung hier seine Zuflucht zu den Zufall nehmen muß
c. Um den Muth bey einer Armee zu erhalten, ist es gut, einen Kunstgrif oder ein Unglük einem besondern Zufall zu zuschreiben
d. Dazu kömmt noch Neid gegen vorzügliche Armeen – sie sollen keine Vorzüge haben, haben aber doch gesiegt – es ist also Zufall
e. Auch ist es nicht sellten Mangel an Beurtheilung: man siehet nicht ein, daß es auf Summen ankömmt, indeß da die Resultate nur die Verhältniße in Allgemeinen bezeichnen. So kann z.B. der eingeshränkte Verstand nicht einsehen, daß die Anzahl der Sterbenden u. Geborenen in einem Lande sich ungefähr gleich sind, weil der Tod u. das Geborenwerden eines Menshen Zufall ist.

ᵃ Nicht ganz zu entziffern, soll vermutlich „Poltronnerie" (Feigheit) heißen.
1 Die Aufzeichnung ist nicht datierbar, paßt aber thematisch zur Besprechung von Berenhorsts Werk und ist am gleichen Ort archiviert.

166. Aufzeichnung [?, vor 1801?[1]]

GStA PK, VI. HA Nl Scharnhorst Nr. 71 fol. 28r–30v (5½ S.): Eigenhändig.

1. Fehler und Probleme bei der Verteidigung Flanderns 1794. 2. Fehler der Franzosen. 3. Französische Angriffe 26.4.1794. Kritik. 3./4. Alliierter Gegenangriff. [5.] Gefecht bei Mouscron. Möglicher Verlust des Korps wegen Festlegung auf Halten des Postens. Möglichkeiten einer flexibleren Reaktion.

Bemerkungen über einige Anordn[un]g[e]n u. Ereigniße, welche im erst[e]n Abshnitt vorkomm[e]n.

1. Ueber die Besetzung von Flandern,
a. daß die Supposition von den Zustand der Festung[e]n falsh war,
b.[a] daß die Offensive der Fra[n]zos[e]n eher als die der Allirten ausgeführt we[r]den konnte u. also die letzten zwingen mußte, von ihren Plan abzustehen,
c. daß der Fehler der Fra[n]zos[e]n in der Zerstreuung der Macht auch uns traf,
d. daß der Poste von Mouscron nichts werth war, daß dies Corps bey Courtrai beßer gewesen wäre – Beshreibung dieses Orts u. der Position – der Zurichtung, welche er fähig gewesen, wenn man das Project gehabt -, daß das Corps von Moucron bey Courtrai mit 6 Escadron u. ei[ni]ge 100 Mann Inf. u. 1 Batt. Schwere, 2 Batter[ie] Reitenden verstärkt gewesen;

2. Ueber die Zertrennung der Armee in Corps bey den Franzosen, über ihre fehlerhafte Tactik in diesen Punkt, über den Vorwurf, welchen man den Verbundenen mach[e]n kann, daß sie nicht die Franzosen aushuben, daß sie allerwärts u. also in 8 Colonen angriffen.

3. Angrif der Franzosen an 26sten Aprill.
a. Es war von ihne[n] nachahm[un]gswürdig, daß sie am 26sten in Flander[n] die Vorposte[n] von Ypern einige Tage v[o]rh[e]r a[n]griffe[n] u. dort eine Verstärkung hinzogen u. nun auf Mouscron u. Menin fielen;
b. Es war aber bey diesen Angrif nicht gut, daß sie am 26sten an allen Orten zugleich angriffen; griffen sie 3 Tage nach den Einfall in Flandern die Verbu[n]denen bey Landrecies an, so war es wahrscheinlich, daß diese eine hier sich geschwächt u. Trupen nach Fland[er]n geshikt hatten.

---

[a] Statt „d."
[1] Es handelt sich offenbar um Vorarbeiten zu dem die Ereignisse im April und Mai 1794 betreffenden Teil des „Feldzugs der verbundenen Armeen" (NMJ, 10. Band (1801), S. 134–383). Die Darstellung und Beurteilung Scharnhorsts ist hier klarer zu erkennen als im Artikel, in dem er sich mehr auf in extenso zitierte offizielle Berichte beteiligter Generale und Stabsoffiziere stützte.

c. Bey den Angrif auf Flandern gingen sie auf Courtrai, um Menin einzusch[l]ießen u. zu nehmen; ab[e]r warum ging[e]n sie mit den 50.000 Mann, welche sie dort hatten, nicht auf Tournay, wo sehr we[ni]g Menschen waren; nahmen sie diesen Ort, so fiel Menin von selbst. Bey diesen Plan mußten sie mit der Centre Armee nicht die Hauptarmee bey Landrecies angreifen, sondern das Corps bey Denain, darauf mit 50.000 Mann den Vicogner Wald besetzen, um dadurch die Op[e]rationen in Fland[er]n zu begünstigen, dann war wahrsheinlich das Band zwischen der See u. der Schelde bis Tournay verlohr[e]n. Sicherer u. methodischer für die fran. Armee in Fland[er]n aber war freilich die Unt[e]rnehm[un]g auf Courtray; auch konnt[e]n sie diesen Ort weg[e]n der Entfern[un]g von Mittelpunkte und wegen Menin u. der Lis beßer behaupten.

d. Der Angrif der Franzos[e]n auf die Observationsarmee bei Landrecies war zerstreuet. Friedrichs u. Ferdinands Kunst, auf den Punkt, wovon die Stell[un]g abhä[n]gt, die ga[n]ze Macht zu concentriren und hier über die ga[n]ze Fronte zu entsheiden, war nicht bey den Franzosen in Gange.

4. Der Angrif der Franzosen durch den Genral Clerfaye bey Mouscron war besonders. a. Man grif an 28sten mit einen kleine[n] Theil an, man verstärkte an 29sten diesen Theil nicht mit der ga[n]zen Macht u. ließ sich selbst in einer der shlechtest[e]n Position[en], welche existir[en] könne, von einer zweyfachen Uebermacht angreifen[b] (den[n] man wußte ja aus d[e]n Papiere[n] des Genrals Chapuy, daß 50.000 Man[n] in Flandern war[e]n). b. Man hatte durch Besetz[un]g des Postens von Mouscron, bey der obige Macht, welche an der Lis vom Feinde war, ni[c]ht Menin entsetzt. c. Warum grif man nicht an 29sten mit der ga[n]z[e]n Macht Mouscron an u. drang nun nach Menin, ehe die Fra[n]zosen sich vereinigten, vor? Bey einer Vereinigung konnte man ja in alle Wege nichts machen. NB. Die Franzosen hatten in Rüken Albek u. Rollenhem[2] besetzt. Clarfaye wollte den 29sten des Morgens wieder angreifen, aber die Franzosen kamen ihn zuvor.

[5.] Affäre bey Mouscron am 26sten Aprill.

Das Corps mußte bey der ihn gegebenen Disposition, den Posten zu verteidigen, gefangen genommen werden, so bald die Feinde so zu Werke gingen, als sie es thun mußten, so bald sie es auf der Front amusirten u. zugleich über Herseux u. Loinge[3] in Rüken gingen, dann über Mouscron es angrifen, während einige Bataillone u. Escadronen die Höh[e]n von Tombrük[4] u. Albek besetzten.

---

[b] *Dieses Wort in der Vorlage versehentlich doppelt.*
[2] Aalbeke und Rollegem.
[3] Herseaux und Luingne.
[4] Tombroek.

Dies konnten die Feinde mit 20.000 Mann, die sie hier leicht verwenden konnt[e]n, ohne Gefahr thun; sie wußten gewiß, daß nicht mehr als 2500 Mann zu Mouscroun waren, denn diese hatten shon hier ..... Tage gestanden; sie wußten ferner, das Menin eingeshloßen war, daß das Corps bey Marquain, 7 Stunde von Mouscron entfernt, ihn keine Hülfe leisten konnte.

Wenn ein Corps auf diese Art eine Gegend in der Nähe eines überlegen[en] Feindes zu observiren hingestellt wird, so muß es nur so lange, als der Feind keine Anstallten macht, es anzugreifen, in einer defensiven Position bleiben. Aber von den Augenblik an, wo der Angrif möglich ist, von den Augenblik an, wo der Feind nur noch einen Tage Marsh von Corps entfernt u. versaml[e]t ist, muß dasselbe nicht mehr auf die Vertheidigung einer Position denken, es sey denn, daß diese vershanzt [ist] und nicht so leicht umgangen werden kann. In einer solchen gefährlichen Lage muß^c man Hülfe in der Kunst u. Thätigkeit suchen. Diese gaben zwey Mittel an die Hand, welche, wenn sie auch nicht mit Gewißheit zu großen Zweken führen, doch immer für Unglüksfälle[n] sicheren. 1. Man trift die Anordnu[n]g, den Feind, der ein angreifen will, im Angrif u. ehe er sich entwikelt hat, mit den größten Theil seiner Macht auf den Hals zu fallen. Hier zu wird eine besondere Lage der Umstände, der Vorposten u. s. w. erfordert. Ein solcher Angrif ist also nicht immer möglich. 2. Man verläßt von Zeit zu Zeit seine Position, man gehet bald zurük, bald vorwärts, bald rechts, bald links. Eine genaue Kentniße der Gege[n]d, einige vorläufige Arrangements machen diesen Plan sehr leicht ausführbar. Das Corps zu Mouscron konnte z. B. bald bey Albek, bald bey Halluin, bald bey Dottignies u.s.w. eine ebenso gute Stellung finden als zu Moucron. Bey dieser beständigen Veränderu[n]g der Stellung fällt es den Feind unmöglich, einen gefährlich[e]n Angrif gegen das Corps auszuführen, er weiß nicht, wo er es mit Gewißheit antrift, er macht heute die Disposition, uns in unser Lag[e]r zu Mouscron anzugreifen und führt diesen Angrif aus, mit Tagesanbruch aber ist das Corps nach Dottignies marschirt. Erfährt man nun bey ^{d}dem Corps, daß der Feind bey Mouscron ein Lag[e]r genommen, so gr[e]ift man ihn morg[e]n nach einer schon vorher entworfen[en], mit dem vornehmsten Befehlshaber abgeredet[en] Anordn[un]g an. Man hat dabey den Vortheil, daß [m]an das Terrän kennt und daß es der Feind nicht kennt, daß man angr[e]ift u. der Fe[in]d angegrifen wird in ein[er] Stell[un]g, wo er sich noch [ni]cht einge[ri]chtet hat.

---

^{c} Statt „müßen", das sich auf das gestrichene Wort „wir" bezog.
^{d} Die folgenden zwei Wörter in der Vorlage versehentlich ersatzlos gestrichen.

167. Aufzeichnung [?, vor 1801?¹]

GStA PK, VI. HA Nl Scharnhorst Nr. 71 fol. 31r–33v (5¹/₂ S.): Eigenhändig.

Fehler des alliierten Gegenangriffs bei Mouscron. 1. Verfrühter Angriff ohne vollständige Kräfte. Vorrang der Entsetzung Menins. Entwurf einer konsequenten Verfolgung. 2. Verfehlte Position. Fixierung auf Mouscron. Vergleich mit Maxen. [3.] Fehlerhaftes Lager bei Denain. [4.] Voreilige Entblößung der Lys.

<u>Angrif auf Mouscron an 28sten u. 29sten Aprill.</u>

Man setzte einen unbeshreiblichn Werth auf die Stellung bey Mouscron, die doch wieder alle Grundsätze der Tactik war. Man beging hier mehrere Fehler, die jeden in die Augen fallen.

1. Mann grif am 28sten den Feind an, als man noch nicht seine Macht beyeinander hatte. Hätte man damals die ganze Stärke beyeinander gehabt, so hätte man gewiß denselben Tag noch Menin entsetzen können; denn einentheils war der Fei[n]d, da er jetzt einmal in der Flucht sich befand, leicht gänzlich zu zerstreuen (um sich von unser Meinung zu überzeugen, lese man die Bemerk[un]g, welche David in seinen Campagnes de Pichegru über diese Affare macht)² und anderntheils hatte er nicht seine Macht beyeinander. Menin wäre also höchstwahrsheinlich durch das Clerfaysche Corps entsetzt worden, wenn man am 29sten erst den Angrif auf Moucron ausführte und mit der ganzen Macht bis Halluin vordrang. Die Fei[n]de bey Courtray wärn nun von Lille abgeshnitten gewesen.

Diese[s] Corps hätte freilich auch nachher seinen Sieg schnell verfolg[e]n müßen, sonst verein[i]gten sich die Feind[e] u. fielen dann mit Uebermacht über dasselbe her. Aber alles das ließ sich voraussehen, und am 30sten mußte es daher von Halluin auf Alebek gehen und die feindliche Trupen hier, wo es sie fand, angreif[e]n u. in Courtrai hinein treiben, gleich nachher sich wieder mit den unterdes angekommenen Trup[e]n von der groß[e]n Armee gegen Mouscron wenden und den Fei[n]d gegen Lille drängen, dara[u]f Menin verstärk[e]n, damit die Fei[n]de die Comunication an linken Ufer der Lis verlohren. Unter diesen Umständ[e]n verließ[e]n sie höchst wahrsheinlich Courtrai.

2. Der 2te Fehler, der bey diesen Corps gemacht wurde, bestand darin, daß man die Position für dasselbe zwishen der Windmühle von Mouscron und Mont Castrel nahm, denn da der Feind zu Courtray, Alebek u. Rolleghem war, so stand er nun diesen Corps auf der Front, Flank u. Rücken. Auf den Höhen von Tombrük u. Loinge oder Loinge u. Hersaux wäre eine der Lage

---

¹ Vgl. die erste Anmerkung zum vorangehenden Text.
² Scharnhorst, Feldzug, in: NMJ 10. Band (1801), S. 174, zitiert David, S. 14: „unser rechter Flügel (welcher zu Mouscron stand) war am 28sten in einer völligen Deroute. Der größte Theil dieser Armee bestand aus jungen Leuten von der ersten Requisition, welche noch in keinem Gefechte waren".

der Dinge angemeßenere Stellung gewesen. Man war aber einmal für die Stellu[n]g von Mouscron eingenomen, u. der General Gr. v. Oeynhausen[3] hatte Befehl, sie zu nehmen. Wie verkehrt hierüber die Begriffe waren, kann man daraus abnehmen, daß der kayserl. General v. Starray[4] (welcher das Clerfayshe Corps bey Courtray comandirte), wie ihn den 26sten gemeldet wurde, daß der General von Wangenheim[5] mit seinen kleinen Corps, nach dem er bis am Mittage in Feur gestanden u. schon beinahe umgangen gewesen wäre, sich zurükgezogen hätte, antwortete er, er wundere sich sehr, daß G. v. W. diesen wichtigen Posten verlassen, und er sollte ihn den andern Morgen wieder nehmen*. Es geshah, aber wie traurig war der Erfolg!

Noch 14 Tage vor der Eröfn[un]g des Feldzugs wurde zu den Officier von k. k. Generalstaabe, welcher in dieser Gegend die Einrichtungen der Positionen leitete, in Gegenwart des H. General von Hammerstein gesagt, Mouscron würde für die hannövrishen Trupen das werden, was Maxen für die preußishen gewesen; aber alles war vergeblich.

[3.] ᵃIm Lager bey Denain am 29ten waren 6 Bataillons u. 6 Escadrons, die Gegend rechts war offen. Die Position war schlecht u. ganz besonders. Nur wenn dies[e]r Poste rund um vershanzt war, war Zwek darin. Warum postirte man nicht Trupen in das Holz von Vicogne u. vershanzte es? Da hatte man Vertheidigungsmittel, da war alles mehr beyeinander. War von Fontenelle bis Denain die Shelde angeschwollen, so war ja doch die rechte Flanke der Observationsarm[e]e gedekt. Dies Corps bey Denain war exponirt ohne dringende Ursachen. Am 26sten April hatte man sie mit 9 Bat. u. 13 Esc. noch verstärkt, die man Flandern entzog und mit die man, wenn man sie gehabt hätte, Menin in den ersten Tag[e]n hätte entsetzen können.

[4.] In der allgemeinen Disposition an 31sten März war bestimmt, daß man die Trupen, so wohl die Hälfte der Garnisonen als des übrigen Corps, nach der Gegend von Landrecies ziehen sollte, wenn der Feind hier seine Macht concentrirte. Man dachte wohl, man würde, so bald es die Umstände erforderten, wieder diese Gege[n]d verstärken können. Aber war es möglich, hierüber genaue Nachrichten zu haben? Wußte man vorher, daß an der Lis am 26ten April 52.000 Mann in Flandern eindrangen? Man nehme aber auch an, man wäre genau von der Stärke des Feindes unterrichtet worden, so konnte doch dies erst 4 bis 6 Tage nachher geshehen, und unterdes hätte der

---

ᵃ *Mit dieser Stelle beginnt fol. 33; da ein neuer Gedankengang einsetzt, ist es denkbar, daß es sich dabei um eine von den vorherigen Seiten unabhängige Aufzeichnung handelt. Da aber die geschilderten Ereignisse in unmittelbarem Zusammenhang stehen, werden hier auch die Texte zusammenhängend wiedergegeben.*

[3] Georg Ludwig Graf Oeynhausen (1734–1811).
[4] Anton Graf Sztáray (1732–1808) wurde während des Krieges in Flandern Feldmarschalleutnant, 1800 Feldzeugmeister. Nach dem Frieden von Lunéville erhielt er nur noch Heimatkommandos.
[5] Christian Ludwig von Wangenheim.

Feind seinen Streich ausführen können. Erfuhr man z. B. bey Landrecies, daß der Feind Trupen nach Flandern shikte, so geshah dies erst einige Tage nachher, nach dem die Trupen dort angekomen waren; nun wurden noch einige Tage erfordert, ehe man dagegen wieder Trupen nach Flandern shiken konnte, u. so hatte der Feind 5 bis 8 Tage, in dieser Geg[en]d freies Spiel zu thun, was er wollte.

* Der G. M. v. Wangenheim hatte sich schon in 7jährigen Kriege durch große Bravour ausgezeichnet. Er war schon eine geraume Zeit, bevor der Poste von Mouscron angegriffen wurde, kränklich und so shwach, daß er nicht ohne Hülfe von Bette kommen konnte. Er wollte aber in einen so critishen Zeitpunkt nicht seinen Platz verlassen. Als sein Corps angegrifen wurde, bewies er von neuen den Muth u. die Kaltblütigkeit, die ihn im 7jähr[i]g[e]n Kriege caractrisirt hatte. Und wie der General-Major Gr. v. Oeynhausen mit einer Verstärkung bey diesen Corps eintraf u. das Comando, weil er älter war, übernehmen mußte, blieb er dennoch bey den Angrif den 28sten u. setzte sich beständig den größten Gefahren aus. Seine Krankheit hatte jetzt aber einen solchen Grad erreicht, daß er auf den Pferde durch andere gehalt[e]n werden mußte; er starb dan 2 Tage nachher in Tournay.

II. Reform der hannoverschen Armee (1798–1801)

1. Privatbriefe und Dienstgeschäfte in chronologischer Folge

168. Scharnhorst an Wallmoden Hannover, 19. Januar 1799

Nach einer Abschrift Gerhard Oestreichs.[a]

Ein verrenkter Fuß. Mangel eines Provianttrains. Vorschlag einer Artilleriereserve.

Hannover, 19. Jan. 1799.

Wegen eines verrenkten Fußes kann ich Ew. Excellenz nicht mündlich melden, daß der Herr Oberste von Lecoq mir geschrieben, daß er den Bericht von der Recognoscirung im Lippischen[1] erhalten und daraus bereits einen allgemeinen Aufsatz für des Herzogs Durchlaucht gezogen habe.

Sollte ein Subsidien Tractat zwischen England und Norddeutschland zustande kommen,[2] so dürfte nicht vergessen werden, daß wir, um auf 9 Tage, auser dem Kompagnie Brotwagen, Brot mit uns führen zu können, beinahe 700 Pferde und 300 Knechte zu der Formirung eines Proviant-Träns haben müßen. Die Preußen haben diesen Proviant-Trän und nach den Äußerungen S. D. des Herzogs scheint es mir, als wenn er glaubt, daß wir ihn auch, nur nicht komplett, hätten. Dieser letzte Umstand wird mich entschuldigen, daß ich so frei bin, Ew. Excellenz diese Sache ins Gedächtnis zu bringen.

Auch müßten wir, so bald wir marschierten, eine kleine Artillerie-Reserve haben, in der für jede Kanone und jedes Infanterie-Gewehr 50 Schuß mitgeführt würden. Diese Reserve würde dazu dienen, kleine Depots hinter der Armee anzufüllen, oder, wenn es die Umstände erforderten, bei der Armee zu bleiben. Dann aber müßte der Transport nach den Depots durch Landfuhren bewerkstelligt und es müßten also auch außerordentliche Kosten auf diesen Fall bewilligt werden.

G. Scharnhorst[3]

---

[a] *Die Vorlage Oestreichs („ganz eigenhändig") in HStAH, Dep. 11 von Wallmoden, ist 1943 verbrannt.*

[1] Nr. 96.

[2] Das bezieht sich offenbar auf die nicht eingetretene Möglichkeit eines Eintritts der norddeutschen Staaten in den 2. Koalitionskrieg.

[3] Aus diesem Zeitraum stammen einige kleinere eigenhändige Marsch- und Quartierbefehle in HStAH, Hann. 41 I Nr. 111 I, die wegen ihrer Unerheblichkeit nicht aufgenommen wurden, u. a. eine Marschroute für die 1. schwere Batterie zum 29. Dezember 1798.

169. Scharnhorst an Lecoq   Hannover, 20. Januar [1799[1]]

Nach der Edition bei Linnebach, S. 171ff.[a]

Verpaßte Begegnung. Empfehlung für Rittmeister Ende. Für allgemeinen Krieg zur Rettung Europas. Austausch von Karten.

Hannover, den 20. Jan. 1797.[b]

Beide Briefe, den, welchen Sie in Hannover geschrieben, und den vom 12. Jan. aus Minden habe ich richtig erhalten. Ich danke Ihnen, wertester Freund, für die Beantwortungen der Ihnen getanen Anfragen. Diese Beantwortungen sind mir, ohngeachtet sie nicht sehr ins Detail gehen, doch äußerst angenehm. Es hat mir herzlich leid getan, daß ich seit 14 Tagen das erstemal eine Nacht aus Hannover abwesend war, als Sie durchreiseten. Mehrere Gegenstände wünschte ich Ihnen vorzutragen, die ich jetzt nicht schreiben kann. Nur eine Sache, welche mir sehr am Herzen liegt, darf ich nicht aussetzen. Sollte der Herzog, wenn es unruhigere Zeiten gäbe, noch einen hannöverischen Offizier bei sich nehmen, so empfehle ich vor allen dazu den Rittmeister v. Ende[2], einen sehr braven und geschickten Offizier, der sowohl unsere persönlichen als anderen Verhältnisse kennt und in jeder Rücksicht sich zu dieser Lage schickt. Er hat bei Frankfurt den preußischen Verdienstorden erhalten. Sein Vater[3] ist vor einiger Zeit hier als Minister gestorben. In den brabantschen Unruhen vor dem Revolutionskriege war er bei den Insurgenten.

Wie gehet es in Italien, welche traurige Aussicht für Europa! Bald ist nun die französische Nation Meister von halb Europa, und in der Kunst, den Krieg zu führen, übertrifft sie, wenn man dieses Wort in seiner ganzen Ausdehnung nimmt, auch jede andere. – Nur ein vereinigter, nach aller Form geführter Krieg kann Europa retten, wenn nicht Unruhen in der Schweiz, in Holland usf. eintreten sollten. Der erste ist möglich, das zweite ist wahr-

---

[a] *Als Fundort angegeben: „Herr v. Winterfeldt, Landesdirektor der Provinz Brandenburg, Berlin". Der Verbleib ist nicht bekannt.*
[b] *Da Linnebachs Vorlage nicht zugänglich war, ist nicht zu klären, wie die falsche Jahreszahl zustande kam, ob es sich um einen Schreibfehler Scharnhorsts, einen Lesefehler Linnebachs oder um eine irrtümliche Ergänzung einer fehlenden Jahreszahl handelt.*
[1] Der Brief paßt aufgrund der aktuellen Bezüge am besten ins Jahr 1799, vgl. die folgenden Anmerkungen. Gegen das von Linnebach angegebene Jahr 1797 spricht, daß der als verstorben erwähnte Minister von Ende erst 1798 starb.
[2] Der bereits im ersten Band erwähnte Friedrich Albrecht Gotthilf Freiherr von Ende (1765–1829), der 1803 in preußische Dienste trat.
[3] Gotthelf Dietrich Freiherr von Ende (1725–1798).

scheinlich – aber inwieweit? Die neuern Vorgänge in Italien und Belgien geben den Maßstab.⁴

Sie bekommen in den ersten Tagen vom Februar die braunschweigische Karte zurück.⁵ An der andern von Sie verlangten, von der Gegend zwischen der Weser und Leine, wird gearbeitet. Sie wissen, wie gern ich einen geringen Zoll meiner Ihnen schuldigen Dankbarkeit durch diese Arbeit abtragen möchte; geschiehet es nicht so ganz, so verhindern äußere Umstände, meinen dankbaren Empfindungen Raum zu geben.

Von der Karte, welche der Lt. Preuß. von dem Oberstift Münster verfertigt hat, existieren[c] vielleicht nur ein oder zwei Exemplare. Könnte es mit Ihrer Bewilligung geschehen, so möchte ich sie so bald als möglich kopieren lassen.

Leben Sie wohl, liebster Freund, erhalten Sie ja Ihre Gesundheit durch Motionen.⁶

G. Scharnhorst

170. Scharnhorst an Lecoq   Hannover, 3. Februar 1799

Nach der Edition bei Linnebach, S. 197f.[a]

Austausch von Karten. Gelassene Stimmung in Hannover. Kleinliche Eifersucht statt Geist der Aufopferung an Europas Höfen.

Hannover, den 3. Februar 1799.

Werter Freund; ich übersende Ihnen hier die Karte von dem Weser-Distrikte des Herzogtums Braunschweig.¹

---

[c] Statt „existiert".
⁴ In Italien war es während der Ende November 1798 bei Rom und Livorno eröffneten neapolitanischen Offensive zu einer nationalen Erhebung gekommen. Die französische Armee wurde aber innerhalb weniger Wochen wieder Herrin der Lage und schritt ihrerseits zur Eroberung des mit Österreich, Großbritannien und Rußland verbündeten Königreichs Neapel. In dem von Frankreich annektierten Belgien war am 12. Oktober 1798 ein Bauernaufstand gegen die Wehrpflicht ausgebrochen, der durch das Massaker von Hasselt am 4. Dezember unterdrückt wurde. (Vergleichbare Ereignisse hatte es in der zweiten Jahreshälfte 1796 weder in Italien, noch in Belgien gegeben; Ende 1797 gab es zwar einen mehrtägigen Aufstand gegen die französische Besatzung in Rom, aber in Belgien blieb alles ruhig). Die Schweiz (bzw. Helvetische Republik) hatte nach der Niederlage gegen Frankreich im März 1798 noch eine antifranzösische Revolte von fünf katholischen Waldkantonen (April), eine französischerseits unterstützte Erhebung der frankophonen Teile gegen die Zentralregierung (Ende April) und einen erfolglosen antifranzösischen Aufstand der Urkantone (August) erlebt.
⁵ Gemeint ist wohl die anläßlich der Rücksendung zu Beginn von Nr. 170 erwähnte Karte der Weserdistrikte des Herzogtums Braunschweig. Vermutlich handelt es sich um dieselbe „Karte von den Braunschweigschen", für die sich Scharnhorst in Nr. 89 interessierte.
⁶ D. h. durch Bewegung.

[a] Als Fundort angegeben: „Besitz von Herrn v. Winterfeldt, Landesdirektor der Provinz Brandenburg." Der Verbleib ist nicht bekannt.
¹ Vgl. die entsprechende Passage in Nr. 169.

Ich statte Ihnen im Namen des Herrn Feldmarschalls Gr. v. Wallmoden den verbindlichsten Dank für dieses schöne Stück ab, und ich verspreche Ihnen, jetzt ernstlich an der Karte von der Gegend zwischen dem Hoyaschen und Hildesheimischen arbeiten zu lassen, welches bisher, da auch eine Karte von Hildesheimischen für unsern König hat gezeichnet werden müssen, unmöglich gewesen ist.[2]

Hier lebt, wie in den übrigen noch nicht von den Franzosen in Besitz genommenen Teil, alles in der vollkommensten Ruhe; man sagt wohl, der König von Neapel hätte ruhig bleiben können, man bedauert wohl den armen König von Sardinien, bei der Nachricht von der Übergabe von Ehrenbreitstein schilt man auf die Franzosen, aber nur wenige Moments läßt man sich in den Genuß der Wintervergnügungen stören.[3] Gibbon[4], meint man, sei doch ein revolutionärer und unmenschenfreundlicher Schriftsteller – so, lieber Freund, denkt, wie ich glaube, die privilegirte Klasse größtenteils in ganz Europa, nämlich in dem Teile, der nicht von den Franzosen in Besitz genommen ist; die kindische gegenseitige Jalousie der Höfe läßt unter diesen Umständen den Empfindungen der Aufopferungen, welche zur Selbsterhaltung erfordert wird, keinen Raum, und kein Regent, der nicht die Bücher, den weisern und unparteiischern Teil der Beurteiler öffentlicher Angelegenheiten konsultiert, kennt seine wahre Lage nicht. Adieu unschätzbarer Freund
Ihr dienstwilligster
G. Scharnhorst.

171. Entwurf [?], 4. Februar 1799

GStA PK, VI. HA Nl Scharnhorst Nr. 246 fol. 138r-v (2 S.): Konzept, eigenhändig.

System einer Verschanzung mit Redouten, Wolfsgruben, Palisaden und Verhacken. Besatzung. Personalbedarf für den Bau. Ausführung.

Entwurf zu einer Vershanzung den 4ten Febr. 1799[1]

---

[2] Zu Scharnhorsts „Topographisch-militärischer Charte des Bistums Hildesheim" vgl. H. Kleinn: Nordwestdeutschland in der exakten Kartographie, in: Westfälische Forschungen 17 (1964), S. 28–82, und 18 (1965), S. 43–74.

[3] Frankreich verdächtigte Karl Emanuel II. von Sardinien der Komplizenschaft mit den Alliierten und zwang ihn zum Verzicht auf den festländischen Teil seines Königreichs. Nach der Niederlage seiner Armee floh Ferdinand IV. von Neapel am 21. Dezember nach Sizilien, während in Neapel am 26. Januar 1799 die Parthenopäische Republik proklamiert wurde. Im Frieden von Rastatt (9. Dezember 1798) mußte hingenommen werden, daß die französische Armee Brückenköpfe am rechten Ufer des Rheins einnahm, insbesondere am 27. Januar Ehrenbreitstein bei Koblenz.

[4] Edward Gibbon (1737–1794), Verfasser von: History of the Decline and Fall of the Roman Empire, 6 Bde., London 1782–1788.

---

[1] Vgl. auch Kapitel II. 2. d.

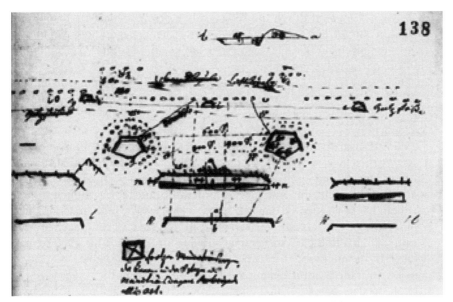

Zu Nr. 171: Eigenhändige Profil und Planskizzen (fol. 138r).
Legende unten: „Protzen der Canonen in den Schanzen u. Munitionswagen aller Art."

1. Jede Redoute hat eine Face von 60 Schritt, hier stehen 8 Canonen, um über Bank zu feuren; die Brustwehr ist an dieser Seite 7 Fuß und die übrigen Facen sind 45 Schritt lang, 6 hoch. Die Facen sind oben 12, df u. ec oben 9, u. eg u. gf oben 6 Fuß dik.
2. Jede Redoute hat ein Bataillon zur Besatzung, auf der vordern Face stehen die 8 Canonen, auf den 4 übrigen auf jeder 60 Mann, die übrigen 360 Mann nebst 150 Comandirten von den 3 Bataillonen in der Tranchee sind in Graben vertheilt, so daß[a] die vordern Facen mit 2 Gliedern u. die 2 übrigen mit 1 Gliede besetzt werden.
3. Um jede Redoute gehet zunächst um den Graben 3 Reih[e]n Wolfsgruben, dann eine Reihe Palisaden, dann 150 Schritt vor derselben 3 Reihen Wolfsgruben oder ein Verhak.
4. h, Lichtkugeln u. kleine Holzhaufen um dieselben werden angezündet, wenn der Feind ankömmt.
   i, Brandkugeln oder Fakeln u. große Holzhaufen, werden angezündet, wenn der Feind wirklich bey h gesehen wird.
5. k l, Tranchee für die übrigen 3 Bataillon, welche zu der Brigade gehören, wovon das Bataillon in der Redoute. Mithin macht jede Redoute das Equilement[2] einer Brigade von 4 Bataillon u. 1 Batterie aus.

---
[a] Hier und hinter „u." folgt „auf", offenbar Reste einer früheren Formulierung.
[2] Gemeint ist vermutlich „Äquivalent".

Wen[n] der Feind durch die Wolfsgruben dringt, gehen die Bataillone, welche während der Canonade in der Tranchee gelegen, den Feind 100 Schritt entgegen auf den Flek, wo ihre Canonen u. die von den Bataillon in der Schanze in m n shon stehen.

Diese sind schon lange im Feur. Die Canoniere haben hinter jeder Canone einen 2′ tiefe, 4′ breite u. 12 Fuß lange Tranchee, in der sie während der feindl. Canonade sich hinlegen.

<u>Wie wird diese Vershanzung gemacht?</u>

1. Zu den Wolfsgruben kann man jeden Bauren brauchen, wenn man einige ihnen vormacht u. sie tracirt. Mann requirirt daher 5 bis 6000 Bauren mit Spaden, jeder bringt ein Bund Stroh, eine Deke u. auf 3 Tage Lebensunterhalt mit. Man giebt ihn eine gewiße Portion Brandtewein täglich unentgeldlich. Diese werden zu den Wolfsgruben angestellt. Jeder macht täglich 2 bis 3, also so viel, als auf 3 bis 4 Schritt nothig sind, mithin machen 1000 Mann täglich 3 Reihen Wolfsgruben auf eine Streke von 3 bis 4000 Schritt, wenn das Terrain nicht zu hart ist.

2. Zu den Palisaden requirirt man gleichfalls 4000 Mann mit Axen, Sägen u. Keilen, so daß jede 4 Mann 2 Axen, eine Barte, eine Säge u. 2 Keile hat[b]. Diese muß sich auf 4 Tage mit Lebensmittel versehen. Diese 4000 Mann werden zu den Palisaden hier angestellt, sie sind in Brigaden von 400 getheilt u. jede Brigade in 100 Rotten, jede zu 4 Mann. Jede Brigade bekomt einige Probe-Palisaden; jede Brigade wird ihr District von Hölzu[n]g angewiesen, worin sie welche macht, jede Rotte muß in alle Tage 12 Stük liefern, mithin werden alle Tage 1200 geliefert.

3. Zu den Herfahren der Palisaden werden 1000 Mann requirirt, welche den 2. Tag da seyn u. auf 3 Tage mit Fourage versehen werden.

4. Um die Palisaden zu setzen, machen die Leute, welche die Wolfsgruben verfertigt haben, 2 Fuß breite u. 4 Fuß tiefe Gräben, welche etwas unterwärts laufen, und setzen die Palisaden unter Anweisung der Pioniers.

5. Sind die Bauren mit den Palisaden u. Wolfsgruben fertig, so werden die Epaulements gemacht.

6. Die Schanzen werden von der Brigade gemacht, die Canoniere haben die Aufsicht auf die Arbeit. 150 Arbeiter sind beständig in Thätigkeit beym Auswerfen der Erde u. werden alle 3 Stunden abgelöst, so daß wenigstens jeden Tage 12 Stunden von ihnen gearbeitet wird. Auser diesen 150 Man giebt jede Brigade täglich 100 Mann zum Fashinenbinden, Hertragen u. Aufführen der innern Bekleidung. Diese werden alle 6 Stunden abgelöset.

---

[b] *Das Wort wurde versehentlich ersatzlos gestrichen.*

172. [Scharnhorst an Mechlenburg?[1]] Hannover, 29. März 1799

GStA PK, VI. HA Nl Scharnhorst Nr. 24 fol. 19r–21v (6 S.): Abschrift.
Druck: Linnebach, S. 199–203.

[1.] Notwendige Vorsicht bei Äußerung von Kritik. [2.] Höhe der Protzräder. Preußisches Beispiel. Munitionsvorrat. Verbindung von Kugel und Patrone. [3.] Unterbringung der Fourage. Fütterung. Kampierpfähle. Fouragewagen. [4.] Unterbringung der Feldgerätschaften. Inhalt eines Mantelsacks. Bagagewagen. Sortierung der Munition.

Hannover, den 29ten März 1799.

[1.] Unshätzbarer Freund, gestern abend habe ich Ihren Brief erhalten, ich habe mich herzlich gefreuet, daß Sie so geshwind mir geantwortet haben, daß Sie so aufrichtig und offen, wie ich es wünshte, in den Punkten, wo wir verschiedener Meinung sind, mit mir verfahren. Wie selten trift sich dies; ich bin nie in diesem Kriege und auch jetzt in einer solchen Lage gewesen, daß ich mich unterstehen durfte, meine Meinung über Einrichtung, Uebung oder Operationen zu sagen. Die Menshen sind in diesem Punkt zu empfindlich, man richtet nichts aus und verliert noch oben darauf ihre Zuneigung. Wer so eifrig wie Sie Wahrheit sucht, wer ein so uneigennütziger Freund ist, wie Sie es sind, da verliert sich der gemeine Mensh – aber das ist eine Ersheinung. Sie haben von mir, verehrungswürdiger Freund, eine baldige Antwort verlangt. Herzlich gerne befolge ich diese Forderung; aber ich shreibe nur alles so hin, als es mir vorkommt, ohne es länger zu überdenken.

[2.] Höhere Protz-Räder als die Lafeten-Räder mögte ich freilich nicht haben; aber so hoch als diese oder als die Vorderräder bei andern Fuhrwerken sind, kann man sie doch, deucht mir, ohne Schwierigkeit nehmen. Ich habe dergleichen bei den englishen Protzen, die zuletzt aus England kamen, gesehen. Machen Sie einmal den Versuch, ich bitte Sie darum, bester Freund. Es ist wirklich kein kleiner Vortheil, hohe Räder zu haben; die Sache ist wichtig, würdigen Sie derselben Ihre ganze Aufmerksamkeit. Wir haben hier niedrige Protz- und sogar niedrige Wagen-Räder; wir haben die Nachtheile derselben erfahren, sie sind groß.

Die Preußen haben in der Protze 90 bis 140 Schuß beim 6℔der geführt, das ist viel; wenn indes die Lafeten-Axe beim 6℔der mit einer 1200 ℔ shweren Cannone und noch dazu mit shweren Lafetenwänden belastet ist, so sehe ich nicht ein, warum man nicht die Protzaxe mit 600 ℔ beladen sollte? Es wird hiedurch immer etwas das Aufprotzen ershwert, aber hat man wol

---

[1] Linnebach vermutete als Adressaten den dänischen Artilleriechef Ezechias Gustav von Mechlenburg (vgl. Anhang 1 zum ersten Band). Das ist plausibel, denn der Inhalt spricht dafür, daß Preußen und Österreich für den Empfänger Ausland waren. Auch hatte Mechlenburg mit Scharnhorst schon länger über Fragen des Artilleriematerials korrespondiert. Ein umfangreiches Manuskript Mechlenburgs vom 19. Januar 1799 zu den dänischen Versuchen mit Kartätschen befindet sich in GStA PK, VI. HA Nl Scharnhorst Nr. 193 fol. 2–38.

irgend eine vortheilhafte Einrichtung, bey der nicht ein kleiner Nachtheil wäre? Wie unbedeutend ist dieser Nachtheil, und wie groß die Vortheile in Rücksicht der Oeconomie und der Operationen?

Wenn der 600 ℔ shwere 3 ℔der mit 4 und der 1200 ℔ shwere 6 ℔der mit 6 bespannt, so würde ich immer bey beiden 100 Schuß führen, vorausgesetzt, daß die Protzen-Räder nicht unter $4^1/_2$ Fuß hoch sind. Wir und die Kayserlichen, auch, meine ich, die Preußen, haben beim 6 ℔der die Cartätshe mit der Pulverpatrone vereint; ich weiß nicht, warum man nicht auch bei der Cartätsche die Vereinigung haben sollte, die bei der Kugel[2] statt findet, vorausgesetzt, daß die Einrichtung des Wagens höhere Kasten, welche zu den Kartätshshüßen erfodert werden, erlaubt. Gleichwohl ist dies eine Sache, welche mir nicht sehr wichtig zu seyn scheint, wiewohl bey zwei Körpern, in der Uebereilung, mehr Verwirrung als bey einem vorkommen können.

[3.] Wenn es zum Feuer kommt, so gehet freilich die Fourage verlohren, aber wie selten ereignet sich dies? Dann muß und kann man sich auch auf andere Art helfen, denn man findet allerwärts etwas. Bey unsrer reitenden Artillerie war die Einrichtung getroffen, daß der Haber auf dem Protzkasten, auf dem Teil, worin die Tashen stecken, geführt wurde und daher der Protzkasten-Deckel so wie der Deckel der Abtheilung, worin die Tashen sich befanden, geöffnet werden konnte, ohne daß der Haber abgeworfen wurde. Nur selten haben wir von dieser Einrichtung Gebrauch gemacht. Wir waren immer bey den Vorposten, und da die leichte Cavallerie sich die Fourage durch die Bauren aus den Oertern, bey denen sie lag, hohlen ließ, so konnten wir uns dieses Vortheils auch bedienen. Bey der shweren Artillerie hatte man das Heu gesponnen und das Ganze, nemlich Heu und Haber, nach einer gewißen Ordnung oder Art auf der Lafete festgeshnürt. Bey den Wagens hatte man sie in der Schoßkelle. Eine gewiße Art, die Fourage zu packen, ist durchaus nothwendig, außerdem wird die Colonne durch das Abfallen derselben oft aufgehalten, oder die Fourage gehet verlohren – ohne ein paar Beispiele von Bestrafungen kommt man hier zu nichts.

Wir haben keine Krippen und Schneideladen, um Heckerling[3] zu shneiden; diese Einrichtung hat aber die preußishe Artillerie. Die Krippen bestehen aus leichten Tannen Brettern und sind an der Seite des Wagens und zuzeiten auch unter der Lafete befestigt. Die Schneideladen werden in der Schoßkelle oder dem offnen Handwerkswagen geführt. In außerordentlichen Fällen, wo man die Wagen zurückläßt, kann man freilich sich denn wol nicht immer der Schneideladen und Krippen bedienen, doch weiß ich dies nicht. Im Lager werden die Krippen an Pfähle gebunden. Wir haben uns der Beutel (welche aber so groß seyn müßen, daß der Kopf des Pferdes vielen Spielraum darin hat, damit das Futter nicht zu warm wird) bedient, um den Haber zu futtern, das Heu wurde auf die Erde geworfen. Hin und wieder hatten

---

[2] Offenbar wurden in diesem Satzteil Kugel und Kartätsche verwechselt.
[3] Häcksel, wohl im Sinne von zerkleinertem Grünfutter.

sich die Knechte aus eigenem Antriebe Schneideladen verschafft und auch Krippen, welches unter der Rubrik, daß sie Pferde hätten, die den Haber nicht ohne Heckerling verdaueten, durchging. Die Pferde halten sich gewiß beßer, wenn sie Heckerling bekommen, man kann auch oft noch eher Stroh als Heu haben. Indeß braucht man bey der reitenden Artillerie, die bey den Vorposten ist, dergleichen nicht, da findet sich shon Fourage. Für jedes Pferd hatten wir einen Campirpfahl, oben und unten mit Eisen shwach beshlagen. Der Train campirte hinter der Artillerie, nach der Art, wie die Cavallerie campirt; in den letzten Zeiten campirte aber auch derselbe in Schlachtordnung. Die Pfähle waren auf dem Marsh an den Wagens befestigt; man hatte, damit sie nicht verlohren gingen, einen Ring an denselben befestigt und durch diesen das Anbindestrick gezogen. In dem Feldzuge von 1793, -94 und -95 hatten wir bey jeder Batterie shwerer Artillerie von 255 Pferden 2 Fouragewagen, jeden mit 6 Pferden. Die reitende Artillerie hatte aber dergleichen nicht, wiewohl man zuletzt dazu einen Wagen, in den vorher Petarden waren, brauchte. Beim jetzigen Ausmarsh zur Observations-Armee hatte der Herr General von Trew bey einer Batterie reitender Artillerie von 4 Stück 3 ℔digen Canonen und 2 Stück 7 ℔digen Haubitzen überhaupt 300 Wagen- und 46 Reit- und andere Pferde, und darunter 5 Fourage-Wagen, jeden zu 6 Pferde, gefordert. Allein von den 300 Wagen-Pferden wurden 116 gestrichen und auch die Fouragewagen-Pferde; dies mußte um so mehr geshehen, da übrigens bey der Armee keine Fouragewagen für die Cavallerie, Infanterie, Fuhrwerk u.s.w. mitgeführt werden sollten.

Bey der Batterie shwere Artillerie von 3 Stück 7 ℔digen Haubitzen und 6 Stück 6 ℔digen Cannonen hatte der Herr G.v.T. 444 Pferde, und darunter 7 Fouragewagen, jeden zu 6 Pferden, verlangt; aber auch hier wurden 192 Pferde, worunter die 42 Fouragewagen-Pferde waren, gestrichen.

[4.] Wir haben im vorigen Kriege die Feldgeräthshaften, als Zelte, Decken, Castrolle und Flashen in den Munitions-Wagen gehabt, wo sie denn bey der Action erst von den Kastens herunter geworfen wurden. Jetzt hat man bey jeder Batterie 3 Bagage-Wagen, jeden zu 4 Pferden, bewilligt; auf diesen werden die Mantelsäcke der Cannoniere und die Feldgeräthshaften gefahren. Die Träinknechte haben auf den Pferden, welche sie nicht reiten, ihre Mantelsäcke. Bey der preußishen Artillerie und der kayserlichen shweren trägt der Cannonier seinen Tornister, und der reitende Artillerist hat bey der preußishen seinen Mantelsack hinter sich auf. Die Feldgeräthshaften werden bey beiden so wie bey der Infanterie auf Packpferden geführt, wozu ich jedoch Wagen nehmen würde. Bey der reitenden Artillerie würde ich jedem Cannonier einen kleinen Mantelsack, deßen Weite genau bestimmt werden müßte, hinten aufs Pferd zu shnallen erlauben. Dies shadet nicht viel, weil dieser Mantelsack nicht viel höher, als der Sattel hinten ohnehin zu seyn pflegt, ist. Ein Brodtbeutel muß vorn am Sattel hängen, und auch vorn über demselben muß die Chenille oder Mantel (doch ziehe ich erstere vor), so wie wir es haben, geshnallt werden. Außerdem muß aber jeder reitende Artillerist einen Tornister von einer bestimmten Shwere in den Feldrequisiten-Wagen haben. Dieser braucht nicht über 12 ℔ shwer zu seyn. In dem kleinen Mantelsack, welchen er hinter sich auf hat, gehören:

2 Hemden, 1 Hose, 2 Paar Strümpfe, 1 Brusttuch, Shuhbürste, Wachs, Farbe, Nadel, Zwirn; alles dies wiegt keine 10 bis 12 ℔.

In den Tornister des gehenden Artilleristen braucht nur 1 Hemd, 1 Paar Strümpfe, 1 dünes Brusttuch, Shuhbürste, Farbe, Wachs und Nähezeug zu seyn.

Der gemeine Infanterist trägt einen Tornister doppelt so shwer und außerdem noch ein Gewehr, eine Patrontashe mit Patronen u.s.w. Es ist daher gar keinem Zweifel unterworfen, daß der Artillerist nur den 3ten oder 4ten Theil von dem trägt, was der Infanterist tragen muß, und dies kann man wol von ihm fordern. Bey dieser Einrichtung kann man festsetzen, daß auf dem gehenden Artilleristen die nachgefahrne Equipage höchstens 12 ℔ betrage. Man muß demnach für eine Batterie von 10 Cannonen und 120 Cannoniren einen 4spännigen Bagage-Wagen haben. Bey unsern Batterien bey der Observations-Armee hat man deren 3, weil die Leute gar nichts tragen. Das ist aber zu shlimm, zumal da wir im vorigen Kriege gar keine hatten und die Mantelsäcke mit in den jetzt nicht stärker als damals bepackten Munitions-Wagen sich befanden.

Wir haben in jeder Tashe bei dem 3 ℔ der 8 Schuß, nemlich 4 Kugel- und eben so viel Kartätsh-Shüße. Es ist ein Vortheil, gleich im ersten Augenblick, beim ersten Abprotzen, 16 Schuß zu haben. Ich würde aber in jeder Tashe 6 Kugel- und 2 Kartätsh-Shüße haben. Selten braucht man gleich Kartätshen; obwol in dem Fall, in dem man sich ihrer bedient, es denn auch desto eiliger zugehet.

Sie erhalten hiebey eine shlechte Zeichnung[a] von einem Munitions-Kasten, den Sitz für 2 Leute auf demselben und den beiden kleinen Nebenkasten für die beständig gefüllten Munitionstashen.

173. Scharnhorst an Lecoq　　　　　　　　　　Hannover, 29. März 1799

Nach der Edition bei Linnebach, S. 198f., mit Korrekturen aus dem Handexemplar Gerhard Oestreichs.[a]

Kartierungsarbeiten. Instruktion für die Guiden. Studien zum Siebenjährigen Krieg und zum Artilleriewesen. Politische Enttäuschungen.

Hannover, den 29. März 1799.

Unschätzbarer Freund, schon so lange höre ich nichts von Ihnen! Sie schonen doch Ihre Gesundheit bei der undankbaren Karten-Arbeit? Sie

---

[a] Nicht vorhanden.

[a] Nach den Einträgen Oestreichs befand sich das Original damals im Geheimen Staatsarchiv R. 94 N. b. 11. Der Verbleib ist nicht bekannt.

haben dadurch das Nützlichste, das Ihnen zunächst war, getan, und ich beneide Ihren Fleiß und Ihre Ausdauer bei dieser Unternehmung, die bis hierher doch immer auch in Rücksicht der politischen Lage nicht viel Aufmunterndes enthält.

Der Leutnant Schäfer zeichnet jetzt nach dem militärischen Maßstabe, nach dem die Karte vom Hildesheimischen, die Gegend zwischen Hannover, Hameln, Neudorf und Ahlefeld; außerdem wird jetzt für mich die geographische Karte von der Landesvermessung von dem Kahlenbergschen und Grubenhagenschen kopirt; nachher hoffe ich auch das Bremsche und Lüneburgsche zu erhalten. Sein Sie also nicht über die Ausfüllung der Lücke, welche unser Land in Ihren großen Plan macht, besorgt.

Ich schicke Ihnen hierbei eine Instruktion, welche ich für unsere Guiden aufgesetzt habe, und nach der sie von den Leutnant Wilkens geübt werden.[1] Ueber den Punkt, wie sie einen schon rekognoszirten Weg wiederfinden, wie sie sich ohne Boten orientiren und dergl., hatten sie schon lange eine Anweisung. Haben Sie die Güte, bester Freund, und lesen Sie diesen Aufsatz, und wenn Ihnen etwas darin nicht recht ist, so bemerken Sie mir dies, bitte bitte! und schicken Sie mir ihn alsdann wieder zurück, denn ich habe keine weitere Abschrift.

Ich habe die Geschichte des 7jährigen Krieges sowohl den in Westfalen als den preußischen im Detail diesen Winter von neuen, und also mit mehr Kenntnisse der Nebenumstände, durchgearbeitet und zugleich die Materialien über ein Werk, welches ich unter den Titel <u>Ueber Versuche und Erfahrungen in der Artillerie</u>, wenn Ruhe bleibt, dereinst einmal herauszugeben denke, in Ordnung gebracht. Arbeiten, welche Bezug auf unsere jetzigen Angelegenheiten haben, sind mir, ich will es Ihnen aufrichtig als Freund gestehen, fatal. Wer mag in einem Gebäude noch etwas tun, wenn er siehet, daß an dem Umsturze gearbeitet wird. Glauben Sie mir es zu, gehet es noch so fort, so werden die eifrigsten Anhänger der bisherigen Verfassungen die größten Freunde der jetzigen Franzosen in einen Zustand der Unempfindlichkeit versetzt (und des Mißtrauens) versetzt, die ihr Feuer und ihre Kräfte erstickt und sie wohl zu praktischen Philosophen, aber nicht zu guten Soldaten macht. Adieu, bleiben Sie mein Freund, wie ich der Ihrige mit ganzer Seele bin.

G. Scharnhorst.

Haben Sie die Reidorfsche Karte vom Teufelsmoor?

---

[1] Mutmaßlich Nr. 105.

174. Scharnhorst an Löw [?, Anfang April 1799]

HStAH, Hann. 41 I Nr. 111 I (3 ½ S.): Eigenhändig.

Quartierangelegenheiten. Beschwerden betroffener Gemeinden.

6$\underline{\text{ten}}$ April 99.[a]

An den Herrn Oberstlieutenant von Löw

Von diesen Entwürfen der Cantonirungsquartiere für die beiden benannten Grenadier Bataillone wird auf Befehl Sr. Exc. d. H. F.M. G. v. Walmoden einer an den H. General von Scheiter[1] und der andere an die k. Regierung, Kriegs Canzley geschikt.

Bey dem an d. H. General v. Scheiter wird geschrieben, daß die Absicht bey diesen Entwurf dahin gehe, 1. daß die Bataillone zusammenkommen könnten, ohne daß die entferntesten Leute weiter als 2 Stunde nach den Sammelplatz zu marshiren hätten, 2. daß auch beide Bataillone, ohne gänzlich die Quartiere zu verändern, sich zu versamlen im Stande wären.

Da der erste Punkt bey dem 2ten Bataillon kaum Schwierigkeiten haben könnt, so früge es sich nur, ob er bey den 3ten zu erreichen wäre? welches man hofte, wenn in der Gegend von Estorf sich ein guter Versamlungs und Exercirplatz fände.

In der Absicht des zweiten Punkts würde es darauf ankommen, ob in der Gegend von Kranenburg oder Blumenthal das 2te Bataillon die Oste in den letzten 4 Wochen in May passiren und sich zum Exercies mit dem 3ten Bataillon zwischen Estorf, Kranenburg und Oldendorf irgendwo vereinigen könnte?[2] Ob dazu eine concentrirtere Cantonirung als die überschikte erfordert würde?[b]

Ueber alle diese Punkte erwarteten Se. Excellenz Bericht, u. H. General müßten daher so gleich einen Officier dorthin schiken, um die nöthigen Untersuchungen anzustellen.

Bey dem Entwurf, welcher an die Regierung gehet, sollte geschrieben werden, daß Se. Excellenz die beiden Grenadierbataillone verlegen wollten, um die Gegend von Rothenburg und Ottersberg von der Quartierung zu befreien und die Beschwerden, welche von den Einwohnern dieser Gegenden geführt wären, abzuhelfen. Dieser Entwurf sey aber nur vorläufig gemacht

---

[a] *Das ist wohl ein Bearbeitungsvermerk; die im Folgenden angesprochenen Briefe Löws sind bereits auf den 4. April datiert.*
[b] *Es liegt bei ein zweiseitiger „Entwurf zu den Cantonnirungs Quartieren für das 2$\underline{\text{te}}$ Grenadier Bataillon von Hinüber, und das 3$\underline{\text{te}}$ von Bennigsen", datiert auf den 2. August 1799.*
[1] Der 1798 zum Generalmajor beförderte Bernhard Friedrich Rudolph von Scheither (Jung-Scheither).
[2] Die Gegend befindet sich westlich von Stade.

und werde jetzt erst untersucht; in jeden Fall müßte den beiden Bataillonen es erlaubt bleiben, eine kurze Zeit zum Exerciez sich in einen noch kleineren als den in den Entwurf angegebenen Bezirk, concentriren zu dürfen.

G. Scharnhorst[c]

175. Abkommen   Hannover, 13. Mai 1799

HStAH, Hann. 41 I Nr. 111 I (2 S.): Abschrift, Schreiberhand.

Quartierangelegenheiten.

Copia

In der Voraussetzung, daß eine königliche und chur-hannöversche Regierung deßhalb die Einquartierung von drey preußischen Cavalerie Esquadrons in denen Ämtern Coppenbrügge, Lauenstein und einen Theil des Amtes Calenberg gütigst accordiren wird, weil dadurch die anderweitigen churhannöverschen Lande soulagirt werden dürften, so haben der Oberstlieutenant Scharnhorst von Seiten Churhannovers und der Major von Kampz von königlich preußischer Seite folgende Uebereinkommung im Ganzen getroffen, indem sie die nähere Regulirung des Details denen zum Quartiermachen vorauskommenden Officiers nach der Revue im Anfang Juny a. c. überlassen.

Diese drey Esquadrons erhalten also[1]
1.) Die ganze Grafschaft Spiegelberg
2.) Das ganze Amt Lauenstein
3.) Vom Amte Calenberg folgende Oerter.
  1.) Eldagsen, 2.) Holtensen[2], 3.) Boitzum, 4. Wittenburg, 5.) Sorsum, 6.) Kloster Wulfinghausen, 7.) Banteln[3]

Anmerkung.
Um für die dort durchmarschirenden chur-hannöverschen Trupen einige Freyörter an der großen Straße zu laßen, so sind dazu die Dörfer Banteln und Wülfingen bestimmt worden, welche entweder gar nicht oder doch nur sehr schwach zu belegen seyn würden.

---

[c] *Im Faszikel folgen die Konzepte Löws für die Briefe an das Ministerium und die Kriegskanzlei in Hannover, beide datiert Hannover, 4. April 1799. Ebenfalls im Faszikel 111 I befinden sich noch ein eigenhändiges Promemoria Scharnhorsts zur Einquartierung einiger Kompanien (28. März 1799, 1 S.) sowie eines zur Verlegung einer Kompanie des Leibregiments (10. April 1799, 1 S.).*

[1] Es handelt sich im Folgenden um ein Gebiet zwischen dem Deister, Elze und Salzhemmendorf.
[2] Holtensen bei Elze.
[3] Banteln bei Gronau.

2.) Daß zwischen den chur-hannöverschen und königlich preußischen Grenzquartieren wo möglich ein unbelegter Strich bleibt, damit das Zusammenkommen der gemeinen Soldaten zu keinen Collisions führen.
Hannover den 13ten Mai 1799.
G. Scharnhorst. v. Kampz
Oberstl. Major

^aIst von königl. Regierung genehmigt.
G.S.

176. Denkschrift [?, nicht nach 21. Mai 1799]

HStAH, Hann. 41 I Nr. 111 I (3 S.): Eigenhändig.

Quartierangelegenheiten.

21ᵗ May 99.ᵃ

Einige Veränderungen in dem Quartierstande des hannövrischen bey der Observations-Armee stehenden Corps.

1. Das 11te Infanterie Regiment von Diepenbroik belegt von 1ten Junie an nicht mehr die Dörfer Holtensen, Boitzum, Wittenburg, Sorsum und Kloster Wülfinghausenᵇ. Diese Oerter werden in der Folge von der königl. preußischen Cavalerie belegt.
2. Das 13te Infanterie Regiment von Scheiter erledigt den 1ten Junie die Stadt Eldagsen, welche in der Folge von königl. preußisher Cavalerie belegt wird. Es verbreitet sich dagegen nach der Exercierzeit mehr in das Amt Lauenau.
3. Die 1te Batterie schwere Artillerie, Capitain Meyr, belegt von 1ten Junie an nicht fernerhin das Amt Lauenstein, in welche[s] preußische Cavalerie kömt; sie erhält dagegen zu ihren übrigen bisherigen Quartierstande von dieser Zeit an vom Amt Erzen Großen und Kleinen Berkel und einen so großen Theil vom Amte Lachen,¹ als zu seiner Unterkunft erfordert wird.

ᵃ *Das Folgende eigenhändig von Scharnhorst.*

ᵃ *Eingangsvermerk von fremder Hand, vermutlich von Löw. Von diesem stammt jedenfalls der Vermerk am Rande der ersten Seite: „NB.*
   Unter d. 29ʳ May sind alle nöthigen Ordrs wegen dieser Quartierveränderungen ausgefertigt, u. ist das Commissariat vorher von allem benachrichtigt worden.
   G.L."
ᵇ Folgt eine Einfügung von Löws Hand: „*und muß die aus diesen Oertern gezogenen Leute in die übrigen Quartiere vertheilen.*"
¹ Gemeint sind Aerzen, Groß-Berkel, Klein-Berkel und Lachem bei Hameln.

Der Hauptmann Meyr und Offeney verabreden die Vertheilung der Quartiere zwischen der Jäger Compagnie und der Batterie gemeinschaftlich mit den Beamten zu Erzen und Lachem und den etwa dazwischen liegenden Gerichten.
4. Die Jäger Compagnie des Hauptmann Offeney belegt von 1ten Junie an nicht mehr die Dörfer Großen und Kleinen Berkel und erledigt auch einem Theil vom Amte Lachem, worüber das Weitere mit dem Hauptman Meyr von der Artillerie verabredet wird.
5. Das Leibgarde Regiment beköm̈t zu seinen bisherigen Quartieren noch das Dorf Norddreber im Amte Neustadt.
6. Das 10te Infanterie Regiment von Saffe beköm̈t zu seinen ihn schon angewiesenen Quartieren noch das Gericht Schönbek.
7. Das 2te Cavalerie Regiment von Bülow beköm̈t nach geendigter Ecerciez zu seinen bisherigen Quartieren noch den Fleken Grohnde und das Dorf Ohr, das erste im Amt Grohnde und das 2te im Gerichte Ohr.

                G. Scharnhorst
                Oberstlieutenant und
                G.Q.M.

177. Denkschrift   **[?, vor 16. Juni 1799[a]]**

HStAH, Hann. 41 I Nr. 111 I (2 S.): Eigenhändig.

Quartierangelegenheiten. Gleichmäßige Belegung, Ablehnung von Erleichterungen.

Pro Memoria

1. Das 13te Inf. Regiment v. Scheiter beköm̈t das Dorf Bredenbek[1] und das 11te Inf. Regiment von Diepenbroik belegt es nicht ferner.
2. Den Bevollmächtigten von dem Gerichte Ritterhude, Joh. Diederich Schleeff und Dieterich Barnstorf zu Ritterhude, wird geantwortet, daß das Gericht Schönbek[2], welches sie als unbelegt angezeigt, schon seit 14 Tagen auf einen von hier gegebenen Befehl belegt seyn würde, daß sie während der Exerzirzeit keine andere Erleichterung der Einquartierung würden erhalten können, daß nach dieser Zeit aber dieselben in soweit es möglich seyn würde erfolgen sollte.
3. An das 10te Inf. Regiment von Saffe wird geschrieben, daß es nach der Exercirzeit so schwach als möglich belegen mögte, wenn sonst die Anzeige, daß es mehr wie die umliegenden Oerter in Einquartierungen getragen

---

[a] *Nach dem Bearbeitungsvermerk von fremder Hand: „unterm 16t Junie 99 ausgefertigt".*
[1] Bredenbeck am Deister.
[2] Gemeint ist möglicherweise Scharmbeck, Teil des heutigen Osterholz-Scharmbeck.

und eine Erleichterung vorzugsweise bedürfe, gegründet sey; daß es in jedem Fall nicht stärker als andre Gerichte u. Aemter nach dieser Zeit belegt werden müße.
4. An königl. Kriegskanzeley wird geantwortet, daß vor jetzt das Dorf Fuhrberg nicht Erleichterung der Einquartierung erhalten könne, daß sie aber nach der Exercirzeit erfolgen würde.

G. Scharnhorst.[b]

178. Scharnhorst an Lecoq   Hannover, 27. Juni 1799

Nach der Edition bei Linnebach, S. 203ff., mit Korrekturen aus dem Handexemplar Gerhard Oestreichs.[a]

Stand der Landesaufnahme. Erkundungen als praktische Ausbildung. Reise mit Prinz Adolph. Verdruß über Zustand der Artillerie.

Hannover, den 27. Juni 1799.

Wertester Freund, ich habe nun 3 Briefe von Ihnen aus Paderborn erhalten, und die mir unerklärliche Verspätung des Leutnant Schäfer im Osnabrückschen hat mich bis jetzt abgehalten, Ihnen zu antworten. Indeß habe ich 2 Offiziere und 2 Guiden nach dem Lippischen abgeschickt, um die mir aufgetragene Vermessung so gut als möglich auszuführen. Ich lege hier eine Instruktion bei, welche ich den Offizieren gegeben. Aus ihr sehen sie, daß der Fähnrich Hassebroick nebst einem Guiden Corvey, Pyrmont, Lude[1] und den nach disen Ländern zu liegenden Teil der Grafschaft Lippe erhalten hat; der übrige Teil der Grafschaft Lippe ist Leutnant Vollinghaus und einem Guiden zugeteilt. Hassebroick wird sich vorerst in Blomberg und Vollinghaus in Alverdissen aufhalten. Diese Aufnahme wird ungefähr so wie die hildesheimsche ausgeführt, wir tun also mehr, als Sie, mein ewig unschätzbarer Freund, verlangen.

Endlich erhalte ich denn von Schäfer die Nachricht, daß er in diesen Tagen zurückkommen wird, daß der General v. Linsing wider alle mit demselben getroffene Abrede ihn bisher festgehalten und von einem Tage zum andern zu entlassen versprochen hat. Er wird daher jetzt, vielleicht in wenigen Tagen, zu seiner Bestimmung abgehen. Ich werde ihm alles mitteilen, was Sie mir in Absicht seiner geschrieben haben.

Ich habe Ihren Aufenthalt in den Paderbornschen Gebirgen sehr beneidet, und wie oft habe ich mir gewünscht, daß wir eine solche Tour gemeinschaft-

---

[b] *Im gleichen Faszikel findet sich noch ein kleines eigenhändiges Schreiben an Löw (¹/₄ S.) zu Details der Einquartierung der Leibgarde.*

---

[a] *Nach den Einträgen Oestreichs befand sich die Vorlage damals im Geheimen Staatsarchiv R. 94 N. b. 11. Der Verbleib ist nicht bekannt.*
[1] Lügde.

lich machen könnten! Für die, welche schon Ideen haben, ist die Terrain-Untersuchung eine vortreffliche Schule, eine weitere Ausbildung in der angewandten Taktik.

In einigen Tagen werde ich mit dem Prinz Adolf ins Osnabrücksche eine Tour machen; er besieht dort die Truppen des Linsingschen Korps, und von da wird er vielleicht einen Abstecher ins Oberstift Münster machen.

Ich habe diese Zeit, doch nur unter uns sei es gesagt, gearbeitet, unsere Artillerie in Aktivität zu bringen. Sie fängt an zu versauern, und ich kann es nicht, ohne mich alle Tage zu ärgern, ansehen. Diese Waffe wird überall noch unzweckmäßig geübt und ist in jeder Hinsicht einer weit größeren Vervollkommnung fähig. Ich lasse mich über diesen Punkt nicht aus – es ist nicht leicht in demselben etwas zu tun.

Adieu, mein unschätzbarer Freund, ich muß wegen des Abgangs der Post schließen.

G. Scharnhorst.

179. Notizen [Quakenbrück u. a., Juli 1799?[1]]

GStA PK, VI. HA Nl Scharnhorst Nr. 134 fol. 30r–33v (7 S.): Eigenhändig, Fragment.

Regimentsgeschütze. Ausbildungsstand hannoverscher Regimenter. Übung und Taktik der leichten Truppen. Manöver unter Linsingen. Fragmente zu den Prinzipien eines offensiven Lagers. Große Zwecke als Grundlage eines Feldzugsplans.

Jedes Bat. 1 Stük 3 ℔der u. 1 Amusette taugt nichts, können sich nicht aushelfen.

| Die Amusete | 2 Pferde u. 112 Schuß |
| Der 3 ℔der | 4 Pferde u. 60   " |

Man muß ihnen 2 Stück 3 ℔der oder 4 Stük Amusetten, jeder Compagnie also 1 geben.

Man solte das Bataillon in Quakenbrük legen, es ist shlecht, es muß mehr beyeinander.

Man hatte mit den 8ten Cav. Regim., den 4ten Grenadier Bataillon etc. nur 3 mal zusamen exercirt.

Die leichte Infantrie muß in ihren Exercize auf geschwinde Evolutionen, auf Leichtigkeit in der Bewegung sehen; bey ihren Evolutionen brauchen keine

---

[1] Es geht offensichtlich u. a. um die in Nr. 178 angekündigte Reise mit Prinz Adolph zur Inspektion des Avantkorps des Generals von Linsingen.

Grundsätze beobachtet werden, wodurch sie geschikt wird, mit mehrern in großen zu agiren.

En debandade muß bey leichten Trupen alles in Unterofficier Plotons abgetheilt bleiben, diese müßen hinter den Plotons seyn u. darauf achten, daß sie Intervalle halten u. nicht rechts oder links abreißen.

Man muß einfache u. doppelte Intervalle ein für alle mal bestimmen u. mehr Verschiedenheiten nicht haben.

<u>Das 10te Cav. Regiment</u>
nicht so rasch, nicht so äuserst precise als das 9te, doch regelmäßig und ohne alle Unordnung in seinen Bewegungen.

Die <u>Manoeuver</u> wurden nach gewißen Dispositionen von den Herrn General von Linsingen ausgeführt; es agirten 2 Theile gegen einander, der General dazwischen suchte das Ganze in Haltung zu erhalten. Sie waren so entworfen, daß dabey die Inf., Cav. u. Art. vermischt agirtn u. sich wechselseitig unterstützten u. die Trupen das Terrain benutzten.

Sehr nützlich sind diese Manoeuver ohne Zweifel gewesen, aber der Prinz[2] konnte aus ihnen nicht sehen, ob die Officier, Unteroffic. u. Gemeinen alle in allen Theilen systematisch in dem kleinen Kriege unterrichtet waren; daß sie es nicht warn, bemerkte man bald an der Ausführung, wo durch die ersten Comandeurs alles geleitet werden mußte u. doch Fehler passirten, obgleich einzelne Partien des Manoeuvers recht gut waren.

    <u>Offensive Läger oder Positionen</u>
a. <u>Vorsicht gegen unerwartete Angriffe</u>. In den offensiven Lägern oder Positionen wendet man zwar alle Regeln gegen den Angrif an, welche in den defensiven angeführt sind; doch wird die 2te Posten Kette nur schwach, die Verschanzung und die Hinderniße des Zugangs nur auf einigen der shwächsten Punkte der Position angelegt.
b. <u>Kann man den Feind entgegengehen u. ihn angreiffen, wenn er uns anzugreifen denkt?</u> Dies ist in folgenden Fällen möglich
  1. Mann

---
[2] Prinz Adolph von Großbritannien.

Bey Brode – Minden –

^ac. <u>Kann man den Feind, wenn er uns angreift, mit einer großen Theil der Macht in Flanke gehen oder ihn auf einen Flügel mit wenigen Trupen beshäftigen u. auf den andern mit Ueberlegenheit ang[ehen]</u>^b
Conticq³ & Lier –
Graf von Sachsen Teiche

d. <u>Kann man den Feind, wenn er uns angreift, durch eine verstellte Retirade und einen Aufmarsch u. Flankenangrif nicht in ein ihn nachtheilige Lage locken</u>. An der Aa

Die Läger oder Positionen, in denen man sich nicht angreifen lassen will und aus den man den Feind anzugreifen denkt oder in den man sich so einrichtet, daß man den Feind, wenn er ein darin angreift, selbst in Flank nimmt oder ihn auf eine andere unerwartete Art seinen Angrif unmöglich macht, nennt man hier <u>offensive Läger oder Positionen</u>.
Alle Läger oder Positionen, welche nicht durch Kunst oder Natur eine selltene Stärke haben und dabey nicht eingeschloßen oder ohne große Gefahr umgangen werden können, gehören zu den offensiv Lägern oder Positionen.

<u>Plan zum Feldzuge</u> – Etwas großes – ein Zwek der zu wesendlichen Vortheilen führt – ein Man, der beständig mit kleinen Entwürfen umgehet, kömt nirgends zu – ohne Plan, ohne Begierde, große Dinge auszuführen, ist es unmöglich, sie zu thun. Hätte Friedrich der 2te bey Anfang des 7jährigen Krieges alle Grade des Wahrsheinlichen berechnet, wir hätten einen Markgrafen von Brandenburg. Hätte Bouonoparte seinen Plan zu Feldzuge in Italien militirishen Calcoulen, so wie wir sie jetzt lesen, unterworfen, so hätte er Italien nicht erobert – hätte der Herzog Ferdinand nach Puysegur seinen Grundsätzen sclavisch verfahren, so wär er in den Winkel von Stade bis ins Frühjahr sitzen geblieben und wahrscheinlich darin zu Grunde gerichtet – so war er nicht im Jahr 1758 über den Rhein gegangen u.s.w.
 Aber so wie man bey großen Planen auf Glük rechnet, so muß man auch auf Unglük seine Maasregeln nehmen – als dann tritt man gewöhnlich in die Lage zurük, in der

---

^a *Text hier (fol. 32v) etwas gequetscht, da um 90° gedreht, gestrichen steht (offenbar von Klara Scharnhorsts Hand): „Mein lieber S., ich hatte bey Deinem Weggehen Julchen ihr [fehlt offenbar ein Wort] Dir mit zu geben vergeßen". Scharnhorst hat hier also offenbar Briefpapier weiterverwendet.*
^b *Text wegen eines Bindungsfalzes teilweise nicht lesbar.*
³ In Kontich bei Antwerpen befand sich im Juli 1794 ein Lager der Englischen Armee.

180. Denkschrift [?, nicht nach 26. Juli 1799]

HStAH, Hann. 41 I Nr. 117 (3½ S.): Eigenhändig.

Quartierangelegenheiten. Beschwerden betroffener Gemeinden.

26ᵗ July 99.ᵃ

Pro Memoria

Der Gesuch der Stadt Kloppenburg, sie von der Einquartierung zu befreien und dagegen das Kirchspiel Mohlbergen und Gericht Frisoite zu belegen, ist schwer zu erfüllen.ᵇ Das Gericht Frisoit bestehet zum großentheil aus dem sogenannten Saterlande, ein noch nie belegter District, wo selbst das dasige Vieh in Holzschuhen gehet, weil der Grund so sehr morastig ist, und wo, wenn man einzelne Leute hereinlegte, die Erhaltung mit großer Schwierigkeit verbunden seyn würde. Das Kirchspiel Mohlbergen bestehet zu ein großen Theil in einzeln in der Heide zerstreut liegenden Höfen, in denen man aus vielen bekannten Ursachen die Mannschaft nicht vereinzeln kann; auch würde hierdurch fürs Ganze keine Erleichterung von einiger Bedeutung zu erhalten seyn. Ueberdem würde das Avant-Corps hierdurch von neuen 6 bis 8 Stunden weiter ausgedehnt werden.

Die Beschwerde des Magistrats zu Kloppenburg über die Einquartierung ist weniger gegründet als irgend eine von andern Districten, in dem die Stadt so wohl, als das Kirchspiel nur äuserst schwach belegt ist. Das 5te Grenadierbataillon hat die Stadt Vechte, Kloppenburg mit alle Kirchspiele zwishen und um diese Oerter in einer Ausdehnung von 8 Stunden belegt.

Die Klage wegen des da auf Relais liegenden Dragoner zeigt schon, wie geneigt man in Kloppenburg ist, Beshwerden zu führen; der Herr General von Linsingen hat nur ein paßliches Quartier für einen Cavaleristen gefordert, die Stadt miethet eins; sie führt also Beschwerden, daß sie einem Dragoner Quartier geben muß.

Mit dem Beshwerden des Kirchspiel Emstekᶜ hat es beinahe eben die Bewandniß als mit denen der Stadt Kloppenburg und die da angeführten Gründe, welche gegen die Ausführung einer Erleichterung angeführt sind,

---

ᵃ *Eingangsvermerk von fremder Hand.*
ᵇ *Der dazugehörige Schriftwechsel, beginnend mit einer Bittschrift des Rats der Stadt Cloppenburg vom 5. Mai 1799, liegt im Faszikel bei. Nach dem ersten ablehnenden Bescheid Wallmodens hatten sich die Cloppenburger an den Herzog von Braunschweig gewandt. Ebenfalls im Faszikel liegen die nach der Denkschrift geschriebenen Briefe Wallmodens an General Linsingen (Hannover, 20. Juli 1799) und den Herzog von Braunschweig (Hannover, 28. Juli 1799).*
ᶜ *Eine Abschrift der Petition an den Herzog von Braunschweig (23. Juni 1799) befindet sich im Faszikel.*

finden auch hier statt. Es wünscht aber der Major von Barse[1] das 5te Grenadier Bataillon näher zusammen legen zu dürfen, und mit den Quartieren abzuwechseln können.

Auf die Klage der Emstekshen Gemeine über den Hauptmann von Uslar hat der Herr General von Linsingen noch nichts verfügen können, weil der Fall, welche der Haupt Gegenstand der Beschwerde ist, noch nicht eingetreten war, und höchst wahrscheinlich zu den so oft in dasiger Gegend geführten Beshwerden gehört.
G. Scharnhorst.

181. Denkschrift [?], 3. August 1799

HStAH, Hann. 41 I Nr. 111 I (2 S.): Eigenhändig.

Quartierangelegenheiten.

Den 3ten Aug. 99.

Pro Memoria

Die Ausdehnung der Quartiere des 3ten Cavalerie-Regiments betreffend.

Die beiden Compagnien des 3ten Cavalerie Regiments, welche in Amt Burgwedel vor der Exercierzeit ihre Quartiere gehabt, gehen wieder in dasselbe zurück.

Da in dem Dorfe Fuhrberg durch einen Theil dieser beiden Compagnien auf einen Hof 3 bis 4 Mann kommen, so hat das Amt Burgwedel schon in Merz d.J. gebeten, daß man Kleinen Burgwedel und Thönse von 7ten Cav. Regiment erledigen und die darin liegende Mannschaft in die Dörfer Hänigsen, Sievershausen[1], Arbke und Schwäblingschen im Amte Meinersen zu verlegen und dagegen jene Dörfer mit zum Quartier des 3ten Cavalerie Regiments zu nehmen.

Der Ausführung dieser Vorstellung stehet in Rüksicht der Entfernung und der Arrondirung des Regiments keine Schwierigkeit entgegen.

Vieleicht könnte man aber der ganzen Gegend von Burgtorf, Burgwedel u.s.w. eine bedeutende Erleichterung der Einquartierung verschaffen, wenn man das 7te Cavalerie Regiment ins Amt Meinersen verlegte, und die Hälfte des 3ten ins Amt Burgwedel und die Hälfte des 5ten ins Amt Burgtorf vertheilte.
G. Scharnhorst
Oberstl. u. G.Q.M.

---

[1] Adolf von Barsse († 1834), Kommandeur des 5. Grenadierbataillons, kämpfte in den Reihen der Königlich Deutschen Legion und war zuletzt Generalleutnant.
[1] Vielleicht ist Seershausen bei Meinersen gemeint.

182. Denkschrift [?, nicht nach 10. September 1799]

HStAH, Hann. 41 I Nr. 111 I (1¼ S.): Eigenhändig.

Quartierangelegenheiten. Beschwerden betroffener Gemeinden.

10t Sept. 99.ᵃ

Pro Memoria.

Den Klagen über zu starke Einquartierung von den Gevollmächtigten des belegten Districts des Amts Himmelpforten[1] ist schwer abzuhelfen, wenn nicht das Bataillon ganz und gar durch zu weite Auseinanderlegung ohne Aufsicht seyn soll. Dieser District hat sich übrigens von allen belegten Gegenden am wenigsten zu beklagen. Er ist noch nicht so viel Monathe belegt, wie andere schon Jahre belegt sind; bey ihm hat das Bataillon 694 Feurstellen, statt bey andern Districten oft nur 500 einem Bataillon zu haben zugetheilt werden können. Ueberdem ist jetzt ein sehr großer Theil des Bataillons beurlaubt. Da indes jetzt die Exercierzeit vorbey ist, so kann vieleicht an der andern Seite der Oste in das Gericht Osten eine Compagnie gelegt werden, alsdann aber könnte das Bataillon nicht zusammen kommen.

G. Scharnhorst
Oberstl. u. G.Q.M.

183. Denkschrift Hannover, 21. Oktober 1799

HStAH, Hann. 41 I Nr. 111 II (2½ S.): Eigenhändig.

Quartierangelegenheiten.

23t Oct. 99.ᵃ

Einige Veränderungen in der Dislocation der hannövrischen Trupen bey der Observations Armee.

ᵇ1. Das 6te Infanterie Regiment von Hammerstein aus Amt Blumenau
   Den 9ten Nov. nach Neustadt, Eilvese, Schneeren, Hagen und Linsburg.
   Den 10ten Nov. nach Nienburg, Leseringen, Estorf, Landesbergen, Oeile[1], Lemke, Lohe[2], Mehlbergen, Buchhorst, Behlingen, Balge, Sebbenhausen und Schweringen nebst andern nahen u. zwischenliegenden Oertern.

ᵃ *Eingangsvermerk von unbekannter Hand.*
[1] Westlich von Stade.

ᵃ *Eingangsvermerk von unbekannter Hand.*
ᵇ *Dazu Randvermerk von unbekannter Hand: „Den 24ᵗ die Ordr dazu expedirt".*
[1] Oyle.
[2] Marklohe.

c2. Zwey Compagnien von 5ten Infanterie Regimente von Hugo
Den 10ten Nov. nach Hoya, Bücken, Dörvern u. nächst gelegenen Oertern.
3. Das 13te Infanterie Regiment von Scheiter belegt von den 1ten Dec.d an den noch nicht belegten Theil des Amts Lauenau, um den bisher belegten ganz oder so viel als möglich zu erledigen.
4. Das 5te Cavalerie Regiment von Bremer belegt von 1ten Dec. an den noch nicht belegten Theil des Amts Ilten, um den bisher belegten ganz oder so viel als möglich zu erledigen.
5. Das 7te Cav. Regiment von Oeynhausen geht von 1ten Dec. an aus dem Amte Burgtorf ins Amt Meinersen und nimt das Staabsquartier zu Uetze.
6. Das 3te Cavalerie Regiment von Maydele bleibt mit 1 Escadron im Amte Bissendorf und legt 1 ganze Escadron den 1ten Dec. ins Amt Burgwedel.
7. Die Leibgarde bekömt von 1ten Dec. an das Dorf Wulfelede[3] mit zu seinem Quartierstande und dieser Ort wird daher von der 3ten Batterie des Hauptmann Hamelberg[4] erledigt.
f8. Das 1te Grenadierbataillon von Hugo verlegt von Diepholz eine Compagnie nach Suhlingen und Bahrenburg den 10ten Nov.g und die andern und den Staab ins Amt Diebenau den 1ten Dec.

G.Q. Hannover
den 21ten Oct. 1799.

G. Scharnhorst
Oberstl. u. G.Q.M.

184. Denkschrift [?], 2. November 1799

HStAH, Hann. 41 III Nr. 148 (2½ S.): Eigenhändig.

Anordnungen zur Umsetzung von Reformmaßnahmen. Dienststellung und Instruktion zur Inspektion der Regimentsartillerie.

den 2ten Nov. 1799

Promemoria

Alles, was in den Promemoria des H. v. L. von 18ten Oct. 1799[1] gesagt ist, hat seine vollkomen Richtigkeit; um in dieser Sache aber den Herrn General

---

c *Dazu Randvermerk von unbekannter Hand: „Den 24t die Ordr dazu expedirt".*
d *Das Wort in der Vorlage versehentlich doppelt.*
e *Verbessert aus „Schulte", möglicherweise von fremder Hand.*
f *Dazu Randvermerk von unbekannter Hand: „Den 24t die Ordr dazu expedirt".*
g *Von unbekannter Hand verändert aus „1ten Dec."*
3 Wülfelade.
4 Hauptmann Siegmund Hamelberg.

1 Das Promemoria scheint aus der Arbeit der Kommission zur Reorganisation der hannoverschen Artillerie (vgl. Anm. 1 zu Nr. 192) zu stammen. Eines ihrer Mitglieder war der Flügeladjutant Oberstleutnant von Löw.

von Trew auf keine Art die entfernteste Veranlassung zum Mißvergnügen zu geben, so schlage ich vor:

1. daß der Lieutenant Ludewig den Befehl erhält, „a. die Veränderungen an den Canonen, welche in der letzten Untersuchung genehmigt sind, an denen des marschirten Garde-Bataillons machen zu laßen, b. bey der Artillerie dieses Bataillons die vorgeschlagenen Abänderungen in der Exercize einzuführen und c. dieselbe in Manoeuvriren mit Pferden, als in Ab- und Aufprotzen, in Avanciren u. Retiriren mit Pferden u.s.w., zu ueben und ein umständliche Instruction[a] alles dessen, was hierbey zu beobachten ist, aufzusetzen und d. dieselbe Sr. Excellenz den Herrn Feldmarschal[2] vorzulegen, auch vor denselben zu exerciren und dann alle die gemachten Veränderungen in Natura denselben zu zeigen."

Ist dies alles geshehen, so kann von hier aus ein Art Zusatz zu dem Reglement von 1782[3] unter der Autorität Sr. Exc. d. H. F.M. an die Regimenter mit dem Lieutenant Ludewig gehen und in demselben kann alles in gehöriger Ordnung vorgetragen werden.

In Absicht des Officiers, welcher dereinst den Befehl oder vielmehr Inspection über die ganze Regiments-Artillerie hätte, weiß ich nichts Bestimmtes zu sagen; so viel ist gewiß: 1. daß er durch aus in Hannover in Friedenszeiten und im Generalquartier im Kriege seyn muß,

2. daß er wenigstens den Character von Capitän haben muß;

3. daß er eine besondere und weitläuftige Instruction haben muß, die von S. Exc. den H. F.M. untershrieben ist;

4. daß er den Artillerie Chef alle Vorshläge und Rapporte einzushiken verbunden ist, sie aber zugleich auch den comandirenden General übergiebt und verantwortlich erachtet wird, wenn die Regimentsartillerie nicht im guten Zustande ist;

5. daß er übrigens nicht unter dem Artillerie-Chef stehet und nicht im Artillerie Regimente dient, daß man für ihn einen eigenen Etat haben oder daß für ihn in der Infantrie eine Stelle des Characters, den er bekleidete, vacant bleiben müßte.

G. S.

---

[a] *Statt „Instructionen".*
[2] Wallmoden.
[3] Jähns, S. 2690, erwähnt nur ein handschriftliches Exemplar im Archiv in Hannover.

185. Scharnhorst an Löw

H[annover], 17. November 1799

HStAH, Hann. 41 I Nr. 111 II (1¹/₂ S.): Eigenhändig.

Quartierangelegenheiten.

An den Herrn Oberstlieutenant und Fl. Adj. von Löw

H. den 17ten Nov. 99.

1. Habe Sie die Güte und setzen Sie noch hinter dem Befehl an den H. M. v. Hugo¹, daß im Fall der Marsch in einem Tage über Auburg nach Diepenau der Ueberschwemmungen wegen, welche dar so häufig sind, nicht ausführbar wäre, er den ersten Tag bis Lemförde und den 2ten nach Diepenau marschirte. Dann aber müßte ein Logirungsbefehl auf Lemförde dabey seyn.
2. Uebrigens weiß ich nichts, was bey der Veränderung der Quartiere noch hinzuzufügen wäre.
3. Es erfolgen hierbey die letzten Pro Memoria von den Herrn G. v. Trew u.s.w.
4. Ueber das Gesuch des Amts Rethen² weiß ich nichts zu sagen. Das 1te Cav. Regiment liegt in Amt Rethen und Ahlden und also sehr zerstreuet, denn diese Aemter haben große Ausdehnungen und sind häufigen Ueberschwemmungen ausgesetzt; es müßte daher wohl wegen dieser Sache ans Regiment erst geschrieben werden.

G. Scharnhorst
Oberstl.

186. Scharnhorst an [Lecoq]ᵃ

Hannover, 20. November 1799

StadtAH, Autographensammlung, Sammlung Culemann: Scharnhorst Nr. 1951.156 (3¹/₂ S.): Eigenhändig.

Druck: Linnebach, S. 205f.

Britisch-russische Landung in Holland. Staatsstreich Bonapartes und mögliche politische Folgen. Sympathien für Frankreich in Hamburg und Bremen. Gefährdung Norddeutschlands. Stand der Landesaufnahme.

Ihren Brief vom 20ten Octob[e]r, mein unschätzbarer Freund, habe ich mit vielen Intereße gelesen; ich stimmete, oder hätte, wie Sie es würden gethan

---

¹ Major von Hugo, Kommandeur des 1. Grenadierbataillons.
² Rethem.

ᵃ Von fremder Hand mit Bleistift auf der ersten Seite „An Gen. v. Lecoq" bezeichnet. Auch der Inhalt spricht dafür; es werden u. a. die Vermessungsarbeiten in Westfalen angesprochen.

haben, gestimmt, wenn ein militärisch politischer Kriegesrath im Junie gehalten wäre. Aber die Zeit ist dahin, und wir sind wieder, wo wir vorher waren. Die Expedition der Engländer war zu gefährlich[1] – nur ein Schlag – viele Truppen zugleich angesetz und damit schnell auf Amsterdam und dem Haag marschirt – versprach einen guten Ausgang – höchste Wahrscheinlichkeit desselben erhielt man erst, wenn von uns zugleich die Operation began – darin bin ich ganz Ihrer Meinung. Was sagen sie von der jetzigen Veränderung in Paris?[2] Führt uns das wozu, daß eine Parthey die andere besiegt? Und die Royalisten? Ein momentaner Friede kann durch diese Veränderung beschleunigt werden, das mag für den kayserlichen Staat, der sich arrondirt, eine feste militärische Gränze verschaffen kann, wichtig seyn, aber für Deutschland, für Norddeutschland insbesondere, ist erforderlich, daß Holland von Preußen und England abhängt – ohne diese Verhältniße hängt[b] die jetzige Verfaßung von jenen Theil von Deutschland vom Zufall ab. Die Uebereinstimmung der Gesinnung der Hamburger und Bremer mit der der Franzosen, die Wichtigkeit der Elbe u. Weser für die letztern, um England den Handel mit Deutschland zu coupiren, und mehrere Umstände führen die Aufmerksamkeit der Franzosen über kurz oder lang auf diesen Punkt – und was kann ihnen dann entgegengestellt werden – Wesel – das ist eine gefährliche Festung – sie ist und bleibt das für die Franzosen, was sie im 7jährigen Kriege war. Gewiße Ereigniße, welche in Einzelnen von Umständen abzuhängen scheinen, haben in der großen Kette der Dinge[c] eine absolute Folge. Wenden Sie dies auf Norddeutschland und Wesel an – erinnern Sie sich die Geschichte der Franche Comté, Lothringen und Strasburg.

Wie weit der Lieut. Richard mit seinem Triangel Netze kömmt, weiß ich nicht; ich habe seit kurzem keine Nachricht von ihm. Er ist willig und fleißig, aber der Sache nicht gewachsen, darum hofte ich so lange auf Schäfer seine Genesung.

Der Fähnrich Hassebroik u. Guide Rummel werde[n] die ihnen aufgegebene ½ Grafschaft Lippe zu Pappier bringen; ob aber der Lieutenant Vollinghauß und Guide Jasper ganz fertig werden, darüber bin ich noch ungewiß; indes wird doch wenig übrigbleiben und der nordwestliche Theil, das Gebirge, ist schon fertig.

---

[b] *Die folgenden acht Wörter sind eine Einfügung; sie ersetzen die frühere Formulierung: „seine Existenz".*

[c] *Verändert aus „Ereigniße".*

[1] Am 27. August 1799 landete eine britisch-russische Armee unter Befehl des Herzogs von York bei Den Helder. Das Expeditionskorps unterlag aber bei Bergen (19. September), Castricum (6. Oktober) und Beverwijk (9. Oktober) gegen die französischen und batavischen Truppen unter General Brune; der Herzog unterzeichnete am 18. Oktober die Kapitulation von Alkmaar, die ihm die Wiedereinschiffung der Truppen gestattete.

[2] Am 9. November (18. Brumaire des Jahres VIII der Republik) hatte sich der aus Ägypten zurückgekehrte General Napoleon Bonaparte mit Unterstützung von Sieyès, Fouché, Talleyrand und anderen an die Macht geputscht.

Im Dezember werden Sie, bester Freund, erst hierüber einen[d] bestimmten Bericht erhalten können. Adieu, mein bester Freund, fällt einmal eine Viertelstunde zwishen Ihren Arbeiten aus, so schenken Sie dieselben Ihren aufrichtigsten und dienstwilligsten Freunde
G. Scharnhorst
Hannover den 20ten
Nov. 1799.

187. Denkschrift Hannover, 11. Februar 1800

HStAH, Hann. 41 I Nr. 111 II (1½ S.): Eigenhändig.

Marsch-Route für 1 Bataillon des 10ten Infanterie Regiments von Saffe von Lessum nach Celle.[a]

Den 1ten Merz concentrirt sich das Bataillon
Den 2ten marshirt es nach Hastädt und umliegenden hannövrischen Oertern[b]
Den 3ten nach Eitelsen[1] und umliegenden Oertern
Den 4ten Rasttag
Den 5ten Verden und umliegenden Oertern[c]
Den 6ten Witlohe, Ottersen[2] und umliegenden Oertern
Den 7ten Rasttag
Den 8ten Riethagen, Heidemühlen u. umliegenden Oerten[d]

---

[d] Statt „einem".

---

[a] Der Text steht auf den letzten zwei Seiten eines Faltblattes, auf dessen ersten beiden das Konzept zum dazugehörigen Befehl Wallmodens an Oberst von Drieberg vom 10. Infanterieregiment steht (Hannover, 13. Februar 1800). Dieses Konzept ist von derselben fremden Hand (möglicherweise der Löws), von der auch die in der Folge in den Fußnoten verzeichneten Randanmerkungen und die Konzepte für die Befehle an die Einheiten, durch deren Quartiere der Marsch ging, sind. Im selben Faszikel befinden sich vier gleiche Marschrouten Scharnhorsts und Konzepte zu Befehlen Wallmodens, die hier aber nicht abgedruckt werden. Es geht dabei um den Marsch des 1. Bataillons des 14. Infanterieregiments von Badbergen nach Hildesheim und Burgtorf (1.–12. März, Marschroute datiert Hannover, 11. Februar 1800, 1½ S.), den des 2. Grenadierbataillons vom Amt Himmelpforten ins Amt Bederkesa (1.–3. März, Marschroute datiert Hannover, 12. Februar 1800, 1 S.), den des 4. Kavallerieregiments von Walsrode nach Beverstedt (1.–6. März, Marschroute datiert Hannover, 12. Februar 1800, 1 S.) und den des 2. Kavallerieregiments von Börry nach Hagen (1.–13. März, Marschroute datiert Hannover, 12. Februar 1800, 2 S.). Dazu gehört auch noch eine eigenhändige Denkschrift Scharnhorsts (Hannover, 14. Februar 1800, 1 S.) zu den neuen Quartieren der drei letztgenannten Einheiten.
[b] Zu diesem Absatz am Rand von fremder Hand vermerkt: „Von der 2ten Schweren Batterie belegt", zum folgenden: „Desgleichen".
[c] Am Rand von fremder Hand: „Von dem Bat. 5t Inf. Regts. belegt".
[d] Am Rand von fremder Hand: „Von den 1t Leib Regt. belegt".
[1] Etelsen bei Achim.
[2] Wittlohe und Otersen.

Den 9ten Marklendorf, Wietzen, Steinförde u. nächst gelegenen Oertern.[e]
Den 10ten nach Celle.

Hannover den 11ten Febr.   G. Scharnhorst
1800   Oberstlieutenant und
                                         G.Q.M.[f]

188. Denkschrift   Hannover, 15. Februar 1800

HStAH, Hann. 41 I Nr. 111 II (2 S.): Eigenhändig.

Quartierangelegenheiten.

Veränderungen in den Cantonirungen des Avant-Corps; den 1ten April 1800 auszuführen.

Das 9te Cavalerie Regiment der Königin nimt seine Quartiere in dem Kirchspiel Lohne und Steinfeld.
Das 8te Cavalerie Regiment Niemeyer nimt seine Quartiere in dem Kirchspiel Damme.
Der Trän der 2ten Batterie, Capitän Rubertie[1], verläßt das Kirchspiel Damme und nimmt seine Quartiere im Kirchspiel Gehrde u. Badtbergen.
Das 2te Bataillon vom 14ten Regiment von Drechsel nach Quakenbrük und in das Kirchspiel Essen oder nach Fürstenau und umliegende Gegend, wo solches am Besten geschloßen exerciren kann.
Das 1te Grenadier Bataillon von Hugo nach Diepholz, Drebber und umliegende Gegend.
Das 4te Grenadier Bataillon von Plato concentrirt sich um Bramsche
Das 5te Grenadier Bataillon von Barse concentrirt sich um Vechte.
Die Jäger Compagnie von Hohnstädt nimt ihre Quartiere in Haselüne.
Das 10te Cav. Regim. Pr. W. concentrirt sich um Ankum.

So wohl alle Bataillone, als Cavalerie Regimenter, richten ihre concentrirten Quartiere so ein, daß sie auf[a] einen bestimmten Exercierplatz mit dem ganzen Bataillon oder Regiment sich einigemal in der Woche versammeln können.
                                         G. Scharnhorst
Hannover den 15ten Febr.   Oberstl. u. G.Q.M.
1800

---

[e] *Am Rand von fremder Hand: „Vom Regiment Leibgarde belegt".*
[f] *Auf der unteren Hälfte der letzten Seite folgen von fremder Hand die Verfügungen Wallmodens an die Einheiten, in deren Quartieren das marschierende Bataillon übernachten sollte (Hannover, 13. Februar 1800).*

---

[a] *Das Wort in der Vorlage versehentlich doppelt.*
[1] Ruperti.

189. Dislokation H[annover], 28. Februar 1800

HStAH, Hann. 41 I Nr. 111 II (2 S.): Eigenhändig.

Quartierangelegenheiten bei Übung des Avantkorps.

H. den 28ten Febr. 1800

Concentrirung des Avant-Corps

[a]Während dem Monat April

Das 9te Cavalerie Regiment d. K. nimt seine Quartiere in dem Kirchspiele Lohne und Steinfeld.
Das 8te Cavalerie Regiment Niem. nimt seine Quartiere in dem Kirchsp. Damme.

Das 10te Cavalerie Regiment P. W. concentrirt sich um Ankum.

Keinen der oben genannten 3 Regimenter wird es an einem Exercierplatze im Bezirk seines Quartierstandes fehlen.

Der Trän der 2ten Batterie Reit. Art. H. Rubertie verläßt das Kirchspiel Damme und nimmt seine Quartiere in Kirchspiel Badtbergen und Gehrde.

Das 1te Grenadierbataillon v. Hugo nimt seine Quartiere in Diepholz, Drebber und umliegenden Gegend.
Das 4te Grenadierbat. v. Plato concentrirt sich um Bramsche.
Das 5te Grenadierbataillon von Barse concentrirt sich um Vechte.
Jedes dieser 3 Grenadierbataillone finden in ihren Quartierstande gute Exercierplätze.

Die Jäger Compagnie von Hohnstädt wird nach Haselüne verlegt.
NB. Marshirt in die Gegend von Hildesheim.[b]

Während dem Monat May

Das 9te Cavalerie Regim. d. K. belegt nicht ferner das Kirchspiel Lohne, sondern conc. sich im Kirchsp. Steinfeld und beköm̃t einige Baurschaften von Kirchspiel Damme zu jenen.
Das 8te Cavalerie Regim. bleibt im Kirchsp. Damme, giebt aber einige Oerter davon an das 9te Cav. Reg. ab.

---

[a] *Der Text ist in der Vorlage in zwei Spalten (für April bzw. Mai) geschrieben.*
[b] *Diese Zeile offenbar von Löws Hand.*

Das 10te Cavalerie Regim. kömt ins Kirchspiel Neuenkirchen, bekömt dazu einige Oerter von Kirchspiel Gehrde, die Stadt Vörden und was ihn sonst am nähesten liegt.

Der Exercierplatz der 3 Regimenter, des 8ten, 9ten und 10ten, in der Gegend von Haldorf und Fladderlohhausen.

Die 2te Batterie Reit. Art. mit ihren Trän nimt seine Quartiere in Kirchspiel Ankum und Bersenbrük.

Das 1te Grenadierbataillon v. H. nach Barnstorf und nächst gelegenen Oertern.
Das 4te Grenadierbat. v. Pl. nach Twistringen und nächst gelegenen Oertern.
Das 5te Grenadierbataillon nach Goldenstädt und nächst gelegenen Oertern.
Der Exercierplatz der 3 Gr. Bataillone in der Gegend von Heiligeloh.[c]

190. Scharnhorst an [Lecoq[1]]   Hannover, 15. März 1800

GStA PK, VI. HA Nl Scharnhorst Nr. 348 fol. 1r–2v (3½ S.): Reinschrift, eigenhändig.

Stand der Landesaufnahme und Kartenanfertigung.

Hannover den 15ten Merz 1800
Aus verschiedenen Ursachen kann ich Ew. Hochwohlgeborn geehrtes Schreiben vom 20ten Januar und 5ten Merz erst jetzt bestimmt beantworten.
 1. Der Lieutenant Richard wird den ersten May wieder seine Vermeßung und Triangulirung in Paderbornschen Ihren Verlangen gemäß anfangen und ganz von Ihren Befehlen abhängen. Ich bin Ew. Hochwohlgeborn unendlich verbunden, daß Sie bey Sr. Durchlaucht dem reg. Herzog v. Braunshweig bewirkt haben, daß derselbe monatlich 20 Rthlr. Zulage bekömmt.
 2. Zu der Beendigung der Vermeßung des Lippischen wird der Lieutenant Vollinghaus mit einem Guiden am 1ten May von hier abgehen und seine Arbeit fortsetzen.

---

[c] *Im gleichen Faszikel befinden sich hierbei drei eigenhändige Detailbefehle an Einheiten des Avantkorps (Hannover, 1. März 1800): die Marschrouten für die Jägerkompanie von Honstedt von Löningen nach Harsum (22. März–3. April, 1. März 1800, 1 S.), die für das 2. Bataillon des 14. Infanterieregiments von Löningen nach Sarstedt (20.–31. März, 1 S.), sowie die Quartierliste für diese Einheiten und das nach Hildesheim verlegte 1. Bataillon des 14. Regiments (2 S.).*

[1] Laut Angabe im Katalog 670 (Juli 1998) des Auktionshauses Stargardt (Berlin) ist dieser Brief an Lecoq gerichtet. Die förmlichen Anreden stehen jedoch in deutlichem Gegensatz zu den sonst gepflegten Freundschaftsformeln. Der Inhalt stimmt wiederum mit den gemeinsamen Dienstobliegenheiten überein. Möglicherweise ist der Brief so aufgesetzt worden, damit er auch Dritten, vielleicht dem unter Punkt 1 erwähnten Herzog von Braunschweig, vorgelegt werden konnte.

3. Der Guide Rummel wird in der Mitte April abgehen, um die Abtei Corvey aufzunehmen.

4. Zu der Rectificirung der bewußten Paderbornschen Carte kann zwar jetzt niemand so gleich von hier angestellt werden, aber der Guide Rummel wird in der Mitte Junie und der Lieutenant Vollinghaus gegen das Ende von Julie die oben genannten Arbeiten geendigt haben, und beide werden als denn zu jener Arbeit angestellt werden können. Sollte auch der Lieutenant Richard nicht so früh mit dem Trianguliren fertig werden, daß er jenen beiden Herrn noch Hülfe leistete?

5. Se. Excellenz der Herr Feldmarschal G. v. Walmoden bewilligen den Fähnrich von Reiche sehr gern den verlangten Urlaub, so bald ihn das Regiment entbehren kann. Ich habe dies an den Fähnrich v. Reiche, so wie an den Comandeur des Regiments, bey dem er stehet,[a] geschrieben. Er comandirt unglüklicherweise die Scharfshützen und wird nur sehr ungern entbehrt werden.

6. Der Lieutenant Richard wird im April so wohl ein Netz von seinen Triangeln, als auch eine Berechnung derselben Ew. Hochwohlgeborn einschicken. Die Vermeßung in Lippischen von diesen Sommer wird copiert, und ich hoffe, daß Sie diese Copey noch vor den ersten May erhalten sollen. Diese Vermeßung, welche nach dem Mastab der Hildesheimschen geschehen ist, wird ohne Zweifel Ihren Beyfall erhalten.

Den in der Hoyaischen Karte noch fehlenden Theil von dem Amte Thedinghausen überschicke ich Ihnen hier; nächstens soll auch die Carte von Pyrmont erfolgen.

Angenehm wäre es mir, wenn Ew. Hochwohlgeborn an Se. Excellenz den H. Feldmarschal Grafen v. Walmoden wegen der Anstellung des Lieutenant Vollinghaus und Guiden Rummel zu der Verbeßerung der Paderbornshen Carte schrieben, doch brauchte dies erst in May zu geschehen.
Mit der größten Hochachtung bin ich

Ew. Hochwohlgeborn

dienstwilligster Diener
G. Scharnhorst

Um alle Weitläuftigkeit in Corveyschen zu vermeiden, ersuche ich Ew. Hochwohlgeborn um ein Schreiben an den Abt von Corvey,[2] in welchen die Absicht und Arbeit des Guiden Rummel denselben angezeigt wird. Dies Schreiben könnte der Guide selbst mit nehmen.
G. S.

---

[a] Statt „erstehet".
[2] Bischof Ferdinand von Lüninck (1755–1825) regierte von 1794 bis zur Übergabe des Territoriums an den ehemaligen Erbstatthalter Wilhelm von Oranien im Jahre 1802.

191. Denkschrift   H[annover], 5. April 1800

HStAH, Hann. 41 I Nr. 111 II (3 S.): Eigenhändig.[a]

Quartierangelegenheiten.

H. den 5ten April 1800

I. <u>Herrn Geh. R. von Bush</u>
Das Gesuch H. Geheimte Rath von Busch[b] hat zum Grunde, bey der Concentrirung doch noch das Münstershe als Kirchsp. Lohne und Dinklage mit herbeyzuziehen. Um sich gefällig zu erzeigen, scheint es mir, daß man ihn antworten könne:
1. Daß man den 9tn Cav. Regiment, welches in May Lohne verließe, aufgeben wolle, daß es von diesen Kirchspiel dennoch diejenigen Baurschaften belegte, welche die Entfernung des Exercierplatzes gestattete und daß auch dies in Absicht des Kirchspiels Dinklage beobachtet werden sollte, damit Damme so viel möglich dem 8ten Regimente allein bliebe.
2. Was die übrigen Gesuche, als die Belegung von Ankum mit der Artillerie, die Belegung der nächsten Baurschaften des Kirchspiels Gehrde betrifft, so ist hierüber nur zu antworten, daß dies nach der von hier gegebenen Dislocation ohnehin geschehen würde.

II. <u>An den H. Gen. Maj. v. Linsingen</u>
müßte nun auch wegen Belegung einiger Baurshaften von Lohne u. Dinklage so weit es ginge geshrieben werden, jedoch dabey bemerkt, daß Se. Excellenz der H. G. Gr. v. Walmoden voraussetzten, daß die Regimenter so nahe blieben, daß sie wöchentlich einigemal sich alle 3 auf den bestimmten Platz versamlen könnten (denn was könnte das Concentriren helfen, wenn nicht zusammen exercirt würde und hierauf ist mit Macht zu halten, weil man es immer vitirt[1]).

III. <u>An den H. Gen. Major von Scheiter</u>[2]
Daß nach der allgemeinen Ordre die Concentrirung in den Quartierstande geshehen müße, daß aber, wenn dies bey den 2ten Gr. Bataillon nicht möglich sey, freilich die verlangten Oerter belegt werden, und daß dorten mit der Regierung und den Aemtern arrangirt werden müße.

---

[a] *Sehr flüchtige Schrift.*
[b] *Das Gesuch des Geheimen Rates von Bussche, bei dem es sich mutmaßlich um den Oberkammerherrn und Domherrn zu Osnabrück, Philipp Clamor von dem Bussche gen. Münch (1728–1808), handelte, an Wallmoden (Osnabrück, 20. März 1800) liegt bei.*
[1] Verdirbt.
[2] Bernhard Friedrich Rudolph von Scheither.

(Mehr weiß ich hier nicht zu sagen; die Dislocation ist von dem H. Amtman Heise angegeben, der sich hier so wohl, als bey den 4ten Cav. Regim. muß geirt haben, wenn zu den Nachsuchen Gründe vorhanden sind.)

IV. In Absicht der Gevollmächtigten von Basbek[3] ist zu antworten, daß ihr Gesuch so bald es geschehen könne wilfahrt werden sollte; welches dann auch ohnehin bey der Concentrirung der Brigade der Fall seyn würde.
G. Scharnhorst

192. Bericht   Hannover, 8. April 1800

HStAH, Hann. 41 III Nr. 149 (2 S.): Reinschrift, fremde Hand[a], unterschrieben von vier Mitgliedern der Artilleriekommission.[1]

Beratungen über neue Regeln für das Manövrieren der Regimentsartillerie.

An Seine Excellenz
den Herrn Feld Marschall Reichs Graf von Wallmoden Gimborn & cet.
   in
     Hannover

General Quartier Hannover, d. 8ten April 1800.

Ew. Excellenz verfehlen wir nicht den unterthänigen Rapport abzustatten, daß wir gestern den uns gewordenen Auftrag, Vorschläge über eine neue Bestimmung des Betragen der Regiments Artillerie bey dem Manöwriren der Infanterie zu thun, beendigt haben. Sollte es dieselben genehmigen, so würde der Obrist-Lieutenant Braun diesen Aufsatz, welcher nur noch im Concepte existirt, gleich hinnehmen, das Nöthige hieraus bearbeiten, und wir würden dann, wenn das Ganze zusammen seyn würde, Ew. Excellenz einen vollständigen Rapport abzustatten im Stande seyn.
  Inzwishen können wir nicht läugnen, daß wir in der Hofnung, vershiedene Veränderungen unsres Exercir Reglements balde zu erfahren, unsere Vorschläge wegen der Regiments Artillerie so eingerichtet haben, wie wir hoffen vermuthen zu dürfen, daß die Veränderungen selbsten bey der Infanterie Exercice eintreten werden. Hierbey sind wir aber von nichts andrem geleitet worden,

---

[3] Basbeck an der Oste.

[a] *Möglicherweise Löws.*
[1] In der 1799 von Wallmoden eingesetzten Kommission saßen Trew, Georg Gustav Braun, Prinz Adolph, Flügeladjutant von Löw, Scharnhorst, Brigademajor der Kavallerie Albrecht von Estorff (der aber meistens in London war) und Prinz Karl von Schwarzburg-Sondershausen vom 8. Infanterieregiment. Wie aus dem Inhalt ersichtlich ist, bildeten die vier Unterzeichner der Denkschrift einen Unterausschuß zu Fragen der Regimentsartillerie.

als von der Erfahrung, welche uns die letzten Feldzüge gegeben haben,[b] und von denen Veränderungen selbsten, welche durch Errichtung der Scharfshützen[2] und das Manöwriren der Canonen und Pferde entstehen müßen.

Wir haben aber nicht verfehlt, jedesmahl die Uhrsachen und Bewegungs Gründe anzuführen und aus einander zu setzen, warum wir geglaubt haben, diese oder jene Veränderung vorschlagen zu müßen.

Endlich haben wir geglaubt, das Verhalten der Canonen bey Bewegungen ganzer Brigaden und Linien Infanterie angeben zu müßen, obgleich die meisten der Stücke dieser Arth in unserm Reglement höchstens für ein Regiment angegeben sind.

G. v. Löw   G. G. Braun
Oberstl. u. Fl.Adjd[t]

Carl Pz. Schwarzburg Oberstl.   G. Scharnhorst
                                Oberstl.[c]

193. Denkschrift   H[annover], 18. April 1800

HStAH, Hann. 41 III Nr. 148 (1½ S.): Eigenhändig.

Technische Details zur Bewegung der Geschütze.

H., den 18ten April 1800

P.M.

Nach einer flüchtigen Durchsicht finde ich jetzt nichts mehr bey der Abfaßung der Exercier Reglements zu erinnern, nur wünschte ich:

1. daß unsere Prolongen nicht alzu lang würden, nicht langer als 20 Fuß; die, welche wir auf dem Gießhofe sahen, war gewiß gegen 30 Fuß lang. Die langen Prolongen ershweren aber Manoeuver mit derselben;
2. daß man die Prolonge zu Zeiten als Lenktau gebrauchte und nicht an die Bäume faßte, wenn man mit Pferden avancirte;
3. daß die Verbindung der Protze und Canone beym Avanciren mit Pferden durch die Hemkette auf eine leichtere und geshwindere Art als die gewöhnliche geschehen könnte.

Die Methode, welche die Preußen haben, ist sehr gut; da wir aber kein Tau vorn haben, so können wir sie nicht so grade zu anwenden. Da wir jetzt immer mit Pferden avanciren, so ist dieser Umstand äuserst wichtig.

G. Scharnhorst

---

[b] Statt „hat".
[c] Die Unterschriften stehen in der Vorlage alle nebeneinander.
[2] Gemeint ist, daß man nun auch offiziell, durch Zusätze zum alten Infanteriereglement, auf die französische Tirailleurtaktik reagierte. Vgl. Nr. 267.

194. Scharnhorst an Braun[a]

Hannover, 25. Mai 1800

HStAH, Hann. 41 III Nr. 148 (4 S.): Eigenhändig.

Technische Einrichtungen zur Bewegung der Geschütze. Klarstellung. Meinungsunterschied. Vorschläge. Ablehnung weiterer Untersuchungen.

Liebster Freund, sehr wahr ist es, daß die preußische Methode, mit ausgespannten Pferden vorzugehen, nichts taugt; daß ich aber diese nicht meine, davon können Ihnen die Bemerkungen von 18ten April, die wieder mit zurückkommen, überzeugen. Ich rede bestimmt von einer Verbindung der Protze mit der Lafete oder Canone. Die Preußen haben ein Tau mit einem Knüppel an der Axe der Lafete ein für allemal befestigt; diese Knüppel stecken sie durch die Schleife. Das könnte nun bey uns nicht geshehen, weil wir eine Protze statt der Schleife haben. Ich meine, daß wohl ehedem Verwirrung bey der Verbindung der Lafete mit dem vorgehangenen Theil entstanden wären. Ist dies nicht, und sind Sie überzeugt, das keine weitere Arrangements zur Vermeidung alles möglichen Auffenthalts in diesen Stük nöthig sind, wo zu denn noch weitere Untersuchungen?

Was die Sache mit dem Lenktaue anbetreffen, so scheint es mir, man könne eine Einrichtung treffen, daß die Mitte der Prolonge vor ordinär an der Protze befestigt würde und so zum Lenktau beym Avanciren, sonst aber zur ordinären Prolonge diente. Oder man könnte die Schleptaue dazu gebrauchen und dann den Leuten es überlassen, ob sie an die Bäume oder das Lenktau fassen wollen.

Noch ein mal auf die Prolonge zu kommem: Können Sie nicht dieselbe ein für alle mal ganz fixe an die Axe der Protze oder an den Sattel oder sonst wo an der Protze befestigen und den andere Ende mit einem paßlichen Haken versehen, der beym Avanciren in den Rink an der Axe der Lafete gehakt würde und beym Retiriren in den Rink auf den Schwanzriegel, in Marsch aufgesetzt aber an der Protze irgendwo befestigt wäre?

Dies sind meine Gedanken, nehmen Sie davon, was Sie gut finden, und glauben Sie dieselben unanwendbar, so lassen Sie uns das Capittel endigen, weil das Ausge[h]n desselben zu preßant ist. In allewege schicken Sie es in den ersten Tagen zurük, damit in der jetzigen Exercierzeit noch Gebrauch davon gemacht werden kann.

Sie sehen, daß ich den Vorschlag einer weitern Untersuchung nicht annehme; desto angenehmer soll mir aber alles seyn, was unsere Freundschaft noch enger verbindet. Adieu, lieber Freund

Hannover, den 25tn May 1800

G. Scharnhorst

---

[a] Auf dem Umschlag adressiert: „Herrn Oberstlieutenant Braun zu Neustadt". Zu ihm vgl. Anhang 1.

ᵇN.S.
Ich hatte vergeßen, dies P.M. einzulegen. Noch fällt mir ein: Wenn man die Prolonge doppelt nehme, so brauchte man sie nicht abzunehmen u. so diente sie vortreflich zum Lenktau; dann müßte man aber ein Tau wie die Preußen an der Axe der Canone mit einer Oese oder Eisen Rink haben, welches beym Avanciren über die Protznagel gehangen, sonst aber um die Canone geschlag[e]n würde. Diese unvorgreifliche Vorshläge.
Ihr Freund
G. Scharnhorst

195. Denkschrift [?, nicht nach 8. Juli 1800]

HStAH, Hann. 41 I Nr. 111 III (3 S.): Eigenhändig.

Verlegung von Artillerie an die Niederelbe. Belastbarkeit der Wege.

8ᵗ July 1800.ᵃ

Pro memoria
die Verlegung der Artillerie in das Kedingsche und Alteland[1] betreffend.ᵇ

Wegen des Durchkommens auf den ordinären Wegen braucht man nicht besorgt zu seyn. Die Brücken, welche hier die Kornwagen tragen, sind auch stark genug für die 6 ℔der und ihre Wagen. Eine Feldartillerie von 6 ℔dern müßte schlecht eingerichtet seyn oder höchst fehlerhaft geführt werden, wenn sie in Sommer nicht gebräuchliche Marschwege passiren könnte.

Auch wegen der Brücken auf den Nebenwegen über die Gräben vors Vieh etc. braucht man nicht besorgt zu seyn, wenn sie etwa von Artillerie passirt werden müßten. Es ist die Sache des Batterie Comandeurs, sie in Nothfall zu verstärken, wo zu sich allerwärts ohne bedeutende Kosten Gelegenheit findet, in dem die gebrauchten Bretter u. Hölzer gleich wieder abgenommen werden. Uebrigens wird dieser Fall der Regel nach nicht vorkommen.

In Rüksicht des Platzes ist zu bemerken, daß der Mangel desselben bey allen Batterien u. Regimentsgeschütz, zumal in Calenbergshen bisher immer

---
ᵇ *Die Nachschrift folgt auf einem Umschlagblatt. Der Text bekräftigt den tatsächlichen Zusammenhang mit dem Brief. Das angesprochene Promemoria könnte das vom 18. April (Nr. 193) sein.*

ᵃ *Eingangsvermerk von fremder Hand.*
ᵇ *Im gleichen Faszikel befindet sich auch der Schriftverkehr, der durch die Bedenklichkeiten der Regierung in Stade veranlaßt wurde, sowie ein auf Scharnhorsts Denkschrift fußendes Schreiben Wallmodens an die Batteriekommandeure Meyer und Hamelberg (Hannover, 9. Juli 1800).*

1 Das Land Kehdingen und das Alte Land am Südufer der Unterelbe.

eingetreten ist. Zu Zeiten sah man die Batterien auf den Höfen und in den Holzkämpen, zu Zeiten auf den Triften, dann auch auf den Weiden, gegen geringe Vergütungen, auffahren lassen. Dergleichen überläßt man den Batterie Commandanten.

Daß Schleußen dadurch, daß <u>einmal</u> höchstens 16 Fuhrwerke darüber passirten, verdorben werden sollten, wenn sie sonst zu Brücken in Allgemeinen bestimmt sind, läßt sich nicht denken. Es liegt gewiß hier in Ganzen ein Mißverständniß zum Grunde, man denkt sich ungewöhnliche Lasten. Bey uns werden die ordinären Fuhrwerke u. 6 ℔ der schwere Artillerie genannt, ohne eigentlich diesen Namen zu verdienen.

Ueberall ist bey der ganzen Sache nichts zu thun, denn wäre es auch ganz u. gar nicht möglich, die Batterie in die Marschgegend zu bringen, so kann das der Batterie Comandant an Orte und Stelle beurtheilen, und dann wird er sie auf der Gest, beym Anfange der Marsh lassen, oder er beginge einen strafbaren Fehler.

G. Scharnhorst.[c]

196. Scharnhorst an Wallmoden   **Hannover, 14. August 1800**

HStAH, Hann. 41 I 181 II (5 S.): Eigenhändig.

Beurteilung der Feldguiden. Vorschläge für Verabschiedungen. Nutzlosigkeit der Pioniere.

An Se. Excellenz den Herrn Feldmarschal Grafen von Walmoden Gimborn

Hannover, den 14ten August 1800.

Auf den mir gegebenen Befehl in Absicht der Guiden habe ich die Ehre, gehorsamst zu berichten, daß von den 5 Guiden nur 3 recht brauchbar sind und daß also die übrigen namens Müller[1] und Wichtendahl in jeden Fall verabshiedet werden können; jedoch muß ich hierbey bemerken, daß der Letztere jetzt bey dem Lieutenant Richard auf Vermeßung ist und wohl nicht vor Ende October zurückkommen mögte.

Sollte von den übrigen 3 Guiden noch einer verabshiedet werden, so könnte dies am füglichsten Jaspern treffen, zu dem dieser wieder in das Artillerie Regiment als Unterofficier zurükgehen würde, worüber jedoch mit den Herrn General von Trew Verabredungen zu treffen wären. Uebrigens ist der Guide Jasper in Lippishen auf Vermeßung und kömt erst wahrsheinlich in October zurük.

---

[c] *Im gleichen Faszikel befindet sich ein eigenhändiges Promemoria Scharnhorsts zur Verlegung eines Bataillons des 6. Infanterieregiments (1 S., vor 7. Juli 1800).*

[1] J.L. Müller.

442   II. Reform der hannoverschen Armee (1798–1801)

Der Guide Rummel, welcher in Paderbornschen auf Vermeßung ist, ist derjenige, welche[r] sich am meisten applicirt hat und den ich daher Ew. Excellenz Gnade besonders auf die Zukunft empfohlen habe. Ich würde, wenn ich niemand behielte, der ein bischen Zeichnen u. Aufnehmen könnte, mich auch in der künftigen Verrichtung meines Dienstes in einer sehr unangenehmen Lage befinden.

Den Guiden Wibeking[2] bitte ich, so lange die Demarkationsarmee dauert, bey zu behalten, da ich ohne dies niemand hätte, der mir etwas abschreiben könnte.

Der Guide Müller ist, so lange das Corps auf dem Feldfuß stehet, krank gewesen. Ich muß überhaupt den Guiden das Zeugniß geben, daß sie sehr willig u. lehrbegierig sich betragen und auch gut sich applicirt haben. Auch haben sie, so weit die Lage es gestattet, viel Dienste gethan, wie sie dann auch noch jetzt, auser den kranken Müller, alle in Arbeit sind.

In Betref der Pioniers ist Ew. Excellenz selbst bekannt, daß diese auser der Flesche, welche sie bei Hoya machten, fast nichts, weder zu ihren Unterricht noch für das Corps, gethan haben. Ich wüßte auch nicht, wozu man sie in der dermahligen Lage noch mobil erhalten sollte. Indes ist die Ersparung, welche man dadurch erhält, auserst unbedeutend, wenn zumal die Einziehung[a] der Portionen nicht der Kriegeskasse zufiele, sondern den Ständen berechnet würde. Ihre Gage bleibt dieselbe und vermehrt sind sie nicht.

G. Scharnhorst
Oberstlieutenant u. G.Q.M.

197. Scharnhorst an [Lecoq] [?, 5. Oktober 1800[1]]

GStA PK, VI. HA Nl Scharnhorst Nr. 25 fol. 52r–53r (3 S.): Konzept, eigenhändig, wohl Fragment.

Druck: Linnebach, S. 206f. (gekürzt).

Übersendung eines Aufsatzes als Referenz. Fehlender Adel als Karrierehindernis in Preußen. Erwägungen zur Annahme eines adligen Namens aufgrund eines landtagsfähigen Gutes.

In den beiden hierbey gehe[n]d[en] Briefen haben Sie, theurster Freu[n]d, alles, was ich Ihnen in Bezug mei[n]er Angel[e]ge[n]heiten zu sagen für Pflicht hielt. Als Freu[n]d habe ich noch an Ihnen eine Bitte, welche darin

---
[a] Statt „Einsziehung".
[2] G. H. Wiepking.

---
[1] Die Datierung folgt aus der Annahme, daß dieser Brief mit den beiden folgenden Texten (Nr. 198, 199) in Verbindung steht, so auch bei Linnebach.

besteht, daß Sie dafür sorgen, daß der Aufsatz über die Regim[en]ts Artillerie, falls Ihr gnädigster König auf mich reflectiren sollte, um Gotteswillen nicht in die Hände der Artiller[i]ste[n] kömt.² Sie wissen nicht, wie das so ist – dies würde mir in der Folge viele bittere Stunden machen, und allein aus dieser Ursache habe ich ke[i]ne Aufsätze über die eigentliche Artillerie beygelegt, w[e]lches, wie Sie le[i]cht denken können, sonst geshehen wäre.

Eine andere Sache, welche mir sehr an Herzen liegt und über welche ich mich Ihren freundshaftliche[n] Rath erbitte, bestehet darin: Man sagt mir, daß de[r] Umstand, nicht von Adel zu seyn, der künftig[e]n Placir[un]g meiner Söhne³ in preußish[e]n Diensten große Hinderniße in den Weg legen könne. Obwohl ich nichts we[n]iger als von Adel bin, so habe ich doch einen adelichen Gut u. auch Sitz und Stimme auf dem Landtage; auch mein Vater ist Officier gewesen. Könnte ich daher mich nicht in Rüksicht dieser[a] Umstände u. meines militärishen Characters von dies[em] Gute, d.h. v. S. mich schreiben? Ich gestehe Ihnen aufrichtig, daß ich dies nicht, ohne daß ich weiß, daß es mir n[ic]ht übel genommen werden kann, thun werde. Schreiben Sie mir als Freund Ihre aufrichtige Mein[un]g hierüber. Darum bitte ich Sie recht dr[in]ge[nd].⁴

198. Scharnhorst an [Lecoq]   [Hannover, 5. Oktober 1800ᵃ]

GStA PK, VI. HA Nl Scharnhorst Nr. 25 fol. 69r–v (1½ S.): Reinkonzept, eigenhändig.

Druck: Linnebach, S. 207f.

Übersendung von Aufsätzen als Referenzen zur Vorlage beim König.

ᵃ *Statt „dieses".*
² Der Aufsatz liegt nicht bei, er dürfte einen Teil der Resultate von Scharnhorsts Arbeiten in der Kommission zur Reorganisation der hannoverschen Artillerie enthalten haben.
³ Zu Wilhelm und August Scharnhorst vgl. Anhang 1.
⁴ Lecoq schrieb am 19. Oktober an Scharnhorst (GStA PK, VI. HA Nl Scharnhorst Nr. 25 fol. 42): „Was das ‚von' betrifft, so können Sie es ohne Bedenken annehmen. Beßer aber wäre, dies ist mein Rath, Sie thäten es nicht, sondern bäten den König, Sie beim Eintritt in den Dienst zu adeln, oder bäten darum nach einem Jahre. Gewiß wird es Ihnen der König nicht refusiren." Zum weiteren Fortgang vgl. Nr. 205, zu Scharnhorsts Ansichten zum Adel an sich das Fragment Nr. 310.

ᵃ *Die Edition folgt hier dem allein noch greifbaren Konzept aus dem Nachlaß Scharnhorsts. Linnebachs Edition stützte sich dagegen allem Anschein nach auf die Ausfertigung im Geheimen Archiv des Kriegsministeriums. Dem folgt die Datierung. Die Texte weichen nur geringfügig voneinander ab.*

444 II. Reform der hannoverschen Armee (1798–1801)

Ew. Hochwohlgeboren
erhalten hier die Aufsätze, über welche ich die Ehre hatte, mich mit Ihnen mündlich zu unterhalten.¹ Ich muß aber bey denselben bemerken, daß sie nur insbesondere Beziehung auf unser, das englische und kayserliche Militär haben; und wenn Sie dieselben nach Ihrer gütigen Aeuserung Sr. Majestät vorlegen sollten, um einen Beweiß meiner fortdaurenden eifrigen Bemühungen, dem Militär nützlich zu seyn, zu geben, so bitte ich gehorsamst, jenen Umstand nicht zu vergeßen. Auch darf ich hierbey noch anführen[b], daß sie niemanden mitgetheilt sind, und daß ich, falls ich der Ehre theilhaft werden sollte, in Ihres gnädigen Königs Diensten aufgenommen zu werden, [c]aus mehrern Gründen wünschte, daß mein Name bey denselben, wenn sie in andere[d] Hände kommen sollten, verschwiegen bliebe.

199. Scharnhorst an Lecoq   Hannover, 5. Oktober 1800

Nach der Edition bei Linnebach, S. 208ff.[a]

Rechtfertigung des Wunsches nach Übertritt in preußische Dienste. Bitte um Pension und Versorgung der Familie im Todesfall.

Hannover, den 5. Okt. 1800.
Ew. Hochwohlgeboren werden sich die Ursachen erinnern, die mich vor beinahe 3 Jahren zu der Bitte veranlaßten, von dem großmütigen Anerbieten Ihres allergnädigsten Monarchen erst in der Folge Gebrauch machen zu dürfen.¹ Ich hielt es gegen meine Pflicht, den Staat, dem ich noch gegenwärtig diene, in einem Augenblick zu verlassen, da die Gefahr eines feindlichen Angriffs nahe zu sein schien, auch konnte ich mit Gewißheit voraussehen, daß man mir den Abschied versagen würde. Jetzt, da jene Gefahr, aller Wahrscheinlichkeit nach, nicht mehr zu befürchten stehet und mein ohnehin geringer Dienst als Generalquartiermeister in der Muße des Friedens vollends nur einen geringen Wert haben möchte, macht mir der Umstand, daß ein junger, liebenswürdiger Monarch den preußischen Thron bestiegen hat,² der

---

[b] *Bei Linnebach: „versichern".*
[c] *Die folgenden drei Wörter fehlen bei Linnebach.*
[d] *Bei Linnebach: „mehrere".*
1 Es handelt sich offenbar um einen der beiden in Nr. 197 angesprochenen Begleitbriefe. Er ist in förmlicherem Stil gehalten, vermutlich, um an den König weitergereicht werden zu können. Im Gegensatz zu dem Konzept Nr. 197 ist nun von mehreren Aufsätzen statt nur von einem die Rede.

---

[a] *Linnebach lag auch in diesem Fall die Ausfertigung im Geheimen Archiv des Kriegsministeriums vor. Es handelt sich um den zweiten der in Nr. 197 genannten Begleitbriefe. Auch er ist so abgefaßt, daß er dem König vorgelegt werden konnte.*
1 Vgl. Nr. 60, 61, 64 und 70.
2 Friedrich Wilhelm III. (1770–1840) regierte seit dem Tode seines Vaters, Friedrich Wilhelms II., am 16. November 1797.

unter seinen vielen vortrefflichen Eigenschaften dem Militärstande als Kenner eine besondere Aufmerksamkeit würdigt, den preußischen Dienst umso wünschenswerter, und ich würde keinen Anstand nehmen, das schmerzhafte Opfer zu bringen, mein Vaterland, wo es mir immer sehr gut ging, zu verlassen, wenn Se. Majestät, Ihr gnädigster Monarch, die Gnade hätten, mich in meiner gegenwärtigen Anciennetät in dem mit Recht so geschätzten Artilleriekorps zu placieren.

Indem ich so frei bin, Ihnen diesen Wunsch zu bezeugen, erlauben Sie mir noch einen Gedanken, den ich mit der obigen Aeußerung verbinde, und der mich seit der Zeit, daß ich jenes gnädige Anerbieten erhielt, oft beschäftigt hat.

Ich besitze ein kleines adliches Gut, das, wie Sie wissen, durch seine Lage mir bei dem Unterhalte meiner Familie von großem Wert ist und verbunden mit der Pension, die ich in hiesigen Diensten erhalte, wenn ich undienstfähig werden sollte, mich nicht nur auf Lebenszeit für Mangel sichert, sondern mich auch, da hier die Witwen der Offiziere eine ziemlich beträchtliche Pension erhalten, über das Schicksal meiner Familie nach meinem Tode außer Sorgen setzt.

Wenn ich nun in preußischen Dienst treten sollte, so würde der Besitz dieses Guts für mich nur von einem höchst unbedeutenden Wert sein, und meine Familie würde nach meinem Tode ein trauriges Schicksal zu erwarten haben. Noch mehr, ich verkenne nicht die große Ehre, welche mit dem preußischen, in ganz Europa am meisten geachteten Dienst verbunden ist; aber ich fühle auch die große Gefahr, die einem jeden Fremden, der in einen auswärtigen Dienst tritt, bevorstehet. Und wenn ich gleich mir mit der Hoffnung schmeichele, Ihr großmütigster Monarch würde mir seine Gnade nicht entziehen, so kann der Tod ihn mir doch entreißen.

Diese Betrachtungen lassen mich eine Bitte wagen, die ich kaum zu äußern mich unterstehe; nämlich diese: ich wünsche von dem gnädigsten Könige die Versicherung zu erhalten, daß, wenn ich einst, aus welcher Ursach es auch sein möge, den Dienst verlassen müßte, mir eine lebenslängliche Pension von 1000 Rh. und nach meinem Tode meiner Frau bis zu ihrem Ableben, oder wenn der Tod derselben vielleicht bald erfolgen sollte, meiner Familie, bis mein jüngstes Kind 25 Jahre alt ist, die Hälfte dieser Pension jährlich gnädigst bewilligt werden möge.

Sie haben mir erlaubt, Ihnen aufrichtig meine Gedanken zu sagen. Als Vater von vier unversorgten Kindern[3] und bei einem geringen Vermögen glaubte ich es meiner Pflicht gemäß, ihnen bei dieser wichtigen Veränderung eine Schadloshaltung in dem, was sie dadurch in ökonomischer Hinsicht verlieren, zu verschaffen; und so sehr es mein Wunsch ist, in einen Dienst zu treten, den ich immer enthusiastisch verehrt habe, und das beneidenswerte

---

[3] Die aus dem ersten Band bekannten Wilhelm, Julie und August, sowie die am 29. Dezember 1796 geborene Emilie, vgl. Anhang 1.

Glück zu genießen, einem Monarchen anzugehören, den die Welt unter die Zahl der ersten Könige obenan setzt, so ist mir jene Pflicht doch zu heilig, daß es mir unmöglich wird, sie zu verletzen.
Mit der vollkommensten und gefühltesten Hochachtung bin ich
Ew. Hochwohlgeboren
gehorsamster Diener
G. Scharnhorst.

200. Scharnhorst an [Lecoq?] [?, 25. Oktober 1800?[1]]

GStA PK, VI. HA Nl Scharnhorst Nr. 25 fol. 62v ($^1/_2$ S.): Konzept, eigenhändig, unvollendet.

Mit den innigsten Dankgefühl habe ich Ew. G. Schreiben nebst den Resc. von S. Maj. gelesen. Das gleiche politishe Intereße meines Vaterlandes mit Preußen u. die schwärme[ri]she Verehrung, die ich von jeher für diesen Dienst gehabt habe, erlei[c]htert mir jetzt, da ich meine Familie gesichert sehe, die vorhabende Veränder[un]g, und Ihr gnädigst[e]r Monarch wird an mir einen äuserst diensteifrigen u. treuen Diener haben.

201. Scharnhorst an [Lecoq] [Hannover?, 25. Oktober 1800]

GStA PK, VI. HA Nl Scharnhorst Nr. 25 fol. 61r–62r (3 S.): Konzept, eigenhändig.

Druck: Linnebach, S. 210f.

Danksagung. Zeitpunkt des Dienstantrittes. Bitte um Nobilitierung.

[a]In den beygehenden Briefe[1] an den gnädigsten König habe ich mich für die mir wiederfahrene hohe Gnade[2] bedankt und[b] angezeigt, daß ich wohl

---

[1] Wahrscheinlich handelt es sich hier um einen alternativen Entwurf zu Nr. 201 (vgl. dort Anm. a) in deutlich abweichender Gestalt. Aus diesem mutmaßlichen Zusammenhang leitet sich der Datierungsvorschlag ab.

[a] *Drei förmlichere, inhaltlich unbedeutende Briefanfänge hat Scharnhorst verworfen. Daß dabei auch von der „schwärmerische[n] Verehrung, die ich von jeher für den preußishen Dienst hatte", die Rede ist, könnte den Zusammenhang mit dem Fragment Nr. 200 bestätigen. Solche Formulierungen begegnen jedoch auch an anderen Stellen, z.B. Nr. 199.*
[b] *Das Wort in der Vorlage versehentlich doppelt.*
[1] Vgl. den folgenden Text, Nr. 202. Aus dem Zusammenhang ergibt sich auch die Datierung des vorliegenden Briefes.
[2] In einem Brief von Lecoq vom 19. Oktober (GStA PK, VI. HA Nl Scharnhorst Nr. 25 fol. 42) heißt es: „Hier ist die Antworth des Königs auf das Schreiben, worinn ich Ihren Entshluß melde. Sie sehen, wertester Freund, daß alle Ihre Foderungen erfüllt werden. Nur, was ich schon vor einigen Jahren vermuthete, daß Sie sich gefallen lassen müssen, gleich hinter Pontanus zu rangiren [vgl. Nr. 70]. Sie erhielten sonach einen Hintermann als Oberstlieut., nähml. Hirtig [d. i. August Wilhelm von Hertig]. Ubrigens sind Pontanus u. die übrigen in einem Alter, das Ihnen die zuverläßige Aussicht giebt, Chef der ganzen Artillerie zu werden."

vor Neujahr nicht meine Entlassung fordern könnte, weil bis dahin die Commission zur Veränder[un]g in unser Artillerie u. die damit verknüpften Versuche dauren dürften. Ich habe hierbey eine Bitte gethan, die mehr meine Familie als mich betrifft, nemlich die, mich u. meine Kind[e]r bey dem Eintrit in k. preußishen Dienst zu adeln. Ich darf hoff[e]n, daß S. Majest[ät] die Dreistigkeit des Gesuch um diese Gnad[e]nbeze[u]gu[n]g in Rüksicht der Lage mein[e]r Kind[e]r, die in d[e]r preußischen Armee sonst nicht gut würd[e]n dien[en] können, entshuldig[e]n werden.

Zu welcher Zeit ich mich in Berlin stellen werde, kann ich nicht ganz genau bestimmen; zwar habe ich keine große Abliefer[un]g, bin aber doch in manche Arbeiten verflochten, die mir immer einigen Auffenthalt verursachen mögten. In anderer Hinsicht glaube ich nicht, daß man mir nach unsern Dienstverhältnißen aufhalten kann, auch binden mich keine individuelle Verpflichtungen. Ich habe um keine Vergütu[n]g der Kosten, welche mir die Verä[n]der[un]g des Dienstes verursachen werden, gebeten, weil ich n[ic]ht weiß, ob dergleichen unter solchen Umständen gegeben werden; sollte aber das letztere der Fall seyn, so bitte ich Ew. Hochwohlgeborn, mich der Gnade S. Majestät zu empfehlen.[3]

Immer dauernde Verpflichtungen, herzlichen u. innigsten Dank bin ich Ihnen für die Biederkeit und Offenheit, mit der Sie mir den Weg in einen Dienst, durch den ich mich aufs höchste geehrt finde, geöfnet haben.

Mit unwandelbarer Hochacht[un]g bin ich
E. H.
gehorsamer Di[e]n[e]r.

202. Scharnhorst an Friedrich Wilhelm III.   Hannover, 25. Oktober 1800

Nach der Edition bei Linnebach, S. 211f.[a]

Reinkonzept, eigenhändig, Fragment: GStA PK, VI. HA Nl Scharnhorst Nr. 25 fol. 51r.

Danksagung an den König. Ergebenheitsadresse.

[1]Hannover, den 25. Okt. 1800.

---

[3] Dazu schrieb Lecoq am 3. November (GStA PK, VI. HA Nl Scharnhorst Nr. 25 fol. 43): „In Betref einer Entshädigung wegen der Unkosten bey der Veränderung war der O. von Zastrow auch der Meinung, daß dieser Punkt nicht zu berühren wäre, daher ich zu Ihrem Besten dem Könige davon nichts gesagt."

[a] *Linnebach lag die Ausfertigung im Geheimen Archiv des Kriegsministeriums (Nr. 1552) vor. Ihr Verbleib ist nicht bekannt.*

[1] Diese Danksagung folgt vermutlich einer Anregung Lecoqs in dessen Brief vom 19. Oktober (GStA PK, VI. HA Nl Scharnhorst Nr. 25 fol. 42): „[...] es würde selbst gut sein, wenn Sie einen Brief an den König einlegten, worinn Sie Ihren Dank bezeugen und den Zeitpunkt Ihrer Anherokunft wenigstens ohngefähr angeben."

Allerdurchlauchtigster, Großmächtigster König,
Allergnädigster König und Herr!

Ew. Königliche Majestät haben die hohe Gnade gehabt, mir die huldreiche Gewährung meiner untertänigsten Bitte mittelst des mir von dem Obersten v. Lecoq mitgeteilten hohen Reskripts zu versichern; ich würde mich erdreistet haben, meinen ehrfurchtsvollsten Dank persönlich zu Allerhöchstderoselben Füßen zu legen, wenn meine hiesigen Verhältnisse es verstattet hätten. Diese nämlichen Verhältnisse verhindern mich auch, früher als mit Ende dieses Jahres um meine[b] Entlassung aus hiesigen Diensten nachzusuchen.

Von meiner ersten Jugend an machte das Studium der Kriegeswissenschaften meine vorzügliche Beschäftigung aus; wie glücklich ist daher nicht für mich die Aussicht, in eine Armee aufgenommen zu werden, in welcher sie den höchsten Grad der Vollkommenheit erreicht haben, und künftig einen Monarchen als meinen gnädigen Landesvater verehren zu dürfen, der die Kriegeskunst schätzt, weil er sie kennt.

Im Gefühl dieser beneidenswerten Aussicht bitte ich Euer Königlichen Majestät, die untertänige Versicherung huldreichst aufzunehmen, daß ich alles, was in meinen geringen Kräften stehet, aufbieten werde, zu beweisen, daß ich der mir erzeigten hohen Gnade nicht ganz unwürdig war, und daß kein Opfer mir zu heilig ist, welches ich Allerhöchstdenenselben darzubringen Anstand nehmen werde.

Dürfte ich es, ohne den Verdacht der Unbescheidenheit auf mich zu laden, wagen, bei den vielen mir bereits verheißenen Wohltaten mich noch auf einen Beweis Allerhöchstderoselben Gnade Hoffnung zu machen, so würde ich mich erdreisten, Ew. Königliche Majestät um die Erteilung des Adels für mich und meine Nachkommen untertänigst zu bitten.

        Ich ersterbe in tiefster
        Ehrfurcht
        Ew. Königlichen Majestät
        alleruntertänigster
        G. Scharnhorst.

203. Denkschrift   **H[annover], 29. Oktober 1800**

HStAH, Hann. 41 III Nr. 138 fol. 58r–60v (5½ S.): Konzept, eigenhändig.

Druck: Klippel II, S. 327f.

Beladung der Artilleriefuhrwerke. Verhältnis von Kanonen und Haubitzen. Einsatzmöglichkeiten der Haubitzen. Neue Form der Granaten.

H. den 29ten Oct. 1800.

---
[b] *Hier endet das bis dahin gleichlautende Konzeptfragment.*

Promemoria
die Eingabe des H. O.L. Braun <u>über die Stärke der Batterien</u> etc. betreffend.[1]

In der Eingabe des Herrn Oberstlieutenant Braun sind die bey einer Batterie erforderlichen Fuhrwerke, Pferde und Knechte nur im Allgemeinen angegeben. Es fehlt hier aber ein detaillirtes Verzeichniß der Dinge, welche jedes Fuhrwerk enthält, nebst der Schwere derselben. Freilich braucht dies nur von einer Batterie gegeben zu werden, aber dies ist auch durchaus nöthig, weil man sonst nicht weiß, wie viel Schuß mitgeführt werden, wie groß die Last ist, welche auf jedes Pferd gerechnet ist, u.s.w.

Endlich müssen die Principien angegeben werden, nach denen die Handwerkszeuge und rohen Materialien in den Schmiede- und Rademacher-Wagen bestimmt sind und nach denen die Anzahl der Fuhrwerke für die Bagage, das Brod u.s.w. berechnet werden.

Daß hier eine größere Gleichheit mit andern Gattungen von Truppen herrschen müsse, versteht sich von selbst, und daß dieser Gegenstand daher für das General-Commando gehört, bedarf keiner Erörterung.

Wenn man bey einer Batterie von 8 Stücken mehr als 2 Stük 7℔dige Haubitzen führt, so verfielfältigt man allerdings dies Geschütz zum Nachtheil der Canonen, welche in den meisten Fällen wirksamer sind. Bey der Batterie aber doch diese Gattung von Geschütz haben, scheint auch wieder von der andern Seite vortheilhaft zu seyn.

Wenn der Feind in Schanzen, hinter Gräben und Anhöhen, in Dörfen und Städten, auf Bergen und in Gehölzen ist, so kann man mit den Canonen oft nichts ausrichten, und dann ist es äußerst vortheilhaft, Haubitzen zu gebrauchen. Aber auch im freien Felde kann man sich der Haubitzen mit großen Vortheil bedienen. Zwar ist ihr Schuß nicht so sicher als der der Canonen, dagegen aber verbreitet ihre Granate, weil sie der Feind siehet und weil sie am Ende crepirt, immer mehr Unordnung als die Canonkugel. In beträchtlichen Entfernungen, wo man gegen einander ins Blinde hinfeuert, weder die Entfernung genau weiß, noch die erforderliche Precision bey der Elevation genau beobachtet, da ist immer die Haubitze wenigstens eben so gut als die Canone. Diese Umstände haben denn auch ohne Zweifel verursacht, daß in allen Armeen die Infanterie und die Cavallerie sehr für die Haubitzen, die Artillerie aber gegen dieselben ist. Die erstern sahen vielleicht zu sehr auf die moralische, und die letztere allein auf die physische Wirkung, ohne Rücksicht der besondern Umstände.

Sehr lehrreich sind die Versuche, welche der H. O.L. Braun über die rechte Form der Granaten angestellt hat, und es wurde eine ausserst vortheilhafte Verbeßerung seyn, wenn man durchaus concentrische einführte. Uebrigens ist die Sache in der Artillerie Wissenschaft nicht neu, u. die dänishe und andere Artillerien haben schon seit langer Zeit die concentrischen Bomben.

---

[1] Die Denkschrift stammt offenbar aus den Beratungen der Artilleriekommission.

Daß der O.L. Braun fast doppelt so hohe Wurfweiten als der Major v. Wissel[2] erhielt, kann man wohl keiner andern Ursach als der großen Verschiedenheit unsers Pulvers zuschreiben.

G. Scharnhorst.[b]

204. Scharnhorst an [Lecoq] [?, 20. November 1800?[a]]

GStA PK, VI. HA Nl Scharnhorst Nr. 24 fol. 4r–v ($1^1/_2$ S.), Nr. 25 fol. 54r–55v (4 S.), fol. 57r–v ($1^1/_2$ S.), fol. 58r–v ($1^1/_2$ S.): Konzepte[b], eigenhändig, unvollendet.

Druck: Linnebach, S. 212ff. (Auszüge).

[1.] Übersendung zweier Nummern des Journals. Rechtfertigungen und Klarstellung der Verantwortlichkeiten. Verabredung. Vermehrung der reitenden Artillerie. [2.] Bewilligung der Nobilitierung. Bedenken wegen Artikeln im Journal. Bitte um Weitergabe an Zastrow. [3.] Verabredung. Übersendung der Journale. [4.] Bedenken wegen Artikeln im Journal.

---

[b] *Aus der Dienstkorrespondenz wurden einige kleinere Dokumente in HStAH, Hann. 41 I Nr. 111 III, zur Verlagerung des Observationskorps Anfang November nicht aufgenommen, und zwar vier von Scharnhorst unter dem Datum Hannover, 19. Oktober 1800, abgezeichnete und teilweise korrigierte Marschrouten, sowie zwei mit dem Datum Hannover, 26. Oktober 1800.*

[2] Der bereits im ersten Bande erwähnte Ludwig von Wissell.

[a] *Der Datierungsvorschlag schließt sich der Argumentation bei Linnebach, S. 493, an. In seinem Brief vom 23. November (vgl. Nr. 205) hat Scharnhorst allem Anschein nach das Schreiben, dem die vorliegenden Konzepte zugrunde lagen, noch einmal zusammengefaßt, weil er fürchtete, Lecoq habe es nicht erhalten. Am 28. November aber entgegnete Lecoq, er habe sowohl den Brief vom 23. wie auch einen früheren vom 20. November empfangen (GStA PK, VI. HA Nl Scharnhorst Nr. 25 fol. 45). Dieser frühere Brief dürfte daher aus den hier mitgeteilten Konzepten hervorgegangen sein.*

[b] *Es handelt sich um mehrere Konzepte, die jedoch in vielen Passagen Übereinstimmungen aufweisen. Man kann daher davon ausgehen, daß sie den Entstehungsprozeß eines einzigen Briefes dokumentieren. Weil kein Konzept alle Textelemente zusammenfaßt, wäre die Auswahl eines Textes willkürlich und die Wiedergabe der Abweichungen in Anmerkungen sehr unübersichtlich. Das Verfahren Linnebachs, einzelne Auszüge zu kombinieren, bedeutete einen zu starken Eingriff in die Überlieferung. Aus diesen Gründen werden hier die Manuskripte einzeln mitgeteilt. Aus der Gestaltung des ersten Absatzes ergibt sich die Reihenfolge der Entstehung. Daß das an erster Stelle mitgeteilte Fragment allem Anschein nach das älteste ist, ergibt sich aus der Tatsache, daß alle folgenden auf eine offenbar zwischenzeitlich eingetroffene Nachricht Lecoqs eingehen. Dabei handelt es sich wahrscheinlich um dessen Brief vom 3. November (GStA PK, VI. HA Nl Scharnhorst Nr. 25 fol. 43 und 44), mit dem Scharnhorst auch eine Antwort des Königs auf seinen Brief vom 25. Oktober (vgl. Nr. 202) übermittelt bekam. Zur Gestalt des letztlich tatsächlich abgeschickten Briefes gibt die Zusammenfassung in Scharnhorsts Schreiben vom 23. November (vgl. Nr. 205) immerhin Anhaltspunkte. Demzufolge sind die umfangreichen Bedenklichkeiten über eventuell negativ auslegbare Passagen in Scharnhorsts Zeitschriften schließlich doch in den Brief aufgenommen worden. Sie werden auch in Lecoqs Antwort vom 28. November (ebda., fol. 45 und 46) nicht erwähnt. Sie sind aber von Scharnhorst in einem Konzept für eine Denkschrift noch einmal separat aufgegriffen worden, vgl. Nr. 207.*

[1.] [Nr. 24 fol. 4r–v^c:]

Theuerster, unschätzbarster Freund, ich überschicke Ihnen hier 2 Stücke von dem militärischen Journal. Es sind in demselben ein paar Aufsätze, welche ich schon vor 3 Jahren Ihnen vorgelegt habe. Ich selbst habe keinen davon geschrieben und auch keine Verbindlichkeit gehabt, sie zurük zu weisen. Da zu habe ich noch bey dem von Mirabeau, der übrigens in jeden Buchladen war, das Nachtheilige von der preußishen Artillerie in Zweifel gezogen und zum Theil wiederlegt.[1] Der andere enthält nichts, was mißfallen könnte, und die von mir angehängten Betrachtungen zeigen, wie sehr ich der Artillerie das Wort rede. Ueberdies ist das Journal nicht unter meinen Namen herausgekommen, und jeder mußte für seine Aufsätze einstehen. Ich sehe daher nicht, wie mir in irgend einer Rüksicht dadurch Unannehmlichkeiten entstehen könnten. Ich überschicke sie Ihnen gleichwohl, damit Sie von allen meinen Angele[ge]nheiten unterrichtet sind.

Wenn Sie die Gütigkeit hätten und mir demnächst den Tag bestimmten, an den Sie in Braunschweig eintreffen werden, so wü[r]de ich mich dort bey Ihnen auf einige Stunden ganz incognito[2] einfinden. ^dDeken, der einige Tage mit den Pr[in]z Adolph in Braunshweig gewesen, hat von den Herzog gehört, daß man die reitende Artillerie auf Kosten der Artillerie zu Fuße vermehren und sie in der Folge auf Compagnien setzen will. Ich schmeichele mich, wenn ich zu Ihnen komme, etwas Neues von dergleichen zu hören. Dies ist jetzt der einzige Gegenstand, der mich intereßirt; und ich kann Ihnen nicht sagen, mit welch[e]r Sehnsucht ich der Zeit meines Abgangs von hier entgegen sehe, so schmerzhaft er mir auch seyn wird.

[2.] [Nr. 25 fol. 54r–55v:]

Ihren Brief, mein sehr verehrungswürdig[e]r Freund, habe ich erhalten. Se. Majestät sind so gnädig gewesen u. hat mir meine Bitte in Absicht des „vons" gewährt.[3] Auf keine Weise werde ich mir hier halten laßen, das verstehet sich

---

^c Das Manuskript ist offensichtlich als Reinschrift begonnen worden. Im Laufe des zweiten Absatzes nehmen aber die Korrekturen zu, und die Schrift wird deutlich flüchtiger.
^d Ab dieser Stelle hat Linnebach, S. 214, den Rest dieses Fragments als Abschnitt „c" herausgegeben.

[1] Vgl. [Gerhard Scharnhorst:] Ausführlicher Auszug und Bemerkungen über den militärischen Teil des Werks: De la Monarchie prussienne sous Frédéric le Grand p. M. le Comte de Mirabeau 1788, in: NMJ Bd. 2 (1789), S. 31–94.
[2] Wegen Scharnhorsts Verpflichtungen in Hannover wurden die Übertrittsverhandlungen auch auf preußischer Seite geheim gehalten. Nach einer Mitteilung Lecoqs in seinem Brief vom 28. November (GStA PK, VI. HA Nl Scharnhorst Nr. 25 fol. 45) waren nur der König, Zastrow und der Herzog von Braunschweig eingeweiht.
[3] Am 3. November schrieb Lecoq (GStA PK, VI. HA Nl Scharnhorst Nr. 25 fol. 43): „Ich weiß in der That nicht, was Ihnen in Ansehung des Adels geantwortet ist. Der O. v. Zastrow, mit dem ich sprach, war der Meinung, daß es besser sey, Sie erhielten diese Auszeichnung nach einiger Zeit als Belohnung. Seyn Sie jetzt hierüber ruhig, und nachdem Sie ein Jahr im Dienste sind, schreiben Sie deshalb an den König, so wird es zuverläßig gleich geschehen."

452　II. Reform der hannoverschen Armee (1798–1801)

von selbst, denn mein Entschluß ist genug überlegt, und ich schätze mich durch diese Veränder[un]g sehr glüklich.
ᵉNun noch von einer andern Sache. Nie habe ich etwas Nachtheil[i]ges von der preußischen Armee geshrieben, in Gegenteil bin ich immer ihr großer Verehrer und Lobredner aus Ueberzeug[un]g gewesen. Auch war ich der erste, der Lindenaus unbesheidene Critiken d[e]r preußishen Taktik zurechte wieß,⁴ unterdes hat dies nicht gehindert, daß in dem militärishen Journal ein Auszug aus den militärishen Theil von Mirabeaus „Monarchie prussienne" kam, weil es der Plan des Journals so mit sich brachte u. [ich] keine Bedenken haben konnte, in dem das Haupt Werk in allen Buchladen zu haben war.⁵ In den beygehenden 3tn Stük des militärischen Journals ist dieser Auszug. Ein ander kleiner Aufsatz über die preußisch[e] Artillerie befindet sich in den nebenliegenden 7tn Stük dieser Schrift.⁶ Haben Sie die Güte u. Freundschaft für mich u. überlegen Sie, ob diese Aufsätze Geleg[en]heit geben könnten, den preußish[e]n Kö[n]ig zu sagen, ich hätte etwas gegen die preußische Armee geshrieben. Wollen Sie mich noch mehr verbinden, so schik[e]n Sie sie dem Herrn Oberstn von Zastrow⁷ in eben der Rüksicht zu; denn glaubten Sie und der H. O. v. Zastrow daß, was ich befürchte, so würde ich selbst es wagen, S.M. sie vorzul[e]g[e]n, wiewoll es mir lieb[e]r wäre, wenn es von ein and[e]r[n] geshähe. Meinᶠ Eintrit [....?]ᵍ wird mir Feinde erzeugen; ich muß also auf meiner Hut seyn, und in dies[e]r Rüksicht vergebn Sie mir meine vielei[ch]t zu groß[e]n Bedenklichkeit[e]n.

ᵉ　*Ab dieser Stelle hat Linnebach, S. 213, den Rest dieses Fragments als Abschnitt „b" herausgegeben. Scharnhorst hat diese Passage später in veränderter Form in dem Konzept einer speziellen Denkschrift verarbeitet, vgl. Nr. 207.*
ᶠ　*Statt „meine", was sich auf das gestrichene Wort „Lage" bezog.*
ᵍ　*Unleserliche Einfügung.*
⁴　Karl Friedrich von Lindenau (1742–1817) war aus preußischen in österreichische Dienste übergetreten. Als Stabsoffizier und Lehrer des Erzherzogs Karl wirkte er durchaus prägend. Sein Buch: Über die höhere preußische Taktik, deren Mängel und zeitherige Unzweckmäßigkeit nebst einer dagegen vorgetragenen richtigern und zweckmäßigern Methode, Leipzig 1790, blieb allerdings den Traditionen der vorrevolutionären Kriegführung verhaftet. Scharnhorst antwortete ihm in dem Artikel: Beurtheilung der Lindenauischen Tactik, zweyter Theil, in: NMJ, Bd. 5 (1791), S. 161–193.
⁵　Gemeint sind Honoré-Gabriel-Victor de Riqueti, Graf von Mirabeau (1749–1791) und sein Buch: De la Monarchie prussienne sous Frédéric-le-Grand, Paris 1787. Der zusammen mit Jakob Mauvillon verfaßte militärische Teil erschien auch gesondert als: Système militaire de la Prusse et Principes de la tactique actuelle des troupes les plus perfectionnés, London 1788.
⁶　Von der Recrutirung, Besoldung, Unterricht, Uebung und den Avancement bei der preussischen Artillerie, in: NMJ, Bd. 4 (1790), S. 30–59.
⁷　Oberst Friedrich Wilhelm Christian von Zastrow (1752–1830), damals Generaladjutant Friedrich Wilhelms III.

[3.] [Nr. 25 fol. 57r–v^h:]
Theuerster Freund, Ihren Brief mit der Einlage habe ich erhalten. Se. Majestät haben mir meine Ihnen bewußte Bitteⁱ zu gewähren versprochen. Auf keine Weise werde ich mich hier halten lassen, daß verstehet sich von selbst; mein Entschluß ist genug überlegt, und ich shätze mich durch diese Veränderung äuserst glüklich. Aber sehr gern möchte ich mich mit Ihnen, m. w. Fr., mündlich über vershiedene Gegenstände unterreden, und da Ihre Hierkunft noch einige Wochen ausgesetzt seyn könnte, so denke ich, in strengsten Incognito nach Braunshweig auf eine Nacht zu kommen, so bald ich sicher bin, Sie da zu treffen. Haben Sie daher die Freundshaft für mich und beantworten Sie mir diesen Punkt sobald als möglich.

Ich schicke Ihnen hier zwey Stücke des militärishen Journals, in den ein paar Aufsetze über das preußishe Militär sind. Ich habe sie nicht geshrieben und weiter keinen Antheil daran, als daß ich zu den in 7ten Stük die Betrachtungen hinter denselben hinzugefügt und es gestattet habe, daß sie in meinen Journal, daß ich mit herausgab, gedrukt sind. Unter diesen Umständen können sie mir nicht zur Last fallen, auch könnten sie, so wie es mir scheint, auf keine Weise^j

[4.] [Nr. 25 fol. 58r-v:]
[...]^k
Ich schicke Ihnen hier zwey Stüke des militärishen Journals, in dem einige Aufsätze über das preußishe Militär. Sie kennen sie schon, ich überschicke sie aber trotzdem noch einmal, um zu überlegen, ob mir etwas deswegen zur Last gelegt werden könnte, daß ich sie in das Journal eingerükt habe. Mir sheint das auf keine Weise der Fall seyn zu können, denn ich hatte ja zu der Zeit nicht die min[de]ste Verbindlichkeit, es nicht zu thun. Ueberdem habe ich^l

---

^h   *Den ersten Absatz dieses und des folgenden Fragments hat Linnebach, S. 212, als Abschnitt „a" gedruckt. In dem vorliegenden Manuskript wurde der erste Absatz in Reinschrift geschrieben, dann aber doch noch korrigiert. Der zweite Absatz, dessen erste Zeilen schon wieder flüchtig durchgestrichen wurden, zeigt eine deutlich nachlässiger werdende Schreibhand. Die gestrichenen Zeilen wurden hier beibehalten, da sie nicht ersetzt worden sind.*
ⁱ   *Diese Stelle formulierte Scharnhorst zunächst noch mit den Worten: „meine Bitte in Absicht des ‚vons'."*
^j   *Hier bricht das Konzept ab, es folgt nur noch das Satzfragment: „Sie wissen, daß ich der Herausgeber des milit. Journals bin, ich habe [m]ich nie dafür ausgegeben".*
^k   *Der erste Absatz entspricht fast wörtlich dem Anfang des vorangegangenen Fragments. Die dort eingefügten Korrekturen sind hier in Reinschrift übernommen. Ergänzt wurde lediglich im ersten Satz: „... habe ich richtig erhalten." Die Abkürzung „m. w. Fr" wurde aufgelöst als „mein sehr werthgeshätzter Freund."*
^l   *Hier bricht das Konzept ab, das bis zum Schluß in Reinschrift ausgeführt worden ist.*

205. Scharnhorst an [Lecoq] [?, 23. November 1800¹]

GStA PK, VI. HA Nl Scharnhorst Nr. 25 fol. 64r–65v (4 S.): Konzept, eigenhändig, unvollendet?

Druck: Linnebach, S. 215f.

Bewilligung der Nobilitierung. Danksagung. Zeitpunkt des Übertritts. Hoffnung auf Eintritt in Tempelhoffs Regiment. Übersendung von Aufsätzen. Stand der Landesaufnahme.

Sehr wertgeshätzter, theuerst[e]r Fr[eun]d!
In der Voraussetzu[n]g, daß Sie am 16ten dieses von Potsdam abgeh[en] würden, hatte ich meine Antwort nach Braunshweig adreßirt u. war in Begriff, ganz incognito Ihnen dort einen Besuch zu machen. Von ungefähr aber lasᵃ ich noch einmal Ihren Brief u. fand, daß ich mich in der Zeit Ihrer Abreise geirrt hatte, daß Sie erst an 16ten Dec. von Berlin abgehen werd[en]. Ich f[ü]rchte nun, daß mein nach Braunshwe[i]g adreßirter Brief nicht überkömt u. wiederhohle daher denselben hier. Se. Majestät der König hat in de[m] von Ihnenᵇ mir übershikt[e]n Rescriptᶜ mein Gesuch wegen des Adels gnädigst zu erfüllen v[e]rsprochen. Ich halte mich durch die mir bevorstehe[n]de Veränderu[n]g sehr glüklich, wie woll die Verlaßung meiner Freu[n]de mir einigen Kummer verursacht. Ich habe ab[er] die Sache la[n]ge üb[e]rlegt u. we[r]de diesen so wie alle and[e]r[n] Unannehmlichkeiten schon überwinden. Ich danke Ihnen für die Winke, die Sie mir in Ihren letzten Brief über die bewußte Sache u. auch über mein künftig[es] Verhalten² gegeben haben. Sie sind mir ein neuer Bewe[i]ß von Ihre[r] Freu[n]dschaft u. Gewogenheit, die mir immer sehr werth war, in meiner neuen Lage aber ein großer Trost ist. Ich werde gegen Mitte Dec. um meinen Abshied nachsuchen, ihn freilich nicht so gleich erhalten, aber ohne alle weitern Umstände darauf bestehen. Der König hat mir erlaubt, bis Ende dieses Jahrs hier zu bleiben u. ihn dann, so bald ich den Abschied erhalten, davon die Meldung zu thun u. meine Placirung zu erwarten.

ᵃ *Statt „laß".*
ᵇ *Statt „Ichnen".*
ᶜ *Statt „Recsprict".*
¹ Die Datierung leitet sich aus einer Bemerkung Lecoqs in seiner Antwort vom 28. November ab (GStA PK, VI. HA Nl Scharnhorst Nr. 25 fol. 45r; vgl. oben Nr. 204, Anm. a), er habe von Scharnhorst sowohl den Brief vom 20. als auch den vom 23. November erhalten, dem allem Anschein nach das vorliegende Konzept zugrunde lag.
² Mit der „bewußten Sache" dürfte Scharnhorsts Bitte um eine Entschädigung für die Unkosten des Übertritts gemeint sein; vgl. dazu Lecoqs Antwort, die in Nr. 201, Anm. 3, mitgeteilt wurde. An derselben Stelle (GStA PK, VI. HA Nl Scharnhorst Nr. 25 fol. 44r) empfiehlt Lecoq für die Zukunft: „Sobald Sie Ihren Abshied haben, melden Sie sich beim Könige, bei allen Prinzen und Generals und vorzüglich beym Gen. Meerkatz u. Tempelhoff – Pontanus nicht zu vergessen – auch Husern einen freundschaftl. Brief." Generalleutnant Johann Friedrich Ludolf von Merkatz (1729–1815) war damals Generalinspekteur der preußischen Artillerie.

Nach der Stam- und Rang-Liste der Artillerie sheint es mir, daß ich bey das 3te Regiment kommen werde, weil Ekenbrecher[3] von dies[em] als Comandeur bey ein anders gesetzt werden dürfte. Erfahren Sie hierüber etwas, so melden Sie es mir, darum ersuch [ich] Sie, bester Fr[eun]d, recht dringend.[4] Dann würde Te[m]pelhof mein Chef u. der alte ehrliche Hüser[5] mein Comandeur; beßer könnte ich es mir ni[c]ht wünschen. Ferner, mein theuerster Fre[un]d, bin ich neugierig zu wissen, ob man dort etwas von meinem[d] Engagement weiß.

Von den übershikten Aufsätzn mache ich ein Exemplar wied[e]r complet, um es Ihnen mitzutheilen. Sie, mein theuerster Freund, können es am besten beurtheilen, ob ich den Herzog von Braunschweig davon einige mittheilen darf, und ob ich mich dadurch bey ihm empfehle, welches ich jetzt zu thun Ursach habe. Schreiben Sie mir hier über Ihre Mein[un]g.[6]

Endlich muß ich noch einen Bericht von unser Aufnahme Ihnen geben. Lieut. Richard arbeitet noch in Waldekshen u. der Gegend; der Guide Rummel wird den noch fehlenden Theil von Paterborn diesen Herbst nicht ganz zu Stande bri[n]g[e]n, indes ist er noch fleißig dabey. Das Lippishe ist ganz unfertig, u. ich treibe, so viel ich kann, daß es copiert wird.

206. Scharnhorst an Friedrich Wilhelm III.   [?, November 1800]

GStA PK, VI. HA Nl Scharnhorst Nr. 25 fol. 60v (¹/₂ S.): Konzept, eigenhändig.

Druck: Linnebach, S. 215.[a]

Ew. Majestät übergebe ich hier aller unterthä[ni]gst ein Promemoria von den, was ich das preußishe Militär betreffend schon seit l[a]nge her habe

---

[d] *Statt „meiner", was auf das gestrichene Wort „Ansetz[un]g" bezogen war.*
[3] Oberstleutnant Johann August (seit 1787: von) Eckenbrecher (1743–1822), der 1800 bei der Observationsarmee stand, wurde im Mai 1801 Kommandeur des 1. Artillerieregiments. Er ging 1804 zur reitenden Artillerie und wurde 1809 als Generalmajor pensioniert.
[4] In seiner Antwort vom 28. November (s. o. Anm. 1, fol. 45 und 46) deutete Lecoq zunächst nur an, daß Scharnhorst in das 3. Regiment eintreten könne: „Ich glaube Ihnen also dazu Hoffnung machen zu können, ohne es zu garantiren. Glück würde ich Ihnen dazu wünshen, denn erwünshter könte Ihre Placirung nicht sein." In einem Postscriptum vom 29. berichtete Lecoq dann von einer weiteren Begegnung mit Zastrow: „Er hat mich versichert, daß Sie zum 3ten Regt. (v. Tempelhof) kommen würden, weil Eckenbrecker, wie Sie es selbst berechnet haben, Commandeur wird. Der Anfang ist also gut, und dies ist die Hauptsache."
[5] Heinrich Christoph Ernst (von) Hüser (1741–1821) wurde 1805 Oberst und erster Chef des neuerrichteten Reitenden Artillerieregiments.
[6] Lecoq riet Scharnhorst in dem Brief vom 28. November mehrmals, Kontakt mit dem Herzog von Braunschweig zu suchen und ihn über den Stand der Übertrittspläne zu unterrichten.

---

[a] *Dieser Text ist von Linnebach unmittelbar an das folgende Promemoria gefügt worden. Es handelt sich aber offenbar um ein selbständig konzipiertes Begleitschreiben.*

drucken lassen. Ob ich gleich mich mit der Hoffnung schmeicheln darf, daß dies Ew. Majestät unverdient gnädigen Gesinnu[n]g[e]n gegen mi[c]h nicht ändern wird, so halte ich doch für[b] meine Pflicht, diese Anzeige vor den Eintrit in höchst dero Die[n]ste zu thun.

207. Denkschrift [?, November 1800]

GStA PK, VI. HA Nl Scharnhorst Nr. 25 fol. 59r–60r (2½ S.): Konzept, eigenhändig.

Druck: Linnebach, S. 214f.

Lob der preußischen Armee. Rechtfertigung kritischer Stellen im Journal. Publikationen zur preußischen Armee.

[1]Pro memoria

Nie habe ich etwas Nachtheiliges von den preußishen Armeen geschrieben, immer bin ich aus Ueberzeugung ihr großer Verehrer und Lobredner gewesen. Auch war ich der erste, der Lindenaus unbesheidenen und unwahren Kritiken über die pr[e]ußishe Tactik widerlegte; alles dies hat indes nicht gehindert, daß in den von mir (wiewohl nicht unter meinen Namen) herausgegebenen militärishen Journal ein Auszug aus den militärishen Theil von Mirabeaus „Monarchie prussienne" kam, worin bey sehr vieler Achtung für die preußishe Armee einige ungünstige Bemerkungen über die Artillerie derselben sich befanden. Der Plan des Journals erforderte einem Auszug aus jeden großen Werke, es konnte überdem kein Bedenken haben, diesen drucken zu lassen, indem das Haupt Werk in allen Buchladen zu haben war, wozu endlich noch der Umstand kam, daß die nachtheilig[e]n Bemerkungen in den Haupt Punkten ohnehin beym Auszuge wiedersprochen wurden. Einen andern kleinen Aufsatz über die preußishe Artillerie, welchen ich aber doch nicht unter meinen Namen habe drucken lassen, befindet sich in den 7ten Stük des militärishen Journals.

Auserdem habe ich noch eine neue Ausgabe des Unterrichts des großen Königs an seine Generale und mehrere kurze Instructionen u. kleine tacktische Aufsätze, welche von diesen und den pr. Inspecteuren kamen, druken lassen.[2] Ich erhielt sie zu der obigen Absicht durch den verstorbenen General von Estorf, der ein eifriger Sammler derselben war und immer gern alles Unterrichtende verbreitet sah.

---

[b] *Das Wort in der Vorlage versehentlich doppelt.*

1 Vgl. hierzu Nr. 204.
2 Das bezieht sich auf die 1793/94 von Scharnhorst besorgte Neuausgabe des „Unterrichts", vgl. den ersten Band.

208. Scharnhorst an [Lecoq] [?, nach 29. November 1800[1]]

GStA PK, VI. HA Nl Scharnhorst Nr. 25 fol. 63r-v (1½ S.): Konzept, eigenhändig, unvollendet?

Druck: Linnebach, S. 216f.

Freude über Eintritt in Tempelhoffs Regiment. Zeitpunkt des Übertritts.

Theuerster Freund, von ganzen Herzen danke ich für die Nachrichten, die Sie mir in Ihrem Briefe vom 28ten Nov. gegeben haben. Daß es wahrsheinlich ist, daß ich beys 3te Regiment komme, hat mich unendliche Freude gemacht. Obgleich die Commission, in der ich bin, nicht in diesen Jahre geendigt wird, so werde ich doch zu d[e]r bestimmten Zeit um meinen Abshied nachsuchen. An den Herzog von Braunshweig habe ich noch nicht g[e]shrieb[e]n, meine Absicht ist, den Brief und die Aufsätze, welche ich fert[i]g erhalten kann, den 27tn mit nach Braunshweig zu bri[n]g[e]n u. Sie, liebst[e]r Fre[un]d, zu bitten, dieselben zu übergeb[e]n. Ich wünschte dies in mehrer Rüksicht.

209. Sitzungsprotokolle [?], 12.–20. Dezember 1800

GStA PK, VI. HA Nl Scharnhorst Nr. 256 fol. 2r–17v (27 ¼ S.): Konzept, eigenhändig.

Sitzungsprotokolle der Artilleriekommission im Dezember. 12.: Detail zur Durchführung von Schießversuchen. 13.: Versuchsergebnisse zu unterschiedlichen Legierungen: Härte, Zusammenhalt, Dehnbarkeit. Konsequenzen. 15.: Fortsetzung der Versuchsergebnisse: Technik der Scheidung. Metallurgische Fortbildung für Offiziere und Kontrolle der Gießerei. Hinzuziehung eines Chemikers. 16.: Auswahl eines Fachmanns. 18.: Beschaffung von Fachliteratur. Abwägung von Prioritäten bei den Metalleigenschaften. Konsequenzen. Probleme bei Auffrischung alten Metalls. Beschluß. 19.: Verlesung und Beschluß einer Instruktion zur weiteren Prüfung der Legierungen. 20.: Verabschiedung eines Zwischenberichts.

[Fol. 17r-v:]

Protocoll von den 12ten Dec. 1800

Es waren sämtl. Mitglieder gegenwärtig, auser den H. Oberstl. von Löw.[a]
Auf die Anfrage, ob die Canonen mit dem Instrument nach jede 6 Schuß bey $5/12$ und $1/2$ kugelschwerer Ladung fernerhin untersucht werden müßten, oder ob dies nur nach 12 Schuß geshehen könne, ward zur Antwort be-

---

[1] Der Brief Lecoqs vom 28. November, den Scharnhorst hier beantwortet, trägt noch ein Postskriptum vom 29. November. Indes wird der vorliegende Text, unter Berücksichtigung des Postweges, sicher erst Anfang Dezember entstanden sein.

[a] *Dieser Satz (und die entsprechenden in den folgenden Protokollen) am Rande.*

shloßen: Daß es bey dem 12 ℔ der bey der Vorschrift bleiben müßte, immer nach 6 Schuß die Canonen bey den stärkern Ladungen zu untersuchen, bey den übrigen Canonen aber bewillige man, daß es nach Endigung der Versuche mit jed[e]r Pulversorte geschehe.

Uebrigens wurde in dieser Sitzung der Anfang mit den Verlesen der Protocolle über die Metall-Untersuchungen gemacht.

G. Scharnhorst
O. L.

[Fol. 2r–5v:]

Protokoll von den 13ten Dec. 1800

Es waren sämtliche Mitglieder auser den H. O.L. von Löw gegenwärtig.

Es wurden an diesen Tage die Protokolle von der zur Untersuchung der Metalle ausgesetzten Comission vorgelesen.

Man bemerkte darin, daß aus den Versuchen über die <u>Härte, Stärke im Zusammenhange und Dehnbarkeit</u> sich manche vielleicht noch bisher nicht oder wenigstens bey uns nicht bekannte Resultate ergaben; als:

1. daß alles rein zusammengesetzte Metall bey einer Vermischung mit umgeschmolzenen eine größere Stärke des Zusammenhangs habe, als das letztere, auch selbst dann, wenn das letztere einen Erfrischungs Zusatz von reinen Kupfer erhalte. Denn nach der Tabelle lit. L ist bey den alten Metall mit $^1/_4$ Erfrischungszusatz an reinen Kupfer die Mischung von $10\,^1/_9$ pr. Cent Zinn mit 12 Centner 56 ℔ auseinander gerissen, statt die von $12\,^1/_2$ pr. Cent Zinn, bey rein zusammengesetzten Metall, erst bey 13 Centner 56 ℔ auseinander riß. Zwar hatte die Mischung von alten Metall bey $13\,^3/_4$ p.C. Zinn verhältnißmäßig eine^b größere Stärke des Zusammenhangs gezeigt, aber dennoch fiel sie zwischen die des reinen Gemisches von $12\,^1/_2$ und 14 p.C. Zinn und übertraf also wenigstens nicht ein reines Gemisch von ungefähr gleichen p.C. Zinn. Mann könnte sich geneigt finden, die geringe Stärke des umgeschmolzenen Metalls bey $10\,^1/_9$ p.C. Zinn einer Zufälligkeit zuzuschreiben, wenn sich nicht bey den Gemisch desselben von $15\,^2/_5$ pr.C. ebenfalls eine verhältnismäßige sehr geringe Stärke des Zusammenhangs in Vergleich des Metalls von reinen Gemisch zeigte. Denn bey $15\,^2/_5$ p.C. alten Gemisch hat man zum Zerreißen nur 10 Centner 49 ℔ angewand, statt man bey den Metall von reinen Gemisch bey 16 p.C. Zinn 11 Centner 7 ℔ brauchte.
2. Ferner kann man als erwiesen annehmen, daß das alte erfrischte Metall bey gleicher Mischung gegen eine Composition von reinen Metall immer eine geringere Härte habe. Nach der Tabelle lit. L. hat das erfrischte alte

---
^{b} Statt „einen".

Gemisch von 10 $^1/_9$ p.C. Zinn die Eindrücke von 2843,[1] statt das reine Gemisch nur bey 7 $^4/_5$ p.C. Zinn die Eindrücke von 2552 hat. Das Gemisch bey den alten Metall von 13 $^1/_4$ p.C. Zinn ist verhältnißmäßig härter als das von 10 $^1/_9$, aber doch nicht härter wie ein gleiches Gemisch von reinen Metall. Verhältnißmäßig sehr weich hat sich das Gemisch von erfrischten alten Metall bey 15 $^2/_5$ p.C. gezeigt, es hat stärkere Eindrücke, als das von reinen Gemisch bey 11 pr. Cent Zinn.

3. Eine dritte aus den Tabellen fließende Bemerkung bestehet darin, daß die Compositionen von alten angefrischten Metall in Verhältniß der Stärke des Zusammenhangs eine größere Dehnbarkeit als die von reinen haben. So hat z.B. das Gemisch von 10 $^1/_9$ p.C. des alten angefrischten Metalls eine Dehnbarkeit von 642, statt das in Zusammenhange stärkere von 9, 11 u. 12 $^1/_2$ p.C. aus reinen Metall nur die Dehnbarkeit von 476, 542 u. 594 hat.

Alle Versuche, welche bloß die Dehnbarkeit zum Gegenstande haben, beweisen also nichts für die Stärke des Zusammenhangs.

4. Aus den Versuchen mit dem Metall von der Canone N° 6 und den von ihr ohne Zusatz abgegoßenen Cylinder gehet hervor, daß das ohne Erfrischung umgegoßene Metall durch den Guß weicher wird. Vor den Guß waren die Eindrücke 3101 u. nach denselben 3969. Jedoch findet dies nicht immer so bey kleinen Umgüßen statt, denn die von den Hildesheimschen beiden 24 ℔digen Canonen gegoßenen Platten haben mit den Metall der Canonen ungefähr gleiche Härte; der 12 ℔der der Hildesh. Canonen aber war durch den Umguß weicher geworden und hatte seine Stärke in Zusammenhange zum großen Theil verlohren.

Aus allen diesen angeführten Umständen machte die Comission den Schluß, daß die für reines Metall festgesetzte Composition nicht bey angefrischten alten angewandt werden können, und daß dies zur unentbehrlichen Härte mehr Zinn als jenes erfordern.

Bey der Verlesung der Aufsätze über die Scheidung der Metalle kam es zur Frage: ob dem Stükgießer das Detail der Beshickung des Ofens in Rücksicht der Bestimmung der Vermischung des Metalls überlaßen werden könnte? Man war darin einstimmig, daß dies nicht geshehen könne, man setzte aber die weitere Beantwortung dieser Frage noch aus.

Der H. Oberstlieutenant Braun versprach ein Promemoria, die Zusetzung des Zinns betreffend, der Comission einzugeben.

G. Scharnhorst
O. L.

---

[1] Bei der Erprobung der Härte wurde ein Probekörper aus einer vorgegebenen Höhe auf das zu untersuchende Metallstück fallengelassen. Die benutzten Maßeinheiten für die Messung der Eindrücke und der Dehnbarkeit (s. u.) sind nicht angegeben.

[Fol. 10r–12v:]

Protocoll von den 15ten Dec. 1800

Es waren sämtliche Mitglieder auser den H. O.L. von Löw gegenwärtig.

Es wurde heute mit den Verlesen der Protocolle über die Untersuchung der Metalle fortgefahren, und es kamen vorzüglich die Eingaben von den Stükgießer Bartels und den Comissär Ilsemann[2] u. Apotheker Gruner vor. Das Resultat der Bemerkungen der Comission fiel dahin aus,
1. Daß die bisherige Decomponirung des Metalls auf den troknen Wege zu keiner sichern Bestimmung des innern Gehalts desselben führe.
2. Daß dagegen die auf den nassen weit sicherer sey und daß die von den Comissär Ilseman vorgenomene Scheidung der bekannten Metall Compositionen ziemlich genau den innern Gehalt (d.i. das Verhältniß der Mischung) desselben angebe und daß bey der Scheidung der übrigen Metalle die Angaben des Comissär Ilsemann u. Apotheker Gruner in Ganzen mit einander übereinstimmten und also in jeder Rüksicht einen großen Grad der Gewißheit hätten.
3. Daß die Resultate der Versuche durch die Impreßionen und durch das Auseinanderreißen der Metalle auch mehr mit den durch die Decomponirung auf den nassen Wege gefundenen Resultaten als mit den auf den troknen übereinstimmten.
4. Endlich ergab sich aus den verlesenen Proto[co]llen, daß der Stükgießer Bartels theils durch Fehler in der Art der Berechnung, theils aber durch die Fehler, welche der Decomponirung der Metalle auf den troknen Wege eigen sind, bisher geglaubt hatte, daß er weit mehr Zinn in seinen Compositionen habe, als in der That in denselben befindlich ist. Denn so findet er z.B. in der 12℔igen Canone N$^\circ$ 4 ungefähr 13 pr.C. Zinn, da doch nach Ilsemann und Gruner nur $7\,^4/_5$ pr.C. darin sind.

Diese Lage der Dinge, der Mangel aller wissenschaftlichen Kentnisse in den Aufsatz des Stükgießers und die Bemerkung der Comission des H. O.L. von Wissel, daß es in der Stükgießerey erforderlich seyn möchte, einen Aparat zur Decomponirung der Metalle auf den nassen Wege zu haben, führte die Comission auf die Gedanken, daß das Intereße des Königs es durchaus erfordere, daß ein oder ein paar Artillerie Officiere im Gießhause zu allen mit zugezogen würden, und die ganze Stükgießerey in allen Detail kennen lernten, und auser den mechanischen Arbeiten und der Dirigirung des Feurs zur Mitdirection angestellt würden und in dieser Absicht die Chemie auf dem Harze bey dem Comissär Ilsemann in der Zeit, wo nicht gegoßen und geformt würde, studirten. Des H. G.L. v.

---
[2] Bergkommissär Johann Christoph Ilsemann (1727–1822) lehrte als Dozent für Chemie und Metallurgie an der 1775 gegründeten Bergakademie Clausthal.

Trew Exc. bemerkten hierbey, daß zugleich der junge Bartels das Collegium bey dem Comissär Ilsemann mithören müßte, welches man auch allgemein dafür hielt.

Noch kam einer von der Comission des H. Oberstlieutenant von Wissel gethaner Vorschlag, einem der Chemie u. des Gußwesen kundigen Mann bey dem bevorstehenden Guß und der Untersuchung zu Rathe zu ziehen, zur Sprache. Man war nicht der Meinung, daß man diesen Mann so ansehen müße, als sey er zur Controlle des Stükgießers da. Des Prinzen Adolph K.H. glaubten, man müße ihn bloß zur Untersuchung des Verfahrens der Comission kommen lassen, dann gewisser maßen beyläufig zum Guß behalten. Alle stimmten diesen bey, nur war man nicht einig über die Wahl des Manns u. diese blieb bis zu einer andern Zusammenkunft ausgesetzt.

G. Scharnhorst
O.L.

[Fol. 15r–16v:]

Protocoll von 16ten Dec. 1800

Heute wurde zuerst die in der letzten Zusammenkunft unbeantwortete Frage untersucht: ob man nicht einen Mann, welcher theoretische und practische Kenntnisse des Gußwesen habe, jetzt mit zu Rathe ziehen müße, und wen man dazu wählen könnte? In Rücksicht der theoretischen Kenntnisse glaubte man allgemein, keinen berühmtern und geschiktern Mann als den H. Comissär Westrumb[3] zu Hameln finden zu können, in Rüksicht der practishen aber konnte man freilich hier nicht dasselbe Zutrauen haben. Man glaubte, daß vielleicht der H. Comissär Ilsemann, da er auf dem Harz, wo so viele Güße mancher Art vorfielen, sich befinde und dort öffentlichen Unterricht, auch in der Experimental Chemie und Metallurgie ertheile, ehr einige practishe Kenntnisse haben könne. Man war aber hierüber ungewiß und beschloß daher, S. Excellenz den H. F.M. zu ersuchen, daß dieselben sich dahin verwenden möchten, daß das k. Bergamt auf dem Harze eine Anweisung erhielte, einen Mann, der theoretishe und practishe Kenntnisse des Gußwesens mit einander vereinigte, nach Hannover zu schicken, um sein Gutachten über das Verfahren der Comission abzustatten und bey dem Guße der Probe Kanonen gegenwärtig zu seyn.

Fände sich nun aber auf dem Harze niemand, der diese Eigenshaft in einigen Grade mit einander vereinigte, so glaubte man zu den Herr Comiss. Westrumb oder Ilsemann seine Zuflucht nehmen zu müßen.

---

[3] Bergkommissär Johann Friedrich Westrumb (1751–1819), ein gelernter Apotheker, hatte mehrere chemische und physikalische Fachwerke veröffentlicht.

Noch bemerkte man, daß H. Ilsemann bey seiner Decomponirung sich auserordentliche Mühe gegeben, und mit größter Vorsicht alle ihn aufgetragenen Untersuchungen angestellt habe.

Uebrigens wurden bey der heutigen Zusammenkunft die letzten Protocolle, welche die Comission des H. O.L. v. Wissel über die Untersuchung des Metalls eingegeben hatte, verlesen und die Metalle dabey in natura nachgesehen und die Bemerkungen der Special Comission über dieselben wahr und richtig befunden.

G. Scharnhorst
O.L.

[Fol. 14r–v, 6r–9v:]

Protocoll von 18ten Dec. 1800

Bey der heutigen Zusammenkunft wurde von neuen die Lage, in der die Stükgießerei sich befindet, in Ueberlegung genommen, man fügte den schon geäußerten Wunsch, daß einige Officiere von der Artillerie diesen Zweig erlernen möchten, noch den bey, daß einige der besten practischen Bücher über die Stükgießerey angeshaft werden möchten u. daß dieselben mit den shon vorhandenen in der Artillerie Bibliothek niedergelegt u. zu den wilkührlichen Gebrauch dem Stükgießer mit geteilt werden sollten. Es wurde beshloßen, auch dieserhalb sich an S. Ex. H. Feldmarshal zu wenden.

Hierauf verlas der Hr. O.L. Braun ein Memoir, welches er über die Mishung des Metalls zu den neuen Geshütze aufgesetzt hatte, und welches hier bey gelegt ist.[c] Das Resultat derselben war, daß bevor zum Guß der neuen Canonen geshritten würde, es nothig seyn möchte, erst eine Probe von den Metall, welches zu diesen Guß bestimmt wäre, in den Verhältnißen der Quantität des Metalles von vershiedenen Composition mit den Erfrishu[n]gszusatz und der gehorigen Legirung zu gießen, um zu sehen, ob dieses Metall nun so wie man hoffe ausfalle.

[d]Bey der Untersuchung des Metalls und der Bestimmung der Composition zu den neuen Güßen kam die Comission auf die Frage: ob ein härteres Metall [im Vergleich?] mit einem weichern von gleicher Stärke des Zusammenhangs weniger den in der Seele entstehenden Beschädigungen ausgesetzt sey als das letztere? Die Comission glaubte diese Frage in Absicht der Beshädigung der Kugeln mit Ja beantworten zu können, in Absicht der Erweiterung des Pulversaks aber hielt sie die Sache problematisch. Hieraus leitete man den Schluß, daß das Metall der neuen zu gießenden Canonen eine

---

[c] *Die in den Protokollen erwähnten Denkschriften fehlen im Faszikel.*
[d] *Hier beginnt der Teil des Protokolls auf fol. 6–9. Oben auf fol. 6r steht gestrichen: „Protocoll von 10ten Dec."*

größere Stärke des Zusammenhangs haben müßte als irgend eine der alten beshädigten Canonen, und da das stärkste von diesen erst bey 11 Centner 77 ℔ riß, man wo möglich ein Composition zu den neuen Canonen wählen müße, welche noch eine größere Stärke des Zusammenhangs habe, wenn man sonst ganz sicher gehen wolle.

Eben die Bewandniß hat es mit der Härte, man muß nemlich zu den neuen Canonen eine Composition wählen, welche eine größere Härte hat als die Geschütze, welche ruinirt sind und welche die Eindrücke von 2744 haben.

Dies letzte Erforderniß hat nun keine Schwierigkeit, dagegen möchte das erstere aber nicht so leicht zu erreichen seyn.

Nehme man reines Metall, so würde freilich jede Composition zwischen 9 und $12^{1}/_{2}$ pr.C. schon beide Eigenshaften mit einander in hohen Grade vereinigen, und bediente man daher sich hier einer Mittelzahl von etwa 11, so würde man selbst bey den Irrthum oder Verlußt von ein paar p.C. dann noch immer die erforderliche Härte und Stärke des Zusammenhangs haben.

Bey den angefrischten alten Metall verhält es sich aber nicht so, nimt man hier $10^{1}/_{9}$ p.C., so hat man wohl eine größere Stärke des Zusammenhangs (12 Centner 56 ℔) als bey den beshädigten Canonen (11 Centner 74 ℔); aber dagegen hat das Metall die Eindrücke von 2843, also noch stärkere als die beschädigte Canone N<u>o</u> 4 (2744).

Nimmt man $15^{2}/_{5}$ p.C., so hat man eine weit größere Härte (1838) als bey der beschädigten Canone, aber es fehlt viel von der Stärke des Zusammenhangs, diese ist weit geringer als bey jener. Wählt man die Composition von $13^{1}/_{4}$ p.C., so hat man nach unsern Versuchen so wohl eine weit größere Härte, als eine sehr beträchtlich größere Stärke des Zusammenhangs, als bey den beshädigten Canonen. Nur tritt hierbey eine große Bedenklichkeit ein. Denn es scheint nach den Versuch mit $10^{1}/_{9}$ und $15^{2}/_{5}$ p.C., daß die Stärke des Zusammenhangs bey $13^{1}/_{4}$ kleiner seyn muß, als der Versuch ihn angiebt. Freilich hat man dadurch, daß bey reinen Metall 9, 11 u. $12^{1}/_{2}$ pr.C. gleiche Stärke des Zusammenhangs haben, die Hofnung, daß auch bey angefri[s]chten alten Metall $10^{1}/_{9}$ u. $13^{1}/_{4}$ p.C. wohl gleiche Stärke des Zusammenhangs haben können.

In jeden Fall bleibt es ungewiß, ob man ein altes Metall so zusammensetzen kann, daß es 6 ℔ guten Pulver Widerstand zu leisten im Stande ist, denn die größere Stärke des Zusammenhangs bey $13^{1}/_{4}$ p.C. gegen das von der beschädigten Canone N<u>o</u> 4 beträgt kaum 1 Centner oder $^{1}/_{12}$. Bey den reinem Gemische von 9 bis $12^{1}/_{2}$ p.C. ist die Gewalt 2 Centner oder $^{1}/_{6}$ größer. Hier ist also die Wahrsheinlichkeit, ein Metall von erforderliche Härte u. Stärke zu erhalten ums doppelte, u. eigentlich noch weit mehr als um doppelte größer.

Nach allen diesen Betrachtungen schließt die Comission, daß das Gemisch von ungefähr 12 bis 13 p.C.^e Zinn stärker in Zusammenhange und härter sey, als das zu den beshädigten Canonen, und also wohl ein Metall von erfor-

---

^e *Verbessert aus „$12^{1}/_{2}$ bis $13^{1}/_{4}$ p.C."*

derlicher Beschaffenheit geben könne; jedoch kann sie es nicht leugnen, daß dies nur ein wahrscheinlicher Fall sey, und daß geringe Fehler im Guße hier einen äuserst nachtheiligen Einfluß haben können, welches bey reinen Metall nicht so der Fall seyn könnte. Um indes, ehe zum Guß geschritten wird, noch alles zu thun, was die Natur der Sache nur zu läßt, so wird beshloßen, den vorhin erwähnten Vorschlag des H. O.L. Braun, aus allen zu den neuen Canonen bestimmten Stücken mit der zum Guß der neuen Kanonen bestimmten Legirung u. Erfrishung Platten zu gießen u. Cylinder ausarbeiten zu lassen, um den Effect in der Stärke des Zusammenhangs und der Härte, welche man in den neuen Stücken zu erhalten hoft, noch einmal vorläufig prüfen zu können. Die nähere Bestimmung hierüber enthält die hierbey gelegte Instruction für die Comission des Herrn O.L. von Wissel.

G. Scharnhorst
O.L.

[Fol. 13r:]

Protocoll von 19ten Dec.

An diesem Tage wurde die Instruction an die Comission H. O.L. vn Wissel, welche in der letzten Zusammenkunft erwähnt ist, verlesen und zum Abshicken gebilligt; zugleich wurde beschloßen, einen vorläufigen Bericht von den, was bisher vorgekommen, an S. Excellenz den H. Feldmarschal ergehen zu lassen.

G. Scharnhorst
O.L.

[Fol. 13v:]

Protocoll den 20ten Dec.

Heute wurde in der Versammlung der Bericht an den H. Feldmarschal verlesen u. gebilligt.

210. Scharnhorst an Wallmoden　　　　　　　　　　Hannover, 30. Dezember 1800

HStAH, Hann. 41 III Nr. 190 fol. 2r-v, 5r (3 S.): Eigenhändig.

Druck: Klippel II, S. 332f., danach Linnebach, S. 218f.

Einreichung des Entlassungsgesuchs. Rechtfertigung: Gehalt, Karriere, Pension, Familienversorgung. Rücksichten auf das Alter.

An Se. Excellenz den Herrn Feldmarschal Grafen von Walmoden Gimborn.

Unterthäniges Promemoria.

Nach dem ausgezeichnesten Beweisen der allerhöchsten Gnade, womit ich durch Ew. Excellenz Verwendung in hiesigen Diensten beglük[t] worden bin, muß es denenselben sehr befremden, einen Gesuch um meine Entlassung zu erhalten; ich bitte aber unterthänigst, die nachfolgenden Gründe einer nähern Untersuchung nicht unwerth zu halten.

Durch meinen Eintrit in königlich preußische Dienste kann ich nicht nur gleich anfangs von meinem Gehalte, welches schon jetzt jährlich 3500 Rthl. beträgt, ein ansehnliches zurücklegen, sondern erhalte auch die Aussicht, nach 7 bis 8 Jahren mit der Erlangung eines Regiments eine sehr bedeutende Einnahme zu erhalten; die Versicherung einer jährlichen Pension von 1000 Rthl., die ich, wenn ich auser preußischen Dienst trete, erhalte und unter keiner Bedingung verlieren kann, sichert mich in jeden Fall für mein Auskommen auf Lebenszeit. Doch alle diese Umstände haben mich nicht determinirt; was aber für einen Vater, der seine Kinder liebt und sie der Gefahr eines hülflosen Zustandes bey einem doch leicht zu erwartenden Todesfall ausgesetzt siehet, nicht ohne Wirkung bleiben kann, ist die Versicherung von einer jährlichen Pension von 500 Rthl. nach meinem Todte, die sich auch auf das jüngste meiner Kinder erstrekt.

Ich weiß dagegen sehr wohl, daß ich den mir höchst angenehmen persönlichen Verhältnißen, unter welchen ich in hiesigen Diensten lebe, durch meine Dienstveränderung entsagen muß. So unschätzbar diese aber auch sind, so wenige Wahrscheinlichkeit ich habe, wieder so gnädige Obere zu finden, so scheint es mir doch unverantwortlich zu seyn, wenn ich Pflichten, die ich meinen Kindern schuldig bin, persönlichen Annehmlichkeiten aufopfern wollte.

Unser allergnädigster König ist zu gnädig, als daß er dem Glücke eines Unterthans Hinderniße in den Weg legen sollte, dessen Dienste nur einem geringen Werth haben können. Ich weiß es mir sehr wohl zu bescheiden, daß ich bey meinem Alter nur noch auf eine kurze Zeit rechnen kann, da ich meinen jetzigen Posten mit der erforderlichen Thätigkeit vorzustehen im Stande seyn werde.

Ew. Excellenz haben immer so viel Gnade für mich gehabt, daß ich es wage, mir mit der Hofnung zu schmeicheln[a], dieselben werden meinen unterthänigen Gesuch Ihrer vielvermögenden Verwendung nicht entziehen und das beigehende Memorial an Se. Majestät mit dero gnädigen Vorsprache begleiten.

Hannover, den 30ten G. Scharnhorst,
Dec. 1800 Oberstl. u. G.Q.M.

---

[a] Statt „schmeilen".

211. Scharnhorst an Georg III.   Hannover, 4. Januar 1801

HStAH, Hann. 41 III Nr. 190 fol. 3r: Abschrift, Schreiberhand.

Druck: Klippel II, S. 333, danach Linnebach, S. 218; Sichart IV, S. 105f.

Entlassungsgesuch.

Abschrift
Allerd. p.

Während 24 Jahren, die ich das große Glück hatte, in Ew. k. deutschen Krieges Diensten zu stehen, haben Allerh. Dieselben mir mehrere sehr unverdiente Beweise Allerh. Deroselben Gnade gegeben, wovon sich das Andenken nimmer in meiner Seele auslöschen wird.

Jetzt setzen mich gebiet[e]rische Verhältniße, den[en] ich als Vater von ein[e]r zahlreichen unbegüterten Familie mich nicht entziehen kann, in die traurige Nothwendigkeit, Allerh. Dieselben um meine Entlaßung unterthänigst zu bitten.

Ich ersterbe p.

Hannover d. 4t Januar 1801	Allerunterthänigster G. Scharnhorst.

212. Scharnhorst an Wallmoden   Hannover, 22. Januar 1801

HStAH, Hann. 41 III Nr. 190 fol. 10r–v (1½ S.): Eigenhändig.

Konzept: GStA PK, VI. HA Nl Scharnhorst Nr. 25 fol. 70r; Druck: Klippel II, S. 334, danach Linnebach, S. 219.

Vertraulichkeit des Entlassungswunsches. Bitte um rasche Weiterleitung an den König.

An Se. Excellenz den Herrn Feldmarschal Grafen von Walmoden Gimborn.

Ew. Excellenz gnädigen Befehl zufolge zeige ich gehorsamst an, daß ich den Entschluß, hiesige Dienste zu verlassen, wenn unser gnädigster König es gestatten sollte, auser dem Prinzen Adolph K.H. nur meinen beiden vertrautesten Freunden, den H. v. Ende und Decken eröfnet habe. Ich bin so frei, bey dieser Gelegenheit die unterthänige Bitte, den Gesuch meines Abgangs bald nach England abgehen zu lassen, bey Ew. Excellenz zu wiederhohlen, in dem die mir angetragene vacante Stelle bey der preussischen Artillerie gegen das Frühjahr besetzt werden muß; schon mündlich würde ich dies gethan haben, wenn mir der Gegenstand nicht allzu schmerzhaft und betrübend wäre.

Hannover, den 22ten Jan. 1801.	G. Scharnhorst, O. L.

213. Scharnhorst an Wallmoden   Hannover, 2. Februar 1801

HStAH, Hann. 41 III Nr. 190 fol. 6r–7v (3½ S.): Eigenhändig.

Druck: Klippel II, S. 334f., danach Linnebach, S. 219f.

Verdruß über Bekanntwerden des Entlassungswunsches. Fortgang der Kommissionsarbeit. Erledigte und noch anstehende Themen.

An Se. Excellenz den Herrn Feldmarshal Grafen von Walmoden Gimborn.

Ew. Excellenz versichere ich hierdurch auf das heiligste, daß ich von meinem Abgange niemand als den Herren von Ende, Deken und Bok vertraut gemacht habe. Auch ist mir die Bekanntwerdung dieser Sache äuserst verdrießlich, und ich kann jetzt nichts weiter thun, als das Gerede ins Ungewiße zu stellen, wenn mir[a] jemand etwas davon sagt.

Was indes die Untersuchung der Artillerie Sachen in der Comission betrift, so soll hier nichts versäumt werden, was die Haupt Gegenstände derselben ins Klare bringen kann.

Die Untersuchung des Pulvers ist bis zu unwidersprechlichen Resultaten gekommen. Und so bald der Herr General von Trew angekommen, so werden Ew. Excellenz eine Reihe von Berichten erhalten, welche die verschiedenen untersuchten Gegenstände in ein so helles Licht setzen, das darüber keine Zweifel auf die Zukunft weiter entstehen kann. Auch die Instructionen zum künftigen Empfang des Pulvers, der Canonen, Laffeten u.s.w. sind schon zum Theil zur Unterschrift fertig, und ich bin jetzt eben beschäftigt, eine Instruction für die Einrichtung u. Verfertigung der neuen Laffete aufzusetzen.

Nur eine unangenehme Discussion stehet uns noch bevor, nemlich die der Bestimmung, <u>welches Pulver unbrauchbar ist</u>! Die Vorbereitungen sind hierzu eingeleitet, und für Unbefangene hat dieser Gegenstand nicht die mindeste Schwierigkeit. Die Ausweichungen des H. Obersten Braun laßen aber fürchten, daß es schwer seyn wird, dem Herrn General zur Unterschrift zu bringen. Da indes der Hr. Oberste schon in mehrere Vo[r]dersätze eingewilligt hat und sich widersprechen müßte, wenn er jetzt von neuen auf die andere Seite treten wollte, so ist zu hoffen, daß am Ende dennoch die Resultate unser[er] Versuche anerkannt werden.

Ich darf Ew. Excellenz hierbei gehorsamst versichern, daß ich nie die Pflichten und die Dankbarkeit, welche ich Denenselben und dem Staate schuldig bin, aus dem Augen setzen werde, auch selbst dann nicht, wenn ich hier nicht mehr seyn werde, in so weit es mit meinen neuen Verhältnißen verträglich ist.

Hannover, den 2ten Febr.   G. Scharnhorst
1801   O. L.

---

[a] *Statt „wir".*

214. Denkschrift [?, Anfang 1801¹]

GStA PK, VI. HA Nl Scharnhorst Nr. 133 fol. 170r–172v, 174r–178v (16 S.): Konzept, eigenhändig, unvollendet.

[1.] Notwendigkeit einer Instruktion für die höhere Kriegskunst. Beispiele Herzog Ferdinands und Friedrichs II. Allgemeine mechanische Anordnungen für alle höheren Offiziere. Operative Pläne nur für den Generalstab. [2.] Analogie zur Regimentsorganisation. Entlastung des Befehlshabers. Analogie zum Staat. Unverzichtbare Aufgaben des Befehlshabers. Maschinengleiche Umsetzung. [3.] Bisher Negativauslese der Kommandeure. Einrichtung des Generalstabs als Ausweg. Vorreiter Österreich. Notwendigkeit einer Instruktion zur Verbreitung vergessener und neuer Grundsätze. [4.] Kunstgriffe der Kriegführung erst von jüngeren Klassikern aufgegriffen. Allmählich wachsende Einsichten bei Friedrich II. und Herzog Ferdinand. Fehlendes System. [5.] Nützlichkeit selbst trivialer Regelwerke: Bildung der Offiziere, Vereinheitlichung der Heerführung. [6.] Verbreitete Kritik an stehenden Heeren.

ᵃAn H. v.Z.²
Ueber die Einführung eines gewißen Mechanismus in der Führung der Armeen, den jetzigen Zustande der Kriegeskunst angemeßen –

[1.] Man habe in Rüksicht der Verschanzungskunst einen Versuch hierüber gemacht und eine Instruction zur Ausführung ausgearbeitet. Man müße hierin für die Kriegeskunst etwas thun.

ᵇMan hat für die mindern Dienstverrichtungen in den gewöhnlichen Fällen eine Verhaltungsvorschrift und befolgt sie auch in denselben und ändert sie nur in den selltenen [Fällen?] ab. Eben dies muß man auch bey den Armeen in den höhern Theilen auf eine solche Art verfaßt haben, die den jetzigen Zustande der Kriegeskunst und den besondern Bedürfnißen der Armee, für die sie entworfen wird, angemeßen ist.
ᶜDies ist den Erfahrungen der größten Heerführer gemäß. Der Herzog Ferdinand fertigte dergleichen an die Generale, welche abgesondert comandirten, aus und gab 1762 eine Instruction über die Marshe der Armee, und setzte dabey einen permanenten, immer zu befolgenden Mechanismus fest. Etwas ähnliches that Friedrich der 2te, aber nur in Kurze für den Marsh von

---

ᵃ Am Rande des ersten Blattes (fol. 170r) einige Berechnungen.
ᵇ Der folgende Text ist zum größten Teil am Rande markiert und in numerierte Abschnitte unterteilt, offenbar im Rahmen einer späteren Redaktion, in der einige Abschnitte umgestellt werden sollten. Das System ist allerdings schwer durchschaubar. Der hier einsetzende Abschnitt hat die Nummer „1".
ᶜ Hier beginnt der nachträglich mit der Nummer „2" bezeichnete Abschnitt.
¹ Für diesen Zeitraum spricht, daß im Text von dem preußischen Heer als einem fremden die Rede ist und auf Schmettows Buch von 1792 als „vor 9 Jahren" angespielt wird, so auch Lehmann I, S. 230f., vgl. Anm 13.
² Lehmann I, S. 231f., löst auf als „Herrn von Zastrow".

Sachsen nach Schlesien 1760. Die Instruction[en] an seine Generale³ waren zu eben den Zwek, aber nur den Bedürfnißen damahliger Zeiten angemeßen u. nur auf die individuellen Erfahrungen des großen Mannes berechnet. In den spätern Instruction[en] an seine Inspecteure über die Sicherung eines Lagers bemerkt man shon die Fortschritte der Kunst. Aber der seltene König hatte weder Ruhe noch Zeit noch Antrieb, sich die Kunst in ihrer veränderten Gestallt wieder von neuen in allen Verhältnißen darzustellen. Dies ist jetzt erforderlich.

ᵈDabey kommen aber zwey sehr verschiedene Instructionen vor. Die erste betrift die mechanishen Verhaltungsregeln u. dieᵉ 2te die Kunst, Stratagems mit ganzen Armeen auszuführen und alle Operationen diesem Entzwecke gemäß einzuleiten.

Die erste könnte man die allgemeine u. die 2te die geheimen Instructionen nennen. Nur die erste (die über die mechanischen Verhaltungsregeln) wird den Staabsofficieren mitgetheilt, die 2te bleibet ein Geheimnis, das bloß den ersten Befehlshaber u. den Staabsofficieren von Generalquartiermeisterstaab bekannt seyn darf.

Um mich deutlicher zu erklern habe ich eine Abhandlung über die Vershanzungskunst in dieser Form in der Geschwindigkeit ausgearbeitet,⁴ der 1te Theil gehört nicht eigentlich hier her; der 2te enthält für die Vershanzungskunst eine solche Instruction, als sie hier verlangt ist.

ᶠDie Ausarbeitung solcher Instruction erfordert besonders [bei] der Abhandlung über die Positionen u. Schlachten, über den Operationsplan und über die Führung der Geshäfte bey dem G.St. eines Corps oder einer Armee sehr ausgearbeitete u. tiefe Einsichten. Aber in der preußish[e]n Armee finden sich Männer, die dergleichen besitzen, mehr als in irg[e]nd einer andern, und hier kann also die Ausführung keine Schwierigkeiten haben.

[2.] ᵍMan muß wirklich einen Blik auf die Führung der stehenden Heere werfen und eine solche Einrichtung trefen, die mehr Analogie mit der Verfaßung der kleinern Theile, z.B. eines Regiments, hat.

ʰDiese große u. sehr complicirte Mashine muß nicht hinführo in allen ihren Theilen von der beständigen unmittelbaren Einwirkung eines einzelnen Mannes abhängen; sie muß in sich selbst einen festen Gang haben. Der Füh-

---

ᵈ   Hier beginnt der nachträglich mit der Nummer „3" bezeichnete, drei Absätze lange Abschnitt.
ᵉ   Statt „der".
ᶠ   Hier beginnt der nachträglich mit der Nummer „4" bezeichnete Abschnitt.
ᵍ   Hier beginnt der nachträglich mit der Nummer „5" bezeichnete Abschnitt.
ʰ   Hier beginnt der nachträglich mit der Nummer „6" bezeichnete Abschnitt.
3   Gemeint sind wohl die von Friedrich II. an seine Generale ausgegebenen Schriften: General-Principia vom Kriege, appliciret auf die Tactique und auf die Discplin der Preußischen Trouppen, o. O. 1753, und: Éléments de castramétrie et de tactique, o. O. 1770, vgl. Jähns, S. 1926–2031.
4   Die auffindbaren Schriftstücke zu diesem Komplex finden sich in Kapitel II. 2. d.

rer muß nur lenken, nur den Ganzen die innere Kraft mittheilen, nur die innere Güte der verschiedenen Triebfedern erproben u. ordnen, und nach den besond[e]rn Umständen verändern. Grundsätze, allgemeine Regeln müßen aber zur Grundlage, gleich dem Gesetze in der bürgerlichen Verfaßung, liegen. Die Führung der jetzigen Armeen ist den Regierungen in jenen rohen Zustande, als noch die verschiedenen Zweige derselben nicht geordnet waren, als noch der Staat sehr klein war, noch einer alles übersehen und ohne Gesetze regieren konnte, ähnlich[i]. Die Verfaßung, welche bey der Führung der Armeen, als sie noch sehr klein waren, statt fand, auch jetzt bey den größrn beibehalten.

[j]Der Heerführer muß ganz frey seyn. Die verschiedenen Zweige der Verwaltung und der Führung der Operationen müßen ihren festen Gang nach seinen gefaßten Plan gehen. Nicht[s] von Zweifeln, Unthätigkeit, Krankheit und Abgang etc. muß hier alles zerrütten. Der Heerführer muß nur den Plan bestimmen, die Energie der Ausführung mittheilen, die Personen nach ihren Fähigkeiten u. Diensteifer an die rechte Stelle setzen, – über die Ausführung der Befehle wachen, durch Belohnung und Bestrafungen den Ganzen Kraft u. Leben geben. Aber nicht, wie die Helden in unsern Heldengedichten, wie der Anführer einer Parthey von 100 Reißigern, der alles in allem ist, alles befiehlt, anführt u. ausrichtet. Der Heerführer muß ganz frey seyn – die Mashine muß sich auf seinen Wink in Bewegung setzen, weder die mechanische Anordnung der Märshe, noch die Organisation u. Führung der Colonnen, die Versorgung mit Fourage u. Lebensmittel, Munition u.s.w. muß von seiner speciellen Anordnung abhängen.

[k]Der Plan ist sein Werk, bey den er den[l] um Rath frägt, den er dazu tüchtig hält, die Ausführung hängt in der ersten Instanz von 4 Männern ab. Von dem Generalcommissär, den General der Artillrie, den ersten Ingenieurofficier u. dem Generalquartiermeister u. 3 Q.M.L. ab.*

[3.] [m]Die jetzigen Verhältniße der stehenden Armeen lassen es nicht zu, selltene Fälle ausgenommen, auser der Anciennität zu avanciren, es kommen daher der Regel nach immer die Phlegmatishen, die weniger Fähigen zum Komando, weil die Thätigkeit des Geistes die innere Kraft, der Ehrgeiz den Körper verzehrt, statt ein unthätiges Hin Vegetiren ihn erhält.

Dazu kömmt noch, daß selltene Männer auch große Sonderheiten haben, sich den Dienst entziehen oder durch ihr Benehmen sich die gewöhnliche

---

[i] *Das letzte Wort offenbar aus Versehen gestrichen.*
[j] *Hier beginnt der nachträglich mit der Nummer „7" bezeichnete Abschnitt.*
[k] *Hier beginnt der durch ein dazwischengeschobenes Blatt (fol. 173) abgetrennte zweite Teil der Vorlage (fol. 174ff.) und der nachträglich mit der Nummer „8" bezeichnete Abschnitt.*
[l] *Das Wort in der Vorlage versehentlich doppelt.*
[m] *Die folgenden Absätze bis „Diese Lage hat etwas besonders" sind nicht markiert oder mit Nummern bezeichnet.*

Laufbahn beschränken. Waren ein Schlieben,⁵ Prinz Fr. v. Br.,⁶ von Wakenitz⁷ u.a.m. wohl so leicht in den höhern Graden ersetzt?

Es bleibt also nicht übrig, als zu ander Mittel sein Zuflucht zu nehmen. Lascy⁸ glaubte diese in den G.Q.M.St. zu finden, in andern Armeen hat man nachgefolgt. Die kayserlichen Armeen haben von dieser Einrichtung große Vortheile gehabt; im gleichen u. regelmaßigen Gang in den mechanishen Anordnungen aller Art. Die bestimmteste Anweisung in allen, was Märshe, Detashements, Vorposten, Cantonirungen, Vershanzungen, Vertheidigungen der genommenen Stellungen u.s.w. betrift, hat jeder Haufe bey der kayserlichen Armee immer zur rechten Zeit und immer den Umständen u. der Art der Führung, welche bey diesen Armeen eingeführt ist, angemeßen [erhalten?]. Aber nur die gemeinsten Grundsätze der Kriegeskunst sind in diesen Corps nicht bekannt; selbst der mechanishe Theil ist bey ihnen nur noch auf einer sehr niedrigen Stuffe, der höhere, der welcher die Strategie betrift, ist ganz vergeßen.

In der preußishen Armee haben in spätern Zeiten mehr Kentniße von der Führung der Armeen, so viel man nach den öffentlichen Schriften urtheilen kann, sich blicken lassen.

Soll aber ein Mechanismus eingeführt werden, in welchen die spätern Erfahrungen u. Einsichten der aufgeklärten Kriege unser Zeit angewand sind, sollen bey einer Armee in allgemeinen die weniger bekanten Grundsetze der Kriegeskunst ausgeführt werden, so bleibt nach der dermaligen Lage der Kunst u. der Verhältniße der Armeen nichts übrig, als durch Instructionen ihr den Weg zu bahnen.

[4.] ⁿDiese Lage hat etwas besonders; die Kunst, den Feind zu überlisten, der höchste Gipfel der Heerführerkunst, wurde erst in neuern Zeiten, insbe-

---

ⁿ *Der hier folgende Absatz ist mehrere Seiten lang, wurde aber auf jeder Seite (fol. 176r, 176v, 177r–v) neu numeriert als „5b", „6b" und „7b". Problematisch ist, daß er sich eigentlich nicht in den Bereich der Abschnitte „5" bis „7" einordnen läßt.*

5 Martin Ernst von Schlieffen (1732–1825) erregte als Gardefähnrich kurz vor Beginn des Siebenjährigen Krieges die Ungnade Friedrichs II. und wurde aus der preußischen Armee entlassen. In hessen-kasselschen Diensten war er 1757–60 Adjutant des Herzogs Ferdinand von Braunschweig und stieg bis zum Generalleutnant und Staatsminister auf, ehe er 1789 in die Dienste von Friedrichs Nachfolger trat. Er befehligte 1790 das alliierte Heer zur Niederschlagung der Revolution in Lüttich und erhielt 1792 seinen Abschied.

6 Herzog Friedrich August von Braunschweig-Öls (1740–1805), der wie sein Bruder, der damalige Erbprinz, im Siebenjährigen Krieg in Westdeutschland gedient hatte, betrieb später die Einführung des zylindrischen Ladestocks in der preußischen Armee und trat 1793/94 als General der Infanterie wegen seines Gichtleidens aus dem aktiven Dienst.

7 Wilhelm Dietrich von Wakenitz (1728–1805), ein in vielen Schlachten bewährter Kavallerieoffizier, fiel um die Mitte des Siebenjährigen Krieges in Ungnade und wurde 1762 aus preußischen Diensten entlassen. Er ging nach Kassel, wo er zum Generalleutnant und Finanzminister aufstieg.

8 Der bereits im ersten Band erwähnte österreichische Feldmarschall und langjährige Stabschef Franz Moritz Graf von Lacy (1725–1801).

sondere von Turenne⁹, Montecuculie, Luxemburg¹⁰ wieder in Erinnerung gebracht. Folard¹¹ zeigte, wie man davon Vortheile in einer Haupt Schlacht ziehen könne, der Graf von Sachsen machte davon bey Rocoux¹² und Lafeld eine nicht unglückliche Anwendung. Friedrich der 2te schien erst in der Schlacht bey Prag vieleicht zufällig, bey Collin aber das erstemal in ganz bestimmter Anordnung auf eine modernere Art diese gebrochene Bahn betreten zu wollen; die Vorsicht u. die Kunstgriffe, welche zur Ausführung gehörten, fehlt[e]n aber dem Heere und den Heerführer; bey Rosbach u. Leuthen war man einen Schritt weiter, bey Zorndorf und Torgau wurde zwar eine kräftige Unterstützung der Tapferkeit erfordert, doch viel der Umzingelung u. den da auf große Punkte concentrirte Massen zu verdanken – man denke sich hier einen Angrif in aller Form – um die Vortheile der shiefen Schlachtordnung wahr zu nehmen; bey Liegnitz sahen wir ganz nothgedrungen den Großen König einen Weg zum Siege einschlagen⁰, der ihn ohne Zweifel leichter offen stand. Ferdinand konnte nicht schräg bewegend mit seiner Armee den neuen Weg zum Siege wandeln, diese Bewegung war für seine Armee zu künstlich. Er nahm dah[e]r bey Krefeld eine andere Methode an; bey Bergen hätte sie vieleicht keine Wirkung gethan, bey Minden sehen wir ein neues, noch bis dahin bey großen Armeen ganz unbekanntes Stratagem. Die Schlacht bey Wilhelmsthal war ein wohl calculirtes und vortreflich eingeleitetes Manoeuver mit von einander entfernten Heerhaufen. Gehen wir die Geschichte aber in einzelnen durch, so finden wir weder in den Feldzügen Friedrichs, noch in denen von Ferdinand, ein allgemeines System der Ueberlistung.

Allgemeiner Unterricht in der Kriegeskunst.

Geheimer Unterricht in der Kriegeskunst

[5.] ᵖNB. Es ist vortheilhaft, einen Unterricht der Armee mitzutheilen, enthält er auch weiter nichts als die gemeinsten Dinge, so hat er doch den Vortheil, daß erstlich ²/₃ der Officiere der Armee, welche nie ein Buch zur Hand nehmen, diesen Unterricht nicht allein lesen, sondern studiren, und daß zweitens dadurch einigermaßen ein System in der Armee eingeführt wird

---

⁰ Statt „einzuschlagen".
ᵖ Der folgende Absatz ist nachträglich markiert und mit der Nummer „2b" bezeichnet. Er würde auch recht gut zum Abschnitt „2" (s. o.) passen.
⁹ Seine Erinnerungen an die Feldzüge 1643–1658 wurden veröffentlicht unter dem Titel: Collection des mémoires du maréchal de Turenne, Paris 1782.
¹⁰ François-Henri de Montmorency-Bouteville, Herzog von Luxembourg: Memoirs pour servir à l'histoire du maréchal de Luxembourg, écrits par lui-même, Den Haag 1758.
¹¹ Der im ersten Band vorgestellte Jean-Charles de Folard (1669–1752).
¹² Graf Moritz von Sachsen besiegte am 11. Oktober 1746 beim heutigen Rocourt eine alliierte Armee unter dem Feldmarschall Fürst Batthyány.

und in allen Anordnungen mehr Uebereinstimmung, weniger Mißverständniße u.s.w. entstehen. Junge Leute, welche etwas, aber nicht in Zusammenhange gelesen, berichtigen ihre Begriffe, andere, welche den Ehrgeiz besitzen, das Gelesene wohl zu verstehen, werden die Vörfelle, auf welche man sich in den Unterricht bezogen, in der angezeigten Geshichte weiter studiren und so nach u. nach zur Lecture veranlasset.^q

[6.] ^rMan fängt schon seit geraumer Zeit an, den Nutzen der stehenden Heere verdächtig zu machen; ein sehr geshikter Edelmann in Danemark drang schon vor 9 Jahren offentlich auf die Reduction des größern Theil des dänischen Militär,[13] in vielen Schriften in critishen u. politishen Journalen, herrscht fast die allgemeine Stimmung, die stehenden Heere seien die Geißel der Menschheit.[14] Wer verstehet nicht die Winke des Mannes, von den die Welt sagt, er sey der größte Phylosoph unser Zeit?[15] Ein sehr gelehrter Soldat, der nach allen Nachrichten eine der ersten Stellen noch vor kurzen in der preußischen Armee bekleidete, sucht mit den feinsten Wendungen, den schärfsten Witz, den intereßanten Anekdoten, die Uebung der preußischen Armee, die stehenden Heere überhaupt, die Kriegeskunst u. selbst die Thaten des großen Königs lächerlich zu machen. Kein Buch wird so gelesen wie seines.[16] Recensent desselben, unsern ersten deutshen kritishen Journal[17] gilt

---

^q *Folgt gestrichen: „Der Garnisondienst, das Exerciren und das Manoeuvriren auf einen beschränkten Terrain nach einer gewißen Disposition bleibt eine Grundlage unser stehenden Armeen; vernachläßigen wir aber die Erlernung der Anwendung der durch dieselben erworbenen".*

^r *Der folgende Absatz ist nachträglich markiert und mit der Nummer „9" bezeichnet.*

[13] Das spielt wohl an auf: Patriotische Gedanken eines Dänen über stehende Heere, politisches Gleichgewicht und Staatsrevolution, Altona 1792. Die Broschüre erschien in drei deutschen und einer dänischen Auflage; in der auf sie folgenden Debatte gab sich 1793 der Autor, der dänischen Diplomat Graf Woldemar Friedrich von Schmettow (1749–1794), zu erkennen. Von ihm stammen auch einige andere Schriften, u. a.: Ueber Empfindelei und Kraftgenies, Modevorurtheile und Schimpfreden, auch einige ernste Gegenstände, 2 Hefte, Dresden 1783, 1784, und die 1788 von der Göttinger Akademie preisgekrönte Beantwortung der Frage: ‚welches sind die sichersten, leichtesten und wohlfeilsten Mittel, die Heerstrassen wider Räubereien und Gewaltthätigkeiten zu sichern?', Hannover 1789. Vgl. Hamburgischer Correspondent Nr. 154 (25. September 1793); Kordes, S. 498–504; Lehmann I, S. 68, 230f.

[14] Auch Scharnhorst hatte sich an der Debatte beteiligt: Ueber die Vor- und Nachtheile der stehenden Armeen, in: NMJ Bd. 6 (1792), S. 234–254, nachgedruckt bei Usczeck/Gudzent, S. 63–73.

[15] Wohl eine Anspielung auf Immanuel Kant: Zum ewigen Frieden, ein philosophischer Entwurf, Königsberg 1795 (²1796).

[16] Georg Heinrich von Berenhorst (1733–1814), ein natürlicher Sohn des „Alten Dessauers", war 1757–60 Adjutant des Prinzen Heinrich von Preußen gewesen und hatte eine Zeitlang der Suite Friedrichs II. angehört. Zu seinen „Betrachtungen über die Kriegskunst" vgl. Nr. 163.

[17] Gemeint ist mutmaßlich die von Johann Wilhelm von Archenholz herausgegebene „Minerva".

es shon als ausgemacht, daß das jetzige System (die stehenden Heere fallen müßen).

* Der erste sorgt für den Unterhalt der Armee, der 2te für die Munition u. Bewegbarkeit der Artillerie, der 3te für die Vertheilung der Pioniers, Portativbrücken, Pontons u. die Verfertigung der Verschanzungen, der 4te für die Disposition, welche zu Ausführung der Bewegung u. Einnehmung der neuen Stellung erfordert wird. Von den 3 Q.M.L. führt einer die Avantgarde u. besorgt mit dem General, so sie comandirt, die Ausstellung der Vorposten; der 2te sticht das Lager aus nach der Bestimmung des G.Q.M. u. bleibt des wegen bey ihm, um ihn im Fall der Noth ersetzen zu können, der 3te unterstützt den General du jour bey der Aussetzung der Feldwachen u. Piquets von Lager u. bestimmt die Arbeiten, welche diese Posten erfodern.

215. Notizheft [Hannover und Berlin], Februar 1801 bis [1802]

GStA PK, VI. HA Nl Scharnhorst Nr. 285 fol. 2r–68r (124 S.): Eigenhändig.[a]

Vermischte Notizen: Artilleriewesen, Verschanzungen, Kriegskunst, darin: [1.] Spezialisten zur Schätzung der Entfernungen für jede Batterie. [2.] Verschanzung als Falle. [3.] Schlacht bei Hohenlinden 1800. [4.] Dimensionen der Kriegskunst. [5.] Muster einer Schlachtordnung. Zuordnung der Artillerie. [6.] Kriegslisten: Gliederungsskizzen. Historische Beispiele. Ausführungen. Verbindungen mit Dispositionen zu einer Schlacht. [7.] Mögliche Ausgliederung eines Hauptkapitels über Kriegslisten. Gliederungsentwurf. Plan der Einteilung. Liste der nötigen Pläne und Beispiele. [8.] Grundsätze und Beispiele der Kriegslisten. [9.] Gliederungsentwurf einer allgemeinen Heereskunde für den Krieg. [10.] Grundsätze für Schlachtordnungen. [11.] Dimensionen der Fechtarten. [12.] Offensive Vorteile defensiven Verhaltens. [13.] Gedankensplitter zu Kriegslisten. [14.] Besetzung der Regimentsartillerie mit Artilleristen. Übung. Organisation. Vorteile. [15.] Einrichtung einer Artilleriekommission zur Beratung notwendiger Verbesserungen und zum Vergleich mit anderen Systemen. Andernfalls Abhängigkeit von Vorurteilen und Unwissenheit. [16.] Plazierung der Geschütze unterschiedlichen Kalibers.

Aide-Mémoire
Februar 1801 bis ...
   G. Scharnhorst

Febr. 1801

[1.] Artillerie
Man muß bey der Manipulation des Geschützes keine Zureichungen gestatten, diese veranlaßten in der Action Unordnungen.

---

[a] Es werden hier die ersten 29 Blätter (53 S.) des Kleinoktavhefts aufgenommen, die noch aus der Zeit vor der Entlassung aus hannoverschen Diensten stammen. Die Fortsetzung folgt im dritten Band als Nr. 1.

Verschanzungskunst
Die Canonen einer Schanze geben derselben einen großen Wirkungs Kreis und einen tactischen Werth von großen Umfange, dienen aber wenig bei abgesonderten Schanzen in Augenblik des Sturms.

Artillerie. Es muß, ehe man bey einer Batterie vor und in der Festung an zu schießen fängt, erst die Weite aus gemeßen werden. Ebendies muß in Felde bei anhaltenden Canonaden geschehen.
Man wird nie hierzu komen, wenn man nicht einen Distanzmeßer u. -beurtheiler bey jeder Batterie hat. Dies muß ein Unterofficier seyn, der 1. eine sehr große Fertigkeit in der Abmeßung einer Distanz aus einen kleiner Standlinie hat, 2. eine sehr große Fertigkeit in der Beurtheilung der Distanzen. Er muß dabey aufnehmen u. zeichnen können. Er ist im Felde zu Pferde und führt die Batterie als Guide. In der Action ist er um den Comandeur, um ihn als Gehülfe zu dienen. In Cantonirungs u. Winterquartiere, in Lägern und in Friedenszeiten übt er die Mannschaft in der Beurtheilung der Distanzen.
Es ist sehr wichtig, die Distanz, die Entfernung genau zu wissen, ohne dies ist keine Möglichkeit, guten Effect zu erhalten. Dies erfordert eine eigene Abhandlung. Man muß durch aus einen solchen Menshen haben, damit daß ewige Schießen auf so große Distanzen gehindert werden kann. Die Bestimmung richtiger Distanzen wird auch den Befehlshaber der Divisionen wichtig.
Der Batterie Geometer muß auch Fernrohre haben.
Er zeigt immer den zu nehmenden Grad den Comandeur an.

[2.] Kriegeskunst. Man kann eine Verschanzungskunst dazu brauchen, daß man den Feind, der sie ersteigt, selbst angreift u. ihn ein Falle auf diese Weise legt. Alles muß dann dazu eingerichtet seyn. Er muß schon zum großen Theil debouchirt haben, damit man ihn ganz in Unordnung bringen kann, denn sonst würde er auf den Brustwehren uns wiederstehen u. die Cavalerie würde zu nichts dienen.

a a Truppen, welche sich in die Linien zurük ziehen
bb Cavalerie, welche, so bald die in d c postirte[b] Infantrie vom Feinde angegriffen wird, über die durch die Verschanzung debouchirt[e]n Truppen herfällt u. alles niederhauet, während die Linie e f gegen die Vershanzung en echellon vorrükt u. sie wieder besetzt
g Eine Schanze mit 20 Canonen besetz[t] u. sicher gegen den Sturm[c]

---

[b] Statt „postirten".
[c] Dazu auf fol. 5r eine Kartenskizze der Verschanzungen, Werke und Überschwemmungen zwischen Breda und Geertruidenberg.

II. Reform der hannoverschen Armee (1798–1801)

[3.] Kriegeskunst
Es war eine schöne Idée, Richepanse auf die Art wie in der Schlacht bei Hohenlinden vorzuschicken.[1] Kam es nicht zur Schlacht, so machte diese Bewegung nichts. Man muß in solchen Fällen dergleichen aufs Ungewiße thun.
Archenholz[2] hat Unrecht, wenn der den Angriff in Colonne wie bei Hohen Linden verwirft. Es wird aber bei denselben erfordert, daß man nach u. nach sich heran arbeiten u. erst so sich Meister von den Zugange gemacht habe, daß man sicher ist, daß der Angriff zugleich reussire – Wilhelmsthal – oder man muß die Haupt Stärke auf einem Punkt führen – Crefeld – Torgau.

[4.] Kriegeskunst
Die Stratagems theilen sich
1. in die des kleinen Krieges
2. " " der Bewegungen zweier gegenseitiger Armeen in einem gewissen Terrain
3. " " der Anordnung der Bewegung mehrer Armeen – des Plans im Großen –

[5.] Kriegeskunst Schlachtordnung einer Armee von 30 Bat. u. 55 Escadronen, 4 Compagnien Jäger, 3 Bat. leichte Infanterie
   a. 5 Divisionen, jede zu 6 Bataillon u. 5 Escadronen, 1 Batterie 12℔ der u. 1 Batterie Reit. Art.
   b. 30 Escadronen und 3 Batterien reitende Art. Reserve
   c. Die Division, welche zum Vorposten, Avantgarden u.s.w. dient, wird durch die leichte Inf. Jäger u. zum Soutien durch 5 Esc. von der Reserve mit $1/2$ oder auch 1 Batterie r. Art. verstärkt, wenn sie nahe vor dem Feinde die Vorposten hat.

---

[1] Am 3. Dezember 1800 schlug hier die französische Rheinarmee unter Moreau die Österreicher und Bayern unter Erzherzog Johann. Dieser Sieg führte zum Ende des Krieges der 2. Koalition (Friede von Lunéville am 9. Februar 1801 mit Österreich, Friede von Amiens am 23. März mit Großbritannien). Einer der Unterbefehlshaber Moreaus war General Antoine Richepanse (1770–1802), der wie zehntausende andere Soldaten der Rheinarmee in Westindien am Gelbfieber starb, wohin sie zum Krieg gegen die ehemaligen Sklaven verschifft worden waren.
[2] Der Historiker Johann Wilhelm von Archenholz (1743–1812), ein ehemaliger preußischer Hauptmann, gab in Hamburg seit 1792 die Zeitschrift „Minerva" heraus. Von seinen Werken wird die „Geschichte des Siebenjährigen Krieges", (2 Bde., Berlin 1793), auch heute noch nachgedruckt.

In Schlachtordnung.[d]

Die 5te Div. dient nebst den 30 Es. u. 3 Batt. r.A. zur Reserve. Die 5te Div. stehet hinter den Theil der Linie, welcher in durchschnittenen Terrain sich befindet; die Cav. Reserve hinter den, welcher in offenen Terrain stehet.

Jede Division hat in der ersten Linie ihre 6 Bat. und ihre Batt 12℔, in der 2ten 300 Schritt zurük ihre 5 Esc. u. Batt. reit. Art.

Die Reserven stehen 600 Schritt hinter der ersten Linie.

Wird eine Division von der Armee ganz separirt, so bekomt sie zur Cav. von der Cav. Reserve noch 5 Esc. u. 1 Batt. r. Art.

Artillerie

Die Artillerie jener Armee bestehet, da die pr. Einrichtung zu Grunde gelegt,
1. aus 2 Stück 6℔der bei jedem Bataillon
2. aus 1 Batterie 12℔der (1800 ℔ schwer) von 8 Canonen bei jeder Division, die sich nach den Brigaden auch oft in halbe theilt
3. aus ½ Batterie reitd. 3℔der u. 7℔dige Haubitzen, nemlich 4 Stük 3℔der u. 2 Stük 7℔dige Haubitze.

In der ersten Linie nimmt man keine Batterie 6℔der, es sind 12 Stük dieser Caliber schon bei den Bataillonen. Will man hier ein Geschütz zu andern Zweken haben, so müßen es also 12℔der seyn. Sie reichen weiter etc.

Man muß bei den ordin. Batt. keine 7℔dige Haubitze nehmen, die Granaten werden, so bald die Batterie in Feuer kömmt, mit vershoßen, ohne daß die Umstände den Gebrauch derselben erfordern. Ihr Transport ist sehr theuer.

Zu den Batterien r. Art. 7℔dige Haubitzen, damit man doch, wo es erfordert wird, Haub. hat.

Man nimmt dazu 3℔der – sie thun ungefähr eben so viel als die leichten 6℔der, und kosten als r. Art. weit weniger.

[6.] Kriegeskunst

Mein Werk über die Kriegeslisten bestehet
1. Theil   Was sind Kriegeslisten?
2te Theil   Beispielen von Kriegeslisten
3te Theil   Die Anwendung der Kriegeslist bei der Führung einer Armee
Beim 2ten Theil kommen 2 Fälle vor. Diese sind 1. Man greift an 2. Man wird angegriffen.

Greift man an, so treten wieder verschiedene Fälle ein, z.B.

---

[d] *Dazu auf Seite 9 (fol. 7r) eine skizzierte Schlachtordnung. Das erste Treffen der Armee besteht aus vier Divisionen, von denen die erste aus Grenadieren besteht, das zweite Treffen aus der 5. Division sowie 30 Eskadronen mit zwei reitenden Batterien.*

1. Man greift mit einem Flügel an. Fleurus, Krefeld, Leuthen, Warburg.
2. Man greift auf beiden an. Wilhelmsthal, Feldzug von 1794.
3. Man hält die Hauptmacht in Respect u. fällt auf ein detashirtes Corps. Emsdorf, Maxen.

Wird man angegriffen, so sind manche Fälle möglich, z.B.
1. Man gehet den Feind mit grader Front entgegen. Minden
2. Man gehet mit einen Theil in Flank und stehet mit dem andern. Hastenbek, Hohen Linden
3. Man arr[a]ngirt die während den Angrif zu nehmende Position, so daß der Feind, indem er kömt, die Flanke einem Theil von uns bietet. Rosbach, Hochkirchen, bei Wilhelmsthal.

Alle die obigen Fälle müßen nur ganz einfach beschrieben werden. Es ist nur die Absicht, Ideen zu geben. Die Mannigfaltigkeit der Anwendung kömmt im 3ten Abshnitt.

Kriegeskunst
1. Ruses de guerre de Polyen et les Stratagêmes de Frontin. 1770 9 Fr.[3]
2. Stratagemes de guerre des François p. R. de St. Genies[4] Paris 1769 10 Fr.
3. Traité des Stratagemes permis à la guerre p. J. Maizeroy 1765 3 Fr.[5]

Kriegeskunst
Wenn wir den Feind in unsern Vorhaben irreführen und durch verborgene Anordnungen unerwartet Vortheile über ihn erhalten, so sind wir durch eine Kriegeslist zum vorgesetzten Ziel gelanget. Eine Kriegeslist setzt also gewöhnlich eine absichtliche Verstellung voraus. Sie bedient sich hierzu aber nur der Mittel, welche im Kriege erlaubt sind.

Wenn der Feind, der uns in einer Schanze angreift, nahe vor derselben unerwartet in Wolfslöcher, die auf eine solche Art überdeckt sind, daß er sie weder wahrnehm[en] noch vermuthen kann, fällt, so führen wir eine

---

[3] Es handelt sich um eine französische Übersetzung (vermutlich die von Gui-Alexis Lobineau, Paris 1770) zweier spätantiker Werke mit dem Titel „Stratagemata", das eine verfaßt von dem griechischen Rhetor Polyän (lebte um 163), das andere von dem Feldherrn und Konsul Sextus Julius Frontinus (um 40–103).
[4] Ein sechsbändiges Werk von Jacques-Marie Ray de Saint-Geniez.
[5] Traité des Stratégèmes permis à la guerre, ou remarques sur Polyen et Frontin avec des Observations sur les batailles de Pharsale et d'Arbelle, Metz 1765. Der Verfasser, Paul-Gédéon Joly de Maizeroy (1719–1780), war ein Verfechter der Kolonnentaktik, aber Gegner von Folard und Guibert.

Kriegeslist gegen ihn aus. Sind aber diese Wolfslöcher wie gewöhnlich eingerichtet und stürzt er sich, weil er nicht aufmerksam, weil es finster u.s.w., in dieselbe, so können wir die Erreichung unsers Zweks nicht der List zushreiben.

Eine Kriegeslist setzt daher Verstellung und angelegte Fallstricke voraus.

Eine Ueberflügelung in Angesicht des Feindes ist keine Kriegeslist, so unerwartet sie den Feind auch kommen mag. Ein verstellter Angriff auf der Front während eines heimlichen u. verstelten Marschs mit dem größten Theil der Armee[e] in den Rücken des Feindes ist dagegen eine gewöhnliche Kriegeslist bei unser jetzigen Art Krieg zu führen.

Kriegeskunst
Der 3te Theil über die Kriegeslisten zerfällt in die Kriegeslisten
1. Abshnitt der leichten Truppen
3. Abshnitt der Festungen
4. Abshnitt der Anordnung einer Operation
2. Abshnitt der Corps u. Armeen
Eigentlich muß aber von jeden dieser Abshnitte ein Beispiel in den 2ten Theil vorkommen.
In 3ten Theil wird jeder Abschnitt in verschiedenen Capiteln abgehandelt.

Kriegeskunst
Zu dieser Abhandlung wird ein Atlas von Planen und Karten erfordert.
1. Alle des 7jährigen Krieges
2. Fleurus
3. Rocoux.

Kriegeskunst
Eine Beispielsamlung von Dispositionen zu einer Schlacht mit Erläuterung wäre sehr passend mit der Abhandlung über die Kriegeslisten zu verbinden u. dann hieße das Werk –
Ueber die Kriegeslisten nebst einer Samlung von Dispositionen zur Schlacht.

[7.] Kriegeskunst
In 3ten Theil der Abhandlung über die Kriegeslisten machte der 2te Abshnitt, welcher von den Kriegeslisten bei der Führung einer Armee handelt, die Haupt Sache des ganzen Werks aus. Vielleicht ist es am besten, nur allein über diesen Gegenstand zu schreiben unter dem Titel:

---
[e] *Folgt, versehentlich nicht gestrichen:* „stellte".

Ueber die Kriegeslisten bei der Führung einer Armee.
Der erste u. 2te Theil des Werks Seite 12[f], der Erläuterungen gebe, könnte dennoch jener Abhandlung vor gehen.
Dann aber wär der Plan

Einleitung
1. Abshnitt, Was sind Kriegeslisten
2. Abshnitt Beyspiele von Kriegeslisten
   a. bei leichten Truppen
   b. bei Festungs
   c. bei Führung einer Armee
   d. bei den Operationen mehrer Armeen.
Eigentlicher Gegenstand des Werks
Ueber die Kriegeslisten bei der Führung einer Armee
Machte einen eigenen Titel

Der Entwurf dieser Abhandlung muß so eingeleitet werden, wie die Kriegeslisten [sic!] wie die Umstände bei der Führung der Armee zu den Kriegeslisten Veranlassung geben. Z.B. wenn man in ein Lager kömmt oder eine Position nimmt, wie da nun die Umstände Veranlassung dazu geben.

Es werden in der Einleitung viel Beispiele von den Listen bei leichten Truppen, bei Festungen u. bei der Operation mehrer Armeen oder den Operatiosplan gegeben, wenig aber nur von den bei Führung einer Armee, weil diese hernach doch umständlicher vorkommen.

Kriegeskunst
Plane zu den Werke:
Ueber die Kriegeslisten bei Führung einer Armee.
1. Minden 2. Krefeld 3. Fleurus 4. Graf v. Sachsen [.......][g] 5. Wilhelmsthal 6. Rosbach 7. Leuthen 8. Collin 9. Plauen, 10. Kesselsdorf 11. Leuthen 12. Hochkirchen, 13. Liegnitz, 14. Torgau 15. Freiberg 16. Rocoux 17. Warburg 18. Emsdorf 19. Uebergang über den Rhein 1758 20. Stenkerke (Secretär) 21. Breda, 22. Herzogenbusch

Beispiel der Kriegeslisten in den Operationsentwurf
1. Feldzug von Bonaparte vor der Schlacht bey Marengo[6]
2. Gegen den Erzherzog, als Kehl belagert wurde[7]
3. Turenne, die beiden Winter Feldzüge

---

[f] *Seitenverweis innerhalb des Notizbuchs, hier auf die Eintragung beginnend mit „Mein Werk über die* Kriegeslisten *bestehet [...]", s. o.*
[g] *Unleserliches Wort.*
[6] Napoleon Bonaparte überquerte im Mai 1800 überraschend die Alpen. Seine Armee besiegte am 14. Juni bei Marengo die Österreicher unter Baron von Melas.
[7] Das bezieht sich wahrscheinlich auf die Operationen, die mit der Wiedereroberung Kehls durch die Armee des Erzherzog Karl (10. Januar 1797) endeten.

[8.] Kriegeskunst
In der Abhandlung über die Kriegeslisten kommen bei einer defensiven Armee 3[h] Fälle vor, 1. der, wo eine gewisse Position der Armee zu ihrer Absicht sich darbietet, 2. der, wo ein gewisser District, in der sie sich postiren muß, um den Feind aufzuhalten, sich ihr darbietet, wie z.B. 1761 der Allirten Armee zwishen den Teutoburgschen Gebürge u. der Weser. Ein Fluß etc. 3. Wo kein District sich ihr darbietet, wo in einen großen Terrain sie ihne erwarten muß[i]

Kriegeskunst
Will man den Feind in die Falle locken, so darf man sich nicht hinter die Falle placiren. Man muß, wenn der Feind dahin kömmt, erst die angemeßene Position nehmen.
Wenn z.B. der Herzog von Cumberland die Absicht hatte, den M. D'Etree eine Schlacht bei Hameln zu liefern, so war es seiner Absicht sehr angemeßen, daß er am linken Ufer ging u. sich den Feind erst bei Hastenbek entgegenstellte, wenn er erfuhr, daß dieser die Weser passirt habe. Denn war der Feind einmal in den Thal von Haste, so war es auch wahrscheinlich, daß er nun von hier den Herzog angrif, wenn er es sonst zu einer Schlacht kommen lassen wollte.
Auch die Schlacht bei Minden wär wahrscheinlich nicht auf diese Art erfolgt, wenn der Herzog Ferdinand am Anfang zu Hille gestanden.

Artillerie Hauptbestimmungn für die reit. Art. sind a. zur Reserve b. Umgehen des Feindes mit Cavalerie c. forcirten, durchdringenden, einbrechenden Angriff e. Verfolgen des Feindes f. Arriergarden g. Avantgarden h. Soutien der Vorposten

Kriegeskunst. Eines der schonsten Kriegeslisten ist die, wo man den Feind verleitet, eine Stellung zu nehmen, in der ein großer Theil seiner Armee solche Hindernisse vor sich hat, daß er die ihn gegenüberstehenden wenigen Truppen von uns nicht angreifen kann und wir unterdes unsere ganze Macht auf einen andern Punkt concentriren.
Nur selten wird der Feind, ohne daß wir zu einen solchen Fehler Veranlassung geben, denselben machen. Doch darf man da auf ihn rechnen, wo der Feind nur einen oder 2 Tage stehet, wo er auf dem Rükzuge ist u.s.w.
Man kann ihn aber dazu auf manche Art verleiten.
1. Wenn man sich so stellt, daß zwishen beiden Armeen in einiger Entfernung ein solches Hinderniß sich befindet und ihn, so bald er sich uns nähert, ihn entgegengehet und ihn dadurch Veranlassung giebt,

---
[h] Verändert aus „4".
[i] Folgt gestrichen: „4. Hinter Schanzen".

von den augenbliklichen Vortheilen der Dekung der natürlichen Gegenstände zu profitiren. Die Schlacht bei Ramillies[8] ergab sich auf diese Weise für die Verbundene Armee, ohne daß dabei eine List zum Grunde lag. Hier die Erzählung derselben u. die Art, wie man links durchdringen konnte. Will man eine solche List ausführen, so muß man vorher seine Einrichtungen sehr wohl getroffen haben und den Punkt, den man zur Scheidung bei den Armeen bestimt hat, souteniren. Man darf aber ihn unter manchen Umständen dennoch oft nicht besetzen, und nur in dem die feindliche Avantgarde ihn passirt hat, mit der Cavalerie u. reitenden Artillerie entgegenstellen.

2. Ein 2ter Fall, wo man eine solche Stellu[n]g nehmen kann, ist der, wo die Vorposten vor[j] einem kleinen Fluß stehen u. man diese unterstütz u. den Feind zum förmlichen Angriff hier zwingt, während man ihn umgehet. Dies könnte bei Herzogenbusch 1794 geshehen, wenn man die Dommel von Oedenrode bis Boxtel soutenirte u. jetzt den Feind in die rechte Flanke mit der Haupt Macht ging.

<u>Kriegeskunst</u>
In den Werk üb[e]r die Kriegeslisten müßen einige allgemeine Regeln vorkommen.

Der erste Grundsatz ist, daß man Listen anwendet, daß der Feind ein nicht divinirt[9]. Der Herzog Ferdinand gab Befehl, sich zur Schlacht bereit zu halten, die Leute zu furagiren, wenn er sich nicht schlagen wollte. Man muß das, was man oft als Vorbereitung thun muß, auch dann oft thun, wenn es nicht nöthig ist, so wird der Feind auf immer irre. Man muß also sich unerklarbar machen.

Oft anfangen, Magazine anzulegen, ohne eigentlichen Gebrauch davon zu machen etc.

[9.] <u>Kriegeskunst</u>
Meine Absicht: eine Reihe von Memoiren[10] zu schreiben, in denen ich die Haupt Gegenstände, welche bei einer Armee, die ins Feld geht, wichtig sind, aufmerksam mache.

<u>I. Abschnitt – Einrichtung</u>
  1. Capitel. Verhältniß der verschiedenen Gattungen von Truppen.
  2. System in Absicht des Krieges und Mundbedarf (immobile Munitions – Brodwagen-Einrichtung, Naturalien, Ochsen etc.)

---

[j] *Statt „vorn".*
[8] In dieser Schlacht des Spanischen Erbfolgekrieges besiegte am 23. Mai 1706 eine alliierte Armee unter dem Herzog von Marlborough die Franzosen und Bayern unter Villeroi.
[9] Im Sinne von „durchschaut" oder „vorausberechnet".
[10] Hier im Sinne von Denkschriften.

3. Generalstab – organisirter
4. Organisation in Rüksicht der Officiere – Unteroffic. – (keine alte Generale – Man lasse sie zu Haus, gebe den jüngern Staabsofficier eine Zulage – man wird viel profitiren[)] – Aufmerksamkeit auf Unterofficiere -
5. Vollzähligkeit der ausrükenden Mannschaft -
6. Comissariat – Hospital – Officiere immer abwechseln -
7. Belagerungsträn -

IIter Abschnitt Mechanismus in der Fechtart
    1. Capitel. Abtheilung u. Schlachtordnung
    2. C. Marschanordnung
    3. C. Fechtart. reit. Art. u. Cav.[k]

III. Abschnitt. <u>Unterhaltung</u> – beim Bauren – Erhaltung der Pferde des Landes, dagegen aber Fuhrstationen überall organisirt. Grün fouragirt – Maximum des Preises -

IV. Abschnitt <u>System des Organisationsplans</u> – List – Winter Offensive -

V. Absnitt <u>Führung der Armee</u>
    1. Capitel. Anwendung der Kriegslisten überhaupt. Die weitere Ausführung eine eigene Abhandlung -
    <u>2tes Capitel</u> Verfolgung – eine neue Schlacht

VI. Abschnitt Uebung u. Thätigkeit der Armee – Niemand muß zu sich selbst kommen – Man kann den Grund angeben, daß Ruhe Krankheit erzeugt – ist nicht so – Nachtmanoeuvers –

VII. Abschnitt
Bestrafung, Belohnung – besonders höhere – Subordination der höhern –

VIII. Abschnitt. Der Armee Muth zu machen – Alle geheimen Mittel aufzubieten. Allein die Tapfern auszuzeichnen – Nach jede Affäre eine Distinction der Braven.

[10.] <u>Kriegeskunst</u> ordinäre Schlachtordnung von 12 Bat. u. 20 Esc.[l]

<u>Verstärkte Schlachtordnung</u>
von 12 Bat. u. 20 Esc.[m]

---

[k] *Folgt gestrichen: „1. Capit. Uebung im Ueberflügeln"*
[l] *In der folgenden Skizze (fol. 19r) besteht die Front aus zwei Divisionen (I. und II.) mit der Infanterie (1. und 2. bzw. 3. und 4. Brigade) und der Artillerie im ersten Treffen und je 5 Eskadronen Kavallerie im zweiten. Die Reserve dahinter besteht aus zehn Eskadronen und einer Batterie reitender Artillerie.*
[m] *Die folgende Skizze ist gegenüber der vorangehenden dahingehend geändert, daß jetzt je eines der drei Bataillone jeder Brigade ins zweite Treffen zurückgezogen worden ist, und zwar so, daß die Divisionskavallerie immer zwischen zwei Bataillonen steht.*

Bei der ordinären Shlachtordnung macht die Cavalerie und das 3te Glied in der Ebene das 2te und in durchschnittenen Terrain das 1te aus, wozu dann noch die Scharfschützen kommen.

Bei der verstärkten Shlachtordnung tritt 1 Bataillon von jeder Brigade zurück, nun kommen die Batterien näher; die 2te Linie bestehet bei jeder Division aus 2 Bataillonen und 5 Escadronen und ist fast ohne Intervalle; nun können ganze Bataillone abgelöset werden. Die verstärkte Schlachtordnung wird besonders da gebraucht, wo eine Division vor sich allein ist u. die Flanken nicht gesichert, dann bei dem Angriff in durchschnitten Terrain.

Die alte Schlachtordnung in 2 Treffen von einer Waffe oder in 2 Treffen, wo das 2te andere Generale als das erste hat, schickt sich nicht zu einen geshwinden u. wechselseitgen Gebrauch aller Waffen, nicht in abwechselnden Terrain, nicht zu den Bewegungen – es sei vor oder rükwärts – die Armee in ein Ganzes in viele Körper theilbar, welche wieder in sich ein Ganzes ausmachen.

Um sich von den Fehlern der gewöhnlichen Schlachtordnung zu überzeugen, nehme man die Schlacht von Minden vor sich, gehe sie auf beiden Seiten durch.

[11.] <u>Kriegeskunst</u> Fechtart

 Entwurf
 I. <u>In Einzelnen</u>
  A. Eines Bataillons
  B. Einer Escadron
  C. Einer Brigade Inf.
  D. Einer Brigade Cav.
  E. Eines Bat. Inf. u. 1 Esc. Cav.
  F. Einer Brigade Infanterie u. Cavalerie
  G. Einer Division (Inf. u. Cav.)

  II. In Großen – Ausführung anderswo – Angriff; durchdringender mit Cav. u. r. Art. am Ende – schnell – dies das Generalprincip – List

[12.] <u>Kriegeskunst</u>

Es sind mehrere Fälle, wenn man sich defensiv verhält, die Vortheile der Offensive zu genießen

 a. Wenn man den Feind anfällt, wen er in unsere Position einbricht – (Bergen Colonnen.)[n] Wenn man ihn durch unsere Shanzen brechen läßt, nemlich einen Theil derselben feste macht u. die andre shwach, aber über ihn herfällt, wenn er diese forcirt.

---

[n] *Folgt, versehentlich nicht gestrichen:* „man".

Meine Methode der Vertheidigung der Vershanzung –
Die Burkersdorf war auch ungefähr so
b. Wenn man mit einem Theil den Feind entgegengehet, Hohenlinden.

[13.] <u>Kriegeskunst</u>
Die List, wo man sich stärker stellt, ist oft wichtig – Warnery bey Kratzkau, 5ter Theil seiner sämtl. Schriften[11] S. 275
Die Mittel sind 1 Glied, darhinter etwas gezeigt – Canonen Wagen bald hier, bald da (in durchschnittenen Terrain Canonen gezeigt)

<u>Kriegeskunst</u> St. Genies Kriegeskunst enthält in den Kapiteln von dem Hinterhalte, Ueberfallen u. Ueberrumpelungen gute Lehren u. auch sonst

<u>Kriegeskunst</u>
Die Fouragirungen geben oft Anlaß zu Listen. Man stellt sich, daß man welche mache°, und greift unter diesen Vorwande den Feind an.

<u>K.K.</u>
Man hat im Großen 3 Mittel, den Feind zu bekriegen
1. Durch die Tapferkeit im Gefecht ihn zu zerstreuen
2. Durch dem Mechanismus der Bewegung ihn zum Rükzuge zu bringen. Einen Flügel z.B. mit einer großen Macht anzugreifen, ehe der andere ihn unterstützen kann u.s.w.
3. Durch Kriegeslisten ihn zum Rükzuge zu bringen.
N° [3] findet nur bloß bei rohen Völkern statt.

<u>K.K.</u> Die Schlachtordnungen u. Eintheilung sind von einer Seite wichtig – sie sind die Anlage großer Dinge.
K.K. Zum Kriegeslisten gehören
1. Daß man den feindlichen General, wenn er schlecht ist, erhebt – ihn selbst k[l]eine Vortheile zukommen läßt – seine Stellungen lobt.
2. Daß man bei guten Gegnern eine Coup, wenn er etwa krank ist, auszuführen sucht.
3. Daß man dem feindl. General ausforscht durch Bewegungen – ob er entshloßen, ob er geschwind, ob er seine Maasregeln gut macht.
4. Daß man sich falsche Befehle von Hofe geben läßt, daß man Gefangene absichtlich entläßt, wenn man sie in einen falschen Gesichtspunkt geführt hat.
5. Daß man nie der Regel immer fort folgt, sondern oft von den Grundsätzen Abweichungen macht.

° *Statt „man".*
[11] Gemeint ist wohl die von Scharnhorst initiierte deutsche Übersetzung: Des Herrn Generalmajor von Warnery sämtliche Schriften, 9 Teile, Hannover 1785–1791, vgl. den ersten Band.

K.K. Santa-Cruz[12] 1te Capitel S. 28 ist in Absicht der Kriegeslisten sehr schön.

K.K. Die Kriegslist, mit einen geringen Theil der Cavalerie die gegenseitige angreifen u. dann mit den größern, wenn der Feind angreift u. verfolgt, ihn auf den Hals zu fallen, eine solch Stratagem soll sich der Prinz Carl von Lothringen bedient haben in der Schlacht bey Czaslau.

K.K. S. 288 in dem Santa Kruz ist ein vortrefliches Capitel von den Kriegeslisten.

[14.] Artillerie
Ich will vorerst einen Aufsatz ausarbeiten, daß die Regiments Artillerie von den Artillerie Regimentern besetzt werden müße

Espinasse[13] verwirft die Regiments Artillerie, Gribeauval wollte schon sie vom Artilleriecorps besetzt wissen; nachher hat die Erfahrung bei den Franzosen dafür entshieden.

Sie muß denn zusammengezogen werden, muß von der reitenden Artillerie Pferde zur Uebung haben, über Hecken, Gräben.

Man muß Bataillone formiren, damit sie ihr Verhalten bei der Bewegung lernen. Es müßen junge Officiere dabei angestellt werden. Es muß eine practishe Schule seyn. Mann kann erst 1 Bataillon dazu aufsetzen.

Unterricht in der Kriegeskunst
   Ein Unterricht der Artillerie-Officiere.[p]

---

[p] *Hier (fol. 25v) folgt gestrichen:* „Preußen hat
   114 Mousq. Bat.
   31 [verbessert aus „24"] Gren. Bat.
   formiren 18 [verbessert aus „17"] Divisionen, jede zu 8 Bat.
   Dazu noch 24 leichte Bataillone in allen [gestrichen: „182"] Bataillone.
   G[arde] d[u] C[orps] u. Gens d'[Armes] 10 [Diese Zeile mit Bleistift nachgetragen]
   Cürassiere 12 Reg. 60 [mit Bleistift verbessert aus „120"] Esc.
   Dragon. 13 [Mit Bleistift verbessert aus „12"] Reg. 75 [mit Bleistift verbessert aus „120"] Esc.
   Husaren 10¹/₂ [Mit Bleistift verbessert aus „10"] Reg. 105 [mit Bleistift verbessert aus „100"] Esc.
   ___
   245 [verbessert aus „340"] Esc.
   giebt auf jede Division 20 Escadrons und auf 2 Div. 40."

[12] Der spanische General und Diplomat Don Alvaro Navia Osorio Vigil, Marqués de Santa Cruz de Marcenado (1687–1732), verfaßte eine vielgelesene Darstellung der Kriegskunst im Sinne der Kabinettskriege seiner Zeit. Die ersten zehn Bände seiner „Reflexiones militares" erschienen von 1724 bis 1727 in Turin, der 11. 1730 in Paris.

[13] Augustin, Comte de L'Espinasse (1736–1816), war Artilleriegeneral und Verfasser des 1801 auch auf Deutsch erschienenen „Essai sur l'Organisation de l'Artillerie".

Organisation der Artillerie
Jede Brigade Infanterie
4 Bataillone 1 Comp. Artillerie, welche die Batterie von
    6 Stück 12 ℔dern
    2 " Haubitzen
und die 8 Stück 6 ℔der bedient.
Macht in allen Compagnien   ---------   34
Jede Division 1 Batt. r.[14] Artillerie zu $^1/_2$ Compagnien macht
                     ---------   r. $8^1/_2$
Für 24 Bataillon leichte Inf.
6 Batt. r. 3 ℔der, macht   ---------   r. 3
Zu 8 Reserven Cav., für jede 1 Batt. r. Art.
macht   ---------   r. 4
Zu einem Belagerungsträn   ---------   2
In den bedrohten Festungen   ---------   4

    Compagnien zu Fuß   ---------   40
     " " " " Pferde   ---------   15
Also 4 Reg. zu Fuß
$1^1/_2$ " " Pferde

Die reit. Art. zu $1^1/_2$ Batt. auf die Division ist sehr gering angeschlagen, nur $^1/_2$ so stark als die französische, welche auf jede Div. 3 Brigaden, auser den 3 Brigaden bei der Reserve Cav., also auf jede Division $4^1/_2$ Brigade oder 27 Stuk hat, statt oben auf ihr nur 12 kommen.

Die Bedienung der Regiments Art. durch das Artillerie Corps hat den Vortheil, daß dadurch nun die Artillerie der Brigade, so wohl die Regiments, als andere, durch eine Compagnie bedient, durch einen Mann so wohl in Lägern als Marshe als vor dem Feinde dirigirt wird. Dadurch entsteht mehr Einheit und Uebereinstimmg, alle Einw[e]ndungen fallen weg.
Die Inf. Comp. werden nun um 8 Combattanten stärker, welches eine wichtige Sache ist.

In den neuen Organisationsplan sind 5 Comp. Art. mehr als in den alten, es sind aber auch nun bei der ganzen Inf. alle Regim. Inf. also p. Comp. 8 Mann mehr unters Gewehr gekommen.

---

[14] Steht hier durchgehend für „reitende".

[15.] Art. Comission, größere Vollkommenheit
Um die Artillerie zu einer größern Vollkommenheit zu bringen, hat der Monarch ein ganz einfaches, in jeder Lage anwendbares Mittel, dies bestehet in folgenden
Er bestimmt eine einstweilige Comission von 4–5 Artillerie Officieren und ebenso viel wohl unterrichteten Ingenieur, Inf. u. Cav. Offic., so daß das ganze Conseil aus 8 bis 10 Personen bestehet, in den der älteste Artillerie General presidirt.
Er läßt in diesen über alle Artillerie Einrichtung, so wohl über die Organisation der Artillerie, als die mechanisch Einrichtung des Geschützes, als der der Laffeten, Munitions Wagen, der Bildung u. Uebung, der Art des Empfangs der Canonen etc. eine Revision anstellen, um zu sehen, ob etwas darin verbeßert werden könne; mit dem Befehl 1. alle Einrichtungen mit den der besten Art zu vergleichen, u. 2. über jeden Gegenstand von einiger Wichtigkeit, welcher zur Aufklärung der Artillerie dienen könnte, Versuche anzuordnen.
Auf diese Weise werden die Einsichten der geshicktesten Officiere und die Erfahrungen andrer Artillerie benutzt, die zweifelhaftesten Fälle aufgeklärt und der Geist der Untersuchung rege gemacht. Nimmt der Monarch nicht diese Partei, so hängt die Artillerie dem Vorurtheile, der Unwissenheit u. der Unthätigkeit weniger Menshen ab.
Die ersten Befehlshaber können gewöhnlich keine Veränderung treffen, wenn sie auch wollen, weil sie
1. sich gewöhnlich dann ein Dementie geben müßen
2. weil sie darin groß geworden u. die Sache nicht anders kennen können
3. weil sie sich in allen, wo der Mensch bedenklich ist, nicht gern nach eine sehr kritishe Untersuchung anfragen will, sich fürchtet
4. weil die nächsten, welche auf ihn folgen, die Sache gehen lassen wie sie gehet, in dem sie selbst die Sache auszuführen denken.[15]

[Fol. 23v–24r][q]

[16.] Artilleriegebrauch.
Die 12 ℔digen Batterien werden auf Anhöhen gestellt und auf große Distanzen gebraucht, wenn Gelegenheit dazu ist. In durchschnittenen u. vermishten Terrain, wo dies nicht angehet, dienen sie bloß, den einbre-

---

[q] *Diese beiden Seiten wurden offensichtlich überschlagen und erst später beschrieben, wobei unklar ist, ob das vor oder nach der Entlassung aus hannoverschen Diensten geschah.*
[15] Der folgende Eintrag ist auf den 17. Mai 1801 datiert. Scharnhorst befand sich seit dem 8. Mai 1801 in Potsdam und war am 12. Mai als Oberstleutnant der Artillerie und Lehrer an der Akademie für junge Offiziere in Berlin angestellt worden. Er war am 8. vorläufig aus hannoverschen Diensten entlassen worden, der förmliche Abschied erfolgte am 19. Mai 1801.

chenden Angriff des Feindes zu brechen oder unsern zu begünstigen oder auch um Terrain unsicher zu machen.

Die Regimentscanonen agiren in der Linie, sie sind ein Theil der Infanterie, und wenn man gleich zu Zeiten dadurch leidet, daß sie nicht auf den vortheilhaftesten Punkt placirt sind, so hat man von der andern Seite dadurch wieder Vortheile, daß man allerwärts in der Linie Artillerie hat und auf alle unvorhergesehenen Fälle vorbereitet ist.

216. Scharnhorst an Wallmoden Hannover, 20. Februar 1801

HStAH, Hann. 41 III Nr. 190 fol. 12r (1 S.): Eigenhändig.

Konzept: GStA PK, VI. HA Nl Scharnhorst Nr. 25 fol. 68r; Druck: Klippel II, S. 335, danach Linnebach, S. 220.

Abschluß der Kommissionsarbeit. Bitte um Weitergabe des Abschiedsgesuchs.

An Se. Excellenz den Herrn Feldmarschal Grafen von Walmoden Gimborn.

Da die Comission zur Untersuchung verschiedener Gegenstände der Artillerie in etwa 14 Tagen die vornehmsten Arbeiten wird geendigt haben, so ersuche ich Ew. Excellenz ganz gehorsamst, meinen unterthänigsten Abschiedsgesuch nach England abgehen zu lassen, wenn es noch nicht geschehen seyn sollte.

Nur in Vertrauen auf die hohe Gnade Sr. Majestät unsers gnädigsten Königs und Ew. Excellenz unterstand ich mich, diese Bitte zu thun und hier zu wiederhohlen.

Hannover, den 20ten G. Scharnhorst
Febr. 1801   O.L. u. G.Q.M.

217. Bericht Hannover, 24. Februar 1801

HStAH, Hann. 41 III Nr. 149 (2 S.): Reinschrift, fremde Hand[a], unterschrieben von vier Mitgliedern der Artilleriekommission.

Rückmeldungen der Regimentsartillerieoffiziere und ihre Einbeziehung beim neuen Reglement. Erfolgreiche Versuche mit krummen Wischern. Abschaffung der Luntenstöcke und Räumnadeln.

An Seine Excellenz
den Herrn Feld-Marschall Reichs Grafen von Wallmoden Gimborn & cet.
       in
       Hannover

---

[a] *Möglicherweise Löws.*

General Quartier Hannover d. 24ten Feb. 1801.

Ew. Excellenz statten wir als zur Commißion der Untersuchung der Regiments Artillerie Commandirte den unterthänigsten Bericht ab, daß wir unsere Arbeiten hiermit dahin fortgesetzt haben, die geforderten und eingegangenen Berichte u. Bemerkungen über die Artillerie Exercice von denen Regiments Artillerie Officieren durchgegangen u. genau geprüft haben. Manche derselben haben wir hinlänglich gegründet befunden, manche aber als ganz unzuläßig, und wir bitten daher um die Erlaubniß, daß erstere in den revidirten 2t Abshnitt des Reglements für die Regiments Artillerie aufgenommen und einige Stellen deßelben solchen zu Folge abgeändert werden mögen.

Die d. Hn. Lieut. Ludewig der Artillerie aufgegebenen Versuche mit den krummen Wishern sind beendigt, und wir sind durch die in unserer Gegenwart, obshon in einer äußerst rauhen und ungünstigen kalten Witterung, angestellten Proben damit von deren überwiegenden Nutzen so vollkommen überzeugt, daß wir uns verbunden achten, keinen weitern Anstand zu nehmen, Ew. Excellenz unterthänig zu bitten, erlauben zu wollen, daß solche bey der Regiments Artillerie allgemein angenommen und eingeführt werden mögen, wie auch, daß diesem zufolge die Exercice eingerichtet werde.[b]

Wir erbitten uns ferner die Erlaubniß, durch obigen Abshnitt des Reglements die Abshaffung zweyer Stücke, welche bisher bey der Regiments Artillerie sind geführt worden, bestimmen zu dürfen.

Die bisherige große, unbehülfliche, künstlich eingerichtete u. kostspielige Lunten Stöcke kommen uns ganz überflüßig vor, sie sind im Felde unbequem zu tragen, sie werden daher sehr geshwind verlohren, und ganz einfache gewöhnliche Stöcke, welche überall zu haben sind, gar nichts kosten, leisten die nähmlichen Dienste. Auch ist es hinlänglich, wenn davon 3 bis 4 bey jedem Stücke sind.

Die bisher geführten 16 Raum Nadeln von den 8 Artilleristen sind von je her ganz unnütz gewesen, die Unkosten für selbige sind daher überflüßig und würden itzt von solchen mit vieler Unbequemlichkeit auf den ehemalen Degen Coppeln getragen werden müßen, da die Patron Tashen, auf deren Bandolier sie sonst waren, abgelegt worden sind.

Ueber diese Puncte sehen wir Ew. Excellenz Befehle entgegen.

G. v. Löw Obrist u. Fl. Adjd^t	G.G. Braun Oberster im Artill.-Rgte.	Carl Pz. S. Oberster u. C. 8$^{\underline{ten}}$ I. R.[1]	G. Scharnhorst OL.

---

[b] *Bei der Denkschrift befindet sich ein Bericht von Leutnant Ludowieg (Hannover, 22. Februar 1801, 4 S.) über die Proben am 20. Februar.*
[1] Carl Prinz von Schwarzburg, Oberster und Chef des 8. Infanterieregiments.

218. Scharnhorst an [Zastrow?[1]]   [?, nach 20. Februar 1801?[2]]

GStA PK, VI. HA Nl Scharnhorst Nr. 25 fol. 49r–50r (2½ S.): Konzept, eigenhändig.
Druck: Linnebach, S. 221.

Bevorstehendes Ende der Kommissionsarbeit. Voraussichtlicher Zeitpunkt des Übertritts.

Bald nach Erhaltung Ew. Hochwohlgeborn Schreiben vom ten ..., worin dieselbe mir die gnädige Erlaubniß Sr. Majestät, bis zur Beendig[un]g der Artillerie-Comission hier bleiben zu dürfen, mitzutheilen die Gewogenheit hatten, erhielt ich von unserm Herrn Feldmarshal die mir anfa[n]gs mündlich gegebene Antwort schriftlich. Ich habe die Ehre, sie hier beyzulegen und Ew. Hochwohlgeborn zu benachrichtigen, daß die Comission, von der meine Entlassung abhängt, unausgesetzt arbeitet u., wie ich mit größt[e]r Wahrsheinlichkeit hoffen kann, nun in 3 Wochen geendigt seyn wird. Ich habe den Herrn Feldmarshal gebeten, meine Entlassung unter der Zeit in England zu bewirken, damit ich dann sofort von hier abgehen[a] könnte. Sollte derselbe aber meinen Gesuch nicht erfüllen, so würde mein Abgang durch die Einshickung des Memorials nach England noch nach Beendig[un]g der Comission ungefähr 3 Wochen aufgehalten werden.

Mit der größten Hochachtung bin ich
Ew. H.
gehorsamster Diener.

219. Scharnhorst an [Zastrow]   [?, 19. März 1801[1]]

GStA PK, VI. HA Nl Scharnhorst Nr. 25 fol. 66r–v (1½ S.): Konzept, eigenhändig.
Druck: Linnebach, S. 223.

Verzögerung der Verabschiedung durch Wallmoden.

Ew. Hochwohlgeborn verehrtes Shreiben von 3ten dieses habe ich richtig erhalten. Es beunruhigt mich sehr, Denenselben gehorsa[m]st melden zu

---

[a] *Das Wort wurde durchgestrichen, aber nicht ersetzt.*
[1] Linnebach schlägt Zastrow als Adressaten vor.
[2] Im Text wird eine Bitte an Wallmoden erwähnt, womit vermutlich das Schreiben vom 20. Februar (Nr. 216) gemeint ist. Die Mutmaßungen über die Dauer der Kommissionsarbeit widersprechen sich allerdings. Das könnte aber den pragmatischen Grund gehabt haben, daß Scharnhorst sich gegenüber Berlin nicht zu eng festlegen wollte.

[1] Die Angaben über den Adressaten und den Entstehungszeitraum stützen sich auf einen Brief Zastrows vom 28. März (HStAH, Hann. 41 III Nr. 190 fol. 19), der auf ein Schreiben vom 19. März antwortet, in dem Scharnhorst seine unangenehme Lage geschildert hatte. Dieser Kontext legt den Zusammenhang mit dem vorliegenden Konzept nahe, zumal sowohl bei Zastrow als auch hier im Konzept von einer Anlage die Rede ist.

müßen, daß bis jetzt mein[e] Entlass[un]gserlaubniß noch nicht aus Engla[n]d eingelaufen ist. Die Verzögerung ist durch die hiesige Artillerie Einricht[un]g[e]n, wie Ew. Hochwohlgebor[n] bekannt ist, entstanden. Unser Herr Feldmarshal hat zwar meinen Abshieds Gesuch im Anfang dieses Jahrs nach England gemeldet, aber ihn erst vor 3 Wochen förmlich eingeshikt, so daß die Erlaub[n]iß me[ine]r Verabshied[un]g, wenn die Krankheit des Königs kein Auffenthalt in d[e]r Ausfertigu[n]g verursacht, erst in diesen Tag[e]n erfolgen kann. Mir ist dies umso viel unangenehmer, da mein Abgang hier seit ungefähr 8 Tag[e]n bekannt geworden ist.[2]

Der beigehende[a] Brief von unser H. Feldmarschal ist eine Antwort auf mehrer[e] dri[n]ge[n]de Gesuche, meine[b] Abschieds Erlaubniß zu bewirken; ich lege ihn bei, damit Dieselben sehen, daß von mei[ne]r Seite nichts versäumt ist.[c]

Ew. Hochwohlgeborn fern[eren] Gewogenheit darf ich mich bei diese[r] Geleg[en]heit gehorsamst empfehle[n] und versichere, daß ich mit d[e]r größt[en] Hochacht[un]g u. Dankbarkeit bin
E. H.
gehorsamster Di[ene]r
G. S.

220. Denkschrift   Hannover, 20. März 1801

HStAH, Hann. 41 III Nr. 149 (5½ S.): Reinschrift, fremde Hand[a], unterschrieben von vier Mitgliedern der Artilleriekommission.

Revision des Reglements der Regimentsartillerie. Kritik der Rückmeldungen der Offiziere. Einführung des krummen Wischers. Anmerkungen zu einzelnen Änderungen der Verrichtungen. Abschaffung der Luntenstöcke und Räumnadeln.

An
Seine Excellenz den Herrn Feld-Marschall Reichs Graf von Wallmoden Gimborn & cet.
in
Hannover

---

[a] *Statt „beigehenden".*
[b] *Statt „meinen", was sich auf das gestrichene Wort „Abschiedsgesuch" bezog.*
[c] *Dem Konzept liegt weder der Brief noch eine Abschrift bei.*
[2] Auch Scharnhorsts Tätigkeit im Generalquartiermeisterstab dauerte noch bis in die ersten Monate des Jahres an, wie eine von ihm unterzeichnete Marschroute für das 9. Leichte Dragonerregiment Mitte März zeigt (HStAH, Hann. 41 I Nr. 111 III). In HStAH, Hann. 41 I Nr. 181 I, befinden sich auch noch sieben von Scharnhorst abgezeichnete Marschrouten für verschiedene Einheiten, bei denen das Datum nicht genau bezeichnet wurde (bei allen steht: „General Quartier Hannover, den [Lücke] 1801").

---

[a] *Möglicherweise Löws.*

General Quart. Hannover d. 20ten Mrz. 1801.

 Ew. Excellenz verfehlen wir, die von Denenselben zur Untersuchung der Regiments Artillerie commandirte Commission, nicht, unterthänig zu berichten, daß wir die Bemerkungen der Regiments Artillerie Officiere über die solchen voriges Jahr ertheilten neuen Vorschriften zur Exercice, deren Einsendung ihnen aufgegeben war, genau und mit allem möglichen Fleiße untersucht haben.

 Wir können uns nicht entrathen anzuführen, daß allerdings sehr viele dieser Bemerkungen äußerst guth und richtig waren, daher wir auch keinen Anstand nahmen, solche in das revidirte Reglement aufzunehmen. Gewiß haben manche dieser Officiere dasjenige in diesen Fache geleistet, was nur immer von ihnen zu erwarten war. Allein wir können doch nicht läugnen, daß keiner derselben eigentlich in den Geist des Artillerie Faches eingedrungen ist. Doch mag ihnen daß unserer Meinung nach nicht zur Last gelegt werden, denn dieser Geist kann nur den beleben, deßen einziges Handwerk u. Studium die weitäuftige und gewiß nicht leichte Artillerie Wißenschaft ist.

 Nachdem Ew. Excellenz der Regiments Artillerie die Wohlthat erwiesen haben zu erlauben, daß bey solcher die krummen Wisher eingeführt werden, so ist die ganze Exercice umgearbeitet, und zugleich sind auch hierbey die oben erwähnten Bemerkungen genutzt worden.

 Wir verfehlen nicht, solche in der Anlage Denenselben gehorsamst zu übergeben, und von Ew. Excellenz Approbation u. Befehle wird es nunmehr abhängen, ob solche in dieser Maaße an die Infanterie Regimenter ausgegeben werden soll. Es müste solche in diesem Falle abgeschrieben und an jedes Regiment abgeshickt werden.

 Wir halten uns jedoch verbunden, Denenselben anzuzeigen, daß wir unserer Ueberzeugung zu Folge von denen uns zugeschickten Bemerkungen St Exc. d. Hn. Gen.Lieut^{s} von Trew bey Aufstellung dieser Vorschrift keinen Gebrauch machen konnten, und verfehlen wir nicht, unsere Gründe deswegen detaillirt anzuführen.

<u>Ad 1.</u> Ueberhaupt werden die samtlichen Actions mit dem Wisher bey der Ladung verändert, da die krummen Wisher eingeführt werden. Allein diese 7te Action könnte demohngeachtet doch beybehalten werden, wenn man sich überzeugen könnte, daß das Versagen der Canonen von deren Weglaßen herkäme. Wir sind aber zu gewiß, daß solches von dem zurückbleibenden Boden der Pergament Patrone, von dem zu weit zurück sitzenden Zündloche, herrürrt, und daß solches bey Vorrücken derselben bey Rash Patronen u. guthen Schlag-Röhrgen von selbst aufhören od. doch nur durch unvermeidliche Zufalligkeiten entstehen wird. Uebrigens laßen die Leuthe beym Geshwind Chargiren diese Action von selbst weg, u. bey dieser Geshwindigkeit kann man sie nicht einmahl dabey controliren. Warum ihnen also etwas anweisen, was hernach von selbst unterbleibt?

Endlich ist diese Action mit Einwilligung S. Ex. d. Hn. Gen.Lieut^s v. Trew ausgelaßen worden, unter seinen Augen ist 1799 der Regmts. Artillerie die Anweisung hierzu ertheilt worden, u. bey den reitenden Batterien wird sie nach wie vor weg gelaßen.

Ad 2. Sehr beshwerlich wird es immer für jeden bleiben, welcher nicht von Natur links ist, und dies sind doch die wenigsten Leuthe, mit der linken Hand die Schußwinde zu dirigiren, u. ohne die allergröste u. anhaltenste Uebung wird dieß Dirigiren immer langsam u. beshwerlich bleiben.

Aber noch viel beshwerlicher, wo nicht gar ohnmöglich, wird es für den Corporal seyn, von der rechten Seite ab das Stück zu richten. Jedermann ist gewöhnt, beym Zielen das linke Auge zuzuthun u. so ihre Richtung zu nehmen. Ohne die gröste Noth so etwas allgemein Angenommenes, welches daher jedem leicht wird, abzuschaffen, ist wahrlich nicht guth. Es läst sich zwar, wenn es seyn muß, alles lernen. Aber warum die Sache shwerer machen zu wollen als sie es nöthig haben zu seyn? Außerdem müste nun die ganze Rangirung der Leuthe bey dem Stücke u. folglich die ganze Vorshrift zur Exercice verändert werden. Und warum? Damit der Mann vor dem Rade das Abfeuren sehen solle u. vor dem Schuß, den er jeden Augenblick erwartet, nicht erschrecke.

Ad 3. Wenn die Artilleristen solche dreßirte Leuthe sind, wie sie eigentlich seyn sollen, so müssen sie eben so guth und ordentlich hinter ihrem Geshütze als vor solchem marshiren können. Im Gegentheile sie werden nun durch keine Pferde behindert u. können daher desto beßer marshiren. Kein Bataillon kann auch in Zukunft durch solche aufgehalten werden, denn die Canonen fahren außerhalb der Intervalle am linken Flügel während des Parademarsches. Sie hindern niemand, bleiben für sich, u. können daher auch in sich in desto beßerer Ordnung bleiben u. alle Accurateße zeigen.

Ad 4. Daß die bisher üblich gewesenen Luntenstöcke Zierrath seyn sollen, ist freylich eine Sache, welche auf den Geschmack ankömt, und wogegen also nicht argumentirt werden kann. Genug daß zugegeben wird: Sie sind von keinem Nutzen und jeder Stock dient zum nähml. Endzwecke. Es kann daher nicht geläugnet werden, daß durch deren Abshaffung einige ganz unnöthige Unkosten erspart werden.

Ad 5. Es ist [nicht] die Meynung gewesen, alle Raum Nadeln bey der Canone abzuschaffen, sondern nur die 16, welche außer denen, welche bey dem Stücke beständig geführt werden, von den Artilleristen ehemahls auf dem Bandolier, welches ihnen nun abgenommen ist, getragen wurden. Es bleibt übrigens ein noch aufzulösendes Problem, worum gegenwärtig eines der entbehrlichsten Stücke bey der Canone in einer solchen mit allen übrigen außer jedem Verhältniße stehenden Anzahl geführt werden sollte?

Von Abshaffung des Cartouchenstechers ist gar nicht die Rede gewesen.

Ew. Excellenz wollen diese freymüthige Gründe, warum wir glaubten, nicht von unserer Meynung abgehen zu dürfen, geneigt aufnehmen und solche einiger Untersuchung würdigen. Wir unterwerfen uns übrigens sehr gerne allem dem, was Dieselben darüber zu entscheiden geruhen werden.

G. v. Löw	G. G. Braun	Carl Pz. S. Oberster	G. Scharnhorst
Obrist u. Fl.Adjd^t	Oberster im Artill.Regimte.	u. C. 8ten I. R.	OL.

221. Scharnhorst an Wallmoden   Hannover, 2. April 1801

HStAH, Hann. 41 III Nr. 190 fol. 18r–v (2 S.): Eigenhändig.

Druck: Klippel II, S. 337f., danach Linnebach, S. 224.

Abschluß der Kommissionsarbeit. Bitte um Beschleunigung der Entlassung. Druck aus Berlin.

Hannover, den 2ten April 1801.

An Se. Excellenz den Herrn Feldmarshal Grafen von Walmoden Gimborn

Ew. Excellenz lege ich hier eine Uebersicht von den, was auf Dero Befehl nach und nach in der Artillerie verändert ist, vor. Es sind hier nur die wichtigsten Gegenstände aufgeführt. Der Verbeßerungen bei den Zündlöchern, Wischern, Schlachrörchen, Patronen u. manchen andern Dingen ist gar nicht gedacht.

Da die Arbeiten in der Commission in der Haupt Sache nun geendigt sind, so giebt mir dies ohnehin schon Veranlassung, Ew. Excellenz gehorsamst zu bitten, meine gesuchte Entlassung zu beschleunigen. Noch mehr aber treibt mir der beigehende Brief des Herrn Obersten von Zastrow[1] dazu, diesen Gesuch zu wiederhohlen. Ew. Excellenz sehen aus diesem Briefe, wie dringend die Lage ist, in der ich mich befinde, und daß es nicht Mangel des Gefühls der Dankbarkeit ist, wenn ich mir erlaube, diese Saite zu berühren.

                           G. Scharnhorst
                           O. L.

---

[1] Unter Bezug auf den Brief Scharnhorsts vom 19. März teilte Zastrow am 28. März mit, daß Friedrich Wilhelm III. aufgrund der Schwierigkeiten Scharnhorsts mit seiner Entlassung die Besetzung der Stelle zu verzögern bereit sei, aber die Entlassung Scharnhorsts so bald wie möglich zu sehen wünsche, vgl. HStAH, Hann. 41 III Nr. 190 fol. 19, gedruckt bei Klippel II, S. 337.

496   II. Reform der hannoverschen Armee (1798–1801)

222. Scharnhorst an Wallmoden   Hannover, 11. April 1801

HStAH, Hann. 41 III Nr. 190 fol. 27r–v (1 1/2 S.): Eigenhändig.

Druck: Klippel II, S. 340f., danach Linnebach, S. 224f.

Bitte um Entlassung durch Wallmoden.

Hannover, den 11ten April 1801

An Se. Excellenz den Herrn Feldmarschal Grafen von Walmoden Gimborn.

Ew. Excellenz mir vor 8 Tagen gethane gnädige Eröffnung, daß in Fall bei dem ersten Depeschen von London über meinen Abgang keine Resolution erfolgte, Dieselben vermöge Ihrer jetzigen Lage mir gnädigst entlassen wollten, habe ich nach Berlin berichtet, und ich erwarte daher dort meine Anstellung in vielleicht 8 Tagen.

Ew. Excellenz ersuche ich aus diesem Grunde gehorsamst, jemand anzuweisen, an den ich die wenigen in Händen habenden Pappiere abliefern kann und mir dann Dero gnädigen Verheißung zufolge von hier zu entlassen.

G. Scharnhorst
O. L.

223. Scharnhorst an Wallmoden   [?, Frühjahr 1801]

HStAH, Hann. 41 III Nr. 190 fol. 21r–25v (10 S.): Eigenhändig.

Druck: Klippel II, S. 338ff., danach Linnebach, S. 227ff.

Auswahl eines einstweiligen Nachfolgers. Beurteilung mehrerer Offiziere. Mangel an Vereinigung aller nötigen Kenntnisse.

An Se. Excellenz den Herrn Feldmarschal Grafen von Walmoden Gimborn

Sehr schwer wird es mir, Ew. Excellenz den befohlnen Bericht über die Wahl der Personen zu der einstweiligen Uebernahme meiner Geschäfte abzustatten. Auch mit dem besten Vorsatze, unpartheiisch zu seyn, ist man es doch nie ganz. Ew. Excellenz sind zu gnädig und kennen den Menschen zu gut, als daß Sie diese Unvollkommenheit, wenn sie hier stattfinden sollte, einem andern Ursprunge als der Schwäche des Menschen zuschrieben.

Ist Ew. Excellenz Absicht, bloß auf den Augenblik jemand zu der Uebernahme der Verfertigung der Marsch-Routen, der Bestimmung der Quartiere bey Umlegung der Truppen zu haben, so glaube ich, daß der Lieutenant Schäfer[1] diesen Verrichtungen, zumal, wenn er den Herrn General Kunze hin

---

[1] Schäffer war 1803 bei der Auflösung der Armee Premierleutnant. Er diente 1804–1806 bei der Königlich Deutschen Legion und fiel als Hauptmann im Gefecht von Dannenberg am 14. August 1813.

und wieder um Rath früge, sehr wohl versehen könnte. Er würde zugleich dabey den Herrn Fähnrich Hassebroik gebrauchen können, der den Mechanismus dieser Arbeiten kennt und mit vieler Ueberlegung alle ihn aufgetragene Verrichtungen bey mir immer aus[ge]führt hat.

Ganz anders aber wär es, wenn Ew. Excellenz jetzt zu meinem Geschäfte jemand in der Absicht ansetzen wollten, um ihn (wenn er sich dazu schikte und in den persönlichen Verhältnißen zu fügen wüßte) in der Folge in diesem Posten zu lassen. Dazu schikte sich der Lieutenant Schäfer, so weit ich ihn jetzt kenne, nicht ganz, indem es ihm an Kentnissen der Tactik und der Krieges Kunst überhaupt fehlt, so sehr er sich auch jetzt, um dieselben zu erlangen, Mühe giebt. Schon der Fähnrich Hassebroik besitzt diese in weit höhern Grade, obwohl seine gänzliche zerrüttete Gesundheit und sein Dienstalter ihn dennoch nur zu einem Gehülfen in diesem Fache qualificiren und von ihm für die Zukunft wenig hoffen laßen.

Unter den mir bekannten Officieren, welche zu dem Felddienste eines ersten Officiers vom Generalquartiermeisterstabe sich schicken, ist keiner, der die unentberlichen Kentnisse des Details der Artillerie und des Ingenieurwesens mit den erforderlichen der Krieges Kunst verbände.

Aus vielen Gründen würde es von großen Nutzen seyn, wenn zu dem Generalquartiermeisterdienst zwei oder drei Officiere angesetzt würden. Wäre dies, so würden Ew. Excellenz zu dem 2ten Officier niemand passender als den Lieutenant Ziehen[2] finden. Er besitzt einen großen Fond von Kentnissen in der Artillerie, den Ingenieur-Wissenschaften und allen übrigen Theilen des Krieges; er wird dabey von einer rastlosen Thätigkeit, sich noch mehrere zu erwerben, beherscht, und verspricht um so mehr auf die Zukunft, da er am Tage der Affären sich immer, wo er Gelegenheit gehabt, ausgezeichnet hat, z.B. bey Pont à Chin, Apeltheren und Bentheim. Bey allen diesen Vorzügen, ich glaube es hier sagen zu müßen, ist es dennoch sehr zu befürchten, daß er unter der allzu großen und unabläßigen Anstrengung des Verstandes, so wohl in Absicht des Geistes als Körpers, in der Folge erliegt oder in überspante Ideen übergehet, welche den richtigen Beurtheilungen in practischen Arbeiten so sehr zu schaden pflegen.

Unter den Officieren, welche zu den ersten von Generalquartiermeisterstaabe sich schicken, kann man von denen, die ich kenne, den H. Major von Estorf[3],
     von Ende,
Hauptm. von Decken und
     von Scheiter[4] rechnen.

---

[2] Ziehen war seit 1800 ordentlicher Lehrer an der Artillerieschule. Er trat 1804 in preußische, 1807 als Major in russische Dienste.
[3] Albrecht von Estorff vom 9. Leichten Dragonerregiment war seit 1794 Brigademajor der Kavallerie. Er diente einige Zeit bei der Königlich Deutschen Legion und starb 1840 als Generalleutnant.
[4] Damals Oberadjutant der Kavallerie.

Keiner würde leichter mit den mechanischen Verrichtungen des Officiers vom G.Q.M.St. fertig werden als der H. M. von Estorf, und seine seltene Thätigkeit und großer Diensteifer würde ihn in allen Arten von Arbeiten sehr große Vorzüge vor jedem andern geben, wenn er sich mehrere Kentnisse der Kriegeskunst erworben und seine Beurtheilung mehr ausgebildet hätte. Es ist nicht zu hoffen, daß er hierin noch Fortshritte machen werde, denn er hat schon lange aufgehört zu lesen und einen Gesichtspunkt genommen, der für die Zukunft wenig verspricht.

Der H. v. Ende hat in militärishen Gegenständen eine weit gebildetere Beurtheilung als H. v. Estorf, weit mehrere eigene Ideen und weiß sich auch beßer in persönlichen Verhältnißen zu schicken. Immer aber fehlt es auch ihm an Kentnissen der eigentlichen Kriegeskunst.

H. v. Decken hat ohne Zweifel, wenn es auf Kentnisse der Tactik und Kriegeskunst ankömmt, Vorzüge vor die übrigen und arbeitet darin mit unverkennbaren Fortshritten.

H. v. Scheiter ist gewiß einer der tüchtigsten, bravesten und diensteifrigsten Officier[e] im ganzen Corps und auch in Generalstabe von unschätzbaren Werth. Aber in Anordnungen, wo ein gewißer Mechanismus zum Grunde liegt, in Lagen, wo eine tiefe Beurtheilung erfordert wird, in Verhandlungen, wo eine Uebersicht aller vershiedenen Zweige der Kriegswissenshaften nöthig sind, da hat er nicht die Vorzüge, welche ihn sonst eigen sind.

Diese Umstände zusammengenommen, halte ich nach meiner, wie ich meine, ganz unpartheischen Beurtheilung dafür, daß der Hauptmann von Decken und Lieutenant Ziehen für den Felddienst diejenigen Officiere sind, welche sich am vorzüglichsten zum G.Q.M.St. schicken und für die Zukunft am meisten versprechen.

Nach ihnen setze ich in die Klasse der Officiere von geringern Gnaden den Fähnrich Hassebroik und Lieutenant Schäfer; der erstere hat bey vielen wissenschaftlichen Kentnissen eine selltene richtige Beurtheilung des Nützlichen und Brauchbaren; ich habe ihn immer bey meinen militärischen Aufsätzen, und fast nie ohne Nutzen, zu Rathe gezogen. Ich empfehle ihn daher Ew. Excellenz Gnade; er hat kein Vermögen und dabey das Unglük gehabt, zweimal auf Vermessung seine beiden Pferde zu verliehren.

G. Scharnhorst
O.L. u. G.Q.M.

224. Aufzeichnung [?, Frühjahr 1801?]

GStA PK, VI. HA Nl Scharnhorst Nr. 25 fol. 67r–v (2 S.): Konzept[1], eigenhändig.

---

1 Es handelt sich wahrscheinlich um die Abschrift eines Schreibens oder die Fixierung einer mündlichen Aussage Wallmodens an Scharnhorst.

So unerwartet mir auch mit Recht Ew. Wohlgeb. letzterer Antrag gewesen ist, so gewiß glaube ich versichern zu können, daß er in Ganzen nicht versagt werden kann. Ich habe gleich Dieselben auf einige wichtige Gegenstände aufmerksam gemacht, davon ich jetzt nur zwey erwähnen will: eine inter[i]mistische Anstellung durch Ernennung einer oder mehrer Personen, durch welche dero Geshäfte einigermaßen fortgesetzt werden kann. Sie können nicht ganz rechnen. Die Ablief[e]rung aller hierzugehörigen Papiere, Expeditionen, Aufnahmen u. s. w. gehören hierher. Eben so wichtig aber ist die Beendigung der nun sitzenden Comission; ich will solche äußerst befördern und beschleunigen; allein Sie wissen, welche Haupt Punkte durch dero Fleiß und Kentnisse in Gang gebracht und aufgeklärt worden; diese können auch nur durch sie beendigt werden. Ich bitte also, diese Objecte genau zu erwegen. Mündliche Discussionen sind mit vielen Schwierigkeiten verknüpft und bleiben nur unbestimmt, daher ich lieber diesen Gegenstand der ganzen Aufmerksamkeit schriftlich empfehle.

225. Scharnhorst an Wallmoden [?, vor 20. April 1801]

HStAH, Hann. 41 III Nr. 190 fol. 14r–17r (7 S.): Eigenhändig.

Druck: Klippel II, S. 336f., danach Linnebach, S. 221f.

Abschiedsschmerz. Abgabe von Dienstpapieren zur Archivierung oder weiteren Benutzung. Derzeitiger Verbleib einiger Karten bei Stabsoffizieren. Stand und Perspektive der Landesaufnahme.

An Se. Excellenz den Herrn Feldmarschal Grafen von Walmoden Gimborn.

Ew. Excellenz verzeihen es mir gnädigst, daß ich nicht schon ehender ein Promemoria über einige bey meiner Dienstentlassung vorkommenden Gegenstände gehorsamst eingereicht habe. Alle auf diese Entlassung beziehende Verhandlungen berühren bei mir so manche erschütternde Saiten, daß ich sie bisher, so viel es mir irgend möglich war, vermieden und mit andern Arbeiten mich zerstreuet habe.

Meine Ablieferung wird keinen großen Schwierigkeiten unterworfen seyn. Alle Quartier-Listen von der Zeit an, daß die Truppen bey der Observations-Armee gewesen, sind bey dem H. O. v. Löw in dem Archive des Generalstabes. Von den aufgesetzten Memoiren habe ich durchgehende Copeien, die in das Archiv niedergelegt werden können. Die aufgenomene Charte von dem Hildesheimschen ist dem H. G. Kunze übergeben worden, auch hat derselbe die Copei der Charte von dem Theil des Herzogthums Braunschweig, welcher zwischen dem Hannövrischen liegt. Ich habe noch zwei Charte von der Grafschaft Bückeburg und Pyrmont, die beide geometrisch vermeßen sind, welche ich den H. G. Kunze für die Registratur gern übergebe.

Ferner besitze ich eine Sammlung von Verzeichnißen der Städte und Dörfer mit der Anzahl ihrer Häuser von den meisten Provinzen Westphalens, welches dem, der meine Geschäfte wieder übernimmt, nützlich seyn kann, und welches ich mir zum Theil mit vieler Mühe verschaft habe.

Ein ander Convolut, welches ich abzuliefern habe, bestehet in den Berichten der Officiers, welche verschiedene Gegende recognoscirt haben.

Noch hat der H. G. Kunze für die Registratur zu erwarten 1. von dem Lieutenant Preuß eine Charte von der Grafschaft Ravensberg und eine andere von dem Oberstifte Münster. Er hat beide zum großen Theil aufgenomen und auf meinen Befehl die Originale für unsere Registeratur behalten.

Auch der Lieutenant Vollinghauß, welcher die Charte von der Grafschaft Lippe zusamenträgt, hat den Auftrag, das Original nicht aus dem Händen zu geben, sondern es, wenn die Copei fertig, an die Registeratur abzuliefern. Eben dies wird mit dem Triangelnetze von dem Paterbornschen und einem Theil des Braunschweigschen, Hannöv[er]schen u.s.w. durch den Lieutenant Richard geschehen.

Ew. Excellenz sehen hieraus, daß wir durch diese einzelnen Stücke eine Samlung von Situationsplanen und Terrainbeschreibungen von den meisten Ländern bekommen, welche das Churfürstenthum Hannover nach der Seite von Holland und dem Rheine umgeben.

Ich werde auser diesen mir die Freiheit nehmen, Ew. Excellenz einige militärische Aufsätze, welche sich auf die jetzige Tactik und Verhältniße der Armeen beziehen, als ein Zeichen meiner unbegränzten Hochachtung und ewigen Dankbarkeit gehorsamst vorzulegen.

G. Scharnhorst
O.L. u. G.Q.M.

226. Scharnhorst an Wallmoden   Hannover, 20. April 1801

HStAH, Hann. 41 III 190 fol. 29r–v (1$^1/_2$ S.): Eigenhändig.

Druck: Klippel II, S. 341, danach Linnebach, S. 225.

Begleitbrief zu einem Kartenverzeichnis. Abschiedsschmerz.

Hannover, den 20ten April 1801.

An Se. Excellenz den Herrn Feldmarschal Grafen von Walmoden Gimborn.

Ew. Excellenz überreiche ich hier ganz gehorsamst ein Verzeichniß von den Memoiren, Planen und andern zu dem Generalquartiermeister Departement gehörenden Manuscripten. Zugleich lege ich einen Revers bei, worin ich bezeuge, daß ich keine andere hierhergehörige Schriften mehr in Händen habe.

Da hiermit nun meine Geshäfte geschloßen sind, so ersuche ich Ew. Excellenz um die Gnade, mir meine Entlassung gnädigst zukommen zu lassen. Mein Abgang von hier hat für mich so viel Schmerzhaftes, daß ich ihn zu beschleunigen wünschte. Als eine besondere Gnade müßte ich es daher ansehen, wenn Ew. Excellenz erlaubten, daß ich an Donerstage oder Freitage von hier abgehen dürfte und daß ich meinen Abschied oder meine Abgangs Erlaubniß am Donerstage mit der Reitendenpost nach Potsdam abschicken könnte.

G. Scharnhorst
O.L.

227. Meldung[a]   **[Hannover, 20. April 1801]**

HStAH, Hann. 41 III Nr. 190 fol. 30r–v (2 S.): Schreiberhand, eigenhändig unterschrieben.

Verzeichniß der zum Generalquartiermeisterstabe gehörenden Manuscripte und Zeichnungen.

Zeichnungen

1. Carte von der Grafschaft Schaumburg	an den Herrn Major von Estorf abgeliefert.
2. " " " Pyrmont	
3. " " dem Stifte Hildesheim	an den Herrn General Kunze abgeliefert.
4. " " " Theil der herzoglich braunschweigschen Lande, welche an der Weser und zwischen der Leine und Weser liegen.	
5. Die Grafschaft Lippe – Detmold	hat der Herr Lieutenannt Vollimhaus in Händen
6. " Abtey Corvey	
7. Ein trigonometrisches Netz der Gegend an der Dimel, Weser und den lippischen Walde	hat der Herr Lieutenannt Richard schon theils an den Herrn General Kunze abgeliefert und wird es auch in der Folge thun.

Manuscripte

1. Ein Convolut von Verzeichnißen von Feuerstellen von dem Bisthum Münster, Osnabrük, den Grafschaften Bentheim, Teklenburg und Lingen und einem Theil des Fürstenthums Hannover.
2. Ein militärischer Bericht von dem Bisthum Hildesheim.
3. Ein militärischer Bericht von der Gegend zwischen der Leine und Weser.

---
[a] *Anlage zum Brief Nr. 226 vom 20. April 1801.*

4. Ein militärischer Bericht von der Grafschaft Hoya.
5. Ein militärischer Bericht von den Fürstenthum Grubenhagen.
6. Ein Convolut von Memoiren über die Stellungen an der Weser, Leine etc.
7. Verhandlungen wegen der Quartiere mit der Osnabrükschen Regierung.
8. Dislocationslisten der hannövrischen Truppen.

Alle diese Schriften sind den Herrn Major von Estorf überliefert.
Außerdem hat der Herrn Lieutennant Vollimhaus noch eine militarische Beschreibung von der Grafschaft Lippe und der Abtey Corvey einzuliefern.
G. Scharnhorst
O.L. u. G.Q.M.

228. Entlassungsrevers   Hannover, 20. April 1801

HStAH, Hann. 41 III Nr. 190 fol. 32r (1 S.): Eigenhändig.

Druck: Klippel II, S. 341, danach Linnebach, S. 225.

Abgabe aller Dienstpapiere.

Ich[a], Endesuntershriebener, bezeuge hierdurch, daß ich alle in Händen habende, zum Generalquartiermeisterstabe gehörende Schriften und Plane nach dem beigehenden Verzeichniß abgeliefert habe. Ich versichere hierbei, daß ich keine andere officielle Pappiere und Zeichnungen, weder von dem oben genannten Departement noch andern Dienstzweigen, mehr in Händen habe. Hannover, den 20ten April 1801.
G. Scharnhorst
Oberstlieut. u. G.Q.M.

229. Scharnhorst an Wallmoden   Hannover, 22. April 1801

HStAH, Hann. 41 III Nr. 190 fol. 37r–v, 40r (2½ S.): Eigenhändig.

Druck: Klippel II, S. 343, danach Linnebach, S. 226.

Übersendung des Revers. Abschluß der Kommissionsarbeit. Spitze gegen Braun.

Hannover, den 22ten April 1801.

An Se. Excellenz den Herrn Feldmarshal Grafen von Walmoden Gimborn.

Ew. Excellenz lege ich hier den verlangten Revers gehorsamst vor. Sollte darin nicht alles enthalten seyn, was Dieselben in dieser Lage fordern, so bin ich bereit, ihn zu ändern und hierin mich Allem zu unterwerfen, weil ich

---
[a] *Statt „In".*

überzeugt bin, daß Ew. Excellenz mir nichts auflegen, welches mit meinen neuen Dienstpflichten im Widerspruch stände. Von der andern Seite fühle ich nur allzu sehr das Unangenehme dieser Sache, und auch in dieser, wie in so vielen andern Rüksichten, habe ich gegen Ew. Excellenz die Verpflichtung ewiger Dankbarkeit.

Was die Artillerie Angelegenheiten betreffen, so werde ich alle Resultate, Auszüge, Gutachten u.s.w. unterschreiben, und was ich hierin, es sey jetzt oder in der Folge, zu thun im Stande bin, werde ich als einem geringen Zoll meiner Dankbarkeit zur Befriedigung der Gefühle desselben mit der größten Sorgsamkeit und Gewißenhaftigkeit ausrichten, und wenn die von den Herrn Obersten Braun so viele Monate übernommene Instruction über den Empfang des Pulvers nicht morgen in der Comission vorgelegt wird, so werde ich einem vorläufigen Entwurf über diesen wichtigen Gegenstand selbst vorlegen, um Gelegenheit zu geben, daß über die Haupt Punkte dieses Gegenstandes in der Comission entshieden wird.

G. Scharnhorst
Oberstlieutenant
u. G.Q.M.

N.S. Die Berliner reit. Post geht am Donnerstag Nachmittag hier ab.
G.S.

230. Entlassungsrevers Hannover, 22. April 1801

HStAH, Hann. 41 III Nr. 190 fol. 38r–v (1½ S.): Eigenhändig.

Druck: Klippel II, S. 343f., danach Linnebach, S. 226f.

Verschwiegenheit und Abgabe der Dienstpapiere.

Ich, Endesunterschriebener, bezeuge hierdurch, daß ich nach meiner Entlassung von den unserm Dienste eigenen Einrichtungen und Verfaßungen niemanden, er sey wer er wolle, zum Nachtheil des Dienstes auf irgend eine Art etwas offenbaren noch die mir bekannt gewordenen und sonst nicht öffentlich bekannten Verhältniße zum Nachtheil desselben gebrauchen wolle, sondern daß ich in Absicht dieser Punkte mich denselben Verpflichtungen, welche ich bisher hatte, forthin unterwerfe. Ich würde dies ohnehin für meine Schuldigkeit gehalten haben; ich glaube aber jetzt um so mehr dazu verpflichtet zu seyn, da dies mir bestimmt zur Bedingung meiner Entlassung gemacht ist. Zugleich wiederhohle ich hierbei die Versicherung, daß ich alle Papiere und Zeichnungen, die auf das Generalquartiermeister Departement oder auf irgend einem andern Dienstzweig Beziehung haben, auf das gewissenhafteste abgeliefert habe.

Hannover, den 22ten April 1801

G. Scharnhorst
Oberstlieutenant u. G.Q.M.

231. Scharnhorst an Wallmoden　　　　　　　　　Hannover, 1. Mai 1801

HStAH, Hann. 41 I 181 II (3 S.): Eigenhändig.

Beurteilung der Guiden.

Hannover, den 1tn May 1801.

An Se. Excellenz den Herrn Feldmarschal Grafen von Walmoden Gimborn.

Unter den zu reducirenden Guiden muß ich den Guiden Müller Ew. Excellenz besondere Gnade und Protection empfehlen. Er hat so wohl in dem vorigen Kriege als bei der Demarcations-Armee treu und rechtschaffen gedient. Er ist gesund in Dienst gekommen und jetzt in dem traurigsten körperlichen Zustande, in dem ein Mensch sich nur befinden kann. Die Gicht und eine damit verbundene Auszehrung zwingt ihn schon seit beinahe $1/2$ Jahr, das Bette zu hüten. Ich halte es in dieser Lage für meine Pflicht, Ew. Excellenz gehorsamst zu bitten, sich für den Guiden Müller dahin zu verwenden, daß derselbe eine Pension oder Warts-Geld bis zu seiner völligen Herstellung von königl. Kriegeskanzeley erhalten möchte.

Die übrigen Guiden kann ich zwar nicht in der obigen Rüksicht Ew. Excellenz besondern Gnade empfehlen, sie verdienen dieselbe aber, wenn sich dazu eine Gelegenheit ereignen sollte. Die Guiden Rummel und Jasper haben sich mit so guten Erfolg, während sie als Guiden gedient haben, auf das Aufnehmen und Zeichnen applicirt, daß sie schon während den beiden letzten Jahren zu Vermeßungen in Lippischen und Paderbornschen, gleich den Ingenieur Officieren, angestellt sind.

Die Guiden Wichtendahl und Wiebeking haben ihren Dienst immer willig, treu und vollkommen ausgerichtet; beide, besonders aber der letztere, schreiben gute Hände.

Sollten Ew. Excellenz bei dem Generalstabe zum Zeichnen u. d. gl. Arbeiten jemand gebrauchen, so empfehle ich dazu den Guiden Rummel; in Rüksicht der <u>Zuverläßigkeit,</u> <u>Vershwiegenheit</u> und <u>Treue</u> habe ich nie seines gleichen gesehen.

　　　　　　　　　　　　　　　　　G. Scharnhorst
　　　　　　　　　　　　　　　　　Oberstlieutenant u. G.Q.M.

232. Scharnhorst an Wallmoden　　　　　　　　　Hannover, 3. Mai 1801

HStAH, Hann. 41 III Nr. 190 fol. 42r–v (1½ S.): Abschrift, Schreiberhand.

Weitere Abschrift von derselben Hand: ebda., fol. 43r–v; Druck: Klippel II, S. 344 f., danach Linnebach, S. 229 f.

Dringende Bitte um Entlassung. Drohende Nachteile einer weiteren Verzögerung.

Abschrift

An S^e Excellentz den Herrn Feldmarschall Grafen von Wallmoden Gimborn.

Hannover, den 3ten May 1801.

Gedrungen durch die Umstände muß ich die mehrmahl gethane gehorsame Bitte um meine Entlaßung jetzt recht dringend bei Ew. Excellentz wiederhohlen.

Die mir bestimte Staabs Officier Stelle bei der preußischen Artillerie ist schon seit 5 Monathe offen und soll jetzt ohne weiteren Verzug wegen der nahen Revue und andern Dienst Verhältnißen besetzet werden. Die an mich gethane Aufforderung, meine dortige Ankunft zu beschleunigen, ist von der Beschaffenheit, daß ich daraus schließen muß, daß eine längere Verzögerung derselben die größesten und nachtheiligsten Folgen für mich haben könnten. Dies veranlaßet mich, Ew. Excellentz gehorsamst zu ersuchen, mir zur Betreibung meiner dortigen Angelegenheit abgehen zu laßen, bis die hohe Genehmigung von Sr Majestät unserm gnädigsten Könige zu einer völligen Entlaßung einläuft. Ich schmeichele mir mit einer güt[ig]en Gewährung dieser gehorsamen Bitte um so mehr, da die Arbeit der Artillerie Commission, zu der ich mit beauftragt war, nun in der Haupt Sache geendiget ist, und ein längerer Aufenthalt für den Augenblick hier von keinem Nutzen mehr seyn, aber dennoch meinem künftigen Glücke große Hinderniße in dem Weg legen kann.

G. Scharnhorst
Oberstl. u. G.Q.M.

233. Denkschrift Hannover, 5. Mai 1801

HStAH, Hann. 41 III Nr. 38 fol. 24r–28r (9 S.): Reinschrift, eigenhändig, mit einigen eigenhändigen Veränderungen.

Druck: Klippel II, S. 328–331.

Vollständige Besetzung der Offiziers- und Unteroffiziersstellen der Artillerie auch im Frieden. Zahl der Geschütze. Gleiche Stärke der Kompanien unabhängig vom Kaliber. Alter und neuer Etat. Kosten.

Hannover den 5ten May 1801.[a]

Ueber die Organisation der Artillerie.

Bey der Organisation der Artillerie kömt es ohne Zweifel auf eine vollkomene Besetzung von Officieren und Unterofficieren an; sind diese gut gebildet,

---

[a] *Das Datum stammt von Scharnhorsts Hand, aber in einer etwas anderen Linienführung als der Text. Möglicherweise wurde es erst am Tag der Übergabe eingetragen.*

und hat man dann nur einige gute Canoniere bey jedem Geschütze, so läßt sich zur Noth fertig werden. Unsere bisherige Organisation, welche bey dem Ausbruch des Krieges eine Vermehrung von 11 Officieren und 20 Xofficieren bei 18 Gemeinen erforderte, taugte nicht, denn wie war es möglich, auf einmal in <u>einem</u> schwachen Regimente so viel tüchtige Subjecte zu Officieren und Xofficieren zu finden? Wo nimmt man nun im Laufe des Krieges, wo keine mehr gebildet werden, wieder welche zur Ersetzung der abgehenden her? Wer dies in Erwägung ziehet, wird sich nicht wundern, daß wir während des Krieges eine Menge schlechte Officiere und Unterofficiere in der Artillerie erhalten haben. Macht man einen guten Unterofficier zum Officier, so verliehrt man ihn als Unterofficier und gewinnt nicht viel durch das Avancement; fast eben so ist es in Rücksicht der Gemeinen und Unterofficiers.

Dazu kömmt noch, daß nach dem Kriege der Staat diese unbrauchbaren Subjecte zu versorgen hat.

Bey einer gut berechneten Organisation darf bey entstehenden Kriege nur der Stand der Gemeinen vermehrt werden, dies gehet auch ohne Schwierigkeit an, denn man hat bei jeder Canone einige Numern, deren Functionen jeder Recrut in kurzer Zeit erlernen kann. Doch darf die Anzahl derselben nicht zu groß seyn, sonst leidet freilich die geschwinde und gute Bedienung des Geschützes darunter.

Nach den fast durchgehends angenommenen Grundsätzen der Stärke der Artillerie erfordern 18 Bataillon und 22 Escadrons 4 Batterien schwere und 2 Batterien r. Artillerie, jede von 8 Stücken. Zwar ist dieser Etat in Rüksicht der schweren Artillerie etwas gering und in Rüksicht der reitenden etwas stark, wenn man die preußische u. kayserliche Armee zum Mastabe nimmt; umgekehrt ist es indes, wenn man die Grundsätze der französischen befolgt. Aber auser diesen 6 Batterien muß man noch ein paar im Lande haben, denn die darin befindlichen Depots müßen doch im Fall der Noth agiren können; in der Festung Hameln muß Artillerie seyn, die Verfertigung der Munition für die im Felde stehenden Truppen und die Verwaltung der Vorräthe erfordert ebenfalls Artilleristen. Auch können, wie in 7jährigen Kriege, Belagerungen eintreten.

Es scheint aus diesen Gründen, daß Ew. Excellenz[1] Bestimmung der Artillerie zu 8 Compagnien oder Batterien ganz in unser besondern Lage gegründet ist, und daß sie den Vortheil einer zwekmäßigen Organisation mit der einer wünschenswerthen Analogie mit der Infanterie in sich vereinigt.

Es frägt sich hier nun, wie stark muß jede Compagnie seyn? Aus sehr vielen Gründen darf die eine nicht stärker als die andere seyn. Man darf hier nicht wegen Ungleichheit der Anzahl der Mannschaft zur Bedienung der 6 u. 12 ℔der Batterien besorgt seyn. Man nimmt im Kriege die Detaschements von den 6 ℔dern, überdem leiden auch die 12 ℔der weniger als die 6 ℔der,

---

[1] Die Denkschrift war vermutlich für Wallmoden bestimmt.

und könnte man sich gar nicht helfen, so giebt man den erstern auf jedes Stük einige Handlanger.

Die Stärke der Batterie Mannschaft bestimmt die Anzahl der Stücke. 8 Stücke oder eine Batterie erfodert
1 Commandeur – Capitain
2 Lieutenants
1 Fähnrich.

Bey der Artillerie ist es äußerst vortheilhaft, viele Lieutenants wegen der abgesonderten Comandos zu haben. Seconde Lieutenants dienen zu nichts; man kann ihnen keine Batterie, keine Compagnie zu comandiren geben, so lange bei andern Batterien noch Pr. Lieutenants ohne ein solches Comando sind; dagegen kann man den jüngsten Pr. Lieutenant ein solches Commando geben, ohne daß die andern sich beleidigt finden. Die Vortheile vieler Lieutenants sind mannichfaltig und der Unterschied der Kosten unbedeutend.

Die Anzahl der Unterofficiere einer Batterie ist durch die Anzahl der Geschütze in jedem Falle bestimmt; man braucht also 8 und 1 Rechnungsführer. Dazu 2 Oberfeurwerker, um Reserven und ambulante Depots zu comandiren, macht in allem 11 auf jede Compagnie. Mehrere Unterofficiere werden nicht erfordert, denn bei den meisten übrigen Artillerien von Europa ist bei 2 Canonen nur 1 Unterofficier.

Die Anzahl der Gemeinen bei einer Batterie hängt wieder von der Anzahl der Stücke ab. Bei jedem Stük müßen 8 Mann seyn, welche alle Functionen verrichten können; die übrigen dienen zum Hertragen der Munition etc. Um diese 8 Mann aber complet zu haben, werden im Durchschnitt 10 erfordert, und es sollte also wenigstens jede Compagnie in Frieden 80 Mann stark seyn. Beym Ausbruch des Krieges könnte man sie den[n] p. Stück mit 2 Mann vermehren und ihr noch 2 Fourirschützen geben, so daß sie alsdenn 98 oder auch 100 Mann stark würde. Nach diesen würde man folgenden Etat erhalten:

	Bisheriger Etat.		Neuer Etat.	
	In Frieden	In Kriege	In Frieden	im Kriege
Stabsofficiere	4 ---	4 ---	--- 4	--- 4
Capitains	6 ---	6 ---	--- 8	--- 8
T.Cap. u. Lieutenants	10 ---	18 ---	--- 16	--- 16
Fähnrichs	10 ---	10 ---	--- 8	--- 8
Oberfeurwerker	32 ---	32 ---	--- 16	--- 16
Stükj. Feurwerker	52 ---	72 ---	--- 72	--- 72
Ober-Canoniere	544 ---	560 ---	--- 320	--- 320
Unter Canoniere	--- ---	--- ---	--- 320	320 ⎱ 480
				160 ⎰
Regiments Quartiermeister Adjoind	--- ---	3 ---	--- 2	--- 2

Bey diesen neuen Etat würde die Artillerie im Kriege 238 Mann und im Frieden 100 Mann stärker seyn, als dies bisher der Fall war, ohne daß der Untershied der Kosten in dem Verhältniß der Anzahl zunähme, wiewohl sie immer etwas erhöhet würden.

Dann würden aber auch die Batterien in Felde besetzt seyn und noch 1 Compagnie von 100 Gemeinen in Hameln und eine andere eben so starke bey den Depotbataillons zurückbleiben.

In dem, was der Oberste von Braun über die übrigen Individuen des Friedens u. Feld-Etats sagt, bin ich völlig mit ihm einverstanden.

G. Scharnhorst
O. L.

234. Rechnung   **Hannover, 8. Mai 1801**

GStA PK, VI. HA Nl Scharnhorst Nr. 12 fol. 2r–v (1½ S.): Ausfertigung.

Sr. Hochwohlgebohren, Herr Obristlieutenant Scharnhorst, hieselbst erhielten

1797 Octbr. 4.
    1 Plan de la Bataille de Sohr   3 r. 12 gr.
    1 ____ _____ de Friedberg   3 r. 12 gr.
    1 Der Obst- u. Pflanzengärtner[1]   – r. 10 gr.
1798 Febr. 9.
    1 Sie haben es aufgehalten[2]   – r. 4. gr.
März 12.
    1 Beschreibung des Rheinlaufs, 4$^{t.}$ Bl.   – r. 16 gr.
Febr. 16.
    Gaben wir als defect zurük: 2 Taschenbuch für Officiere   4 r. – gr.
    1 Poßelt's Annalen 1798[3] [..][a]   4 r. 8 gr.
May 16.
    1 Consideration sur les Fortification   1 r. 18 Gr.

---

[a] *Unleserliche Abkürzung.*
[1] Vermutlich: Der ausführliche Obst- und Pflanzengärtner zum Gebrauch für Diejenigen, welche mit Vortheil nützliche Fruchtbäume und andere nützliche Gewächse verpflanzen und behandeln kann, Leipzig 1796.
[2] Gotthelf Friedrich Müller: Sie haben es aufgehalten; nebst einem Traume, die von Berlepische Rechtssache betreffend, Wolfenbüttel 1797.
[3] Die „Europäischen Annalen" wurden 1795–1820 von Ernst Ludwig Posselt in Cottas Verlag in Tübingen und Stuttgart herausgegeben.

July 6.
    1 Hoyer's Geschichte der Kriegskunst 1^{tn} Bds. 2te Abth.[4]   1 r. 4 gr.
7.
    1 Rangliste der preuß. Armee 1798. Neue Aufl.   – r. 18 gr.
20.
    1 Hoyer's Geschichte der Kriegskunst 1^{n} Bds. 1^{t} St.   – r. 20 gr.
31.
    1 Aide memoire d'Artillerie[5]   3 r. 14 gr.
    1 Traité de Fortification[6]   3 r. 18 gr.
Aug. 10.
    1 Gedanken eines deutschen Patrioten[7]   – r. 8 Gr.
16.
    1 Clery Tagebuch Ludwig XVI.[8]   – r. 16 gr.
Oct. 20.
    1 Voigt's Triumpf des deutschen Witzes 2^{t} Bdch.[9]   1 r. – gr.
Nov. 7.
    1 Betrachtungen über die Kriegskunst 2^{n} Bd.   1 r. 12 gr.
Dec. 8.
    1 Nouv. Tableau par Dumouriez[10]   1 r. – gr.
1799 Apr. 5.
    1 Le militaire experimente   – r. 12 gr.
Sept. 2.
    1 Briefe über Holland 2 Thl.   1 r. – gr.
    1 _____ aus Holland   – r. 14 gr.
Oct. 10.
    1 Hoyer's Geschichte der Kriegskunst 2^{n} 1[..][b]   1 r. 6 gr.

---

[b] *Unleserliche Abkürzung.*
[4] Johann Gottfried von Hoyer: Geschichte der Kriegskunst seit der ersten Anwendung des Schießpulvers zum Kriegsgebrauch bis an das Ende des 18. Jhdts., 2 Bde., Göttingen 1797–1800. Das Werk bildete den 2. Abschnitt der „Geschichte der Mathematik" in der von der Göttinger Akademie herausgegebenen „Geschichte der Künste und Wissenschaften".
[5] Jean-Jacques-Basilien comte de Gassendi: Aide mémoire à l'usage des officiers d'Artillerie de France, attachés au service de terre. Die dritte Auflage erschien 1801 in Paris.
[6] Mutmaßlich Bélidors „Traité des Fortifications" (erste Auflage 1735).
[7] Die Angaben sind für eine genaue Identifizierung der Schrift zu unspezifisch. In der Welle der patriotischen Literatur am Ende des 18. Jahrhunderts erschienen zahlreiche gleichlautende und ähnliche Titel.
[8] Cléry, d. i. Jean B. A. Hanet: Journal de ce qui s'est passé à la tour de Temple, pendant la captivité de Louis XVI., roi de France, London 1798.
[9] Christian Friedrich Traugott Voigt: Triumph des teutschen Witzes in einer Sammlung der stechendsten Sinngedichte und sentenziösesten Einfälle teutscher Köpfe. Ein Taschenbuch, 2 Jahrgänge, 1798–99.
[10] Dem Datum nach ist Dumouriez' Schrift „Tableau spéculatif de l'Europe, février 1798" gemeint, das an verschiedenen Orten, u. a. in Hamburg gedruckt wurde. Erst im folgenden Jahr erschien das „Nouveau Tableau spéculatif de l'Europe, sept. 1799."

14.
    1 Lessings Erziehung des Menschengeschlechts[11]   – r. 6 gr.
23.
    1 Verzeichniß der in der mathem. Litteratur in den
    Jahren 1785 – '90 ersch. Schriften   – r. 16 gr.
    1 Campagnes de Suworow[12]   1 r. 8 gr.
Dec. 8.
    1 Betrachtungen über die Kriegskunst 3. Thl.   – r. 16 gr.
1800 März 13.
    1 Beneke'ns Grunds. des Mayerrechts[13]   – r. 12 gr.
Apr. 1.
    1 Briefe aus Aegypten   – r. 18 gr.
May 26.
    1 Verzeichniß der in der mathem. Litteratur in den
    Jahren 1791 – '95 ersch. Schriften   – r. 22 gr.
July 4.
    1 Rangliste de preuß. Armee 1800   – r. 18 gr.
Sept 18.
    1 Prange'ns Ferbekasten[14]   2 r. 12 gr.
Oct. 13.
    1 Etat militaire de la Republique franç. p. l'Année 1800[15]   1 r. 8 gr.
20.
    1 Manuel des Adjudans Generaux[16]   – r. 20 gr.
31.
    1 Lois et Instructions concern. l'Organisation des
    Comissaires des Guerres   1 r. 3 gr.
    1 Hoyer's Geschichte der Kriegskunst 2^{tn} Bds. 2^t Heft   2 r. 18 gr.

---

[11] Erste Auflage: Berlin 1780.
[12] Gemeint ist möglicherweise: Alphonse de Beauchamp: Campagne des Austro-Russes en Italie en 1799 sous le Comandement de Suwarow-Rymninsky, 3 Bde., Leipzig 1800.
[13] Jh. Fr. Beneke: Grundsätze des Meyer-Rechts in den Braunschweig.-Lüneburgischen Chur-Landen, Theil I, Celle 1795.
[14] Christian Friedrich Prange unterrichtete Zeichnen und Kunstgeschichte an der Universität und der Provinzialkunstschule in Halle. Von seinen Schriften ist wahrscheinlich gemeint: Farben-Lexikon, worinn die möglichsten Farben der Natur nicht nur nach ihren Eigenschaften, Benennungen, Verhältnissen und Zusammensetzungen, sondern auch durch die wirkliche Ausmahlung enthalten sind; zum Gebrauch für Naturforscher, Mahler, Fabrikanten, Künstler und übrigen Handwerker, welche mit Farben umgehen. Mit 48 illuminirten Tafeln und einer grossen Landschaft, Halle 1782.
[15] Etat militaire de la République française pour l'an 8, par l'adjutant commandant Champeaux, Paris 1800.
[16] Paul Thiébault: Manuel des Adjudans-Géneraux et des Adjoints employés dans les États-Majors-divisionnaires des Armées, Paris 1800. Ein Exemplar ohne Besitzvermerk befindet sich in Scharnhorsts Geburtshaus in Bordenau.

Dec. 29.
    1 Beiträge zum ewigen Frieden[17] — r. 6 gr.
1801 Jan. 10.
    1 Ovid's Verwandlungen von Voß[18] 2 r. 16 gr.
Apr. 14
    1 Cäsar von Mayern 1 r. 8 gr.
                                                          25 r. 18 gr.

von 25 r. 18 ggr. ab 10 pr.C. Rabat   2 r. 14 gr.
                                                                23 r. 4 gr.

    Summa   52 r. 7 gr.
dagegen haben Sie gut:
6 Taschenbuch für Offiziere m.   15. – gr.
14 Militair. Denkwürdigkeiten 2ⁿ Bd.   16. 8.

                                     32. 8. [sic!]
davon ab 1/3 Rabat   10. 18.

    bleiben   21. 14 gr.
Ferner behielten Sie von voriger Rechnung gut
                                  3. 20.
                                                   25 r. 10 gr.

    Bleiben Rthlr.   26 r. 21 gr.
Hiervon ab als remittirt:
1 Ovid's Verwandlungen von Voß <u>netto</u>   2 r. 10 gr.

    Bleiben Rthlr.   24 r. 11 gr.

Hannover
d. 8. May 1801   Gebr. Hahn

---

[17] Vermutlich: Patriotische Beiträge zum ewigen Frieden gesammelt bis zum Ende des Jahres 1800, Berlin o. J.
[18] Die zweibändige Übersetzung der Metamorphosen durch Johann Heinrich Voß erschien 1798 in Berlin.

2. Reformprojekte

a. Vorarbeiten und Entwürfe

235. Denkschrift [?, vor Januar 1799?[1]]

GStA PK, VI. HA Nl Scharnhorst Nr. 73 fol. 81r–v (2 S.): Konzept, eigenhändig.

Kupferne und hölzerne Pontons. Leistungsfähigkeit. Kosten.

P. M.

Die 36 hannövrischen Pont[ons][a] sind so eingerichtet, daß [....] 2 Pontons 20 Fuß zur Läng[e] der Brücke geben, wenn schwer Geschütz darübe[r....], alle 36 geben demnach eine Brüke v[on 360] Fuß,[2] d. i. beinahe die Breite der Weser bey Hameln an [den] schmalsten Stellen. Für Trupen geben 2 Pontons 24 Fuß.

Zu einen 100 Schritt breiten Fluß brauchte man dem[nach] 22 Pontons und zu einen 6[00] Schritt breiten 132. Soll kein schwer Geschütz darüber gehen, so kann man sie weiter von einander l[egen]. Zwey kayserliche hölzerne[b] Pontons geben zur Länge der Brüke 36 Fuß, wenn schwer Geschütz darüber pass[ieren] soll, sonst aber 43. Ein kayserlicher hölzern[e]r Ponton erfordert so wie unser kupfern 6 Pferde.

Ein kupferner Ponton kostete ehemals 350 rh. Ein hölzer. kann nicht über 100 kommen. Das alte Kupfer ist jetzt noch gegen 300 rh. werth. Ein hölzerner Ponton giebt also beinahe zur Brücke die Länge von 2 kupfernen, kostet weit weniger, kann allerwärts reparirt u. ersetzt werden u. hat noch den Vortheil, daß man mit ihnen Leute übersetzen kann (25 Mann jedesmal), wo zu der kupferne gar nicht gebraucht werden kann.

---

[a] *Der Rand des Blattes ist abgerissen, wodurch auf der Vorderseite fast durchgehend einige Buchstaben verloren gegangen sind.*
[b] *Statt „kayserlichen hölzernen".*
[1] Die hier befürwortete Ersetzung der Kupfer- durch Holzpontons erfolgte im Jahre 1799, und zwar nach Tests mit zwei verschieden großen Versuchspontons zu Harburg im Januar 1799, vgl. Sichart IV, S. 89. Dem Inhalt nach dürfte diese Denkschrift vor den Versuchen entstanden sein.
[2] Knapp 105 Meter.

236. Denkschrift [?, 1799?[1]]

GStA PK, VI. HA Nl Scharnhorst Nr. 73 fol. 107r–108r (2½ S.): Eigenhändig.

Kostengünstige Truppenvermehrung. 1./2. Komplettierung der Linien- und Landregimenter durch Aushebungen. 3. Aufstellung von Invalidenbataillonen. Bilanz. Rechtfertigung.

Wie ohne große Kosten die hannövrischen Trupen in der jetzigen Lage nützlich werden könnten.[a]

1. Regimenter im Lande[2] müßten durch Aushebungen completirt werden, und die Ausgehobenen müßten, wenn sie 6 Wochen bey den Bataillon exercirt, montirt u. armirt wären, wi[e]der entlassen werden. Dies könnte nicht viel kosten u. gebe 8 bis 10.000 Mann Infanterie auser der marschirten.
2. Die Landregimenter müßten completirt werden; die fehlenden Officierer müßten aus den Invaliden genommen u. die Leute aus den Aemtern ausgehoben werden. Diese Regimenter blieben in ihren Districten, bekämen keine Gage, wär[e]n aber organisirt, montirt u. armirt. Man lernte den Leuten des Sontags das Chargiren. Dies gebe abermals 5000 Mann Infanterie, die man auf den ersten Wink versamlen könnte.
3. Von den 11.000 Pensionärs errichtete man 6 Bataillons, jedes von 1000 Mann. Man liesse diese 6000 Mann, wenn auch nur 4 Wochen, sich in vershiedenen Städten einzeln versamlen, organisirte sie und versehe ihren Versamlungsort mit Waffen u. Munition, um sich ihrer auf den ersten Wink bedienen zu können.

Diese ganze Anstalt mögte höchstens 40 bis 50.000 Rthl. kosten und verschafte doch in Nothfall den kleinem Staate gegen 35.000 Combattanten.

Werden diese den Staat erhalten? Das hätte man in 7jährigen Kriege auch fragen können. Das haben die Venetianer auch vieleicht in den letzten Feldzuge gefragt und darüber ihre Existe[n]z verlohren![3]

Wozu waren diese Landvölker in Friedenszeiten, wenn man sich ihrer in der Noth nicht bedient? Wozu wurden die Krieger, welche noch in Lande sind, gehalten, wenn man sich ihrer nicht bedient, wen[n] das Land Gefahr läuft, geplündert zu werden?

---

[a] Eine anderslautend begonnene Überschrift, „Vorschläge über Mittel, die Ausrüstung der hannövrishen Trupen", ist wieder gestrichen worden.
[1] Vgl. zu diesem Text die Bewertung bei Lehmann I, S. 279f. Dessen Annahmen folgt auch die hier vorgeschlagene Datierung.
[2] Hiermit sind Linieneinheiten gemeint, die in ihren heimatlichen Garnisonen lagen; dagegen waren die in der Folge genannten Landregimenter Milizeinheiten.
[3] Die französische Italienarmee marschierte am 12. Mai 1797 (zehn Tage nach der Kriegserklärung) in Venedig ein, das dann im Frieden vom Campo Formio Österreich zugeschlagen wurde.

ᵇUnd ist man gewiß, daß in ein paar Monathen nicht irgend eine Combination der Umstande eintrit, wo eine verhältnißmaßige bewafnete Macht den Leute[n] nützlich seyn kann?

Trupen zu errichten, große Kosten den kleinen, an Ressourcen shwach[e]n Staat zu verursachen, wäre wohl bedenklich, aber sich nicht der gewöhnlichen Mittel, welche man mit vielen Kosten in Frieden bisher erhalten hat, in kritishen Zeitpunkt sich bedienen wollen, ist Mißtrau[e]n geg[e]n die Thatigkeit u. Entshloßenheit des Gouvernements erzeugen.

237. Notizen [?, nicht nach 1801?¹]

GStA PK, VI. HA Nl Scharnhorst Nr. 134 fol. 34r–36r (5 S.): Eigenhändig.

Vermischte Themen. [1.] Theorie und Praxis beim Vormarsch einer Schlachtlinie. [2.] Bedienung der Geschütze. [3.] Lagern in Schlachtordnung. Darunter auch: Leistungsfähigkeit von Hufschmieden. [4.] Verhalten der leichten Infanterie.

[1.] Ueber die Uebung

Für das Avanciren in Front sind keine Grundsätze da, welche sich ausführen lassen. Man sagt, heute hat die Brigade gut avancirt, gestern machte sie es schlecht u.d.gl., man bedenkt nicht, daß man in ihr gestern wie heute nach einerley Grundsätzen mit gleicher Aufmerksamkeit zu Werke gegangen ist. Man erklärt gewöhnlich den Fehler aus irgend einer Nachläßigkeit, aus irgend einen zufälligen Umstande, aber wenn dies wäre, so müsete man doch, nachdem die an meisten u. volkommensten in ganz Europa (so lange stehende Armeen bestanden) geübten Infanterie in den Feldern von Potsdam, Magdeburg und Berlin diese Grundsätze 20 Jahr in Ausübung zu bringen gesucht hat, einmal bewegende Linien sehen, bey den diese Umstände nie eintreten.

Der Geometer, der Erfahrung und Theorie mit einander verbindet, wird nieᵃ behaupten, daß die genommenen Winkel, die gemeßenen Linien, die berechneten Flächen die gefundene Größe genau hätten, er wird, wenn er seine Wissenschaft gründlich studirt hat u. seine Instrumente kennt, die Fehler, welche bey ihnen nach der Natur der Sache, nach ihrer innern Beshaffenheit eintreten können, bestimmt haben und alles Bestreben nach einer größern Genauigkeit aufgeben.

Er wird eine zufällige größte Genauigkeit nicht zur Norm für die Zukunft annehmen u. bey den Bestreben zu der unmöglich großen

---

ᵇ *Ein Wechsel in der Linienführung der Schrift deutet an, daß die restlichen Absätze nicht unmittelbar an das Vorstehende anschließend notiert worden sind.*

ᵃ *Das Wort in der Vorlage versehentlich doppelt.*
¹ Auf fol. 35 ist die Rede von „unser Cav.", womit die hannoversche gemeint ist.

[2.] Artillerie.

Die preußische Art.
1. Die Canonen zu avanciren mit 4 Pferde u. dem Taue an dem Schwanze ist gut
2. Die Art sie zu bedienen, wo der Unterofficier nicht viel zu thun
3. Die Art neben derselben zu marschiren, nemlich die Mannschaft an beiden Seiten der Canonen
4. Daß der Mann, welcher die Patrone einsetzt, die Tashe um hat, worin die Patronen

Nicht gut ist es bey der reitenden Artillerie
1. Das sie nicht mit der Prolonge retiriren
2. Daß bey der andern die Prolonge zu kurz.
3. Daß ein Mann 4 Pferde hält, wie wohl dies doch zur Noth angehet.
4. Daß sie keine Taschen in der Protze hat.
5. Daß die Räder an allen zu niedrig
6. Daß die Haubitze zu leicht.

[3.] Campiren en ordre de Bataille
Vorzüge:
1. Geringere Tiefe
2. Beßere Uebersicht der Pferde u. Leute, für den Officier u.s.w. beßer von den Schild u. Pferdewachen zu übersehen – näher bey einem Officier alles sprechen der Leute hören – dies heraus u. hereingehen, heraus u. herein bringen –
3. Cameradsh[aft]en beyeinander, aber immer ganze Cameradsh[aft]en comandirt u. Zelter abgeshlagen. Cameradsh[aft]en in jeden Gliede
4. Geshwinder ausgerükt, weniger Confusion, wenn sie stehen wie in Ord[r]e de Bataille

Nachtheile 1. größere Front als en ordre de Bataille. Oft ist dies recht nachtheilig, z.B. in 2ten Treffen, auf den Flügeln u.s.w.
2. Die Pferde näher aneinander u. also in schlechten Terrain.

1. Preußishe Cav. campirt nach der alten Art
2. Preußishe Infanterie campirt en ordre de Bat. zwishen jeden Zelt ungefähr 3 Fuß zwischen Raum. Keine Compagnie Gaßen – Fahnen Wachtzelte (nicht deken -) Fleschen für jede Fahnenwache u. darin die Canonen – taugt nichts –

Schneideladen die Preußen – Wo man fouragirt, hat man sie nöthig, man muß durch Comandirte Hakelig schneiden lassen

Ein Schmid beshlägt 16 Pferde in einen Tage, wenn er Nagel u. Eisen hat – mit hin 480 in Monat – Wenn er 5 in jeden Tage beshlüge, so könte er in 40 Tagen 200 beschlagen. Es kann also wenigstens ein Schmid 200 Pferde beshlagen[b] erhalten, wenn er Eisen hat. Bey unser Cav. rechnet man auf 400 4 Schmiede, welche aber immer die Eisen selbst shmieden mußten.

Die preußishe Cavalerie campirte in letzten Kriege gewöhnlich en o[r]dre de bataille in 3 Gliedern – u. man versicherte mir von Major v. Borstel[2], in nicht mehr Front als die ordinäre in Schlachtordnung.

[4.] <u>Füselier</u>
Die preußischen Fuseliers[3] haben ihre Scharfshützen – nur diese sind auf die Exercize en debandade abgerichtet – die übrigen nicht. Das Fuselier Bataillon hat 3 ℔der, nur oder zwey?

Wie sollten die Fuselier beschaffen seyn?
1. Alle müßen en debandade agiren können.
2. Sie müßen p. Compagnie w[en]igstens 20 Büchsen Schützen haben.

Wenn sie en debandade agiren, so muß die Hälfte einer jeden Division vorgehen u. diese alle sich in einem Raum von 600 Schritt zerstreuen – darin avanciren – retiriren – zur Seite ziehen – Shwenkung etc. alles auf das Signal des halben Mondes.

<u>Scharfschützen</u>
Sie agiren vor dem Bataillon mit den Canonen. Mit ihnen gehen sie vor, u. so lange der Feind weg ist, legen sie sich neben ihnen auf die Erde. So bald kömt er nahe[c]

238. Notizen [?, nicht nach 1801?[1]]

GStA PK, VI. HA Nl Scharnhorst Nr. 134 fol. 37r (1 S.): Eigenhändig.

Marschtempi und Gefechtsverhalten der Infanterie.

---

[b] *Statt „unbeshlagen".*
[c] *Die Rückseite des letzten Blattes ist unbeschrieben.*
[2] D. h. beim preußischen Kürassierregiment Borstell (1806: No. 7).
[3] Gemeint sind die seit 1787 aufgestellten Füseliere, eine leichte Infanterie, die in Brigaden zu je drei Bataillonen organisiert war.

[1] Von den Preußen ist offenbar als einer fremden Armee die Rede.

In Schließen treten die Preußen

	75 Schritt in der Minute à 1 Fuß 2 Zoll
ordinär Schritt	75 ″ ″ ″ ″ ″ ″ 2 ″ 4
ehemaliger Deplojir, jetzt geshwinde Schritt	108 ″ ″ ″ ″ ″ ″ 2 ″ 4
mit rechts oder links zu	108 ″ ″ ″ ″ ″ ″ –

Wenn das Bataillon in Cartätshschuß kömmt, nimt es das Gewehr in die rechte Hand, wie die Gefreyten beym Postenaufführen, u. den geschwinden Schritt 108 die Min. u. 2 F. 4 Zoll. Der Comandeur soll es ermäßigen, ob ein Bataillon Feur noch nöthig ist.

Gegen Cav. soll das 1ste Glied mit gespant[e]n Ha[h]n niederfallen u. den Schuß behalten u. ihn erst brauchen, wen[n] das Pferd ans Bajonet kömt.

– Sectionsmarsch – Cavalerie Feur u. Adjudant Aufmarsh hat man noch –

239. Notizen [?, 1799?[1]]

GStA PK, VI. HA Nl Scharnhorst Nr. 203 fol. 20r–22r (4 S.): Konzept, eigenhändig.

Räder der Artillerie. Munitionsausstattung. Pferderationen. Gliederungsskizze.

Artillerie, Verbeßerung
I. Einrichtung
1. Höhere Räder bey den Canonen, wenigstens 6 Fuß Calenberger Maaß, und dagegen Blokwerk oder einen Klotz in Form eines Shlitten von ½ Fuß unter den Schwanz.
2. Höhere Rader bey den Protzen, wenigstens 5½ Fuß Calenberger.
3. Alle Unterlauf-Räder bey den Munitionswagen abgeschaft und die hinteren Räder 6½′, die vordern 6′ hoch – die Schwere bestimmt von den ganzen Wagen, für jede Last.
4. Kleine und große Cartätshen –
   Kleine beym 6℔ u. 12℔ 2löthige
   große   ″   6 --------- 4 ″ ″
            ″   12 --------- 6 ″ ″
   Alle in Büchsen mit starken eisernen Spiegeln.
5. Alle Geschütze so viel Munition als zum ersten Gefechte erfordert wird auf der Protze, nemlich

---

[1] Man beachte die Datierung „im Jahr 1799 geschrieben" auf fol. 21r. In GStA PK, VI. HA Nl Scharnhorst Nr. 216 fol. 16r, ist ein undatierter blauer Notizzettel mit einigen Stichworten zur Artillerie, bei dem u. a. vom „Bericht unsers Lagers 1799" die Rede ist.

der 3 ℔ der 150 Schuß = 675 ℔
" 6 " "   100   "   = 900 ℔
" 12 " "   60   "   = 1080 ℔.
3 ℔ der 100 Kugel
        25 gr. Kart. jede 8 Lot
        25 kl. Kart. jede 1½
6 ℔ der 65 Kugel Schuß
        20 gr. Kartätschen, jede zu 4 Lt.
        15 kl.   "   " , "   " 2 Lt.
12 ℔ der 40 Kugelschuß
        15 gr. Kart., jede zu 6 Lt.
        5 kl.   " , "   " 2 Lt.

6. Größere Pferde für das Geschütz aus kunften u. stärkere Ration für die Geschütz Pferde; wo bey jedoch alles von den Umständen abhängt; wenn nemlich die Pferde marschiren, so bekommen sie eine Zulage. Dies wird von den Befehlshaber jedesmal in der Ordre befohlen u. betrift alle Pferde bey der Armee. Es ist unvernünftig, immer gleiche Rationen zu geben. Richtet der Fuhrman sich nicht nach der Arbeit? Man müßte die Wege nach der Zulage abmeßen, wenn die Pferde nichts thun, sind 7 ℔ Haber hinlänglich; wenn sie stark arbeiten, so müßen sie aber 10 haben. Sie werden in Ruhe durch die starke verdorben.

7. Ich muß in meiner Anleitung die Retranchements betreffend bestimmen.
   a. den Wagen zum Schanzzeug
   b. das Schanzzeug, Schwere, Form.

<u>Ueber die Vervollkommung unser stehenden Armeen; im Jahr 1799 geschrieben.</u>

Dies ist das Werk, welches ich theilweise ausarbeiten will.

Es wird aus verschiedenen Capiteln oder Briefen bestehen.

1. Artillerie
2. Leichte Infanterie
3. Avancement
4. Uebung
5. Ingenieure
6. Generalstaab[a]

---

[a] *Es folgt (fol. 22r) eine Bleistiftzeichnung, offenbar zur Lagerung von Fracht in einem Wagen.*

240. Denkschrift [?, vor 3. Juli 1800[1]]

GStA PK, VI. HA Nl Scharnhorst Nr. 134 fol. 28r–29v (4 S.): Konzept, eigenhändig.

Übungen zum Einsatz der leichten Truppen. 1. Angenommene Lage: Annäherung des Gegners von Diepholz auf Liebenau. Aufstellung einer Postenkette. Feinddarstellung. Rückzug der Posten. Unterstützung. 2. Variation zu derselben Lage. 3. Aggressives Verfolgen und Rückzug unter Vermeidung von Gefechten.

Manoeuvers zum Unterricht der Officiers des Nachmittags mit den Scharfshützen, dem 3ten Gliede (den Reserven), den Flanqueurs von der Cavalerie und einem Theil der schweren u. reitenden Artillerie.

1tes Manoeuver

Voraussetzung. Das Corps, welches im Lager bey Libenau stehet, hat einen[a] über Dipholz kommenden Feind vor sich, der ihm am Stärke überlegen ist. Nienburg ist gegen den gewaltsamen Angrif gesichert u. besetzt; zu Landesbergen befindet sich eine Pontonbrücke; die Vorposten des Lagers stehen bey Borstel, Steirberg u. Lohe[2]; Detashements beobachten die Durchgänge durch das große, zwischen Diepholz u. Steirberg befindliche Moor.[3] Der Feind unternimmt gegen diese nichts, vertreibt dagegen die Vorposten von Borstel, welche auf der Chausse nach Nienburg ungefähr neben der Pappier Mühle sich setzen und die Höhe und das Gehölz zwischen Glissen und Halenbeck[4] in Besitz haben[b]. Auf den linken Flügel stehen unsere Vorposten in Peningsehl[5] und die feindlichen auf der Osterheide. Nimmt man diese Lage an, so lassen sich, ohne daß die Truppen sehr fatiguirt werden, 2 Manoeuvers mit den Flanqueurs, Scharfschützen u. leichten Truppen sehr gut machen.

1tes Manoeuver
Es wird eine Vorpostenkette von Penigsehl nach Glissen gezogen, wozu man einen gewissen Theil der Scharfschützen, der Flanqueurs u. der Reserven nebst einigen Canonen einen General des Lagers giebt, welch[e]r zugleich die Erlaubniß erhält, zur Unterstützung einige Escadrons, ½ Batterie reitende

---

[a] Statt „einem".
[b] Statt „hat".
[1] Das Dokument hängt offensichtlich mit dem Übungslager von Liebenau (10. Juni bis 3. Juli 1800) zusammen, in dem das hannoversche Observationskorps erstmals im Gesamtverband übte. Es war dabei unterteilt in ein Avantkorps unter Linsingen und das Hauptkorps unter Generalleutnant von Diepenbroick, vgl. Sichart IV, S. 682–688.
[2] Marklohe.
[3] Heute Großes Moor.
[4] Gemeint ist die Gegend des heutigen Staatsforstes Binnen. Halenbeck ist das heutige Sudhalenbeck.
[5] Pennigsehl.

Artillerie etc. ausrücken zu lassen. Der H. G. v. Linsingen, welchen man ½ Batterie reit. Art. und die Reserven von einer Brigade zu seinen Corps[6] giebt, greift diese Posten Kette an, indem er eine Recognoscirung gegen das Lager unternimmt. Es wird dabey festgesetzt, daß die Posten Kette weicht, daß aber dagegen, so bald der Soutien vom Lager ankömmt, der H. G. v. L. sich zurükziehet.

Die besondern Anordnungen werden den Herrn Generals überlassen.

2tes Manoeuver
Die Lage, in der sich das Lager befindet, bleibt wie in den ersten Manoeuver, nur haben jetzt die Vorposten sich nicht auf der Chaussee, sondern grade aufs Lager zurük gezogen; man fürchtet aber einen Angrif auf der rechten Flanke. Ein General des Lagers erhält Befehl, bis nach der Pappiermühle hin eine Postenkette zu ziehen; er bekömt dazu die Scharfshützen, einen Theil der Reserven, die Flanqueurs der Cavalerie u. einige Canonen u. auserdem zum Soutien ½ Batterie reit. Art., einige Escadrons u. einen Theil der Reserven. Der H. G. v. L. erhält die Reserven von 2 Brigaden und 1 Batterie schwere Artillerie. Er vertreibt die Vorposten bis an die Tannenkämpe, um das Lager zu recognosciren, darauf kömt der Soutien aus den Lager an und das Corps, welches zur Deckung der Recognoscirung diente u. die Vorposten zurüktrieb, ziehet sich nun wieder in beständigen Verfolgen zurük.[c]

3tes Manoeuver
Es wird supponirt, das Lager sey nicht da.

Ein General (des Lagers) macht mit einen Corps von größtentheils Infanterie u. Artillerie (etwa alle Reserven, 2 Escadr. 2 Batterien) den Rükzug auf dem Wege von Penigsehl, zwishen Glissen u. den Tannenkampe durch, nach Binnen. Der H. G. v. L. verfolgt ihn mit einer überlegenen Anzahl Cav. u. einiger Art. u. sucht beständig, ihn aufzureiben. Es wird hierbey feste gesetzt, daß er nicht die geschloßene Infanterie angreift, er sucht sie aber immer auf zu halten, bis seine Inf. u. Art. ankömt. Das sich zurükziehende Corps sucht dagegen sich so wenig als möglich ins Gefecht einzulassen.

Die weiter Disposition verabredet H. G. v. L. mit dem General, der den Rükzug comandirt.

---

[c] *Hier einige nicht mehr ganz zu entziffernde Notizen, z. T. mit Bleistift, u. a. mit den Namen Sievers, Roeder, Siemers, Scheiter und Beneke.*
[6] Es bestand aus dem 14. Leichten Infanterieregiment (2 Bataillone und zwei Jägerkompanien), den beiden Leichten Dragonerregimentern (4 Eskadronen) und der 2. Schweren Batterie.

241. Denkschrift [?, Anfang 1801?[1]]

GStA PK, VI. HA Nl Scharnhorst Nr. 133 fol. 14r–63v (45$^1/_2$ S.): Kopie, Schreiberhand, mit eigenhändigen Änderungen.[2]

Konzept, eigenhändig: ebda. fol. 2r–13(a)v (25$^1/_2$ S.); Druck: Lehmann I, S. 257–262 (Auszüge).

I. Einführung praxisgerechter Manöver durch Friedrich den Großen. Im Frühjahr Evolutionen mit allen Waffen, im Herbst Anwendung im Gelände. II. Mustergültige Systematik der Regimentsübungen. Dagegen Fehler bei Brigaden und Divisionen. Selbsttäuschungen und Praxisferne. III. Frühjahrsübungen. Simulation einer Brigade durch Aufteilung eines Bataillons. Wechsel des Geländes. Vorteile: Aufmerksamkeit durch Abwechslung. Bewegung im Großen, Belehrung und Selektion der Truppenführer. Reitübungen für Offiziere. Analoge Simulation von Divisionen. Vorbereitung durch Übungen der Truppenführer ohne Truppen. Lerneffekt. IV. Juni: Übungen im Felddienst: Posten, Verteidigung einer Befestigung, aufgelöstes Gefecht. Vorbereitender Unterricht für Offiziere. V. August/September: Kleine Manöver mit Diensthabenden. 1. Aufgelöstes Gefecht mit Kavallerie. Erfahrung der Revolutionskriege. 2. Lerneffekt für Offiziere. 3. Übung im Entwerfen von Dispositionen. VI. Grundsätze für große Manöver. 1. Frühzeitige Bekanntgabe der Disposition. Schädliche Geheimhaltung. 2. Unterrichtung über potentiellen operativen Zusammenhang des Manövers. 3. Mißverständnis wegen umständlicher, Unverständnis wegen fehlender Dispositionen. Grundsätze zur Abfassung einer Disposition. 4. Regeln für geordneten Ablauf: Ruhepunkte zur Neuformierung; Koordination des Marschtempos; Belehrung über Abweichungen von der Kriegspraxis und fehlerhafte Bewegungen. 5. Warnung vor Geländefiktionen. 6. Notwendigkeit einer Feinddarstellung. 7. Belehrung durch konsequente und vielseitige Aktionen. 8. Aufmarsch in Linie. 9. Einbeziehung von Vorposten- und Vorhutgefechten. Größere Varianz, größere Belehrung. 10. Auswertung und Bestrafung der Fehler. Gegengewicht zur Strenge des Garnisonsdienstes. Praxisorientierung gegen Pedanterei. VII. Zusammenwirken der Waffengattungen. Stufenweise Steigerung der Komplexität. Muster eines sechstägigen Übungsablaufs. Anwendung in Liebenau 1800, Mängel. VIII. Vorteile der Zusammenziehung größerer Verbände in Übungslagern: Belehrung durch Zuschauen. Größere Realitätsnähe. Kosten. Rotationssystem nach Provinzen. IX. Übungen im Krieg. Verbesserte Abstimmung. Evolutionen der Artillerie. Beurteilung der Befehlshaber. Führungserfahrung mit großen Verbänden. Problem: Befehlshaber und Stab auf Kriegführung konzentriert. Trotzdem Spielräume.

---

[1] Scharnhorst erwähnt das Lager von Liebenau und setzt ausdrücklich die Jahreszahl 1800 hinzu. In einer gestrichenen Passage ist überdies von „uns Hannoveranern" die Rede. Der Text stammt also noch aus der hannoverschen Zeit. Lehmann datiert die Niederschrift auf die letzten Monate des Jahres 1800 oder die ersten des Jahres 1801.

[2] Lehmann I, S. 257, sieht es als gewiß an, daß es sich hierbei um eine der beiden um die Jahreswende 1800/01 geschriebenen Denkschriften für Friedrich Wilhelm III. handelt. Die Bezüge sind hannoversch, man hatte in Hannover im Zuge der angefangenen Reform bereits mit der Einteilung der eigenen Armee in Divisionen begonnen, ein Gedanke, der in Preußen noch ungewohnt war.

Von den Uebungen der Truppen.ᵃ

1tes Capitel
Ueber den Unterschied der Uebungen für den Gemeinen und den Officier –
im Frühjahr und im Herbst.

Friedrich der Große ist der erste, der durch Manoeuver die Vorfälle des Krieges auch in Frieden darzustellen wußte; die Einrichtung seiner Herbstmanoeuver ist die wichtigste aller militärischen, welche wir von ihm und andern in neuern Zeiten haben.

Vor diesem großen Mann und selbst noch bey seiner Zeit bis gegen das letzte Viertel des nun verfloßenen Jahrhunderts bestand in den meisten Armeen die ganze Kunst des Manoeuvrirens in fast weiter nichts als in einer künstlichen Art zu feuren und in den Parademarsch. Damals war ein Manoeuver ein festlicher Aufzug des versammelten Militärs (aber nicht eigentlich eine Uebung in den was eine Armee am Tage der Schlacht zu thun hat), nicht eine tactische Untersuchung und Belehrung des Militärs. Nach und nach fing man aber bey andern Militären an, Friedrichen in den Manoeuvern nachzuahmen. Wie es indes mit dieser Nachahmung bey denᵇ thätigsten und besten Armeen beschaffen war, lehrt uns die Beschreibung der Manoeuver eines sächsischen Corps bey Mühlberg in Jahr 1785 und 86. Man findet dieselbe in der Berlinischen Militarischen Monatsschrift³ von 1786 u. 1787.ᶜ

Dieser Gegenstand erfordert, ohngerechnet der darin gethanen wichtigen Schritte, dennoch das Nachdenken u. die Anstrengung der erfahrensten und einsichtsvollsten Männer, um ein zwekmäßiges Uebungssystem mit Rücksicht auf die individuelleste Lage einer Armee vom Kleinen bis zum Großen festzusetzen.

Um hierzu Veranlassung zu geben, ist der gegenwärtige Aufsatz über die Uebung entstanden. Man hat bey demselben folgendeᵈ allgemeine Grundsätze angenommen

1. Daß die Truppen von allen Waffen im Frühjahr, in April und May, in allen Garnisonnen in allen Provinzen dreßirt und in Evolutions geübt werden.

ᵃ Am Rande ein Vermerk für den Kopisten: „ein eigenes Blatt (". Das eigenhändige Konzept trägt den Titel „Ueber die Uebungen der Truppen".
ᵇ Statt „dem".
ᶜ Folgt gestrichen: „Friedrichs Manoeuvers waren die Frucht eines produktreichen Baumes, die eine große Pflegung und Veredelung des Grundes bedarf, wenn sie einheimisch werden soll – wen
   Die Kunst, die Truppen in Frieden so zu üben, daß die Officiere in Kriege sich sogleich in allen Vorfällen einigermaßen zu finden wissen, ist daher weder beschrieben, noch in eine bleibende Form gebracht, und ohne dies ist der Nutzen derselben doch immer noch den zufälligen Umständen unterworfen."
ᵈ Statt „folgenden".
³ Laut Jähns, S. 2319, erschien die Beschreibung des zweiten im Februarheft 1787 unter dem Titel „Das Manöver der sächsischen Armee 1786".

2. Daß im Herbst (im Ausgang von August und im Sept. und Octobr) mit dem nicht beuhrlaubten Theil der Mannschaft manoeuvrirt werde. Anfangs mit einer Waffe, nachher mit vermischten.

In Frühjahr kann der Soldat ohne Nachtheil von Ackerbau 1 bis 2 Monate entbehrt werden; dies ist die Zeit, die ganze Maschine zu zurichten und in Gang zu bringen. In Herbst, wenn die kühlere Witterung eintritt, wenn die Felder leer sind, tritt die 2te Uebungsperiode ein; in dieser lernt der Officier, das vorher eingerichtete künstliche Werk nun so wohl in Rüksicht der Umstände, als des Terrains zu gebrauchen.

Diese Uebungsperioden sind durchs Klima, durch die Lage unsers Landmanns, durch den Umstand, daß man nur in Herbst die erforderlichen Plätze zu den Manoeuvern hat – also in aller Rüksicht durch die Natur der Sache so bestimmt, daß man auf keine Weise von sie abgehen kann.^{e}

^{f}IItes Capitel
Mangel des systematischen Fortschreittens vom Kleinen zum Großen; vom offenen zum durchschnittenen Terrain

Unser Uebung in den Regimentern gehet nach einem sehr zwekmäßigen System, einer fortschreitenden Zusammensetzung vom Kleinen zum Großen.

Erst wird der einzelne Mann ausgearbeitet, dann exercirt man in Trups, darauf in Compagnien oder Escadronen, dann in Bataillonen und endlich in Regimentern. So lange der Recrut noch nicht einzeln exerciren kann, kömmt er nicht in den Trup, und so lange er noch nicht in den Trup alle Bewegung aufs Comando auszurichten verstehet, kömmt er nicht in die Compagnie u.s.w.

Aber diese in der Natur der Sache gegründete Stuffenleiter der Uebung hört auf, so bald man zu den Uebungen mit Brigaden, Divisionen u.s.w. kömt.

Hier macht man gleich mit einer Linie von 2 oder 4 Brigaden Bewegungen, ehe man es mit 1 Brigade und noch viel weniger mit 1 Division im Stan-

---

^{e} Im Konzept, das in Paragraphen statt Kapitel unterteilt ist, fällt dieser Teil bedeutend kürzer aus, und es fehlen die Verweise auf Friedrich II., was möglicherweise darauf hindeutet, daß die zunächst für den hannoverschen Gebrauch geschriebene Denkschrift ein neues erstes Kapitel für seine preußischen Leser erhielt. Die ursprüngliche Fassung lautete:
„§ 1.
Man hat bey unser Uebungen zwey wesendliche Fehler wahrgenommen, u. diese bestehen darin:
1. daß sie nicht nach einem systematischen Gange von Kleinen zum Großen, von den offenen Terrain zum durchschnittenen fortschreitten und daher in Rücksicht der Kunst, Bewegungen mit großen Abtheilungen der Armee regelmäßig in allen Gegenden auszuführen, eine sehr unvollständige Anleitung geben.
2. daß sie den Officier nicht so, wie es [folgt ein überflüssiges „unter"] bey einer zwekmäßig[e]rn Einrichtung möglich wäre, in den Feldverhaltungen unterrichte."
^{f} In der oberen Ecke dieses Blattes (fol. 17r) von Scharnhorsts Hand: „nachgesehen".
Zunächst gestrichen (von Schreiberhand) „II. Ueber die Uebungen der Truppen bevor sie in Corps von allen Waffen manoeuvriren"; es folgt als II. Kapitel der erste Paragraph des Konzepts mit einigen unwesentlichen Unterschieden.

de ist; hier manoeuvrirt man mit ganzen Corps von mehreren Divisonen Infantrie u. Cavalerie zusammengesetzt, ehe man mit einem von mehreren Waffen vermischten Detaschement (von 1 Bataillon u. 1 Escadron) es kann.

Dies ist ein Fehler, der sich bey unsern Evolutionen und Manoeuvern auf eine sehr in die Augen fallende Art offenbart. Denn wie wenig wißen wir uns bey denselben zu helfen, wenn die Fronten groß sind, das Terrain den Bewegungen Hinderniße in den Weg legt, die Umstände nicht die gewöhnliche und langsame Manipulation unserer Taktik zulassen, die verschiedenen Waffen sich wechselseitig unterstützen müßen und solche Combinationen wie im Kriege vorkommen? Durch eine listige Wendung hat man sich zwar über diese Fehler zu entschuldigen gewußt; man hat gesagt, bey den Manoeuvriren könne man nicht so wie bey den Evolutionen eines Bataillons oder Regiments auf die Genauigkeit der Ausführung sehen. Als wenn die letztern nicht Theile des erstern wären.[g]

Dies hat denn wahrscheinlich veranlasset, daß die Regeln, nach denen die Evolutionen ausgeführt werden, bloß auf einen ebenen Boden und eine gewiße Förmlichkeit berechnet sind, welche in den verschiedenen Terrain und unter den verschiedenen Umständen der Manoeuvers und des Krieges gewöhnlich wegfallen. Dies ist aber ein sehr großer Nachtheil für unsere Taktik, <u>weil nun die Regeln und Hülfsmittel der weniger genauen, aber doch ordnungsmäßigen Ausführung der Bewegungen, welche uns in Kriege sehr nützlich seyn könnten, weder eingeführt noch erlernt werden.</u>

Man nehme zum Beyspiel das Avanciren mit großen Fronten, worauf man nicht ohne Ursach vielen Werth gelegt hat, wie unzulänglich sind die gewöhnlichen Grundsätze, nach den man es ausführt? Man denke sich diese Bewegung in durchschnittenen Terrain, in hohem Getreyde. – Selbst in der Ebene will dies Kunststück bey so vielen in Kriege wegfallenden Hülfsmitteln nicht einmal glücken, wenn nicht oft Halt gemacht und gerichtet wird. Eben so ist es mit den übrigen Evolutionen.

Der Sprung von unsern Elementar-Evolutionen zu den eigentlichen Manoeuvern scheint den Faden zerrissen und dadurch eine Lücke in unser Tactik veranlaßt zu haben.

Wir müßen daher unserer Garnison-Uebung in manchen Stücken eine zwekmäßigere Richtung geben, damit wir, wenn wir zu den Manoeuvern kommen, beßer (zu ihrer Ausführung) vorbereitet sind.[h]

---

[g] *Im Konzept findet sich an dieser Stelle der gestrichene Satz: „Wozu dienen den Seiltänzer seine Künste beym ordinären englischen Tanz?"*

[h] *Folgt gestrichen: „Die Hülfsmittel der Ausführung der Bewegungen in den mancherley Terrein, in den man sich befindet, werden alsdann bald erfunden werden.*

  Immer stehet bey einer zwekmäßigen Uebung (besonders uns Hannoveranern) unsre Oeconomie und Dienst-Einrichtungen entgegen; daß hier sich aber demohngeachtet noch Mittel ausdenken lassen, wodurch eine zwekmäßigere Uebung, ohne innere Veränderungen zu treffen, möglich sind, ist sehr wahrscheinlich. Die folgenden Vorschläge dazu sind nur ein Versuch."

IIItes Capitel[i]
Uebungen während des Frühjahrs (April u. May) in Evolutionen.

Die Stärke von unsern Garnisonen lassen nicht überall zu, daß man mit ganzen Brigaden und Divisionen Evolutionen macht, wäre aber auch dies, so mögte doch nachstehende Art, die Brigade- und Divisions-Exercize mit einzelnen Bataillonen u. Regimentern zu üben, vor der gewöhnlichen Vorzüge haben.

Wenn ein Bataillon erst mit einiger Ordnung in 3 Gliedern seine Bewegungen macht, so formirt an[j] jeden Tage nachdem dasselbe ein paar Stunden auf die gewöhnliche Art sich in Evolutionen geübt hat, der Commandeur desselben von jedem Gliede ein Bataillon (zu 1 Mann hoch), so daß er also 3 Bataillone bekömt. Diese betrachtet er als eine Brigade. Die kleinern Abtheilungen fallen weg, weil es an Befehlshabern fehlt. Er macht anfangs mit seiner Brigade in gutem Terrain nur sehr einfache Bewegungen, welche er mit den Officieren vorher [ver]abredet hat, und gehet denn von Zeit zu Zeit sowohl zu schwerern Evolutionen als Terreins über. Er siehet aber immer dahin, daß er nichts macht, was er nicht im Bataillon zu 3 Gliedern schon geübt hat und was darum mit Ordnung ausgeführt werden kann.

Diese Uebung hat viele Vortheile. Erstlich wenden die Officiere und Leute, nachdem sie auf die gewöhnliche Art eine Zeitlang im Bataillon Bewegungen gemacht haben, nicht die Aufmerksamkeit mehr an, welche sie in 3 Bataillonen formirt zeigen werden, weil ihnen diese etwas Neues wieder ist.[k]

Der 2te Vortheil der Uebung in 1 Gliede bestehet darin, daß die Officiere und Unterofficiere nun die Bewegungen in Brigaden auszuführen lernen. Man wird zugeben, daß die Fertigkeit und die Hülfsmittel, in allen Arten von Terrein die Bewegungen in Brigaden mit Ordnung auszuführen, im Kriege gewiß sehr wichtig sind. Die Einwendung, daß durch das Manoeuvriren in einem Gliede das Bataillon in der Fertigkeit der Bewegu[n]g in 3 Gliedern einzeln verlöhre, ist an sich nicht gegründet. Gesetzt aber sie wäre es, sind denn die übrigen Vortheile nicht größer, als dieser Nachtheil? Diese große Fertigkeit in der Ausführung der Bewegungen eines Bataillons gehet ja ohnehin in Kriege wegen der wenigen Uebung der vielen Recruten u.s.w. verlohren.

Ein 3ter und ein noch sehr wesendlicher Vortheil der Uebungen in einem Gliede ist die Bildung der Officiere und Unterofficiere zu höhern Verrichtungen; bey ihr übt der Commandeur des Bataillons sich in dem Commando einer Brigade und so jeder in dem Commando eines höhern Grades.

Jeder erlanget nun bey Zeiten einige Fertigkeit hierin, wozu er sonst vielleicht keine Gelegenheit weiter hin hat.

---

[i] *Dies ersetzt die frühere Numerierung „3" (verändert aus „2". Auch der folgende Titel wurde mehrfach verändert; im Konzept lautete er „3. Uebungen der Brigaden und Divisionen".*
[j] *Statt „am".*
[k] *Folgt gestrichen: „Auf diese Weise leidet also die Uebung in Bataillon (in 3 Gliedern) an sich wenig oder vielleicht gar nicht durch die in einem Gliede."*

Es ist in unsern Corps bekannt, daß in den Lager bey Liebenau (1800) die meisten Brigadiers nie eine Brigade und beide Divisionsgenerale[4] nie eine Division comandirt hatten.[1] Der Regiments-Chef siehet bey dieser Uebung, in wie fern der eine oder andere zu den höhern Stellen sich applicirt, Unfähige werden als solche dem Regimente bekannt, welches auf keine andre Art möglich ist, bevor sie schon einen höhern Posten haben und keine Abänderung statt findet.

Wie verlegen ist man im Kriege um geschikte Führer der Abtheilungen – bilden kann man sie jetzt nicht mehr. Bricht, wenn die vorgeschlagene Einrichtung statt findet, ein Krieg aus, so hat man eine Menge Individuen, die sich zu höhern Stellen, die denn hier auch bald ihrer erwarten, schicken.

Schwierigkeit[en] treten bey der Ausführung einer jeden nicht vorher bestandenen Einrichtung ein und werden auch hier nicht ausbleiben. Die Capitäne, welche die Bataillone commandiren, werden kaum Reit-Pferde haben, dann wird es an berittene Bataillons Adjoudanten fehlen u.d.gl. mehr. Man macht hier aber seine Einrichtungen so gut wie man kann. Weiß einmal der Capitain, daß er als Major ein Glied des Bataillons zu Zeiten commandiren muß, so wird er schon Gelegenheit finden, während dieser Zeit ein Pferd zu bekommen und diese Reit-Uebung wird für ihn sehr wichtig seyn. Wie viele Stabs-Officiere sind nicht bey der Infanterie, die bloß weil sie[m] nicht reiten können ihren Dienst nicht auszurichten im Stande sind?

Auf die bisher angeführte Art exercirt man bey einen Bataillone die Brigade-Exerciez; da nun 2 Bataillone, wenn sie in einem Gliede formirt stehen, 2 Brigaden ausmachen, so kann also auf eben die Art im Regimente die Divisions-Exercieze geübt werden.

Wenn daher die beiden Bataillone des Regiments zusammen kommen und auf die gewöhnliche Art einige Bewegungen gemacht haben, so formirt man aus denselben 2 Brigaden, jede zu 3 Bataillons, und macht nun auch einige Bewegungen mit der Division. Dies ist ein neuer und ein sehr nützlicher Unterricht für den Regiments-Chef und die Commandeure der Bataillone u. Compagnien. Hier kommen alle Grundsätze der Bewegungen in größern Linien vor, und dies ist also gewißermaßen der höchste Punkt der Tactik einer abgesonderten Waffe.

---
[1] *Im Konzept lautet dieser Satz: „Es ist in unsern Corps bekannt, daß wir 2 Generale in den Lager bey Liebenau (1800) hatten, die zum erstenmal in ihren Leben eine Brigade commandirten – man kann sich leicht vorstellen, wie?"*
[m] *Statt „sich".*
[4] Gemeint sind wahrscheinlich die Generalleutnants Prinz Adolph und Hammerstein. Nach der Beschreibung bei Scharnhorst operierte das hannoversche Hauptkorps in zwei Divisionen aus allen Waffengattungen, während es bei Sichart IV, S. 684, in je zwei Infanterie- und Kavalleriedivisionen geteilt war. Es ist wohl davon auszugehen, daß die „Kavalleriedivisionen" tatsächlich Unterformationen der „Infanteriedivisionen" darstellten, wofür auch spricht, daß erstere lediglich von einem Generalmajor (Carl von Bülow) und einem Obersten (Otto von Schulte) kommandiert wurden.

Bey der Cavalerie ist die Uebung mit 1 Gliede weniger Schwierigkeiten als bey der Infanterie unterworfen.

Um die Uebungen in Brigaden und Divisionen zu erleichtern, macht man alle Bewegungen vorher skeletweise mit den Officieren und Unterofficieren. Ist man nemlich mit dem Bataillon so weit gekommen, daß man mit demselben als Brigade exerciren kann, so nimmt man vorher alle Officiere und Unterofficiere heraus und stellt sie mit Zwischen Räumen, als wenn die Gemeinen da wären, läßt sie in dieser Stellung alle Bewegungen so machen, wie in vollen Bataillonen. Diese Uebung hat den Vortheil, daß die Officiere und Unterofficiere ziemlich lernen, was sie zu thun haben, ohne daß die Soldaten fatiguirt werden. Ein ander Nutzen ist noch der, daß man sie in Herbst, wo der größte Theil der Soldaten beurlaubt ist, machen und also die Officiere vorläufig zu den Frühjahr Uebungen mit Brigaden und Divisionen vorbereiten kann. Wir haben in den Lager bey Liebenau zuerst diese Uebung allgemein versucht und von ihr einen sehr großen Vortheil gehabt, welcher sich darin offenbarte, daß die Brigaden, welche nicht in Skelet vorher geübt waren, sehr gegen die andern zurük blieben und daß das Regiment des General von Hammerstein,[5] welches sehr viel darin geübt war, bey den Manoeuvern sich bey weitem am besten zu helfen wußte.

    ⁿIVtes Capitel
Uebung in Felddienst während des Frühjahrs im Monat Junie.
    Wenn im Ausgange vom Monat May die Beurlaubten wieder zurük in ihre Heimat gegangen und die Uebung in den Evolutionen geendigt ist, so fängt nunmehr die des Felddienstes der einfachen Waffe an, welcher sich aber mit dem Monat Junie endet.
    Hier werden Feldwachen, Piquets u.s.w. in einem schiklichen Terrain ausgestellet; die Gemeinen werden unterrichtet, was sie als Schildwachen und Vedetten zu beobachten haben und wie sie eine Patrouille machen. Den Unterofficier und Subaltern-Officier wird gelehrt, wie er seine Schildwachen und Vedetten ausstellt, seine Patrouillen anordnet und wie sich die ganze Wache verhält, wenn sie angegriffen wird. Nachdem diese Instructionen auf der Stelle gegeben sind, nachdem jeder Officier und Unterofficier sich alles, was er auf seinen Posten zu thun hat, in die Schreibtafel geschrieben, und nachdem man hernach jeden geprüfet, ob er die ihm angegebenen Regeln wohl begriffen habe, wird die Feldwache angegriffen, um nun zu sehen, wie sie befolgt und ausgeführt werden.
    Auf diese Weise wird die Ausführung des Unterrichts eines einfachen Infanterie Piquets von 30 Mann vielleicht einen ganzen Morgen dauern.

ⁿ Das folgende, in der Vorlage zunächst „§ 4" numerierte Kapitel fehlt im eigenhändigen Konzept.
5 Das 6. Infanterieregiment.

Ohne die Verwendung dieser Zeit wird man aber auch nicht seinen Zwek erreichen.

Der Unterricht des Felddienstes geschiehet bey der Infanterie anfangs compagnie-, hernach aber bataillonsweise. Bey der Cavalerie hängt derselbe von der besondern Lage ab.

Die Infanterie braucht weniger Zeit auf die Kunst, Patrouillen und Avantgarden zu machen und Recognoscirungen anzustellen, zu verwenden als die Cavalerie; dagegen aber muß jene mehr die Uebung der Vertheidigung einer Brustwehr, die Ersteigung der Palisaden und Brustwehren, die Vertheidigung der Defileen und den Garnison-Dienst fester Posten und Oerter üben.

Eine Haupt Sache bey diesen Uebungen ist die des einzelnen Gefechts, welches bey der Infanterie aber nur die Scharfschützen und die Divisionen des 3ten Gliedes trift. Diese Uebung muß in allen Terrain vorgenommen werden, es müßen dabey von den geschloßenen Bataillonen immer Trups zur Unterstützung in Reih und Gliedern gegenwärtig seyn, um das gegenseitige Verhalten beider zu bestimmen.

Es wäre zu wünschen, daß man für diesen Unterricht eine Art Feld-Dienst-Reglement hätte, weil die meisten Officiere sehr unwißend hierin sind und überdem auch eine gewisse Gleichförmigkeit fürs Ganze von großen Nutzen seyn würde.[6]

Unter einer Gleichförmigkeit verstehet man eine gleiche Art und Weise des Verhaltens der Schildwachen und Vedetten, der Abfertigung der Patrouillen, der Besetzung einer Schanze und der Vertheidigung der Brustwehr, der Disposition zum Tirailliren und Plänkern u.s.w.

Am besten würde es seyn, wenn man anfangs mehrere Monate von jedem Regimente einige Officiere und Unterofficiere in dem Mittelpunkte ihrer Inspection versammlete und von einigen Officieren, welche diesen Theil des Krieges kennten, (wenn man sie auch von den leichten Truppen nehme) unterrichten liessen. Auf diesem Wege würden die beßern Methoden dieses Zweigs der Uebung bald erlernt werden, und dazu würde nun eine gewisse Uniformität, so weit sie Anwendung findet, leicht zu erhalten seyn.

Folgendes Werk würde der Cavalerie über diesen Art Dienst manche Aufklärung und gute Anweisung geben.

„Entwurf einer Anweisung den Cavaleristen in Friedenszeiten den ganzen Feld-Dienst zu lehren – herausgegeben von H.W. von Stamford.[7] Berlin 1794."

---

[6] Ein kurz vor der Auflösung der kurhannoverschen Armee (1803) entstandenes neues Dienstreglement, dessen Verfasser offenbar Friedrich von der Decken war, berücksichtigte die Rolle der Divisionen des dritten Gliedes, vgl. Fox, S. 90.

[7] Der ehemalige französische Officier Heinrich Wilhelm von Stamford (1740–1807) hatte nach dem Siebenjährigen Krieg in Göttingen studiert und dann als Schriftsteller und Lehrer gearbeitet, u.a. in Potsdam für den preußischen Generalstab. Zu seinen Schülern gehörten König Friedrich Wilhelm III., Prinz Louis Ferdinand, die Prinzen von Oranien und Friedrich Wilhelm, der spätere Herzog von Braunschweig-Öls. 1785–1786 gab er die ersten 4 Bände der Militärischen Monatsschrift heraus, 1794 war er Generaladjutant der Vereinigten Niederlande.

Vtes Capitel°
Uebungen in Detaschements mit zusammengesetzten Waffen von dem 20ten August bis 10ten Sept.

Unsere oeconomische und übrige Lage erlaubt uns nicht, im Herbste mit ganzen Corps lange bey einander zu seyn, aber sie hindert uns auch nicht, in jeder einigermaßen beträchtlichen Garnison mit der nicht beurlaubten Mannschaft und einem Detaschement der am nächsten liegenden Cavalerie kleine Manoeuver zu machen bevor die Regimenter in ein Corps zusammen rücken.

Patrouillen, Recognoscirungen, Postirungen, Angriffe der Vorposten, Uebergänge über Flüße, durch Defilees, Gefechte in allen Arten von Terrain werden hier geübt, bey allen wird gezeigt, wie die verschiedenen Waffen sich gegenseitig unterstützen und in Zusammenhange ein Streich ausführen u.s.w. Diese kleinen Manoeuver haben einen sehr großen Nutzen:

1. Wird in den selben gelehrt, wie Cavalerie u. Infanterie vereinigt à la debandade und in kleinen Trups ficht.

Truppen, die hier in geübt sind, schlagen in vermischten Terrain immer andere, die diese Fechtart nicht kennen. Die französische Nordarmee, welche in dieser Art zu fechten (1794) eine große Fertigkeit hatte, hat uns unsere Unwissenheit darin sehr büßen lassen. Schon in der Schlacht bey Hondtschot und nachher in der bey Moescron⁸ und vielen andern Gefechten litten wir immer dadurch, daß unsre Cavalerie nicht in kleinen Theilen mit der Infanterie vermischt agirte. Mußten die Feinde weichen, so konnten unsere Infanterie sie nicht leicht in den Kämpen abschneiden wegen der allerwärts sich zeigenden Cavalerie Trups; waren wir dagegen gezwungen, uns zurückzuziehen, so haueten die feindlichen Cavalerie Trups gleich auf unser isolirten Infanterie Detashements ein. Freilich fingen wir am Ende an, immer einige Escadronen hinter die Infanterie zu setzen, aber was half das? Es war keine zwekmäßige Vertheilung und wechselseitige Unterstützung; die Befehlshaber der Cavalerie Trups wußten sich nicht bis zu den rechten Augenblick verdekt zu placiren, nicht von dem Moment zu profitiren, mit einen Wort, man verstand sich nicht. Diese Art zu fechten war fremd und sie in solchen Lagen erst zu erlernen, daß ist bey unser deutschen Nation zu viel gefordert.

Es ist daher ein sehr großer Vortheil, wenn man in Friedenszeiten sich übt, in jeden Terrain (in abwechselnden) aufs vortheilhaftesten in wechselseitiger Unterstützung der verschiedenen Gattungen von Truppen fechten zu können.

1000 Mann Infanterie, Cavalerie und Artillerie mit einander vermischt und wohl in den wechselseitigen Unterstützungen der drey Waffen und in den Gefecht der Art unterrichtet, vertreiben in vermischten Terrain 2000

° Ersetzt die frühere, aus „4" veränderte Numerierung „5". Im Konzept lautete die Überschrift: „4. Uebungen in Detashements mit zusammengesetzten Waffen".
⁸ Wahrscheinlich das Gefecht von Mouscron am 28. und 29. April 1794.

Mann Cavalerie oder eben so viel Infanterie (wenn beide allein) und dabey sind jene nie der Gefahr, aufgerieben zu werden, ausgesetzt, die diesen immer droht.
2. Ein 2ter Vortheil dieser Art Manoeuver bestehet darin, daß sie eine wahre Schule für die Officiere sind. Diese bekommen hierdurch erst Ideen von der Führung der Detaschements, und dies ist eine vortrefliche Vorbereitung zu den höhern Theilen der Tactik, denn die Grundsätze sind fast dieselben. Man wird zwar die Einwendung machen, daß es in manchen Garnisonen an Befehlshabern fehlen würde, welche dergleichen Manoeuver anzuordnen verstünden. Hierüber braucht man aber doch nicht sehr besorgt zu seyn. Der Detaschements und Posten Krieg ist schon sehr gut bearbeitet, und einige Aufmerksamkeit von höhern Orts auf die Uebung in demselben und besonders die Kritik der Zuschauer wird die Commandeure schon zwingen, sich der vorhandenen Hülfsmittel zu bedienen und die beßer instruirten Officiere zu Rathe zu ziehen.

In den ersten Jahren werden freilich mit unter manche widersinnige Dinge passiren, aber von Jahr zu Jahr wird man mehr Einsichten in diese Art von Gegenständen wahrnehmen.
3. Da bey diesen Manoeuvern es eine allgemeine und unabweichliche Regel sein muß, daß die Dispositionen einen Tag vorher sehr detaillirt an alle Officiere ausgegeben werden, so wird nicht allein der Vortheil dadurch erhalten, daß die Officiere der Garnison durch die Disposition einen Unterricht in einer ihnen bekannten Gegend bekommen und die Manoeuvers nun beßer verstehen, sondern auch noch der, daß einige der vornehmsten, welche so zu entwerfen gezwungen werden, sich mit dieser Arbeit bekannt machen, sich auf dem Felde in Entwürfen üben und durch Lecture sich weiter bilden. Dies ist kein kleiner Vortheil, da er fast alle Garnisonnen und Regimenter trifft.^{p}

VItes Capitel^{q}
Ueber die Grundsätze, welche man bey der Entwerfung und Anordnung der Manoeuvers mit ganzen Corps und Armeen beobachten muß.
1. <u>Sehr sellten werden die Dispositionen zu den Manoeuvern so lange vor der Ausführung gegeben, daß sie die Subaltern-Officiere früh genug erhalten, um</u> die Gegend, wo das Manoeuver gemacht werden soll, noch vorher untersuchen (oder nur auf der Carte nachsehen) zu können. Dies ist aber doch eine Haupt Sache, in dem die Manoeuver vorzüglich zur Instruction der Officiere bestimmt sind. Dieser Gesichtspunkt wird aber so wenig erwogen, daß oft

---
^{p} Das eigenhändige Konzept endet hier. In der Vorlage folgt gestrichen: „4. Bey allen diesen großen Vortheilen erfordern diese Manoeuver fast ganz u. gar keine besondern Kosten und erleichtern die eigentlichen Herbstmanoeuver mit großen Corps."
^{q} Ersetzt die frühere Numerierung „§ 6."

(wie auch H. von Brenkenhof in seinen Paradoxen⁹ es bemerkt hat) den Unterbefehlshabern von der Disposition nur das, was sie betrifft, mitgetheilt wird.

Zu Zeiten wird so gar aus der Disposition ein Geheimniß gemacht, vielleicht weil man hier die Disposition zu einer Schlacht mit der zu einem Uebungsmanoeuver verwechselt.ʳ Es ist aber offenbar, daß durch diese Umstände viele Officiere ein Manoeuver mit beywohnen, ohne daß sie recht wissen, was und wie es geschehen ist. Sie kommen in Reih und Glieder nur auf einen Flek, können nicht das Ganze übersehen und haben immer genug mit ihren Ploton u.s.w. zu thun.

Wenigstens sollte die Disposition zu einen Manoeuver 2 mal 24 Stunden, bevor dasselbe gemacht wird, ausgegeben werden.

2. Gewöhnlich fehlt bey den Dispositionen zu den Manoeuvern eine Uebersicht, eine Idee von den Umständen, unter welchen ein ähnliches Gefecht in einem ähnlichen Terrain sich ergeben könnte. Eine solche Uebersicht würde den Officieren äußerst nützlich seyn, einestheils würden sie dadurch einen deutlichern Begrif von dem Manoeuver, dem Zwek desselben u.s.w. erhalten, anderntheils bekämen sie auch unvermerkt einige Notizen von den Operationen der Corps, von der Führung derselben und von der Art und Weise, wie Stratagems in Großen ausgeführt werden.

Diese würden ihnen hier um so verständlicher seyn, da sie die Gegenden kennen, wenigsten ein Bild von der Lage der Oerter, von dem Land und der Beschaffenheit der Flüße, Gebirge u.s.w. haben.

Sie würden auch dabey hin und wieder veranlasset werden, die Karte der Gegend zur Hand zu nehmen und so sich an Darstellungen der Art (an den Gebrauch der Karten) zu gewöhnen.

Freilich müssen die oben genannten Uebersichten wohl ausgedacht werden, damit das Gefecht, welches hier durchs Manoeuver representirt würde, unter Umständen sich ergebe, die für den, der nicht die feinern Grundsätze der Krieges-Kunst kennte, auch in Beziehung der vorherigen Operationen und Folgen wirklich belehrend wäre.

Es verstehet sich von selbst, daß sie nicht mit ein paar Zeilen gegeben werden können, sondern daß dazu wenigstens ein oder ein paar geschriebene Bogen erfordert werden.

Die Einwendung, daß nicht jede Gegend Veranlaßung zu einem dem Manoeuver ähnlichen Gefechte, mit den gewöhnlichen Vorbereitungen u.s.w. gebe, würde nur Armuth an Ideen von Seiten dessen, dem ein solcher Ein-

---

ʳ Folgt gestrichen: „Oft mag bey dieser Heimlichkeit auch wohl die Furcht vor der Critic zum Grunde liegen."
⁹ Leopold Schönberg von Brenkenhoff: Paradoxa, größtentheils militärischen Inhalts, Berlin 1780. Das Werk wurde noch mindestens zweimal auf Deutsch aufgelegt und 1798 ins Französische übersetzt. Der streitbare Autor ließ 1789 „Paradoxa, nicht militärischen, sondern die Pseudo-Aufklärung betreffenden Inhalts" folgen.

wurf aufgetragen wäre, verrathen, und kann hier also gar nicht in Betracht kommen.

3. Die Dispositionen zu den Manoeuvern werden nicht selten sehr unzwekmäßig abgefaßt. Zu Zeiten sind sie äußerst weitläuftig, dann aber siehet man auch wieder Manoeuver, die ohne alle Disposition und ohne vorher gegebene Idee von der Absicht, welche man bey den selben hat, ausgeführt werden. In beiden Arten hat man das Urbild, den Krieg, verlassen, beide fallen gewöhnlich sehr schlecht aus. Bey der ersten vergißt bald der Befehlshaber irgend einer Truppen Abtheilung seine Rolle, bald entstehet eine Verschiebung durch irgend einen Fehler in der Bewegung, dann veranlaßet ein Mißverständniß, ein zu früher Angrif oder Rükzug eine Unterbrechung der festgesetzten Folge, und nun sind die Gelenke der künstlichen Maschine aus ihren Fugen gerißen und Verwirrung ist unvermeidlich.

Bey der zweiten weiß niemand, in welcher Absicht die Bewegungen gemacht werden, und werden auch gleich die Truppen-Abtheilungen durch die allein von den Manoeuver unterrichteten Generale, Officiere vom Generalstabe und Adjoudanten so geführt, daß keine Unordnungen entstehen, so wird doch durch dasselbe den Officieren in den Regimentern kein vollständiger und deutlicher Unterricht ertheilt.

Man will durch die Manoeuver den Krieg lehren, man muß also dem Originale in der Nachbildung so getreu bleiben, als es die Natur der Sache nur gestattet.

Wie aber sind denn die Dispositionen im Kriege abgefaßt, wenn eine Armee nach Grundsätzen geführt wird? Diese Frage ist leicht zu beantworten.

a. Eine in einer guten Position stehende Armee (oder Corps) hat, wenn der commandirende General sie nicht den Ungefähr überläßt, 1. eine Disposition des Verhaltens der Vorposten (bey den verschiedenen möglichen Angriffen), der Unterstützung und des Rükzugs derselben, 2. eine allgemeine Disposition der Vertheidigung der Position und 3. des Rükzugs aus derselben, in Fall sie dazu gezwungen werden sollte.

Eben diese Dispositionen finden bey einer Armee oder einen Corps statt, welches einen Fluß vertheidigt, welches die Cantonirungsquartiere dekt u.s.w.

b. Eine Armee, welche nicht auf dem Platze, auf dem sie stehet, sich schlagen und welche dem Feind unerwartet entgegen oder auf die Flanke gehen soll (Minden, Meer, Liegnitz) hat dazu eine allgemeine, auf das Terrain sich beziehende Disposition, die freilich im Kriege nicht jeder Officier erhält, aber in Frieden zum Unterricht nicht genug ausgetheilt werden kann.

c. Eine Armee oder ein Corps, welches angreift, hat, wenn man die Stellung des Feindes und das Terrain kennt, eine umständliche Disposition zu den Hin- und Aufmarsch und den ersten Angrif, aber nur eine sehr allgemeine zu den weitern Bewegungen. Kennt man hingegen nicht die Stellung des

Feindes und das Terrain, so ist die ganze Disposition nur sehr allgemein und nur bedingweise abgefaß[t].
d. Eine Armee, welche auf dem Marsche unerwartet angegriffen wird, hat gewöhnlich auf einen solchen Vorfall eine allgemeine Disposition, die nachher, während die zur Deckung des Marshes postirten Detaschements sich zurükziehen, näher bestimmt wird.

Dies sind die vornehmsten Fälle, welche in Kriege sich ergeben und welche wir also in den Manoeuvern nachahmen müßen.

Wenn wir hierbey die Idee des Manoeuvers, die Voraussetzung der Umstände und Lage, in der die gegenseitigen Armeen sich befinden, deutlich dem ganzen Corps mittheilen, so entfernen wir uns nicht von der buchstäblichen Befolgung des Krieges, weil auch diese hier gemeiniglich bekannt sind oder aus den Bewegungen sich von selbsten ergeben.

4. <u>Damit die Manoeuvers aber bey der Befolgung der eben erwähnten Dispositionen mit Ordnung auszuführen sind, so müßen gewiße allgemeine Regeln auf immer festgesetzt werden.</u>

a. Zuförderst werden gewiße Ruhepunkte für das Manöver bestimmt, welche verhindern, daß einmal entstandene Fehler, Unordnungen und Mißverständniße sich noch weiter fortpflanzen. In dieser Absicht wird jedesmal eine (oder mehre) Linien rükwärts bestimmt, in der die sich zurükziehenden Truppen wieder formiren oder doch in einer gewißen Ordnung stellen.

Auch das geschiehet für das angreiffende Corps, so daß z.B. nach der Wegnahme einer Anhöhe und nach dem Rükzuge des bezwungenen Theils bestimmte Stellungen nun von beiden Seiten genommen werden, ehe wieder eine neue Bewegung angehet.

Selbst auch vor dem Feinde finden solche Ruhepunkte bey jeder Action, so lange ein Theil nicht ganz in Unordnung kömmt, statt, und man entfernt sich, wenn man sie annimmt, nicht von der Regel, die Vorfälle des Krieges immer vor Augen zu haben.

b. Es wird für allemal festgesetzt, <u>daß die sich zurükziehenden Truppen das Maaß der Geschwindigkeit der Bewegung angeben und daß die sie Verfolgenden nie ihnen zu nahe kommen dürfen.</u>

Der gegen diese Regel gemachte Fehler, welcher bey dem Manoeuvriren so allgemein ist, benimmt ihm alle Uebereinstimmung mit den Vorfällen des Krieges und daher auch allen Unterricht. Es muß deswegen festgesetzt werden, auf welche Distanz sich geschloßene Infanterie, die mit Geschütz, wie ordinär, versehen ist, einander gegenseitig nähern darf. Diese Distanz (300 Schritt) muß man, wenn Infanterie gegen Infanterie ficht, nie überschreiten, es sey denn, daß man mit dem Bajonette angreift, daß man einen (mit schweren Geschütz eine geraume Zeit beschoßenen) Theil, was es auch kostet, übern Hauffen werfen will. Eben so muß für die Cavalerie Linie, für die Schützen der Infanterie und ihre Trups, für die Cavalerie Plänkerers u.s.w. eine gewiße Entfernung, unter welcher sie sich einander nähern dürfen, bestimmt seyn. Wer die hierüber gegebenen Regeln übertritt, der muß in Arrest geschikt werden, so wie auch derjenige, welcher auf eine zu große Distanz feuert, denn beide zeigen, daß sie weder Weiten beurtheilen, noch sich richtige Begriffe von dem Vorgange einer Action machen können.

Wenn dieser Gegenstand bey einem Manoeuver ein Haupt Augenmerk der Befehlshaber wäre, so würde der Officier gezwungen werden, sich in der Beurtheilung der Distanzen zu üben.

Das Manoeuver würde nicht, so wie jetzt es oft der Fall ist, den Theater-Gefechten gleichen, und jeder würde [sich] nun richtigere Vorstellungen von dem Gebrauch der Scharfschützen, des schweren Geschützes und dem ganzen Vorgange machen können.

c. Da es in den Manoeuver durchaus nicht (so wie im Kriege) angehet, daß ein Theil abgeschnitten, gefangen und zerstreuet wird, so bleibt nichts anders übrig, als daß in manchen Augenblik einer diesen oder jenen raschen Angriff nicht ausführt, den er im Kriege ausführen würde; daß ein an der seinem Angriff Grenzen setzt, welche nicht die Natur der Dinge ihn gebiedet, kurz, daß ein oder ander Theil langsamer oder geschwinder sich bewegt, als es bey reellen Vorfällen geschehen müßte. Damit aber dies keine unrichtigen Vorstellungen veranlasset, so zeigt er den unter ihnen stehenden Truppen sowie seinen höhern Befehlshabern die ebengenannten Bewegungsgründe an.

d. Die Officiere von Generalstabe, welche den Zusammenhang des Ganzen kennen, müßen die Verpflichtung (und also auch das Recht) haben, jeden einzelnen Befehlshaber eine dem Fortgang des Manoeuvers nachtheilige Bewegung bemerklich zu machen, in dem nur sie auf allen Punkten seyn und alle Theile übersehen können.

5. Ein Manoeuver, welches nicht die Gefechte so, wie im Kriege, darstellt, welches aus künstlichen, dem Terrain nicht anpassenden Bewegungen zusammen gesetzt ist, verfehlt nicht allein den Zwek, sondern es giebt falsche Begriffe und ist daher der Bildung des Officier sehr nachtheilig.

Es würde für die Truppen, welche dergleichen Manoeuvers machen, beßer seyn, wenn sie nur bloß in Evolutionen geübt würden.

Ein Manoeuver zu entwerfen, erfordert, wenn es in jeder Rüksicht belehrend seyn soll, eine große Bekanntschaft mit den Grundsätzen der Kriegeskunst, richtige Beurtheilung des Terrains und eine geschikte Combination mancher Umstände.

Aus diesen allen folgt: a. daß man in der Wahl derer, welchen man die Entwürfe zu den Manoeuvern aufträgt, nicht vorsichtig genug seyn kann. b. daß man da, wo es an abwechselnden Terrain fehlt, wo man durch Kornfelder in Sommer eingeschränkt ist, wo man nicht alle Waffen bey einander hat, keine

Manoeuver machen darf, wenn man nicht die Truppen durch einen falschen Unterricht irrige Ideen von Kriege geben will.

Die Methode, eine Gegend anders, als sie wirklich ist, in Manoeuver anzunehmen, Teiche, Flüße u.s.w. da, wo sie nicht sind, zu supponiren, führt zu Irrthümern mancher Art.

Es ist ja schon für den größten Theil der geringern Officiere schwer, sich richtige Begriffe von den Manoeuver in dem wirklichen Terrain zu machen – was ist nun bey künstlichen, bey idealischen zu hoffen?

Bey einem solchen lernen sie auch nicht, sich in jeden schwierigen Fall zu helfen und angemeßene Anordnungen zu treffen. Ueberdem wissen sehr sellten alle Officiere und Unterofficere die Voraussetzung genau, denn dazu gehören Plane oder Anweisungen auf der Stelle. Ist aber dies nicht, so sehen sie in dem Manoeuver weder Zwek noch Zusammenhang.

6. Ein Manoeuver, bey dem der Feind nicht representirt wird, giebt keine deutliche Begriffe von dem darin vorgestellten Gefecht, keinen Unterricht von der Benutzung des Terrains in Verbindung der besondern Umstände und dient nur dazu, den Truppen zu zeigen, wie sie sich postiren und in welcher Folge und Ordnung sie in der Bewegung vor oder zurük gehen.

Fast alle Maasregeln hängen in Kriege von der Entfernung des Feindes von seiner Stellung und seinen Bewegungen ab.

Wie kann man daher jene lehren, ohne den Feind vorzustellen?

Man hört nicht sellten, daß das Manoeuvriren ohne Feind leichter und nicht so vielen Unordnungen als das mit demselben unterworfen sey! Dies hat allerdings seine Richtigkeit; man kömmt bey den erstern weder mit einer Bewegung zu früh noch zu spät, man giebt nie sein Feuer zu entfernt, man versäumt nie den rechten Augenblick, den Feind in die Flanke zu fallen, man macht hier wenige Fehler, ertheilt aber auch wenigen Unterricht. Das Manoeuvriren ohne Feind kann indes als Vorbereitung zu dem mit demselben dienen und kann vorzüglich darin lehren, wie Evolutionen in verschiedenen Terrain mit zusammengesetzten Waffen ausgeführt werden.

7. Um einen wahren, einen großen Nutzen von den Manoeuvern zu erhalten, wird nicht allein erfordert, daß man so viel als möglich bey denselben die Vorfälle des Krieges nachahme, sondern daß dies auch auf eine Art geschehe, welche zugleich in mehr als einer Rüksicht belehrend sey –

Wenn z.B. unter Umständen, welche ganz wohl im Kriege vorkommen konnen, ein Corps in Manoeuver gegen ein anders, in einer guten Position stehendes, auser den Canonschuß aufmarschirt und nun nichts weiter thut, so ist dies freilich eine Sache, die im Kriege wohl vorkömmt, die aber doch beym Manoeuver nicht sehr unterrichtend ist. Wird die Flanke oder der Rücken des stehenden [Corps] bedroht, und ziehet nun dasselbe sich zurük, ohne daß es weiter zum Gefecht kömmt, so ist dies in manchen Terrain und

Verhältnißen der beiden gegenseitigen Corps ganz den Vorfällen des Krieges gemäß und auch als Manoeuver nicht ohne Belehrung; aber ungleich unterrichtender wird doch dasselbe, wenn das angreifende Corps sich den zurükziehenden bis in den Canonschuß nähert (vorausgesetzt, daß die Gegend und die Lage der Dinge dergleichen zuläßt) und nun beide Theile mit aller Vorsicht agiren, sich bewegen und von jedem Terrain, jeden zufälligen Umstande zu profitiren suchen.

Bey dem Entwurf eines jeden Manoeuvers muß überhaupt dahin gesehen werden, <u>daß es so viel als möglich über mehrere Gegenstände des Verhaltens in Kriege Unterricht gebe. Auch erfüllt ein Manoeuver sehr unvollkommen seinen Zwek, wenn nur hauptsächlich eine Waffe darin zu thun hat</u>. So wohl die Infanterie als die Cavalerie muß, wo es irgend das Terrain zuläßt, in jeden einen entscheidenden Streich ausführen.

Bey kleinen Corps ist die Befolgung dieser Regel nicht schwer, wenn man eine abwechselnde Gegend hat und wenn man die mancherley Vorfälle des Krieges zwekmäßig mit derselben combinirt; bey ganzen Armeen oder beträchtlichen Corps ist diese Forderung aber oft unausführbar.

8. <u>In jeden Manoeuver muß eine für große Linien unterrichtende Bewegung vorkommen.</u>

Wenn vor dem Gefecht in einer großen Entfernung vom Feinde sich die Linien formirt haben und nun in Front durch alle Gattungen von Terrains avanciren, so lernen hierdurch die Truppen eine der ihnen unentbehrlichsten und sonst nicht geübten Bewegung auszuführen, statt die Zurücklegung dieses Weges in Colonne ihnen auf keine Weise belehrend gewesen wäre. Die Bewegungen, wo sich beträchtliche Linien zur Seite ziehen, in Vorgehen eine etwas andere Front nehmen, wo die Directionen von verschiedenen Corps auf einander stoßen und nun in einander kommen, wenn sie nicht angemeßene Vorkehrungen treffen, sind, wenn sie ohne Beeinträchtigung des Haupt Zwecks des Manövers geschehen können, als wichtige Theile desselben anzusehen.

9. <u>Ein Manoeuver wird erst recht instructiv, wenn die Bewegungen, welche vor den eigentlichen Gefecht hergehen, angezeigt werden, wenn die Vorposten und Avantgarden wie in Kriege statt finden und das Manoeuver bey ihnen anfängt.</u>

Marschiren die Corps ohne alle Rüksicht gegen einander auf und gehet nun erst das eigentliche Manoeuver an oder stehet das eine ohne Vorposten u.s.w., während das andere sich in der Nähe desselben ohne Gefechte formirt, so ist immer der Zwek des Manoeuvers zum Theil verfehlt, denn die Art, wie die Action eingeleitet wird, ist oft eben so instructiv, als die weitere Ausführung derselben.

Gewöhnlich liegt der glückliche Erfolg in der erstern. Jeder kennt, oder kann doch wenigstens ohne Mühe die Stratagems, welche in Kriege angewand sind, kennen lernen – sie aber in der jedesmaligen Verkettung der Dinge anzuwenden, darin liegt das Geheimniß.

Ueberdem haben die Vorposten- und Avantgarden-Gefechte noch an sich sehr viel unterrichtendes, so wohl für die leichten, als Linien Truppen.

Die Ausführung der hier gegebenen Regel hat allerdings ihre Schwierigkeit, weil sie den Truppen oft fatiguante Märsche auflegt.

Aber auch grade diese zeigen recht deutlich die Lage, in der man in Kriege ist, und gehören, wie es scheint, mit zu den Unterricht dieser Art. Es ist nicht abzusehen, warum nicht die gegenseitigen Corps den einen Tag in der Entfernung eines Tage-Marsches mit aller militarischen Vorsicht sich einander entgegenstellen und dem andern das Manoeuver ausführen könnten. Die Ausstellung der Vorposten, die Unterstützung derselben, die Vorsichts Regeln aller Art, die mancherley Fälle des Angrifs, der Vertheidigung u.s.w. können alle unter solchen Umständen erlernt werden.

Nur bey einem solchen Manoeuver kann man auf mehrere Fälle Dispositionen geben und dann nach Willkühr agiren, sich gegenseitig keine weitere Recognoscirungen, als in Kriege statt finden, erlauben und so das Bild dem Originale ähnlicher machen. Es muß einen großen Reitz für die Truppen haben, auf diese Art den Krieg zu üben; endlich müßen diese Manoeuver, auch durch das Zusammenhalten der gegenseitigen Dispositionen, sehr belehrend seyn und zeigen, wie oft man bei den besten Anordnungen grade den rechten Punkt verfehlt.

Stehen die Truppen in Lager, so hat die Ausführung der Vorposten u. Avantgarden Gefechte bey den Manoeuvern keine Schwierigkeit; ist dies aber nicht der Fall, so wird wenigstens ein Theil campiren müßen, wenn nicht eine besondere Lage von Oertern zum Cantoniren Veranlassung giebt.

Ständen zwey gegenseitige Corps 1$^1/_2$ bis 2 Stunden von einander in Lager, so würde man viele unterrichtende Sachen machen können, wenn man ganz sich so verhielte, als im Kriege.

Gewiß liegt hierin noch der wichtigste Schritt der Kunst, den Krieg in Frieden zu erlernen.

Man übergeht aber diesen Gegenstand als eine zu wenig vorbereitete und daher zu allgemeinen Widerspruch findende Sache.

10. <u>Nach jedem Manoeuver muß bey dem Befehle eine umständliche Beurtheilung[5] desselben ausgegeben werden.</u> Es müßen die Haupt Fehler darin angezeigt und das vorzüglich geschikte Benehmen irgend eines oder mehrerer Comandeurs und andere Befehlshaber darin gelobt werden. Ohne Bestrafung muß nie ein Manoeuver hingehen, denn Fehler finden sich immer, und was treibt an, sie zu vermeiden, wenn sie weder bemerkt, noch bestraft werden? Die meisten Befehlshaber sind in den geringfügigsten Fehler des Garnison Dienstes so auserordentlich streng und bey dem weit wichtigern in Manoeuvern und in Felde so

---

[5] *Folgt die wieder gestrichene Einfügung: „nach dem Beyspiel der preußischen Herbstmanoeuver".*

äuserst gelinde,ᵗ daß sie dadurch den jungen Officier und den Unterofficier u. Gemeinen auf den Gedanken bringen, daß jenes die Haupt und dies nur eine Neben Sache sey, die sich schon (wie mich oft gesagt wird) von selbst finde. Dieser sonderbare Gesichtspunkt u. Handlungsweise giebt den Ganzen einen sehr nachtheiligen Geist und eine falsche Richtung. Nichts ist nöthiger als eine große Activität u. Genauigkeit in allen und vorzüglich der kleinsten Verrichtungen, denn dadurch bildet sich der Geist der Ordnung u. des Gehorsams, aber dieser Geist muß erst in Großen recht wirksam und also hier an wenigsten nachgesehen werden. ᵘJe größer die Achtung des Nützlichen, des wahrhaft Brauchbaren von Seiten des höhern Befehlshabers ist, desto eh[e]r verliehrt sich die noch hin und wieder herschende Pedanterey.ᵛ

Wenn man in den Uebungen das Ueberflüßige wegläßt, so lernt man das Nothwendige beßer. Diesen Satz des berühmten Montecuculi hat man in einer gewißen Hinsicht ganz aus den Augen verlohren, und um sich hierüber zu entschuldigen, behauptet man, das Nichtanwendbare sey nicht überflüßig, es diene dazu, den Soldaten an Disciplin zu gewöhnen – als wenn das Anwendbare ohne Disciplin geschähe.

Die Lehre des großen Königs: Aimez donc ces details, ils ne sont pas sans gloire. C'est là le premier pas, qui mene à la Victoire,¹⁰ hatʷ ohne Zweifel zur

---

ᵗ Folgt gestrichen: „vielleicht weil sie hier selbst ihre Schwäche fühlen. Daß das aber einen sehr nachtheiligen Einfluß auf die Achtung der angewandten Theile des Dienstes hat, wird niemand bezweifeln.
 Die meisten Officiere betrachten diese auch in der That als eine Art Verrichtung, auf die es nicht sehr ankäme, die sich schon von selbst fände, und die Anstrengung und Pünktlichkeit, mit der sie [im] Garnisons Dienst und bey dem Exerciren zu Werke gehen, verliehrt sich, so bald sie ins Feld kommen. Diese Lage der Dinge verdient die ganze Aufmerksamkeit der höhern Befehlshaber, denn man kann mit aller Ueberzeugung behaupten, daß ohne eine Anordnung hierin das Nützliche und Zwekmäßige noch lange von der Kleinmeisterey, womit die Unfähigen [verändert aus „Dummköpfe"] ihr Wesen treiben, unterdrükt bleiben und der Grad der Vollkommenheit, welchen die stehenden Armeen sehr leicht erhalten können, verhindert [statt „verhindern"] wird.
 Der Monarch, die commandirenden Generale, das Generalcommando kann daher nicht genug das Nützliche und Anwendbare schätzen und hervorziehen und die zu nichts dienenden Quälereien der Truppen und der Officiere verachten. Sie bringen das Militär in übeln Ruf, machen es den denkenden Köpfen verächtlich und geben den Ganzen einen sehr nachtheiligen Geist und eine falsche Richtung."
ᵘ Am oberen Rand des hier beginnenden Blattes (fol. 49), den Rest dieses Kapitels enthält, ist für Kopisten vermerkt: „NB. Dies Blat wird nicht abgeschrieben."
ᵛ Folgt gestrichen (nach mehreren Abänderungen): „[...], die sehr der größern Vollkommenheit der anwendbaren Uebungen in Wege stehet."
ʷ Das ursprüngliche Ende dieses Absatzes, „dadurch, daß sie bey so vieler Wiederhohlung nie recht verstanden ist, und bey den deutschen Armeen, welche zum Theil nichts als Details kannten, fast noch keine Anwendung fand, das Ueberflüßige des kleinen Dienstes über das Nützliche, Wesendliche und Anwendbare der Kriegeskunst erhoben." ist sehr dick (zeilenweise) durchstrichen. Am Rande steht zum ganzen Absatz „bleibt weg", doch wurde diese Anmerkung wieder durchstrichen.
¹⁰ Zwei Zeilen aus der „Art de la guerre" von 1751, erstmals gedruckt 1752 im 2. Band der Oeuvres du Philosophe de Sanssouci, 3 Bde., Berlin 1750–1762. Das Lehrgedicht wurde seit 1760 in zahlreichen Einzeldrucken und Übersetzungen weiterverbreitet, vgl. Jähns, S. 1974–1985.

Absicht, den ordinären Dienst-Officier die Wichtigkeit seiner Geschäfte zu zeigen, und kann nicht genug wiederholt werden. Sie beziehet sich aber nur auf ein nützliches und zwekmäßiges Detail und keinesweges auf Arbeiten, die zu nichts dienen und die wesendlichen und anwendbaren verdrängen.

VII^{tes} Capitel.
Ueber das allmälige Fortschreiten vom Kleinen zum Großen bey der Uebung der Corps von allen Gattungen von Truppen.

Ein Fehler unser Uebungen bestehet darin, daß wir auch im Großen mehr auf die Fertigkeit der Bewegungen der einzelnen Gattungen von Truppen, als auf die der vermischten Detaschements und Corps unsere Aufmerksamkeit richten.

Im Kriege kömmt es ohne Zweifel auf die Uebung der letztern eben so sehr als auf die der erstern an.

Die Infanterie oder Cavalerie mag für sich noch so geschikt in der Plaine ihre Evolutionen machen, kömt sie in durchschnittenen oder vermischten Terrain, wird nun Cavalerie, Artillerie und Infanterie zusammengesetzt, so fehlt es doch an der Kunst, sich wechselseitig zu unterstützen, mit Ordnung zu fechten, von den Terrain zu profitiren u. s. w.

Friederich der Zweite hat zwar oft mit einer einzigen fast abgesonderten Waffe Schlachten gewonnen, aber seine Feinde standen unbewegbar und befolgten dasselbe System. Es läßt sich also aus dem, was er gethan, kein Erfahrungssatz ableiten; überdem scheint in der Schlacht bey Rosbach, Zorndorf und Freiberg Seidlitz Geist das ersetzt zu haben, was man bey andern Cavalerie Befehlshabern von den eingeführten Mechanismus erwarten muß.[11]

Der große König hatte daher auch in den letzten Unterricht an die Inspecteure für die gewöhnlichen Fälle die Cavalerie in das 2te Treffen placirt. Seine Art, sie hier zu gebrauchen, stimmt ganz mit den Grundsätzen, welche die Franzosen in diesen Kriege beobachtet haben, überein, ^{x}nur fehlt es in seiner Vorschrift an einer angemeßenen Organisation, an einer gewißen Gelenkigkeit, der zusammengesetzten Maschine, an einen festgesetzten Mechanismus, der jeden verständlich und ausführbar ist.

Es scheint indes immer noch, daß man bisher nur bloß sein Augenmerk auf die abgesonderte Fechtart einer Gattung von Truppen gerichtet habe, denn überall fehlt es an einem Reglement für zusammengesetzte Waffen; es ist nicht einmal das Verhalten der Batterien bey den Evolutionen der Truppen bestimmt.

---

^{x} *Der Rest des Absatzes ab hier am Rande markiert und mit „bleibt weg" bezeichnet.*
[11] Die Schlachten von Roßbach (5. November 1757), Zorndorf (25. August 1758) und Freiberg (29. Oktober 1762) wurden alle durch Flankenangriffe der preußischen Kavallerie unter General Friedrich Wilhelm von Seydlitz (1721–1773) entschieden.

Die Manoeuver ersetzen diesen Mangel des Unterrichts einigermaßen und führen zu richtigen Grundsätzen des Entwurfs derselben, wenn sie nach einen der Natur der Sache angemeßenen System allmälig vom Kleinen zum Großen fortschreiten.

Entwurf der Stufenleiter der Manoeuver.
Es ist hier vorausgesetzt, daß die Truppen schon in Brigaden und kleinen, von allen Waffen zusammen gesetzten Detaschements, jedoch ohne Batterien nach den 3ten u. 4ten Capitel geübt sind.

A. Uebung einer Brigade
a. Am 1ten Uebungstage:
   Eine Brigade Infanterie mit Geschütz, so wohl mit dem vom Regimente, als den Batterien. Eine Brigade Cavalerie mit der reitenden Artillerie. Infanterie so wohl als Cavalerie, jede mit ihrer Artillerie für sich, in einen offenen Terrain.
   Bey diesen Manoeuver werden bloß Evolutionen gemacht, ohne den Feind zu representiren; hier lernen die Batterien und die Truppen bey einer neuen Zusammensetzung, was sie in den verschiedenen Bewegungen zu thun haben.
b. Am 2ten Uebungstage
   Eine Brigade Infanterie mit den Scharfschützen und dem Geschütz (der Unterstützung der Scharfschützen durchs 3te Glied).
   Eine Brigade Cavalerie mit dem Geschütz und Flanqueuren.
   Infanterie so wohl als Cavalerie jede für sich, jede in vermischten und durchschnittenen Terrain.
   Der Feind wird hier durch kleine Detaschements representirt.
c. Am 3ten Uebungstage.
   Eine Brigade Infanterie mit den Scharfschützen, dem Geschütz und einer Brigade Cavalerie zusammengesetzt; erst in offenen, dann in vermischten und durchschnittenen Terrain.
   Bey diesen Manoeuver agiren die Brigaden einer Division gegen einander, nemlich die erste Brigade Infanterie und Cavalerie macht das diesseitige und die 2te Brigade Infanterie und Cavalerie das gegenseitige Detaschement aus.

B. Uebung einer Division (d.i. 2 Brigaden Infanterie oder 2 Brigaden Cavalerie)
a. Am 4ten Uebungstage.
   In offenen Terrain eine Division Infanterie (2 Brigaden) mit ihren Geschütz.
   In offenen Terrain eine Division Cavalerie mit ihren Geschütz.
   Jede der beiden Haupt Waffen für sich, ohne Representation des Feindes.

b. Am 5ten Uebungstage.
Eine Division Infanterie mit den[y] Scharfschützen und dem Geschütze (der Unterstützung der Scharfschützen durchs 3te Glied).
Eine Division Cavalerie mit dem Geschütz und Flanqueuren.
Infanterie so wohl als Cavalerie, die erste in vermischten und durchschnittenen und die 2te in offenen und vermischten Terrain.
Der Feind wird hier nur durch kleine Detaschements vorgestellt.
c. Am 6ten Uebungstage.
Eine Division Infanterie mit den Scharfschützen, dem Geschütz und einer Brigade Cavalerie zusammengesetzt, erst in offenen, dann in vermischten und durchschnittenen Terrain.
Bey diesen Manoeuver agiren zwey Divisionen gegen einander, jede stellt ein eigenes kleines Corps vor.

Die Ausführung des obigen Entwurfs erfordert also wenigstens 6 Tage, ehe man in einen beträchtlichen Corps manoeuvriren kann.
In unsern Lager bey Liebenau (1800), wo wir zuerst das fortschreitende Uebungssystem befolgten, wendeten wir 8 Tage darauf, nemlich auf Lit. c sowohl bey den Brigaden, als Divisionen 2 Tage, und dennoch war diese Uebung, wie sich nachher bey den Manoeuvriren mit dem ganzen Corps zeigte, nicht hinlänglich gewesen, ob gleich in denselben eine große Anzahl sehr guter und in 3 Campagnen gedienter Officiere sich befanden. Aber doch auffallend war hier der Vortheil dieser Einübungsmethode zu großen Manoeuvern. Die Divisions-Generale bewegten ihre jetzt aus 2 Brigaden Cavalerie und 2 Brigaden Infanterie bestehenden Division fast mit der Leichtigkeit wie ehemals ein Regiment.
In der Kunst der Leitung fehlte wenig, aber in der Beurtheilung der Umstände des Terrains u.s.w. mangelte (von Commandeur der Scharfschützen eines Bataillons bis zu den einer ganzen Brigade) noch sehr viel.
Man wird aber demohngeachtet gegen die gradate Einübungsmethode viel einwenden, das aber wird man nicht leugnen können, daß ohne diese die Evolutionen sich nie mit Sicherheit auf eine dem Entzwek angemeßene Art ausführen lassen. Ein nicht in Trups gut ausgearbeitetes Bataillon kann freilich exerciren und Evolutionen machen, aber zu einiger Vollkommenheit kömmt es nie.
Wenn die Scharfschützen, Plänkerer, Detaschements, Bataillone und Brigaden noch nicht einzeln sich die Vortheile des Terrains in gegenseitiger Unterstützung zu bedienen wissen, wie sollen sie es dann in größern Corps erlernen, wo immer nur auf das Ganze und auf den Zusammenhang der größern Abtheilungen gesehen wird und gesehen werden kann? [z]Hieße das

---

[y] Statt „dem".
[z] Der folgende Satz am Rande markiert und mit „fällt weg" bezeichnet.

nicht den Soldaten das Chargiren lernen wollen, wenn das Bataillon mit Divisionen feuerte?

VIII^{tes} Capitel
Uebungsläger – Uebungen der Corps oder Armeen in großen Manoeuvern.

Hat man starke Garnisonen, so wird man die in vorigen Capitel erwähnten Manoeuver, größtentheils ohne die Infanterie und vielleicht auch ohne die Cavalerie campiren zu lassen, ausführen können; alsdann fangen die großen Manoeuver, so bald man in das Lager kömmt, an.

Kann man die Truppen aber nicht in den Garnisonen auf die in den letzten Capitel erwähnten Art üben oder verursacht diese Uebung, wenn sie einzeln geschiehet, eben so viel Kosten, als wenn man gleich mehrere Divisionen in ein Corps zusammenzöge, so hat das letztere allerdings einige Vortheile. Denn wenn mehrere Brigaden und Divisionen zusammen sind, so kann der größte Theil der Officiere einer Brigade oder Division bey der Uebung der andern als Zuschauer gegenwärtig seyn. Man richtet sich in dieser Absicht so ein, daß die eine Hälfte der Truppen den Morgen sehr früh und die andere später um 9 Uhr ihre Uebung macht. Dies ist ein wesendlicher Vortheil für den Unterricht der Officiere.

Die Zuschauenden übersehen hier das Ganze, unterhalten sich mit ihren Cameraden über die vorkommenden Gegenstände und haben auf diese Weise Anlas, über dieselben nachzudenken und so ihre Kentniße zu berichten.

Es ist eine ausgemachte Sache, daß bey jeden Manoeuver immer der Zuschauer weit mehr als der Executirende lernt. Dazu kömmt noch, daß jetzt eine gewiße Emulation zwischen den Brigaden und Divisionen nicht ausbleibt und jeder Fehler gegen die Gleichheit in den Evolutionen u.s.w. bemerkt und corrigirt wird.

Die Uebungsläger haben überhaupt und vorzüglich in Rüksicht des Unterrichts der Officiere einen großen Vorzug vor der Zusammenziehung der Truppen in Cantonnements. Bey den Lägern kann man Corps gegen Corps stellen und so den Krieg in allen Zweigen imitiren.

Sicherheitsanstallten aller Art, Recognoscirungen, Allarmirungen der Vorposten u.s.w. haben jetzt nicht die gerringste Schwierigkeit.

Die Manoeuver werden durch diese Lage erleichtert und in ganzen Umfange dargestellt. Aber dagegen sind auch die Kosten beträchtlich größer, indes wäre[n] auch hier gewiß viele Ersparungen zu treffen und so nach den vorhergehenden Capitel die Divisionen, ehe sie in ein Lager zusammengezogen werden, eingeübt, so braucht es nur so lange zu stehen, als man große Manoeuver macht und also nur eine sehr kurze Zeit.

Führt man die Methode ein, bey beträchtlichen Armeen jährlich nur ein Uebungs-Lager zu haben, und wechselt dabey mit den Truppen der verschiedenen Provinzen ab, so daß ein und dieselben nur ums 2te oder 3te Jahr darin kommen, so können die Kosten aufs Ganze nicht sehr groß in Rüksicht des Gegenstandes seyn. Aber dann müßen die Uebungen, welche in 3ten,

4ten u. 7ten Capitel erwähnt sind, alle Jahr wenigstens in den großen Garnisonen ausgeführt werden, damit die einzelnen Theile, wenn alles zusammenkömmt, vollkommen zugerichtet sind.

Bey unsern Uebungslägern war es ehemals[aa] ein großer Nachtheil, daß die Truppen, ohne vorhin in ganzen Regimentern und Brigaden geübt zu seyn, in den Lägern ankamen und daß nun mit der Special-Revue, dem einzelnen Exerciren, mit Dingen, die man in Garnisonen ohne alle besondern Kosten hätte thun können, die Zeit hingebracht wurde.[ab]

IX[tes] Capitel
Uebungs-Manoeuver in Kriegeszeiten.[ac]

Wenn von verschiedenen Brigaden die Bataillone und Befehlshaber verwechselt und anders zusammengesetzt werden, so leidet die Regelmäßigkeit und Genauigkeit der Evolutionen auf eine sehr in die Augen fallende Weise; wenn ein Officier mit Leuten, die er nicht kennt, eine Patrouille machen, plänkern und in Trups manoeuvriren soll, so befindet er sich in großer Verlegenheit, weil er weder die Unterofficiere noch Gemeinen nach ihren Fähigkeiten abzutheilen und zu gebrauchen weiß.

Wenn ein Corps, welches erst zusammengesetzt ist, mehrere Tage mit einander manoeuvrirt, so zeigt sich nach einigen Manoeuvern bald eine beßere Uebereinstimmung in den Bewegungen, mehrere Regelmäßigkeit in der Ausführung, weniger Mißverständniße u.s.w.

Alles dies gestehen wir ein, und dennoch machen wir, wenn wir ins Feld rücken, bey einer ganz neuen Zusammensetzung von Truppen, bey einer neuen Schlachtordnung nicht ein einziges Manoeuver um die Vortheile, welche wir in Frieden nicht glauben entbehren zu können, im Kriege vor dem Feinde zu genießen. Die Manoeuver im Kriege, in den Versamlungs und andern Lägern, sind in jeder Rücksicht von der äusersten Wichtigkeit. Die Batterien, welche gewöhnlich vorher nicht bespannt sind, lernen erst dadurch, was sie bey den verschiedenen Evolutionen zu thun haben, wie sie ihre Bewegungen machen, ohne den Truppen hinderlich zu seyn, wie sie beym Angriff agiren, wie sie ihre Pferde bey dem Infanterie-Feuer in Ordnung halten u.s.w. Die Befehlshaber der Brigaden und Divisionen sehen nun erst, wie sich die Commandeure ihrer Bataillone in den verschiedenen Lagen, beym Aufmarsch in durchschnittenen Terrain u.s.w. zu helfen wissen, welche Hülfsmittel sie zur Ausführung der Bewegungen, bey den durch die Batterien und

---

[aa] Diese Einfügung ersetzt die Klammer: „(das bey Liebenau ausgenommen)".
[ab] Folgt gestrichen: „Wie weit man überhaupt in diesen Punkte auch anderwärts noch zurück ist, siehet man in der Beschreibung der sächsischen Uebungsläger, welche vor den jetzigen Kriege bey Mühlberg einige Jahr statt fanden."
[ac] Dazu die gestrichene Fußnote Scharnhorsts: „Die Eile, in der dieser Aufsatz aufgesetzt ist, hat nicht erlaubt, die großen Vortheile, welche das Exerciren und Manoeuvriren im Kriege gewährt, hinlänglich zu entwickeln."

vielleicht auch durch die Augmentation vergrößerten^{ad} Fronten, sich bedienen müßen, und welchen Mißverständnißen sie bey der neuen Zusammensetzung ausgesetzt sind.

Die höhern Befehlshaber und auch selbst die Brigadiers und Divisionsgenerale bekommen jetzt vielleicht zum ersten mal große Haufen zu comandiren, und so wohl sie als ihre Adjoudanten und Officiere von Generalstabe lernen nun erst die dabey vorkommenden Schwierigkeiten kennen und sie nach und nach zu überwinden. Die Manoeuver im Kriege haben also auser den Nutzen derer in Friedenszeiten einen noch andern ganz eigenthümlichen – und die vollkommsten Truppen bedürfen also derselben. Aber noch unentbehrlicher sind sie denen, welche nicht in Friedenszeiten in großen Corps geübt sind.

Diese müßen durchaus noch jetzt, wenn man nicht vorsetzlicherweise sich der großen Vortheile, welche man dadurch erhalten kann, begeben will, nach einem wohl überlegten System, in beständiger Fortschreitung vom Kleinen zum Großen, nach und nach eingeübt werden. Schwierigkeiten der Ausführung, Kosten u.s.w. können hier nicht vorkommen und dem Unthätigen einen scheinbaren Vorwand geben. Dagegen stehen andere Hinderniße der Sache allerdings im Wege – und haben wahrscheinlich dieselben bisher verhindert. Wenn die Armee in ein Versamlungs-Lager rükt, so ist dazu schon eine Veranlassung von Seiten des Feindes vorhanden. Die äusere Lage, in der sich die Armee jetzt befindet, beschäftigt den commandirenden General mehr als die innere Vervollkommung derselben. Die Zweige seiner verschiedenen Geschäfte sind überdem so manigfaltig, d[a]ß ihn auch keine Zeit zu Uebungs-Manoeuvern übrig bleibt^{ae}. Der größte Theil seines Generalstabes ist ebenfalls durch die äusern Angelegenheiten in einer beständigen Activität.

Unter diesen Umständen darf man sich nicht wundern, daß in Kriege so wenig für die Uebung und Discipline geschiehet. Man kann auch dem Uebel auf keine Art abhelfen, wenn man nicht einem der ältern Generale zu den Commando der Uebungsmanoeuvers ernent und ihn es zur Pflicht macht, diesen Gegenstand so wohl bey der Armee, als den abgesonderten Corps und leichten Truppen aus allen Kräften zu betreiben.

Allerdings erfordert derselbe aber dennoch imer die besondere Aufmerksamkeit des commandirenden Generals. Er muß zu der Ausführung der Manoeuvers so oft als möglich Gelegenheit verschaffen und die Truppen in der guten Jahrszeit, wenn man noch weit von Feinde entfernt ist, ins Lager rücken lassen, wenn sonst keine Rüksichten es durchaus verbieten. In den Standlägern muß er durch Avant-Corps die Armee in die Lage setzen, daß sie ohne Gefahr zu dem Manoeuvern ausrücken kann. Dabey muß er, so oft es ihm die Zeit gestattet, bey denselben gegenwärtig seyn, wenn es auch nur wenige Augenblicke wäre.

---

^{ad} Statt „vergrößerter".
^{ae} Statt „bleiben".

Selbst auch nahe vor dem Feind kann man, wenn man nur will, die Truppen auf mancherley Weise üben. Der Herr General von Hammerstein machte bey Werwik im Merz 1794, wenn die leichten Truppen wegen der Gefahr des Ueberfalls mit Tagesanbruch ausrücken mußten, so oft es einigermaßen die Witterung erlaubte, mit denselben ein Manoeuver (wovon er natürlicherweise vorher alle rük und nebenstehenden Truppen avertiren ließ).[af]

Von der Exercize und den Manoeuvern, welche man bey dem Ausbruch des Krieges und während demselben mit den Truppen macht, hängt die Geschicklichkeit und die Ordnung bey denselben eben so sehr u. w. noch mehr ab, als von der Discipline und der Uebung vor dieser Zeit. Vernachläßigt man jene, so erhält man von dieser gleich im Anfange weit weniger Vortheile und verliehrt sie in der Folge noch mehr, so daß eine beym Kriege erst zum Theil geworbene und eingerichtete Armee durch ihre innere Activität u. zwekmäßige Exercize u. Manoeuvers einer vorher bestandenen, wohl organisirten und disciplinirten, welche die Ruhezeit in Kriege nicht zu ihrer Uebung benutzt, fast gleich wird.

242. Aufzeichnung [?, ?[1]]

GStA PK, VI. HA Nl Scharnhorst Nr. 79 fol. 13v–14r (1½ S.): Konzept, eigenhändig.

Gliederung einer Armee. Brigaden. Divisionen aus allen Waffen. Effektivität des Kommandos. Dauerhafte Zusammenstellung.

Ueber die Organisation einer Armee

1. Eintheilung in Brigaden
   jede Brigade 3 bis 5 Bataillon
   einen bleibenden Chef
2. Die Armee in Divisionen, so daß 3 Brigaden oder 9 bis 12 Bataillons eine Division ausmachen. Die Cavalerie hinter dieser Division, so jedes mal die 2te Linie ausmacht, gehört immer dazu, so wie die Batterie bey jeder Brigade. Mithin ist die Division ein Corps von allen Waffen. Ein General comandirt die Inf. derselben, ein andr[er] die Caval. u. ein dritter beide. Auf diese Art agirt jede Division als Corps neben seinen Neben Divisionen; jeder Divisionsgeneral hat immer 2 Officiere von großen Generalstabe.

[af] *Folgt gestrichen:* „Ich erinnere mich sehr wohl, daß die Truppen anfangs gar keine Lust dazu hatten, die Uebung kann neben den eigentlichen Gebrauch freilich nicht die Aufmerksamkeit so wie sonst reitzen, das Bild verliehrt neben dem Originale, doch daurte diese Abneigung nur eine kurze Zeit, und man sah sie nachher mit aller Aufmerksamkeit selbst während des feindliche Feuers ihre Uebungsmanoeuver ausführen."

[1] Die Aufzeichnung ist schwer datierbar, paßt aber thematisch zu den hannoverschen Planungen seit dem Kriege, feste Divisionen einzurichten.

Eine solche Division läßt sich noch zur Noth von einem General in Zusammenhang übersehen; er hat alles in einer Distanz von 2000 Schritt, darin kann er wissen, was in jeden Augenblik allerwärts vorgehet, darin kann er geschwind einzelne Theile unterstützen etc.
3. Nachtheile der gewöhnlichn Eintheilung in Brigade u. Division u. um diese alle von den comandiren[den] General dirigirt. Woraus sagt man kleinere Armeen thun viel? Weil man nicht die große so eintheilt, daß sie in Zusammenhange agiren können.
4. Jede Armee muß 3 bis 4 Brigaden leichte Truppen haben. Eine solche Brigade muß immer zusam seyn, immer einen Comandeur haben. Sie muß bestehen a. 2 bis 3 Bat.
6 bis 8 Esc.
4 bis 6 Stük reitende Artillerie –
Vortheil   des Immerzusammenseins
Nachtheil   ″ willkührliche Zusammensetzens

b. Reform der Artillerie

243. Aufzeichnung [?, ?¹]

GStA PK, VI. HA Nl Scharnhorst Nr. 144 fol. 16r–17r (1¼ S.): Eigenhändig.

Mangel eines Lehrbuchs der Artillerie. Besondere Hemmnisse gegen die Einführung von Neuerungen.

Keine Artillerie Schuhle hat ein Artillerie Lehrbuch; jeder Lehrer, der mit der Artillerie in Verbind[un]g stehet, will sich wohl in Acht nehmen, etwas über die Artillerie zu schreiben; das Beyspiel Belidors, der seiner Profeßorstelle entsetzt wurde, ist zu abschrekend.²

Nur durch besondere u. zusammentreffende Umstände können Haupt Verbeßerungen in der Artillerie zu Stand kommen.
   a. Die Alten sind dabey hergekommen u. daran gewöhnt, wie der Fuhrmann und sein Fuhrwerk, der Geometer an sein Instrument. Der Chef ist in den Fall oder es klebte ihn doch das Herkommen an.
   b. Ein Veränderung hat mit den Vorurtheilen der Alten zu thun, diese Bestreitung, Liebe zur Ruhe, Ungewißheit, ob bey der Veränderung nicht Unannehmlichkeiten vorfallen.

---

1 Das Dokument hängt möglicherweise mit den von Scharnhorst in seinem Brief an Lecoq vom 29. März 1799 (Nr. 173) erwähnten Studien über Artillerie und den Siebenjährigen Krieg im Winter zuvor zusammen. Vielleicht gehört die Aufzeichnung auch in den Kontext der Arbeiten für das „Handbuch der Artillerie".

c. Diese beiden Umstände machen ihn ungeneigt zu Veränderungen; er äusert sich dagegen, nun hat er shon Parthei genommen.

d. Ein oder ander Officier hat diese oder jenen Vorshlag gethan und [er]ᵃ hat ihn aus Eigenliebe nicht angenommen, widersprochen – der Chef will alles soll durch ihn, alles soll seine Idee, seine Erfindung seyn.

f. Alle diese Umstände machen, daß ein schon eingeführt gute Sache bey ein Artillr. nicht bey der andern Artillerie eingeführt wird. Mit der Inf. u. Cav. ist es ganz anders. Wie es da gehet – wegen Concurens der vershiednen Officiere – Wie da jeder noch sein Schärflein beytragen kann. Worin da noch etwas geshrieben wird – gesprochen, versucht wird – was nicht den Schlendrian angehet.

244. Denkschrift [?, ?¹]

GStA PK, VI. HA Nl Scharnhorst Nr. 73 fol. 109r–v (2 S.): Eigenhändig, Fragment, unvollendet.

Mangelhafte Unterstützung des Schulwesens durch Artilleriechefs. Zwang und Aufsicht durch Regenten und Oberbefehlshaber.

Ueber die Einrichtung einer Artillerie Schule

Aus den vorhergehenden haben wir gesehen, daß viele Umstände zusammen kommen, welche verhindern, daß der Chef eines Artillerie Corps die wissenschaftliche Bildung, so wie er sollte und könnte, beförderte. Es ist unnöthig, sich hier mit einer Vollkommenheit zu schmeicheln, welche nicht in der Natur der Sache lieget. Diese gehet einen zu festen und zu sichern Gang, als daß die Ausnahmen irgend eines Manns von ausgezeichneten Pflichtgefühl, lebhafter Vaterlandsliebe und hohen militärischen Geiste in Ganzen etwas in denselben verändern könnte. Wir Menschen sind in allen unsern Handlungen Sclaven der Motiven.ᵃ Soll eine Artillerie Schule von wesendlichen Nutzen seyn, so muß der Regent oder doch der comandirende General einige Aufmerksamkeit auf sie wenden und dadurch den Artillerie Chef zwingen, den wissenschaftlichen Unterricht zu befördern und die Hindernißse, welche sich hierbey ihn entgegen stellen, zu bekämpfen.

Der Regent oder comandirende General muß, um diesen Zwek zu erreichen, wenigstens alle Jahr einmal den Prüfungen beywohnen. Er hält ja über

---

ᵃ Das Wort ist wegen eines Bindungsfalzes nicht zu lesen.
² Bélidor war Professor an der Artillerieschule von La Fère gewesen, bis seine Theorie das Mißfallen des Grand Maitre der Artillerie erregte.

ᵃ Anschließend wurde wieder gestrichen: „welche uns treiben".
¹ Das Dokument hängt vielleicht mit den in Nr. 173 erwähnten Studien über Artillerie und den Siebenjährigen Krieg im Winter zuvor zusammen. Möglicherweise gehört die Aufzeichnung auch in den Kontext der Arbeiten für das „Handbuch der Artillerie".

jedes Regiment der Armee eine specielle Revue, warum sollte er den[n] nicht auch eine Revision eines Instituts halten, welches von so großer Wichtigkeit für ihn ist? ᵇWelches auf eine ganze Waffe, auf eine wichtige Gattung von Trupen und gewißermaßen auf die ganze Armee einen großen Einfluß haben kann!

245. Denkschrift [?, ?]

GStA PK, VI. HA Nl Scharnhorst Nr. 73 fol. 110r–111v (3¹/₂ S.): Eigenhändig, Fragment, unvollendet.¹

Dauerhaftigkeit der Schuleinrichtungen durch regelmäßige Aufsicht.

Ueber die Einrichtung einer Artillerie-Schule.

1. Wenn nicht der Regent oder doch der comandirende General die Artillerieschule järlich untersucht, so wird dieselbe selbst bey der besten Einrichtung von keinem Drucke und großen Nutzen für die Armee seyn. Aus den vorhergehenden hat man gesehen, daß bey der Artillerie dem wissenschaftlichen Unterrichte und dem Nutzen, den man von demselben ziehen kann, besondere, nur in Artilleriekorps herschende Hinderniße entgegen stehen. Bey der Einrichtung einer Artillerieschule kömt es also darauf an, solche Veranstellung zu treffen, daß diese überwunden werden.

ᵃAber nicht allein die vorhin erwähnten, sondern noch [solche], mit welchen jedes Unterrichts Institut, jede menschliche Einrichtung, wenn sie ihren Zwek erreichen soll, zu kämpfen hat, treten hier ein.

Hierbey muß man noch erwegen, daß jede Einrichtung, so gut sie auch an sich seyn kann, so geschikt sie auch die vorhin erwähnten Hinderniße in Anfang zu überwinden im Stande ist, doch nur eine gewiße Zeit den erwarteten Nutzen stiften wird. Es gehet den menschlichen Anordnungen wie den Maschinen, sie äusern nicht sehr lange die berechnete Wirkung; sie schleifen sich bald ab, und die Verletzung ihrer einzelnen Theile hemmt den Mechanismus des Ganzen. Eigennutz und andere Leidenschaften überwinden das Pflichtge-

---

ᵇ *Aus der veränderten Linienführung ist abzulesen, daß der folgende Satz von Scharnhorst zu einem späteren Zeitpunkt nachgetragen worden ist.*

ᵃ *Die folgende Passage trat an die Stelle eines bereits ausformulierten Absatzes: „Jetzt sind die Artillerie Schulen verschiedentlich eingerichtet: in einigen werden die Wissenschaften durch Profeßoren, welche mit der Artillerie in keiner weitern Verbindung stehen, gelehrt, in andern durch Officiere vom Artillerie Corps. Mit einigen Schulen ist der practische Unterricht verbunden, bei [statt „von"] andern ist er von denselben separirt; alle stehen gemeiniglich unter den Chef oder Inspecteur der Artillerie."*

¹ Das Dokument hängt möglicherweise mit den in Nr. 173 erwähnten Studien über Artillerie und den Siebenjährigen Krieg im Winter zuvor zusammen. Vielleicht gehört die Aufzeichnung auch in den Kontext der Arbeiten für das „Handbuch der Artillerie".

fühl, der Reiz der Neuhheit vershwindet, und die Macht der Trägheit erzeugt nun einen ewigen Schlummer. Von jetzt an siehet man in der Ausrichtung nur noch zweklose Formalitäten, um den verlohrnen Geist zu verschleihern.[b]

Wenn man dies alles wohl überlegt, und die Erfahrung, welche man von den Artillerieschulen in der kurzen Zeit, welche sie bestanden haben, vor sich nimmt, so wird man veranlasst, an der Möglichkeit einer dauernden, völlig zwekmäßigen Einrichtung derselben zu verzweifeln, wenn nicht der Regent von Zeit zu Zeit neues Leben gibt, wenn er nicht, wie die Regimenter der Armee alle Jahr, untersucht, wenn er nicht den Prüfungen derselben beiwohnt, wenn er sich nicht die Mühe giebt, einen Blik in das Innere der Ausführung der gegeben[en] Anordn[un]g zu thun. So wenig Kentnisse er auch in diesem Fach haben mag, so wird er doch immer dadurch einen großen Nutzen stiften. Er ist hier der Einzige, der ohn alle Nebenabsichten nur bloß auf den Zwek des Instituts siehet, der nur allein von den Gefühl des allgemeinen Besten geleitet wird und durch[c] seine Macht, durch Belohnungen und Bestrafungen, es andern mittheilen kann.

2. Wenn

246. Aufzeichnung [?, nicht nach 1801?[1]]

GStA PK, VI. HA Nl Scharnhorst Nr. 203 fol. 23r–24r (2½ S.): Eigenhändig.

Ueber die Stärke des Artillerie Corps, seine Eintheilung, Disciplin, Bewafnung, Kleidung, Besoldu[n]g, Art zu avanciren, Rang und Vorzüge.

A. <u>Stärke</u>. Sie wird durch die Anzahl der Geshütze, Festungen u.s.w. bestimmt. Ob man mehr Artillerie halten müße, als man in Kriege braucht, weil man in Kriege keine Artilleristen bilden kann? Ob man das Artillerie Corps im Kriege stark vermehren dürfe? Ob man viel Officiere u. Unterofficiere halten könne?

---

[b] An diese Stelle knüpfte zunächst folgende, später gestrichene Passage an: „Erziehungsinstitute, Regierungsverfaßu[n]g[e]n, Religionen, Orden, alle verliehren bald den großen Zwek, nach dem sie zu streben sich vorgesetzt oder gar geschworen haben, und unterliegen am Ende der Macht der Leidenshaft[en] u. Trägheit. Das beste Militär artet ohne Krieg, ohne Aufsicht durch einen obern, auf seinen Zwek sehenden Regenten, in [nicht zu Ende geführt]."; es folgen weitere Satzbruchstücke.
[c] Statt „dadurch".

[1] Von den Preußen ist anscheinend als Fremden die Rede. Das Dokument hängt möglicherweise mit den in Nr. 173 erwähnten Studien über Artillerie und den Siebenjährigen Krieg im Winter zuvor zusammen. Vielleicht gehört die Aufzeichnung auch in den Kontext der Arbeiten für das „Handbuch der Artillerie".

B. <u>Eintheilung</u>. 1 Compagnie 1 Batterie. Die Wichtigkeit einer Batterie bestimmt die Würde des Befehlshabers. Der Comandant einer Batterie muß den Character von Capitän haben; warum keinen geringern? Warum keinen höhern? Man müßte sonst zu viel höh[e]re Officiere bey der Artillerie haben. Diese würden 1. in Frieden zum Dienst überflüßig seyn, 2. die Verhältniße der Avancements mit andern Waffen zerreißen, 3. einen großen Aufwand erfordern. Jeder Unterofficier muß seine Leute haben – aller Dienst muß geschützweise geschehen.

C. <u>Disciplin</u>. Sie muß strenge seyn; zwischen den Unterofficier und den Gemeinen muß ein großer Abstand seyn. Man muß diese in allen Stüken für ihre Untergebenen verantwortlich machen, damit es dies[e]n gewohnt werde, allein von ihren Unterofficier abzuhängen.

D. <u>Bewafnung</u>. Gewehre. Die Preußen haben sie schon 1740 abgelost. Nachtheile der Gewehre.
   a. Unbequemlichkeit
   b. Kosten
   c. Daß der eigentliche Artillerie Dienst dadurch leidet. Man muß auf das Exerciez zu viel Zeit verwenden, um sich nicht zu blamiren für ander Gattungen von Trupen – da gehet den Artillerie Exerciz viel ab. Mit unter wird jenes die Haupt Sache – wir hab[e]n in allen Artillerie Corps, die Gewehre führen, Perioden, wo mehr mit den Gewehr als Geschütz exercirt wurde.

E. <u>Kleidung</u>. Couleur wie die Trupen, bey den sie dienen – Schnitt, Hut, alles nach dem Geshmak, der in den Corps herscht. In keinen Stük hinter dies zurück, weil sonst ein einzeln Corps verachtet wird.[2]

F. <u>Besoldung</u>. Gemeine etwas besser als andere. Ursach –
Unterofficiere u. Officiere merklich besser, Ursach –

G. <u>Art zu avanciren</u>. Davon hängt bey einer guten Uebung der Werth des Corps ab.

H. <u>Rang u. Vorzüge</u>. Warum der Gemeine den Rang als Gefreiter haben muß! Warum der Unterofficier einen hoh[e]rn als der von ander Waffen?
   Geshichte, welche entwikelt, wo dieses gekommen, daß der Artillerie Officier nicht comandirt. Nicht mehr auf unser Zeiten anw[e]ndbar. Die beßre Artillerien haben diese Methode abgeschaft. Nachtheil.

---

[2] In vielen Armeen trugen Artilleristen eine andere (meist dunklere) Farbe als die Infanterie, an deren Seite sie kämpften, so die österreichischen Braun statt Weiß und die britischen und hannoverschen Blau statt Rot. In Preußen trugen beide Waffengattungen Dunkelblau, doch beschreibt Bleckwenn, S. 177, die friderizianische Artillerieuniform im Gegensatz zu der der Infanterie als „ganz schmucklos, dabei in Einzelheiten auffallend altertümlich".

247. Aufzeichnung [?, ?]

GStA PK, VI. HA Nl Scharnhorst Nr. 203 fol. 28r (1 S.): Eigenhändig.

Drill der reitenden Artillerie. Sinnvolle Bewegungsabläufe.

ᵃDie Haupt Sache bey der reitenden Artillerie ist die Geschwindigkeit in der Manipulation und in Auf und Absitzen. Ein bischen rüde zu sein schadet nichts, die Leute zu Pferde müßen lernen, von beiden Seiten ab- und aufzusitzen.

Es ist eine Haupt Sache, daß die Knechte woll dreßirt sind; Ihre Verrichtungen sind eben so wichtig als die der Canoniere; Methode ist allen hier nöthig, sonst durchkreutzt man sich; bey Abprotzen z.B. wenden die Protzen immer rechts um; beym Aufprotzen gehen sie so vor, daß die Canone ihnen rechts ist. Die Pferde müßen bey dem Exerciz an den Schuß gewöhnt werden; die, welche ihn nicht vertragen, werden für die Reserve Lafeten, Schmiede etc. gegeben und durch andere ersetzt. Die 2 vordersten Pferde ziehen aus den Sielen der mittlern, dies hat beym Umwenden große Vortheile, bey einen 3ten Schwengel entstehen manche Schwierigkeiten. Am Hinterzeuge sind Riemen, welche die Zugstrange in die Höhe halten, damit die Pferde nicht übertreten. Die Stangenpferde müßen nicht Kästen, sondern Sattel haben; bey den erstern werden alle Pferde gedrükt.

248. Instruktion [?, nicht vor 1795, nicht nach 1801?¹]

GStA PK, VI. HA Nl Scharnhorst Nr. 216 fol. 42r–47v (12 S.): Abschrift, Schreiberhand, mit eigenhändigen Abänderungen.

Entwurf einer Dienstvorschrift. 1. Mögliche Teilung der Divisionsbatterie. 2. Normale Positionen in Schlachtordnung, beim Auffahren, beim Marsch. 3. Position und Anordnungen bei verschiedenen Formen des Abmarschs. 4. Nähere Bestimmungen. 5.–9. Position beim Aufmarsch der Linie. Variationen. 10. Feuerpositionen.

<u>Vorläufige Bestimmung des Verhalten der reitenden Artillerie bey den Evolutionen der Cavalerie.</u>

ᵃ *Davor die gestrichene Überschrift: "<u>Gebrauch im Felde</u>".*

1 Da von einer in Divisionen geteilten Armee ausgegangen wird, handelt es sich wahrscheinlich um eine Ausarbeitung theoretischer Überlegungen der Jahre nach 1795. Sie dürfte in Zusammenhang mit der Reform der hannoverschen Armee und insbesondere der Artillerie stehen. Das offensichtlich mit dem vorliegenden Text in Verbindung stehende Dokument Nr. 249 ist von Wallmoden unterschrieben.

§ 1.
Eintheilung
Die Batterie einer jeden Division wird in offenen Gegenden der Regel nach nicht getheilt, weil im Kriege bey dem Gebrauch derselben es hauptsächlich auf die Entscheidung in einem Punkte ankömmt. Da indes in vermischten Gegenden und vorzüglich, wenn die Cavalerie zur Unterstützung der Infanterie dient, eine Vertheilung statt finden kann, so wird die Batterie auch zu Zeiten bey den Cavalerie-Divisionen in 2 Theile getheilt, und dann hat die erste Cavalerie Brigade 6 und die 2$^\text{te}$ 3 Stücke.

§ 2.
Allgemeine Grundsätze
1. Wenn die Division formirt stehet oder einen Vormarsch macht, so befindet sich die Artillerie immer hinter den <u>rechten</u> Flügel derselben. Nur erst, wenn sie gebraucht werden soll, kömmt sie vor. Beym Rechtskehrt und darauf erfolgten Rükmarsch müßen die Schwadronen, hinter der die Batterien sind, abbrechen.
2. Jede Canone muß beym Auffahren nie unter 10 Schritt Raum in der Fronte haben; wenn aber die übrigen Umstände es verstatten, und besonders wenn feindliches Geschütz gegen über stehet, nimmt man 25 Schritt.
3. Beym Marsch in Colonnen befindet sich, wenn vorwärts marschirt wird, die Batterie <u>hinter</u> der Division, gehet die Bewegung aber rükwärts, so ist sie <u>vor</u> derselben unter einer vor sich habenden, ihrer Stärke angemeßenen Bedeckung.
4. Es wird ein für allemal festgesetzt, daß die ½ Batterien bey den Brigaden sich in Absicht der Brigaden eben so verhalten, wie die Vorschrift für die ganzen in Absicht der Divisionen gegeben ist.

§ 3.
Abmarsch.
Beym Marsch nach der Flanke mit Zügen oder 4 fährt, wenn die Colonne Manoeuver-Colonne bleibt, die Batterie mit 3 neben den beiden Schwadronen des rechten Flügels, damit sie so lange als möglich masquirt bleibet und die Truppen nicht in ihren Bewegungen hindert, wenn sie wieder en Front schwenken. Beym Abmarsch mit Zügen vorwärts folgt die Batterie, wenn die Colonne Manoeuver Colonne bleibt, der letzten Schwadron von der Division, zu der sie gehört. Es wird in diesen Fall aber mit 3 in Front marschirt. Marschirt die Cavalerie aber mit 4, so folgen die Canonen einander en File. Nur dann, wenn die Batterien gleich gegen den Feind auffahren sollen, folgen sie der vordersten oder den beiden vordersten Escadronen nach der besondern Anordnung des Befehlshabers. Marschirt die Division in 2 Colonnen ab, so bleibt die Batterie hinter der letzten Schwadron der Colonne, in der die Schwadron des rechten Flügels ist.

Wenn eine Division in eine Marsch-Colonne sich setzt, so folgen die Batterien ihrer Division en File. Breite Wege ohne Defileen, welche den Marsch mit $1/3$ oder $1/2$ Batterien gestatteten, machen hier eine Ausnahme. Wird rükwärts abmarschirt, so sind die Batterien vor der Tete der Colonne ihrer Divisionen.

§ 4.
Colonnen-Marsch
In vorigen ist der Platz für die Batterie, in den sie in der Colonne fährt, bestimmt. Es ist hierbey in Marsch nichts zu bemerken, als daß die Geschütze so viel möglich aufschließen, und daß dieselben, wenn die Marsch-Colonne sich in eine Manoeuvrir-Colonne verwandelt, neben einander fahren und $1/3$ Batterien formiren, oder, wenn der Feind rechts oder links ist, neben der Colonne nach der entgegengesetzten Seite in der Höhe der 1ten Escadron marschiren.

Ist die feindliche Seite nicht bezeichnet, so fahren sie, wenn rechts abmarschirt ist, an der rechten, und wenn links abmarschirt ist, an der linken Seite der Colonne.

Haben die Batterien Munitions-Wagen, so fahren diese hinter der Colonne in der Folge der Batterien, zu denen sie gehören.

Der Befehlshaber der Colonne läßt ihnen den Platz anweisen, wo sie halten sollen, wenn sich die Linie formirt. Die Batterie Commandanten müssen immer diesen Platz wissen, damit sie einige Wagen an sich ziehen oder ihre verbrauchte Munition bey Zeiten ersetzen können.

§ 5.
Formirung der Linie
1. Formirt sich die Linie dadurch, daß sie einschwenkt, wenn sie in der Manoeuver-Colonne ist, so haben die Batterien hierbey nichts zu thun, als daß sie aus der Colonne nach der entgegengesetzten Seite sich ziehen, wenn es nicht vorher geschehen ist.
2. Deplojirt die Colonne aber durch die Wendung, so hängt das Verhalten der Batterien von den verschiedenen Fällen ab, welche bey dieser Bewegung vorkommen.
a. Ist rechts abmarschirt und wird rechts deplojirt, so ziehen sich die Batterien (es sind hier mehrere Divisionen oder doch Brigaden und also auch mehrere Batterien vorausgesetzt) links aus der Colonne, so bald sie schließt. Bey den Deplojiren selbst marschiren sie, so bald die letzte Schwadron der Colonne vor sie vorbey, nach der Richtungs Linie zu pasirt ist, bis hinter dem rechten Flügel der Division, zu der sie gehört.
b. Ist links abmarschirt und soll rechts deplojirt werden, so fahren die Batterien erstlich wieder links aus der Colonne, bevor dieselbe schließt, darauf folgen sie bey dem Marsch aus der Flanke der letzten Schwadron der Division, zu der sie gehören, um sich hinter derselben am rechten Flügel zu

stellen, wobey sie jedoch beobachten, daß sie die Schwadronen nicht in ihrer Bewegung hindern.

c. Ist die Colonne rechts abmarschirt und soll links deplojiren, so fahren die Batterien beym Schließen rechts aus der Colonne und hernach links hinter den rechten Flügel ihrer Division.

d. Ist endlich links abmarschirt und soll auch links deplojirt werden, so fahren sie wieder beym Schließen rechts heraus und verhalten sich hernach wie in litt. a, so bald die Linie formirt ist.

e. Ist rechts abmarschirt und wird auf die 5te Schwadron deplojirt (also auf die erste der 2ten Brigade), so fährt beym Schließen die Batterie der ersten Brigade links aus der Colonne und gehet hernach rechts, wobey sie Sorge tragen muß, daß sie der Divisions Schwadron (der 5ten), welche rasch in die Richtungs-Linie rükt, nicht in den Weg kömt. Die 2te Batterie folgt ihre Brigade, welche links deplojirt.

f. Beym Rükwärts Deplojiren wenden die Batterien eben die Regeln an, welche bey den ordinären Deplojiren vorgeschrieben sind.

3. Marschirt die Colonne in eine vor ihr befindliche Richtungs-Linie, so fahren die Batterien, wo die Schwenkung, beym Eintritt in die Linie aus der Colonne nach der entgegengesetzten Seite von der zu nehmenden Front und längst derselben bis in die Höhe der vordersten Schwadron, damit sie beym Einschwenken gleich an den Orte sind, wohin sie gehören.

4. Wenn aus der offenen Colonne durch $^{1}/_{8}$ Stellung deplojirt wird, so haben die Batterien nichts zu beobachten, als daß sie auf den kürzesten Wege sich hinter den rechten Flügel der Division begeben.

Geschiehet diese Bewegung rükwärts, so müßen die Batterien, so bald die $^{1}/_{8}$ Stellung genommen wird, dahin fahren, wohin nicht deplojirt wird.

§ 6.
Schwenkung oder Formirung in der Flanke.
Bey der Formirung in der Flanke mit der Division bleibet die Batterie hinter der Schwadron am rechten Flügel.

§ 7.
Rükwärts Front formirt.
Bey dieser Evolution gehen die Batterien, ehe die Cavalerie diese Bewegung macht, um die bisherigen rechten Flügel ihrer respectiven Divisionen und gehen alsdenn während der Bewegung hinter den nun veränderten rechten Flügel der Division.

§ 8.
Attaque
Bey einer Attaque bleibt die Artillerie unter einer Bedeckung zurük.

§ 9.
Rükzug en echiquier
Beym Rükzug en echiquier werden einige Canonen den Flanqueur Trups oder 4ten Zügen beygegeben, die übrigen bleiben hinter den rechten Flügeln der Division.

§ 10.
Einrücken der Canonen in die Intervalle zum Feuren, Vorrücken derselben zum Angrif.
Nachdem aufmarschirt oder eingeschwenkt ist und nach den Deployements rükt zu Zeiten das Geschütz in die Intervallen und feurt, damit sich Pferd und Mann an den Schuß gewöhnen.

Ein andermal rükt eine Batterie einige 100 Schritt vor, indem sie von einer Escadron masquirt wird; ist der Punkt erreicht, wo die Batterie feuren soll, so muß die Schwadron mit Compagnien rechts und links schwenken, nach der Wendung 60 Schritt zurückgehen und sich dann en Front schwenken, während dessen die Batterie feurt. Hört das Feur auf, so muß die Cavalerie wieder vor die Batterie rücken, damit sie gedekt aufprotzen kann.

249. Instruktion [?, nicht vor 1795?, nicht nach 1801?[1]]

GStA PK, VI. HA Nl Scharnhorst Nr. 216 fol. 48r–54v (13½ S.): Abschrift, Schreiberhand, mit Abänderungen von Scharnhorsts Hand, von Wallmoden unterschrieben.

Dienstvorschrift. 1. Batterien wie Bataillone behandelt. Unterteilungen. 2. Position in Schlachtordnung, Gefechtsposition. 3. Abmarsch. 4. Kolonnenmarsch. 5. Aufmarsch zur Linie. 6. Vormarsch der Linie. Feuerposition. 7.–9. Bewegungen der Linie. 10. Karree. 11. Frontveränderung.

Vorläufige Bestimmung des Verhalten der Batterien bey den Evolutionen der Infanterie.

§ 1.
Allgemeiner Grundsatz.
Die Batterie einer Brigade wird bey den Evolutionen in den meisten Fällen als ein Bataillon derselben betrachtet. Sie hat die Abtheilung von ½ und ¼ Batterien. Man setzt hier aber voraus, daß eine ganze Batterie aus 8, ½ aus 4 und ¼ aus 2 Stücken bestehe. Ist eine Batterie aber nur 4 oder 5 Stük überhaupt stark, so nimmt man ganze Batterien, wo in der Folge von halben, und ½, wo in der Folge von ¼ geredet wird. Denn es ist bey den Evolutionen vorausgesetzt, daß die ½ Batterien nie unter 3, und die ¼ nie unter 2 Stük stark seyn dürfen.

---
[1] Das Dokument stammt offenbar aus der um die Jahrhundertwende eingeleiteten Reform der hannoverschen Armee, vgl. auch Nr. 248 Anm. 1.

§ 2.
Emplacement.

1. Die Batterien befinden sich an dem rechten Flügel der Brigaden, zu denen sie gehören, auser der Batterie bey der Brigade am linken Flügel des ganzen Corps; diese stehet auf den linken Flügel ihrer Brigade, sie wird links durch Cavalerie oder durch die Reserve des letzten Bataillons am linken Flügel und durch die Scharfschützen gedekt.
2. Zur Feurung stehen die Geschütze in der für sie gelassenen Intervalle zwischen den Brigaden, oder sie sind 60 Schritt vor derselben. Der letzte Fall tritt ein, wenn man gegen Infanterie und Artillerie auf beträchtliche Distanzen agirt; der 1te, wenn man Cavalerie gegen sich hat oder wenn die feindliche Infanterie so nahe ist, daß die unsrige feuren kann.

    Bey den Evolutionen supponirt man (das Feuren beym Avanciren ausgenommen) den ersten Fall, damit die Geschütze nicht den Brigaden in der Richtung hinderlich sind; alsdann stehen bey dem abgeprotzten Geschütz die Männer zum Ein und Ansetzen in der Linie des ersten Gliedes. Die Weite von 60 Schritt ist bloß für die Evolution festgesetzt; in Manoeuvern und im Kriege hängt sie lediglich vom Terrain ab und ist in den meisten Fällen 2, 3 bis 4 mal größer.
3. Die Canonen der Batterien stehen 10 Schritt eine von der andern. Zwischen den Batterien und anstoßenden Bataillonen ist eine Intervalle von 24 Schritt. Die Regiments Canonen sind aber nur durch eine Intervalle von 12 Schritt von der Batterie separirt.

§ 3.
Abmarsch.

1. Beym Abmarsch folgen die Batterien den Brigaden in der Ordnung, in der sie in Schlachtordnung zwischen ihnen standen. Es wird aber mit $^1/_4$ oder $^1/_2$ Batterien marschiret, damit die Colonne nicht die Distanz (der Front) verliehrt. Gehet der Marsch vorwärts, so müßen bey der Schwenkung die $^1/_4$ oder $^1/_2$ Batterien nach der rükwärts liegenden Seite ganz um den Punkt, auf dem geschwenkt wird, fahren, und nicht die zur Bogenschwenkung ausgestellte Mannschaft vertreiben. Die erste Schwenkung mit $^1/_4$ oder $^1/_2$ Batterien geschiehet mit den Truppen zugleich.
2. Wenn die Linie in verschiedenen Colonnen abmarschirt, so bleibt jede Batterie vor oder hinter den Flügel der Brigade, an der sie in der Linie stand.

§ 4.
Colonnenmarsch.

1. Die Batterien marschiren wie erwähnt mit Abtheilungen von $^1/_4$ oder $^1/_2$ Batterie zwischen den Brigaden, gehet aber die Colonne von einer Manoeuvrir-Colonne in eine Marsch-Colonne über, so fahren die Geschütze en File.
2. Es ist bey den Marsch dahin zu sehen, daß die Canonen immer aufschließen.

3. Ist rechts abmarschirt und die Bewegung gehet in einer Manoeuvrir-Colonne vorwärts, so müssen die Batterien nicht die linken Flügel der Züge masquiren, und eben dies beobachten sie, wenn links abmarschirt ist, in Absicht der rechten Flügel der Züge.
4. Wird in Colonne marschirt und en Front geschwenkt, so machen die Geschütze so ihre Wendung, daß die vordern Pferde nach der Schwenkung mit dem 2ten Gliede in einer Linie sich befinden, welches hier um so mehr ausführbar seyn wird, da die $1/4$ oder $1/2$ Batterien von der Seite, wo die Fronte hinkömmt, sich entfernt halten.
5. Die Munitions-Wagen fahren hinter der Colonne in eben der Ordnung, in der die Batterien in derselben vertheilt sind. Sie haben die Reserve Wagen der Regiments-Artillerie bey sich.

Der Befehlshaber der Colonne lässet ihnen, wenn aufmarschirt wird, den Platz anweisen, wo sie sich aufhalten sollen, und dieser Ort wird auch zugleich den Commandanten der Batterien bemerkt, welche, so bald das Feur angehet, die nöthigen Wagen zu sich kommen lassen.

§ 5.
Formirung der Linie
1. Beym Deplojiren formiren die Batterien, so bald die Compagnien formirt werden, auch $1/2$ Batterien (wenn nicht vorher schon zu $1/2$ Batterien marschirt wird), schließen mit diesen auf und marschiren, wenn die Bataillone en Masse rechts oder links aus der Flanke sich in Marsch setzen, mit ihren Brigaden bis hinter ihr neues Emplacement und formiren hier die Batterie, ohne in die Richtungs-Linie zu kommen.

Sie müssen bey dem Aufschließen dahin sehen, daß sie nicht die Flügel der Compagnien, welche sich auf einander richten sollen, masquiren.

Aus dem Grundsatz, daß die Batterien in den Manoeuvern als ein Bataillon betrachtet werden[a], folgt das Verhalten derselben in den verschiedenen beym Deplojiren vorkommenden Fällen.
2. Marschirt die Colonne in die Richtungs-Linie, so fahren die Canonen (wenn es das Terrain verstattet) rükwärts neben der Linie her, damit sie die Richtungs-Punkte nicht masquiren; sie haben hier $1/2$ Batterien formirt.
3. Bey der Formirung aus der offenen Colonne, vor oder rükwärts, wird die Batterie als ein Bataillon betrachtet.

§ 6.
Avanciren en Front
Die Batterien bleiben bey den ordinären Vormärschen in der Linie, so daß die vordersten Pferde mit dem 2ten Gliede der Bataillone ungefähr gerichtet sind.

---

[a] Statt „wird".

Sollen aber die Batterien feuren, so wird vorher der Befehl den Batterien zum Vorrücken gegeben, sie gehen alsdann 60 Schritt vor, protzen ab, feuren, avanciren mit der Prolonge und setzen so während dem Avanciren der Brigaden ihre Bewegung in abwechselnden Feur fort, bis sie zum Halten avertirt werden, wobey sie dann feuren, bis die Bataillone sie devanciren[2] und die Batterien also in der Linie sich befinden, wo die Brigaden Halt machen und selbst feuren.

Bey diesen Avanciren in abwechselnden Feur ist zu beobachten, daß die Batterien nie unter 60 Schritt vor der Linie sich befinden müssen, damit sie nicht die vormarschirenden masquiren, und daß sie durchaus nicht vor die Bataillone kommen dürfen.

Diese Art des Angrifs ist ein wichtiges Manoeuver, worauf die Batterien nicht genug geübt werden können.

§ 7.
Avanciren mit Echellons
Macht die Brigade vom rechten Flügel das erste Echellon aus und bestehen die übrigen nur aus 1 Bataillon, so avancirt die 1te Brigade mit der Batterie von der ersten und 2ten Brigade in einer Linie, und die Batterie der 3ten Brigade gehet dagegen mit den letzten Bataillon der 2ten Brigade in einer Linie vor.

Wie man auch die Einrichtung bey den Angrif mit Echellons trift, so ist es dennoch immer eine allgemeine Regel, daß die Batterien an den innern Flügel der Echellons (d.i. bey den Vormarsch en echellon vom rechten Flügel am linken Flügel der Echellons), auser bey den ersten, welches auf beiden Flügeln mit Geschützen verstärkt werden kann, sich befinden.

§ 8.
Schwenkung
Beym Schwenken der Brigaden en Front verhalten sich die Batterien wie ein Bataillon, d.i. sie machen erst, wenn sie $^1/_4$ Schwenkung machen sollen, $^1/_8$ Schwenkung in sich, gehen nun in Front nach der neuen Linie, bis sie mit den innern Flügel daran kommen, und schwenken sich dann darauf, ohne der Richtung hinderlich zu werden.

§ 9.
Retiriren en echiquier
Beym Retiriren en echiquier wird die Batterie in 2 Theile getheilt, die erste Hälfte bleibt bey dem Bataillon, was zunächst rechts, und die 2te bey dem, was ihr zunächst links stehet, und macht mit diesen immer einen Linie aus, so daß also so wohl die erste als 2te Linie von Brigade zu Brigade mit schweren Geschütz immer versehen ist.

---
[2] D. h. ein- oder überholen.

§ 10.
Bey der Formirung eines Quarrees von der (3 Bataillon starken) Brigade machen die Batterien mit einigen Reserven die vordere Flanke aus, die Regiments-Canonen stehen in diesen Fall auf den Flügeln der gegenüberstehenden.

Formirt man aus jedem Bataillon ein Quarree, so werden die Canonen der Batterien auf den Winkeln derselben vertheilt; formirt man aber nur 2 Quarrees und läßt ein Bataillon dazwischen en Front, so werden die Canonen der Batterien auf die 4 äusern Ecken der beiden Quarrees vertheilt, eben dies geschiehet, wenn die ganze Brigade nur aus 2 Bataillonen bestehet und 1 Quarree formirt.

§ 11.
Front verändern, Flügel vorziehen
Hier verhält sich die Batterie wie ein Bataillon; die $^1/_4$ oder halben Batterien wie die Züge der Bataillone.

Wallmoden Gimborn

250. Denkschrift [?, nach 1798?[1]]

Nach einer Abschrift Gerhard Oestreichs.[a]

[1.] Stärke und Einteilung der schweren Artillerie. Ausrichtung an den Brigaden der Infanterie. Übereinstimmung von Kompanie und Batterie. [2.] Stärke der reitenden Artillerie. Anwerbungen für Komplettierung und Reserve. [3.] Zahl und Verteilung der Truppenführer. [4.] Laufbahnprobleme der Offiziere. Schlechte Gage. Unfähige Offiziere. [5.] Abhilfe. Finanzierungsausgleich durch Senkung der Personalkosten. [6.] Regelmäßige Übungen. Kosten. Rechtfertigung. [7.] Artillerieschule. [8.] Abschaffung des Laboriergeldes.

Ueber die innere Einrichtung der Artillerie.

[1.] Etat der schwere Artillerie.
Unser Etat der Infanterie wird in der Folge in 12 Bataillons ordinäre Infanterie und 6 Bataillons Grenadiere bestehen.[2] Die erstere wird 3 und die

---

[a] Oestreichs Vorlage in HStAH, Dep. 14 von Wallmoden, ist 1943 verbrannt.
[1] Es wird im ersten Satz von der 1798 vollzogenen Reduzierung der hannoverschen Infanterieregimenter ausgegangen. Der weitere Inhalt legt nahe, den Text der Reform der Artillerie zuzuordnen, die institutionell durch die 1799 eingesetzte Artilleriekommission verkörpert wurde, der auch Scharnhorst angehörte.
[2] Die Zahl der hannoverschen Infanterieregimenter wurde 1798 auf 13 reduziert, d.h. 12 und das Leichte Regiment. Im Frieden bestand bei diesen zwölf ein Bataillon aus einer Grenadier- und drei Musketierkompanien, was in Kriegsformation offenbar 12 Musketierbataillone à 6 Kompanien und 6 Grenadierbataillone à 4 Kompanien ergeben sollte.

letztere 1 Brigade ausmachen. Wir werden also in allen 4 Brigaden Infanterie in Felde haben, wenn auch noch die leichte Infanterie mit ein paar Bataillon Grenadiere verstärkt werden sollte. Jede Brigade Infanterie muß eine Batterie haben, wir müßen also 4 Batterien schwere Artillerie haben. Jede Batterie bestehet bey den Preußen, Sachsen u.s.w. aus 8 Stük Geschütze; wollen wir uns nach den, wormit wir wahrscheinlich in Gemeinschaft agiren, so viel als möglich richten, so müßen wir also womöglich die Batterie zu 8 Stücken nehmen.

In vorigen Kriege war oft eine Compagnie bey 2 Batterien und über dem noch bey der reitenden Artillerie vertheilt. Auch dies ist noch der Fall bey den marschirten Corps. Hierdurch leidet der Dienst und die Ordnung auf manche Art. Die Natur der Sache erfordert, daß man die Compagnien nach den Batterien eintheilt, eine Sache, die bey der preussischen, französischen u.a. Artillerien schon lange statt fand. Mithin können die 4 schweren Batterien aus 4 oder 8 Compagnien bestehen.

In den letzten Fall bleibet die Compagnie so stark, als sie jetzt ist, in ersten aber wird sie doppelt so stark, und dann müßten die 4 Staabsofficiere ihre Compagnien verliehren, wie dies bey der Infanterie und Cavalerie der Fall seyn wird. Bey der Artillerie würde diese Veränderung vieleicht von größere Nutzen seyn als bey andern Waffen, vorausgesetzt, daß sie ihre Stellen vorstellen können, und nicht zurück gesetzt werden.[3]

[2.] Etat der reitende Artillerie.
Jeder Flügel des Corps oder die Hälfte der Cavalerie muß wenigstens 1 Batterie reitende Artillerie haben. Es werden dem nach 2 Batterien in jeden Fall erfordert. Jede Batterie zu 8 Stück (nemlich 3 Stück 6 ℔der, 3 Stück 3 ℔der u. 2 Stück 7 ℔ige Haubitzen) würde 1 Compagnie von 68 Canoniere erfordern. Da die Compagnien jetzt aber nur 50 Mann stark sind, so müßten im Kriege noch für beide Batterien 36 Mann angeworben werden, um beide Batterien complet zu haben. Man könnte in des auch diese Leute aus der schweren Artillerie in den ersten Augenblick nehmen, weil diese, wenn man 10 Mann auf die Canone rechnet, bey jeder Batterie 20 Mann übercomplet hat. Da sie aber diese als Reserve behalten muß, so bekäme sie für die abgegebene Mannschaft Recruten.

---

[3] Scharnhorst schlug also vor, die nebeneinander bestehenden zwei Unterteilungen des Regiments zu vereinigen. Das Artillerieregiment wurde bis dahin in zwei Bombardier- und acht Kanonierkompanien unterteilt, wobei eine Kompanie aus drei Offizieren und 43 bzw. 69 Unteroffizieren und Mannschaften bestand, vgl. Ronnenberg, S. 66. Mit diesen wurden die für den Felddienst aufgestellten Batterien besetzt, z. T. so, daß mehrere Kompanien auf eine Batterie kamen, aber auch so, daß Angehörige einer Kompanie bei verschiedenen Batterien dienten. Bei der Reorganisation in vier statt acht Kompanien sollte nun der bisherige Gebrauch abgeschafft werden, daß die vier Stabsoffiziere gleichzeitig Kompaniechefs waren, sich de facto aber durch Hauptleute oder Leutnants vertreten ließen. Da dies aber für die Stabsoffiziere die Einbuße der bisher aus der Kompaniewirtschaft anfallenden Gewinne bedeutete, mußte, wie in Nr. 251 ausgeführt, für Ausgleichszahlungen gesorgt werden.

Noch hätte die reitende Artillerie keine Reserve-Mannschaft, und es müßten also auch darzu wenigstens für jede Batterie 15 Mann geworben werden. Diese Vermehrung würde keinen nachtheiligen Einfluß haben, weil bey der Batterie 16 Canoniere zu Pferdehaltern in den obigen Etat der Compagnie begrifen sind, wozu die Recruten auch nach und nach angestellt werden könnten, wenn Mannschaften abgingen.

[3.] Etat der Officiere und Unteroffiziere.
Der Etat der Officiere, wäre nach dieser Einrichtung
1) bey jeder Batterie reitenden Artillerie 1 Capitän, 3 Compagnie Officiere;
2) bey jeder Batterie schwerer Artillerie 1 Capitän und 3 Compagnie Officiere;
3) 2 Officiere bey der Reserve, den Laboratorio oder nahen Depot.

Macht in allen außer den Staabsofficieren 6 Capitaine und 20 Compagnie Officiere. Dies ist grade der Etat unser Artillerie in Friedenszeiten. In Kriege aber vermehrte man die Officiere, eine Sache, welche auf manche Art sehr nachtheilig war.

1. bekam man dadurch mehr Compagnie Officiere in Verhältniß der höhern und verursachte dadurch die nachtheilige Meinung für die Artillerie, daß sie schlechter Avancement als andere Waffen hätte.
2. machte man nun alte Unterofficiere zu Officieren, die als Unterofficiere eben das thun konnten, was sie nun als Officier wirklich thaten und die nachher dem Regimente und der Pensionskasse zur Last fielen.
3. verursachte man dadurch große Kosten.

Der Etat der Unterofficiere war bisher 6 Feuerwerker auf die Compagnie; dies gebe nach der oben gemachten Eintheilung bey den Batterien auf jedes Stück des Geschützes $1^1/_2$ Feuerwerker oder auf jedes Geschütz einen Feurwerker und auf 2 Geschütze einen en reserve. Bisher hat man sie beym Ausmarsch so sehr vermehrt, daß man außer den Titulär Feurwerkern auf jedes Stück 2 Feurwerker hatte. Aber der obige Anschlag von $1^1/_2$ Feurwerkern aufs Geschütz ist schon zu stark und nur beybehalten, weil er mit den Friedens Etat über einstimmt; der von 2 auf jedes Stück ub[er]schreitet alle Gränzen von unöthigen Aufwand, in dem ein Feurwerker monatlich im Kriege 14 Rthr. ohne das Brodt erhält. Bey jeder Compagnie hat man jetzt 3 Oberfeurwerker, diese thun gewöhnlich nichts; sie wollen nicht den Dienst der Feurwerker thun und als Officier werden sie auch nicht angestellt. Sie sollten den Röster der Compagnie führen, aber man braucht sie nicht dazu, es sind gewöhnlich alte Männer, die zu dergleichen nicht gut zu gebrauchen sind. Wollte man indes diesen Dienst durch einen Oberfeurwerker thun lassen, so brauchte man doch nur einen pr. Compagnie und könnte also 2 eingehen lassen, zumal da sie in Kriege so große Kosten verursachen, indem ihre monatliche Gage 22 Rthr. beträgt (in Frieden aber nur 8 Rthr. ohne die Montirung).

[4.] Über die innere Verhältnisse der Artillerie.
Der Artillerie Officer befindet sich in einer nachtheiligen Lage gegen andere Officiere.
1) wird er später bey der Artillerie Officer als was bey andern Waffen, wenn er darin diente, würde; weil er unumgänglich sich erst einige Kentnisse erwerben muß, welche 4 bis 5 Jahr erfordern.
2) hat er bey der Artillerie, wenn die neue Einrichtung bey der Infanterie und Kavalerie ausgeführt wird, ein weit schlechter Avancement als diese, weil bey der Artillerie in Verhältniß der Staabsofficiere und Capitäns mehr Compagnie Officiere statt finden. Dieser Umstand wird um so empfindlicher, da er später Officier wird und da in der Artillerie keine vermögende Officiere dienen, welche freiwillig in jüngern Jahren abgehen.
3) Der Artillerie Cadet muss 4 bis 5 Jahr studieren, sich Bücher anschaffen, beständig bei der Schule gegenwärtig sein und riskirt dennoch, daß er nicht Offizier wird, wenn es ihm an Fähigkeiten fehlt. Als Offizier erhält er nicht mehr als einer bei der Infanterie, als Kapitän dient er sich in der Folge, wenn sonst die neue Einrichtung ausgeführt wird, um 250 bis 300 Rthr. schlechter als sein Kamerad bei der Infanterie.
Die Folge dieser Lage ist leicht einzusehen; ein jeder von rechtlicher bürgerlicher Herkunft, der seinen Sohn eine gute Bildung geben kann, wird ihn nicht in die Artillerie geben, den[n] auser den[b] schlechten Avancement und der schlechtern Bezahlung der Artillerie wird auch niemand gern in einen Korps dienen, wo nur derjenige dient, der sonst nirgend hin weis, dem es an[c] Bildung fehlt.

Bei allen Artillerien erhalten die Offiziere eine stärkere Gage als die Infanterie, bei uns allein standen sie bisher mit der Infanterie auf einem Fuß und stehen in der Folge noch weit schlechter wie diese.

Ein ander nachtheiliger Umstand bei der Artillerie ist noch dieser, daß man bei ihr so oft Offizier in höhere Graden beköömmt, welche nicht im Stande sind, ihren Posten, der in der Tat auch viele Kenntnisse erfordert, vorzustehen, und daß man keine Gelegenheit hat, diese anderswo zu employiren. Bei andere Waffen ist diese Situation nicht so nachtheilig, weil einem Teils mehr Versetzung möglich ist, und andern Teils auch nicht so viel Kenntnisse erforderlich sind als bei der Artillerie.

[5.] Vorschlag diesen Nachteilen abzuhelfen.
Wenn man die Artillerie als einen wichtigen Gegenstand eines Corps Trupen ansieht, so verdient auch gewiß jene Lage eine besondere Aufmerksamkeit, und es kömmt hierbei auf 3 Punkte an:
1) ein Verhältnis des Avancement zwischen der Artillerie, Kavalerie u. Infanterie zu bewirken.

---
[b] *In der Abschrift steht dieses Wort doppelt.*
[c] *Statt „am".*

2) die Kapitäne und Staabsoffizier besser zu setzen und

3) Employ für die unbrauchbaren Offiziere, die man doch nicht ganz abandoniren kann, zu finden.

Der erste Punkt kann nicht ohne große Kosten, wozu es an Fonds fehlt, befriedigt werden. Aber zu den andern beiden findet die Artillerie in sich noch Ressourcen. Diese bestehen in folgen[den]:

1) pr. Kompagnie in den beiden überflüssigen Oberfeurwerkern Gagen, macht monatlich von 10 Kompagnien 160 Rthr.

2) in der Einrichtung von Unterkanonieren. Wenn man nämlich von den 50 wirklichen Kanonieren 25 Mann zu Unter- und 25 Mann zu Ober-Kanonieren machte und den erstern statt 4 Rthr. 8 mgr. monatlich 3 Rthr. gebe. Dies würde pr. Kompagnie monatlich 30 Rthr. und von 10 Kompagnien also 300 Rthr. bringen.

Diese Veränderung kann der Werbung und der Artillerie überhaupt keinen Schaden verursachen,

1) weil der Unter-Kanonier sich noch weit besser als der Gefreite bei der Infanterie stehet;

2) weil die Leute lieber bei der Artillerie als bei der Infanterie, wegen der sanftern Disciplin, dienen;

3) weil sie bei der Artillerie bald zu Ober-Kanonieren kommen;

4) weil sie bei der Artillerie monatlich 2 Rthr. Pension haben und die Unteroffizier Stellen einträglicher sind.

Diese Veränderung könnte auch sehr gut mit dem Haushalte in Frieden bestehen, wie ich dies, wenn es nötig wäre, im Detail auseinandersetzen könnte. Durch die vorhin genannte Einrichtung erhielte man monatlich 300 Rthr., dazu durch die Abschaffung zweier Oberfeuerwerker monatlich 160 Rthr., machte überhaupt 460 Rthr.

Ihre Verwendung:

1) erhielt hiervon jeder Kompagnie Chef monatlich 16 Rthr. zu seiner Gage, so hätte er doch nicht mehr als sein Kamerad von der Infanterie.

2) errichtete man 2 Kompagnien Garnison Artillerie, so hätte man Gelegenheit, die nicht so brauchbaren Artillerie Offiziere zu placiren, und man vermehrte zugleich dadurch die Artillerie, welche nach den jetzigen Einrichtungen der Armeen in Kriege immer zu schwach ist. Zur Erhaltung dieser Garnison Artillerie würde erfordert: für 1 Staabsoffizier ausser seiner Pension monatlich 20 Rthr., 2 Kapitäne ausser der Pension monatlich jeden 10 Rthr., 6 Kompagnie Offiziere jeden ausser der Pension monatlich 4 Rthr., 8 Feurwerker jeden ausser der Pension monatlich 2 Rthr., 60 Kanonieren ausser der Pension monatlich 1 Rthr.

Dies würde eine Summe von 140 Rthr. monatlich machen.

Jeder würde sich hier noch recht gut dienen, zumal da man in Friedenszeiten ihnen keinen großen Dienst aufzulegen brauchte, sodaß ausser der Exerzierzeit $^2/_3$ davon beurlaubt sein könnten. Durch diese Einrichtung erhielte man die Garnison Artilleristen in der Fertigkeit der Bedienung des Geschützes, der Arbeit in Laboratorio u.s.w. Es würden demnach von den obigen 460 Rthr. 300 Rthr. an Zulage für die Kapitäns und an die Garnison-Offiziere verwendet. Es blieben also noch grade 160 Rthr. übrig, die jährlich 1920 Rthr. ausmachten.

[6.] Ohne eine jährliche praktische Artillerie Schule bleibt die Artillerie sehr unvollkommen.

Die obigen 1920 Rthr. könnten nicht nützlicher und nicht besser als zu der Anschaffung der Munition für eine praktische Artillerie Schule verwandt werden.

Diese praktische Artillerie Schule müsste alle Jahre bei Hannover in den Monaten Mai und Juni gehalten werden. Es würden darin alle Offiziere, Unteroffiziere und Bombardiere (woraus bei uns die Unteroffiziere genommen werden) in Bomben werfen, Ricochettiren u.s.w. geübt. Es würden darin die theoretischen Sätze geprüft, die streitigen Punkte in der Ausübung verglichen; mit Instrumente, mit Maschinen und mit Pulver aller Arten machte man hier Versuche. Alle Arten Schanzen und Batterien führte man hier, wenn auch nur ganz kleinen Partien, auf, damit man doch die Manieren und die Verhältnisse der Teile in der wirklichen Größe sähe. Damit aber dies Geld hierzu wirklich verwendet würde, so würde seine Anwendung genau bestimmt, z.B.

1200 Rthr. für Pulver, Kugeln etc.
100 " " Faschinen u. Palisaden
100 " " Scheiben, Bettungen
200 " " ins Laboratorium
200 " " Miete für die Pferde zum Exerzieren, welche nicht erfordert würden, wenn die reitende Artillerie mit Pferden versehen würde;
120 Rthr. für auserordentliche Kosten, als z.B. zu goldenen Medaillen für die Schüler der theoret. Schule.

Ohne eine praktische Artillerie Schule werden immer die Artilleristen nicht die erforderlichen praktischen Kenntnisse erlangen, nicht Veranlassung haben, in ihren Metier zu arbeiten und fort zu schreiten. Die jungen Offiziere, Unteroffiziere u. Bombardiere werden keine richtige Begriffe von den Einrichtungen und den Verrichtungen der Artillerie bekommen und die ältern nicht die ihrigen berichtigen. Eine solche Uebung wird auch für die Offiziere von andern Waffen nützlich sein, und die Offiziere von der Regiments Artillerie werden bey denselben sich vorzüglich unterrichten.

Was hilft es, daß der König jährlich 48.000 Rthr. für das Artillerie Regiment ausgibt, wenn niemand das ganze Jahr für die Bildung der Artilleristen etwas tut, als beim Gießhofe auf die Wache ziehet oder in Frühjahr ein Monat des Morgens mit den kleinen Gewehr exerzirt und den Nachmittag gleichsam beiläufig ein mal bei den Kanonen die Chargirung blind durchmacht? Was helfen alle Ausgaben ohne Aktivität, ohne Vervollkomnerung der Einrichtung und Bedienung des Geschützes und der Artillerie Maschinen? Der Zweck, um den man Trupen hält, ist ohne Zweifel, sie zu ihren Verrichtungen geschickt zu machen, und nicht Müssigänger zu haben, die die

Einkünfte des Fürsten verzehren und nichts für ihn zu tun im Stande sind. Die Artillerie ist ein so weitläuftiges Fach, daß dazu die höchste und immerdaurende Aktivität angewendet werden muß, wenn man in ihr geschickte Leute haben will.

Es ist bei der Artillerie vor dem Kriege seit 12 Jahren der Gebrauch gewesen, alle 3 Jahr ein Uebungs Lager zu halten, daß, glaube ich, 7000 Rthr. kostete (doch weiß ich dies nicht mit Gewisheit). Wenn dies Uebungslager in der Folge gehalten werden sollte, so würde in den Jahr die praktische Artillerie Schule wegfallen und die 1920 Rthr. zum Uebungs Lager verwandt werden und dies daher fast um $1/3$ geringer als bisher zustehen kommen.

Die Einrichtung einer praktischen Artillerie-Schule ist ohne allen Zweifel weit wichtiger als die Berittenmachung der Reitenden-Artillerie, und Ew. Excellenz[4] werden sich auf immer um die Artillerie verdient machen, wenn sie auf diesen Gegenstand ihre besondere Aufmerksamkeit richten.

[7.] <u>Theoretische Artillerie-Schule.</u>

Ihre Einrichtung in Ganzen ist so, daß jedes Jahr ein eintretender Schüler oder ein schon vorher eingetretener Schüler den Kursus von vorn anfangen kann. Dies hat für Ankommende große Vortheile, und minder Fähige, welche nicht den Kursus folgen können, fangen in den 2. Jahr wieder von vorn an; sollte aber die Artillerie-Schule geteilt und die eine Hälfte nach Hameln verlegt werden, wie ich dies gehört habe, so fände jene vorteilhafte Lage nicht mehr statt, auch könnte dann nicht jedes Jahr jede Wissenschaft gelesen werden und die Infanterie und Kavallerie Offiziere nicht mehr wie ehemals von dieser Schule profitiren, andere Nachteile nicht zu gedenken.

[8.] <u>Wie das so genannte Laborier Geld abgeschafft werden kann.</u>

Dadurch, daß jeder Bombardier 80 Rthr. geben muß, wenn er laboriren will, ist man gezwungen, 1. jeden Bombardier, d.h. jeden Menschen, der sich zu den Bombardier anstellt und 80 Rthr. hat, zum Unteroffizier zu machen, er mag Fähigkeiten dazu haben oder nicht. Es soll zwar eigentlich nicht so sein, er soll, wenn er keine Fähigkeiten zeigt, das Laboriergeld wieder zurück haben, allein man weiß woll, wie das gehet, ungeachtet der H. General von Trew sich äusserst uneigennützig in diesen Punkt bei jeder Gelegenheit bewiesen hat.

2. Ein ander Nachteil des Laboriergeldes bestehet noch darin, daß man aus den Kanonieren nicht die fähigsten zu Unteroffizieren wählen kann, indem ihnen das Geld fehlt. Zwar hat es der H. General von Trew manchen geschenkt, allein dies waren auserordentliche Fälle, und dann war dies die Generösität des H. Generals, die nicht bei den verstorbenen H. General Braun[5] stattfand.

---
[4] Da in der Folge von General von Trew als einem Dritten die Rede ist, kann man mit ziemlicher Sicherheit annehmen, daß die Denkschrift an Wallmoden gerichtet war.
[5] Generalleutnant Henning Anton Ulrich Braun, Chef der hannoverschen Artillerie 1757–80.

3. Ein dritter äuserst großer Nachteil dieser Einrichtung ist es noch, daß man nur diejenigen in Laboriren unterrichtet, die dafür bezahlen, und nicht die übrigen besten und fähigsten Kanoniere. Diese muß man davon entfernen, damit der Geist, daß nur für Geld diese Kunst erlernt werden kann, bleibt.

Der[d] Einrichtung mit dem Laborier Gelde ist es vorzüglich zuzuschreiben, daß man bei der Artillerie so viele schlechte Unteroffiziere hat. Diesen Übel kann gewiß ohne große Schwierigkeit abgeholfen werden, und zwar dadurch, daß man jeden, der in der Folge Unteroffizier wird, monatlich von seiner Gage 12 mgr. abzieht und diese den jetzt lebenden Artillerie Chef zur Entschädigung für das Laboriergeld zukommen läßt. Nach dem Tode des H. Gen. v. T. lasse man die Hälfte in die Kasse der praktischen oder theoretischen Artillerie Schule fallen und nur die andere Hälfte den Chef der Artillerie, wenn man hierin etwas sparen will. Man wird dadurch manche andere Vorteile noch erlangen, welche ich hier nicht anführe, und der Chef wird doch dadurch eine monatliche Zulage, in ersten Fall von 5 u. in 2. von 2$^{1}/_{2}$ Pistole erhalten, ohne in Verhältnissen zu sein, welche seiner Würde schaden.

251. Denkschrift [?, nach 1798?[1]]

HStAH, 41 III Nr. 138 fol. 3r–13r (20 S.): Konzept, eigenhändig.

Druck: Klippel II, S. 320–327.

[1.] Verteilung der Artillerie auf Infanterie, Kavallerie und leichte Truppen. Aspekte der Verwendung. Einteilung. [2.] Innere Gliederung und Personalbedarf. Einsparungen. [3.] Zahl der Offiziere. [4.] Depots als Personalreserve und Ausbildungsstätte. [5.] Organisatorische Mängel der neu geordneten Regimentsartillerie. Beispiel Frankreich.

Ueber die Organisation der Artillerie.

[1.] Die Eintheilung der Artillerie Compagnien muß sich nach der Eintheilung der Batterien, und diese nach der der Truppen richten. Wir haben 12 Mousq.- und 6 Grenad.-Bataillone. Diese würden 2 Mousq.- u. 1 Grenad.-Division (jede zu 2 Brigaden und jede Brigade zu 3 Bataillonen) formiren. Jede Division muß ihre abgesonderte Artillerie haben, und außerdem muß noch 1 Batterie 12 ℔der da seyn, um dieses Geschütz grade auf die Punkte bringen zu können, wo man es gut findet, ohne die einmal festgesetzte Ein-

---

[d] Statt „Die".

---

[1] Die in Nr. 250, Anm. 1, bemerkten Überlegungen gelten auch hier. Es ist schwer zu sagen, ob diese Denkschrift vor oder nach der hier vorangehenden einzuordnen ist, da die beiden Texte offenbar an verschiedene Adressaten gerichtet waren, der vorliegende möglicherweise an höhere Artillerieoffiziere wie Trew oder Braun (für welche die hier behandelte Frage der Entschädigung für die Einbuße ihrer Einkünfte als Kompaniechefs von unmittelbarem Interesse war), Nr. 250 dagegen mit größter Wahrscheinlichkeit an Wallmoden.

theilung zu zerreißen. Wir würden demnach 4 Hauptabtheilungen von Artillerie zu Fuß haben.

Die Eintheilung des Geschützes bey der Cav. ist noch nicht auf gewisse Grundsätze gebracht. Ein Theil des Cavalerie Geschützes bleibt indes immer bei dem Gros der Cavalerie und dient mit demselben, wenn die Gegend es nicht anders zuläßt, dem ersten Treffen zur Reserve, oder zur Deckung des Rükzugs, oder es dient auch dazu, mit ihm auf einmal hervorzubrechen, um die Affäre zu entscheiden. Der Theil der Artillerie, den man hierzu bestimmt, darf aus manchen Ursachen aus nicht zu kleinen Calibern bestehen, denn er hat mit der Artillerie der Divisionen fast dieselbe Bestimmung.

Ein ander Theil des Cavalerie-Geschützes muß[a] zu dem Gebrauch der Vorposten da seyn. Er muß ganz von den übrigen separirt werden; in Haupt Affären wird er gebraucht, ehe es zu Entsheidungen kömt, er ziehet sich dann mit den leichten Truppen auf die Flügel, um das Haupt Corps gegen das Umgehen zu decken; er ist nie ein Theil der Schlachtordnung.

Da er in jedem Terrain und mit den leichten Truppen zerstreut agiren muß, so schicken zu denselben die kleinen Caliber sich am vorzüglichsten; sie geben über dem bei gleichen Kosten eine größere Anzahl Stüke, welches auf Vorposten sehr wichtig ist. Zu diesem Theil aber bloß kleine Kaliber, die 3 ℔der, zu nehmen, hat dennoch wieder von der andern Seite etwas Nachtheiliges, weil alle Mächte zu der reit. Artillerie 6 und 8 ℔der haben, und bey jeder Recognoscirung der Feind mit dieser Gattung von Geschütz unsere leichten Truppen angreift. Es bleibt demnach nichts anders übrig, als bey den leichten Truppen die reit. Artillerie von 3 u. 6 ℔dern zusammen zu setzen.

Es würde die ganze Artillerie bey unsern Corps, wenn es organisirt wäre, nach diesen Gründen zum wenigsten aus folgenden Batterien bestehen müssen:

1) Aus 3 Batterien Artillerie zu Fuß, von denen jede Division eine bekäme. Jede Batterie zu 6 Stük 6 ℔der und 2 Stük Haubitzen machte
                18 Stük 6 ℔der
                6   " Haub.
2) Aus 1 Batterie 12 ℔der   8 " 12 ℔der

   Artillerie zu Fuß   32 Stük

3) Aus 1 Batterie reit. Artillerie bey dem Gros der Cavallerie
        6 Stük 6 ℔dern 2 Hau.
4) Aus 1 Batterie reit. Artillerie bey den leichten Truppen von 2 Stük 6 ℔dern, 6 Stük 3 ℔der, 2 Stük Haubitzen

Nach dieser Eintheilung würde zwar die Inf.-Div. für ordinär nur 1 Batterie, und jede Brigade Inf. nur ½ Batterie haben, dagegen aber würde eine Batte-

---

[a] *Hier folgt eine auffällig dicke Streichung.*

rie von 8 Stük 12℔dern in Reserve seyn, auser der Batterie reit. Artillerie bey dem Gros der Cavallerie. Unter dem Gros der Cavallerie verstehet man hier die nicht bey den Mousq. Divisionen vertheilte, sondern die, welche der Grenad. Div. folgt, oder zur Reserve fürs Ganze dient.

Schlachtordnung.[b]

Da die Grenadiere beym Angriff da, wo man durchbrechen will, gebraucht werden, so würde auch hier die Batterie 12℔der angewand werden. In festen Positionen setzte man sie immer bei der Division, die auf den Punkt stünde, wo der Schlüßel der Position wäre.

[2.] Die füglichste Eintheilung der Compagnien ist die nach den Batterien, und da hier 6 Batterien erfordert werden, so würde dies auch 6 Compagnien geben. Wenn daher die 4 Staabsofficiere bey dem Artillerie-Regimente die Compagnien verlöhren, so würde jede der übrigen 6 Compagnien grade eine Batterie zu bedienen haben.

Die Anzahl der Mannschaft, welche zur Bedienung einer Batterie erfordert wird, bestimmte hier die Stärke der Compagnie. Rechnet man auf jedes Stück 11 Gemeine und 1 Unterofficier, so ist es sehr gut besetzt und kann immer noch, wenn auch 3 oder 4 Mann im Laufe des Feldzuges abgehen oder sonst wo commandirt sind, gebraucht werden.

Dies gebe für die Compagnie   88 Gemeine,
                              1 Spielmann
                      u.   8 Feuerwerker.

Rechnete man hierzu noch 2 Oberfeurwerker, um die Aufsicht auf die Reserven zu haben, 1 Unterofficier, um die Rechnung zu führen, so würden zur Comp.   2 Oberfeuerw.
                      und   9 Unteroffic. erforderlich seyn.

Jede Compagnie hat 1 Compagnie Chef, der zugleich Batterie Comandant ist; er muß 2 Lieutenante haben, in dem die Batterie sich nicht sellten in 2 halbe Batterien theilt, und überdem noch 1 Fähnrich, damit bei jeder ¹/₂ Batterie 2 Officiere und beym Verlust oder bey Krankheiten oder wenn ein oder anderer commandirt wird, doch immer noch einer bei der halben Batterie vorhanden ist. Nimmt man diese Eintheilung an, so erhält man für das Artillerie Regiment folgenden Etat:

---

[b] *Es folgt eine Skizze der tief gestaffelten Aufstellung: Die Front wird gebildet von der Iten und IIten Division, mit jeweils zwei Brigaden von drei Bataillonen im ersten und der Kavallerie im zweiten Treffen. Die Divisionsartillerie ist mit je vier Geschützen vor der Infanterie und vier auf dem äußeren Flügel aufgestellt. Das dritte Treffen ist die Grenadierdivision mit je einer Halbbatterie auf ihren Flügeln. Dahinter steht die Zwölfpfünderbatterie und (als viertes Treffen) das Gros der Kavallerie, alles rechts mit geschweifter Klammer bezeichnet: „Zur Disposition des Feldherrn, wenn die Action angefangen."*

	Etat nach der neuen Eintheilung	Etat nach der alten Eintheilung
Stabsofficiere	4	4
Capitaine	6	6
Tit. Capit.	2	3
Pr. Lieut.	12	7
Fähnrichs	6	10
Oberfeuerw.	12	32
Feuerw. u. Stückj.	54	54
Spielleute	6	10
Canoniere	528	544
Regiments Q.M.	1	0

Durch die Ersparung an den Oberfeuerwerkern und Gemeinen würde man gegen 240 rh. monatlich gewinnen. Diese würden also vertheilt:
1. Für das Surplus von 4 Lieutenants, jeden monatlich 2 rh., macht 8 rh.
2. Zur Entschädigung der Compagnien an die 4 Stabsofficiere, jeden monatlich 20 rh., macht 80 rh.
3. Für den Regimentsquartiermeister 16 rh. Gage.

Dies mach[t] in allen 104 rh. Es blieben demnach 136 rh. übrig. Gäbe man den Capitains, gleich den bey der Infanterie, eine Zulage von 6 rh., so blieben noch 100 rh. übrig.

[3.] In Absicht der Charaktere der Officiere ist noch folgendes zu bemerken:
1. Man darf nicht mehr als 2 Tit. Capitäne haben, weil man sonst mit der Zeit zu viel Stabsofficiere beköммt, in dem sie von Capitän an nun einmal durchs ganze Corps zu avanciren gewohnt sind.
2. Man brauchte nicht 12 Premier Lieutenants, man könnte füglicher von diesen 6 zu Sec. Lieutenants setzen, dann aber bekäme das Corps überhaupt 2 Premierlieutenantsstellen weniger als bisher. Das wichtigste ist aber noch dies, daß es sich nicht selten trift, daß ein junger Officier eine Batterie comandiren muß, wie wir jetzt den Fall bey zweien haben; dann ist es sehr gut, wenn er Premier Lieutenant ist; in jeden Fall würde es wegen der andern nicht gut angehen, einem Sec. Lieut. das Comando zu geben. Hat man überdem viele Premier Lieutenants, so hat man in der Wahl auch mehr Spielraum. Der Unterschied der Kosten ist unbedeutend.
3. Der Regimentsquartiermeister muß aus dem Etat der andern Officiere seyn. Es ist hierbei noch zu bemerken, daß der jetzige nicht wieder ins Corps treten darf. Er hat nie darin gedient und weiß also nichts von dem Dienste weiter, als was er als Canonier und Unterofficier gelernt hat; über dem ist es ein Mann, den es an aller Bildung und Conduite fehlt, der nie, ohne den Dienst u. die Autorität im höchsten Grade zu compromittiren,

im Corps dienen kann. Das Übelste würde noch bey seinem Eintrit darin bestehen, daß er Geschicktern und Erfahreneren den Platz dereinst zu höhern Stellen nehme.
4. Die oben angeführte Eintheilung der Batterien hat etwas natürliches darin, daß a. zwey Compagnien oder Batterien einen Stabsofficier haben; b. jede Batterie von einem Capitän comandirt wird, und c. jede ½ Batterie einen Pr. Lieutenant zum Anführer hat.
Die Abschaffung eines großen Theils der Feuerwerker hat viel Gründe für sich: 1. kosten diese Leute sehr viel; denn im Felde bekömmt ein O. F. 20 rh., 2. gehen sie der hohen Gage wegen nie ab, da sie zumal nur 3 rh. Pension bekommen. Man hat daher fast durchgehends unbrauchbare alte Leute an dieser Stelle. In alle Wege können sie nicht den Officier ersetzen und verursachen dennoch fast eben so viel Kosten.

[4.] Eine der wichtigsten Sachen bei der Organisation der Artillerie ist ohne Zweifel dies, daß so viel Artilleristen da sind, als im Kriege unumgänglich erfordert werden. Dies ist nun bei uns ganz und gar nicht der Fall. Wo bekommen wir Artilleristen in der Festung Hameln, wo eine Reserve zu Belagerungen? Einen Infanteristen und Cavaleristen lernt man noch in Kriege eher an als einen Artilleristen.
Vielleicht könnte man sich bei uns noch am besten durch ein paar Garnison und Depot-Compagnien helfen. Man könnte dazu, wie bisher, die in Pension stehenden Artilleristen nehmen, welche nicht ganz unbrauchbar wären, und ihnen eine Zulage zur Pension geben. Sie haben jetzt monatlich 2 rh. Pension; gebe man ihnen noch ⅔ oder 1 rh. zu, so könnte man von ihnen wohl verlangen, daß sie in jedem Jahre in Friedenszeiten 6 Wochen sich übten, um sich in Uebung zu erhalten. Die monatlichen Kosten würden seyn:

2 Capitains	64 rh.
2 Lieutenants	32 "
2 Fähnrichs	28 "
12 Unterofficiere	72 "
100 Gemeine	100 "
	296 rh.

Diese Summa würde noch um etwas vermindert werden können, wenn man Unterofficiere und Officiere nehme, welche schon Pension erhalten, wiewohl dies doch kein gutes Ersparungs Mittel ist, indem die Officiere und Unterofficiere immer, als wären sie im Artillerie-Regimente, betrachtet werden müssen und auch das Versprechen bekommen müßten, nach ihrem Betragen in dasselbe zurückgehen zu können. Vielleicht wäre es auch in der Rücksicht gut, wenn sie die Uniform des Regiments trügen.
Bei einem entstehenden Kriege würden diese beiden Compagnien ums Doppelte vermehrt und zum Depot gebraucht; ein recht brauchbarer u. scharfer Officier aus dem Regimente würde mit einem Detashement hinge-

shikt, um es zu commandiren und hier durch dasselbe die Munition machen und die Recruten exerciren zu lassen.

Durch das Eingehen der Ober-Feurwerker haben wir noch 100 rh. Überschuß. Machte man bey den Artillerie Regimente nach und nach die Hälfte der Anzahl Canoniere zu Unter-Canonieren, denen man 1 rh. weniger gebe, so bekäme man hierdurch von jeder Compagnie 44 rh. und in ganzen monatlich 264 rh. Diese machten mit den obigen 100 rh. 364 rh. aus, und man hätte also hiernach wenigstens 60 rh. übrig, wobey aber noch bemerkt werden muß, daß die Montirung der Unterofficiere u. Artilleristen bey der Garnison Artillerie noch nicht in Anshlag gebracht ist.

Auf diesen Wege würden aber erst nach und nach die Garnison oder Depot Artillerie formirt werden können.

[5.] Obgleich in der Regiments Artillerie keine Veränderung mehr zu treffen ist, in dem die Infanterie schon organisirt ist, so muß ich doch den großen Nachtheil der jetzigen Einrichtung derselben hier in Erinnerung bringen. Dieser aber bestehet vorzüglich darin, daß man diese Leute nicht als gute Artilleristen vor und in Festungen, wo man bei uns keine andere hat, gebrauchen kann.

Die Einrichtung der Franzosen ist die vollkom[men]ste, die in diesem Punkte ausgedacht werden kann. Bey den Armeen, wo noch Bataillon Stücke existiren, bedient eine Compagnie so wohl die Batterie der Brigade als auch die Bataillonstücke derselben. Hierdurch entsteht eine gewisse Einheit sowohl in dem Gebrauche vor den Feind zwischen der Batterie und den[c] Regimentsstücken, als auch in der Aufsicht der Läger, auf dem Marsche, in der Versorgung mit Munition, der Reparation u.s.w.

Da in des eine so einfache und zwekmäßige Einrichtung nun einmal bei uns nicht mehr getroffen werden kann, so wäre die Frage, ob man nicht in der neuen Organisation[d] noch festsetzen könnte, daß der Commandeur der Batterie bei einer Brigade auch zugleich der Commandeur der Regiments Artillerie derselben Brigade wäre und alle ihre Rechnungen signirte, für ihre Standerhaltung, Reparirung der Wagen, Equipage,[e] Versorgung mit Munition u.s.w. verantwortlich gemacht würde, und in Action für ihren guten Gebrauch u.s.w. stehen müßte. Dies würde die schlechte Verfassung in etwas ändern, wiewohl nicht in der Hauptsache.[2]

G. Scharnhorst
O. L. u. G.Q.M.

---

[c] Statt „dem".
[d] Folgt ein überflüssiges zweites „nicht".
[e] Folgen die überflüssigen Worte: „Munition etc."
[2] Nach dem tatsächlich angenommenen neuen Etat sollte die hannoversche Artillerie aus 8 Batterien (= 8 Kompanien) bestehen, und zwar zwei reitenden, drei Linien-, einer Reserve- und zwei Festungsbatterien, wobei von letzteren aber nur eine wirklich formirt wurde. Eine reitende Batterie bestand aus 6 Sechspfündern, 4 Dreipfündern und 2 (siebenpfündigen) Haubitzen, eine Linienbatterie aus 6 Sechspfündern und 2 Haubitzen und die Reservebatterie aus 6 Zwölfpfündern, vgl. Sichart IV, S. 86ff.

252. Aufzeichnung [?, 1799?[1]]

HStAH, Hann. 41 III Nr. 148 (2 S.): Eigenhändig.

Maßnahmen bei Einführung des neuen Reglements der Regimentsartillerie. Patronentaschen.

– Bey dem Befehl an die Regimenter wegen Einrichtung der Regimentsartillerie muß bemerkt werden, daß der Lieutenant Ludewig eigentliche den Auftrag habe.
– Der Lieutenant Ludewig muß den Befehl von hier erhalten, daß er den Reg. Art. Officieren alle practische Kunstgriffe, welche bey den geschwinden Ab- und Aufprotzen, den Avanciren u. Retiriren mit Pferden, erfordert werden, daß er ihnen alle Vorsichts-Regeln, welche bey [einer] großen Geschwindigkeit zur Erhaltung der Ordnung beym Chargiren und den verschiedenen Evolutionen überhaupt erforderlich sind, zeige, und daneben ihnen [das] in einer schriftlichen Instruction mittheile, damit dieser Unterricht bleibend werde und niemand nachher sich mit der Unwissenheit entschuldigen könne.
3. Muß dem Herrn General von Trew bemerkt werden, daß man bey der Regimentsartillerie die Tashen mit 16 Patronen, wie bey der Reitenden-Artillerie, wenigstens in der Folge bey einen Protzkasten zu haben wünschte, in dem dadurch geschwinder zum Feur käme, und nun auch 16 Schuß mehr bey sich führte. Wegen der größ[e]rn Shwere brauchteman nicht verlegen zu seyn, weil, nun 89 ℔ schwere[r], die Protze nicht mehr mit den 8 Stük schweren Gewehren behängt würde, und es doch ein großer Vortheil wäre, statt 60 Patronen 76 zu haben.

253. Notiz [?, 1799/1801?[1]]

GStA PK, VI. HA Nl Scharnhorst Nr. 144 fol. 23r (1 S.): Konzept, eigenhändig, Fragment.

Ausschnitt des Artillerieexerzierens: Rohrwischen und Ansetzen der Patrone.

1. Er trit vor mit dem linken Fuß, so bald er zum Feuren bereit seyn soll
2. Er dreht sich, so bald er wishen will, auf der Spitze des linken links um, stehet darauf bei den mit der Axe parallel, in dem er den rechten vorgebracht hat, Front gegen die Canone

---

[1] Das Blatt mit diesem Text ist eingelegt in das Promemoria vom 2. November 1799 (Nr. 184). Dem Inhalt nach zu urteilen stammt es aus der Arbeit der Unterkommission für die Regimentsartillerie.

[1] Der Text hängt offenbar mit Scharnhorsts Tätigkeit in der Kommission zur Reorganisation der hannoverschen Artillerie zusammen. Vgl. die folgenden Stücke.

3. Er wischt, 4. setzt die Patrone an,
5. setzt den Wisher auf die Patrone,
6. ziehet den rechten Fuß an den linken, setzt diesen darauf einen Shritt vorwärts u. schiebt die Patrone vorwärts^a mit den rechten Arm
7. wendet sich gegen die Canone u. reißt den Wisher mit der rechten heraus.

254. Aufzeichnung [?, 1799/1801?[1]]

GStA PK, VI. HA Nl Scharnhorst Nr. 203 fol. 18r–19v (4 S.): Konzept, eigenhändig.

<u>Bemerkungen über die Regim. Canonen Exercize.</u>

1. Hier muß bestimmt werden, daß die Intervalle 24 S., daß zwishen den Flugel und die Canon ein kleiner Raum für die Scharfshützen bleiben müße.
2. Die erste Canone ladet nicht wieder.
3. Retirirt wird immer mit der Prolonge.
4. Mit der Intervalle ist shon oben vorgekommen.
5. Keine andere als Schützen Munition.
6. Hinter der Intervalle.
7. Diese Wagen machen in den Bataillonen jeder Brigade eine eigene Reserve aus, die ihren Befehlshaber hat und die unter einen Befehlshaber aller Reserven der Brigaden einer Colonne stehen.
8. Nicht bestimmt.
9. Es ist noch nicht bestimmt, daß man allgemein annimt, daß die Canonen mit den Scharfschützen gemeinshaftlich immer agiren, immer mit ihn gemeinschaftlich den Aufmarsch decken u.s.w.
10. Kann Mißverständniße veranlassen, ist dunkel –
11. eigener Coursus nicht.
12. Warum nicht den Wagen von außerhalb daseyn
13. Bloß en Parade, d.h. zur Chargirung^a.
14. Machen alle Bewegungen mit –
15. Im Frieden fehlt der Wage, wo sollen sie nun mit den Mousquetons hin?
16. Erst marshiren die Canonen neben der Colonne, dann gehen sie quer durch dieselbe – daß sind alle untactishe Bewegungen. Meine Meinung –

---

^a Statt „fwärts".

---

^a Statt „Charigung".
[1] Es handelt sich möglicherweise um Vorarbeiten zu den in Nr. 184 Punkt 1b erwähnten „Abänderungen in der Exercize" der Regimentsartillerie. Der Text hängt wohl mit der Tätigkeit in der Kommission zur Reorganisation der hannoverschen Artillerie zusammen. Vgl. die folgenden Stücke.

17. Dann werden auch die Züge nicht halbe Distanz nehmen können. Es muß dah[e]r dieser Fall bemerkt werden u. dabey gesagt werden, daß die Bataillone auch hier wieder ihre Distanz nehmen u. die Canonen auffahren sollen.
18. Nicht ganz heraus.
19. Auf welches Commando Wort?
20. 60 oder 70 Schritt
21. Ist mir dunkel
22. Man muß nur allein auf die Distanz verweisen, die Directions Canon vorführen.
Läßt sich nicht thun
23. Nicht verfolgt! avancirt unsre Infanterie im Feur etc.
24. Nur in der völligen Ebene oder gegen Cavalerie –
25. Marschirt eine Armee treffenweise, so verhalten die Canonen sich wie in jeden Colonnenmarsch, bis sie in die Nähe des Feindes kommen; hier fahren sie, wenn es das Terrain erlaubt, aus den Intervallen, damit die Bataillone nicht in die Distanz zu nehmen behindert werden. Dies geschiehet nach der Seite des Feindes oder nach der entgegengesetzten, nach dem man sie mit den Scharfschützen in Gemeinschaft brauchen oder auch durch das Bataillon masquiren will.
26. Gehet nicht, die Distanz wird nur beobachtet.
27. Nicht auf, nicht abgeprotzt
29. <u>Brigadeweise</u>, dies muß erleutert werden –
30. – auf 300
31. Das Auffahren geschiehet <u>einzeln</u>. Man könnte daher dies Comandowort nicht brauchen

<u>Vorschläge in Rüksicht der Exercize</u>[b]

1. Beständig mit der Prolonge an den Schwanz avancirt. Nur 2 Pferde davor; wenig Embaras überhaupt.
Doppelte Prolonge. Ein Ende an den Ring auf den Schwanz – von da durch die Schleife dann in einem Haken auf den Schw[a]nz. Beym Feuren losgehakt.
Retiriren bliebe wie ordinär.
2. Officier von der Regimentsart. in Winter einmal die Woche 2 Stunden unterichten u. exerciren – dazu ein Buch zum Unterricht in Fragen u. Antwort.

---
[b] *Am Rande einige Skizzen zur Bespannung von Kanonen.*

In Aprill u. May alle beyeinander
a. Exerciren ohne Pferde
b. Distanz beurtheilen
c. Exerciren mit Pferde
d. Schießen nach der Scheibe
e. Manoeuvriren mit dem
   Bataillon u. Scharfshützen

} Wie und welche Zeit?

255. Denkschrift [?, um 1800?[1]]

GStA PK, VI. HA Nl Scharnhorst Nr. 203 fol. 29r–30v (4 S.): Konzept, eigenhändig.

Entbehrlichkeit der Kanonenzieher bei der Regimentsartillerie auch beim Nahgefecht. 1. Vorteile der Zugpferde. 2. Bewegung durch Geschützbedienung. Seltenheit der Situation. Ausfallendes Bedienungspersonal aus Bataillon ersetzbar.

Die Uhrsachen, welche bey der reitenden und Schweren-Artillerie die Canonen Zieher entbehrlich machen, finden bey der Regiments Artillerie, einen Fall ausgenommen, auch Anwendung. Dieser trit ein, wenn ein Bataillon einbricht und die feindliche Infanterie über den Haufen wirft. Hier können Fälle vorkommen, wo es gut wäre, daß die Regiments Artillerie dem Feind mehr sich nähert als die schwere und reitende.

Es kömt also darauf an, ob dies nur allein durch Canon Zieher zwekmäßig bewerkstelligt werden kann.

1. Daß es durch Pferde in jeden Terrän geschwinder als mit Canonziehern bewerkstelligt werden kann, scheint die Erfahrung zu lehren. Auch hat man Beyspiele, daß die Canonzieher oft mit den Canon zurükbleiben, welches nicht so leicht beym Avanciren mit Pferden der Fall seyn kann. Es können freilich ehender die Pferde als die Canonezieher todt geschoßen werden, aber dieser Unterschied ist an sich gering und verdient auch aus andern Uhrsachen nicht in Betracht gezogen zu werden, weil ohne die Protze, d.h. ohne die Munition, doch eine Canone nicht agiren kann, und Unglüksfälle mit den Pferden, welche in jeden Fall doch auf die Wirksamkeit der Canonen Einfluß haben.

2. Nehme man aber auch an, daß in den angenommenen Fall die Zieher beßer als Pferde wären, so können, da nur von einer äusert kurzen Distanz die Rede ist, die 8 Mann, so die Canonen bedienen, sie auch wohl ziehen. Sie tragen keine Tornister und Gewehre, sie können für die Erleichterung dieser Bürden wohl auf einen Augenblick die Canone ziehen. Ihre Arbeit bey der Bedienung der Canone ist ohnehin nicht beschwerlicher als das Chargiren bey der Infanterie, wenn man etwa den Mann ausnimmt, der wischt und ansetzet.

---
[1] Die Denkschrift paßt zur damaligen Arbeit der Unterkommission zur Regimentsartillerie, vgl. den folgenden Text.

Wenn man also Canonzieher hielte, so wäre dies, um in einen Fall von sie Gebrauch zu machen, der äuserst sellten oder vieleicht gar nicht vorkömt und in den ihr Nutzen dazu noch sehr zweifelhaft ist. Bedenkt man aber nun, daß die 16 Mann Canonzieher den Bataillon ein großer Abgang ist, indem man unser 500 Feurgewehr starke Bataillon wegen der Kranken, Gefangenen, Fehlenden in der Mitte des Feldzuges in Durchschnit höchstens auf 300 ausrükende Feurgewehre rechnen kann; daß ein ausrükendes Feuergewehr wegen Erhaltung der Officiere, der Brodt und Proviantwagen, der Reserve Munition, des Abgangs an Kranken u.s.w. sehr hoch zu stehen kömmt (ungefähr so viel als 2½ Mann und ½ Pferd täglich kosten), so hat man Ursach, sich seiner nicht ohne dringende Noth zu entziehen.

Mit der Ersetzung der abgehenden Mannshaft in einer Action, welche durch die Canonzieher ersetzt werden, hat es eben die Bewandniß, die es mit der reitenden Artillerie hat. Diese hat nur 6 Mann zur Bedienung und ist doch in diesen Kriege bey sehr viel Gebrauch in allen Actionen fertig geworden, um so mehr werden es 8 Mann bey der Regiments Artillerie.

Damit ein abgehender Mann bald wieder ersetzt werden kann, so mag bey jeder Compagnie ein Mann in der Bedienung des Geschützes exercirt werden, auf den man, wenn es erfordert wird, greifen kann.

256. Denkschrift [?, 1800?[1]]

HStAH, Hann. 41 III Nr. 149 (11 S.): Eigenhändig.

Nachfragen und Beratungsergebnisse zu einem Entwurf Brauns für ein neues Artilleriereglement. Vereinfachung: Wegfall von Handgriffen, Bewegungen, Befehlswörtern. Ersetzbarkeit.

Ueber die Artillerie Exercize

Da zu der Exercize und den Evolutionen mit dem Bataillon nicht ganz 4 verwendet werden können und zu den Manoeuvriren mit Pferden nur höchstens wenige Tage, so scheint bey dem Entwurfe dieses Exercier-Reglements höchste Simplicität eine Haupt Sache zu seyn. Es frägt sich daher, ob man in dem Vorschlag zum Reglement des Herrn Oberstlieutenant Braun nicht ein und andere Ausrichtung noch simplificiren könnte? Es war ohnehin zu vermuthen, daß der H. Oberstlieutenant Braun als Artillerist mehr auf die Vollkommenheit der Sache als auf jenen besondern Umstand sehen würde. Folgende Gegenstände scheinen hier in Erwägung zu kommen.

---

[1] Es geht um das Exerzierreglement für die Regimentsartillerie, das Scharnhorst im Rahmen der Artilleriekommission zu bearbeiten hatte. Man beachte, daß von Braun als Oberstleutnant die Rede ist.

1. Seite 2. Ist es nöthig, daß die Leute nach ihren Numern[2] in Reih u. Glieder rangirt werden?
genehmigt[a]
2. Seite 9. Warum fordert man hier von den Zimmerleuten bestimmte Wendungen u. Herstellungen?
Ohne Actions war es gemeint, u. es soll nur rechts gewendet werden.
3. Seite 8 u. 23. Die Comandowörter des Corporals „Nieder", S. 8, und „Lafete hoch", „Nieder", S. 23, können vielleicht ganz wegfallen. Man lasse daß d[i]e Mannshaft so geschwind thun als möglich.
nicht acceptirt
4. Seite 4 und 3! Wäre es nicht beßer, wenn Numer 3 u. 4 immer die Patrontasche selbst aus den Behälter nehmen und auch einsetzten? Die Verrichtungen werden einfacher u. man bekommt dadurch Nummer 6 ganz frey, ganz zur Reserve Numer, wenn man dies wollte u. also auch seine übrigen Verrichtungen bey Retiriren mit der Prolonge einen andern auftrüge. Er kann also einen fehlenden Mann ersetzen oder in den Platz dessen treten, der etwa im Gefecht bliebe od[e]r bleßirt würde. Bis dahin wär er bey der Protze.
acceptirt
5. Seite 3 u. 4 und 21.
Wenn man Nummer 1 u. 2 so woll beym Auf- als Abprotzen in das Rad greifen läßt, um das Umdrehen der Lafete zu befördern, so wird
1. das Hingeben und Abnehmen mit den Bäumen wegfallen und also die Verrichtung einfacher werden,
2. wird das Umdrehen und besonders beym Aufprotzen das Entgegenrücken gegen die Protze bequemer und geschwinder geschehen.
acceptirt
6. Seite 30 u. 31. Um der Einfachheit sollte man die Verwechslung mit Nummer 4 u. 3 so wohl hier als an mehrern Stellen nicht statt finden lassen, zumal da ohne dieselbe keine Schwierigkeiten bey der Verrichtung der Functionen dieser Nummer eintreten.
acceptirt
7. Seite 4, 22 und 73.
Warum giebt Nummer 3 nicht die Tasche an Nummer 2? Wäre dies so, so könnte man Nummer 3, wenn es an Mannshaft fehlte, allenfalls entbehren, oder Nummer 3 könnte zur Herbeyshaffung der Munition dienen. Jetzt stehet zum Zureichen immer eine Nummer unthätig hinter Nummer 2.
acceptirt
8. Seite 33. Man lasse die Zimmerleute nur schlechthin an ihren Platz gehen.
ist von mir mißverstanden

---

[a] *Die kursiv gesetzten Wörter geben spätere Randnotizen von Scharnhorsts Hand wieder. Sie beziehen sich jeweils auf den vorangestellten Abschnitt.*
[2] Die Nummern bezeichnen die Positionen und Funktionen der einzelnen Mannschaften bei der Bedienung des Geschützes.

9. Seite 34, 35 u. 36. Das Ab- und Aufprotzen in der Flanke ist entbehrlich und vervielfacht die Exercieze. Wir sind bis jetzt ohne dies Manoeuver bey der reitenden und schweren Artillerie fertig geworden, wir werden es umso mehr in der Folge bey der vom Regiment.
nicht acceptirt
10. Seite 45, 46, 47 u. 48.
Könnte man nicht, um das Avanciren und Retiriren mit Mannschaft zu simplificiren, festsetzen,
1. daß auf „Halt" sich alles rüstete, die zur Chargirung hielte?
2. daß auf „Vor" oder „Rükwärts" sich alles bereit machte u. auf „Marsch" die Bewegung angetreten würde?
War wegen der Schleptaue ehemals nöthig.
11. Seite 48 u. 49. Warum läßt man nicht die Zimmerleute schlecht weg nach ihren Plätzen laufen?
schon er[re]ichet
12. S. 49. Hinter den Worten „5ter Fall" fehlt etwas im Texte.
----
13. S. 54. Wenn auf „Halt" die Protze gleich rükwärts gehet, so wird die Ausrichtung einfacher. Es können zwar Fälle vorkommen, wo man hält, ohne daß die Protze zurück gehen muß, aber sie sind äusserst sellten und vielleicht nur dann möglich, wenn Truppen oder andere Hindernisse das „Halt" bewirken, ohne daß das Comando erfolgt. Doch verdient dies eine nähere Ueberlegung.
nicht acceptirt
14. S. 55. Die Zimmerleute laufen nach ihren Posten ohne Cer[e]monie.
----
15. S. 59. Kann nicht „Richt euch" hier wegfallen?
nicht acceptirt
16. S. 59 fehlt der 2te Fall. Allein dieser kann auch füglich entbehrt werden, so wie auch S. 53 der 2te Fall ohne Gefahr von wesendlichen Nachtheilen wegfallen kann.
17. S. 57. Warum bleiben die Zimmerleute etwan nicht vor der Protze oder neben ihr?
nicht acceptirt
Und warum trit Nummer 8 an die andere Seite der Laffete?
in Rüksicht N. 8 acceptirt, weil auch weiterhin das Abfeuren des Corporals geändert ist
18. S. 65. Worin der 4te u. 5te Fall bestehet, ist nicht ganz deutlich genug bestimmt.
19. S. 60 bis 66. Die Auseinandersetzung dieser Fälle können die Regimentsartilleristen vielleicht entbehren. Auf „Halt" stehet alles zur Feurung bereit; was ein jeder übrigens zu thun hat, wenn in Avanciren aufgeprotzt wird etc., ist ihn schon allgemein bekannt und eine besondere Anordnung auf die hier gegebenen Fälle ist überflüssig; es mögte denn seyn, daß man

hier sagte: „Bey Aufprotzen zum Retiriren gehet die Protze rükwärts ohne umzuwenden."
Mich geirrt, es muß aber ein[e] Art Capitel von Avanciren u. Retiriren mit der Prolonge seyn.

Bemerkung, die ganze Abtheilung der Mannshaft betreffend.

Man muß ein paar Numern haben, die nur eine einzige Verrichtung haben, welche so beschaffen, daß sie bey der selben entbehrt werden können und bey der ein ander Unwissender angestellt werden kann. Denn wenn dies nicht der Fall ist, wenn alle Numern bey allen Ausrichtungen, bey allen Comandos Verrichtungen haben, so wird alles durch den Abgang von 1 Numer bey jeder Ausrichtung dirangirt, oder es werden hier eine Menge Anweisungen und Auseinandersetzung von Fällen erfordert, die gewiß die Leute nicht behalten.

Nummer 6, 3 u. zur Noth Nummer 8 sind hier nur die, auf die jene Wahl fallen könnte. Dann aber dürfte Numer 6 nur beym Avanciren beym Baum seyn und Nummer 5 helfen und sonst nichts thun; fehlte hier nun Nummer 6, weil diese Nummer eine andere Function annehme, so verrichtete Nummer 5 die eben genannte Function mit.

Wendet man dies auf Numer 3 an, so folgt daraus, daß Nummer 4 Nummer 2 die Munition allein zuträgt. Nimmt Numer 2 die Tasche, so läßt sich allenfalls denken, daß Nummer 4 entbehrt werden könnte.

In alle Wege läßt sich bey dieser Einrichtung ein Unwißender in der Function von Nummer 6 od. 3 gebrauchen, weil er eine andere Nummer, der er nur hilft, zur Anleitung hat und übrigens nur eine Verrichtung thut.

Diese Bemerkungen habe ich nur in der größten Geshwindigkeit beym Durchlesen dieses Reglements gestern abend niedergeshrieben; ich kann mich daher leicht geirt haben. Ich habe mich übrigens herzlich dabey gefreuet, daß wir endlich ein mal ein Reglement bekommen, in dem die practishen Kunstgriffe der Bewegung u. des Manoeuvers mit Einsicht gelehrt sind.
G. Scharnhorst

257. Denkschrift [?, 1800/1801?[1]]

Familienbesitz Gut Bordenau (12 S.): Konzept, unbekannte Hand, mit eigenhändigen Abänderungen, Fragment.

Unterschiedliche Geschütze und Fuhrwerke: Beladung, Gewicht und Belastung der Pferde.

Last, welche die Pferde bey der hannövrischen Artillerie im letzten Kriege zogen

---

[1] Die Schrift stammt mit großer Sicherheit aus dem Zusammenhang der Artilleriereform.

1.) Beladung einer mit 4 Pferden bespannten 3 ℔digen Canonen-Lafete.

Die Pferde vor der 3 ℔digen Regiments Canone ziehen:
die 3 ℔dige Canone	--------	670 ℔
40 Kugelschuß à 4²/₃ ℔	--------	186²/₃ ″
20 Traubenschuß à 5²/₃	--------	113²/₃ ″
8 Infanterie Gewehre à 11 ¹/₂ ℔	------	92 ″
Für 4 Pferde auf 3 Tage Fourage, 12 Rationen à 15 ℔	--------	180 ″
Wagen-Winde	--------	16 ″
Ladezeug, Schanz-Zeug etc.	--------	34 ″
		1292 ℔

Vor der Canone sind 4 Pferde, jedes ziehet also ohngefähr	--------	323 ℔
Und wenn keine Fourage geladen und die Leute die Gewehre trugen	--------	255 ″
Die Lafete wiegt mit der Protze	--	1232 ″
Mithin hat jedes Pferd inclusive der Schwere der Lafete und Protze, wenn es am stärksten beladen ist	--------	631 ℔,
oft aber nur	--------	561 ″
zu ziehen.		

Nie weiß man, daß dies Geschütz, auch bey den schlechtesten Wegen, nicht hätte durchkommen können. Oft sah man nur 3 Pferde vor dieser Canone, dann zog jedes Pferd 841 oder ohne Fourage und Gewehre 750.
Höhe der Hinter-Reder 5 Caleb. Fuß[......]ᵃ
Höhe   ″ Vorder- ″ ″ 4 ″   ″   ″ [......]

2.) Beladung einer 6[℔igen]ᵇ Canone mit 6 Pferden b[espannt]

Canone	--------	1290 ℔
Ladezeug	--------	15 ″
Schanz-Zeug	--------	12 ″
Canonirwinde	--------	24 ″
Scherwenzel-Rad	--	12 ″
3 Tage Fourage für 6 Pferde		270 ″
=		1623 ″

ᵃ Der Rest ist wegen eines großen Stockflecks nicht lesbar, auch in der folgenden Zeile.
ᵇ Der Text ist teilweise durch Stockflecken verdorben und sinngemäß ergänzt.

Macht auf jedes Pferd 270¹/₂.

Die Lafete wiegt mit den Rädern 1423 ″
Die Protze mit den Rädern   546 ″
                              ―――――――
                          = 1981 ″

Ganze Last inclusive Lafete und Protze   3604 ℔
Beträgt auf jedes Pferd   600 ″

Höhe der Hinter-Räder 5 Cal. Fuß 2 Zoll
Höhe ″ Vorder- ″   ″ 4 ″   ″ 2 ″

3.) <u>Beladung des mit 6 Pferden bespannten 3 ℔ders bey der reitenden Artillerie</u>

3 ℔dige Canone   ---------   670   ℔
4 Mann auf der Protze und Lafete   ---   600   ″
48 Kugelschuß   à 4²/₃ ℔   ---------   224   ″
28 Traubenschuß à 5²/₃ ″   ---------   158²/₃ ″
Ladezeug und Schanz-Zeug   ---------   34   ″
Wagenwinde   ---------   16   ″
Gesitze für die Mannschaft ungefähr ---   100   ″
                                        ―――――――――
                              = 1802[²/₃ Pfund?]ᶜ
jedes Pferd   -------------   300 [Pfund?]

Rechnet man die La[fette und?] Protze, welche zusam[men 1230?] ℔ wiegen, dazu, so [be]kömmt man auf jedes Pf[erd?] ungefähr 505 ℔.
Man hat verschiedentlich auf 3 Tage Fourage mit geführt, und alsdann kam auf jedes Pferd 550 ℔.

Dies ist jedoch in der letzten Zeit des Krieges sellten geschehen, man hatte immer Fourage Wagen bey sich.

Höhe der Räder ist wie bey den Regimentscanonen.

4.) <u>Beladung einer mit 6 Pferden bespannten 7 ℔digen Haubitze bey der reitenden Artillerie</u>

ᶜ *Der Rest ist wegen eines großen Stockflecks nicht lesbar, auch in den folgenden Zeilen.*

Die Haubitze	---------	610	℔
4 Mann auf der Protze und Lafete	---	600	"
12 Bomben	---------	180	"
12 Kartätschen	---------	220[d]	
24 Stück 1½℔dige Patronen	---------	36	℔
Winde	---------	24	"
Gesitze für die Mannschaft	---------	100	"
Ladezeug und Schanz-Zeug	---------	34	"
	=	1804	℔
Auf jedes Pferd	---------------	300⅔	

Die Lafete und Protze wird ungefähr 1900 ℔ wiegen; das Pferd ziehet also incl. der Lafete und Protze 617, und wenn man auf 3 Tage Fourage geladen, 662. Fourage hatte man aber die letzte Zeit sellten oder fast nie gelad[en?][e]

5.) <u>Beladung eines mi[t 3 Pferden bespannten?] Vier-R[ädric?]hten Munitions-Wagen[s be?]ym Regiments-Geschütz</u>

Die leichten Munitions-Wagen bey den Regiments-Geschütz hatten geladen:

96 Kugel } Schuß	---------	448	℔
64 Trauben	---------	362⅔	
5 Kasten, worin diese Munition		210	"
2 haarne Decken	---------	40	"
2 Munitions Taschen	---------	9	"
180 Stopinen mit Kasten	---------	11	"
1 ledernen Eimer	---------	3	"
Noch andere Kleinigkeiten	-----	16⅔	
		1100⅓	℔

Dazu für 8 Mann 2 Zelte mit Zubehör, 2 Castrolle, 2 Flaschen, 2 Bede		81	℔
9 Tornister, jeder 12 ℔	-----	108	"
für 3 Pferde 3 Tage Fourage 9 Rationen à 15 ℔	-----	135	"
		1424⅓	℔

---

[d] *In der Vorlage endet die Seite hier, die Berechnung wird mit „Latus" bzw. „Transport" von 1610 Pfund auf der nächsten Seite weitergeführt.*
[e] *Der Rest ist wegen eines großen Stockflecks nicht lesbar, auch in den folgenden Zeilen.*

Auf jeden Wagen 3 Pferde, macht auf jedes Pferd ungefähr 475 ℔.
Die Schwere des Wagens ----------- 1580 ℔

Die Hinter-Räder sind hoch bei den alten 5 C.F., bei den neuen 6 Cal. Fuß
" Vorder- " " " " 4 [Cal. Fuß] 1 Zoll

Das Pferd hat also inclusive der Schwere des Wagens 1001 ℔.
Dieser Wagen konnte nur bey guten Wegen durch die 3 Pferde fortgebracht werden, und man wurde in der Folge des Krieges gezwungen, ihn mit 4 Pferden zu bespannen, so daß nun jedes Pferd 751 ℔ bekam.

6.) <u>Beladung eines d[reispännig?ᶠ]gen Munitions-W[agens für?] die 7℔dige Haubitz[en?]</u>

40 Stück	Bomben	-----------	640 ℔
25 "	Cartätschen	-----------	375 "
12 "	Pechkränze	-----------	15 "
2 "	Brandkugeln	-----------	20 "
2 "	Lichtkugeln	-----------	14 "
35 "	1½ ℔dige Patronen		52 "
34 "	1 ℔dige " "		34 "
12 "	½ ℔dige " "		6 "
50	Brenners	-----------	1 "
2	Handbuschlunte	-----------	2 "
2	haarne Decken	-----------	22 "
90	Schlagröhrgen	-----------	2 "
4	Munitionstaschen	-----------	12 "
	Mehlpulver	-----------	5 "
		=	1200 "

Dazu für 8 Mann und 1 Unterofficier
2 Zelte mit allen Zubehör ----- 81 "
9 Mantelsäcke ----------- 108 "
für 3 Pferde Fourage ----------- 135 "
                                1524 "

Macht auf jedes Pferd   508 "
[..]it dem Wagen [...]ᵍ von 1580 ℔ 1034²/₃

ᶠ Wegen eines großen Stockflecks nicht lesbar, auch in den folgenden Zeilen.
ᵍ Schriftverlust durch Ausriß.

Schon auf dem ersten Marsch bemerkte man, daß diese Wagen bey der erwähnten Beladung nicht mit 3 Pferden transportirt werden konnte, und den 3ten und 4ten Marsch war man schon gezwungen, sie mit 4 Pferden zu bespannen.

Räder wie bey N<u>o</u> 5.

7.) <u>Beladung von einen der beiden vierspännigen Munitions-Wagen, für jeden 3 ℔ der der reitenden Artillerie</u>

96 Kugelschuß à 4²/₃ [............]ʰ
96 Trauben „ à 5²/₃ [............]
304 Schlagröhrgen [............]
150 Brenners [............]
Lunte [............]
4 Schaffelle [............]
[....]innerⁱ [............]ʲ
3 haarne Decken ---------- 60 [℔]
2 Zelte incl. alles Zubehör ----- 81 „
5 Mantelsäcke ---------- 60 „
Reserve-Unterofficier ---------- 150 „

                                           1373 ℔

Auf jedes Pferd ---------- 343¹/₄ „
Mit Fourage, welche man aber selten führte,
auf jedes Pferd ---------- 388¹/₄ „
Mit der Schwere des Wagens auf jedes Pferd:
ohne Fourage ---------- 738 „
und mit Fourage ---------- 783 „

Räder wie N<u>o</u> 5.

8.) <u>Beladung eines sechsspannigen Munitions-Wagen für die Infanterie Regimenter</u>

ʰ *Wegen eines großen Stockflecks nicht lesbar, auch in den folgenden Zeilen.*
ⁱ *Schriftverlust durch Ausriß.*
ʲ *In der Vorlage endet die Seite hier, die Berechnung wird mit „Latus" bzw. „Transport" von 1022 Pfund auf der nächsten Seite weitergeführt.*

16.560 Infanterie-Patronen	----------	1242	℔
Hierzu 6 Tonnen	----------	90	"
1 Tonne Mousquetpulver	----------	115	"
1104 Flintensteine	----------	33	"
552 Bleifutter	----------	38	"
4 Schaf-Felle	----------	6	"
2 haarne Decken	----------	40	"
1 Vorraths-Rad	----------	180	"
1 Tonne Teer oder Schmier	----------	55	"
	=	1799	"

Hierzu kömmt noch
Handwerkszeug, Zeltkessel, Flasche,
Mantel-Sack u.s.w. des Rüstmeisters,
welches alles man hier rechnet auf [..........]^k
3 Tage Fourage [...........]

Macht auf jedes [......] beinahe [............]
Und mit dem Wagen [............] 649 ℔

258. Scharnhorst an [Lecoq] [?, 1800?^{1}]

GStA PK, VI. HA Nl Scharnhorst Nr. 25 fol. 2r (1 S.): Konzept, eigenhändig, Fragment.

Verzögerung des Übertritts wegen Arbeit der Artilleriekommission.

Schon seit 1 Jahre wird unser Artillrie[....]^a gänzlich in Innrn verändert; es ist dazu ei[ne] Comission ernannt u. ich bin in derselben. Noch in diesen Augenblik werden sehr kostbare Versuche gemacht. Nicht allein der Umstand, daß ich gern diese, da sie für die Artillerie [......] mit beenden mögte, sondern auch das, daß es den H. Feldm. Gr. v. Walmoden, wegen ma[n]cher Verhält[n]iße, sehr unangenehm seyn würde, wenn ich daraus ginge, erzeugt in mir den Wunsch, we[n]igstens bis gegen Ende dieses Jahrs hier zu bleiben. Ich wage ihn aber nicht zu äusern, weil er leicht den Ge[....], daß hier eigene Conve[n]i[e]nz zu Grunde [.....] könnte u. üb[e]rha[u]pt auch [.....] immer eine Neben Sache [....]

---

^{k} *Wegen eines großen Stockflecks teilweise nicht lesbar, auch in den folgenden Zeilen.*
^{a} *Textverlust durch Abriß am Rande.*
^{1} *Das Fragment hängt offenbar mit der hannoverschen Artilleriereform zusammen.*

259. Scharnhorst an [?] [?, nicht vor 1797?, nicht nach Mai 1801[1]]

GStA PK, VI. HA Nl Scharnhorst Nr. 203 fol. 2r–6v (10 S.): Kopie, Schreiberhand, mit eigenhändigen Abänderungen.

Wirkung der Haubitzen. Anteil und Kaliber im Vergleich der Armeen. Nötige Schwere für vielseitigere Verwendung. Zuschnitt des Zünders nach Entfernung. Haubitzen bei der schweren Artillerie. Gewichtsprobleme. Psychologische Wirkung.

Haubitzen.
Sehr wahr ist Ihre Bemerkung, daß die Haubitzen keine große Wirkung leisten, daß man wegen des allzu kostbaren Transports der Granaten nicht viele Geschütze dieser Art mit sich führen müße; daß sie aber in jeden Fall, da sie aufs Gemüth starken Eindruck machen, unentbehrlich sind.

Die preußische Armeen führen bey 6 Stück 6℔dern 2 Stück 15℔dige (7℔dige nach Steingewicht) Haubitzen. Wir hatten im vorigen Kriege bey 5 Stück 6℔digen Canonen 2 Stück 15℔dige Haubitzen und eine 60℔dige. Die letztern waren zu unbeweglich, wurden im freien Felde in beiden Feldzügen nur einmal gebraucht und gingen am Ende zum Theil verlohren; die übrigen gebliebenen wurden nach dem Lande geschickt. Mit den Pferden derselben machte man eine Batterie holländische 12℔der bespannt. Bey 6 Stück 12℔dern hat man in der preußischen Armee 2 Stück 27℔dige (10℔dige nach Steingewicht) Haubitzen. Die kaiserlichen Armeen haben ebenfalls 14 und 20℔dige Haubitzen, aber sie sind zu leicht. Die 14℔der wagen nur ... und die 20℔digen ... ℔. Alle practische Artilleristen werden Ihnen darin beipflichten, daß man die Haubitzen insbesondere auf große Distanzen brauchen müße und daß man sie deswegen nicht zu leicht machen dürfe. Denn außer den Vortheil des weiten Wurfs leistet die beträchtliche Schwere der Haubitze auch den, daß man sie nun einigermassen als Kanone gebrauchen kann; denn nun schleudert sie auf mittlere Distanzen ihre Granaten mit flachen Bogen; in der Ebene machen sie durch Ricochetschüße mit voller Ladung eine große Strecke unsicher, und ihre Kartätschen sind, wenn man dazu 8löthige Kugeln nimmt, auf eine Distanz von 500 Schritt, und in der Ebene noch weiter, wirksam.

Nur durch die beträchtliche Schwere wird eine Haubitze erst geschickt, bey jeder Gelegenheit gebraucht zu werden; und je allgemeiner der Gebrauch ist, um desto vortheilhäfter ist ein Geschütz, um desto eher macht es sich bezahlt, denn die verbrauchte Munition wird bald wieder ersetzt und dies ist seine geringste Depense[2]. Könnte man jeden Geschütz in den Schlachten einen seiner besondern Wirkung angemeßenen Platz geben, so brauchte man nicht so sehr auf die Allgemeinheit des Gebrauchs zu sehen. Aber so gar in

---
[1] Von der preußischen Armee wird als einer fremden gesprochen; das spricht auch dafür, daß der Addressat ihr ebenfalls nicht angehörte. Mit dem im Text erwähnten „vorigen Kriege" ist wohl der 1. Koalitionskrieg gemeint.
[2] D.h. Ausgabe, Aufwand.

den Positionen, wo man sich angreifen lassen will, kömmt es gemeiniglich ganz anders, als man gemuthmaßt hat. Man erinnere sich die Schlacht bey Krefeld, Vellinghausen, Zorndorf, Cunersdorf, Torgau und selbst die bey Pyrmasens. Bloß bey Kanonaden auf große Distanzen, wo die Affaire sich in die Länge ziehen kann, kann man einen sichern Vortheil von der besondern Eigenschaft eines Geschützes ziehen.

Ich bin daher (ich wiederhohle es) sehr Ihrer Meinung, daß man die Feldhaubitze ja nicht leicht machen müße; man sollte ihnen 50 ℔ auf jedes der Granate geben.

Wenn man die Brand[r]öhre bey dem Gebrauch erst in die Granate eintriebe und ihre Länge nach der Wurfweite jedesmal einrichtete, so würde man freilich eine weit größere Wirkung als jetzt erhalten, wo nur zufällig die Brandröhre die sich zur Entfernung des Feindes schickende Länge hat. Wir haben in einen Theil der Granaten, welche wir führen, deswegen nicht die Brandröhre eingetrieben, sie indes mit Pulver gefüllt und mit einem P[f]ropf versehen.

Aber auch dies hilft den Übel nur sehr unvollkommen ab, denn außer daß es Auffenthalt verursacht, die Brand Röhre in der Action einzutreiben, so hat man auch in freien Felde nicht die Zeit, die Entfernung des Feindes genau genug zu beobachten und die Länge der Brand-Röhre mit der erforderlichen Accuratesse zu bestimmen und abzumessen. Gleichwohl sollte man doch immer bey einen Theil der Granaten nicht die Brand-Röhre eher als bey dem Gebrauch einschlagen lassen, denn in manchen Fällen erlauben es doch die Umstände, ihre Länge nach der Entfernung des Feindes zu bestimmen.

Bey den andern Theil müßten die Brandröhren eine solche Länge haben, daß bey den Schleudern unter einen Winkel von einigen Graden die Granate ungefähr auf 2000 Schritt crepirte. Alsdann kann die Haubitze doch immer, auch selbst ganz nahe, einigermaßen den Nutzen der Kanonen leisten. Richtet man einen Theil der Brandröhre auf kurze Distanzen ein, so hat man allzu oft den Verdruß, daß die Granaten, wenn man, wie meistens geschiehet, alle in großer Entfernung vom Feinde brauchen muß, auf den halben Wege krepiren. Ich habe empfindliche Vorfälle der Art erlebt.

Zu den Haubitzen bey der schweren Artillerie sind die 10 ℔der, wie Sie bemerken, wohl zu klein; jene kann man doch wohl zu der In Brand Setzung eines Dorfs, zu der Bombardirung eines kleinen Orts, einer Schanze u.s.w. mit sicherern Effect als diese gebrauchen. Überdem macht die 20 ℔dige Granate auch im freien Felde mehren Eindruck aufs Gemüthe, theils weil man sie beßer als die 10 ℔dige in Fluge wahrnimmt, theils aber auch, weil sie beym Krepiren stärker knalt und mit größerer Gewalt die Stücken um sich wirft.

Ich fühle zwar mit Ihnen, daß die Vorzüge der 20 ℔digen Haubitze vor der 10 ℔digen nicht in den Verhältniß mit den Erhaltungs Kosten beider stehen, und ich glaube daher, daß man bey einigen Batterien immer Ursach hat, 10 ℔dige Haubitzen zu führen, wenigstens sollte man, wie Sie mit vielen Grunde bemerken, bey der reitenden Artillerie keine andere als diese haben. Bey der preußischen Artillerie hat man die 15℔digen Haubitz Lafeten, und ich meine auch die Haubitzen selbst (welche bey der schweren 800 ℔ wiegen), leichter gemacht, aber bald nachher wahrgenommen, daß man nun nicht mehr sich der Ladung von 2 ℔ bedienen darf, wenn nicht die Lafeten ruinirt werden sollen. Zum Gebrauch bey der reitenden Artillerie ist eine 550 ℔ schwere 10℔dige Haubitze immer einer eben so schweren 15℔digen vorzuziehen, denn da beide nur 1½ ℔ Ladung erlauben, so hat die erste, außer den Vortheil der geringern Kosten des Transports der Munition, auch eine beträchtlich größere Schußweite als die 2te, welches, zumal beym Ricochetiren, sehr wichtig ist.

Die Franzosen haben in Felde immer 6zöllige Haubitzen gebraucht, ihre Granaten wogen ungefähr 20 ℔. Sie haben uns wenigen Schaden gethan. Aber die Trupen fürchten sich vor dieselben und sie verursachen, daß besonders bey Vorposten die Unterstützungs Trupen und vorzüglich die Cavalerie zurück gehalten wird, nicht zur rechten Zeit die einzelnen Posten beym Rückzuge soutenieren und auch nicht einen glücklichen Augenblick gegen den sich eben entwickelnden oder in Unordnung zurückziehenden Feind benutzen kann. Beym Recognosciren verbreiten sie Schrecken und halten die anrückende Unterstützung zurück, die geringe Stärke des recognoscirenden Detaschements wahrzunehmen. Wirft man in Städte oder Dörfer Haubitzen Granaten, so glaubt niemand sich hier mehr halten zu können, ohne daß die eigentliche Wirkung derselben viel zu bedeuten habe. Die reitende Artillerie, die viel figuriren muß, kann daher sehr oft einen vortheilhaften Gebrauch von den Haubitzen machen; die 4 Haubitzen, welche wir im letzten Kriege bey der reitenden Artillerie hatten, verschoßen eine ungeheure Anzahl Granaten.

260. Denkschrift [?, zwischen 1799 und 1801?[1]]

GStA PK, VI. HA Nl Scharnhorst Nr. 195 fol. 6r–8v (6 S.): Konzept, eigenhändig.

Abschaffung der dreißigpfündigen Haubitze. Vorteile des zehnpfündigen Kalibers: Vielseitigere Verwendbarkeit und stärkere Wirkung. Übereinstimmung mit anderen Armeen. Änderungswünsche zu Trews Entwurf: Stärke der Ladung. Notwendiges Gewicht.

[a]Pro Memoria

Das 10℔dige Calibre hat zur Haubitze große Vorzüge vor das 30℔dige, welches wir bisher führten. Denn man kann die 10℔dige Haub. im freien Felde

---

[a] Oben in der linken Ecke, möglicherweise von Scharnhorsts Hand: „e.". Am Rande mit Bleistift der Vermerk eines Bearbeiters: „Aus der hannoverschen Zeit (vor 1801)".

[1] Es ist von den Hannoveranern als „uns" und vom „vorigen Kriege" die Rede. Der Text stammt höchstwahrscheinlich aus der Tätigkeit in der Artilleriekommission. Er ist wohl vor der Denkschrift Nr. 261 zum gleichen Thema entstanden, denn hier wird noch am Entwurf der Haubitze gefeilt, während das spätere Dokument offenbar zur Mitteilung der Ergebnisse dienen sollte.

gewissrmaßen als Canone zum Schießen mit Cartätshen und Bomben sich bedienen, wozu die 30 ℔dige gar nicht gebraucht werden konnten. Unsere 7 ℔digen Haubitzen haben uns 10 mal mehr in dieser Absicht als zum eigentlichen Wurfgeschütz in vorigen Kriege gedient.

In des werden auch 3 Stuk 10 ℔dige Bomben (welche so viel als eine 30 ℔dige wiegen) in eine Schanze geworfen, weit mehr Effect als eine 30 ℔dige leisten.

Nur zum Einwerfen der Gewölbe, zu der Vernichtung eines Walls einer Festung, mag eine 30 ℔dige Bombe wirksamer als 3 Stük 10 ℔dige[b] seyn. Aber diese Fälle der Anwendung wiegen sich nur bey förmlichen Belagerungen.

Durch diese Einrichtung der 10 ℔dign Haubitze haben wir nun mit der preußischen und kayserlichen Artillerie in allen gleiche Caliber, nemlich bey den Canonen 3, 6 u. 12 ℔dr u. bey den Haubitzen 7 u. 10 ℔dige. Da wir mit ein oder ander Armee dienen mögten, so ist dies in Rüksicht der Aushelfung der Munition u.s.w. immer sehr vortheilhaft.

Man hat also in mehrer Hinsicht Ursach, über die Einführung der 10 ℔digen Haubitze für die bisherige 30 ℔dige sich zu freuen.

Es ist nicht daran zu zweifeln, daß die Dimensionen, welche der Herr General von Trew diesen Geschütz zu geben denkt, auf richtige Grundsätze calculirt sind; der Tactiker darf aber hier den Artilleristen bemerken, daß diese 10 ℔dige Haubitze, die[c] bey den schweren Batterien geführt wird, vor den 7 ℔digen sowohl in der Schuß als Wurfweite eben den Vorzug haben muß, den die größern Caliber vor den kleinern haben, denn wozu sollte man sonst ein Caliber einführen, daß sich nicht wesendlich in der Wirkung von einen schon habenden untershiede? Wird wohl jemand 4 ℔dige Canonen neben 3 ℔dige einführen?

Friedrich der 2te, welcher zuerst die 10 ℔dige Haubitzen einführte, forderte von ihnen eine sehr viel größere Wurfweite als die 7 ℔dige leistete, um den Feind in freien Feld auf eine sehr große Dista[n]z unter manchen Umständen beunruhigen u. feindliche Städte, welche durch Moräste u.s.w. gedekt sind, än[g]stigen zu können.

Die Canonen schiken sich hierzu nicht so gut als die Haubitzen, in dem das Crepiren der Bomben immer einen Bezirk von 800 Schritt in Durchmesser unsicher macht, statt eine in hohen Bogen geschoßene Kanonkugel, welche fast vertikal herunter fällt, nur einen Punkt trift u. nicht einmal bemerkt wird.

Ein ander Vortheil der stärkern Caliber bey den Canonen bestehet in den größern auf beträchtliche Distanzen wirksameren Cartätschen. Auch diesen

---

[b] Statt „30 ℔dige".
[c] Folgt ein überflüssiges „sie".

Vorzug muß man der 10℔digen Haubitze vor der 7℔digen zu verschaffen suchen.

Der Werth jener beiden Vortheile hängt von der Stärke der Ladung der Haub. ab, diese aber wieder von ihren Gewichte.

Hieraus folgt, daß eine schwerere Haubitze Vorzüge vor einer leichtern hat, so lange nicht gewisse Grenzen überschritten werden. Wie schwer darf aber eine Haubitze seyn? Sie darf mit der Lafete wohl nicht das Gewicht der Canonen u. Laffeten der Batterien, bey der sie geführt wird, überschreiten. Da man nun zu den Batterien der 12℔der die 10℔dige Haubitzen sich bedienen muß, so kann man also die Schwere dieser Haubitze mit der Laffete auf das Gewicht des mitlern 12℔ders samt seiner Laffete setzen, u. da wird die erstere auf 11 bis 12 Centner kommen und dann mit $3^{1}/_{2}$ ℔ Ladung ihre Bombe wenigstens bis zu 4500 Schritt in Bogen bringen u., wenn sie in der Ebene mit wenigen Graden abgeshoßen wird, bis zu 3000 Shritt weit hinricochettiren. Die preussishen 10℔digen Haubitzen wiegen zwishen 12 u. 13 Centner.

Nach den übershikten Riß sheint die Haubitze des H. General von Trew nicht ganz das hier geforderte Gewicht zu haben, wiewohl sie doch verhältnißmäßig starker als die 7℔dge ist, und also doch wirklich den eben angefuhrten Grundsätzen in einigen Betracht entspricht.

Vieleicht könnte man den Herrn General auf dießelbe aufmerksam machen, wenn man, nachdem man die Vortheile des 10℔digen Calibers angeführt hatte,[d] nun sagte: „daß die 10℔digen Haubitzen, da sie bey den 12℔digen[e] Batterien geführt würden, verhältnißmäßig eine größere Schwere als die 7℔digen haben und wohl zweimal so viel wiegen konnte, damit sie eine starke Ladung vertrugen und die Bomben u. Cartätshen, welche bey den Haubitzen so viel Transportkosten eforderten, auch auf größere Distanzen mit Wirkung verschossen würden." Man könne hier nicht ins Detail gehen, man zweifele aber gar nicht daran, daß der übershikte Riß von der zu gießenden 10℔d. H. demgemäß entworfen wäre, man glaube aber, die tactische Forderung hier anführen zu müßen, daß die Wurfweite u. die Wirkung der Kartätschkugeln von den 10℔digen Haubitzen gegen die der 7℔digen ungefähr in eben den Verhältniß zu nehmen müßten, wie die Schußweiten der 12℔digen Kanonen gegen die der 6℔digen, und daß die 10℔dige Haubitzen vorzüglich darauf eingerichtet seyn müßten, den Feind auf eine sehr große Distanz mit Bomben beunruhigen zu können. Freilich dürften sie mit Inbegrif ihrer Lafeten nicht das Gewicht der mitlern 12℔der samt ihren Lafeten übershreiten, denn sie müßten immer noch mit 6 oder doch wenigstens mit 8 Pferden gefuhrt werden können – man überlasse es der bekanten Einsicht des H. Generals, wie die tactish[e]n Vortheile hier mit den artilleristish[e]n Rucksichten zu v[e]reinigen seyen.

---

[d] Folgt ein überflüssiges „anerkannt".
[e] Verändert aus „6 u. 12℔digen".

261. Denkschrift [?, 1799/1801?[1]]

GStA PK, VI. HA Nl Scharnhorst Nr. 203 fol. 7r–8v (3½ S.): Reinschrift, eigenhändig.
Konzept, eigenhändig: ebda., Nr. 144 fol. 14r–15v (4 S.).

Abschaffung der dreißigpfündigen Haubitze. Vorteile des zehnpfündigen Kalibers: Angleichung an verbündete Armeen. Vielseitigere Verwendbarkeit. Geringere Wirkung gegen starke Bauwerke. Größere Reichweite durch relativ stärkere Ladung.

Pro Memoria
Die 10 ℔digen Haubitzen betreffend.

Der Herr General von Trew ist in Absicht der 10 ℔digen Haubitzen dem System der kayserlichen und preußischen Artillerie gefolgt, nemlich bey dem Batterien von schweren Canonen 10 ℔dige Haubitzen zu führen. Da wir wahrscheinlicher mit diesen als andern Armeen dienen, so werden wir nun einander in der Munition der Haubitzen aushelfen oder auch aus ihren Magazinen unsern Abgang ersetzen können.

Schon in dieser Rüksicht ist die Einführung der 10 ℔digen Haubitzen für die bisherige 30 ℔dige vortheilhaft; aber dies ist dennoch bei weitem nicht der wichtigste Vortheil dieser Veränderung. Die 10 ℔dige Haubitze kann bey den Dimensionen der Stärke des Metals, welche ihr der Herr General von Trew gegeben hat und die sehr gut auf die Natur der Sache calcoulirt sind, als Haubitze zum Werfen der Granaten auf Verschanzungen und Festungen und als Feldgeschütz zum[a] Schießen der Granaten und Cartätschen gegen dem Feind im freyen Felde, gewissermaßen als eine Canone, gebraucht werden. Die 30 ℔digen Haubitzen dienten nur bloß zu der ersten Absicht und waren daher nur in den beiden letzten Feldzügen ein paar mal, wo man sie überdem hätte entbehren können, gebraucht. Es ist zwar wahr, daß die Granaten der 30 ℔digen Haubitze 60 und die der 10 ℔digen nur 20 ℔ wiegen, und daß die erstern als geworfen Körper eine größere Gewalt auf Casematten und Keller ausüben. Allein zu dergleichen braucht man keine Feldhaubitzen, und gegen Schanzen und andere Werke, wo es aufs Beshädigen der Mannschaft und des Geschützes durchs Crepiren der Granaten ankömmt, sind gewiß 3 Stück 20 ℔dige Grenaden ums Doppelte beßer als eine 60 ℔dige, welche mit jenen gleiche Transport Kosten erfordert.

Noch ein wesendlicher Vortheil der 10 ℔digen Haubitzen vor dem 30 ℔digen bestehet darin, daß jene bey dem Plan des Herrn General von Trew eine größere Wurfweite als diese haben. Er hat nemlich der 10 ℔digen in Verhältniß des Gewichts der Granate ein größeres Gewicht als der 30 ℔digen gegeben, mithin kann man bey jener sich auch ein verhältnißmäßige größere

---
[a] *Das Wort in der Vorlage versehentlich doppelt.*
[1] Das Dokument stammt wohl aus der Arbeit in der Kommission zur Reform der Artillerie, vgl. die vorangehende Denkschrift.

Ladung bedienen. Diese größere Wurfweite der 10℔dign[b] Haubitze ist bey mit Inondationen oder Morasten umgebenen befestigten Städten und in einigen andern besondern Fällen von Nutzen, vorzüglich aber auch da, wo man den Feind in einer großen Entfernung durch Beunruhigungen bewegen will, eine uns zu nahe Anhöhe oder andern Platz zu verlassen.[c]

262. Aufzeichnungen [?, 1799/1801?[1]]

GStA PK, VI. HA Nl Scharnhorst Nr. 203 fol. 33r–37v (8½ S.): Konzept, eigenhändig,[a] Fragmente?

> *[1.] Vielseitige Verwendbarkeit leichterer Haubitzen bei der Kavallerie. [2.] Notwendige Übung der reitenden Artillerie. Dazu Beibehaltung der Pferde auch im Frieden. [3.] Vorteile gegen Baulichkeiten, gedeckte Infanterie und Artillerie sowie beim Rückzug. Großes Kaliber notwendig.*

[1.] [fol. 33r–34r:]

Man hat bey dieser Voraussetzung angenommen, daß die Art. sehr langsam feurt, und doch würde nach ihr, wen[n] jede Escad. nur 1 Stük hätte, jede feindliche Esc. 7 Kugel u. 5 Cart. Schüsse ausgesetzt sein, ohne daß dadurch der gegenseitig[e]n Escadron die geringsten Vortheile des Gefechts entz[o]gen würden.

Die 7℔dige genante Haubitz[e]n können hier eben so als die Canonen gebraucht werden; weite Distanzen erreicht man mit ihnen durch Ricochette, welche durch ihr wiederhohltes Aufschlagen decontenanciren und schreken und Unordnung verbreiten: auf 700 Schritt sind schon ihre Cart. wirksam.

Dieses Geschütz hat überdies den Vortheil, daß es in allen Terrain und zu jeder Hinsicht gebraucht werden kann. Stehet der Feind auf den Berge so, daß keine Canonen gegen ihn gebraucht werden können, so wirft man mit den Haubitzen Granat[e]n hinauf, eben so, wenn er untern Bergen schon unter ord. Geschütz Feur ist. Aus Häuser, Schanz[e]n, Kirchen etc. vertreiben oft einige Haubitz Granaten den Feind in wenigen Minuten. Stehet der Feind hinter einer Anhohe etc. vor dem Canon Feur gedekt, so wirft man Haubitz Granaten hin über: bey allen diesen Vorzügen vor Kanonen leisten sie

---

[b] *Verbessert nach dem Konzept. In der Vorlage steht versehentlich: „30℔ign".*
[c] *Im Konzept folgt hier noch: „Friedrich der 2te hat aus diesen Grunde der 10℔digen Haubitze eine solche Schwere geben lassen, daß sie eine zu der Weite von 4500 Schritt erforderliche Ladung aushalten können. Daß sie diese Forderung zugleich zu guten Feldgeschütz machte, indem sie bey dieser Ladung ihre Granate fast wie die Kanonen ihre Kugeln schießen, u. bis zu 2500 Schritt sie ricochettiren, daran dachte der große König wahrscheinlich nicht."*

[a] *Teilweise sehr flüchtig geschrieben.*
[1] Die Überlegungen stehen offenbar in Zusammenhang mit der Artilleriereform.

durch eine geshikte Anwendung der Richochetshüsse auch da, wo rasirende Schüsse wirksam sind, beinahe eben die Vortheile, welche die Kanonen hier leisten.

Ich rede hier von Haubitzen, die wie die preussische eingerichtet sind und auch so manoeuvrirt werden.

[2.] [fol. 34v–35v:]

Viele einsichtsvolle Männer stehen in den Gedanken, daß der Nutze nicht mit den Kosten, die man auf eine solche Artillerie in Frieden verwendete, entspreche.

Sie bedenken aber nicht, daß hier alles auf Geschwindigkeit an kömt, daß hier der Furman eine sehr wichtige Person, das hier die Pferde zugerichtet seyn müssen, daß die Kanoniers alle kleinen mechanishen Handgrife, welche bey den Transport in den impractikablen Terrains vor kommen können, wissen müssen. Zu allen wird hier die größte Geshwindigkeit erfordert, und dazu gehört Uebung. Auch wird durch diese die Einrichtung nach u. nach vervollkommt.

Alle neuen Einrichtungen erfordern erst eine lange Erfahrung, bis [sie] zum gewissen Grade des Zwekmässigen kommen.

Und warum sollte man nicht Pferde für die reitende Art. halten, da man sie für die Cav. hält, wo da jeder Mann nur 1 Pferd hat, statt hier die beiden Fuhrleute 6 haben und bey ihre Leitung nicht alleine Rücksicht auf ihre Pferde, sondern auch aufs Geschütz nehmen müssen.

[3.] [fol. 36r–37v:]

noch Geschütze gegen sich hat und repliirt, ehe man es sich versiehet, der Officier, der auch bey dieser Lage einigermassen entschuldiget ist, wendet nicht alle Mittel zum Wiederstande an, die er sonst anwenden würde.

Ein Stadt, besetztes Schloß etc. wird von Cav. überfallen, die Thore werden durch die Kanonen niedergeshossen, einige Haubitzgranaten in das Schloß Kirche etc. geworfen und alles ergiebt sich.

Durch das Geschütz ist die Cavalerie fähig, ein Terrain zu behaupten, daß sie sonst verlassen müßte, und von den in der Folge oft viel abhängt.

Durch das Geschütz vertreibt sie Inf., die hinter Heken oder Gräb[e]n, in Defileen etc. liegt und sie aufhält, das geringst zu unternehmen, vorzurüken oder sich andre Vortheile zu verschafen. Bey einen Rükzuge halten 2 Canonen, etwa 4–800 Schritt hinter einen Defilee placirt, jede verfolgende Cavalerie auf, vershafen unserer Zeit, sich zu setzen und vortheil[haft]e Beweg[ung]en in Absicht des Ganzen zu machen.

Eine mit Art. versehene Cav. rükt vor, beköm in der Besetzung der vortheilhaftesten Poste den Feind zu vor, soutenirt sich selbst gegen Inf. und Geschütz bis es von seiner unterstützet wird.

Trift Cav. mit Art. versehn Inf. in der Plaine, so chargiren sie dieselbe, zwingt sie zu Bewegungen, die der Cav. zum Einbruche vortheilhaft sind, besetzt Poste, wodurch sie aufgehalten werden kann und macht ihre jede Absicht beinahe unerreichbar. Man kan einigermassen sagen, daß Cav. mit Art. versehen in allen Terrain defensiv und offensiv agiren kann.

Aber das Geschütz muß von grossen Caliber sein, sonst kann man [mit] ihn keine Mauren, Thore, etc. niedershießen, [....]d[b] ein Poste in der Geshwindigkeit forciren: den Regiments Geshütz überlegen sein, es im Cartätschen Schuß haben ohne von ihn mehr als Kugelschüsse befürchten zu dürfen. Ferner muß es gegen feindliche Cav.[c] auf weite Distanzen schon wirksam durch die Cart. sein, denn nahe kann es sellten agiren, weil alsdann schon die diesseitige Cav., wo sie von ihren M. Vermögen profitir[en] und sich nicht überflügeln etc. lassen will, agiren muß.

In der ordinairen 6 ℔digen Kanone gegeben schon bey einer Elev. von 2° Graden über den Visirschuß 1500 Schritt Schußweite und auf 800 Schritt eine wirksamen Carätsche Schuß; nimmt man nun an, daß die Cav. bis auf 300 Schritt im Geschütz Feure in Trot avancirte und 300 Schritt jede Minute zurüklegte, so würde sie doch von 1500 Schritt bis 800 über 2 Minuten in Kugelschuß u. wenigstens 7 Kugelschuß von jeden Canon bekomen. Die, weil die Art. alsdann nur sehr langsam feurte, ziem[l]ich wirksam seyn können. Ferner ist sie noch 6 Cartätsch Schüßen ausgesetzt.

263. Denkschrift [?, nicht vor 1794, nicht nach 1801?[1]]

GStA PK, VI. HA Nl Scharnhorst Nr. 203 fol. 38r–45v (15$^{1}/_{2}$ S.): Abschrift, Schreiberhand, mit eigenhändigen Abänderungen.

Konzept, eigenhändig, Fragment: ebda., Nr. 303 fol. 2r–3v (4 S.).

[1.] Bewährung des Protzkastens im Revolutionskrieg. Bauweise. Vergleiche mit anderen Armeen. Beladung. Notwendige Höhe der Räder. [2.] Unterteilung in Fächer zur sicheren Aufbewahrung der Munition. Vorzüge der französischen Bauweise. Einlagerung von Patronen und Granaten. Mögliche Transportschäden. Vorkehrungen. Französische Wagen mit Federaufhängung.

[1.] Uber die Prozkasten.

In den beikommenden Plan[a] von einer hannovrischen 3 ℔digen Laffete siehet man in[b] Fig. 1 eine Protze mit der Laffete von der Seite und in Fig. 2

---

[b] Das Wort kann wegen des Bindungsfalzes nicht gelesen werden.
[c] Folgt ein überflüssiges „es".

[a] Die folgenden fünf Wörter sind nachträglich eingefügt. Es liegt kein Plan bei.
[b] Statt „im".
[1] Dies ist ersichtlich aus dem Bezug auf die preußischen Verhältnisse auf fol. 38v und den auf 1794 auf fol. 43r.

den Protzkasten von oben. Diese hier vorgestellte Protze-Kasten wurde 1778 bey uns bey den 3 ℔digen Regimentsgeschütz eingeführt und mit 40 Kugel- und 20 Kartätschschuß beladen. In den Revolutions-Kriege hat man ihn sowohl bey den Regiments-Geschütz als bey der reitenden Artillerie gehabt und bey ihm keine wesentliche Unbequemlichkeiten bemerkt. Wenn abgeprotzt wird, so gehet die Protze 25 Schritt zurück, der Protzkasten-Deckel wird geöffnet und die Oeffnung des Protzkastens ist also nach der Kanone zu. Wir haben auf diese Art nie einen Unglücksfall erlebt; indeß ist nach dem Kriege bey der reitenden Artillerie der Befehl gegeben, jedesmal nach dem Abprotzen mit der Protze umzuwenden und den Kopf der Pferde nach den Kanonen zu richten, um desto eher zum aufprotzen kommen zu können, so daß also jetzt die Oeffnung des Kastens rückwärts ist. Es ist wahr, unsere Patronen von Pergament lassen nicht leicht Feur zu, aber bey den 7 ℔dign Haubitzen haben wir Patronen von Rasch und die Preußen, welche über 100 Patronen in ihren eben so eingerichteten Protzen führen, haben, so viel ich gehört, keine Unglücksfälle erlebt, und gehen dabey auf eine Weise zu Werke, die dergleichen wohl möglich machte.

Unsere Protzkasten und Prozen sind in wesentlichen wie die preußischen eingerichtet.

Auf der Axe ruhet ein Bodenbrett a b c d Fig. 2, welches man in Fig. 1 in a b von der Seite siehet. Auf diesen stehet der Kasten e f g h Fig. 2, dessen Boden g h Fig. 1 nicht ganz so groß als das Bodenbret ist.

In e, f, g und h Fig. 2 sind auf dem Bodenbrette hervorstehende Winkeleisen, welche den Kasten verhindern, auf jenen hin und her zu gleiten.

Nach dem Schemel oder Sattel zu befinden sich an den Boden des Kastens [c]in h Fig. 1 und in k und i Fig. 2 starke eiserne horizontal liegende Stifte, welche in ein Loch eines Bolzen greifen, der in den Gabelhölzern befestigt ist. Zwei andere Bolzen befinden sich in m und l Fig. 2 in den Gabelhölzern und zwey horizontal liegende, am Boden des Kastens befestigte Eisen g Fig. 1 fassen über diese Bolzen, so daß durch zwei Löcher in den Eisen die Enden der Bolzen hervorstehen. Durch diese Enden gehet eine eiserne Stange m l Fig. 2, welche bey m einen Kopf und bey l eine Splinte hat.

Wenn man den Kasten auf das Bodenbret setzt, so wird erst der Theil e f in die Winkeleisen geschoben, zugleich die Stifte k und i in die Löcher der Bolzen; hierauf wird die Seite e g niedergelassen und die Stange l m durchgestochen.

Man setzt auf diese Art sehr geschwind den Kasten auf u. nimt ihn eben so geschwind wieder von der Protze, wenn man wegen einer beschädigten Lafete die Canonen auf der Protze mit sich führen muß.

Die vier Bolzen in den Gabelhölzern dienen zugleich zur Befestigung des Bodenbrets, außerdem ist dieses aber noch an die Axe befestigt.

---

[c] *Hier setzt der im eigenhändigen Konzept überlieferte Teil ein.*

In n und o Fig. 1 siehet man eine Art Gewerbe, um zu verhindern, daß der Deckel beym Aufmachen nicht überschlägt; bey p siehet man einen eisernen Ueberfall über eine Krempe, um den Prozkasten verschließen zu können.

Bey der kaiserlichen Artillerie sind die Prozkasten auf eine andere Art als bey unserer[d] befestigt, man hat eine Menge Bolzen, Hacken u.d.gl. angebracht. Aber alle diese Künsteleien sind überflüßig.

Sogar haben wir jetzt bey der reitenden Artillerie statt den beiden horizontalen Eisen und Bolzen l und m Fig. 2 nur ein Eisen und einen Bolzen in x. Das Ende des Bolzen ist mit einer Schraube versehen, auf den eine mit einen Griff versehene Schrauben Mutter paßt.

Die Preußen haben schon im 7jährigen Kriege 100 Schuß bey ihren 6 ℔digen Canonen mitgeführt. Wir haben erst die Protzkasten, wie schon erwähnt, seit 1778. Wie lange die Kaiserlichen sie haben, weiß ich nicht, daß sie dieselben aber schon 1769 hatten, weiß ich sicher.[e]

Wir bekommen jetzt bey den 6 ℔dern durchgehends Kasten für 40 Schuß. Bey unserer reitenden Artillerie haben wir bey den 3 ℔dern 60 Schuß in den Protzkasten und ausserdem noch 16 in zwei Taschen von starken Leder. Diese stehen in 2 einzelne Abtheilungen des Protzkastens, welcher zu dieser Absicht in A und B Fig. 2 so viel länger ist. Zwey kleine Thüren, die unten ihr Gewerbe und oben einen Schieber haben, der durch eine Feder bewegt wird, schließen diese Abtheilungen. Indem abgeprotzt wird, reißt man, ehe die Protze zurückgehet, beide Taschen heraus und hat also immer 16 Schuß in ersten Augenblick bey der Canone, ohne die 60 in der Protze.

Die preußischen 6 ℔der bey der reitenden Artillerie haben 90 und die andern 120 Schuß in Protzkasten. Wir haben bey unsere 7 ℔dige Haubitze 20 Schuß im Protzkasten und 4 in 2 Taschen, welche in den oben beschriebenen Abtheilungen zur Seite stehen.

Bey unsern 6 ℔dern für die reitende Artillerie haben wir 40 im Kasten und 8 in den Taschen in den beschriebenen Abtheilungen.

Daß die Protzkasten nichts Beschwerliches für das Schwenken haben können, siehet man daraus, daß bey uns noch die reitende Artillerie 2 Mann auf dem Protzkasten und 2 auf der Lafete sitzen.

Es gehört immer einige Aufmerksamkeit dazu, das Gleichgewicht recht zu treffen. Man siehet es nur erst bey den Gebrauch in unebenen Gegenden, ob man hier etwas versehen[f], und ich habe, als ich die reitende Artillerie unter meinen Befehl bekam, viele Umstände gehabt, ehe sie die Stellung bekamen, welche den Pferden am wenigsten unbequem war.

---

[d] *Folgt eine sehr dicke Streichung. Im Konzept folgt hier: „u. der französischen". Das System Gribeauval benutzte aber Protzen ohne Kästen und nur einen kleinen Munitionskasten, der auf der Lafette transportiert wurde.*
[e] *Folgt gestrichen (im Konzept noch vorhanden): „u. ich glaube, sie haben sie schon in 7jährigen Kriege gehabt."*
[f] *Mit diesem Wort endet das eigenhändige Konzeptfragment.*

Es ist ein großer Vortheil, die nöthige Munition in den Protzkasten zu haben. Auch insbesondere in Rücksicht des Gebrauchs des Geschützes, in dem man in manchen Fällen nichts mit denselben wegen des Embarras der Wagen thun kann. Diese machen eine doppelte Anzahl Fuhrwerke aus, und dazu kömmt noch, daß man mit ihnen nicht in engen Oertern umwenden kann, welches mit dem Geschütz weit leichter durchs Abprotzen angehet. Bey dem Geschütz ist überdem die Mannschaft, welche anfaßt, wo es nöthig ist, und welche das Umwerfen verhütet. Ganz anders ist es mit den Wagen, wo nur ein Mann bey ist, da entstehen Zufälle aller Art. Kurz, um mit der Artillerie vor den Feind manoeuvriren, etwas geschwind ausrichten und sie in engen Oertern brauchen zu können, muß man die nöthigste Munition auf der Protze haben. Aber wenigstens 60 Schuß bey dem 6 ℔der. Es muß so viel seyn, wie zu einer Action erfordert wird, die gewöhnlichen Protzaxen sind gemein[i]glich stark genug, diese zu halten. Denn wir haben den Sattel von den gewöhnlichen Protzen herunter geworfen, die Gabelhölzer und den Sattel rückwärts angebracht und den Kasten auf die alte Axe gesetzt. Nun trägt die Axe 48 Schuß und 2 Mann auf der Lafete. Sie kann also gewiß 60 Schuß tragen, wenn man die Leute von der Lafete läßt. Wir sparen jetzt viel durch diese Einrichtung, die Munition mit sich zu führen; denn nach unserer Bespannung müssen wir zu den Transport von 50 Stück 6 ℔dige Patronen 2 Pferde u. 1 Knecht haben. Jetzt ziehen die 6 Pferde vor der Canone fast diese mit, ohne daß sie dadurch zu stark belastet sind. Bey zu niedrigen Protzrädern muß man, um eine bedeutende Last auf der Protze zu führen, 4$^{1}/_{2}$ bis 5 Fuß hohe Räder machen lassen. Wir haben dies nicht gethan; es würde aber ungemein den Transport erleichtert haben und es hätte, da man den Beschlag beibehalten kann, auch keine sehr großen Kosten verursachen können.

Aus allen Versuchen und Erfahrungen, welche mir über die Fuhrwerke bekannt sind, habe ich Ursach zu glauben, daß eine Protze, die 3$^{1}/_{2}$ Fuß hohe Protzräder hat, im Sande und schlechten Wege nicht leichter gehet, als sie bey 5 Fuß hohen, mit 60 Schuß beladen, gehen würde.

[2.] Uber die Conservation der Munition in den Protzkasten und den Munitions-Wagen.

Die Franzosen haben für die Kugel un[d] Cartätsch Schüße in ihren Wagens Abtheilungen so lang als die Patronen. Ist ABCD der Kasten,[g] so ist derselbe durch ein Brett EF, GH u.s.w. in Fächer AEBF u.s.w. getheilt, die Länge AE oder BF ist gleich der Länge der Patronen. Hierin werden die Patronen lagenweise gelegt, dergestalt, daß die Kugeln nicht an einander kommen und stark mit Hede[2] bestopft; zwischen zwei Lagen kömmt ein haarnes Tuch oder ein Bette von Hede.

---
[g] *Hier eine saubere Zeichnung der Aufteilung der quadratischen Fächer.*
[2] Werg.

Bey den meisten Wagens sind die Fächer wieder durch kleine Bretter LM,[h] NO, u.s.w. abgesondert, so daß in den Raum GJLM grad eine Patrone Raum hat; hierin werden nun die Patronen auf einander so gelegt, daß die Kugeln nicht an einander kommen, und mit Hede festgestopft.

Die letztere Einrichtung scheint mir die beste zu seyn, und ich sehe nicht ein, wie bey ihr so bald Unglücksfälle entstehen könnten. Sind die Bretter LM, NO u.s.w. leicht und nicht zu dick, so beschweren sie nicht und nehmen auch nicht zu viel Raum weg. Ich meine, daß man 5 Patronen in einer Horizontallinie und also 5 Abtheilungen hat.

Bey unserer Artillerie befinden sich alle Patronen in der Protze in abgesonderten Zellen. Ist zum Beyspiel ABCD der offene Kaste,[i] auf den man von oben herunter siehet, so nimmt man 5 Bretter, EF, GH, u.s.w. wahr, welche 6 Abtheilungen CEFD, GEHF u.s.w. formiren. Jede dieser 6 Abtheilungen ist wieder durch schwache Bretter, QR, TS u.s.w. in 10 kleine Abtheilungen getheilt, von den jede so groß ist, daß man grade eine Patrone hineinstecken kann, so daß die Kugel und der Boden Ende der Patrone sich oben befindet. Diese Einrichtung macht, daß man hier 60 Patronen lassen, deren jede von der andern separirt ist, und der Lage nach in einer vertikalen Richtung sich befindet. Man legt etwas Kuhhaare unten und stopft auch welche vermittelst eines Stäbchens neben die Patronen in die Ecken, damit sie desto fester und unbeweglicher lagen. Unsere Canonen Patronen in den Munitionswagens befinden sich in Kasten von Tannenholz, welche wie der ebenbeschriebene Protzkasten eingerichtet sind. Bey den 6℔dern hat jeder Kaste 15 Patronen und bey den 3℔dern 28. Bey den Gebrauch nimt man einen Kasten nach den andern aus dem Wagen. Zwischen den Kasten legt man haarne Decken, damit sie nicht einander im Fahren beschädigen.

Diese Einrichtung conservirte unsere Patronen von Pergament im Kriege recht gut; aber das Pulver setzte sich in den untern Theil (in den nach der Kugel zu) zusammen und oben entstand in der Hülse ein leerer Raum. Man mußte sie daher, wenn sie lange herum gefahren waren, herausnehmen und das Pulver durch Aufschlagen und Rütteln in der Hülse oder den Sak wieder gleichförmig vertheilen. Auch das Herausnehmen verursachte einige Unbequemlichkeit, doch weiß ich nicht, daß[j] beide angeführte Umstände auf den Gebrauch einen wesentlichen nachtheiligen Einfluß gehabt hätten.

Die französische, oben beschriebene Art von Munitions Kasten, wo die Patronen durch Bretter separirt sind, scheint mir die beste zu seyn. Wir haben Wagen der Art in dem Feldzuge 1794 und bey einigen französischen 4℔dern, welche wir führten, gehabt, und keine nachtheiligen Umstände dabey bemerkt.

---

[h] *Statt „L, M,".*
[i] *Hier eine Zeichnung der Aufteilung der Fächer.*
[j] *Folgt ein überflüssiges „es".*

Man hat bey ihr nicht zu viel Umstände im Herausnehmen derselben, die Pulver Patronen von Flamin³ oder andern wollnen Zeuge behalten ihre Form und dabey nimmt eine gewisse Anzahl derselben nicht so viel Raum ein, als bey unser Einrichtung, wo jede eine separirte Zelle hat.

Ich glaube, daß so wohl bey der reitenden als andern Artillerie die französische Einrichtung die zweckmäßigste ist. Wir sind in wesentlichen so wohl mit dieser als mit unserer Einrichtung recht gut fertig geworden. Es ist wahr, man muß die Munition nach mehrern Märschen nachsehen, sie von neuen feste stopfen und repariren, wo es nöthig ist, trocknen, wo sie feuchte geworden und die Wagen bey guten Wetter aufsperren. Aber alles dies wird auch bey andern Einrichtungen vielleicht nöthig seyn.

Es ist eine Hauptsache bey allen Verpacken, daß man die Sachen so einschließt, daß sie sich auf dem Marsch nicht bewegen können. Man müßte daher bey der französischen Einrichtung über jedes Fach einen kleinen Deckel haben, den man feste zumachen könnte. Hätte man alsdenn mit Hede oder Kuhhaar oben die Patronen so belegt, daß beym Schließen des Deckels sie auf einander gedrückt würden, so scheint mir es nicht möglich zu seyn, daß leicht Beschädigungen eintreten könnten, wenn sonst nach einen oder mehrern Märschen die Facher nachgestopft würden.

Wenn man keine Wagen wie die französischen hat, so nimmt man statt dessen Kasten bey den 3 ℔dern zu 20 bis 30 und den 6 ℔dern zu 10 bis 15 Patronen, welche man in die verdeckten Wagen setzt. Aber auch diese Kasten müssen durch haarne Decken von einander abgesondert und nur von leichten Tannen Holz seyn.

Weit schwieriger ist der Transport der Granaten. Wir haben in den Protzkasten für jede Granate eine eigene Abtheilung. Der Protz Kasten unser 7 ℔digen Haubitze bey der reitenden und andern Artillerie ABCD von oben angesehen,ᵏ ist durch Bretter EF, GH und JK in 4 längliche Fächer A E B F etc. geteilt. Jedes Fach ist wieder durch kleine Bretter LM, NO u.s.w. in 5 Zellen, jede grade so groß, daß in einer als (z.B. LM, BF) eine Granate liegen kann, abgesondert, so daß in den Prozkasten 20 Granaten geführt werden können. Die Granate wird so gelegt, daß die Brand Röhre sich oben befindet, und dann werden die Ecken mit Kuhhaare voll gestopft, damit sie so unbeweglich als möglich ist. Allein nach langen Märschen bewegt sie sich und denn kömmt die Brandröhre an die Bretter und beschädigt nicht selten die Verkappung, die bey uns von Leinen ist. Indes bleibt doch meistens das Näpfchen der Brandröhre unbeschädigt und auch der Ludelfaden⁴ in demselben. Es giebt hierbey oft was zu repariren und nachzustopfen, aber man wurde doch auf den vielen Stein Chausséen in den Niederlanden fertig.

Vieleicht wäre es gut, daß die Zellen gepolstert würden.

ᵏ *Hier eine Zeichnung der Aufteilung der Fächer.*
³ Möglicherweise Flamenga, eine Art Kreppstoff.
⁴ Zündschnur.

Wir haben um der Granate einen Art Bund von starken Bindfaden, in dem man oben eingreift, um die Granate herauszunehmen und in das Geschütz zu führen. Dadurch ist man aber gezwungen, den Spielraum stärker zu nehmen als sonst, indes kann man auch wenn die Granate nicht in die Mündung will, den Bund, welcher nicht viel bedeutet, wegschneiden, wiewohl dies immer einigen Auffenthalt verursacht. Wenn man verhindern wollte, daß die Granate sich verschöbe, daß die Brandröhre immer oben bliebe, so müßte man sie oben so viel mit Pferdehaar oder Hede belegen, daß man nur mit Gewalt den Deckel schließen könnte und anfangs nach jeden Marsch etwas Hede nachstopfen. Daß dies der Beschädigung der Brandröhren fast ganz abhilft, wenn es sorgsam gemacht wird, weiß ich aus Erfahrung. Nur muß die Einrichtung des Deckels, des Überfalls u.s.w. darnach eingerichtet seyn.

Unsere 7℔digen, 14½ ℔ schweren Granaten in den Munitions Wagen sind in Kasten von Tannenholz[1], welche inwendig die Einrichtung der Protzkasten haben. Man hat gewöhnlich 8 in einen Kasten. Einige Kasten haben 16 Granaten, hier werden die untern 8 Zellen mit einen Boden Brett gedeckt und darauf wird ein Gerippe von 8 andern Zellen gesetzt.

Ich habe die französischen in Federn hängende Wurstwagen gesehen; sie hingen eigentlich nur wegen der darauf sitzenden Leute in Federn und hatten wenige Munition. Man hat sie nachher größtentheils abgeschaft oder man hat vielmehr keine neuen mehr machen lassen, weil alle Leute jetzt zu Pferde sitzen. Die französischen Wurstwagen waren schön, aber sehr künstlich eingerichtet und schwer. Wir haben einen in Rouselar mit 3 Stücken von der reitenden Artillerie genommen, welche zwei Pferde, ungeachtet nur noch 16 Stück 20 ℔ schwere Granaten drin waren, nicht für beständig ziehen konnten.

Die Granaten hatten wie bey uns jede ihre eigene Zelle und war darin mit Hede bestopft.

Um die Granaten bequem aus den Kasten nehmen und in die Haubitze führen zu können, müßte man sie mit einem Bunde von Leinwand Band umgeben, denselben aber vorher mit Leim bestreichen, damit er an der Granate fest wäre und oberwärts an diesem Bunde ein Gehänk lassen, in welches man eingreifen könnte. Ein solcher Bund würde nicht so sehr als der von Bindfaden den Spielraum benehmen.

264. Denkschrift [?], 1801

GStA PK, VI. HA Nl Scharnhorst Nr. 258 fol. 1r–3v (5½ S.): Konzept, eigenhändig, unvollendet.

Versuche zur Optimierung und Vereinheitlichung des Pulvers. Ausgangsfrage. Ausdehnung der Versuche. Methodische Probleme. Probe unterschiedlicher Körnung. Probleme.

G.S.

---

[1] Statt „Tanneliholz".

Uebersicht der Versuche, welche während des Winters von 1800 auf 1801 über die Schußweiten mit verschiedenen Canonen angestellt sind.

^aSchon seit längr Zeit hatte man wahrgenommen, daß unsr vorräth[i]ge[s] Pulver, so wohl das für die Canonen, als für das kleine Gewehr von sehr verschiedener Beshaffenheit war, und daß die 12 ℔digen Canonen nicht die Daurhaftigkeit zeigten, welche ihr Gebrauch durchaus erfordert. In Absicht des Pulvers beshloß man eine allgemeine Revision mit den kleinen Probe-Mortier anzustellen, weil diese Art, das Pulver zu versuchen, bey weitem am wenigsten kostet und am geshwindesten ohne alle weitläuftige Umstände geshehen kann.

Bey dieser Revision fand sich nun, daß das Pulver nach Anzeige des Probemortiers von sehr vershiedener Beschaffenheit war. Es ließ sich vermuthen, daß bey dem Gebrauch im längern Geschützen diese Verschiedenheit nicht in den Maße statt finden würde. Die Sache verdiente aber doch eine besondere Aufmerksamkeit, da sich eine Menge Pulver vorfand, welches nicht bey den kleinen Probemortier die Wirkung zeigte, welche man nach der contractmäßigen Festsetzung und nach der Vergleichung mit den Pulver anderer Mächte billig fordern konnte.

Es blieb kein ander Weg übrig, als zu erforschen, in wie weit die Wirkung des Pulvers bey den vershiedenen Arten von Geschütz mit der bey dem kleinem Probe-Mortier übereinstimme.

In dieser Rüksicht nun wurde eine Comission von Artillerie Officieren ernannt und ihnen aufgetragen, mit den vershiedenen Calibern der Canonen, mit der 7℔Haubitze u. dem 30℔digen Mortier Versuche über die Schuß u. Wurfweiten bey vershiedenen Ladungen u. Pulversorten anzustellen.

Das übelste hierbey bestehet darin, daß man aus einzelnen Schüßen in dieser Art Untersuchungen nichts nehmen kann, sondern das wenigstens 12 Schuß bey einer Ladung u. Elevation erfordert werden, um nur eine einigermaßen richtige mitlere Schußweite zu erhalten. Die sehr verschiedenen Pulvergattungen u. Geshütze machen daher die obige Untersuchung, wenn sie nur einigermaßen ihren Zwek entsprechen soll, sehr umständlich.

Nur darin, daß man bey den Canonen nur bey einem Caliber Proben anstellte, wäre vielleicht eine Abkürzung ohne allzugroße Unsicherheit in den Resultaten möglich gewesen, allein andere Rüksichten, welche wir in der Folge näher anzeigen werden, erforderten durchaus, daß diese Versuche mit allen 3 Calibern der Feldkanonen gemacht wurden.

§. 2. Ein^b anderes Absehen bey diesen Versuchen ging dahin, die wahren Verhältnißse der Wirkung des Pulvers von verschiedener Körnung u. Bearbeitung

---

^a Davor gestrichen zwei Anfänge des Aufsatzes: „Bey den Untersuchungen, welche in unser Artillerie im Sommer u. Herbst 1800 angestellt wurden, fanden sich 2 Umstände
    Seit ein Paar Jahr waren einige Zweifel über die Güte unsers Canonenmetals und die über".

^b Statt „Eine". Das Wort blieb bei der Änderung von „andere Absicht" zu „anderes Absehen" versehentlich unverändert.

bey langen und kurzen Waffen, d.h. Canonen, kleinen Gewehren u. Mortieren, zu erforschen, um darnach eine Pulverprobe zu den künftigen Empfange festzusetzen. Dies war sehr nothwendig, weil man seit einiger Zeit in den Proben zu dem Empfang häufig abgewechselt hatte; es war abwechselnd nach Proben mit dem kleinen Probe- und mit dem 7 ℔digen Mortier, mit dem kleinen Gewehr und dem 3 ℔digen Canonen angefangen, ohne daß solche Proben angestellt wären, welche die Zwekmäßigkeit der einem oder andern Empfangprobe dargethan hätte. Man mußte über diesen Gegenstand um so mehr bedenklich seyn, da keine unser Proben mit denen von andere Mächten übereinstimmte, und nach einen vorläufigen Versuch in Kleinen unser Pulver, wie schon erwähnt, schlechter als das der meisten andern Mächte war.

265. Denkschrift [?, 1800/1801?[1]]

GStA PK, VI. HA Nl Scharnhorst Nr. 144 fol. 29r–30v (4 S.): Konzept, eigenhändig, Fragment.

1. Bisherige Wischermodelle. Beweglicher Stiel als Sicherung. 2./3. Versagen in der Praxis. Unfälle. 4. Lösung durch Schwanenhals. Positive Erfahrungen. 5./6. Schnelleres Feuer mit weniger Gefahr für die Bedienung möglich. 7. Versuche zur Bedienungsfreundlichkeit nötig.

<u>Vorschlag zur Verbeßerung des Wischers u. Ansatzes bei den 3 u. 6 ℔dern.</u>

§ 1. Ehemals waren alle Wischer und Ansetzkolben so eingerichtet, als sie jetzt noch bei dem 12 ℔der sind. Nachher ließ man den Ansetzkolben weg, befestigte an dem Ende, wo derselbe sich befand, ein Gehenk mit einem kurzen Stiel, und setzte nun mit den Wischer die Cartusche an, in dem man an obigen Stiel faßte.[2] Man glaubte, auf diese Weise würde der Mann, welcher die Cartusche herunterschiebe, nicht durch den Schuß beschädigt werden, wenn etwa dieselbe Feur finge, ehe er ihn wieder aus der Seele gebracht hätte.

§ 2. Die Erfahrung hat nachher gelehrt, daß dies Mittel[a] auch selbst bei den kleinen Exercirpatronen nur sehr unvollkommen der Absicht entsprach, es ist wahrsheinlich, daß bei einem sharfen Schuß mit voller Ladung es sie[b] fast gänzlich, zumal bei dem 6 ℔der, verfehlt.

---

[a] *Folgt gestrichen: „nicht ganz der Absicht entsprach u. den Nachtheil hatte, daß der Wischer bei jeden Schuß 2 mal in die Seele des Stüks gebracht werden mußte, u. also doppelt so geshwind als vorher abgenutzt wurde."*
[b] *Statt „es".*
[1] Thematisch würde der Text zur Arbeit der Unterkommission zur Regimentsartillerie passen, die in ihrer Denkschrift Nr. 217 die Einführung eines neuartigen „krummen Wischers" empfahl.
[2] Diese Art wurde auch als Flegelwischer bezeichnet.

§ 3. Es gehen wenige Jahr hin, wo nicht ein oder zwei Canoniere, in dem sie die Patronen ansetzen, durch die zu frühe Entzündung derselben ihre Gesundheit verlieren und oft nur mit vieler Mühe beim Leben erhalten werden. Diese sehr unangenehmen Vorfälle werden unter der gemeinen Klasse von Leuten gewöhnlich allgemein bekannt, und oft noch weit fürchterlicher geshildert, als sie wirklich sind. Sie erwecken die Abneigung gegen den Soldatenstand u. vorzüglich gegen den Dienst bei der Artillerie. Ich könnte dies durch Aeußerung von Landleuten beweisen, wenn die Sache nicht von sich in die Augen fiele.

Hinzu kömmt noch, daß diese Unglüksfälle die Leute bei der Bedienung schüttere machen, und sie verhindern, mit Contenanze das Geshütz zu bedienen. Ein Wisher, bei den sie nicht eintreten könnten, würde daher wesentliche Vorzüge vor den bisherigen haben, sollte auch sein Gebrauch mit einigen minder wichtigen Unbequemlichkeiten verbunden seyn.

§ 4. Der Wischer in der beigehenden Zeichnung,[c] den ich hier den Wisher mit einem Schwanenhalse nenne, entspricht, wie es scheint, jenen Forderungen, und verdient daher den Vorzug vor den mit einem angebundenen Stabe.

Bei den erstern stehet der Mann, wenn er ansetzt, nicht so nahe vor der Mündung als bei dem letztern, und leidet beim Entzünden des Schußes also auch weniger Gefahr. Dies ist ganz unwiedersprechlich. Ich bin Augenzeuge gewesen, daß bei einem Versuch mit diesem Wischer sich zweimal der Schuß in Ans[e]tzen entzündete, ohne daß der Mann im geringsten beschädigt worden wäre, u. ich halte mich überzeugt, daß dies bei nur einigermaßen exercirten Leuten entweder immer oder doch gewöhnlich der Fall seyn wird.

§ 5. Würde aber der Mann bei dem Wischer mit einem Schwanenhalse nicht beshädigt, wenn der Schuß, während er ansetzte, herausführe, so würde hierdurch nicht allein die in 3ten erwähnten, bei dem Wischer mit einem Stabe entstandenen großen u. wesentlichen Nachtheile vermieden, sondern es würde auch dadurch der Vortheile entstehen, daß man nun beim geshwinden Cartätshfeur, ohne bei jeden Schuß zu wishen, ohne Gefahr chargiren könnte. Dies ist theils wegen der Geshwindigkeit des Feurs, von der in diesen Augenblik so viel abhängt, wichtig, theils aber auch wegen der unvermeidlichen Uebereilung der Leute ein sehr bedeutender Umstand. Denn bei der besten Anweisung und dem geübtesten Leuten wird man es nicht verhindern, daß in der Hitze der Action der Mann zum Ansetzen zu Zeiten das Versehen machte, die Patrone gleich nach den Schuß, ehe noch gewischt ist, anzusetzen. Kann nun dieser Umstand keine nachtheiligen Folgen verursachen, so hat man unvermeidliche Zufälle abgeholfen und sich gegen Unglüksfälle, welchen man in den bedenklichsten Augenblik der Action ausgesetzt ist, gesichert.

---

[c] *Die Zeichnung befindet sich nicht in diesem Faszikel.*

§ 6. Bei den Wischer mit einem angebundenen Stabe hängt die Sicherheit des Manns, der ansetzt, von den guten Auswischen ab, dies aber kann in Felde nicht so wie in Friedenszeiten erhalten werden; denn 1stlich nutzt der Wischer sich bald ab, da er zugleich mit zum Ansetzen gebraucht wird, und die Ersetzung hier zu Zeiten, besonders wenn Geschütze detashirt sind, Schwierigkeiten haben; 2tens wird er voller Schmutz bei einer anhaltenden Action und die Hitze des Gefechts verhindert nicht selten das Umdrehen am Boden, worauf so viel ankömmt.

Es ist daher gewiß, daß vor den Feind der Mann zum Ansetzen öftere durch den Schuß des eigenen Geshützes beshädigt werde, als bei den Revuen. Erfahrungen lassen sich hierüber nicht aufstellen, weil Beschädigungen der Art für Verwundungen durch feindliche Kugeln ausgegeben werden.

§ 7. Gegen den Wischer mit einem Schwanenhalse können allerdings Bedenklichkeiten eintreten. Versuche müßen aber hier entsheiden. Zuerst möchte man befürchten, daß die Bedienung des Geschützes bei demselben langsamer geshähe. Um diesen Punkt ins völlige Licht zu setzen, müßte man einen Mann, der weder mit der einen, noch der and[e]rn Art von Wishern exercirt wäre, mit beiden auf eine gleiche Weise üben, und

c. Studien über den Einsatz von Scharfschützen

266. Denkschrift [?, ?]

GStA PK, VI. HA Nl Scharnhorst Nr. 271 fol. 15r–17r (5 S.): Konzept, eigenhändig.

Geringere Bedeutung der regulären Evolutionen für die leichte Infanterie. I. Erfordernisse im Gefecht: Geländeausnutzung, Zusammenwirken. II. Feldwachdienst. Regeln der Disposition.

Untersuchung der leichten Infanterie und Jäger

Die leichte Infanterie muß nicht ihren Werth in der Precision der Evolutionen suchen; ihre Bataillone müßen leichte und geschwind alle Bewegungen machen; die vollkom[men]ste Gleichheit des Schritts und der Richtung, welche zu Bewegung mit mehrern Bataillonen erfordert wird; die große Genauigkeit der Schwenkung, Distanz u. Richtung in Colonne u. beym Aufmarsch, ohne welche mehrere Bataillone keine Evolutions mit Ordnung ausführen können, ist bey dem Evolutionen eines leichten Infanterie Bataillons, daß nie vor den Feind in Verbindung mit mehrern agirt, überflüßig – wenigstens sind ihn die Uebung in den Verrichtungen, zu welchen es in kleinen Kriege gebraucht wird, weit nothwendiger, und es muß daher hierin vorzüglich untersucht werden, es ist die Haupt Sache, daß es hier in zu den erforderlichen Grad der Vollkommenheit gekommen ist[a]. –

Der Gebrauch der leichten Infanterie u. Jäger in Feld erfordert

I. daß man die feindlichen zerstreute Trupen aus einem durchshnittenen Terrain vertreibe. Hier zerstreut sich das ganze Bataillon, wenn ihn regulair Infanterie folgt, oder es zerstreuen sich ein paar Compagnien und die andern folgen ihnen geschloßen.

Wie hier 1. en debandade die einzelne Mannschaft von den Terrain profitirt; 2. wie hier der Zusammenhang in der zerstreuten Kette erhalten wird, ohne daß sie sich zerreißt; 3. wie hier, wo es Hinderniße des Terrains erfordern, die Kette in mehrere Theile sich trent und die einzelnen Theile wieder ein Ganzes ausmachen; 4. wie die Distanzen von den folgenden geschloßenen Trupen beobachtet werden, ob die Kette, ohne Rüksicht auf dieselbe zu nehmen, ohne alle Haltung vorgehet; 5. wie die Signale zu den vershiedenen Bewegungen befolgt werden, alles dies sind Punkte, auf die man achten muß. Bey einen nicht wohl geübten Bataillon wird man bald finden, daß nach den Signalen immer noch die Officiere u. Unterofficiere den Leute zurufen, dies oder jenes zu thun; daß die Leute in der Kette auf ein Flek nahe beyeinander und auf einen andern weit von einander entfernt stehen oder daß die Kette sich ganz zerreißt u. ein Theil von den andern trent oder daß sie zwishen sich die Intervallen auf eine ängstliche Art ohne Rüksicht des Terrains halten; daß die Leute nicht in den Vertiefungen niederfallen, nicht in den Gräben sich werfen, nicht hinter Bäumen sich stellen, nicht sich gegenseitig unterstützen oder dies auf ein ängstliche und anwendbare Art thun u.s.w.

II. Ein ander u. gewöhnlicher Gebrauch der leichte Infanterie u. Jäger bestehet in der Bewachung gewißer Districte. Hier werden von ihnen mehrere kleine Feldwachen ausgesetzt, welche sich auf die Reserve zurükziehen oder von ihr unterstützt werden. Wenn man sehen will, ob ein Bataillon in diesen Dienst wohl unterrichtet ist, so muß man einen Staabsofficier oder Capitän ein Terrain bestimmen, welches er mit den Bataillon oder einen geringen Theil, ein oder ein paar Compagnien, bewachen soll; und nun ihn aufgeben, die Feldwachen auszusetzen und den Officieren und Unterofficieren, welche sie comandiren, die nöthigen Instructionen ihres Verhaltens bey Angrif des Feindes zu geben. Man muß dabey wohl bemerken, wie er hier die Disposition bey Tage u. bey Nacht trift, wie ein oder ander Theil. Nachher muß man untersuchen, wie die Commandeurs der einzelnen Wachen die Schildwachen ausgesetzt haben, ob sie verdekt stehen, als es die Gegend erlaubt u. ob sie dennoch daß vorliegende Terrain übersehen; ob sie in einer paßlichn Entfernung von der Wache sich befinden, oder ob

---

[a] Statt „hat", was bei der Abänderung von „gebracht hat" zu „gekommen ist" übersehen wurde.

606   II. Reform der hannoverschen Armee (1798–1801)

sie so weit davon entfernt sind, daß man ihren Schuß nicht beym widrigen Winde bey der Wache hören kann? Ob die Wachen verdekt in der Mitte ihrer Schildwachen Kette und doch einigermaßen auf den Punkten stehen, die der Feind paßiren muß?

267. Denkschrift [?, nicht vor 1799, nicht nach 1801?¹]

GStA PK, VI. HA Nl Scharnhorst Nr. 190 fol. 3r–16r, 19r–30r (45½ S.): Konzept, eigenhändig, unvollendet?

Instruktion zur Übung der Scharfschützen. I. Handgriffe des liegend Ladens. Deckung. Koordiniertes Feuern und Bewegung. Chancen gegen Artillerie und Schanzen. Übung mit Feinddarstellung. II. Übungsschießen. Handhabung des Gewehrs. Distanzen. Zielauswertung. Belohnung und Wettbewerb. Übung zum Einschätzen von Entfernungen. III. Evolutionen im Rahmen des Bataillons. Geist der Ungebundenheit als Risiko. 1. Positionen in der Aufstellung. 2. Positionen im Vormarsch. Einhaltung des Abstands. 3.–7. Abstimmung mit Bewegungen des Bataillons. IV. Gefechtsverhalten. IV./I. Vertreibung feindlicher Schützen. Feuerverhalten. Risiko der Verfolgung. Abstände. Entsprechendes Verhalten. IV./II. Durchsuchung unübersichtlichen Geländes. 1. Vorgehen mit einem Bataillon. Verteilung. Unterstützung durch Linieninfanteristen. 2. Vorgehen mit getrennten Abteilungen. 3. Vorgehen mit größeren Einheiten. Unterstützung bei gegnerischem Widerstand. IV./III. Postierte Schützen- und Artillerielinie in wechselndem Gelände. Berücksichtigung des Terrains. Deckung. Warnposten. IV./IV. Angriffe. 1. Auf ein Dorf: Position zum Bataillon. Zusammenwirken mit Formation und Geschützen. 2. Auf eine Schanze: Feuern auf Kanoniere. Provokation feindlichen Feuers. V. Deckung der Geschütze.

Uebung und Unterrichtª der Scharfschützen²

Die zum Scharfschützen ausgesetzte Mannschaft muß, ehe sie zu derselben aufgenommen wird, in allen, was die Exercize im Bataillon betrift, ausgearbeitet seyn, als dann bestehet die besondere Uebung und der Unterricht derselben noch:
I.   In dem Laden und Feuren auf der Erde liegend und in der Anwendung desselben.
II. In dem Schießen nach dem Ziele und dem Beurtheilungen der Distanzen

---
ª Folgt gestrichen: „Exercize".
¹ Es wird im 1799 erschienenes Buch erwähnt (fol. 3r) und es begegnet eine Größenangabe in Calenberger Fuß (fol. 9r). Zugrunde liegt offenbar ein Bataillon aus 4 Kompanien (fol. 12r), was einen Zusammenhang mit der Reorganisation ab 1798 nahelegt.
² Der Kampf gegen die französischen Tirailleure hatte die Notwendigkeit von vor der Bataillonslinie plänkelnden Scharfschützen vor Augen geführt. Nach dem Kriege mündeten die Überlegungen verschiedener Offiziere, u. a. des Inspekteurs der Infanterie, Oberst Johann Wilhelm du Plat, in die Instruktion vom 20. Mai 1800. Hiernach sollten im Frieden 10, im Kriege 15 Soldaten einer Kompanie ausgebildete Scharfschützen sein, vgl. Johann Wilhelm du Plat: Vorläufige Ideen, wegen der Formierung von Schützen bei der hannöverschen Infanterie (19. März 1796, HStAH, Hann. 41 III Nr. 130 du Plat); Sichart IV, S. 128ff.; Fox, S. 90.

III. In den Bewegungen a la debandade, bey den vershiedenen Evolutionen eines Bataillons.
IV. In dem Unterrichte ihres Verhalten in Actionen.
V. In dem Unterricht ihres Verhaltens auf Feldwachen, beym Patroulliren, Avant- und Arrier-Garden u.s.w.

Die hier ertheilte Instruction zeigt, wie die Chefs und Comandeure der Regimenter u. Bataillone und die Scharfschützen Officiere sich in Absicht der vier ersten Capitel zu verhalten haben. In Absicht des fünften ist keine umständliche Instruction hier gegeben; es sind aber doch die Haupt Punkte, worauf es bey den[b] Uebungen und den Unterricht dieses Gegenstandes ankömmt, bemerklich gemacht. Die Schützen Officiere werden sich von allen, was zu diesen Capitel gehört, durch das Lesen guter Bücher über den Dienst der leichten Truppen unterrichten; ein neueres in dieser Absicht geschriebenes sehr gute[s] Werk hat den Titel: „Abhandlung über den kleinen Dienst und über den Gebrauch der leichten Trupen u.s.w. von einem Königl. Preussischen Officier der leichten Trupen mit Anmerkungen von L. S. von Brenkenhof mit 9 Planen Berlin 1799."[3]

I. Capitel
Laden und Feuren auf der Erde liegend und Anwendung desselben.

1. Der Mann legt sich gestrekt mit dem Leib auf die Erde, und in dem er anlegt und zielt, stützt er sich auf beide Ellbogen. Hierdurch erhält er eine feste Lage zum Zielen.
2. Wenn er abgefeurt hat, bringt er das Gewehr mit der linken Hand an die rechte Seite, ohngefähr das Schloß neben die Brust, und setzt den Hahn in Ruhe. Er ruhet bey dieser Action auf der linken Seite des Körpers.
3. Der Mann ergreift mit der rechten Hand die Patrone, öfnet dieselbe und beschüttet die Pfanne. Das Beschütten der Pfanne ist hier nöthig, weil in der Lage, in der das Gewehr sich befindet, nach einigen Schüßen kein Pulver mehr durch das Zündloch fällt.
4. Mit den Daumen und ersten Finger hält er die Patrone geschloßen, damit kein Pulver herausfällt, und umfaßt mit den übrigen drey Fingern der rechten Hand das Dünne der Kolbe.
5. Darauf ziehet er das Gewehr mit der rechten Hand an die rechte Seite und schiebt es mit der linken Hand, die in das oberste Mütterchen fällt, so weit herunter, daß er in den Lauf hineinsehen kann. Hierbey muß aber besonders beobachtet werden, daß das Schloß wegen des etwanigen nassen Erd-

---
[b] Statt „der".
[3] Bei dieser Schrift von Leopold Schönberg von Brenkenhoff handelt es sich um eine kommentierte Übersetzung des anonymen „Traité sur la constitution des troupes légères et sur l'emploi à la guerre, avec un supplement contenant la fortification", Paris 1782 (²1784).

boden oben kömt, und daß die Kolbe fest gegen den rechten Fuß gesetzt werde.
6. Nun schüttet der Mann mit der rechten Hand das Pulver in die Mündung, in dem er diese etwas hebt, er setzt gleich darauf die Hülse u. die Kugel ein und schlägt mit der eben genannten Hand an den Lauf.
7. Endlich ziehet er mit der rechten Hand den Ladestok, setzt die Ladung gehörig an und stekt den Stok wieder bey.

^{c}Es ist ein Grundsatz beym einzelnen Schießen, sich, wo es nur irgend möglich ist, vor den^d feindlichen Kugeln gedekt zu stellen. Zehn bedekte Schützen vertreiben 100 freistehende. Jedes Terrain, selbst die ebenen Felder und Wiesen, haben Furchen, Vertiefungen, kleine Erhöhungen, Erdrücken, hohe Früchte, Gräsereien u.d.gl., welche den auf der Erde liegenden, wenn er die schiklichste Lage zu wählen weiß, deken. Aber es ist nicht genug, daß die gedekten Schützen auf ihren Plätzen fortfeuren, sie müßen auch in dieser Lage aufs Signal avanciren oder retiriren. Dies geschiehet, in dem die einzelnen Schützen nach und nach kriechend oder laufend einen weiter vorliegenden Platz, in den sie bedekt sind, zu erreichen suchen. Unterdes dies von einem Schützen einer Cameradschaft ausgeführt wird, hält der andere sich zum Schuß bereit. Hat nun der erstere 10 bis 50 Schritt weiter einen Platz gefunden, in den er vor den feindlichen Kugeln gesichert ist, und fängt er an zu feuren, so folgt ihm der zurükgebliebene, es sey gebükt oder kriechend, und wirft sich bey ihm nieder, um hier ebenfalls einige Schüß, wenn es mit Wirkung geschehen kann, zu thun. Darauf bemühen sie sich, einen neuen weiter vorwärts liegenden gedekten Platz zu entdeken und ihn wieder auf die beshriebene Art einzunehmen. Man hat Beyspiele, daß bey dieser Methode, sich an den Feind heran zu arbeiten, von guten Scharfschützen die Canonier feindlicher Batterien bey ihrem Geschütz getödtet, und die 10 mal stärkern zu ihrer Dekung ausgestellten Plotons zurük getrieben wurden, ohne daß dabey die Schützen viel litten.^{4} Selbst Schanzen sind auf diese Weise mit Schützen angegriffen, und das Geschütz auf den Bänken derselben ist von ihnen zum Schweigen gebracht, in dem sie die Canoniere, so bald sie sich zeigten, um ihr Geschütz zu bedienen, tödteten.

Die Methode, langsam und feurend gedekt sich dem Feinde zu nähern, muß daher sehr sorgfältig in mancherley Terrain, in mit Gräben durchschnittenen Kämpen, in Gehölzen u.s.w. angewiesen werden, denn es ist eine der wichtigsten Ausrichtung der Schützen.

---
^{c} Davor die gestrichene Überschrift: „IV. Capitel
    <u>Unterricht des Verhaltens der Scharfschützen beim Tirailliren in verschiedenen Terrain, auf Feldwachen, beym Patrouilliren, beym Avant und Arriergarden u.s.w.</u>"
^{d} Statt „dem".
^{4} Vgl. Nr. 270.

Wissen die Schützen einzeln die natürlichen Gegenstände einigermaßen zu ihrer Dekung zu benutzen, so setzt man einen Theil als Feind aus und avancirt nun mit einem andern in beständigen Feuren, um zu lehren, wie hier die Verbindung des Ganzen un[d] die Vortheile des einzelnen Manns vereinigt werden können. Zuletzt muß der postirte, den Feind vorstellende Theil reti[ri]ren, sich aber gleich wieder hinter Gräben und hinter Bäume stellen, in Vertiefungen werfen und von neuen Widerstand leisten. Bey diesen Unterricht giebt zu Zeiten der Officier ein Zeichen zum Halt u. gehet nun zu jeder Cameradschaft, zeigt ihr die gemachten Fehler, so wohl in den Stellungen, als in den Bewegungen, und belehrt sie, wie sie in ähnlichen Fällen sich verhalten muß.

II. Capitel
Uebung in dem Schießen nach dem Ziele und dem Beurtheilungen der Distanzen.

Manche Recruten glauben zu zielen, wenn sie über das Korn weg nach dem Ziele sehen, da es doch darauf ankömt, die Mitte der Schwanzschraube, das Korn und das Ziel in einer graden Linie zu haben. Sie halten bey jenem Zielen oft den hintern Theil des Gewehrs so niedrig, daß die Richtung weit über das Object weg gehet.

Wenn man eine Canone hat, so läßt man die Recruten dieselbe mehr mal auf ein gewißes Ziel richten, um zu sehen, ob sie nicht etwa jenen Fehler machen. Mit einem auf einen Stock in einem Gewerbe befestigten Richtscheid erhält man auch jene Absicht. Man giebt diesen durch das Umdrehen des in die Erde gestochenen Stock die Seiten u. durch das Gewerbe die Höhen Richtung. Diese Sache ist wichtig, denn alle Uebung dient zu nichts, wenn der Schütze nicht richtig zielt.

Jeder Recrut schießt erst auf eine nahe Distanz, auf 50 Schritt, nach der Scheibe. Nur hier kann man sich durch 6 Schuß überzeugen, ob er richtig zielt und ob sein Gewehr nicht rechts oder links gerichtet ist.

Bey dieser Uebung muß man sehr sorgfältig beobachten, ob er Fehler in der Ladung macht, beym Abfeuren zittert, oder den Kopf zurükziehet, oder keine gute Stellung zum Anshlage hat und nicht das Gewehr feste an die Schulter drükt.

Ehe der Schütze nicht auf 50 Shritt, so wohl stehendes Fußes, als liegend, gut trift, darf man ihn auf keine weitere Distanz stellen. Hat man sich aber durch das result[ir]ende gute Treffen in dieser Weite überzeugt, daß er keine Haupt Fehler mehr in der Richtung macht, so stellt man ihn auf 150 und hernach auf 250 Schritt von der Scheibe und läßt auf jede Distanz wenigstens 5ᵉ Schuß thun. Man belehrt ihn hier über die zunehmende Richtung auf ver-

---

e Vom Verfasser verbessert aus „3".

shiedene Distanz, man sagt ihn die Ursach, warum er auf 150 Schritt ungefähr auf die Mitte und auf 250 Schritt auf den obern Theil der Scheibe zielen müße.

Man macht ihn zugleich die Bemerkung, daß bey der besten Richtung wegen des Spielraums und der Ungleichheit der Kugel und Ladung nicht alle Schüße auf 150 u. noch weniger auf 250 Schritt ein kleines Object treffen könnten, daß man aber im Ganzen bey sorgfältigen Zielen weit öfterer als bey ein fehlerhaften die Kugel ins Ziel brächte. Man bemerkt ihn ferner, wie unsicher die Schüße auf noch beträchtlichere Distanzen sind und um ihn noch mehr davon zu überzeugen, so läßt man ihn auf 400 Schritt nach zwei von einander gestellten Scheiben eine gewiße Anzahl von Shüßen thun und die getroffenen Kugeln genau aufzeichnen.

Die Scheiben werden 10 Fuß hoch und 16 Fuß breit gemacht. Kleine Scheiben zeigen nicht an, an welche Seite die nicht getroffenen Kugeln vorbeigestreift, oder ob sie zu hoch oder zu niedrig gefallen sind.

Bey der Uebung in Scheibenshie[ß]en wird auf das genaueste protocollirt, wer die Scheibe getroffen und wie weit der Shuß von Mittelpunkt gefallen ist. Alle Jahre erhält der beste Schütze einer jeden Compagnie einen Preiß von 1 Rthl. Aus den verschiedenen Protocollen werden am Ende jeder Uebung folgende Fragen beantwortet:
1. Welche Compagnie am besten geschoßen?
2. Wie sich die Anzahl der Treffer gegen die Anzahl der in Ganzen gethanen Shüße, vom letzten Jahre, zu denen von andern verhalten?

Es ist hier aber zu bemerken, daß nicht einzelne Schüße in dem Mittelpunkte der Scheibe den Werth des guten Shießens bestimmen; sondern daß die Shützen einer Compagnie, welche auf 50 Schritt in einem Kreise von 3 Fuß in Durchmesser und auf 150 u. 250 in der ganzen Scheibe die meisten Schüße gebracht, auch diejenigen sind, welche am besten geschoßen haben. Auch wird der Preiß nicht durch einen einzelnen Shuß bestimmt, sondern nur derjenige, der die größte Anzahl von Schüßen am nähesten bey dem Mittelpunkte der Scheibe hat, hat am besten geschoßen.

Die bestimten 3 Scheibenstände auf 50, 150 u. 250 Schritt, jeden zu 2 Fuß 8 Zoll Calenberger Maaß[5] und die festgesetzte Größe der Scheibe werden von allen Regimentern bey jeden Uebungen aufs genaueste befolgt, damit man desto leichter die Fertigkeit der Scharfschützen in guten Schießen von den vershiedenen Regimentern mit einander vergleichen kann.

Bekommen die Sharfshützen Büchsen oder gezogene Gewehre, so muß auf die Uebung im Scheibenshießen noch mehr Mühe u. Zeit verwendet werden. Wie man alsdann verfährt, ist in dem Aufsatze über die Schießgewehre für die Scharfschützen umständlich angezeigt und muß in diesem Reglement in den angenommenen Fall eingetragen werden.

---
[5] 77,6 cm. Die Schußdistanzen betrugen also etwa 39, 116 und 194 m.

Es ist gut, wenn die Schützen die Entfernung des Feindes einigermaßen zu beurtheilen wissen, und man muß sie hierin oft ueben. Man nimt die Distanz von 200 und 400 Schritt zum Mastabe an, und damit das Auge sich gewöhnt, diese genau abzumeßen, so stellet man auf beide einige Mann und machet nun den Schützen die Vershiedenheit der Distinction, mit welcher man die ausgestellte Mannschaft siehet, bemerklich; wie viel unbestimmter sie auf 400 als auf 200 Schritt ersheinen; wie man auf der letztern nach den Hut und das Gesicht unterscheiden können und wie auf der erstern diese sich in einander verliehren u.s.w. Darauf läßt man die Schützen rechts kehrt machen und die ausgestellte Mannshaft eine bestimmte Anzahl Shritte näher komen oder sich entfernen und nun die Schützen sich herstellen, um sie zu fragen, ob die Ausgestellten näher gekomen oder sich entfernt haben, und wie viel? Man frägt zu erst die, welche in der Beurtheilug die größten Fehler machen, und gehet dann nach und nach zu den geschiktesten über. Zu Zeiten läßt man die leise gegebenen Angaben eines jeden durch einen zur Seite getretenen Unterofficier aufshreiben u. nachher die Beurtheilungen ablesen. Da bey wird bemerkt, welcher am richtigsten die Distanz angegeben, u. der, welcher den größten Fehler gemacht. Auf diese Art erhält man Weteifer unter den Shützen und zwingt sie zur Aufmerksamkeit.

Jeder Unterofficier unterrichtet seine Leute; der Officier zeigt ihn anfangs die Methode, bestimmt hernach das Terrain, auf dem die Leute die Distanzen bey den verschiedenen Pelotons beurtheilen sollen, und ist dabey immer gegenwärtig. Bald wählt er hierzu eine Ebene, bald lichtes Gehölz, bald wird die entfernte Mannshaft gegen die Sonne, bald wieder in einer andern Direction gestellt. Aber jedes mal ist ihr erster Standpunkt auf 200 u. 400 Schritt, damit die am wenigsten fähigen doch mit einiger Sicherheit die Untersheidungszeichen der in dieser Weite ausgestellten Leute kennen lernen.

IIItes Capitel
Verhalten der Scharfschützen bey den Evolutionen eines Bataillons

Bey den Evolutionen des Bataillons lernen die Scharfshützen die verschiedenen Bewegungen, welche sie in Verbindung mit demselben machen müßen, nach festgesetzten Signalen auszuführen und werden dabey in der Stellung à la debandade, in der sie sich nun befinden, an Aufmerksamkeit auf ihre Befehlshaber und an Haltung der Intervalle, Distanzen und Linien gewöhnt. Durch diese Uebung lernen sie nicht, von dem Terrain und den Umständen zu profitiren, weil die Evolutionen meistens in offenen Gegenden ohne bestimmte Zwecke gemacht werden. Aber es ist demohngeachtet äuserst wichtig zur Bildung guter Scharfschützen. Prägt man ihnen bey ihr nicht eine gewiße Ordnung und Regelmäßigkeit in den Bewegungen, welche sie in einzeln auser Reih und Glieder machen, ein, so riskirt man, <u>daß sie in durchschnittenen Terrain bald sich aller Ordnung entziehen und wild umherlaufen; daß der Geist der Ungebundenheit bey ihnen herrshend und unauslöschbar wer-</u>

de. Von der andern Seite würde es ein großer Fehler seyn, wenn man die Scharfschützen, beym Manoeuver und wenn sie vor sich allein exerciren, nicht lernen wollte, von dem Terrain zu profitiren. Der Unterricht, wie man auf eine vortheilhafte Art sich desselben bedienet, ist vielmehr die Haupt Sache bey der Uebung der Schützen.

Ihr Verhalten bey den Evolutionen eines Regiments[f] bestehet in folgenden: 1. So wohl, wenn das Regiment[g] en parade stehet, als auch wenn es die Musterung passirt und en Parade vorbey marshirt, bleiben die Scharfshützen bey ihren Compagnien am rechten Flügel oder im 3ten Gliede, so bald es aber zur Feurung und zur Exercize sich formirt, versammlen sie sich hinter dem Bataillone. Hier werden sie 2 Mann hoch gestellt, die von beiden Compagnien des rechten Flügels stehen hinter dem rechten, und die von beiden Compagnien des linken Flügels hinter den linken in einer ihrer Front gleichen Entfernung von dem hintern Gliede des Bataillons. Die Scharfshützen jeder Compagnie machen ein Peloton aus und haben ihren Unterofficier zum Comandeur. Man hat also 4 Pelotons Scharfschützen bey jedem Bataillon, das 1te u. 2te hinter dem rechten, und das 3te u. 4te hinter dem linken Flügel desselben.

Die beyden Manner einer Rotte dienen bey den Plänkern einander zur Unterstützung und es werden daher diejenigen, welche ein gemeinschaftliches Zutrauen zu einander haben, zusammengestellt. Man nennt jede Rotte eine Kameradshaft und verändert dieselbe nie, wenn erst einmal die Leute mit einander geübt sind. Es muß denselben begreiflich gemacht werden, wie die beiden Männer einer Cameradshaft einander im Feur, im Gebüsch, in der Nacht u. s. weiter unterstützen können, wie sehr ihre Erhaltung von ihrer gegenseitigen Vertheidigung abhängt u.s.w.

2. Wenn das Bataillon en Front marshiren soll, so marshiren die Scharfschützen in der ihnen angewiesenen Distanz hinter demselben oder sie rücken auch, nach Ermeßen des Comandeurs (welches zu Zeiten durchaus geschehen muß), vor dasselbe. In diesem Fall laufen sie, wenn comandirt wird, <u>das Bataillon soll marschiren</u>, auf ein Signal mit dem halben Mond 60 Schritt vors Bataillon; hier stellen sie sich in 2 Gliedern, so daß die Männer des hintern Gliedes auf die Zwischenräume der vordern treffen, das hintere stehet hier von den vordern 5 Schritt entfernt.

Die Zwishenräume der Rotten oder die Intervallen sind so groß, daß die Scharfshützen die ganze Fronte des Bataillons einnehmen, wobey jedoch vor der Mitte desselben, also zwischen den 2ten und 3ten Peloton, ein Raum von 40 bis 50 Schritt bleibt, damit sie sich schnell nach den Intervallen des Bataillons zurüziehen können und damit die Vormarshirenden des Bataillons eine freie Aussicht haben.

---

[f] Verändert aus „Bataillons".
[g] Verändert aus „Bataillon".

Man würde den Scharfshützen einen falschen Begrif von ihrer Bestimmung beybringen, wenn man sie hier in 2 Glieder stellen, die Glieder richten und ein ums andre feuren lassen wollte; doch aber muß man von ihnen verlangen, daß sie in der vorgeshriebenen Distanz vom Bataillon bleiben und auch einigermaßen Linie und Intervalle zwishen sich halten. Die Intervallen werden von der Mitte aus genommen, das heißt das 1 u. 2te Ploton nehmen sie links und das 3te u. 4te rechts. Auch die Richtung geshiehet nach der Mitte, der linke Flügel des 2ten und der rechte des 3ten Pelotons geben die Punkte an, nach denen sich die Linie in ganzen einigerm[aßen]^h richtet; jedoch nur in so weit der Schütze sich überzeugt hält, daß diese Richtung mit der ihn vorgeschriebenen Distanz vom Bataillon übereinstimmt. Der Officier befindet sich hinter der Linie der Scharfshützen bald an diesen, bald an jenen Orte, und siehet darauf, daß die obigen Verhaltungsregeln beobachtet werden. Die Unterofficiere sind in eben der Absicht hinter ihren Pelotons. Man imprimirt den Leuten die Größe der Intervallen unter sich und der Distanz vom Bataillon, wenn man anfangs jeden genau auf den Platz stellt^i, den er ein nehmen muß, und ihn nun die Weite von seinen Nebenmann und die von dem Bataillon bemerklich macht.

3. Wenn das Bataillon in Avanciren Halt macht oder nach dem Halt retirirt oder sich in Avanciren rechts oder links ziehet, so werden hiervon die Scharfshützen durch ein bestimmtes Signal avertirt; sie sehen dahin, daß sie in dieser Lage die Distanz vom Bataillone und die Intervallen unter sich behalten und so viel möglich die Fronte des Bataillons zwekmäßig bedeken.

4. Wenn das Bataillon rechts oder links sich shwenken soll, so geschiehet auch dies von den Scharfschützen auf das Comando <u>das Bataillon soll sich rechts</u> (oder links) <u>schwenken</u>, dergestallt, daß sie in der neuen Stellung ungefähr 60 Schritt vor dem Bataillone zu stehen kommen.

5. Macht das Bataillon rechts oder links um, oder macht es mit irgend einer Abtheilung $^1/_4$ Schwenkung rechts oder links und marshirt darauf in der Allignementslinie der gehabten Front, so machen die Scharfshützen ebenfalls rechts oder links um und marshiren neben dem Bataillon mit den Distanze und den Intervallen, welche sie vorher hatten.

6. Setzt sich das Bataillon vorwärts in Colonne, indem es rechts oder links vorwärts abmarschirt, so ziehen sich die Scharfshützen auch rechts oder links zusamen und formiren den ersten Zug, wenn nicht der Comandeur befiehlt, rechts oder links der Colonne in fest gesetzten Distanzen u. Intervallen zu marshiren.

7. Marshirt das Regiment^j in der Richtungslinie, so wird im ersten Fall auf das Comando <u>es soll rechts oder links in die Richtungslinie marshirt werden</u>

---
^h *Das Wortende ist wegen der geklebten Bindung nicht lesbar.*
^i *Das Wort in der Vorlage versehentlich doppelt.*
^j *Verändert aus „Bataillon".*

den Scharfschützen ein Signal zum geschwinden Vorrüken gegeben, und wenn sie 60 Shritt von der neuen Frontlinie sind, so gehen sie in der neuen Scharfschützenlinie bis dahin, wo sie vor ihren Bataillonen sich befinden.[k]

Sollten z.B. die beiden Bataillone, welche in EF rechts abmarshirt in Colonne stehen, in die Linie AB links aufmarshiren, so ziehen sich die Schar[f]schützen SS, SS (mit den Regiments Canonen) links aus der verlängerten Colonne und gehen dann vor bis in die Scharfshützen Linie CD, wenden sich in derselben rechts und decken hier den Aufmarsch der Bataillone.

Sind die Bataillone links abmarshirt und marshiren sie daher rechts auf, so ziehen sich die Scharfschützen (und Canonen) rechts aus der Colonne, gehen bis in[l] die Schützenlinie vor, und wenden sich in derselben links, so daß sie, indem sie neben den Bataillonen bleiben, auch hier ihren Aufmarsh decken können.

Hat man ein oder mehrere Brigaden, so würde immer hier jede Brigade wie ein Regiment betracht[et]. Kömt nemlich die Brigade mit der Tete der Richtungslinie nahe u. wird comandirt: <u>es soll</u> links (oder rechts) in die Richtungslinie marshirt werden, so rücken die Scharfschützen links (oder rechts) aus der Colonne, gehen darauf bis in die Richtungslinie vor u. folgen der Vorshrift, die eben für sie beym Regimente gegeben ist.

8. Soll ein Regiment rechts deplojiren, so ziehen sich die Scharfschützen (u. Canonen) auf das Comando: <u>es soll rechts deplojirt werden</u> links aus der Colonne und gehen nun grade vor, über die Richtungslinie bis in die Linie der Scharfshützen und stellen sich hier vor ihre respectiven Bataillons.[m]

[n]IV. Capitel
<u>Unterricht des Verhaltens in Actionen.</u>

Durch das Feur der Scharfschützen und Canonen wird das Bataillon in dem Stand gesetzt, sich zu formiren und ohne zu feuren geschloßen und in größter Ordnung nahe an den Feind heran zu kommen und nun durch die Masse der unfehlbaren Kugeln oder durch den Anlauf mit dem Bajonet das Gefecht zu enden. Hieraus ergiebt sich die Bestimmung der Scharfschützen in den mancherley Lagen, in die ein Bataillon kommen kann.

---

[k] *In der Vorlage befindet sich hier eine Skizze der im Folgenden beschriebenen Evolution der zwei (aus 4 Kompanien bestehenden) Bataillone und ihrer Scharfschützen.*
[l] *Das Wort in der Vorlage versehentlich doppelt.*
[m] *In der Vorlage folgt eine Skizze zu dieser Evolution.*
[n] *Davor zwei sehr dicht durchstrichene Zeilen.*

I. Die Scharfschützen sind bestimmt, die feindlichen Plänkerer, so wohl von der Infanterie als Cavalerie, so weit zurükzuhalten, daß sie nicht in das Bataillon feuren können. Sie müßen in dieser Absicht, so bald sich feindliche Plänkerer vor dem Bataillon sehen lassen, ihnen entgegen eilen und sich in einer zusammenhängenden Linie ausbreiten. Ihre Entfernung vom Bataillon und ihre Intervallen hängen von den Terrain und Umständen ab, aber immer bleibt es eine festgesetzte Regel, sich nach der Mitte zu schließen oder nach der Mitte zu sich an seinen Nebenmann zu halten. Der Schützen Officier befindet sich hier, um die ganze Kette so wohl in Rücksicht der Weite vom Bataillon als in der Ausbreitung zu dirigiren. Die Unterofficiere sind hinter ihren Plotons, um die Schützen desselben nach den Befehl des Officiers zu leiten. Es ist eine Haupt Sache, den Schützen begreiflich zu machen, daß sie nie auf zu große Distanzen feuren müßen, daß sie da durch den Feind dreiste machen, ihre Munition verschwenden und ihre Gewehre nicht reine u. brauchbar zu den nähern wirksamern Schuß erhalten. Da die Leute indes nur alzu geneigt sind, ohne allen Zwek ihre Munition zu verschießen, so muß es eine unabänderliche Regel seyn, daß das 2te Glied nie eher, bis die Unterofficiere dazu ein Signal gegeben haben, feuren. Es verstehet sich von selbst, daß dies Signal ertheilt werden muß, so bald der Feind so nahe ist, daß man von den Schuß Wirkung erwarten kann, und der Mann des vordern Gliedes die Unterstützung des zweiten bedarf.

Man kann nicht scharf genug auf den Befehl halten, daß nie einer feurt, ehe seyn Camerad geladen, es müßen den Leuten die Gründe zu diesen Befehl erklärt werden und wenn sie nicht Folge leisten, so muß man sie bestrafen.

Es ist mehrmalen in den letzten Feldzuge vorgekommen, daß die Schützen die feindlichen Plänkerer verfolgt und sich so weit von dem Bataillon entfernt haben, daß sie sich nicht wieder mit demselben vereinigen konnten. Dies ist ein großer Fehler und der Scharfschützen Officier soll, wenn derselbe wieder eintrit, ohne alle Rüksicht bestraft werden. Er kann denselben vermeiden, wenn er bey beträchtlichen Entfernungen vom Bataillon ein paar Trups bey einander hält; wenn er den Leuten, welche zu weit vorgehen, bey Zeiten ein Signal zum Halt giebt, wenn er das wilde Umherlaufen nie gestattet und bey aller Gelegenheit seine einzeln fechtenden Leute an Ordnung, Aufmerksamkeit und Gehorsam gewöhnt, und endlich, wenn er bey allen Exercizen und Manoeuvern die Leute sorgfältig angehalten hat, mit ihren Nebenleuten gegen die Mitte in Verbindung zu bleiben.

In Absicht der Entfernung der Scharfshützen vom Bataillon ist noch folgendes zu bemerken: 1. In mit Gräben und Hecken, mit Gebüschen und Gehölzen durchschnittenen Gegenden können sie nach Beschaffenheit der Umstände 150 bis 300 Schritt vom Bataillon den Feind entgegen rüken. Nie dürfen sie aber, wenn nicht das Terrain es durchaus erfordert, die letzte Distanz überschreiten. 2. In der Ebene und abwechselnden Terrain entfernen sich die Schützen, wenn sie mit leichter Infanterie und Jäger zu thun haben, ungefähr 200, und wenn es Cavalerie ist, 50 Schritt vom Bataillon. Im ersten Fall können, wenn sie zu nahe beym Bataillon blieben, die feindlichen Gewehre und Büchsen Kugeln denselben sehr schaden; im 2ten dürfen sie wegen der größern Geschwindigkeit des Reiters, besondere Fälle ausgenommen, die angegebene° Weite nicht überschreiten. Die feindlichen Plänkerer werden auch bey derselben nicht so nahe kommen dürfen, daß die Pistolen Kugeln das Bataillon erreichen können. 3. Wenn die Schützen, unter welchen Umständen und in welchen Terrain es auch seyn mag, sich bis zu 300 Schritt vom Bataillon entfernen und keine geschloßene Trups aus dem 3ten Gliede des Bataillons zu der Unterstützung mit geschikt werden, so läßt der Schützen Officier das 1te u. 3te Schützenploton nicht en debandade agiren, sondern geschloßen den andern beiden zerstreuten Plotons, welche doppelte Intervalle nehmen und die ganze Front des Bataillons bedeken, folgen. Jedes dieser geschloßenen Plotons ist in ein Glied gestellt und in 2 Sectionen getheilt; das 1te folgt den 2ten debandirten, und das 3te den 4ten. Bey anhalten[den] Feur löset das 1te das 2te u. das 3te das 4te ab. Die Soldaten der abgelösten Pelotons reinigen die Gewehre, shrauben andere Steine auf⁶ und versehen sich von neuen mit Patronen, in dem sie Leute hinschicken, dieselben von der Regiments-Artillerie zu hohlen.

II. <u>Wenn ein oder mehrere Bataillons in mit Hecken, Gräben, Feldern, Kämpen und eingeschloßenen Wiesen, oder mit Gehölzen und Gebüschen, Bergen u. Thälern durchshnittenen Terrain vorgehen, um den Feind daraus zu vertreiben, so ist die Bestimmung der Scharfschützen vor dem Bataillon, die Gegend zu durchsuchen, und die feindlichen Plänkerers zu vertreiben.</u>
Das Verhalten hängt hier von den Umständen ab:
1. Wenn ein einzelnes Bataillon zu dieser Ausrichtung bestimmt ist, so entfernen sich die Scharfshützen 100 bis 200 Schritt von denselben, breiten sich aber mit doppelten bis 3fachen Intervallen aus, um desto mehr das Bataillon gegen einzelne Tirailleurs zu decken. Hier müßen die Unterofficier sehr darauf achten, daß nicht die Scharfschützen Kette zerreißt, daß beständig nach der Mitte sich die Leute anshließen und daß nicht ein oder ander Theil zuweit vorkömt oder zurückbleibt. Der Officier hinter der Mitte seiner Schützen-Linie sucht beständig den Zusammenhang des Ganzen zu erhalten und die Linie nach den Terrain, nach den Umständen und der Entfernung des Bataillons zu leiten. Wenn man eine zeitlang

---
° Statt „angegebenen".
⁶ D. h. sie ersetzen die abgenutzten Feuersteine in den Schlössern ihrer Gewehre.

avancirt ist, wenn die feindlichen Plänkerer sich retirirt haben, so muß man von Zeit zu Zeit ein Signal zum Halt geben, um die Ordnung in der Schützen Linie wieder herzustellen und sie wieder in Zusammenhang mit dem Bataillon zubringen.

Ist das Bataillon auf 2 Glieder gesetzt und wird eine ganze Division oder das 3te Glied vom Bataillon zur Unterstützung der Scharfschützen detaschirt, so giebt dieses ein Ploton in die Schützen-Linie zum Plänkern. Es wird nemlich einer jeden Cameradshaft der Schützen eine gewiße Anzahl Soldaten von dem Ploton beygegeben, welche bey ihr bleiben, mit ihr feuren und in den Bewegungen den beßer zum Agiren en debandade unterrichteten Scharfshützen folgen. Ist z. B. das Ploton 48 Mann stark, so beköm̄t jedes Schützen Ploton 12 u. jede Cameradschaft 2 Soldaten. Das 2te Ploton der detashirten Division bleibt hinter der Mitte der Scharfshützenkette in einer Entfernung von ungefähr 100 Schritt, es ist in 4 Sectionen getheilt, von welchen in der Action einzelne Sectionen nach den Puncten der Schützen-Kette, wo der Feind den stärksten Widerstand leistet, geschikt werden.

Die Entfernung der Schützen-Kette vom Bataillon kann bey dieser Unterstützug großer seyn, als ohne dieselbe; indes wird man doch nicht über 3 bis 400 Schritt gehen dürfen, wenn man nicht der Gefahr, vom Bataillon abgeschnitten, oder auch in Flank (ohne Unterstützung des Bataillons) genommen zu werden, sich aussetzen will.

2. Hat man nur mit zerstreuten leichten Trupen zu thun und ist das Bataillon in 4 abgesonderte Divisionen oder Compagnien getheilt, welche in einiger Entfernung von ein ander das durchschnittene Terrain durchstreifen, so behalt jede Compagnie ihre Scharfshützen vor sich, läßt ihnen 3 oder 4fache Intervallen nehmen und verstärkt jede Cameradschaft durch 3 bis 4 Mann des 3ten Gliedes. Die Schützen jeder Division nehmen in der Bewegung ihre Intervallen nach der Mitte ihrer abgesonderten Kette. Hinter dieser befindet sich der Unterofficier, welcher ihre Entfernung von der Compagnie dirigirt. Bey diesen Maßregeln können nie die Schützen einer Division sich von derselben verliehren, und bleiben die Divisionen ohngefähr in einer Höhe, so werden auch die Schützen eine durch Zwishenraume unterbrochene Kette bilden.

3. Sind mehrere Bataillone bestimmt, den Feind aus dem durchshnittenen Terrain zu vertreiben, so rüken die Scharfschützen 2 bis 300, und wenn eine Division oder das 3te Glied des Bataillons zu ihrer Unterstützung ihnen folgt, 3 bis 400 Schritt von dem Bataillon vor. Die Hälfte der Division oder des 3ten Gliedes wird in der Scharfschützen-Kette vertheilt und die andere Hälfte folgt geschloßen in 4 Sectionen abgetheilt auf ungefähr 100 Schritt hinter der Mitte derselben. Das Ploton richtet seine Bewegung so ein, daß es vor den Bataillon bleibt. Der Scharfschützen Officier hinter der Mitte der Scharfshützen leitet die Kette derselben nach der Direction und dem Vorrüken des Plotons. In jeden Fall wird hier mehr

auf den Zusammenhang der Schützen eines Bataillons mit denselben und mit den zu ihrer Unterstützung detashirten Ploton gesehen, als auf die Linie, welche die Schützen verschiedener Bataillons bilden.

Leistet der Feind irgendwo einen anhaltenden Widerstand, unterstützet das vorgerükte Ploton und die Regiments Canonen die Schützenkette in dieser Gegend, und macht ein Bataillon sich bereit, ihn, wenn er nicht durch das Feur der Canonen und des vorgerükten Plotons vertrieben wird, geschloßen anzugreifen, so werden hiervon die Schützen der Neben Bataillons avertirt, damit sie in den Augenblik des Angrifs mit vorgehen und die ganze Linie in Respect halten oder, wenn sie keinen beträchtlichen Widerstand vor sich finden, den Feind in Flank fallen oder ihn, wenn er geworfen wird, verfolgen. Die Schützen des Bataillons, welches angreift, ziehen sich in Vorgehen desselben nebst den sie unterstützenden Plotons rechts und links, um den Bataillon Platz zu machen. Diese Plotons formiren sich hinter den Bataillon, um ihm zur Reserve zu dienen, die Schützen deken die Canonen.

Greifen mehrere Bataillon zu gleich den Feind an, so ziehen sich wie vorhin im Vorgehen der Bataillons die Schützen zu den Canonen und die in ihrer Kette u. zur Unterstützung derselben bisher vertheilten Plotons hinter das Bataillon. Die letztern halten sich nun bereit, so bald der Feind geworfen ist, denselben zu verfolgen oder in den Fall, daß die Bataillons nicht in dem Angrife glüklich wären, sich dem Feind entgegenzustellen u. den Bataillons Zeit zu geben, sich zu erhohlen. Die Schützen deken wieder die Canonen, da mit die Bataillons so wohl im Anlauf, als auch im Feur desto freier agiren können.

III. <u>Ist die Infanterie in einem abwechselnden, mit Feldern, Kämpen und Wiesen, Gräben und Heken durchschnittenen Terrain oder in Gehölzen, Gebüschen u.s.w. postirt, so formirt man von den Scharfshützen und Canonen eine zusammenhängende Linie 100 bis 400 Schritt vor dem Bataillon.</u> Man verstärkt diese Linie, zu mal wenn die Scharfshützen eine größere Front als das Bataillon einnehmen, mit 24 bis 36 Mann von jeder Division des Bataillons aus dem 3ten Gliede. Dadurch wird jede Cameradshaft 4 bis 6 Mann stark.

Die Kette der Schützen wird ganz nach dem Terrain geordnet. Stehet das Bataillon auf einem mit Gebüsche u. Holz bewachsenen Berge, so befinden sie sich am Abhange, um den Feind lange und an den Stellen, wo er am meisten mit Hindernißen des Terrains zu kämpfen hat, recht im Feur zu haben; ein dickes Gebüsch, ein morastiger Grund, ein sumpfiger Bach, oder ein mit Teichen u. andern Gewäßern durchschnittene Gegend vor der Front können für die Scharfschützen von großen Nutzen seyn, wenn man von ihnen alle Vortheile zu ziehen sich bemühet.

Eine Haupt Sache ist, die Schützen gedekt in Gräben, Vertiefungen u.s.w. zu stellen. Finden sich dergleichen nicht, so entziehe man sie wenigstens dem Auge des Feindes, indem man sie hinter Hecken, Zäune u. in Gebüschen, wo sie den ankommenden Feind sehen können, setze. Der Feind schießt dann ins Blinde und bemerkt bald die nachtheilige Lage, in der er sich befindet.

Es ist von der äusersten Wichtigkeit bey der Anordnung der postirten Schützen Kette, daß sie in einer solchen Lage und Entfernung vom Bataillon sich befinde, daß dieses, wenn der Feind irgendwo sie durchbricht, mit gefällten Bajonet ihn entgegen gehen und zurük werfen kann. Kann man die Gegend vor der Schützenkette nicht übersehen, so muß der Schützen Officier ein paar kleine Avertißementsposten von einen Gefreiten und 2 Mann mehrere 100 Schritt vor seiner Postirungslinie aussetzen, damit die übrige Mannschaft nicht beständig untern Gewehr zu stehen braucht.

IV. <u>Ist ein Bataillon bestimt, ein vom Feinde besetztes Dorf oder eine Schanze wegzunehmen,</u> so dienen hierbey die Schützen auf folgende Weise:
1. Bey dem Angrif des Dorfes, wenn es in einem offenen Terrain liegt, sind die Scharfschützen 200 Schritt vor dem Bataillon; das 2te u. 3te Peloton befindet sich grade vor demselben u. das 1 u. 4te auf den Flügeln, um den andern die Flanke zu deken und von mehrern Seiten zugleich einzudringen. Wird jedes dieser beiden Pelotons von ein aus dem 3ten Gliede formirten geschloßenen Peloton unterstützt, so sehen sie dies als ihren Vereinigungs Punkt an, von den sie nie kommen dürfen, und vor dem sie, wie in andern Fällen vor dem Bataillon agiren. Alle Schützen feuren nicht eh[e]r als der Feind, und dann beantworten sie das feindliche Feur, indem sie immer in Avanciren bleiben. Hält der Feind keinen Stand, so verfolgen sie ihn, in dem sie beständig feuren und immer durch die Gärten u. Häuser dringen, während das Bataillon u. die geschloßenen Plotons den Feind auf den Straßen verfolgen.

   Leistet der Feind aber anhalten[d] Widerstand, trift man auf wohl postirtes Geschütz mit geschloßener Infanterie, auf bedeutende Hinderniße, und fahren daher unsere Canonen auf und feuren auf den Feind, während das Bataillon nun von einer andern Seite mit dem Bajonet eindringt, so bleiben die Schützen bey den Canonen und feuren hier hinter Gräben u.s.w. oder doch auf der Erde liegend, in dem sie noch immer, so viel es möglich, mit dem Geschütze avanciren.
2. Stehet der Feind hinter Verschanzungen oder in einer geschloßenen Schanze, so nähern sich die Canonen der feindl. Schanze von vorn, die Schützen verb[r]eiten sich rechts und links derselben, in dem sie sich auf die Erde werfen und nun so, wie es im IVten Capitel gelehrt ist, avanciren und die feindlichen Canoniere tödten. Da unser Geschütz zugleich mit den Schützen bis auf wenigstens 400 Schritt avancirt, so wird dies einem großen Theil des feindlichen Feurs auf sich ziehen und die Schützen werden um so viel weniger bey ihrer Annäherung leiden. Haben sie nun die Besat-

zung der Schanze einmal zum Feur gebracht, so müßen sie beständig fort dieselben darin zu erhalten sich bemühen und immer feuren, wenn es auch nicht mit großen Effect geshehen könnte; denn hier ist ihre vornehmste Bestimmung, das feindliche Feur auf sich zu ziehen, den Feind zu verleiten, daß er sich gänzlich verschießt, während von einer andern Seite mit dem Bataillon die Schanze gestürmt wird.

V. <u>Können die Schützen auf keine andere Art gebraucht werden, so bleiben sie bey den Canonen.</u> Es ist eine allgemeine Regel, daß die Schützen und Canonen einander wechselseitig beistehen und daß die erstern, unter welchen Umständen es auch seyn mag, nie die letztern verlaßen.

1. Gehen die Canonen in der Ebene vor, um auf vortheilhafte Plätze auf zufahren, so gehen die Schützen mit ihnen, um sie gegen feindliche Tirailleurs zu deken. Sie legen sich während der Canonade auf die Erde in Vertiefungen, Gräben, Furchen u.s.w., damit sie so wenig als möglich den feindlichen Kugeln ausgesetzt sind.
2. Avanciren die Bataillons in der Ebene gegen den Feind und die Canonen vor ihnen in abwechselnden Feur, so verbreiten sich die Schützen neben den Canonen, um sie einigermaßen zu deken und doch den Feur des feindlichen Geshützes, welches auf unser Geschütz spielen wird, sich zu entziehen. Sie feuren in diesen Fall schon auf 400 Shritt in die feindliche Linie, und ziehen sich, wenn die Bataillone zu den entscheidenden Angrif heranrüken, nahe an die Canonen, um jenen eine freie Front zu laßen.
3. Avancirt aber die feindliche Linie, ohne daß unsere Bataillone ihre Stellung verlaßen, ist es die Absicht, mit unsern Bataillonen den Feind, wenn er unsere vorgerükten Canonen erreicht, nach einigen Bataillonfeuren mit dem Bajonet entgegen zugehen, so bleiben sie vor den Bataillons in der Linie der Canonen ausgebreitet und ziehen sich erst in den Augenblik an dieselben, in den der Feind sich bis auf einige 100 Schritt genähert hat.
4. Hätte man die Scharfschützen Linie in den drey oben erwähnten Fallen mit einem großen Theil des 3ten Gliedes verstärkt, um durch die Feurlinie der Schützen und Canonen die feindliche Linie zum Feur zu bringen, ehe unsere Bataillone in dem kleinen Gewehrschuß sich befänden, so müßen, wenn nach her die Bataillone heranrüken, um das Gefecht zu entscheiden, und die Scharfschützen sich an die Canonen ziehen, die Mannschaft von 3ten Gliede rechts und links um die Flügel laufen und dann ihren vorherigen Platz im 3ten Gliede einnehmen.

268. Denkschrift [?, ?]

GStA PK, VI. HA Nl Scharnhorst Nr. 190 fol. 17r–18v (3 S.): Konzept, eigenhändig, Fragment, unvollendet.[a]

Verhalten der Scharfschützen bei Bewegungen des Regiments. Position im Karree. Verhalten beim Bataillonsfeuer. Permanentes Übungsschießen. Verhalten beim stehend Schießen.

sie sich in der neuen Scharfschützen Linie mit den vorgeschriebenen Intervallen.[b] Hierbey ist zu bemerken, daß, wenn das Regiment rechts abmarschirt ist und links in die Richtungslinie marschirt, die Scharfschützen von 2ten Bataillon (oder, wenn eine ganze Brigade in Colonne ist, von 2ten, 3ten u. 4ten Bataillon) links an der Colonne herauflaufen, bis sie 60 Schritt vor die Richtungslinie kommen, und dann vor derselben so ihren Platz nehmen, daß sie vor den

Deploryt das Bataillon aber, so wird den Scharfschutzen auf das Comando, es soll rechts oder links deployrt werden, das Signal zum Vorrücken in die Scharfshützen Linie gegeben, welches dann so geschwind als möglich geshiehet.

8. Formirt das Bataillon ein Quarree, so stellt sich vor jede Flanke auf 60 Shritt ein Peloton Scharfshützen parallel mit derselben. Die Bewegungen hier zu geschiehet eben so wie die der Divisionen des Bataillons.

9. Wenn das Bataillon feuren soll, so ist dazu das Signal auch zugleich das Signal des Rückzugs für die Scharfshützen. Sie laufen um die Flügel hinter das Bataillon (oder ziehen sich nach Beshaffenheit der Umstände durch dasselbe; wo zu jedes Rott, auf welches sie treffen, zurükspringet, um sie durchzulassen) und formiren sich hinter den Flügeln, wie es schon oben bestimmt ist.

Beym Quarree laufen die Schützen durch die Mitte der Flanke, da wo die beiden Plotons einer Division an einander stoßen, zurük und stellen sich darauf in demselben hinter die Eken.

10. So oft es der Comandeur der Bataillons gut findet, läßt er die Scharfshützen, es sey stehend oder liegend, es sey im Avanciren und Retiriren, oder auf der Stelle, es sey blind oder mit Exercir-Patronen feuren.

Stehenden Fußes geshiehet es auf folgende Art. Erst feurt der Schütze des ersten Gliedes, und so bald dieser wieder geladen hat, feurt sein Camerad in 2ten und so abwechselnd. Es feurt aber hier jeder nach Willkühr, ohne auf sei

---

[a] Es könnte sich um das Fragment einer anderen Version des vorangehenden Dokuments handeln.
[b] Der Rest dieses Absatzes ist eine unvollendete Einfügung.

nen Nebenmann zu achten. Im Avanciren feurt zuerst der Schütze im ersten Gliede und ladet nun, in dem er immer in der Bewegung bleibt; so bald dies geschehen, feurt sein Camerad im 2ten Gliede, nach dem er bis ins erste vorgerükt ist. Er ladet hierauf in Vorrücken, bleibt aber nach u. nach bis zu 5 Schritt hinter dem ersten Gliede zurük; nun feurt der Mann im ersten Gliede von neuen u.s.w. Beym Feuren macht jeder Schütze Halt, um desto beßer zielen zu können. Im Retiriren wird auf eine ähnliche Art gefeurt. Geschiehet die Bewegung rechts oder links, nach dem die Scharfschützen-Kette rechts oder links um gemacht hat, so feurt wieder der Mann im ersten Gliede und ladet nun in langsamen Schritt; sein Camerad in 2ten Gliede schießt, wenn der in ersten wieder geladen hat, u.s.w.

269. Dienstanweisung [Hoya?, zwischen Mai 1798 und Mai 1801?[1]]

GStA PK, VI. HA Nl Scharnhorst Nr. 190 fol. 35r–41v (14 S.): Konzept, Schreiberhand, mit eigenhändigen Korrekturen und Veränderungen.

Leichte Truppen im Übungsmanöver. 1. Positionen der berittenen Schützen. 2. Anordnung einer Vorhut. 3./4. Verhalten eines Aufklärungstrupps. 5. Aufteilung in Gefechts- und Unterstützungstruppen. 6. Verhalten im Schützengefecht. 7. Abstände. 8.–11. Zusammenwirken der Schützen zu Fuß und zu Pferd nach Geländebeschaffenheit. 12. Abstand zu Formation.

<u>Einige Regeln des vermishten Gebrauchs der Cavalerie Flanqueurs[a] und Infantrie Scharfschützen in Rücksicht der mechanishen Anordnung bey den Unterrichtsmanouvern.</u>[2]

---

[a] Statt „Flanqeuers".
[1] Offensichtlich nach der Ernennung Wallmodens zum Feldmarschall (2. Mai 1798). In einer im gleichen Faszikel (fol. 31r–34v; 8 S.) archivierten „Instruction über einige Puncte der Uebung der Scharfschützen aller Infanterie Regimenter" ist die Rede von „der vorläufigen bey Hoya gegebenen Anweisung", womit offenbar dieses Dokument gemeint ist. Mutmaßlich handelt es sich auch um die für das Übungslager von Liebenau (10. Juni–3. Juli 1800) erlassene Vorschrift, von der Sichart IV, S. 128ff., 658f., schreibt, sie sei das Resultat einer Besprechung Scharnhorsts mit Oberstleutnant von Linsingen, Oberstleutnant Dzierzanowski, Major von Alten und Major von Arentsschildt. Zum Gesamtkomplex vgl. auch Lehmann I, S. 255ff.
[2] Bei Liebenau übten beim Hauptkorps die Scharfschützen und Flankeure jeweils der Infanterie- und Kavalleriebrigade gleicher Nummer zusammen. Leiter der Übungen waren Oberstleutnant Carl Christian von Linsingen, Major Karl von Alten vom Infanterieregiment Garde (später Generalleutnant, Außen- und Kriegsminister), Oberstleutnant Honosch Bogislaw von Dzierzanowski vom 2. Kavallerieregiment und Major von Arentsschildt. Bei letzterem handelte es sich entweder um Friedrich Levin August von Arentsschildt von den 10. Leichten Dragonern oder um Wilhelm Daniel von Arentsschildt vom 11. Infanterieregiment, der 1794 Hauptmann der 1. Jägerkompanie gewesen war. Beide waren im Kampf leichter Truppen erfahren, beide stiegen zum Generalmajor auf, der Kavallerist bei der Königlich Deutschen, der Infanterist bei der Russisch-Deutschen Legion.

§ 1. Wo die Cavalerie-Trups hinter dem Bataillone stehen.
Wenn einem Bataillone Flanqeure der Cavallerie Trups zu dem Gebrauch zwischen dem Scharfschützen gegeben werden, so ist ihr Platz, so lange sie nicht vorgehen, hinter den Scharfschützen (welche hinter den Flügeln der Bataillone sich befinden).

Beym Vorgehen vors Bataillon gehet die Cavallerie, so wie auch bey dem Zurükgehen, vor den Schützen her; die Flügel-Pelotons[b] treten hierbey zurück. Es wird hierbei vorausgesetzt, daß in der Ebene nur wenige gute Büchsen Schützen bei den Cavalerie Flanqeuren sind u. daß in jedem andern Terrain die Shützen ihre Stellung so nehmen, daß sie den Feind beim Rükzuge der Flanqeure in Respect halten.

§ 2. Anordnung einer Avantgarde von Scharfschützen und Cavallerie Trups für 1 Bataillon und 2 Escadrons.
Wenn die Scharfschützen eines Bataillons mit einem Flanqeur Trup vor einer Colonne sich befinden, so bestehet die Spitze aus 1 Gefreiten und einigen Pferden, darauf folgen auf ungefähr 100 bis 200 Schritt 1 Corporal und 12 Scharfschützen, hinter diesen auf 150 Schritt die übrigen Flanqeure und Scharfschützen und dann auf 200 Schritt die Colonne. Ist die Gegend sehr durchschnitten, so sind die Schützen alleine vorn, außer einigen Mann Cavallerie, welche bey den Haupt Trup sich befinden.

Ist die Gegend eben, so ist die Cavallerie wenigstens 300 Schritt vor den Schützen, und dann verhält sie sich nach ihrer speciellen Vorschrift.

§ 3. Anordnung eines Recognoscirungs-Commandos von einen Cavallerie-Trup und Scharfschützen.
Wenn die Scharfschützen eines Bataillons mit einem Trup Flanqeurs nach einer eine halbe Stunde entfernten Gegend abgeschickt werden, um zu sehen, ob dort der Feind ist, so werden sie wie §. 2. abgetheilt; sie schicken aber dann zugleich rechts und links auf andern Wegen Seitenpatrouillen, die in offenen Terrain allein aus Flanqeurs, in sehr durchschnittenen und vermishten aber aus Flanqeurs und Scharfschützen bestehen.

Wenn sie anfangs eine durchschnittene Gegend und dann eine Ebene haben, so bleiben die Schützen, wo die Ebenen angehet, zurück.

Passirt man eine Brücke und folgt darauf eine grosse Ebene, so bleiben alle Schützen an der Brücke zurück; ist aber das Terrain über der Brücke durchschnitten, so bleibt nur ein Theil der Schützen hier.

Kömmt man an ein durchschnitten Terrain, nachdem man ein ebenes oder ein vermishtes passirt hatt, so bleibet der größte Theil der Cavallerie zurück und die Schützen gehen mit den geringern Theil vor.

---

[b] *Statt „Flügel-Plontons".*

§ 4. Sind mehrere Flanqeur-Trups und die Scharfschützen von mehreren Bataillons zu der in § 3 erwähnten Absicht abgeschickt, so werden sie in verschiedenen Detaschements abgetheilt und dann gehen sie auf verschiedenen Wegen vor, verhalten sich aber in den einzelnen Detaschements wie in den erwähnten § angezeigt ist.

§ 5. Abtheilung der Schützen und Cavallerie-Trups zum Gefecht.
Mann theilt das ganze Commando von Scharfschützen und Flanqeurs oder andern Cavalleristen in 2 gleiche Theile; der eine ist zum Tirailliren und Flanquiren und der andere zum Soutien von jenem bestimmt. Der eine agirt à la debandade und der andere in Trups.

§ 6. Abtheilung der Leute, welche à la debandade agiren.
Der Theil, welcher à la debandade agirt, wird in Cammeradschaften vertheilt; jede Cammeradschaft bestehet in vermischten Terrain aus 2 Mann Cavalerie und 6 Mann Infanterie. Diese Regel leidet indes nach dem Verhältniß der Stärke der Flanqeure und der Schützen und der Beschaffenheit des Terrains Abänderungen.

In hoher Frucht, in mit Bergen abwechselnden, aber doch offenen Terrain und in niedrigen Gebüschen wird ein umgekehrtes Verhältniß beobachtet, wenn sonst die Umstände wegen der Stärke der beyden Waffen es leiden.

In einer völligen Ebene giebt man nur wenige gute Schützen bey die Flanqeure.

Man läßt so viel als möglich, so wohl bey den Flanqeurs als den Scharfschützen, die bisher in jeder Waffe bestandenen Cameradschaften auch bey dieser Abtheilung bey einander.

§ 7. Entfernung der Cameradschaften von einander, Entfernung der Chaine von den Trups und der Trups von den geschloßenen Bataillonen oder Escadronen.
Wenn geplänkert und tirailirt werden soll, so wird den Cameradshaften nach den jedesmaligen Umständen (ihrer Stärke, den zu besetzenden Terrain und s.w.) die Entfernung, in der sie von einander in der Chaine stehen sollen, bestimmt; man setzt diese Distanz nicht gern über 25 Schritt; in jeden Fall müßen sie so nahe bey einander seyn, daß sie in durchshnittenen Terrain einander nicht verlieren.

Ihre Entfernung von den Trup ist so groß, daß die feindlichen Schützen nicht auf die Trups mit Effect feuren können, ungefähr 100 Schritt.

Stehen die Trups aber hinter einer Höhe oder in einem andern Terrain, wo sie der Feind nicht zu entdecken im Stande ist, so kann diese Entfernung geringer, und wenn man gern lange sich verdeckt halten will, auch größer seyn.

§ 8. In welchen Fall die Scharfschützen vor den Cavalerie Plänkerern sind.
Es ist eine allgemeine Regel, daß in durchshnittenen und mit Gebüschen oder Hecken vermischten Terrain die Schützen einer jeden Cameradschaft vor ihren Flanqeuren sich befinden.

Die Weite, welche sie vor sind, hängt von den Umständen ab; die Flanqeur müßen die Schützen ihrer Cameradshaft aber nie verlieren und also immer in Augen behalten; über 100 Schritt bleiben sie nicht leicht hinter ihnen zurück.

Die Flanqeure haben besonders, wenn sie weit zurück bleiben, ein sehr aufmerksames Auge auf ihre Cameradschaft, damit sie, wenn feindliche Flanqeure über einen oder mehrere Schützen auf einen offenen Fleck herfallen wollen, dieselben degagiren können.

Ist das Gefecht anhaltend auf einer Stelle und können die Scharfshützen sich dadurch, daß sie sich in Hecken, starken Gebüschen, Vertiefungen u.s.w. vorschleichen, Vortheile verschaffen, so bleiben die Flanqeure noch weiter, als oben festgesetzt ist, zurück, um den feindlichen anhaltenden Schützen-Feur gänzlich entzogen zu seyn. Immer aber sehen sie darnach, daß sie in jeden Augenblick die Schützen ihrer Cameradschaft soutiniren können.

§ 9. In welchen Fall die Cavallerie Plänkerer vor den Schützen sind.
Es ist eine allgemeine Regel, daß in offenen Terrain die Cavalerie Flankeure vor den Schützen sind.

In hoher Frucht, zwischen kleinen Hügeln, geringen Vertiefungen, niedrigen Gebüschen befinden die Flanqeure sich vor den Scharfschützen auf 50 bis 100 Schritt. Die Schützen suchen sich so viel als möglich verdekt zu halten und haben immer ein wachsames Auge auf die Flanqeure ihrer Camme- radschaft, damit sie, wenn ihr Flanqeure mit einen feindlichen in ein Gefecht sich engagiren, denselben herunter schießen können. Doch sehen sie zu, daß einer von ihnen immer noch einen Schuß in Bereitschaft behält.

Wenn es verdeckt geshehen kann, so shleicht ein Schütze auch wohl bis zwischen die Cavallerie Trups (die andern oder der andere der Cameradschaft bleiben aber zurück) und shießt dann nicht eher, bis er seinen Feind sicher treffen kann.

Der Flanqeur sucht durch Herausfordern zum Engagement und durch Ausweichen desselben seinen Gegner dahin zu ziehen, wo ihn ein verstekter Schütze mit Sicherheit heruntershießen kann.

2. In ganz offenen Terrain folgen den Flankeuren nur wenige gute Schützen und da haben vielleicht 10 und mehrere Cavaleristen nur einen. Es ist hier bey zu bemerken, daß in diesen Fall einer gewissen Cameradschaft der Schütze jedesmal übergeben wird und daß diese durchaus ihn nicht verlassen darf.

§ 10. Stellung der Trups von der Cavalerie und Infanterie.
Es ist eine unabweichliche Regel für die Soutiens, daß in allen Terrains, wo Cavalerie agiren kann, die Cavalerie-Soutiens vor denen von der Infanterie

sind, und daß dagegen in durchshnittenen die von der Infanterie vor denen von der Cavalerie sich befinden.

In den ersten Fall (in Terrain, wo die gegenseitige Cavalerie agiren kann), bleiben die Infanterie Trups 500 Schritt und weiter hinter dem von der Cavalerie.

Alsdann entfernen sich jene nicht weit von den geschlossenen Truppen, wenn sie nicht bald Gelegenheit haben, ein durchschnittenes Terrain vorwärts zu gewinnen. In Absicht dieser Distanz hängt aber überhaupt sehr vieles von den besondern Umständen ab.

Sind in durchschnittenen Terrain die Infanterie Trups vor, so folgen die von der Cavallerie ihnen so nahe, als es, ohne von den gegenseitigen Feuer zu leiden, geschehen kann; eine Ausnahme wäre, wenn man Gelegenheit hätte, die Cavallerie verstekt zu halten und unerwartet damit hernach einen Streich auszuführen, denn alsdann könnten sie weiter zurük bleiben.

§ 11. Unter welchen Umständen die Soutiens in Trups agiren.
Die Cavallerie Trups hinter den Schützen müßen zu Zeiten, wenn es das Terrain zu läßt, sich shnell vereinigen und in die feindliche Schützen-Linie fallen. Dies muß besonders bey Rückzügen der gegenseitigen Kette geshehen, wenn ein Theil zu weit zurück bleibt, oder wenn die diesseitige Trups-Linie durch Hecken oder Tannen-Cämpe oder Berge dem feindlichen Auge entzogen ist und also sich vereinigen kann, ehe er es entdeckt. Sie müßen aber gleich wieder sich zurück ziehen, wenn der Streich ausgeführt ist, denn die gegenseitige Cavallerie Trups werden sich nun auch gleich gegen sie vereinigen und ihren einzelnen Schützen zu Hülfe kommen. Ein solches Manoeuver muß von Zeit zu Zeit bey den Tiralliren angeordnet und unter beiden Theilen verabredet werden, damit auf diesen Gegenstand, der in Kriege äusert wichtig ist, die Leute und Officiere aufmerksam gemacht werden.

§ 12. Entfernung der Trups oder Soutiens von den geschloßenen Bataillonen und Escadronen.
Die Entfernung der Trups oder Soutiens von den geshloßenen Bataillonen oder Escadronen hängt von den Terrain und den Absichten des Befehlshabers des Ganzen ab und wird von ihm bestimmt.

ᶜDiese kurze Anweisung zum Plänkern und Tiralliren wird auf Befehl Sr. Excellenz des H. Feldm. Gr. v. Wallmoden Gimborn den Flanqeur- und Scharfshützen-Officieren zur Befolgung mitgetheilt.
                                                 G. Scharnhorst
                                              Oberstlieutenant u. G.Q.M.

ᶜ *Dieser Absatz ganz von Scharnhorsts Hand.*

270. Denkschrift [?, ?]

GStA PK, VI. HA Nl Scharnhorst Nr. 190 fol. 55r–68r (27 S.): Konzept, Schreiberhand, mit eigenhändigen Korrekturen und Zusätzen.

Früheres Konzept,[a] Schreiberhand, mit eigenhändigen Korrekturen: ebda., fol. 42r–54r (25 S.).

Übung der Scharfschützen. § 1. Grundsätze des Tiraillierens. Deckung. Zusammenwirken. Wirkungen. § 2. Einzelausbildung. 1. Scheibenschießen. Handhabung. Abstände. Auswertung. 2. Laden im Liegen. Handgriffe. § 3. Übung ohne Bataillon. 1. Einteilung. 2. Verteilung und Abstände. 3. Feuern. 4.–6. Gemeinsame Bewegungen. 7. Formierung. 8. Abmarsch. § 4. Übung mit Bataillon. Koordination. Disziplinierende Wirkung. 1. Positionen. Abstände. 2.–4. Abstimmung auf Bewegungen des Bataillons. § 5. Bataillonsfeuer. 6.–10. Abstimmung auf Veränderungen der Formation. 11. Deckung der Geschütze als Hauptaufgabe. § 5. Ausnutzung des Geländes. Geländetypen. Entsprechendes Verhalten. Notwendigkeit genauer Einweisung. Reserve. Ablösung. Angriff auf Batterien: Feuern auf Kanoniere. § 6. Kommunikation. 1. Signalinstrumente. 2. Signale.

<u>Dasselbe mit ander Urschrift</u>
S[b]

<u>Unterricht für die Scharfschützen.</u>[c]

§ 1.
<u>Beschreibung der Fechtart der Scharfschützen.</u>

Um einen deutlichen Begriff von den Uebungen der Scharfschützen zu haben, ist erforderlich, sich zuvor mit den Grundsätzen ihrer Fechtart im Kriege bekannt zu machen.

Die eigentliche Fechtart der Scharfschützen bestehet im Tirailliren.

Hiebey ist der erste Grundsatz, sich, wo es das Terrain nur einigermassen verstattet, vor den feindlichen Kugeln, wo nicht ganz, doch nur einen Theil des Körpers sicher zu stellen. Zehn bedeckte Schützen vertreiben 100, die unbedeckt den feindlichen Schüßen ausgesetzt sind. Jedes Terrain, sogar die ebenen Felder und Wiesen, haben Furchen, Vertiefungen, kleine Erhöhungen, Erd-Rücken u.s.f., welche den auf der Erde liegenden Schützen, wenn er die schickliche Lage dazu zu wählen weiß, decken.

---

[a] Die Hauptunterschiede bestehen darin, daß in der späteren Version die Verweise auf Kapitel des Exerzierbuches fehlen (sie wurden nicht einmal mehr abgeschrieben) und immer erklärt wird, daß mit der Reserve der Scharfschützen die Divisionen des dritten Gliedes gemeint sind. Es sieht so aus, als ob der Text ursprünglich als Zusatz zum Exerzierbuch gedacht war, dann aber zu einer eigenständigen Schrift umgearbeitet wurde, und zwar möglicherweise mit Blick auf eine Verwendung außerhalb Hannovers. Man beachte auch die großen Übereinstimmungen mit Nr. 267.
[b] Diese Randanmerkung von Scharnhorsts Hand.
[c] Im früheren Konzept lautet die Überschrift: „<u>1ter Zusatz zum 2ten Theil.</u>
<u>Vorläufiger Unterricht für die Scharfschützen</u>".

Aber es ist nicht genug, daß die gedeckten Schützen auf den einmal eingenommenen Platz fortdauernd feuern, sie müssen auch in dieser Lage, wenn das Signal dazu gegeben wird, avanciren oder retriren. Dies geschieht, indem sie durch Kriechen oder Laufen, wobey sie sich bücken müßen, einen andern, vorher ausersehenen Plaz, wo sie wieder verdeckt liegen können, zu erreichen suchen. Unterdeßen dies von einer Cameradshaft oder, wenn es das Terrain erlaubt, von einem Zuge ausgeführt wird, hält sich der nebenstehende zum Abfeuern bereit, damit er den vorhergehenden unterstützen könne, und folgt dem ersteren, indem er gleichfals einen für sich schicklichen und vorher ausersehenen Ort zu erreichen sucht.

Daß bey diesem Tirailliren keine durchaus grade Linie gehalten werden könne, sondern daß das Terrain hier den Platz bestimme, versteht sich von selbst.

Diese hier beshriebene Methode, sich langsam und gedeckt dem Feinde zu nähern, hat vorzüglich in durchschnittenen Gründen oft einen sehr glücklichen Erfolg gehabt.

Man hat mehrere Beyspiele, daß Linien von geschloßener Infanterie durch Tirailleurs in die Flucht geshlagen sind, ja daß sie sogar Batterien zum Stillschweigen gebracht haben, indem sie sich an selbige heranschlichen und, ohne selbst von dem feindlichen Feuer zu leiden, die Artilleristen todtshoßen.

§ 2.
Bildung des einzelnen Mannes.

Diese bestehet in dem Schießen nach der Scheibe, in der Ladung und Feurung auf der Erde liegend, und in dem Laden im Avanciren und Retriren.
1.) Das Schießen nach der Scheibe.
Diese Uebung ist der wesentlichste Gegenstand des ersten Unterrichts. Man muß den Recruten lehren, sein Gewehr, das heißt die Mitte der Schwanzschraube und das Korn, mit dem Ziele in eine[d] Linie zu bringen und während des Abfeuerns in selbiger fest zu erhalten. Das Zielen lernt er am besten, wenn man ihm mehrmals eine Canone auf ein Ziel richten läßt. Dann läßt man ihn auf 50 Schritte nach der Scheibe schießen, wobey man sehr darauf halten muß, daß er richtig lade, beym Abfeuern nicht zittere, den Kopf nicht zurückziehe und das Gewehr fest an die Schulter drücke. Trift er auf diese Entfernung die Scheibe, so verrückt man selbige bis auf 150 Schritte und lehret den Recruten, daß er in dieser Entfernung auf die Mitte, und auf 250 Schritte auf den obern Theil der Scheibe zielen müsse. Man muß dabey bemerklich machen, daß, obwohl das richtige Zielen im Ganzen genommen sehr nützlich sey, dennoch in einer so grossen Entfernung nur wenige Schüsse in ein kleines Ziel treffen; theils, damit er kein Mistrauen gegen sein Gewehr fasse, und theils damit er nicht zu früh[e] feuere. Um ihn noch mehr von

---
[d] Statt „einer".
[e] Im früheren Konzept: „hoch".

der Unsicherheit des Schusses auf einer grossen Entfernung zu überzeugen, läßt man ihn auf 400 Schritte einige Schüsse nach der Scheibe thun. Die Scheiben müssen 9 Fuß hoch und 10 Fuß breit seyn, und die Entfernungen müßen nicht nach zufälligen[f], sondern nach abgemessenen Schritten von 2 Fuß 8 Zoll festgesetzt werden.

Ueber die Fehler und Treffer wird mit Beisetzung des Nahmens des Schützen ein genaues Protocoll geführt. Der Schütze, welcher am besten in einer Compagnie geshossen hat, erhält einen Preiß. Als der beste Schuß muß aber nicht derjenige gehalten werden, der vielleicht zufällig dem Ziele am nächsten gekommen ist, sondern derjenige Schütze, der auf die Entfernung von 50 Schritte in einem Umkreis von 2 Fuß, und auf 150 bis 250 Schritt in die ganze Scheibe die mehrsten Schüsse gebracht hat, verdient, den Preiß zu erhalten. Der Recrut muß auf jede Entfernung über 50 Schritt wenigstens 6[g] Schüsse thun. Damit der Scharfschütze die Fertigkeit erlange, die vershiedenen Entfernungen richtig zu beurtheilen, so muß man ihn bey der ersten Bildung üben, die Distanzen von mehreren Gegenständen zu schätzen. Er muß sich nachher durch eigenes Zählen der Schritte selbst überzeugen, in wie ferne er sich in seiner Angabe geirrt habe.

2.) <u>Laden und Feuern auf der Erde liegend.</u>

a) Der Mann legt sich mit dem gestreckten Leibe auf die Erde, und, indem er sich auf beide Ellenbogen stützt, erhält er die zum Anlegen und Zielen nöthige feste Stellung.

b) Nach dem Abfeuern bringt er das Gewehr mit der linken Hand an die rechte Seite, so daß das Schloß neben die Brust zu stehen komme, und setzt den Hahn in Ruh.

c) Mit der rechten Hand ergreift der Mann die Patrone, öfnet sie und beschüttet die Pfanne; dies Beschütten der Pfanne ist bey der Ladung im Liegen ohngeachtet der conishen Zündlöcher nothwendig.[1]

d) Mit dem Daume und dem ersten Finger hält er die Patrone geschlossen, damit kein Pulver heraus falle, und umfaßt mit den übrigen 3 Fingern der rechten Hand das Dünne der Kolbe.

e) Darauf zieht er das Gewehr mit der rechten Hand an die rechte Seite und shiebt es mit der linken Hand, die um das oberste Mütterchen fällt, so weit herunter, daß er in den Lauf hineinsehen kann. Das Schloß muß oben kommen, damit es nicht naß werde, und die Kolbe muß fest gegen den rechten Fuß gesezt werden.

---

[f] *Folgt eine absichtliche Lücke. Im früheren Konzept steht hier: „Schritten".*
[g] *Dick geschriebene Veränderung. Im früheren Konzept steht hier: „3".*
[1] Beim Laden im Stehen wurde durch die größere Wucht beim Stopfen mit dem Ladestock genügend Pulver vom Lauf durch das konische Zündloch in die Pfanne gedrückt. Gewehre mit zylindrischen Zündlöchern erforderten dagegen in jedem Fall, daß eigens Pulver in die Pfanne geschüttet wurde.

f) Nun schüttet der Mann mit der rechten Hand die Patrone in die Mündung, indem er sie etwas hebt, und setzt gleich darauf die Hülse und die Kugel ein und schlägt mit der rechten Hand an den Lauf.
g) Endlich zieht er mit der rechten Hand den Ladestock, sezt die Ladung gehörig an und steckt dann den Ladestock wieder bey. Diese Feuerung liegend muß zu Zeiten auch beym Schießen nach einer Scheibe geübt werden.
3.) Bey der Ladung im Vorgehen oder Zurückgehen ist nur zu bemerken, daß die 1te Action des Ladens geshehen müße, wenn der linke Fuß in die Höhe ist, um die dazu nöthige schräge Wendung machen zu können.

Beym Ansetzen der Ladung muß das Gewehr etwas vor den Leib gebracht werden, damit es nicht im Gehen hind[er]lich sey.

§ 3.
Uebungen der Scharfschützen, wenn sie ohne das Bataillon für sich allein exerciren.
 1. Eintheilung.[h]
Die Scharfshützen eines Bataillons werden in zwey Pelotons getheilt, und zwar machen die von den zwey Compagnien des rechten halben Bataillons das 1te, und die von den zwey des linken halben Bataillons das 2te Peloton aus.

Ein jedes Peloton wird aber wieder in 2 Sections getheilt. Die Scharfschützen von einer jeden Compagnie formiren eine Section.
 2) Agiren à la debandade.
Auf das Signal oder Commando: Auseinander! zieht sich die 1te Section des 1ten Pelotons ganz rechts, die 2te Section des 1ten Pelotons etwas rechts, die 1te Section des 2ten Pelotons etwas links, und die 2te Section des 2ten Pelotons ganz links. Und zwar nehmen die Züge, indem sie vorgehen, so viele Distanz von einander, daß ein jedes Rott sich 5 Schritte von dem nebenstehenden entfernen könne. Der Mann aus dem 2ten Gliede, der 6 Schritte hinter seinem Vordermann aus dem 1ten Gliede bleibt, dient zu der Unterstützung desselben.

Ein solches Rott wird eine Cameradschaft genannt. Die Sections-Commandanten stellen sich in die Linie des 1ten Gliedes an die Flügel ihrer Sections, und zwar die von dem 1ten Peloton an den rechten, und die vom 2ten Peloton an den linken Flügel. Die Commandanten der Pelotons bleiben hinter der Mitte ihres Pelotons.

Ein jeder Schütze muß bey dieser Uebung für die Entfernung von seinem ihm rechts stehenden Nebenmann Sorge tragen.

Das Bajonnet wird während dieser Übung abgesteckt und das Gewehr wird flach an der Seite getragen. Tritt wird nicht gehalten.
Anmerkung: Wenn beide Pelotons à la debandade mehrere 100 Schritt vom Bataillon agiren, so muß die Reserve[i] der Division des 3ten Gliedes zur

---

[h] *Verbessert nach dem früheren Konzept. In der Vorlage heißt es infolge eines Fehlers des Schreibers: „1te Eintheilung".*
[i] *Die folgenden fünf Wörter fehlen im früheren Konzept, ebenso die folgenden Erwähnungen der Division des dritten Gliedes.*

Unterstützung vorrücken; agiren sie so, indem sie das Bataillon en colonne decken, so dient das Bataillon zur Unterstützung. Exercirt der Scharfshützen-Officier ohne das Bataillon u. die Division des 3ten Gliedes, so muß er immer einen Zug en Reserve behalten, während die andern à la debandade agiren.

3) <u>Feurung im Avanciren.</u>

Zuerst feuert der Mann aus dem 1ten Gliede, und sobald dieser wieder geladen hat, sein Camerad aus dem 2ten, der jetzt einige Schritte rechts seitwerts getreten ist, um Plaz zum Feuern zu gewinnen.

Jedes Rott feuert nach Willkühr, ohne auf die nebenstehenden zu achten. Beim Feuern macht jeder Schütze Halt, um besser zielen zu können.

4) <u>Vom Retiriren.</u>

So wie die Linie vorgegangen ist, geht sie zurück, nachdem sie kehrt gemacht hat. Soll sie im Zurückgehen feuern, so verhalten sich die Cameradshaften, nachdem sie Front gemacht haben, wie im Vorgehen. Soll weiter retirirt werden, so wirft sich auf das Commando oder Signal dazu alles ohne Tempo's herum.

5) <u>Vom rechts oder links um:</u>

Die Rotten richten sich, so wie überhaupt bey dem Agiren à la debandade, nur ohngefähr auf einander.

6) <u>Vom rechts oder links Schwenken.</u>

Der stehende^j Flügel kömmt während der Schwenkung fast nicht von der Stelle; der schwenkende marshirt schnell herum, jedoch ohne zu laufen.

7) <u>Formirung der Pelotons.</u>

Auf ein Signal oder auf das Commando: <u>Formirt</u>! ziehen sich die Züge und darauf die Pelotons schnell zusammen. Es hängt von dem Ermessen des Officiers ab, ob er einzelne Schützen oder einen ganzen Flügelzug zum Plänckern zurücklassen will, die den zurückgehenden Pelotons immer in der ohngefehren Entfernung von 60 Schritt folgen.

8) <u>Abmarsch en colonne und Wieder Anlaufen der Rotten.</u>

Die Schützen müssen fleißig geübt werden, sich aus der Colonne durch Anlaufen der Rotten nach allen Richtungen zu formiren,^{k} weil sie bey allen Gelegenheiten mit Rotten formiren.

Bey dem Rotten-Marshe brauchen sie nicht ganz dichte aufgeschlossen zu seyn.

Die Rotten marschiren immer im Dublir-Tritt, den Schritt zu 2 Fuß 8 Zoll.

§ 4.

<u>Verhalten der Scharfschützen bey den Linien-Bewegungen ihres Bataillons.</u>

Bey dem gewöhnlichen Exerciren eines Bataillons, bey welchem nicht auf die Benutzung des Terrains Rücksicht genommen wird, kann für die Scharf-

---

^{j} Statt „stehenden".
^{k} Im früheren Konzept folgt hier: „so wie solches in dem Zusatze zu dem Capitel vom Abbrechen der Züge (Seite 173 im Exercier-Buche) beschrieben ist".

schützen nur der Vortheil entstehen, daß sie sich gewöhnen, in ihren Bewegungen sich^l ganz nach denen des Bataillons zu richten. Die Scharfshützen allein dem Terrain gemäß agiren zu laßen, während das Bataillon sich nicht darum bekümmert, würde den ersteren nur irrige Begriffe über das Verhältniß ihrer Bewegungen zu den des Bataillons geben.

Wenn man aber bedenkt, wie leicht die Scharfschützen vorzüglich im Kriege sich gewöhnen, wild umher zu laufen oder das Bataillon wol gar zu verlassen, so wird man bald einsehen, daß es demohnerachtet grossen Nutzen habe, sie der folgenden Vorshrift gemäß bey den Evolutions zu üben.^m

1)^n Soll das Bataillon en fronte vormarshiren, so marshiren die Scharfshützen nach dem Ermessen des Commandeurs entweder hinter demselben, und zwar en fronte und dichte hinter den Flügel-Pelotons, oder sie rücken auf ein von ihrem Officier gegebenes Signal 60 Schritte vor selbigen.

Sie laufen dabey um beide Flügel des Bataillons und vertheilen sich vor der Fronte; sie müssen aber vor der Mitte eine Intervalle von wenigstens 40 Schritte lassen, um den Vormarshirenden die freye Aussicht nicht zu benehmen, und sich auf das Halt! des Commandeurs schnell nach den Flügel-Intervallen zurückziehen zu können. Die Unterofficiers sind hinter ihren Pelotons, der Officier aber ohngefähr hinter der Mitte des Ganzen, um alles besser übersehen zu können.

Man kann von den Scharfschützen erwarten, daß sie ihre Distanze vom Bataillon und ihre Intervallen einigermaassen beobachten, und ohngefehr die

---

^l   *In der Vorlage versehentlich gestrichen, im früheren Konzept vorhanden.*
^m   *Im früheren Konzept folgt hier noch:* „1.) Wenn ein Bataillon allein zur Musterung en parade stehet, so stehet das 1te Peloton der Scharfschützen am rechten, und das 2te Peloton am linken Flügel, über die Canonen. Bey zwey Bataillons stehen beide Pelotons von N^ro 1 am rechten, und die bey[d]en Pelotons von N^ro 2 am linken Flügel. Bey einer Linie von mehreren Bataillons stehen die Scharfschützen von den beiden Flügel-Bataillons gleichfalls am rechten und linken Flügel. Die Scharfschützen von den andern Bataillons stehen von jedem Bataillon in einem Zuge rangirt, 9 Schritte hinter dem Schwanze der Lavete. Wird die Compagnie allein gemustert, so stehen die Scharfschützen ganz am rechten Flügel derselben.

2.) Beim Parade-Marsch marshiren sie in zwey Züge getheilt an der Tète, vor der Janitscharen-Musick. Sie machen aber die letzte Schwenkung beym Parade Marsch nicht mit, sondern, wenn die vorletzte Schwenkung geschehen ist, oder aufmarschirt commandirt wird, marschiren sie gerade aus, bis sie ganz aus der Allignements-Linie heraus sind, auf welcher das Bataillon nach der letzten Schwenkung marschiren soll. Sie bleiben von nun an dem Bataillon, in dem sie in Rotten marschiren, zur Seite, und zwar sucht das 1te Peloton sich neben die 1te Division, und das 2te neben die 8te Division zu ziehen, damit sie, wenn nach der letzten Schwenkung en Fronte geschwenkt wird, gerade hinter dem rechten und linken Flügel, und zwar hinter dem äußersten Flügel-Peloton, stehen.

Wird die Reserve formirt, oder nachher das 3te Glied her[ge]stellt, so müßen sie sich von beyden Flügeln nach den Intervallen rechts und links ziehen, und der Reserve Plaz machen. Ist diese Bewegung geschehen, so nehmen sie ihre erste Stelle wieder ein."
^n   *Im früheren Konzept ist dies Punkt* „3.", *der folgende* „4.)" *usw.*

Richtung mit einander halten, jedoch ohne gewisse Puncte anzunehmen, oder gewisse Rotten zur Direction zu bestimmen.

Es ist aber nöthig, dem Scharfschützen beym ersten Unterricht seine zu beobachtende Distanzen und Intervallen genau bekannt zu machen.

Wenn das Bataillon <u>Halt macht</u> oder nach dem Halt retirirt oder sich im Avanciren <u>rechts</u> oder <u>links</u> zieht, so werden die Schützen davon von dem Schützen-Officier durch besondere Signale avertirt. Sie sehen darauf, daß sie während diesen Bewegungen ihre Distanze nicht verliehren und die Fronte des Bataillons zweckmässig decken.

2) Setzt sich ein Bataillon, indem es rechts oder links abmarschirt, vorwärts oder seitwärts en colonne, so ziehen sich die Schützen auch rechts oder links zusammen und formiren den 1ten Zug vor den Canonen, wenn nicht der Commandeur befiehlt, rechts oder links neben der Colonne in der vorgeschriebenen Entfernung, und zwar um sie zu decken, zu marschiren. Ist eine Canone vorne und eine hinten, so marschirt das 1te Peloton an der Tete und das 2te an der Queue hinter der Canone. Marschiren mehrere Bataillons en colonne, so machen die Scharfschützen von dem Bataillon, welches die Tete hat, die Avantgarde und die von dem letzten Bataillon die Arriergarde. Die Scharfshützen bey den andern Bataillons bleiben in der Marsh-Colonne immer, wenn die Canonen vor dem Bataillon sind, vor selbigen; sind sie hinter dem Bataillon, so schliessen sie hinter selbigen. Formirt sich die Marsh-Colonne zur Manövrir-Colonne, so ziehen sich die Scharfschützen der nicht die Tete habenden Bataillons nach der Seite hinaus, wo der Feind angenommen ist.

3) Marshirt das Bataillon in die Richtungs-Linie, so wird auf das Commando zu dieser Bewegung den Scharfshützen ein Signal zum geschwinden Vorrücken gegeben, die sich nun, wenn sie 60 Schritte vor der neuen Front Linie sind, wieder en debandade vor selbiger vertheilen.

4) Deployirt das Bataillon, so wird den Scharfschützen auf das Commando: es soll auf die 1te (oder 4te) Compagnie deployirt werden, auf die vorhin beshriebene Art das Signal zum Vorrücken in die neue Schützen-Linie (60 Schritt vor der Front) gegeben, welches dann so geshwind als möglich geschehen muß.

5) Soll das Bataillon feuern, so giebt ein Signal dazu das Zeichen zum Rückzuge für die Scharfshützen. Sie laufen, ohne Glieder und Richtung zu halten, nach den Intervallen, um der Mannshaft im Feuern nicht im Wege zu seyn, und ziehen sich um die Flügel, woselbst sie sich wieder formiren und hinter die Flügel Divisions stellen.

6) Wenn das Bataillon eine Schwenkung macht, so gehen die Scharf-Schützen auf das Commando: Mit Divisions rechts oder links schwenkt! schnell

60 Schritt über die neue Linie vor, um das Bataillon während der Bewegung zu decken.

7.) Wenn das Bataillon aus der Colonne sich vor- oder rückwärts formirt, so begeben die Scharfshützen, sobald sie können, sich 60 Schritt vor die neue Front.

8) Wenn ein Bataillon die Front verändert, so laufen die Scharfschützen um die Flügel 60 Schritt vor die neue Front, indem sie zugleich ihre Flügel verändern.

9) Wenn ein Bataillon° den Flügel vorziehet, so stellen sie sich, sobald sie können, vor die neue Front, um das Einschwenken der Züge zu decken.

10) Beim Quarrée stellen sich die Schützen während der Formirung auf 60 Schritte zugweise vor jede Flanque, und ziehen sich, wenn es formirt ist, nach den Ecken, wo sie vorzüglich zur Deckung des Geschützes gebraucht werden.

11.) Es kann den Scharfshützen nicht genugsam eingeprägt werden, daß ihre vorzüglichste Bestimmung ist, die Canonen zu decken. Sie gehen daher immer vor, wenn diese vorgehen, dürfen selbige nie aus den Augen laßen, und müssen selbst mit Hand anlegen, wenn Hinderniße des Terrains die Anstellung von mehreren Menshen erforderlich machen.

§ 5.
Benutzung des Terrains.

Bey allen Manövriren suchen die Scharfshützen sich des Terrains auf die vortheilhafteste Art zu bedienen, theils um sich gegen die^p feindlichen Kugeln zu sichern, theils dem Feinde den möglichst grösten Abbruch zu thun.

Es lassen sich 3 Arten von Terrains denken, 1.) ganz durchshnittenes, 2) abwechselnd ebenes und durchschnittenes und 3) ganz ebenes.

Das ganz durchschnittene Terrain ist der Fechtart der Scharfshützen am angemessensten. Sie suchen hier jeden Baum, jedes Hinderniß zu benutzen. Mit diesem Terrain ist aber der Nachtheil verbunden, daß der Officier nicht die Mannshaft unter der nöthigen Aufsicht behalten kann und alles durch Signale commandiren muß, deren im Felde nur wenige Anwendung finden.

° *Hier eine auffällige Lücke von über einer Zeile im Manuskript. Im früheren Konzept steht hier:* „nach der 5ten Art. des Exercier-Buchs".
^p *Statt* „den".

Bey dem abwechselnd ebenen und durchshnittenen Terrain müssen die Scharfschützen suchen, das erste zu vermeiden oder es so schnell als möglich zu passiren, und nur in dem durchshnittenen Posto fassen.

Eine vollkommne Ebene, die ganz ohne kleine Anhöhen, Vertiefungen u.s.f. wär, läßt sich nicht denken. Sollen die Schützen aber in einer solchen Gegend, die nur geringe Erhöhungen hat, agiren, so müssen sie sich der Ladung und Feurung auf der Erde liegend bedienen und diejenigen Plätze, welche ihnen einigen Schutz geben, durch Laufen, wobey sie sich bücken müssen, oder wol gar, wenn sie dem feindlichen Feuer sehr ausgesetzt sind, durch Kriechen zu erreichen suchen.

Die Grundsätze des Vorgehens, des Zurückgehens und Feuerns sind übrigens die nähmlichen, welche in dem § 3 von dem Agiren à la debandade angegeben sind. Erfordert es das Terrain, daß noch in kleineren Abtheilungen als in Sections agirt werden muß, so müssen die Sections wieder in zwey Theile getheilt werden, wovon ein jeder einen Gefreiten zum Commandanten erhält, der aber auch mit feuert. Da die Scharfshützen beym Tiralliren viel sich selbst überlassen sind, so ist erforderlich, daß der Officier ihnen vorher möglichst mit der Gegend und der ganzen Lage der Sache bekannt mache; er muß ihnen insbesondere die Plätze zeigen, deren Besitznehmung für sie von Nutzen seyn kann, und muß sie auf die vershiedenen Fälle aufmerksam machen, welche eintreten können.

Nie darf ein Officier seinen ganzen Trup tiralliren lassen, ohne nicht eine Reserve zurückzubehalten, es sey denn, daß die Reserve, die Division des 3ten Gliedes, vom Bataillon zu seiner Unterstützung nachgerückt sey. Wenn er ein oder mehrere Pelotons von den Schützen als Reserve nicht mit tiralliren läßt, so muß er diese auf eine solche Art zu postiren suchen, daß sie schnell zur Unterstützung herbey eilen können, und bevor sie dies thun, von dem feindlichen Feuer nicht leiden.

Gewährt das Terrain keine Deckung gegen selbiges, so muß diese Reserve von den Scharfshützen sich auf die Erde legen. Eine nicht minder wichtige Regel ist, die im Feuer befindliche Sections der Scharfschützen von Zeit zu Zeit durch die en reserve zurückgebliebenen ablösen zu lassen.

Sollen Batterien mit Scharfshützen angegriffen werden, so nähern sich die Schützen durch Laufen, wobey sie sich bücken müssen, oder durch Kriechen dem feindlichen Geschütz bis auf einen wirksamen kleinen Gewehrschuß. Hier suchen sie sich Plätze aus, die ihnen gegen das feindliche Feuer einigen Schutz geben, und suchen nun die Artilleristen zu tödten. Stehen die Canonen in Schießsharten, so feuern die Schützen so oft als sie können durch selbige. Einige sehr geubte Schützen liegen immer im Anshlage bereit, um gleich zu feuern, wenn sich in den Schießsharten oder über den Wällen ein Kopf blicken läßt. Finden sich vielleicht in der Nähe einer Festung gar keine natürliche Gegenstände, die einige Deckung geben, so graben sie sich während der Nacht Löcher. Macht der Feind aus der Festung einen Ausfall, so ziehen sie sich zurück. Sie suchen aber, sobald der Feind zurück ist, ihre vorige Plätze wieder zu gewinnen. Man muß es den Scharfschützen bey dieser Gelegenheit nicht an Munition mangeln lassen, und muß sie oft ablösen. Die Schützen laufen bey der Ablösung einzeln hin und zurück, um nicht von dem feindlichen Feuer zu leiden.

§ 6.
Von den Signalen.

Da, wo mit der Stimme commandirt werden kann, ist sie allen Signalen vorzuziehen, weil diese leicht Verwirrung veranlassen und nur wenige allgemeine Verhaltungsbefehle bezeichnen können. In durchshnittenen Gegenden kann man der Signale aber nicht entbehren.
1.) Bezeichnung der Instrumente, mit welchen Signale gegeben werden.
Wenn der Commandeur des Bataillons ein Signal geben lassen will, so geschieht dies durch die Trommel; er läßt nemlich, wenn die Scharfschützen vor der Fronte sind und zurückkommen sollen, weil das Bataillon feuern will, Apell shlagen.
Alle andern Befehle muß er dem Scharfshützen-Officier oder dem Capitain der Reserve mündlich ertheilen oder durch den Adjudanten bringen lassen. Der Scharfschützen Officier oder, wenn die Reserve, d.i. die Division des 3ten Gliedes, mit agirt, der Capitain derselben, giebt die Signale durch den Halben Mond.[2] Der Scharfshützen Officier hat auf den Fall, wenn der Halbe Mondbläser bey dem Reserve Capitain ist, eine Pfeife. Die Unterofficiers und Gefreiten haben gleichfals Pfeifen. Die Gefreiten bedienen sich derselben nur, wenn sie einen Zug beim Tiralliren oder eine Patrouille commandiren.
Die Signale, welche ein Befehlshaber giebt, werden von den Unterbefehlshabern schnell wiederholt.
2) Bey welcher Gelegenheit Signale mit den halben Mond und der Pfeife gegeben werden.
   a.) Zum Avanciren.
   b.) Zum Retiriren.
   c.) Zum Agiren à la debandade.
   d.) Zum Zusammenziehen.
   e.) Zum Halt.

---

[2] Signalhorn. Im Gegensatz etwa zum Posthorn oder zu den nach den Befreiungskriegen eingeführten Modellen bevorzugte man damals in norddeutschen Armeen Hörner, deren Röhren keine Schlaufe bildeten, sondern lediglich eine U-förmige Krümmung. Sie waren entsprechend sperriger.

271. Aufzeichnung [?, 1795/1801?[1]]

GStA PK, VI. HA Nl Scharnhorst Nr. 190 fol. 70r–78v (14 1/2 S.): Abschrift, Schreiberhand, mit eigenhändigen Hinzufügungen.

Einsatzmöglichkeiten der Scharfschützen und des dritten Gliedes. 1. Bekämpfung leichter Truppen. 2. Bekämpfung von Plänkerern im Vorfeld gegnerischer Kavallerie. 3. Aufstellung vor den Formationen in vermischtem Gelände. Deckung der Geschütze. Hindernisse vor der Front. An einem Bach. Zwischen Hecken. Vorteile. 4. Verteidigung eines Defilees. Beispiel bei Hameln. Aufstellung. Verhalten bei gegnerischem Angriff. Verteidigung einer Brücke.

I^{tes} Capitel.
Einige allgemeine Ideen von der Anwendung der Scharfschützen und Divisionen des 3ten Gliedes in Beyspielen.

1tes Beyspiel Plan I Fig. 1 und 2.[a]

Man befindet sich in der Ebene, wo man die feindliche Infanterie in großer Entfernung vor sich sieht, in der Nähe aber Trups von leichter Cavalerie und Jäger wahrnimmt.
In dieser Lage läßt der Brigadier, so bald sich seine Brigade AA formirt hat, das 3te Glied zu einer Reserve BB hinter die Bataillons treten, in dem alle Bataillons Befehlshaber commandiren: Drittes Glied formirt die Reserve.
Die Divisionen, welche das 3te Glied jetzt formiren, stehen 60 Schritt hinter der Mitte des Bataillons in BB und sind in so viel Plotons getheilt, als das Bataillon Compagnien hat. Jedes Ploton hat seinen Officier oder doch wenigstens Unterofficier; die ganze Division commandirt ein Capitain u.s.w.
Die zurükgegangene Distanz darf nicht unter 60 Schritt seyn, damit der Befehlshaber der Reserve das Bataillon übersehen kann und nach jeder entstandenen Lücke oder zu groß gewordenen Intervalle gleich ein Ploton hin schicken kann, um sie auszufüllen.

2tes Beyspiel, Plan II Fig. 1 und 2.

Man stehet in der Ebene und hat feindliche Cavalerie vor sich.
In der ersten Figur stehen die geschloßenen Bataillone in AA in 2 Gliedern, die Scharfschützen in CC hinter den Flügeln der Bataillone, um die Canonen von der Seite zu decken, wenn etwa der Feind irgend wo durchdringen oder ein Bataillon sich aufwickeln sollte.
Schikt derselbe aber vor der Attaque Trups und Blänkerer ab, so rücken die Scharfschützen rechts und links den Canonen bis etwa 60 Schritt vor.

---
[a] *Die meisten Pläne fehlen.*
[1] Im Zusammenhang mit dem Feldzug in den Niederlanden ist von „wir" die Rede (fol. 74r).

Sie nehmen hier ihre Stellung wie in Plan I, ohne jedoch so weit als dort das Bataillon zu masquiren, damit sie hernach beym Angrif der feindlichen Linie geschwind, ohne das Feur der Bataillone und Canonen aufzuhalten, bey den Canonen durch die Intervalle nach C kommen können. In DD befinden sich die Divisionen des 3ten Gliedes 60 Schritt hinter der Mitte der Bataillone, sie stehen in einer Linie oder mit zurückgezogenen Flügel-Plotons (nach den punktirten Linien). Bricht der Feind in den Neben Bataillonen durch, so formiren die Divisionen des 3ten Gliedes gleich eine Flanke; öfnet sich ihr Bataillon, wenn der Feind dasselbe attaquirt, so gehen sie in diese Oefnung, um sie auszufüllen; entstehet in der Bewegung eine Lücke in der Linie, so rücken sie sogleich in dieselbe.

In der 2ten Figur ist das 3te Glied angeschloßen.

Die geprüfte Erfahrung und kalte Beurtheilung entscheide hier, welches die beste dieser beiden Stellungen gegen Cavalerie ist?

Ob das Feur des 3ten Gliedes die weiter hin genannten Vortheile der zurükstehenden Divisionen aufwiegen könne, und ob die Masse von 3 Gliedern den Reuter mehr zurükhalte, in das Bataillon zu sprengen, als die Erblickung eines 2ten Treffens, welches ihn, wenn er irgendwo durch die vielleicht zur Seite gesprungenen Leute der beiden ersten Glieder setzen möchte, gleich mit einer neuen Decharge empfängt.

3tes Beyspiel, Plan III, IV und V.

Man stehet in durchschnittenen und vermischten Terrain und hat die Scharfschützen, die Regiments Canonen, die Divisionen des 3ten Gliedes (und auch zu Zeiten die Batterien) vor den geschloßenen Bataillonen.

In III^ten Plan, in der ersten Figur, siehet man die Stellung der vorgerükten Theile.

Die Regiments-Canonen der verschiedenen Bataillone stehen so weit von einander, als die Front der Bataillone beträgt, damit diese immer zwischen sie einrücken können. Rechts und links neben den Canonen befinden sich die Scharfschützen. Sie liegen auf der Erde oder stehen in Gräben u.s.w., damit sie so wenig als möglich dem feindlichen, auf das Geschütz gerichteten Feuer sich aussetzen.

In der Mitte des Zwischenraums der Canonen zweyer Bataillons befindet sich die Division des 3ten Gliedes in 2 Gliedern gestellt. Sie leidet hier nicht durch das Feur des Feindes, welches auf die Canonen gerichtet ist, und giebt durch diese Stellung der Linie eine gleichförmige Stärke.

Die Canonen, welche zuerst feuren und gewöhnlich das Feuer des Feindes auf sich ziehen, stehen 20 Schritt von einander, damit sie weniger dem feindlichen, auf sie concentrirten Feur sich aussetzen. Ihre Protzen halten an beiden Seiten rükwärts. In dieser Stellung werden sie nicht von den auf die Canonen gerichteten Kugeln getroffen.

Kann man neben den Canonen für die Artilleristen bedekte Plätze finden, Löcher graben, so ist dies bey anhaltenden Canonaden sehr vortheilhaft. Wir haben dergleichen, wo wir gegen bedektes feindliches Geschütz agiren mußten, in den Niederlanden zweimal gethan, und mit wenigen Canonen ganze Tage gegen eine große Uebermacht ein beständiges Feuer unterhalten.

Die 2te Figur des III^{ten} Plans zeigt, wie man von der in der 1ten Figur beschriebenen Anordnung Gebrauch macht, wenn die Batterien gedekt sind und vor der Front sich Hinderniße des Zugangs befinden, als Wolfsgruben, Verhacke, Gräben, Bäche u.s.w. Die Batterie, die Regiments-Canonen, Scharfschützen und Divisionen des 3ten Gliedes machen hier die feurende Linie aus; dringt aber ihres Feuers ohngeachtet der Feind durch die Wolfsgruben u. andern Hinderniße des Zugangs auf sie und die Batterien ein, so gehen die geschloßenen Bataillone ihm entgegen und werfen ihn mit dem Bajonnet oder einem nahen Bataillon-Feuer über den Haufen. Sie haben bis dahin wenig gelitten und noch nicht gefeurt. Die Divisionen des 3ten Gliedes gehen jetzt als Reserve 200 Schritt zurück, versehen sich von neuen mit Patronen, schrauben neue Steine auf und setzen sich in den Stand, nach einiger Zeit ihre Bataillone wieder ablösen zu können.

Im IV^{ten} Plan ist von der obigen Anordnung ein anderer Gebrauch gemacht. Hier stehen die geschloßenen Bataillone 400 Schritt von einem in einer Vertiefung fließenden Bache; die Regiments-Canonen, die Divisionen des 3ten Gliedes und die Scharfschützen befinden sich aber nahe vor demselben (die erstern durch Aufwürfe gedekt), um den Feind den Uebergang zu verwehren. Sollte dieser aber dennoch durchdringen, so gehen die geschloßenen Bataillone mit dem Bajonet dem übergegangenen Theil auf den Hals und werfen ihn in die Vertiefung zurük. Da sie vorher gegen 600 Schritt von dem gegenseitigen Ufer entfernt standen, so können sie nicht sehr durchs feindliche Feur gelitten haben, zu mal wenn sie sich während der Canonade auf die Erde legen oder noch einige 100 Schritt weiter zurükgehen.[b]

Im V^{ten} Plan ist nach der bisher gegebenen Anordnung eine Brigade Infanterie in einem mit Hecken durchschnittenen Terrain gestellt.

In AA stehen die geschloßenen Bataillone und in CC die Divisionen des 3ten Gliedes und die Regiments-Canonen, 400 Schritt vor ihnen hinter einer Hecke. Die Scharfschützen sind noch weiter in dem durchschnittenen Terrain vorgerükt, um die Patrouillen und Tirailleure zurük zu halten. So bald sie aber von der Uebermacht gedrängt werden, so gehen sie bis neben die Canonen zurük.

Bricht der Feind durch die Linie der Regiments-Canonen, Divisionen des 3ten Gliedes und Scharfschützen auf einen oder andern Punkt, so gehen ihn die geschloßenen Bataillone entgegen.

---

[b] Dazu paßt eine Skizze auf fol. 103v des gleichen Faszikels, bei der es sich wahrscheinlich um einen Entwurf zur nicht überlieferten Abbildung handelt. Der Abstand zwischen den Bataillonen und dem Bach beträgt hier aber nur etwa 200 Schritt.

Bey der Stellung des III, IV und V^ten Plans erhält man mehrere Vortheile: 1. Genießt man die des Angrifs auch da, wo man sich defensiv verhalten muß. 2. Kann man sich bey ihr nicht so leicht verschießen, indem die geschloßenen Bataillone und Divisionen des 3ten Gliedes nie zugleich feuren. 3. Kann man bey derselben, wenn nicht entschiedene Angriffe auf den Punkt, auf den man stehet, geschehen, die geschloßenen Bataillone gegen den auf einer andern Stelle durchdringenden Feind gebrauchen. 4. Hat man wenigstens imer einen Theil auser dem Feur in Ordnung und kann also über denselben, es sey in unglüklichen oder glüklichen Ereignißen, sicher disponiren – <u>welches nicht immer der Fall bey dem in Feur verwickelten zu seyn pflegt.</u> 5. Leidet man bey dieser Stellung immer weniger als bey der gewöhnlichen in 3 Glieder.

4tes Beyspiel. <u>Man will ein Defilee vertheidigen, ohne daß vorher die geringste Vorkehrung getroffen ist.</u>

<u>In der 1ten Figur des VI^ten Plans</u>^c ist der Gebrauch der Scharfschützen und Divisionen des 3ten Gliedes bey der Besetzung eines Defilees ohnweit der Festung Hameln (welches in der Schlacht bey Hastenbek mit 3 Bataillons und 3 Escadrons vertheidigt werden sollte), vorgestellt. Der Feind kömmt von Dierse².

In dem Defilee selbst in AB sind die Scharfschützen, die Divisionen des 3ten Gliedes und die Regiments-Canonen von 2 Bataillons placirt; 800 Schritt hinter diesen stehen 3 Escadronen. Auf den sehr steilen, hohen, stark mit Gehölz bewachsenen felsigten Berge G³ befinden sich die Scharfschützen und die Divisionen des 3ten Gliedes von dem 3ten Bataillone und in EF im lichten Gehölz die geschloßenen Bataillone mit 2 Regiments-Canonen. Greift der Feind das Detaschement in G an, so kann es durch die geschloßenen Bataillone unterstützt werden. Gehet er aber auf das Defilee, vertreibt die Scharfschützen, Canonen und Divisionen des 3ten Gliedes aus AB, so dekt die Cavalerie den Rükzug derselben und fällt über den Feind her, welcher in diesen Augenblik auf die Zurükziehenden einhauen möchte. Dringt der Feind aber geschloßen mit Geschütz vor, so nehmen ihn die 3 Bataillone in Flank, während die aus den Defilee vertriebenen Schützen, Canonen und Divisionen des 3ten Gliedes ihn von vorn beschäftigen.

<u>In der 2ten Figur des VI^ten Plans</u> ist eine Brücke mit 2 Bataillonen besetzt, man hat weder die Brücke ruiniren noch einige Aufwürfe oder Barrikaden hier zu machen Gelegenheit gehabt.

In A und B stehen die beiden geschloßenen Bataillone, auf einen etwas niedrigen Terrain in CD die Divisionen des 3ten Gliedes und zwischen ihnen

---

^c *Dazu paßt eine Skizze auf fol. 103r des gleichen Faszikels.*
² Diedersen, nordöstlich von Hastenbeck.
³ Gemeint ist wohl der Schecken (272 m) oder die Obensburg (286 m).

die Canonen (150 Schritt von der Brücke). Die Canonen sind 20 Schritt eine von der andern gestellt, damit sie bey ihren grossen Zwi[s]chenräumen nicht sosehr dem feindlichen, auf sie concentrirten Feur ausgesetzt sind. Die Scharfschützen sind in EF hinter die hier befindlichen Bäume versteckt.[d]

Dies ist eine Besatzung gegen reitende Artillerie und Cavalerie. Kömt aber der Feind mit Infanterie und schweren Batterien, so ziehen sich die Divisionen des 3ten Gliedes bis auf 450 Schritt (bis G) von der Brücke zurük, so daß sie aus den sehr wirksamen feindlichen Cartätschfeur kommen, und suchen hier durch ihr Feur den Feind den Uebergang zu wehren. Setzt derselbe sich aber dennoch (nachdem die Canonen demontirt sind) in Marsch und gehet über die Brücke, so rücken ihn die geschloßenen Bataillone entgegen und empfangen ihn mit einigen nahen Bataillonsfeuers, noch ehe er sich formirt.

272. Aufzeichnung [?, ?]

GStA PK, VI. HA Nl Scharnhorst Nr. 190 fol. 79r–80r (3 S.): Konzept, eigenhändig.[1]

Angriff auf ein Defilee. Deckung der Geschütze. Trinkgeld für getroffene feindliche Kanoniere. Eingreifen des geschlossenen Bataillons.

<u>Gebrauch der Scharfschützen u. der Divisionen des 3. Gliedes beym Angrif eines Defilees.</u>[a]

A das Defilee.

BB das feindliche Bataillon und C die Canonen desselben, welche den Durchgang durchs Defillee vertheidigen.

DE die Division des 3ten Gliedes, welche auf das Defilee im einen Gliede zu marshirt u. auf beiden Flügeln 1 Canone hat, welche während des Marshes abwechselnd feurt u. vorjägt. Auf ungefähr 300 Schritt von Feinde macht es Halt u. f[ä]ngt an zu feuren; feurt aber das feindliche Bataillon früher, so macht unser 3tes Glied auch schon auf 400 Halt. Die Canonen bleiben so wohl in Marsch als nachher immer 20 Schritt von dem Flügelman entfernt, damit die auf ihnen gerichteten Schüße nicht ins 3te Glied treffen.

Die Scharfschützen in F u. G bleiben rechts u. links neben den Canonen mit großen Zwishenräumen zwischen den Cameradshaften. Sie werfen sich

---

[d] *Dazu paßt eine Skizze auf fol. 102r des gleichen Faszikels, die offenbar ein Entwurf für die nicht überlieferte Abbildung ist. Die Aufstellung ist wie im Text beschrieben, jedoch nicht mit Buchstaben markiert. Im Zentrum der Verteidigungsposition befinden sich die vier Kanonen 80 bis 100 Schritte direkt hinter der Brücke über den 20 Schritt breiten Fluß.*

[a] *Der dazugehörige Plan fehlt.*
[1] Es handelt sich möglicherweise um das Konzept einer Fortsetzung des vorangehenden Textes.

hernach auf die Erde und nähern sich den Fluß in Vertiefungen und hinter Erhöhungen und feuren beständig auf die feindlichen Canoniere. Der Officier sucht Plätze für die besten Schützen aus und muntert sie auf, langsam und gut ihren Schuß anzubringen, und verspricht ihn für jeden Canonier, den er trift, ein Trinkgeld.

Hat auf diese Weise das Feur einige Zeit gedaurt, gehen die feindlichen Canonen zurük oder fängt das feindl. Feur an, abzunehmen, so nähert sich das geschloßene Bataillon dem 3ten Gliede, dies macht rechts u. links Platz, das Bataillon gehet zwishen ihnen durch, u. ohne zu feuren auf das Defilee zu, während die Canonen auf den Flügeln abwechselnd feuren u. vorjagen. Die Abtheilungen, welche von den Bataillon auf das Defilee treffen, gehen durch dasselbe in Doublir Schritt, die andern folgen ihn en colonne u. marschiren, so bald sie dasselbe passirt sind, auf, die Canonen stehn am Ufer u. feuren unaufhörlich auf den Feind, die Sharfshützen folgen so gleich dem Bataillon u. lauffen, wenn das Bataillon an der andern Seite sich formirt hat, auf die Flügel des Bataillons, um den fliehenden Feind zu verfolgen. Die Division des 3ten Gliedes bleibt[b] anfangs als Reserve zurük, da der Feind aber weicht, folgen die Canonen dem Bataillon, die Division besetzt aber anfangs noch das Defilee, um dem Bataillon, wenn etwas von andern feindlichen Truppen zu befürchten wäre, den Rükzug zu sichern.

273. Aufzeichnung [?, ?]

GStA PK, VI. HA Nl Scharnhorst Nr. 190 fol. 83r–97v (29½ S.): Konzept, Schreiberhand, mit eigenhändigen Hinzufügungen.

Muster für die Disposition leichter Infanterie auf dem Schlachtfeld von Vellinghausen 1761. [1.] Gestaffelte Aufstellung zwishen Hecken: Schützen, Regimentsartillerie und drittes Glied. Reserve. Distanzierung der gegnerischen Artillerie. Verstärkung und Ablösung der Artillerie. Rückzug der Schützenlinie. Überraschungseffekt. Verfolgung. [2.] Offene Position der Bataillone. Ungünstiger Eindruck des Rückzugs der Schützen. Frühzeitige Verstärkung der Regimentsartillerie. Aufrücken der Bataillone. Vorkehrungen. [3.] Mit Kavallerie in durchschnittenem Gelände. Distanzierung des Gegners. Schneisen für die Reiter. Kavallerieunterstützung bei Durchbruch des Gegners. Deckung des Rückzugs. [4.] Vorbereitung eines Angriffs aus der Deckung. Vertreibung gegnerischer Tirailleure. Zusammenwirken mit Kavallerie. Verstärkung der Schützen. Einsatz der schweren Artillerie. Abstand von gegnerischen Kartätschen. [5.] Gegenangriff. Aufhalten des Gegners. Schneisen. Vormarsch der Bataillone. Vorteile: Mehr Spielraum für Aufmarsch, Schonung der Kräfte und Munition, mehr Optionen beim Durchführen des Angriffs. Dritte Linie als Auffangstellung.

<u>Beyspiel von dem Gebrauch der Scharfschützen und des 3ten Gliedes</u> (auf dem Terrain und in der Stellung des linken Flügels der alliirten Armee in der Schlacht bey Vellinghausen 1761)

---

[b] Statt „bleiben".

[1.] Plan VII.ᵃ
Erste Disposition

Es ist vorausgesezt, daß man sich auf der Stelle vertheidigen wolle.

A.B. Zwey Brigaden in Schlachtordnung hinter der Landwehr, in ihren Zwischenräumen und auf den Flügeln mit Batterien schwerer Artillerie gedekt.
Die Landwehr bestehet hier aus einen Graben (von dem die Erde einige Fuß aufgeworfen ist).

C.D.E.F.G. 3 bis 400 Schritt vorgerükte Feuer-Linie, welche aus denᵇ Regiments-Canonen und den Divisionen des 3ten Gliedes bestehet. Die Numern bey den Canonen und Divisionen zeigen an, zu welchen Bataillonen die Divisionen, Schützen und Canonen gehören.
Ob gleich es die Regel ist, daß die Divisionen des 3ten Gliedes in der Mitte vor ihren Bataillonen in 2 Gliedern geschloßen zwishen den Canonen bleiben, so macht man doch hinter Hecken etc. oft davon eine Ausnahme, und hier ist die Hälfte einer jeden Division zwishen den Canonen in 1 Glied gestellt und die andere Hälfte als Reserve in P, X, Q und R in 2 Gliedern geblieben, um die Linien da, wo es am vorzüglichsten erfordert wird, zu unterstützen und in Feuer abzulösen.

H,J,K,L,M, Scharfschützen-Linie 300 bis 400 Schritt vor den Canonen, um die feindlichen Patrouillen, Tirailleurs etc. zurük zu halten. Bloß die Hälfte der Schützen eines jeden Bataillons ist vertheilt, um durch die andere einen kleinen Trup bey einander und eine Ablösung im Feuer zu haben.

N O, 2 Trups Cavalerie (jeder von ½ Escadron) zur Unterstützung der Scharfschützen. Diese Trups halten sich verdekt, bis die feindlichen Tirailleurs sich in die Mitte der vor der Schützen Linie liegenden Cämpe wagen; hier hauen sie dieselbe nieder und zwingen dadurch den Feind, sehr behutsam zu Werke zu gehen. Greift der Feind ernstlich an, so ziehen sich die Scharfschützen so gleich in die Linie. Die Canonen und die Cavalerie decken jetzt ihren Rükzug und setzen sich nachher bey die ½ Reserve Divisionen des 3ten Gliedes in P und Q.

Die Regiments Canonen in der Linie C.D.E.F.G feuren nicht eh[e]r, bis unsere Scharfschützen sich zurükziehen, und vorzüglich auf das feindliche Geschütz, damit dies gezwungen wird, auf eine beträchtliche Distanz von ihnen aufzufahren, und also nicht so nahe kömt, daß es unsere geschloßenen Bataillone mit den Kartätschen erreichen kann.

ᵃ *Die dazugehörigen Pläne fehlen.*
ᵇ *Statt „dem".*

Bewirken sie, daß die feindliche Linie auf 6 bis 700 Schritt vor ihnen aufmarschirt, so ist das Feuer derselben gegen unsere (noch 3 bis 400 Schritt weiter entfernten) Bataillone ohne bedeutende Wirkung.

Merkt man, daß der Angrif des Feindes in eine Canonade sich verwandelt, so verstärkt man diejenigen Punkte unser feurenden Linie, welche es am ersten bedürfen, mit Geschütze von den schweren Batterien.

Sollten aber die Regiments-Canonen sich zuletzt bis auf einige 20 Schuß verschoßen haben, so rücken sie zwischen die Bataillone, um mit diesen bey einen entscheidenden Angriffe noch agiren zu können; ihr Platz in der feurenden Linie wird dann durch Stücke von den schweren Batterien ersetzt.

Die Bataillone legen sich hinter den Hecken nieder oder treten in den Graben der Landwehr, damit sie nicht viel von den feindlichen Feuer leiden und beym fernern Angrif des Feindes mit allen Nachdruk agiren können. Dabey halten sie sowohl als die Canonen sich so viel, als es nur möglich ist, verstekt, welches in der angenommenen Position keine Schwierigkeit haben kann.

Hat man das Unglük, daß der Feind die feurende Linie durchbricht oder daß er die Geschütze deßelben durch die Ueberlegenheit seiner schweren Artillerie theilweise zum Schweigen bringt, so ziehet man (in letztern Fall nach und nach) das Geschütz feurend in die Linie der geschloßenen Bataillone, und hält nur mit unsern Scharfschützen die feindlichen Tirailleure zurük. Die Bataillone und Batterien bleiben aber immer noch masquirt.

Die Divisionen des 3ten Gliedes läßt man nun 150 bis 200 Schritt hinter ihren Bataillonen aufmarschiren, von neuen mit Patronen versehen und erwartet den feindlichen einbrechenden und geschloßenen Angrif. Dieser wird aber erst auf höchstens 150 Schritt mit einen allgemeinen Mousquet und Cartätsch-Feuer empfangen, und da dasselbe den Feind gänzlich unerwartet kömmt, da er nur die Schützen und retirirenden Trups vor sich zu haben glaubt, so wird er gewiß hierdurch zurükgetrieben werden.

Dieser Erfolg kann fast nicht fehlen – den[n] nichts wirkt auf das menschliche Herz entscheidender als ein unerwarteter Verlußt. Ueberdem glaubt der Feind in den Augenblik, in den er in unser wirksames Kartätsch und kleine Gewehr-Feuer kömmt, schon Sieger zu seyn und befindet sich beym Vorgehen durch die Hecken in (in solchen Zeitpunkten nie zu vermeidenden) Unordnung, noch ehe er einmal in dem^c ihm gelegten Verstek durch unser äußerst wirksames Feuer auser Faßung gebracht wird.

---

^c *In der Vorlage irrtümlich korrigiert zu „das".*

^d^Zugleich avanciren die 1½ Batterien in D und E bis in TT, und das Bataillon 25, unterstützet von den beiden ihn folgenden Escadronen, dringt auf J ein.

Verläßt der Feind diese Gegend, so stellt es sich hinter die Gärten.

Die Regiments-Canonen und Scharfschützen sind bey den hier beschriebenen Angriffe auf den Flügeln ihrer Bataillone, so weit dies möglich, oder, so bald der Feind fliehet, verfolgen sie ihn und unterstützen die Cavalerie, welche ihn gänzlich in Unordnung zu bringen sucht.

Die schwere Batterie und die Divisionen des 3ten Gliedes machen in diesem Augenblick gewißermaßen die 2te Linie aus. So bald aber die Bataillone nicht weiter avanciren, rücken die letztern von neuen zur Unterstützung der Scharf-Schützen u. der Regimentscanonen vor, und die schweren Batterien fahren neben den geschloßenen Bataillonen auf.

[2.] <u>Zweyte Disposition.</u>

Es wird vorausgesetzt, 1. daß man im Ganzen sich auf der Stelle vertheidigen (aber in einzelnen, ohne die Schlachtordnung zu brechen, auf eine kleine Distanz vorgehen) wolle; 2. daß die Brigaden und Batterien in AB nicht durch die vor ihnen sich befindenden Hecken gedekt ständen, sondern in der Linie STU, wo nur die Batterie auf dem rechten Flügel und die Bataillone 21, 22 und 23 hinter eine Hecke masquirt werden könnten, sich befände.

Diese Stellung würde bey weiten nicht so vortheilhaft, wie die in AB seyn, denn der Feind würde, während er mit der Feuer-Linie (welche jetzt in HJKLM sich befände) in Action wäre, bald unsere geschloßene Linie entdecken und daher, wenn er unsere Divisionen vom 3ten Gliede und Regiments-Canonen aus der erstern verdrängte, auf eine unser Stellung und Stärke gemäße Art seinen Angrif weiter fortsetzen. In dieser Lage würde die rükgehende Bewegung der Truppen aus unser Feuerlinie einen nachtheiligen Eindruk auf unsere geschloßenen Bataillone machen und der Feind die Vortheile, welche mit dem Angrif verknüpft zu seyn pflegen, genießen, ohne daß wir von den Effect des unerwarteten Feurs eine so günstige Entscheidung wie in der ersten Disposition hoffen dürften.

Man muß daher hier für das Verhalten bey den einbrechenden Angrif eine andere, von der ersten vershiedene Disposition entwerfen.

---

^d^ Der Rest des Kapitels befindet sich am Ende des Abschnitts zur dritten Disposition. Er ist am Rande mit einem Strich markiert und mit der Anmerkung „Gehört zurük in N.1" versehen.

1. Man verstärkt die Feuer-Linie UJKLM, so bald es die Nothwendigkeit erfordert, mit unsern schweren Batterien. (Dieser Fall tritt ein, wenn der Feind unser vorgerücktes Regiments-Geschütz durch eine große Ueberlegenheit zum Schweigen zu bringen drohet, oder mit seinen Brigaden sich demselben bis in den wirksamen Cartätschschuß nähert).

    In allen Fällen behält man aber von jeder Batterie 2 Stük zur Reserve bey den geschloßenen Bataillonen zurük. Welche theils bey unglüklichen Ereignissen, theils aber auch zur Verstärkung wichtiger Punkte oft von unschäzbaren Werthe seyn können.

2. Man rükt mit den Bataillonen, so bald die Scharfschützen und Divisionen des 3ten Gliedes aus der Feuer-Linie zurükweichen, bis zwischen die Canonen vor, um den etwa eingedrungenen Feind mit dem Bajonet übern Haufen zu werfen oder den nahe herangerükten mit einem Bataillon-Feur zu empfangen.

    Sind Hinderniße der Natur, Hecken etc., in diesen Vormarsch zu passiren, so werden gleich anfangs in der Action Oefnungen in denselben gemacht. Jeden Bataillon ist der Raum, in den es vorrücket, so wie auch seine Stellung bestimt angewiesen.

    Damit die Canonen beym etwanigen Rükzuge der Scharfschützen und der Divisionen des 3ten Gliedes keine Gefahr laufen, genommen zu werden, ehe die ihnen 300 Schritt entfernten Bataillone zu Hülfe kommen, so befestigen sie von Anfang an die Prolonge an die Protze und den Schwanz der Lafete.

    Der Fall des Rükzugs für die Canonen wird nur sellten eintreten und nur auf den Punkten, wo der Feind seine Angriffe ohne zu feuren widerhohlt.

    Bey den Vorgehen von unser geschloßenen Bataillonen bleiben die Reserve-Stücke zurük, und in ihrer Linie formiren sich die Divisionen des 3ten Gliedes hinter ihren respectiven Bataillonen, um gewißermaßen jetzt zur 2ten Linie zu dienen.

    Die Scharfschützen bleiben nahe hinter den Flügeln der Bataillone, wenn sie von neuen mit Patronen versehen sind, um, so bald es die Umstände erfordern, mit den Regiments-Canonen wieder gemeinschaftlich agiren zu können.

[3.] <u>Dritte Disposition</u>
Plan VIII.

Es ist vorausgesetzt, daß man viel Cavalerie habe und sich ohne anzugreifen vertheidigen wolle.

Hat man kein 2tes Treffen Infanterie und kann man von der Cavalerie wegen des durchschnittenen Terrains überhaupt keinen Gebrauch machen, welcher zu großen Zwecken führt, so rükt man mit der feurenden Linie (wenn es die Situation gestattet) so weit vor, daß die Brigade (die geschloßenen Bataillone) auf keine Art von dem feindlichen Feur, welches auf jene gerichtet ist, leiden und daß in den Raum zwischen den Brigaden und jener Linie die Cavalerie agiren kann.

Stehen in den hier angenommenen Terrain die Brigaden in AB, so wird die feurende Linie (die Regiments-Canonen und Divisionen vom 3ten Gliede) in der Linie HJKLM zu stehen kommen, in S.O.P und Q durch 1 Escadron (in allen durch 4) und in R durch 4 Escadrons und 4 Canonen von den schweren Batterien unterstützt werden. Rechts und links, vor und rükwärts werden Oefnungen durch die Hecken und Gräben für die Cavalerie und Canonen gemacht, damit sie frey nach jeder Direction agiren können.

Die Schützen werden vor der Linie der Canonen und Divisionen vom 3ten Gliede postirt, bis sie durch ernstliche Angriffe genöthigt sind, sich zurükzuziehen.

Sie so wohl als die Canonen verhalten sich wie in der ersten Disposition; die Divisionen des 3ten Glieds vertheilen sich aber bey einem ernstlichen Angriffe hier gänzlich zwischen den Canonen, damit von ihnen und den Schützen ein zusammenhängendes geschloßenes Glied formirt wird. Die 4 hinter ihnen befindlichen Escadrone sind ihr Soutien.

Dringt der Feind irgendwo durch, so stürzt sich die nächste Escadron in denselben und die 4 in R stehenden folgen ihr und werfen die feindlichen eindringenden Bataillone, welche in diesen Augenblik nicht in der besten Ordnung seyn können, über den Haufen. Die 4 schweren Canonen, welche sie bey sich gehabt, fahren nun auf, füllen dadurch die Lücke in der feurenden Linie und decken, wenn es erforderlich seyn sollte, den Rükzug der Cavalerie, welche den Feind verfolgt hat. Sollte aber durch die große Wirksamkeit des feindlichen schweren Geschützes oder durch andere unglükliche Ereigniße die Linie der Scharfschützen, der Regiments-Canonen und der Divisionen des 3ten Gliedes gezwungen werden, sich zurük bis zwischen die geschloßenen Bataillone und die schweren Batterien zu ziehen, so nimmt die Cavalerie während des Rükzuges von Zeit zu Zeit solche Stellung, daß sie über den Feind, welcher die Retirirenden abschneiden wollte, herfallen kann.

In diesen Augenblik zeigt sich ihre ganze Thätigkeit und ist so wohl für den Verlust der Canonen als der Infanterie verantwortlich.

Ist man so glüklich, die geschloßenen Bataillone und die schweren Batterien zu masquiren, bis der Feind auf 150 bis 300 Schritt herangekommen ist, so wird er jetzt ohne Zweifel durch die Masse des Feurs, welche ihn in den Augenblik, in dem er der Sieger zu seyn glaubte, trift, die Contenance verliehren und in Unordnung sich zurükziehen.

[4.] Vierte Disposition. Plan XIV.

Es ist vorausgesetzt, daß man außer dem feindlichen Feur sich formiren und dann den Feind angreifen wolle.

AB. Zwey Brigaden Infanterie mit 3 schweren Batterien und mit 8 Escadrons Cavalerie.

Nach der allgemeinen Disposition des Angrifs der vor ihnen stehenden Feinde gehen die Scharfschützen eines jeden Bataillon in der ganzen Front, wie es in der Linie CD angezeigt ist, vor. Hinter ihnen folgen die Divisionen des 3ten Gliedes und die Regiments-Canonen mit 8 Escadron Cavalerie. Um diesen Vormarsch mit aller Ordnung auszuführen, so hat der Comandeur des Angrifs den Staabs Officier, welcher die Divisionen des 3ten Gliedes von der Vten Brigade comandirt, befohlen, rechts der Chaussee und den, welcher diese Divisionen von der VIten Brigade comandirt, links derselben vorzugehen.

Jeder dieser Staabsofficiere formirt so viel Colonnen, als er Bataillone hat (4). Jede Colonne hat die Scharfschützen an der Tete, darauf folgen 20 Cavaleristen, darauf die Division des 3ten Gliedes, dann die beiden Regiments Canonen u. endlich die beiden Escadrons.

Jede dieser Colonnen wird von den Capitän, unter welchen die Division des 3ten Gliedes stehet, comandirt. Damit das Ganze nicht zu sehr zerstreuet wird, ohne Nachdruk ist u. in Unordnung kömmt, so bleiben 2 Colonnen immer nahe beyeinander u. stehen unter den ältesten gegenwärtigen Capitän.

Sind diese Colonnen auf einige 100 Schritt vor den geschloßenen Bataillonen, so folgen ihnen die Batterien (die Batterien G hinter 28, die Batterie H hinter 24 und die Batterie J hinter 21) und darauf die Bataillone.

Die Scharfschützen vertreiben die feindlichen Tirailleure; man hat bey den Scharfschützen eines Bataillons einen Trup von 20 Cavaleristen gegeben, damit die feindlichen Schützen, wenn sie sich nicht bey Zeiten retiriren, in den großen Kämpen niedergehauen werden, und dagegen unsere keine Trups oder Blänkerer der feindlichen Cavalerie zu fürchten haben und desto geschwinder die vorliegende Gegend reinigen können.

Die Schützen hauen hier für die Cavaleristen Oefnungen durch die Hecken, wenn sich keine finden, und beide Waffen vertheidigen und unterstützen sich einander wechselweise, indem sie immer mit einander vermischt agiren (bey 3 Schützen ist 1 Cavaleriste vertheilt).

Leistet der Feind auf den Punkten L, K und M einen stärkern Widerstand, zeigt er hier Canonen, so rükt die übrige Linie der Scharfschützen nicht weiter vor, die nächsten Divisionen des 3ten Gliedes mit ihren Canonen nähern sich, fahren auf und beschießen den Feind auf diesen Punkten. L und K werden durch die Canonen 24, 25 und 26 und M durch die Canonen 21 und 22 beschoßen. Die übrigen ihnen zur Seite stehenden Canonen 23 und 27 suchen den sich haltenden Feind in Flank zu nehmen, und wird er durch das Geschütz-Feur nicht vertrieben, so concentrirt der Befehlshaber der 3ten Divisionen einer jeden Brigade diese und greift nun mit denselben geschloßen und ohne zu feuren den postirten Feind an, während mehrere Trups Cavalerie den Rüken desselben bedrohen. Einige Canonen bleiben zurük bey einem Theil der Cavalerie, damit man einen Soutien hat, wenn der Angrif unglüklich abläuft; die übrigen rüken aber mit den einbrechenden Divisionen vor, wobey ein Theil der Scharfschützen sie dekt und mit ihnen gemeinschaftlich feurt.

Gehet der Feind jetzt zurük, entdekt man nun seine aufmarschirte Linie und fangen seine Canonen an, gegen uns zu agiren, so ist es Zeit, Plätze, wo unser schweren Batterien auffahren können, auszusuchen. In N wird die Batterie, welche an der Lippe, in O die, welche in H, und in P die, welche in J gestanden, aufgefahren; die Canonen werden 20 Schritt von einander gestellt, damit sie nicht zu viel von den feindlichen Batterien leiden. So bald sie zu feuren anfangen und also das feindliche Feur auf sich ziehen, rüken die nächsten Regiments-Canonen bis in die Höhe L, K und M (welche bisher nur von in Gräben liegenden Scharfschützen besetzt werden konnten) so verdekt als möglich vor und fangen nun aus diesen Höhen ein heftiges Cartätschfeur an, während die Scharfschützen in den Gräben und hinter den Hecken in der ganzen Linie NLKOPM ebenfalls auf den Feind feuren.

Die feindlichen Bataillone werden jetzt, wenn es nicht schon vorher geschehen ist, auf alles, was sie vor sich sehen, feuren. Um das Feur von unser Seite aber zu unterhalten, werden die Scharfschützen theilweise von den Divisionen des 3ten Gliedes, welche zur Seite der Batterien W, X, S, T u. V postirt sind, abgelöset. Die Escadron gehen weit zurück, bis sie auser dem Kartätschfeur sich befinden.

Die Bataillone, welche gleich anfangs ungefähr in der Linie QR, 400 Schritt hinter den Batterien, halt gemacht, befinden sich hier auser dem Kartätsch und also um so mehr auser den kleinen Gewehrfeur.

Verläßt der Feind seine Stellung, so folgen ihn die Scharfschützen, die Divisionen des 3ten Gliedes und die Regiments-Canonen, vorzüglich aber die Cavalerie, welche hier immer in einzelnen Escadronen bey den Scharfschützen und Canonen ist, um in die in Unordnung befindlichen feindlichen Haufen einzuhauen.

Bleibt die feindliche Linie aber bey unser Canonade unbeweglich, können wir nicht unser schweres Geschütz verstärken und ihn dadurch zum Rükzuge bringen, so müßen zuletzt unser geschloßenen Bataillone mit dem Bajonet vorrücken. Die Cavalerie bleibt alsdenn hinter ihnen, um den durchgebrochenen Feind zu verfolgen und ihn gänzlich in Unordnung zu bringen. Während die Brigaden sich in dieser Absicht den Batterien nähern, rücken diese nebst den nicht in L, K und M postirten Regiments-Canonen bis in Y,Y,Y vor; zugleich vertheilen sich die Divisionen des 3ten Gliedes zwischen ihnen und feuren nun mit dem sämtlichen Geschütz gemeinschaftlich aus allen Kräften.

Sind nachher die Brigaden bis hinter den Canonen angekommen und für sie in den Hecken Oefnungen gemacht, so gehen sie jetzt geschloßen durch dieselben, um den Feind, ohne sich auf das Feuren noch weiter einzulassen, über den Haufen zu werfen.

Während die Brigaden dies ausführen, formiren sich die Divisionen des 3ten Gliedes hinter ihren Bataillonen, um, wenn der Angrif unglüklich abliefe, mit der Cavalerie und den schweren Batterien zugleich gleich den Feind sich entgegen stellen zu können, damit die Bataillone hinter ihnen von neuen sich zu formiren im Stande wären. Die Regiments-Canonen und Scharfschützen suchen aber, so gut ihnen möglich seyn wird, mit den Bataillonen mit zu kommen, denn sie dienen, wenn der Feind geworfen wird, vorzüglich dazu, die ihn verfolgende Cavalerie zu unterstützen und ihn so in den Hacken zu liegen, daß er nicht Zeit beköммt, sich wieder zu formiren.

[5.] Fünfte Disposition Plan VII.

Es ist vorausgesetzt, daß man den Feind auf der Stelle erwarten, aber so bald er sich in unsern Feur formirt habe, angreifen wolle.

AB   Stellung der Brigaden mit ihren Batterien
CDEFG. Feur-Linie (die Divisionen des 3ten Gliedes und die Regiments-Canonen)
HJKLM Scharfschützen-Linie

Der Feind formirt sich in XY, avancirt darauf bis WJKLM und bleibt hier in einen anhaltenden Feur mit unser Feur-Linie. Man ist Meister von den entgegengesetzten Ufer der Lippe (wie in der Schlacht bey Vellinghausen) und hat den Entwurf gemacht, den feindlichen rechten Flügel mit unsern linken, nachdem die Action einge Zeit gedaurt und der Feind seine Patronen größtentheils verschoßen hat, anzugreifen.

In den Hecken und Gräben sind vorläufig zur Ausführung dieses Plans Oefnungen gemacht und den Befehlshabern, welche den Angrif dirigiren sollen, ist die Disposition dazu auf dem Platze mitgetheilt, damit sie mit desto größerer Ordnung und Schnelligkeit ausgeführt werden kann. Sie bestehet in folgenden.

1. Avancirt, wenn das Feur der Feur-Linie einige Stunden gedaurt hat, die Batterie, welche an dem großen Wege (vor dem Bataillonen 24 u. 25) ste-

het, bis in die Gegend von D (wo die Canonen von den Bataillon 26 stehen), um ein heftiges Feur auf die feindliche Linie bey J und K zu machen.

2. Zu dieser Zeit gehen von der Batterie bey B 4 Stük bis E vor und stellen sich so, daß sie nach J feuren und den feindlichen rechten bey J stehenden Flügel schräg beschießen können.

3. Die Batterie bey A gehet einen Augenblik später bis C und wo möglich bis S vor und feurt so lebhaft als möglich mit Cartätschen auf den Feind, der in JW stehet.

4. Hierauf setzt sich die 6te Brigade zum Angrif in Bewegung. Die beiden Bataillone 26 und 27 gehen durch die Oefnungen, welche in die bey P befindlichen Hecke schon vorher gemacht sind; das Bataillon 28 nimmt den Raum zwischen der Lippe und der Hecke bey C und S ein und bleibt^e neben den eben genannten.

Alle 3 Bataillone haben ihre Divisionen des 3ten Gliedes hinter sich. Dem Bataillone 28 an der Lippe folgen auserdem noch 4 Escadronen etc., dem Bataillonen 26 und 27 folgt auserdem noch 2 Escadrons ungefähr auf 250 Schritt. Das Bataillon 25 stellt sich neben der Batterie bey D.

5. Die auf diese Weise in Bewegung gesetzten Bataillone 26, 27 und 28 und die ihnen folgenden 6 Escadronen gehen bis in die Gegend von H entschloßen vor und geben hier, wenn sie den Feind noch vor sich finden, einige Bataillonfeure, stellen sich, nachdem der Feind flieht, in WH, während 4 Escadron sich in den gegen X retirirenden Feind stürzen u. von^f 2 unterstützt werden.^{g}

Es ist nicht wahrscheinlich, daß der Feind den Angrif in WJK abwartet, das vorher gegangene Geschützfeur von 20 schweren und 10 Regiments-Canonen, welches sich auf diese Punkte concentrirte, wird ihn höchstwahrscheinlich zum Rükzuge gebracht haben.

6. So bald der Befehlshaber der V^{ten} Brigade siehet, daß der Angrif reussirt, läßt er die beiden Bataillone 23 und 24 bis FT vorrücken, so daß nun eine Echellon-Stellung WJK, TF, NB entstehet, wo man noch mit der Linie der Armee bey B in Verbindung bleibt.

Hat man jetzt keine ansehliche Reserven bey der Hand, um die erhaltenen Vortheile weiter zu verfolgen, so wird man dennoch schon durch das, was man bisher gethan hat, den Feind gezwungen haben, seinen rechten Flügel zu verstärken und dagegen andere Theile zu entblößen oder vielleicht auch ganz zurük zu ziehen.

Hat man aber auf diese Weise auf mehrern Punkten in der großen Schlachtordnung versucht, den Feind zu durchbrechen und auf den Fall eines glüklichen Erfolgs Reserven bey der Hand, welche den er-

---

^{e} Statt „bleiben".
^{f} Das Wort in der Vorlage versehentlich doppelt.
^{g} Folgt: „(Hier folgt, was vorher durch N.1 eingeschloßen ist.)"

haltenen Vortheil benutzen, so wird man nun auf die hier beschriebene Art mit den vordern Echellons weiter vorgehen, dieselben durch frische Truppen unterstützen, nach und nach mehrere formiren, und so den Feind gänzlich überflügeln. Die hier beschriebene Methode des Angrifs hat große Vortheile für die gewöhnliche Art, welche man sich in solchen Fällen zu bedienen pflegt: 1. Kann man bey ihr, ehe der Feind kömmt, auf den Schlachtfelde ganz dem Terrain angemeßen den Angrif mit den verschieden Befehlshabern verabreden. 2. Kann man durch unsere Feurlinie die feindlichen anrückenden Bataillone früh ins Feur verwikeln, während unsere geschloßenen Hauffen und schweren Batterien ihre Kräfte und ihre Munition sparen. 3. Kann man das Feur von mehreren Batterien auf einen Punkt concentriren, nachdem der Feind sein Geschütz schon vertheilt hat und dasselbe zu einer neuen Vertheilung nicht mehr mächtig ist. 4. Ist man immer Meister von den agirenden Truppen und kann in jeden Augenblik den Angrif weiter verfolgen oder es bey den ersten Versuch bewenden lassen, ohne daß man dadurch sich compromittirt hätte. Hat man z.B. mit den Batterien und den Divisionen des 3ten Gliedes, wie es vorher beschrieben ist, aus S, D und E den Feind aufs heftigste ohne Erfolg beschoßen, so ist man auf keine Weise gezwungen, jetzt den Angrif weiter fortzusetzen.

Die geschloßenen Bataillone sind noch nicht ins Feur verwickelt und haben noch nichts gelitten. Der Versuch des Angrifs hat für uns also auf keine Art Nachtheile.

5. Selbst auch dann, wenn man den Angrif mit den Bataillonen unternimmt, machen die Divisionen des 3ten Gliedes und die Regiments-Canonen eine Art 2te Linie oder Reserve aus, und man riskirt also beym unglüklichen Erfolg des Angrifs nicht sehr.

274. Aufzeichnung [?, ?]

GStA PK, VI. HA Nl Scharnhorst Nr. 190 fol. 104r–105v (4 S.): Abschrift, Schreiberhand, mit eigenhändigen Streichungen und Hinzufügungen.

Konzept, eigenhändig: ebda., fol. 99r–101v (5½ S.); weitere Abschrift, mit eigenhändigen Abänderungen: ebda., fol. 106r–108r (5 S.).

Aufstellung einer mit Kavallerie und Regimentsgeschützen verstärkten Schützenlinie aus Scharfschützen und drittem Glied. Kommandostruktur. Aufgabenverteilung.

^{a}Es sind hier von jeder Brigade die 4 Divisionen des 3ten Gliedes zusammen gezogen; Nummer V in der Linie DE zeigt die 4 Divisionen der V^{ten} Brigade an u.s.w.

---

^{a} Zuerst gestrichen (und bis zur früheren Abschrift (fol. 106–108) noch vorhanden): „[nur im eigenhändigen Konzept: „tes"] Beyspiel von dem Gebrauch der Scharfschützen und

Die Divisionen des dritten Gliedes der IV^ten, III^ten, II^ten und I^ten Brigade stehen nicht nahe hinter der so genannten Landwehr, welche jetzt nur aus 2 Hecken, 2 Gräben und einen etwas erhöhten Wege bestehen.
Die Divisionen des 3ten Gliedes sind wie folgend durch Geschütz und Cavelerie verstärkt:

Die Divisionen der V^ten Brigade durch 1 Escad. und 2 Regm.Canonen
„   „   „   „ IV^ten   „   „ 1   „   „ 2   „   „
„   „   „   „ III^ten   „   „ 2   „   „ 4   „   „
          2 Canonen reitende Artillerie
„   „   „   „ II^ten Brigade durch 2 Regiments Canonen
„   „   „   „ I^ten   „   2 Escad. und 2 Regm.Canonen
          und 2 Canonen reitende Artillerie

Jede diese[r] Verstärkung[en] stehet unter den Befehlshaber der Divisionen des 3ten Gliedes u. der Scharfschützen, welchen sie zu getheilt ist.
Es sind demnach hier 5 vershieden Befehlshaber, von den jeder 1. die Scharfshützen von 4 Bataillonen, 2. die 4 Divisionen des 3ten Gliedes von 4 Bataillonen und 3. die Verstärkung von Cavalerie und Canonen commandirt u. zu einer gegenseitigen Unterstützung anordnet.
Die Scharfshützen befinden sich auf den Theil der Linie, welcher ihrer Brigade zu Besetzung von den commandirenden General zugetheilt ist; der Befehlshaber der Divisionen des 3ten Gliedes einer jeden Brigade vertheilt dieselben in der gegebenen Distanz. Um in der Action das Ganze nach den Umständen zu leiten, bekömt ein General den Befehl über die vorgerükte Feur Linie, seine Stelle in der Action ist bey den Divisionen des 3ten Gliedes von der III^ten Brigade, wo auch zwey Escadrons und 2 Stük reitende Artillerie sich befinden.^b
Von den 4 Divisionen des 3ten Gliedes wird zu den Scharfschützen eines jeden Bataillons ein Ploton von 40 bis 50 Mann detaschirt, welches unter den Befehl des Scharfschützen-Officiers stehet und sich in 1 Glied stellt.

---

der Divisionen des 3ten Gliedes, auf dem Terrain und in der Stellung der Mitte der Alliirten Armee in der Schlacht bey Vellinghausen (1761).
AA. Stellung der Armee (wie in der Schlacht bey Vellinghausen 1761)* [Dazu gehört in der früheren Abschrift die Fußnote: „Man hat die Stellung der Schlacht hier beibehalten, obgleich eine mehr verstektere ihr vorzuziehen seyn würde."]
BB. schwere Artillerie vor der 3ten u. 4ten Brigade (wie in der Schlacht bey Vellinghausen placirt). Es ist hier zu bemerken, daß der Dinkerberg weit höher als der gegen ihnen überliegende ist.
C. Zwey Bataillone von der 1ten Brigade.
D,E,F,G. Scharfschutzen Kette mit einigen Regiments-Canonen und den Divisionen des 3ten Gliedes verstärkt, hinter der so genannten Landwehr."
^b Im eigenhändigen Konzept lautet dieser Absatz: „Die Scharfshützen befinden sich auf der Linie, welche für jede Brigade bestimmt ist, vertheilt, die eines jeden Bataillons nehmen die ihnen von den Befehlshaber der Divisionen des 3ten Gliedes bestimte Weite ein, die Hälfte von ihnen postirt sich weiter vorwärts u. die andere bleibet in Trups in der Mitte ihres besetzten Reviers hinter der Hecke der Landwehr verdekt stehen."

Es bleiben also jeden Comandeur der Divisionen des 3ten Gliedes einer Brigade noch einige geschloßene Divisionen übrig, mit denen er in Verbindung der ihnen gegebenen Verstärkung an Cavalerie und Canonen jeden bedrängten Theil seiner Kette verstärken oder den irgend wo durch dieselbe gedrungenen Feind sich entgegen stellen kann.

Die IV^{te}, III^{te} und II^{te} Division placirt ihre Regiments-Canonen hinter der Landwehr (verdekt hinter der Hecke), damit sie unerwartet den hier eindringenden Feind mit Cartätschen empfangen können, und da der Punkt F sehr wichtig ist, so kann man den hier placirten Regiments-Canonen noch einige Batterie Canonen aus B zu geben.

Die Cavalerie und die Reitende-Artillerie dient bey der Scharfschützen-Kette in den hier gegebenen Terrain vorzüglich zum schnellen Angrif des eindringenden Feindes (weshalb es nicht an Oefnungen in den Hecken fehlen darf) und zur Erleichterung des Rükzugs des in den ausgehenden Winkel stehenden Theils der Feurlinie, wenn der Feind mit einer großen Uebermacht irgendwo rechts oder links dieselbe durchdringen sollte.[c]

275. Denkschrift [?, nach 1791[1]]

GStA PK, VI. HA Nl Scharnhorst Nr. 190 fol. 109r–111v (6 S.): Abschrift, Schreiberhand, mit eigenhändigen Abänderungen.

Muster für die Disposition leichter Infanterie auf dem Schlachtfeld von Minden 1759. Schanzen. Aufstellung. Kanonade. Aufrücken des dritten Glieds gegen angreifende Bataillone. Nachrücken der eigenen Bataillone. Variation: Vorbereitung des gegnerischen Angriffs durch leichte Truppen. Dagegen Vorrücken der Schützen mit Kavallerieunterstützung. Reserve. Verstärkung. Verhaltensweisen.

<u>tes Beyspiel von den Gebrauch der Scharfschützen und der Divisionen des 3ten Gliedes</u> auf dem Terrain und in der Stellung des linken Flügels der Allirten-Armee in der Schlacht bey Minden (1759)

Plan IX.[a]

A. Schanzen mit Wolfsgruben umgeben und mit Artillerie besetzt. (In der Schlacht bey Minden mit der hessischen und bückeburgischen Artillerie).

---

[c] *Folgt gestrichen: „Die Feurlinie verschaft uns hier 2 in die Augen fallende Vortheile:*
   1. Erleichtert sie uns den Angrif des Feindes, welcher hier vorausgesetzt ist.
   2. Verhindert sie, daß die Linie AA nicht gleich mit dem Feinde ins Feur kömt. Dies ist ein großer Vortheil, wenn der Feind gegen diesen Theil der Armee nur Demonstrationen macht, und man denselben daher in der Folge anderswo gebrauchen muß."
   Diese Passage steht nicht im eigenhändigen Konzept.

---

[a] *Der dazugehörige Plan fehlt.*
[1] *Es ist auf fol. 110v die Rede vom „jetzigen Kriege".*

BC. Bataillone (3½) des linken Flügel des 1ten Treffens (in der Schlacht bey Minden der linke Flügel des Wangenheimschen Corps²) hinter einer Hecke und einen Erdaufwurf, der, zur Befriedigung der Kämpe von den Landmann gemacht, sich hier befindet.

DE. Die Regiments-Canonen und Scharfschützen, auf die sanfte Anhöhe vorgerükt (in der Schlacht bey Minden bloß die Regiments-Canonen).

Es ist vorausgesetzt, daß die Protzen und Munitionswagen hinter der Anhöhe stehen, daß die Canonen in den hohen Korn nicht vom Feinde entdekt werden können und daß die Scharfschützen sich auf die Erde legen. Wäre die hohe Frucht nicht vorhanden, so blieben so wohl die Canonen, als Scharfschützen hinter den Plätzen, auf denen sie jetzt stehen, damit sie durch die Anhöhe masquirt würden.

FG. Zwey Plotons Scharfschützen (jedes von 20 bis 24 Mann) nebst 2 Trups Cavalerie (jeder von 20 Pferden) hinter einer hier befindlichen Hecke, um die Cavalerie Plänkerer und Tirailleure zurük zu halten.

HJ. Die Divisionen des 3ten Gliedes.

Während der Canonade wird der Feind sein Geschütz größtentheils auf die Schanze A richten und unsere Regiments-Canonen in DE würden nur das Feur auf den ungedekten Theil der Linie ziehen, wenn sie agirten. Sie feuren daher nur erst, wenn die feindliche Linie sich zum Angrif genährt hat; zugleich rücken dann die Divisionen des 3ten Gliedes in die Oefnung zwischen den Scharfschützen ein, so daß eine volle Linie zwischen den Canonen entstehet. Geschiehet dies erst, wenn der Feind schon bis auf einige 100 Schritt (bis zur Hecke FG) nahe ist, und kömmt er alsdenn (gewißermaßen unerwartet) in ein nahes Mousquetfeur, welches von den [Kanonen?] mit Cartätschen unterstützt wird, so ist es höchst wahrscheinlich, daß er hier Halt macht, und selbst anzufeuren fängt, ohne noch weiter anzurücken. Hierin ihn zu erhalten, ist jetzt die Bestimmung der Regiments-Canonen, Scharfschützen und Divisionen des 3ten Gliedes.

Die geschloßenen Bataillone sind unterdes herangerükt und stehen nun, wo anfangs die Divisionen des 3ten Gliedes standen (in der Linie HJ), damit sie den Feind, wenn er mit den 2ten Treffen durchs erste rücken und die feurende Linie mit dem Bajonet angriffe, nun in voller Ordnung zwischen den feurenden Canonen entgegen gehen könnten.

Bey der hier gegebenen Disposition ist vorausgesetzt, daß der Feind (wie es in der Schlacht bey Minden geschehen sollte) den linken Flügel der Armee in der Gegend von Tonhausen³ geschloßen angreift. Agirte er aber so wie die Franzosen unter ähnlichen Umständen in den jetzigen Kriege, schikte er wiederholend Tirailleure mit Cavalerie Trups und Ge-

---

² Die Truppen unter dem Kommando des hannoverschen Generals Georg August von Wangenheim (1706–1780).
³ Todtenhausen.

schütz unterstützt vor, so würde die obige Disposition eine Veränderung leiden. Alsdenn liesse man von jeder Division des 3ten Gliedes 1 Ploton (die Hälfte) bis an die Linie EF mit der Hälfte der Scharfschützen von jeden Bataillon vorrücken und gebe diesen einige Cavalerie Trups zur Unterstützung. Die vorgerükten Plotons stellten sich dem Feind hinter der Hecke FG, die Scharfschützen und Cavalerie-Blänkerer aber zum Theil vor den Hecken entgegen. Man gebe hier bey jeden Scharfschützen 1 Mann vom 3ten Gliede und 1 Cavaleristen. Die hohe Frucht würde die beiden erstern, welche die feindlichen Cavaleristen, so bald sie sich auf den wirksamen Schuß nähern, herunter schößen, verbergen.

Die übrigen ½ Divisionen des 3ten Gliedes und die Hälfte der Scharfschützen dienten zur Ablösung der vorgeschikten und zur Deckung der zurükgebliebenen Canonen. Sollten unsere vorgerükten Schützen den Feind nicht ohne Canonen wiederstehen können, so würden sie mit einer von jeden Bataillon verstärkt und, alsdenn rückten 1 oder 2 Escadrons in die Linie HJ, um bey eintretenden wiedrigen Ereignißen sich den Feind entgegen stellen oder ihn selbst unerwartet auf den Hals fallen (und ihn sein vorgerüktes Geschütz wegnehmen) zu können.

Irgend einen Streich wird man mit den vorgerükten Escadronen, wenn die Action einige Zeit gedaurt hat und der Feind dreiste wird, immer Gelegenheit haben, auszuführen. Eine 2te Haupt Regel bey den Tirailliren der Art bestehet darin, daß man nie zu viel Leute, Schützen und Soldaten des 3ten Gliedes ins Feur bringt, dagegen aber kleine Trups verstekt stellt, die die Wagehälser, so bald sie unsere Tirailleure und Blänkerer nur zurüktreiben, unerwartet mit einem wirksamen Feur empfangen und einige tödten. Dies macht die andern scheu. Die Canonen dürfen nie anders, als auf den ganz nahen Feind feuren, sie verändern hinter der Hecke ihren Ort, so bald sie auf denselben gefeurt haben, damit der Feind nicht weiß, wo sie sich befinden. Dies ist eine Regel bey allen Tirailliren im durchschnittenen Gegenden.

Rükt endlich der Feind mit geschlossenen Bataillonen vor, so gehet man in die Linie DE mit den avancirten Theil der Division des 3ten Gliedes, der Scharfschützen und Canonen wieder zurük, und erhält sich dann, wie oben.

276. Aufzeichnung [?, ?]

GStA PK, VI. HA Nl Scharnhorst Nr. 190 fol. 112r–118v (13½ S.): Abschrift, Schreiberhand, mit eigenhändigen Abänderungen.

Muster für die Disposition leichter Infanterie auf dem Schlachtfeld von Hastenbeck 1757. Erste Disposition: 1./2. Aufstellung. Verhaltensmaßregeln. 3. Aufstellung der Brigaden. Zeitpunkt ihres Eingreifens. 4. Feuernder Rückzug der Schützenlinie auf die vorgehenden Bataillone. Aufmunitionierung und Plazierung als Reserve. Zweite Disposition: Variation zum Flankenangriff.

Beyspiel von dem Gebrauch der Scharfschützen und der Divisionen des 3ten Gliedes.
(Auf dem Terrain und in der Stellung des linken Flügel der alliirten Armee in der Schlacht bey Hastenbek 1757)

Erste Disposition Plan X.[a]

ABCDEF Linker Flügel des 1ten Treffens der Armee.

1. Stellung der Scharfschützen und Divisionen des 3ten Gliedes der 4ten und 5ten Brigade.
GHJ. Divisionen des 3ten Gliedes und Regiments-Canonen von der IV^{ten} und V^{ten} Brigade. Die Nummern, welche bey den Bataillonen und Divisionen stehen, zeigen an, welche Divisionen und Bataillone zusammen gehören.

Das 20te Bataillon stehet unten an dem Umfange des Gehölzes, um hier so lange als möglich einen festen Punkt, aus dem[b] man das Thal K übersehen kann, zu behalten und den auf H avancirenden Feind in die Flanke zu fallen.

Einige 100 Schritt vor der Linie GHJ, in der die Divisionen des 3ten Gliedes und die Regiments-Canonen stehen, befindet sich die Scharfschützenkette, LM, welche die feindlichen Patrouillen und Tirailleure zurükhält, aber beym ernstlichen Angrif bis zwischen die Canonen und von 3ten Gliede formirten Divisionen zurük gehet[c] und mit diesen gemeinschaftlich eine feurende Linie bildet.

Die Scharfschützen vertheilen sich in der Kette LM nur bis zur Hälfte, der übrige Theil eines jeden Bataillons bleibt in einem Truppe zusammen. Beym Rükzuge gehen sie nach ihrer gleichnamigten Division des 3ten Gliedes und stellen sich ihr rechts und links in ein Glied bis an die Canonen. Die Division des 3ten Gliedes giebt nun jeden Scharfschützen einen Secundanten, der übrige Theil bleibt in 2 Gliedern. So wohl die geschloßenen Divisionen als die in einem Gliede stehenden Scharfschützen und vertheilten Soldaten vom 3ten Gliede suchen von den Terrain zu profitiren und sich so zu stellen, daß sie die Plätze, wo der Feind sich ihnen nähern kann, recht wirksam beschießen können. Eben dies beobachten die Canonen; jedoch stehen diese so weit von einander, daß die Bataillone immer zwischen ihnen, wenn sie vorgehen, Platz finden.

---

[a] *Der dazugehörige Plan fehlt.*
[b] *Das Wort in der Vorlage versehentlich doppelt.*
[c] *Statt „gehen", ebenso am Satzende „bildet" statt „bilden".*

2. Stellung der Scharfschützen und Divisionen des 3ten Gliedes der 2ten und 3ten Brigade.

Die Canonen und die Divisionen des 3ten Gliedes der IIten und IIIten Brigade stehen 3 bis 400 Schritt vor ihnen in und hinter dem hohlen Wege NO. Jede Division schikt ein Ploton zur Unterstützung der bis an den kleinen, in einer Vertiefung fließenden, Bach PQ detaschirten Scharfschützen vor. Die dadurch formirte Schützenkette wird durch 2 Escadrons Cavalerie, jede mit 3 Canonen reit. Artillerie versehen, gegen Recognoscirungen und andere nicht ernstliche Angriffen soutenirt. Erfolgen aber diese, so tritt die Scharfschützen-Kette den Rükzug bey Zeiten an, und wirft sich in den hohlen Weg NO.

Die gleichnamigten Nummern zeigen die Stellungen der Scharfschützen und der Divisionen des 3ten Gliedes eines jeden Bataillons an. Die Scharfschützen eines jeden Bataillons ziehen sich auf ihre (gleichnamigte) Division zurük.

Die Batterien S und T agiren nun gegen die feindlichen Canonen, die auf den Berg R auffahren wollen. Da derselbe nur für ein paar Geschütze Raum darbietet, so können sie diesen Zwek leicht erreichen.

Die beiden Escadronen, welche hinter dem Berge gestanden, ziehen sich mit ihren 6 Canonen bis in die Gegend von U zurük. Sobald der Feind über die Linie NO mit einem einbrechenden Angrif bedrohet, gehen sie bis D vor, um zwischen ST die Flanke der Feur-Linie zu decken. Sie nehmen die Canonen mit, damit sie ihnen zur Reserve dienen, während sie den Feind, welcher in dem Gehölze und gegen J avancirt, in die Flanke fallen.

3. <u>Verhalten der Brigaden.</u>

Die Vte Brigade bleibt auf der größten Höhe des Berges, um diese zu behaupten, auch selbst dann, wenn der Feind zwischen ihr und der Batterie S durchdringen sollte. Da der Berg steil u. sehr bewachsen ist, so wird sie die erforderliche Resistanze in jeden Fall leisten können.[d]

Während die Scharfschützen der IVten Brigade gezwungen werden, sich bis in die Linie der Canonen HJ zurük zu ziehen, und während die Canonen, die Scharfschützen und das 3te Glied hier im Feur sind, bleibt die Brigade am Abhange des Berges (in CD), wo sie noch vor den feindlichen Kugeln gedekt ist, stehen; so bald aber der Feind in die feurende Linie mit dem Bajonet eindringt, oder so bald diese auf irgend einem Flek nicht Stand hält, gehet die Brigade vor und wirft den Feind mit den gefällten Bajonet von dem Berge herunter.

Die IIte und IIIte Brigade werden in der Linie EF während dem Anrücken des Feindes auf die feurende Linie NO nicht sehr leiden, in-

---

[d] *Folgt gestrichen:* „Das Bataillon 17 sondert sich daher nur von ihr ab, wenn auch die Canonen H sich neben dem Berge zurük ziehen müßten."

dem sie von ihr 3 bis 400 Schritt entfernt stehen. Sie bleiben bis zu den Augenblik, in den der Feind die Linie NO durchbricht oder sie zum Rükzuge zwingt, unthätig, jetzt aber gehen sie den Feind entgegen und werfen ihn über den hohlen Weg zurük. Die 4 Escadrons der 2ten Linie folgen ihnen hier und fallen über den Feind, der sich zwischen den hohlen Weg und der Cavallerie S sehen läßt, her und secondiren auf diese Art den Angrif der beiden in U gestandenen Escadrone. Richtet der Feind seinen Haupt Angrif gegen die IVte Brigade, hat diese schon bis in die Linie der Canonen HJ vorrücken müssen und fehlt es an einem 2ten Treffen, so schikt man jetzt von der 2ten und 3ten Brigade von jeder 1 oder 2 Bataillon zur Unterstützung jener (der IVten) ab. Die 4 Escadrons Cavalerie vom 2ten Treffen rücken alsdenn auf 200 Schritt hinter der dadurch entstandenen Intervalle, um dieselbe im Fall der Not zu decken. Ihre Bestimmung ist nun, über den Feind, der durch die Feurlinie NO bricht, herzufallen, ihn zu zerstreuen und dadurch diese Linie aufs äusserste zu soutenieren.

4.ᵉ Verhalten der Canonen, Scharfschützen und des 3ten Gliedes, wenn die Brigaden vorgehen.

Die Scharfschützen und die Divisionen des 3ten Gliedes und die Canonen ziehen sich, wenn sie sehen, daß ihre Linie durchbrochen ist, nur sehr langsam und immer in gemeinschaftlichen Feur mit den Canonen so weit zurük, als es die Sicherheit gegen das Abschneiden erfordert. Die Canonen haben schon vorher die Prolonge angelegt und also jetzt eine bequeme Art, sich feurend rükwärts zu bewegen. Sie bleiben immer in der Weite der Front ihrer Bataillone von einander. Da dieser Rükzug nur auf eine sehr kurze Distanz geschiehet (in dem die Bataillone ihnen gleich zu Hülfe kommen), so kann man wohl erwarten, daß sie in den erwähnten [Entfernungen]ᶠ von einander bleiben und bey der großen Geschwindigkeit, welche das Retiriren mit der Prolonge verstattet, nie Gefahr laufen, den Feind in die Hände zu fallen.

So wie die Bataillone heran kommen, ziehen die Scharfschützen sich an die Canonen und die Divisionen des 3ten Gliedes, gehen durch die Intervallen der Bataillone, versehen sich darauf mit Patronen und stellen sich hinter die Bataillone, zu denen sie gehören. Dies geschiehet bey der IVten Brigade am Abhange des Berges, wo sie gedekt sind, bey der IIten und IIIten aber 150 Schritt rükwärts, damit sie nicht durch die Unordnung, welche in der Brigade sich ereignen könnte, selbst in Verwirrung kommen. Die Staabsofficiere von der Brigade, welche die Divisionen des 3ten Gliedes einer jeden commandiren, erwarten jetzt den Befehl der Brigadiers, ob sie demnächst wieder vor die Linie

---

ᵉ Mit Bleistift korrigiert aus „5."
ᶠ Ergänzt nach dem gestrichenen „in den Bataillon in großen Entfernungen".

rücken oder vielleicht entstandene Lücken decken oder als Reserve bleiben und den irgend wo einbrechenden Feind wieder zurük werfen sollen. In unglüklichsten Fall decken sie den Rükzug; sie sind daher in 2 Glieder formirt, damit zwischen ihnen Platz zum Durchgehen bleibt, welcher nachher von den Scharfschützen und Canonen eingenommen wird, so daß der Feind nach dem Rükzuge der Bataillone wieder eine neue feurende Linie vor sich fände.

Zweyte Disposition
Man hat hierzu keinen eigenen Plan gezeichnet und nur die Stellungen auf den Plan zur ersten Disposition durch die kleinen Buchstaben des Alphabets bemerkt.

Vte Brigade
Die Postirung der Divisionen des 3ten Gliedes, der Canonen und der Scharfschützen Kette würde hier zu einer activen Defensive die schönste Gelegenheit geben. Hätte man z.B. die größte Höhe des Bergs B mit 1 Bataillon, die Feurlinie HJ und die Schützen-Linie LM wie in der ersten Disposition, so würde man mit den 18ten, 19ten und 20ten Bataillon den Feind, so bald er den Angriff auf die größte Höhe B und auf HJ mit Nachdruck ausführte (welches man von B immer wird wahrnehmen können), nach den Directionen bc und bd in Flank nehmen können.

Auf eine gleiche Art würde man, wenn man auser dem Bataillon 17 noch das von Nummer 16 bey B verdekt postirte und mit ihn unerwartet den bey e durch die Feurlinie dringenden Feind in die Flanke fiele, denselben zum Rükzuge bringen. Der Abhang des Berges mag noch so steil, und der Angriff noch so ungebunden seyn, er wird dennoch unter solchen Umständen immer einen glüklichen Erfolg haben. Der von einer größeren Höhe kommende Angrif wirkt auf eine entsheidende Art und giebt den Angreifenden Muth und Zutrauen.

Es verstehet sich von selbst, daß die Bataillone 13, 14 und 15 zu gleicher Zeit mit jenen den Feind von vorn entgegen kommen.

Wenn von der II^{ten} und III^{ten} Brigade die Scharfschützen in den hohlen Wege NO, die Divisionen des 3ten Gliedes, die Regiments-Canonen und Batterien 100 Schritt darhinter in die Linie SW, die geschloßenen Bataillone aber 300 Schritt hinter diese in die Linie XY gestellt werden, so werden 1. die geschloßenen Bataillone nicht sehr durch das Feur, welches der Feind auf die Feurlinie macht, leiden; diese wird stark genug seyn, den Feind zu verhindern, auf 100 Schritt vor ihr den Hohlweg zu passiren, oder die Cavalerie wird, wenn es geschehen sollte, über ihn herfallen und ihn wieder in denselben zurükwerfen.

Die geschloßenen Bataillone in XY werden nun als eine 2te Linie gebraucht und nach Beshaffenheit der Umstände so wohl die Brigaden im Gehölz als ihre eigene Feur Linie SW unterstützen können.

Die Verbindung der Cavalerie und der Feuer-Linie erzeugt diesen sehr großen Vortheil fast in jeder Lage, wenn man nur bey der Stellung und der Anordnung zu Gefecht nach dem Terrain seine Maaßregeln gut zu treffen weiß.

277. Aufzeichnung [?, ?]

GStA PK, VI. HA Nl Scharnhorst Nr. 190 fol. 119r–129v (18 S.): Abschrift, Schreiberhand, mit eigenhändigen Abänderungen.

Muster für die Disposition leichter Infanterie. XI. Gestaffelte Aufstellung von Schützen, drittem Glied, Regimentsgeschützen, Kavallerie, Linieninfanterie. Zusammenwirken nach Stärke des Widerstandes. Abstände. XII. Schützeneinsatz in der Disposition zur Schlacht von Vellinghausen 1761. Widerstandsfähige Linie zur Deckung der Bataillone. XIII. Am Rhein bei Wesel 1758: Schützenlinie zur Entlastung der Bataillone. Option zum Flankenangriff. Grundsätzlich Notwendigkeit einer Reserve. XV. Schlacht bei Krefeld 1758: Schützenlinie zur Beschäftigung des Gegners ohne Risiko unkontrollierbarer Entwicklungen. XVI. Einsatz der leichten Infanterie in einer Schlacht. Deckung der Geschütze und Kanoniere. Deckung der Bataillone zum Munitionswechsel. Angriff auf feste Stellungen. Verfolgung.

<u>Beyspiele</u>

<u>III^{tes} Capitel</u>

<u>Beyspiele von dem Gebrauch der Scharfschützen und der Divisionen des 3ten Gliedes beym Angrif. Plan XI, XII, XIII, XIV, XV und XVI.</u>

In Plan XI^a siehet man in AB 3 Bataillone und eine Batterie, welche eben in Begrif sind, den Feind aus dem durchschnittenen Terrain zu vertreiben. Sie haben auf 400 bis 600 Schritt die Scharfschützen GH vor sich; 100 Schritt hinter den Schützen in EF folgen zur Unterstützung die Divisionen des 3ten Gliedes und die Regiments-Canonen, und ungefähr 200 Schritt hinter diesen 1 Escadron Cavalerie, welche bey jeder Division einige Plänkerer gegeben hat. Die Schützen vertreiben die einzelnen Tirailleurs, treffen sie auf Trups, so werden sie von den Divisionen des 3ten Gliedes unterstützt, welche dieselben mit den Regiments-Canonen von vorn beschießen lassen, während sie selbst von der Seite mit dem Bajonet darauf gehen. Gehet jetzt der Feind davon, so sucht die Cavalerie Gefangene zu machen, wenn sonst nur irgend offene oder nicht zu stark mit Gehölz bewachsene Plätze es zulassen.

Trift man auf feindliche geschloßene Bataillone, so amusirt man sie von vorn mit den Divisionen des 3ten Gliedes, den Schützen u. Canonen läßt, nach

---

^{a} *Die dazugehörigen Pläne fehlen.*

dem man aus dem Feur ihre Stellung einigermaßen glaubt errathen zu haben, die Batterie so nahe als möglich auffahren und sucht sie nun durch ein wirksames Canon-Feur zum Rükzuge zu bringen; glükt dies aber nicht, so greift man zuletzt mit den geschloßenen Bataillonen und wo möglich von der Seite an.

Die Scharfschützen müßen, so lange das Gefecht nicht ernstlich wird, immer auf wenigstens 100 Schritt von den Divisionen des 3^(ten) Gliedes seyn, damit die einzelnen feindlichen Tirailleurs nicht in die geschloßenen Reih und Glieder derselben feuren können.

Die Cavalerie kann einige 100 Schritt hinter den Divisionen des 3^(ten) Gliedes bleiben; sie ist hier mehr gegen die feindlichen Büchsen-Schützen und das Cartätschfeur gesichert und kann denn noch geschwind genug an jeden Ort kommen, wo ihre Gegenwart erfordert wird. Die einzelnen Flanquere bey den Divisionen des 3^(ten) Gliedes zwingen die feindlichen Tirailleurs, auf ihrer Hut zu seyn, denn bemerken sie, daß einige feindliche Wagehälser im offenen Stellen sich zu lange aufhalten, so hauen sie dieselben beym Zurüklaufen nieder. Zwischen den Schützen dürfen aber diese Flanquere in durchschnittenen Gegenden, welche hier supponirt ist, nicht seyn, weil sie da zu sehr leiden würden.

Die geschloßenen Bataillone und die Batterien müßen so weit zurükbleiben, daß sie nicht sehr von den feindlichen Feur leiden, welches auf die Divisionen des 3^(ten) Gliedes gerichtet ist.

Der Stabsofficier, welcher die Divisionen des 3^(ten) Gliedes und auch die Escadron commandirt, befindet sich in der Mitte und also bey der Division des 2^(ten) Bataillons. Er hat mehrere Cavalerie Ordonanzen bey sich, um sie verschicken zu können.

<u>In den XII^(ten) Plan</u> ist ein Beyspiel von dem Gebrauche der Scharfschützen und der Divisionen des 3ten Gliedes auf dem Terrain und in der Stellung der Mitte der allirten Armee in der Schlacht bey Vellinghausen (1761) gegeben. Man hat die Stellung der Truppen in der Schlacht nach den Baurschen Plan beibehalten, ob gleich eine mehr verstektere ihr vorzuziehen seyn würde.

Es ist hier vorausgesetzt, daß man die Absicht habe, den Feind anzugreifen und seine Vorposten mit den Scharfschützen und Divisionen des 3^(ten) Gliedes zurüktreibe und daß man mit ihnen bis in die Linie DEFG gekomen ist, indem der Feind sich in JK formirt.

Unser erstes Treffen stehet in AA, und da man jetzt einen weitern Angrif so gleich nicht vortheilhaft hält, wird die Feur-Linie DEFG durch Cavalerie und reitende Artillerie verstärkt und so geordnet, daß sie einigen Widerstand leisten kann.

Auf gleiche Weise bleiben die geschloßenen Bataillone und Batterien in Ruhe, bis sie zu den Angrif die erforderlichen Dispositionen dem Terrain und Umständen gemäß ohne Uebereilung erhalten können.

In den XIII^{ten} Plan siehet man die Gegend bey Meer¹ (am Rheine), wo der General Imhof 1758 in AB mit 6 Bataillonen und 4 Escadronen in Lager stand und von einem französischen Corps unter Chevert mit einem Angrif bedrohet wurde.

Er ging mit seiner Infanterie bis EF den Feind entgegen; dieser formirte sich hier; es kam darauf zum lebhaften Mousquetfeur, bis ein Bataillon von rechten Flügel des Imhofschen Corps durch das morastige Terrain ging, den Feind bey N in die Flanke nahm und dadurch den Rückzug desselben bewirkte.

Hätte man hier der Scharfschützen und der Divisionen des 3ten Gliedes sich bedient, so würden diese in Verbindung einer Canone von jedem Bataillone in EF den Feind von vorn hinlänglich amüsirt haben. Alsdann hätte man die 6 Bataillone zu andern Absichten sich bedienen können.

Man hätte 3 über die J nach GH den Feind in die linke, und 2 nach L in rechte Flanke schicken können; dennoch hätte man ein Bataillon und 4 Escadrons zur Reserve übrig behalten, von den man den Feind, der bey Q und K den Rücken bedrohen konnte, immer noch etwas entgegen zu stellen im Stande war.

<u>In solchen Fällen muß man aber immer, wie es hier bey R und S angezeigt ist, einige Escadro[n]s zur Reserve hinter den Schützen und Divisionen des 3ten Gliedes lassen – dies ist eine allgemeine Regel, von der man unter keinen Umständen abgehen darf.</u>^{b}

In den XV^{ten} Plan ist die Stellung des Spörkschen und Obergschen Corps in der Schlacht bey Krefeld 1758 aus den Baurschen Plan copirt und gezeigt, wie bey denselben der Gebrauch der Scharfschützen und der Divisionen des 3ten Gliedes von großen Nutzen hätte seyn können.

Beyde Corps hatten den Befehl, den Feind von vorn zu beschäftigen, während der Herzog² mit den größern Theil der Armee demselben in die linke Flanke und in Rücken ging.

Solche Corps sind imer in einer gefährlichen Lage; halten sie sich zu entfernt, so erfüllen sie nicht ihre Bestimmung, und kommen sie zu nahe, verwickeln sie sich ins Gefecht, so kann dies, wenn es zumal eh[e]r geschiehet, als der Haupt Angriff angehet, für sie eine höchst unglükliche Wendung nehme[n]. In diesen Lagen ist der Gebrauch der Scharfschützen und Divisionen des 3ten Gliedes von sehr großen Nutzen. Sie können ohne Gefahr fürs Ganze sich engagiren, und will man noch mehr Nachdruk anwenden, noch mehr Besorgniße eines durchdringenden Angriffes bey dem Feinde erregen,

---

^{b} *Auf dem nächsten Blatt (fol. 124) folgt gestrichen: „In dem XIV^{ten} Plan ist die Stellung der Allirten Armee und der französischen auf dem Terrain des Schlachtfeldes bey Vellinghausen gezeichnet."*
1 Mehr.
2 Herzog Ferdinand von Braunschweig.

so bringt man nach und nach zwischen den Divisionen des 3ten Gliedes das schwere Geschütz mit in Activität. Die geschloßenen Bataillone bleiben aber immer zurük, leiden nichts und sind zu jedem Gebrauch in Bereitschaft. Es ist indes bey dieser Art, den Feind mit den Scharfschützen, Divisionen des 3ten Gliedes und Regiments-Canonen anzugreiffen, sehr aufs Terrain Rüksicht zu nehmen. Dabey wird erfordert, daß Cavalerie [und]^c reitende Artillerie auf den Flügeln und an verdekten Oertern als Reserve hinter der feurenden Linie sich befindet, um dieselbe, wenn es nöthig ist, zu unterstützen oder ihren Rükzug nach den Bataillonen zu decken. Bey dem Obergschen Corps ist die feurende Linie AB auf beiden Flügeln durch 4 Escadron Cavalerie und 2 Stük reitende Artillerie soutenirt. Bey dem Spörkschen Corps hat die feurende Linie CD auf den rechten Flügel, hinter der Mitte und den linken, auf jeden dieser 3 Punkte 5 Escadrons und 3 Stük reitende Artillerie.

<u>In den XVI^{ten} Plan ist gezeigt, wie die Scharfschützen und Divisionen des 3ten Gliedes sich bey dem Angriff einer feindlichen Linie in der Ebene verhalten.</u>

<u>Voraussetzung</u>
Ein Corps der Armee (15 Bataillone und 20 Escadrone) ist bis ins feindliche Canonfeur (bis in PQ) vorgerükt. Das erste Treffen bestehet aus Infanterie und das 2te aus Cavalerie. Ihr Abstand beträgt 600 Schritt. Bis auf 300 Schritt heranzurücken braucht das letztere kaum $\frac{1}{2}$ Minute.

Nachdem einige Zeit der Feind von 4 Batterien auf unsern linken Flügel canonirt ist, rükt die 5te (aus 3 Bataillonen bestehende) Brigade zum Angrif vor, sie hat auf beiden Flügeln eine starke Batterie, welche abwechselnd 150 Schritt vorjägt und dann so lange feurt, bis sie von der Infanterie eingeholt ist.

Die nächste Brigade rechts (die 4te) folgt echellonweise mit Bataillonen in einem Abstande von 150 Schritt zwischen jeden Echellon.^{d}

So bald man mit der Brigade, welche die Tete hat, in den Cartätschschuß kömmt (AB), wird Halt gemacht und nun mit den Batterien aus allen Kräften mit Cartätschen gefeuret. Um aber in diesen Feuer über den Feind eine sichere Ueberlegenheit zu erhalten, läßt man eine Brigade Cavalerie (K) mit 2 Batterien reitender Artillerie bis auf 300 Schritt hinter die angreifende Inf. Brigade vorrücken und gehet dann schnell mit der Artillerie durch die Bataillone so weit gegen den Feind vor, als es ohne große Gefahr, nicht ganz vernichtet zu werden, geschehen kann, protzet hier (in O) ab, und fängt nun an, mit Cartätschen so geschwind als möglich zu feuren.

---

^{c} *In der Vorlage ersatzlos gestrichen.*
^{d} *Folgt gestrichen:* „Die Wirksamkeit des feindlichen Canonfeurs wird hier viel entscheiden; in jeden Fall aber wird mit der Brigade".

Verhalten der Scharfschützen und der Divisionen des 3ten Gliedes

So bald die erste Linie bis in den Canonschuß avancirt ist und man hier Halt macht, die Batterie placirt, um den Feind zu beschießen, gehen die Divisionen des 3ten Gliedes bis auf 60 Schritt hinter ihre respectiven Bataillone. Der Capitain oder Stabsofficier, welcher die einer Brigade commandirt, befindet sich bey der mitlern. Die Scharfschützen gehen mit den Regiments-Canonen 60 Schritt vor die Front, bleiben aber beinahe vor der Intervalle und masquiren das Bataillon nicht über den 3ten bis 4ten Theil der Front desselben.

Die Regiments-Canonen legen die Prolonge an, damit sie, wenn es erfordert wird, feurend in ihre Intervalle ohne alle Vorbereitung zurükgehen können. Die Scharfschützen dienen jetzt insbesondere nur dazu, die sich unter Begünstigung von hoher Frucht, Gebüschen u.s.w. zeigenden feindlichen Tirailleure und Plänkerer zurük zu halten und dadurch unsere Canoniere und auch Bataillone für dieselben zu decken.

In Verlauf der Action machen sie die Bedeckung der Regiments-Canonen aus. Dadurch bekommen diese einen gewissen Spielraum für ihre Bewegungen und können nun von den Terrain und den Umständen einigermaßen profitiren, statt sie ohne allen für sie besonders bestimmten Schutz gewißermaßen an die Intervalle gekettet sind.

Die Bestimmung der Divisionen des 3ten Gliedes bestehet hier in folgenden: a. wenn die Bataillone sich verschossen haben, mit den Scharfschützen und Regiments-Canonen ihren Platz so lange einzunehmen, bis jene von neuen mit Patronen versehen oder von andern Bataillonen abgelöset sind. b. Wenn die Brigaden sich in der Bewegung öfnen, die Oefnung auszufüllen. c. wenn die Seiten Brigaden zurükbleiben oder durch andere Zufälle eine Flank in der Action exponirt wird, dieselbe zu decken. Bey den Echellons aber immer hinter den äusern Flügel ihrer Bataillons zu bleiben, um durch $1/4$ Schwenkung gleich eine Flanke für dieselben machen zu können. d. Den Feind, wenn er in einem oder andern abgesonderten Posten sich hält, als z.B. in einer Meyerey, kleinen Schanze u.s.w., anzugreifen. e. Den Feind, wenn er erst sich zurükziehet, zu verfolgen, um den Bataillonen Zeit zu lassen, sich wieder zu neuen Angriffen in Stand zu setzen. f. Den Rükzug mit den Canonen zu decken, wenn unser Angriff nicht durchdringen sollte.

278. Aufzeichnung [?, nicht vor Mai 1794¹]

GStA PK, VI. HA Nl Scharnhorst Nr. 190 fol. 130r (1 S.): Eigenhändig.

Stichworte zum Gebrauch der Scharfschützen im Kontext historischer Beispiele.

Beyspiele von den Gebrauch der Scharfshützen

1. In von Gehölzen u. Kämpen durchshnittenen Terrain, den linken Flügel von Vellinghausen. Angrif hier mit den Bataillonen (welches von neuen hier 1761 geshah).
2. In besetzten Gehölzen, wo an der Lisiere die Truppen Hastenbek auf den Bückeberge.
3. In offenen Terrain linken Flügel von Minden.
4. Landwehr Franzosen bey Krefeld – Die Fälle –
5. Gehölz Hastenbek auf den linken Flügel.
6. Angrif in durchschnitenen Terrain
   Hastenbek die 3 Bataillons
   Pont à chinᵃ –
   Werwik.
7. Angrif bey Verschanzungen.

279. Aufzeichnung [?, ?]

GStA PK, VI. HA Nl Scharnhorst Nr. 133 fol. 161r–v (2 S.): Konzept, eigenhändig.

    Carl Schelz
    Angrif einer Schanze u. eines Dorfes

ᵃSo wie die Divisione des 3ten Gliedes u. die Scharfschützen die Schanze im Laufe von vorn u. von der Seite nach der Richtung der Pfeile anfallen u. eindringen, hauen die Flankeurs auf die fli[ehe]nden Trups ein, die Canonen rücken nun so geshwind als möglich in a, b u. c vor, um gegen die anrück[e]nde feindliche Linie zu agiren. Die Bataillone avanciren geshloßen,

---

ᵃ *Hierzu gehört wohl die Skizze auf der gleichen Seite: Sie zeigt vier Brigaden an einem Fluß, der in die Schelde fließt, wohl dem Rieu de Templeuve. Dabei die Erklärung: „a[n]greifende Scharfschützen durchs 3te Glied u. die Regiments Canon unterstütz."*
¹ Die Gefechte von Wervik (mehrere Aktionen 1793/94) und Pont à Chin (22. Mai 1794) werden erwähnt.

ᵃ Davor gestrichen: „Nur die Scharfschützen u. Canonen feurn
    Die Divisionen des 3ten Gliedes thun darauf in Laufen den Angrif. Die Bataillone u. Canonen u. Scharfshützen folgen. Die Bataillone marschiren mit klingenden Spiel. Die Escadrone lassen beym Angriff ihre Flankeurtrups die Division des 3ten Gliedes unterstützen über die flüchtendn Feinde herfallen. Die Escadron bleiben in der Höhe der Canonen u. Scharfschützen".

ziehen sich aber rechts u. nehmen ihre Stellung in c d. Während dies geschiehet, gehet die Division des 3ten Gliedes von 1ten Bataillon mit den Canonen auf das Dorf, die Scharfshützen tourniren dasselbe u. dringen in die Hecken ein, während die Canonen u. Division von vorn auf die davor liegende Plotons des Feindes feuren und am Feind nicht erreichen, in Laufe auf denselben eindringen. Der Flanqueurtrup bleibt bey diesen Angriffe beständig à portée, um, wo er kan, auf die fliehenden Feinde zu fallen.

Es ist ein allgemeine Regel, daß beym Angrif der Division des 3ten Gliedes bey den Canon eine Section von 12 Mann zurück bleibt und immer neben ihnen ist, um sie gegen einzelne Plänkerer u. Tirailleurs zu sichern, u. in schlechten Terrain, wo es nöthig ist, Hand anzulegen.

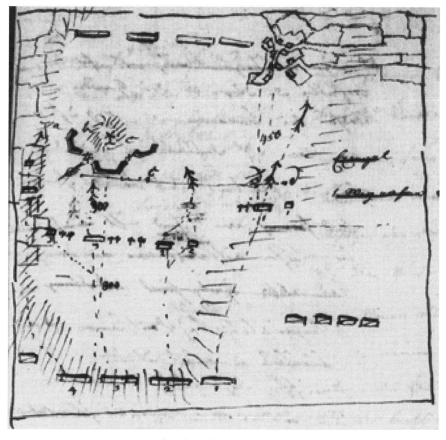

Zu Nr. 279: Eigenhändige Planskizze Scharnhorsts (fol. 161r).

d. Richtlinien für Verschanzungsarbeiten

280. Aufzeichnung [?, ?]

GStA PK, VI. HA Nl Scharnhorst Nr. 246 fol. 9r–10r, 11r–13v (8 S.): Konzept, eigenhändig, Fragmente.

Reglement für Verschanzungen: Gliederungsentwurf. Nutzen und Vernachlässigung der Verschanzungstechnik. Mangel an Regeln. Vernachlässigung taktischer Aspekte. Regulierung als Voraussetzung praktischer Erfahrung und Überprüfung. Beispiel der französischen Artillerie.

Versuch eines:
Allgemeinen Reglements über die Anlegung u. Vertheidigung der Feld-Verschanzungen

Absicht dieser Schrift

Ueber den Zustand, in dem die Verschanzungskunst sich befindet, und über die Mittel, ihr eine größere Vollkommenheit zu geben.

Reglement über die Anlegung der Vershanzungen.
I. Capitel.
Ingenieure, Pioniers, Schanzeug.
II. Capitel.
Wie und wodurch die Verschanzungen geschwind zustande gebracht werden.
III. Capitel.
Einrichtung u. Vertheidigung einzelner Schanzen
IV. Capitel.
Einrichtung u. Vertheidigung der Verschanzungen für ein Corps oder eine Armee.
V. Capitel
Einrichtung u. Vertheidigung einer Vershanzung zur Dekung eines Orts, in den ein Magazin angelegt ist, u. zur Dekung eines bei einer Festung befindlichen Lagers.

Inhalt
I. Abschnitt
Daß manche Kriegeskundigen den Vershanzungen abgeneigt sind, hat seinen Grund in der fehlerhaften Anlegung u. Anwendung der Werke dieser Kunst.
   Die Vershanzungen sind unter jeden Umständen einer Armee von großen u. wesendlichen Nutzen; es ist unverantwortlich, wenn man sich ihrer nicht in jeder Lage, in jeder Position, auch selbst, wenn man angreift, bedient – sie führen nur den, der nicht die wahren Grundsätze des Krieges kennt, zur passiven Defensive.

II. Abschnitt
Fehlerhafte Einrichtung der Schanzen u. Vershanzungen unsrer Zeit, Grundsätze, welche man bey der Anlegung und Vertheidigung derselben beobachten muß.

III. Abschnitt

Versuch eines Reglements über die Anlegung u. Vertheidigung der Feld-Verschanzungen

<u>1. Capitel</u>.
Einrichtung des Schanzeugs, welches die Armee führt
<u>2tes Capitel</u>.
Wie man in kurzer Zeit eine Verschanzung bey einer Armee aufführen kann
a. Einrichtung in der Armee ⎫
b. Art der Werke   ⎬ wo durch man diesen Zwek erreicht
<u>3. Capitel</u>
Einrichtung u. Vertheidigung einzelner Schanzen
(etc. nach der ersten Seite)[a]

In den ersten u. 2ten Abschnitt dieser Schrift findet man folgende Sätze aufgestellt:
1. Daß die Verschanzungskunst sichere Mittel an die Hand gebe, mit wenigen vielen[b] zu widerstehen, und daß die Widersprüche gegen diese Behauptung in der fehlerhaften Anlegung und unzwekmäßigen Anwendung der Werke dieser Kunst ihren Ursprung haben.
2. Daß es ein falscher Grundsatz sey, sich <u>nur</u> unter <u>gewißen</u> Umständen zu vershanzen; daß man sich dieses Ersparungs–Mittel der Trupen in jeder Lage, in jeder Position, und selbst, wenn man angreife, mit Vortheil bedienen könne und daß also bey einer operirenden Armee die Verschanzungskunst zur Tagesordnung gehöre.
3. Daß die Schanzen u. Vershanzungen in den meisten Armeen fehlerhaft u. unzwekmäßig eingerichtet und angewandt werden, und daß man so wohl bey Ihrer Anlage als Vertheidigung andere, mehr auf den moralischen Zustand der Menschen beruhende Grundsätze befolgen müße.
Der IIIte Absbnitt dieser kleinen Schrift enthält gewissermaßen die Anwendung des ersten u. 2ten, man hat darin versucht, die Einrichtung, Vertheidigung u. Methode der Aufführung einer Schanze u. Verschanzung in bezug der jetzigen Verfaßung u. Tactik der Truppen festzusetzen und dadurch ein Art Reglement für diesen Theil der Ausrichtung bey einer Armee in Vorschlag zu bringen.

---

[a] *Das erste Fragment endet auf fol. 10r, etwa auf der Mitte der Seite. Das folgende Fragment betrifft offenbar die Einleitung der Schrift.*
[b] *Statt „mit vielen wenigen".*

ᶜBisher war in diesem Punkte alles der Wilkühr der Individuen überlassen, bey einer und derselben Armee sah man unter gleichen Umständen bald diese, bald jene Form der Schanzen, bald dieses, bald jenes Profil und nichtᵈ selten die unzwekmäßigsten Werke, so wohl in Absicht der Anwendung.

Es war natürlich, daß man unter diesen Umständen mehr Nachahmung der Ideen irgend eines Schriftstellers, mehr die Anwendung der Grundsätze der eigentlichen Befestigungs Kunstᵉ als eine gesunde Verbindung der angewandten Tactik und der Verschanzungskunst wahrnahm.

Diese Lage hat, so wohl den Fortschritten der Kunst, Verschanzungen anzulegen, an sich, als der zweckmäßigen u. vortheilhaften Anwendung derselben große Hindernißse in den Weg gelegt.

Erst dann, wenn eine gewiße festgesetzt[e] Einrichtung angenomen und befolgt wird, wenn man nicht mehr zwishen den vershiedenen Bestimmungen herumschwenkt, wenn man nicht mehr das Unzwekmäßigere gegen das Zwekmäßigere vertaushen kann, ohne daß es allgemein wahrgenomen wird, kann die Erfahrung und die Beurtheilung zu größer Vollkommenheit führen.

Dann ist der Gesichtspunkt fixirt und der Gegenstand den allgemeinen Untersuchungen und Erprobungen ausgesetzt. Entspricht er nun nicht der Natur der Sache, so wird die gegründete Critik ihn gewiß bald beßern.

Erst seit 1732, als die französische Artillerie eine gewiße bestimmte Einrichtung in allen Details bekam, näherte sie sich mit festen Schritten der jetzt erhaltenen tactishen Zwekmäßigkeit. In einer Armee, wo die Regimenter bald diese, bald jene Bewegung zu einer Absicht sich erlauben dürfen, wird die zwekmäßigere nicht einen allgemeinen Nutzen leisten können. Wissen wir nicht aus dem 7jährigen Kriege, daß der Herzog Ferdinand und der Marschal Broglio gewiße Marschordnungen für die Bewegungen der Armeen von einer Position nach der andern festsetzten, daß sie, um die Fertigkeit, welche die Einförmigkeit leistete, genießen zu können, sich so gar der Vortheile des Terrains unter gewissen Umständen begaben?

281. Denkschrift [?, 1794/1801?¹]

GStA PK, VI. HA Nl Scharnhorst Nr. 246 fol. 108r–113r (10¹/₂ S.): Abschrift, Schreiberhand, mit eigenhändigen Veränderungen.

Konzept, eigenhändig, Fragment: ebda., fol. 102r–107v (11¹/₂ S.).

ᶜ Zu Beginn der hier einsetzenden Seite (fol. 12r) die gestrichene Überschrift: „Absicht dieser Schrift".
ᵈ Das Wort in der Vorlage versehentlich doppelt.
ᵉ „Kunst" ist, wohl versehentlich, gestrichen.

[1] Es ist die Rede vom Feldzug in den Niederlanden, dabei sind mit „unseren Spaten" offenbar die hannoverschen gemeint.

Verschanzungsbau: I. Geringschätzung der Schanzarbeit. Mangelhafte Sorgfalt. Gegenmaßnahmen: Dienstverrichtung bis zur Fertigstellung, gegenseitiger Ansporn. II. Mängel der üblichen Spaten. Mangel an geeignetem Werkzeug. Kriterien für geeignetes Werkzeug.

<u>Ueber die Art, wie die Schanzen gemacht werden, und über das Handwerkszeug, welches man bey denselben gebraucht.</u>

I. <u>Warum die Leute, welche zu der Aufführung der Schanzen comandirt werden, so schlecht arbeiten. Antriebsmittel zur Arbeit.</u>[a]
Die Arbeitscommandos werden in der Armee als eine Neben Sache von geringer Wichtigkeit angesehen; sehr selten werden dazu Staabsofficiere commandirt, und Mißverständniße in der Zeit, des Orts der Zusammenkunft und in der Anzahl der Arbeiter werden weder untersucht, noch bestraft.

Jeder, selbst der Officier, hält diese Arbeit für eine wo nicht entehrende, doch unrechtmäßigerweise den Soldaten aufgebürdete Fatigue, und die Räsonneure unter ihnen aeusern ihre Unzufriedenheit ohne[b] allen Scheu. Alle sind unzufrieden. Zwar werden sie dennoch gezwungen, zu arbeiten; aber was läßt sich bey der Stimmung erwarten? Die Officiere halten nicht (zumal da ihre höhern Befehlshaber nie zugegen sind) die Leute zur Arbeit auf eine ernstliche Art an und erwarten mit Ungedult die Stunde der Endigung derselben. Die Soldaten arbeiten nie mit einiger Anstrengung, sie nehmen gewöhnlich sehr wenig Erde auf die Schaufel oder machen nur die Bewegungen, als wenn sie Erde auswürfen, oder thun auch dies nicht einmal.

Bey der Englischen Armee in den Niederlanden suchte man die Arbeit dadurch zu befördern, daß man der dazu commandirten Mannschaft täglich ein kleinen Arbeitslohn versprach. Da es aber erst nach dem Feldzuge ausbezahlt wurde, so machte es das Uebel noch ärger. Die Leute glaubten durch dieses Versprechen um so mehr, daß diese Arbeit nicht zu ihren Dienst gehöre und da sie nicht den Lohn dafür zu erhalten glaubten, so trieb dieser auch sie auf keine Art an, fleißig zu seyn.

Die natürliche Folge dieser Stimmung bey der Aufführung der Schanzen ist leicht abzusehen; es geschiehet im Ganzen wenig; die angefangenen Werke bleiben unvollkommen und dennoch werden die Leute fatiguirt, indem sie in jeden Fall die Wege thun und aufrecht stehen müßen. Man muß daher für diese Verrichtung eine andere Einrichtung in den Armeen treffen.

---

[a] *Diese Zwischenüberschrift fehlt im Konzept und ist eigenhändig in die Abschrift eingefügt.*
[b] *Im Konzept folgt: „zur Verantwortung gezogen zu werden."*

1.) Man muß nicht die Arbeiter von einem Tage zum andern ablösen lassen, sondern eine einmal angestellte Mannschaft muß ihre Arbeit gänzlich endigen, wenn sie auch mehrere Tage bey derselben zubringt. Wissen die Leute, daß sie bey ihrer Arbeit bleiben und nicht eher davon befreyet werden, bis der ihnen aufgegebene Theil fertig[c] ist, so treibt ihr Eigen Intereße sie an, fleißig zu seyn; so animirt einer den andern.

2.) Bey der Anstellung selbst müßen die Arbeiter in gleich großen Abtheilungen eine gleiche Länge der Brustwehr zu verfertigen haben. Alsdann will die eine noch eher als die andern fertig seyn. Dadurch wird die Arbeit auserordentlich befördert, zumal wenn ganze Compagnien oder Bataillone eine Abtheilung ausmachen.

II. <u>Ueber das Schanzeug.</u>[d]

Ein anders großes Hinderniß bey der geschwinden Aufführung einer Schanze ist bisher die schlechte Einrichtung und Beschaffenheit des Schanzeugs gewesen. Die Spaden, welche man gewöhnlich führt, haben die Form von denen, welche der Landmann sich in den losen Erdreiche seines Gartens bedient. Bey den Schanzen aber gräbt man in noch nicht gerührten und also in sehr festen Erdreich; da muß also der Spaden eine andere Form haben: er muß eine größere Stärke haben, nicht so breit als jener seyn, damit er in die festere Erde eindringen kann, und dennoch so eingerichtet seyn, daß auch die lose Erde und der Sand nicht so leicht von ihm fällt. Diese Eigenschaften liegen ganz offenbar in den Zwek des Werkzeugs. Man untersuche den jetzigen Spaden, ob er denselben nur einigermaßen entspreche?

Die beste Form der Schneide Instrumente dient zu nichts, wenn sie nicht zugleich ein gutes Stahl haben, welches so hart ist, daß es die erforderliche Schärfe eine geraume Zeit beybehält, ohne jedoch wegen zu größer Sprödigkeit in der Schneide theilweise zu zerbrechen.

Unser[e] in letztem Kriege mitgeführte Spaden waren größtentheils von so schlechten Eisen und mit so wenigen und schlechten Stahl versehen, daß sie in harten und thonigten Erdreich fast ganz ihre Dienste versagten. Eine gleiche Bewandniß hatte es mit der Güte des Stahls bey den Barten und Axten.

Was entstehet daraus? Die Arbeit gehet langsam, die Werkzeuge werden bald unbrauchbar, dann fehlt es gänzlich daran und die sehr großen Kosten des Transports sind ohne Nutzen verschwendet. Es bleibt demnach nichts übrig, als sehr bestimmte und scharfe Empfangsproben feste zu setzen und die alten Werkzeuge ummachen zu lassen oder zu verkaufen und andere anzuschaffen.

---

[c] *Versehentlich ersatzlos gestrichen.*
[d] *Diese Zwischenüberschrift fehlt im Konzept und ist in der Abschrift eigenhändig eingefügt.*

Es ist ein großer Nachtheil, daß man die Verhältniße der verschiedenen bey der Armee geführten Werkzeuge nicht zwekmäßiger eingerichtet hat. An Kreutzaxten, brauchbaren Sägen und Bohren (um große Löcher durch die Pallisaden und ihre Latten zu bohren) fehlt es gänzlich, da doch eine geringe Anzahl uns in den Stand setzen würde, spanische Reuter machen und Palisaden befestigen zu können, welches in jeder Lage eine äuserst wichtige Sache ist.

Die so genannten Planierschaufeln könnten ganz entbehrt werden. Nur zum Wegwerfen der loßgebrochenen Erde kann man sich ihrer bedienen, und dazu läßt sich auch der Spaden gebrauchen.

Mit dem Spaden gräbt man die Erde ab und wirft sie zugleich fort. Dies ist das allgemeine Instrument zu Erdarbeiten und unserer Landmann kennt kein anderes.

Um sich hiervon zu überzeugen, gebe man an eine Abtheilung Arbeiter bloß Spaden und an eine andere halb Spaden und halb Planierschaufeln und Kreutzhacken[e]: wird man bald den Vortheil, welchen die Spaden vor den Planierschaufeln in den meisten Terrain haben, sehen. In gewöhnlich vermischten und in tonigten Boden wird die Abtheilung mit den Spaden bey weiten eh[e]r, als die andere ihre Arbeit endigen, in steinigten (also in selltenen) wird dieser Vorzug der Abtheilung, welche die Spaden hat, nicht statt finden, giebt man indes ihr die nöthigen Kreutzhacken, so wird sie gewiß auch in diesen Terrain nicht gegen die andere zurückstehen. (Man gründet sich hier auf vielfältige angestellte Erfahrungen.)

Bey der Wahl des Schanzeugs kömmt es überhaupt auf folgende Eigenschaften an.

1.) Ist das Schanzeug am besten, welches sich in allen Arten von Terrain gebrauchen läßt; denn hat man für jede Arten verschiedene Handwerkszeuge, so kann man bald das eine, bald das andere nicht brauchen und muß eine große Anzahl vershiedene Werkzeuge mit sich führen und also große Kosten zum Transport sich unterwerfen. Kann man z.B. die Eigenschaft der Kreutzhacken und Axten mit einander vereinigen, so braucht man nur die Hälfte der Werkzeuge dieser beiden Arten mit sich zu führen, welche ohne diese Vereinigung erfordert werden.

2.) Ist das Schanzeug am besten, welches <u>bey der geringsten Schwere die erforderliche Stärke hat.</u> Denn macht man, um stärkeres Schanzeug zu liefern, dasselbe sehr schwer, so vermehrt man die Kosten des Transports auf eine vieleicht ganz unnöthige Weise. Die Form, welche zur Stärke beyträgt, ist also sehr wichtig, und aus diesen Grunden geben wir den niederländischen Spaden den Vorzug vor allen andern und allen Erdwerkzeugen.

---

[e] *Im Konzept folgt:* „und lasse beide bey gleicher Stärke arbeiten – und man wird bald den Vortheil [...]".

3.) Zum Schanzeug einer Armee hat man Ursach, mehr nach der vorzüglichen Güte des Materials zu sehen als in andern Fällen. Denn kauft man in der Festung einen schlechten Spaden zu $^1/_2$ Rthlr. und einen guten zu 1 Rthlr. und der lezte ist 2, der erste aber nur 1 Monat zu gebrauchen, so ist hierbey, wenn sonst beide gleich gut in der Arbeit sind, kein Schade. Denn hier stehet die Daur der Brauchbarkeit mit den Kosten in einem Verhältniß. Hätte man aber beyde mit in das Feld genomen, so würde in den ersten Jahre des Krieges jeder Spaden ungefähr an Transportkosten auf 4 Rthlr kommen, und der 1te also mit den Ankauf auf 4$^1/_2$ und der 2te auf 5.

Da stände also die Dauer der Brauchbarkeit ganz und gar nicht mit den Kosten in einem Verhältniß, sondern die beßere hätte eine doppelte Brauchbarkeit und koste nicht viel mehr als die schlechtere.

282. Denkschrift [?, ?]

GStA PK, VI. HA Nl Scharnhorst Nr. 246 fol. 141r–142v (3 S.): Konzept, eigenhändig, unvollendet.

Material des Schanzzeugs: I. Schwedisches Eisen. Anforderungen. Kontrolle. Beschaffung. II. Stiele aus Eschenholz. Verarbeitung.

Einrichtung des Schanzzeugs

I. Beshaffenheit des Eisens u. Stahls zu den Spaden, Axten, Barten u. Kreuzhacken.

Man muß schwedisches Eisen zu den Spaden, Barten u. Axten nehmen, es ist zäher, es rostet nicht so gleich, es erhält sich glatter und erleichtert also bey den Spaden das Graben. Der Stahl muß gut seyn, der Klang, wenn man daran schlägt, zeigt einigermaßen die Güte, am besten aber ist die Untersuchung. Die Schneide der Spaden muß bey dem Gebrauch in harten Terrain auf Baumwurzeln und auf kleinen Steinen nicht sich umlegen oder ausbrechen. Man muß hier, wenn man des Betrugs und der Unwissenheit der Untersucher entgehen will, sehr gute Spaden mit einem Zeichen versehen u. sie zu Probe Spaden auf immer bestimmen. Hernach alle neu erhaltenen neben sie in den obigen Terrain gebrauchen lassen, um zu sehen, ob sie mit ihnen von gleicher Güte sind.

Bey den Barten u. Axten geschiehet die Untersuchung auf harten, mit Aesten durchwachsenen Holze, aber man muß sich nicht mit einigen Hieben begnügen, sondern den Gebrauch auf einen halben Tag ausdehnen.

Um große Quantitäten zu untersuchen, muß man die ganze Lieferung in Abtheilungen von 100 zu 100 legen, und von jeder Abtheilung 3 bis 4 herausnehmen u. mit denselben in den obigen Terrain u. Holzarten arbeiten lassen; man muß hier aber sich nicht einige Mühe verdrießen lassen, sonst wird man bald die schlechtesten Mater[ialien?]ᵃ erhalten; denn die Handwerker werden nun bald merken, daß nicht die erforderliche Aufmerksamkeit beym Empfange angewand wird und von nun die shlechteste Waare liefern.

Am besten ist es, mit den herausgenommen zur Untersuchung bestimmten Handwerkzeuge mehrere Tage zu irgend einen Zwek arbeiten zu lassen, denn nur dann erst, wenn es mehrmal geschärft u. gebraucht ist, kann man von den wahren Werthe desselben urtheilen.

II. <u>Von dem Hefte oder Stiele in den Spaden, Axten u.s.w.</u>
Die Hefte oder Stiele müßen sowohl bey den Barten u. Axten als den Spaden von Eschen-Holz seyn. Hat man diese Holzart nicht, so nimt man dazu junges zähes Eichen-Holz. In jeden Fall mußen die Stiele u. Hefte nach den Faden des Holzes genommen werden und vollkommen troken seyn. Sind sie nicht nach den Faden genommen oder sind sie nicht aus gespaltenen Holze zugerichtet, so brechen sie bey der Arbeit, und sind sie nicht vollkommen troken, so werden sie, wenn sie hernach zusammengetroknet sind, nicht mehr feste in den Eisen sitzen und durch daneben geshlagene Keile gespalten u. ge[s]plittert werden.

III. <u>Von der Größe, Schwere und Einrichtung der Spaden, Axten, Barten u. Kreuzhacken.</u>ᵇ

283. Aufzeichnung [?, nach 1796¹]

GStA PK, VI. HA Nl Scharnhorst Nr. 246 fol. 60r–62r (4 S.): Konzept, eigenhändig, Fragment?

Verschanzungen gewöhnlich zu groß. Historische Beispiele. Unnütze Fleschen. Nachteilige Folgen. Verfehlter Eifer des Generalstabs.

<u>II. Abschnitt</u>

<u>Fehlerhafte Einrichtung der Schanzen u. Verschanzungen unserer Zeit. Grundsätze, welche [man] bey der Anlegung mit Vertheidigung derselben beobachten muß.</u>

ᵃ *Das Wortende wird vom Bindungsfalz verdeckt.*
ᵇ *Bei dieser Denkschrift finden sich zwei Blätter eines Papiers mit niederländischem Wasserzeichen (fol. 139r–140v), auf denen Scharnhorst zwei Äxte nach realen Vorlagen aufzeichnete. Es erscheinen jeweils eine Zeichnung des Kopfes von oben und von der Seite in Originalgröße sowie eine verkleinerte Zeichnung der Axt mit Stiel. Die kleinere „Bordenauer Barte" wog mit Heft 2³/₈ Pfund, die größere 4¹/₂ Pfund ohne Heft.*

1 Auf fol. 60v geht es um die Verschanzungen bei Mainz 1796.

Man hat in den letzten Kriegen viele Schanzen angelegt, aber bey den meisten die gemeinsten Regeln der Kunst aus den Augen gesetzt. Gewöhnlich hat man die Vershanzungen so groß gemacht, daß man sie oft nicht zum 3ten Theil mit 2 Gliedern und den verhältnißmäßig erforderlichen schweren Geschütz besetzen konnte. Die Verschanzungen bey Landeshut 1760, bey Burkersdorf 1762, bey Maynz 1796 und viele andere mußten, da sie kaum den 5ten oder 6ten Theil der nöthigen Besatzung hatten, erobert werden, so bald sie angegriffen wurden. In der besten Stellung für eine Armee von 60.000 Mann kann ein Corps von 10.000 Mann sehr leicht vernichtet werden. In den Linien zwishen Breda u. Gertrüdeberg wagte ein Graf von Sachsen 1746 nicht, mit einer großen Ueberlegenheit ein der Größe des Werkes angemeßene kleine Armee anzugreifen, aber 1794, als diese Linie von dem General v. Haake[2] kaum mit dem 12ten Theil der hier nöthigen Besatzung versehen waren, nahmen sie die Franzosen mit einem unbedeutenden Verlußt. Man gehet über die größten Flüße, man ersteigt die besten Festungen, wenn sie nicht eine der Ausdehnung u. Größe angemeßene Anzahl der Trupen zur Vertheidigung haben; wie kann man dann unter den Umständen Widerstand von den Werken der Vershanzungskunst fordern? mit welchen Grunde kann man ihr das zur Last legen, was ein Fehler der Tactik oder eine Mangel an Vertheidigungsmitteln ist!

Nichts ist der Verschanzungskunst in dem Französischen Revolutionskriege nachtheiliger gewesen, als eine Art Fleschen, welche man zur Dekung der Canoniere und zur Bezeichnung der Positionen anlegte. Diese Werke dekten die Trupen nicht, blos die Kanonen, und meistens nur ein kleiner Theil derselben befand sich in ihnen, und auch bei diesen waren die Canoniere auf den Bänken nur bis an den Gürtel vor den feindl. Kugeln gesich[e]rt. Diese Art der Vershanzung, die wir in dem Bois de Vicogne u. Raimes[3] zu der Einschließung von Valenciennes und an so viel andern Oertern sahen, feßelten nicht sellten ansehliche Heerhaufen und waren auch von ihnen unterstützt nicht ein mal eines sichern Widerstandes fähig.

Die Canonen konnten in diesen Werken, da die Ecken derselben gegen den Feind gekehrt waren, nicht ein mal bequem gegen den sie angreifenden Feind agiren. Eine Menge dieser Aufwürfe in den Posten Ketten waren nur mit wenigen Geschütz oder gar nicht besetzt. Die Trupen erwarteten von ihnen, so shlecht sie auch seyn mogten, immer doch einen besondern Vortheil, sie glaubten nur bis dahin könnten die Feinde kommen. Das Verlassen derselben machte daher auf sie einen nachtheiligen Eindruk; sie glaubten, da sie sich nicht in Verbindung desselben hätten halten können, daß es nun ganz u. gar nicht mehr möglich sey.

Das Bestreben der Officiere vom Generalstabe, ihren Diensteifer zu zeigen, hat vielleicht großen Antheil an der Anlegung dieser Art von Verschanzungen.

---
[2] Später Kommandant von Nimwegen, vgl. den ersten Band.
[3] Raismes.

284. Denkschrift [?, nicht vor 1794¹]

GStA PK, VI. HA Nl Scharnhorst Nr. 246 fol. 135r–v (2 S.): Konzept, eigenhändig, Fragment.

Mängel der gängigen Schanzen.

Grundsätze der Anlegung[a] und Vertheidigung der Schanzen und die Kunst dieselben geschwind aufzuführen.

I. Einzelne Schanzen

Die Schanzen, welche man jetzt bey unsern Armeen siehet, bestehen meistens aus hinten offenen Werken, haben nie starke Profile, palisadirte Gräben – und nie andere Hindernisse des Zugangs von einiger Bedeutung. Dies kann man wenigstens von denen, welche die Kayserlichen, Engländer, Preußen und Holländer in den Niederlanden von Valenciennes bis ans Meer im Jahr 1793 u. 1794 gemacht hatten, behaupten, wenn man die in Bois de Vicogne auf den Wege von der Abtey Vicogne nach Heeren² schlecht verpallisadirte Redoute ausnimmt.

Solche Werke mögen vieleicht einigen Nutzen bey einer Canonade haben, gegen einen ernstlichen Angrif können sie aber, dies den[n] auch die Erfahrung mitunter bewies, sich nicht halten.

285. Denkschrift [?, ?]

GStA PK, VI. HA Nl Scharnhorst Nr. 246 fol. 133r–134v (4 S.): Konzept, Schreiberhand, mit eigenhändigen Veränderungen.

Mittel zur Verstärkung einer Schanze. Neue Wege zur Vermehrung des Feuers. Hindernisse.

[a]Zwey Wege bieten sich uns dar, auf denen wir unsere Schanzen eine größere Stärke geben können, als sie gewöhnlich haben.

Der erste besteht in der Wirkung des Feuers, und der zweite in der Vermehrung der Hindernisse des Zugangs.

---

[a] Statt „Anlegegung".
[1] Es ist von den Erfahrungen aus den Feldzügen 1793 und 1794 die Rede.
[2] Hérin.

[a] Vorangestellt der gestrichene Titel: „No II.
    Wie man eine einzelne Schanze in kurzer Zeit so stark machen kann, daß sie jeden gewaltsamen Angrif Widerstand zu leisten im Stande ist.
    Die Geschichte der Vertheidigung einzelner Schanzen läßt uns beinahe an einigen Grad der Vollkommenheit in der Anlage und der Vertheidigung derselben verzweifeln."

Die meisten Feldingenieure[b] haben die Verstärkung des Feuers in der Seiten-Vertheidigung, d.i. in der Zusammensetzung der Linien gesucht (in den Sternschanzen) und in Erschwerung des Zugangs, in der Vertiefung des Graben. Beide Mittel sind aus der Befestigungskunst der Städte hergenommen. Die Erfahrung und die Untersuchung der Natur der Sache hat die erstere in der Verschanzungskunst verworfen und die Zeit, welche die zweite zur Ausführung erfordert, hat ihre Anwendung in vielen Fällen unmöglich gemacht. Wir müßen also hier eine andere Bahn betrachten, d.h. wir müßen das Feuer der Schanze auf eine einfachere, aber dennoch zwekmäßige Art vermehren, und[c] den Zugang zu derselben in einer kurzen Zeit beschwerlich zu machen suchen.

Die unfehlbaren Mittel hierzu sind folgende: 1. man richte den Graben so ein, daß man aus ihn und von der Brustwehr zugleich gegen den angreifenden Feind feuern kann. 2. Man umgebe die Schanze mit nicht leicht zu überwinden[d]en, in ihren Feur liegenden Hindernißen des Zugangs, welche mit der Brustwehr zugleich gemacht werden können.

286. Denkschrift [?, ?]

GStA PK, VI. HA Nl Scharnhorst Nr. 246 fol. 143r–144v (3½ S.): Konzept, eigenhändig, unvollendet.

Nutzen der Wolfsgruben: Verstecke für furchtsame Angreifer, Abschreckung, Behinderung.

Von den Nutzen der Wolfsgruben, welche eine Schanze umgeben.
Die Wolfsgruben dienen, den Anlauf der angreifenden Trupen in den Feur der Schanze auf[zu]halten und den Feigen Gelegenheit zu geben, sich in die Gruben, d.i. in einen gedekten Ort zu werfen oder umzukehren und davon zu laufen. In der Nacht, in der es schwerer ist, die Wolfsgruben zu entdeken und dieselben zu passiren, ist der Auffenthalt, den sie verursachen, um so bedeutender, zugleich giebt die Dunkelheit den Poltrons[1] noch ehr als bey Tage Gelegenheit, sich in den Gruben den Feur der Schanze unentdekt zu entziehen und die wenigen Braven ihren Schiksal zu überlassen.

Hieraus folgt, daß die Wolfsgruben schon bey Tage, wenn sie in den wirksamen Feur der Schanze sich befinden, von wesentlichen Nutzen sind, und

---

[b] *Folgt gestrichen: „(Clairac, Tielke, Cugnot, Zach, Montalembert u.a.)". Neben bereits genannten Autoren werden hier der französische Ingenieurgeneral Louis-André de la Mamie, Graf von Clairac (1690–1752), und Nicolas-Joseph Cugnot (1725–1804) erwähnt.*
[c] *Statt „um".*

[1] Feiglingen, Hasenfüßen.

daß bey Nacht dieser Nutze noch größer ist, wenn sonst der Feind entdeckt wird, ehe er^a die Gruben paßirt hat.

Diese Bemerkungen sind aus der Erfahrung^b genommen, welche selbst bey den bravsten Trupen immer gezeigt hat, daß die geringste Hindernisse, so bald man in das feindliche Feur kömmt, den größten Auffenthalt beym weitern Angrif verursachen, zu mal, wenn, wie hier der Fall ist, am Rande des Grabens noch größerer Auffenthalt vorausgesehen wird. Der Mensch ist mit selltenen Ausnahmen furchtsam und daher geneigt, sich der Gefahr zu entziehen, wenn es nur mit Anstande geshehen kann. Jeder Vorwand wird von ihm ergriffen und vergrößert dargestellt.

Der Auffenthalt, welchen die Wolfsgruben den Feind verursachen, hängt natürlicher Weise von der Beschwerlichkeit ab, mit der er sie passiren muß. Die gewöhnlichen Wolfsgruben, welche man auf den Zwischenräumen, ohne sich der Gefahr, in sie zu fallen, auszusetzen, passiren kann, zwingen zwar den Feind, der in 3 oder mehr Gliedern angreift, hier einzeln durch zu gehen, Reihe u. Glieder zu brechen, sich in den wirksamen Feur der Schanze aufzuhalten, aber noch weit mehr thun dies die Wolfsgruben, von denen die Erde nicht zwishen ihn[e]n geworfen ist und welche wegen der shärfern Erdrüken zwishen sich nicht ohne in sie zu fallen passiret werden können. Diese Wolfsgruben verursachen eine gänzliche Stockung in den Angrif, auch selbst bey den kühnsten Trupen, die Leute, welche in die Gruben gesprungen oder gefallen, können nur einzeln wieder aus denselben hervorkommen und werden^c

287. Denkschrift [?, ?]

GStA PK, VI. HA Nl Scharnhorst Nr. 246 fol. 136r–v (2 S.): Konzept, eigenhändig, Fragment.

Wirkung der Hindernisse vor Schanzen auf Angreifer und Verteidiger.

Bey dieser Einrichtung wird der an laufende Feind durch unsere Feur in den ihn aufhaltenden Hinderni ßen in Unordnung kommen und bey den darauf erfolgten unerwarteten plötzlichen Feur der Besatzung in Graben davon laufen.

Unsere Besatzung wird dagegen weniger, da sie in der Schanze und den Graben vertheilt ist, von den etwa vorhergehenden Bombardement leiden und beym Angriff selbst in Graben nicht den Muth verliehren, indem sie vorher weiß, daß sie nicht eh[e]r feurt, bis der Feind am Rande des Grabens erscheint und also nicht den Eindruk des Unerwarteten ausgesetzt ist. Wird sie aber dann gegen den Feind, der die Hindernißse am Rande des Grabens in dem doppelten Feur überwinden mögte, geshützt, so wird man auf ihren

---

^a Statt eines überflüssigen zweiten „ehe".
^b Statt „Erfahrungen".
^c Der Text bricht hier mitten auf der letzten Seite ab.

Muth mit Gewißheit rechnen können, da[a] sie ohnehin nicht [in?] die Schanze zurückkommen kann, ohn auf der Brustwehr von der hinter derselben stehenden Besatzung erschoßen zu werden.

Bey dieser Einrichtung der Schanzen ist die größere Stärke des Feurs mit einer Art Offensive mit den Vortheilen des Unerwarteten, so viel es hier möglich ist, vereint.

288. Denkschrift [?, nicht vor August 1799?[1]]

GStA PK, VI. HA Nl Scharnhorst Nr. 246 fol. 31r–34r (5 S.): Konzept, eigenhändig.

1. Form und Anordnung von Wolfsgruben. 2. Arbeitsaufwand. Effektive Ausführung.

[a]Schenk gehet ab
Müller gehet ab[2]

1. Form und Ausgrabung der Wolfsgruben[b]
Die Wolfsgruben bestehen[c] aus 4ekigten Löchern, welche oben 6 Fuß u. unter 2 Fuß weit und 6 Fuß tief sind.

Die Wolfsgruben sind hart aneinander nur durch scharfen Erdrücken von einander abgesondert und wie die Maursteine gelegt, so daß die ausere Seiten der 2ten Reihe auf die Mitten der Wolfsgruben in der ersten treffen. Die Erde von den beiden nach dem Feinde zu liegenden Reihen EF u. CD wird nach dem Feinde zu geworfen. Auf dem Rande der Gruben auf der Linie gh werden die in der Oberfläche der Gruben gestochenen Soden gelegt, damit hier eine Höhe von $1^{1}/_{2}$ bis 2 Fuß entstehet. Hat das Erdreich keine Soden, so legt man 2 Reihen Fashinen aufeinander und schlägt zu ihrer Befestigung Pfähle durch dieselbe.

Die Erde aus der 3ten Reihe von Wolfsgrubn wird nach der Schanze zu geworfen und so vertheilt, daß sie an keinen Flek über $^{3}/_{4}$ Fuß hoch liegt.

Macht man nur 2 Reihen von Wolfsgruben, so wird die Erde anfangs aus beiden Gruben nach der Schanze zu geworfen und nur erst, wenn man

---

[a] Statt „das".

---

[a] Dabei eine Zeichnung von runden Wolfsgruben mit den Erläuterungen „Erde nach der feindl. Seite geworfen 2 Fuß hoch" „Erde nach der Seite, wo die Schanze liegt $^{3}/_{4}$ Fuß hoch".
[b] Dabei eine Zeichnung von Wolfsgruben mit den Erläuterungen „feindliche Seite 2 Fuß hoch die Erde" und „Seite nach der Schanze $^{3}/_{4}$ F. hoch die Erde".
[c] Folgt gestrichen: „der vordersten Reihe AB aus".
[1] Vgl. den gestrichenen Vermerk unter Anm. d.
[2] Gemeint ist möglicherweise der kränkelnde Feldguide Müller, dessen Verabschiedung Scharnhorst 1800 empfahl, vgl. Nr. 231.

tiefer sich eingegraben, wird die Erde aus nach der Schanze zu liegenden Gruben gegen die Schanze geworfen. Dies ist ein großer Vortheil in der Arbeit.

Jeder Arbeiter beköhmt 3 hinter einander lieg[en]de Gruben a, b u. c. Er fängt mit der von b an, weil, so lange die andern nicht gemacht sind, die Erde nicht so hoch geworfen wird.[d]

2. Zeit, die Wolfsgruben zu machen

Um eine Wolfsgrube zu machen, welche oben 6 Fuß u. unten $1\frac{1}{4}$ bis 2' weit ist, werden, wenn die Erde nicht in den Zwischenraum zweier Wolfsgruben kömmt, $2\frac{1}{2}$ Stunde erfordert; dabey ist aber vorausgesetzt, daß die Leute stark arbeiten, die Art Arbeit kennen und das Terrain vermisht u. also nicht shwer zu bearbeiten ist.

Bey nicht geübten Leuten muß man wenigstens 3 Stunde in diesen u. 4 Stunde in tonigten oder leimigten Terrain rechnen. Wenn man daher alle 4 Stunde eine Ablösung hat, so werden von 6 bis zu 6 Uhr 3 Ablösungen, 3 Wolfsgruben fertig oder ein Mann macht den Tag ohne Ablösung 2 fertig, doch wird in leimigten und tonigten Terrain ihn dies immer sehr saur werden.

Hierbey ist aber vorausgesetzt, daß die Erde auserhalb der Gruben geworfen wird.[e] Wenn die Erde zwischen die Wolfsgruben geworfen sind, so ist die Arbeit leichter, aber das Auflegen der Soden, das Anschlagen der Erde u.s.w. hält auf u. der Arbeiter macht dennoch gewöhnlich nur 2 bis 3 Gruben in jeden Tage. Dagegen aber kömmt man auf diese Art geschwind weiter, weil aber der Zwischen Raum so groß ist als die Gruben und man daher in einer gewißen Weite nur die Hälfte <u>der Anzahl</u> der Gruben brauchte, welche erfordert werden, wenn keine Zwischen Räume sind un[d] die Erde auserhalb der Gruben geworfen wird.

Wenn die Spadenstiele oder Hefte nicht zu lang sind, so kann man mit ihnen recht gut oben 6 und unten $1\frac{1}{2}$ Fuß tiefe Wolfsgruben ohne andere Instrumente machen und die Erde selbst aus der Tiefe der mittelsten Gruben über die andern Gruben weg werfen.[f]

---

[d] *Hier (fol. 31v) am Rande, auf dem Kopf, gestrichen: „Artillerie Verbeßerung August 1799".*
[e] *Folgt gestrichen eine Seite mit Zeichnungen und Beschreibung „2. Form der Wolfsgruben".*
[f] *Im gleichen Faszikel fol. 35r–37r befinden sich weitere eigenhändige Profilskizzen Scharnhorsts zu Schanzen mit Wolfsgruben.*

289. Denkschrift [?, nach Oktober 1794¹]

GStA PK, VI. HA Nl Scharnhorst Nr. 246 fol. 27r–30v (7½ S.): Konzept, eigenhändig.

Typen von Wolfsgruben. 1. Mit Zwischenräumen. Wirkungen. Schnellere Ausführung. Zweckmäßige Anwendungen: Zwischen Schanzen, Sicherung einer Postenkette, Anlehnung für Vorposten und Tirailleure, in erweiterter Form vor Hauptverschanzungen. 2. Ohne Zwischenräume. Wirkung. Anwendung vor Hauptverschanzungen. 3. Extra tiefe Wolfsgruben. [4.] Arbeitsaufwand.

<u>Wolfsgruben</u>ᵃ

<u>Die erste Art</u> bestehet aus 6 Fuß weiten u. eben so tiefen vierekigten Wolfsgruben, der Raum zwischen zweien ist so groß, als die Grube, auf diesen wird die ausgegrabene Erde größtentheils pyramidenformig aufgeworfen. Die untre Breite der Grube beträgt 1 bis 2 Fuß. Von diesen Wolfsgruben muß man bey 3 Reihen auf einer Weite von 24 Fuß 6 Wolfsgruben haben.

Diese Wolfsgruben halten so wohl bey Tage als Nacht die Cavalerie u. Artillerie auf; die Infanterie ziehet sich bey Tage, in dem sie über die pyramidenförmige aufgeworfne Erde nach der Linie AB defilirt, durch dieselbe. Sie bricht aber in diesen Fall Reih und Glieder u. hält einige Zeit auf. Wenn man diese Wolfsgruben in einem kreuzenden Feur hätte, wenn man von den ersten 3 Reihen 20 bis 30 Schritt entfernt 3 andre Reihen graben ließe, so daß die sich durchziehende Infanterie nicht gleich, nachdem sie die ersten 3 Reihen passirt wäre, sich wieder formiren könnte, so würde diese Wolfsgruben in einen kreuzenden und nahen zumal Cartätshfeur, doch immer ein wesendliches Hinderniß des Zugangs bey Tage seyn. Hätte der Feind zu Bedekung der ersten 3 Reihen Bretter bey sich, so würden diese bey den darauf folgenden 3 Reihen fehlen.

Bey Nacht, wo immer die Verschanzungen der größten Gefahr, weggenommen zu werden, ausgesetzt sind, sind diese Wolfsgruben nach Maaßgabe der Dunkelheit ein weit größeres Hinderniß, und alsdenn bewirken sie dadurch, daß sie den Feind im Feur der Shanzen auf halten u. ihn zwingen, ab zu brechen und eine geraume Weite zu defiliren, gewiß Unordnungen in derselben auf mehr als eine Art.ᵇ

ᶜDer Vorzug dieser Art von Wolfsgruben bestehet in der großen Geschwindigkeit, mit der man sie macht. Bey 3 Reihen braucht man in einer Linie von 1500 Shritt nur 1000 Wolfsgruben u. diese werden in guten Terrain von ½ Bataillon (300 Mann) in einen und in shlechtesten Terrain in 2 Tagen

---

ᵃ *Es folgt eine Zeichnung von Wolfsgruben mit der Breite „24".*
ᵇ *Das Folgende in der Vorlage mit „N. 1 gehört hierher" bzw. „N. 1" von fol. 29v–30v an diese Stelle gebracht.*
ᶜ *Hier (fol. 29v) am Rande eine Zeichnung.*
¹ Auf fol. 30r wird die Verteidigung von Nimwegen im Oktober 1794 angesprochen.

gemacht, denn der Mann macht in guten Terrain alle Tage 4 u. in shlechten 2 Gruben. Man kann sich ihrer also, wenn sie auch nur wenigen Nutzen shaffen, ohne Schwierigkeit bedienen. Die erste Art von Wolfsgruben kann angebracht werden:[d]

1. in den Zwishen Raum von weit voneinander entfernten Schanzen. Liegen sie zugleich vor der Linie der Shanzen, so dienen sie, ehe es zum Angrif kömt, zu einer sichern Vorposten Linie. Nur bey diese Wolfsgruben können die Canonen frey zwischen den Schanzen agiren und nur bey ihnen kann man eine betrachtliche Linie mit weniger Infanterie u. Geschütz einige Zeit, zu mal bey Tage, degarniren, ohne daß man zu besorgen braucht, daß hier unterdes die Cavalerie durchbricht.[e]
2. können diese Wolfsgruben dienen, eine Posten Kette gegen den schnellen Durchbruch von Cavalerie zu sichern. Hat man z.B. eine Posten Kette, welche man unterstützen will, so ist dieselbe, wen[n] sie mit Cavalerie angegriffen wird, gewöhnlich schon vernichtet, ehe die Unterstützung kömt. Bey diesen Wolfsgruben aber ist dies nicht der Fall. Muß ein vorgeshikter Poste von Infanterie zur Bewachung von Defileen, Brüken etc. beym Rükzuge über eine Pläne (wie die Posten von Werwik gegen Menin 1793–94), so können 3 Reihen Wolfsgruben in dieser Plaine die feindliche Cavalerie so lang aufhalten, daß die Infanterie Zeit bekömmt, weg zu kommen oder Unterstützung zu erhalten.
3. Vor eigentlichen Schanzen und Festungen kann man sich ihrer bedienen,[f] den Vorposten und Scharfshützen in der Ebene eine sicher Linie, aus der sie nicht zu vertreiben sind, anzuweisen. Wir hatten dergleichen in Sept. u. Oct. 1794 vor Nimwegen, die uns von großen Nutzen waren und die uns beym Ausfallen nicht hinderten, unsere Cavalerie vorgehen zu lassen, weil wir Durchgänge in derselben hatten, welche mit spanishen Reutern geschloßen waren.
4. Vor eine Haupt Verschanzung kann man sich dieser Art von Wolfsgruben mit Nutzen bedienen, wenn man 6 u. mehr Reihen so anlegt, daß man die Reihe der Länge nach mit Canonen enfiliren kann. Man muß aber alsdann die ersten 3 von den letzten 3 wenigstens 20 bis 30 Schritt entfernen, wie dies aber schon erwähnt ist.[g]

<u>Die 2te Art von Wolfsgruben</u> haben keine Zwishen Räume, auf den die Erde zu liegen kömmt, sondern diese wird von der mitlern Reihe AB, welche zuerst gemacht wird, nach den Feind an den Rand der äusersten Reihe CD geworfen; diese Erde macht mit der eben genannten äusern Reihe ein

---

[d] *Dabei an der Seite eine Skizze.*
[e] *Dabei an der Seite eine Skizze „Durchschnittenes Terrain".*
[f] *Folgt ein überflüssiges „die".*
[g] *Dabei am Rand die Skizze einer Schanze.*

Glacis, welches sich nach dem Feind zu verläuft u. 2 bis 2¹/₂ Fuß hoch ist, so daß man von diesen Glacis in die Wolfsgruben sich werfen muß, wenn man sie paßiren will. Die Erde von der innern Reihe von Wolfsgruben GH wird nach der Schanze zum JK verbreitet.

Die Wolfsgruben liegen so vor einander als die Maursteine einer Wand, d.h. die ausern Enden der Wolfsgruben einer Reihe treffen auf die Mitte der von der nächsten Reihe u.s.f.

Zwishen den Wolfsgruben bleibt nur ein spitzer Erdrüken.

Jede Wolfsgrube stellt aber ein Quadrat 6 [Fuß] zur Seite dar; sie ist 6 Fuß tief u. unten 1 bis 2 Fuß weit.

Auf einer Weite von 24 Fuß braucht man von diese Art Wolfsgruben 12, also doppelt so viel als bey der 1ten Art. Der Mann macht von ihr in ein Tage in guten Terrain 4 u. in schlechten 2. Um 1500 Shritt mit ihnen zu belegen, müßte man also 600 Arbeiter haben, wenn die Arbeit in guten Erdboden in einem Tage fertig seyn sollte.

Durch dies Wolfsgruben kann man sich nicht durchziehen (vorausgesetzt, daß das Terrain nicht ganz loser Sand ist), sondern die Infanterie, welche sie passiren will, muß von einer Wolfsgrube in die andre klettern. Muß dies in einen einigermaßen gut unterhaltenen[h] Feur geschehen, so kann man nicht erwarten, daß sich ein Bataillon nachher wieder formirt und daß es seinen Angrif ferner fortsetzt.

Diese Wolfsgruben haben zwar das Nachtheilige, daß sie leichter mit Brettern als die andern belegt werden können, wenn aber das Glacis, welches sie umgiebt, 2¹/₂ Fuß hoch ist, so ist dies nicht möglich, überdem hat das Belegen mit Brettern seine große Shwierigkeit in Feur, und wollte man durch einen belegten Theil sich ziehen, d.h. erst links u. rechts marschiren, abbrechen, dann sich formiren, so wird dies auch in nahen Feur einen großen Auffenthalt verursachen. Nahe vor einer Schanze mögen 3 Reihen von diesen Wolfsgruben nützlicher als 6 Reihen von den erstern seyn.

<u>Die 3te Art</u> von Wolfsgruben sind ganz der 2ten Art gleich, nur sind sie 9 Fuß weit u. tief. Sind diese Wolfsgruben unten mit einen kleinen Pfahl versehen, so geben sie in tonigten u. harten Terrain ein großes und shwer zu passirendes Hinderniß. Auf 24 Fuß hat man von diesen 8.

[4.] <u>Zeit zur Verfertigung</u>
Von der[i] ersten u. 2ten Art von Wolfsgruben macht ein Mann in guten Terrain in 1 Tage 4 Gruben, von der 2ten Art aber nur 2. Hieraus folgt, daß nun auf eine Weite von 24 Fuß von der ersten Art mit 3 Reihen Wolfsgruben in einem Tage zu versehen, man zu den hier erforderlichen 6 Gruben 1¹/₂ Mann; zu denen der 2ten Art in eben den Raum aber 3 Mann bey den

---
[h] Statt „unterhaltenden".
[i] Das Wort ist versehentlich ersatzlos gestrichen.

hier erforderlichen 12 Gruben, und zu denen von der 3ten 4 Mann bey den hier erforderlichen 8 Gruben haben müße. Hieraus folgt, daß[j] 6 Reihen der ersten Art so viel Arbeit als 3 Reihen der 2ten Art erfordern.[2]

290. Profilskizzen [?, ?]

GStA PK, VI. HA Nl Scharnhorst Nr. 246 fol. 145r–v (2 S.): Konzept, eigenhändig.

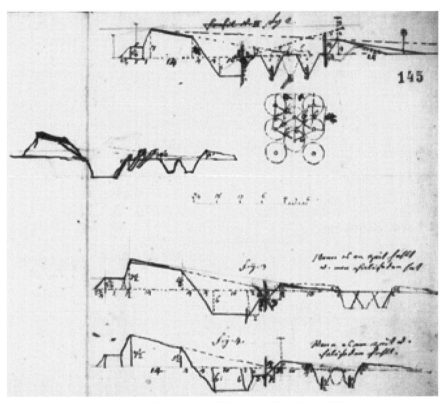

Zu Nr. 290: Eigenhändige Profilskizzen Scharnhorsts (fol. 145r).
Legenden: Fig. 3: „Wenn es an Zeit fehlt u. man Palisaden hat".
Fig. 4: „Wenn es an Zeit u. Palisaden fehlt."

---

[j] Folgt, versehentlich nicht gestrichen: „man".
[2] Der Name Scharnhorst wurde in Hannover auch später mit dem Begriff Wolfsgruben verbunden: Im gleichen Faszikel befindet sich eine 20seitige Denkschrift eines nicht identifizierten Verfassers, „Bemerkungen über die zur Exercice aufgeworfene Redoute, über die Setzung der Palisaden pp." (fol. 45r–54v). Sie spricht auf fol. 52 von den „Scharnhorstschen Wolfsgruben", die man dabei grub, und auf fol. 51 von einer Art Aufstellung von Palisaden „nach des Oberstlieutenant Scharnhorsts Vorschlage". Ein gestochener „Plan von der auf der Vahrenwalder Heide erbauten Redoute nebst den Profilen" befindet sich ebda. fol. 55r–56v. Er ist auf fol. 55 mit „Bartels" bezeichnet.

Zu Nr. 290: Eigenhändige Profilskizze Scharnhorsts (fol. 145v).

Die gradestehende Palisade hat 4 bis 5 Zoll in □, so die schiefstehende hat ungefehr 3 bis 4 Zoll. Man nimt daher von den gespalten zwishen 3 bis 5 Zoll fallenden Palisaden die stärksten zu den stehenden.
Auf 4 Zoll kömmt in Durchshnitt eine Palisade, auf 1 Fuß also 3 Palisaden.

600 Fuß
3
―――
1800 Palisaden

1 Man 10 Palisaden

291. Aufzeichnung [?, ?]

GStA PK, VI. HA Nl Scharnhorst Nr. 246 fol. 146r–149v (6 S.): Konzept, eigenhändig, Fragmente.[1]

Wirkung von Verschanzungen: Interpretation der historischen Erfahrung. Wirkung und Ausführung von Palisaden. Unterschiedliche Anforderungen: Offen oder vor Beschuß deckend. Arbeitsaufwand.

[Fol. 146r:]

Man hat die wirklich angegriffenen Schanzen u. Verschanzungen meistens weggenommen, aber man [hat] meistens auch nur nicht richtig zu Stande gebrachte oder schlecht angelegte u. schlecht besetzte angegriffen. Die gut angelegten Verschanzungen als die bey Colberg 1761,[2] bey Bunzelwitz 1762 u. so viel andere grif man nicht an, weil man den Erfolg voraus sah. Der oft angefuhrte Erfahrungssatz, daß alle angegriffenen Retranchements gewöhnlich genommen würden, beweiset also nichts gegen gute u. gut besetzte Vershanzungen.

---
[1] Diese Notizen werden aufgrund des thematischen Zusammenhangs und wegen des gleichen ungewöhnlich kleinen Papierformats unter einer Nummer zusammengefaßt.
[2] Kolberg, das 1758 und 1760 vergeblich von der russischen Armee belagert worden war, ergab sich schließlich am 16. Dezember 1761 nach fast viermonatiger Belagerung.

[Fol. 146v:]

Hinderniße, welche man den Feind, der eine Schanze angreift, entgegen stellt

1. Palisaden. Man hat in den hier mitgetheilten Vorshlägen von Vershanzungen 2 Arten von Palisaden angenommen.
    A. Im Feur stehende. Unter diesen verstehet man Palisaden, welche den Feind nicht gegen unsere kleinen Gewehr Kugeln deken und dennoch ihn, wenn er mit keinen zum Wegräumen derselben

[Fol.147r–148v:]

Palisaden. Die Palisaden deken gegen den Ueberfall und halten den Feind, wenn er nicht mit Axten versehen u. Zeit zum Wegräumen derselben[a] hat, in unsern Feur eine geraume Zeit auf. Sie haben aber vor den Graben gesetzt den Nachtheil, daß sie den Feind vor die kleinen Gewehr Kugeln der Vertheidiger der Schanze deken, wenn sie auf die gewöhnliche Art eingerichtet werden. Man hat daher in den hier mitgetheilten Vorschlägen von Vershanzungen 2 Arten von Palisaden angenommen.
A. Die Palisaden der ersten Art, die nicht vor dem Feur deken, sind zwishen $2^{1}/_{2}$ u. $3^{1}/_{2}$ Zoll ins Gevierte dik und stehet schräg, gegen den Feind mit der Spitze gekehrt. Die Entfernung der Palisaden Mitte von Mitte beträgt 1 Fuß. Es ist also zwishen 2 Palisaden ein Zwishenraum von 9 Zoll; beträgt ihre Breite nun 3 Zoll, so ist ihr Zwischenraum[b] dreimal größer als ihre Fläche u. von 4 abgeshoßenen Gewehrkugel trift nur eine auf die Palisade und 3 auf die Zwischenräume. Diese Palisaden deken also den Feind nur bis zum 4ten Theil, wenn auch keine von den treffenden Kugeln durch dringen. Dies geschiehet aber sicher, weil die kleinen Gewehrkugeln gewöhnlich durch 3 bis 4 zöllige Hölzer in einer Entfernung von 100 Schritt durchzudringen pflegen u. weil über dem auch keine dieser Palisaden durchgehends 2 Zoll dike sind und alle gegen die Spitze verjüngt zulaufen. Die erste Art Palisaden deken also den Feind auf keine Weise vor den Kugeln der Vertheidiger. Sie verhindern ihn gleichwohl, weiter vorzudringen, wenn er nicht Leute mit Axten bey sich hat. Sie zu übersteigen ist im Allgemeinen mit großen Schwierigkeiten verknüpft und daher gar nicht zu fürchten. Das Umhauen ist bey schräg stehenden Hölzern immer shwerer als bey graden u. erfordert hier also in jeden Fall, wenn eine beträchtliche Oefnung gemacht werden soll, einige Zeit.

---

[a] Das Wort in der Vorlage versehentlich doppelt.
[b] Statt „Zwischenraumraum".

B. Die 2te Art, die vors Feur dekenden Palisaden, bestehen aus 4 bis 5 Zoll starken Holzern, welche mit Zwischen Räumen von 3 Zoll stehen. Diese Palisaden erfordern 3 bis 4 mal mehr Zeit als jene wegzuräumen; aber man kann ihrer [sich] da nicht bedienen, wo sie den Feind vor den Feur der Schanze deken können. Die Kugeln dringen nicht durch dieselben u. die Zwischen Räume sind nicht so groß als die Fläche der Palisaden, es würden also über die Hälfte der Kugeln in den Palisaden, ohne den Feind zu schaden, sitzen bleiben.

[Fol. 149v:]

Die Palisaden, so ich hauen lassen, davon können 2 Mann täglich nur 20 bis 24 Stük machen, also 1 Mann nur täglich 10 bis 12 Stük, wenn sie dieselben fällen, spalten u. sägen. Ihre Stärke fällt zwishen 4 u. 6 Zoll, sie sind oben zugespitzt, 10 Fuß hoch u. nicht behauen.
Man fährt davon mit 4 Pferden .... Stük.[3]

292. Aufzeichnung [?, nicht vor 1796[1]]

GStA PK, VI. HA Nl Scharnhorst Nr. 246 fol. 2r–8v (13 S.): Eigenhändig.

[1.]–[3.] Gliederungsentwürfe zu einer Studie der Verschanzungskunst. [1.] Grundsätze, Kritik, Ausführung. [2.] Werkzeug, Ausführung, Verteidigung. [3.] Taktischer Nutzen. Historische Beispiele. [4.]–[6.] Nähere Ausführungen: [4.] Zwei mögliche Absichten: Verteidigung oder Verschleierung. [5.] Vorteile: Verteidigung mit geringen Mitteln, Zeitgewinn für Versammlung. Irreführung. [6.] Notwendigkeit eines festen Systems.

    [1.] <u>Entwurf</u>
Mittel zur Erreichung der (im ersten Aufsatz erwähnten) Vortheile der Verschanzungskunst bey einer operirenden Armee.
A. Beschaffenheit der Werke, Art der Vertheidigung
B. Handwerkszeug, Schanzgräber
C. Die Kunst, Schanzen geschwind aufzuführen

<u>Weitere Ausführung.</u>
  <u>Von A.</u>
      a. Werke – Geschwindigkeit und Stärke vereint
      b. Vertheidigung – Auf eine Art Angrif, aufs Unerwartete den Erfolg berechnet.

---

[3] Im gleichen Faszikel, fol. 58r–59r (2 S.), befinden sich mehrere eigenhändige Planskizzen für Verschanzungen, wovon die kleineren 800 Mann und 10 Geschütze, die größeren vier Bataillone und 22 Geschütze aufnehmen sollten.

[1] Auf fol. 4r wird auf die Belagerung von Straßburg 1796 verwiesen.

Von B.
- a. Fehler des jetzigen 1. in der Beschaffenheit
  2. in der Art
- b. Zwekmäßige Einrichtung – in der Beschaffenheit u. der Art – besre – Tracirlinien etc.
- c. Unterricht u. Uebung in den Lägern weit vom Feinde

Von C.[a]
- a. Mehr die Leute anzustrengen
  1. Mittel in der Anstellung.
  2. " " " " Belohnug u. der Emolutionen[2] der Brigaden
  3. " " " Erhaltung der
- b. Mehr Handwerkszeug zu erhalten u. viel Menschen bey w[e]nigen anzustellen – (Bauern den ihr Handwerkszeug um Ablös[u]ngen zu behalten – Selbst Ablösungen zu haben).
- c. Wie die Lage der Schanze geshwind bestimmt wird u. wie sie geshwind tracirt wird – Organisation bey der Armee –

[2.] <u>Unterricht in der Verschanzungskunst</u>

Erster Theil

I. Abschnitt. Schanzeug.
 1tes Capitel. Einrichtung des Schanzeugs; Beschaffenheit desselben; Empfangprobe.
 2tes Capitel.
 Verhältniß der vershiedenen Arten von Schanzeug in einem Wagen; Bestand des Schanzeugs bey einer Armee; Aufsicht über dasselbe; Ersetzung desselben.

II. Abschnitt. Geshwinde Aufführung der Schanzen.
 Bestimmung der Schanzen-Aussteckung – Anstellung der Arbeiter – Weteifer unter ihnen zu erzeugen – Mit wenigen Handwerkszeug viel zu thun –

III. Abschnitt. Anlegung u. Vertheidigung einzelner Schanzen.
 1tes Capitel.
 Aufführung einzelner Schanzen unter verschiedenen Umständen u. bey verschiedener Größe.
 Geshwinde Aufführung einzelner Schanzen, bey den man so viel Arbeiter u. Materialien hat, als man verlangt.

---

[a] *Die folgenden Absätze am Rande bezeichnet mit: „gehört im Detail in die Instruction".*
[2] Gemeint sind wohl Emolumente, d. h. (Neben-)Einkünfte, oder Emulation, d. h. Wetteifer.

2tes Capitel.
Anlegung einzelner Schanzen in Rüksicht des Terreins.
3tes Capitel. Vertheidigung einzelner Schanzen.

IV. Abschnitt.
Anlegung und Vertheidigung mehrer neben einander liegenden Schanzen.
1tes Capitel.
Aufführung einzelner Schanzen unter verschiedenen Umständen u. bey verschiedener Größe.
2tes Capitel.
Anlegung der Vershanzungen in Rüksicht des Terreins.
3tes Capitel.
Vertheidigung der Verschanzungen.

[3.] Zweyter Theil

Gebrauch der Schanzen.

1tes Capitel. Gebrauch der einzelnen Schanzen bey einer Festung.
Begrif – Beyspiele –
a. Bey Cassel, 1761 u. 1762.
b. Daß bey Nimwegen von einer nicht zustande gebrachten Schanze die Erhaltung des Orts abhing.

2tes Capitel. Gebrauch mehrer Schanzen bey einer Festung.
Begrif – Beyspiele – Cassel 17.., Colberg 1761, Maubeuge 1793 u. 94, Strasburg 1796 u.s.w.

3tes Capitel. Gebrauch ein[i]ger einzelner Schanzen in jeden Lager oder jeder Stellung, in der man sich nicht gänzlich verschanzt.
Dieses Capitel bedarf die meiste Auseinandersetzung
Begrif 1. wenn man vorgehen will, wie bey Minden. 2. Wenn man auf den Platz b[l]eiben u. einen Streich anderswo ausführen will, Hastenbek, Hohenkirchen auf den Plan von Wilhelmsthal. 3. Wenn [man] zurückgehen will u. dann den Feind zugleich in Flank nehmen will. 4. Wenn man sich auf den Platz leidet[3] vertheidigen will. Vellinghausen.

4tes Capitel. Verschanzung der Stellungen von Corps u. Armeen im freien Felde.[b]

---
[b] *Folgt eine mehrere Seiten lange gestrichene Gliederung.*
[3] D. h. passiv.

[4.] Ausführung des zweiten Theils

Erklärung Wenn eine Armee sich verschanzt, so geschiehet dies in der Absicht, 1. um den feindlichen Angrif desto sicherer widerstehen zu können, und also denselben abzuhalten, etwas gegen uns zu unternehmen, und 2. um den Feind in unsern Vorhaben irre zu führen, es sey, um dadurch unsere offensiven Unternehmungen zu begünstigen oder ihn in seinen Operationen aufzuhalten.

Die Vortheile, welche die Anwendung der Verschanzungen zu der ersten Absicht mit sich führen, sind anerkannt; die vershanzten Läger von Krofdorf 1759, Colberg u. Bunzelwitz 1761, Lille, Maubeuge und Dünkirchen 1793 und so viele andere haben hierüber entschieden. Aber nicht so ist es mit der Anwendung dieser Kunst zu der 2ten Absicht. Nur gleichsam zufällig hat man sich der Vershanzungen für eine Armee zur Ausführung eines Stratagems bedient. Wir wollen hier daher anzeigen, wie es häufig mit großen Vortheilen geschehen und zu einem wichtigen Gegenstand der geschiktern Führung der Armeen werden kann.

Man muß, um sich die Anwendung der verschanzten Läger zu jenen Zwecken darzustellen, die gewöhnlichen Operationen des Krieges durchgehen.

1. Wenn die gegenseitigen Armeen in Frühjahr sich einander nähern

[5.] Weitere Ausführung

4tes Capitel
Verschanzte Stellungen und Läger.

Man kann durch die Verschanzung eines Corps oder einer Armee auf manche Art große Vortheile erhalten; man führt hier nur einige der häufigsten Fälle an.

1. Eine vershanzte Stellung, in der sich eine cantonirende Armee beym feindlichen Vordringen versammeln soll, kann durch wenige in der Nähe derselben cantonirende Infanterie Brigaden u. Batterien schweres Geschütz so lange vertheidigt werden, bis die Armee sich ganz oder zum Theil versaml[e]t hat. Man befolgt in einem solchen Fall die in IIIten Abshnitt gegebenen Regeln so wohl bey der Anlegung der Werke als der Vertheidigung derselben, nur mit dem Unterschiede, daß man die einzelnen Schanzen nach Beschaffenheit der Umstände weiter von einander legt u. zuerst ankommende Cavalerie u. Reitende-Artillerie so lange ins 1te Treffen stellt, bis die Infanterie desselben eingetroffen ist. Bey einem solchen Plan darf die erwähnte Stellung zum Versamlungspunkt nicht nach dem Feinde zu, sondern ungefähr in der Mitte der Quartiere liegen. In diesen Fall kön-

nen die Truppen aus den vordern Quartieren immer noch eher als der Feind in der verschanzten Stellung ankommen.

Fürchtet man, daß der Feind unsern Versamlungspunkt durch die angelegten Schanzen erräth, so läßt man an einigen andern Orten zugleich etwas arbeiten.

Ein Grundsatz bey der Vertheidigung dieser Art Stellungen bestehet darin, daß ein Corps der zurükliegenden Truppen sich auf einem andern Punkt versammlet und den angreifenden Feind in Flanken u. Rücken nimmt.

Findet sich keine vortheilhafte Stellung in dem Bezirk, in den man die Quartiere nehmen muß, welche[c] man für den Versamlungspunkt vershanzen könnte, und hat man sich entsloßen, den Feind im freien Felde entgegenzustellen, so bedient man sich dennoch in solchen Lagen der Verschanzungen, um den Feind irre in Absicht unsers Vorhabens zu machen und seine Aufmerksamkeit von dem Haupt Punkte abzuziehen. Man läßt in solchen Fall eine Stellung, die man an wenigsten zu nehmen denkt, durch einige schlechte Werke zurichten, geringfügige Verbeßerungen der Wege durch dazu aufgeforderte Bauren treffen u.s.w.

[6.] So lange wir nicht ein festes Syst. in allen Zweigen der Ausrichtungen bey unsre Armee einführen und es buchstäblich befolgen, so lange wir nicht bey der[d] Armee in immerwährender Thätigkeit an eigner innern Stärke und an Ueberlistung des Feindes nach gewißen Regeln arbeiten, so lange haben wir die Kunst uns nicht zu eigen gemacht – so lange stehen wir mit Neulingen drin auf beinahe einer Stuffe –

293. Aufzeichnung [?, ?]

GStA PK, VI. HA Nl Scharnhorst Nr. 246 fol. 64r–73v (19 S.): Konzept, eigenhändig.

[1.] Legende zu Skizzen von Verschanzungen. [2.] Beschreibung einer Verschanzung. [3.] Bestückung und Besetzung. Einsparung gegenüber offener Linie. Kavallerie. [4.] Sicherung gegen nächtlichen Überfall. Wachen. Szenario und Verhaltensmaßregeln. [5.] Erhaltung der Geschütze. [6.] Maßnahmen gegen Beschuß der Verschanzung. [7.] Vorzüge, u.a.: Geringer Arbeitsaufwand, Wirkung der Artillerie, Sicherheit vor Überfällen, Verteidigungsmöglichkeit gegen förmliche Angriffe.

---

[c] Statt „welchen".
[d] Statt „beyer".

[1.] Plan III.

Eine Verschanzung zur Deckung eines Orts, in den ein Magazin angelegt, ist oder zu einen bey einer Festung angelegten Lager, wo in beiden Fällen die Vertheidigung wegen Mangel der Trupen insbesondere von den schweren Geschütz abhängt.

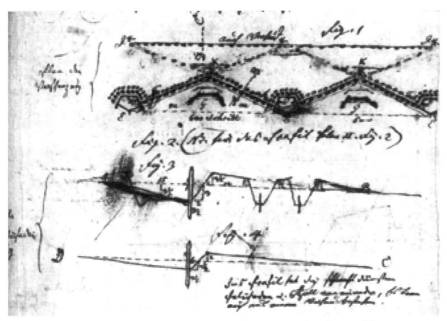

Zu Nr. 293: Eigenhändige Plan- und Profilskizzen Scharnhorsts (fol. 64r).

Fig. 1

Plan der Vershanzung

Fig. 2 (NB. hier das Profil Plan II. Fig. 2)

Fig. 3

Profile
Palisaden
[...]kung[a]

Fig. 4

---

[a] Der Anfang des Worts ist wegen des Bindungsfalzes nicht lesbar.

Dies Profil hat die dünsten Palisaden u. 6–8 Zoll von einander, es kann auch aus einem Verhau bestehen.

E, E, E Schanzen nach den Profil Plan I Fig. 2[b]

a   Traverse in der Mitte der Linie, 8' hoch und 24' lang.
FFFFFF Palisaden, die Verschanzung zu shließen und den Feind in Cartätsh Feur der Canonen b,b,b,b aufzuhalten.
    ccc, ccc gedekte Comunication der Schanzen, welche in den Profil AB bestimmter dargestellt ist.
G, G Flechen, hinter welche Infanterie treten kann, von ganz ordinairen Profil, ohne Palisaden etc.
H, H, H, H Drey Reihen von Wolfsgruben
J, J   Erste Palisaden Linie, in DC in Profil dargestellt, 250 Schritt vor der Verschanzung.

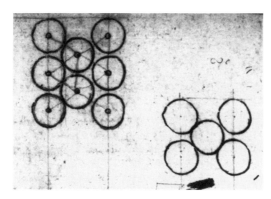

Zu Nr. 293: Eigenhändige Planskizze zur Anlegung von Wolfsgruben (fol. 64v).

Zu Nr. 293: Eigenhändige Profilskizze (fol. 64v).

---

[b] Folgt gestrichen: „für 1 Bataillon angelegt, jedoch mit der Ausnahme, daß die hintern beiden Seiten vor den Graben keine Wolfsgruben u. Palisaden haben. In jeder Schanze sind auf der vordern Linie ab 4 schwere Canonen in der Mitte der Linie 24 Fuß eine von der andern hinter sehr weiten Schießscharten (inwendig 3 und auswendig 12 Fuß weiten), in den Eken der Schanzen sind Canon B[ä]nke, welche hinter der vordern Linie ab bis an die Schießscharten und auf der andern bis an die Traverse treten. Auf jeder Bank stehet in den Ecken". Am Rande einige Berechnungen in Fuß und Meilen.

[2.] Eine Verschanzung zur Dekung eines Orts, in den ein Magazin angelegt ist, oder zu einem bey einer Festung angelegten Lager, wo in beiden Fällen die Vertheidigung wegen Mangel der Truppen insbesondere von den schweren Geshütz abhängt.

A. Einrichtung dieser Verschanzung
Diese Vershanzung bestehet:
1. Aus abgesonderten, geschloßenen, 600 Schritt von einander entfernten Werken E, E, E, Pl. III Fig. 1. Die vordern Linien x,x,x dieser Werke sind 120 Fuß, die beiden daran stoßenden Seiten jede 100 lang. Die ganze Brustwehr ist nach dem Profil Fig. 2 auf geführt, nur bey den beiden innern Seiten sind keine Palisaden und Wolfsgruben vor den Graben. In der 5ten Figur siehet man eines dieser Werke nach einem größern Mastabe abgebildet.
2. Zwischen den geschloßenen Werken E, E, E befindet sich eine Reihe 6 Zoll starker Palisaden F, F in einer Art Tranchee, vor der die Erde gegen die feindliche Seite geworfen ist; in Fig. 3 siehet man das Profil derselben. Diese Tranche dient zu einem vor dem feindlichen Feur gedekten Gange zwishen [d]en Schanzen, und die aus ihr genommene Erde dekt die Palisaden gegen das feindliche Kanonfeur. Der gedekte Gang hat keine Bank als nur bey l, l, nahe von den Schanzen auf 40 Fuß lang. Weiterhin könnte niemand hinter den Palisaden während des Angrifs stehen, weil die Kartätschen der Kanonen in b, b ihn beschießen[c] würden. Vor den Palisaden befinden sich 3 Reihen Wolfsgruben. So wohl die Palisaden als Wolfsgruben und der Gang machen gegen das Feld zu einen ausgehenden Winkel. Die Seiten F F stehen ungefähr senkrecht auf der anstoßende Seite der geschloßenen Schanze.
3. In den ausgehenden Winkel dieser Verschanzung befindet sich eine Flesche G, G. Die vorderste Linie derselben ist 80, u. jede der beiden Seiten Linien sind 60 Fuß lang. Die senkrechte Entfernung der Seiten Linie von den Palisaden beträgt 60 Schritt, damit die Mannschaft darin gegen die Kartätschkugeln der Kanonen in b, b gesichert ist. Die Brustwehr dieses Werks ist 6 Fuß hoch und mit einer Bank für Infanterie und in den Ecken für 2 Kanone versehen. Dies Werk wird zuletzt gemacht.
4. 200 Schritt vor der Verschanzung befindet sich eine Reihe JJJ Fig. 1 von ordinairen, 3 Zoll starken Palisaden, welche 4 Zoll von einander entfernt gesetzt werden. Sie stehen nach den Profil Fig. 4 in einer Vertiefung und sind durch ein 2 Fuß hohes Glacis gedekt.

---

[c] Statt „beschützen".

[3.] B. Besetzung der Versch[a]nzu[n]g

1. Jedes der Werke E, E, E wird mit 10 Canonen besetzt; 4 Stük 12℔dr befinden sich auf der vord[e]rn Linie c, und 6 Stük 3 oder 6℔der befinden sich auf den Seiten Linien. 3 Stük in b an der einen u. 3 Stük in b an der andern Seite.

   Diese 3 oder 6℔der sind durch eine 8 Fuß hohe u. 24 Fuß lange Traverse in der Mitte der Seitenlinie gegen die feindlichen Schüße in ihren Flanken gedekt. Sie haben Schießsharten, welche an der innern Seite 4 und an der äusern 10 Fuß breit sind, und können also wie freistehende Kanonen auf den Feind, der die Wolfsgruben passirt und die Palisaden FFF umhauen oder übersteigen will, feuren.

   Dies ist ihre Haupt Bestimmung, und sie werden daher nur dann erst gebraucht, wenn der Feind gegen sie über in J, J, J bey den ersten Palisaden angekommen ist. Wollte man sie auf den vordern Linien oder gegen das feindliche Geschütz brauchen, so riskirte man, daß sie nicht nachher mit ihrer ganzen Wirksamkeit gegen den nun einbrechenden Feind agiren könnten.

   Die 4 Stük 12℔der auf der vordern Linie haben jede ihre Schießsharte 3 Fuß an der innern u. 10 Fuß an der äusern Seite weit, und auserdem in den Eken Bänke. Man kann sie daher hinter den Schießscharten gegen das feindliche Kanon Feur und auf den Bänken beym einbrechenden Angrif brauchen.*

2. Jedes der Werke E, E, E ist neben den Geschütz mit 1 Gliede Infantrie besetzt, und auserdem stehet noch auf den 3 vordern Linien im Graben, hinter den Palisaden, ebenfalls 1 Glied Infantrie. Es werden in allen zu jedem Werke ungefähr 500 Mann erfordert.

3. Das Werk G wird bey Tage nicht besetzt. In der Nacht stehen in denselben 100 Mann und 4 Canonen, in jeder Eke eine auf den da befindlichen Bänken.

4. In einem Raum von 600 Schritt hat man also 600 Mann und 14 Canonen; in einem Raum von 6000 oder 1 Stunde also 6000 Mann und 140 Canonen. Ein Linie Infantrie würde auf dieser Distanz wenigstens 18.000 Mann Infantrie u. 140 Canonen, also 3mal mehr Infantrie als die Versch[a]nz[un]g [erfordern]. Zur eigentlichen Vertheidigung wird zwar keine Cavalerie erfordert; man hat aber dieselbe zum Vorposten unentbehrlich nöthig. Man wird wenigstens auf 3 Bataillone oder 3 geschloßene Schanzen 1 Escadron haben, dies würde auf eine Verschanzung von 1 Stunde 4 Escadrons ausmachen, welche hier nicht anders als zur Reserve dienen könnten.

c. Vertheidigung dieser Verschanzung.

[4.] 1. Bey Nacht.

Um sich gegen den nächtlichen Ueberfall zu sichern, wenn der Feind in der Gegend der Verschanzung kömt, so campirt die Besatzung der

Schanzen einige 100 Schritt hinter derselben. Jedes geschloßene Werk wird mit den 3ten Theil der Canoniere u. den 4ten der übrigen Trupen, 150 Mann, besetzt. Von diesen werden 30 Mann nach K detaschirt, welche wieder 12 Mann nach J schiken.

Wenn der Feind die Vorposten zurük treibt und bis an die ersten Palisaden heranrükt, so ziehen sich die Posten von J auf K, nachdem sie den Holzstoß in J in Brand gesetzt, zurük. En[t]deken sie nun aus K, daß der Feind Anstallt trift, die ersten Palisaden zu passiren u. zu übersteigen, so zünden sie auch die Holzstöße in K an u. ziehen sich nun in die geschloßene Schanzen E. Die übrige Mannschaft hat unterdes alle Werke besetzt. Die 4 Canonen in jeder der geschloßenen Schanzen E und der Flesche G feuren nun mit Cartätshen von den Bänken, auf die sie aufgefahren, gegen den entdekten Feind. Sollte derselbe bis an die Palisaden F, F, F kommen, so nehmen ihn die Canonen in b in Flank, in dem sie mit Cartätshen feuren. Die Infantrie in den geschloßenen Schanzen feurt nicht ehr, bis der Feind an die Palisaden kömt, welche diese Schanzen umgeben.

Die 100 Mann, welche zur Besetz[un]g der Fleschen G bestimmt sind, werden von 3 u. 3 Fleshen zusammengezogen u. bleiben hinter der mittelsten in einiger Entf[e]r[n]u[n]g mit einer Escadron Cavalerie als Reserve (für 3 geschloßene Schanzen u. ihren Zwischen Raum) stehen. Sollte der Feind in diesem Raum (1800 Schritt) irgendwo zwishen den Schanzen durchdringen, so fallen sie ihn auf den Hals und werfen ihn wieder zurük. Greift aber der Feind den Theil der Verschanzung, hinter den sie stehen, nicht an, so dienen sie den angegrifenen zur Unterstützung.

In diesen Theil wird jedes der Werke G mit 100 Mann Infantrie besetzt; die übrige[d] Infanterie u. die Cavalerie bleibt, als Reserve gegen unerwartete Vorfälle, einige 100 Schritt hinter den Schanzen zurük.

[5.] <u>Bey Tage</u>
Bey Tage kann eine Vershanzung dieser Art nicht erstiegen werden, bevor nicht das Geschütz demontirt ist. Die Erhaltung desselben ist also eine Haupt Sache der Vertheidigung dieser Art Verschanzung. Wenn der Feind daher sein Geschütz gegen dieselbe aufführt, so werden die 12 ℔der hinter die Schieß[scharten?][e] gebracht, 4 Stük der in b b gestellten Stücke werden auf den Bänke der 12 ℔der placirt, und diese 8 Stüke nebst den beiden in der Flesche G befindlichen Geschütze agiren nun mit aller Lebhaftigkeit gegen das feindliche Geschütz. Wird es dadurch nicht in kurzer Zeit zum Rükzuge oder Schweigen gebracht, muß man den Plan, das feindliche Geschütz in einer großen Distanz zurük zu halten, aufgeben. Alsdann bleibt weiter nichts übrig, als die

---
[d] Statt „übrigen".
[e] Das Wortende ist durch den Bindungsfalz nicht lesbar.

vorher in b, b gestandenen Canonen wieder in ihren ersten Platz zu bringen u. sie von neuen mit Munition zu versehen, damit sie zu ihrer Haupt Bestimmung, die Linien FFF zu vertheidigen, in wirksamen Zustande sich befinden. Die 12 ℔digen Kanonen hinter den Schießsharten bleiben nun nebst den beiden in der Flesche G, welche, da sie weit von einander stehen, nicht sehr leicht durchs feindliche Feur leiden können, in langsamen Feur.

[6.] Wirft der Feind endlich Batterien in der Nacht nahe vor die ersten Pallisaden JJJ auf, um erst einen Theil der Vershanzung zu ruiniren u. dann ihn zu stürmen, so kömt es darauf an, diesen Theil, so viel als möglich ist, zu verstärken. In der Absicht bringt man auf die Bänke der 12 ℔der 4 Geschütze aus den nicht angegriffenen Theilen der Verschanzung. Man macht die Bank 1 Fuß niedriger u. wirft die Erde auf die Brustwehr; dadurch erhält man eine größere Höhe derselben von $2^{1}/_{2}$ bis 3 Fuß. Mann läßt hierbey den Geschützn Schießsharten, welche sehr weit sind. In der Flesche G macht man 6 Schießsharten u. Bettungen, nemlich in jeder Linie 2, und placirt hier, so wie man es nöthig findet, 12 ℔der aus andern nicht angegriffenen Theilen der Verschanzung. Damit man mit ihnen über die Palisaden FFF wegfeuren kann, so wird die Brustwehr dieses Werks bis zu 8 Fuß erhöhet und die Bettung 2 Fuß über die Erdfläche gelegt.

Die 6 Canonen in b b werden aber vor allen Dingen in wirksamen Zustande erhalten und agiren jetzt durchaus nicht anders, als in den Augenblik, in den der Feind stürmt.

In der Nacht werden auf den angegrifnen Theil der Vershanzung die Werke G G G mit 80 Mann besetzt und in dem gedekten Gange ccc nahe an jede Schanze in b b 20 Mann placirt, um den Feind in Flank zu feuren, der die Schanzen angreift und sich in die Ecken hineindrängt, um hier in den Palisaden ein Loch zu machen. Je mehr die vordern Linien der Werke durch das feindliche Geschützfeur ruinirt werden, desto stärker muß der Grabe der geschloßenen Schanzen besetzt werden, denn erhält man diese Werke, so wird nie der Feind beym Sturm einen glücklichen Fortgang sich versprechen können.

Fehlt es nicht am Geschütz, so stellt man in den förmlich angegriffenen u. beschädigten Theil der Verschanzung in m m auf jeden Punkt ein paar 3 oder 6 ℔dige Canonen während der Nacht, welche bey der Ersteigung in der Direction von m k mit Kartätschen feuren.

[7.] <u>Vorzüge dieser Art Vershanzung vor der gewöhnlichen.</u>

1. Erstlich erfordert diese Art von Verschanzung keine große Arbeit; man hat nur gewöhnliche Brustwehren von 6 bis 7 Fuß hoch und also keine erhöhete Werke, sondern nur gewöhnliche Schanzen zu machen. Die Glacis vor den Palisaden erfordern darum wenige Arbeit, weil sie nicht hoch sind, und den bedekten Gang erhält man beyläufig durch

das Glacis, die Wolfsgruben und Palisaden kommen in Rüksicht der Arbeit noch weniger in Betracht.

Wollte man hier, wie bey den französischen vershanzten Lägern, 10 Fuß hohe Brustwehr und 3½ Fuß hohe Wälle aufführen, so würde dazu wenigstens die doppelte Arbeit erfordert werden, weil eine 9 Fuß hohe Brustwehr doppelt so viel Arbeit als eine 6 Fuß hohe erfordert.

2. Die Verschanzung, welche hier vorgeshlagen ist, kann, da die Arbeiter bey den Wolfsgruben, Palisaden, Brustwehren u. Glacis zu gleicher Zeit angestellt werden können, in kurzer Zeit, wenn es nicht an Arbeitern fehlt, zu Stande gebracht werden.

3. Der wichtigste Vorzug derselben bestehet aber darin, daß sie größtentheils durchs Kanon Feur vertheidigt wird, daß nemlich so viel Hindernißse des Zugangs vor den Werken angelegt sind, daß der Feind in dem Geschützfeur sicher so lange gehalten wird, bis dies durch seine anhaltende Wirksamkeit entscheiden kann.

4. Ein nächtlicher Sturm ist sehr schwer gegen diese Verschanzung mit der Wahrscheinlichkeit eines guten Erfolgs auszuführen. Die Palisaden FFF werden durch die Kartätschkugeln von 3 Canonen bestrichen. Diese verbreiten sich darauf gegen J J J und durchkreuzen das Terrain zwischen den vordern Palisaden JJJ u. den oben genannten nach allen Directionen. Eine jede Canone, 4 12 ℔digen in der vordern Linie der Werke E, schicken in jeden Schuß den Feind, der die Palisaden JJJ weghauen will, 112 Stük 3löthige Kugeln entgegen, und mit ihnen kreuzen sich die Kartätshüße der beiden 6℔der in der Flesche G. Also auf 2 verschiedene Arten erhält man hier ein kreuzendes Kartätschfeur.

Dabey ist man gegen alle Unordnungen u. Misverstendniße sicher, denn das Cartätschfeur der Geschütze in bb kann so wenig als das aus den Werken HH jemand von der Vershanzung beshädigen, welches sonst bey Linien u. Werken, welche sich einander vertheidigen, so oft, besonders bey Nacht, der Fall zu seyn pflegt.

5.[f] Ein Ueberfall ist bey dieser Art von Verschanzungen nicht sehr zu fürchten, und dies ist ein großer Vorzug derselben. Die erste Reihe von Palisaden dient dazu, den Feind wenigstens so lange aufzuhalten, bis das Geschütz in Wirksamkeit kömmt. Und erst, wenn er diese überstiegen, hat er noch mit den Haupt Hindernißen des Zugangs, mit 2 Reihen Palisaden und 3 Reihen Wolfsgruben, welche die geschloßenen Werke umgeben, zu kämpfen. Da ist kein Ueberfall ausführbar.

6.[g] Gegen den förmlichen Angrif, bey den der Feind die Absicht hat, einen gewißen Theil der Verschanzung und ihre Besatzung durch eine große Ueberlegenheit des Geschützes und aufgeworfener Werke zu Grunde

---

[f] Statt „4."
[g] Statt „5."

zu richten, wie es der König von Preußen bey Burkersdorf 1762 machte, oder die Russen 1761 bey Colberg es machen wollten, hat man auch hier Mittel, sich zu erhalten. 6 Canonen in bb stehen hier ganz bedekt u. werden nicht leicht von den feindlichen Kanon Kugeln und Bomben ruinirt werden. Diese und die Mannshaft in dem^h Graben der geschloßenen Werke agirt bey jeden Angrif nicht eh[e]r, bis der Feind escaladiren will. Von einer Escalade hat man daher nicht so bald etwas zu befürchten. Den gewaltsamen Angrif selbst kann man, wie oben in den, was über die Vertheidigung gesagt ist, in den geshloßenen Werken 8 Stük und in der Fleshe eben so viel entgegenstellen, von den^i mehr als die Hälfte hinter Schießsharten sich befindet und also gut gedekt ist.

* Diese Art, so wohl die 12 ℔der als die 3 u. 6 ℔der zu gebrauchen, erhielt Menin 1794 während den 3 Tagen, welche es bald mit Infanterie, bald mit Geschütz angegriffen wurde. Als hier das feindliche Gechütz u. Canon Feur die Geschütze auf den vordern Linien zum Schweigen brachte und der Feind bis in den Graben kam, emfingen ihn ganz unerwartet die in der Flank gestellten, noch gar nicht gebrauchten, durch Traversen gedekten 3 ℔der mit einem solchen Cartätsch Feur, daß er den fernern Angrif u. Sturm aufgab.

294. Denkschrift [?, nicht vor 1796?[1]]

GStA PK, VI. HA Nl Scharnhorst Nr. 246 fol. 75r–77v, 84r–87v (13 S.): Konzept, Schreiberhand, mit eigenhändigen Veränderungen.

Konzept, eigenhändig, Fragment: ebda., fol. 78r–83r (10½ S.).

[1.] Beschreibung einer Verschanzung für einen großen Truppenverband. Bestückung und Besetzung. [2.] Verteidigung bei Tage: Ausfall der Kavallerie. Verhalten bei Artilleriebeschuß. Einsatz der Infanterie. [3.] Bei Nacht: Wachen. Alarmsignale. Einsatz der Artillerie und Infanterie. [4.] Vorzüge, u. a.: Geringer Arbeitsaufwand, effektiver Artillerieeinsatz, Sicherheit vor nächtlichem Überfall, Angriffsoptionen.

III.
Eine Verschanzung für ein Corps oder eine Armee.^a

[1.] Man sezt voraus, daß man eine Linie Infanterie hat, deren Front verschanzt werden soll, daß sie in Brigaden von 3 Bataillonen und 1 Batterie

---

^h Statt „in in".
^i Folgt ein überflüssiges „man".

---

^a Folgt gestrichen: „I. Für eine Linie Infanterie mit schweren Geschütz versehen Plan II".
[1] Die ersten beiden Seiten des eigenhändigen Konzepts sind auf ein wiederverwendetes Blatt mit Bezug auf die hannoversche Armee geschrieben, vermutlich in der Zeit der Observationsarmee, als man auch Truppen ins Bistum Hildesheim legte, vgl. Anm. d.

schwerer Artillerie getheilt, und daß jede Brigade eine Front von 600 Schritt einnimt.

A. <u>Einrichtung der Verschanzung</u>

1.) Für jede Batterie ist eine Schanze Plan II Fig. 1 A, B, C nach den Profil Figur 2 angelegt[b]; ihre vordere Linie läuft mit der Front des Corps parallel und ist so lang, daß die Canonen der Batterie darhinter gestellt werden können. Die übrigen 4 Linien und der ganze Grabe werden mit 1 Bataillon nach dem System der Vertheidigung der ersten Abhandlung besezt.

2.) Alle Canonen feuren über Bank, und diese erstrekt sich von der vordern hinter die Seiten Linien x und y noch so weit, daß man auf jede der letztern 2 Canonen stellen kann; da nun überdies auf der vordern Linie z sich auch rechts oder links richten läßt, so nimt man den Feind, der die Schanze vorbey gehet, mit 3 Canonen in die Flanke.

Ueberhaupt kann man mit 8 Stück ein Frontal und mit 6 ein kreuzendes Feuer nach allen Seiten machen.

3.) Auf 200 Schritt vor der Verschanzung befinden sich 3 Reihen von Wolfsgruben aaa, in deren Mitte bey t 100 Schritt breite[c] Durchgänge mit ihren Dekungen bbb sind. 250 Schritt hinter diesen Wolfsgruben oder 150 Schritt hinter der vordern Linie der Verschanzung befinden sich in der Mitte des Zwischen Raums von zweyen Schanzen, die 6 Regiments Canonen ee der Brigade. In Löcher neben denselben liegen die Canoniere während der Canonade. Um sich den feindlichen Feuer weniger auszusezen, stehen die Geschütze in einer Entfernung von 20 bis 30 Schritt von einander.

4.) In cc, 250 Schritt hinter der Verschanzungslinie, ist eine Tranchee, 400 Schritt lang und 15 Fuß breit, für die beiden Bataillone, welche von der Brigade nicht in der Schanze sich befinden.

[d]In dieser Tranchee legen sich die Bataillone während der Canonade. Ihr Lager ist 200 Schritt weiter zurück. Das Bataillon zur Besatzung der Schanze campirt hinter derselben.

5.) In dd stehen die beiden Bataillone vor der Tranchee formirt, um den Zwischen Raum zwischen 2 Schanzen zu vertheidigen, wenn der Feind die Wolfsgruben passirt.

6.) In f f sind ein paar Licht Kugeln gelegt, welche angezündet werden, so bald der Feind sich dieser Gegend nähert. Der Durchgang tt ist mit spanischen Reutern geschloßen, damit die Wache vor s s selbst bey den Eindringen des Feindes sicher zurückkommen kann.

---

[b] *Die Pläne fehlen.*
[c] *Statt „breiten".*
[d] *Mit dem folgenden Absatz beginnt die zusätzlich im eigenhändigen Konzept überlieferte frühere Fassung. Auf fol. 78v steht gestrichen: „Marsche Route für 3 Compagnien des 3ten Infanterie Regiments von Stedingk von Hildesheim nach Hannover."*

In *, *, * sind Holzstöße mit Stroh untermischt; um aber wegen der Entzündung sicher zu seyn, so hat man ein paar Brandkugeln in jedem Holzstoße.

[2.] B. <u>Vertheidigung der Verschanzung</u>
 <u>Bey Tage</u>
1.) Wenn die Cavalerie und Reitende Artillerie heraus gehet, so fahren in * * * Plan II Fig. 1 die Stücke von der Regiments-Artillerie auf, um die Cavalerie bey dem Rükzuge, wenn es nöthig seyn sollte, zu protegiren, bey jeder Batterie werden die Scharfschützen der beiden Bataillone Infanterie, welche nicht in der Schanze sich befinden, zur Bedeckung gegeben.
2.) Wenn die Cavalerie zurük getrieben wird und sich hinter die Schanzen ziehet, und der Feind die Canonade anfängt, so gehen die Regiments-Canonen in e e e zurük u. fahren hier, jede 30 Schritt von der andern, auf; die bey sich habenden Scharfschützen begeben sich nach ihren Bataillonen in der Tranchee cc, die Canonier werfen sich in die Gräben neben den Canonen; die beiden Bataillone in der Tranchee bleiben verdekt.
3.) Die Batterie in der Schanze feurt, wenn sie eine große Ueberlegenheit von Geschütz gegen sich hat, auf die entfernte Artillerie nur mit einer Canone. Die Canoniere der übrigen legen sich hinter der Brustwehr, und erst wenn die feindlichen Trupen bis auf den Cartätschuß vorrücken, fangen jene ihr Feuer an. Die Regiments-Canonen fangen erst an zu feuren, wenn die feindlichen Trupen nahe vor den Wolfsgruben angekommen sind.
4.) Dringt der Feind in Colonnen oder in voller Front bis an die Wolfsgruben und hält die Artillerie in den Schanzen und in e e ihn nicht ab, sie zu paßiren, so rücken nun die beiden Bataillone aus der Tranchee vor bis zwishen die Schanzen und werfen alles mit den Bajonet übern Haufen. Ist der Feind bis über die Wolfsgruben zurük, so ziehen auch sie sich gleich zurück in ihre Tranchee und die Regiments-Canonen in e e versehen sich von neuen mit Munition.
5.) Die Besatzung in den Schanzen feurt nie eh[e]r, als bis der Feind die Palisaden, welche die Schanze umgeben, angreift. Ihr zerstreute Feur auf den weiter entfernten Feind würde doch nicht entscheiden. Sie würde ihre Munition dadurch verschießen und dann ginge hernach die Schanze verlohren, wenn sie ernstlich angegriffen würde.

[3.] <u>Bey Nacht</u>
In der Nacht befinden sich in * * * in jeden Punkt Piquets von 100 Mann, diese setzen 25 in f f f, welche weiter vorwärts wieder ihre einzelnen Schildwachen haben. Weiter vor stehen die leichten Truppen oder doch die Cavalerie-Feldwachen.
 Vertreibt der Feind die Posten in f f f, so zünden sie Licht-Kugeln an, ziehen sich auf ihre Haupt Posten nach * * * zurück, damit die Canonen in den Schanzen auf die etwa bey t t eindringenden Feinde feuren können.

Siehet man nun bey den Feur der Lichtkugeln den Feind, so werden die Holzstöße in * * * durch die darin liegenden Brandkugeln angezündet und das Piquet ziehet sich nach den Canonen in e e e^e.

Die beiden Bataillone, welche bey den ersten Lerm aus den Lager vor die Tranchee gerükt, gehen nun bis zu den Canonen in e e vor. Die Canonen in den Schanzen und in e e e feuren auf den Feind unterdes auf das lebhafteste mit Cartätschen. Gehet dieser bis über die Wolfsgruben vor, so rücken die beiden Bataillone zwischen die Schanzen in o p, werfen alles mit den Bajonet übern Haufen und machen hier einige Bataillonsfeure, von dem Cartätschfeur der Regiments-Canonen unterstützet.

[4.] C. <u>Vorzüge dieser Art Verschanzung</u>
Bey dieser Einrichtung der Vershanzung u. Vertheidigung sind folgende Vortheile mit einander vereinigt.

1.) Kann man, wenn auf jede Brigade oder jede Schanze 700 Bauren zur Arbeit gestellt und 100 Arbeiter von jedem Bataillone nebst den Zimmerleuten und Artilleristen dazu gegeben werden, die Verschanzung und Wolfsgruben in 2 Tagen so weit bringen, daß sie einem gewaltsamen Angrif wiederstehen kann.

Der Vortheil liegt darin, daß die Wolfsgruben aaa, bbb und die Wolfsgruben und Palisaden, welche die Schanze umgeben, zugleich mit der Aufführung der Brustwehr gemachet werden; daß die Verfertigung derselben keine Kunst erfordert, daß jeder Baur, wenn einige zur Probe ihn gezeigt werden, dabey keine weitere Anweisung braucht und daß man sie durch eine gewiße bestimte Arbeit, d.i. eine gewiße Anzahl von Wolfsgruben oder Palisaden, die man jeden zu machen auferlegt, zum sonst nicht zu erhaltenden Fleiße zwingt.

2.) Bey dieser Verschanzung kann die ganze in der Schanze befindliche Batterie nach der Front entweder grade oder auch oblik agiren, indem die Canonen auf der vordern Linie sich 30 Grad rechts und links richten lassen. Man kann daher bey einem Haupt Angrif hier allen Effect, den eine Batterie im freien Felde leistet, erwarten, ehe der angreifende Theil an die Wolfsgruben kömmt.

Bey Schanzen, deren Spitzen gegen den Feind gekehrt sind, hat man nicht diese Vortheile.

Kömmt der Feind erst in die Wolfsgruben, so feuren 6 Canonen mit Cartätschen ihn in die Flanke und die übrigen beiden schießen auf seine 200 Schritt entfernte Front. In jeder Lage kann ihn hier also die Batterie schwere Artillerie ihre ganze Wirksamkeit fühlen lassen.

---

^e *Das hier im Konzept folgende „zurük" ist gestrichen.*

3.) Die 6 Regiments-Canonen in e e leiden bey der getroffenen Einrichtung nicht sehr bey der Canonade und können, so bald der Feind zum gewaltsamen Angrif anrückt, sich frey bewegen und dahin begeben, wo es erfordert wird, wo sie sich ihm wirksam entgegen stellen können. Dies ist ein größerer Vortheil, wenn der Angrif nicht allgemein ist, oder wenn der Feind irgend wo durchdringt und an einen andern Orte repoußirt wird. Sind diese Geschütze[f] in Schanzen placirt, so ist die Veränderung des Standorts schon mit vielen Aufenthalt und Schwierigkeiten verknüpft.

Ein ander Vortheil der freystehenden Batterien vor den hintern Brustwehren placirten bestehet in einen geschwindern und daher wirksamern Feur beym Angrif des Feindes, in dem Vortheil, vorrücken und zurückgehen und also den Feind länger in einen nahen Cartätschschuß zu haben.

4. Bey dieser Verschanzung ist ein nächtlicher Ueberfall nicht so leicht möglich, denn außer daß eine jede Schanze an sich dagegen schon, wie in der ersten Abhandlung gezeigt, gesichert ist, dienen hier die 3 Reihen von Wolfsgruben aaa und bbb zu einer Posten Kette, durch welche die Ankunft des Feindes bey Zeiten entdekt wird. Die Licht-Kugeln in f f und die Holzstöße in * * * erleuchten darauf die ganze Gegend. Es kann nicht fehlen, daß dieses geschiehet, wenn die verlangten Vorsichten zur Entzündung derselben angewendet werden.

Der nächtliche Angrif ist bey allen Verschanzungen immer der gefährlichste, den und nur den fürchtete Friederich der 2te nach seinen hinterlaßenen Werken in dem Lager bey Bunzelwitz; alle glückliche Angriffe auf Verschanzungen von einiger Wichtigkeit sind in der Nacht unternommen worden.

5.[g] Diese Verschanzung hat nicht allein eine solche Einrichtung, daß bey ihr der Feind sicher entdekt und in diesen Augenblick in den ihn entgegengesezten Hindernißen des Zugangs aufgehalten wird, sondern sie erlaubt auch, den angreifenden Feind auf eine nie des glücklichen Erfolgs zu verfehlende Art selbst anzugreifen.[h]

Man giebt die Regel, den Feind entgegen zugehen, aber man sagt nicht, wie es geschehen könne, man bereitet nicht verschiedene Dinge so vor, daß dies Entgegen Gehen so wohl bey Nacht als bey Tage auf eine sichere Art und mit der Wahrscheinlichkeit eines guten Erfolges möglich ist.

Hier geschieht es a. auf einen durchs Cartätschfeuer geschwächten Feind b. mit Trupen, welche noch nicht gelitten haben, in einer bestimten Direction, und c. in einer Lage, wo die Flügel der vorgehenden Bataillone gedeckt sind.

---

[f] Statt „Geschützen".
[g] Im Konzept fehlt diese Numerierung.
[h] Im Konzept folgt nach einem Absatz: „5. Endlich wird hier die Offensive mit der Defensive verbunden, daß die Vortheile der erstern zu einen sichern Erfolg führen müßen."

Man denke sich dieses Manoeuver bey hinten offenen Schanzen und man wird in die Gefahr kommen, daß eine Schanze verlohren gehet, ehe man vorrükt, oder daß, wenn dies bey Zeiten geschiehet, man nicht den Feind eher als vor der Schanze erreicht.

In den Fall aber werden unsere Canonen in den Schanzen verhindert, zu agiren, der Feind befindet sich in einen noch nicht viel gelittenen Zustande; wir haben dagegen durch die Bewegung die Ordnung, welche zum Einbruch erfordert wird, verlohren und unsere Flügel sind nicht mehr gedekt. Hier sind also nicht die Vortheile, welche die Schanzen und die gedekte Artillerie verschaft, mit denen des Angrifs, wie bey unsern Verschanzungssystem, verbunden.

295. Denkschrift [?, ?]

GStA PK, VI. HA Nl Scharnhorst Nr. 246 fol. 88r–v (2 S.): Konzept, eigenhändig, unvollendet.

Beschreibung eines Plans des Lagers von Bunzelwitz 1761.

Anwendung des vorgetragenen Systems einer Verschanzung für eine Armee.

Man wählet hier das Terrain des verschanzten Lagers bey Bunzelwitz. Die schwarzen gestochenen Linien zeigen die preußischen Verschanzungen im Jahr 1761 an; die rothen ausgezogenen Linien geben eine Idee, wie nach den vorgetragenen System diese Verschanzung hätte eingerichtet werden können; die weit vorliegenden Wolfsgruben sind durch rothe punctirte Linien bezeichnet. Die Palisaden und Wolfsgruben, welche nahe vor jeder Schanze nach der gegebenen Einrichtung sich befinden, sind nicht in Plan bezeichnet.

Die beiden vorliegenden Werke bey Bunzelwitz u. Jaurnig bestehen nach unsern System aus geschloßenen Schanzen. Jede derselben ist für ungefähr 800 bis 1000 Mann oder 2 Bataillon und für 10 bis 18 schwer Geschütz angelegt. Der Umfang ist aber nur so groß, daß[a] die Brustwehr zwischn den Canonen mit 2 Gliedern u. der Grabe mit 1 Gliede besetzt werden kann. In Absicht des Profils der Brustwehr, des Grabens und der Palisaden in Graben befolgt man Pl. I Fig. 2.[b]

Man kann hier, wenn die umliegende Gegend niedrig ist, das Glacis entbehren, weil man es nicht[c]

---

[a] *In der Vorlage dieses Wort versehentlich doppelt.*
[b] *Folgt, offenbar versehentlich nicht gestrichen: „Vor den Sie haben das Profil von Pl. II Fig. 2."*
[c] *Der Text bricht vor dem Seitenende ab.*

706 II. Reform der hannoverschen Armee (1798–1801)

296. Aufzeichnung [?, 1798?[1]]

GStA PK, VI. HA Nl Scharnhorst Nr. 133 fol. 185r–186v (4 S.): Eigenhändig, Fragment,[a] unvollendet.

Verschanzung einer Brigade zur Kanonade und gegen Sturmangriff. In der Ebene eine Redoute. Schanzen und Wolfsgruben am Berghang. Beispiel Horn.

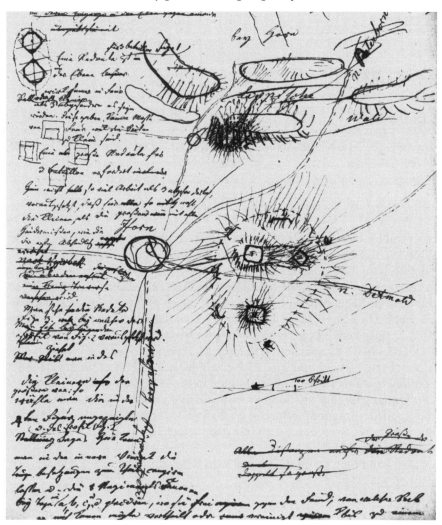

Zu Nr. 296: Eigenhändige Skizze zu einer Verschanzung auf dem Holzberg bei Horn (fol. 185v).

---

[a] Die Blätter sind numeriert „4" und „5".
[1] Möglicherweise ist diese Aufzeichnung in Zusammenhang mit der Erkundung von Lippe entstanden.

Eine Ebene, eine Anhöhe, einen Berg oder jeden andern Posten für eine Brigade Infanterie zu verschanzen.[b]

Gewöhnlich siehet man bey der Befestigung eines solchen Posten nur bloß auf die Dekung während der Canonade, aber nicht auf den Widerstand gegen den Sturm; hieraus folgt dann, daß der Poste, so bald der Feind einen ernstlichen Angrif unternimmt, verlaßen oder genomen wird. Beyspiele der Art konnte man hier eine große Menge anführen.

Man sollte daher eine solche Vershanzung so einrichten, daß sie beide Entzweke zugleich entspreche. In einer Ebene oder beinahe ebenen Gegend hat das keine Schwierigkeit. Man legt hier für die ganze Brigade eine einzige Redoute an.

Eine Redoute für 3 Bataillon Fig. 1 ist in der Ebene wirksamer in Feur als 3 oder 4 abgesonder[t]e es seyn würden. Diese geben keine Masse von Feur, weil die Seiten zu klein sind. Eine große Redoute für 3 Bataillon erfordert nicht so viel Arbeit als 3 abgesonderte, vorausgesetzt, daß hier so wohl die kleinen, als die großen mit alle Hindernißen, wie die der ersten Abhandlung errichet,[2] umgeben ist.

Man sehe die Redute Figr. 3, bey welcher das Profil von Fig. 2 vorausgesetzt wird. Ziehet man indes die kleinere der größern vor, so wähle man die in der 4ten Figur angezeigte Lage u. das Profil Fig. 2. Hier kann man in den innern Viereck die Besatzungen zum Theil campiren lassen, u. die 8 Regiments Canonen bey Tage in a, b, c, u. e placiren, wo sie frei gegen den Feind, von welcher Seite er auch kommen mögte, vertheilt oder vereinigt, bis zu einem gewißen Augenblik agiren können.

Auf Bergen und Anhöhen erlaubt sellten das Terrain, daß man eine oder mehrere Redouten auf den höchsten Punkten so anlegen kann, daß man aus ihnen alle Zugänge beshützen könnte. Sollte man z.B. mit einer Brigade Infanterie von 3 Bataillon u. 1 Batterie schweren Geschütz den Holzberg bey Horn Fig. 5 besetzen, um die Passage, welche von Horn nach Paderborn durch den Lippischen Wald gehet, zu deken, und um Meister von diesen Orte, wo so viele Hauptwege sich kreuzen, zu bleiben: so würde, wenn man diesen Berg so besetzte und befestigte, daß man den Fuß desselben u. die obigen Wege beschießen könnte, die Brigade einen Raum von 5000 Schritt zu vertheidigen haben, und bey einen er[n]sthaften Angrif nicht den Feind wiederstehen können. Schränkte man aber auch die Befestigung der größten Höhen ein u. legte hier Schanzen an, welche die 3 Bataillons mit allen Nachdruk vertheidigen könten, so würde es ihnen unmöglich seyn, aus denselben den Fuß des Bergs u. die Passage zu vertheidigen u. ihren Haupt-Entzwek zu erfüllen. Es bleibt demnach kein ander Weg übrig, als 1. ein haltbare Ver-

---

[b] Folgt gestrichen: „Man nimmt hier die Brigade zu 3 Bataillons, jedes zu 600 Mann, und zu einer Batterie von 8 Canonen an."

[2] Offenbar bezieht sich diese Bemerkung auf eine Arbeit zur Verschanzungskunst, vermutlich auf einen der vorangehenden Texte.

shanzung auf der größten Höhe gegen den gewal[t]samen u. besonders den nächtlichen Angrif nach dem Profil Fig. 2 zu erbauen, u. 2. Enplacements am Abhange des Bergs zu e[r]bauen, damit die Batterie u. ein Theil der Bataillons sich den Feind hier wiedersetzen u. ihn zurückhalten können, so lange er nicht mit einer großen Ueberlegenheit den Berg von mehreren Seiten angreift u. das Geschütz zwingt, sich in die Verschanzung zurükzuziehen. Um dies desto sicherer thun zu können, muß man den Bezirk, auf den man gegen den Feind am Abhange des Bergs agiren will, so weit es möglich, mit Wolfsgruben einshließen. Diese werden erst gemacht, wenn die Hauptschanze fertig ist. Man nimmt hierzu Landleute, wenn man die Soldaten nicht dazu anwenden kann.

Dieser Bezirk ist auf den Holtzberge in unser Plan durch a, b, c, d, u. e bezeichnet. Die Punkte, von denen man die Wege in das Städchen Horn beschieß[en] kan, befinden sich in a, b, c u. e.[3]

---

[3] In GStA PK, VI. HA Nl Scharnhorst Nr. 246 fol. 58r–59r, befindet sich in einer Reihe von Planskizzen als Plan IV (fol. 58v) die Skizze einer von Wolfsgruben umgebenen Verschanzung für drei Bataillone und eine Batterie auf dem Holzberg.

3. Historische und politische Studien

297. Aufzeichnung [?, nach 1792¹]

GStA PK, VI. HA Nl Scharnhorst Nr. 106 fol. 54r–55r (2½ S.): Konzept, eigenhändig.

Schlacht bei Krefeld 1758: Strategische Absichten, Risiken und Möglichkeiten.

Tactishe Bemerkungen den 7jährigen Krieg der Verbundenen betreffend

1. Vor der Schlacht bey Krefeld mußte Clermont² suchen, in solche Positionen zu kommen, daß der Herzog, wenn er sich schlug, keinen Rükzug nach den Niederrhein hatte. Clermont behielt ihn immer nach Wesel. Dazu ließ der Herzog³ sich nicht ein u. dann entstanden Bewegungen, welche die Sache aufhielten u. Clermont Zeit gaben, durch Soubise den Herzog zum Rückzug zu nöthigen.

2. Der Uebergang über den Rhein⁴ bleibt ein verwegen Stük; aber er geshah nach der Shlacht bey Rosbach u. der Befreiung von Westfalen – die Stimmung macht in solchen Fallen alles möglich.
Der Uebergang übern Rhein drohete dem Herzog mit den Verlußt der Armee, hatte aber auch zu großen Dingen führen können. Das eine ist [nicht der?] Fall ohne das andere. Dies[e]r Ueb[e]rgang beschäftigte die Soubisische Armee, die, wie wir in Bourcet lesen, sonst nach Sachsen gezogen wäre.

3. Die Schlacht bey Crefeld konnte, wenn die Franzosen gute leichte Trupen in den Gehölzen u. Gräben bey Anradt⁵ oder auf der Heide eine Brigade Cav. u. reit. Artillerie hatten, nicht so übel ausfallen, als sie ausfiel.

4. Die 3 Bataillon Inf. ohne Artillerie – die Carabiniers hatten nicht den Verlußt von 60 Offic. u. 600 M., wie Tempelhof nennt, durch die preußischen Dragoner, sondern durch die 3 Bataillon Inf.⁶

---

¹ Seinem Brief an Lecoq vom 29. März 1799 (Nr. 173) zufolge hatte sich Scharnhorst im vorangehenden Winter intensiv mit dem Siebenjährigen Krieg befaßt. Auf jeden Fall ist der Text nach dem Erscheinen von Bourcets Buch, also nicht vor 1792, entstanden.
² Louis von Bourbon-Condé, Graf von Clermont (1709–1771), 1758 französischer Befehlshaber in Deutschland.
³ Herzog Ferdinand von Braunschweig.
⁴ Am 2. Juni 1758.
⁵ Anrath.
⁶ Die preußischen Dragonerregimenter Prinz von Holstein-Gottorp (1806: No. 9) und Finkenstein (No. 10) kämpften bei Krefeld. Zum Einsatz der Bataillone Post, Wangenheim (später 1. Bataillon des hannoverschen 10. bzw. 7. Regiments) und Prinz Carl (Hessen-Kassel) vgl. Nr. 29 und 49 im ersten Band.

298. Aufzeichnung [?, nach 1792¹]

GStA PK, VI. HA Nl Scharnhorst Nr. 106 fol. 56r–59v, 61r–62r (9 S.): Konzept, eigenhändig.

Schlacht bei Vellinghausen 1761: Positionen; Fehler und Lehren. Stellung bei Werl: Position und Ereignisse.

Bemerkungen über die Schlacht bey Vellinghausen

1. Die Stellung des linken Flügels scheint ein Zufall, nemlich der Poste 99 und 100ᵃ oder die beiden Bataillone Senz² und Udam bestimmt zu haben.

   Es scheint, daß man anfangs die Absicht gehabt hat, daß von den 3 Schanzen (vor Vellinghausen) liegende Holz mit zu behaupten, und nur erst nachdem es den 15ten verlohren war, die Stellung der Posten von 99 und 100 bis an die Lippe bestimmte.

2. Broglio machte den großen Fehler, daß er den 15ten zum Angrif an rükte u. erst den 16ten angrif. Spörke meld[e]te von Herzfeld dies den Herzog u. dieser zog nun sein Haupt Macht nach dieser Seite in der Nacht von 15ten auf den 16ten. Hätte Broglio den 15ten angegriffen und sich der Höhe von Dinkern bemächtigt, so mußte der Herzog die Stellung von Wambeln verlassen und riskirte auf dem Zurükzuge nach Ham in seine linke Flanke genommen zu werden; zumal wenn die Armee des Prinzen von Soubise sich an die von Broglio geschloßen und zu gleich über Scheidingen u.s.w. den Herzog von vorn Jalousie³ gegeben hätte.

3. Hatte man den Plan, den 15ten vorzurüken und den 16ten anzugreifen, so mußte man den Angrif nicht so, wie man vorgerükt war, ausführen. Man mußte in der Nacht von einer andern Seite kommen. Hier mußte das Corps von Daumesnil⁴ nicht nach Burke⁵, sondern Hemerde gänzlich in den Rücken der Armee des Herzogs gehen.

   Die andern beiden Armeen hätten links treffenweise abmarshiren müßen, soweit bis der linke Flügel der Soubisischen auf Flerke und der linke der Broglioshen zwishen Sündern u. Scheidingen ungefähr in der Mitte sich befunden. Dann hätte sie erwarten können, daß sie auf eine Art ihren Feind angriffen, die er nicht erwartete.

   Dabey hätte aber ein klein Corps Vellinghausen gegen über Demonstrationen machen müßen, welches hier in den coupirten Terrain sehr wohl anging.

ᵃ *Die Zahlen beziehen sich offenbar auf einen nicht im Faszikel vorliegenden Plan.*
1 Vgl. Nr. 297, Anm. 1.
2 Das Bataillon Sance, Vorläufer des 1. Bataillons des hannoverschen 10. Infanterieregiments.
3 Beunruhigung.
4 Generalleutnant Dumesnil.
5 Haus Borg bei Werl?

4. In der Position des Herzogs findet man nicht, daß er einen guten Gebrauch von der Cavalrie machte. Auf den linken Flügel hätte sie hinter der Dinker Anhöhe bey einander seyn müßen, hier konnte sie auf der Kleyheide oder den offenen Terrain des Dinker Bergs agiren.
Auf den rechten Flügel mußte sie hinter Wameln bey[b] einander seyn.
5. Da der linke Flügel so schwach war, so hätte man an der Straße zwishen Lipstadt u. Ham gleich ein geschloßenes Werk anlegen und auf 600 Shritt um dasselbe alles verhauen müßen. Dadurch wäre die Streke zwischen der Dinkerhöhe u. der Lippe, welche nicht viel über 3000 Schritt ausmacht, gesichert gewesen.
6.[c] Alle Trupen hatte man den Feind zur Schau ausgestellt. Man muß sie, so viel man kann, verstecken; doch leidet das nun Ausnahmen, wo man shwach ist. Auf den rechten Flügel mußte man am 16ten viel zeigen, den Morgen Trupen hermarschiren lassen, als wen man sich auf den rechten Flügel verstärkte, dadurch verdekte man seine Schwäche hier.
7. Die Franzosen marshirten den 15ten hin, sie waren 4 Stund entfernt. Man muß die Nacht hin marschiren, so kann man nicht auf den Wegen angegriffen werden, so kommt man den Feind unerwartet.
8. Das was Broglio über den Punkt des Angrifs in seinen Memoiren anführt ist schön. Es muß jede Schlacht zu einen großen Zwek führen, es muß dabey für die Armee so wenig Gefahr seyn wie möglich u. da ist durchschnitten Terrain in Ruken wichtig. Alle Angriffe über die Ebene sind bedenklich. Es ist hier eine besondere Politik zu beobachten.

[d]Stellung bey Werl:

Franz. Rechte Flügel Werl 1000 Schritt vor der Front
Linke aus das Gehölz von Hohenherte[6] hinter den Kloster Scheide[7]
All. Rechte Fl. hinter der Windmühle von Schafhausen, so daß diese eine gute Streke vor der Front blieb, u. mit den linken an Hemerde.

Der Herzog wolte die Franzosen den 7ten angreifen, hielt aber ihr Lager zu stark

Der Herzog Ferdinand bezog das Lager von Wambeln
Bey Hultrup wieder ein klein Corps gesetzt

---

[b] *In der Vorlage folgt ein überflüssiges „ein".*
[c] *Am Rande steht: „Bourcet hatte die Position der Allirten genau crayonirt."*
[d] *Hier setzt fol. 61r ein. Auf der Rückseite steht auf dem Kopf: „Contade 19. Hillebeke [d. i. Hilbeck] Illinge Erbprinz".*
[6] Hohenheide.
[7] Scheda.

Soubise ging nach Kloster Paradies[8]
Broglio blieb immer noch bey Erwite

Nach der Schlacht von Vellinghausen Soub. erst nach den Lager von Paradies, dann ins Lager von Soest, mit den rechten Flügel an den Mühlgraben von Soest u. den linken an Körbeke bis der Herzog von Broglio weg war.

Die Position der Franzosen zwishen Kloster Scheide und der Werler Mühle war gut, auf den Hart oder Haarstrang ist es offen, wo er stand; links lehnten sie sich an die Roer[9], rechts war der Flügel refusirt, u. die Gegend etwas morastig.
Die Position des Herzogs zwishen Hemern[10] u. der Mühle von Schafhausen u. auf den Schelk war gut in jeden Betracht.

299. Aufzeichnung [?, nach 10. Mai 1796[1]]

GStA PK, VI. HA Nl Scharnhorst Nr. 106 fol. 63r–68r (10 S.): Abschrift, Schreiberhand[a], mit eigenhändigen Abänderungen, fortgesetzt als eigenhändiges Konzept.

Kommentare zu Karten mit Entwürfen Friedrichs II.

<u>Strategische Instructionen Friedrichs des 2ten</u>

    Plan I.[2]
Das 1ste Treffen auf dem Berge, die Spitzen und das 3te Glied am Abhange; das 2te Treffen auf den Flügeln, hinterm Berge en Colonne.
Wer kann von vorn durchdringen, wenn alles mit Canonen besetzt ist?
– Das 2te Treffen en Colonne ist in der eben erwähnten Stellung bereit, wenn der Feind in der Flanke oder Rücken attaquirt. Von vorn siehet man ohnehin vorher alles, was er unternehmen will.
– <u>Bergen</u>.
– Wie soll das 2te Treffen agiren, wenn das erste sich auf ihn wirft?

    Plan II.
Bey einer solchen Stellung setzt man die Hälfte der Truppen en reserve. Wer kann ein in derselben von vorn etwas thun?

---

[8] Paradiese bei Soest?
[9] Ruhr.
[10] Hemmerde.

---

[a] *Fol. 63r–64v (4 S.).*
[1] Nach dem auf fol. 64r erwähnten Gefecht von Lodi.
[2] Es handelt sich wohl um Kommentare zu Plänen in einem Werke Friedrichs II.

Plan III.
- Ist falsch illuminirt, wenn gelb der Feind seyn soll.
- Ueberflügelt werden kann die Armee auf ihrem linken Flügel dennoch.
- Wenigstens muß im Holze eine Redoute und ein Verhack weit rückwärts seyn. Eine Flanken-Deckung, die nicht weit zurückgehet, ist fast gar keine.
- Fontenoy – Reichenberg – Vielleicht ist die Idee hier hergenommen.

Plan IV.
Eine schöne Idee. D und E muß aber aus der halben Armee bestehen, denn der Feind wird diese Gegend stark besetzt haben, wird wahrscheinlich in GG sich stellen. Dringt die halbe Armee DE durch, so ist alles gewonnen. Die Bataillone CC müssen also das Corps DE verstärken, in CC kann man Cavallerie und reitende Artillerie brauchen.

Eigentlich finden hier 2 Fälle statt, etwa der greift die Armee aus FF oder GG an. In beiden Fällen muß das Corps CDE die Hauptsache ausmachen.

Plan V.
Der Flügel-Angriff bey D wird aus Cavallerie und reitender Artillerie bestehen, die Infanterie gehet so langsam, daß die feindliche Cavallerie Zeit hat, sich ihr entgegen zu stellen.

Die Reserve Infanterie folgt aber der Cavallerie und reitenden Artillerie. Auch läßt man das 2te Treffen nachfolgen.

Wie man diesen Flügel-Angriff führen will, welche Stellung man mit ihm nach und nach nehmen will? Alles dies muß vorher ausgemacht werden.

Plan VI.
Es ist hier vorausgesetzt, daß man die Stellung nicht rechts umgehen kann – ein seltener Fall. In jeder Rüksicht ist der rechte Flügel gefährlich – denn hier geschähe der Angriff von vorn und in der Flanke und die Cavalerie bey E im Rücken.
- Bey solchen Stellungen muß man, wenn es auf den Flügel Ernst wird, vorn mit der Cavallerie herausgehen, oder von E herum den angreifenden Feind in die rechte Flanke fallen.
- Hastenbeck.

Plan VII.
- Wo sind solche Stellungen?
Lody.[3]

---

[3] Am 10. Mai 1796 erstürmte die französische Italienarmee unter der Führung Bonapartes die Addabrücke von Lodi, wobei es ihr aber nicht gelang, den österreichischen Rückzug unter Beaulieu abzuschneiden.

Plan VIII
- Eine von den Kreis-Stellungen des Königs.
- So hätte Prinz Heinrich[4] 1762 stehen sollen.
- Der Situations-Plan ist schlecht. Die Anordnung nachahmungswürdig, eine ganzliche passive Defensive ist wohl dem Geiste einer oesterreichschen, aber nicht preußischen Armee angemessen.

Plan IX.
Ist ein sehr instructiver Plan –
- Am Ende wird man doch vertrieben.
Offensive Plane – angelegte Verstecke –
Stratagems müssen ein zuletzt retten. Sie hängen von der Gegend ab.

Wenn z.B. der Feind über Thesen seinen Angriff dirigirt, so vertreibt man die falschen Angriffe, welche von vorn kommen, sobald als möglich und sucht den Holzberg C bey Heide zu gewinnen und formirt sich nun so, daß der rechte Flügel bey Thesen und der linke an dem Berge C zu stehen kommt. Dies ganze Project gehet aber nicht an, ohne einen Theil der Cavallerie über D ums Holz zu schicken.[b]

Plan X.
Auch hier hat der König seine Macht in einen Punkt concentrirt. Es treten bei einer Stellung, in den man den Feind erwartet, 3 Fälle ein:
a. man stehet in denselben in einer großen Etendue, verhält sich bei den Angriff passiv, das ist gefährlich. Vellinghausen, Leuthen.
b. Man stehet concentrirt u. verhält sich passiv, das ist nicht so gefährlich, u. das war hier der Fall.
c. Man hält sich passiv bis zu einen gewissen Augenblik und gehet nun unerwartet loß, wenn man den Feind hat, wo man ihn haben will. Das ist das beste.

Bei der Batterie bei F wird über das erste Treffen hingeshoßen – eine bedenkliche Sache.

Alle Truppen des 2ten Treffens hätte man lieber bey Grund N in Colonne stellen sollen.

Warum wird der Berg A nicht besetzt?

Plan XI.
- Hier fehlt der Buchstabe D bei Neudek, dann ist die Cavalerie J in Text F benant, bei Jacobsdorf stehet die Batterie c wo O stehen muß.

---

[b] *Hier endet der von Schreiberhand kopierte Teil. Danach (d.h. mit Beginn von fol. 65r) eigenhändiges Konzept fortgesetzt.*
[4] Friedrich Heinrich Ludwig, Prinz von Preußen (1726–1802), dessen Armee unabhängig von der seines Bruders, des Königs, operierte.

– Es ist eine eigenthümliche Idee des Königs, die Cavalerie vor der Position hier in J zu stellen. Sie muß in solchen Fällen reit. Artillerie bei sich haben u. ihr Rükzug muß durch Inf. u. Artillrie hinlänglich gedekt seyn.
– Der Winkel auf dem Kieferberge, die Batterie auf dem Berge C, die runden Stellungen lassen immer vermuthen, daß Fehler in der Zeichnung sich befinden.
– Es fehlt eine Beshreibung der Gegend.

Plan XII.
– Nie darf eine Waffe ohne die andere seyn, jede Gegend ist abwechselnd, die Umstände in der man kömmt weiß man nicht vorher.
– Alles sehr schön, nur bei den Angriff der 7 Bataillone fehlt ein Regiment Cav. mit 1 Battrie reit. Art.

Plan XIII.
– Die Dispositions des Angriffs ist an sich betrachtet sehr schön; aber warum nicht die feindliche Cav. mit den größten Theil von der unsrigen angegriffen u. dann den Feind in die linke Flanke genommen? Wenigstens mit der Reit. Art. ihn enfilirt nachdem die Cav. v[e]rjagt.
– Das Quarree ist nach einen doppelt so großen Mastabe als die Echellons gezeichnet.

<u>Plan XIV.</u>
– Alles sehr schön, nur müßen die Reduten gegen den gewaltsamen Angrif gedekt seyn, 2tens müßten Truppen zwischen ihnen figuriren, 3tens müßen sie durch Wolfsgruben in Zusammenhange stehen.
– Der Angriff in Flank muß mit Cavalerie u. Reit. Art. von den Augenblik an, wo man entdekt wird, geschehen, um das Unerwartete hier zu benützen; die Inf. kömt nach.

Plan XV.
Ein methodisher, aber doch gefährlicher Angriff; unter solchen Umständen darf man nur einen weit schwächern Feind angreifen. In solchen Fällen muß man den Feind auf den Flanken angr[e]iffen, oder kann man daß nicht, so ist die Stellung unangreifbar.

<u>Plan XVI.</u>
Ein gefährlicher Angriff, ich hätte lieber bei B meine Haupt Stärke gehabt u. nur bei A figurirt. Meine Cavalerie hätte ich in D gehabt.

Plan XVII.
Redoute muß heißen Retirade –
   Die Schlacht bei Torgau – dort aber kam Ziethen zu spät.

Plan XVIII.
Man muß doch von vorn figuriren, man kann ja in Fall der Noth nach dem Walde sich zurükziehen.

Ein falscher Angriff muß aber mit Tages Anbruch geshehen, nach dem man den Tag vorh[e]r in A aufmarshirt ist.

Das Holz muß besetzt werden.

Plan XIX.
Wenn der Feind mit seiner Cavalerie einen Offensiv Plan hätte? und sich z.B. auf einen Flügel würfe? Mit Tagesanbruch.

Plan XX.
Des Königs shiefe Schlachtordnung von Collin, Leuthen, Zorndorf, Cunersdorf etc. Endlich findet man hier doch Cav. hinter den Grenadieren.

Plan XXI.
Ist unverständlich.

Plan XXII.[c]
Sehr instructiv und schön. Aber doch nicht ganz unbedingt. Denn gehet der Feind nach F oder J und nimt da eine Position, schikt dann ein Corps über den Fluß, so führt dies seinen Coups aus, ehe die Armee in A etwas davon erfährt – sie weiß in jeden Fall nicht, wie viel der Feind detaschirt hat.

Dennoch ist die von Könige vorgeshlagene Flußvertheidigung eine Zeitlang die beste. Aber ohne Schlagen gehet es am Ende doch nicht ab.

Plan XXIII.
In Gegenwart eines schwachen oder sehr zu verachtenden Feindes mag das angehen; sonst aber nicht.

Bei Breslau – Griethaus[5] u. Düsseldorf geshah das unter andern Umständen – bei Nimwegen (Gent) ging es nicht; bei Alfen gelang es; man that nichts.[6]

Bei Tollhuis 1672 – war es ein besonderer Umstand.[7]

Plan XXIV.
Der Schul Unterricht ist so, die Sache hat aber gewiß große Schwierigkeiten.

---

[c]   *Statt „XII."*
[5]   Griethausen bei Kleve. Es ist nicht klar, welche Operation hier gemeint ist.
[6]   Die Dörfer Alphen und Gendt spielten 1794 bei der Verteidigung der Maas bzw. Waal eine wichtige Rolle, vgl. den ersten Band.
[7]   Rheinübergang Condés bei Schenkenschanz.

Plan XXV.
Ist nicht durch den Text erklärt.

Der König will alle Posten nach dem Feinde zu, wenn er marsch[i]rt, besetzen; es marschiren in dieser Absicht die Detaschements gewöhnlich den Tag vorher ab. Sie folgen der Armee den andern Tag, so wie diese passiv ist.

Luxenburg systematisch – aber immer u. es zu lernen.

Plan XXVI
Man stellt aber die Cavalerie verdekt, damit sie den kommenden Feind unerwartet anfallen kann. Ein entdekter Feind ist ein halber.

Plan XXVII
Jede Gegend giebt andere Combinationen, der König wollte nur die Regel anzeigen

Plan XXVIII
Sehr instructiv. In des ist hier noch zu bemerken 1. daß die Vorposten so lange stehen bleiben müßen, bis die Armee eine Stunde von Lager weg ist, 2. daß zu erst die Inf. Wachen sich bei der Arriergarde versamlen und daß die Cavalerie Wachen folgen, 3. daß die Infantrie nach[d] Czerulow zurük gehet, währen die Cav. u. reit. Art. auf dem Berge bei Divez bleibt, damit jene einen Vorsprung bekömmt. 4. daß wenn der Feind drängt, sich die Cavalerie hinter Czerulow mit der reit. Art. setzt u. um die Inf. zurük bis B gehet etc.

Plan XXIX
Ist sehr instructiv.

Plan XXX
Reit. Art. u. Cav. geben die besten Reserven. Dieser Plan giebt nur die allgemeine Idee.

Plan XXXI
Ist ohne weitern Text unverständlich.

---

[d] *Folgt, nicht zum Sinn passend, „den dieser".*

718   II. Reform der hannoverschen Armee (1798–1801)

300. Aufzeichnungen [?, 1794/1801¹]

GStA PK, VI. HA Nl Scharnhorst Nr. 108 fol. 2r–45v (78 S.): Eigenhändig, teilweise Fragment.ª

[1.] Sandershausen 1758: Besonderheiten, Beurteilung. [2.] Krefeld 1758: Grundsätzliche Fragen. [3.] Minden 1759: Kritischer Kommentar. Grundsätzliche Lehren zu Aufstellung und Vormarsch. Vorteile der Infanterie und Artillerie im Vergleich. [4.] Vellinghausen 1761: Kritischer Kommentar zu Aufmarsch und Position. Angriff mit überlegener Stärke. [5.] Wilhelmsthal 1762: Quellen. Zweck einer Disposition. Kommentar der Disposition und des Aufmarschs Herzog Ferdinands. Kritik der französischen Stellung. [6.] Taktische Rücksichten auf Stimmung und Ausbildung der Truppen. [7.] Vor- und Nachteile eines Waldes auf dem Schlachtfeld. [8.] Chronik der Kriegsereignisse am Oberrhein 1793. [9.] Fehler des Rheinfeldzugs 1793. [10.] Allgemeine Grundsätze am Beispiel der Schlacht von Pirmasens 1793. [11.] Kriterien für die Wahl einer Position. [12.] Zorndorf 1758: Schiefe Schlachtordnung. Verpaßte Chancen des Artillerieeinsatzes. Risiken des Schlachtplans Friedrichs II. Kriegskunst und Bravour. [13.] Hochkirch 1758: Entwicklung nach Zorndorf. Vernachlässigte Vorsichtsmaßnahmen. Kritik der preußischen Position. [14.] Maxen 1759: Fehler der Preußen. [15.] Kunersdorf 1759: Fehler der Preußen. Ableitung allgemeiner Grundsätze. [16.] Zwei Hauptmerkmale des Feldzugs von 1759. [17.] Torgau 1760: Österreichische Stellung. Widersprüche der Berichte. [18.] Geländevoraussetzungen für ein Lager. [19.] Maxen: Chronik des Ablaufs. Ursprung des Fehlers. Spielräume Fincks. [20.] Landeshut 1760: Kritik der preußischen Position. Unklarheit der Erwartungen Friedrichs II.

[Fol. 2r–17v (29½ S.):]

[1.] <u>Schlacht bey Sangerhausen</u>²

Pr. Y. 16 Canonen, 8 B.   4 Esc.
Br.   28   ″   ″   ″ , 20 Bat. 16 Esc.

1. Hätte Prinz Ysenburg³ mehr Artillerie gehabt, so hätte er die Front mit derselb vertheidigen können und die Jäger bey Ellenbach unterstützen u. die Schlacht vielleicht [gewinnen]ᵇ können. Mittel, sich durch Artillerie in Fall der Noth zu helfen. Aber denn muß man seine Position darnach nehmen.
2. Die Position war für den Prinz von Isenburg vortheilhaft bey gleicher Stärke, aber nicht bey ungleicher. In diesen Fall muß man Stellungen nehmen, in den der Aufgang nicht von den Feurgewehr oder der Cavalerie ab-

---
ª *Es handelt sich um eine Sammlung kleinformatiger Blätter.*
ᵇ *In der Vorlage ersatzlos gestrichen.*
1 Scharnhorst erwähnte in seinem Brief an Lecoq vom 29. März 1799 (Nr. 173) seine erneuten Studien über den Siebenjährigen Krieg. Diese wohl noch in der hannoverschen Zeit (von den Hannoveranern ist als „wir" und „unsere" die Rede), aber nach 1794 entstandenen Aufzeichnungen (auf fol. 30r wird von der fehlenden Unterstützung des Herzogs von York bei Tourcoing 1794 gesprochen) könnten dazu passen.
2 Sandershausen, 23. Juli 1758.
3 General Johann Kasimir Graf von Ysenburg-Birstein (1715–1759), der bei Bergen fiel.

hängt, u. wo man die Trupen nicht siehet, wo man also durch wenige viele beschäftigen kann u. mit der Haupt Macht einen Theil in Rüken u. Flank gehen kann. Kann man solche Stellungen nicht finden, so [ist] es immer noch beßer, den Feind anzugreifen.

3. Der Prinz v. I. handelte ganz wider die Grundsätze der Tactik, den Feind entgegen zu gehen, als er shon aufmarschirte. Derjenige, welcher sich angreifen läßt, hat, wenn wie hier keine Ueberflügelung stattfindet u. volle Fronten gegen volle Fronten stehen, den Vortheil vor jenen, daß er in beßerer Ordnung bleibet u. beßer Gebrauch von seinen Feur machen [kann], Umstände worauf hier alles ankömt.

4. Der Herzog von Broglio handelte wied[er] alle Grundsatze, hier eine Schlacht auf eine solche Weise zu liefern, wo weder das Terrain, noch die größere Anzahl ihn viel helfen konnte.

Warum schikte er nicht von seinen 20 Bataillonen einen Theil über Ellenbach, ehe er von Sandershausen sich an Abhange des Bergs formirte? Kannte er das Terrain nicht, so müßte er um so mehr sich nicht mit seiner Armee weiter als bis Sandershausen vorrücken.

5. Das Gefecht der Cavalerie konnte[c] den Prinzen v. I. zu nichts führen, warum stellte er sich nicht in der geringsten Breite u. die Cav. in 2ten Treffen?

[2.] Schlacht bey Crefeld

1. Clermont hatte einen Haupt Vortheil in Rüksicht der Positionen der Armee vor den Herzog Ferdinant. Worin bestand dieser?
Daß er nach Wesel, nach Cöln u.[d] nach Lüttich, also nach 3 Seiten, Prinz Ferdinant aber nur nach einer sich zurückziehen konnte.

2. Auf welchen Grundsatz mußte man sich gründen, wenn man eine Stellung für die französische Armee wählen wollte?
Daß der Feind einen auf den lincken Flügel um gehen mußte u. daß man ihn denn selbst angreifen u. seinen Rükzug abshneiden könnte.

3. Wie weit darf höchstens ein zu vertheidigender Poste vor der Armee liegen?
Cempen lag an 3000 Schritt, ging verloren. Nach Tempelhof nicht über Schritt.

4. In welcher Stellung in Rücksicht des Terrains ist es möglich, den[e] Feind so wie bey Crefeld zu tourniren?

---

[c] Statt „konnten".
[d] Das Wort in der Vorlage versehentlich doppelt.
[e] Das Wort in der Vorlage versehentlich doppelt.

[5.]^f Wenn man Gelegenheit hat, mobile^g schwere Geshütze über den gewöhnlichen Etat zu erhalten, unter welchen Umständen kann man davon beym Angrif und der Vertheidigung einer Stellung Gebrauch machen?

Angrif, Crefeld, Leuthen, Breslau –
Vertheidigung, Sangershausen, Vershanzte Läger

Wie kann man davon in fast jeden Fall Gebrauch machen?
  Zurück zur Deckung des Rükzuges stellen.

[3.] Schlacht bey Minden

1. So bald Contade^4 bey Herford angekomen, wurde Minden den andern Tag genomen u. auf diese Nachricht ging der Herzog von Osnabrük weg.
2. Der Herzog mußte immer an die Weser, um diesen Fluß und Hannover nicht ganz preiß zu geben.
3. Der Herzog machte also einen Fehler, Minden nicht vorher beßer in Stand zu setzen.
4. Warum detashirte Contade nicht stärker, um seine rechte^h Flanke frey zu halten, der Herzog konnte ihn ja in der Position nicht von vorn angreifen?
5. Die Anordnung der Franzosen zum Angrif des Herzogs war gut, aber die Inf. mußte in ersten Treffen seyn, und Broglio mußte den Befehl haben, gar keine Canonen als von vorn zu gebrauchen, während er links angriffe.
6. a. Warum muß die Infanterie im ersten Treffen seyn? b. und kann man durch Batterien von 800 zu 800 Schritt der Cavalerie eine solche defensive Stärke geben, daß sie den eingenommenen Raum in der Schlachtordnung zu behaupten im Stande ist?
   a. Sie schießt mit den kleinen Gewehr u. mit den Regiments Canonen weit hin u. es ist also vortheilhaft, daß sie vorn ist; sie schikt sich in allen Terrain und man weiß nicht immer, was man vor Terrain hat; sie setzt sich vorn dem feindl. Geschützfeur weniger als die Cavalerie aus, weil sie nur 6, jene aber 9′ hoch ist;
   b. Daß ist nicht möglich, dan die Inf. hat ja durch ihre Regiments Canonen u. Klein Feur doch mehr Feur – u. will sie vorgehen u. ist unglüklich, so ist ein Lücke in der Schlachtord[n]u[n]g.

---

^f *In der Vorlage (vermutlich versehentlich) ersatzlos gestrichen.*
^g *Statt „in mobile".*
^h *Statt „oder seinen rechten".*
^4 Louis-Georges-Erasme Marquis von Contades (1704–1793) hatte sich unter dem Grafen von Sachsen ausgezeichnet und wurde 1758 Marschall von Frankreich und Oberbefehlshaber der Armee in Westdeutschland. Nach seinem Rückzug über den Rhein wurde er abgesetzt.

Die Cavalerie muß nicht in der Linie gefeßelt werden, sie ist frei, sie muß offensiv agiren, es muß ihre eigene Rolle zu dieser Absicht angewiesen werden.

7. Das Vorrücken des Herzogs ist in ähnlichen Fällen zur Nachahmung aufzustellen, aber mit Abänderungen. a. Die Punkte, worin man aufmarshiret, müßen Posten seyn, müßen aus einer Soutienskette der Vorposten bestehen oder doch in jeden Fall schneller mit der Cavalerie u. reitenden Artillerie unterstützt werden. b. Ist die Gegend einigermaßen offen, so muß der Vormarsch en Front geshehen, ist sie daß nicht, so müßen die Teten aller Colonnen aus Infanterie u. Geschütz bestehen u. neben den eigentlichen Colonnen auf Neben Wege einzelne Bataillone marschiren, damit den Colonnen nichts in Flanke komen u. man den Feind von der Avantgarde, der die Colonne auf den gewöhnlichen Wege aufhalten will, selbst gleich in Flank komen u. ihn übern Haufen werfen kann. c. Nach den Terrain, auf den der Herzog agirte, hätte er die 4 Colonnen links aus Infanterie u. die 3 rechts meist aus Cavalerie bestehen u. nur zur Tete eine Brigade Inf. u. Batt. Artillerie haben müßen, damit auf diesen Flügel die ganze Cavalerie zusammen einen Coup ausführen konnte.

In diesen Fall d. Da der Herzog sich defensiv verhielt u. keinen weitern Offensiv Plan hatte, als sich den Feind an einen nicht erwarteten Orte entgegenzustellen, so hätte er die Artillerie gleichförmig vertheilen müßen. Von der ganze Batterie Artillerie hatte der rechte Flügel beinahe von der Mitte an so wenig als das Wangenheimshe Corps, auser der Batterie an linken Flügel kein Geschütz, das war über die Hälfte der Front.

8^{tens} Die Artillerie kann stehenden Fußes immer das thun, was die Infanterie thut und noch weit mehr, wenn man dieselbe sich ohne Regiments-Artillerie denkt. Beym Angrif hat die Artillerie große Vorzüge vor die Infanterie, nur den Fall ausgenommen, wo sie bei steilen Bergen, Gebuschen und Holzungen nicht avanciren kann; dagegen hat die Infanterie wieder den Vorzug, daß sie in der Nacht dem Feind Widerstand zu leisten im Stande ist, daß man sie in und vor Festungen der Arbeit und Wachen wegen durchaus braucht, daß man sie im Felde zum Dienst der Piquets Detachements etc. haben muß; überhaupt genommen kann man sagen, daß man im Nothfall der Artillerie zum großen Theil, aber nicht der Infanterie entbehren kann, indem im Fall der Noth die Infanterie einigermaßen thun kann, was die Artillerie thut. Aus allen folgt, daß man die Artillerie nur bis zu einen gewißen Grad vermehren kann, ohne nicht das Ganze in seiner Consistenz leidet. Noch ist von der Artillerie zu bemerken, daß sie große Dienste thut, wenn die Trupen den Muth verlohren haben; Artillerie kann man allerwärts aufführen, wenn der Officier nur brav ist, und wenn bey einer Retirade alles davon läuft und eine Kanone bleibt noch im Feuer gegen den Feind, so dringt der Feind nicht auf und die Officiere haben Zeit, die Leute wieder herbey zu bringen.

9. Die Entscheidung bey Minden gab die Mitte. a. Die Wegnahme der Batterie bey Mohlbergen, die Vertheilung der franz. Cav. durch die Artillerie, englishe Inf. u. unser Cavalerie.
   Das Wangenheimsche Corps kam nicht zu dem kleinen Gewehrfeur.
   Das man in der Mitte durch drang, war ein Wunder, liegt auser dem Gebiete der Tactik.
10. Die Artillerie hielt allein den linken Flügel der Allirten u. that auf den rechten große Wirkung, die Trupen thaten an beiden Orten wenig. In der Mitte bestand das Feur Gewehr der Franzosen in der einzigen Batterie bey Mohlbergen, die genommen wurde – unsere Batterie u. die englishe Inf. zwang die französishe Cavalerie zur Bewegung, zu der es ihr an Plan fehlte. Ein Hammerstein hatte den allirten linken Flügel nicht aufmarshiren lassen, sondern hätte ihn gleich übern Haufen geworfen.
11. Die Cavalerie hinter der Inf. muß immer bereit sein, auf den Feind, ehe er aufmarshirt, zu fallen u. dies thun, wenn der Feind aus durchshnittenen Terrain debouchirt, u. dann, wenn sie ihn zerstreut hat, wieder zurük hinter die Infanterie gehen. In den durchshnittenen Terrain könnte sie nichts machen.
12. Contade konnte, als er in der Position bey Minden stand, a. die allirte Armee angreifen, b. stehen bleiben u.[i] sein Corps bey Gofeld so sehr verstärken, daß der Herzog ihn nicht zu thun im Stande war.

[4.] Schlacht bey Vellinghausen

1. Position 4½ Stunde à 6000 Schritt – rechts zu umgehen, links bedekt zu attaquiren.
2. Mit den Angrif des Herzogs ist es nicht ganz wie in der einzelnen Relation – Major Uslar – Oberst Ahlefeld[5]
3. Die Regiments Canonen der 6 Bataillone waren zurückgeblieben – nachher noch von Braun[6] hergeführt u. die retirirenden Trupen sich wieder gesetzt.
4. Der Herzog nichts gethan, offensiv zu operiren. Die Franzosen noch schlechter.
5. Die Position war zu ausgedehnt, hätten die Franzosen mit Tagesanbruch den 15ten den Angrif ausgeführt, so wie der H. F. bey Crefeld, und hätten sie dabey einen gewissen Plan gehabt, z.B. an der Lippe u. in der rech-

---

[i] *Folgt gestrichen eine mehrfach umformulierte Passage über eine mögliche Operation gegen das detachierte Korps des Erbprinzen von Braunschweig, um diesem „eine Geschichte von Maxen" zu bereiten.*

[5] Ernst Siegfried von Ahlefeldt, der 1788 zum General der Infanterie ernannt wurde.

[6] Henning Anton Ulrich Braun (1704–1780), der als Generalleutnant und Kommandant von Harburg starb.

ten Flanke der Allirten mit der größten Macht durchzudringen u. anderwärts nur durch Canonaden u. verstellte kleine Angriffe zu figuriren, so war die Allirte Armee verlohren. Denn in den Fall drang Broglio durch, weil weder die Verstärkug von rechten Al. Fl. angekomen war noch die 6 Bataillone von den Spörkshen Corps. Auch konnte der Theil, welcher den Feind umging, überdem noch glüklich seyn.

7.[j] Es war ein großer Fehler der Franzosen, den Tag vor in der Ordnung, in der sie wirklich angriffen, sich zu zeigen u. selbst den Angrif anzufangen. Da war es natürlich, daß der Herzog sich nun auf alles gefaßt machte, von Spörken die Bataillone kommen lies, den linken Flügel, der gelitten hatte, verstärkte u.s.w. Wollten sie so heran rüken, so mußten sie den Morgen darauf mit einen andern Plan den Angrif ausführen, z.B. in der Nacht ein großes Corps der Allirten Armee in die rechte Flanke u. Rüken shiken u. dann auf den rechten Flügel von vorn zugleich ernsthaft angreifen, wenn das umgehende Corps zu Vorschein kam. Der Herzog horte den 15te den Abend von den Gefangenen, daß die ganze Broglioshe Armee da war – auch der Bericht von Spörken. Man sehe besonders.

8. Wenn man [mit] so große[n] Armeen wie die französishe [...k] angreift, so ist es eine Haupt Sache, einen beträchtlichen Theil zu detashiren, um den schwächern Feind von mehrern Seiten zu drängen, gelingt dann ein[l] Angrif nicht, so gelingt vieleicht der andere. Jed[e]r Angrif ist bey der Stärke noch groß genug, um die Schlacht zu entscheiden.

<u>Anmerkung zum Beweiß dieses Satzes</u>

Man denke sich den Angrif von 2 Escadrons A u. B gegen eine C. 1. in den Fall, wo beide, nemlich A u. B., in der Front einer Escadron auf die Escadron C fallen, u. 2ten wo A von vorn u. B in Flank kömt u. C sich theilt u. jeder der Escadron A u. B mit eine halbe entgegen gehet. Wird in ersten Fall die Escadron A übern Haufen geworfen, so wird die Esc. B die Sache nicht wiederherstellen; wird aber in 2ten Fall die Esc. A geshlagen, so kan die Esc. B, wenn sie die halbe gegen sich habende Escadron schlägt, nun auch noch recht gut die andere Helfte der Escadron C, welche gesiegt hat, schlagen.

Zwey Treffen auf einen Flek nacheinander auf den Feind gerükt thun das nicht, was sie thun würden, wenn sie auf den selben Feind von 2 verschiedenen Seiten rüken. 1. Kann ein einziges Ungefähr ihnen nicht allen guten Erfolg entreißen, schon eine wichtige Sache u. 2. thut das 2te Trefen gewöhnlich wenig, der geringe Erfolg des ersten wirkt auf den Geist des 2ten – und ein Feind, der einen Angrif abgeshlagen hat, scheut sellten den 2ten.

---

[j] *Es gibt keinen Punkt „6."*
[k] *Unleserliches Wort.*
[l] *Das Wort in der Vorlage versehentlich doppelt.*

9. Die Position des Herzogs war zu ausgedehnt und hatte links ein Holz vor sich, das ihn den Angrif verbarg – es fehlte ihn hier ein paar geschloßene Redouten, jede mit schweren 10 Canonen u. 2 Bataillonen besetzt, mit Palisaden, Wolfsgruben u.s.w. umgeben. Die Kunst, gewisse Punkte in der Schlachtordnung zu Posten zu machen, fehlte der Armee.
10. Die E[i]ntheilung der Armee in Corps war schön, die stratagetische E[i]nleitung war künstlich, aber ohne ein Stratagem oder ohne gut befestigte Punkte war die Position nicht zu halten.
11. Das die Schanzen bey Vellinghausen angelegt werden konte[n], ist sicher, dann die Armee stand hier länger, man hate die Nachricht von den 10ten in Brandes[7], wo der Herzog von Broglio beym Recognosciren riskirte, gefangen zu werden.
12. 3 Uhr fing das Feur den[m] 16ten bey Broglio an. Soubise viel später, höchsten 6 Uhr. 10 Uhr war alles vorbey.
13. Eine Art Mißverstand oder Cabale machte, daß der Herzog von Broglio sich zurükzog, er glaubte, als er von den Angrif von Soubise nichts hörte, dieser könne nichts thun. Als nun Soubise hörte, Broglio ginge davon – ging er auch.

32 schwere Canonen auf der Höhe vor der Grade 70 u. 71.

14. Quellen Bourcet, Brandes, Tempelhof, mein Convolut.
15. Nach Ahlefeld sind die 6 Bataillone ungefähr 7 Uhr angekomen u. haben bis gegen 10 Uhr gefeurt; ihr Vorgehen durch Bemerkung des Major Uslar. Der sah, daß der Feind feurte.

[5.] <u>Schlacht bey Wilhelmsthal</u>

1. <u>Quellen</u>: Spörkens Bericht, die Disposition Brandes; das Heft in bunten Papier in Quarth von Schlieben[8] u. Bourcet in 3ten Theil, am Ende des Buchs.
2. <u>Hier gab der Herzog eine Disposition</u>, sie wurde mitgetheilt, wie darin es bemerkt wird. Bey Minden scheint keine gegeben zu seyn, aber die Trupen zu den verschied[ene]n Colonnen waren bestimmt, den Generals war die Linie bestimmt, in der aufmarshirt werden sollte. Hätte der Herzog gewiß gewußt, daß es zur Bataille kommen würde, so hatte er vieleicht

---

[m] *Das Wort in der Vorlage versehentlich doppelt.*
[7] Andreas Justus Brandes: Abhandlung von Regeln und Grundsätzen des Krieges aus den letzteren Feldzügen entlehnt und mit älteren Beispielen verglichen, Hannover 1774.
[8] Martin Ernst von Schlieffen, zur Zeit der Schlacht von Wilhelmsthal Oberst und Generaladjutant des Landgrafen Wilhelm VIII. von Hessen-Kassel.

eine nähere Bestimmung gegeben. Er wußte nicht recht, wie der Feind aufmarschirt stehen würde; für das Wangenheimsche Corps war nichts zu bestimmen. In der Schlacht bey Vellinghausen stellte er die Trupen dahin, wo sie agiren sollten, er verhielt sich defensiv, wußte nicht, was Veränderungen noch nöthig seyn könnten, dies hielt vieleicht ab, eine Disposition zur Schlacht zu geben.

Man kann nur eine gute Disposition geben, wenn man die Stellung des Feindes u. das Terrain kennt, wie hier bey Wilhelmsthal; (wie die Franzosen bey Minden u. wie sie es bey Vellinghausen auch gekonnt hätten; wie wir bey Crefeld). Der Herzog gab im Julie 1762 eine, man sehe das Heft S. 9. Es ist ein großer Vortheil, eine Disposition des Vehaltens zu haben, in den mündlichen Befehl wird nicht an alles gedacht, manches wird von einzelnen Befehlshaber wieder vergessen. Mißdeutungen sind unvermeidlich. Namen der Orte u.s.w. Zeit. Die Disposition muß aber nicht der Wirksamkeit der einzelnen Theile Hindernisse in den Weg legen. Erst bestimmt sie den mechanischen Gang, dann die Ausnahmen, welche die Umstände u. s. w. nothwendig machen; den Grad des wilkürlichen Agirens, um vom Zufall, von Fehlern des Feindes zu profitiren. Jede Disposition macht den einzelnen Befehlshaber auf diesen Punkt aufmerksam u. legt ihn Verantwortlichkeit auf, wenn er es nicht thut.

3. Die Art, wie der Herzog diese Schlacht vorbereitete durch die Besitznehmung des Reinhardswaldes, durch die Versicherung des Marsches über der Diemel, durch Postirung der Piquets u. des [.....]ⁿ hannövrishen Bataillons, des ersten bey Zwergen u. 2ten bey Humme, verdient Nachahmung.

4. Die Disposition sagt sehr gut, wie die Einshließung des Castrieshen Corps geschehen sollte, aber es wurde schlecht ausgerichtet, man lies sich auf Canonaden, wie Spörken sagt, eine Stunde ein, er mußte mit dem Bajonet angreifen, sobald er Lukner sah – u. Lukner mußte gleich dasselbe thun.

5. Zwei Fehler sind hier in der Disposition gemacht
   a. Von Gottesbühren bis Mariendorf 3 Studeweges konnte Lukn[e]r nicht von 2½ bis 7 Uhr also 4½ Stunde, so wie Spörken nicht von Sielen, bis wo er sich formirt, von 4 bis 7 also in 3 Stunden 2¾ Weges machen konnte.
   b. Daß nicht diese beiden Corps bey Humbraksen⁹ im Walde sich vereinigten und dann gemeinschaftlich zugleich auf Castries fielen, nur allzuoft trafen die Colonnen nicht zugleich ein. Das weiß man aus Erfahrung. Diese beiden Colonnen mußten vereinigt auf den Feind gehen u. ein Theil ihr[e]r Cav. gegen den rechten Flugel der feindl. Armee shicken.

ⁿ *Unleserliches Wort.*
9 Gemeint ist wahrscheinlich Hombressen.

6. Die Vorsicht vorher aufzumarshiren war vortreflich. Es marshirten hier anfangs 12 u. hernach 16 in Front. Es mag die ordinäre Methode, en Front zu marschiren zu einer kurz[e]n Attaque gut seyn, aber man sollte nie ausnehmen, wie man in solchen Falle als hier sich hülfe – sich geschwind en gros in eine Linie brächte und s.w.

Alle die Schnirkelein der ersten Methode fallen dort weg. Man muß eine Methode erfinden, wo von der Maßregel der Officiere und nicht von den Gleichshritt und der Richtung der Gemeinen es abhängt – was können diese. Jedes Bataillon muß sein Adjudant als Richtofficier zu Pferde haben. Das Princip auf Perp[e]ndikulär Vormarsch ist gut zum Exerciren der Recruten. Die Adjudanten muß die Linien in gehöriger Entfernung in Vormarsch von Zeit zu Zeit marquiren. Man muß in der Linie Halt machen u. Intervalle u. gleiche Front wieder zu bekommen.

7. Die Stellung der Franzosen war höchst schlecht. Die Cavallerie auf den Flügel, das Castriesche Corps so wenig als das von Stainville konnte die Armee sichern, sie mußt beide weiter rechts u. links stehen, sie mußten den Reinhardswald u. Netz Burgerwald sich nicht nehmen lassen.

Wen[n] eine Armee ohne Stützpunkt stehet und rükwärts eine bessere Stellung hat oder doch, wenn sie angegriffen wird, rükwärts gehen will, so ist es am besten, auf den Flügeln in Verlängerung der Front der Armee, Corps zu stellen. Wenn alsdann der Feind über ein Corps herfällt, so hat doch die Armee Zeit, sich zu ret[i]riren, und kann nicht zugleich mit den Corps in Flanke genommen werden, welches stattfinden kann, wenn die Corps verfahren wie bey Wilhelmsthal.

8. Die französische Armee bey Wilhelmsthal hätte auf folgende Art postirt werden müßen
    a. die Haupt Armee in 2 Division, die rechte bey Carlsdorf, wo Castries stand, und die linke mit den linken Flügel an den Rosenberg
    b. in 2 Corps, eines links beym Calenberge[10] u. das andere rechts im Reinhardswalde, wo es alle Tage eine veränderte Position nehmen müßte
    Von allem würden die leichten Trupen an die Diemel gestellt, einzelne Bataillons aus der Linie besetzt[e]n die Durchgänge durch die Gebirge vor der Front mit Canonen – alle diese und andere Wegen werden unzugänglich gemacht.

9. Das linke Ufer der Diemel ist beßer zu vertheidigen, es macht a. einen Bogen um die vertheidigende Armee,° diese ist im Centro u. näher bei jeden Punkt. b. Ferner ist die Gegend an rechten Ufer offen, u. die Corps kon[n]en also ein ander schnell unterstützen.

° *Folgt, versehentlich nicht gestrichen:* „links".
[10] Gemeint ist wohl einer der Hügel bei Calenberg südlich von Warburg.

[6.] Reflexions

Quand on a une armee des troupes disciplinés et exercés on peut se laisser tourner quand l'ennemi n'est pas superieur en nombre. Si l'ennemi dans une telle situation vouloit nous couper la retraite, il se trouverait dans une grande etendue et on pourrait se faire jour.

Mais si les troupes sont découragees ou sans disciplin et exercice, il est fort dangereux d'être tourni – si les troupes ne tiennent pas fermes il n'est d'autre moyen que se battre en front de commencer l'action par une canonade; de surprendre un poste ou corps avec une supériorité decidée, de faire la petite guerre et d'eviter toutes espece de batailles rangées.[p]

[7.] Par les batailles du P. F.[q] dans la guerre de sept ans nous voyons

Bois 1. qu'un bois devant le front de l'armee est fort dangereux. a. Le maneuvre du p. F. à Crefeldt etoit impossible si l'innemi n'avait pas été environné d'un bois; b. à la bataille de Lutternberg les Français tournerent les Alliés a la faveur d'un bois; c. la bataille de Vellinghausen etait perdue s'il Broglio avoit attaqué en force le 15 Juillet par le bois ou il penetra le 16, aprés avoir indiqué la veille le point ou il voulait attaquer.

A la bataille de Wilhelmsthal l'attaque en flanc avoit été impossible, si le bois de droite et de gauche n'avait pas couvert les mouvemens du general Spörken, Lukner et M. L. Granby.[11]

A la bataille de Hastenbek le bois fut dangereux aux deux parties.

2. Un bois peut être avantageux devant le front d'un camp, si on prend la position au moment que l'ennemi attaque devant ou dans la lisière du bois du coté de l'ennemi. C'est le cas ou on peut faire le mouvem[en]t en avant sans être vu et sans danger et ou l'ennemi nous rencontre dans une position inattendue et ou toutes ses dispositions sont decouvertes. Ce fut precisement le cas à la bataille de Minden et en quelque consideration a celle de Vellinghausen.

3. Les batailles du prince Ferdinand demontrerent que le bois ne fait pas un grand obstacle pour les attaquants

    La bataille de Hastenbek
        "   "   "   " Crefeld
        "   "   "   " Lutternberg
        "   "   "   " Vellinghausen et Wilhelmsthal

Mais il y a des abbatis bien dressés c'est autre chose –

[Fol. 17v–19v (4 S.):]

---

[p] *Folgt gestrichen: „2. l'auteur du Systeme de guerre [unleserlich]."*
[q] *Gemeint ist, wie aus einer Streichung ersichtlich ist: „Prince Ferdinand".*
[11] Zu lesen: „My Lord Granby". John Manners, Marquess of Granby (1721–1770), war 1759–63 Oberbefehlshaber der britischen Truppen in Deutschland.

[8.] Evenemens memorables de la Campagne de 1793 entre le Rhin, la Moselle et la Saare.

Mars 25. passage du Rhin de l'armée Prussienne à Bacharach
    28. Affaire de Stromberg, Neuwinger prisonnier.
    30. 12.000 homes des Autrichiens passent le Rhin à Ketsch
Avril 2. l'armee Française à Landau, forte de 45.000 homes
    14. une arme Française à Wissenbourg.
    16. les emigrés du prince de Condée passent le Rhin et rejoignent l'armee Autrichiene.
Juillet 18. Les François ses mettent en marche pour secourir et delivrer Mayençe
    23. Mayençe fait la capitulation.
Aout 20. l'attaque de Binenwald par les François
    22.⎫
    23. ⎬ Affaires sur l'aile droite des Autrichiens vers Weissenburg
    27.⎭
Sept. 12 Attaques par les Français depuis Lauterbourg jusqu'a Weissenburg. Affaire près de Bondenthal[12] – le camp fut emporté.
    14. Affaire de Bondenthal; bataille de Pirmasens. Le camp de Bondenthal fut emporté par les Français.
Oct. 13–17. Les Autrichiens s'emparent des ligne[s] de Vaubans, de Lauterburg, de Weissenbourg et de Hagenau, des lignes de la Motter, de Drusenheim, de Brumt[13], de Buschweiler[14] et de Wanzenau
    28. Fort Louis pris par les Autrichiens
Nov. 14. Retraite des Autrichens dans les lignes de la Motter.
    14–19. attaques journaliers des Français.
Dec. 22. La ligne des Autrichiens rompue, l'armee de la Moselle et du Rhin reunies
    23 Action de Geisberg
    28 Landau delivré.

[9.] Les fautes de la Campagne de 1793

1. On s'eloigna trop loin de l'armee de siege pour pouvoir se soutenir mutuallement.
2. On avanca jusqu'aux barrières des forteresses et on ne les attaqua pas que [e]n 9 semaines après la reddition de Mayence;

---

[12] Bundenthal.
[13] Brumath.
[14] Wahrscheinlich Bischweiler.

L'inaction dans le camp de Edinkhofen¹⁵, Pirmasens, K. Lautern a été funeste pour toute l'Allemagne; il pourrait être aussi dangereux pour les armées même, si les Français n'avait pas été desorganisés dans le même tems.
Les positions des armées ses trouverent en equerre.

3. Dans la position de Pirmasens les troupes furent trop épaupillées – dans cette position les 15 bataillons eurent 4 camps, dans une etendue de 2 lieues, separés l'un de l'autre, par des precipices affreux; le corps du prince de Hohenlohe fut eloigné de 4 heures de chemin et le corps de Kalkreuth¹⁶ de celui de Hohenlohe de 2 heures.
4. Si l'enemi avait attaqué, les Prussiens à Pirmsens de tous côtés, ils auroient été battus inévitablement ou si l'enemi avoit amusé l'armée à Pirmasens, ils pouvoit attaqué le corps de Hohenlohe avec une supériorité decidée.
5. Les François firent des fautes capitales dans cette campagne en attaquant tout le cordons, ils auraient dû tomber mutuallement sur une ou l'autre partie – il n'y avait aucune qui etait posté de maniere a pouvoir se soutenir.

[Fol. 20r, 21r–v (3 S.):]

[10.] ʳRegles sur l'art de la guerre, tiré de la bataille de Pirmasens

1. Sans la prevoyance de tous les differentes evennemens, qui pouvaient arriver dans la bataille, elle aurait été perdu pour les Prussiens. Les inemies attaquerent en dos à l'improviste; ce fut une veritable surprise. Mais le duc¹⁷, qui avait calculé toutes les possibilités, ne fut pas embarrassé, il donna les ordres de se former en arriere; les chemins etait preparés et indiqués. Toutes les troupes les mettoient en mouvement, comme pour une manoeuvre. Un general moins prevoyant aurait perdu la contenance. Dans un moment si critique, on se sut battu en desesperé; une armee moins manoeuvriere n'aurait pas pu executér un tel mouvemens sans être mis en desordre.
2. Dans cette bataille la cavalerie fut battue, et il n y eut que 2 bataillons que allerent au feu, mais l'artillerie forma la premiere ligne et decida la journee.
3. La cavalerie quoiqu'elle fut battue, fut au comencement de la bataille d'un grand avantage; elle retarda l'attaque de l'innemi, et elle donna le tems necessaires aux l'autres troupes de se former. C'auroit été un grand avantage, si la cavalerie avoit enˢ avancant au comencement de l'affaire une batterie de l'artillerie legère, elle aurait pu empêcher plus longtems l'ennemi de se former et elle aurait pu couvrir la retraite.

ʳ Davor gestrichen: „Celui qui merite d'être imité de la Bataille de Pirmasens".
ˢ Das Wort in der Vorlage versehentlich doppelt.
¹⁵ Edenkoben.
¹⁶ General der Kavallerie Friedrich Adolf Graf Kalckreuth (1737–1818), im Siebenjährigen Krieg Adjutant des Prinzen Heinrich, der 1807 die Verteidigung von Danzig befehligte.
¹⁷ Herzog Karl Wilhelm Ferdinand von Braunschweig.

4. L'usage qu'on a fait de l'artillerie dans cette bataille peut servir d'example pourtant on a fait la faute de ne pas placer l'artillerie legere a la reserve ou au centre de l'armee.

[Fol. 20v (1 S.):]ᵗ

[11.] Wahl einer Position, in Rüksicht des Terrains

Man hat bey einer Position die Absicht
1. sich in derselben bloß vertheidigent zu erhalten, wenn der Feind sie nicht mit der Wahrscheinlichkeit eines guten Erfolgs angreifen kann, dann aber muß er sie nicht umgehen können. Kann er dies, so muß man
2. seine Anstallten so trefen, daß man ihn, in dem er es thut, selbst angreift oder den Theil, der ein umgehet, abschneidet.
3. Nimmt man auch Positionen, in den der 1te u. 2te Fall nicht statt findet, die aber nicht leicht mit der Wahrscheinlichkeit eines guten Erfolgs anzugreifen sind, ehe der Feind nicht ganz genau kommt

[Fol. 22r–38v (30½ S.):]

[12.] Remarques sur la bataille de Zorndorf

1. On y voit la nouvelle dispositions du feu [du] Roi de Prusse, ou il laisse en arriere un aile de l'armée et ou il attaque avec l'autre, renforcée de 8 bataillons et de la plus grande partie de la Cavalerie.
2. Cet ordre oblique de bataille aurait été un chef d'oeuvre s'il l'artillerie n'y avait pas manqué au point ou on vouloit decider la journée. Il n'y avoit que 20 pieces selon Tempelhof. On auroit du y employer 50 ou 60 pièces; car on en avoit 117.
   Selon Tielke[18] outre le 20 piece on forma une autre batterie de 40, qu'on dirigea vers l'aile droite. Tempelhof n'en fait pas mention.
3. Quelque grand qu'ait été le nombre des pieces l'artillerie a jouée pendant 1 heure et 55 Min. (selon la relation du comte de Panin) avec beaucoup d'effet un boulet a tué 42 hommes (selon Tielke), l'effet des cartouches a grapes a été terrible (selon le C. d. Panin).

ᵗ *Die Schrift auf dieser Seite zeigt eine etwas andere Linienführung als auf den vorangehenden Blättern, auch steht sie gegenüber der anderen Seite auf dem Kopf. Es handelt sich offenbar um das Fragment einer längeren Schrift, das vermutlich älter ist als die einsetzende Aufzeichnung auf fol. 20r und 21r–v.*

[18] Johann Gottlieb Tielke: Beyträge zur Kriegskunst und Geschichte des Krieges von 1756–1763, Freiberg 1775–1786.

Il ne resta de la brigade de Panin,[19] qui était vis à vis de la batterie, qu' $1/4$ en etat de combattre, les autre $3/4$ furent tués et blessés. Selon toutes les descriptions, que les temoins oculaires Tielke et le c. de Panin font de l'effet de l'artillerie prussienne, il est probable que toutes autres troupes n'aurait pas tenues ferme et que l'artillerie dans un tel cas aurait decidé la bataille.

4. Dans la bataille de Zorndorf la artillerie de l'aile droite et ensuite celle de l'aile gauche, etant avancée sans l'infanterie, fut attaqué par la cavalerie. Il parait qu'a l'aile droite, l'infanterie n'avit pas avancé, come elle aurait due et que sur l'aile gauche l'infanterie avaît quitté les batteries.
5. Il n'y a point de doute que l'artillerie a agit avec beaucoup de succes et d'intrépidité dans cette battaille, mais c'est la cavalerie qu'il doit l'honneur de l'avoir gagné.
6. Le Roi tourna l'armee russe, il campa le jour avant la bataille entre le Corps de Romanzov et l'armee de Fermor;[20] mais il avoit calculé que ce premier etait trop eloigné pour lui fair de mal, avant la bataille.

Le passage de la Mützel[21] et sa marche par la Massinische Heide etaient selon l'apparance des plus hardis qu'on ait dans l'histoire, et pourtant il n'avait rien à risquer. Il étoit impassible que les Russes pussent deviner son projet, et s'y opposer quand mème l'armee russe, auroit pu manoeuvrer. Le Roi calcula donc, qu'il pouvait exécuter sa marche sans difficu[l]té, et être ensuite en comunication avec Custrin. Il eut alors une retraite sure; et parla que les Russes furent coupés.

7. Il faut toujours calculer, ce que l'innemi peut savoir de notre projet, et le tems qu'il lui faut pour pouvoir nous opposer une force considerable. En tournant le Russe le Roi avait ainsi calculé.
8. Le passage de l'Oder était precisement dans le genre de celui du Rhin 1758. On fit passer presque toute l'infanterie en bataux; a midi le pont etai fini.
9. On ne peut pas dispenser de faire l'observation que les Russes et toutes les nations, qui ne ses croient pas habiles dans l'art de la guerre, sont plus brave que les nations qui sont beaucoup de cas de cet art. On voit cependant chés les Prussiens, que la bravoure et l'art peuvent être unis. Pourtant les Russes ont montrés plus de bravoure dans la Bat. de Z. que les Prussiens.

---

[19] Die Brigade von Pjotr Ivanovič Graf Panin (1721–1789) bestand aus dem 1. Grenadierregiment und den Infanterieregimentern Voronež und Novgorod. Die hohen Verluste (ca. 3100 von 4600 Mann) wurden jedoch zum Teil durch eine preußische Kavallerieattacke verursacht.

[20] Pjotr Aleksandrovič Graf Rumjancev (1725–1796), der 1761 die Eroberung Kolbergs anführte, wurde 1774 für seine Erfolge gegen die Türken zum Generalfeldmarschall Rumjancev-Zadunajskij ernannt. Wilhelm von Fermor (1704–1771), 1757–1759 Oberbefehlshaber der gegen Preußen kämpfenden russischen Truppen, wurde nach Zorndorf trotz der Niederlage zum Grafen erhoben.

[21] Mietzel.

10. On remarque dans la bataille des Zorndorf ce que la cavalerie peut faire dans une bataille quand elle est comandée par des officiers habiles et intrépides.

[13.] Bataille de Hochkirch

1. La resolution, la vitesse du Roi decida après la bataille de Zorndorf du sort de la Saxe. Si le maréchal Daun[22] se fut oposé contre le prince Henri avec celerité et force, il aurait pu l'écrasé conjointement avec l'armée de l'Empire. La bataille de Zorndorf se donna le 25 d'aout et quoique le Roi marcha en 7 jours depuis l'Oder jusqu'a Grossen Hain, ce que fait 23 mille d'Allemagne, il n'y ariva que le 9 de septembre.

   Daun etait encore le 25 Aout dans son camp près de Görlitz.

   Le 10 Sept. Daun voulait attaquér le prince Henri à dos pendant que l'armée d'empire l'attaquerait de front. Mais on recut la nouvelle que le roi etait dejà proche, et l'entreprise echoua.

2. Le camp des Stolpe ou l'armée du m. Daun s'opposa aux Prussiens, depuis le 5 sept. jusqu'au 3 d'octobre, etait selon le Veteran[23] et Temp. inattaquable, mais le roi le tourna enfin. Pourquoi ne le tourna-t-il pas plutôt? On dit qu'il n'avait pas eu asses tôt ses magazins à Bautzen, mais il y a des momens dans toutes les campagnes, ou les capitaines faute de resolutions, ou de conaissance du terrain ou de la positions de l'ennemi laissent echaper les momens favorables pour pas venir a leur but. Voyez N<u>o</u> 1 et 2.[24]

3. Le Roi de Prusse avait negligé dans la position de Hochkirchen toutes les messures de sureté dans une telle situation.

   Une armée doit avoir toujour une chaine de poste de troupes de ligne 2 jusqu'a 3000 mille pas en avant de la première ligne. Cette ligne consiste au moins d'une division ou de 150 hommes par brigade, avec un canon; et quand on est proche de l'innemi, on renforce cette ligne avec du canon et des fantassins.

   Il faut que cette ligne soit accomodée pour empecher de pouvoir l'attaquer a l'improviste. Ci n'est que dans une grande plaine, ou on n'en peut pas faire usage.

   Cette Ligne sert de soutien aux troupes legeres.

---

[22] Leopold Josef Graf Daun (1705–1766).
[23] Geständnisse eines österreichischen Veteranen in polit.-militär. Hinsicht auf die interessantesten Verhältnisse zwischen Österreich und Preußen während der Regierung des großen Königs der Preußen, Friedrichs des zweyten, mit historischen Anmerkungen gewidmet den kgl. preußischen Veteranen von dem Verf. des freymüthigen Beytrags zur Geschichte des österreichischen Militärdienstes, 4 Bde., Breslau 1781–1791. Verfasser des anonymen Werks war Jacob de Cognazo.
[24] Die Karten liegen dem Text nicht bei.

Le Roi n'avait point de piquets avancés comme il parait selon les relations il campait avec une securité impardonable.
4. Le deux regimens de cavalerie de Zithen et Czetteriz[25] furent mal placés. Si on les avait mis plus en arriere, ils auraient pu tomber sur l'ennemis qui attaquerent le flanc de l'infanterie de l'aile droite. Il n'y avait point d'arrangement pour pouvoir se defendre.
5. On y voit qu'il est fort dangereux d'avoir un bois devant le front. Ce n'est pas seulement dans le cas ou l'innemi est proche, mais aussi dans tous les autre; cette situation mérite des reflexions.
6. Il est difficile de comprendre la raison, que le roi avait de se campir dans une si mauvaise position, meme quand l'ennemi aurait été plus éloigné. Il pouvait prendre d'autres positions d'ou il aurait pu tourner l'innemi. Il parait qu'il ne conaissait pas le terrain – et qu'il etait obstiné. Il dit dans ses l'oeuvres posthumes, qu'il avoit eu le dessin d'attaquer la gauche de l'innemi le lendemain de la bataille. Si la chose est fondée, on voit par la, qu'il ne faut jamais remettre de telles exécutions.
7. Quand on est dans une position comme celle de Hochkirchen il faut tous les soirs (dès qu'il fait obscur) detacher des corps et leur faire prendre une position par les moyen de laquelle ils peuvent prendre l'ennemi en flanc, lorsqu'il veut nous attaquer. Il faut changer tous les soirs les positions des corps detachés, de maniere que l'ennemi ne puisse savoir ou nous trouver.

Si on n'avait pas la precaution de changer la position de ce corps, l'ennemi pourroit avoir avis de la position du dit corps, et prendre les mesures convenables pour le tenir en inactivité.

Dans la position de Hochkirchen, on auroit pu placer un tel corps de Infanterie en B, D, D, D, de cavalerie en A, C. Souvent on auroit du prendre pendant la nuit la position de poste en avant de Hochkirchen.
8. Je ne saurois concevoir ce que le roi voulait faire avec sa cavalerie dans la position de Hochkirchen. Pourquoi ne la place-t-il en partie en C ou ailleurs.

[14.] Maxen
Fautes commises par les Prussiens à la bataille de Maxen

1. Ils n'avait pas un plan calculés selon le terrain et l'eloignement des deux armees; c'est pourquoi, que le corps de Hülsen arriva un jour trop tard a Dipoldiswalda. On fit des fautes semblables le 18 Mai 1794 – on ne calcula ni le tems ni l'eloignement en promettant au Duc de York que l'Archeduc Charles[26] couvriroit le flanc gouche et les derrieres du Duc d'York.

---

[25] In der Stammliste von 1806 Leibhusarenregiment No. 2 und Dragonerregiment No. 4.
[26] Erzherzog Karl (1771–1847) litt an Epilepsie und kam bei Tourcoing offenbar wegen eines Anfalls zu spät, vgl. Sichart IV, S. 451.

Il faut caculér le tems necessaire pour donner les ordres et l'endroit ou les differens corps ses trouvent à chaque heure, pour juger de leur situation.
2. Si le general Finck[27] n'avait point d'avis sur que le roi voulait le soutenir, il devoit donc agir comme isolé – et isolé il n'y avait pas d'autres moyens de n'être pas cerné que de marcher contre un des differents corps qui etoient en marche pour l'attaquer, et pricipalement sur celui qui pouvoit le couper de Freiberg d'ou il tiroit sa subsistance. En voyant le 19 les colonnes de Sincere[28] marcher vers Dipoldiswalde il auroit fallu attaquer ce corps le 20 au matin en debouchant par Reinholdshain. Il aurait pu renforcer le corps de Platen[29] pour cette attaque et laisser quelques bataillons et escadrons sur les hauteurs de Maxen pour tenir en échec l'armée d'Empire et le corps de Brentano[30].
3. C'était beaucoup hasarder d'envoyer un corps à 8 lieues de l'armée en dos de celui de l'ennemi, qui n'est eloigné que de 3 lieues. Il faudrait pour un tel dessin plusieurs corps (pour couvrir la comunication) placés de maniere que les plus eloignés ayent encore une retraite sure, si les plus près venaient à être cubutés. Ici il aurait fallu 2 corps differens, l'un a Tharan et l'autre à Dipoldiswalda.
4. On voit ici combien toutes les entreprises dependant du moment; le corps de Hulsen ariva le 20 vers le soir à Dipoldiswalde, si l'armee de Sincere, qui partit de la le matin, y eut encore eté ou si l'entreprise eut été comencée un jour plus tard, elle echoua.

[15.] <u>Bataille de Cunersdorf</u>

1. Le roi ne connaissait pas le terrein; il auroit fait mieux s'il s'avait approché avec toute l'armée pour voir mieux la position de l'ennemi. A la bataille de Zorndorf il avait raison de ne suspendre l'attaque, parceque il c[r]aignait le corps de Romanzov et entre cela il voulait profiter des desordres qui conferent le changement de front dans l'armée Russe. Mais à Cunersdorf toutes ces considerations n'avoient pas lieu.

C'est le cas ou on se campe devant l'armée ennemie à portée du canon, pour reconoitre tous les avennues qui menent au camp de l'ennemi, c'est aussi le cas ou on se retire le jour avant que l'on veut attaquer l'ennemi pour lui donner le change.
2. Les Prussiens n'attaquient que sur un point; ils eurent du faire une fausse attaque vers l'aile droite des Russes; pour y occuper les troupes. Alors

---

[27] General Friedrich August von Finck (1718–1766) wurde nach dem Krieg kassiert und zu einem Jahr Festung verurteilt, doch galt er allgemein als Sündenbock.
[28] Feldzeugmeister Claudius Freiherr von Sincère (1696–1769).
[29] Generalmajor Leopold Johann von Platen (1725–1780).
[30] Generalmajor Joseph Anton von Brentano-Cimaroli (1719–1764).

l'ennemi n'avait pas pu employer les troupes de l'aile droite pour renforcer l'aile gauche, ce qui decida beaucoup dans cette bataille.
3. Il parait que le differentes attaques vers l'aile gauche n'agissoient de concert; si les prussiens avoient attaqués de tous cotés à la foi, il aurait été plus d'apparence de percer.
4. On voit dans cette bataille que les retranchement, quand meme ils sont defendu des Russes et des beaucoups de canons n'oppose pas une grande resistance, si les attaquants se jettent dans le fossé et escaladent le parapet.
5. Quand on attaque, il faut avoir partout de la cavalerie, pour entamer l'ennemi qui se retire – pandant cette besogne, l'infanterie se mette on ordre, les canons arrivent et on recommence l'attaque en forme, envers les nouvaux ennemis, qui nous s'opposent.
6. On peut suivre, come une regle generale, ce que les Russes firent en placant leur cavalerie au dehors du retranchement; ici elle empeche une fausse attaque ou elle fournit des moyens de distinguer la fausse attaque de la vraie.
7. Montalembert[31] nous observe qu le roi avoit eu tort d'attaquer les Russes, qu'il eut eu raison d'agir defensive – il parait qu'au moins il n'etoit forcé de se battre dans une situation si desavantageuse.

[16.] Remarques sur la Campagne de 1759[u]

1. C'est la compagne la plus malheureuse du Roi. Le Roi fit une faute, qu'il n'empècha le general Laudon[32] de joindre l'armee russe – mais ce sont les fautes qu'on voit partout et que sont extrémement difficiles d'eviter.
2. Il est inconcevable que Daun resta a Marklissa et environs; s'il avoit suivi le roi, celui-ci n'eut pu passer l'Oder et attaquer les Russes. Mais d'ailleurs ils est aussi vrai qu'il auroit perdu la comunication avec la Saxe, si le prince Henri opera du coté de la Silesie pour le couper.

[17.] Torgau le 2 Nov. 60

1. Daun avoit front au comencement vers Wittenberg; la veile de la bataille il le change et il le tourna vers Dresden; le jour de la bataille il changa de front la troisieme fois; de maniere que l'armée de Daun avoit front vers Wittenberg et Lassy vers Dresden. C'etait contre le Roi de Prusse que les

---

[u] *Diese Aufzeichnung auf einem einzelnen Blatt (fol. 35r), dessen Rückseite unbeschrieben blieb.*
[31] Der bereits im ersten Band vorgestellte Marc-René, Marquis de Montalembert (1714–1800).
[32] Gideon Ernst Freiherr von Laudon (oder Loudon).

armées etoient obligés de changér souvant le front, comme à la bataille de Zordorf et de Cunersdorf. A la premiere elle fit front a tous côtés.
2. Il y a de la contradiction dans les relation de la bataille. Selon le roi ou selon ses oeuvres posthumes, Ziethen devoit diriger son attaque vers la hauteur de Siptiz[33]. Il ne le fit pas, il appuya la droite au grand etang[34] – ce n'etoit que vers 6 soir qu'il se tire avec quelque brigades a gauche. Il parait que le Roi lui a donné la disposition dan[s] des terms un peu vagues; au moins, il n'est pas probable qu'il ait determiné le hauteur du Siptiz come point d'attaque. Il parait être que le Roi n'a pas connu le terrein en detail, et qu'il n'en a consulté personne; pourtant son dessein a eté de mettre l'armee ennemie entre deux feux, sur le hauteur de Siptiz, parceque il disait entendant la canonade de Ziethen avec les bataillons Warasdin Mon Dieu Ziethen charge deja l'ennemi et nous sommes encor ici. Si le general avoit dirigé son attaque sur le hauteur de Siptiz il y aurait facilitér l'attaque du Roi.

La disposition du Roi perd beaucoup, si le Roi n'eut pas determiné le point d'attaque pour le general Ziethen, pourtant elle est toujours digne d'être imitée dans de cas pareilles.
3. Le Roi fit une faute, d'attaquer avec les 10 bataillons grenadiers. Il est vrai qu'il croyait que Ziethen avait deja comencé l'attaque; mais il aurait du penser, que cela était pourtant une presomption et qu'on ne pusse pas comparer une veritable faute avec un faute presumptive.[v]

Car le roi n'etait pas sur, que Ziethen avait attaqué, parceque une canonade se pouvait engager sans une veritable attaque; d'une autre coté l'attaque du roi avec le 10 bataillon etait une faute decidé, parceque il n'en pouvait pas attendre de succès quand meme il culbuta l'ennemi, vu qu'il n'avait d'autres troupes pour en profitér, mais il est probable que le roi croyait qu'il surprit l'innemi quand il attaqua en arrivant.
4. La disposition aurait été meilleur, si le corps de Ziethen avait dirigé son marche de manière qu'il pouvait entrenir la comunication avec le roi; pour amuser le general Lassy, il pouvait envoyer un ou deux brigades de l'infanterie et 20 Escadrons.

[Fol. 40r–v (1¼ S.):][w]

[18.] I <u>Wahl des Lagers in Rücksicht der Bequemlichkeit</u>
In einer Position muß man in Absicht des Lagers haben:

---

[v] *Folgt gestrichen: „Supposé que Ziethen avoit deja attaqué le point determiné, il y avait deux cas, Ziethen reussi ou ne reusse pas, sans l'attaque du roi. Dans le premier cas l'attaque du roi n'etait pas necessair, dans le second elle l'etait, mais il pouvait arrivé".*
[w] *Dieses Fragment könnte aus derselben Schrift stammen wie fol. 20v.*
[33] Süptitz.
[34] Der Große Teich.

1. einen nicht zu nassen Boden für den Platz, wo die Zelte stehen; in jeden Fall darf man hierzu kein sumpfigtes Terrain besonders für die Cavalerie wählen; es ist für die Ordnung beym Aus u. Vorrücken (besonders in der Nacht) u. für die Discipline vortheilhaft, in einer zusammenhängenden graden Linie zu lagern. Selten findet man indes diese grade Linie und oft muß man auf die zusammenhängende Verzicht thun.

   Es ist eine große Bequemlichkeit für die Cavalerie u. den Trän der Artillerie, wenn sie auf einen heilen Boden stehen, d. i. auf hohen Heiden u. harten Wiesen oder sandigten Feldern; denn in Frühjahr u. Herbst muß sie auf einen fetten u. leimigten Ackerlande alle 2 bis 3 Tage umgelagert werden, wenn Regenwetter eintrit.

2. muß man in einem Lager Wasser haben können. Die Cavalerie muß in gewöhnlichen Lägern, d.i. in Feld, wo nicht besondre Umstände es zu wählen eintreten, ein oder 2 Stunde von den Ort, wo sie campirt, bis zur Tränke haben. Sie hat schon bey dieser Entfernung 2 Stunde und also den Tag 4 Stunde zu machen, wenn sie 2 mal trinkt.[x]

   Mit den Pferden von der Infanterie nimt man es so genau nicht; sie thun keinen Dienst.[y]

[Fol. 41r–45v (9½ S.):]

   [19.] Maxen

Tabl. Le 15, Fink vint à Dipoldiswalde
   16. Wunsch[35]   " " Maxen
   17. Brentano à Röhrsdorf
   17. Sincere à Ruppen[36]
   17. Fink à Maxen, march à Dohna
   17. Platen 3 b. 5 esc. Reinhardsgrim
   17. Linstädt[37] à Dipoldiswalde 4 b.
                                   6 e.
   19. Linstädt marcha à Maxen
   19. Sincere 22 bat. .... esc. à Dipoldiswalde
   19. 7 bat. ...... esc. Bukardswalda
   20. Sinere attaque

---

[x] Folgt vereinzelt: „Feld".
[y] Am unteren Rand von fol. 41r steht (auf dem Kopf) gestrichen: „de l'armée; pour c'est seulement le cas ou on".
[35] Johann Jakob (1757: von) Wunsch (1717–1788), einer der wenigen Generale Friedrichs II., die aus einfachen Verhältnissen stammten.
[36] Wahrscheinlich Ruppendorf.
[37] Der preußische Generalmajor Daniel Georg von Lindstedt (1705–1764).

20. Sekendorf[38] à Dipoldiswalde 4 bat.
                                    3 esc.
20. Platen à Hausdorf
Le 19. Fink vit marcher le corps de Sincere vers Dipoldiswalda

1.[z] Le malheur de Maxen vient du roi; quand on detache un corps à 10 lieues dans les circonstances de l'affaire de Maxen, il faut placer un corps intermediaire à 5 lieues, c.a.d. si le Roi envoyait Fink à Maxen, il aurait du mettre un corps a Dipoldiswalda; le Roi avait senti cette verité, parcequ'il y envoya Hulsen, mais c'etait trop tard. Hulsen auroit du arriver à Dipoldiswalda le jour que Fink en partit.
   Les marches des corps dans un tel cas doivent être calculés soigneusement. Hulsen n'arriva qu'un jour trop tard.
2. Il faut avouer que Daun profita du moment. Un jour plus tard l'expedition aurait été inéxecutable. C'est un grand avantage dans la guerre d'être actif, de ne jamais negliger un moment l'occasion favorable de remporter un avantage sur l'innemi; parcequ'il est sur, que la plupart des fautes, faites par l'ennemi, sont corrigées en peu de jours; s'il on n'a pas l'adresse d'en profiter le premier jour, l'innemi peut faire beaucoup de fautes, sans en être puni.
3. Pourquoi fit on marcher Linstädt à Maxen? Est ce par ordre du roi, toutes les fautes tombeont sur ce dernier.
4. Fink avait une voie de se tirer de la situation embarrassante dans laquelle il se trouvait. Il appercut le 19 en faisant une recognaissance la marche de Sincere, il pouvoit donc conclure, que cette armée etait destinée de le couper et d'attaquer en dos; pour parer la defaite totale qui en pouvait resulter, il n'avait d'autres moyens que de marcher la nuit du 19 au 20 contre cette armée et de laisser le general Wunsch sur les hauteurs de Maxen. S'il eut pris cette resolution, il ne pouvait être coupé, et s'il battait le corps de Sincere, il pouvait soutenir sa position a Maxen; mais s'il le contraire était arrivé, il aurait eu une retraite sure.
   On pourrait dire, qu'il n'etait pas probable qu'il put battre l'innemi, qu'il allait attaquer, parceque dans ce cas il ne pouvait pas compter sur l'avantage du terrain, comme dans la position de Maxen. Je reponds à cela a. que le terrain, s'il avait pris de bonnes mesures, etait tout à fait à son avantage, b. que l'innemi ne connoissait pas le terrain, et que par consequent il avait par la une avantage decidée, c. qu'il pouvait prevoir être attaqué dans la position de Maxen par une grande superiorité c.d. de 2 ou 3 corps d'armées de tous cotés; aulieu qu'en marchant contre Sincere, il n'y en avait qu'une seule a battre et après il pouvait s'opposer aux autres.

---

[z] *Verändert aus „2." Davor gestrichen: „1. On peut presque toujours detacher un Corps à 2 $^1/_2$ mile d'allemagne ou 5 lieues sans risque d'être coupé, mais rarement à 5 miles ou à 2 jours de Marches".*

[38] *Möglicherweise der österreichische Oberst Johann Wilhelm Gottfried Freiherr von Seckendorf.*

5. Les 2 premiers positions proposées par Tielke ne sont pas compatibles avec l'ordre que Fink etait obligé d'éxécuter; la troisieme n'est pas meilleure que celle que Fink a choisie; dans la troisieme il aurait du capituler sur une autre place – voila toute la difference.

[20.] Landeshut

1. Le camp n'etait pas bien choisi ni fortifié; le Stangenberg et Bugberg[39] etaient trop eloignés pour pouvoir faire une partie de la position. L'aile gauche sur le Burgberg, le centre sur le Kirchberg et l'aile droite sur le Altenberg et aux environs aurait été mieux placés. Cette derniere position avait justement un front à pouvoir etre defendu par un corps de 15 bataillons et autant d'escadrons. Dans celle-ci, s'aurait placé presque toute la cavalerie de l'autre coté du Bober, et encore 2 ou 3 bataillons avec une batterie. Ici ils etaient à portée de soutenir le corps et en cas de necessité on se serait reservé par la une retraite. Mais pour tromper l'innemi, j'aurois laissé la cavalerie dans le camp derriere les redoutes jusqu'au moment de l'attaque. Par la, j'aurais fixé toute l'attention sur le camp retranché, et si l'innemi eut envoyé de troupes à l'autre cotés du Bobre, il etait à esperer, qu'elles n'etaient pas fortes et que la cavalerie et une brigade d'infanterie pouvait les culbuter, ce qui eut pu changer l'état dangereux de Fouquet[40].
2. On a de la peine à concevoir coment le roi pouvait s'attendre à ces que Fouquet put se soutenir, si l'innemi se rassemblait avec[aa] une grande superiorité. Si la chose etait possible il n'y aurait pas besoin de forteresses. Si Fouquet avait l'ordre de se soutenir autant qu'il pouvait; si le roi ava[i]t dit qu'il ne voulait pas le rendre responsable en cas qu'il fut coupé, on aurait pu attandre une resistance proportionée aux circonstances.

301. Aufzeichnung [?, vor 1801?[1]]

GStA PK, VI. HA Nl Scharnhorst Nr. 111 fol. 3r–4r (3 S.): Konzept, eigenhändig.

Operationen links der Weser im August 1761.

1761
Nachdem die franz. Armee die Weser passirt hatte, den 19ten Aug.

[aa] *Daneben am Rand: „unbestimmt".*
[39] Buchberg.
[40] Heinrich August de la Motte-Fouqué (1698–1774), der Großvater des Dichters, kommandierte ein detachiertes Korps in Schlesien. Er lebte nach dem Krieg als Domprobst in Brandenburg und hinterließ: Mémoires du baron de la Motte-Fouqué, 2 Bde., Berlin 1788.

[1] Hinsichtlich der Armee Herzog Ferdinands ist von „uns" die Rede.

Um Broglio abzuhalten, ins Hannöversche vorzudringen, wählte der Herzog verschiedene Mittel.
1. Suchte er bei ihn Besorgnisse wegen Hessen zu erregen, er ließ in dieser Hinsicht den Erbprinz bis Ossendorf vorrücken u. ging selbst mit der Armee bis Immenhausen. Stainville konnte aber in den Lager bei Kassel ohne Sorgen seyn. Wollte der Herzog bis an die Eder vorrücken, so mußte er wegen seine Comunication mit Hameln besorgt seyn.
2. Ein ander Mittel, Broglio am Eindringen in[s] Hannöversche abzuhalten war, ihn wegen seiner Comunication mit Göttingen u. Cassel Besorgnisse zu erregen. In dieser Hinsicht ließ er eine Brücke bei Höxt[e]r schlagen u. op[e]rirte Broglion in die linke Flanke.
3. Um in dieser Lage nicht das Hannövrishe preiszugeben, so ließ er Lukner zwischen der Leine u. Weser und Freitag zwishen den Harz und der Werra gleichsam den Feind in Schranken halten.

Ohne Schlacht konnte[a] in dieser Lage nichts geshehen. Da der Herzog den Defensiv Krieg führte, so mußte er beständig seinen Feind beschäftigen, dies that er. Dies hinderte den Feind, Coups gegen uns auszuführen.

Im Lager bei Reilenkirchen[2], war Detmold, Horn, Billerbek, Belle, Nollenhof u. Wöbel besetzt.

Den 18ten zog sich Broglio vor Steinheim zurück nach Höxter.

Den 18ten des Nachmittags marschirte der Herzog mit der Armee nach Nieheim oder Holzhausen

    18ten Corps von Granby   bei Altenbergen 11 Bat. u. 16 Esc.
           "   " Wutgenau[3]   "   " 6 " " 8

Sowohl die Armee als diese Corps setzten sich mit Tagesanbruch in Marsch. Der Marsch der Armee ging auf Altenbergen.

Granby ging auf Ovenhausen und sollte suchen Busseborn[4] links zu lassen u. die Höhe von Hilgenberg zu gewinnen. Wutgenau sollte die Höhe von Rösenberg zu gewinnen suchen.

Den 20sten Wutgenau nach Polle zur Comunication mit Hameln

Granby u. Covey[5] marshirten den 24sten nach Borgholz

    12 Bat. 13
    11 " 16

Den 25 attaquirte Granby mit

    12 Stück 12℔der ⎫
     6 " Mort. ⎬ Drendelburg
     6 " Haub. ⎭

---

[a] Statt „konnten".
[2] Reelkirchen.
[3] Der Hessen-Kasseler Heinrich Wilhelm von Wutginau (1698–1776) kämpfte bei den meisten westdeutschen Schlachten des Siebenjährigen Krieges und starb als General der Infanterie.
[4] Bosseborn.
[5] Henry Seymour Conway (1721–1795), seit 1761 Granbys Stellvertreter, starb als Feldmarschall.

Den 26sten Morgens ergab sich Drendelburg
Den 27sten Prinz Anhalt[6] zu Herstelle mit 4 Bat. u. 2 Esc.
25sten Spörken mit die Armee bei Hoexter 32 B. u. 25 Escadrons
Stand am 26sten Aug.

<u>Höxter</u>, 400 Comandirte
<u>Hameln</u> besetzt
<u>Hannover</u> besetzt
<u>Blomberg</u> Bäckerey 300 Comandirte

1. <u>Freitag</u> 3 Brigade Jäg. Hugsberg 23sten May, nahe an der Werra.
2. <u>Lukner</u> Sudheim bei Northeim 4 Bat. 8 Esc.
3. <u>Riedesel</u>[7] Scharfoldendorf Braunschw. u. Baurschen Husaren.
4. <u>Wutgenau</u>, Polle u.s.w. 6 Bat. 8 Esc.
5. <u>Spörken</u>, Höxter 23 Bat. u. 25 Esc.
   { Brigaden Hannöv. Jäger Bodenfeld, Lippoldsberg, } 24
   { Preussische Husaren Neuhaus Nienovr }
6. <u>Anhalt</u>, Herstelle   4 [Bat.]   2 [Esc.]
7. Armee bei Immenhausen 28 " 29 "
   Vorposten: a. Rothwursten u. Wielerbüren[8] 2 Esc. Pr. Hus., haben einen Vorposten in Siemershausen

       b. Auf den Höhen zwishen Obervöllmar u. Münchhof 3 Esc. Pr. H., haben in Hackerhausen u. Niedervölmer[9] Vorposten
       c. Holzhausen, die Jäger von linken Flügel u. 20
       d. Burguffeln, " " " rechten Fl., 100 Pf., haben auch die Brücke bei Frankenhausen besetzt.
       e. Vor Immenhausen 2 Bat. u. 3 Esc., geben Detashements nach Hohenkirchen
       f. Grebenstein 1 Cap. u. 100 M.
       g. zwischen Hilbertshausen u. Wilmershausen[10] auf der Höhe 3 Bat. u. 2 Esc.
       h. 2 Bat. u. 2 Esc. auf der Schneise des Debouchées von Veckershagen. Zappaberg[11] besetzt
       i. 1 Brigade H. Jäger Beverbek, 1 Brig. Veckershagen, Wacke[12]

Holzhausen waren ein Lager von 4000 M., daß sich nach Kassel am 26sten zurükzog – den 27sten in Hameln 1000 M. Feinde.

---

[6] Generalleutnant Prinz Karl von Anhalt-Bernburg.
[7] Friedrich Adolf Riedesel, Freiherr zu Eisenbach (1738–1800). Er befehligte 1776 das braunschweigische Korps in Amerika und wurde 1777 bei Saratoga gefangen.
[8] Rothwesten und Winterbüren.
[9] Heckershausen und Niedervellmar.
[10] Hilwartshausen und Wilhelmshausen.
[11] Wahrscheinlich Sababurg.
[12] Beberbeck, Veckerhagen, Vaake.

Zu Blomberg war die Bäckerey für die ganze Armee bis zum 24sten. Von dieser Zeit an wurde das Brod für die Armee in Hessen, in Höxter gebacken; das Mehl kam auf Schiffen von Hameln, der Hafer ebenfalls u. wurde von hier weitergefahren. Man brachte in 3 Tagen 40.000 Rat. Hafer von Hameln nach Hoexter.

302. Notizen [?, ?]

GStA PK, VI. HA Nl Scharnhorst Nr. 114 fol. 2r–4v (3 S.): Eigenhändig, Fragmente.

Operationen in Paderborn und Lippe 1761.

[Fol. 3v:]

Armee des Prinzen von Soubise u. Marschal Broglios
Soubise 60 Bataillons und eben so viel Escadrons
Soubise 40.000 M. ohne die Besatzung von Düsseldorf u. Wesel u.s.w. abrechnet.

[Fol. 4r–v:]

Armee des Prinzen Ferdinands

Reilenkirchen den 16ten August
Ferdinand. Le projet des deux marechaux parait avoir été celui de m'engager à passer la Lippe et l'Ems pour prevenir de M. Broglie sur la Weser, apres qui le Prince de[a] Soubise aurait passé le Roer pour mettre le siège devant Lipstadt. Car des que M. de Broglie eu reçû son renfort il s'est posté rapidement sur Paderborn et Lipspring, d'ou il a poussé en avant le Comte de Lusaçe[1] sur Hameln. J'ai de mon[b] coté fait marcher le Prince Heriditaire avec son corps d'armee sur le Harstrang, vis a vis le Prince de Soubise; ce qui à empeché celui-ci de repasser le Roer sous ses yeux, et le manque de fourage etant survenu l'à forcé de descendre la Roer jusqu'aux enverons de Schuirn ou il a enfin repassé. Es scheint als wenn er die Lippe bei Dorstn passiren u. jetzt Münster belagern wolle. Quant à moi, j'me suis posté par 4 marches consecutives par Burgeln, Erwite, Stormede à Buren et detachant d'abord vers les gorges qui menent sur Warburg et Cassel.

---
[a] *In der Vorlage versehentlich ein doppeltes „Prince de".*
[b] *Statt „m'ont".*
[1] Prinz Xaver Franz August von Sachsen, Graf von der Lausitz (1730–1806), kommandierte seit 1758 ein sächsisches Korps im Verband der französischen Armee. Als Regent Sachsens stiftete er 1765 die Bergakademie Freiberg.

Nr. 302   743

Armee des M. Broglie

18ten hatt. Erwite, mit den linken Flügel an Bach Glaup mit den rechten gegen Eikeln², Erwite vor der Front

(Soubise Soest)

Broglio in 3 Märshen, über 26 Salzkoten, 27 Paderborn, nach Driburg, den 28 kam er hier an, er lagerte sich mit den Haupt Corps bei Driburg, mit den Ritter du Muy³ bei Dringenberg.

(Soub. den 26 über die Möne, dann über die Ruhr bis Arensberg um abzuwarten, was der Herzog vornehmen werde. Dann dachte er wieder über die Lippe zu gehen)

Gr. Stainville bei Neu-Herse⁴, Prinz v. Beauvau⁵ bei Burke⁶, Baron Closen bei Eherentrup, H. v. Chelus (ein Detashement) zwischen Ossendorf u. Narden.⁷

Rochanbeau⁸ mit 1 Brig. Inf. u. der Cav. Westufeln

Belsiere⁹ mit 2500 M. nach Gottingen¹⁰, um den Freitag in Zaume zu halten, um von dort Lebensmittel zur Armee zu schaffen.

Chabat¹¹ ging nach Hameln u. ließ es recognosciren. Der Graf v. Vaux¹² wurde abgeshikt, Höxter zu befestigen, hier wollte man die Bäckerei anlegen.

Die französischen Feldherrn wollten den Herzog Ferdinand zwingen, die Gegend von Lipstadt zu verlassen, damit sie Lipstadt belagern könnten. Alsdenn wurde eine Armee in der Grafschaft Mark u. die andere in Hessen die Winterquartiere nehmen können. Durch Münster

[Fol. 2v:]

könnte das nicht erreicht werden. Hierzu 3 Mittel 1. man greift den Herzog an, 2. wenn man Hameln auf den linken Ufer der Weser bedrohet, 3. wenn man über diesen Fluß gehet u.ᶜ den Herzog zur Vertheidigung der hannövershen Länder herziehet.

ᶜ   *Das Wort in der Vorlage versehentlich doppelt.*
²   Eikeloh.
³   Louis-Nicolas-Victor de Félix, Graf du Muy (1711–1775), 1760 als Befehlshaber der Rheinarmee bei Warburg geschlagen, 1775 Marschall.
⁴   Neuenheerse.
⁵   Charles-Juste Marquis von Beavau (1720–1793), 1783 Marschall.
⁶   Buke.
⁷   Wahrscheinlich Nörde.
⁸   Jean-Baptiste-Donatien de Vimeur, Graf Rochambeau (1725–1807), bekannt für seine spätere Rolle im Amerikanischen Unabhängigkeitskrieg; 1790 Marschall und bis Juni 1792 Befehlshaber der Nordarmee.
⁹   Armand III de Belsunce (1720–1763), der 1762 als Generalleutnant nach Saint-Domingue ging.
¹⁰ Vermutlich das Dorf Göttingen bei Lippstadt.
¹¹ Louis-Antoine-Auguste de Rohan, Graf von Chabot (1733–1807), ein bekannter Kavallerieführer, zuletzt Generalleutnant.
¹² Noël de Jourda, Graf von Vaux (1705–1788), 1783 Marschall.

Das 1ste Mittel kann man nicht wählen, da der Herzog zwishen seinen Festungen immer von allen Seiten Unterhalt für die Armee findet u. bessere Stellungen wählen und also unter vortheilhaften Umständen shlagen kann.

[Fol. 2r:]

<u>Armee des Prinzen Ferdinand</u>

Spörken Herfeld[13]
  Lukner attaquirte von Rittberg[14] aus; Chabat in Neuhaus[15], wo das sächsische Corps; Freitag ging von den Solling aus längst der Werre, die Garnison von Hameln zerstörte ein Magazin bei Höxter.

303. Aufzeichnung [?, ?]

GStA PK, VI. HA Nl Scharnhorst Nr. 271 fol. 22r–23r (2½ S.): Eigenhändig.

  Entwurf einer:
<u>Geschichte der Verfaßung und Uebungen der Armeen und des Zustandes der Kriegeskunst zur Zeit Friederichs des II. Königs in Preußen</u> (der letzten Hälfte des 18ten Jahrhunderts)

I.   Abschnitt, Werbung, Besoldung, Bestand u. Eintheilung der Armeen.
II.   Disciplin, Subordination, militärishe Ehre
III. Bewafnung u. Stellung
IV. Abshnitt, Reine-Tactik oder Bewegungen der Trupen
V.   Abschnitt, Angewandte Tactik oder den Operationen einer Armee in einem Feldzuge
VI. Abshnitt Artillerie
VII. Abschnitt, Ingenieure, Festungen, Verschanzugen, Minen
VIII. Abschnitt, Führung der Armee – Operationsplan, Generalstaab
IX. Abshnitt, Bildung und Uebung der Armee in Friedenszeiten

Weitere Ausführung des V. Abschnitts

1. Capitel, Versorgung mit Lebensmitteln u. mit Munition
2. Capitel, Märsche

---

[13] Vermutlich Herzfeld an der Lippe.
[14] Rietberg.
[15] Wahrscheinlich Neuhaus östlich von Höxter, vielleicht aber auch Schloß Neuhaus bei Paderborn.

3. Capitel, Läger und Stellungen
4. Capitel, Schlachten
5. Capitel, Winter u. Cantonirungs-Quartiere

Weitere Ausführung des Iten Abshnitts

1. Capitel, Werbung, Besoldung
2. 〃 〃 , Verhältniß der Stärke der Inf. zur Cavalerie
3. 〃 〃 , Verhältniß der Stärke der Artillerie zu den übrigen Waffen
4. 〃 〃 , Eintheilung der Armee u. Regimenter, Bataillons, Escadrons, Brigaden, Divisionen, Treffen, Reserven, Avantgarden.
[a]NB. le Blond Elemens de Tactique[1]
5. 〃 〃 , Stärke der Armeen in dieser Periode, in Frieden, im Kriege – Art der Vermehrung in Kriege.

Inhalt von 1ten Capitel, 2 Artn, Freiwillige u. gezwungen. Die erstere Capitulation und Geld; die 2tere gewisse Zeit oder zeitlebens. Man sollte glauben, Freiwillige dienten beßer, wären tapfrer u.s.w., aber die Erfahrung lehrt es nicht. Die Hessen uns[re]r Zeit zu die besten deutshen Soldaten gezwungen u. schlecht bezahlt. Die holländischen am besten bezahlt, freiwillig geworben u. doch am schlechtesten.

Die preußishe Werbung aus Arnim[2] u. den milit. Briefe[3] u. Mauvillon[4]
　〃 kayserl. aus den Gesetzbuche –
　〃 Französische –

304. Aufzeichnung [?, ?[1]]

GStA PK, VI. HA Nl Scharnhorst Nr. 271 fol. 26r–27v (3½ S.): Konzept, eigenhändig, unvollendet.

Gliederung. Scheinbare Vervollkommnung der Evolutionen und des Gewehrfeuers. Unbeachtete Probleme.

---

[a] *Die folgende Zeile ist eine Anmerkung am Rande.*
[1] Guillaume Le Blond: Eléments de Tactique, Paris 1758.
[2] Karl Otto von Arnim: Über die Cantonsverfassung in den Preussischen Staaten und die von dem Obersten v. Brösecke verweigerte Verabschiedung des Enrollirten Elsbusch, Frankfurt und Leipzig 1788.
[3] Die anonym erschienene Schrift: Militairische Briefe oder freye Gedanken über das jetzige Kriegswesen nach dem französischen Original übersetzt von B**, Münster 1780, Übersetzung von: Lettres militaires, Paris 1778.
[4] Gemeint ist wahrscheinlich: Jakob Mauvillon: Schilderung des preußischen Staats unter Friedrich II., 4 Bde., Leipzig 1793–1795.

---

[1] Die nicht datierbare Aufzeichnung wird hier mit Schriften aus dem gleichen Faszikel ediert.

Ein Blick auf den Zustand der Kriegeskunst in unsern Zeiten

Bey einer Schlacht kömt es auf folgende Punkte an
1. Auf die Geschiklichkeit der Bewegung der Trupen und des Gebrauchs des kleinen Gewehrs
2. Auf die Geshiklichkeit der Artillerie
3. Auf die Disciplin
3. Auf die Bravour und
4. Auf die Geschiklichkeit, mit der die Trupen geführt werden.

I. <u>Geschiklichkeit der Bewegung der Trupen u. des Gebrauchs des kleinen Gewehrs</u>
Man hat bey den Evolutionen den kürzesten Weg zu einer bestimmten Stellung mathematish bestimmt; man hat die verschiedenen Methoden, ihn zurükzulegen, nebeneinander gestellt und die gewählt, welche die größte Regelmäßigkeit in der Bewegung gestattete und so wohl in Kleinen, als in Großen, mit aller Ordnung ausgeführt werden kann; man hat eine genaue Uebereinstimmung in den Bewegungen eines Bataillons und einer Brigade gebracht und auf diesem Wege durch Analogie und Einheit der ganzen Mashine einen leichtern und gleichförmigern Gang verschaft. Alle Bewegungen, welche nur einigermaßen entbehrlich waren, hat man aus den Manual weggelassen, um nun eine größere Fertigkeit in den wenigern beibehalten zu erhalten und dadurch doppelt durch eine größere Fertigkeit in den Bewegungen das zu gewinnen, was etwa an der Kürze des Weges verlohren ginge; kurz, man hat die zwekmäßigsten Bewegungen und die beste Art, sie auszuführen, nicht allein studirt, sondern auch mit den Truppen untersucht und immer wieder geübt.

In der Kunst, das kleine Gewehr mit größter Geschwindigkeit abzufeuern und wieder zu laden, hat man es zu einer Vollkommenheit gebracht, über welche dereinst die Nachwelt erstaunen wird. Viele Tausende haben ihre Erfindungskraft, die Geshwindigkeit des Feurs zu vermehren, aufgeboten. Kein ihrer Vorshläge ist ununtersucht geblieben, und man hat hierin bald in der Einrichtung des Gewehrs, bald in der Art, es zu laden, unzählige Versuche angestellt – mit dem cylindrishen Ladestok,[2] dem conish[e]n[3] Zündloch und der Abkürzung [von] ein paar Actionen scheint die Kunst aber auch nun sich erschöpft zu haben.

---

[2] Der herkömmliche Ladestock hatte ein breiteres Ende zum Stopfen der Patrone und mußte bei jedem Ladevorgang zweimal um 180 Grad gedreht werden. Beim zylindrischen war das nicht nötig, da es nun gleich war, mit welchem Ende man ihn in den Lauf bzw. die Ringe am Schaft steckte.

[3] Durch das konische Zündloch wurde beim Stopfen der Kugel eine für die Zündung ausreichende Menge Schießpulver aus dem Lauf in die Pfanne des Steinschlosses gedrückt. Hierdurch entfiel die bis dahin erforderliche gesonderte Beschüttung der Pfanne.

Die Art, wie die verschiedenen Abtheilungen feuren, ist eine besondere Branshe dieser

Nun folgt, daß
1. bey den Manoeuvre alles auf die Ebene calculirt ist, das dieselbe nur selten sich v[o]rfindet, daß daher eine sehr geübte Armee auf der Ebene doch nicht viel von ihrer ungeheuren Arbeit provitirt. Die Uebu[n]g des Herzogs v. Br. mit Pflöken die Sache aus der Geschichte erwiesen –
2. daß man mit den Feur nicht rechts hat ausrichten können – daß die Erfahrung lehrt, daß man am Ende doch drauf eingehen muß – daß man nicht zielen kann – u. daher den Satz angenommen, nicht eh[e]r zu feuren, bis die Cavalerie nahe vor ein –

Aus allen diesen muß man den Schluß ziehen, daß man seine Art zu manoeuvriren ändern müße, daß alle Bewegungen leichter u. augenblick[lich]er geschehen müßen, daß man dagegen nur Vorkehrungen gegen gänzliche Unordnungen zu treffen habe, daß man das Treffen mit dem Feuren verbinden müße – ein Feurlinie etc.

305. Aufzeichnung [?, nicht vor 1794]

GStA PK, VI. HA Nl Scharnhorst Nr. 265 fol. 3r–4v (4 S.): Konzept, eigenhändig.

Dominanz des Daunschen Defensivgeistes in der österreichischen Armee seit dem Siebenjährigen Krieg. Wechsel unter Laudon nur vorübergehend. 1793/94 erfolglose Versuche offensiver Kriegführung. Beispiele.

In den oestereichschen Armeen
war das Daunsche System, sich so lange defensiv zu halten, bis eine vollkommen vortheilhafte Gelegenheit zum Schlagen sich darböte, seit den 7jährigen Kriege das herschende. Die Kunst, die Armeen nach damaliger Art in Bewegung zu setzen, die Stellung einer Armee nach den Terrain und übrigen Umständen, die Verstärkung eines schwachen Theils der Position durch Schanzen, die Sicherheitsanordnungen der Armeen so wohl in Lägern als auf Märshen war bei ihnen vollkommen ausgebildet. Lascy war in den Geiste dieser Taktik und hatte sie gewissermaßen der Armee durch ein Reglement für den Generalstab und durch dies Corps der Armee eingepropft.
Der letzte Feldzug des 7jährigen Krieges war zwar nicht für Oesterreich glücklich, aber man hatte doch bei den obigen System der Taktik, nach dem man den Beistand der Russen verlohren, Friedrich den Großen, der selbst eine kurze Zeit den Beistand der Russen hatte, widerstanden, man hatte im Jahr 1777 u. 78 eine fast noch glücklichere Probe dieser Taktik gesehen. Sie war wahrscheinlich auch diejenige, welche sich bei den preussisch oestereichsch[e]n Kriegestheater, bei den innern Verhältnissen der gegenseitigen

Armeen und bei Friedrich den Großen als gegenseitigen Heerführer zu den sichersten Resultaten führte.

Kaiser Joseph der 2te war in diesen Geiste hineingegangen und in ihn wurde auch der Türken Krieg[1] geführt. Der unglückliche Fortgang dieses Kriegs zog Laudon herbei, er operirte in einem andern Geiste. Das war aber eine vorübergehende Erscheinung, die keinen weitern Eindruk machte.

In den französisch[e]n Revolotions Krieg fing man nach und nach an, Aenderungen in den[a] nun herschenden System der Taktik zu treffen. Der Widerstand in der Schlacht bei Jemappe (wo die oestereichshe Armee nur 14.000 Mann stark war) u. der darauf erfolgte Rückzug bezeichnete die große Fertigkeit, in dieser Art den Krieg zu führen. Ueberall fochte man, so weit das gegenseitige Verhältniß der Anzahl der Truppen es erlaubte, so weit Terrain nur irgend Vortheile darbot, bis die größte Gefahr der Vernichtung eintrat, ohne einen großen Verlußt.

Der Feldzug von 1793 sollte nun offensiv geführt werden, und dazu war die Taktik der oestereichschen Armeen nun weniger ausgebildet. Sie drangen in Belgien ein, wurden aber bei Neerwinden angegriffen, schlugen den Feind, verfolgten ihn indessen nicht.[2] Sie agirten gegen die geschlagene, desorganisirte Armee – ohne Anführer, ohne Geist – wie die Daunsche Armee gegen Friedrich den 2ten nach der Schlacht bei Collin und Hochkirchen. Die Schlacht bei Famars erfolgte endlich bei einer vielleicht mehr als doppelten Anzahl von unser Seite gegen eine decouragirte Armee mit eben den Regeln der Vorsicht oder viel mehr mit der Aengstlichkeit, mit den Daun den Herzog von Bevern (oder vielmehr den linken Flügel Friedrichs des Großen) bei Reichenbach angrif.[3] Der Erfolg entsprach der übertriebenen Vorsicht, man gewann bei Famars eine Schlacht, eigentlich ohne geschlagen zu haben, ohne Canonen, ohne Gefangne zu machen. Der Geist der Taktik der oestereichshen Armeen konnte nun nicht ohne große Schwierigkeit eine andere Richtung nehmen – er war mit den innern Wesen derselben zu sehr verwebt. Die Armee hatte eigentlich auch nur den Mechanismus der Defensiv Operationen, Stellungen u.s.w. Der Geist der höhern Taktik, der mehr Beurtheilung der eigenthümlichen Verhältnisse nach Zeit, Ort u. Umständen als ein systematisches Gebäude ist, zeigte sich nie, war nur das Eigenthum einzelner.

Man fing offensive Operationen an, die Sache war aber so neu, so wenig nachgedacht, daß sie schlecht ausfalln mußten. Die Angriffe im Herbst 1793

---

[a] *In der Vorlage dieses Wort versehentlich doppelt.*
[1] Österreich beteiligte sich am Krieg zwischen Rußland und der Türkei (1787–1792), schied aber aufgrund des Aufstandes in den Österreichischen Niederlanden und der Verwicklungen mit dem revolutionären Frankreich schon 1790, kurz nach Josephs Tod, wieder aus.
[2] 18. März 1793, Sieg der österreichischen Armee unter dem Prinzen von Coburg über die französische unter Dumouriez.
[3] Am 16. August 1762 gelang es dem Herzog von Braunschweig-Bevern dann auch, Dauns Versuch zu vereiteln, das belagerte Schweidnitz zu entsetzen.

u. Frühjahr 1794, von den der am 19ten May 1794 der größte war, war[e]n schlecht entworfen, schlecht ausgeführt. Nur zu Defensive war die Armee geeignet, die angreifenden Franzosen wurden daher den 26. April bei Cateau, den 10. May ohnweit Tournay, den 22. May bei Po[n]t à Chin[4] (oh[n]weit Tournay) wo sie angriffen immer geschlagen. Die Oestereicher aber wurden den 11ten May bei Courtray (wo Clerfaye angriff), den 18tn u. 19t. May bei Mouveaux u. Lincelle und den 26. Junie bei Fleurus, wo sie angriffen, geschlagen. Ihr Verlußt an Todte u. Verwundete wird der Nachwelt beweisen, daß ihre Angriffe nicht durch die Größe des Widerstandes abgeschlagen sind, sondern durch Unordnungen, durch Mängel der Harmonie in den einzelnen abgesonderten Colonnen, so wohl in Hinsicht der Bewegung, als des Angriffes selbst.

306. Aufzeichnung [?, ?]

GStA PK, VI. HA Nl Scharnhorst Nr. 106 fol. 2r–5v (8 S.): Eigenhändig, unvollendet.[a]

Vorgeschichte der Schlacht von Fontenoy 1745. Verschanzungen und Artilleriepositionen. Kommentar. Ganze Position. Kommentar.

Schlacht bey Fontenoi
    Fr. Arm. Graf v. Sachsen
    Allirte. Herzog von Cumberland
Tournay wurde von der Seite von St. Martin,[1] d.i. von der Liller Seite, durch den Grafen von Sachsen belagert. Die Allirten kamen auf der großen Chaussee, welche von Leuze über Ramecroix nach Tournay führt. Der Graf von Sachsen schikte ungefähr 20 Escadron auf 2 Tagemärsche der allirten Armee entgegen, ließ die Armee zwischen Alain u. Vaulx lagern, etablirte bei Vaulx und Constantin Brücken, um mit dem Belagerungs Corps in genauester Verbindung zu stehen.

    Auf 1 Meile von Tournay zog er eine Kette von Posten über St. Aubert,[2] Havines, Gaurain u. Fontenoi und ließ auf mehreren Punkten geschloßene Redouten anlegen. Von den man in den großen Plan[b] bei Gaurain in N⁰ V u. VI zwei siehet.

    Als die feindl. Armee vorükte u. das vorgeschikte Corps Cavalrie sich zurükziehen mußte, wurden die obigen verschanz[t]en Posten mit mehreren Brigaden Infanterie verstärkt, die Schiefbrücke bei Vaulx mit einer

---

[4] Hier deckte ein hannoversches Korps unter Wallmoden mit Unterstützung österreichischer und britischer Verbände den alliierten Rückzug.

[a] *Notizen auf Kleinoktavblättern.*
[b] *Von dem gestochenen Plan befinden sich zwei Exemplare (fol. 23 und 24) im Faszikel.*
[1] Heute Faubourg St. Martin.
[2] Mont St. Aubert.

Brückenschanze versehen, welche in den großen Plan bei Calonne in Z dargestellt ist.

Die Hauptarmee stand noch immer in Lager zwishen Vaulx u. Allain. Sie sollte dahin gehen, wo der Feind sich den Ort nähern würde. Als der Graf den 9ten[3] die Nachricht erhielt, daß der Feind sich den rechten Ufer der Schelde aberwärts Tournay, d.i. nach der Seite von Fontenoi nähere, schikte er eine Brigade Inf. nach Fontenoi und ließ den Theil des Dorfs niederreißen und den hohlen Weg vershanzen.

Den 10., als die allirte Armee in der Gegend von Maubrais u. Vezon ankam, rükte die französische Armee in die Position bei Fontenoi mit Ausschluß des postirten Corps zwischen St. Aubert u. Ramecroix.

Bis soweit die äußere u. allgemeine Vorbereitung zur Schlacht. Jetzt die besondere.
1. In der Nacht vom 10ten auf den 11ten wurde Antoing mit einer Brustwehr b umgeben, die Redouten N⁰ I, II u. III angelegt und die Vershanzung hinter dem hohlen Wege N⁰ IV in Fontenoi völlig zu Stande gebracht.
2. In a bei Fontenoi wurde eine Batterie Belagerungsgeschütz placirt, das Parkgeschütz stand in Antoing, in den 3 Reduten in der Verschanzung von Fontenoi und in der Redute N⁰ V. 12 Stück schweres Geschütz wurden zwishen Fontenoi u. N⁰ V placirt und 4 bei Gaurain links der Redute N⁰ VI.
3. Alle Verschanzungen wurden mit Truppen besetzt, und die übrigen wurden in 4 Treffen, wie der Plan zeigt, gestellt.
4. Um einen sichern Rükzug zu behalten, wurden einige Batterie[n] in v w x y bei N. D. aux Bois[4] placirt u. durch zwei Brigaden Inf. gedekt. Diese bildeten gewissermaßen eine 2te Position. Die Brücken Schanze bei Z, welche sehr geräumig war u. 2 Brücken dekte, bekam einen Theil des Belagerungsgeschützes und eine Brigade Inf. zur Besatzung.

<u>Bemerkung</u>
1. Die französische Armee will den Feind zurükhalten, will den Entsatz der Belagerung [.........c]. Sie dehnt sich nicht in mehrere Corps aus, da durch wäre sie auf allen Punkten schwach gewesen.
2. Sie ziehet aber dennoch Postirung – praeparirt sich aber darin mehre vortheilhafte Schlachtfelde, um in denselben sich den Feind entgegenstellen zu können.

---

c   *Unleserlich.*
3   Mai 1745.
4   Notre Dame aux Bois, eine Kapelle in der Nähe des Dorfes Péronnes.

3. Sie trift so ihre Anstallten, daß sie dies eh[e]r thun kann, ehe der Feind ihre Postirung durchbricht – Entfernung der Armeen – Beobachtung des Feindes – Befestigung der Haupt Punkte
4. Sie benutzt hierbei alle Umstände, die Belagerungsarmee - sogar die Belagerungsartillerie.
5. Die französische Armee besetzte ein Terrain von $2^1/_2$ Meilen u. konnte dennoch sich concentrirt unter vortheilhaften Umständen schlagen.

Die Position an sich
1. Die Flügel sind durch die Kunst und ohne viel Arbeit unüberwindlich gemacht, a. der rechte durch die Batterie a u. der linke durch die Reduten V u. VI u. das Verhak.
2. Der Schlüßel zur Position ist das Dorf Fontenoi; es ist von vorn unüberwindlich u. von der schwächsten Seite durch Reduten gedekt –
3. Vertheilung der Truppen; der Theil, auf den man den Angriff nicht entdeken kann, ist an stärksten mit Inf. besetzt, man ist so auf alle Fälle bereit.

Bemerkung
1. Diese Position erforderte Reserve Artillerie im 2ten Treffen der Cavalerie. War es reitende, so war dies am besten – 2 Batterien 12 ℔ der hinter Fontenoi in i konnten jeden unglüklichen Ereigniß Shranken setzen. Der franz. Armee fehlte Art.
2. Die Dragoner hinter den Reduten N° 1 u. 2 standen den holen Wege zu nahe – oder waren sie etwa bestimmt, den Feind, der die Redute angriff, auf den Hals zu fallen? Eine schöne Idee.
3. Die Linie g f sollte nach unser jetzigen[5] weiter zurückstehen. Die Kanonen, Schützen u. Plotons des 3tn Gliedes eine Feuerlinie bilden. Die [...^{d}] Bataillone den Feind mit den Bajonet angreiffen, wen[n] er den hohlen Weg passirt.
4. Hätte man zu Zeit der 2ten Linie k i Cav. genommen, so hätte man Inf. in Reserve gehabt (und es wär immer Cav. bei der Hand gewesen von den

---
^{d} *Nicht lesbar wegen des Bindungsfalzes.*
[5] Hier wäre sinngemäß zu ergänzen: „Theorie", „Kriegskunst" o. ä.

II. Reform der hannoverschen Armee (1798–1801)

307. Aufzeichnung [?, 1798/1803?[1]]

GStA PK, VI. HA Nl Scharnhorst Nr. 106 fol. 8r–19r (23 S.): Konzept, eigenhändig, unvollendet.

Schlacht von Fontenoy 1745: [1.] Strategische Lage, Gelände. [2.] Französische Position. Optionen. [3.] Vorzüge der reitenden Artillerie. [4.] Vorhersehbare Entwicklung. Vorbildliche Anordnungen Moritz von Sachsens. [5.] Einzelheiten der französischen Position im Gelände. [6.] Vorbildcharakter. [7.] Stärkeangaben. [8.] Anmarsch der Pragmatischen Armee. Eröffnung der Schlacht.

Erklärung von Fontenoi und Zorndorf

Schlacht bei Fontenoi, 1745.

[1.] Diese Schlacht ergab sich 1745 den 11ten[a] May zwischen der französischen Armee unter den Graf von Sachsen und den englisch-holländisch Allirten unter den Herzog von Cumberland.

Der Graf von Sachsen belagerte die Festung Tournay, und seine zur Deckung dieser Belagerung bestimmte Armee diente anfangs zum Theil mit zu der Einschließung, nahm aber bei der Annäherung des Feindes am rechten Ufer der Schelde eine Position. Der Angriff der Festung geschah an dem linken Ufer dieses Flußes von der Seite von Orcq. Bei Vaulx und Constantin befanden sich Comunicationsbrücken. Von Pont à Chin bis an die Marque waren Detaschements postirt, um die Comunication mit Lille zu decken.

Da der Graf von Sachsen nicht wissen konnte, von welcher Seite und auf welchen Wegen die Allirte Armee kommen würde, so nahm er in der Ebene von Vaulx mit dem rechten Flügel an diesem Orte und mit dem linken gegen Warchin, doch so, daß dieser Ort im Rücken blieb, ein Lager.

Das Terrain am rechten Ufer der Schelde ist vor Constantin, Kain, St. Aubert, Saulchoir[2], Rumegnies[b] und Warchin sehr durchschnitten. Das Kloster St. Aubert liegt auf dem Mont de la Trinité, und dieser ist mit

---

[a] *In der Vorlage: „iiten".*
[b] *Verändert aus „Rumillies", der heute gültigen Schreibweise. Scharnhorst veränderte den Namen nach einer Karte (ebda. fol. 23 und 24), wo dieser Ort als Rumegnies bezeichnet ist.*

[1] Fol. 19r spricht von beteiligten hannoverschen Einheiten als „jetzt die beiden Battaillon des 7. u. das 2te des 11ten Regiments", der Text ist also noch vor Auflösung der kurhannoverschen Armee (1803) entstanden. Es ist auf der gleichen Seite die Rede von Freitag als dem „nachherigen Feldmarschall", was vielleicht für eine Entstehung nach dessen Tode (1798) spricht, da es sonst möglicherweise „jetzigen" hätte heißen müssen. Das Dokument hängt vielleicht mit den in Nr. 173 (29. März 1799) erwähnten Studien Scharnhorsts über Artillerie und den Siebenjährigen Krieg im Winter zuvor zusammen. Möglicherweise war sie, wie auch die folgende Studie über die Schlacht von Zorndorf, als Beispiel für das „Handbuch der Artillerie" gedacht.
[2] Möglicherweise heute ein Vorort von Tournai (La Tombe?).

Gehölz umgeben und von einer beträchtlichen Höhe und Umfang. Von da erstrecket sich ein ander Wald zwischen Breuze und Rumegnies bis Havines.[c] Von diesem Orte bis Ramecroix wechseln Anhöhen, ein kleiner morastiger Bach, kleine Wäldchens, Gärten u. Häuser mit einander ab. Von Ramecroix weiter über Gaurain vor und seitwärts befindet sich ein ander Wald, Bois de Barry, welcher sich bis gegen Vezon hin erstrekt. Von diesem bis nach der Schelde wird das Terrain offener. Fast mitten in der Oefnung liegt das Dorf Fontenoi. Es ist ungefähr 1300 Schritt vom Walde und 2200 von dem Städtchen Antoing, welches hart an der Schelde liegt, entfernt.

[2.] Der Plan des Grafen von Sachsen war, von St. Aubert über Havines und Fontenoi bis Antoing starke Detashements zu postiren und mit der Haupt Armee den Feind, wo er der Postirung sich näherte, entgegenzugehen. Es waren in dieser Rücksicht in der Gegend von St. Aubert 2 Regiment[e]r Cavalerie zu 8 Escadrons, 2 Brigaden Inf. zu 8 Bataillons u. 8 Canonen unter den Graf v. Lowendal[3] placirt.

Vor Rumegnies in einer Redoute und im Schloße u. Dorfe standen 6 Bataillone unter dem Grafen von Chabannes.[4] Sie vertheidigten die Wege nach Ath u. Lessine.

Weiter rechts u. vorwärts vor Warchin stand das Regiment Royal Corse[5] bei dem Schloße Etmont.

Der Weg nach Leuse, welcher von Tournay über Ramecroix gehet, war von dem Regimente Angoumois[6] besetzt; in einer Redoute am Holze u. weiter rückwärts in dem Schloße Bourquembray befanden sich Comandos.

In dem Dorfe Fontenoi hatte sich die Brigade Dauphin[7] verschanzt.

In Vezon standen die Husaren vom Regiment von Linden[8] und in dem mit Verhauen versehenen Gehölz von Barry links Vezon das Regiment Grassin leichte Infanterie[9]; Antoing u. das davor liegende Dorf Peronne waren mit Comandos von Infanterie u. Cavalerie besetzt.

---

[c] *Folgt gestrichen: „welcher in der Ferarishen Charte Bois de Miraumont heißt."*

[3] Ulrich Friedrich Waldemar Graf von Löwendal (1700–1755), vormals sächsisch-polnischer und russischer General, trat 1743 in französische Dienste und wurde 1747 nach der Überrumpelung von Bergen op Zoom zum Marschall ernannt.

[4] Jean-Baptiste de Chabannes, Marquis d'Apchon (1714–1781), der 1759 als Maréchal de Camp (Generalmajor) außer Diensten ging.

[5] 1739 errichtet, 1788 endgültig aufgelöst.

[6] Hieß seit 1790 80. französisches Linieninfanterieregiment und wurde 1803 dem 34. einverleibt.

[7] Die französischen Brigaden bei Fontenoy waren nach ihrem ranghöchsten Regiment benannt. Diese spezielle bestand aus den Regimentern Dauphin und Beauvoisis, die in der Revolution zum 29. bzw. 57. Linieninfanterieregiment wurden. Vgl. Aurel von le Beau und Rudolf von Hödl: Österreichischer Erbfolgekrieg 1740–1748, 9. Band, Wien 1914, Beilage III, zit. le Beau/Hödl.

[8] Das Regiment trat 1705 aus bayrischen Diensten in französische, seine Reste wurden 1756 auf drei andere Regimenter verteilt.

[9] Die Grassin-Arquebusiers, eine 1744 aufgestellte Kriegsformation, die 1749 wieder aufgelöst wurde.

Am Eingange des Gehölzes von Barry (zwischen Fontenoy u. Ramecroy) waren 2 Redouten angelegt, sowie mehrere theils schon erwähnte zwishen St. Aubert u. Ramecroix auf den Zugängen von Tournay.

Die französische Armee befand sich also gar offenermaßen mit einer Postirung umgeben, welche in einen halben Kreis um sie schloß. Diese Postirung hatte einen Umfang von 4 Stunden und war von der Armee in keinen Punkt über 1 oder $1^{1}/_{4}$ Stunde entfernt.

Der von Brüssel anrückende Feind konnte jetzt auf 3 Punkten angreifen
1. In den durchschnittenen Terrain zwishen St. Aubert und Ramecroix.
2. In den offenen zwishen dem Gehölz von Barry u. Antoing.
3. Am linken Ufer der Schelde über Bruielle.

Im letzten Fall mußte er aber erst über die Schelde gehen. Die französische Armee konnte alsdann, um sich ihm entgegen zu stellen, die Schelde bei Calonne passiren.

[3.] Man siehet, wie sehr es bei der französischen Armee in den gegenwärtigen Fall (in welchen die gegenseitigen Armeen sich gewöhnlich befinden, wenn sie einander nahe stehen) auf geshwinde Bewegungen an kam, damit man sich den Feind da, wo er durch dränge, früh genug entgegenzustellen im Stande war. Was man durch vorläufige Maasregeln hier thun konnte, war geschehen. Auch war ein Theil der Armee am rechten Ufer geblieben, um sich dort den Feind, wenn er den Fluß passirte, so lange widersetzen zu können, bis der übrige angekommen seyn möchte.[d]
(Artillerie) Wenn eine Armee sich in einer solchen Lage befindet, kömt es gar sehr auf die Anordnung und Bewegung der Artillerie an. Der Vorzug der reitenden Artillerie für die zu Fuß ist hier so in die Augen fallend, jene braucht, um eine Stunde Wegs zurük zu legen, nur 20 Minuten, diese aber doch nach befindlichen Umständen $^{3}/_{4}$ bis 1 Stunde. Einige Batterie reit. Artillerie, von einigen Brigaden Cavalerie gedekt, können so wohl in den offenen, als in durchshnittenen Gegenden den Feind eine Zeitlang aufhalten u. ihn zwingen, sich zu formiren. Unterdes hat die Infanterie u. übrige Artillerie Zeit an zu kommen (Pyrmasens 1793). Man nehme nur in den voraushabenden Terrain die offene Gegend zwischen dem Gehölz von Barry u. Antoing; zwei Batterien u. ein Paar Brigaden Cavalerie werden hier, da die Dörfer Fontenoy u. Antoing besetzt sind, selbst einen ernsthaften Angriff eine kurze Zeit die Spitze bieten können. Es würde aber ein sehr großer Fehler seyn, wenn man in solchen Fällen die reitende Artillerie nicht durch Fuß Artillerie, so bald diese ankömmt, ablösen ließe. Jene würde in kurzer Zeit ihre Cartuschen vershießen und in der Folge nicht mehr nach andern Punkten der Position, welche eine geschwinde Hülfe

---

[d] *Die folgenden drei Absätze am Rande markiert:* „wird besonders abgeschrieben", „besonders abgeschrieben", „besonders", „besonders", „besonders".

bedürfen, geshikt werden können. Ziehet man sie aber bei Zeiten wieder in das 2te Treffen zur Cavalerie zurük, so wird man sie von neuen da wieder gebrauchen können, wo der Feind durch bricht oder unerwartet mit großer Heftigkeit vordringt. <u>Die reit. Artillerie muß nie agiren, wo man Fuß Artillerie an wenden kann</u>; man muß jene immer zu unerwarteten und außerordentlichen Fällen aufsparen und in jeden Fall sich eine Batterie derselben zum Verfolgen des Feindes oder zur Deckung des Rükzugs reserviren, welche gar nicht oder doch nicht viel gebraucht ist.

Der Comandeur der Artillerie der Armee muß von Anfang an die äußere Postirung der Armee von St. Aubert bis Antoing mit seinen Stabsoficieren und Batterie Comandanten bereiten. Er muß ihnen aufgeben alle Wege und die Namen der Oerter, der Gehölze, Bäche u. Berge. Bemerkt er, daß nach ein oder ander Gegend sich nicht kommen läßt oder daß sie nur durch große Detours zugänglich ist, so läßt er den kürzern Weg practikabel machen, die etwanigen schlechten Brücken ausbeßern, Oefnungen durch Hecken, Gebüshe u.s.w. hauen. Werden hierzu Anstellungen erfordert, die nicht in seiner Macht stehen, so zeigt er diese Umstände dem Generalquartiermeister an, welcher die nöthige Comunication zwischen den Armee Corps zu besorgen hat, oder er macht auch darüber einen Bericht an den comandirenden General mit Vorshlägen, wie die Comunicationen gemacht werden können.

[4.] Es wird ihn nicht schwer seyn, aus der Lage, in der sich die Armee befindet, die bevorstehenden Ereigniße zu errathen und darauf im voraus die nöthigen Veranstalltungen zu treffen. In der gegenwärtigen Position der französischen Armee kann er shon mit einiger Wahrsheinlichkeit voraussehen, daß das Schlachtfeld zwishen dem Gehölze von Barry u. der Schelde seyn wird. Er untersucht daher diese Gegend genauer als jede andere. Er siehet aus den aufgeworfenen Redouten u. dem vershanzten Dorfe Fontenoi die Position, welche die Armee nehmen wird. Er kann nun im voraus bestimmen, wie die Batterien, die Reserve-Munition (Parkkolonnen), die Reserve-Batterien an vortheilhaftesten placirt werden können. Hat er auf alle diese Fälle in Voraus seine Maasregeln getroffen, so wird er in den Augenblik der Ausführung den Feind beobachten können, nicht durch die Menge der Gegenstände bruillirt[10] und nicht durch die innern Anordnungen von den tactishen abgezogen werden.

In der Lage, in der sich hier der Graf von Sachsen befand, ehe der Feind sich über den Angriffspunkt entschied, befindet sich jeder General, der eine Armee comandirt, welche in einer Position stehet, die für die Front derselben zu groß ist. Dieser Fall tritt häufig ein und es ist daher sehr wichtig, daß man in denselben die zwekmäßigsten Maßregeln zu wählen weiß.

---

[10] Brouilliert, d. h. durcheinandergebracht.

Es würde in einer solchen Lage ein großer Fehler seyn, wenn man sich gleich anfangs da hin stellte, wo man etwa den Angriff des Feindes erwartete, und nicht eine concentrirte Stellung wählte, welche weiter rükwärts lege. Der Feind würde in ersten Fall seine Anordnung nach unser Stellung treffen können und desto sicher[er] in seinen Schritten seyn. Wendete er sich gegen einen andern Punkt als den, in welchen man seinen Angriff erwartet hätte, so würde es jetzt sehr lange Zeit erfordern, bis man sich ihn dort entgegenstellte. Der 6te Theil der Peripherie[11] ist schon größer als der Radius. Um sich diese Fall recht klar darzustellen, nehme man an, daß man den Angriff der Allirten von St. Aubert erwartet u. sich hier mit dem größten Theil der französishen Armee[e] postirt hätte; daß aber darauf die gegenseitige Haupt Macht bei Fontenoy erschienen wäre, und man also seine Position ändern müßte. Welche Nachtheile würden hieraus nicht entstehen? Denn nun hätte man einen 2 bis $2^1/_2$ mal größern Weg als aus dem Lager bei Vaux u. Warchin; man erhielte die Nachricht später als hier u. ertheilte also auch später den Befehl zum Marsch. Wäre der Feind, ehe man das Centrum erreichte, schon stark vorgedrungen, so verlöre man vielleicht gar den Rükzug über die Brücke bey Vaux.

Man kann daher die Anordnung, welche der Graf von Sachsen hier befolgte, als ein Beispiel, das in den meisten Fällen nachgeahmt zu werden verdient, aufstellen, und es ist sehr zu bewundern, daß man so wohl in 7jährigen Kriege, als in den nachherigen es so äußerst selten befolgt sah.

[5.] Wir wenden uns jetzt zu der Beschreibung der Position bei Fontenoi.

Das Terrain zwishen Antoing, Fontenoy u. dem Gehölz von Barry ist offen und nur hin und wieder mit hohlen Wegen durchshnitten. Die größte Höhe des Terrains ist bei der Capelle Notre Dame au Bois, von hier verläuft es sich sehr sanft gegen Antoing, Fontenoy u. dem Gehölz von Barry. Von Fontenoy gegen Vezon etwas rechts und am rechten Ufer der Schelde gegen Calonne über ist ein morastiger Wiesengrund, der jedoch mit Infanterie bei trokner Zeit zu passiren ist.

Als der Marschal von Sachsen den 9ten des Morgens erfuhr, daß der Feind den 8ten ein Lager bei Elignies genommen, und daher von der Chausse, welche von Leuse über Ramecroix auf Tournay gehet, sich der Schelde genähert habe, und von seinen rechten Flügel nur noch 1 Tagmarsch entfernt war, schien ihn es nicht mehr zweifelhaft, daß der Angriff auf diesen[f] gerichtet seyn würde. Er glaubte dies nur so mehr, da der Feind nun sich gegen den linken Flügel zu wenden, von Ellignies 2 b. 3 Tagemärsche würde machen müßte.

---

[e] Das Wort in der Vorlage versehentlich gestrichen.
[f] Statt „diesem".
[11] Des Kreisumfangs.

Diesem Umstande zu Folge machte er seine Disposition in der neuen Stellung den 1ten Generalen bekannt und gab Befehl, sie den 9ten u. 10ten aus zu führen. 27 Bataillons u. 17 Esc[adr]on blieben zur Belagerung am linken Ufer unter dem Marquis de Brezé[12] zurük.

Die Postirung von linken Flügel von St. Aubert bis an das Dorf Rumecroix blieb so, wie sie eben erzählt ist.

Die übrige Armee bekam aber die Stellung, welche in den beiliegenden Plan abgebildet ist.

(Am linken Ufer der Schelde bei Calonne in a. standen 6 Stück 12 ℔dige Canonen, welchen den Feind, der den rechten Flügel angrif, in Flank nahmen. Sie bestrichen die Hälfte der ganzen Front der französishen Armee bis gegen Fontenoy hin u. auf.

Das Flecken Antoing machte den linken Flügel aus, es war mit einer Brustwehr b umgeben und mit 6 Canonen u. 6 Bataillonen unter den Graf v. d. Mark[13] besetzt. Neben Antoing in c standen noch 2 Bataillone theils zum Soutien dieses Fleckens, theils aber auch zur Deckung.

Von Fontenoy bis Antoing ist ein hohler Weg, welcher bis in die Mitte dieser beiden Oerter und gegen Fontenoy hin nur eine geringe Tiefe hat u. also für kein groß Hinderniß gegen anrückende Truppen angesehen werden kann. Der Graf von Sachsen lies in letzten 24 Stunden vor der Schlacht hier noch 3 Redouten anlegen, die 1te nahe bei Fontenoi, die 2te 180 u. die 3te 350 Schritt von diesem Orte. Die nahe bei Fontenoi wurde mit 8 Canonen, die übrigen beiden jede mit 4 Canonen besetzt. Die Brigade von Bettens[14] gab in jede Redoute 1 Bataillon, u. 2 Bataillons e von derselben standen hinter den Zwishenraum von Redoute II u. III und dienten allen dreien zum Soutien.

In der Mitte zwishen Antoing u. Fontenoy, grade hinter den practikabeln Theil des hohlen Weges, standen in d 4^g Regimenter Dragoner, in allen 12 Escadrons.

Das Dorf Fontenoy war mit der Brigade Dauphin besetzt. Es hatte 2 Batterien, jede von 4 Canonen. Eine Brustwehr durchs Dorf auf dem Rande eines hohlen Wegs deckte sowohl das Geschütz als die Mannschaft. In der vorwärtsliegenden Hälfte des Dorfs war von den Hecken u. Bäumen ein Verhack gemacht u. die Gebäude abgebrand. Hinter dem Dorfe stand 1 Brigade Infanterie von 4 Bataillonen, um so wohl diesen Posten zu soutieren als sich den Feind, der ihn rechts u. links umgehen möchte, entgegen zu stellen.

---

g   *Am Rande mit Bleistift: „NB. 3."*
12 Generalleutnant Michel de Dreux-Brézé, Marquis von Brézé (1699–1754).
13 Graf la Marck.
14 Sie bestand aus dem Regiment Bettens und dem Schweizerregiment Diesbach (späteres 85. Linienregiment).

Weiter links standen hinter einem hohlen Wege von Fontenoy noch die Brigade Courten (4 Bataillons), die Brigade französische Garde (4 Bataillons) u. die Brigade Schweizergarde (2 Bataillons).[15]

Vor der Front waren in 3 Brigaden 12 Canonen placirt, 2 andere Brigaden Artillerie, welche diese verstärken sollten, kamen nicht an.

Der linke Flügel der Brigade Schweitzergarde stand hinter der Redoute V, welche sich an der Ecke des Holzes befand. Sie war mit 1 Bataillon u. 4 Canonen besetzt. Weiter links hinter dem Geholz von Barry waren noch 2 Brigaden (11 Bataillons) h g mit jenen einen in einer Linie gestellt. Sie hatten 1 Brigade Artillerie von 4 Canonen vor der Front. Weiter vor dene[n]selben befand sich eine Redoute mit 1 Bataillon u. 4 Canonen besetzt.

Zum Soutien des 1ten Treffens f g h war ein 2tes Treffen i k von 5 Brigaden oder 11 Bataillons.

Die Cavalerie stand hinter der Infanterie in 2 Linien, so daß die Armee gewissermaßen 4 Treffen formirte.

Das 3te l m p q bestand aus 32 und
" 4te n o r s aus 53 Escadronen.

Die Maison du Roi und die Gendarmerie u machte eine Art Reserve aus.[16]

Auf einen unglüklichen Ausgang der Schlacht war hinter der Armee bei Notre-Dame aux Bois eine Art Reserve v w x y formirt. Sie bestand aus 1 Brigade Infanterie und 12 Canonen. In der Brückenshanze Z bei Calonne waren anfangs 4 Canonen u. 3 Bataillon, welche hernach noch mit 3 Bataillon und einer zahlreichen Artillerie verstärkt wurden.)

[6.] Die Benutzung des Terrains, die künstlichen Hülfsmittel der Vertheidigung, die Anordnung der Truppen, alles ist hier belehrend. Man wird schwerlich eine Schlacht nachweisen können, wo die strategishen u. tactishen Grundsätze in einer so schönen Verbindung stehen u. nach so einfachen u. methodishen Anordnungen ausgeführt sind.

Kein Theil der Front war ohne natürliche oder künstliche Deckung, der rechte Flügel war an einen Fluß gelehnt und durch den gut besetzten Posten von Antoing und eine Batterie an der andern Seite der Schelde gedekt.

Wollte der Feind in den Raum zwischen Fontenoi u. Antoing durchdringen, so traf er auf 3 Redouten mit 3 Bataillonen und 16 Canonen besetz[t], u. auf einen hohlen Weg, hinter welchem eine Linie Truppen stand, und wurde von den 6 Canonen bei Calonne u. 6 andern bei Antoing in Flank genommen.

---

[15] Die erstgenannte Brigade bestand aus dem Regiment Aubeterre (nach dem sie laut le Beau/Hödl tatsächlich hieß) und dem Schweizerregiment Courten (1791: 86. Linieninfanterieregiment). Die beiden anderen enthielten die in der Revolution aufgelösten Regimenter Gardes Françaises und Gardes Suisses.

[16] Dabei handelte es sich um die französische Gardekavallerie.

Das Dorf Fontenoy lag in einem ausgehenden Winkel und konnte also von 2 Seiten beschoßen werden; es war der schwächste Theil des ganzen Schlachtfeldes, aber durch die ganz vorzügliche Art es zu vershanzen was es unmöglich, hier in der Front durchzudringen. Dazu war die rechte Flanke durch eine Redoute mit 1 Bataillon u. 8 Canonen gedekt und im Rücken standen mehr[e]re Linien Infanterie zum Soutien.

Wollte der Feind zwishen Fontenoy und dem Gehölz von Barry durchdringen, so wurde er von dem Geschütz von Fontenoy u. der Redoute am Gehölz von Barry in Flank genomen, hatte 2 hohle Wege in der Front in Gegenwarts von mehreren vor ihn stehenden feindlichen Linien zu passiren.

Bei dieser großen Stärke der Position hatte dennoch der vorsichtige Feldherr auf Unglüksfälle, welche auch bei dem besten Maßregeln eintreten können, Bedacht genommen. Er hatte ohngeachtet des wenigen Geschützes, welches zu der Zeit die Armeen führten, dennoch 12 Stük rükwärts in^h eine Art Arrier-Position placirt und auch die Brückenshanzen verhältnißmäßig stark besetzt.

Man kann sich nicht wehren, hier an Kunersdorf zu denken und an den Grundsatz zu erinnern, auf den Fall eines Rükzugs in jeden Fall Truppen u. Geshütze, welche man nicht ins Gefecht führt, zurükzulassen. Man wird mit den übrigen desto freier u. gewagter agiren können. Truppen, welche mit gefochten haben, taugen zu keiner Arriergarde; wenn die ganze Armee retirirt, so decouragirt der eben erlittene Verlußt auch die bravsten Leute auf eine unglaubliche Art.

[7.] Die Allirte Armee marshirte anfangs auf Leuse, wendete sich aber nachher gegen die Ober Schelde und nahm den 8ten ein Lager bei Ellignies; den 10ten rückte die Avantgarde bis Maubray u. Vezon vor, die Armee aber lagerte sich ungefähr ½ Stunde weiter rükwärts. Sie bestand aus 24 Bataillone u. 46 Escadrons Engl. u. Hann.
20   37   "   "   Holländern
              4 Esc. Oester.

44 Bataill.   87 Escadronen

Die französische Armee bestand, wenn man die Truppen rechnet, welche auf dem Schlachtfelde sich befanden oder nach und nach auf demselben ankamen, aus 67 Bataillonen u. 129 Escadronen und hatte 100 Feldstücke.

Die Artillerie der Allirten ist nicht angegeben, nur 50 Stük agirten nach Angabe der Franzosen, die Holländer entschuldigten den wenigen Nachdruck, welche sie ihren Angriff gegeben hatten, mit dem Mangel der Artille-

---

^{h} Statt „im".

rie. Man hat die Geschütze mit Baurpferden transportirt, die Eigenthümer waren mit denselben vor der Schlacht davongejagt. Noch in den Revolutionskriege wurden bei den hollandishen Corps die Geshütze mit gemietheten oder gepreßten Pferden transportirt.

[8.] Den 11ten rükte die Allirte Armee mit anbrechenden Tage über Vezon u. Maubray vor wie A B C D zeigt. Man hatte sich in 4 etwas von einander abgesonderte Divisionen gestellt. Jede bestand aus ungefähr 12 Bataillonen in 2 Treffen. Hinter ihnen befand sich die Cavalerie. Auf den rechten Flügel in BCD standen die Engländer u. Hannoveraner, auf den linken AB die Holländer. Die ersten Treffen der gegenseitigen Armeen waren 12 bis 1500 Schritt von einander entfernt. Es war um 5 Uhr morgens ein starker Nebel, gegen 6 Uhr fiel er und nun entdekte man einander. Sogleich fing die Canonade zu erst von französischer Seite an. Die Allirten hatten gegen 40 Stücke in Feur, unter denen 4 Haubitzen sich in D befanden, die übrigen Geshütze bestanden zum Theil nur aus 3 ℔ern; man hatte nur wenige 12 und 6 ℔der. Diese Canonade daurte beinahe 3 Stunden. Hierauf, es war nun 9 Uhr, rükte die Infantrie langsam und mit Ordnung vor. Eine Brigade Engländer (4 Bataillon) waren zum Angriff der Redoute in dem Gehölz von Barry bestimmt; sie ist in N° II u. III mit N bezeichnet. Sie erreichten nicht ihren Zwek, sie kam mit den im Gehölz postirten Infanterie Detashements ins Feuer und konnten nicht durch die Verhaue kommen. Die beiden mitlern Divisionen der Armee griffen Fontenoi an.

Die englische Division BC rükte über K vor, da sie aber das Dorf in Flammen fand, wandte sie sich rechts und vereinigte sich in der Gegend von L mit der Division vom rechten Flügel CD.

Der französische Artillrie General von Brocard hatte während der Canonade den Grafen von Sachsen den Vorshlag gethan, mit der Artillerie über den hohlen Weg bis M vorzugehen, und dieser hatte es ihn erlaubt. Ungefähr zu gleicher Zeit, als die Allirten die schon oben erwähnte Bewegung bis JL machte, geshah auch jene Verrückung der Französischen. Die Wirkung desselben, oder auch andere Umstände, verursachten, das jetzt die Linie der englishen u. hannövrishen Infanterie in J L Halt machte. Es befanden sich 13 Bataillons mit 26 Regiments Canonen im 1ten Treffen. Die französische Infanterie ließ sich von der dieser Nation eigenen Lebhaftigkeit hinreissen, paßirte den hohlen Weg u. rükte noch weiter bis in die Linie g f N° II vor. Das 2te Treffen folgte den 1ten u. selbst die Cavalerie drängte sich in den Zwishenraum von dem Gehölz von Barry u. Fontenoi.

Das Geshütz Feuer der Redoute V in dem Gehölz von Barry und von dem Dorfe Fontenoy mußte nun schweigen, und das Feur der gegenseitigen Linien CD u. gf N° II daurte gegen 1½ Stunden. Endlich kam die französische Infanterie in Unordnung, der General Brocard, der die

12 Canonen comandirte, blieb, und es sheint, daß die Ueberlegenheit der allirten Artillerie hier entschied.

Die englische und hannövrishe Infantrie glaubte den fliehenden Feind verfolgen zu müßen – sie avancirte, aber doch nur langsam bis vor den 2ten hohlen Weg bei M, bis EF in N<u>o</u> III. Hier wurde sie von Fontenoi und der Redoute am Gehölz rechts und links in Flank genomen. Dennoch passirten 5 Bataillons den hohlen Weg nahe bei der Redoute in D N<u>o</u> III. Hier standen sie von beinahe der ganzen französishen Armee umgeben in einem hinten offenen Quarree von 11 bis 1½ Uhr in abwechselnden Feur. Aus Mangel der Anführung des 2ten Treffens und der Cavalerie wurde die seltene Bravour dieser Bataillons, von der man schwerlich ein Beispiel finden kann, nicht mit dem Siege gekrönt.

3 Bataillone, die beiden vordern u. das der rechten Flanke, bestanden aus Hannoveranern (Böseleger, Campen u. Zastrow, jetzt die beiden Bataillon des 7. u. das 2te des 11ten Regiments),[17] die beiden übrigen aus Engländern. Die Leute u. Canonen wurden 2mal mit Cartushen versehen. Sie waren lange noch in Reih u. Glieder, aber sie feurten von Anfang an wilkührlich. So wohl das englishe als hannövrische Bataillon Geschütz blieb bestandig vor der Front und wurde bloß von Menshen gezogen, die Pferde waren zurükgeblieben. Die Grenadier Compagnien der Bataillone vertheidigten, zogen u. bedienten auch zum Theil die Canonen. Der Verlußt der Bataillone war so groß, daß das Bataillon von Böseleger von einen Lieutenant, den einzigen gesunden Officier, angeführt wurde, das von Campen aber behielt 2 Officiere, den Lieutenant von Freitag (nachherigen Feldmarshall) und Fähnrich v. Bonivet an der Spitze, alle übrigen waren geblieben oder verwundet.

308. Aufzeichnung [?, ?¹]

GStA PK, VI. HA Nl Scharnhorst Nr. 106 fol. 20r–21v (4 S.): Eigenhändig, unvollendet.

Grundsätze der Gefechtsführung am Beispiel der Schlacht von Zorndorf 1758. Verwendung der Artillerie.

<u>Beispiel des Angriffs einer in offenen Terrain stehenden feindlichen Armee.</u>

---

[17] Tatsächlich war das Bataillon Zastrow das spätere zweite Bataillon des 1. Infanterieregiments.

[1] Die Aufzeichnung hängt mutmaßlich mit dem vorangehenden Dokument zusammen, das ja einen Vergleich zwischen Fontenoy und Zorndorf ankündigt. Beide könnten als Beispielstudien für das „Handbuch der Artillerie" gedacht gewesen sein.

Man hat zu diesen Beispiel die Schlacht bei Zorndorf gewählt. Die russische Armee ist in ABCDE Plan .....[a] und die preussishe in FGH, JK u. LM abgebildet.

Die russische bestand aus   Bataillonen,   Escadronen und   Geschützen. Die preussische aus   Bataillonen,   Escadronen u.   Geschützen.

Die Anordnung u. Stellung der russishen Armee ist hier grade so, wie sie in der Schlacht war. Die Stellung der preussishen ist hier im Ganzen so, wie in der Schlacht, die innere Anordnung ist aber etwas anders.

Der Angriff des preussischen linken Flügels geschah auf folgende Art. In t[b] fuhr eine Batterie von 20 Stück 12 ℔dern (ungefähr 1500 Schritt vom Feinde) auf und beshoß denselben .... Stunde. Hierauf rükte die aus ..... Bataillons bestehnde Avantgarde vor, um den Feind anzugreifen. Sie kam durch das feindl. Kartätschfeuer aber in Unordnu[n]g und zog sich nach Zorndorf zurück. Die Schlacht wäre verloren gewesen, wenn nicht die Russen aus ihren Vierek hervorgebrochen wären und die geshlagene Infanterie verfolgt hätten. Die preussische Cavalerie, welche außer Canonshuß links Zorndorf sich gestellt hatte, benutzte diesen Augenblick u. stürzte sich in den nun nicht mehr durch sein Geschütz gedekten un[d] in wilder Verfolgung begriffenen Feind, drang mit diesen in die Oefnung des Viereks und richtete ein außerordentliches Gemetzel an.

Es ist eine erwiesene Thatsache, daß die preussische, aus ... Grenadier Bataillonen bestehende Avantgarde mit der größten Aufopferung focht. Aber die Angriffe bei Kesselsdorf, Minden u.s.w., welche wir anderswo anführen, beweisen nur zu überzeugende, daß 7 derselben gegen[c] mit Artillerie reichlich versehenen Infanterie Linien gewöhnlich keinen glüklichen Erfolg haben. Nur eine kraftige u. anhaltende Unterstützung von einer überlegenen Artillerie verspricht hier einen glüklichen Ausgang des Angriffs.

Die preussishe Armee hatte diese im Jahr 1759[2] noch nicht in der Anzahl und der Vollkommenheit, in der sie jetzt mit derselben versehen ist. Die reit. Artillerie existirte in dieser Zeit noch gar nicht.[3] Wir wollen daher an nehmen, daß die preussische Armee nach den spätern Grundsatzen des großen Königs aufmarschirt stände u. nach den jetzt bei fast allen Armeen angenommenen System mit Artillerie versehen wäre und dann diesen Angriff mit der Unterstützung derselben führen sollte. Das 1te Treffen FG Plan ... N° I bestehet aus 8 Brigaden Infanterie, jede Brigade bestehet aus 4 Bataillon u. hat 8 Regiments Canonen u. 1 Batterie von 8 Stück, theils 6, theils 12 ℔dr u. Haubitzen. Das 2te Treffen JKH bestehet aus 12 Brigaden Cavalerie, jede zu 5 Escadrons. Hinter jeden Flügel sind 4 Brigaden, jede hat 1 Batterie reit. Artillerie; hinter der Mitte sind 3 vertheilt, jede hat $^{1}/_{2}$ Batterie reit. Art.

---

[a] *Ein gestochener Plan der Schlacht von Zorndorf befindet sich in diesem Faszikel fol. 81.*
[b] *Auf der Karte bezeichnet das einen Hügel nordwestlich nahe bei Zorndorf.*
[c] *Folgt, versehentlich nicht gestrichen, „eine".*
[2] Die Schlacht von Zorndorf fand allerdings am 25. August 1758 statt.
[3] Eine Brigade (Batterie) Artillerie zu Pferde wurde erstmals 1759 aufgestellt.

Die Reserve LM bestehet aus 4 Brigaden Cavalerie u. 2 Brigaden Inf., sie hat 1 Batterie reit. Art., 2 Batterien schwere u. außerdem noch eine Reserve Art. von 3 Batterien 12 ℔der u. 1 Batterie 10 ℔dige Haubitzen.

Da wir hier die Anwendung der Artillerie zum Gegenstande haben, so kömt es drauf an, wie diese in den gegenwärtigen Fall den Angriff erleichtern und den Erfolg desselben sichern könne. Die Mittel zur Erreichung dieses Zweks können zurükgeführt werden

1. auf die Vertheilung des Feindes u. die Ableitung seiner Macht von dem Punkte, auf den man durchdringen wollen

2. auf die Concentrirung einer großen Gewalt in den Punkt, in den man durchzudringen sich vorgesetzt hat.

Die Artillerie kann hierbei überall auf eine ganz vorzügliche Art mit wirken.

309. Aufzeichnung [?, März/November 1799?[1]]

GStA PK, VI. HA Nl Scharnhorst Nr. 131 fol. 3r–10v (15½ S.): Abschrift, Schreiberhand, mit eigenhändigen Abänderungen.

Konzept, eigenhändig: ebda., fol. 11r–16v, 18r–21v (19½ S.); Druck: Lehmann I, S. 235f. (zwei kurze Auszüge); Militärwissenschaftliche Rundschau 2 (1944), S. 117ff. (Auszug)[2], danach Gersdorff, S. 111–116.

Vergleich der Bedingungen französischer Politik mit der römischen Republik. 1. Außerordentliche Opferbereitschaft. 2. Mobilisierung der Ressourcen. 3. Fortschritte in der Kriegskunst durch permanente Kriegführung. 4. Junge Generale. Tätigkeit und Einsicht statt unreflektierter Erfahrung. 5. Motivation durch Belohnung und Bestrafung auch in hohen Dienstgraden. Belebung auf allen Stufen. Mängel auf alliierter Seite. Nepotismus. Gegenbeispiel Friedrich II. Ungleichgewicht der Militärstrafen: Streng bei zivilen Vergehen und beim Drill, Nachlässigkeit bei Fehlverhalten im Krieg.

Es scheint, daß der rohe Republikanismus, der zur Zeit des Robespiere hershte, wieder in den Franzosen erwacht. Durch diesen Geist ist die französische Nation im Stande, große Dinge zu thun. Sie befolgt hier, sowohl in Rücksicht der Moral, als der Politik und der Krieges-Kunst die Grundsätze der Römer zur Zeit der Republick.

Sie führt seit einigen Jahren jene Strenge ein, die wir in der römischen Geschichte Unmenschlichkeit nannten, ihr Sansculotismus hat für den Staat mit der Tugend der Entsagung, die wir bey den Römern bewundern, einen Zwek; sie schmeicheln die bezwungenen Holländer, Lombarden, Genuesen und Venetianer mit der Freyheit, und scheinen ihnen dieselbe zu lassen, so wie sie die Römer den Griechen und andern Völkern ließen; sie schonen die schwachen Monarchien, Spanien, Sardinien u.s.w. eine Zeitlang und schwächen die mäch-

---

[1] In Abschnitt 3 (fol. 5v) ist von sieben Jahren Krieg die Rede. Die Denkschrift entstand wohl schon während des 2. Koalitionskrieges, offenbar aber noch vor dem 18. Brumaire.

[2] Ab Abschnitt 4, ohne die Abschnittsnummern. Der offenbar nach dem Konzept transkribierte Abdruck ist nicht frei von Fehlern und irrigerweise auf 1797 datiert.

tigen eine nach der andern, so wie es die Römer mit den morgenländischen machten; sie verstehen also wie diese die Kunst, jeden durch die Aussicht einer scheinbaren fernern Existenz und Freyheit einzuschläfern und eine allgemeine Coalition in der ersten Quelle zu schwächen.

Schon Plutarch macht über diese Politick der Römer, über dieses Betragen eines jeden großen republikanischen Staats Bemerkungen, welche auf unsere Zeiten nur allzu anwendbar sind.

Hat die Natur der Dinge, die Stimmung der Nation, die innern Verhältniße der Staaten und der Menschheit, wie es höchst wahrscheinlich ist, diese Ereigniße bey den Franzosen, mehr als das Andenken an die Römer, erzeugt! hat die französische Nation eben den Grund, den die Römer hatten, immer Krieg zu führen! so stehet der Menschheit eine traurige Zukunft bevor, wenn nicht irgend ein Zufall, irgend eine Veränderung in Innern, diesem nicht zu besiegenden Volke eine andere Richtung giebt.[a]

1.) Hat es alsdann den Vortheil, daß es mit der ganzen streitbaren Mannschaft diesen immerdaurenden Krieg führen kann, statt andere Staaten sich höchstens den 10ten Theil derselben bedienen können. Angerau[3] giebt die große Rhein-Mosel- und Maas-Armee für eine Avantgarde, und ganz Frankreich für das kriegführende Heer aus. Die Sache ist nicht so lächerlich, als sie zu seyn scheint. Die Erfahrung hat im Jahre 1794 gelehrt, wenn auch nicht das Beyspiel der römischen Republik (die 770.000 Mann gegen die Gallier marschiren ließ), hier redete, daß eine Nation sich zum Kriege ganz hergiebt, sobald sie für ihr Privat Interesse, für ihre vermeinte Freyheit ficht. Was thaten nicht die kleinern Völker, als sie für ihre Freyheit fochten, die Niederländer, die Amerikaner, Schweizer u.a.m.? Freilich ist es bey den jetzigen Franzosen nicht ein in die Augen fallendes Bedürfniß, den Krieg mit aller Aufopferung für ihre Freyheit zu führen – dagegen hat der erworbene Ruhm und der angebohrne Nationalstolz bey ihnen aber auch die Ruhmbegierde erweckt, und was den Enthusiasmus für Freyheit abgehet, ersetzt jene reichlich.

2.) Die französische Nation hat mehrere Resourcen als alle benachbarten Staaten, den Krieg fortzusetzen. a.) Sie hat große Eroberungen gemacht und dadurch also Hülfsmittel aller Art, b) sie besitzt alle Güter der Geist-

---

[a] *Im eigenhändigen Konzept folgt hier (fol. 12v–13r) gestrichen: „Wenn man sich die Lage, in der sich die französhe Nation befindet, in Einzelnen erinnert, und wenn man die Krieg führenden Kräfte, die innere physishe und moralishe Verhältniße derselben mit denen andrer Völker vergleicht, so findet man auch bey der ruhigsten Ueberlegung, daß jenes durch die Geschichte durch Vergleichung ge*
    Sollte der rohe republikanische Geist sich nicht wieder bey der französischen Nation verliehren, so wird dieselbe allen benachbarten Staat[e]n gefährlich werden."

[3] General Charles-Pierre-François d'Augereau (1757–1816), der spätere Marschall, war am 23. September 1797 zum Oberkommandeur aller gegen Deutschland stehenden Armeen ernannt worden.

lichen, Adelichen u.s.w., c.) was sie nicht hat, versagt sie sich. Der Enthusiasmus für die vermeinte Freyheit und die Ruhmbegierde, von der die Nation zum großen Theil beherscht wird, setzt das Gouvernement in den Stand, den Luxus Gränzen zu setzen und alles, was sonst der Bequemlichkeit und dem Wohlleben aufgeopfert wurde, zum Kriege zu verwenden. Die Armee ficht ungeachtet es ihr an allen Bedürfnißen, an Kleidern, an Magazinen, an Zeltern u.s.w fehlt. Sie ist nun einmal dahin gekommen; sie ist es nun gewöhnt, sich alles zu versagen, unter freien Himmel oder in Erdhütten zu liegen, mit wenigen Lebensmitteln sich zu behelfen, u.s.w.

3.) Die Cultur des Geistes, durch welche diese Nation für andern sich auszeichnet, und vorzüglich der anhaltende Krieg bringt bey ihnen die Krieges-Kunst, wo nicht in den Grundsätzen, doch in der Anwendung derselben, zu einer größern Vollkommenheit als bey andern Nationen. Die französische Nation führt nun 7 Jahr den Krieg, die andern Nationen, selbst die mit ihr im Kriege begriffen[en], führten ihn nur 2 bis 3 Jahr, wenn man die Oesterreicher ausnimmt.[4] Hier vereinigt sich also der Vortheil der Erfahrung mit denen des mehr cultivirten Geistes.

Man weiß, daß bey einer uncultivirten Nation die Kunst nicht durch Erfahrungen weiter gebracht wird, daß sie aber bey einer cultivirten durch dieselbe schnelle Fortschritte macht. Es ist hier mit den Armeen wie mit den Individuen derselben.[b]

Der Gebrauch der leichten Truppen bey der französischen Armee, der Gebrauch und die Einrichtung ihrer Reitenden-Artillerie, die Organisation ihrer Armeen in Großen, die Art, sie in Bewegung zu setzen, und andere Einrichtungen mehr verdienen, von mancher andern Armee schon jetzt nachgeahmt zu werden.

4) Einen großen Vortheil haben die Franzosen darin, daß sie an der Spitze ihrer Armeen, Divisionen und Brigaden junge thätige Männer haben, die begierig sind, sich auszuzeichnen. Bey andern Armeen ist dies nicht möglich, ohne alle innern Verhältniße ganz zu zerreißen. Nur der republikanische Enthusiasmus und der Geist der Revolution erlaubt diese Anordnung der Dinge.

Es leidet zwar keinen Zweifel, daß zum Feldherrn die Klugheit und Erfahrungen eines ältern General erfordert wird, wenn man die höchste Vollkommenheit verlangt. Da aber die Erfahrung nicht von der Menge der Feldzüge, sondern von dem Geiste, mit dem sie beobachtet sind, abhängt; da die Beurtheilung der Klugheit eines ältern Generals sehr mißlich ist; da Conexion, Nepotismen, Neid und andere Leidenschaften hier mit ins

---

[b] *Im eigenhändigen Konzept folgt hier gestrichen: „Die Römer geben uns ein Beyspiel, wie geschwind eine cultivirte Nation in der Kunst Fortschritte macht, wenn sie durch eine beständige Erfahrung geleitet wird."*

[4] Seit dem Frieden von Basel führte Großbritannien den Krieg im wesentlichen zur See. Rußland, das im März 1799 im 2. Koalitionskrieg Österreich und Großbritannien zur Seite trat, hatte allerdings 1787–92 gegen die Türkei, 1788–90 gegen Schweden und 1794–95 gegen Polen Krieg geführt.

Spiel kommen, so trift es sich sellten, daß diese ältern zu Oberbefehlshabern bestimmten Männer die Erfahrung und Klugheit besitzen, die man bey ihnen voraussetzt.

Bey der Wahl der jüngern Generale in den französischen Armeen treten hingegen diese Umstände nicht so leicht ein. Ihre Thätigkeit, ihre Einsicht redet allein für sie, wenigstens wird sich nie das Gouvernement unterstehen, einen jungen Officier an der Spitze der Armee zu stellen, der sich nicht durch Thätigkeit, Einsicht, Muth und Vaterlandsliebe auszeichnete. Man erinnere sich an Dumouriez, Pichegrü, Moreau, Buonaparte, Hoche u.a.m.[5]

Bey den commandirenden General kömmt es nicht allein auf Erfahrung, sondern auch auf Entschloßenheit, auf einen festen und unternehmenden Character, auf ein hohes herrisches Gefühl, auf Energie an. Ohne diese Eigenschaften wird er in verwickelten Umständen dem Staate schlecht dienen. Den Mangel an Erfahrung werden Generale noch wohl in etwas ersetzen können, aber nicht den an Thätigkeit, an Character, an Entschluß zu mißlichen Unternehmungen, an großen und erhabenen Gefühlen.

5.) In den französischen Armeen herrscht in den obern Graden die höchste Verantwortlichkeit, Belohnungen und Bestrafungen. Buonaparte cassirte Generale vor der Front in dem Augenblick der Action, und avancirte andere auf der Stelle; schon Dumouriez machte einen Obristlieutenant auf der Stelle zum General; nach der Schlacht von Fleurus wurden 7 französische Officiere arquebusirt, weil sie sich feig gezeigt hatten; Custine und Houchard mußten ihre Unwissenheit mit dem Leben büßen; Jourdan und Pichegru ihre Unthätigkeit mit dem Verlust ihrer Stellen; eine sehr große Menge anderer Generale in den niedern Graden wurden cassirt, ihrer Stelle entsetzt u.s.w.[6]

Diese augenblicklichen Bestrafungen und Belohnungen geben der militärischen Maschine eine innere Thätigkeit und Kraft, welche auf keinen andern Wege zu erhalten ist. Nur der Befehlshaber, der selbst verantwortlich ist, macht jeden Untergebenen wieder verantwortlich. Das Gefühl eigener Verantwortlichkeit gegen den Staat überträgt er auf die Verantwortlichkeit seiner Untergebenen gegen ihn – jeder vergiebt ihm diese Härte,

---

[5] Man vergleiche Nr. 163 mit diesen Ausführungen.
[6] Custine wurde am 27. August 1793 hingerichtet, in erster Linie weil es ihm nicht gelungen war, Valenciennes zu entsetzen, doch spielten auch seine Verbindungen zu den Girondisten eine Rolle.
Houchard, der Sieger von Hondschoote, wurde nach der Niederlage von Courtrai (15. September 1793) verhaftet und am 17. November 1793 hingerichtet.
Jourdan wurde am 6. Januar 1794 wegen seiner Differenzen mit dem Wohlfahrtsausschuß entlassen, bekam aber bis zum Beginn des Frühjahrs wieder ein Armeekommando.
Pichegru nahm als Kommandeur der Rheinarmee Kontakt mit royalistischen Agenten auf, die ihn dazu brachten, sich passiv zu verhalten. Das trug zu Jourdans Niederlage bei Höchst (11. Oktober 1795) bei und führte zu Pichegrus Ablösung durch Moreau am 14. März 1796.

jeder weiß, daß die Nothwendigkeit, daß seine Erhaltung ihn dazu treibt. Dieses Verhältniß des Heerführers mit seinen Generalen überträgt sich bald auf das zwischen diesen und den Staabs- und Compagnie-Officieren, auf das zwischen den Compagnie-Officieren und Unterofficieren, und endlich auf das zwischen dem Unterofficieren und Gemeinen.

Nur durch diese stufenartige Anstrengung beköm̃t die Armee Thatigkeit, Geist und Leben. Jenen Trieb siehet man nun bald in allen Graden. Der Commandeur eines Regiments, dessen Ehre von den Betragen seiner Officiere abhängt, muß die Thätigen belohnen und die Nachlässigen bestrafen; der Compagnie-Chef, der die Fehler seiner Compagnie nun theur büßet, muß die Bravern und Fähigern hervor ziehen, und sich von den Unbrauchbaren und Furchtsamen entledigen.[c]

Wir dürfen uns nicht verschweigen, daß die große Triebfeder der Verantwortlichkeit, der Bestrafungen und Belohnungen nicht mehr in den meisten unserer Heere zu Hause ist.

Die Familien-Verbindungen haben an den höhern Graden bey der kayserlichen Armeen die Verantwortlichkeit entkräftet, nur in den niedern nehmen wir sie, jedoch sehr geschwächt, wahr. Der verstorbene König von Preußen, Friedrich der II[te], nahm aus diesem Grunde nicht gern Grafen und Fürsten in seinen Dienst. Er fürchtete, wie er sich selbst äußerte, daß am Ende dadurch die Disciplin leiden würde. Indes scheute er doch auch diese nicht, selbst nicht seines Bruders, der die Armee im Jahr 1757 verlaßen mußte.[7] Wenn man die Liste von[d] Cassirten und Verabschiedeten und von außerordentlich avancirten und begnadigten Officiers dieses großen Königs in den 7jährigen Kriege gegen ähnliche von andern Armeen in den Kriegen unserer Zeiten vergleicht, so sollte man glauben, die Menschen wären besser geworden, ihre eingebohrne Nachlässigkeit, Furchtsamkeit und Eigennutz hätte jetzt kein Gleich-Gewicht mehr nöthig, oder der große König wäre ohne Grund grausam gewesen.

Bedenkt man aber von der andern Seite wieder, was dieser große König und seine zum Ruhm gestim̃te Armee that; bedenkt man, daß sie den Sieg bey Prag, Zorndorff, Torgau u.s.w. gewißermaßen bloß mit Menschen erkaufte, daß sie in einer Schlacht mehr Menschen, ohne davon zu laufen, aufopferte, wie in den Kriegen in unsern Zeiten eine gleichstarke in mehrern Campagnen aufopferte, so siehet man freilich auch, daß die Wirkung immer mit der Ursach in gleichen Verhältniß bleibt.

---

[c] *Im eigenhändigen Konzept folgt hier gestrichen: „Der Mensch ist sellten etwas durch sich selbst, von oben her kann man aus ihn machen, was man will, wenn man nur in den Forderungen die Bedürfniße nicht ganz vergißt und den Ehrgeiz in Bewegung zu setzen weiß."*
[d] *In der Vorlage steht das Wort versehentlich doppelt.*
[7] Anlaß war der unglückliche Rückzug der von Prinz August Wilhelm (1722–1758) angeführten Kolonne nach der Schlacht von Kolin.

Wo nicht in jeder Campagne eine gewiße Anzahl höherer Officiere cassirt und verabschiedet, belohnt und außerordentlich avancirt werden, da hört der innere Trieb zu großen Thaten auf. In einer Armee, wo dies geschiehet, ist freylich nicht jede gut besoldete Stelle eine Präbende[8], die einer genießt, so lange als er lebt; das aber macht ihren Werth aus – das entfernt den Unwissenden, den Unthätigen und Furchtsamen, und bringt den Ehrgeizigen und Unternehmenden hervor, von dem man man allein im Kriege etwas erwarten darf.

Je gefährlicher eine höhere Stelle ist, desto weniger hat sie von Nepotismen und andern unedlen Nachst[e]llungen zu befürchten – desto mehr stehet sie dem Mann von höhern Gefühlen, von innern Bewußtsein seiner Kräfte und Energie offen.

Laudon muß die Lage, in der sich die jetzigen Armeen befunden, sehr gut gekannt haben, weil er nicht ohne große Vollmachten das Commando übernehmen wollte und eine so große Härte gegen die Officiere in den ersten Graden bewieß.[9]

Die Bestrafungen haben in unseren Zeiten in dem meisten Armeen eine[e] besondere Wendung genommen. Wenn ein Soldat mit seinen Cameraden oder einem Bauern oder Schreiber im Staat in Streit kömmt, so bestraft man ihn nach der Strenge, daß er aber seine Waffen in einen unglücklichen Gefecht von sich geworfen, daß er ehender als seine Camerarten davon gegangen u.s.w., daß übersiehet man.

Wenn ein Officier mit den Bürger Streit bekömmt und nicht nachgibt, wenn er gegen die Civil-Obrigkeit einen kleinen Fehler macht, wenn er einmal mit den Studenten sich schlägt, mit einem Worte, wenn er einmal von der angebornen und ihm zum Soldaten unentbehrlichen Heftigkeit des Temperaments sich etwas merken läßt, so wird er weit strenger als der Bürger bey gleichen Vergehen bestraft; statt sein zweideutiges Betragen vor dem Feind, seine Unwissenheit bey der Vertheidigung eines Postens, seine unentschiedene Krankheit in mißlichen Zeitpuncten u.dgl.m. ununtersucht, auch unbestraft bleibt. Unbegreiflich zwecklos gehet man in diesen Stück überall zu Werke. Wer hat nicht 100mal gesehen, daß die Officiere beym Exercies mit der größten Härte wegen unvermeidlicher Fehler in den Bewegungen behandelt werden,[f] während man bey der schlechten Führung eines Detaschements, der fehlerhaften Ausstellung eines Piquets, wovon das Leben vieler Menschen und das Glück ganzer Corps oft abhängt, ihre Fehler ganz übersiehet.[10]

---

[e] Statt „einen".
[f] Im eigenhändigen Konzept folgt hier gestrichen: „wer weiß nicht, daß Staabsofficiere, weil sie ein alterliches Ansehen und eine schwache Stimme haben, ob allein dieser Ursach abgehen müßen; daß Offic. [unleserlich]".
[8] Pfründe.
[9] Das bezieht sich mutmaßlich auf sein Kommando im Krieg gegen die Türkei 1788–1789.
[10] Man beachte die Parallelen vor allem des Abschnitts 5 zu den Denkschriften Nr. 469, 470 und 471 im ersten Band, die sich mit der Disziplin befassen.

310. Notiz [?, ?¹]

GStA PK, VI. HA Nl Scharnhorst Nr. 271 fol. 19r (¹/₂ S.): Eigenhändig.

Kritik der Adelsprivilegien.

Untersuchung über den Geburtsadel.

Wenn die Gesellschaft ihrem politishen System entwächst, entstehen Erschüttrungen.
 Anspruch u. Recht – Gleichheit des Anspruchs ungleich des Rechts –
Die Ungleichheit des Anspruchs ist eine Krankheit, in der der Körper nach Gesundheit strebt.
 Die Nachtheile der Erblichkeit des Adels – Feudalaristocr[a]tie – wurde durch das Cölibat der Geistlichkeit u. Aufnahme des niedern Standes in die Geistlichkeit gemindert –
 Das Feudalsystem machte den Boden zum Fundament des politishen Ansehens. Wenn aber das <u>Haben</u> den <u>Seyn</u> vorgezogen wird, so entstehet eine Unordnung. Die Natur hat das Seyn zur Quelle des Habens constiuirt.

311. Notizen [?, nicht vor 1800, nicht nach 1804?¹]

GStA PK, VI. HA Nl Scharnhorst Nr. 144 fol. 19r–22v (7 S.): Eigenhändig.

[1.] Gliederungsskizze zu Abhandlung über die Artillerie. Methode zur Übung des Augenmaßes. [2.] Fiktionaler Rahmen einer Kritik des gegenwärtigen Militärs. [3.] Gliederung einer allgemeinen militärischen Einführung. [4.] Stichworte zum Einsatz der Artillerie. [5.] Einkaufsliste für Bordenau. [6.] Fragment zum Fuhrwerk der Artillerie.

[1.] [Fol. 19r–20r:]

Meine Artillerie könnte bestehen

1ster Theil a. Einrichtung und b. Wirkung der Artillerie
2ter Theil a. Gebrauch des Geshützes im freien Felde und b. in Belagerungen.
 Jeder Theil zerfiele wieder in 2 Abshnitte
  Im 2ten Theil käme die Belagerung von Valenciennes als Beyspiel –
  Menin als Beispiel eines vershanzten Postens.

---

¹ Diese Notiz auf einem Kleinoktavblatt ist nicht datierbar (auf dem Blatt davor, fol. 18v, steht lediglich „Den 18ten Apr." und „27. May"), doch ist sie im thematischen Zusammenhang mit Scharnhorsts Bemühungen um eine Nobilitierung beim Übertritt in preußische Dienste von Interesse; vgl. Nr. 197.

¹ Es handelt sich zumindestens teilweise um Vorarbeiten zum „Handbuch der Artillerie", dessen erster Band 1804 erschien.

Anhang Ueber die Uebungen der Artillerie

Zusätze zum ersten Theil: 1. Anshlag der Artillerie im freien Felde, in Belagerungen – 2. Fuhrwerke 3. Theorie des Pulvers

Zusätze zum 2ten Theil: 1. Gebrauch der reitenden Artillerie 2. den 2ten Abshnitt –

Uebungen auf den Felde

I. Augenmaaß. Man übt sich in den Beurtheilen v. Distanzen[a]

Standort c d....e....f....g....B

Wenn man diese Uebung der Beurtheilung anstellen will[b], so begiebt man sich ins Freie und sucht sich einen Gegenstand, den man 1000 Shritt entfernt helt, nun shreitet man die Distanz aus, um zu sehn, ob man richtig geurtheilt hat. Damit man aber zugleich sich auch in der Beurtheilung kleiner Distanzen übt, so beurtheilt man auf den Wege von Zeit zu Zeit die Entfernungen der in die Linie liegenden Gegenstände. Man sagt sich z.B. wieweit ist es bis nach jenen Nachbahrberge, Mühle etc. Berg B? Dann, wie weit bis c? Kömt man in c, so frägt man sich, wie weit ist es bis d, u. in d frägt man sich, wie weit ist es bis e? Alle diese shreitet man ab, u. zeichnet sie sich auf. Die Distanz von c, d, etc. wählt man, wie sich Gegenstände darstellen. Die große Distanz bis B wählt man wo möglich von etwa 1000 Shritt. Nachher fängt man an, bei dieser Beurtheilung die große Distanz auf 2000 Shritt anzunehmen.

– Die Hauptsache ist, daß man[c] Leute zu Fuß u. zu Pferde in den entfernten Punkt stellt etc.
– 2. Daß man diese Uebung mit 3 bis 4 in Gesellschaft anstellt weil es sonst ennuirt
3. Daß man bald Anwendung auf Schußweite macht. Auf Wirksamkeit derselben.

[2.] [Fol. 20v:][d]

Beschreibung des Europäishen Militärs im Jahr 1800[2]

Diese Beshreibung hat einen Nordamerikaner zum Verfaßer, welcher nach Europa kam, um das Militär zu erlernen. Er hat Kentniße der Mathe-

---

[a] *Folgt eine längere gestrichene Passage.*
[b] *Statt „willen".*
[c] *Folgt, aus Versehen stehengelassen: „in".*
[d] *Die Schrift steht auf dieser Seite gegenüber den anderen auf dem Kopf.*
[2] Es könnte sich um eine Skizze zu einem eigenen Werk handeln. Der amerikanische Verfasser wäre dann fingiert.

matik^e und der Geshichte; er wohnte 2 Feldzügen des Revolutionskriege bey, und bereiset darauf die Uebungsläger vershiedener Armeen. Sein Werk entstand durch Briefe an einen Freund, der von der Verfaßung der stehenden Heere, von der Führung des Krieges kaum Kentnisse hatte und dieselben durch diese zu erlangen suchte.

[3.] [fol. 21r:]

Briefe an einen Prinz über die Einrichtung des Militärs und die Führung des Krieges.

Etwa 24 bis 30 Bogen stark

Inhalt: 1. Ueber die Uebung
        2. Disciplin – sichere Stellen – Suwarow –
        3. Einrichtung der Armee
        4. Artillerie
        5. Ingenieure
        6. Generalstaab –
        7. Führung der Armee
           a. Das Mechanishe
           b. Das Wissenshaftliche
           c. Alles zufällig
        8. Erlernung der Führung
        9. Vershanzung – geshwind welche [auf]zuw[er]fen – sehr gute

[4.] [Fol. 21v:]

<u>Angrife mit Artillerie</u>
1. Mit starken Calibern –
2.^f große Masse Artillerie
3. Ablösen der Batterien
4. zuletzt die reitende Artillerie dazu

Die Artillerie muß nicht von ihren Brigaden kommen; die Brigaden aber, welche sie der Wahrscheinlichkeit nach nicht brauchen, die 2te Linie, muß sie abgeben. In jeder Action müßen fast alle Geschütze in Activität kommen.

---

^e *Statt „Mathemathematik".*
^f *Folgt gestrichen: „Sehr".*

772   II. Reform der hannoverschen Armee (1798–1801)

^g6 Batter[ie]n
I, II, III erster Angrif
IV, V, VI 2ter oder Ablösung
r.r. Reitende zuletzt

[5.] [fol. 22r:]

Nach Bordenau
1. Baumsäge, Wilhelm sein Messer
2. Aepfel Reiser und die Art, sie zu setzen[3]
3. Apricosen u. Pfirshen Baume, Zwerg Apfelbäume, Rosen, Johannesbere, Bikbere[4] –
4. Schreibzeug mit allen dazugehörigen.

[6.] [Fol.22v:]

Verbeßerung an der Artillerie[h]

1. Protzen großere Räder
2. Fuhrwerke überall leichter

Versuch, mit Gestellen verschiedener Größe[i]

14$^1/_2$ rh. monathlich der Mann Preußen

---

^g   *Zum folgenden gehört die Skizze einer Aufstellung von sieben Batterien, die jeweils in 2 Sektionen „a" und „b" geteilt sind. Die ersten 6 sind mit römischen Ziffern bezeichnet, davon die ersten drei 12℔der, die anderen 6℔der. Die siebte Batterie ist eine mit „r" bezeichnete reitende.*
^h   *Diese Zeile mit Bleistift geschrieben. Gemeint ist wohl die hannoversche Artilleriereform ab 1799.*
ⁱ   *Es folgen Skizzen von Rädern sowie einige Berechnungen.*
[3]   *Zum Veredeln von Obstbäumen durch Aufpfropfen.*
[4]   *Blaubeere.*

312. Aufzeichnung [?, nicht vor 1796, nicht nach 1801¹]

GStA PK, VI. HA Nl Scharnhorst Nr. 286 fol. 37r–v (1½ S.): Konzept, eigenhändig.

Risiken der Teilung von Armeen. Historische Beispiele.

Fälle, wo Armeen in Corps vertheilt stehen.

[1]ter ᵃ Fall ᵇ

Bey diesem Fall ist keine Gefahr, so lange die beyderseitigen Armeen über einen Tage Marsch auseinander sind, sind sie aber näher und gehet dann die feindliche Armee auf die Haupt Armee mit Tagesanbruch und hält diese in Respect, so wird sie unterdes ein oder ander Corps aufreiben können – Bataille bey Wilhelmsthal. Eine Ausnahme von dieser Gefahr wird eintreten, a. wenn die Gegend nur ein sehr langsames Anrüken erlaubt, b. wenn die Corps sehr starke Vorposten haben, sich nicht in ein Gefecht einlassen und gegen das Umgehen gesichert sind.

2ter Fall ᶜ

In diesen Fall, in der die französische Armee 1760 bey Korbach² das Corps bey Kirchhein³ und Marburg fast verlohr, in der die Clairfaitsche Armee an der Ourte und Roer stand,⁴ in der wir auf den Grenzen Frankreichs uns befanden – in der die Armee in Italien in Anfang des Feldzuges von 1796 sich befand – wird man immer geschlagen, wenn der Feind seine Operationen einleitet, d.i. unerwartet auf einen Theil mit der größten Gewalt fält und dann seinen Vortheil zu benutzen weiß.

ᵃ Der Wortanfang ist abgerissen.
ᵇ In einer Skizze (fol. 37r) sind fünf Vorpostenkorps in einer Linie aufgestellt, wobei der Abstand zwischen zwei Korps jeweils zwei Stunden beträgt. Die Entfernung des mittleren, dem Feinde am nächsten, zur feindlichen Hauptarmee beträgt „4 Stunden oder + [mehr] aber nicht – [weniger]", der zur eigenen Hauptarmee „4 Stunde oder + aber nicht –, wenn ab [der Abstand zum Feind] nicht + würde."
ᶜ Auf der folgenden Skizze stehen fünf Korps in einer Linie, die Abstände zwischen ihnen betragen jeweils sieben Stunden. Die Entfernung zwischen dem mittleren, stärksten Korps und der feindlichen Armee ist „4 und +", der Feind ist aber, wie ein Pfeil anzeigt, im Begriff, das schwächere Nachbarkorps anzugreifen.
1 Aufgrund der erwähnten Ereignisse. Insbesondere ist hinsichtlich der Feldzüge von 1793/95 von „wir" die Rede.
2 Hier schlug die französische Rheinarmee am 10. Juli 1760 einen Angriff der Alliierten Armee des Herzogs Ferdinand zurück.
3 Kirchheim bei Bad Hersfeld.
4 Das bezieht sich auf die französischen Offensiven an der Ourthe (18. September 1794) und an der Rur (2. Oktober), die Clerfait zum Rückzug über den Rhein zwangen.

313. Denkschrift [?, 1801?[1]]

GStA PK, VI. HA Nl Scharnhorst Nr. 189 fol. 1r–11v (22 S.): Konzept, Schreiberhand, mit eigenhändigen Korrekturen und Abänderungen.

Einteilung in Divisionen. 1. Erste Spuren 1761. Beispiele aus den Revolutionskriegen. Höhere Flexibilität. 2. Strukturelle Überlegenheit. Ausbildung zahlreicher Führungskräfte. Entlastung des Befehlshabers. Selbständigkeit sichert Zusammenhang. Beispiele. 3. Schlachtgeschehen besser kontrollierbar und zusammenhängend. Beispiele. 4. Bei Verlust des Zusammenhangs Divisionen anpassungsfähiger. 5. Korpsgeist und Wetteifer durch dauerhafte Zuordnung. 6. Dauerhafte Zusammengehörigkeit als Voraussetzung für Bildung eines Generalstabs, gemeinsame Übungen und Führungsroutine der Kommandeure. 7. Leichtere Führbarkeit des Ganzen. Entlastung des Befehlshabers durch Arbeitsteilung. Ständige Einsatzbereitschaft durch Kombination aller Waffen. 8. Verteilung der Artillerie auf dem Marsch. 9. Vorteile in der Schlachtordnung. Ohne Divisionen komplexe Disposition notwendig, Ablauf eher dem Zufall ausgeliefert. Tendenz publizierter Relationen zur Glättung und Systematisierung der Ereignisse.

<u>I^{tes} Capitel</u>

<u>Von den Vorzügen der Abtheilung einer Armee in Armee-Divisionen.</u>

§ 1. Die Erfahrung scheint auf die Eintheilung der Armeen in Armee-Divisionen geführt zu haben.

Man findet von dieser Eintheilung die ersten Spuren in der allirten Armee des Herzogs Ferdinand in den Feldzuge vom Jahre 1761. Es ist höchst wahrscheinlich, daß die vorhergehenden Feldzüge Veranlassung dazu gegeben haben, denn[a] dieser Feldher führte den Krieg nicht nach der alten Methode, sondern benutzte alle Hülfsmittel, welche ihn Nachdenken und Erfahrung lehrten, auf eine kluge Weise.

In der Schlacht bey Vellinghausen finden wir die allirte Armee in 5 Abtheilungen oder Corps, deren jede aus allen Waffen zusammengesetzt ist und ihren eigenen Befehlshaber hat. Diese Abtheilungen blieben nachher, mit einiger Veränderung, bis zu Ende des Krieges.

Wie bey der französischen Armee die Divisionen entstanden sind, ist nicht genau bekannt.[b]

In den Feldzügen Dumouriers im Jahr 1792 wird ihrer zuerst erwähnt, und im Jahre 1794 hörte man schon von organisirten Divisionen.

---

[a] *Folgt gestrichen:* „es wird dem aufmerksamen Leser der Geschichte dieses Helden nicht entgangen seyn, daß derselbe ganz und gar nicht".

[b] *Folgt gestrichen:* „[...], daß sie aber eine Folge der Nothwendigkeit waren, daß das Bedürfniß sie erzeuget hat, ist gar keinen Zweifel unterworfen; denn sie entstanden im Kriege und wurden darin zu einer bleibenden Einrichtung geschaffen."

[1] Die Schlacht von Hohenlinden (3. Dezember 1800) wird auf fol. 2v als aktuellstes Ereignis („letzte[r] Sieg") erwähnt. Lehmann I, S. 238ff., ordnet diese Schrift noch der hannoverschen Zeit zu, allerdings bietet der Text dafür keine sicheren Anhaltspunkte.

Sehr einsichtsvolle Männer haben die schnellen Angriffe, welche die französischen Armeen auf eine sehr combinirte Art oft[c] ausführten, und die große Leichtigkeit, mit der sie bey sehr verwikelten Lagen immer den Umständen angemessene[d] Maßregeln trafen, zum Theil jener vollkommenern Organisation ihrer Armeen[e] zugeschrieben. –

In der Schlacht bey Mouscron den 29ten April 1794 wurde die Pichegrüsche Armee von Clarfaye in einem Puncte der großen Postirungs-Linie zwischen Lille und Courtrai, in dem sie es nicht erwartete, angegriffen und geschlagen; die Affaire dauerte bis 10 Uhr abends. Des andern Morgens 6 Uhr aber griffen dennoch ihre in einer Weite von 3 Stunden stehende Corps die Armee der Verbundenen schon auf allen Puncten wieder an, und agirten in einem solchen Zusammenhange, als wenn es ein Manoeuvre gewesen wäre.

Den 17ten May 1794 drang der Herzog von York aus der Gegend von Tournay bis Mouveaux vor und warf alles, was er vor sich fand, über den Haufen; auf 4 andern Puncten rechts und links ihn waren andere Corps und Armeen mit den Feinde in Action. Und obgleich erst abends 10 Uhr das Feuer bey Mouveaux aufhörte, so waren dennoch morgens 4 Uhr die französischen Colonnen zum Angriff des Herzogs von York so wohl in Front als im Rücken schon angekommen, und gegen 11 Uhr war er total geschlagen.[2]

In Italien ging es in den beiden Haupt-Schlachten, die Wurmser und Alvinzy lieferten, nicht anders, beide griffen an, wurden aber immer, wenn die Feinde die verschiedenen Angriffs-Colonnen entdeckt hatten, dadurch geschlagen, daß diese auf eine derselben ihre Hauptmacht concentrirten.[3] Noch der letzte Sieg bey Hohenlinden giebt uns eine vortheilhafte Meinung von den Nutzen einer nach französisher Art organisirten Armee, denn es sey, daß ein vorgefaßter Entschluß bey den französischen Feldherrn, bis Hohen-Linden sich zurückzuziehen und dort eine Schlacht zu liefern, statt fand, oder, daß die ganze Anordnung von den Drang der Umstände herbeigeführt wurde, in jeden Fall hätte er ohne die große Leichtigkeit, mit der seine stärkern Heerhaufen in Bewegung gesetzt wurden, und ohne die Einheit und innere große Thätigkeit derselben schwerlich hier gesiegt.

---

[c] *Folgt gestrichen: „zum Erstaunen aller Sachkundigen".*
[d] *Statt „angemessenen".*
[e] *Folgt gestrichen: „im Großen".*
[2] Zu den beiden erwähnten Schlachten vgl. auch Scharnhorst, Feldzug, in: NMJ, 10. Band (1801), S. 139–179, 257–310, 329–383.
[3] Die erste erwähnte Schlacht ist Wurmsers Niederlage bei Castiglione (5. August 1796). Bei der zweiten handelt es sich nicht um die Schlacht von Arcole (15.–17. November 1796), die mit einer französischen Offensive begann, sondern um die von Rivoli (14. Januar 1797).

§ 2. Eine Armee,^f welche keine Armee-Divisionen und keine wohlorganisirte General-Stäbe für jede derselben hat, die die Fertigkeit sich erworben haben, nicht allein ihre Division auf der Stelle mit Ordnung und in guter Verbindung mit dem Ganzen zu führen, sondern auch von den Fehlern des Feindes in jedem Augenblick zu profitiren,^g kann das nicht leisten, was die meisten französische^h in diesem Kriege geleistet haben.

Die Organisation der französishen Armeen und die Art und Weise, wie sie geführt werden, verdient unsere ganze Aufmerksamkeit.

Wir haben gesehen, daß Männer ohne viel Kenntnisse, ohne eine besondere Fertigkeit in der Ausführung, dieselben immer mit der größten Ordnung und Kunst in Bewegung setzen.

Zufall kann hier nicht entschieden haben, denn bey der Abwechselung so vieler einzelner Heerführer erfolgten immer fast dieselben Resultate. Die Sache läßt sich aber auch sehr gut erklären.

Die Führung der Armee ist hier gewissermaßen so vielen Generalen aufgetragen, als Divisionen in der Armee vorhanden sind; jeder dieser hat seinen General-Stab und also eine Menge Gehülfen. Es werden demnach bey jeder Bewegung, bey jeder Action eine große Menge der vorzüglichsten Officiere in der Armee in Thätigkeit gesetzt, um die verschiedenen Theile zweckmäßig zu leiten. Alle diese Officiere werden immer in diesem Geshäft gebraucht und bekommen also in der Ausrichtung desselben bald eine große Fertigkeit. Der commandirende General erliegt nun nicht unter der Last der Anordnungen einzelner Theile, er hat jetzt Ruhe und Zeit, seinen Blick aufs Ganze zu richten, er kann jetzt sehr leicht nach seinen Absichten Zusammenhang und Einheit in die Bewegung und die Ausrichtung der verschiedenen Divisionen bringen und sich ganz den strategischen und tactischen Entwürfen überlassen.^i

Es ist äußerst merkwürdig, daß man keine Schlacht, welche die französischen Armeen in diesem Kriege geliefert haben, anführen kann, welche durch Mißverständniß und aus Mangel des Zusammenhangs des Ganzen oder durch einen andern Zufall verlohren wäre, wie dies so oft bey den nach der bisherigen Art organisirten Armeen der Fall war.

Aber dies ist auch sehr erklärbar.

---

^f *Folgt gestrichen:* „welche in Großen nicht wohl organisirt ist,".
^g *Folgt gestrichen:* „welche für Lebens- und Kriegs-Bedürfnisse in dringenden Fällen keine Vorkehrungen zu treffen wissen, ehe der Mangel den Ausrichtungen unüberwindliche Hindernisse in den Weg legt, und welche endlich, wenn alles Comando des ersten Feldherrn aufhört, nicht im Stande sind, sich selbst zu helfen".
^h *Folgt gestrichen:* „in der Lage, in der die meisten waren".
^i *Folgt gestrichen:* „Man darf die Einrichtung der Divisionen in den französischen Armeen nicht als eine andere vorkommende willkürliche Veränderung derselben betrachten. Sie ist nicht durch die Meinung und das Ansehen eines Individuums eingeführt, sondern die Natur der Sache hat sie gewissermaßen schon bey Dumouriers Zeiten hervorgebracht, ihren innere Zweckmäßigkeit hat sie nachher bey allen Feldherren in so vielen Feldzügen erhalten, und jetzt zu einer dauernden Einrichtung constituirt."

Eine Armee, welche nicht in Corps von allen Waffen eingetheilt ist, gleicht einer langen zusammenhängenden Verschanzung, einer sogenannten Linie, die verloren gehet, wenn der Feind irgendwo sie durchbricht, da hingegen eine in Divisionen eingetheilte, von welcher immer zwey und zwey eine Cavallerie-Reserve haben, als eine Verschanzung mit abgesonderten Reduten anzusehen ist, bey denen der Verlust einer oder andern nicht den Verlust des Ganzen nach sich ziehet.

Bei Prag war die Lücke, welche durch das Rechtsziehen des kayserlichen rechten Flügels entstand, die Ursach des Verlußts der Schlacht; die Schlacht bei Collin verlohr die preussishe Armee, weil eine Brigade zu früh einschwenkte; bey Jägerndorf marschierte (vor der Schlacht), ohne den Befehl des commandirenden Generals zu haben, die Armee gegen den Feind, bey Breslau geschah (nach der Schlacht) das Umgekehrte. Solche Fehler können nicht so leicht auf die ganze Armee einen nachtheiligen Einfluß haben, wenn sie in Corps von allen Waffen abgetheilt ist, welche jedes für sich in gewißer Hinsicht ein Ganzes ausmacht.[j]

§ 3 Eine nicht in Armee-Divisionen abgetheilte Armee befindet sich im durchschnittenen oder nur zum Theil durchschnittenen Terrain in einer sehr unangenehmen Lage, wenn sie hier nach den vorkommenden Umständen ohne vorherige Disposition agiren muß, und dies ist doch im Kriege gewöhnlich der Fall. Man sagt daher[k], der Feldherr könne bey einer Schlacht nur die Disposition zum Angriff machen, das Uebrige müsse er dem Zufall überlassen. Dies aber ist nicht ganz der Fall, wenn die Armee in Armee-Divisionen abgetheilt ist. Dann läßt sich noch immer der Zusammenhang im Großen und die Verbindung der einzelnen Theile in jeder Lage einigermaßen erhalten.

Eine bloß in Brigaden eingetheilte Linie zerstückelt und zersplittert sich, wenn nicht alles so gehet, wie auf dem ebenen Manoeuvrirplatze, wenn nicht die Linien gehörig aufmarshiren, die Armee in Fronte nur ohne alle Hinderniße avancirt u.s.w. Die großen Abtheilungen bringen hingegen mehr Zusammenhang und gegenseitige Unterstützung in die ganze Schlachtordnung.

Auch selbst in der Ebene gehet es mit den Bewegungen in der Schlacht nicht immer so regelmäßig zu, wie bey Molwitz und Leuthen; bei Hohenfriedberg nahm ein Theil des 2ten Treffens den Platz des er-

---

[j] *Folgt gestrichen:* „§ 3. Wenn man gegen die Eintheilung der Armeen in Armee-Divisionen die Einwendung machte, daß sie durch dieselbe zerstückelt würde und in kleine Theile zerfiele, so irrte man sich hierin. Denn die Armee-Divisionen stehen und bewegen sich in einer zusammenhängenden Linie, wenn es verlangt wird, eben so, als fände keine weitere Eintheilung statt.
  Eine in Armee-Divisionen abgetheilte Armee kann unter allen Umständen wie eine gar nicht eingetheilte agiren, dagegen aber findet nicht der umgekehrte Fall statt."
[k] *Folgt gestrichen:* „nicht ohne Grund".

sten ein, bei Torgau griff der König mit den einzelnen Hauffen an, eben das geshah bei Bergen (1759).

§ 4. Wenn bey einer Affaire, bey einer Schlacht, die Linie sich trennt, ganz andere Stellungen genommen, oder neue Angriffe formirt werden müssen, wenn der Rückzug die erste Ordnung zerreißt, dann sind die Divisionen einzelne Corps,ˡ die sich immer noch in sich regieren und in Ordnung erhalten lassen. Der Divisions-General kann mit ihr, da er in ihr alle Waffen bey einander hat, in jeden Terrain dem Feinde Widerstand leisten und dem Befehlshaber der Armee Zeit verschaffen, die verschiedenen Divisionen in einige Verbindung zu bringen und sie zu einem gemeinschaftlichen Zweck in Wirksamkeit zu setzen.

§ 5.ᵐ Die Franzosen haben die Zusammensetzung der Divisionen nicht verändert, sie haben immer dieselben Truppen in der Division einer Armee gelassen. Sie haben dies gethan, damit bey einer Armee-Division sich die Officiere kennen lernen, der Befehlshaber die verschiedenen Unterbefehlshaber nach ihren Fähigkeiten leiten und jeden an die Stelle bringen kann, wo er durch seine Thätigkeit, Einsicht und Bravour nützlich zu werden im Stande ist.

Es ist schon bey einem Regimente im Kriege, wenn es auf einen abgesonderten Posten steht, ein großer Vortheil, wenn der Commandeur desselben die Fähigkeiten und die Brauchbarkeit seiner Officiere kennt. Er weiß dann von jeden den rechten Gebrauch zu ziehen. Dem Wachsamern und Zuverlässigern giebt er die Inspection über die Vorposten; den Einsichtsvollern stellt er an die Spitze der Detaschements, welche nicht unmittelbar unter seinen Augen agiren und deren Verhaltungsregeln von dem Gange der vorkommenden Affairen abhängen; dem von ausgezeichneter phisischer Bravour giebt er ein Comando, wo es bloß darauf ankömmt, den Platz zu behaupten u.s.w.

Auf diese Art kömt ein Ganzes heraus, welches von seinen Elementar Kräften den besten Gebrauch machen kann.ⁿ

Selbst ein kleines Bataillon, aus fremden Compagnien zusammengesetzt, steht anfangs in allen Verrichtungen gegen ein anderes, von welchem die Compagnien miteinander eingeübt sind, zurück.

ˡ Das Wort ersetzt das gestrichene „Haufen".
ᵐ Folgt gestrichen: „Wenn man hier von Armee-Divisionen redet, so verstehet man keinesweges darunter bloß für den Augenblick abgetheilte, sondern einzeln für sich organisirte, aus allen Waffen zusammengesetzte, mit einen eigenen General-Stabe versehene Truppen-Corps. Ferner wird bey denselben vorausgesetzt, daß die Truppen, aus denen diese Corps zusammengesetzt sind, nicht verwechselt werden, sondern immer in derselben Zusammensetzung bleiben,".
ⁿ Folgt gestrichen: „Wer diesen Vortheil nicht groß und wesentlich hält, bedenkt nicht den Gang der Ausübung."

Formiren die Divisionen Corps, in denen die Truppen beständig bey einander bleiben, so entstehet bald ein gewisser Esprit de Corps, wie uns dies von den französischen auch wirklich bekant ist.

Die eine zeichnet sich durch Bravour aus, die andere durch Disciplin u.s.w.

Dies erzeugt Nacheiferung und führt oft zu wichtigen Resultaten.°

§ 6. Es müßen also die Divisionen in Frieden oder doch bei den Anfang eines Krieges organisirt werden und dann unveränderlich aus den Truppen, aus welchen sie ein mal zusammengesetzt sind, forthin mit nur wenigen Ausnahmen bestehen. Die Einrichtung eines angemessenen General-Stabes für jede Division zur Führung derselben und die Uebungen der Armeen, in diesen Abtheilungen sich zu bewegen und in Actionen zu agiren, können nur unter diesen Umständen statt finden. Formirt die Armee von ersten Aufmarsch (oder auch selbst in Friedenszeiten bei den Manoeuvern) Armeedivisionen, so siehet jeder der höhern Officiere, daß er dereinst zu dem Comando dieses Posten kommen wird; ist für die mechanische Bewegungen der Division ein Reglement abgefaßt, so studirt er dasselbe; ist dies nicht, so lernt er dennoch bey den Uebungen und im Felde sehr bald den maschinalen Theil ihrer Führung, und nun ist schon sehr viel gewonnen.

Die gleiche Größe der Divisionen, die gleiche Verfassung und Organisation, ist hierbey eine sehr große Erleichterung, und es ist schon von vielen als ein großer Fehler angesehen, daß man bei den jetzigen stehenden Armeen die Einförmigkeit und die vortrefliche Organisation, die bei ihnen im Kleinen in den Regimentern statt findet, nicht aufs Große übertragen hat.

Man erinnere sich nur, wie es jetzt den einzelnen Befehlshabern der Colonnen oder abgesonderten Theile der Armee zu gehen pflegt. Gewöhnlich führen sie solange bloß ihre Brigade, bis ihnen ganz unerwartet in dem Augenblicke, in dem man abmarschirt, um den Feind anzugreifen, eine Colonne oder Corps von 5 bis 8000 Mann anvertrauet wird. Wie das nun ohne alle Fertigkeit in der Führung eines solchen Haufens, ohne innere Verbindung und Organisation desselben, gehet, davon haben auch so gar die besten Armeen Beyspiele^p.

Ganz anders ist es aber mit den Divisions-Generals, sie haben auf den ordinären Märschen von einem Lager zum andern, auf den Posturungen, in den Positionen und also noch ehe sie den Feind sehen, schon die

---

° *Folgt gestrichen: „§. 6. Wenn man die Divisionen im Kriege immer nach den besondern Umständen zusammensetzen wollte, ohne in Friedenszeiten oder doch wenigstens bey dem Anfange der ersten Campagne eine solche Einrichtung und Organisation sogleich zu treffen, würde man wahrscheinlich nur sehr unvollkommen einen Zweck erhalten."*
^p *Folgt gestrichen: „genug, wenn sie nur nicht diesen Punct verschleiern."*

Schwierigkeiten, welche bey einem solchen Comando vorkommen, kennen gelernt und ihren kleinen General-Stab^q in Thätigkeit gesetzt.^r

§ 7. Nichts zeigt mehr die Vortheile der Eintheilung einer Armee in Divisionen, als die dadurch entstehende Leichtigkeit der Führung derselben im Großen. Ein Heerführer einer in Divisionen abgetheilten Armee ist daher bei allen Bewegungen und Ereignissen in einer weit glücklichern Lage als einer, der diese Masse nach alter Weise nur in Brigaden getheilt hat. Wenn die Armee marschiren soll und ihm die Anzahl der Wege nach den neuen Lager bekannt sind, so bestimmt er bloß, welche Division diesen oder jenen Weg gehen, welche Stellung in dem neuen Lager diese oder jene Division nehmen soll, und überläßt nun die Ausführung den General der Divisionen.

Auf diese Weise werden eine Menge von kleinen Generalstäben in Activität gesetzt, wovon jeder seine Pflicht in dem kleinen Kreise, in dem er sich befindet, vollkommener ausrichten kann, als ein einziger großer, in einem so weiten Umfange zerstreuter Generalstab.

Der Befehlshaber der Armee kann nun nach den Nachrichten, welche er vom Feinde erhält, ohne das Ganze zu derangiren, noch jede erforderliche Abänderung treffen; etwa eine Division früher als die übrigen marschiren zu lassen, um einen wichtigen Posten im Voraus zu besetzen u.s.w.

Er braucht keine neue Abtheilung hierbey zu machen, jede Division hat alle Gattungen von Waffen in sich vereinigt. Erfährt er auf dem Marsch, daß der Feind näher ist, als er glaubte, so läßt er gleich ein oder andere Division aufmarschiren; jede^s macht in sich ein Ganzes aus, welches in jeden Terrain fechten kann.

Kömt eine Division unerwartet in die Lage, dem Feinde sich entgegenstellen zu müssen, so hat sie zu ihrer Führung einen General-Stab und alle Waffen bey einander und kann sich daher in jeden Terrain, in jeder Lage helfen.

---

^q *Folgt gestrichen: „zu ihrer Hülfe formirt und diesen in Thätigkeit".*
^r *Folgt gestrichen: „Bey ihnen wissen schon die Befehlshaber der Brigaden, wie weit sie ohne besondern Befehl gehen können, unter welchen Umständen sie anfangen, und wie sie sich zur Erhaltung der Ordnung der Linie verhalten müssen.*
  Hier haben sowohl die Unter- als der erste Befehlshaber, so wohl die Adjudanten als die übrigen Officiere vom Generalstabe eine gewisse Fertigkeit in der Führung der Division erreicht, welche von Tage zu Tage wächset und in der Folge zu einiger Vollkommenheit gebracht wird.
  Der Heerführer bemerkt jetzt bald, welche von seinen Divisions Generalen fähig zu großern Comandos sind, und diese hingegen machen sich dazu durch das Comando der Divisionen geschikt."
^s *Statt „jeder".*

§ 8. Ehemals war der Gebrauch, die Cavalerie, Artillerie u.s.w. auf Märschen bei einander zu lassen, der Cavallerie die Wege durch die Ebene, der Infanterie die durch die durchschnittenen Gegenden zu geben.

Da es aber nur äußerst selten Wege, die immer in einer Ebene oder in einem durchschnittenen Terrain fortlaufen, giebt,[t] schafte auch schon der Herzog Ferdinand und der Marschal von Broglio im 7jährigen Kriege diese Anordnung ab und setzten ihre Colonnen immer aus Cavallerie und Infanterie zusammen.[u]

Es können aber immer bei dieser Einrichtung der Colonnen einzelne Fälle veranlassen, daß die schwersten Fuhrwerke von den meisten Divisionen der Division folgen müssen, welche den gebahntesten Weg gehet. Dies ist und muß indes nur eine Ausnahme von der Regel seyn. Denn wenn man Geschütz und Fuhrwerke führt, welche nicht die meisten Wege passiren können, wie will man dann fertig werden, wenn man sich in verschiedenen Colonnen setzt, um den Feind anzugreifen? Da kennt man die Wege nicht vorher und bey jeder Colonne muß dennoch schwer Geschütz sich befinden. Es muß daher bey der Armee zur Regel angenommen seyn, die Artillerie bey allen Märschen in den Colonnen wie in der Schlachtordnung zu vertheilen.

§ 9. Wenn man alles, was hier über die Schlachtordnungen der Divisionen und ihre Anwendung vorgekommen ist, durchgehet, und voraussetzt, daß dieselben die Uebung haben, welche in dem VIII[ten] Capitel der Abhandlung über die Schlachtordnungen gefordert worden, so findet man sich in einer gewissen Hinsicht überzeugt, daß diese Eintheilung einer jeden Armee ein großes Uebergewicht über eine andere, nicht so eingetheilte, giebt und die erstere fast gänzlich gegen die ungefähren Zufälle, welche bisher so oft die Ausführung der besten Dispositionen verhinderten, schützen muß. Um sich diesen Gegenstand recht darzustellen, erinnere man sich die Disposition, welche im VI[ten] Capitel zu einer Schlacht gegeben ist, und stelle sich hiebey nun 2 Armeen vor, von der die eine in Divisionen eingetheilt und geübt ist, die andere aber diese Eintheilung und Übung nicht hat.

Man setze hiebey voraus, daß die in Divisionen eingetheilte und geübte ein für alle mal weiß, daß die angreifende Division nach der ersten Canonade in der vorgeschriebenen Colonne sich dem Feinde bis

---

[t] *Folgt gestrichen: „Die hierauf gegründete Anordnung des Marsches, die wir in so viel Büchern finden, kann also ganz und gar nicht ausgeführt werden. Aus diesen Grund".*

[u] *Folgt gestrichen: „Eine andere Einwendung gegen die Märsche in Divisionen hat darin bestanden [statt „bestehen"], daß das shwere Geschütz oft besondere Wege haben müsse und also nicht bey den Divisionen bleiben könne. Wer siehet nicht ein, daß einzelne Fälle allerdings veranlassen können".*

zum Cartätschschuß nähert; daß die Neben-Divisionen dieses Avanciren mit der reitenden Artillerie erleichtern; daß eine Division (wie hier die 4te), welche einen falschen Angriff thun soll, nur ihre reitende Artillerie ins Feuer schickt und sich zu ihrer Aufnahme, im Fall die feindliche Cavallerie das Zurückgehen derselben nothwendig machte, auf eine angemessene Art placirt.

Kurz, daß die Divisionen in jedem Terrain und jeder Lage von den verschiedenen Waffen, aus welchen sie zusammengesetzt sind, einen angemessenen Gebrauch zu machen wissen. Wird nun nicht diese Armee nach der gegebenen allgemeinen, unter jeden Umständen in Kriege statt findenden Disposition alles das ausführen, was in den VI^{ten} Capitel von ihr gefordert ist? Werden aber dagegen mit der nicht in Divisionen eingetheilten [Armee], zu dieser Ausführung nicht mehrere Bogen lange Dispositionen erfordert werden? Und auch, wenn diese gegeben wären, würde es möglich seyn, sie auszuführen? Bei der in Divisionen eingetheilten und geübten Armee ergiebt sich der wechselseitige Gebrauch der Waffen gleichsam von selbst aus der allgemeinen Disposition, und die ganze Ausführung derselben kann hier bei wohlgeübten Divisionen beinahe nicht anders erfolgen, als sie vorausgesetzt ist.

Man kann daher ohne Übertreibung behaupten, daß nur eine in Divisionen eingetheilte Armee nach allgemeinen Dispositionen (d.i. nach solchen, als im Felde gegeben werden und gegeben werden können) zu agiren im Stande ist; daß dagegen eine andere, bey welcher diese Eintheilung nicht statt findet, von dem Augenblick an, wo die Schlacht ihren Anfang nimmt, sehr viel dem Zufall unterworfen ist, und gewöhnlich in der Bewegung weder auf das Terrain, noch auf die besondern Umstände Rücksicht nehmen kann. Der Beweis von den letzten Puncte läßt sich sehr leicht aus der Geschichte führen, man muß aber das Falsche, wovon die Relationen der Schlachten voll sind, so viel als möglich von dem Wahren absondern. Die Geschichtschreiber stellen immer den Vorgang so dar, als er nach den Regeln der jetzigen Tactik hätte ausgeführt werden sollen. Nur in den Journalen, welche nicht zum Druck bestimmt waren, findet man hin und wieder wahre Thatsachen.

Anhang 1: Lebensläufe

a. Menschen um Scharnhorst

Prinz **Adolph** Friedrich (Adolphus Frederick) von Großbritannien (1774–1850), der jüngste Sohn Georgs III., hatte in Göttingen studiert, ehe er 1789 an die Spitze des hannoverschen Infanterieregiments Garde trat. Während des Feldzugs in Flandern wurde er zweimal leicht verwundet und 1794 zum Generalmajor und Kommandeur einer Brigade befördert. Nach dem Frieden von Basel vertiefte er seine militärischen Studien, u. a. unterrichtet von Scharnhorst und von der Decken, um sich auf seine zukünftige Rolle als Befehlshaber der hannoverschen Armee vorzubereiten. 1798 wurde er zum Generalleutnant ernannt, im folgenden Jahr trat er in die Kommission zur Reform der Artillerie. Beim Übungslager von Liebenau 1800 befehligte er eine Division, 1801 übernahm er das Amt des Inspekteurs der Kavallerie und Infanterie. Im selben Jahr wurden ihm die Titel eines Herzogs von Cambridge, Grafen von Tipperary und Barons von Culloden verliehen. Bei der französischen Invasion 1803 ließ er sich jedoch im Oberbefehl von Graf Wallmoden vertreten und kehrte nach England zurück. Nach der Befreiung 1813 wurde er Oberbefehlshaber der neuen hannoverschen Armee, 1816–37 fungierte er als Generalstatthalter (ab 1831 Vizekönig) von Hannover. Er starb als britischer Feldmarschall.

Georg Gustav **Braun**, seit 1781 Hauptmann der hannoverschen Artillerie, lehrte seit 1791 als außerordentlicher Lehrer an der Artillerieschule in Hannover. 1793 führte er die neue geschwinde Batterie mit der Armee des Herzogs von York ins Feld. Er wurde am 14. August 1793 zum Major ernannt und stieg nach dem Frieden vom Basel 1795 zum Oberstleutnant und Obersten auf. 1796 kommandierte er unter General von Trew die Artillerie beim Observationskorps in Westfalen, 1799 wurde er in die Kommission zur Reorganisation der hannoverschen Artillerie berufen.

Johann Friedrich von der **Decken** (1769–1840), der 1784 in die hannoversche Armee eingetreten war, kam 1789 als Fähnrich zum Infanterieregiment Garde nach Hannover, wo er Scharnhorst kennenlernte. 1793 zog er mit seinem Regiment nach Flandern und geriet im April 1794 in der Nähe von Menin in französische Kriegsgefangenschaft. Nach seiner Freilassung wurde er Ende 1795 zum Adjutanten des Prinzen Adolph ernannt, dem er auch Unterricht in Geschichte und Mathematik erteilte. Scharnhorst gewann seinen Freund 1797 als Mitherausgeber und -autoren des „Neuen militärischen Journals" und empfahl ihn 1801 anläßlich seines Übertritts in preußische Dienste für die Nachfolge als Generalquartiermeister. In den folgenden Jahren nahm Major von der Decken einen starken Anteil am Versuch einer Reform der kurhannoverschen Armee bis zu deren Auflösung 1803. Im britischen Exil leitete er die Aufstellung der Königlich Deutschen Legion und diente mit ihr als Brigadegeneral bei den Landungen in Hannover (1805) und Dänemark (1807), danach auch in Portugal. Im Dezember 1813 wurde er Generalstabschef der neuen hannoverschen Armee, 1814 ihr provisorischer Befehlshaber. Beim letzten Feldzug gegen Napoleon 1815 führte er das hannoversche Hilfskorps nach Brüssel, doch erteilte der Herzog von Wellington ihm kein Feldkommando. Der 1816 zum Generalfeldzeugmeister und Chef der Artillerie ernannte General gehörte bis 1823 der hannoverschen Kriegskanzlei an, danach diente er als Inspekteur der Artillerie. Nach seiner Erhebung in den Grafenstand 1833 veröffentlichte er noch einige historische Schriften, die hinterlassenen Handschriften wurden nach seinem Tode auf eigenen Wunsch vernichtet. Zu seinen Werken gehören u. a.: Betrachtungen über das Verhältnis des Kriegsstandes zu dem Zwecke der Staaten, Hannover 1800; Herzog Georg von Braunschweig und Lüneburg, 4 Bde., Lüneburg 1833–1834; Beitrag zur Geschichte des Meierwesens im Hildesheimischen, Lüneburg 1836.

Heinrich *Wilhelm* von **Freytag** (1720–1798) hatte im Österreichischen Erbfolgekrieg bei Dettingen, Fontenoy und Lafelt gekämpft. Im Siebenjährigen Krieg trat er in das neue hannoversche Jägerkorps und wurde 1760 dessen Chef. 1765 wurde er zum Generaladjutanten, 1766 zum Kommandeur des 9. Leichten Dragonerregiments Königin ernannt, 1792 trat er als Feldmarschall und kommandierender General an die Spitze der kurhannoverschen Armee. Beim Feldzug in Flandern 1793 hatte er als Kommandeur der hannoverschen Feldtruppen Mißhelligkeiten mit seinem weit jüngeren Vorgesetzten, dem Herzog von York. Er wurde beim Gefecht von Rexpoëde gefangengenommen und gleich wieder befreit, mußte aber wegen einer Verwundung sein Kommando an Wallmoden abgeben. Im folgenden Winter kehrte er noch einmal kurz nach Flandern zurück, doch verhinderte sein Gesundheitszustand die Fortführung des Feldkommandos. Wieder heimgekehrt, starb er 1798 an den Spätfolgen seiner Verwundung.

Rudolph Georg Wilhelm Freiherr von **Hammerstein** (1735–1811), ebenfalls ein Teilnehmer des Siebenjährigen Krieges, wurde 1792 als Oberst zum Chef des hannoverschen 6. Infanterieregiments und 1793 zum Generalmajor ernannt. Im Revolutionskrieg machte er sich als Kommandeur selbständiger Korps, die oft als Vor- bzw. Nachhut der Armee dienten, einen Namen. Scharnhorst, der einige Zeit in seinem Stabe diente, beschrieb ihn hierin, aber auch wegen seiner Bemühungen zur Übung seiner Truppen im Felde als vorbildlich. Bekannteste Waffentat Hammersteins war der Ausbruch der Besatzung von Menin am 30. April 1794, für den er zum Generalleutnant befördert wurde. Seit 1796 diente er beim hannoverschen Korps der Observationsarmee in Westfalen. Er zeigte sich noch 1800 als Kommandeur einer Division beim Übungslager vom Liebenau den neuen taktischen Vorstellungen gewachsen, zog sich aber nach der Auflösung der hannoverschen Armee auf sein Gut zurück.

Karl II. Wilhelm Ferdinand, Herzog von Braunschweig-Lüneburg (1735–1806), trat 1780 die Regierung Braunschweig-Wolfenbüttels an. Er hatte sich im Siebenjährigen Kriege in der Armee seines Onkels, des Herzogs Ferdinand, ausgezeichnet, ehe er 1773 als General der Infanterie in die preußische Armee eintrat. Als Chef des Infanterieregiments No. 21 diente er im Bayerischen Erbfolgekrieg und befehligte 1787 das preußische Heer, das in einem unblutigen Feldzug die Herrschaft der Oranier in den Vereinigten Niederlanden wiederherstellte. Bei Ausbruch des Revolutionskrieges an die Spitze der alliierten Feldarmee gestellt, erließ er am 25. Juli 1792 das Manifest von Koblenz, welches unbeabsichtigt dazu beitrug, den französischen Widerstandswillen zu steigern. Der Vormarsch seines Heeres nach Paris wurde in der Kanonade von Valmy aufgehalten. 1793 trat er an die Spitze einer preußischen Armee, die Mainz eroberte und die Siege von Pirmasens und Kaiserslautern erfocht, 1794 legte er sein Kommando nieder. Seit 1796 befehligte er die preußisch-hannoversche Observationsarmee in Westfalen, 1805 eine während des dritten Koalitionskrieges mobilisierte Armee. Als preußischer Oberbefehlshaber erlitt er am 14. Oktober 1806 bei Auerstedt eine schwere Verwundung, an der er nach langer Flucht am 10. November 1806 in Ottensen bei Altona starb.

Karl Ludwig Jakob Edler von **Lecoq** (oder Le Coq, 1754–1829) trat 1787 als Major aus sächsischen in preußische Dienste. Er wurde 1790 zum Quartiermeister der Armee ernannt und führte im Champagnefeldzug 1792 das Kriegstagebuch. Für sein Verhalten im Gefecht von Kostheim erhielt er 1793 den Orden Pour le mérite. Als Oberstleutnant wurde er 1796 zum Quartiermeister der Observationsarmee in Westfalen ernannt. Die seitdem unternommene Landesaufnahme des voraussichtlichen Operationsgebiets, an der sich auch der von Scharnhorst geleitete hannoversche Generalstab beteiligte, wurde 1805 mit dem Erscheinen der Lecoqschen Karte von Westfalen (1 : 86.400, 22 Blätter) abgeschlossen. Lecoq begann bald damit, Scharnhorst Angebote zum Übertritt in preußische Dienste zu machen, und war bei den anschließenden Verhandlungen der Hauptansprechpartner. Schon 1796 unterbreitete er dem damaligen Kronprinzen Vorschläge für die Armeereform, nach dessen Thronbesteigung als König Friedrich Wilhelm III. eine Denkschrift „Über die Notwendigkeit einer Verminderung der Ausländer und eines besseren Soldes der Subalternoffiziere, Unteroffiziere und Gemeinen bei der Königlich Preußischen Infanterie" (1798). Es folgten die Ernennungen zum

Generalquartiermeisterleutnant der Armee (1798), Kommandeur en chef des Grenadiergardebataillons No. 6 (1801) und zum Generalmajor (1803). Als Befehlshaber des Observationskorps an der Ems hatte Lecoq 1806 die übereilte Kapitulation der Festung Hameln (21. November) zu verantworten, wofür er 1809 zu lebenslanger Festungshaft verurteilt wurde. Der König begnadigte ihn schließlich nach dem Einmarsch in Paris 1814.

Georg Friedrich (seit 1784: von) **Tempelhoff** (1737–1807) war 1757 nach dem Studium der Mathematik in Halle freiwillig in die preußische Armee eingetreten. Wegen seines Betragens in der Schlacht von Hochkirch wurde er zum Feuerwerker ernannt, nach der von Kunersdorf 1759 zum Offizier. 1782 wurde er als jüngster Hauptmann zum Major befördert und mit dem Unterricht der königlichen Prinzen betraut. Die Berliner Militärakademie der Artillerie leitete er seit ihrer Gründung im Jahre 1791. Im Feldzug in der Champagne 1792 war er Chef der Artillerie, wurde aber während des Rückzuges abgelöst. Trotz seines Aufstiegs zum Generalmajor und Chef des 3. Artillerieregiments (1795) und zum Generalleutnant (1802) erhielt er 1806 kein Feldkommando mehr. Während der ersten Jahre Scharnhorsts in preußischen Diensten fungierte er als dessen direkter Vorgesetzter. Tempelhoff trat als artilleristischer und militärhistorischer Schriftsteller in Erscheinung, besonders durch: Le Bombardier Prussien ou Du mouvement des projectiles en supposant la résistance de l'air proportionelle au quarré des vitesses, Berlin 1781; Geschichte des Siebenjährigen Krieges in Deutschland zwischen dem Könige von Preußen und der Kaiserin-Königin mit ihren Alliirten, 6 Bde., Berlin 1783–1801; Geometrie für Soldaten und die es nicht sind, o. O. 1790.

Viktor Leberecht von **Trew** (1736–1804) kommandierte seit 1781 das hannoversche Artillerieregiment und wurde 1784 dessen Oberst und Chef. Er regte 1781 die Gründung der Militärschule der Artillerie in Hannover an, für die er Scharnhorst von der Kavallerie zur Artillerie holte. Seine Versuche zur Rohrlänge (1785) ermöglichten die Herabsetzung des Gewichts der hannoverschen Kanonen, unter seiner Ägide erhielt das Regiment auch ein neues Dienstreglement (1782) und reitende Artillerie (ab 1793). Trew, der 1789 zum Generalmajor und 1798 zum Generalleutnant befördert wurde, kommandierte 1793–1795 die Artillerie des hannoverschen Feldkorps und 1796–1801 die des hannoverschen Korps bei der Observationsarmee in Westfalen. Er trat in die Kommission zur Reorganisation der Artillerie ein, wofür er einen neuen Haubitzentyp entwarf. Sein Verhältnis zu Scharnhorst war infolge seiner Bevorzugung einzelner Offiziere nicht unproblematisch. Er war verheiratet mit Eleonore Christina von Ahrenhold (1743–1819).

Johann Ludwig Reichsgraf von **Wallmoden**-Gimborn (1736–1811), ein natürlicher Sohn Georgs II. und der Amalie von Wallmoden (späteren Gräfin von Yarmouth), hatte im Siebenjährigen Krieg gedient. Er lebte danach längere Zeit als Gesandter in Wien und als Oberstallmeister in Hannover, wobei er auch als Mitvormund des Grafen Georg Wilhelm fungierte, der 1787 als Dreijähriger den Thron von Schaumburg-Lippe bestieg. Verheiratet war er in erster Ehe mit Charlotte von Wangenheim (1740–1783), in zweiter mit Louise Christine Freiin von Liechtenstein (1763–1809). Eine seiner Töchter heiratete den Freiherrn vom Stein. Wallmoden, der seine mangelnde militärische Praxis durch Studien ausgeglichen hatte, nahm als General der Kavallerie an den Feldzügen von 1793–1795 teil. Nach Freytags Verwundung 1793 kommandierte er das hannoversche Feldkorps, nach der Abreise seines Großneffen, des Herzogs von York, ab Ende 1794 die gesamte Englische Armee. 1796 wurde er an die Spitze des hannoverschen Korps der Observationsarmee in Westfalen gestellt, 1799 zum Feldmarschall und kommandierenden General der Armee ernannt. Der auch unter seiner Leitung unternommene Versuch, die Armee der durch den Revolutionskrieg veränderten Kriegführung gemäß zu reformieren, konnte jedoch weder die preußische Besetzung 1801/02 noch die französische Invasion 1803 verhindern. Wallmoden mußte zuletzt in der Konvention von Artlenburg (5. Juli 1803) einwilligen, die kurhannoversche Armee zu entwaffnen und aufzulösen. Am Fortgang der Napoleonischen Kriege nahm er selbst keinen Anteil mehr, sein Sohn Ludwig Georg Thedel Graf von Wallmoden-Gimborn (1769–1862), der 1795 in österreichische Dienste getreten war, kommandierte jedoch 1813 das verbündete Korps an der Niederelbe.

b. Scharnhorst und seine Familie

Gerhard Johann David (1802: von) **Scharnhorst** (* Bordenau, 12. November 1755, † Prag, 28. Juni 1813) erhielt ab 1773 seine militärische Ausbildung auf der Kriegsschule des Grafen Wilhelm von Lippe-Schaumburg-Bückeburg. 1778 trat er als Fähnrich in hannoversche Dienste, zunächst beim Estorffschen Dragonerregiment, in dessen Regimentsschule zu Northeim er unterrichtete. Im Juli 1782 wurde er zur Artillerie und deren neuer Schule in Hannover versetzt. Im folgenden Jahrzehnt machte er sich als Lehrer und Fachschriftsteller über die Grenzen des Kurfürstentums hinaus einen Namen, erreichte aber bis zum Beginn des Revolutionskrieges lediglich den Rang eines Titularkapitäns ohne eigene Kompanie. 1793 befehligte er in seinem ersten Feldzug in Flandern zunächst eine Batterie, doch bekam er schon bald Stabsaufgaben übertragen. 1794 fungierte er de facto als Stabschef des Generals von Hammerstein und war einer der Hauptverantwortlichen für den weithin beachteten Ausbruch der Garnison von Menin. Hieraufhin wurde er zum Major befördert und zum Stab des Grafen von Wallmoden-Gimborn versetzt, dessen wichtigster Stabsoffizier er bis zum Ende der Feindseligkeiten blieb. 1796 zum Generalquartiermeister des hannoverschen Korps in der Observationsarmee ernannt, die unter preußischer Leitung zum Schutz der Neutralität Nordwestdeutschlands aufgestellt wurde, beteiligte er sich in der Folgezeit außerdem an verschiedenen Initiativen zur Reform der hannoverschen Armee, insbesondere im Bereich der Generalstabsarbeit und der Artillerie. Die Unsicherheit seiner Karriereaussichten in Hinblick auf Gage und spätere Beförderungen (nicht zuletzt die fehlende Perspektive, einmal Regimentschef zu werden) veranlaßten Scharnhorst jedoch dazu, auch nach seiner Ernennung zum Oberstleutnant 1797 mit preußischen Offizieren über einen Übertritt zu verhandeln. Er erhielt schließlich seinen Abschied und ging im Mai 1801 nach Berlin, wo er an der Akademie für junge Offiziere unterrichtete. Am 14. Dezember 1802 wurde er mit seiner Familie geadelt. 1806 erlebte er die Niederlage von Auerstedt als Chef des Generalstabs des Herzogs von Braunschweig, während des Rückzuges schloß er sich dem Korps des Generals Blücher an, bis französische Truppen ihn am 6. November im Gefecht von Lübeck gefangennahmen. Sofort ausgetauscht, reiste er nach Ostpreußen zum Hauptquartier Friedrich Wilhelms III., der ihn dem letzten preußischen Feldkorps unter Generals L'Estocq zuteilte. Als dessen Generalquartiermeister nahm er u. a. an der Schlacht von Preußisch-Eylau (7./8. Februar 1807) teil, wofür er mit dem Pour le mérite ausgezeichnet wurde. Nach dem Friedensschluß beförderte der König ihn zum Generalmajor (17. Juli 1807) und betraute ihn mit dem Vorsitz der Militärreorganisationskommission. Ihm wurde auch das allgemeine Kriegsdepartement unterstellt, als dessen Chef er aus außenpolitischen Rücksichten 1810 zurücktrat, wenn er auch auf seinen Posten als Chef des Generalstabs und des Ingenieurkorps die Reorganisation der preußischen Armee insgeheim weiter leitete. Danach fungierte er als Chef des Generalstabs der Armee und bereitete die Erhebung gegen die Napoleonische Herrschaft vor. 1813 ging er als Generalleutnant und Chef von Blüchers Generalstab wieder ins Feld, bis er in der Schlacht von Großgörschen (2. Mai 1813) verwundet wurde. Noch bevor die Wunde auskuriert war, trat er als Unterhändler eine Reise nach Österreich an, starb aber unterwegs in Prag an den Folgen der Verwundung.

Scharnhorsts Eltern

Ernst Wilhelm **Scharnhorst** (* Bordenau, 7. Oktober 1723, † Bordenau, 5. August 1782) war Quartiermeister in dem Dragonerregiment gewesen, in dem später auch sein Sohn Gerhard diente. Danach ließ er sich als Landwirt 1759 in Hämelsee und 1765 in Bothmer nieder, bis er nach einem langwierigen Erbschaftsprozess 1772 das von seinem Schwiegervater hinterlassene ritterschaftliche Gut in Bordenau erhielt. Hierdurch wurde der Sohn eines Brinksitzers Mitglied der calenbergischen Landschaft und verfügte über die Mittel, seinen ältesten Sohn zum Offizier ausbilden zu lassen.

Friederike *Wilhelmine* **Scharnhorst** geb. Tegtmeyer (* Bordenau, 10. Juli 1728, † Hannover, 10. Januar 1796), war die jüngste der drei Töchter des

Freisassen Johann David Tegtmeyer (1687–1759), dem das ritterschaftliche Gut in Bordenau gehörte. Am 31. August 1752 heiratete sie den sozial weit minder geachteten Ernst Wilhelm Scharnhorst, doch gelang das erst nach einer sechsjährigen heimlichen Beziehung und der unehelichen Geburt der Tochter Wilhelmine. Nach dem Tode ihres Mannes lebte sie im Hoffischerhaus in Hannover bei ihrem Schwager.

Heinrich Caspar **Scharnhorst** (1720–1787), seit 1779 Hoffischer zu Hannover, wurde 1782 Vormund der noch unmündigen Kinder seines verstorbenen Bruders. Er selbst blieb kinderlos und wurde von seiner Frau Klara Sophie Juliane Scharnhorst überlebt.

Scharnhorsts Geschwister

Wilhelmine **Scharnhorst** (* Detbergen, 1752, † Blumenau, 8. August 1811) heiratete 1776 den Mühlenpächter Heinrich Ludolf **Müller** (1745–1807) in Blumenau.

Ernst *Wilhelm* **Scharnhorst** (* Hämelsee, 10. November 1760, † Bordenau, 13. Juni 1809) hieß in der Familie seit seiner Dienstzeit beim hannoverschen 6. Dragonerregiment „der Fähnrich". 1787 übernahm er das durch den Tod seines Onkels freigewordene Amt des Hoffischers in Hannover. Der zeitlebens unverheiratete Wilhelm kümmerte sich während der Abwesenheiten seines Bruders Gerhard um dessen familiäre und die mit der Bewirtschaftung des Gutes in Bordenau zusammenhängenden Belange.

Heinrich *Friedrich* Christopher **Scharnhorst** (* Hämelsee, 5. Juni 1763, † Bordenau, 18. November 1831) wurde Landwirt, zunächst als Pächter der Domäne Steinke bei Uslar, ab 1811 als Verwalter des Gutes in Bordenau. Seit etwa 1797 war er verheiratet mit Justine **Rolfs** (1773–1840).

Heinrich Dieterich Christian **Scharnhorst** (* Bothmer, 25. November 1770, † Ebersdorf, 12. Juli 1809) trat 1784 als Kadett in die hannoversche Artillerie ein, wechselte aber als Sekondeleutnant in hessen-darmstädtische Dienste, zunächst ins Leichte Infanteriebataillon. Anfang 1794 kam er als Hauptmann mit seinem Bataillon nach Flandern, im Herbst wurde er bei der Kapitulation von Crevecoeur auf Ehrenwort entlassen. 1796 wurde er zum Stabskapitän im Regiment Landgraf befördert und heiratete Karoline **Thilemann** (1771 1826), die Tochter eines niederländischen Obersten. Nach dem Beitritt Hessen-Darmstadts zum Rheinbund diente er in den Armeen Napoleons und wurde 1807 zum Major und Kommandeur des 2. Bataillons des hessen-darmstädtischen Leibregiments befördert. Zwei Jahre später wurde er in der Schlacht von Wagram tödlich verwundet.

Zwei weitere Geschwister starben als Kinder – Johann Heinrich (1768–1771) und Dorothea Christine Luise (1774–1776).

Scharnhorsts Ehefrau und Schwäger

Klara Christiane Johanna (von) **Scharnhorst** (* 1762, † Berlin, 12. Februar 1803), genannt Kläre, heiratete Gerhard Scharnhorst am 24. April 1785 in Bordenau. Sie und ihr älterer Bruder Theodor waren Kinder des Kanzlisten Friedrich Wilhelm **Schmalz** (1724–1763) an der kurfürstlichen Kriegskanzlei in Hannover. Ihre Mutter Clara Justine Luise **Schmalz**, geborene Völckening, heiratete 1769 in zweiter Ehe Christian **Scharlock**.

Theodor **Schmalz** (1760–1831), Klara Scharnhorsts älterer Bruder, ein Staatsrechtler und Kameralist, lehrte an den Universitäten Rinteln, Königsberg (wo u. a. der junge Hermann von Boyen seine Vorlesungen hörte) und Halle und wurde 1810 der erste Rektor der Universität Berlin. Geheimrat Schmalz sollte sich vor allem als altkonservativer Theoretiker und Verfolger von „Demagogen" einen Namen machen. Er war verheiratet mit Luise Schmalz, geborene Edelmann.

August **Scharlock**, genannt „Gustel", diente als Fähnrich der Regimentsartillerie beim hannoverschen 10. Infanterieregiment und geriet 1794 bei der Kapitulation von Nieuport in französische Kriegsgefangenschaft. Nach der Besetzung Hannovers wurde er Major in einem neuaufgestellten französischen Kavallerieregiment. Er starb, offenbar im Zeitraum 1810–1812, im Verlaufe des Krieges in Spanien.

Georg **Scharlock**, genannt „Schorse", diente zunächst im hannoverschen Artillerieregiment und half während des Feldzugs 1794/95 seinem Schwager als Schreiber, bis er Anfang 1795 in französische Kriegsgefangenschaft geriet. Nach seiner Rückkehr kam er als Regimentsquartiermeister zum 9. (später 8.) Infanterieregiment. Nach der Auflösung der kurhannoverschen Armee diente er offenbar 1806/07 kurzzeitig bei der Königlich Deutschen Legion, um dann eine Zivilstelle bei Bremen zu übernehmen. Dort trat er 1813 als Hauptmann in das Bataillon Bremen-Verden der in Hannover zum Kampf gegen Frankreich neuformierten Freiwilligenverbände ein.

Kinder von Gerhard und Klara Scharnhorst

Heinrich *Wilhelm* Gerhard (von) **Scharnhorst** (* Hannover, 16. Februar 1786, † Ems, 13. Juni 1854) studierte zunächst in Halle und Göttingen die Rechte, trat 1809 aber als Fähnrich in das Brandenburgische Husarenregiment Nr. 3 ein. Bald darauf schloß er sich der Königlich Deutschen Legion an, in deren Reihen er 1811–13 in Spanien kämpfte. 1813 kehrte er zeitweilig, 1815 ganz zur preußischen Armee zurück. Er heiratete 1818 Agnes Kunigunde Antoinette Gräfin **Neidhardt von Gneisenau** (1800–1822), eine Tochter des Nachfolgers seines Vaters als Generalstabschef, und erhielt 1850 seinen Abschied als General der Infanterie.

Klara Sophie *Juliane* (von) **Scharnhorst** (* Hannover, 28. Juli 1788, † Düsseldorf, 20. Februar 1827), genannt Julie, diente 1808/09 als Hofdame der Prinzessin Wilhelm von Preußen (Maria Anna von Hessen-Homburg). Sie heiratete 1809 Karl Friedrich Emil Burggraf zu Dohna-Schlobitten (1784–1859), der 1806–1811 zu Scharnhorsts Stab gehörte und als Generalfeldmarschall starb.

Sophie Ernestine Scharnhorst (* Hannover, 3. Juni 1791, † Hannover, 5. März 1792) starb an den Blattern.

Friedrich Gerhard *August* (von) **Scharnhorst** (* Bordenau, 20. April 1795, † Berlin, 11. Oktober 1826) reiste wie sein älterer Bruder nach England und kämpfte mit der Königlich Deutschen Legion in Spanien. Er heiratete Johanna Gräfin von **Schlabrendorf-Gröben** und starb als Major im 8. Ulanenregiment.

Anna Sophie *Emilie* (von) **Scharnhorst** (* Hannover, 29. Dezember 1796, † Hannover, 9. Juli 1804) starb an einer Kopfkrankheit.

Anhang 2: Glossar militärischer und ziviler Fachbegriffe

Adjutant	mit dem Bürodienst betrauter, einem Befehlshaber attachierter Offizier.
Aerometrie	Luftmessung.
Affäre	Gefecht.
Affront	(plötzlicher) Angriff.
Affüte (Affuite)	Lafette.
Aide-General-quartiermeister	Stellvertreter des Generalquartiermeisters.
Aide de camp	Adjutant.
Allignement	Ausrichtung mehrerer Truppenformationen in einer Linie.
Alt-	solange Formationen einer Waffengattung nach ihren Chefs benannt wurden, war es in Preußen und Kurhannover bei Namensgleichheit üblich, sie je nach Ancienität ihrer Chefs durch die Zusätze „Alt-" bzw. „Jung-" voneinander zu unterscheiden.
Amüsette	leichte Kanone (Halb- oder Einpfünder), die von Infanterieeinheiten verwendet wurde.
amüsieren	in ein hinhaltendes Gefecht verwickeln.
Ancienität (Ancienneté)	Rangfolge nach dem Zeitpunkt der Beförderung, Dienstalter. Siehe auch Alt-.
Armeedivision	siehe Division.
Arrièregarde	Nachhut.
Auditeur	Militärgerichtsbeamter.
Avancement	Beförderung.
avancieren	1. vorgehen, vorrücken; 2. befördern bzw. befördert werden.
Avanciertau	Tau, mit dem Kanoniere oder Kanonenzieher ein Geschütz bewegten ohne aufzuprotzen.
Avantgarde	Vorhut.
Avantkorps	(leichter) Truppenverband zur Wahrnehmung der Vor- bzw. Nachhutaufgaben für eine Armee.
Avertissement	Nachricht, Warnung.
Avisoposten	Beobachtungs- und Verbindungsposten.
Ballistik	Lehre von der Geschoßbahn.
Bank	von der Brustwehr eines Walls oder einer Schanze gedeckte erhöhte Plattform, für Geschütze auch Barbette oder Geschützbank genannt. Über Bank feuern bedeutete aber, daß sich ein Geschützrohr oberhalb der Krone des Walls befand.

Barbette	siehe Bank.
Barte	Beil mit breiter Schneide, gebraucht zum Hauen und Zimmern.
Bastion	hervorspringendes Bollwerk einer Festung.
Bataille	Schlacht.
Bataillon	taktische und administrative Grundeinheit der Infanterie; je nach Armee bestand ein Infanteriebataillon aus vier bis zehn Kompanien. Als administrative Einheiten gab es gelegentlich auch bei anderen Waffengattungen Bataillone, doch erfüllten diese außer bei sehr großen Kavallerieregimentern (acht oder mehr Eskadronen) keine spezielle taktische Funktion.
Bataillonsfeuer	Infanteriefeuer, wobei die gesamte Bataillonslinie gleichzeitig eine Salve feuert (Gegensatz: Pelotonfeuer).
Bataillonsgeschütz	siehe Regimentsartillerie.
Batterie	im weiteren Sinne jede für einen bestimmten taktischen Zweck zusammengestellte Ansammlung von Geschützen, im engeren die taktische (aber nicht administrative) Grundeinheit der Artillerie. In den meisten Armeen bestand eine Batterie aus sechs bis acht Geschützen nebst den dazugehörigen Mannschaften, Pferden und Wagen.
Batteriegeschütz	Geschütz, das im Verband der Batterien der Artillerie im Felde operiert (Gegensatz: Regiments- und Bataillonsgeschütz).
Bedeckter Weg	Infanteriedeckung hinter dem Glacis einer Festung, meistens direkt vor dem (äußeren) Graben.
blessiert	verwundet.
Blockhaus	im Befestigungswesen ein fest gebautes Unterkunfts- oder Wachtgebäude aus Holz oder Stein.
Bombardier	in Hannover Mannschaftsdienstgrad, in Preußen niedrigster Unteroffiziersrang der Artillerie.
Bombe	Haubitz- oder Mörsergranate.
Boyaux	zickzackförmig angelegte Laufgräben.
Brandröhre	Zündröhre für Bomben und Granaten.
Brandschatzung	Erpressung von Geld unter Androhung der Brandlegung.
Brigade	taktischer Verband, bestehend aus zwei oder drei Regimentern bzw. einer entsprechenden Anzahl von Bataillonen oder Eskadronen.
Brigadegeneral (général de brigade)	während der Französischen Revolution eingeführter Rang, der den maréchal de camp (Generalmajor) des Ancien Régime ersetzte.

Brigademajor	Funktionsbezeichnung (nicht Dienstrang) für einen Flügeladjutanten, der Verlustlisten, Lagerpläne und Verpflegungsberichte vorzulegen hatte; zum Etat der kurhannoverschen Armee gehörte ein Brigademajor der Infanterie und einer der Kavallerie.
Brigadier	1. Befehlshaber einer Brigade; 2. Befehlshaber einer zum Gefecht zusammengestellten Einheit, z. B. der Tirailleurlinie einer Brigade; 3. bei einigen Armeen ein Rang zwischen Oberst und Generalmajor; 4. in Frankreich der niedrigste Unteroffizersdienstgrad einiger Waffengattungen.
Büchse (englisch: rifle)	Gewehr mit gezogenem Lauf, das dadurch erheblich höhere Treffsicherheit auf weite Entfernungen als die Muskete erzielte, aber auch mehr Übung und Zeit in der Bedienung erforderte.
C	siehe auch K
Caponiere	bombensicher gedeckter Raum zur Grabenverteidigung mittels Gewehr- oder Kanonenfeuer.
Chaine	Posten- oder Schützenkette.
chargieren	1. laden; 2. angreifen, attackieren.
Chef	1. höchster Offizier eines Regiments oder Korps, gewöhnlich im Range eines Obersten oder darüber; mit einigen Ausnahmen wurden Regimenter bis ins 19. Jahrhundert nach ihrem Chef benannt, der einen Teil seiner Einkünfte aus dieser Position bezog; einige Regimenter hatten offiziell keinen Chef, z. B. da sie als Leibregimenter dem Monarchen direkt unterstanden, dafür aber einen „Kommandeur en Chef"; 2. siehe Kompaniechef.
Chenille	Übermantel.
Chevaulegers	Benennung für reguläre leichte Kavallerie, u. a. bei der österreichischen und den hessischen Armeen.
Choc	Aufprall einer attackierenden Kavallerieformation auf gegnerische Truppen.
Contrelaction	Gegenmaßnahme.
Cortine	siehe Kurtine.
Coup de main	Handstreich.
coupiertes Terrain	durchschnittenes Gelände.
Coupure	1. Graben, Terraineinschnitt; 2. Verschanzung hinter einer Bresche.
Creneaux	Schießscharten.
Croquis	skizzenhafte Geländezeichnung (nur so genau, wie für den jeweiligen Zweck erforderlich).
culbutieren	über den Haufen werfen.
Cunette	Graben.

à la debandade, en debandade	in aufgelöster Ordnung.
debouchieren	mit einem Verband aus einem Engpaß herauskommen bzw. sich entwickeln.
Defilee	Engpaß.
degarnieren	entblößen.
Demilune	hinten offenes Außenwerk vor dem Wall einer Festung.
Demontierbatterie	Belagerungsbatterie, deren Aufgabe es war, das gegnerische Festungsgeschütz auszuschalten.
demontieren	ein Geschütz durch Artillerietreffer unbrauchbar machen.
deployieren	eine Einheit von der Marsch- zur Gefechtsformation überführen.
Depot	1. Lager für Munition und andere militärische Bedürfnisse; 2. Teil einer Einheit, der während eines Krieges in der Garnison zurückbleibt, um den Ersatz auszubilden.
Deroute	wilde Flucht, Zerrüttung.
Detachement	Truppenabteilung für besondere Aufgaben.
detachieren	einen Teil einer Truppenformation für spezielle Aufgaben absondern.
Division	im 18. und 19. Jahrhundert benutzte man das Wort für die verschiedensten Unterteilungen; es kommen vor: 1. taktischer Verband aus zwei Infanteriekompanien (z. B. in der österreichischen Armee); 2. administrativer und Marschverband aus ein oder zwei Batterien (hannoversche Feldartillerie 1793); 3. zum Gefecht zusammengestellter taktischer Verband, z. B. die Divisionen des dritten Gliedes; 4. fester taktischer Verband aus Truppen mehrerer Waffengattungen (Armeedivision), speziell einer aus zwei oder mehr Infanterie- bzw. Kavalleriebrigaden mit dazugehöriger Artillerie (Infanterie- bzw. Kavalleriedivision); 5. Abteilung einer Behörde, z. B. des Generalstabs.
Divisionen des dritten Gliedes	aus den Soldaten des dritten Gliedes zusammengestellte Verbände, die als Gefechtsreserve eines Infanteriebataillons oder -regiments dienten.
Divisionsgeneral (général de division)	während der Französischen Revolution eingeführter Dienstgrad, der den Generalleutnant des Ancien Régime ersetzte; höchster Rang während der Republik.
Dragoner	ursprünglich berittene Infanterie, im 18. und 19. Jahrhundert in der Regel mittlere oder schwere Kavallerie.
Durchschnitt	Laufgraben, etwa zur Verbindung einer Festung mit einem davor liegenden Fort.
Echec	Schlappe, Niederlage.

en echelon	in Staffeln, gestaffelt, d. h. die Unterformationen einer Einheit (z. B. Eskadronen eines Regiments, Bataillone einer Brigade) sind wie die Stufen einer Treppe in Breite und Tiefe versetzt.
en echiquier	schachbrettartig, d. h. die Unterformationen einer Einheit (z. B. Eskadronen einer Brigade) sind wie die gleichfarbigen Felder eines Schachbretts gegeneinander versetzt, so daß die Einheiten eines Treffens durch die Lücken zwischen denen des anderen durchziehen können, ohne daß Unordnung entsteht.
Einhorn	russischer Haubitzentyp mit langem Rohr.
Elevation	Neigung des Geschützrohrs.
Embaras	Behinderung.
embarquieren	einschiffen.
Emplacement	Position von Geschützen bzw. Batterien.
Emulation	Wetteifer, Nacheiferung.
Epaulement	siehe Schulterwehr.
Equipage	1. Wagen; 2. Ausrüstung, Gepäck.
Eskadron (Schwadron)	administrative und taktische Formation der Kavallerie; ein Regiment bestand aus zwei oder mehr Eskadronen bzw. Schwadronen.
Eskalade	Ersteigung der Werke einer Festung mit Sturmleitern.
Eskarpe	äußere Böschung eines Grabens.
Evolution	Bewegung eines Truppenkörpers zum Wechsel der Formation oder der Front.
Exercice	1. Übung; 2. Exerzierreglement.
Exerzierreglement	Vorschrift, nach der einzelne Soldaten und Formationen in ihren Bewegungen usw. ausgebildet wurden.
Face	Vorderseite einer Befestigung; Fleschen bestanden nur aus zwei Facen, geraden Wällen, die einen Winkel mit dem Feind zugekehrter Spitze bildeten, bei etwas komplexeren Werken (Bastionen, Lünetten) schlossen sich außen einspringende Flanken an.
Fagot	Reisigbündel.
Fähnrich	im 18. Jahrhundert der unterste Offiziersdienstgrad (bei der Kavallerie auch: Kornett).
Falkonett	leichte Kanone mit langem Rohr, die nicht über zwei Pfund schwere Kugeln verschoß.
Fanal	Feuersignal, in der Regel eine Stange, die mit in leicht entzündbarem Material getränkten Tüchern umwickelt war, oder ein erhöht befestigtes Faß mit entsprechender Füllung.
Faschine	zusammengeschnürtes Reisigbündel zur Bekleidung von Verschanzungen, zur Überwindung von Bodenhindernissen usw.

Anhang 2: Glossar militärischer und ziviler Fachbegriffe   797

Faschinenmesser	ursprünglich Messer zum Abhauen von Strauchwerk für Faschinen, dann Bezeichnung des geraden Seitengewehrs mancher Waffengattungen.
fatiguieren	ermüden, erschöpfen.
Faussebraye	Niederwall zur Bestreichung eines Wassergrabens durch Infanteriefeuer.
Feldartilllerie	Artillerie, die im offenen Felde in Batterien zum Einsatz kam, im Gegensatz sowohl zur Regimentsartillerie der Infanterie als auch zur Belagerungs- und Festungsartillerie.
Feldguide	siehe Guide.
Feldjäger	siehe Jäger.
Feldmarschall-leutnant	österreichischer Dienstgrad, entsprach dem Generalleutnant anderer Armeen.
Feldwache	mit der Überwachung eines bestimmten Bereichs betraute Abteilung, die wiederum Unterabteilungen (Patrouillen, Vedetten, Gefreitenposten, Schildwachen usw.) vorschob.
Feldzeugmeister	österreichischer Dienstgrad der Infanterie und Artillerie, gleichrangig mit dem General der Kavallerie.
Feuerwerker	Unteroffiziersdienstgrad der Artillerie, entsprach dem Sergeanten anderer Waffengattungen.
en file	in Rotten, hintereinander aufgereiht.
Fladdermine	Landmine zur Bekämpfung von Truppen im Vorfeld einer Befestigung.
Flanke	1. Seite einer Aufstellung, im Gegensatz zu Front und Rücken; 2. abgeknickter Seitenwall einer Befestigung (siehe Face).
Flankeur (Flanqueur)	Plänkerer der Kavallerie; im engeren Sinne ein speziell für das aufgelöste Feuergefecht bestimmter und ausgebildeter schwerer oder mittlerer Kavallerist.
Flesche	Schanze oder Ravelin in Pfeil- bzw. V-Form mit dem Feind zugekehrter Spitze.
Fliegende Brücke	von Pioniertruppen eingerichtete größere Fähre.
Flügeladjutant	Adjutant eines Monarchen.
forcieren	1. zwingen, 2. im Angriff nehmen.
förmlicher Angriff	im Festungskrieg eine systematische Belagerung durch die Anlage von Parallelgräben und Minengängen.
Fort	kleinere dauerhaft angelegte Befestigung, selbständig oder als größeres Außenwerk einer Festung (Außenfort).
Fourage	Verpflegung, im engeren Sinn Pferdefutter.
fouragieren	Verpflegung aus der Umgebung beschaffen.
Fourier	Unteroffizier zur Besorgung von Quartier- und Lebensmittelangelegenheiten.

Fourierschütze	Gemeiner zur Unterstützung eines Fouriers.
fournieren	liefern, ausstatten.
Freikorps	aus Freiwilligen, in der Regel nur für die Dauer eines Krieges aufgestellte Truppenformationen außerhalb der Organisation eines stehenden Heeres. Bewährte Einheiten wurden gelegentlich ganz oder teilweise zu regulären Einheiten umgewandelt (ein Beispiel waren 1763 die beiden hannoverschen Leichten Dragonerregimenter).
Fuchtel	Schlag mit flacher Klinge.
Füsiliere	in der französischen Armee Bezeichnung für gewöhnliche Infanteristen, in den hessischen und der preußischen (seit 1787) für eine Art leichter Infanterie.
Fuß	Längenmaß, das in 12 Zoll zu jeweils 12 Linien unterteilt war. In Kurhannover war der 29,1 cm lange Calenberger Fuß verbindlich, in Preußen vor allem der 31,4 cm lange Rheinländische.
Garde	ursprünglich die Leibwache eines Monarchen, bald aber vergrößert und im Feld eingesetzt, seit dem 18. Jahrhundert in fast allen Armeen ein ausgesprochenes Elitekorps.
Garde du Corps	Name von schweren Gardekavallerieregimentern in verschiedenen Armeen.
Gefreitenposten	Vorposten, bestehend aus einem Gefreiten und bis zu sechs Mann.
Generaladjutant	Adjutant eines Monarchen, im Range über einem Flügeladjutanten stehend.
General du jour	im 18. Jahrhundert der auf einem Feldzuge von Tag zu Tag abwechselnde General, der für die Ausstellung der Vorposten einer Armee zuständig war.
Generalquartier	Ende des 18. Jahrhunderts Bezeichnung für das Quartier eines nachgeordneten Generals; nur der Oberbefehlshaber einer Armee hatte offiziell ein Hauptquartier.
Generalquartiermeister	im 18. Jahrhundert übliche Bezeichnung für den Chef des Generalstabs.
Generalquartiermeisterstab	im 18. Jahrhundert übliche Bezeichnung für den Generalstab.
Gensdarmes (Gens d'Armes)	im Frankreich des Ancien Régime und in verschiedenen deutschen Staaten zur Garde oder zur Elite der Armee gerechnete schwere Kavallerieeinheiten; der Name stammt von Korps, die ursprünglich Adligen vorbehalten waren.
Georg Rex	umgangssprachliche Bezeichnung für ein hannoversches Dienstpferd, das der Armee und damit dem Monarchen gehörte.

geschwinde Artillerie	alternative Bezeichnung für reitende Artillerie.
gewaltsamer Angriff	im Festungskrieg ein überraschender Sturm bzw. Handstreich anstelle oder vor Abschluß des langwierigen förmlichen Angriffs.
Glacis	glattes, nach außen hin flach abfallendes Vorfeld einer Befestigung, das einem anrückenden Feind keinen Sichtschutz und keine Deckung bieten sollte.
Glied	in einer Formation nebeneinander stehende Soldaten.
Gliederfeuer	Infanteriefeuer, wobei die zwei oder drei Glieder einer Bataillonslinie abwechselnd schossen; kam in der Praxis kaum vor.
Gorge	Schlucht, Engpaß.
Granattraube	im 18. Jahrhundert eine von Haubitzen verschossene Traubenkartätsche. Das auch als Granatkartätsche oder Kartätschgranate bezeichnete Schrapnell (mit Bleikugeln gefüllte Granate) wurde erst nach 1803 im Felde eingesetzt, wenn es auch schon im 16. Jahrhundert Vorformen gegeben hatte.
Grenadiere	nach Körpergröße und Kampfkraft ausgesuchte Mannschaften der Infanterie (z. T. auch der Dragoner), die äußerlich (z. B. durch Grenadiermützen) von den übrigen abgehoben wurden. Im 18. Jahrhundert bestand in der Regel eine Kompanie eines jeden Bataillons aus Grenadieren. Im Felde wurden häufig die Grenadierkompanien mehrerer Regimenter zu besonderen Grenadierbataillonen zusammengestellt; daneben gab es in einigen Armeen auch Eliteregimenter, die insgesamt als Grenadiere bezeichnet wurden.
Guide (Feldguide)	berittener Soldat, Unteroffizier oder junger Offizier zur Unterstützung der Kommandeure bei Erkundungen und anderen Stabsaufgaben.
Halber Mond	Signalhorn.
Handmortier	tragbarer kleiner Mörser.
Haubitze	Geschütz zum Bogenschuß („Wurf"), das Granaten, Brandkugeln, Leuchtkugeln und Kartätschen verschoß. In der Regel waren Haubitzen wesentlich kürzer als Kanonen vergleichbaren Kalibers (Ausnahme: die russischen Einhörner).
Heiratskonsens	Erlaubnis zur Heirat, die ein Offizier von seinen Vorgesetzten einholen mußte.
Himten	1. Hohlmaß für Getreide, in Hannover 31,2 Liter; 2. in einigen Gegenden landwirtschaftliches Flächenmaß (nach der Menge des auszusäenden Getreides).

Hornwerk	Vorwerk, bestehend aus zwei durch eine Kurtine verbundenen halben Bastionen (es hatte also zwei „Hörner", deren Flanken die Kurtine von beiden Seiten bestrichen), insbesondere zum Schutze eines Festungstores.
Husaren	leichte Kavallerie, deren Uniform auf der ungarischen Volkstracht basierte.
Ingenieure	das Ingenieurkorps bestand aus Ingenieuroffizieren und Pioniersoldaten (Sappeure und Mineure, wobei es in manchen Armeen ein gesondertes Mineurkorps gab). Der Aufgabenbereich der Ingenieuroffiziere umfaßte auch den Bau von Festungen, Verschanzungen und Zivilbauten, die Landvermessung und die Kartographie.
Ingenieurgeograph	Stabsoffizier, dessen Hauptaufgabe die Landvermessung war.
Inhaber	österreichisches Äquivalent eines Chefs.
Inondation	planmäßig angelegte Überschwemmung.
Jäger	1. (Feldjäger, Jäger zu Fuß, chasseurs à pied) leichte Infanterie, in deutschen Armeen in der Regel Büchsenschützen; 2. (Feldjäger zu Pferde) in Preußen zur Stellung von Kurieren und Guiden unterhaltenes kleines Truppenkorps; 3. (Jäger zu Pferde, chasseurs à cheval) reguläre leichte Kavallerie in Frankreich, den Tochterrepubliken und einigen Rheinbundstaaten.
Janitscharenmusik	Regimentskapelle mit Musikinstrumenten nach türkischem Vorbild wie dem Schellenbaum.
Kadett	Offiziersschüler.
Kameradschaft	kleine Gruppe von Soldaten zur Zusammenarbeit im aufgelösten Gefecht; im einfachsten Fall zwei Scharfschützen (siehe Rotte).
Kampagne (Campagne)	Feldzug.
Kanone	Geschütz zum Verschießen von Vollkugeln und Kartätschen.
Kanonenzieher	Soldaten der Regimentsartillerie, deren Aufgabe es war, Geschütze im Gefecht zu bewegen, nachdem die Zugpferde nach hinten geschickt worden waren.
Kanonier	Gemeiner der Artillerie.
Kanton	in Preußen das Gebiet, aus dem ein Regiment seine inländischen Rekruten erhielt; nicht unbedeutende Teile des Landes, darunter die meisten größeren Städte, waren jedoch von der Kantonspflicht ausgenommen.
Kantonierung	Einquartierung von Truppen in einem Ort.

Anhang 2: Glossar militärischer und ziviler Fachbegriffe   801

Kapitän (Capitain)	Hauptmann; Kapitäne der Marine wurden der Deutlichkeit halber zuweilen als Schiffskapitän bezeichnet.
Kapitänleutnant (Capitain-Lieutenant)	vereinzelt vorkommender Offiziersrang zwischen Premierleutnant und Hauptmann.
Karree (Quarree)	rechteckige Gefechtsformation der Infanterie mit Front nach vier Seiten zur Abwehr von Kavallerieattacken
Karriere	gestreckter Galopp in der letzten Phase einer Kavallerieattacke.
Kartätschen	Streugeschosse der Artillerie zur Bekämpfung von Truppen auf kurze Distanz; sie enthielten in einer Hülse eine Vielzahl kleinerer Kugeln.
Kartusche	in Stoff oder Papier verpackte Pulverladung für Geschützgeschosse.
Kasematte (Casematte)	bombenfest überwölbter Raum in einem Festungswerk.
Kastrol (Castroll)	Schmortopf, Bratpfanne, Kasserol(le).
Katapult	armbrustartiges antikes Geschütz.
Kavalier (Cavalier)	Oberbegriff für verschiedene Arten von erhöhten Befestigungswerken.
Kehle	der nach hinten offene Teil einer Befestigung, insbesondere einer Flesche oder Lünette.
Knecht	Fuhrmann beim Militär, u. a. Fahrer der Artillerie.
Kombattanten	kämpfende Truppen.
Kommandeur	in der Regel der zweite Offizier eines Regiments oder Korps (gewöhnlich mindestens ein Major), der in Abwesenheit des Chefs das Regiment anführte.
Kommissariat	Verpflegungs- und Proviantwesen einer Armee.
Kompanie (Compagnie)	administrativer (bei der Infanterie auch taktischer) Verband mit einer nach Armee und Waffengattung variierenden Sollstärke von etwa 70 bis knapp 200 Mann. Bei der Artillerie stellte meistens eine Kompanie die Bedienung einer Batterie, manchmal aber auch die von zwei oder einer halben. Bei der Kavallerie entsprach in vielen Armeen die Eskadron der Kompanie, in Frankreich und Hannover bestand aber eine Eskadron aus zwei Kompanien.
Kompaniechef	höchster Offizier einer Kompanie im Range eines Hauptmanns. Im 18. Jahrhundert bezog er einen Teil seiner Einkünfte aus der „Kompaniewirtschaft", d. h. aus Gewinnmargen bei pauschal abgegoltenen Beschaffungsleistungen, durch die Einbehaltung des Soldes von Beurlaubten usw.
Kondukteur (Conducteur)	höherer Offiziersanwärter der Artillerie und Ingenieure.

Königlich Deutsche Legion (The King's German Legion)	Freiwilligenkorps, das 1803 in Großbritannien aus Soldaten und Offizieren der aufgelösten kurhannoverschen Armee aufgestellt wurde (gewissermaßen ihre Fortsetzung im Exil); nach den Napoleonischen Kriegen in die königlich hannoversche Armee eingegliedert.
Kontreeskarpe	innere Böschung eines Grabens.
Kordon	Reihe von untereinander in Verbindung stehenden Posten oder Truppenabteilungen.
Kornett (Cornet)	Fähnrich der schweren Kavallerie und Husaren.
Korporal	niedrigster Unteroffiziersdienstgrad.
Korps	1. administrativer Verband bei bestimmten Waffengattungen verschiedener Armeen (z. B. das Ingenieurkorps in Hannover); 2. ad hoc formierter, autonom operierender taktischer Verband verschiedenster Größe; 3. fester taktischer Verband aus zwei oder mehr (Armee-)Divisionen (Armeekorps, Corps d'Armée, seit 1803).
Kosaken	russische irreguläre leichte Kavallerie.
Krone	obere Fläche eines Walls oder einer Brustwehr.
kugelschwer	Maß für die Pulverladung im Verhältnis zum Gewicht des Geschosses.
Kürassiere	schwere Kavallerie, benannt nach ihrem Brustpanzer (Küraß), der aber nicht immer getragen wurde.
Kurtine	Wall zwischen zwei Bastionen.
Landregiment	kurhannoversche Milizeinheit.
Leibgarde (englisch: Life Guards)	siehe Garde du Corps.
Leibkompanie	die erste Kompanie eines Regiments, deren Chef gleichzeitig der des Regiments war.
Leibregiment	Name von Regimentern, deren Chef der Monarch war, die aber nicht zur Garde gehörten.
Leichte Dragoner	Bezeichnung der regulären leichten Kavallerie der kurhannoverschen und britischen Armee.
Leutnant	siehe Premierleutnant, Sekondeleutnant; im hannoverschen Sprachgebrauch des 18. Jahrhunderts meinte das Wort in der Regel noch den Premierleutnant.
Linie	1. die reguläre Truppe einer Armee, im Unterschied zur Garde, aber auch zu Freikorps, Milizen und anderen Verbänden der „zweiten Linie"; 2. in Frankreich unterschied man seit der Revolution innerhalb der regulären Fußtruppe zwischen Regimentern der Linieninfanterie (infanterie de ligne) und der Leichten Infanterie (infanterie légère), was aber bald nur noch die unterschiedlichen historischen Wurzeln der Einheiten reflektierte

	und nicht unterschiedliche Kampfweisen; 3. Längenmaß, der zwölfte Teil eines Zolls.
Livre (livre tournois)	französische Währung, 1796 durch den neuen Franc ersetzt; 80 Francs entsprachen 81 Livres.
Logement	von den Belagerern einer Festung gewonnener Stützpunkt in einer Bresche.
Lot	der 32. Teil eines Pfundes, in Hannover und Preußen 14,4 g.
Louisd'or	Goldmünze im Wert von 20 Livres bzw. fünf Reichstalern.
Lünette	nach hinten offene Schanze oder Ravelin, deren Form (zwei Facen und zwei Flanken) an eine Mondsichel erinnerte.
maréchal de camp	französischer Dienstgrad des Ancien Régime, entspricht einem Generalmajor.
maréchal de France	französischer Dienstgrad, entspricht einem Feldmarschall bzw. Generalfeldmarschall; im Kaiserreich: maréchal de l'Empire.
maréchal général	sehr selten vergebener höchster Dienstgrad im Frankreich des Ancien Régime.
Mariengroschen	in Hannover der 16. Teil eines Reichstalers; ein Mariengroschen entsprach acht Pfennigen.
maskiert	verdeckt, in verdeckter Aufstellung.
Meile	Längenmaß: Deutsche oder geographische Meile: 7420,4 m; Meile in Hannover: 7419,2 m, in Preußen: 7532,5 m.
Mine	in einer unterirdischen Kammer angelegte Sprengladung.
Mineur	auf den Bau unterirdischer Gänge spezialisierter Pioniersoldat.
Mörser	Steilfeuergeschütz mit sehr kurzem Rohr und verengter Kammer, das im Festungskampf Granaten, Brand- und Leuchtkugeln oder Steine (Steinmörser) verfeuerte.
Mortier	Mörser.
Mousqueton	kurze Muskete, die insbesondere von berittenen Truppen und manchen Artilleristen getragen wurde.
en muraille	Attacke der Kavallerie, wobei die ganze Linie Knie an Knie ritt.
Muskete	Gewehr der Fußtruppen mit ungezogenem Lauf, ursprünglich mit Luntenschloß, seit dem 18. Jahrhundert mit Steinschloß.
Musketier	in vielen Heeren des 18. und 19. Jahrhunderts übliche Bezeichnung für einen gewöhnlichen Gemeinen der Infanterie (im Gegensatz etwa zu Grenadieren und Jägern).
Nationalgarde (Garde nationale)	die zu Beginn der Französischen Revolution aufgestellte Miliz; seit 1794 ging sie in der Linieninfanterie auf.

Oberfeuerwerker	Unteroffiziersdienstgrad der Artillerie.
obliker Marsch	Diagonalmarsch.
Observationsarmee, Observationskorps	Armee oder Korps zum Schutz einer Grenzlinie oder zum Abschirmen einer Belagerung gegen ein eventuell heranrückendes Entsatzheer.
Ordonnanz	Soldat für Kurierdienste.
ordre de bataille	Schlachtordnung.
Ouvertüre	Öffnung, Durchgang.
Palisaden	oben zugespitzte Schanzpfähle; sie waren in der Regel eingegraben und über- und unterirdisch miteinander verbunden.
Pallasch	gerader Degen der schweren und mittleren Kavallerie.
Parallelen	von den Belagerern einer Festung parallel zum Wall angelegte Gräben zur Aufnahme von Batterien und der Sturmstellung der Infanterie.
Parapet	Brustwehr.
Parole	1. Erkennungswort; 2. Versammlung der Offiziere und Unteroffiziere zur Ausgabe der täglichen Befehle.
Peloton	1. in der Lineartaktik eine Unterteilung der Bataillonslinie zum Feuern. Da für das Pelotonfeuer eine gerade Anzahl von Pelotons bevorzugt wurde, Infanteriebataillone in Preußen und Hannover aber aus fünf Kompanien bestanden, setzte sich zunehmend auch in anderen Situationen der Sprachgebrauch durch, wonach ein Peloton eine halbe Kompanie ausmachte; 2. ad hoc formierte Sektion einer kleineren Einheit, z. B. eines Wachkommandos.
Pelotonfeuer	Infanteriefeuer, in dem die Pelotons einer Bataillonslinie abwechselnd ihre Salven feuerten; das konnte in verschiedenen Reihenfolgen geschehen, z. B. von den Flügeln zum Zentrum oder abwechselnd gerade und ungerade Pelotons.
Petarde (Sprengmörser)	kleiner Mörser, der (ohne Geschoß) mit der Mündung z. B. an einem Tor befestigt und dann gezündet wurde, um es aufzusprengen.
Pfund	Gewichtseinheit; in Hannover: 1 Pfund = 467,7 g, in Preußen: 1 Pfund = 467,4 g.
Pikett (Piquet)	Truppenabteilung zur Unterstützung von Wachen oder einer Vorpostenlinie.
Pistole	1. Goldmünze im Wert von etwas über fünf Reichstalern; 2. Faustfeuerwaffe.
Plackerfeuer	ungeordnetes Feuer.

Plänkerer (Blänkerer)	in aufgelöster Ordnung kämpfender Soldat.
Platz	Festung, größere Garnison usw.
Point de vue	markanter Punkt im Gelände, nach dem Truppenbewegungen ausgerichtet wurden.
Polygon	Befestigung, deren gerade Wälle ein geometrisches Vieleck bilden. Das Wort wurde auch als Synonym für Teilbefestigungen wie Bastionen benutzt.
Pontonier	auf den Brückenbau spezialisierter Pioniersoldat.
Pontons	offene Boote aus Kupfer oder Holz, die zu Flußübergängen und zum Bau von Brücken auf besonderen Wagen ins Feld genommen wurden.
Portativbrücke	transportfähige Brücke, in der Regel Pontonbrücke.
à portée	in Reichweite.
Portepee (Porte-épée)	silberner oder goldener Faustriemen am Degen oder Säbel als Abzeichen der Offiziere und höheren Unteroffiziere (Feldwebel, Wachtmeister, Fahnenjunker, Stückjunker, Kondukteure).
Portion	von der Armee gestellte Nahrungsmittelmenge für einen Mann pro Tag.
Potence	Vorsprung.
poussieren	vorwärts treiben, auch im übertragenen Sinne „fördern".
Premierleutnant	Offiziersrang, entspricht dem damaligen österreichischen (und heutigen deutschen) Oberleutnant.
Prolonge	Tauschlaufe zur Befestigung eines Geschützes an der Protze ohne das eigentliche Aufprotzen; die Lafette konnte dabei auf ein sogenanntes Scharwenzelrad aufgestützt werden.
Protze	Zweirädriger Zugwagen für ein Geschütz, an dem das hintere Ende der Lafette zum Transport am Protznagel eingehängt wurde.
Pulversack	der Teil der Seele einer Kanone, der von der Ladung ausgefüllt wird.
Quarree	siehe Karree.
Quartiermeister	für die Bekleidung, Waffen, Munition und Verpflegung einer Einheit zuständiger Offizier bzw. Unteroffizier.
Queue	Ende einer Marschordnung.
ralliieren	sammeln; gemeint ist speziell das Wiederversammeln von Plänkerern oder von in Unordnung geratenen Truppen.
rangieren	Truppen in Reih und Glied aufstellen.
rasierendes Feuer	niedriges Feuer parallel zum Erdboden.
Ration	von der Armee gestellte Futtermenge für ein Pferd pro Tag.

Räumnadel (Ludelnadel)	Nadel zum Durchstoßen der Kartusche und zum Reinigen eines verstopften Zündlochs (zum Einstecken der Schlagröhre oder Stoppine durch das Zündloch in die Kartusche).
Ravelin	hinten offenes Außenwerk vor dem Wall einer Festung.
Ravin	Schlucht, Hohlweg.
Recul	Rückstoß.
Redoute	geschlossene Feldverschanzung.
refüsieren	wörtlich: verweigern; im übertragenen Sinne hieß einen Flügel refüsieren, daß man Einheiten gestaffelt hinter einem Flügel einer Bataillons- oder Brigadelinie plazierte, um einen absehbaren feindlichen Flankenangriff selbst in der Flanke zu bedrohen.
Regiment	administrative Grundeinheit einer Armee; in der Regel bestand ein Infanterieregiment aus zwei oder mehr Bataillonen (in der britischen Armee meistens nur aus einem), ein Kavallerieregiment aus zwei oder mehr Eskadronen.
Regimentsartillerie, Regimentsgeschütz	der Infanterie zugeteilte Geschütze, die als integrierter Teil der Fußtruppen operierten; sie wurden nicht vom Artilleriekorps einer Armee bedient, sondern von dazu abgestellten Infanteristen. Bei selbständigen Bataillonen sprach man von Bataillonsartillerie bzw. -geschütz.
reitende Artillerie	leichte Artillerie, bei der zur größeren Beweglichkeit die Bedienungsmannschaft beritten war (z. B. in Preußen und Frankreich) oder auf den Geschützlafetten aufsaß (z. B. in Österreich und Hannover). Letzteres System wurde auch als fahrende Artillerie bezeichnet.
Reiter (Reuter)	Bezeichnung der schweren Kavallerie bei verschiedenen deutschen Armeen, u. a. der kurhannoverschen; entsprach in etwa den Kürassieren.
Rekognoszierung	Erkundung, Aufklärungsunternehmen.
Relais	Standort einer kleineren Reiterabteilung zur Nachrichtenübermittlung.
repoussieren	zurückwerfen.
Retirade	Rückzug.
retirieren	zurückziehen.
Retraite	Rückzug.
Retranchement	Feldverschanzung.
revettieren	einen Festungswall bekleiden bzw. mit Futtermauern versehen.
Revue	mit einigen Übungen verbundene Musterung der Truppen, Heerschau.

Rikoschettschuß	von Vauban entwickelte Anwendung des Kanonenfeuers bei Belagerungen: in der Regel Schuß mit verminderter Ladung, um durch die mehrfach aufspringende Kanonenkugel in der ganzen Länge eines Wallgangs Schaden bei Menschen und Material anzurichten.
Rittmeister	Hauptmann der Kavallerie, bei der kurhannoverschen Armee strenggenommen nur bei den Reitern.
Ronde	Rundgang bei der Wache zur Kontrolle der Posten.
Röster	Namens- oder Dienstliste, Tabelle.
Rotte	1. in einer Formation hintereinander stehende Soldaten (so viele, wie es Glieder gab, d. i. in der Regel zwei oder drei); 2. zwei Scharfschützen, die im Tirailleurgefecht so zusammenwirken, daß immer wenigstens ein Gewehr geladen ist.
Sappen	Laufgräben, auch Bezeichnung für die verschiedenen Vorrichtungen, sich bei der Anlegung eines Grabens vor dem feindlichen Feuer zu schützen.
Sappeur	auf den Bau von Laufgräben und Hindernissen spezialisierter Pionier.
Sattelwagen	Spezialprotze für Festungs- oder Belagerungsgeschütz.
schärfen	das Schärfen von Hufeisen diente dazu, den Pferden auch auf gefrorenem Untergrund Halt zu verschaffen. Das Wort wurde der Kürze halber auch auf die Tiere angewandt („geschärfte Pferde").
Scharfschützen	für das aufgelöste Gefecht vorgesehene leichte Infanteristen einer regulären Einheit, die seit den 1770er Jahren bei verschiedenen Armeen aufkamen. Sie wurden bald durch besondere Uniformdetails (z. B. Federbüsche) abgesetzt und als spezielle Kompanien oder Pelotons ihrer jeweiligen Bataillone formiert.
Schiffbrücke	Schwimmbrücke unter Verwendung von Flußschiffen anstelle von Pontons.
Schildwache	Einzelposten der Infanterie.
Schildzapfen	seitliche Auswüchse am Kanonenrohr, mit denen es auf der Lafette gelagert wurde.
Schlagröhre	mit Pulver oder einem Brandsatz gefüllte Röhre zur Entzündung der Ladung eines Geschützes.
Schleichpatrouille	Patrouille gegen den Feind, im Gegensatz zu den Visitier- oder Verbindungspatrouillen, die die Verbindung unter den eigenen Posten und Feldwachen aufrechterhielten.
Schneidelade (Häcksellade)	Gerät zum Häckseln von Stroh und Grünfutter für Pferde.

Schritt	Längenmaß; Scharnhorst ging von einem Schritt zu 2 Fuß 8 Zoll nach Calenberger Maß = 77,6 cm aus.
Schulterwehr	Flankenschutz einer Verschanzung bzw. Einsprung eines Grabens gegen seitliches Feuer.
Schwenkung	Truppenbewegung, bei der eine Gefechtslinie die Front bzw. eine Kolonne ihre Marschrichtung ändert.
Seele	der Hohlraum innerhalb des Rohres einer Feuerwaffe, vor allem eines Geschützes.
Sekondeleutnant	Offiziersdienstgrad, entspricht dem damaligen österreichischen Unterleutnant und heutigen deutschen Leutnant.
Sektion	Unterteilung kleinerer Abteilungen, z. B. eines Pelotons.
Sergeant	Unteroffiziersdienstgrad (ohne Portepee).
Servis	Geldvergütung für Unterkommen von Militärpersonen, -pferden usw.
Soden	durch (Gras-)Bewuchs zusammengehaltenes, ausgestochenes Erdstück.
Soutien	Unterstützung, insbesondere einer Vor- oder Nachhut oder einer Schützenkette.
Soutienspostenkette	Postenkette zur Unterstützung der Vorpostenlinie.
Spanischer Reiter	Hindernis, bestehend aus einem langen Balken mit kreuzweise durchgesteckten spitzen Pfählen.
Spiegel	Metall- oder Holzscheibe zwischen einem Artilleriegeschoß (z. B. einer Kartätsche) und der dazugehörigen Kartusche.
Stabsoffizier	Offizier im Range eines Majors, Oberstleutnants oder Obersten.
Stafette (Estafette)	außerordentlicher reitender Bote.
stängen	zäumen, d. h. den Pferden die Stange (Kandare) ins Maul tun.
Stangenpferd	an der Deichsel gehendes Pferd eines Fuhrwerks.
Sternschanze	eigenständiges Befestigungswerk mit sternförmigen Grundriß.
Stoppine	zur Entzündung von Geschützladungen oder Minen dienende kurze Zündschnur in Papierhülse oder Rohr.
Strategem	Kriegslist, Kunstgriff, taktische Maßnahme.
Stückjunker	Fahnenjunker (Offiziersanwärter) der Artillerie und Ingenieure, rangierte nach dem Konducteur.
Sturmpfähle	in etwa waagerecht verankerte Palisaden zum Schutz eines Walles gegen aus dem davor liegenden Graben emporsteigende Angreifer.
Subalternoffizier	Offizier im Range eines Fähnrichs/Kornetts, Sekondeleutnants oder Premierleutnants.

Sukkurs	Hilfe, Beistand, Unterstützung.
supernumerair	überzählig.
Tambour	1. Trommler; 2. kleine, meist aus Palisaden bestehende Anlage zur Deckung von Eingängen zu Dörfern, Schanzen oder Forts.
Tenaille	Befestigungswerk mit ein- und ausspringenden Winkeln (Zangenwerk).
Tete (tête)	Spitze einer Marschordnung.
Tete bieten	sich entgegenstellen, die Stirn bieten.
Tête de pont	Brückenkopf.
Tirailleur	in aufgelöster Ordnung kämpfender Soldat.
Titularrang	Dienstgrad ohne entsprechende Einkünfte. Ein Titularkapitän konnte z. B. die Kompanie eines Obersten oder Generals kommandieren, der dann die Einkünfte des Kompaniechefs erhielt, während er selbst lediglich die Gage eines Premierleutnants bezog.
tournieren	wörtlich: „drehen, wenden"; eine Stellung tournieren hieß, sie durch Umgehung im Rücken zu bedrohen.
Tracierung	Abstecken der Umrißlinien zur Anlage einer Befestigung o. ä.
Train	Nachschubfuhrpark.
Tranchee	Lauf- oder Schützengraben.
Trancheekavalier	erhöhtes Belagerungswerk innerhalb eines Laufgrabens.
Trauben	Kartätschen, bei denen die Kugeln durch Pech fest miteinander verklebt waren.
Traverse	Querwall zum Schutz vor seitlichem Feuer.
Treffen	in der Schlachtordnung nebeneinander aufgestellte Einheiten; im 18. Jahrhundert stand eine Armee in der Regel in zwei oder drei Treffen hintereinander, wobei das zweite (und dritte) als Reserve des ersten dienten.
Triqueballe	Schleppwagen, Handprotzwagen.
Trott	Trab.
Ulanen	mit Lanzen bewaffnete leichte Kavallerie nach polnischem und letztlich tatarischem Vorbild; Ende des 18. Jahrhunderts war auch die Schreibweise „Hulanen" üblich.
Vedette	Kavallerievorposten aus zwei oder drei Reitern.
Verhack	aus verankertem Gebüsch und Geäst verfertigtes Hindernis.
vernageln	ein Geschütz durch Einschlagen eines starken Nagels ins Zündloch (vorübergehend) unbrauchbar machen.
Visierschuß	Schuß mit waagerechtem Geschützrohr.
Wachtmeister	Feldwebel der berittenen Truppen.

Wallafette	Lafette speziell für Geschütze, die fest auf dem Wall einer Festung positioniert waren.
Wallgranate	Handgranate zum Einsatz bei der Festungsverteidigung.
Wiesenwachs	Ertrag einer zur Heugewinnung genutzten Wiese.
Wolfsgrube	Zugangshindernis vor Befestigungen, bestehend aus einer nach unten spitz zulaufenden Grube, in der sich meistens ein spitzer Pfahl befand.
Wurf	Schuß einer Granate oder Kugel aus Haubitzen oder Mörsern.
Zimmermann	Handwerker einer Infanterieeinheit, zu dessen Aufgaben u. a. das Schlagen von Durchgängen durch Palisaden und andere Hindernissen gehörte.
Zirkumvallationslinie	vom Belagerungsheer angelegte Kette von Verschanzungen um eine Festung, entweder nach außen zur Vorbeugung eines Entsatzes oder nach innen gegen Ausfälle und Ausbruchsversuche; letztere Art hieß innere Zirkumvallationslinie oder Kontravallationslinie.
Zitadelle	kleine Festung innerhalb oder neben einer großen; konnte zur Fortsetzung der Verteidigung nach Eroberung der Festung dienen, aber auch dazu, die Zivilbevölkerung einer Festungsstadt in Schach zu halten.
Zoll	zwölfter Teil eines Fußes; nach Calenberger Maß (Hannover) 24,2 mm, nach Rheinländischem (Preußen) 26,2 mm.

Personen- und Formationsindex

Die Zahlen entsprechen den Nummern der Dokumente, bei längeren folgen hinter einem Schrägstrich die der Unterteilungen.

Achilles, mythischer griech. Held: 162
Adolph Friedrich (Adolphus Frederick) von Großbritannien (1774–1850), Prinz, ab 1801 Herzog von Cambridge: 24, 81, 109, 110, 111, 112, 137, 178, 179, 192, 204/1, 209/15., 212, 241/III, Anhang 1
Ahlefeldt, Ernst Siegfried von, hann. General: 300/4
Albemarle, Arnold Joost van Keppel, Graf von (1669–1718), ndl. General: 155/13
Albert Kasimir, Herzog von Sachsen-Teschen (1738–1822), Generalstatthalter der Österr. Niederlande, k.k. Feldmarschall: 161
Alexander III. der Große, makedon. König (356–323 v. Chr.): 163/2
Alliierte Armee (Kriege Ludwigs XIV.): 155/1, 2, 13; 215/8
Alliierte Armee (Pragmatische Armee, Österr. Erbfolgekrieg): 115/9, 155/3, 214/4, 306, 307/1, 7, 8
Alliierte Armee (in Westdeutschland, Siebenjähriger Krieg): 65/4, 6, 10, 11, 12, 13; 113, 121, 126, 148/II, 215/8, 273, 274, 275, 276, 277/XII, XIV, XV; 297, 298, 300/2, 3, 4, 7; 301, 302, 312, 313/1
Alten, Karl August Graf von (1764–1840), hann. Offizier, später General und Minister: 269
Alvinczy, Joseph, Freiherr von Barberek (1735–1810), k.k. General: 313/1
Anhalt-Bernburg, Prinz Karl von, alliierter Befehlshaber: 301
Antoni, Allessandro Vittorio Papacino d' (1714–1786), sard. Artillerieoffizier: 32/10
Archenholz, Johann Wilhelm von (1743–1812), Historiker und Publizist: 214/6, 215/3

Arentsschildt, Friedrich Levin August von († 1820), hann. Offizier, später General: 269
Arentsschildt, Victor von († 1841), hann. Artillerieoffizier, später General: 5
Arentsschildt, Wilhelm Daniel von (1761–1835), hann. Offizier, später russ. General: 269
Arnim(-Kröchlendorf), Karl Otto von (* 1748), preuß. Geheimer Kriegs- und Landrat: 303
Arnold, Benedict (1741–1801), amerikan.-brit. General: 163/1
Augereau, Pierre François Charles d' (1757–1816), frz. General, später Marschall und Herzog von Castiglione: 309/1
August III. (1696–1763), König von Polen, zugleich Friedrich August II., Kurfürst von Sachsen: 155/13
August Wilhelm, Prinz von Preußen (1722–1758): 309/5
Avaray, Claude-Théophile Béziade d' (1655–1707), frz. General: 155/9

Baland: 158
Bandemer, Marquis de, frz. Befehlshaber: 155/10
Barnstorf, Dieterich, Bevollmächtigter des Gerichts Ritterhude: 177
Barsse, Adolf von († 1834), hann. Offizier, später General: 180
Bartels, hann. Stückgießer: 209/15.
Bartels, Zeichner oder Kupferstecher: 289/4
Batthyány, Karl Joseph, Fürst von (1697–1772), k.k. Feldmarschall: 214/4
Bauer, Friedrich Wilhelm (1763: von) (1731–1783), Generalquartiermeister in hann. und russ. Diensten: 65/3, 5, 6, 8, 9, 10, 13, 14; 66, 108, 277/XII, XV

Beauchamp, Alphonse de, Schriftsteller: 234
Beaulieu, Jean Pierre, Baron de (1725–1819), k.k. General: 156/III, 161, 299
Beaurain, Jean de (1696–1771), frz. Militärhistoriker: 155/1
Beavau, Charles-Juste Marquis de (1720–1793), frz. Marschall: 302
Bélidor, Bernard Forêt de (1698–1761), frz. Ingenieur, Mathematiker und Physiker: 142/[4], 234, 243
Belle-Isle, Charles Louis Auguste Foucquet, Herzog von (1684–1761), frz. Marschall und Kriegsminister: 155/13
Belsunce, Armand III de (1720–1763), frz. General: 302
Beneke, Jh. Fr. († 1795), Jurist: 234
Berenhorst, Georg Heinrich von, (1733–1814), ehem. preuß. Offizier, Militärschriftsteller: 163, 164, 165, 214/6, 234
Berwick, James Fitzjames, Herzog von (1670–1734), frz. Marschall: 155/9, 10, 13
Blond, Abbé Le: siehe Le Blond
Blondel, François, Sieur des Croisettes (1617–1686), frz. Festungsbaumeister und Mathematiker: 142/[2]
Bock, Eberhard Otto Georg von († 1814), hann. Offizier, später General: 29, 30, 213
Böhm, Andreas (1720–1790), hessendarmst. Universitätsprofessor und Publizist: 142/[4]
Bonaparte (Buonaparte), Napoleon (1769–1821), frz. General, 1799–1804 Erster Konsul, 1804–1814/15 Kaiser Napoleon I.: 89, 158, 161, 179, 186, 215/7, 309/4, 5
Bonnivet, hann. Offizier: 307/8
Böselager, C. F. von, osnabr. Landdrost: 27, 32/6
Boufflers, Louis-François, Herzog von (1644–1711), frz. Marschall: 155/13
Bouge, Jean-Baptiste de, Kartograph: 157/2
Bourcet, Pierre-Joseph (1700–1780), frz. General: 65/9, 96/B, II, 297, 298, 300/4, 5
Bournonville, Herzog von, k.k. Befehlshaber: 155/1
Brandes, Andreas Justus, hann. Offizier und Militärschriftsteller: 300/4, 5

Braun, Georg Gustav, hann. Artillerieoffizier: 192, 194, 203, 209/13., 18.; 213, 217, 220, 229, 233, 251, 256, Anhang 1
Braun, Henning Anton Ulrich (1704–1780), hann. Artilleriegeneral: 250/8, 300/4
Braunschweig, Prinz Friedrich von: siehe Friedrich August von Braunschweig
Braunschweig-Bevern, August Wilhelm, Herzog von (1715–1781), preuß. General: 113, 115/6, 305
Bremer, von, hann. Oberst: 24
Brenkenhoff, Leopold Schönberg von (1750–1799), Militärschriftsteller: 241/VI, 267
Brentano-Cimaroli, Joseph Anton von (1719–1764): k.k. General: 300/14, 19
Brézé, Michel de Dreux-Brézé, Marquis von (1699–1754), frz. General: 307/5
Britische Artillerie (Royal Artillery und Royal Horse Artillery): 155/14, 243
Brocard, du († 1745), frz. Artilleriegeneral: 307/8
Broglie, Victor-François, Herzog von (1718–1804), frz. Marschall: 59, 65/4, 9, 10, 11; 96/B,II, 155/12, 13; 280, 298, 300/1, 3, 4, 7; 301, 302, 313/8
Brune, Guillaume-Marie-Anne (1763–1815), frz. General, später Marschall: 186
Bückeburg, Graf von: siehe Wilhelm, Graf zu Lippe-Schaumburg-Bückeburg
Bückeburgische (schaumburg-lippische) Einheiten:
  Artillerie- und Ingenieurkorps: 275
  Karabiniers: 126
Bülow, Carl von, hann. Offizier, später General: 241/III
Bürger, Gottfried August (1748–1794), Dichter: 162
Burgund (Bourgogne), Ludwig, Herzog von (1682–1712), Vater Ludwigs XV.: 155/13
Bussche (Bussche-Haddenhausen), Georg Wilhelm Freiherr von dem (1726–1794), hann. General: 155/7
Bussche gen. von Münch, Philipp Clamor von dem (1728–1808), hann. Oberkammerherr, Domherr zu Osnabrück: 191

Cambridge, Herzog von: siehe Adolph Friedrich von Großbritannien
Caprara, Äneas Sylvius, Graf von (1631–1701): k.k. Feldmarschall: 155/1
Carnot, Lazare-Nicolas-Marguerite (1753–1823), frz. Ingenieur und Staatsmann, 1793–1797 Leiter des Kriegswesens: 161
Carteaux, Jean-Baptiste-François (1751–1813), frz. General: 161
Cäsar (Gaius Julius Caesar, 100–44 v. Chr.), römischer Diktator: 234
Castries, Charles-Eugène-Gabriel de la Croix, Marquis de (1727–1801), frz. Marschall: 65/10, 11; 300/5
Catinat, Nicolas (1637–1712), frz. Marschall: 155/11, 13
Chabannes, Jean-Baptiste Graf von, Marquis d'Apchon (1714–1781), frz. General: 307/2
Chabot, Louis-Antoine-Auguste de Rohan, Graf von (1733–1807), frz. General: 302
Champeaux, frz. Offizier: 234
Chapuy, René-Bernard Chapuis gen. (1746–1809), frz. General: 140, 166/4
Chelus, H. von, frz. Befehlshaber: 302
Chevert, François de (1695–1769), frz. General: 65/8, 113, 277/XIII
Choiseul-Amboise, Étienne-François, Herzog (1758) von (1719–1785), vorher Graf von Stainville, frz. General und Minister: 96/B,II
Clairac, Louis-André de La Mamie, Graf von (1690–1752), frz. Ingenieurgeneral und Militärschriftsteller: 285
Clerfait, François-Sébastien-Charles-Joseph de Croix, Graf von (1733–1798), k.k. Feldmarschall: 156/III, 157/1, 166/4, 167/1, 2; 305, 312, 313/1
Clermont, Louis de Bourbon-Condé, Graf von (1709–1771), frz. General: 297, 300/2
Cléry, d. i. Jean-Baptiste Cant-Hanet (1759–1809), Publizist: 234
Closen (Clausen?), Baron de, frz. General: 302
Coburg, Prinz von (Friedrich Josias, Herzog zu Sachsen-Coburg, 1737–1815), k.k. Feldmarschall: 158, 305
Coehoorn, Menno Baron van (1641–1704), ndl. Ingenieurgeneral und Festungsbaumeister: 110/1

Cognazo, Jacob de (1732–1811), Militärschriftsteller: 300/13
Coigny, François de Franquetot, Graf von (1670–1759), frz. Marschall: 155/10, 13
Condé, Heinrich II., Prinz von (1588–1646): 155/9
Condé, Louis II. von Bourbon, Prinz von (der große Condé, 1621–1686), frz. Feldherr: 155/1, 9, 11, 13; 299
Condé, Louis V. Joseph von Bourbon, Prinz von (1736–1818), frz. General (Emigrantenkorps): 157/3, 300/8
Contades, Louis-Georges-Erasme, Marquis de (1704–1793), frz. Marschall: 298, 300/3
Conway, Henry Seymour (1721–1795), brit. General und Staatsmann: 301
Créqui, François, Herzog von (1624–1687), frz. Marschall: 155/13
Cugnot, Nicolas-Joseph (1725–1804), frz. Militärschriftsteller und Erfinder: 285
Cumberland, Prinz Wilhelm August, Herzog von (1721–1765), brit. General: 115/9, 155/3, 11; 215/8, 306, 307/1
Custine, Adam-Philippe, Graf von (1740–1793), frz. General: 161, 309/5

Damas-Crux, Étienne-Charles de, Graf (1754–1846), frz. General: 157/3
Dänisches Artilleriekorps: 49, 150/1, 172, 203
Daun, Leopold Josef, Graf (1705–1766), k.k. Feldmarschall: 300/13, 16, 17, 19; 305
David, Pierre, frz. Militärschriftsteller: 28, 31, 34, 36, 167/1
Decken, Johann Friedrich (1833: Graf) von der (1769–1840), hann. Offizier und Militärschriftsteller, zuletzt General: 109, 161, 204/1, 212, 213, 223, 241/IV, Anhang 1
Diepenbroick, August Ludwig Friedrich von, hann. General: 24, 240
Diepenbroick, Friedrich Wilhelm von († 1797), hann. Offizier: 24, 50, 51
Dreves, von († 1794), hann. Offizier: 160
Drieberg, Ernst Georg von († 1832), hann. Offizier, später General: 187
Dugommier, Jacques-François (1738–1794), frz. General: 161

Dumesnil, frz. General: 298
Dumont, Jean († 1726), Historiker: 155/10
Du Moulin, Pierre-François, Historiker: 155/10
Dumouriez, Charles-François (1739–1823), frz. General: 155/3, 161, 234, 305, 309/4, 5; 313/1, 2
Du Muy: siehe Muy
Du Plat: siehe Plat
Durfort-Duras, Jacques-Henri de (1689: Herzog von, 1622–1704), frz. Feldherr: 155/1
Düring, Georg Albrecht von, hann. Offizier: 27
Dzierzanowski, Honosch Bogislaw von, hann. Offizier: 269

Eckenbrecher, Johann August von (1743–1822), preuß. Artillerieoffizier, zuletzt General: 205
Emigranteneinheiten:
  Legion Béon: 157/3
  Choiseul-Husaren: 157/3
  Legion Damas: 157/3
  Korps Hompesch: 157/3
  Houlans britanniques (Bouillés Hulanenrgiment): 157/3
  Légion britannique des Prinzen von Rohan: 157/3
  Loyal Emigrants (Loyal Emigrés, Legion Châtre): 157/3
  Korps Salm: 157/3
  York-Husaren (Irvin-Husaren): 157/3
  York Rangers (York Fuzileers): 157/3
  Armee des Prinzen von Condé: 157/3, 300/8
Ende, Friedrich Albrecht Gotthilf, Freiherr von (1765–1829), hann. Offizier, später preuß. General: 169, 212, 213, 223
Ende, Gotthilf Dietrich, Freiherr von (1725–1798), hann. Minister: 169
Englische Armee (Englisch-kombinierte Armee, 1793–1795): 34, 36, 79, 103, 115/1, 150/1, 157/1, 3, 4, 6; 162, 179, 281/I
Erbprinz von Braunschweig (Siebenjähriger Krieg): siehe Karl Wilhelm Ferdinand von Braunschweig
Erbstatthalter: siehe Wilhelm V. von Oranien

l'Espinasse, Augustin, Graf de (1736–1816), frz. Artilleriegeneral: 215/14
Estorff, Albrecht von († 1840), hann. Stabsoffizier, später General: 192, 223, 227
Estorff, Emmerich Otto August von (1722–1796), hann. General: 35, 37, 49, 53, 56, 70, 207
d'Estrées, Louis César Letellier, Chevalier de Louvois, Herzog (1695–1771), frz. Marschall: 65/10, 215/8
Eugen Franz, Prinz von Savoyen-Carignan (1663–1736), k.k. Feldherr und Staatsmann: 155/2, 11, 13

Ferdinand IV. (1751–1825), König von Neapel und Sizilien seit 1759: 170
Ferdinand, Herzog von Braunschweig-Lüneburg (1721–1792), preuß. Generalfeldmarschall: 59, 65/3, 6, 10, 11, 12, 13, 83/[4], 91, 96/B, I, B, II; 113, 115/1, 155/3, 166/3, 179, 214/1, 3, 4; 215/8, 277/XV, 280, 297, 298, 300/2, 3, 4, 5, 7; 301, 302, 312, 313/1, 8
Ferguson, Adam (1723–1816), brit. Philosoph und Historiker: 149
Fermor, Wilhelm Graf von (1704–1771), russ. General: 300/12
Ferrand de la Causade, Jean-Henri Bécays (1736–1805), frz. General: 161
Ferraris, Joseph Graf von (1726–1814), k.k. Feldmarschall und Ingenieur: 157/2, 307/1
Feuillade: siehe La Feuillade
Feuquières, Antoine Manassès de Pas, Marquis von (1648–1711), frz. General und Militärschriftsteller: 113
Finck, Friedrich August von (1718–1766), preuß. General: 300/14, 19
Fischer, General: 65/10
Folard, Jean-Charles de (1669–1752), frz. Offizier und Militärschriftsteller: 214/4, 215/6
Fouché, Joseph (1763–1820), frz. Politiker und Minister, seit 1806 Herzog von Otranto: 186
Fouqué, Heinrich August Baron de la Motte- (1698–1774), preuß. General: 300/20
Fox, Henry Edward (1755–1811), brit. General und Diplomat: 156/III

Franz II. Joseph Karl (1768–1835), dt. Kaiser 1792–1806, seit 1804 Kaiser Franz I. von Österreich: 158
Französische Einheiten:
  Kavallerie:
    Maison du Roi (Kavallerie der Garde): 307/5
    Gendarmerie (zur kgl. Garde gehörende Reiter): 307/5
    Husaren-Regiment von Linden: 307/2
    Regiment Royal-Carabiniers: 297
  Infanterie:
    Regiment der Französischen Garden (Gardes françaises): 307/5
    Regiment der Schweizergarden (Gardes suisses): 307/5
    Regiment Angoumois: 307/2
    Regiment Aubeterre: 307/5
    Regiment Beauvoisis: 307/2, 5
    Regiment Bettens: 307/5
    Regiment Dauphin: 307/2, 5
    Regiment Courten: 307/5
    Regiment Diesbach: 307/5
    Grassin-Arquebusiers (Leichtes Infanterieregiment Grassin): 307/2
    Regiment Royal-Corse: 307/2
  Artilleriekorps: 100, 150/1, 155/14, 156/I, 215/14, 243, 250/1, 263/1, 2; 280, 309/3
  Ingenieurkorps: 155/14
  Gendarmerie: 155/14
  Italienarmee (Armée d'Italie): 236, 299, 312
  Moselarmee (Armée de la Moselle): 161, 300/8
  Nordarmee (Armée du Nord): 122, 158, 161, 241/V, 302
  Rheinarmee (Armée du Rhin): 161, 215/3, 300/8
  Rhein-, Mosel- und Maasarmee: 309/1
  Sambre-und-Maas-Armee (Sambre-et-Meuse, aus Vereinigung der Ardennen- und Moselarmeen entstanden): 158
Freytag, Heinrich Wilhelm von (1720–1798), hann. Feldmarschall: 34, **35**, 37, 48, 49, 53, 301, 302, 307/8, 1
Friedrich Wilhelm Georg von Oranien, Prinz (1774–1799), ndl., später k.k. General: 241/IV
Friedrich II. (der Große, 1712–1786), König von Preußen seit 1740: 22, 39/I,4; 59, 65/6, 83/[4, 7]; 85, 113, 115/1, 9; 116, 122/4, 155/13, 163/4, 5, 6, 7; 164, 166/3, 179, 207, 214/1, 3, 4, 6; 241/I, VI,10, VII; 260, 293/[7], 299, 300/12, 13, 15, 16, 17, 19, 20; 303, 305, 308, 309/5, 313/3
Friedrich August II. von Sachsen siehe August III. von Polen
Friedrich August, Herzog von Braunschweig-Lüneburg (1740–1805), seit 1792 Herzog von Braunschweig-Öls, preuß. General: 214/3
Friedrich Wilhelm III. (der Große Kurfürst, 1620–1688), Kurfürst von Brandenburg seit 1640: 155/1, 2, 13
Friedrich Wilhelm, Herzog von Braunschweig-Lüneburg (1771–1815), seit 1805 Herzog von Braunschweig-Öls, seit 1806 reg. Herzog von Braunschweig, preuß. General: 241/IV
Friedrich Wilhelm I. (1688–1740), König von Preußen seit 1713: 39/I,4, 163/4
Friedrich Wilhelm II. (1744–1797), König von Preußen seit 1786: 199, 214/3
Friedrich Wilhelm III. (1770–1840), König von Preußen seit 1797: 70, 78, 85, 197, 198, 199, 200, 201, 202, 204/1, 2, 3; 205, 206, 218, 221, 241/IV
Friedrich Wilhelm Ernst zu Schaumburg-Lippe: siehe Wilhelm
Frontinus, Sextus Julius (um 40–103), röm. Feldherr und Militärschriftsteller: 215/6

Galen, Christoph Bernhard, Freiherr von (1606–1678), Bischof von Münster seit 1650: 155/1
Gassendi, Jean-Jacques-Basilien, Graf von, frz. Militärschriftsteller: 234
Georg Wilhelm, Herzog von Braunschweig-Lüneburg (1624–1705), Herzog von Calenberg 1648–1665, danach Herzog von Celle: 155/1
Georg III. Wilhelm Friedrich (1738–1820), seit 1760 König von Großbritannien und Irland, Kurfürst von Hannover: 6, 35, 37, 49, 53, 56, 57, 58, 60, 64, 70, 89, 170, 209/15., 210, 211, 212, 216, 219, 232, 250/6
Gibbon, Edward (1737–1794), brit. Historiker und Politiker: 170
Girondisten, frz. polit. Gruppierung: 309/5

Granby, John Manners, Marquess of (1721–1770), brit. General: 65/4, 11, 13; 300/7, 301
Gribeauval, Jean-Baptiste Vaquette de (1715–1789), frz. Ingenieur und Artilleriegeneral: 142/[5], 215/14, 263/1
Gruner, Apotheker: 209/15.
Guibert, Jacques-Antoine-Hippolyte, Graf von (1743–1790), frz. General und Militärschriftsteller: 155/11, 215/6
Güssefeld, Franz Ludwig (1744–1808), Kartograph und sachsen-weimar. Forstrat: 157/2

Haake, von, ndl. General: 283
Hahn, Dietrich († 1818), Buchhändler in Hannover: 22, 31, 234
Hahn, Heinrich Wilhelm (1760–1831), Buchhändler in Hannover: 22, 31, 234
Hamelberg, Siegmund, hann. Artillerieoffizier: 183, 195
Hammerstein, Rudolph Georg Wilhelm Freiherr von (1735–1811), hann. General: 24, 36, 38, 76, 81, 122, 167/2, 241/III, IX; 300/3, Anhang 1
Hannoversche militärische Einheiten:
 Kavallerie:
  Leibgarde (Garde du Corps): 12, 19, 24, 63, 71, 74, 82, 84, 86, 176, 183, 187
  1. Kavallerieregiment (Leibregiment): 20, 24, 63, 74, 185, 187
  2. Kavallerieregiment: 20, 24, 63, 74, 176, 187, 269
  3. Kavallerieregiment: 20, 24, 63, 74, 86, 181, 183
  4. Kavallerieregiment: 12, 17, 24, 27, 63, 71, 72, 74, 187, 191
  5. Dragonerregiment: 24, 63, 74, 76, 181, 183
  7. Dragonerregiment: 24, 63, 74, 76, 181, 183
  8. Dragonerregiment: 12, 18, 19, 20, 24, 33, 50, 51, 63, 76, 179, 188, 189, 191
  9. Leichtes Dragonerregiment Königin: 10, 12, 23, 24, 41, 42, 50, 63, 179, 188, 189, 191, 219, 223, 240
  10. Leichtes Dragonerregiment Prinz von Wallis: 10, 12, 23, 24, 33, 50, 63, 179, 188, 189, 240, 269
  Bauersches Husarenkorps (Siebenjähriger Krieg): 301
 Infanterie:
  Infanterieregiment Garde: 20, 24, 63, 71, 74, 81, 184, 269
  1. Infanterieregiment und seine Stammformationen: 11, 12, 24, 63, 74, 81, 84, 152, 307/8
  2. Infanterieregiment (Prinz Friedrich): 12
  3. Infanterieregiment: 12, 24, 294
  5. Infanterieregiment: 12, 24, 63, 72, 74, 76, 82, 157/4, 183, 187
  6. Infanterieregiment: 18, 19, 24, 36, 63, 74, 77, 81, 183, 241/III
  7. Infanterieregiment und seine Stammformationen: 12, 93, 297, 307/8
  8. Infanterieregiment: 12, 192, 217, 220
  9. Infanterieregiment: 12, 18, 19, 24, 27, 63, 71, 74, 151, 152
  10. (1802: 9.) Infanterieregiment und seine Stammformationen: 12, 19, 24, 71, 72, 74, 75, 81, 84, 86, 176, 177, 187, 297, 298
  11. (1802: 10.) Infanterieregiment: 12, 19, 24, 63, 71, 72, 74, 81, 176, 177, 269
  12. Infanterieregiment: 12, 20, 24, 63, 74, 84, 151
  13. (1802: 11.) Infanterieregiment: 12, 20, 24, 71, 74, 81, 176, 177, 183
  14. (Leichtes, 1802: 12.) Infanterieregiment: 10, 12, 19, 23, 24, 50, 63, 71, 72, 84, 187, 188, 189, 240
  Jäger (vom 14. Infanterieregiment): 10, 12, 23, 24, 63, 94, 176, 188, 189, 240, 269
  Freytagsches Jägerkorps (Siebenjähriger Krieg): 301
  1. Grenadierbataillon (Leichtes Grenadierbataillon): 8, 24, 63, 74, 183, 188, 189
  2. Grenadierbataillon: 24, 63, 71, 74, 86, 174, 187, 191
  3. Grenadierbataillon: 24, 63, 74, 174
  4. Grenadierbataillon: 12, 23, 24, 50, 63, 84, 179, 188, 189
  5. Grenadierbataillon: 12, 18, 23, 24, 41, 42, 50, 63, 72, 74, 84, 180, 188, 189

Artillerieregiment (einschließlich seiner Schule): 4, 5, 6, 8, 10, 12, 19, 20, 23, 24, 29, 30, 32, 43, 44, 45, 46, 49, 53, 55, 56, 57, 58, 63, 64, 70, 71, 72, 74, 75, 76, 84, 89, 91, 94, 101, 104, 143, 144, 153/II, 168, 172/3, 4; 176, 178, 183, 187, 188, 189, 191, 195, 203, 209/15., 18.; 217, 220, 223, 233, 240, 246, 248, 249, 250, 251, 257, 259, 260, 261, 263, 264, 265

Kommission zur Reorganisation der hannoverschen Artillerie: 184, 192, 193, 194, 197, 201, 203, 208, 209, 213, 216, 217, 218, 219, 220, 221, 229, 232, 233, 250, 252, 253, 254, 255, 256, 257, 258, 259, 260, 261, 262, 263, 264, 265

Ingenieurkorps: 7, 34, 53/1, 67, 70, 85, 92, 94, 153/II, III; 196, 235

Generalquartiermeisterstab (Generalstab): 6, 7, 34, 49, 53, 54, 55, 56, 57, 58, 70, 92, 105, 106, 114, 178, 196, 219, 223, 225, 226, 227, 228, 231, 241/I

Landregimenter: 148, 151, 152, 153/I, 236

Hannoversches Observationskorps (1796 aufgestellt): 4, 5, 7, 9, 10, 11, 12, 19, 20, 21, 23, 24, 25, 26, 32, 33, 49, 52, 60, 63, 68, 72, 74, 80, 90, 93, 94, 99, 103, 109, 150/1, 176, 203, 240

Königlich Deutsche Legion: 5, 23, 36, 66, 180, 223, 269

Harcourt, William (1743–1830), brit. General, später Graf und Feldmarschall: 163/1

Hassebroick, Julius († 1814), hann. Offizier: 36, 178, 186, 223

Heinrich, Prinz (Friedrich Heinrich Ludwig, Prinz von Preußen, 1726–1802): 214/6, 299, 300/9, 13, 16

Heise, Otto Christoph, hann. Amtmann und Feld-Kriegs-Kommissarius: 33, 51, 191

Hektor, mythischer trojan. Held: 162

Helena, mythische griech. Halbgöttin: 162

Helwing, Christian Dietrich (1764–1833), Buchhändler in Hannover: 2, 3, 22, 28, 31

Helwing, Christian Friedrich (1725–1800), Rat und Buchhändler in Lemgo: 2, 3

Helwing, Buchhandlung in Hannover: 47, 69

Hertig, August Wilhelm von (1740–1815), preuß. Artillerieoffizier, zuletzt General: 201

Hessen-kasselsches Bataillon Prinz Carl: 297

Hoche, Louis-Lazare (1768–1797), frz. General: 161, 309/4

Hogarth, William (1697–1764), brit. Maler und Zeichner: 162

Hogreve, Johann Ludwig (1737–1814), hann. Ingenieuroffizier: 34, 49, 89

Hohenlohe-Ingelfingen, Friedrich Ludwig, Prinz von (1746–1818), seit 1796 Fürst, preuß. General: 83/[8], 300/9

Homann, Johann Baptist (1664–1724), Geograph: 157/2

Homer (Homeros), griech. Dichter, 8. Jhdt. v. Chr. ?: 162

Honstedt, August von († 1821), hann. Offizier, später General: 23, 188, 189

Houchard, Jean Nicolas (1740–1793), frz. General: 161, 309/5

Hoyer, Johann Gottfried von (1767–1848), sächs. Offizier und Militärschriftsteller: 234

Hugo, von, hann. Offizier: 185

Hülsen, Johann Dietrich von (1693–1767), preuß. General: 163/6, 300/14, 19

Humières, Louis de Crevant, Herzog von (1628–1694), frz. Marschall: 155/1, 13

Hüpeden, Just Friedrich Wilhelm, hann. Amtsschreiber: 17

Hüser, Heinrich Christoph Ernst (von) (1741–1821), preuß. Artillerieoffizier: 205

Ilsemann, Johann Christoph (1727–1822), Chemiker und Mineraloge: 209/15., 16.

Imhoff, Philipp Ernst Joachim Freiherr von (1702–1768), braunschw. General: 113, 277/XIII

Jasper, Ludwig († 1854), hann. Artillerieunteroffizier und Feldguide, später Offizier: 66, 91, 186, 196, 231

Johann, Erzherzog (Johann Baptist Joseph Fabian Sebastian, Erzherzog von Österreich, 1782–1859), k.k. General, 1848 Reichsverweser: 215/3

Joly de Maizeroy, Paul Gédéon (1719–1780), frz. Offizier und Militärschriftsteller: 215/6

Joseph I. (1678–1711), dt. Kaiser seit 1705: 155/13

Joseph II. (1741–1790), dt. Kaiser seit 1764: 163/7, 305

Jourdan, Jean Baptiste (1762–1833), frz. General, später Marschall und Graf: 158, 161, 309/5

Kalckreuth, Friedrich Adolf (1786:) Graf von (1737–1818), preuß. General, später Generalfeldmarschall: 300/9

Kamptz, von, preuß. Offizier: 175

Kant, Immanuel (1724–1804), dt. Philosoph: 214/6, 234

Karl VI. Joseph Franz (1685–1740), seit 1700 als Karl III. span. Thronprätendent, dt. Kaiser seit 1711: 155/13

Karl VII. Albrecht (1697–1745), Kurfürst von Bayern, dt. Kaiser seit 1742: 155/13

Karl II. (1630–1685), König von England, Schottland und Irland seit 1660: 155/13

Karl (III.) IV. von Lothringen (1604–1675), seit 1624 reg. Herzog: 155/1, 13

Karl (IV.) V. Leopold von Lothringen (1643–1690), seit 1675 reg. Herzog, k.k. Feldherr: 155/13

Karl Alexander, Prinz von Lothringen und Bar (1712–1780), k.k. Feldmarschall: 113, 115/2, 9, 13; 163/4, 215/13

Karl, Erzherzog (Karl Ludwig Johann, Erzherzog von Österreich, 1771–1847), k.k. und Reichsfeldmarschall, Herzog von Teschen seit 1812: 204/2, 215/7, 300/14

Karl II. (1661–1700), König von Spanien seit 1665: 155/13

Karl Emanuel I. (1701–1773), König von Sardinien seit 1730: 155/13

Karl Emanuel II. (1751–1819), König von Sardinien 1796–1802: 170

Karl Ludwig (1617–1680), Kurfürst von der Pfalz seit 1632/1648: 155/1

Karl (II.) Wilhelm Ferdinand (1735–1806), Herzog von Braunschweig-Wolfenbüttel seit 1780, preuß. Generalfeldmarschall: 9, 18, 19, 21, 25, 65/6, 13; 67, 83/[8], 85, 90, 93, 94, 95, 99, 100, 155/3, 168, 180, 190, 204/1, 205, 208, 214/3, 298, 300/3, 10; 301, 302, Anhang 1

Kästner, Abraham Gotthelf (1719–1800), Mathematiker und Schriftsteller in Göttingen: 89

Kaunitz, Graf, k.k. General: 158

Kellermann, François-Christophe (1735–1820), frz. General, später Marschall und Herzog von Valmy: 161

Kléber, Jean-Baptiste (1753–1800), frz. General: 158

Kleist, von, preuß. Offizier: 237/3

Knesebeck, Karl Friedrich Freiherr von dem (1768–1848), preuß. Offizier, später Generalfeldmarschall: 78, 79

Königsegg, Christian Moriz von (1705–1778), k.k. Feldmarschall: 115/6

Kray, Paul (1735–1804), Freiherr von Krajowa, k.k. General: 158

Kunze, Friedrich († 1842), hann. Ingenieuroffizier: 7

Kunze, Friedrich Christoph, hann. Ingenieuroffizier, zuletzt General: 7, 34, 223, 225, 227

Lacy (Lascy), Franz Moritz, Graf von (1725–1801), k.k. Feldmarschall: 214/3, 300/17, 305

Lafayette (La Fayette), Marie-Joseph-Paul-Roch-Yves-Gilbert Motier, Marquis de (1757–1834), frz. General und Staatsmann: 163/1

La Feuillade, Louis d'Aubusson, Herzog von (1673–1725), frz. Marschall: 155/13

La Marck, Graf, frz. Offizier: 307/5

Lamminger, Johann Thomas (1757–1805), Buchdrucker in Hannover: 3

Latour, Maximilian Graf Baillet von (1737–1806), k.k. General: 158

Laudon (Loudon), Gideon Ernst Freiherr von (1717–1790), k.k. Feldmarschall: 300/16, 305, 309/5

Lausitz, Prinz Xaver Franz August von Sachsen, Graf von der (1730–1806), frz. General, 1763–1768 kursächs. Regent: 65/6, 302

Le Blond, Guillaume (1704–1781), frz. Mathematiker und Militärschriftsteller: 303
Lecoq (Le Coq), Karl Ludwig Jakob Edler von (1754–1829), preuß. Oberst, später General: 25, 48, 49, 55, 60, 61, 64, 67, 70, 78, 79, 80, 85, 88, 89, 90, 93, 94, 95, 96, 147, 168, 169, 170, 173, 178, 186, 190, 197, 198, 199, 200, 201, 202, 204, 205, 208, 243, 258, 297, 300, Anhang 1
Lee, Charles (1731–1782), amerikan. General: 163/1
Leopold I. (1640–1705), dt. Kaiser seit 1658: 155/1, 13
Leopold I. von Anhalt-Dessau (der „alte Dessauer"; 1676–1747), Fürst seit 1693, preuß. Generalfeldmarschall: 113, 214/6
Lessing, Gotthold Ephraim (1729–1781), Schriftsteller: 234
Lichtenberg, Georg Christoph (1742–1799), Physiker und Schriftsteller in Göttingen: 89
Lindemann, E., hann. Feldguide: 91
Lindenau, Karl Friedrich von (1742–1817), preuß. Offizier, später k.k. General und Militärschriftsteller: 204/2, 207
Lindstedt, Daniel Georg von (1705–1764), preuß. General: 300/19
Linsingen, Bernhard von (1734–1807), hann. General: 10, 23, 24, 27, 40, 41, 42, 50, 51, 84, 90, 178, 179, 180, 191, 240
Linsingen, Carl Christian von, hann. Offizier: 269
Lixfeldt, Erdmann Georg von, hann. Offizier: 23
Lobineau, Gui-Alexis, frz. Schriftsteller: 215/6
Lorges, Gui-Alphonse de Durfort-Duras, Herzog von (1628–1702): frz. Marschall: 155/1, 13
Louis Ferdinand, Prinz (Ludwig Friedrich Christian, Prinz von Preußen, 1772–1806): 241/IV
Louvois, François-Michel le Tellier, Marquis de (1641–1691), frz. Kriegsminister: 155/13
Löw von und zu Steinfurt, Georg Carl (1750–1811), hann. Offizier: 34, 47, 75, 174, 184, 185, 187, 189, 192, 209/12., 13., 15.; 217, 220, 225

Löwendal, Ulrich Friedrich Waldemar, Graf von (1700–1755), General in wechselnden Diensten, zuletzt frz. Marschall: 307/2
Luckner, Nikolaus (1784: Graf) (1722–1794), hann. Offizier, später frz. Marschall: 65/11, 161, 300/5, 7; 301, 302
Ludowieg, Daniel (1768–1847), hann. Artillerieoffizier: 75, 184, 217, 252
Ludwig XIV. (1638–1715), König von Frankreich und Navarra seit 1643: 155/1, 9, 10, 11, 13
Ludwig XV. (1710–1774), König von Frankreich und Navarra seit 1715: 155/13
Ludwig XVI. (1754–1793), König von Frankreich und Navarra 1774–1792: 163/2, 234
Ludwig der Dauphin (1661–1711): 155/13
Ludwig Wilhelm I. (der „Türken-Louis"; 1655–1707), Markgraf von Baden seit 1678, Reichsfeldmarschall: 155/1, 13
Lüninck, Ferdinand von (1755–1825), Bischof von Corvey 1794–1802: 190
Luxembourg, François-Henri de Montmorency-Bouteville, Herzog von (1628–1695), frz. Marschall: 155/11, 13; 214/4

Mack von Leiberich, Karl, Freiherr (1752–1828), k.k. General: 156/III
Maizeroy siehe Joly de Maizeroy
Maltus: 142/[2]
Man, brit. Artillerieoffizier: 1, 155/14
Marceau, François-Sévérin Desgraviers (1769–1796), frz. General: 158
Marchin (Marsin), Ferdinand, Graf von (1656–1706), frz. Marschall: 155/10, 11, 13
Maria Theresia (1717–1780), Königin von Ungarn seit 1740, Gemahlin Kaiser Franz I.: 155/13
Maria Theresia (1638–1683), Königin von Frankreich: 155/13
Marlborough, John Churchill, Herzog von (1650–1722), brit. Feldherr: 155/2, 13; 215/8
Massenbach, Christian von (1758–1827), preuß. Stabsoffizier: 59
Mauvillon, Jakob (1743–1794), hess. und braunschw. Ingenieuroffizier und Militärschriftsteller: 69, 204/2, 303

Maximilian II. Emanuel (1662–1726), Kurfürst von Bayern seit 1679: 155/13
Maximilian Heinrich, Prinz von Bayern (1621–1688), Erzbischof von Köln seit 1650, Bischof von Lüttich, Hildesheim und Münster: 155/1
Maydell, Carl August von (1734–1802), hann. General: 24
Mechlenburg, Ezechias Gustav von (1742–1804), dän. Artillerieoffizier, zuletzt General: 172
Meinecke, Georg Friedrich († 1843), hann. Unteroffizier, später Ingenieuroffizier: 7
Melas, Michael Friedrich Benedikt, Baron von (1729–1806), k.k. Feldmarschall: 215/7
Mercy, Claudius Florimund, Graf von (1666–1734), k.k. Feldmarschall: 155/13
Merkatz, Johann Friedrich Ludolf (1770: von) (1729–1815), preuß. Artilleriegeneral: 205
Mevius, David (1609–1670), dt. Jurist: 73
Meyer, Friedrich, hann. Artillerieoffizier: 84, 176, 195
Michel, Johann Christoph, Mühlenpächter: 52
Millot, Claude-François-Xavier (1726–1785), frz. Historiker: 155/10, 13
Mirabeau, Honoré Gabriel Victor de - Riqueti, Graf von (1749–1791), frz. Schriftsteller und Staatsmann: 204/1, 2; 207
Moira, Francis Rawdon Hastings, Graf von (1754–1826), brit. General, 1817 Viscount Loudon, Graf Rawdon und Marquis von Hastings: 79, 157/4
Montalembert, Marc-René, Marquis von (1714–1800), frz. Offizier und Militärschriftsteller: 285, 300/15
Montecuccoli, Raimondo, Graf von (1609–1681), Reichsfürst und Herzog von Melfi, k.k. Feldmarschall: 59, 83/[4], 111, 155/1, 2, 13; 163/2, 214/4
Montesquieu, Charles de Secondat, Baron de la Brède et de (1689–1755), frz. Philosoph und Staatstheoretiker: 164
Morath, schwed. Offizier und Schriftsteller: 28

Moreau, Jean-Victor (1761–1813), frz. General: 158, 215/3, 309/4
Moreaux, Jean-René (1758–1795), frz. General: 83/[8]
Moritz, Graf von Sachsen (1696–1750): siehe Sachsen
Mortier, Covens en Zoon, Amsterdamer Verlag: 157/2
Müller, Gotthelf Friedrich, Schriftsteller: 234
Müller, J. L., hann. Feldguide: 196, 231, 288
Müller, Jurist: 73
Muy, Louis-Nicolas-Victor de Félix, Graf du (1711–1775), frz. Marschall: 65/13, 302

Nádasdy-Fogaras, Franz Leopold von (1708–1783), k.k. Feldmarschall: 115/9
Néel, Louis-Balthasard, Historiker: 155/10
Neipperg, Wilhelm Reinhard von (1684–1774), k.k. Feldmarschall: 83/[7]
Neuwinger: 300/8
Niederländisches Artilleriekorps: 307/7
Noailles, Adrien-Maurice, Herzog von (1678–1766), frz. Marschall: 155/10
Noailles, Anne-Jules, Herzog von (1650–1708), frz. Marschall: 155/13

Oberg, Christoph Ludwig von (1689–1778), hann. General: 65/6, 155/12, 277/XV
Observationsarmee in Westfalen, preußisch-hannoversche (1796 aufgestellt): 4, 7, 9, 13, 15, 16, 19, 24, 25, 49, 74, 90, 96, 97, 98, 99, 102, 103, 104, 172/3, 4; 176, 196, 205, 231
Oeynhausen, Georg Ludwig, Graf (1734–1811), hann. General: 167/2
Offeney, Wilhelm († 1812), hann. Offizier: 176
Oranien, Erbprinz von: siehe Wilhelm Friedrich
Ormonde, James Butler, Herzog von (1665–1745), brit. General: 155/13
Österreichische militärische Einheiten:
    Nr. 33 Infanterieregiment Graf Sztáray: 162
    Kroatische leichte Infanterie: 115/9
    Artilleriekorps: 150/1, 172/4, 246, 259, 260, 261, 263/1
    Generalstab: 214/3, 305

Ovid (Publius Ovidius Naso, 43 v. Chr.–17 n. Chr.), röm. Dichter: 234

Panin, Pjotr Ivanovič, Graf (1721–1789), russ. General: 300/12
Philipp IV. (1605–1665), König von Spanien seit 1621: 155/13
Philipp V. (1683–1746), König von Spanien seit 1700: 155/13
Philipp Ernst, Graf zu Schaumburg-Lippe (1723–1787), regierender Graf seit 1777: 78
Pichegru, Jean-Charles (1761–1804), frz. General: 161, 309/4, 5; 313/1
Plat, Johann Wilhelm du, hann. Offizier, zuletzt General: 93, 267
Plat, Georg Josua du († 1795), hann. Ingenieurgeneral: 89
Platen, Leopold Johann von (1725–1780), preuß. General: 300/14, 19
Plutarch (Plutarchos, 46–120 n. Chr.), griech. Schriftsteller und Biograph: 309
Pockwitz, Hieronymus Michael († 1799), hann. Hofbuchdrucker: 31
Polyän (Polyainos, 2. Jhdt. n. Chr.), Makedonischer Rhetor: 215/6
Pontanus, Johann Christian (1801: von) (1742–1813), preuß. Artillerieoffizier, zuletzt General: 70, 201, 205
Posselt, Ernst Ludwig (1763–1804), Historiker und Verleger: 234
Prange, Christian Friedrich (* 1756), Kunstlehrer und Professor in Halle: 234
Preuß, Franz Ludwig, hann. Ingenieuroffizier: 7, 80, 169, 225
Preußische militärische Einheiten:
  Kürassierregiment No. 7: Borstell (1792–1804), Reitzenstein (ab 1804): 237/[3]
  Kürassierregiment No. 10: Gensd'armes: 215/14
  Kürassierregiment No. 13: Garde du Corps: 215/3
  Dragonerregiment No. 4: Bonin (1742–1752), Czettritz (1757–1772), Katte (ab 1792): 115/9, 300/[13]
  Dragonerregiment No. 5: Markgraf Friedrich von Brandenburg-Bayreuth (1735–1763), Markgraf Friedrich Karl Alexander von Brandenburg-Ansbach-Bayreuth (1769–1806), Königin (ab 1806): 115/2, 9
  Dragonerregiment No. 9: Prinz zu Holstein-Gottorp (1743–1761), Graf Herzberg (ab 1798): 297
  Dragonerregiment No. 10: Graf Finkenstein (1754–1785), Heyking (ab 1806): 297
  Leibhusarenregiment No. 2: Zieten (1741–1786), Rudorff (ab 1805): 300/[13]
  Feldartilleriekorps und Militärakademie der Artillerie: 32/8, 49, 60, 61, 83/[8], 139, 150/1, 172/4, 199, 204/1, 205, 207, 212, 215/5, 15; 232, 237/2, 246, 250/1, 260, 261, 263/1, 308
  1. Artillerieregiment: 205
  3. Artillerieregiment: 205, 208
  4. Artillerieregiment: 60
  Reitendes Artillerieregiment: 205
Preußisches Observationskorps in Westfalen (1796 aufgestellt): 11, 25, 26, 68, 84, 90, 103
Puységur, Jacques-François de Chastenet, Marquis de (1655–1743), frz. Marschall: 111, 163/4, 5; 179

Quincy, Charles Sevin, Marquis de (1666–1736), frz. General und Militärschriftsteller: 155/10

Rainach: 158
Ray de Saint-Geniez, Jacques-Marie (1712–1777), frz. Militärschriftsteller: 155/9, 215/6, 13
Reiche, von, hann. Offizier: 190
Reichsarmee: 300/13, 14
Reidorf, Kartograph: 173
Richard, Anton Heinrich (ca. 1769–1809), hann. Ingenieuroffizier, später hamburg. Artillerieoffizier: 7, 65/1, 66, 67, 186, 190, 196, 205, 227
Richepanse, Antoine (1770–1802), frz. General: 215/3
Richmond und Lennox, Charles, dritter Herzog von (1735–1806), brit. Feldmarschall: 160
Riedesel, Friedrich Adolf, Freiherr zu Eisenbach (1738–1800), braunschw.-ndl. General: 301
Robespierre, Maximilien-François-Marie-Isidore de (1758–1794), frz. Advokat und Revolutionsführer: 309

Rochambeau, Jean-Baptiste-Donatien de Vimeur, Graf von (1725–1807), frz. Marschall: 302
Rossier, Jean-François-Louis (von) (1710–1778), sard. und preuß. Offizier, zuletzt General: 65/6
Rousset de Missy, Jean (1686–1762), frz. Schriftsteller: 155/10
Rudolf August (1627–1704), Herzog von Braunschweig-Wolfenbüttel ab 1666: 155/1
Rumjancev (1774: Rumjancev-Zadunajskij), Petr Aleksandrovič, Graf (1725–1796), russ. Generalfeldmarschall: 300/12, 15
Rummel, J. H., hann. Feldguide: 52, 91, 186, 190, 196, 205, 231
Rummel, Karl, hann. Feldguide: 79
Ruperti, Johann Friedrich († 1831), hann. Artillerieoffizier, später brem. Offizier: 24, 188, 189
Russische Verbände:
  1. Grenadierregiment (ab 1775: Leibgrenadierregiment): 300/12
  Musketierregiment Novgorod: 300/12
  Musketierregiment Voronež: 300/12
  Russisch-Deutsche Legion: 269
Rutowski, Friedrich August, Graf von (1702–1764), sächs. Generalfeldmarschall: 113
Ruyter, Michiel Adriaanszoon de (1607–1676), ndl. Admiral: 155/13

Sachsen, Moritz, Graf von (1696–1750), frz. Maréchal général: 83/[4], 115/9, 155/3, 8; 163/5, 179, 214/4, 215/7, 283, 300/3, 306, 307
Sackville, George Viscount (1716–1785), brit. General: 155/3
Saffe, Ernst von († 1801), hann. General: 24
Saint-Geniez: siehe Ray de Saint-Geniez
Saint-Hilaire, Armand de Mormès de, frz. Schriftsteller: 155/10
Saint-Hilaire, frz. Artilleriegeneral: 155/1
Santa Cruz de Marcenado (Don Alvaro Navia Osorio Vigil, Marqués de Santa Cruz, Vizconde del Puerto, 1687–1732), span. General und Diplomat: 215/13

Schäffer, Georg Friedrich († 1813), hann. Ingenieuroffizier: 7, 18, 91, 92, 95, 173, 178, 186, 223
Scharnhorst, Friedrich Gerhard August (1802: von, 1795–1826), Sohn Scharnhorsts: 197, 199, 200, 201, 202, 210, Anhang 1
Scharnhorst, Anna Sophie Emilie (1802: von, 1796–1804), Tochter Scharnhorsts: 199, 200, 201, 202, 210, Anhang 1
Scharnhorst, Ernst Wilhelm (1723–1782), Vater Scharnhorsts: 73, 197, Anhang 1
Scharnhorst, Gerhard Johann David (1802: von, 1755–1813): passim, Anhang 1
Scharnhorst, Klara Sophie Juliana (1802: von, 1809: Burggräfin zu Dohna-Schlobitten, 1788–1827), Tochter Scharnhorsts („Julchen", „Julie"): 179, 199, 200, 201, 202, 210, Anhang 1
Scharnhorst, Klara Christiane Johanna (1802: von), geb. Schmalz (1762–1803), Ehefrau Scharnhorsts („Kläre"): 55, 179, 199, 200, 201, Anhang 1
Scharnhorst, Heinrich Wilhelm Gerhard (1802: von, 1786–1854), Sohn Scharnhorsts, später brit. und preuß. General: 197, 199, 200, 201, 202, 210, 311/[5], Anhang 1
Schaumann, hann. Offizier: 17
Schauroth, Julius Wilhelm von, hann. Offizier: 24, 33
Scheither, Bernhard Friedrich Rudolph von, hann. General: 24, 174, 191
Scheither, Ludwig Heinrich August von (1738–1806), hann. General: 10, 17, 24
Scheither, von, hann. Offizier: 223
Schelz, Carl: 279
Schenk: 288
Schleeff, Johann Diederich, Bevollmächtigter des Gerichts Ritterhude: 177
Schlieffen, Martin Ernst von (1732–1825), hessen-kasselscher und preuß. General: 214/3, 300/5
Schlüter, Buchdrucker in Hannover: 31
Schmettow, Graf Woldemar Friedrich von (1749–1794), dän. Diplomat und Schriftsteller: 214/6
Schnering, hann. Offizier: 24
Schulte, Otto von († 1826), hann. Offizier, später General: 241/III

Schüßler, Gottlieb, hann. Artillerieoffizier: 24
Schwarzburg-Sondershausen, Johann Karl Günther, Prinz von, hann. Offizier: 192, 217, 220
Schwedisches Artilleriekorps: 150/1
Schwerin, Kurt Christoph von (1684–1757), preuß. Generalfeldmarschall: 83/[7], 163/7
Seckendorf, k.k. Offizier: 300/19
Seebach, Alexander Christoph August von, hann. Offizier: 17, 24
Seelmeyer, Johann Heinrich, Landwirt in Bordenau: 73, 87
Sepp, Jan Christiaan (1793–1811), Amsterdamer Verleger: 157/2
Seydlitz, Friedrich Wilhelm von (1721–1773), preuß. General: 241/VII
Sibberns, Johann Tante, hann. Ingenieuroffizier: 7
Sieyès, Emanuel-Joseph (Graf) (1748–1836), frz. Publizist und Politiker: 186
Sincère, Claudius Freiherr von (1696–1769), k.k. General: 300/14, 19
Soubise, Charles de Rohan, Prinz von (1715–1787), frz. Marschall: 65/9, 10; 155/12, 297, 298, 300/4, 302
Souches, Ludwig Raduit de (1608–1683), k.k. Feldmarschall: 155/1
Souham, Joseph (1810: Graf) (1760–1837), frz. General: 155/7, 158, 161
Spörcken, Adolph Ludwig von († 1794), hann. Generaladjutant: 53/3
Spörcken, August Friedrich Freiherr von (1698–1776), hann. Feldmarschall: 65/11, 13; 155/3, 12; 277/XV, 298, 300/4, 5, 7; 301
Spork, Johann (1664: Reichsgraf) von (1601–1679), k.k. General: 155/1
Stainville, Graf von, frz. Feldherr: 65/10, 11; 300/5, 301
Stamford, Heinrich Wilhelm (1800: Ritter) von (1740–1807), preuß. und ndl. Offizier, Militärschriftsteller: 59, 241/IV
Stedingk, Ludwig Wilhelm Adolph von, hann. Offizier, später General: 24
Stietencron, Johann Friedrich Carl Gustav von, Drost zu Neustadt am Rübenberge: 87
Stolze, Nikolaus (1754–1834), hann. Artillerieoffizier, später badischer General: 5

Suvorov-Rymnikskij, Aleksandr-Vasil'evič Graf (1729–1800), russ. Generalissimus, Fürst von Italien: 234, 311/[3]
Sztáray, Anton, Graf (1732–1808), k.k. General: 167/2

Tallard, Camille, Graf von (1652–1728), frz. Marschall, 1714 Herzog von Hostun: 155/10, 13
Talleyrand-Périgord, Charles-Maurice, Prinz von (1754–1838), frz. Staatsmann, 1806 Fürst von Benevent: 186
Tempelhoff, Georg Friedrich (1784: von) (1737–1807), preuß. Artilleriegeneral und Militärschriftsteller: 22, 60, 205, 208, 297, 300/2, 4, 12, 13; Anhang 1
Thiébault, Paul-Charles-François-Adrien-Henri-Dieudonné (Baron) (1769–1846), frz. Offizier und Militärschriftsteller: 234
Tielke, Johann Gottlieb (1737–1787), sächs. Offizier und Militärschriftsteller: 285, 300/12, 19
Trew, Viktor Leberecht von (1736–1804), hann. Artilleriegeneral: 24, 29, 43, 76, 150, 172/3, 184, 185, 192, 196, 209/15., 213, 220, 250/6, 8; 251, 252, 260, 261, Anhang 1
Turenne, Henri de Latour d'Auvergne, Vicomte de (1611–1675), frz. Maréchal général: 83/[4], 111, 155/1, 2, 13; 163/2, 214/4, 215/7

Uslar, C. A. von, hann. Major: 300/4
Uslar, von, hann. Hauptmann: 180

Vauban, Antoine Le Prestre (1725: Graf) de (1659–1731), auch Du Puy-Vauban genannt, frz. General: 155/13
Vauban, Sébastien le Prestre, Marquis de (1633–1707), frz. Marschall, Festungsbaumeister und Ingenieur: 155/13, 300/8
Vaux, Noël de Jourda, Graf von (1705–1788), frz. Marschall: 302
Vendôme, Louis Joseph, Herzog von (1654–1712), frz. Marschall: 155/11, 13
Venturini, Johann Georg Julius (1772–1802), braunschw. Ingenieuroffizier und Militärschriftsteller: 34
Victoria, röm. Siegesgöttin: 149

Viktor Amadeus II. (1666–1732), Herzog von Savoyen 1675–1730: 155/13
Villars, Claude-Louis-Hector, Herzog von (1653–1734), frz. Marschall: 155/10, 11, 13
Villeroi, François de Neufville, Herzog von (1644–1730), frz. Marschall: 155/10, 11, 13; 215/8
Voigt, Christian Friedrich Traugott (1770–1814), Pfarrer und Schriftsteller: 234
Vollimhaus, Christoph Heinrich, hann. Ingenieuroffizier: 7, 47, 66, 67, 178, 186, 190, 225, 227
Voltaire, François-Marie Arouet de (1694–1778), frz. Schriftsteller: 22, 155/10
Voß, August Friedrich von, hann. Oberforstmeister: 33, 51
Voß, Johann Heinrich (1751–1826), Schriftsteller: 234

Wakenitz, Wilhelm Dietrich von (1728–1805), preuß. Offizier, später hessenkassel. General und Minister: 214/3
Waldeck, Georg Friedrich, Graf (1682: Fürst) von (1620–1692), Feldherr und Staatsmann: 155/13
Wallmoden-Gimborn, Johann Ludwig Reichsgraf von (1736–1811), hann. Feldmarschall: 1, 6, 10, 14, 20, 24, 30, 33, 34, 35, 40, 42, 47, 48, 49, 50, 51, 53, 54, 55, 56, 57, 58, 66, 67, 70, 76, 77, 78, 81, 82, 84, 85, 93, 94, 95, 109, 150, 157/1, 160, 168, 170, 174, 180, 184, 187, 190, 191, 192, 196, 209/16., 18., 19., 20.; 210, 212, 213, 216, 217, 218, 219, 220, 221, 222, 223, 224, 225, 226, 229, 231, 232, 233, 248, 249, 250/6, 251, 258, 269, 305, Anhang 1
Wangenheim, Christian Ludwig von († 1794), hann. General: 167/2
Wangenheim, Georg August von (1706–1780), hann. General: 275, 300/3, 5
Wangenheim, Georg Wilhelm Philipp von († 1799), hann. General: 24, 51
Warnery, Charles Emanuel von (1720–1786), Offizier und Militärschriftsteller: 215/13
Washington, George (1732–1799), amerikan. General, Präsident der USA 1789–1797: 163/1
Weegener, von, Finanzrat: 93

Weissig, Moritz Christian, bückeburg. Offizier: 78
Westrumb, Johann Friedrich (1751–1819), Apotheker und Chemiker, hann. Bergkommissar: 209/16.
Wichtendahl, hann. Feldguide: 196, 231
Wiepking, G. H.: hann. Feldguide: 196, 231
Wilckens, Johann Heinrich, hann. Ingenieuroffizier: 7, 51, 105/6, 173
Wilhelm VIII. († 1760), Landgraf von Hessen-Kassel seit 1751: 300/5
Wilhelm IX. (1743–1821), Graf von Hessen-Hanau seit 1760, Landgraf von Hessen-Kassel seit 1785, Kurfürst Wilhelm I. von Hessen seit 1803: 39/I,4
Friedrich *Wilhelm* Ernst, Reichsgraf zu Lippe-Schaumburg-Bückeburg (1724–1777), regierender Graf seit 1748: 78, 85, 140
Wilhelm III. (1650–1702), Erbstatthalter, Generalkapitän und Großadmiral der Niederlande seit 1672, König von England, Schottland und Irland seit 1689: 155/1, 13
Wilhelm V. (1748–1806), Erbstatthalter der Niederlande 1751–1795, Fürst von Oranien-Fulda seit 1803: 160, 190
Wilhelm Friedrich, Prinz von Oranien-Nassau (1772–1843), ndl., später preuß. und k.k. General, 1815–1840 König Wilhelm I. der Niederlande: 241/IV
Wisch, Christian von der, hann. Offizier: 24
Wissell, Ludwig von, hann. Artillerieoffizier: 203, 209/15., 16., 18., 19.
Witt, Cornelis de (1623–1672), Ruwaard von Putten: 155/13
Witt, Jan de (1625–1672), Ratspensionär von Holland seit 1653: 155/13
Wöllner, Johann Christoph von (1732–1800), preuß. Staatsmann: 22
Wunsch, Johann Jakob (1757: von) (1717–1788), preuß. General: 300/19
Wurmser, Dagobert Siegmund, Graf von (1724–1797), k.k. Feldmarschall: 313/1
Wutginau, Heinrich Wilhelm von (1698–1776), hessen-kassel. General: 301

York, Herzog von (Friedrich, Herzog von York und Albany, Bischof von Osnabrück, 1763–1827): 79, 140, 157/1, 160, 162, 186, 300/14, 313/1
Ysenburg-Birstein, Johann Kasimir, Graf von (1715-1759), hessen-kassel. General: 65/9, 14; 155/12, 300/1

Zach, Anton (1801: Freiherr) von (1747–1826), k.k. General und Militärschriftsteller: 285

Zastrow, Friedrich Wilhelm Christian von (1752–1830): preuß. Offizier, zuletzt General: 60, 201, 204/1, 2; 205, 214, 218, 219, 221
Zastrow, Georg Ludwig von (um 1710–1762), braunschw. General: 65/6
Ziehen, Christian († 1808), hann. Artillerieoffizier, später in preuß. und russ. Diensten: 89, 91, 95, 223
Zieten, Hans Joachim von (1699–1786), preuß. General: 115/9, 163/7, 299, 300/17

Ortsindex

Die Zahlen entsprechen den Nummern der Dokumente, bei längeren folgen hinter einem Schrägstrich die der Unterteilungen.

Aa (Nebenfluß der Maas): 179
Aachen (frz.: Aix-la-Chapelle; bis 1794 Reichsstadt): 155/13
Aalbeke: 166/4, 167/1, 2
Abukir (Abu Qir): 89
Achenheim: 155/1
Achim: 17, 24, 63, 74, 187
Adda: 299
Adelebsen: 107/III,1
Adensen: 108/V,6
Aerzen: 96/A,II,1; 107/II,4, 176
Afferde (bei Hameln): 65/1, 108/I, III,1
Ägypten: 85, 89, 158, 186, 234
Ahausen: 14/II, IV
Ahlden: 72, 81, 185
Ahle: 65/6
Ahlem (bei Hannover): 123/2, 127/[1]
Ahlsberg (Berg bei Stahle): 65/14
Ahornberg (Berg bei Pyrmont): 96/A,II,1
Ahrbergen: 107/I,3
Ahrenfeld: 107/III,8
Ahrensberg (Berg bei Polle): 65/15
Aire (Aire-sur-la-Lys): 155/13
Akadien (frz.: Acadie, ehem. frz. Kolonie): 155/13
Alfeld: 65/3, 4; 107/I,2, III,9; 108/VI,1, 123/2, 173
Alfhausen: 32/6
Alkmaar: 186
Allain: 306
Aller: 15, 16, 20, 21, 62, 64, 67, 71, 76, 82, 108/I
Allmannsweier: 155/1
Almansa: 155/9
Almena: 96/A,II,2
Alost (ndl.: Aalst; Grafschaft): 155/13
Alpen: 161, 215/7
Alphen (bei Oss): 299
Alte Maas (Nebenarm der Maas): 110/5
Altena (Land van Altena): 110/5
Altenbeken: 107/II,1
Altenberg (Berg bei Landeshut): 300/20

Altenbergen (bei Höxter): 301
Altenbruchhausen: siehe Bruchhausen
Altenbücken: 19
Altenheim: 155/1
Altenkirchen: 158
Alte Schanze: siehe Oudeschans
Altes Land: 195
Alverdissen: 63, 90, 91, 92, 94, 95, 96/A, B,I; 107/II,2, II,4, II,5; 178
Amedorf: 14/IV
Ameide: 110/4
Amelgatzen: 65/15, 107/II,4
Amelungsborn (Kloster): 65/14
Amelunxen: 65/13
Amerika, Vereinigte Staaten von: 163/1, 301, 302, 309/1, 311/[2]
Amersfoort: 110/3
Amiens: 162, 215/3
Amstel: 110/6
Amsterdam: 110/6, 157/2, 186
Andernach: 155/1
Ankum: 23, 24, 63, 188, 189
Anrath: 297
Antoing: 306, 307/1, 2, 3, 5, 6
Antwerpen (frz.: Anvers): 137/II, 158, 179
Apel (Kloster, Ter Apel): 110/1
Apen: 12, 97/II, IV, V
Aper-Tief: 97/II, IV
Appeltern: 150/1, 223
Arcole: 313/1
Arholzen: 65/14
Armentières: 155/13
Arnheim (Arnhem): 110/2, 3; 299
Arnsberg: 302
Arpke: 181
Arsten: 14/II, 15
Aschendorf: 97/I, II
Assel (Hohenassel und Nordassel bei Salzgitter): 136
Asseln: 107/II,1
Astenbeck: 107/I,3
Ath (ndl.: Aat): 155/13, 158, 307/2

Auburg: 185
Augsburg (Reichsstadt): 155/13
Aurich: 97/IV
Aven: 123/2
Avignon: 161

Baarsen: 95, 96/A, II
Baborne: 127/[2, 6]
Baccarat: 155/1
Bacharach: 300/8
Badbergen: 24, 25, 63, 72, 74, 187, 188, 189
Baddeckenstedt: 107/I,3
Baden (Markgrafschaft): 155/13, 157/3
Badenstedt (bei Hannover): 127/[2, 3]
Baisieux: 158, 159
Bakum: 74
Balge: 19, 24, 63, 183
Bannensiek: 96/A,II,3
Banteln: 175
Barcelona: 155/13
Barenburg: 63, 74, 183
Barne (bei Hannover): 123/2
Barnstorf: 24, 63, 74, 109/VIII, 189
Barntrup: 107/II,2, II,4
Barrien: 71
Barry: 307/2, 3, 5, 6, 8
Barsinghausen: 65/1, 71, 108/I
Barßel: 97/IV
Bartshausen: 65/4, 108/IV, V,1, V,2, V,3
Barver: 63, 74, 76, 109/VIII
Basbeck: 191
Basberg (Berg bei Hameln): 108/I, II,2
Basel (Stadt): 39, 98, 162, 309/3
Basel (Bistum, 1792: Raurakische Republik): 104
Basse: 107/I,2
Bassum: 8, 12, 32/4, 63, 76
Batavische Republik: siehe Niederlande
Battesen: 123/2
Bautzen (sorb.: Budissin): 300/13
Bayern (frz.: Bavière, Kurfürstentum): 148/I, 155/13, 215/3, 8; 307/2
Beaumont: 158
Beberbeck: 301
Bederkesa: 187
Behlingen: 183
Belgien: 110/5, 169, 305
Belle: 301
Bellenberg (Dorf): 96/B,I, B,II
Bellenberg (Berg): 96/B,II
Bemerode: 105/9, 123/2, 124/[2, 4]
Benfeld: 155/1

Benthe: 127/[4]
Bentheim (Grafschaft): 13, 97, 110/1, 227
Bentheim (Bad Bentheim): 97/V, 109/III, V; 137/II, 150/1, 157/1, 223
Bergen (Bergen-Enkheim): 65/12, 140, 155/3, 12; 214/4, 215/12, 299, 313/3
Bergen (bei Alkmaar): 186
Bergen op Zoom: 110/5, 155/1, 160, 307/2
Bergerswiller: 155/1
Bergkirchen: 107/II,3
Bergues (ndl.: Bergen, bei Dünkirchen): 161
Bergzabern: 155/1
Berkberg: 108/III,4
Berkel (Groß-Berkel und Klein-Berkel bei Hameln): 96/A,II, 176
Berlebeck: 96/B,I, B,II; 107/II,1
Berlicum: 155/1
Berlin: 21, 49, 59, 60, 70, 85, 102, 201, 205, 215, 218, 222, 229, 237/1
Bersenbrück: 189
Besançon: 155/13
Bessinghausen: 65/1, 108/III,1, 126
Betford: 155/1
Béthune: 155/13
Bettignies: 158
Bevern: 65/14
Beverstedt: 187
Beverungen: 107/I,1
Beverwijk: 186
Bielefeld: 13, 25, 91, 96/B,I, 98, 107/II,1
Bienwald: 300/8
Bilderlahe: 107/III,11, 108/VI,1
Billerbeck: 96/B,II, 301
Binche: 158
Binder: 136
Binnen: 16, 74, 240
Bischofshagen: 90
Bischofshole (Waldwirtschaft): 124/[2, 4]
Bischofsweg (im Bourtanger Moor): 110/1
Bischweiler (Bischwiller): 300/8
Bishausen: 108/IV
Bisperode: 65/1, 3, 4; 108/I, III,1, III,2, V,5; 126
Bissegem: 155/3
Bissendorf: 76, 183
Blender: 14/IV
Blindheim (engl.: Blenheim): 155/13
Blomberg: 65/14, 91, 95, 96/B, 107/II,2, 178, 301

Blumenau: 63, 72, 183
Blumenthal (an der Oste): 174
Bober (Bóbr): 300/20
Bockenem: 108/VI,2
Bodenburg: 107/III,11
Bodenfelde: 107/III,2, 108/IV, 301
Bodenstein (Bodensteiner Klippen): 108/V,1
Bodenwerder: 65/3, 4; 107/I,1, II,4; 108/III,4, V,1
Bodersweier: 155/1
Böhmen (Königreich): 155/13
Bohmte: 25, 50, 63, 74, 109/VIII
Bohnhorst: 74
Bois de Barry (Bois d'Antoing): 307/1, 2, 3, 5, 6, 8
Bois de Miraumont (Bois de Saint-Martin): 307/1
Bois de St. Amand: 160
Bois de Vicoigne: 283, 284
Boitzum: 175, 176
Bokeloh: 77
Bollensen: 65/6
Bommelerwaard: 110/5
Bonenberg (Berg bei Driburg): 107/II,1
Bonn: 155/1, 13
Borbeck: 155/1
Bordenau: 49, 52, 60, 73, 75, 87, 107/I,2, 197, 199, 234, 282/III, 311/[5]
Borgeln: 302
Borgholz: 301
Bornum: 127/[1, 3, 4]
Börry: 65/1, 3; 108/III,2, 126, 187
Borstel: 20, 63, 74, 76, 109/VIII
Bösingfeld: 96/A,II,1
Bosseborn: 301
Bothfeld: 76, 123/2
Bouchain: 155/13
Bourgambray: 307/2
Bourtange (Boertange): 98, 110/1
Boussu: 158
Boxtel: 159, 215/8
Brabant (Herzogtum): 4, 155/13, 157, 169
Brackenberg (Forsthaus bei Hedemünden): 108/IV
Brackwede: 25
Braine-le-Comte (ndl.: 's Gravenbrakel): 158
Bramsche (bei Osnabrück): 1, 12, 63, 74, 97/III, 107/II,3, 109/VIII, 188, 189
Brandenburg (Kurfürstentum, Provinz): 148/I, 155/13, 179

Brandenburg (Stadt): 300/20
Braunschweig (Braunschweig-Wolfenbüttel, Herzogtum): 8, 52, 89, 90, 108/I, 148/II, 155/1, 169, 170, 225, 227, 301
Braunschweig (Stadt): 64, 78, 85, 107/I,3, 109/II, 204/1, 3; 205, 208
Braunschweig-Lüneburg: siehe Hannover, Kurfürstentum
Braunschweig-Lüneburg-Celle: siehe Celle, Herzogtum
Breda: 110/5, 137/II, 155/3, 157/4, 159, 179?, 215/2, 7; 283
Bredenbeck (Bredenbeck am Deister): 177
Breisach (frz.: Brisac): 155/1, 13
Breisgau: 155/1
Bremen (Reichsstadt): 1, 8, 9, 10, 12, 14, 15, 16, 20, 21, 24, 62, 63, 86, 97/II, 98, 104, 107/I,1, 109/I, II, III; 137/II, 186
Bremen (Herzogtum): 15, 173
Bremke: 65/1, 3; 108/III,1
Breslau (Wrocław): 113, 299, 300/2, 313/2
Breusch (Bruche): 155/2
Breuze: 307/1
Brevörde: 65/14
Brinkum: 14/II, III, IV; 15, 24, 74
Brockensen: 108/III,2
Bruchgraben: 108/VI,4
Bruchhausen: 12, 24, 27, 63, 71, 74
Bruchhof: 65/6
Brügge (ndl.: Brugge, frz.: Bruges): 155/13, 158
Brüggen (an der Leine): 107/I,2, III,10
Brumath: 155/1, 300/8
Brunstatt: 155/1
Brüssel (frz.: Bruxelles, ndl.: Brussel): 109/V, 137/II, 158, 160, 307/2
Bruyelle: 307/2
Buchberg (Berg bei Landeshut): 300/20
Buchholz (bei Hannover): 123/2
Buchhorst: 183
Bückeberg (bei Hagenohsen): 65/2, 108/III,1, III,4, V,5; 126, 278
Bückeburg (Stadt): 78, 85
Bückeburg (Grafschaft): siehe Schaumburg-Lippe
Bücken: 19, 20, 24, 63, 74, 183
Bühren: 74
Buke: 107/II,1, 302
Bult (bei Hannover): 124/[4]
Bünde: 90

Bundenthal: 300/8
Bunzelwitz (Bolesławice): 65/13, 141, 292/[4], 295
Büren (bei Lippstadt): 302
Burg (bei Hannover): 123/2
Burgberg (Berg bei Bevern): 65/14
Burgberg (Berg bei Landeshut): 300/20
Burgdorf: 83/[5], 181, 183, 187
Burguffeln: 301
Burgwedel: 181, 183
Burke: 298
Burkersdorf (Burkałów): 215/12, 283, 293/[7]
Burkhardswalde: 300/19
Bursfelde (Kloster): 65/6, 107/I,1

Cadzand: 158
Calcinato: 155/13
Calenberg (bei Warburg): 65/13, 300/5
Calenberg (heute Alt-Calenberg): 72, 107/I,2, 175
Calenberg (Fürstentum): 173, 195, 267
Calonne: 306, 307/2, 5, 6
Cambrai: 155/13, 158
Camperbroek: 155/12
Campo Formio: 161, 236
Capelle (bei Waalwijk): 110/5
Capellenhagen: 65/1, 3; 108/III,4
Carlsdorf: 300/5
Cassano (Cassano d'Adda): 155/13
Cassel (bei Wormhout): 155/13, 158
Castiglione: 313/1
Castricum: 186
Le Cateau (le Cateau-Cambrésis): 34, 140, 158, 159, 305
Celle (Braunschweig-Lüneburg-Celle, ehem. Herzogtum): 155/1
Celle (Stadt): 187
Champagne: 155/1
Charlemont: 155/13
Charleroi: 155/1, 13; 158
Chiari: 155/13
Chotusitz (Chotusice): 115/9, 215/13
Clausthal (heute Clausthal-Zellerfeld): 209/15.
Cloppenburg: 12, 21, 23, 24, 32/6, 63, 74, 97/IV, 180
Coesfeld: 109/III
Coevorden: 97/V, 110/1, 155/1, 2
Colmar: 155/1
Condé-sur-l'Escaut: 155/13, 157/6
Constantin: 306, 307/1
Conticq: siehe Kontich

Coppenbrügge: 65/1, 89, 108/I, III,1, III,2, III,4, V,4, V,5, V,6; 175
Coppengrave: 107/III,8
Corvey (Reichsabtei): 65/14, 178, 190, 227
Courtrai (ndl.: Kortrijk): 137/II, 155/7, 13; 158, 159, 161, 166/1, 3; 167/1, 2; 305, 309/5, 313/1
Coyghem (ndl.: Kooigem): 155/7
Cremona: 155/13
Creuzburg: 107/I,5
Crevecoeur (an der Dieze): 110/5
Cuijk: 110/5
Culemborg: 110/4
Culloden: 155/3
Cysoing: 151/I
Czaslau (Čáslav): 115/9, 215/13
Czerulow: 299

Dachstein: 155/1
Dahl: 107/II,1
Dahlen: siehe Königsdahlum
Damme (bei Osnabrück): 24, 32/4, 6; 33, 50, 63, 68, 109/VIII, 188, 189, 191
Dänemark (Königreich): 155/13, 172, 203, 214/6
Dannenberg: 223
Daspe: 107/I,1
Dassel: 65/1, 14; 107/III,2, 108/IV
Dathausen: 123/2
Davenstedt (bei Hannover): 127/[2, 6]
Daverden: 63
Dedendorf: 19
Dehmke: 96/A,II,1, 2
Dehrenberg: 96/A,II,1, 2
Deisel: 107/I,6
Deister: 65/1, 89, 107/II,3, 108/I, V,4, V,6
Deitlevsen: 65/15
Delliehausen: 65/5, 6
Delligsen: 107/III,8
Delmenhorst (Grafschaft): 8, 97
Delmenhorst (Stadt): 8, 10, 12, 14/II, IV; 17, 24, 63, 74
Denain: 155/13, 158, 159, 166/3, 167/3
Dendermonde (frz.: Termonde): 137/II
Desenberg (bei Warburg): 65/13
Detern: 97/IV
Detmold: 90, 91, 95, 96/B,I, B,II; 107/II,1, 296, 301
Dettingen: 113
Dettweiler (Dettwiller): 155/1
Deutsches Reich, Deutschland: 89, 103, 148/I, 155/1, 2, 10, 13; 157/4, 158,

168, 186, 214/6, 234, 241/V, 297, 300/3, 9, 13; 309/1
Deventer: 110/2
Diedersen: 65/1, 108/I, III,1; 271/4
Diekholzen: 108/VI,1
Dielingen: 74
Dielmissen: 65/4
Diemel: 65/11, 12, 13, 14; 66, 91, 96/B,I, B,II; 107/I,6, II,6; 155/3, 227, 300/5
Diemelberg (Berg bei Stadtberge): 107/II,1
Diepenau: 71, 72, 74, 75, 183, 185
Diepholz (Flecken): 12, 24, 25, 26, 33, 71, 72, 74, 75, 97/II, 109/V, VIII; 137/II, 183, 188, 189, 240
Diepholz (Grafschaft): 33, 52, 62, 67, 97
Dinant: 155/1
Dinkel: 97/V
Dinkelhausen: 65/5
Dinker: 274, 298
Dinklage: 24, 32/4, 33, 41, 42, 50, 74, 191
Dintel: 110/5
Dippoldiswalde: 300/14, 19
Dissen: 107/II,3
Divez: 299
Dixmuide (ndl.: Diksmuide, frz.: Dixmude): 155/13
Doesburg: 13, 110/2, 137/II
Dohna: 300/19
Dohnsen: 65/3
Döhren (bei Oerlinghausen): 96/B,I
Döhren (bei Hannover): 105/9, 123/2, 124/[4]
Dole: 155/13
Dollart (ndl.: Dollard): 98, 110/1
Dommel: 215/8
Donau: 155/13
Donauwörth: 155/13
Donge: 110/5
Donop (Kirchdonop): 91
Dordrecht: 137/II
Dörenberg (bei Einbeck): 65/4
Dörnberg (bei Kassel): 65/11
Dorsten: 155/1, 302
Dörverden: 24, 63, 74, 76, 183
Dottignies (ndl.: Dottenijs): 166/5
Douai: 155/13
Drakenburg: 24, 63, 107/I,1, 109/VI
Dransfeld: 65/1, 108/IV
Drebber: 12, 24, 63, 74, 188, 189
Drenthe: 110/1
Dresden: 113, 300/17
Dreumel: 110/5

Dreye: 14/II
Driburg (Bad Driburg): 96/B,II, 107/II,1, 302
Dringenberg: 107/II,1, 302
Druten: 159
Duddenhausen: 19
Duderstadt: 108/IV
Duinger Berg (bei Alfeld): 107/III,8
Duisburg: 13
Dülmen: 13
Dümmer: 9, 11, 97/II
Dünkirchen (Dunkerque, 1794: Dune libre): 155/13, 161, 292/[4]
Düsseldorf: 13, 98, 299, 302
Dütberg (Berg bei Hameln): 65/1, 108/I
Dyle (ndl.: Dijle): 159

Eckberg (Berg bei Lutterberg): 65/8
Edenkoben: 300/9
Eder: 65/11, 301, 137/II
Eggersen: 65/3, 108/V,4
Egisheim: 155/1
Ehrenbreitstein: 170
Ehrenburg: 20, 74, 76, 109/VIII
Ehrentrup: 302
Eichberg (Berg bei Hilligsfeld): 65/1, 108/I
Eichberg (Berg bei Hämelschenburg): 96/A,II
Eichberg (Berg bei Frenke): 108/III,2
Eichhof (an der Weser): 107/I,1
Eichsfeld: 65/5
Eikeloh: 302
Eilenriede: 105/9, 124/[2, 4]
Eilvese: 183
Eimen: 65/3, 4
Einbeck: 65/1, 4, 5, 14; 66, 88, 89, 108/III,5, IV, V,2
Eißel: 14/II, IV; 72
Eiter: 14/II, IV
Elbe: 98, 186, 195
Elbrinxen: 96/B,I
Eldagsen: 108/V,6, 175, 176
Ele: 65/6
Elfas: 65/4, 89, 108/V,1, V,2
Ellenbach: 65/14, 300/1
Ellerbrock: 13, 97/IV, 109/III
Ellierode: 107/III,9
Elligines: 307/5, 7
Elsaß (frz.: Alsace): 155/1, 13
Elsbach (Eselsbach?): 83/[8]
Elsenz: 155/1
Elsfleth: 97/II

Elze (bei Wedemark): 63
Elze (bei Hildesheim): 65/3, 88, 89, 108/V,4, V,5, V,6
Emden: 13, 97/IV, V; 109
Emmer: 65/15, 96/B,II, 107/II,2, II,4
Emmerich: 109
Empelde: 84, 127/[1, 3, 4]
Ems (Fluß): 4, 12, 13, 15, 21, 68, 83/[8], 97/I, II, IV, V; 98, 109, 110/1, 137/II, 157/1, 302
Emsdorf: 65/10, 215/6, 7
Emstek: 33, 74, 180
Encker Wald (Emder Wald?): 107/II,1
Enger: 90
Engerode: 136
Engter: 74
Enschede: 137/II
Enzheim (Entzheim): 155/1, 2, 3
Eppingen: 155/1
Erfurt: 155/1
Erichshagen: 20
Erlenbrunner Hof: 83/[8]
Ermschwerd: 107/I,5
Erpel: 155/1
Erstein: 155/1
Erwitte: 298, 302
Escherberg (Berg bei Elze): 108/V,5
Eschershausen: 65/4
Esklum: 97/II, IV
Esperde: 65/3, 108/III,1, III,2
Espol: 65/5, 6
Essen (Stadt und Reichsabtei): 155/1
Essen (Oldb.): 188
Essentho: 107/II,1
Estorf (an der Weser): 18, 20, 63, 183
Estorf (bei Stade): 174
Etelsen: 187
Etmont (Schloß): 307/2
Europa: 48, 89, 155/11, 169, 170, 199, 233, 237/1, 311/[2]
Externsteine: 96/B,I, B,II; 107/II,1
Eyershausen: 107/III,10

Falkenburg (bei Bad Meinberg): 107/II,1
Falkenhagen: 107/II,2
Famars: 138, 155/12, 305
Felsenbrunnerhof (bei Pirmasens): 83/[8]
Fladderlohhausen: 189
Flandern (ndl.: Vlaanderen, frz.: Flandre): 4, 109/II, 155/10, 13; 157, 159, 160, 166/1, 3; 167/2, 3, 4
Flegessen: 108/I

Flerke: 298
Fleurus: 155/13, 158, 215/6, 7; 305, 309/5
Flörsheim: 155/1
Fontaine-l'Evêque: 158
Fontenelle: 167/3
Fontenoy: 113, 155/3, 299, 306, 307, 308
Forst (Amthaus bei Bevern): 65/14
Fort de Lillo (bei Antwerpen): 158
Fort Georg (bei Hameln, später Fort Luise): 92, 93, 96/A,I, II,3; 108/II,2
Fort-Louis (heute Fourt-Louis, 1793: Fort Vauban): 300/8
Fort St. Andries siehe Sint Andries
Fösse: 127/[1]
Franche-Comté: 155/13, 186
Frankenhausen: 301
Frankenthal: 155/1
Frankfurt am Main (Reichsstadt): 108/IV, 155/1, 169
Frankfurt an der Oder: 113
Fränkischer Kreis: 155/1
Frankreich (ab 1792 Französische Republik): 12, 13, 15, 16, 20, 23, 63, 65/4, 5, 6, 7, 9, 10, 11, 13; 83/[8], 85, 89, 97/IV, 98, 100, 101, 103, 104, 108, 109, 126, 140, 142/[2, 5]; 153/II, 155/1, 2, 3, 6, 9, 10, 12, 13, 14; 156/I, 158, 159, 160, 161, 163/1, 2; 166, 167, 169, 170, 173, 186, 214/4, 215/8, 233, 234, 251/5, 259, 263/2, 275, 277/XIV, 278, 283, 297, 298, 300/2, 3, 4, 5, 7, 8, 9; 301, 302, 303, 306, 307, 309, 312, 313/1, 2, 5
Fredelsloh: 65/6, 107/III,2, 108/IV
Freden (Groß-Freden und Klein-Freden): 107/I,2
Freiberg: 140, 163/7, 215/7, 241/VII, 300/14, 302
Freiburg im Breisgau: 155/1, 13
Freistett: 155/1
Frenke: 65/3, 108/III,2, 126
Frestorf: 74
Friedberg (in der Wetterau): 155/1
Friedberg: siehe Hohenfriedberg
Friedlinger Feld: 155/13
Friesland (Provinz, frz.: Frise, dt.: Westfriesland): 110/1, 155/1
Friesoythe: 97/II, IV, V; 109/III, 180
Fuhrberg (bei Hannover): 177, 181
Fulda (Stadt): 65/10
Fulda (Fluß): 65/7, 8, 10, 14; 107/I,1, I,4

Furnes (ndl.: Veurne): 155/13, 158
Fürstenau (bei Lingen): 23, 27, 32/6, 41, 42, 50, 68, 71, 97/III, 188
Fürstenau (bei Höxter): 96/B,I
Fürstenberg (bei Höxter): 65/14, 107/III,2
Fürstenhagen (bei Stauffenburg): 108/V,3
Fürstenwald (bei Kassel): 65/11

Gadesbünden: 63
Galgenberg (Berg bei Hildesheim): 108/VI,3
Gallien: 309/1
Gamshurst: 155/1
Gandersheim (Bad Gandersheim): 108/V,4
Gandesbergen: 63
Garbsen: 84
Garslacken: 97/IV
Gaurain: 306, 307/1
Gebhardshagen (heute Teil von Salzgitter): 136
Geertruidenberg: 110/5, 215/2, 283
Gehrde (bei Badbergen): 72, 74, 188, 189, 191
Gehrden (bei Hannover): 71, 74, 81
Gehrenrode: 107/III,11
Geisberg (Schloß): 300/8
Geispolsheim: 155/1
Gelderland (Provinz): 110/1, 155/13
Geldersort: 110/2
Gembloux: 158
Gendt (bei Pannerden): 299
Genf (Genève): 85
Gent (frz.: Gand): 155/13, 157/4, 158, 159
Genua (Genova, frz.: Gênes): 309
Gerden: 24, 50, 63
Gerona: 155/13
Gerpien: 158
Gertenbach: 108/IV
Gerzen: 107/III,8
Gesberg (Berg bei Hastenbeck): 108/III,3
Gibraltar: 142/[5], 155/13
Gieselwerder: 107/I,1
Gießen: 137/II, 155/1
Gilze: 159
Gittelde: 107/III,9
Givet: 155/1
Glaup: 302
Glissen: 240

Gödens (Herrlichkeit, Schloß und Dorf bei Jever): 97/IV
Gohfeld: 90, 300/3
Goldbeck: 96/A,II,3
Goldenstedt: 12, 25, 26, 32/4, 74, 97/II, IV; 189
Goldscheuer: 155/1
Gorcum (Gorinchem): 110/4, 5
Görlitz (Ostteil heute Zgorzelec): 300/13
Göttingen (Stadt): 65/5, 7; 89, 107/I,2, III,1; 108/IV, 234, 301
Göttingen (Dorf bei Lippstadt): 302
Gottsbüren: 65/11, 300/5
Gräpel: 155/14
Grasdorf (bei Laatzen): 105/9
Grasdorf (bei Hildesheim): 107/I,3, 136
Grave: 110/5, 155/1, 159
Grebbe (oder Greb, Kreb, Kreep, Krep): 110/3
Grebenstein: 65/8, 11; 301
Greene: 65/1, 107/I,2, III,9
Greven: 97/II
Grevenhagen: 107/II,1
Griechenland: 309
Grießem: 107/II,4
Griethausen: 299
Grinden: 17
Grohnde: 65/1, 3; 107/I,1, II,4; 108/III,2, V,4; 126, 176
Gronau (bei Hildesheim): 107/I,2, 175
Groningen (Stadt): 13, 110/2
Groningen (Provinz): 97/V, 110/1
Gröpelingen: 74
Großbritannien (ab 1800: Vereinigtes Königreich von Großbritannien und Irland): 1, 79, 85, 89, 102, 148/I, II; 155/9, 13; 156/III, 157/3, 4; 159, 162, 163/1, 168, 169, 172/2, 186, 198, 212, 215/3, 216, 218, 219, 241/II, 246, 284, 305, 307/1, 7, 8; 309/3
Groß-Buchholz: 105/9
Großenhain: 300/13
Großenwieden: 107/I,1
Großer Staufenberg: 65/6, 8
Großer Steinberg: 65/6, 8
Großes Moor (bei Diepholz): 240
Großer Teich (bei Torgau): 300/17
Groß-Förste: 107/I,3
Groß-Freden: siehe Freden
Groß-Gerau: 155/1
Groß-Jägersdorf: 115/2, 9; 313/2
Grubenhagen (Fürstentum): 173, 227

Grupenhagen (bei Hameln): 92, 96/A,II,3
Guastalla (Stadt): 155/13
Guise: 158
Gummer: 74

Den Haag ('s Gravenhage): 13, 186
Haarstrang: 298, 302
Hache: 14/II
Hackeberg (Berg bei Einbeck): 108/V,1
Hagen (bei Achim): 17
Hagen (bei Stade): 33
Hagen (bei Neustadt am Rübenberge): 183, 187
Hagenau (Haguenau): 155/1, 2; 300/8
Hagenburg: 63, 74
Hagenohsen: 66, 85, 107/I,1, II,4; 108/III,1, V,4
Hainberg (Berg bei Heyen): 65/3
Hainholz (Wald bei Hameln): 108/I
Hainholz (bei Hannover): 123/2
Hajen: 107/I,1
Haldorf (bei Neuenkirchen (Oldb.)): 189
Halenbeck (heute Sudhalenbeck): 240
Halle (Dorf bei Bodenwerder): 65/3, 4; 89, 108/III,1, III,4, III,5, V,1, V,4, V,5
Halle (Halle an der Saale): 234
Haller: 108/V,6
Halluin: 166/5, 167/1
Halterbruch: 65/1
Halvestorf: 96/A,II,3
Hamburg (Reichsstadt): 63, 109/II, III; 186, 215/3, 234
Hamel: 16, 65/2, 108/I, III,1, III,3, V,5
Hameln: 4, 13, 15, 16, 30, 44, 62, 63, 64, 65/1, 2, 5, 15; 83/[5], 90, 92, 93, 94, 95, 96/A, B,I; 97/II, 98, 102, 104, 107/I,1, II,4, II,5; 108/I, II, III, V, VI,3; 109/I, 137/II, 173, 176, 209/16., 215/8, 233, 235, 250/7, 251/4, 271/4, 301, 302
Hämelsche Heide: 108/II,1
Hämelschenburg: 65/15, 96/A,II
Hamm (Hamm in Westfalen): 298
Hänigsen: 181
Hannover (Stadt): 2, 3, 5, 6, 16, 18, 22, 30, 40, 41, 42, 44, 47, 49, 50, 51, 57, 60, 63, 64, 69, 70, 71, 72, 75, 77, 78, 79, 80, 81, 83/[5], 84, 85, 88, 89, 91, 102, 105/6, 9, 10, 11; 107/I,2, 108/I, VI,3; 109/II, 123, 124, 127, 137/II, 168, 169, 170, 172, 173, 174, 175, 177, 178, 180, 183, 184, 185, 186, 187, 188, 189, 190, 191, 192, 193, 194, 195, 196, 197, 198, 199, 201, 202, 203, 204, 210, 211, 212, 213, 215, 216, 217, 219, 220, 221, 222, 226, 227, 228, 229, 230, 231, 232, 233, 234, 250/6, 301
Hannover (Kurhannover, offiziell: Kurfürstentum Braunschweig-Lüneburg): 7, 8, 9, 13, 21, 27, 49, 52, 58, 60, 63, 64, 65/8, 9; 86, 89, 90, 96/B,II, 102, 103, 104, 105/4, 106, 108/I, 109/II, 112, 137/III, 144, 148, 149, 150, 151, 152, 153, 154, 155/3, 7; 157/2, 3, 4; 167/2, 169, 172, 175, 176, 183, 187, 198, 199, 200, 204/1, 210, 211, 215, 225, 227, 230, 233, 235, 236, 237, 240, 241, 246, 248, 249, 250, 251, 252, 254, 255, 256, 257, 258, 259, 260, 261, 263, 264, 265, 267, 269, 270, 281, 294, 300/3, 301, 302, 305, 307/7, 8
Harburg: 235, 300/4
Hardegsen: 65/5, 6
Harderode: 65/1, 3
Harderwijk: 110/3
Harelbeke: 158
Harpstedt: 10, 24, 32/4, 33, 63, 74
Harriehausen: 107/III,9
Harsum: 189
Harz: 64, 65/5, 107/I,3, III,9, III,12; 108/V,1, V,3, V,4, VI,1; 209/16., 301
Hasbergen (bei Delmenhorst): 14/II, III; 63
Hase: 13, 21, 25, 50, 97/I, II, IV, V; 109/VIII
Hasede: 107/I,3
Haselünne: 50, 68, 71, 72, 188, 189
Hasenbüren: 14/II, IV
Haßbergen (bei Nienburg): 76
Hassel: 63, 74
Hasselt: 169
Haste: 215/8
Hastedt: 86, 187
Hastenbeck: 65/1, 2, 8; 108/I, III,3; 113, 126, 155/2, 3; 215/6, 8; 271/4, 276, 278, 292/[3], 299, 300/7
Hausberge: 107/I,1, II,3
Hausdorf: 300/19
Havelse: 84
Havinnes: 306, 307/2
Heber: 107/III,11, 108/VI,1
Heckershausen: 301

Hedemünden: 78, 107/I,5, 108/IV
Hehlen: 107/II,4
Hehlshausen: 107/III,9
Heide (bei Oerlinghausen): 299
Heidelberg: 155/1
Heidemühlen: 187
Heilbronn (Reichsstadt): 155/1
Heiligenfelde: 27
Heiligenkirchen: 107/II,1
Heiligenloh: 189
Heinde: 107/I,3
Heinholz: 124/[2]
Heinsen: 65/14, 107/II,2
Den Helder: 186
Heliopolis (heute Teil von Kairo): 158
Helmarshausen: 107/I,6
Helpensen (Haus Helpensen): 92, 107/I,1, 108/II,1, II,2
Helstorf: 107/I,2
Helvetische Republik: siehe Schweiz
Hemberg: 155/1
Hemmendorf: 65/1, 108/V,4, V,5
Hemmerde: 298
Hemmingen: 123/2
Hengelo (bei Doetinchem): 122
Hennegau (frz.: Hainaut): 155/13
Herbram: 107/II,1
Herford: 25, 63, 90, 107/II,2, II,5; 300/3
Hérin: 284
Herrenhausen: 63, 83/[5], 123/2
Herseaux: 166/5, 167/2
Hersfeld (Bad Hersfeld): 107/I,4
Herstelle: 107/I,1, 301
Herzfeld (bei Lippstadt): 298, 302
Herzlake: 23, 97/II
Herzogenbusch ('s Hertogenbosch, den Bosch, frz.: Bois-le-Duc): 110/5, 159, 215/7, 8
Hessen: 1, 65/9, 75, 79, 148/I, II; 157/4, 275, 301, 302, 303
Hessen-Darmstadt (Landgrafschaft): 157/3
Hessen-Kassel (Landgrafschaft): 8, 13, 26, 92, 98, 148/II, 157/3, 214/3
Hessisch-Oldendorf: 63, 65/1, 107/I,1, II,3
Heusden: 110/5
Heyen: 65/3, 4; 108/III,1
Heyersum: 107/III,12
Hilbeck: 298
Hildesheim (Stadt): 65/1, 83/[5], 107/I,3, 108/I, VI,3; 123/2, 155/1, 187, 189, 294

Hildesheim (Bistum): 67, 70, 78, 79, 83/[5], 89, 103, 104, 108/I, V,2, V,4, V,5, VI; 136, 170, 178, 209/13., 225, 227, 294
Hilgenberg (bei Höxter): 301
Hille: 215/8
Hilligsfeld (Groß- und Klein-Hilligsfeld): 65/2, 108/I, III,1
Hils: 65/1, 3, 4; 108/III,5, V,1, V,2
Hilshäusern: 108/V,2
Hilwartshausen: 107/I,1, 301
Himmelpforten: 182, 187
Hinderdam: 110/4
Hochkirch: 113, 155/3, 215/6, 7; 300/13, 305
Hochschalzerheim: 155/1
Höchst: 155/1
Höchstädt: 155/13
Hoekelen: 110/4
Hofgeismar: 65/11, 107/II,6
Hofheim: 155/1
Hohe Asch: 96/A,II,2
Hohenfriedberg (Dobromierz): 113, 115/2, 9; 234, 313/3
Hohenhausen: 92
Hohenheide (bei Werl): 298
Hohenkirchen: 65/10, 11; 292/[3], 301
Hohenlinden: 215/3, 6, 12; 313/1
Hohenschatzberg: 108/VI,1
Hohnstedt: 108/V,3
Holchenbach: 155/1
Holland: siehe Niederlande, Republik der Vereinigten
Holland (Provinz): 137/II, 155/13
Hollenstedt: 107/I,2
Holtensen (bei Hameln): 96/A,I, II,2-4
Holtensen (bei Elze): 175, 176
Holter Berg: 96/B,II
Holtorf: 63
Holtrup: 19, 20
Holzberg (Berg bei Horn): 296
Holzberg (Berg bei Heide): 299
Holzen: 65/3, 4
Holzenau (an der Weser): 107/I,1
Holzhausen (bei Bad Pyrmont): 107/II,4
Holzhausen (bei Horn): 301
Holzhausen (bei Kassel): 301
Holzheim (Holtzheim): 155/1
Holzminden: 65/3, 5, 14, 15; 89, 95, 96/B,I; 107/I,1, II,2, II,4, III,2; 108/IV
Hombressen: 300/5
Hondschoote: 157/4, 158, 161, 241/V, 309/5

Hooglede: 158, 159
Hoppenhausen: 14/II
Hoppensen: 65/5
Horn (Horn-Bad Meinberg): 90, 91, 95, 96/A,II, B; 107/II,1, II,2; 296, 301
Horrenberg: 155/1
Horstedt: 14/II, IV
Horstmar: 13
Höxter: 65/13, 14, 15; 95, 107/I,1; 108/IV, 109/III, 301, 302
Hoya (Flecken): 10, 12, 14, 15, 16, 17, 19, 22, 23, 24, 28, 30, 31, 32/4, 35, 36, 37, 38, 40, 64, 67, 97/II, 107/I,1, 109, 183, 196, 269
Hoya (Grafschaft): 33, 52, 63, 64, 67, 68, 71, 78, 89, 170, 190, 227
Hoyerhagen: 19
Hube: 65/4, 5; 108/V,1, V,2, V,3
Huchting: 71
Hudsonbai (Hudson Bay, frz.: Baye de Hudson): 155/13
Hugsberg: 301
Hulst (in Seeland): 110/5
Hultrop: 298
Hümme: 300/5
Hummersen: 107/II,2
Hünenschloß (bei Amelgatzen): 65/15
Hunte: 9, 10, 12, 15, 21, 25, 76, 97/I, II, IV; 98
Hunteburg: 25, 74, 97/II, IV
Hunzen: 65/3, 4; 108/III,4
Husterhöhe (bei Pirmasens): 83/[8]
Husum (bei Nienburg): 18, 20
Hutbergen (Groß Hutbergen und Klein Hutbergen): 71
Huy (ndl.: Hoei): 155/1, 13; 158

Ibbenbüren: 97/III
Iburg (Bad Iburg): 97/III, 107/II,3
Iburg (Ruine bei Bad Driburg): 107/II,1
Ihme (Ihme-Roloven): 127/[1]
Ijssel (dt.: Issel): 109, 110/1, 2, 3; 137/II
Ijzendijke: 110/5
Ilde (Groß Ilde und Klein Ilde): 107/III,11
Illingen: 298
Illkirch: 155/1
Ilme: 65/4
Ilse: 126
Ilten: 72, 74, 183
Immenhausen: 65/11, 301
Innerste: 66, 85, 107/I,3, III,12; 108/I, V,3, V,5, VI,3
Intschede: 14/IV

Ippensen: 107/I,2
Irland: 85, 89
Italien: 109/I, 121, 155/13, 161, 169, 179, 313/1
Ith: 65/1, 3; 108/I, III,4, III,5, V,2, V,4

Jakobsdorf (Jakubowo bei Glogau): 299
Jauernick (Jaworów): 295
Jemappes: 161, 305
Jena: 83/[8]
Jühnde: 108/IV
Jümme: 97/IV

Kahle-Hoop (bei Bad Meinberg): 107/II,1
Kain: 307/1
Kaiserslautern: 155/1, 300/9
Kalchberg (Berg bei Kassel): 65/7
Kampen: 110/1
Kanstein: 107/III,8, 108/V,4
Karlshafen (Bad Karlshafen): 96/B,I; 98, 107/I,6, II,6
Kassel: 64, 65/7, 102, 107/I,4, II,6; 108/IV, 137/II, 292/[3], 301, 302
Katalonien (frz.: Catalogne): 155/13
Kattenturm (bei Bremen): 14/II, 15
Katwijk: 110/5
Kehdingen (Land Kehdingen): 195
Kehl: 155/13, 215/7
Kell: 155/1
Kellerich (bei Pirmasens): 83/[8]
Kemnade: 65/3, 107/I,1
Kempen: 300/2
Kemperfeld: 107/I,1
Kesselsdorf: 113, 115/9, 140, 155/3, 215/7, 308
Ketsch: 300/8
Kieferberg (Berg bei Glogau): 299
Kinzig: 155/1
Kirchberg (Berg bei Landeshut): 300/20
Kirchdonop: siehe Donop
Kirchenstaat (ab 1798 Römische Republik): 89
Kirchheim (bei Bad Hersfeld): 312
Kirchhuchting (heute Teil von Huchting): 14/II, III, IV; 74
Kirchlinteln: 76
Kirchohsen: 85, 107/II,4
Kirchrode (bei Hannover): 123/2, 124/[2, 4]
Kirchröder Turm: 83/[5], 105/9, 124/[2, 4]
Kirchweyhe: 14/II, IV
Kislau: 155/1

Klagesbusch: 65/1
Kleefeld (bei Hannover): 83/[5], 105/9, 124/[4]
Klein Berkel: 65/15, 108/II,1
Kleinenberg: 107/II,1
Kleinenbremen: 107/II,3
Kleinerberg (bei Börry): 108/III,2, 126
Kleiner Staufenberg (bei Lutterberg): 65/6, 8
Kleve (Stadt): 299
Kleyheide (bei Vellinghausen): 298
Klundert: 110/5
Klus (bei Barntrup): 107/II,4
Klütberg (Berg bei Hameln): 16, 108/II,1
Koblenz: 155/1, 170
Kolberg (Kołobrzeg): 163/5, 292/[3, 4]; 293/[7], 300/12
Koldingen: 72, 107/I,2
Kolin (Kolín): 113, 115/9, 138, 163/6, 214/4, 215/7, 299, 305, 309/5, 313/2
Köln (Reichsstadt, frz.: Cologne): 98, 300/2
Köln (Kurköln, frz.: Cologne): 155/1
Königsberg (Königsberg in Preußen, heute Kaliningrad): 60
Königsdahlum: 107/III,11
Kontich (frz.: Conticq): 179
Konzer Brücke: 155/13
Korbach: 312
Körbecke: 298
Köterberg (Berg bei Höxter): 65/14, 95, 107/II,2
Kranenburg (an der Oste): 174
Kratzenberg (Berg bei Kassel): 65/7
Kratzkau: 215/13
Kreb: siehe Grebbe
Krefeld: 65/12, 113, 155/3, 12; 214/4, 215/3, 6, 7; 259, 277/XV, 278, 297, 300/2, 4, 5, 7
Kreipke: 65/3
Kreuzkrug (Forsthaus bei Schlangen): 107/II,1
Kreuznach: 155/1
Krofdorf (bei Gießen): 292/[4]
Kronsberg (Hügel bei Hannover): 124/[2, 4]
Kruckberg (bei Bodenwerder): 65/3
Krummes Wasser (bei Einbeck): 65/4
Kunersdorf (Kunowice): 113, 115/9, 138, 140, 259, 299, 300/15, 17; 307/6
Kupferhammer (bei Detmold): 107/II,1

Laatzen: 105/9
Lachem: 92, 176
Ladenburg: 155/1
Lafelt: 113, 115/9, 214/4
La Fère: 243
Lage: siehe Dinklage
Lahn: 155/1
Lake (Fluß bei Hastenbeck): 126
Lamerden: 65/12, 107/I,6
Lamspringe: 107/III,11, 108/VI,1
Landau: 155/1, 13; 300/8
Landen: 155/13
Landesbergen: 20, 27, 107/I,1, 183, 240
Landeshut (Kamienna Góra): 113, 283, 300/20
Landrecies: 34, 142/[2], 155/13, 158, 159, 166/3, 167/4
Landwehrhagen: 65/8
Langeland (bei Bad Driburg): 107/II,1
Langelsheim: 107/III,12
Langemark: 158
Langenberg (Berg bei Wilhelmsthal): 65/11
Langenbrücken (bei Bad Schönborn): 155/1
Langendamm: 18
Langenhagen: 123/2
Langenholzen: 107/III,10
Langenholzhausen: 92
Langwedel: 20, 24, 74
Lankenau: 14/IV
Lannoy: 158
Latferde: 108/III,2, 126
Lauenau: 63, 65/1, 176, 183
Lauenstein: 65/1, 175, 176
Lauterburg (Lauterbourg): 300/8
Leda: 97/I, II, IV
Leer (in Ostfriesland): 97/II, IV, V; 98
Leerdam: 110/4
Leerort: 97/V
Leese: 16, 63, 65/1, 74, 108/VI,3
Leeseringen: 20, 107/I,1, 183
Leeste (bei Bremen): 14/IV, 15
Leine: 16, 65/5, 14; 66, 67, 73, 76, 83/[5], 87, 88, 107/I,2, I,3; 108/I, V,1, V,2, V,3, V,5, V,6, VI,1; 127/[1, 2]; 169, 227, 301
Lek: 110/2, 4
Lembruch: 50, 75, 97/II
Lemförde: 1, 21, 24, 33, 63, 74, 75, 109/VIII, 185
Lemgo: 2, 63, 90, 94, 96/A,II,2, B,I
Lemke: 12, 19, 74, 183

Ortsindex 837

Lenstrupper Berg: 96/B,II
Lenthe (bei Hannover): 123/2
Leoben: 99, 161, 162
Lesse (Fluß): 155/1
Lessen (Groß und Klein Lessen): 74
Lessines (ndl.: Lessen): 307/2
Lesum: 20, 24, 63, 74, 187
Leuthen (Lutynia): 113, 138, 155/2, 163/5, 6, 7; 214/4, 215/6, 7; 299, 300/2, 313/3
Leuze (Leuze-en-Hainaut): 155/13, 306, 307/2, 5, 7
Levern: 74
Lichtehorn (Berg bei Lutterberg): 65/6, 8
Lichtenau (bei Paderborn): 107/II,1
Lichtenau (am Rhein): 155/1
Lichtenberg (heute Stadtteil von Salzgitter): 136
Lichtenhagen: 65/15, 95, 96/A,II, 107/II,4
Liebenau (bei Nienburg): 11, 26, 240, 241/III, VII, VIII; 269
Liebenau (bei Warburg): 65/12, 13; 107/I,6
Liegnitz (Legnica): 214/4, 215/7
Lier (frz.: Lierre): 179
Liethe (Gut bei Wunstorf): 77
Lille (ndl.: Rijsel): 155/13, 158, 161, 167/1, 292/[4], 306, 307/1, 313/1
Limburg (Limburg an der Lahn): 155/1, 13
Limmer (bei Hannover): 83/[5], 127/[1, 2, 6]
Linde (Westerlinde und Osterlinde bei Salzgitter): 136
Linden (bei Hannover): 83/[5], 123/2, 127/[1, 2, 6]
Linge: 110/4
Lingen (Grafschaft): 13, 78, 80, 97, 227
Lingen (Stadt): 25, 97/II
Linheim: 155/1
Linnich: 155/1
Linsburg: 18, 74, 76, 84, 183
Linselles: 305
Linx: 155/1
Linz (am Rhein): 155/1
Linz (an der Donau): 155/13
Lippe (Fluß): 13, 98, 273/5, 298, 300/4, 302
Lippe (Reichsfürstentum, „Lippe-Detmold"): 65/14, 89, 95, 96/A, 103, 104, 168, 178, 186, 190, 196, 205, 225, 227, 231, 296

Lippischer Wald: 91, 96/A,III, B,I, B,II; 107/II,2, 227, 296
Lippoldsberg: 65/5, 107/I,1, 301
Lippspringe (Bad Lippspringe): 302
Lippstadt: 25, 102, 107/II,1, 109/II, III, V; 155/1, 298, 302
Lirs: 155/1
Lisiere: 278
List, Lister Turm: 105/9
Listringen: 108/VI,3
Litzenburg (bei Pyrmont): 107/II,4
Litzenkrug (bei Detmold): 96/B,II
Livorno: 169
Lobositz (Lovosice): 113, 115/9, 155/3, 12; 164
Loccum: 65/1, 74
Lodi: 299
Loevestein (bei Gorcum): 110/5
Lohe (bei Nienburg): 63
Lohe: siehe Marklohe
Lohnde (bei Seelze): 107/I,2
Lohne (Oldbg.): 18, 24, 32/4, 33, 50, 63, 74, 188, 189, 191
Lohne (Seitenarm der Hunte): 97/II
Lombardei: 309
London (frz.: Londres): 36, 155/13, 222
Löningen: 23, 24, 50, 63, 97/IV, 189
Lonstrup: 96/B,II
Losheim: 155/1
Lothringen (frz.: Lorraine): 155/1, 2, 13; 186
Lotte: 109/VIII
Löwen (ndl.: Leuven, frz.: Louvain): 158, 159, 137/II
Loxten (bei Quakenbrück): 122
Lübbecke: 63, 107/II,3
Lüchtringen: 65/14, 107/I,1
Lüdenhausen: 92
Lüdhorst: 65/5
Lüerdissen (bei Bodenwerder): 65/4
Lüerdissen (bei Lemgo): 107/II,2
Lügde: 94, 96/A,II, B,II; 107/II,2, II,4; 178
Lühnde: 108/VI,4
Luingne: 166/5, 167/2
Lüneburg (Herzogtum): 173
Lunéville: 162, 167/2, 215/3
Lüningsberg (Berg bei Aerzen): 96/A,II,1, 2
Lüntorf: 107/II,4
Luthe: 77
Lutten: 32/4
Lutter am Barenberge: 108/VI,2

Lutterberg: 65/6, 8, 14; 300/7
Lüttich (frz.: Liège, ndl.: Luik; Bistum): 155/1, 214/3
Lüttich (frz.: Liège, ndl.: Luik; Stadt): 155/1, 13; 158, 300/2
Luttrum: 136
Luxemburg (frz.: Luxembourg; Stadt): 155/13, 299
Luxemburg (Herzogtum): 157/6
Lys (ndl.: Leie): 166/3, 4; 167/1, 4

Maas (frz: Meuse): 110/5, 155/1, 13; 159, 299
Maasbommel: 110/5
Maaseik: 155/1
Maastricht: 13, 155/1, 13; 159
Made: 110/5
Magdeburg (Stadt): 102, 237/1
Mähren (Markgrafschaft): 155/13
Mailand (Milano; Stadt): 155/13
Main: 137/II, 155/1
Mainz (frz.: Mayence; Stadt): 83/[8], 109/I, 137/II, 155/1, 13; 158, 161, 283, 300/8, 9
Mainzholzen: 65/4
Malplaquet: 155/13
Mandelsloh: 71, 82
Mannheim: 155/1, 13
Marburg: 312
Marchiennes: 158
Marengo: 215/7
Mariemont: 158
Marienburg (an der Innerste): 107/I,3
Mariendorf (im Reinhardswald): 300/5
Mariendrebber: 74
Marienhagen: 107/III,8
Marienmünster: 96/B,II
Mark (Fluß): 110/5
Mark (Grafschaft): 302
Marklendorf: 187
Marklissa (Leśna): 300/16
Marklohe: 19, 24, 63, 74, 76, 183, 240
Markoldendorf: 65/14
Marlen (bei Kehl): 155/1
Marquain: 166/5
Marque (Fluß): 307/1
Marseille (1794: Ville-sans-nom): 161
Martfeld: 18
Massin (Mosina): 300/12
Matzenheim: 155/1
Maubeuge: 155/13, 158, 292/[3, 4]
Maubray: 306, 307/7, 8
Maxen: 167/2, 215/6, 300/3, 14, 19

Maxhafen: 97/IV
Mecheln (ndl.: Mechelen, frz.: Malines): 137/II, 158, 159
Méhaigne: 155/13
Mehlbergen: 183
Mehle: 65/1
Mehr (heute Teil von Haffen-Mehr): 113, 155/12, 277/XIII
Meimbressen: 65/11
Meinberg (Bad Meinberg): 95, 96/B,I, B,II
Meinersen: 181, 183
Meinode: 65/4
Meißenheim: 155/1
Melle: 97/III
Mellinghausen: 18, 74
Menin (ndl.: Menen): 36, 49, 155/3, 157/4, 5; 158, 159, 160, 161, 166/3, 4, 5; 167/1, 289/1, 311/[1]
Menorca (frz. Minorque): 155/13
Menslage: 50, 63
Meppen: 25, 68, 97/II, V; 98
Merwede: 110/4, 5
Mietzel (Mysla): 300/12
Minden (Stadt): 16, 18, 21, 25, 26, 63, 65/12, 67, 90, 93, 96/B,I, 97/II, 98, 99, 107/I,1, II,3; 109/III, 113, 115/7, 9; 137/II, 138, 140, 141, 155/3, 12; 169, 179, 214/4, 215/6, 7, 8, 10; 275, 278, 292/[3], 300/3, 5, 7; 308
Mindensche Gebirge (Wiehengebirge und Wesergebirge): 97/III, 107/II,3
Misburg: 83/[5], 105/6, 9
Mittelhuchting (heute Teil von Huchting): 10, 14/II, III; 15
Moder: 155/1, 300/8
Moers (Fürstentum): 155/1
Möhne: 302
Mohlbergen (bei Minden): 300/3
Molbergen (bei Cloppenburg): 23, 180
Molkenberg (Berg bei Bad Meinberg): 96/B,II
Mollwitz (Małujowice): 83/[7], 113, 115/9, 155/13, 164, 313/3
Mons (ndl.: Bergen): 109/V, 155/13, 158
Mont Cassel: 155/13
Mont Castrel (bei Mouscron): 167/2
Mont de la Trinité (bei Tournai): 307/1
Montignies-le-Tilleul: 158
Mont Saint-Aubert: 306, 307/1, 2, 3
Moorburg (bei Westerstede): 12
Moordorf (bei Neustadt am Rübenberge): 84

Moosberg (im Solling): 107/III,2
Morgenstern (Berg bei Hameln): 108/I
Moringen: 65/5, 108/IV
Morsum: 14/IV
Mosel (frz.: Moselle): 155/1, 300/8
Mouscron (ndl.: Moeskroen): 36, 157/4, 158, 159, 166/1, 3, 4, 5; 167, 241/V, 313/1
Mouvaux: 158, 305, 313/1
Mühlberg (bei Riesa): 241/I, VIII
Muiden: 110/4
Mülhausen (Mulhouse): 155/1
Mülheim (heute Köln-Mülheim): 155/1
Multhöpen: 96/A,II,2
Münchhof (bei Vellmar): 301
Münden (Hannoversch Münden): 65/1, 5, 6, 8, 14; 66, 78, 107/I,1, I,4, I,5, III,1, III,2; 108/IV, 137/II
Münster (Bistum): 13, 21, 32, 62, 68, 78, 80, 92, 97, 103, 104, 155/1, 169, 178, 191, 225, 227
Münster (Stadt): 13, 25, 41, 89, 97/IV, 109/III, V; 155/13, 302
Munzel (Groß Munzel und Ostermunzel): 71

Naarden: 110/4
Naensen: 107/III,8
Namur (ndl.: Namen): 155/1, 13; 158
Nassau (Stadt): 155/1
Neapel (Königreich, 1799 Parthenopäische Republik): 169, 170
Neapel (Napoli; Stadt): 170
Neckar: 155/1
Neersen: 65/15
Neerwinden: 155/13, 305
Nendorf: 108/V,4, 173
Nete (ndl.: Grote Nete, frz.: Grande Nèthe): 159
Nette: 108/VI,2
Netzburger Wald: 300/5
Neubruchhausen: 32/4, 74, 76
Neudeck (Jabłonów bei Glogau): 299
Neuenbeken: 107/II,1
Neuenhaus: 97/V
Neuenheerse: 107/II,1, 302
Neuenkirchen (Oldbg.): 21, 24, 32/4, 6; 33, 34, 74, 189
Neuenkirchen (bei Rheine): 97/IV
Neue Schanze: siehe Nieuweschans
Neufundland (Newfoundland; frz.: Terre-Neuve): 155/13

Neuhaus (im Solling): 65/6, 107/III,2; 108/IV; 301, 302
Neuhaus (Schloß Neuhaus): 302
Neustadt am Rübenberge: 16, 62, 63, 72, 73, 74, 77, 82, 84, 87, 105/10, 108/I, VI,3; 176, 183
Neustadt an der Haardt (Neustadt an der Weinstraße): 155/1
Neuwallmoden: 107/III,12
Neuwied: 155/1
Niederhude (an der Weser): 14/IV
Niederlande, Republik der Vereinigten („Holland", ab 1795 Bataviscbe Republik): 13, 23, 25, 59, 103, 109, 110, 137, 148/II, 155/1, 2, 3, 13; 157, 161, 162, 169, 186, 225, 234, 241/IV, 259, 282/III, 284, 303, 307/1, 7, 8; 309
Niederlande: siehe Österreichische Niederlande
Niederstöcken: 71, 107/I,2
Niedervellmar: 301
Nieder-Vieland: 14/III, 15
Niederweimar: 65/10
Nieheim: 96/B,II, 301
Nienburg: 4, 9, 10, 12, 16, 24, 36, 63, 74, 76, 97/II, 98, 105/10, 11; 107/I,1, 108/VI,3, 109/III, VI, VIII; 137/II, 183, 240
Nienhagen: 65/5
Nienover: 301
Nienstedt: 65/1
Niese: 96/B,I, 107/II,2
Nieuport (ndl.: Nieuwpoort): 157/4, 158
Nieuwersluis: 110/4
Nieuweschans: 98, 110/1
Nieuwpoort (am Lek): 110/4
Nimwegen (Nijmegen): 110/3, 5; 155/13; 157/1, 159, 283, 289/1, 292/[3], 299
Nivelles (ndl.: Nijvel): 158
Nollenhof (in Lippe): 301
Nöpke: 76
Norddrebber: 84, 176
Nörde: 302
Nordsee: 97/I, 110/1, 157/6, 166/3, 284
Nordteich: 96/B,II
Nörten: 65/14
Northeim: 65/5, 14; 107/I,2, III,9; 108/V,1, V,2, V,3
Nottorf: 14/IV
Nürnberg (Reichsstadt): 157/2

Obensburg (bei Hastenbeck): 65/1, 65/1; 108/I, III,1, III,3; 126, 271/4
Oberkirch: 65/1, 155/1

840   Ortsindex

Obernkirchen: 107/II,3
Obervellmar: 301
Ober-Vieland: 14/III, 15
Ochtum (Fluß): 14/II
Ockensen: 65/1
Oder (poln.: Odra): 300/12, 13, 16
Oennichstedt: 14/IV
Oerlinghausen: 96/B,I, 107/II,1
Offenburg (Reichsstadt): 155/1
Ohledorp: 107/III,2
Ohr: 107/I,1, 176
Ohrberg (Berg bei Hameln): 96/A,II,1, II,4; 108/II,1
Oker: 108/I, V, VI,1
Oldenburg (Herzogtum): 8, 13, 15, 68, 97, 98
Oldenburg (Oldenburg in Oldenburg): 11, 12, 13, 21, 25, 97/II, IV, V
Oldendorf (heute Preußisch-Oldendorf): 63
Oldendorf (bei Stade): 174
Oldendorf: siehe Hessisch-Oldendorf und Stadtoldendorf
Oldenzaal: 13, 97/V
Olenhusen: 108/IV
Ommen, Ommer Schanze: 110/1
Oppenheim: 155/1
Orchies: 158
Orcq: 307/1
Osnabrück (Stadt): 13, 15, 25, 41, 97/III, V; 102, 103, 107/II,3, 109/III, VIII; 137/II, 191, 300/3
Osnabrück (Bistum): 32, 42, 62, 63, 68, 97, 107/II,1, II,3; 178, 227
Ossendorf: 65/12, 13; 107/I,6, 301, 302
Oste (Fluß): 174, 182, 191
Osten: 182
Ostende (ndl.: Oostende): 158
Ostercappeln: 63, 74, 107/II,3
Osterheide (bei Liebenau): 240
Osterholz: 20, 24, 63, 74
Osterode (am Harz): 107/III,9
Österreich (Erzherzogtum und habsburgische Monarchie): 83/[7], 85, 109/II, V; 137/III, IV; 153/II, 155/1, 3, 12, 13; 157/6, 163/2, 6, 7; 169, 172, 186, 198, 214/3, 215/3, 7; 233, 235, 236, 246, 259, 261, 263, 284, 299, 300/8, 303, 305, 307/7, 309/3, 313/2
Österreichische Niederlande (bis 1714 Spanische Niederlande): 69, 121, 155/1, 13; 159, 161, 263/2, 271/3, 281, 284, 305

Osterwald (Dorf bei Hannover): 76
Osterwald (Gebirge): 108/III,1, V,4, V,5
Ostfriesland (Fürstentum): 13, 32, 97, 98, 109/III
Ostheim: 107/I,6
Otersen: 187
Ottenheim: 155/1
Ottenstein: 65/14, 15; 94, 107/II,4
Otternhagen: 63
Ottersberg: 71, 174
Otterstadt: 155/1
Oudenaarde (frz.: Audenarde): 155/13, 158, 159, 160
Oudenbosch: 110/5
Oudeschans: 98
Oudewater: 110/4
Ourthe: 159, 312
Ovenhausen: 301
Overijssel (Provinz): 110/1, 137/II, 155/1, 13
Oyle: 12, 183

Paderborn (Bistum): 13, 15, 70, 92, 97/III, 103, 104, 178, 190, 196, 205, 225, 231
Paderborn (Stadt): 25, 65/14, 107/II,1, 155/1, 178, 296, 302
Palamos: 155/13
Pamburen (Schloß): 107/II,1
Pannerden: 110/2, 3
Papendiek (Berg bei Elze): 108/V,5
Paradiese (Kloster): 298
Paris: 186
Parma (frz.: Parme; Stadt): 155/13
Pattensen: 72, 74, 81
Pennigsehl: 240
Péronnes: 306, 307/2
Petershagen: 107/I,1
Pfaffenheim (bei Colmar): 155/1
Pfalz (Kurfürstentum): 148/I, 155/1, 13
Pferdeturm (bei Hannover): 83/[5], 105/9, 124/[4]
Philippsburg: 155/1, 2, 13
Pirmasens: 83/[8], 259, 300/8, 9, 10; 307/3
Pirna: 155/3
Plauen: 215/7
Plauenscher Grund: 155/3
Poggenburg (bei Hildesheim): 108/V,5
Poggenhagen (bei Neustadt am Rübenberge): 77
Polen (bis 1795 Königreich): 155/13, 307/2, 309/3

Polle: 65/14, 15; 94, 96/A,II, 107/I,1, II,4; 301
Pont à Chin: 159, 223, 278, 305, 307/1
Poppenburg: 107/I,2, III,12
Portugal (Königreich): 5, 155/9
Potsdam: 85, 215/15, 226, 237/1
Potshausen: 97/II, IV
Prag (Praha): 113, 115/2, 5; 138, 140, 155/3, 13; 163/6, 7; 214/4, 309/5, 313/2
Prenzlau: 83/[8]
Preußen (Königreich): 11, 27, 32/7, 8; 48, 49, 53/3, 55, 60, 61, 64, 65/6, 70, 78, 82, 83/[7, 8]; 89, 90, 103, 109/II, 137/III, IV; 148/II, 153/II, 155/12, 13; 161, 163/6, 7; 164, 167/2, 169, 172, 173, 175, 176, 186, 194, 197, 199, 200, 201, 204, 205, 206, 207, 210, 212, 214/3, 223, 232, 233, 234, 237/2, 3, 4; 238, 241, 246, 250/1, 259, 261, 262/1, 263, 284, 295, 299, 300/8, 9, 12, 13, 14, 15; 301, 305, 308, 310, 313/2
Püngelsberg: 96/B,II
Pyrmont (Bad Pyrmont): 96/A,II,2, B,I; 178
Pyrmont (Grafschaft): 190, 225, 227
Pyrmonter Berge: 107/II,4

Quakenbrück: 12, 23, 24, 25, 32/6, 33, 42, 50, 51, 63, 74, 84, 97/II, 179, 188
Quérénaing: 141
Le Quesnoy: 155/13, 157/6
Quiberon: 157/3

Rablinghausen: 14/II, IV
Rahden: 25, 26
Raismes: 283
Ramecroix: 306, 307/2, 5
Ramillies: 155/13, 215/8
Rastatt: 155/13, 170
Ratsiek: 96/A,II, B,I
Ratzeburg (Stadt): 26
Raurakische Republik: siehe Basel, Bistum
Ravensberg (Grafschaft): 15, 97/III, 225
Reelkirchen: 91, 96/B,I, 107/II,2, 301
Reer: 14/IV
Rehberg (Berg bei Bad Driburg): 107/II,1
Rehburg (Bad Rehburg): 16, 63, 108/I
Rehme: 107/I,1
Reichenbach (Dzierżoników): 305
Reichenberg (Liberec): 115/6, 8; 155/12, 299

Reileifzen: 107/I,1
Reinhardsgrimma: 300/19
Reinhardswald: 65/5, 11; 107/I,1, II,6; 300/5
Reinholdshain: 300/14
Remiremont: 155/1
Remte: 65/1, 2
Rench (Fluß): 155/1
Renchen: 155/1
Renschenloch: 155/1
Resen: 136
Rethem (an der Aller): 20, 21, 24, 71, 72, 82, 84, 185
Rethen (bei Hannover): 63, 105/6, 9
Rhein (frz.: Rhin, ndl.: Rijn): 4, 13, 25, 47, 65/12, 14; 89, 96/B,I, 98, 109/I, 110/2, 4; 121, 137/II, 155/1, 2, 13; 159, 161, 170, 179, 215/7, 225, 234, 297, 300/3, 8, 12; 312
Rheinbischofsheim: 155/1
Rheine: 25, 97/I, II, IV; 109/III, V; 137/II
Rheinzabern: 155/1
Rhene (an der Innerste): 107/I,3
Rhenen: 110/3
Rhüden (Groß-Rhüden und Klein-Rhüden): 107/III,11
Rhume (Fluß): 107/I,2
Ricklingen (bei Hannover): 72
Ricklingen (Schloß Ricklingen): 74, 76, 84, 107/I,2
Riede: 14/IV
Riepen (Berg bei Hameln): 96/A,II,4
Riesenberg (Rieser Warte bei Einbeck): 108/V,1
Rieste: 74
Rietberg: 107/II,1, 302
Riethagen: 187
Rieu de Templeuve: 278
Rijswijk: 155/13
Ringelheim: 107/I,3
Rinteln: 16, 92, 96/A,III, B,I; 97/II, 107/I,1, II,3
Rischenau: 96/B,I
Ritterhude: 177
Ritzenbergen: 14/IV
Rivoli: 313/1
Rocourt: 113, 214/4, 215/7
Rocroi: 155/9, 12
Rodenberg: 63
Rodewald: 71, 74, 82, 84
Rödinghausen: 107/II,3
Roer (dt.: Rur): 155/1, 159, 312

Roermond: 155/13
Roeselare (frz.: Roulers): 158, 263/2
Röhrsdorf: 300/19
Rohrsen: 108/I
Rollegem: 166/4, 167/2
Rom, Römisches Reich: 149, 151/I, 164, 309
Rom (Roma; Stadt): 89, 169
Römerweg (in der Bourtange): 110/1
Römische Republik (1798): siehe Kirchenstaat
Ronnenberg: 84, 123/2, 127/[1, 4]
Roosendaal (bei Bergen op Zoom): 160
Rosas (frz.: Roses): 155/13
Rosenberg (Berg bei Hofgeismar): 300/5
Rösenberg (bei Höxter): 301
Rosendael (bei Dünkirchen): 158
Roßbach: 113, 115/9, 122/4, 140, 155/12, 163/6, 214/4, 215/6, 7; 241/VII, 297
Rotenburg (Wümme): 71, 174
Rotenkirchen: 108/V,1
Rothenditmold (bei Kassel): 65/7
Rothwesten: 301
Rouveroy: 158
Ruhr (frz. Roer): 13, 98, 298, 302
Rumersheim: 155/13
Rumillies: 307/1, 2, 5
Ruppendorf: 300/19
Rur: siehe Roer
Rüsselsheim: 155/1
Rußland (Kaiserreich): 85, 169, 186, 223, 293/[7], 300/12, 15, 16; 305, 307/2, 308, 309/3
Ruthe: 107/I,2, I,3

Saalberg (bei Pyrmont): 96/A,II,2, III
Saale (Nebenfluß der Leine): 108/V,4, V,5
Saar (frz. Sarre): 155/1, 300/8
Saarburg (bei Trier): 155/1
Sababurg: 301
Sachsen (Kurfürstentum): 65/6, 10; 148/I, II; 153/II, 155/13, 214/1, 241/I, VIII; 250/1, 297, 300/13, 16; 302, 307/2
Sack: 107/III,10
Sackwald: 107/III,9, III,10, III,11; 108/VI,1
Saffel: 155/1
Saint-Amand (St.-Amand-les-Eaux): 155/13, 160
Saint-Aubert: siehe Mont Saint-Aubert
Saint-Christopher (heute: Saint Kitts): 155/13

Sainte-Marie-aux-Mines: 155/1
Sainte-Menehould: 155/3
Saint-Martin (bei Tournai, heute Faubourg Saint-Martin): 306
Saint-Omer: 155/13
Saint-Trond (ndl.: Sint-Truiden): 158
Saint-Venant: 155/13
Salins: 155/13
Salzderhelden: 65/14, 107/I,2, 108/V,1, V,2, V,4; 130
Salzdetfurth (Bad Salzdetfurth): 107/III,12, 108/VI,2
Salzhemmendorf: 107/III,8
Salzkotten: 302
Salzuflen (Bad Salzuflen): 90
Sambre: 158, 159
Sandebeck: 107/II,1
Sandershausen: 65/9, 14; 155/12, 300/1, 2
Sandhausen: 155/1
Sankt Hülfe: 63, 74, 76
Sankt Leon: 155/1
Saratoga: 301
Sardinien (Königreich, frz.: Sardaigne): 89, 155/13, 170, 309
Sarstedt: 107/I,3, 108/VI,4, 189
Sasbach: 155/1, 13
Sas van Gent: 110/5
Sater-Ems (heute Sagter Ems): 97/I, II, IV, V; 98
Saterland: 180
Savoyen: 161
Schäferhof (bei Witzenhausen): 108/IV
Schafhausen (bei Werl): 298
Schans op Doeveren: 110/5
Scharenkamp (Flur bei Bemerode): 124/[4]
Scharfenberg (bei Amelgatzen): 65/15
Scharfoldendorf: 65/3, 4; 108/III,5, 301
Scharmbeck: 176, 177
Schaumburg (Schloß): 63, 107/II,3
Schaumburg-Lippe (bis 1777 Lippe-Schaumburg-Bückeburg, Grafschaft): 27, 32/1, 49, 78, 85, 225, 227
Schecken: 65/1; 108/I, III,1, III,3; 271/4
Scheda (Kloster Scheide): 298
Scheidingen: 298
Schelde (frz.: l'Escaut): 159, 166/3, 167/3, 278, 306, 307/1, 2, 3, 5, 6, 7
Schelk (bei Werl): 298
Schellenberg: 155/13
Schenkenschanz: 299
Scheps (Westerscheps und Osterscheps bei Bad Zwischenahn): 97/IV, V

Scherfelde: 107/I,6, II,1
Schessinghausen: 18, 20
Schieder: 96/B,I, B,II; 107/II,2, II,4
Schlangen: 107/II,1
Schlesien (frz.: Silésie): 155/13, 214/1, 300/16, 20
Schlettstadt (Sélestat): 155/1
Schlewecke: 108/VI,2
Schneeren: 84, 183
Schönbek: 176, 177
Schönborn (Bad Schönborn): 155/1
Schönenberg (bei Bad Driburg): 107/II,1
Schoningen: 65/6
Schoonhoven: 110/4
Schreckenberg (Berg bei Kassel): 65/11
Schulenburg (an der Leine): 107/I,2, 108/V,6
Schutter (Abtei): 155/1
Schutter (Fluß): 155/1
Schüttorf: 97/V
Schwaben, Schwäbischer Kreis: 155/1
Schwachhausen: 24, 63, 74, 86
Schwagstorf: 32/6
Schwalenberg: 65/14, 96/B,I, B,II; 107/II,2
Schwalenberger Wald: 65/14, 96/B,I, B,II; 107/II,2
Schwaney: 107/II,1
Schwarme: 18
Schwarmstedt: 74, 76
Schwarzenberg (Berg bei Bad Meinberg): 96/B,II
Schweden (Königreich): 155/13, 282/I, 309/3
Schweidnitz (Świdnica): 305
Schweineberg (Berg bei Hameln): 65/1, 108/I
Schweiz (ab 1798 Helvetische Republik, frz.: Suisse): 85, 89, 104, 169, 309/1
Schweringen: 19, 183
Schwetzingen: 155/1
Schwöbber: 96/A,II,2
Schwüblingsen: 181
Sebbenhausen: 19, 183
Sebourg: 155/2
Seehausen: 14/II, 15
Seelandisch Flandern (Zeeuws Vlaanderen): 13
Seelhorst (bei Hannover): 124/[2, 4]
Seesen: 107/I,3, III,9; 108/VI,1
Sehlde: 107/I,3
Sehlem: 107/III,11
Selb (bei Hannover): 123/2

Selter: 107/III,8
Seneffe (ndl.: Senef): 155/13
Sibbesse: 108/VI,2
Sichelnstein: 65/8
Sieben Berge (bei Alfeld): 107/III,10
Siedenburg: 10, 18, 76, 109/VIII
Siegfeld: 91
Sielen: 300/5
Sievershausen: 181
Simmershausen: 301
Sinsheim: 155/1, 2, 13
Sint Andries (Fort St. Andries): 110/5
Sint-Oedenrode: 138, 141, 215/8
Sluis (frz.: Ecluse): 110/5, 157/4, 160
Soest (in Westfalen): 298, 302
Soeste (Fluß): 97/II, IV
Sole Bay: 155/13
Solling: 65/5, 6, 14; 107/I,1, III,2; 108/IV, 302
Sonneborn: 107/II,4
Soor (Žďár): 163/4, 234
Sorsum: 175, 176
Spakenburg: 110/3
Spanien (Königreich): 155/1, 9, 13; 161, 309
Spenge: 63
Speyer (Reichsstadt, frz: Spire): 155/1, 13
Speyerbach: 155/13
Spiegelberg (Grafschaft): 175
Spiegelhütte (bei Alfeld): 65/3, 4
Spijk: 110/4
Springe: 63, 65/1, 81, 108/I, V,4, V,5, V,6
Spüligbach (Fluß): 65/3, 4; 108/III,4
Stade: 174, 179, 182, 195
Stadtberge (heute Niedermarsberg): 13, 96/B,I, 107/I,6, II,1
Stadthagen: 63, 65/1
Stadtoldendorf: 65/1, 108/V,1, V,2
Staffarda: 155/13
Stagelhausen: 155/1
Stahle: 65/14, 107/II,2
Stangenberg (oder Lauschberg, bei Landeshut): 300/20
Stauffenburg (bei Gittelde): 107/III,9
Stauffenburger Gebirge: 107/III,8, 108/V,1, V,3
Steelhove: 110/5
Steenbergen: 110/5
Steenkerque (ndl.: Steenkerke, bei Soignies): 155/13, 215/7
Steilberg (Berg bei Stadtberge): 107/II,1
Steimbke: 71, 76

Steinbach (Fluß bei Hameln): 108/II,2
Steinberg (Berg bei Alfeld): 107/III,8
Steinbergen (bei Rinteln): 63
Steinfeld (Oldbg.): 33, 50, 68, 188, 189
Steinförde: 187
Steinfurt (Grafschaft): 97
Steinheim: 96/B,II, 301
Steinhude: 108/VI,3
Steinhuder Meer: 78
Stellberg (Berg bei Driburg): 107/II,1
Stendern: 19
Sternberg (Schloß bei Lemgo): 107/II,2, II,5
Steurwald (bei Hildesheim): 107/I,3
Steyerberg: 8, 26, 109/VI, 240
Stickhausen: 97/II, IV, V
Stöcken (bei Hannover): 63, 83/[5], 105/11, 107/I,2, 123/2
Stöcken: siehe Niederstöcken
Stöckendrebber: 76, 82
Stöckse: 63, 71
Stollenberg (Berg bei Einbeck): 108/V,1
Stolpen (bei Pirna): 300/13
Stolzenau (an der Weser): 27, 63, 74
Stoppelberg (Berg bei Nieheim): 96/B,II
Störmede: 302
Straßburg (Strasbourg): 155/1, 13; 186, 292/[3]
Stromberg (bei Kreuznach): 300/8
Stuhr (bei Bremen): 14/II, III, IV; 15
Stukenbrock: 107/II,1
Stumpferthurm (bei Alfeld): 107/III,8
Stuttgart: 234
Sudheim: 301
Sülbeck: 107/I,2
Sulingen: 12, 20, 24, 63, 74, 76, 109/VIII, 183
Süntel (heute Hohe Egge): 108/I
Süptitz: 300/17
Syke: 10, 17, 20, 63, 71, 72

Talarn, Weg beim: 65/1
Tecklenburg (Grafschaft): 78, 80, 97, 227
Tecklenburg (Ort): 107/II,3
Teeffelen: 110/5
Telgte: 97/II
Terheijden: 110/5
Termonde: siehe Dendermonde
Teufelsmoor: 173
Teutberg (bei Alverdissen): 96/A,III
Teutoburger Wald: 13, 65/12, 13, 14; 90, 91, 96/B,I, 97/III, 107/II,1, II,2, II,3; 215/8

Thal (bei Pyrmont): 96/A,II
Tharandt: 300/14
Thedinghausen: 14/IV, 24, 63, 72, 190
Thesen: 299
Thionville (dt.: Diedenhofen): 161
Thödingsberg: 107/III,8
Thönse: 181
Thrane: siehe Spüligbach
Thuin (bei Charleroi): 158
Thüste: 107/III,8
Tiergarten (bei Hannover): 124/[2]
Tirlemont (ndl.: Tienen): 158
Todtenhausen: 275
Tolhuis (bei Schenkenschanz): 299
La Tombe (bei Charleroi): 158
Tombroek: 166/5, 167/2
Tongern (ndl.: Tongeren, frz.: Tongres): 155/1
Torgau: 113, 115/9, 138, 140, 163/6, 7; 214/4, 215/3, 7; 259, 299, 300/17, 309/5, 313/3
Toulon (1793/94: Port-de-la-Montagne): 155/13, 161
Tourcoing: 155/12, 158, 300/14
Tournai (ndl.: Doornik): 34, 137/II, 155/13, 158, 159, 166/3, 167/2, 306, 307/1, 2, 5; 313/1
Trarbach (heute Teil von Traben-Trarbach): 155/13
Trendelburg: 107/I,6, 301
Trier (Stadt): 64, 155/1, 13
Tübingen: 234
Tuchtfeld: 108/III,4
Tündern: 65/2, 108/III,1
Turin (Torino): 89, 155/13
Türkei (Osmanisches Reich): 155/13, 300/12, 305, 309/3, 5
Türkheim (Turckheim): 155/1, 2, 3
Twistringen: 74, 76, 189

Udenhausen: 65/11
Uesen: 14/II
Uetze: 183
Uitermeer: 110/4
Ungarn (Königreich, frz.: Hongrie): 155/13
Unsen: 108/I
Uppener Berg (Knebelberg?): 108/VI,3
Urloffen: 155/1
Uslar: 65/1, 5, 6; 78, 107/III,2; 108/IV
Utrecht (Stadt): 110/4, 155/13
Utrecht (Provinz): 155/13

Vaake: 301
Vahlbruch: 96/A,II; 107/II,4
Vahle: 65/5
Vahr (bei Bremen): 86
Vahrenwald: 123/2
Vahrenwalder Heide: 289/4
Valenciennes: 141, 142/[2], 155/13, 157/6, 160, 161, 283, 284, 309/5, 311/[1]
Varenholz: 92
Varrel (bei Stuhr): 15
Varrel (bei Sulingen): 74, 76
Vaulx: 306, 307/1, 4
Vecht (Fluß): 110/4
Vechta: 24, 32/4, 33, 63, 72, 74, 76, 97/II, V; 109/VIII, 180, 188, 189
Vechte (Fluß): 97/V
Veckerhagen: 107/I,1, 301
Velber (bei Hannover): 123/2
Vellinghausen: 65/12, 113, 155/3, 12; 259, 273, 274, 277/XII, XIV; 278, 292/[3], 298, 299, 300/4, 5, 7; 313/1
Veluwe: 137/II
Vendée: 158
Venedig (Venezia, Stadt und Republik): 236, 309
Venlo: 13, 155/13
Venne (bei Osnabrück): 74
Verden (Verden an der Aller): 21, 71, 76, 82, 109/V, 187
Verden (Herzogtum): 52
Versailles: 155/13
Vezon: 306, 307/1, 2, 5, 7, 8
Vianen: 110/4
Vicoigne: 166/3, 167/3, 283, 284
Villers-Pol: 159
Vilsen: 10, 24, 63, 74, 76
Vinsebeck: 96/B,II
Visbek: 74
Visselhövede: 76
Vlotho: 90, 92, 96/B,I, 107/I,1, II,5
Vogesen (Vosges): 155/1
Voldagsen: 108/V,2
Völkerhausen: 65/1
Völksen: 108/V,6
Völlen: 97/IV
Voltlage: 27, 32/6
Vörden (bei Bramsche): 24, 32/4, 63, 74, 109/VIII, 189
Voremberg: 65/1, 108/III,1
Vorwohle: 65/4
Vosberg (an der Werra): 108/IV
Vreden: 13
Vreeswijk: 110/4

Waal: 110/2, 3, 5; 157/1, 299
Wagenberg: 110/5
Wageningen: 110/3
Wagshurst: 155/1
Waibstadt: 155/1
Walcourt: 155/13
Waldau: 65/15
Waldeck (Reichsfürstentum): 205
Waldsee (bei Otterstadt): 155/1
Walem: 159
Wallenhorst: 63
Wallensen: 65/3
Walsgang: 110/3
Walsrode: 187
Waltenheim: 155/1
Wambeln: 298
Wanzenau (La Wantzenau): 155/1, 300/8
Warburg: 65/10, 12, 13; 98, 107/I,6, 215/6, 7; 300/5, 302
Warchin: 307/2, 4
Wardenburg: 24
Wartberg (Berg in der Hube): 108/V,2
Wartturm (bei Bremen): 14/II, 15
Warzen: 107/III,8
Waspik: 110/5
Wassenberg: 155/1
Wattignies (Wattignies-la-Victoire): 161
Wechold: 63
Weenzen: 65/3, 4; 108/III,4
Weerstein: 110/4
Weesp: 110/4
Wegensen: 65/3
Wehdem: 74
Wehrbergen: 96/A,I
Wehrbleck: 74, 109/VIII
Wehrden: 107/I,1
Weil: 155/13
Weilburg: 155/1
Weissenburg (Wissembourg): 300/8
Welsede: 65/15, 96/A,II, 107/II,4
Welze: 82
Wenden (bei Nienburg): 63
Werder (bei Achim): 14/II, IV
Werder (bei Bockenem): 108/VI,2
Werl: 155/3, 298
Werra: 65/14, 66, 107/I,1, I,5; 108/IV, 301, 302
Werre (Fluß): 90
Wervik (frz.: Wervicq): 138, 158, 161, 241/IX, 278, 289/1
Wesel: 13, 25, 98, 109, 155/1, 186, 297, 300/2, 302

Weser: 4, 8, 9, 11, 12, 13, 14, 15, 16, 21, 27, 62, 64, 65/3, 4, 5, 10, 13, 14, 15; 66, 67, 70, 78, 82, 83/[5], 85, 90, 92, 94, 96, 97/I, II, IV; 98, 102, 103, 107/I,1, II,2, II,3, II,6, III,2; 108, 109, 126, 137/II, 155/2, 169, 170, 186, 215/8, 227, 235, 300/3, 301, 302
Weserbergland: 67
Westerhof: 108/V,3
Westerkappeln: 109/VIII
Westfalen (Landschaft): 4, 13, 15, 24, 59, 74, 78, 80, 85, 96/B,I, B,II; 97, 98, 103, 109/I, 173, 186, 225, 297
Westfälischer Kreis: 13, 21
Westheim: 107/I,6
Westindien: 215/3
Westuffeln: 65/11, 302
Wetschen: 74
Wettbergen: 83/[5], 123/2, 127/[1, 4]
Wetzlar (Reichsstadt): 155/1
Weymouth: 70
Wickensen: 65/1, 4, 14; 89, 108/III,5, V,4
Wieblingen: 155/1
Wiershausen: 107/III,9
Wiesloch: 155/1
Wieter: 65/5
Wietze: 187
Wildeshausen: 10, 11, 12, 15, 24, 32/4, 8; 33, 63, 74
Wilhelmshausen: 301
Wilhelmsthal (bei Kassel): 65/10, 11, 13; 107/II,6, 113, 155/3, 12; 214/4, 215/3, 6, 7; 292/[3], 300/5, 7; 312
Willemstad: 110/5
Willstätt: 155/1
Wimpfen (Wimpfen am Berg, Reichsstadt): 155/1
Winden: 155/1
Winfeld (bei Detmold): 107/II,1
Winterbüren: 301
Winzenburg: 107/III,9, III,10
Wismar: 73
Wittenberg: 300/17
Wittenburg (bei Elze): 175, 176

Wittlohe: 187
Witzenhausen: 65/1, 107/I,5, III,1; 108/IV
Wöbbel: 301
Woerden: 110/4
Wohldenberg: 107/III,12; 108/V,5
Wolfenbüttel
Wolfsgraben (bei Hannover): 124/[2]
Wölpe: 63, 72
Woltershausen (bei Alfeld): 107/III,10
Woltmershausen (bei Bremen): 14/II, IV
Worms (Reichsstadt): 155/1, 13
Woudrichem (Workum): 110/5
Wrexen: 107/I,6
Wrisbergholzen: 107/III,10
Wülfel: 105/9, 123/2, 124/[4]
Wulfelade: 84, 183
Wülferode: 124/[2]
Wülfingen: 175
Wülfinghausen: 175, 176
Wulmstorf: 14/IV
Wümme: 15, 16
Wunstorf: 71, 74, 77, 81
Württemberg (Herzogtum): 65/10, 148/I

Ypern (ndl.: Ieper, frz.: Ypres): 155/13, 157/4, 6; 158, 159, 166/3

Zabern (Saverne): 155/1
Zeven, Kloster: 155/3, 11
Zorn: 155/1
Zorndorf (Sarbinowo): 115/2, 5, 9; 122/4, 138, 140, 155/2, 163/6, 214/4, 241/VII, 299, 300/12, 13, 15, 17; 307, 308, 309/5
Zuiderzee (dt.: Südersee, heute Ijsselmeer): 110/1, 2, 3
Zutphen (Stadt): 13, 110/2, 3; 137/II
Zütphen (Provinz): siehe Gelderland
Zwartsluis: 110/1
Zwergen: 300/5
Zwolle: 110/1, 2

Stückeverzeichnis

I. Im Stab des Observationskorps (1795–1798)

1. Privatbriefe und Dienstgeschäfte in chronologischer Folge

1.	1795 November 11	Scharnhorst an Wallmoden	1
2.	[1795 Dezember]	Scharnhorst an Christian Dietrich Helwing	1
3.	1796 Januar 9	Vertragsentwurf zum „Neuen militärischen Journal"	2
4.	[1796?]	Denkschrift „Ueber die Ausrüstung eines Corps, welches in Westphalen einen Theil einer Observations-Armee ausmachen soll"	3
5.	[1796 vor Sommer]	Aufzeichnung „Unterrichts-Stunden für die Unterofficiere und Bombardiere"	5
6.	1796 April 10	Scharnhorst an [Wallmoden?]	6
7.	[1796 Mai?]	Denkschrift zur Auswahl von Offizieren für den Generalstab	7
8.	[1796 vor Juli 1?]	Notizen zur Dislokation hannoverscher Truppen	8
9.	[1796 vor Juli]	Notiz zu Quartieren des hannoverschen Observationskorps	9
10.	[1796]	Disposition „Eintheilung des hannövrischen Corps"	9
11.	[1796 Juni?]	Disposition zu Details der Einquartierung	11
12.	[1796 Juli/Oktober 3?]	Denkschrift „P. M., die Versammlung des hannövrischen Corps betreffend"	12
13.	1796	Denkschrift „Memoir, den Operations-Plan der westphälischen Armee im Jahr 1796 betreffend"	14
14.	1796 Juli 18	„Unterthänigster Bericht" zu militärischen Gegebenheiten in und um Bremen	20
15.	1796 Juli	Denkschrift „Ueber die Dekung und Vertheidigung von Bremen"	23
16.	1796 Juli	Denkschrift „Ueber die Vertheidigung der Weser zwischen Hameln und Bremen"	26
17.	1796 August 11	Scharnhorst an Hüpeden	28
18.	1796 September 17	Scharnhorst an [?]	28
19.	[1796 Juli/Oktober?]	Denkschrift zur Vorbereitung eines Manövers bei Bücken	29
20.	[1796 vor Oktober 6?]	„Dislocation für die noch zum Marsch beorderten Truppen"	30
21.	[1796 September/Oktober?]	Denkschrift „Dislocation der hannöverischen Trupen in Fall sie weiter vorrücken"	31
22.	1796 Oktober 14	Scharnhorst an [Christian Dietrich Helwing?]	32
23.	1796 Oktober 17	Scharnhorst an Linsingen	33

24.	[1796 nach Oktober 21]	Dislokation des hannoverschen Observationskorps	34
25.	[1796 Oktober?]	Denkschrift zur Versammlung der Observationsarmee	38
26.	[1796?]	Denkschrift „Project der Versammlungs-Puncte für die Corps"	39
27.	[1796 nach Oktober 22]	Aufzeichnung zu Quartierangelegenheiten	39
28.	1796 Oktober 28	Scharnhorst an Christian Dietrich Helwing	40
29.	[1796 vor November?]	Denkschrift „Ueber den Anschlag des H. General v. Trew, die reitende Artillerie betreffend"	41
30.	1796 November 2	Denkschrift zu Artilleriepferden	42
31.	1796 November 7	Scharnhorst an Christian Dietrich Helwing	42
32.	[1796 um November?]	Notizen zu verschiedenen Themen	44
33.	1796 November 10	Scharnhorst an [?]	51
34.	1796 November 10	Scharnhorst an Wallmoden	52
35.	1796 November 17	Scharnhorst an Freytag	53
36.	1796 November 20	Scharnhorst an [Hammerstein]	55
37.	1796 November 28	Scharnhorst an Freytag	55
38.	1796 November 29	Scharnhorst an [Hammerstein]	56
39.	[1796 Dezember?]	Denkschrift „Ueber die Uebungen der Trupen zum Feld-Dienst"	57
40.	1797 Januar 12	Scharnhorst an Wallmoden	61
41.	[1797 Januar 12]	Denkschrift zu Quartierangelegenheiten	61
42.	1797 Januar 12	[Wallmoden] an Linsingen	62
43.	[1797 nach Januar 13]	Aufzeichnung zu Kosten einer Reorganisation der reitenden Artillerie	62
44.	[1797 nach Januar 13?]	„Kostenanschlag einer reitenden Batterie in Quartieren auf dem Lande"	63
45.	[1797 nach Januar 13?]	Kostenanschlag einer reitenden Batterie in Stadtquartieren	65
46.	[1797 nach Januar 13?]	Aufzeichnung zum Bedarf an Pferden und Personal zur Artilleriereorganisation	66
47.	1797 Januar 15	Scharnhorst an [Wallmoden?]	67
48.	[1797 vor Februar 2]	Scharnhorst an [Lecoq]	68
49.	1797 Februar 15	Scharnhorst an Lecoq	69
50.	[1797 April um 20]	[Scharnhorst] an Linsingen	72
51.	1797 April 28	Scharnhorst an Wilckens	73
52.	1797 Mai 1	Pachtvertrag mit dem Müller J. C. Michel	73
53.	[1797 Mai 9/Juni 29]	Scharnhorst an Wallmoden	76
54.	[1797 Mai 9/Juni 29]	Denkschrift zu Beförderungs- und Gagefragen	80
55.	[1797 Mai 9/Juni 29]	Scharnhorst an Wallmoden	80
56.	[1797 Mai 9/Juni 29]	Scharnhorst an [Wallmoden?]	81
57.	[1797 Mai 9/Juni 29]	Scharnhorst an Wallmoden	82
58.	[1797 Mai 9/Juni 29]	Scharnhorst an Wallmoden	84
59.	1797 Mai 30	Notizen zur Übung und zum Vorpostendienst	86
60.	[1797 Juni 20?]	Scharnhorst an [Lecoq]	87
61.	[1797 Juni 20?]	Scharnhorst an [Lecoq]	89
62.	[1797 Juni 23]	Denkschrift zu Versammlungpunkten des hannoverschen Observationskorps	90
63.	[1797 Mai 5/November 2]	Disposition zu Truppenkonzentrationen bei Hameln, Neustadt und Bremen	90

Stückeverzeichnis 849

64.	1797 Juli 2	Scharnhorst an Lecoq	94
65.	1797 Juli 3–14	Notizen während einer Erkundungsreise ins Weserbergland und nach Kassel	96
66.	1797 Juli 5	Scharnhorst an Wallmoden	112
67.	[1797 Juli Mitte?]	[Wallmoden] an Herzog Karl Wilhelm Ferdinand von Braunschweig	113
68.	[1797 nach August 7?]	Denkschrift zur Erweiterung der Quartiere	114
69.	1797 September 5	Scharnhorst an die Helwingsche Buchhandlung	115
70.	1797 September 7	Scharnhorst an Lecoq	116
71.	1797 September 29	Denkschrift zu Quartierangelegenheiten	118
72.	1797 Oktober 10	Dislokationstabelle zur Verlagerung von Teilen des Observationskorps	119
73.	1797 Oktober 30	Denkschrift „den Ufferbau an der Leine bey Bordenau betreffend"	121
74.	[1797 November/ 1798 Januar?]	Disposition zur Versammlung des Observationskorps bei Quakenbrück	122
75.	1797 November 20	Scharnhorst an Löw	128
76.	[vor 1798 Januar 12]	Denkschrift zu Truppenverlegungen an Aller und Leine	129
77.	1798 Januar 31	Denkschrift zu Quartierangelegenheiten	130
78.	1798 März 11	Scharnhorst an Lecoq	131
79.	[1798 März um 11]	Aufzeichnung zur Verminderung des Trosses	133
80.	1798 April 21	Scharnhorst an Preuß	134
81.	[1798 nicht nach April 25]	Dislokation für zwei Brigaden	134
82.	[1798?]	Denkschrift zu Quartierangelegenheiten	135
83.	1798 Mai 1 und später	Notizheft	135
84.	[1798 nicht nach Mai 2]	Denkschrift zu Quartierangelegenheiten	146
85.	1798 Mai 5	Scharnhorst an Lecoq	147
86.	1798 nicht nach Juni 5]	Denkschrift zu Quartierangelegenheiten	148
87.	1798 Juli 9	Scharnhorst an [Stietencron]	149
88.	1798 Juli 24	Scharnhorst an [?]	150
89.	1798 August 17	Scharnhorst an Lecoq	150
90.	[1798 vor Oktober 10]	Protokoll zur Versammlung der Observationsarmee und zu bevorstehenden Erkundungen	152
91.	[1798 Oktober Mitte?]	Anweisung für Ziehen zu Erkundungen in Lippe	154
92.	[1798 Oktober Mitte?]	Anweisung für Schäffer zu Erkundungen bei Hameln	155
93.	1798 Oktober 18	Scharnhorst an Wallmoden	156
94.	1798 Oktober 19	Scharnhorst an Wallmoden	157
95.	[1798 Oktober Mitte?]	Bericht von den Erkundungen in Lippe und bei Hameln	158
96.	[vor 1799 Januar 19]	Denkschrift „Ueber die Positionen und Lagerplätze im Lippischen und bey Hameln am linken Ufer der Weser"	159

2. Planungen und Landesaufnahme für die Observationsarmee

97.	[1796/1797?]	Denkschrift „Militärische Beschreibung des nördlichen Theil von Westphalen"	167
98.	[1796?]	Denkschrift „Vertheidigungs Linien von Westphalen"	172
99.	[1796/1797?]	Scharnhorst an Herzog Karl Wilhelm Ferdinand von Braunschweig	173
100.	[1795/1797?]	Denkschrift zur artilleristischen Ausstattung leichter Truppen	173
101.	[1795/1797?]	Denkschrift zur artilleristischen Ausstattung leichter Truppen	174
102.	[1796/1797?]	Denkschrift „Ueber die Nothwendigkeit einer Belagerungs Artillerie bey der Observations Armee"	175
103.	[1796/1797?]	Denkschrift „Ueber die Vermehrung der Observations Armee aus den Staaten, welche keine Trupen halten und sich in der Demarkationslinie befinden"	177
104.	[1796/1797?]	Aufzeichnung zu verschiedenen Entwürfen	179
105.	[1796/1801?]	Dienstanweisung „Instruction für die Feld-Guiden"	181
106.	[1796/1801?]	Dienstanweisung für Stabsoffiziere	193
107.	[?]	Denkschrift „Militärische Beschreibung der Gegend an der Weser–Leine–Innerste u. Diemel"	197
108.	[1797 nach Juli]	Denkschrift „Pro Memoria, die Positionen an der Weser, Innerste und Leine betreffend"	207

3. Unterricht

109.	[nicht vor 1796?]	Aufzeichnung „Ueber die Operationen einer Armee, zwischen der Weser und Ems, zum Unterricht des Prinzen Adolfs K.H. aufgesetzet"	223
110.	[nicht vor 1796?]	Aufzeichnung „Hollands Festungen un[d] Ueberschwem[mun]gen"	237
111.	[?]	Aufzeichnung zu Unterschieden zwischen Armeen	240
112.	[nicht nach 1801 Mai?]	Aufzeichnung zur Inspektion von Truppen	242
113.	[?]	Aufzeichnung zur Systematik von Angriffen	243
114.	[?]	Aufzeichnung „Unterricht für die Officiere des Generalstabes, die Gefechte und Schlachten betreffend"	244
115.	[1793/1797?]	Aufzeichnung „Einige allgemeine Grundsätze u. Regeln über die Schlachtordnungen"	246
116.	[1795/1801?]	Denkschrift „Uber die Bildung der Officiere und Unterofficiere"	253
117.	[?]	Notiz zur Offiziersausbildung	258

118.	[?]	Denkschrift zur Übung im Felde	258
119.	[?]	Denkschrift „Ueber die Uebung der Trupen"	259
120.	[?]	Aufzeichnung „Ueber die Bildung u. Uebung der Trupen in Friedenszeiten"	261
121.	[1797/1800?]	Notizen zur Übung	262
122.	[nicht vor 1795?]	Aufzeichnung „Über die Übung der Trupen im Felde"	263

4. Richtlinien für den Postendienst

123.	[nicht nach 1801 Mai?]	Notizen zu Feldwachen	266
124.	[vor 1801?]	Denkschrift zu Infanterieposten und Patrouillen	269
125.	[?]	Aufzeichnung „Anordnung zur geschwinden Versammlung"	274
126.	[?]	Aufzeichnung mit Beispielen zum Postendienst	275
127.	[vor 1801?]	Aufzeichnung „Beyspiele von den Dispositionen der Cavalerie und Infanterie Feldwachen"	279
128.	[?]	Aufzeichnung zu Feldwachen	285
129.	[?]	Aufzeichnung „Von den Dispositionen der Infanterie und Cavalerie Feldwachen in vershiedenen Terrains mit Beyspielen"	287
130.	[?]	Aufzeichnung „Verhalten der Infanterie-Feldwachen oder Posten"	293
131.	[?]	Aufzeichnung zu Beobachtungs-detachements	296
132.	[?]	Aufzeichnung zur Sicherung von Quartieren	297
133.	[?]	Aufzeichnung zum Postendienst in Gebäuden und Schanzen	298
134.	[?]	Aufzeichnung zur Sicherung von Quartieren	299
135.	[?]	Aufzeichnung zur Sicherung von Quartieren	301
136.	[?]	Aufzeichnung zur Verteidigung von Gebirgspässen	303

5. Artilleriefragen

137.	[nicht vor 1795?]	Denkschrift zur Artillerie einer Armee im Felde	304
138.	[nicht vor 1794]	Aufzeichnung „Gebrauch der Artillerie"	314
139.	[nicht nach 1801?]	Aufzeichnung zur reitenden Artillerie	315
140.	[1794/1800]	Aufzeichnung „Ist die Artillerie eine Waffe, von deren innern Werth in einer Action sehr viel ankömt?"	316
141.	[nicht vor 1794]	Notizen zum Einsatz der Artillerie	317
142.	[nicht vor 1796?]	Notizen zu verschiedenen Themen	318

852   Stückeverzeichnis

143.	[1797?]	Konzept einer Vorrede für das „Handbuch der Artillerie"	322
144.	[nicht vor 1793]	Denkschrift „Zurüksetzung der Artillerie u. besonders der reitenden"	323
145.	[?]	Aufzeichnung „Ueber die Organisation der Feld-Artillerie einer Armee"	324
146.	[?]	Aufzeichnung „Begriff von der Wirkung der Kartätschen"	324
147.	[?]	Aufzeichnung „Project eines Artillerie Systems"	325

6. Reformpläne

148.	[1796?]	Denkschrift „Uber die Veränderungen im hannöverischen Militair-Etat"	328
149.	[1796?]	Notizen zu militärischer Stärke und Nationalgeist	330
150.	[1795 April/ 1796 November]	Denkschrift „Die reitende Artillerie betreffend"	331
151.	[1795/1798]	Denkschrift „Ueber den Friedens Etat der hannövrischen Truppen"	334
152.	[nach 1795]	Denkschrift „Ueber den Friedens-Etat des hannövrishen Corps"	335
153.	[nach 1795?]	Aufzeichnung „Ueber die Einrichtung der hannövrischen Truppen"	336
154.	[vor 1801]	Denkschrift „Einige die Oeconomie des marschirenden Corps betrefende Bemerkungen"	338

7. Revolutionskriege und Militärpublizistik

155.	[nicht vor 1795?]	Notizen bei der Lektüre historischer und kriegstheoretischer Werke	341
156.	[nach 1795 Juli]	Notizen zu Aufsatzentwürfen	372
157.	[vor 1797?]	Aufzeichnung „Feldzug von 1794 in Flandern, Braband und Holland"	375
158.	[nicht vor 1795]	Aufzeichnung zu französischen Operationen 1794 an der Nordfront	379
159.	[nicht vor 1795]	Gliederungsentwurf zur Geschichte des Feldzugs von 1794	383
160.	[1796/1797?]	Aufzeichnung zu den Ursachen der alliierten Mißerfolge 1793/1794	384
161.	[1797?]	Zeitschriftenartikel zum Alter von Generalen	385
162.	[1797 April/1799]	Rezension „Anzeige von einem englischen Heldengedichte"	387
163.	[nicht vor 1797]	Notizen zu Berenhorsts „Betrachtungen über die Kriegskunst"	389
164.	[?]	Notizen zur Disziplin der Infanterie	397
165.	[?]	Notizen zur Rolle des Zufalls im Kriege	398
166.	[vor 1801?]	Aufzeichnung zur Geschichte des Feldzugs von 1794	399

Stückeverzeichnis   853

167. [vor 1801?]   Aufzeichnung „Angrif auf Mouscron
                                an 28sten u. 29sten Aprill [1794]" 402

II. Reform der hannoverschen Armee (1798–1801)

1. *Privatbriefe und Dienstgeschäfte in chronologischer Folge*

168. 1799 Januar 19   Scharnhorst an Wallmoden 405
169. [1799] Januar 20   Scharnhorst an Lecoq 406
170. 1799 Februar 3   Scharnhorst an Lecoq 407
171. 1799 Februar 4   „Entwurf zu einer Vershanzung" 408
172. 1799 März 29   [Scharnhorst an Mechlenburg?] 411
173. 1799 März 29   Scharnhorst an Lecoq 414
174. [1799 April Anfang]   Scharnhorst an Löw 416
175. 1799 Mai 13   Abkommen zur Einquartierung preußischer
                                Truppen auf hannoverschem Gebiet 417
176. [1799 Mai nicht nach 21]   Denkschrift zu Quartierangelegenheiten 418
177. [1799 Juni vor 16]   Denkschrift zu Quartierangelegenheiten 419
178. 1799 Juni 27   Scharnhorst an Lecoq 420
179. [1799 Juli?]   Notizen zu verschiedenen Themen 421
180. [1799 Juli nicht nach 26] Denkschrift zu Beschwerden in
                                Quartierangelegenheiten 424
181. 1799 August 3   Denkschrift zu Quartierangelegenheiten 425
182. [1799 nicht nach   Denkschrift zu Beschwerden in
     September 10]   Quartierangelegenheiten 426
183. 1799 Oktober 21   Denkschrift zu Quartierangelegenheiten 426
184. 1794 November 2   Denkschrift zur Reform der Regiments-
                                artillerie 427
185. 1799 November 17   Scharnhorst an Löw 429
186. 1799 November 20   Scharnhorst an [Lecoq] 429
187. 1800 Februar 11   Denkschrift zur Verlegung eines Regiments 431
188. 1800 Februar 15   Denkschrift zur Verlagerung des
                                Avantkorps 432
189. 1800 Februar 28   Dislokation „Concentration des
                                Avant-Corps" zur Übung 433
190. 1800 März 15   Scharnhorst an Lecoq 434
191. 1800 April 5   Denkschrift zu Quartierangelegenheiten 436
192. 1800 April 8   Bericht der Unterkommission zur
                                Regimentsartillerie 437
193. 1800 April 18   Denkschrift zur Bewegung von
                                Regimentsgeschützen 438
194. 1800 Mai 25   Scharnhorst an Braun 439
195. [1800 nicht nach Juli 8]   Denkschrift zur Verlegung von Artillerie
                                an die Niederelbe 440
196. 1800 August 14   Scharnhorst an Wallmoden 441
197. [1800 Oktober 5]   Scharnhorst an [Lecoq] 442
198. [1800 Oktober 5]   Scharnhorst an [Lecoq] 443
199. 1800 Oktober 5   Scharnhorst an Lecoq 444
200. [1800 Oktober 25?]   Scharnhorst an [Lecoq?] 446
201. [1800 Oktober 25]   Scharnhorst an [Lecoq] 446
202. 1800 Oktober 25   Scharnhorst an Friedrich Wilhelm III. 447

203.	1800 Oktober 29	Denkschrift „Promemoria, die Eingabe des H. O.L. Braun über die Stärke der Batterien etc. betreffend"	448
204.	[1800 November 20?]	Scharnhorst an [Lecoq]	450
205.	[1800 November 23]	Scharnhorst an [Lecoq]	454
206.	[1800 November]	Scharnhorst an Friedrich Wilhelm III.	455
207.	[1800 November]	Denkschrift zu eigenen Veröffentlichungen betreffend die preußische Armee	456
208.	[1800 nach November 29]	Scharnhorst an [Lecoq]	457
209.	1800 Dezember 12–20	Sitzungsprotokolle der Artilleriekommission	457
210.	1800 Dezember 30	Scharnhorst an Wallmoden	464
211.	1801 Januar 4	Scharnhorst an Georg III.	466
212.	1801 Januar 22	Scharnhorst an Wallmoden	466
213.	1801 Februar 2	Scharnhorst an Wallmoden	467
214.	[1801 Anfang]	Denkschrift „Ueber die Einführung eines gewißen Mechanismus in der Führung der Armee, den jetzigen Zustande der Kriegeskunst angemeßen"	468
215.	1801 Februar-Mai	Notizheft	474
216.	1801 Februar 20	Scharnhorst an Wallmoden	489
217.	1801 Februar 24	Bericht der Unterkommission zur Regimentsartillerie	489
218.	[1801 nach Februar 20?]	Scharnhorst an [Zastrow?]	491
219.	[1801 März 19]	Scharnhorst an [Zastrow]	491
220.	1801 März 20	Denkschrift der Unterkommission zur Regimentsartillerie	492
221.	1801 April 2	Scharnhorst an Wallmoden	495
222.	1801 April 11	Scharnhorst an Wallmoden	496
223.	[1801 Frühjahr]	Scharnhorst an Wallmoden	496
224.	[1801 Frühjahr]	Aufzeichnung einer Äußerung Wallmodens	498
225.	[1801 vor April 20]	Scharnhorst an Wallmoden	499
226.	1801 April 20	Scharnhorst an Wallmoden	500
227.	[1801 April 20]	Meldung über Rückgabe von Manuskripten und Zeichnungen	501
228.	1801 April 20	Entlassungsrevers	502
229.	1801 April 22	Scharnhorst an Wallmoden	502
230.	1801 April 22	Entlassungsrevers	503
231.	1801 Mai 1	Scharnhorst an Wallmoden	504
232.	1801 Mai 3	Scharnhorst an Wallmoden	504
233.	1801 Mai 5	Denkschrift „Ueber die Organisation der Artillerie"	505
234.	1801 Mai 8	Rechnung der Hahnschen Buchhandlung	508

2. Reformprojekte

a. Vorarbeiten und Entwürfe

235.	[vor 1799 Januar?]	Denkschrift über Pontons	512
236.	[1799?]	Aufzeichnung „Wie ohne große Kosten die hannövrischen Trupen in der jetzigen Lage nützlich werden können"	513

237.	[nicht nach 1801?]	Notizen zu verschiedenen Themen	514
238.	[nicht nach 1801?]	Notizen zur Infanterietaktik	516
239.	[1799?]	Notizen zur Artillerie und einer geplanten Veröffentlichung	517
240.	[1800 vor Juli 3]	Denkschrift zu Manövern beim Übungslager von Liebenau	519
241.	[1801 Anfang?]	Denkschrift „Von den Uebungen der Truppen"	521
242.	[?]	Aufzeichnung „Ueber die Organisation einer Armee"	545

b. Reform der Artillerie

243.	[?]	Aufzeichnung zu Reformhindernissen	545
244.	[?]	Denkschrift „Ueber die Einrichtung einer Artillerie Schule"	547
245.	[?]	Denkschrift „Ueber die Einrichtung einer Artillerie-Schule"	548
246.	[nicht nach 1801?]	Aufzeichnung „Ueber die Stärke des Artillerie Corps, seine Eintheilung, Disciplin, Bewafnung, Kleidung, Besoldu[n]g, Art zu avanciren, Rang und Vorzüge"	549
247.	[?]	Aufzeichnung zum Drill der reitenden Artillerie	551
248.	[1795/1801?]	Instruktion „Vorläufige Bestimmung des Verhaltens der reitenden Artillerie bey den Evolutionen der Cavalerie"	551
249.	[1795/1801?]	Instruktion „Vorläufige Bestimmung des Verhalten der Batterien bey den Evolutionen der Infanterie"	555
250.	[nach 1798?]	Denkschrift „Ueber die innere Einrichtung der Artillerie"	559
251.	[nach 1798?]	Denkschrift „Ueber die Organisation der Artillerie"	566
252.	[1799?]	Aufzeichnung zum neuen Reglement der Regimentsartillerie	572
253.	[1799/1801?]	Notiz zum Exerzierreglement der Artillerie	572
254.	[1799/1801?]	Aufzeichnung „Bemerkungen über die Regim. Canonen Exercize"	573
255.	[um 1800?]	Denkschrift zur Entbehrlickeit der Kanonenzieher der Regimentsartillerie	575
256.	[1800?]	Denkschrift „Ueber die Artillerie Exercize"	576
257.	[1800/1801?]	Denkschrift „Last, welche die Pferde bey der hannövrischen Artillerie im letzten Kriege zogen"	579
258.	[1800?]	Scharnhorst an [Lecoq]	585
259.	[1797/1801 Mai]	Scharnhorst an [?]	586
260.	[1799/1801?]	Denkschrift zu schweren Haubitzen	588
261.	[1799/1801?]	Denkschrift „Pro Memoria. Die 10 ℔digen Haubitzen betreffend"	591
262.	[1799/1801?]	Aufzeichnungen zu Artilleriefragen	592
263.	[1794/1801?]	Denkschrift „Über die Prozkasten"	594

264.	1801	Denkschrift „Uebersicht der Versuche, welche während des Winters von 1800 auf 1801 über die Schußweite mit verschiedenen Canonen angestellt sind" 600
265.	[1800/1801?]	Denkschrift „Vorschlag zur Verbeßerung des Wischers u. Ansatzes bei den 3 u. 6 ℔dern" 602

c. Studien über den Einsatz von Scharfschützen

266.	[?]	Denkschrift „Untersuchung der leichten Infanterie und Jäger" 604
267.	[1799/1801?]	Denkschrift „Uebung und Unterricht der Scharfschützen" 606
268.	[?]	Denkschrift zum Verhalten der Scharfschützen 621
269.	[1798 Mai/1801 Mai?]	Dienstanweisung „Einige Regeln des vermishten Gebrauchs der Cavalerie Flanqueurs und Infantrie Scharfschützen" 622
270.	[?]	Denkschrift „Unterricht für die Scharfschützen" 627
271.	[1795/1801?]	Aufzeichnung „I^{tes} Capitel. Einige allgemeine Ideen von der Anwendung der Scharfschützen und Divisionen des 3ten Gliedes in Beyspielen" 637
272.	[?]	Aufzeichnung „Gebrauch der Scharfschützen u. der Divisionen des 3. Gliedes beym Angrif eines Defilees" 641
273.	[?]	Aufzeichnung zum Gebrauch der Scharfschützen anhand der Schlacht bei Vellinghausen 642
274.	[?]	Aufzeichnung zur Aufstellung einer Schützenlinie 652
275.	[nach 1791]	Denkschrift zum Gebrauch der Scharfschützen anhand der Schlacht bei Minden 654
276.	[?]	Aufzeichnung zum Gebrauch der Scharfschützen anhand der Schlacht bei Hastenbeck 656
277.	[?]	Aufzeichnung zum Gebrauch der Scharfschützen anhand verschiedener Schlachten 661
278.	[nicht vor 1794 Mai]	Aufzeichnung „Beyspiele von den Gebrauch der Scharfschützen" 666
279.	[?]	Aufzeichnung „Angrif einer Schanze u. eines Dorfes" 666

d. Richtlinien für Verschanzungsarbeiten

280.	[?]	Aufzeichnung „Versuch eines Allgemeinen Reglements über die Anlegung u. Vertheidigung der Feld-Verschanzungen" 668

Stückeverzeichnis 857

281.	[1794/1801?]	Denkschrift „Ueber die Art, wie die Schanzen gemacht werden, und über das Handwerkszeug, welches man bey denselben gebraucht"	670
282.	[?]	Denkschrift „Einrichtung des Schanzzeugs"	674
283.	[nach 1796]	Aufzeichnung „Fehlerhafte Einrichtung der Schanzen u. Verschanzungen unserer Zeit"	675
284.	[nicht vor 1794]	Denkschrift „Grundsätze der Anlegung und Vertheidigung der Schanzen und die Kunst dieselben geschwind aufzuführen"	677
285.	[?]	Denkschrift zur Verstärkung von Schanzen	677
286.	[?]	Denkschrift „Von den Nutzen der Wolfsgruben, welche eine Schanze umgeben"	678
287.	[?]	Denkschrift zu Hindernissen vor Schanzen	679
288.	[nicht vor 1799 August?]	Denkschrift zu Wolfsgruben	680
289.	[nach 1794 Oktober]	Denkschrift „Wolfsgruben"	682
290.	[?]	Profilskizzen zur Verschanzungskunst	685
291.	[?]	Aufzeichnung zu Schanzen und Palisaden	686
292.	[nicht vor 1796]	Aufzeichnung zur Verschanzungskunst	688
293.	[?]	Aufzeichnung und Skizzen zur Verschanzungskunst	692
294.	[nicht vor 1796?]	Denkschrift „Eine Verschanzung für ein Corps oder eine Armee"	700
295.	[?]	Denkschrift „Anwendung des vorgetragenen Systems einer Verschanzung für eine Armee"	705
296.	[1798?]	Aufzeichnung „Verschanzung einer Brigade zur Kanonade und gegen Sturmangriff"	706

3. Historische und politische Studien

297.	[nach 1792]	Aufzeichnung „Tactishe Bemerkungen den 7jährigen Krieg der Verbundenen betreffend"	709
298.	[nach 1792]	Aufzeichnung „Bemerkungen über die Schlacht bey Vellinghausen"	710
299.	[nach 1796 Mai 10]	Aufzeichnung „Strategische Instructionen Friedrichs des 2$^{\underline{ten}}$"	712
300.	[1794/1801]	Aufzeichnungen zu verschiedenen Schlachten und Gefechten 1758–1760	718
301.	[vor 1801?]	Aufzeichnung zum Feldzug in Westdeutschland 1761	739
302.	[?]	Notizen zum Feldzug in Westdeutschland 1761	742
303.	[?]	Aufzeichnung „Entwurf einer: Geschichte der Verfaßung und Uebungen der Armeen und des Zustandes der Kriegeskunst zur Zeit Friedrichs des II. Königs in Preußen"	744
304.	[?]	Aufzeichnung „Ein Blick auf den Zustand der Kriegskunst in unsern Zeiten"	745
305.	[nicht vor 1794]	Aufzeichnung zum österreichischen System der Kriegführung	747
306.	[?]	Aufzeichnung „Schlacht bey Fontenoi"	749

307.	[1798/1803?]	Aufzeichnung „Erklärung von Fontenoi und Zorndorf" 752
308.	[?]	Aufzeichnung „Beispiel des Angriffs einer in offenen Terrain stehenden feindlichen Armee" zur Schlacht von Zorndorf 761
309.	[1799 März/November?]	Aufzeichnung zur französischen Politik und Kriegführung 763
310.	[?]	Notiz „Untersuchung über den Geburtsadel" 769
311.	[1800/1804?]	Notizen, u. a. zu geplanten Werken 769
312.	[1796/1801]	Aufzeichnung „Fälle, wo Armeen in Corps vertheilt stehen" 773
313.	[1801?]	Denkschrift „Von den Vorzügen der Abtheilung einer Armee in Armee-Divisionen" 774

Veröffentlichungen aus den Archiven Preußischer Kulturbesitz

Herausgegeben von Jürgen Kloosterhuis und Dieter Heckmann

– Eine Auswahl –

Band 32: Carl Wilhelm Cosmar: **Die Geschichte des Königlich-Preußischen Staats- und Kabinettsarchivs bis 1806.** Hrsg. u. eingel. v. Meta Kohnke. 1993. VII, ISBN 3-412-06092-5.

Band 33: **Von Königsberg an die Loire.** Quellen zur Handelsreise des herzoglich-preußischen Faktors Antoine Maillet nach Frankreich in den Jahren 1562–1564. Bearb. v. Dieter Heckmann. 1993. VII, 162 S. 4 Abb., 3 Ktn. in Rückentasche. Gb. ISBN 3-412-06192-1.

Band 35: **Die Herzöge in Preußen und das Bistum Kulm (1525–1691).** Regesten aus dem Herzoglichen Briefarchiv und den Ostpreußischen Folianten. Hrsg. v. Ursula Benninghoven. 1993. VI, 218 S. Gb. ISBN 3-412-11392-1.

Band 36: Gaby Huch: **Die Teltowgraphie des Johann Christian Jeckel.** 1993. VIII, 559 S. Gb. ISBN 3-412-01293-9.

Band 37: **Herzog Albrecht von Preußen und das Bistum Ermland (1550–1568).** Regesten aus dem Herzoglichen Briefarchiv und den Ostpreußischen Folianten. Bearb. v. Stefan Hartmann. 1993. VI, 344 S. Gb. ISBN 3-412-04293-5.

Band 38: Wilhelm Erman: **Erinnerungen.** Bearb. u. hrsg. v. Hartwig Lohse. 1994. VII, 321 S. Gb. ISBN 3-412-08493-X.

Band 39: **Die Herzöge Albrecht Friedrich und Georg Friedrich von Preußen und das Bistum Ermland (1568–1618).** Regesten aus dem Herzoglichen Briefarchiv und den Ostpreußischen Folianten mit ergänzenden Schriftstücken bis 1699. Bearb. v. Stefan Hartmann. 1994. VII, 469 S. Gb. ISBN 3-412-06094-1.

Band 40: **Die Lageberichte der Geheimen Staatspolizei über die Provinz Brandenburg und die Reichshauptstadt Berlin 1933 bis 1936.** Hrsg. v. Wolfgang Ribbe. Tl. 1: **Der Regierungsbezirk Potsdam.** Mit ergänzenden Materialien bearb., eingel. und erläutert v. Sybille Hinze. 1998. XX, 467 S. Gb. ISBN 3-412-12096-0.

Band 41: **Herzog Albrecht von Preußen und Livland (1525–1534).** Regesten aus dem Herzoglichen Briefarchiv und den Ostpreußischen Folianten. Bearb. v. Ulrich Müller. 1996. VIII, 612 S. Gb. ISBN 3-412-13395-7.

Band 42: **Theodor von Schön.** Untersuchungen zu Biographie und Historiographie. Hrsg. v. Bernd Sösemann. 1996. X, 170 S. 12 s/w-Abb. Gb. ISBN 3-412-12295-5.

Band 43: **Allgemeine Kartensammlung Provinz Ostpreußen.** Spezialinventar. Bearb. v. Winfried Bliss. 1997. XI, 406 S. Gb. ISBN 3-412-08395-X.

KÖLN WEIMAR

URSULAPLATZ 1, D-50668 KÖLN, TELEFON (0 2 21) 91 39 00, FAX 91 39 011

Veröffentlichungen aus den Archiven Preußischer Kulturbesitz

Herausgegeben von Jürgen Kloosterhuis und Dieter Heckmann

– Eine Auswahl –

Band 46: **Das Wittstocker Häuserbuch.** Aus dem Nachlaß von Wilhelm Polthier hrsg. v. Werner Vogel. 1998. XVIII, 576 S. 1 farb. Karte in Rückentasche. Gb. ISBN 3-412-07398-9.

Band 47: **Die Beziehungen der Herzöge in Preußen zu West- und Südeuropa (1525–1688).** Regesten aus dem Herzoglichen Briefarchiv und den Ostpreußischen Folianten. Bearb. von Dieter Heckmann. 1999. VIII, 606 S. Gb. ISBN 3-412-10498-1.

Band 49: **Herzog Albrecht von Preußen und Livland (1534–1540).** Regesten aus dem Herzoglichen Briefarchiv und den Ostpreußischen Folianten. Bearb. von Stefan Hartmann. 1999. XIV, 513 S. Gb. ISBN 3-412-10598-8.

Band 50: **Allgemeine Kartensammlung Provinz Westpreußen.** Spezialinventar. Bearb. v. Winfried Bliß. 2000. XIV, 715 S. Gb. ISBN 3-412-07799-2.

Band 51: **Das Kontenführungsbuch der Elenden Bruderschaft von Königsberg-Löbenicht (1477–1523).** Bearb. von Dieter Heckmann. 2000. VIII, 188 S. 7 s/w-Abb. Gb. ISBN 3-412-07900-6

Band 52: Gerhard von Scharnhorst: **Private und dienstliche Schriften.**
Band 1: Schüler, Lehrer, Kriegsteilnehmer (Kurhannover bis 1795). Hg. von Johannes Kunisch. Bearb. von Michael Sikora und Tilman Stieve. 2002. XL, 864 S. 1 Frontispiz auf Kunstdruck. Gb. mit SU. ISBN 3-412-14700-1

Band 2: Stabschef und Reformer (Kurhannover 1795–1801). Hg. von Johannes Kunisch. Bearb. von Michael Sikora und Tilman Stieve. 2003. Ca. 900 S. Gb. mit SU. ISNBN 3-412-16800-9

Band 53: in Vorbereitung.

Band 54: **Herzog Albrecht von Preußen und Livland (1540–1551).** Regesten aus dem Herzoglichen Briefarchiv und den Ostpreußischen Foiianten. Bearb. von Stefan Hartmann. 2002. LIV, 570 S. Gb. ISBN 3-412-02902-5

Band 55: Friedrich Wilhelm von Redern: **Unter drei Königen. Lebenserinnerungen eines preußischen Oberstkämmerers und Generalintendanten.** Bearb. u. eingel. v. Sabine Giesbrecht. Aufgezeichnet v. Georg Horn 2003. X, 403 S. 5 s/w-Abb. Gb. ISBN 3-412-17402-5

Band 56: **Karl Freiherr von Müffling. Offizier - Kartograph - Politiker (1775 - 1851).** Lebenserinnerungen und kleinere Schriften. Bearb. u. ergänzt v. Hans-Joachim Behr 2003. V, 498 S. Frontispiz. Gb. ISBN 3-412-02803-7

Ursulaplatz 1, D-50668 Köln, Telefon (0 2 21) 91 39 00, Fax 91 39 011

Veröffentlichungen aus den Archiven Preußischer Kulturbesitz
Beihefte

Herausgegeben von Jürgen Kloosterhuis und Dieter Heckmann

1: Ulrich Müller:
Das Geleit im Deutschordensland Preußen.
1991. XIII, 317 S. Gb.
ISBN 3-412-04390-7.

2: Martin Armgart:
Die Handfesten des preußischen Oberlandes bis 1410 und ihre Aussteller.
Diplomatische und prosopographische Untersuchungen zur Kanzleigeschichte des Deutschen Ordens in Preußen.
1996. XIV, 517 S. Gb.
ISBN 3-412-06390-8.

3: Sonja Neitmann:
Von der Grafschaft Mark nach Livland.
Ritterbrüder aus Westfalen im Livländischen Deutschen Orden.
1993. X, 673 S. Br.
ISBN 3-412-04992-1.

4: Erika Schachinger:
Die Berliner Vorstadt Friedrichswerder 1658-1708.
1994. VI, 227 S. Gb.
ISBN 3-412-13992-0.

5: Joachim Pohl:
Das Benediktinernonnenkloster St. Marien in Spandau und die kirchlichen Einrichtungen der Stadt Spandau im Mittelalter.
1996. XII, 618 S. Gb.
ISBN 3-412-03496-7.

6: Reinhart Strecke:
Anfänge und Innovation der preußischen Bauverwaltung.
Von David Gilly zu Karl Friedrich Schinkel.
2. Aufl. 2002. VIII, 271 S.
17 s/w-Abb. auf 12 Tafeln. Br.
ISBN 3-412-08499-9.

7: Johanna Weiser:
Geschichte der preußischen Archivverwaltung und ihrer Leiter.
Von den Anfängen unter Staatskanzler von Hardenberg bis zur Auflösung im Jahre 1945.
2000. 338 S. 12 s/w-Abb. Gb. m. SU. ISBN 3-412-07400-4.

8: Peter Bahl:
Der Hof des Großen Kurfürsten.
Studien zur höheren Amtsträgerschaft Brandenburg-Preußens.
2001. X, 788 S. Gb. m. SU.
ISBN 3-412-08300-3.

9: Erika Schachinger
Die Dorotheenstadt 1673–1708. Eine Berliner Vorstadt.
2001. X, 138 S. Gb.
ISBN 3-412-10601-1

Ursulaplatz 1, D-50668 Köln, Telefon (0221) 913900, Fax 9139011

Johannes Kunisch.(Hg.)
Michael Sikora (Bearb.)
Tilmann Stieve (Bearb.)
Gerhard von Scharnhorst
Private und dienstliche Schriften
Band 1: Schüler, Lehrer, Kriegsteilnehmer
(Kurhannover bis 1795)

(Veröffentlichungen aus den Archiven Preußischer Kulturbesitz)
Bd 52.1, 2002. XXXIX, 864 S.
Geb. mit Schutzumschlag.
ISBN 3-412-14700-1

Der Name des preußischen Heeresreformers Gerhard von Scharnhorst (1755–1813) ist fest mit der Einführung der allgemeinen Wehrpflicht verbunden. Er stand damit am Anfang einer Epoche, deren mögliches Ende zu den vieldiskutierten politischen Themen der Gegenwart gehört. Scharnhorsts Konzepte reichen aber weiter und umfassten unter anderem die Neugestaltung der Offiziersbildung, die Überwindung der Adelsprivilegien im Offizierskorps und die Professionalisierung des Generalstabes. In der Konfrontation mit dem revolutionären Frankreich verfolgte er im Einklang mit den Stein-Hardenbergschen Reformen und gegen viele Widerstände das Ziel, ein traditionelles System zu modernisieren.

Die auf fünf Bände angelegte Edition will erstmals den gesamten handschriftlichen Nachlaß Scharnhorsts einer breiten Öffentlichkeit zugänglich machen. Der erste Band beginnt mit der wenig erforschten Zeit vor Scharnhorsts Eintritt in preußische Dienste. Er dokumentiert vor allem die frühe Grundlegung seines Bildungskonzepts und seine einschneidenden Erfahrungen im ersten Koalitionskrieg gegen Frankreich, die ihn zu einer Revision der militärischen Tradition führten.

URSULAPLATZ 1, D-50668 KÖLN, TELEFON (0221) 913900, FAX 9139011